KB050442

조세판례백선

租稅判例百選 2

(사)한국세법학회

박영사

발 간 사

　독자 여러분, 우리 한국세법학회가 2005년 8월 30일에 조세판례백선 1을 출간한 후 거의 10년 만에 조세판례백선 2를 출간하게 되었습니다. 출간 준비를 시작한 때(2007년 6월)로부터 상당한 시일이 걸렸음을 감안할 때 많은 분들의 노고가 녹아들어 있는 저술임을 짐작할 수 있습니다. 조세판례백선 1의 발간 후부터 근래까지 선고된 것으로서 조세법 분야의 이정표가 될 만한 총 101개의 대법원 판례 및 헌법재판소 결정에 관해 총 57분의 필자들이 사실관계와 쟁점을 일목요연하게 정리하고, 그 판결이나 결정의 취지 및 그 미래적 의미에 관해 심도 있는 평석을 해 주셨습니다.

　조세법은 그 적용 대상인 경제거래의 복잡성과 고도의 가변성으로 인해 성문법규정의 추상적 문언만으로는 조세법의 적용 결과를 쉽게 가늠할 수 없는 것이 현실입니다. 그리하여 조세법의 궁극적 의미는 판례를 통하여 드러나는 경우가 많고, 이에 조세법 분야의 판례가 국민들의 경제생활에서 갖는 의미는 다른 어느 법률분야에서보다 크다고 할 수 있습니다. 조세법 분야에서 판례가 갖는 이러한 중요성을 고려하여 우리 한국세법학회는 조세법 관련 판례들이 많이 나오기 시작한 2000년대 초에 조세판례백선의 발간작업을 시작하였고, 이제 그 두 번째 결실을 보게 된 것입니다.

　조세법령의 해석과 적용을 담은 판례도 그 판시 취지나 표현의 애매함으로 인해, 그리고 판례의 선고 후에 발생하는 과세 관련 사안과 판례 사안 간의 동일성 내지 유사성 판단의 어려움 등으로 인하여 국민의 경제생활에 안정적 지침을 주지 못하는 문제가 있습니다. 그래서 어떤 조세판례가 나온 경제적 배경, 숨은 의미, 향후의 제도적 또는 해석적 측면의 개선 방향 등에 관하여 객관적으로 냉정한 평가를 내리는 작업을 할 필요성이 절실합니다. 우리 한국세법학회가 조세판례백선을 시간적 격차를 두고 발간하는 취지도 바로 여기에 있습니다.

iv 발 간 사

우리나라의 국세 관련 조세법은 국세기본법, 국세징수법, 소득세법, 법인세법, 부가가치세법, 상속세 및 증여세법, 국제조세법 등이 그 근간을 이루고 있고, 이러한 조세법령의 해석 및 적용에 관해 정립된 판례와 학설이 기타 국세에 관한 법령과 관세법령 및 지방세법령의 해석, 적용에도 그대로 또는 부분적인 수정을 거쳐 인용되고 있습니다. 이에 조세판례백선 2에서 평석의 대상으로 선정한 판례들도 주로 위의 주요 국세 및 지방세 법령의 해석, 적용에 관한 것들임을 밝혀둡니다. 다만, 다른 조세법 분야에도 나름의 고유한 특성이 있음을 고려할 때 후속의 조세판례백선 발간시에는 다른 조세법 분야의 유의미한 판례와 특히 그 중요성이 점증하고 있는 조세형사법 분야의 판례도 가능한 한 많이 반영할 필요가 있다고 봅니다.

오랜 기간에 걸쳐 조세판례백선 2의 발간작업을 진두지휘해 주신 안경봉 편집위원장과 실무작업을 도와준 여러분들(고려사이버대 허원 교수, Huaiyin Normal University 張月河 교수, 정미나 연구원, 한국경제연구원 정승영 박사, 복성필 연구원, 문필주 연구원)의 노고에 치하를 드리고, 아울러 한건 한건의 판례에 관해 주옥같은 평석을 집필해 주신 필자 여러분들의 노력과 정성에 깊이 감사를 드립니다. 아울러 조세판례백선 2의 발간을 재정적으로 후원해 주신 김·장법률사무소, 삼일회계법인, 세무법인 조이, 법무법인(유한) 태평양, 법무법인(유) 화우에게 진심으로 감사를 드립니다. 조세판례백선 2의 발간을 관계된 여러분들 모두와 더불어 축하하면서 아무쪼록 이 책이 독자 여러분들의 학문적 연구와 실무의 수행에 도움이 되고, 이를 통해 궁극적으로 국민들의 경제생활의 안정적 영위에 기여하기를 기대합니다. 감사합니다.

2015. 4.

한국세법학회 회장 한 만 수

차 례

제 2 편   법인세법

제 3 편　소득세법

제 4 편 **상증세법**

제5편 부가세법

제6편 지방세법

제 7 편　국제조세법

제8편 관 세 법

지방세의 부대세로 징수되는
국세에 대한 부당이득반환소송의 상대방

사건의 표시 : 대법원 1989. 2. 14. 선고 87다카3177 판결[1]

▪ 사실개요 ▪

기업운영자금을 대출하면서 그 회수를 위해 근저당권설정등기를 해 둔 갑 부동산 및 나머지 대출금 회수를 위해 가압류를 하여 둔 을 부동산을 임의경매 및 강제경매 절차에서 경락으로 취득한 원고(대구투자금융주식회사)는 각 부동산에 관하여 자신 앞으로의 소유권이전등기를 마침에 있어 그 등기가 지방세법 제138조 제1항 제3호에서 정한 "대도시 내에서의 법인의 설립, 설치, 전입 이후의 부동산 등기"에 해당하여 중과세 대상이 된다고 생각

하고서 (1) 갑 부동산의 등기에 대한 등록세액을 취득 부동산 가액에 중과세율인 1000분의 150을 곱한 돈 22,500,000원(=경락가액 150,000,000×150/1000)으로 계산하여 이 돈과 그에 따른 방위세액 4,500,000원(=등록세액 22,500,000×20/100)을 1982. 7. 19.자로, (2) 을 부동산의 등기에 대하여도 같은 방법으로 계산한 등록세 532,499원(=경락가액 3,549,994×150/1000)과 방위세 106,499원(=등록세액 532,499×20/100)을 1983. 9. 14.자로 피고(대

---

* 김용대(서울고등법원 부장판사).

1) 이 판결과 동일한 취지의 판결인 대법원 2005. 8. 25. 선고 2004다58277 판결에 대한 평석으로는, 김수일, "무효인 납세보증보험에 기한 피보험자의 보험금지급청구에 기하여 보험금 명목의 급부를 이행한 납세보증보험사업자가 직접 그 급부의 귀속자를 상대로 부당이득반환청구를 할 수 있는지 여부", 『대법원판례해설』, 제57호(2005 하반기)(2006. 7.), 558면 이하.

구시)에게 각 자진 신고 납부하였다.

한편, 원고가 각 부동산에 관한 소유권이 전등기를 할 당시의 지방세법(1981. 12. 31. 법 제3488호로 개정된 것) 제127조, 제138조 제1항 제3호, 같은법시행령(1981. 12. 31. 대통령령 제 10663호로 개정된 것) 제94조, 제79조의 6 제1 항의 각 규정은, '대구직할시와 같은 대도시 내에서의 법인의 설립, 설치, 전입 이후의 부 동산 등기에 대하여는 당해 세율의 5배로 한 다.'라고, 위 시행령 제102조 제2항은 위의 '설 립, 설치, 전입 이후의 부동산등기'라 함은 법 인 또는 지점등이 그 설립, 설치, 전입 이후 5 년 이내에 당해 법인 또는 지점등의 사업용에 사용하기 위하여 취득한 부동산의 등기를 말 한다.'라고 각 규정하고 있었다.

이에 원고는, 지방세법의 중과세 입법취 지와 위 각 규정내용에 비추어 볼 때 위의 "사업용에 사용하기 위하여 취득한 부동산"이 라 함은 법인의 업무 수행을 위하여 필요적으 로 소요되는 것으로서 계속적이고 고정적으로 그 업무에 사용되는 고정 재산적 성질을 가지 는 부동산을 말하는 것으로 해석함이 상당하 므로, 이 사건과 같이 원고가 대출금 채권을 회수하기 위하여 담보로 제공받은 부동산에 대한 근저당권의 실행이나 판결에 기한 강제 집행의 과정에서 부동산을 경락 취득한 것은 원고의 업무인 여신행위의 사후처리문제와 관 련하여 이루어진 것으로서 원고 법인의 사업

용에 사용할 목적으로 취득한 것이라고 볼 수 는 없고, 따라서 그것이 위 지방세법 규정에 의한 중과세의 대상에는 해당되지 아니하고, 따라서 각 부동산등기를 함에 있어 위 지방세 법 제131조 제1항 제3호의 (2)의 규정에 따라 부동산 가액의 1000분의 30만을 등록세로서 납부하면 되는 것인데, 중과세 대상에 관한 위 지방세법 규정들의 취지를 오해하여 정당한 세액의 5배인 돈 22,500,000원과 돈 532,499 원을 각 자진신고 납부하였으니 원고의 위 각 신고납부행위에 관한 착오는 객관적으로 명백 하고 또 중대하여 그 신고납부행위 중 정당한 세액을 초과하여 한 부분은 당연 무효임을 이 유로, 피고를 상대로 원고의 위와 같은 착오 로 인하여 법률상 원인 없이 부당하게 얻은 이익 즉, 그 초과부분인 등록세에서의 돈 18,426,000원(18,000,000+426,000)과 방위세에 서의 돈 3,685,200원(3,600,000+85,200)의 반 환을 구하였다.

원심[2]은 원고의 주장을 받아들여 등록세 액과 방위세액 모두의 반환을 명하였고, 이에 피고가 방위세는 국세이므로 비록 피고가 관 련 규정에 따라 수납하였다고 하더라도 국가 가 이득을 보는 것이지 피고가 이득을 보는 것은 아니므로 방위세 부분은 파기되어야 한 다며 상고하였다.

---

2) 대구고등법원 1987. 11. 25. 선고 87나676 판결.

■ **판결요지** ■

방위세는 국세이므로 그것을 지방자치단체가 수납하였다고 하더라도 그 부분은 지방자치단체가 아닌 국가가 이득을 보게 되는 것이므로 착오로 인하여 방위세를 초과 납부한 부분은 국가에 대하여 그 반환을 청구하여야 한다.

▶ **해 설** ◀

1. 과세처분(조세부과처분) 또는 신고행위가 당연 무효인 경우 구제를 위한 소송의 형태

— 행정소송으로 과세처분무효확인소송과 납세의무부존재확인소송(납세채무부존재확인소송) 및 민사소송으로 부당이득반환청구소송

일반적으로 행정행위에 대하여 인정되는 공정력 또는 예선적 효력 때문에 행정행위의 하나인 과세처분은 흠이 있더라도 특별한 사정이 없는 한 취소되기 전까지는 유효하고 다만 그 흠이 중대하고 명백한 경우에만 당연 무효로 될 따름이다. 따라서 과세처분에 흠이 있는 경우 그 구제를 위한 소송은 원칙적으로 그 취소, 무효확인 등을 구하는 행정소송에 의할 것이다.

그런데 그 흠이 중대하고 명백하여 당연 무효인 경우에 어떤 소송 형태의 구제를 인정할 것인지가 문제로 된다. 대법원 판례는 과세처분 자체의 무효확인소송과, 과세처분의 당연 무효를 전제로 한 납세의무부존재확인소송(조세채무부존재확인소송) 내지 부당이득반환청구소송을 인정하고 있다.[3]

1) 먼저 과세처분 자체의 무효확인(부존재확인)을 구하는 행정소송이다.

이와 관련하여 어느 범위까지 즉, 세금을 납부하기 전까지만 권리보호요건인 확인의 이익을 인정할 것인가 세금을 납부한 이후에도 이를 인정할 것인가가 문제된다. 종래 대법원은 행정소송법 제35조에 규정된 '무효확인을 구할 법률상 이익', 즉 무효확인소송의 확인의 이익이 인정되려면, 판결로서 분쟁이 있는 법률관계의 유·무효를 확정하는 것이 원고의 권리 또는 법률상의 지위에 관한 불안·위험을 제거하는 데 필요하고도 적절한 경우라야 한다고 제한적으로 해석하였고, 이에 따라 행정처분의 무효를 전제로 한 이행소송 등과 같

---

3) 신고납세방식 국세에 있어서 납세의무자의 신고행위에는 과세관청이 개입할 여지가 없으므로, 이는 행정처분이 아니다(다만, 지방세법은 이의신청 등과 관련하여 '신고납부 또는 수정신고납부를 한 경우에는 그 신고납부를 한 때에 처분이 있었던 것으로 본다.'라고 하여 신고를 처분으로 의제하고 있다. 제72조 제1항). 따라서 신고행위와 관련하여서는 행정소송은 대상이 될 여지가 없고(이에 대한 경정청구거부에 대하여는 취소소송이 가능하다.), 부당이득반환청구소송만이 문제될 될 따름이다. 이 글에서는 '과세처분'과 '신고행위'를 구별하나, 신고행위도 포함되는 경우에는 '과세처분 등'이라고 표현한다.

은 구제수단이 있는 경우에는 원칙적으로 소의 이익을 부정하는 입장을 견지하였었다. 그 결과 과세처분 등에 따라 세금을 납부한 이후에는 과세처분의 부존재확인소송이나 무효확인소송은 확인의 이익이 없어 부정되었다.[4] 그러다가 대법원 2008. 3. 20. 선고 2007두6342 전원합의체 판결로, "행정소송은 행정청의 위법한 처분 등을 취소·변경하거나 그 효력 유무 또는 존재 여부를 확인함으로써 국민의 권리 또는 이익의 침해를 구제하고, 공법상의 권리관계 또는 법 적용에 관한 다툼을 적정하게 해결함을 목적으로 하는 것이므로, 대등한 주체 사이의 사법상 생활관계에 관한 분쟁을 심판대상으로 하는 민사소송과는 그 목적, 취지 및 기능 등을 달리한다. 또한 행정소송법 제4조에서는 무효확인소송을 항고소송의 일종으로 규정하고 있고, 행정소송법 제38조 제1항에서는 처분 등을 취소하는 확정판결의 기속력 및 행정청의 재처분 의무에 관한 행정소송법 제30조를 무효확인소송에도 준용하고 있으므로 무효확인판결 자체만으로도 실효성을 확보할 수 있다. 그리고 무효확인소송의 보충성을 규정하고 있는 외국의 일부 입법례와는 달리 우리나라 행정소송법에는 명문의 규정이 없어 이로 인한 명시적 제한이 존재하지 않는다. 이와 같은 사정을 비롯하여 행정에 대한 사법통제, 권익구제의 확대와 같은 행정소송의 기능 등을 종합하여 보면, 행정처분의 근거 법률에 의하여 보호되는 직접적이고 구체적인 이익이 있는 경우에는 행정소송법 제35조에 규정된 '무효확인을 구할 법률상 이익'이 있다고 보아야 하고, 이와 별도로 무효확인소송의 보충성이 요구되는 것은 아니므로 행정처분의 무효를 전제로 한 이행소송 등과 같은 직접적인 구제수단이 있는지 여부를 따질 필요가 없다고 해석함이 상당하다."라고 하여 종래의 견해를 변경하였다. 그 결과 세금을 납부한 경우에도[5] 바로 행정소송으로 과세처분의 무효확인을 구할 수 있게 되었다.[6]

2) 다음으로 과세처분 내지 신고행위의

---

4) 무효확인소송의 경우는 대법원 1976. 2. 10. 선고 74누159 전원합의체 판결; 대법원 1989. 4. 25. 선고 88누5112 판결; 대법원 1992. 3. 13. 선고 91누5105 판결 등. 부존재확인소송의 경우는 대법원 1982. 3. 23. 선고 80누476 전원합의체 판결.
따라서 납세자의 입장에서는 과세처분이 당연무효인지의 여부를 알기가 어려운데다가 가산세 등의 위험부담을 피하기 위하여 일단 세금을 납부하고서 불복기간 내에는 행정소송으로 과세처분취소소송을, 불복기간을 도과한 경우에는 민사소송으로 과세처분이 당연 무효임을 전제로 하는 부당이득반환청구소송 등을 제기함이 실무의 현실이었다.
5) 이 판결은 하수도원인자부담금을 납부한 이후에 그 부과처분의 취소를 구하는 사안에 관한 것이었다.
6) 이 판결로 인해, 납세자는 행정처분 등 그 자체를 직접적으로 다투는 방법을 활용하면 되고, 그 결과 아래에서 보는 바와 같은 과세처분 내지 신고행위의 당연 무효를 전제로 한 납세의무부존재확인 내지 부당이득반환이라는 우회적 방법의 소송을 제기할 필요가 없게 되었다. 따라서 이 판결은, 국민의 권리구제라는 측면에서 늦은 감이 있지만 획기적이면서도 바람직한 방향의 판결로 평가받아 마땅하다. 이 판결에 대한 평석으로는 백승재, "무효확인소송에서 訴의 이익", 『법률신문』 2008. 9. 18.자.

당연 무효를 전제로 한 납세의무부존재확인소송 내지 부당이득반환청구소송이다.

행정청의 과세처분 등을 다투는 것이 아니라 이것이 당연 무효임을 전제로 이를 원인으로 하여 형성된 서로 대립하는 당사자 사이의 법률관계 그 자체에 관하여 다투는가, 그렇지 아니하고 그 처분으로 형성된 다른 법률관계를 다투는가에 따라 당사자소송으로서의 행정소송과 민사소송으로 나뉜다.

우리 행정소송법은 공법상의 법률관계를 소송물로 하는 권리주체 사이의 소송으로서, 행정청의 처분 자체를 다투는 것이 아니라 그 처분을 원인으로 하여 형성된 서로 대립하는 당사자 사이의 공법상의 법률관계 그 자체에 관하여 다투는 소송으로 당사자소송(행정소송법 제3조 제2호)을 예정하고 있는바, 납세의무부존

재확인소송은 이의 한 유형으로 인정된다.[7]

한편 행정청의 당연 무효인 과세처분 등으로 형성된 법률관계 그 자체가 아니라 그로 인한 다른 법률관계를 다투는 소송 즉 부당하게 납부한 세금의 반환을 구하는 소송 역시 행정소송법이 예정하고 있는 당사자소송이라고 함이 다수의 학설이나 대법원은 민사소송으로 일관하여 왔다. 즉 대법원은 과세처분이 당연 무효임을 전제로 하여 이미 납부한 세금의 반환을 구하는 것은 민사상의 부당이득반환청구로서 민사소송절차에 따라야 한다는 확립된 견해를 오래전부터 취하고 있었다.[8] 또한 취득세·등록세 등 신고납세방식의 조세에 있어서도 '원칙적으로 납세의무자가 스스로 과세표준과 세액을 정하여 신고하는 행위에 의하여 조세채무가 구체적으로 확정되고(과세

---

7)『법원실무제요(행정)』(법원행정처), 1997, 123면.
　　조세는 행정의 영역에 속하는 것이므로 과세처분의 당연 무효를 전제로 한 구제 역시 원칙적으로 행정소송의 영역에서 이루어지는 것이 바람직하다. 그러나 대법원은 오래전부터 아래에서 보는 바와 같이 민사소송으로 다루어야 한다는 입장을 견지하여 오다가 대법원 2000. 6. 9. 선고 97누5893 판결에서야 "과세처분의 결과로서 발생한 법률관계에 관한 소송"을 당사자소송으로 할 수 있음을 밝힌 다음 대법원 2000. 9. 8. 선고 99두2765 판결에서 납세의무부존재확인의 소의 성질이 당사자소송임을 명확히 하였다.[위 대법원 2000. 9. 8. 선고 99두2765 판결에 대한 평석으로는, 김찬돈, "가. 납세의무부존재확인의 소의 성격(＝당사자소송) 및 피고적격(＝국가·공공단체 등 권리주체), 나. 구가 특별시세인 취득세를 신고 납부받아 특별시에 납입할 경우의 귀속주체(＝특별시) 및 구가 국세인 농어촌특별세를 지방세인 취득세에 부가하여 신고 납부받아 국고에 납입할 경우의 귀속주체(＝국가)",『대법원판례해설』, 제35호(2000 하반기)(2001. 6.), 685면 이하]. 그것도 위 대법원 2008. 3. 20. 선고 2007두6342 전원합의체 판결 이전에는 위에서 본 바와 같이 과세처분에 따라 세금을 납부한 후에는 과세처분의 무효 등 확인소송은 확인의 이익이 없었고, 그 결과 납세의무부존재확인소송에 의한 구제 역시 과세처분이 당연 무효이면서 아직 세금을 납부하고 있지 아니한 경우에만 가능하였고, 세금을 납부한 경우에는 민사상의 부당이득반환청구소송에 의하여야 하였다.
8) 대법원 1969. 12. 9. 선고 69다1700 판결; 대법원 1972. 5. 4. 선고 71다744 판결; 대법원 1984. 12. 26. 선고 82누344 판결; 대법원 1989. 6. 15. 선고 88누6436 전원합의체 판결; 대법원 1990. 2. 13. 선고 88누6610 판결; 대법원 1991. 2. 6. 자 90프2 결정; 대법원 1995. 4. 28. 선고 94다55019 판결; 대법원 1997. 10. 10. 선고 97다26432 판결 등.

관청은 납세의무자로부터 신고가 없는 경우에 한하여 비로소 과세처분에 의하여 이를 확정하게 되는 것이다.), 그 납부행위는 신고에 의하여 확정된 구체적 조세채무의 이행으로 하는 것이며 국가나 지방자치단체는 그와 같이 확정된 조세채권에 기하여 납부된 세액을 보유하는 것이므로, 납세의무자의 신고행위가 중대하고 명백한 하자로 인하여 당연 무효로 되는 경우[9]에는 그 납부한 세금의 반환은 역시 민사상의 부당이득반환청구에 의하여야 한다.'라는 견해를 취하고 있다.[10][11][12]

2. 부당이득반환청구소송에 있어서 피고적격

원고는 부당이득반환청구권자이다. 국세 및 지방세를 납부한 납세자는 물론이고 그로부터 반환청구권을 상속, 양도, 전부 내지 추심명령을 받은 채권자 등이다.

피고는 그 법률관계의 반대 당사자인 과세주체가 됨은 당연하다. 국세의 경우는 국가, 지방세의 경우에는 당해 지방자치단체이다.[13]

그런데 신고 납부하는 세금의 세목이 동일한 과세주체에 속하는 경우에는 문제가 없으나, 그 세금(본세)에 부가하여 본세의 세액에 일정한 세율을 곱한 금액의 세금(부대세)을

---

9) 이와 관련하여서는, 소순무, "신고납세방식의 조세에서 부당이득반환청구권의 성립요건", 『조세판례백선』 (박영사), 2005, 65면 이하 참조.

10) 대법원 1984. 6. 26. 선고 83다카1659 판결; 대법원 1995. 2. 28. 선고 94다31419 판결; 대법원 2006. 1. 13. 선고 2004다64340 판결; 대법원 2006. 9. 8. 선고 2005두14394 판결 등.

11) 납세자는 위 전원합의체 판결 이전에는 세금을 납부하기 이전에만 행정소송으로서 과세처분무효확인소송 (항고소송) 내지 납세의무부존재확인소송(당사자소송)의 방법을 활용할 수 있었고, 세금을 납부한 이후에는 민사소송으로서 부당이득반환청구소송의 방법만을 활용할 수 있었다. 그러나 위 판결로 세금을 납부한 이후에도 확인의 이익은 있게 되었고, 그 결과 ① 세금을 납부하기 전이나 이후 어느 시기를 묻지 않고 행정소송으로서 과세처분무효확인소송 내지 납세의무부존재확인소송의 방법을 활용할 수 있게 되었으며, ② 세금을 납부한 이후에는 위와 같은 행정소송 이외에 종래부터 인정되어 오던 민사소송으로서 부당이득반환청구소송도 제기할 수 있게 되었다. 납세자의 입장에서는 선택의 폭이 넓어지게 되었다.
추측컨대, 납세자는 앞으로는 과세처분의 당연 무효 여부 판단에 대한 불확실성의 위험을 부담하지 않아도 되는 안정성 및 권리구제의 1회적 해결이라는 편리함의 측면에서 과세처분무효확인소송을 주로 활용할 것으로 보인다.

12) 한편 일정한 경우에는 수정신고제도(지방세기본법 50조)와 경정청구제도(같은 법 51조)를 통하여 구제를 받을 수도 있다.(국세기본법에 대응하는 지방세기본법은 2010. 3. 31. 법률 제10219호로 제정되었고, 이 법의 제정으로 지방세법은 같은 날 법률 제10221호로 현재와 같이 전문개정되었다. 국세기본법의 경우는 각 제45조, 제45조의2에 같은 제도가 규정되어 있다.)

13) 행정소송법 제39조 : 당사자소송은 국가·공공단체 그 밖의 권리주체를 피고로 한다.
따라서 납세의무부존재확인소송의 경우에도 동일하다. 다만, 원고는 소송의 성격상 납세의무자에 한한다.
한편 과세처분의 취소 내지 무효등 확인을 구하는 소송인 항고소송(행정소송법 4조)의 피고는 다른 법률에 특별한 규정이 없는 한 그 처분등을 행한 행정청이다(행정소송법 13조 1항, 38조).

함께 신고 납부하여야 하는 경우가 있는바, 이때 본세와 부대세의 귀속주체가 다른 경우 부당이득반환청구를 본세의 귀속주체에 대하여만 하면 되는 것인지, 아니면 귀속주체별로 나누어 하여야 하는지가 문제이다. 즉 세법상 농어촌특별세, 구 교육세, 구 방위세와 같은 국세가 취득세, 등록면허세, 레저세, 담배소비세 등 지방세에 부가하여 신고 납부(부과 징수)되는 경우가 있거나 있었는바, 본세인 지방세의 신고행위에 당연 무효의 사유가 있음을 이유로 지방자치단체를 상대로 납부한 지방세의 부당이득반환청구를 함에 있어 부가하여 신고 납부한 국세 역시 그 지방자치단체에 대하여 동시에 부당이득반환청구를 할 수 있는지가 문제이다.

세금을 납부한 사람의 입장에서는 하나의 행위로 본세와 부대세를 지방자치단체에 전액 신고 납부하였을 뿐만 아니라 세금의 납부 그 자체에만 관심이 있지 납부하는 세금이 국세로서 귀속주체가 국가인지, 지방세로서 귀속주체가 지방자치단체인지에 대하여는 아무런 관심도 없으니만큼 그 반환 역시 본세 및 부대세 모두를 신고 납부한 지방자치단체를 상

대로 하면 된다고 판단할 것이고, 이것이 간명한 해결방법이기 때문이다. 이는 과세처분의 취소, 무효 등을 구하는 경우 다른 법률에 특별한 규정이 없는 한 피고는 당해 처분 등을 행한 행정청이고,[14] 따라서 본세와 그에 부가된 세금의 귀속주체가 다른 경우에도 양자 모두에 대하여 처분청을 상대방으로 하여 그 취소 내지 무효확인을 구하면 되는 현행의 행정소송의 형태[15]에 비추어도 충분히 가능한 생각일 것이다.

3. 판례의 태도

대법원은 이 사건에서 신고행위가 당연 무효인 경우 지방세인 등록세에 부가되는 국세인 구 방위세에 관하여 비록 지방자치단체가 부과 징수를 담당하더라도 국세에 관한 부당이득반환청구의 피고는 그 이득 즉 세액의 귀속주체인 국가라고 판단하였다.

대법원은 이 판결 이후 같은 취지의 판단을 계속하고 있으며,[16] 그 근거를 해당 조세의 귀속주체가 누구로 되어 있느냐는 관계 법령의 명시적인 규정에서 찾고 있다.

---

14) 행정소송법 제13조 제1항 본문, 제38조 제1항, 제2항.
   그 결과 권한의 위임이 있는 경우에도 실제로 처분을 한 행정청이 피고로 된다(대법원 1972. 5. 9. 선고 71누152 전원합의체 판결).
15) 예: 대법원 2006. 6. 30. 선고 2004두6761 판결(서울고법 2004. 5. 14. 선고 2003누9260 판결), 서울고등법원 2007. 11. 27. 선고 2007누11735 판결(서울행정법원 2007. 4. 11. 선고 2006구합38557 판결) 등.
16) 등록세에 부가된 방위세에 대한 대법원 1994. 9. 27. 선고 94다10740 판결, 등록세에 부가된 교육세에 대한 대법원 1995. 2. 28. 선고 94다31419 판결, 취득세에 부가된 농어촌특별세에 관한 대법원 2000. 9. 8. 선고 99두2765 판결, 담배소비세에 부가된 교육세에 관한 대법원 2005. 8. 25. 선고 2004다58277 판결.

즉, 1990. 12. 31. 법률 제4280호로 폐지된 구 방위세법 제6조 제1항 제3호,[17] 제10조 제3항[18]에 의하면 국세인 방위세를 지방세인 등록세에 부가하여 부과, 징수하는 경우에는 시장, 군수 또는 그 위임을 받은 공무원이 지방세 부과, 징수의 예에 의하여 방위세를 부과, 징수하되 지방자치단체가 징수한 방위세는 국세징수법 제8조(시, 군 위탁징수)[19]의 예에 의하여 국고에 납입하도록 되어 있으므로, 피고가 이 사건 방위세를 수납하였다고 하더라도 그로 인한 이득은 국고에 귀속되는 것이고, 따라서 원고가 당연무효의 과세처분으로 말미암아 방위세를 잘못 납부한 것이라면 국고에 대하여 그 반환을 청구하여야 할 것이다[20]라고 하고 있다.

이 사건 판결은 조세가 국세이냐 지방세이냐에 따라 이득의 귀속자가 달라진다는 법리에 충실하였다는 점에서 그 결론에 있어서는 타당하다.[21]

---

17) 균등할주민세액·재산세액·종합토지세액·자동차세액·등록세액과 마권세액에 부과되던 방위세와 관련하여, '납세자가 당해 세액을 신고·납부(납입 및 중간예납을 포함한다)하는 때에 함께 신고·납부하여야 하며, 납세자가 신고·납부하지 아니하는 때에는, 시장·군수 또는 그 위임을 받은 공무원이 지방세 부과·징수의 예에 의하여 이를 부과·징수한다.'(방위세법 5조 1항, 6조 1항 3호)라고 규정되어 있었다.
한편 교육세법 제10조 제4항은 '등록세액·경주·마권세액·균등할주민세액·재산세액·종합토지세액·자동차세액과 담배소비세액에 부과되는 교육세는 시장·군수(지방세법 제170조의 규정에 의하여 준용되는 지방세의 세액에 부과되는 교육세의 경우에는 서울특별시장·광역시장을 포함한다) 또는 그 위임을 받은 공무원이 지방세 부과·징수의 예에 의하여 이를 부과·징수한다.', 제5항은 '제4항의 규정에 의하여 시장·군수 또는 그 위임을 받은 공무원이 교육세를 징수한 경우에는 대통령령이 정하는 바에 의하여 이를 국고에 납입하여야 한다.'라고 규정되어 있었으나, 2000. 12. 29. 법률 6296호로 개정되면서 위 해당 조항이 삭제되었다.
그리고 농어촌특별세법은 제3조(납세의무자) 제1호, 제5호에서 '제2조 제1항 각 호 외의 부분에 규정된 법률에 따라 소득세·법인세·관세·취득세 또는 등록에 대한 등록면허세의 감면을 받는 자'와 '지방세법에 따른 취득세 또는 레저세의 납세의무자'를 농어촌특별세를 납부할 의무자로 규정한 다음, 제8조 제2항 제3호에서, '제3조 제1호의 납세의무자 중 취득세 또는 등록에 대한 등록면허세의 감면을 받는 자와 제3조 제5호에 따른 납세의무자에 대하여는 시장·군수 및 자치구의 구청장이 해당 본세의 부과·징수의 예에 따라 부과·징수한다.'라고 규정하고 있다.
따라서 현재는 지방세에 부대되어 징수되는 국세의 세목은 농어촌특별세뿐이다.
18) 지방자치단체가 징수한 방위세는 국세징수법 제8조의 규정을 준용하여 국고에 납입하여야 하였다.
19) 제1항 : 세무서장은 대통령령이 정하는 바에 의하여 시장(특별시와 광역시에 있어서는 구청장 또는 군수. 이하 같다.)·군수에게 그 관할구역 내의 국세의 징수를 위탁할 수 있다. 이 경우에 시장·군수는 당해 국세를 징수하여 국고에 납입하여야 한다(이 규정은 2011. 12. 31. 법률 제11125호로 삭제되었다).
20) 대법원 1994. 9. 27. 선고 94다10740 판결 등 주 16의 판결들.
아울러 대법원은 도세인 취득세를 시·군이 신고 납부받았다 하여도 취득세의 이득 주체는 도이지 시·군이 아니며(대법원 1997. 11. 11. 선고 97다8427 판결), 산림법상의 산림전용부담금이 국고에 납입되는 이상 지방자치단체가 위임에 의한 국가사무처리에 따라 부과 징수하였다 하여도 이득의 주체는 국고이다(대법원 1998. 2. 10. 선고 95다20256 판결)라고 하여 반환청구의 대상을 귀속주체에 의해 판단하여야 한다는 태도를 견지하고 있다.

4. 이 판결의 의의

세금을 납부한 사람은 본세와 부대세가 일괄하여 부과 징수되거나 신고 납부된 경우 부과처분의 취소 등을 구하는 소송은 해당 행정청을 상대로 하면 되었고, 따라서 부당이득반환청구 역시 그 행정청이 속한 국가 내지 지방자치단체만을 상대로 하면 된다고 생각할 여지가 많았고, 하급심 역시 그와 같은 취지로 판결을 하였는바, 이 판결은 본세에 부가하여 부과 징수되거나 신고 납부되는 조세의 귀속주체가 본세와 다를 경우 그 부과처분이나 신고에 당연 무효인 사유가 있음을 전제로 한 부당이득반환청구의 피고는 본세와는 무관하게 그 부대세의 귀속주체로 하여야 함을 처음으로 선언한 선례로서, 특히 하급심의 혼란을 정리한 점에서 큰 의미가 있다.

참고문헌

김수일, "무효인 납세보증보험에 기한 피보험자의 보험금지급청구에 기하여 보험금 명목의 급부를 이행한 납세보증보험사업자가 직접 그 급부의 귀속자를 상대로 부당이득반환청구를 할 수 있는지 여부", 『대법원판례해설』, 제57호(2005 하반기)(2006. 7.).

김찬돈, "가. 납세의무부존재확인의 소의 성격(＝당사자소송) 및 피고적격(＝국가·공공단체 등 권리주체), 나. 구가 특별시세인 취득세를 신고납부 받아 특별시에 납입할 경우의 귀속주체(＝특별시) 및 구가 국세인 농어촌특별세를 지방세인 취득세에 부가하여 신고 납부받아 국고에 납입할 경우의 귀속주체(＝국가)", 『대법원판례해설』, 제35호(2000 하반기)(2001. 6.).

『법원실무제요(행정)』, 법원행정처, 1997.

소순무, "신고납세방식의 조세에서 부당이득반환청구권의 성립요건", 『조세판례백선』, 박영사, 2005.

임승순, 『조세법』, 박영사, 2011.

---

21) 지방자치단체가 지방세인 본세와 국세인 부대세를 일괄하여 납부받은 때에는 그 부대세를 국고에 납입하는 내부적인 절차가 있는 만큼(주 17 참조) 그 반대의 경우도 동일한 절차를 취하면 된다는 현실적인 필요성의 점에서 본다면, 귀속주체별로 나누지 않고 해당 처분청에 대응하는 지방자치단체만을 피고로 하고, 그 후에 위와 같은 내부적인 정산절차를 거꾸로 거치도록 하는 것이 납세자를 고려한다는 점에서 충분히 가능한 해결책이 될 수도 있을 것이나, 대법원은 현실적인 고려는 하지 않았다. 그로 인해 납세자는 동일한 사안을 행정소송으로 다툴 수 있는 경우에는 해당 처분청만을 피고로 삼으면 되나, 민사소송으로 다툴 경우에는 본세와 부대세의 귀속주체가 누구인가를 밝힌 다음 그 귀속주체별로 나누어 피고로 삼아야 하는 불편을 안게 되었다.

결손처분취소사유의 해석과 조세법령 불소급의 원칙

사건의 표시 : 대법원 2002. 9. 24. 선고 2001두10066 판결

▪ **사실개요** ▪

피고는 주식회사 ○○상사의 1992년도 미신고소득 2억 31,768,887원을 대표이사인 원고의 당해연도 소득에 귀속하는 것으로 인정상여 처분하여 1998. 4.경 원고의 1992년도 종합소득세를 1억 22,443,372원으로 증액·경정하고 원고가 이미 납부한 세액과의 차액 1억 20,898,920원을 추가로 부과·고지하였는데, 원고가 이를 납부하지 않자 원고의 재산에 대한 조사 끝에 아무런 재산도 소유하고 있지 않음을 확인하고는 1998. 6. 26. 징수법(1999. 12. 28. 법률 제6053호로 개정되기 전의 것, 이하 '구 국세징수법'이라 한다) 제86조 제1항에 기하여 원고에게 부과된 종합소득세

1억 20,898,920원 및 가산금 8,946,500원에 대하여 결손처분(이하 '제1차 결손처분'이라 한다)을 하였다.

그 후 원고가 1999. 7. 1. 세무사로 사업자등록을 하자, 피고는 2000. 5. 25. 원고에게 사업소득이 발생하였다는 이유로 제1차 결손처분을 취소하는 처분(이하 '이 사건 취소처분'이라 한다)을 하였다가, 그 후 원고가 폐업을 하자 피고는 원고가 사업을 하지 않고 재산도 없다는 이유로 다시 결손처분(이하 '제2차 결손처분'이라 한다)을 하였다.

제1심[1])에서 원고는 구 징수법에 의하면 결손처분을 취소하기 위해서는 '결손처분 당

---

* 박종수(고려대학교 법학전문대학원 교수, 법학박사).

1) 서울행정법원 2001. 4. 6. 선고 2001구3463 판결.

시' 압류할 수 있는 재산이 있었던 것이 발견되어야 하고, 결손처분 이후에 새로이 재산을 취득하였다 하더라도 이를 들어 결손처분을 취소할 수는 없으므로, 피고가 1999. 12. 28. 법률 6053호로 개정된 국세징수법 제86조 제2항을 소급적용하여 1차 결손처분을 취소한 것은 조세법령 불소급원칙에 반한 위법한 처분이라고 주장하였으나, 제1심 법원은 2000. 12. 21. 제2차 결손처분이 행해진 이상 더 나아가 살펴볼 필요 없이 원고에게는 이 사건 결손처분취소처분의 취소를 구할 소의 이익이 없다고 보아 청구를 각하하였다. 항소심[2] 또한 같은 취지로 소의 이익이 없어 부적법하다고 보아 원고의 항소를 기각하였다.[3]

▪ 판결요지 ▪

1. 1996. 12. 30. 법률 제5189호로 개정되기 전의 국세기본법(이하 '기본법'이라 한다) 제26조 제1호에 납세의무의 소멸사유 중 하나로 규정되어 있던 '결손처분'이 개정 법률에서는 납세의무의 소멸사유에서 제외되었음에도 불구하고, '결손처분 당시 다른 압류할 수 있는 재산이 있었던 것을 발견한 때'에는 지체

없이 그 처분을 취소하고 체납처분을 하여야 한다고 규정한 구 국세징수법(1999. 12. 28. 법률 제6053호로 개정되기 전의 것) 제86조 제2항이 그대로 존치되어 오다가, 징수법이 개정되면서 결손처분의 취소사유가 개정 기본법의 취지에 맞추어 '압류할 수 있는 다른 재산을 발견한 때'로 확대되었는바, 개정 징수법 아래에서는 결손처분은 체납처분절차의 종료라는 의미만 가지게 되었고, 결손처분의 취소도 종료된 체납처분절차를 다시 시작하는 행정절차라는 의미만을 가질 뿐이나, 기본법이 개정되고 나서 징수법이 개정되기까지의 기간 동안에 행해진 결손처분의 경우에는 그 결손처분으로 인하여 납부의무가 소멸되지는 않는다 하더라도, 그 취소와 관련하여서는 구 징수법의 규정에 따라 결손처분 당시 다른 압류할 수 있는 재산이 있었던 것을 발견한 때에 한하여 결손처분을 취소하고 체납처분을 다시 할 수 있을 뿐이고, 이와는 달리 납세의무자에게 불리하게 개정된 법률을 적용하여 결손처분이 있은 후 새로 취득한 재산을 발견한 경우에도 결손처분을 취소하고 체납처분을 할 수 있다고 보는 것은 조세법령 불소급의 원칙이나 엄격해석의 원칙에 반하여 허용되지 아니한다.

---

2) 서울고등법원 2001. 8. 23. 선고 2001누6847 판결.
3) 제1심과 달리 원고는 항소심에서 이 사건 취소처분이 취소되지 아니할 경우 피고가 개정된 징수법 제86조 제2항을 적용하여 원고가 이 사건 결손처분 이후에 압류할 수 있는 재산을 취득하였음을 이유로 다시 위 2000. 12. 21.자 결손처분을 취소하고 체납처분을 할 우려가 있으므로 이를 방지하기 위하여 이 사건 취소처분의 취소를 구할 법률상 이익이 있다고 주장하였으나 받아들여지지 않았다.

2. 구 징수법(1999. 12. 28. 법률 제6053호로 개정되기 전의 것) 시행중에 제1차 결손처분을 하고, 개정된 신법에 의하여 위 제1차 결손처분을 취소하였다가 다시 제2차 결손처분을 행한 경우, 제2차 결손처분은 제1차 결손처분과는 달리 개정된 징수법의 시행 후에 행해진 것으로 그 처분 후에 새로 취득한 재산이 발견된 경우에도 그 처분을 취소하고 체납처분절차를 진행할 수 있다는 점에서 제2차 결손처분이 있다고 하여 그 취소와 관련하여 효력 면에서 차이가 있는 제1차 결손처분이 있는 것과 동일시할 수는 없으므로 제2차 결손처분이 있음을 이유로 제1차 결손처분에 대한 취소처분의 취소를 구할 소의 이익이 소멸하였다고는 볼 수 없다.

▶ 해 설 ◀

1. 쟁점

이 사건의 쟁점은, (1) 제1차 결손처분을 1999. 12. 25. 개정된 국세징수법 규정에 따라 그 처분 후에 새로이 취득한 재산이 발견된 경우라 하여 그 처분을 취소하는 것이 조세법령 불소급의 원칙에 반하는 것인지 여부와 (2) 제2차 결손처분이 있음을 이유로 제1차 결손처분에 대한 이 사건 취소처분의 취소를 구할 소의 이익이 소멸하는지에 관한 것이다.

2. 조세법령 불소급원칙의 관련 여부

사안에서 원고는 2000. 5. 25.자 결손처분취소처분이 위법하다고 주장하여 취소소송을 제기하였는데, 이 처분의 위법성 판단시점 및 적용법규의 관점에서 살펴보면 과연 이 사안에서 조세법령 불소급 원칙이 관련되는 것인지 의문이 제기될 수 있다고 본다.

(1) 법 개정 경과의 확인

기본법은 1996. 12. 30. 법률 제5189호로 개정되면서 그 전까지 납세의무의 소멸사유로 규정되어 있던 결손처분을 삭제하였다. 한편 징수법은 위 기본법 개정에도 불구하고 '결손처분 당시 다른 압류할 수 있는 재산이 있었던 것을 발견한 때'에는 지체 없이 그 처분을 취소하고 체납처분을 하여야 한다고 규정한 구 징수법 제86조 제2항의 규정을 그대로 유지하다가, 1999. 12. 28. 법률 제6053호로 징수법이 개정되면서 개정 기본법의 취지에 맞추어 '압류할 수 있는 다른 재산을 발견한 때'로 확대규정하게 되었다. 개정 징수법의 부칙에 의하면 2000. 1. 1.부터 시행하며 특별한 경과규정이나 적용례를 두지 않았다.

(2) 결손처분과 결손처분취소처분의 구별

이 사건 법원의 판단부분에 의하면, 개정 징수법 아래에서는 결손처분은 체납처분절차의 종료라는 의미만 가지게 되었고, 결손처분의 취소도 종료된 체납처분절차를 다시 시작하는 행정절차라는 의미만을 가질 뿐이나, 기본법이 개정되고 나서 징수법이 개정되기까지의 기간 동안에 행해진 결손처분의 경우에는 그 결손처분으로 인하여 납부의무가 소멸되지는 않는다 하더라도, 그 취소와 관련하여서는 구 징수법의 규정에 따라 결손처분 당시 다른 압류할 수 있는 재산이 있었던 것을 발견한 때에 한하여 결손처분을 취소하고 체납처분을 다시 할 수 있을 뿐이고, 이와는 달리 납세의무자에게 불리하게 개정된 법률을 적용하여 결손처분이 있은 후 새로 취득한 재산을 발견한 경우에도 결손처분을 취소하고 체납처분을 할 수 있다고 보는 것은 조세법령 불소급의 원칙에 반한다고 보고 있다.

그러나 결손처분취소처분을 제1차 결손처분시의 존재하던 법규를 근거법규로 하여야 한다는 위 판시이유 결론에 대해서는 수긍할 수 없다. 결손처분과 결손처분취소처분은 상호 별개의 처분으로서, 그 처분시 적용할 근거법규는 각각 개별적으로 적용될 것이고 처분의 위법성 판단의 기준시도 각 처분별로 검토될 것이기 때문이다. 조세소송상 위법성 판단의 기준시에 대해서는 처분시설과 판결시설 및 절충설의 대립이 있다.

1) 처분시설

이는 일반 행정소송에서의 위법성 판단의 기준시에 관한 이론이 조세행정소송에서도 그

대로 타당하다는 견해로서, 행정처분은 당해 처분 발령시에 존재하는 법에 따라 위법성 여부를 판단하여야 한다는 견해이다. 다만, 처분시라는 의미는 처분 당시에 존재하였던 자료와 행정관청에 제출되었던 자료만으로 위법 여부를 판단하여야 한다는 것이 아니며 그 처분을 뒷받침하는 자료의 제출시기가 변론종결시라는 것과는 구별되어야 함을 인정한다.

2) 판결시설

이는 실체세액의 존부를 다투는 조세소송에 있어서 객관적 소득은 이미 일의적으로 정하여지는 것이므로 처분시와 변론종결시가 다를 바 없으므로 민사소송에서와 마찬가지로 변론종결시, 즉 판결시를 기준으로 처분의 위법성을 판단하여야 한다는 견해이다.

3) 절충설

이는 조세소송의 소송물을 실체법상의 위법과 절차상의 위법으로 나누어, 절차상의 위법을 다투는 경우에는 일반 행정처분과 마찬가지로 처분당시의 조세절차법규와 사실상태를 기준으로 위법성을 판단하지만, 실체세액의 존부를 다투는 경우에는 행정처분에 의해 구체화된 초과세액의 적부를 논하는 것이므로 법령과 사실에 관한 새로운 주장과 이유를 제출할 수 있는 최종 시한인 사실심 변론종결시를 기준으로 하여야 한다고 본다.

4) 판례의 입장

대법원은 일관되게 일반 행정처분에 대한 위법판단의 기준시(처분시설)가 조세행정소송

에도 그대로 타당하다는 입장을 견지하고 있다.[4] 다만, 당사자는 처분 당시에 객관적으로 존재한 사실상태를 기준으로 삼아 이를 사실심 변론종결시까지 입증할 수 있고, 법원도 그 변론종결시까지 제출된 모든 자료를 종합하여 처분 당시 객관적으로 존재한 사실상태를 확정하고 그 사실에 기초하여 처분의 위법 여부를 판단하여야 한다[5]고 본다.[6]

생각건대 행정처분의 적법 여부를 문제삼는 조세소송의 경우 당해 처분의 위법성판단의 기준시는 일반행정사건에서의 경우와 동일하게 처분시라고 보는 판례 및 다수설의 입장에 찬동한다. 가사 절충설의 입장에 따르더라도 본 사안의 경우처럼 순수 조세행정절차상의 처분이 문제되는 경우에는 처분시를 위법판단의 기준시로 보는 데에 차이가 없다.

(3) 소결

이러한 결론을 본 사안에 적용하여 보면, 사안에서 제1차 결손처분은 1998. 6. 26.에 있었고, 그 취소처분은 2000. 5. 25.에 있었다. 국세징수법이 개정된 것은 1999. 12. 25.이고 그 시행은 2000. 1.1.부터이다. 제1차 결손처

분을 취소하려는 과세관청으로서는 처분시 존재하는 법령인 개정 징수법을 적용할 수밖에 없고, 이러한 결손처분취소처분의 위법 여부는 처분시인 2000. 5. 25. 현재 존재하는 법령에 근거하여 판단할 수밖에 없다고 보아야 한다. 특히 개정 징수법은 이미 2000. 1. 1.부터 효력을 발하고 있으며, 그 부칙에 별다른 경과규정이 없는 점을 감안하면 신법인 개정 징수법은 소급효를 발하지도 않으며, 개정된 징수법이 존재함에도 불구하고 제1차 결손처분시 존재하던 징수법을 적용하여야 한다고 하면 처분의 근거법령 및 위법판단의 기준시에 관한 법리에 반하는 결과를 초래할 것이다.

아울러 기본법 제18조에서는 제2항에서 입법상 소급과세금지원칙을 규정하고 제3항에서 행정상 소급과세금지원칙을 규정하고 있는데, 사안의 경우는 동조 제2항은 물론 제3항 어디에도 해당하지 않아, 조세법령 불소급의 원칙[7]과 직접 관련하지 않는다는 점을 유의할 필요가 있다.

결국 제1차 결손처분이 1996. 12. 30. 국세기본법상 결손처분이 납세의무소멸사유에서 삭제된 후 1999. 12. 25. 징수법이 개정되기

---

4) 대법원 1983. 12. 13. 선고 80누49; 1988. 6. 7. 선고 97누1079; 1991. 3. 22. 선고 90누8220; 1992. 2. 25. 선고 91누12776 판결.
5) 대법원 1997. 10. 24. 선고 97누2429 판결.
6) 다만, 이에 대해서는 위법판단의 기준시가 처분시이냐 판결시이냐의 논쟁은 조세소송에서는 특별한 의미가 없고 판례는 조세채권의 확정법리의 특성과 조세소송의 구조를 외면하고 일반적 행정행위의 적법 여부 판단기준을 그대로 사용하고 있다는 비판(소순무, 『조세소송』, (주)영화조세통람, 2008, 367면 이하)이 있다.
7) 이에 대한 상세는 박종수, "조세법률의 소급효와 신뢰보호", 『세무학연구』, 제24권, 제2호(2007. 6.), 65면 이하 참조.

전까지의 사이에 행해졌다 하더라도 이 처분을 취소하는 처분은 별개의 처분으로서 취소처분시 존재하는 법률상태에 따라 처분하면 되고 위법 여부도 이 시점을 기준으로 판단하여야 한다고 보아야 한다.

3. 결손처분취소처분의 위법성

위에서 본 바와 같이 일단 본 사안이 법령불소급 원칙을 적용할 수 없는 경우에 해당한다면 결손처분취소처분의 위법성 여부는 다른 측면에서 검토하여야 할 것이다. 물론 여기서의 위법성 판단은 아래에서 검토하는 바와 같이 이 사건 취소처분을 다툴 소의 이익이 인정된다는 전제하에서 논할 수 있다.

우선 신법이 장래입법에 해당하는 경우여서 소급효가 전혀 없는 경우라 하더라도 신법의 제정으로 인하여 구법 하의 법 상태에 대한 보호가치 있는 납세자의 신뢰가 인정될 수 있는 때에는 당해 신법 규정이 신뢰보호원칙에 위반하여 위헌이 되며,[8] 이러한 위헌인 법규에 근거한 처분 또한 비록 처분시부터 명백성을 담보하지 못한다는 점에서 명백하지는 않다 하더라도 중대한 하자이므로 최소한 취소사유에 해당하는 처분이라고 판단할 수 있

을 것이다. 이러한 신뢰보호원칙을 적용함에 있어서는 구법 하에서의 결손처분을 받은 사실이 납세자에게 기득권을 준다고 볼 수 있는지, 기본법상 결손처분이 납세의무소멸사유에서 삭제된 상황에서 징수법이 개정될 것이라는 것을 국민 누구나 예견할 수 있었다고 볼 수 있는지 등 납세자의 신뢰의 보호가치성 여부를 그를 둘러싼 사실상태 및 법상태를 기준으로 면밀히 검토하였어야 할 것이다.

또한 결손처분취소의 사유로 원고가 1999. 7. 1. 세무사로 사업자등록을 하였다는 점을 들고 있는데, 2000. 12. 21.에 있은 제2차 결손처분의 사유가 원고가 사업을 하지도 않고 재산도 없다는 것을 이유로 하는 점을 보면, 과연 사업자등록을 했다는 사실이 '압류할 수 있는 다른 재산을 발견한 때'와 동일시될 수 있는지 여부를 제대로 검토하지 않고 한 처분일 수 있다는 점을 생각할 수 있다.

4. 결손처분취소처분을 다툴 소의 이익에 관한 문제

제1심과 원심에서는 제2차 결손처분이 행해짐으로써 제1차 결손처분의 취소처분을 다툴 소의 이익이 없다고 보아 각하하였다. 반

---

8) 대법원은 2006. 11. 16. 선고 2003두12899 전원합의체판결에서 다수견해가 "새로운 법령에 의한 신뢰이익의 침해는 새로운 법령이 과거의 사실 또는 법률관계에 소급적용되는 경우에 한하여 문제되는 것은 아니고, 과거에 발생하였지만 완성되지 않고 진행중인 사실 또는 법률관계 등을 새로운 법령이 규율함으로써 종전에 시행되던 법령의 존속에 대한 신뢰이익을 침해하게 되는 경우에도 신뢰보호의 원칙이 적용될 수 있다고 판시하였다.

면 대법원은 제1차 결손처분이 개정된 국세기본법 하에서 아직 징수법이 개정되기 전에 내려진 처분으로서 구 징수법에 따라야 할 처분으로 보기 때문에 제2차 결손처분과는 효력면에서 차이가 있어 양 처분을 동일시 할 수 없으므로 제2차 결손처분이 행해졌더라도 이 사건 취소처분의 취소를 구할 소의 이익이 있다고 보았다.

그러나 본 사안에서 소급효가 문제되지 않고 다만 장래효 있는 입법이지만 납세자의 보호가치 있는 신뢰이익이 존재하는지가 문제될 수 있을 뿐이라고 보는 필자의 입장에서는 제1차 결손처분과 제2차 결손처분간에 효력면에서의 차이를 인정할 수 없고, 양 처분 모두 개정된 징수법 규정을 근거법규로 하는 처분임에서 동일하다고 보이며, 원고가 이 사건 처분을 다투는 것은 납세의무의 소멸을 다투는 것이 아니라 체납처분절차의 종료를 다투는 것이며, 결손처분이 있으면 납세의무가 소멸하는 것은 아니지만 체납처분절차의 종료라는 긍정적인 효과는 거둘 수 있어 당장의 압류 등을 피할 수 있다는 점에서 이 사건 취소처분의 취소를 구하는 것이다. 만약 그러하다면 사안의 경우처럼 이 사건 취소처분의 취소소송 도중 제2차 결손처분이 행해진 경우에는 더 이상 권리보호의 필요를 결하게 되어 소의 이익을 상실한다고 보는 것이 타당할 것이다. 이러한 점에서 원심과 제1심에서 소의 이익이 없다고 본 것을 뒤집은 본 사안 대법원의 판단은 아쉬운 점을 남긴다고 본다.

참고로 마찬가지로 결손처분취소처분의 취소가 문제된 대법원 2005. 2. 17. 선고 2003두12363 판결은 제2차 결손처분이 없는 사안으로 결손처분취소처분의 취소를 다툴 소의 이익을 결하지 않는 경우라는 점에서 본 사안과 비교될 수 있다.

참고문헌

박종수, "조세법률의 소급효와 신뢰보호", 『세무학연구』, 제24권, 제2호(2007. 6.).

소순무, 『조세소송』, (주)영화조세통람, 2008.

국세에 관한 행정소송에 있어서
심판전치주의의 완화요건*

사건의 표시 : 대법원 1989. 11. 10. 선고 88누7996 판결

▪ 사실개요 ▪

1980. 12. 31. 당시 소외 A 주식회사의 주식 1,494,000주를 소유하고 있던 소외 망 오 ○○이 1981. 3. 9. 사망하여 원고 甲을 포함한 5인(이하 "甲등"이라 함)이 위 망인의 유산을 상속하였다. 위 주식 1,494,000주 중 177,920주가 1981. 1. 6.에 위 망인의 큰 사위인 乙에게, 83,000주가 1981. 2. 14.에 위 망인의 작은 사위인 丙에게, 222,400주가 乙의 형인 丁에게 각기 명의개서가 마쳐진 것으로 위 소외회사의 주권대장에 기재되어 있다.

위 망인의 재산상속인인 甲등 5인이 1981. 6. 8. 상속세 소관세무서장인 용산세무서장(피고)에게 구 상속세법(1981. 12. 31. 법률

제3474호로 개정되기 전의 것. 이하 "구 상속세법"이라 함) 제20조 제1항의 규정에 의한 신고서를 제출함에 있어서, 乙, 丙, 丁 3인(이하 "乙등"이라 함)에게 명의개서가 되어 있는 위 주식 합계 483,320주를 상속재산에서 제외시켰다.

피고는 1986. 5. 29.에 생전에 乙등에게 명의개서된 위 주식 483,320주(평가액 금 252,776,360원)도 상속재산에 포함되는 것인데, 상속인들이 상속세액을 줄이기 위하여 위 망인이 생전에 양도한 것처럼, 위 망인이 사망한 뒤에 관계서류를 꾸며 상속재산에서 제외시켰을 뿐만 아니라, 또 상속인들이 1981. 11. 5. 성라자로마을에 금 40,000,000원을 직접 증여

---

* 이동식(경북대학교 법학전문대학원 교수, 법학박사).

하였음에도 불구하고, 위 망인이 1981. 1. 31. 소외 이○○에 대한 금 40,000,000원의 채권을 성라자로마을에 무상으로 양도한데 따른 채무를 이행한 것처럼 관계서류를 꾸며 상속재산에서 제외시킨 것으로 보아, 합계 금 292,776,360원을 과세표준에 산입하여 산출된 상속세 금 233,515,620원과 방위세 금 46,703,120원을 부과하였다. 그런데 피고가 위 각 세금에 관하여 납세의 고지를 함에 있어서 납세의무자를 "甲 외 4인"으로 표시하였을 뿐 "4인"의 성명을 구체적으로 특정하지 않았을 뿐만 아니라, 상속세액의 총액과 그 산출근거만을 기재하였을 뿐 상속인 5인 각자가 납부할 세액과 그 계산의 명세를 기재하지 않은 내용의 납세고지서를 작성하여 甲 1인에게만 송달하였다.

또한, 乙등에게 명의개서가 되어 있는 위 주식들에 대하여 상속인들이 乙등에게 명의신탁한 것으로 보고 구 상속세법 제32조의2를 적용하여 용산세무서장은 1986. 5. 29. 丙에게 증여세 금 24,461,120원과 방위세 금 4,892,220원을, 도봉세무서장은 1986. 6. 7. 乙에게 증여세 금 58,885,420원과 방위세 금 11,771,080원을, 동래세무서장은 1986. 6. 13. 丁에게 증여세 금 23,409,290원과 방위세 금 4,681,830원을 각 부과고지하였다.

그 후 甲이 청구인 란에 "甲 외 7인"으로 기재하고 자신의 인장만을 압날한 후 상속세와 방위세에 대하여 심판청구를 제기하여 일부 감액을 받은 바 있다. 그와 별개로 丁은 자신에 대한 증여세부과처분에 대해 전심절차를 경유하였지만 청구를 인용받지 못했다. 이처럼 상속세부과처분과 증여세부과처분에 대해 전심절차에서 완전하게 인용결정을 받지 못하자 당사자들은 각각의 처분에 대해 취소소송을 제기하였다. 상속세부과처분 취소소송의 원고는 甲 이외에 공동상속인인 나머지 4인이 공동원고로 표시되었고, 증여세부과처분의 취소소송은 丁 이외에 乙, 丙도 공동원고로 참가하였다.[1]

▪ 판결요지 ▪

대법원은 상속세부과처분과 관련해서 공동상속인 중 1인인 甲만이 전심절차를 경유한 것에 대해서는 "동일한 행정처분에 의하여 수인이 동일한 의무를 부담하게 되는 경우"라고 정의하고 이런 경우에는 1인만이 전심절차를 경유한 경우에 다른 공동상속인은 전심절차 없이 바로 취소소송을 제기할 수 있다고 판시하였다.

반면, 증여세부과처분과 관련하여서는 "이 사건의 경우 원고 丁과 원고 丙 및 乙에 대한 이 사건 각 과세처분은 과세관청이 각기 다름은 물론 납세의무자·처분일·처분내용

---

1) 이 두 처분에 대한 취소소송은 관련사건으로 소송이 병합되어 진행된 것으로 보인다.

등도 모두 다를 뿐더러, 위 원고들 3인에게 주
식을 증여한 것이라는 점이 공통될 뿐 위 망
인의 상속인들이 위 원고들 3인에게 개별적으
로 각기 별개의 주식을 증여한 것이 과세원인
이 된 것이어서, 위 원고들 3인에 대한 이 사
건 각 과세처분은 각기 독립된 별개의 처분이
라고 볼 수밖에 없을 뿐만 아니라, 원고 丁이
전심절차를 거침으로써 국세청장과 국세심판
소로 하여금 원고 丙 및 乙에 대한 이 사건
각 과세처분에 관한 사실관계와 법률문제에
대하여도 판단할 수 있는 기회를 부여하였다
고 볼 수 없음은 물론, 원고 丙 및 乙로 하여
금 별도로 전심절차를 거치게 하는 것이 가혹
하여 위 원고들이 전심절차를 거치지 아니하
고도 이 사건 각 과세처분의 취소를 청구하는
행정소송을 제기할 수 있는 것으로 보아야 할
만한 정당한 사유가 있다고도 볼 수 없다(뿐만
아니라 과세관청은 전심절차에서 위 원고들 3인에
대한 이 사건 각 과세처분의 과세원인 등에 대하여
기본적 사실관계(주식의 증여)가 동일하다고 인정
되는 한도 내에서는 처분사유를 새로 추가하거나
변경하여 주장할 수 있을 뿐만 아니라, 과세관청은
물론 위 원고들 3인도 사실심 변론종결시까지 각자
별개의 공격방어방법을 제출할 수 있는 것이므로,
이 사건의 경우 행정소송법 제18조 제3항 제1호나
제2호에 해당하는 사유가 있다고 보기도 어렵다.)"

라고 판시하여 원고 丙과 乙이 제기한 증여세
부과처분취소소송에 대해서는 전심절차를 경
유하지 않았다는 이유로 원심이 해당 소를 각
하한데 대해 원심의 결론이 타당하다는 취지
로 상고를 기각하였다.

▶ 해 설 ◀

1. 쟁점

이 사건판결에서는 크게 세 가지 쟁점이
문제되었다. 첫째는 공동상속의 경우에 있어
서 개별상속인을 특정하지 않고, 또 개별상속
인이 각자 부담해야 할 세액도 구분확정하지
않은 상태로 총액으로 대표상속인 1인에게만
납세고지한 경우 그 고지의 효력과 관련된 문
제이다.[2] 둘째는 국세불복에 있어서 행정심판
전치주의의 예외가 될 수 있는 경우를 어디까
지로 인정할 것인지 하는 문제이다. 셋째는 주
식의 명의이전이 이루어졌던 1981년 당시 상
속세법에 따를 때 신탁법상 신탁이 아닌 단순
한 명의신탁이 증여세 과세대상이 될 수 있는
지 하는 문제이다. 그 중 이 글은 두 번째 문
제만을 대상으로 하여 평석하기로 한다.[3]

---

2) 현행법에 따르면 이러한 상속세고지는 위법한 것이 되는데, 과거에는 이러한 방식으로 상속세부과처분을
하는 것이 행정청의 관행이었다. 이와 관련된 쟁점에 대해서는 참고, 임승순, 『조세법』(박영사), 2010,
198 – 199면; 임승순, "공동상속인에 대한 납세고지 – 대법원 1993. 12. 21. 선고 93누10316 판결에 대한
평석 – ", 『조세판례백선』(박영사), 2005, 387 – 391면.

2. 행정심판전치주의와 행정소송

행정기관의 개별적 행정작용이 관련 법규정을 위반하여 위법·부당하게 이루어진 경우 그러한 행정작용에 대해서는 시정의 기회가 있어야 한다. 이를 위하여 마련된 것이 행정쟁송제도이다. 행정쟁송은 크게 행정심판과 행정소송으로 나누어진다. 행정심판은 헌법 제107조 제3항에 근거하고 있고, 이를 규율하는 국회차원의 일반법으로는 행정심판법이 있고, 그외 국가공무원법, 국세기본법(이하 '기본법'이라 한다)과 같은 개별행정법에서 다시 개별적 행정심판에 대해 별도의 규율을 하기도 한다.[4] 행정소송은 헌법 제27조에서 규정한 재판청구권에 근거를 하고 있고, 이에 관련한 법률로는 행정소송법이 있다.

조세부과처분과 같은 행정작용의 위법·부당성 여부에 대한 분쟁이 발생한 경우 그 분쟁해결을 위해서 행정심판과 행정소송이 가능한 경우 양자의 관계를 어떻게 할 것인지 여부가 문제된다. 좀 더 구체적으로는 행정심판을 먼저 제기하고 난 후에 행정소송을 제기해야 하는 것인지 아니면 행정심판을 제기하지 않고 바로 행정소송을 제기할 수 있는지 여부가 문제된다. 흔히 전자의 입장을 취하는 입법례를 「행정심판전치주의」라 하고, 후자의 입장을 취하는 입법례를 「자유선택주의」라고 칭한다. 우리나라는 1994. 7. 27. 행정소송법 개정 이전까지는 원칙적으로 행정심판전치주의를 채택하고 있었고, 1994년 행정소송법 개정 이후 현재에는 자유선택주의를 원칙으로 하고 있다.[5] 하지만 이에 대해 규정하고 있는 행정소송법 제18조는 동조 제1항 본문에서 자유선택주의를 원칙으로 규정하면서도 단서에서는 "다른 법률에 당해 처분에 대한 행정심판의 재결을 거치지 아니하면 취소소송을 제기할 수 없다는 규정이 있는 때에는 그러하지 아니하다"라고 하여 예외적으로 행정심판전치주의가 적용되는 것으로 규정하고 있다. 그리고 행정소송법 제18조 제2항과 제3항은 모두 예외적으로 행정심판전치주의가 적용되는 경우를 전제하면서도 그러한 경우라고 하더라도 행정심판의 재결을 거치지 않고 취소소송을 제기할 수 있는 경우(2항), 원천적으로 행정심판을 제기함이 없이 취소소송을 제기할 수 있는 경우(3항)를 규정하고 있다.

---

3) 나머지 쟁점에 대해서는 참고, 우창록, "상속인등이 수인 있는 경우 절차상의 문제," 『서울지방변호사회 판례연구』, 제5집(1989. 11.), 119면 이하.
4) 개별적 행정법에서 별도로 행정심판에 대해 규정을 두는 경우도 크게 두 유형으로 나눠진다. 첫째는 기본적으로 행정심판법의 적용을 받되 몇몇 조문에 대해서는 "특례규정"을 설정하는 형태이다. 둘째는 행정심판법의 적용을 원칙적으로 배제하는 형태로 특별규정을 두는 형태이다. 기본법은 그 중 후자에 해당한다. 참고, 기본법 제56조 제1항.
5) 행정소송법 제18조.

3. 국세심판전치주의와 조세소송

기본법 제7장에서는 이의신청과 심사청구, 심판청구 총 세 가지 유형의 행정심판을 규정하고 있다. 기본법 제56조 제1항에 의하여 기본법에서 규정하는 행정심판에 대해서는 행정심판법의 적용이 원칙적으로 배제되도록 되어 있다. 대신 기본법 제56조 제2항은 "제55조에 규정된 위법한 처분에 대한 행정소송은 행정소송법 제18조 제1항 본문, 제2항 및 제3항에도 불구하고 이 법에 따른 심사청구 또는 심판청구와 그에 대한 결정을 거치지 아니하면 제기할 수 없다"라고 규정하여 소위 "국세심판전치주의"를 규정하고 있다.[6] 이 규정에서 특이한 점은 행정소송법 제18조 제1항 본문만을 적용 배제하는 것이 아니라 행정심판전치주의의 예외를 규정하고 있는 행정소송법 제18조 제2항과 제3항도 적용배제하는 것으로 규정하고 있다는 점이다.

현재의 기본법조문에 따르면 마치 국세에 대해서는 심사청구 또는 심판청구를 거친 후에만 조세행정소송(=조세부과처분취소소송)을 제기할 수 있고, 그 예외를 전혀 인정하지 않는 것처럼 되어 있다. 문헌들은 대체로 이처럼 기본법조문이 행정소송법 제18조 제2항과 제3항의 적용을 배제하는 이유가 조세소송에는 모든 경우 행정심판전치주의를 취하겠다는 것이 아니라 위 행정소송법조문들의 적용범위가 너무 넓어서 그와 같은 광범위한 예외를 국세의 경우에는 인정하지 않겠다는 취지로 이해하고 있다.[7] 그렇다면 법률에 명시적 규정은 없지만 국세의 경우에도 일정한 범위에서(행정소송법 제18조 제2항과 제3항이 규정하는 것보다는 좁은 범위에서) 심판전치주의의 예외가 인정될 수 있다는 것이 된다.

판례도 이와 같은 입장을 취하고 있다. 문제는 그 범위를 어디까지로 할 것인지의 여부라고 할 것이다. 물론 기본법 제56조 제2항이 행정소송법 제18조 제2항과 제3항의 적용을 배제한다고 명시적으로 규정을 해두었음에도 심판전치주의의 예외를 판례를 통해 인정할 수 있는지 여부에 대해 의문이 들 수 있다. 그런데 과거 행정소송법이 행정심판전치주의를 원칙으로 할 때에도 판례는 법률에 명시적 규정이 없음에도 불구하고 행정심판을 제기하지 않고 바로 행정소송을 제기할 수 있는 예외를 인정하기도 하였으므로,[8] 학설과 판례는 이 문제에 대해서는 가능하다는 입장이라고 할 수 있다.

---

6) 이의신청은 심사청구와 심판청구를 제기하기에 앞서 청구할 수 있는 것으로 임의적인 제도이다.
7) 최병철, "조세심판전치주의의 완화 – 대법원판례를 중심으로", 『특별법연구 제6권』(박영사), 2001, 156면.
8) 현재 행정소송법 제18조 제3항에 해당하는 부분이다.

4. 판결분석

(1) 대상판례에서 나타난 국세심판과 행정소송의 관계

현재 법조문상으로는 국세심판전치주의의 예외를 인정할 수 있는 명시적 법적 근거가 없지만 판례는 일정한 범위에서 예외인정이 가능하다는 입장을 취하고 있고, 대상 판례에서도 이러한 예외를 인정하고 있다.[9]

이에 따라 공동상속인 중 1인인 甲이 불복제기를 한 경우에 다른 4인의 공동상속인은 바로 상속세부과처분취소소송을 제기할 수 있게 되어진다.

그러나 丁이 단독으로 제기한 국세심판의 효력이 乙과 丙에게 효력이 미치는지 여부와 관련해서는 판례는 "원고 丁, 乙, 丙 대한 이 사건 각 과세처분은 과세관청이 각기 다름은 물론 납세의무자, 처분일, 처분내용 등도 모두 다를 뿐더러, 위 원고들 3인에게 주식을 증여한 것이라는 점이 공통될 뿐 위 망인의 상속인들이 위 원고들 3인에게 개별적으로 각기 별개의 주식을 증여한 것이 과세원인이 된

것이어서, 위 원고들 3인에 대한 이 사건 각 과세처분은 각기 독립된 별개의 처분이라고 볼 수밖에 없을 뿐만 아니라, 원고 丁이 전심절차를 거침으로써 국세청장과 국세심판소로 하여금 원고 乙 및 丙에 대한 이 사건 각 과세처분에 관한 사실관계와 법률문제에 대하여도 판단할 수 있는 기회를 부여하였다고 볼 수 없음은 물론 원고 乙 및 丙으로 하여금 별도로 전심절차를 거치게 하는 것이 가혹하여 乙 및 丙이 전심절차를 거치지 아니하고도 이 사건 각 과세처분의 취소를 청구하는 행정소송을 제기할 수 있는 것으로 보아야 할 만한 정당한 사유가 있다고 볼 수 없다."라고 판시하였다.

(2) 반대 의견

공동상속에 있어서 공동상속인 1인이 상속세부과처분에 대해 전심절차를 경유한 경우 다른 공동상속인은 전심절차를 경유할 필요없이 바로 취소소송을 제기할 수 있다는 부분에 대해서는 이론이 없다.

그런데 원고 丁이 자신에 대한 증여세부

---

9) 대법원 1989. 11. 10. 선고 88누7996 판결: 2개 이상의 행정처분이 같은 목적을 위하여 계단적으로 진행되는 일련의 발전적 과정에서 이루어진 것으로 서로 내용상 관련이 있다든지, 세무소송이 계속중에 과세관청이 소송의 대상인 과세처분을 변경하였는데 위법사유가 공통된다든지, 동일한 행정처분에 의하여 수인이 동일한 의무를 부담하게 되는 등의 경우에 선행처분에 대하여, 또는 동일한 의무를 부담하게 된 납세의무자들중의 1인이 적법한 전심절차를 거친 때(이 사건에서 전심절차를 거친 원고 甲과 공동상속인의 관계에 있는 다른 4인의 경우)와 같이 … 국세청장과 국세심판소로 하여금 기본적 사실관계와 법률문제에 대하여 다시 판단할 수 있는 기회를 부여하였을 뿐더러 납세의무자로 하여금 굳이 또 전심절차를 거치게 하는 것이 가혹하다고 보이는 등 정당한 사유가 있는 때에는, 납세의무자가 전심절차를 거치지 아니하고도 과세처분의 취소를 청구하는 행정소송을 제기할 수 있다고 보아야 할 것이다.

과처분과 관련하여 경유한 전심절차에 대해 乙과 丙이 전심절차를 경유한 것으로 보고 바로 자신들에 대한 증여세부과처분에 대해 취소소송을 제기할 수 있다고 보아야 할 정당한 사유가 있는지 여부에 대해서는 판례와 다른 견해를 피력하는 이도 있다.[10] 이 견해는 丁과 乙, 丙에게 행한 증여세부과처분이 각각 별개의 처분이라고 주장하면서 판례가 그 논거로 들고 있는 것에 대해 다음과 같이 비판하고 있다. 첫째, 과세관청과 처분일이 다르다는 점과 관련하여서는 이러한 사건에서 과세는 하나의 세무서장이 과세자료를 입력시켜 해당 납세의무자의 주소지를 관할하는 여러 세무서장이 동시에 부과행위에 나서는 과세실무를 고려할 때 과세관청이 다르다는 점과 과세일이 다르다는 점은 중요한 논점이 아니라고 평가하고 있다. 둘째, 상속인들이 이들 3인에게 별개의 주식을 서로 다른 시점에 명의신탁하였다는 점에 대해 증여받은 재산이 별개의 재산이라는 것이 증여세부과처분들이 별개의 처분이 되어져야 하는 실질적 이유가 될 수는 없다고 보고, 또 이 3개의 증여행위가 시간적으로 근접하여 연속적으로 행해졌고 그 동기 역시 실질적으로 단일한 의사의 표현이라고 볼 수 있으므로 이런 경우에는 결국 사회적으로 동일한 사실관계라고 보아야 한다고 평가하고 있다. 이 견해는 이 경우에 있어서

행정소송법 제18조 제3항 제1호처럼 乙과 丙은 전심절차 없이 바로 자신들에 대한 증여세부과처분 취소소송을 제기할 수 있도록 하는 것이 타당하다는 견해를 피력하고 있다.[11]

5. 이 판결의 의의

이 판결은 기본법 제56조 제2항이 명문으로 국세부과처분에 대해 행정소송법 제18조 제1항과 함께 제2항과 제3항의 적용도 배제하고 있는 상황에서 행정소송법 제18조 제2항·제3항과 같은 행정심판전치주의의 예외를 명문의 규정 없이 국세불복에서도 인정할 수 있는지 그리고 그것이 가능하다면 어떤 경우에 가능한지에 대해 자세하게 설시하고 있는 첫 판결이다.

이 사건에 있어서 상속세부과처분취소소송의 경우에 국세심판전치의 요건을 완화할 필요가 있다는 점에 대해서는 이견이 없다. 문제는 乙과 丙, 丁에 대한 주식의 명의신탁에 따른 증여세부과처분과 관련하여서 판례는 심판전치주의의 예외적용이 안 된다는 입장이었고, 일부 문헌에서는 인정하여야 한다는 입장을 피력하고 있는 것을 보았다. 판례와 다른 입장을 피력한 견해도 이와 유사한 증여세사건에 있어서 일률적으로 심판전치주의의 예외를 인정하여야 한다는 입장인 것은 아니라고

10) 우창록, 전게논문, 119면 이하.
11) 우창록, 전게논문, 131면.

판단된다. 이 견해는 이 사건에서 3개의 증여 행위가 시간적으로 근접하여 연속적으로 행해졌고 동기 역시 실질적으로 단일의 의사표현이었다는 점에 주목을 한 것으로 보인다. 하지만 이러한 사실이 객관적으로 인정된다고 하여도 서로 다른 3인의 수증자에 대한 증여세 납세의무관계의 성립여부는 각각 분리해서 심판전치요건을 판단하는 것이 타당하다고 본다.

이처럼 상속세부과처분건과 증여세부과처분건이 다르게 취급되는 데에는 상속세의 경우에는 유산세방식에 따라 부과되는데, 공동상속인이 부담하게 되는 납세의무는 하나의 과세물건에 대한 납세의무라고 볼 수 있지만, 증여세의 경우에는 각 증여가 독립된 과세물건이라는 두 세목의 특성이 반영된 측면도 있다.[12]

참고문헌

박균성, 『행정법론(상)』, 박영사, 2008.

홍정선, 『행정법원론(상)』, 박영사, 2008.

임승순, 『조세법』, 박영사, 2010.

임승순, "공동상속인에 대한 납세고지 –대법원 1993. 12. 21. 선고 93누10316 판결에 대한 평석–", 『조세판례백선』, 박영사, 2005.

최병철, "조세심판전치주의의 완화 –대법원판례를 중심으로–", 『특별법연구』, 제6권, 박영사, 2001.

우창록, 상속인등이 수인 있는 경우 절차상의 문제, 『서울지방변호사회 판례연구』, 제5집(1989. 11.).

---

12) 그래서 증여세의 경우에는 각 증여세 납세의무자에게 납세고지를 해야 하지만 공동상속의 경우에는 상속인 1명에게만 통지할 수도 있다. 상증세법 제77조.

입증의 곤란이나 당사자 사이의 형평을
고려한 입증책임의 전환
- 필요경비에 대한 입증책임과 그 전환

사건의 표시 : 대법원 1992. 7. 28. 선고 91누10909 판결[1]

▪ 사실개요 ▪

원고(테크니까즈)는 프랑스 파리에 본점을 둔 외국법인으로서 1982. 12. 24. 국내에 지점을 설치하고 평택의 액화천연가스(L.N.G.) 인수기지 개발공사와 그에 부수되는 기술용역제공사업에 종사하여 오던 중 1985. 3. 15.(위

공사가 아직 완료되지도 않은 1984. 6.경 경영 악화로 인하여 프랑스 법원의 관리 감독하에 청산절차가 개시된 상태였다) 피고(용산세무서장)에게 1984년도 법인세 과세표준과 세액을 신고함에 있어서 '국내원천소득과 기타 원천소득에 공

---

* 김용대(서울고등법원 부장판사).

1) 아래에서 보는 바와 같이 이 판결 이전에 조세소송에서의 입증책임을 밝힌 대법원 판결이 많이 있으나, 원고가 필요경비와 관련한 자료를 외국에 보유하고 있는 외국기업이고 따라서 과세관청으로서는 이를 밝히기 어려운 사정이 있다는 점에서, 어떤 경우에 입증책임을 납세의무자에게 돌리는 것이 합리적인가를 판단한 모범적인 사례라고 보아 이 판결을 평석대상으로 선정하였다.
　이 판결과 같은 취지의 판결인 대법원 1999. 1. 15. 97누15463 판결에 대한 평석으로는, 김세진, "1. 과세처분취소소송에 있어서 손비에 대한 입증의 필요가 납세의무자에게 돌아가기 위한 요건 2. 과세연도의 제품매출액, 기초제품재고액 및 기말제품재고액에 비추어 제품제조원가가 존재함이 분명한 경우, 실지조사나 추계조사의 방법에 의하여 산정이 가능한 범위 내에서는 제품제조원가에 대한 입증책임이 과세관청에 있다고 한 사례", 『대법원판례해설』, 제32호(1999년 상반기)(1999. 10.), 603면 이하.

통되는 본점 경비 중 국내 지점의 원천소득에 관련되어 배부된 비용의 손금산입'을 규정한 국세청고시 제81-37호(1981. 11. 18. 고시, 외국기업의 과세소득계산상 관련점경비배부방법 고시) 소정의 경비배분방식에 따라 996,690,848원(국세심판 당시에는 749,701,276원으로 정정하여 주장하였다)을 본점 경비의 국내지점 관련 경비로 손금에 산입하였다.

그런데 위 국세청고시에 따르면 본점 관련 배부경비에 대하여 본점 소재국 공인회계사가 확인한 배부대상 관련점 경비명세서 및 전세계 관련점 수입금액명세서 등의 증빙서류를 첨부하여야 하나,[2] 원고는 이를 첨부하지 않은 채, 베르사이유세무서의 확인서를 받아 첨부하였다. 그러나 그 확인서는 원고가 베르사이유세무서에 제출한 연례결산서 및 법인세환급신청서에 대차대조표상의 총액, 손익계산서상의 총액, 순매상고액이 얼마로 기재되어 있음을 확인한다는 기재 사실의 확인에 불과할 뿐 아니라 그 기재 내용만으로는 배부대상 경비의 내역이나 국내원천소득과의 관련성을 확인할 수는 없는 것이었다.

이에 피고는 위 국내 지점 배부경비에 관하여 공인회계사가 확인한 명세서 등 위 고시 소정의 증빙서류가 첨부되어 있지 아니하여 신빙성을 인정할 수 없다는 이유로 그 손금산입을 전액 부인하고, 이를 익금에 가산하여, 1986. 8. 2. 원고에게 법인세와 방위세를 부과고지하였고, 공공차관의도입및관리에관한법률 제6조에 따라 감면소득으로 인정되는 기술용역소득을 과세표준에서 제외하라는 국세심판소(현 조세심판원)의 결정에 따라 해당 금액을 공제한 다음 법인세 및 방위세를 당초보다 감액하는 경정처분을 하였다. 이 과정에서 피고는 원고 주장의 위 금액 모두를 손금에 산입하는 것을 부인하였을 뿐 손금에 산입할 필요 경비에 대하여 추계에 의한 조사도 하지 않아 그 금액이 얼마인지를 밝히지 않았다.

원심[3]은, 한·불조세협약과 법인세법 등 관련 규정 및 위 국세청고시는, 외국법인의 본점 경비 중 합리적으로 배분되는 국내 지점 관련 경비에 대하여는 그 손금 산입을 인정하되, 당해 외국법인의 전 세계 관련점 수입금액과 그 경비의 명세를 그 관련 자료의 조사에 의하여 정확하게 파악한다는 것이 현실적으로 불가능에 가까운 점을 고려하여 위 국세청고

---

2) 이와 관련하여 대법원 1985. 6. 25. 선고 84누770 판결은, 국세청고시 제81-37호에서 외국법인의 과세소득계산상 관련점 경비배부방법을 정하고 그 경비배부계산서의 첨부서류를 규정한 취지는 그 소정의 첨부서류에 의하여 소득발생에 합리적인 관련이 있는 여부를 결정함에 필요한 자료로 보아 그 첨부를 요구하는 것이지 그 첨부서류가 있다 하여 그 내용의 심사 검토도 없이 그대로 관련 경비의 배부를 계산한다는 뜻은 아니라는 입장이다.

외국법인의 본점 등 경비배분에 대하여는 법인세법 시행령(이하 '법령'이라 한다) 제130조가 규정하고 있는데, 그 구체적인 기준은 기획재정부령으로 정한다고 위임하고 있다(법령 130조 4항).
3) 서울고등법원 1991. 9. 6. 선고 87구682 판결.

시가 정한 일정한 서류를 제출하면 그 경비 배부의 합리성을 인정하겠다는 취지이므로, 비록 위 국세청고시가 정한 서류를 다 구비하지 못한 경우에도 다른 증빙자료에 의하여 관련점 경비명세와 전 세계 관련점 수입금액 명세를 확정할 수 있고, 배부대상경비가 발생국 조세 법령에 의하여 비용으로 공제되는 것으로서 국내 지점의 소득과 합리적 관련성이 소명되는 경우에는 그 다른 증빙자료에 의하여 국내 지점 배부경비의 계산과 그 손금 산입도 허용되어야 한다는 전제하에서, 위 국세청고시가 요구하는 공인회계사의 확인 대신에 베르사이유세무서의 확인을 받은 자료에 의하여 계산된 수치 역시 위 국세청고시의 계산방법에 따라 산출된 것으로 보아 이를 원고의 국내지점의 원천소득금액을 계산함에 있어서 손금에 산입하여야 한다고 판단하였다.

피고가 상고하였다.

▪ 판결요지 ▪

과세처분의 적법성에 대한 입증책임은 과세관청에게 있으므로 과세소득확정의 기초가 되는 필요경비도 원칙적으로 과세관청이 그 입증책임을 부담하나, 필요경비의 공제는 납세의무자에게 유리한 것일 뿐 아니라 필요경비의 기초가 되는 사실관계는 대부분 납세의무자의 지배영역 안에 있는 것이어서 과세관청으로서는 그 입증이 곤란한 경우가 있으므로, 그 입증의 곤란이나 당사자 사이의 형평을 고려하여 납세의무자로 하여금 입증케하는 것이 합리적인 경우에는 입증의 필요를 납세의무자에게 돌려야 한다.[4]

---

4) 이 판결은 위와 같은 법리하에, '이 사건에서와 같이 위 국세청고시의 일괄 배부방식에 따라 국내지점관련 필요경비를 산정하는 기초가 되는 관련점 경비명세와 전 세계 관련점 수입금명세와 같은 사항은 과세관청인 피고로서는 조사하기 어렵고 원고에게는 입증하기 용이한 것들이므로 원고에게 그 입증의 필요가 있다고 보는 것이 타당하다. 그런데 베르사이유세무서의 확인서는 원고가 베르사이유세무서에 제출한 연례결산서 및 법인세환급신청서에 대차대조표상의 총액, 손익계산서상의 총액, 순매상고액이 얼마로 기재되어 있음을 확인한다는 기재사실의 확인에 불과할 뿐 아니라 그 기재내용만으로는 배부대상경비의 내역이나 국내원천소득과의 관련성을 확인할 수도 없으므로, 특별한 사정이 없는 한 위 확인서는 공인회계사의 확인에 갈음하거나 이에 버금갈 정도의 소명성이 있다고 보기 어려우므로 원고가 주장하는 필요경비에 대하여 원고로부터의 입증이 있었다고 보기 어렵다. 그리고 <u>경험칙상 필요경비의 발생이 명백한 이 사건 소득과 같은 경우에 있어서는 납세의무자의 입증이 없거나 불충실하다 하여 필요경비를 영으로 보는 것은 경험칙에 반하는 것이므로, 과세관청이 실지조사가 불가능한 경우에 시행하는 추계조사의 방법에 의하여 산정이 가능한 범위 내에서는 피고가 그 금액을 입증하여야 하고 납세의무자가 이보다 많은 필요경비를 주장하는 경우에 납세의무자에게 그 입증의 필요가 돌아간다.</u> 그러나 피고는 추계조사의 방법에 의하여 산정이 가능한 필요경비금액에 관하여 아무런 입증을 하지 않고 있으므로, 결국 이 사건 법인세부과처분을 취소한 원심판결은 정당하여 유지할 수밖에 없다'고 하면서 이 부분에 관한 피고의 상고를 기각하였다.

▶ 해 설 ◀

1. 입증책임의 의의와 입증의 필요

법원은 소송에 있어서 사실관계가 분명하지 않다고 하여 재판을 거부할 수 없다. 따라서 심리의 결과 현출된 모든 증거에 비추어 보더라도 해당 사실의 진위 여부를 판단할 수 없을 경우 그 사실을 주장하는 소송 당사자가 불이익(불이익의 위험)을 받을 수밖에 없다. 이처럼 주장된 사실의 진위 불명으로 인하여 어느 소송 당사자가 부담하게 되는 패소위험이 입증책임이다.5) 그러므로 당사자는 변론의 진행과정에서 다툼이 있는 사실이 진위 판별 불능에 빠져 그 결과 받을 불이익을 방지하기 위하여 증거를 제출하는 입증활동을 하여야 하는데 이를 입증의 필요 또는 증거제출책임이라 한다. 이는 입증책임과는 달리 소송의 구체적인 상황(법관의 심증 동요 또는 현실적인 필요)에 따라 한 쪽 당사자에서 다른 쪽 당사자로 전환(이동)한다. 그 결과 입증의 필요가 전환되는 경우에는 사실상 입증책임이 다른 쪽 당사자에게 전환되는 효과가 나타난다.

입증책임을 누구에게 부담지울 것인가(입증책임의 분배)에 관한 일반적 규정은 없다. 따라서 그 분배를 어떻게 하는 것이 가장 합리적인가를 둘러싸고 여러 견해가 있으나, 명문의 규정이 있는 경우6)를 제외하고는, 권리의 존재를 주장하는 사람은 그 권리근거사실을, 발생한 권리의 소멸을 주장하는 사람은 그 권리소멸사실을, 권리근거사실 내지 권리소멸사실에 의하여 발생한 법률효과의 장애를 주장하는 사람은 권리장애사실에 관한 입증책임을 부담한다는 기준이 별다른 이의 없이 받아들여지고 있다.7)

2. 과세요건에 대한 입증책임의 원칙

위 기준에 따를 경우, 조세소송에서 과세원인 및 과세표준금액 등 과세요건이 되는 사

---

5) 이시윤, 『신민사소송법』(박영사), 2008, 476-477면.
6) (1) 법률상 추정으로 ① 상속세법상 상속개시일 전 처분재산 등에 대한 상속추정(상속세 및 증여세법 15조 1항), 배우자 또는 직계존비속에 대한 재산양도시 증여추정(44조 1항), 배우자 또는 직계존비속간 부담부 증여시 인수 채무의 비인수 추정(47조 3항), 자력으로 재산을 취득하였다고 인정하기 어려운 경우의 재산취득자금 증여추정(45조 1항), ② 법인세법상 사외 유출된 금액의 귀속 불명시 대표자 상여 추정(법인세법 67조) 규정이, (2) 법률상 의제로 명의신탁재산의 증여의제(상속세 및 증여세법 45조의 2)규정 등이 있다.
7) 변론주의를 기초로 한 당사자소송 구조를 취하는 민사소송(내지 행정소송 중 당사자소송)에서 받아들여진 기준이지만, 직권주의적 요소가 가미된(행정소송법 제26조) 과세처분의 취소 등을 구하는 항고소송에서도 특별한 사정이 없는 한 그대로 적용된다. 대법원 1984. 7. 24. 선고 84누124 판결 역시 "민사소송법의 규정이 준용되는 행정소송에 있어서 입증책임은 원칙적으로 민사소송의 일반원칙에 따라 당사자간에 분배"된다고 한다.

실에 관하여는 다른 특별한 사정이 없는 한 과세관청에 그 입증책임이 있음은 당연하다.

　　대법원도 1976. 3. 9. 선고 74누7 판결에서 과세표준액에 해당하는 금원을 증여받은 사실에 대한 입증책임과 관련하여 "행정소송에 있어서 특단의 사정이 있는 경우를 제외하면 당해 행정처분의 적법성의 거증책임은 당해 행정기관에 있다"고 그 기준을 천명한 이래, "과세처분의 위법을 이유로 그 취소를 구하는 행정소송에 있어 처분의 적법성 및 과세요건[8] 사실의 존재에 관하여는 원칙적으로 과세관청이 그 입증책임을 부담하나, 경험칙상 이례에 속하는 특별한 사정의 존재에 관하여는 납세의무자에게 입증책임 내지는 입증의 필요가 돌아가는 것"이라며 이 기준을 견지하고 있다.[9]

이 기준에 의할 경우 과세표준금액은 총수익금액에서 필요경비(손금)를 공제한 것이 되므로 필요경비 역시 과세관청에 입증책임이 있다.[10]

3. 조세소송의 특이성에 따른 입증책임의 전환

(1) 입증 완화의 필요성

　　과거에는 조세확정방식이 기본적으로 과세관청의 부과에 의하는 부과과세방식이었지만, 요즘은 대부분이 납세의무자의 신고납부에 의하는 신고납세방식으로 변경되어[11] 중요한 세목인 소득세·법인세·부가가치세 등은 모두 신고납세방식의 조세이다.[12]

　　신고납세방식이든 부과과세방식이든 원

---

8) 과세요건은 실체 요건뿐만 아니라 절차 요건도 갖추어야 하므로 절차상의 요건 역시 과세관청에 입증책임이 있다(대법원 1984. 12. 11. 선고 84누225 판결).

9) 대법원 1981. 5. 26. 선고 80누521 판결(과세요건), 1984. 7. 24. 선고 84누8 판결 및 1991. 2. 22. 선고 90누5382 판결(적법성), 1996. 4. 26. 선고 96누1627 판결(적법성과 과세요건).

10) 대법원 1984. 7. 24. 선고 84누8 판결 및 1991. 2. 22. 선고 90누5382 판결 등 : 과세처분의 적법성에 대한 입증책임은 과세관청에게 있으므로 소득액 확정의 기초가 되는 필요경비액에 대한 입증책임도 원칙적으로 과세관청에게 있고 다만 구체적 경비항목에 관한 입증의 난이라든가 당사자 사이의 형평 등을 고려하여 납세자 측에 그 입증책임을 돌리는 경우가 있음에 그치는 것이다.

11) 1977. 8. 20. 대통령령 제8650호로 개정되면서 신설되어 1977. 7. 1.부터 시행된 국세기본법 시행령(이하 '기본령'이라 한다) 제10조의2(납세의무의 확정) 제1호에 의하면, 처음에는 부가가치세·특별소비세·주세만이 신고납세방식의 조세였으나 1979. 12. 31. 대통령령 제9693호로 개정되어 1980. 1. 1.부터 시행되면서 법인세 등이 추가되고, 1995. 12. 30. 대통령령 제14860호로 개정되어 1996. 1. 1. 시행되면서 소득세 등이 추가되는 등 하여 현재는 소득세·법인세·부가가치세·개별소비세·주세·증권거래세·교육세 또는 교통·에너지환경세가 이에 해당한다. 따라서 상속세·증여세·종합부동산세(2008년부터 부과과세방식으로 변경되었다. 종부세법 제16조)·부당이득세·재산세 등이 부과과세방식의 조세이다.

12) 다만 납세의무자가 정직하지 않은 경우에는 탈세 등에 따른 조세의 불공평 문제가 발생하므로 신고납세방식을 채택하는 경우에도 납세의무자가 신고를 하지 않거나 신고 내용에 오류 내지 탈루가 있는 경우에는 당연히 과세관청이 최종적인 조사 확정의 권리를 보유하고 있다(기본령 10조의2 1호 단서, 2호, 소득세법 80조, 법인세법 87조).

활한 조세행정과 조세의 공평한 부담을 실현하기 위하여는 과세물건을 정확하게 파악하고 있는 납세의무자의 협력이 필수적이므로, 세법은 고유의 납세의무에 더하여 과세표준신고의무, 성실납부의무, 과세자료제출의무 등 여러 협력의무를 부과하고 있을 뿐만 아니라 그 이행에 대하여는 상속세 신고세액의 10% 공제(상증세법 69조 1항)와 같이 세액공제[13]의 혜택을 주고, 반대로 그 위반에 대하여는 가산세(국세기본법(이하 '기본법'이라 한다) 47조 이하, 법인세법 76조, 지방세기본법 53조 등)의 불이익을 주는 제도를 시행하여 성실한 협력의무의 이행을 유도하고 있다.

그렇지만 소득금액과 필요경비의 입증책임이 과세관청에 있다는 기준을 예외 없이 관철할 경우에는 과세의 공평이라는 점에서 심각한 문제가 발생할 수 있다.[14] 즉, 위와 같은 제도적 장치에도 불구하고 과세요건사실을 뒷받침해주는 과세자료인 장부나 서류가 모두 납세의무자의 지배 영역 내에 있는 만큼 납세의무자가 과세표준을 불성실(총수익금액의 은닉 내지 축소, 필요경비의 과다 계상)하게 신고하여 상당 부분의 세금을 탈루하고는 과세관청에 자신이 보유하고 있는 과세자료를 제출하지 않거나 불성실하게 제출한 다음 사후에 과세처분의 적법성 내지 과세요건의 입증책임이 과세관청에 있음을 들어 다툴 경우 납세의무자의 협력 없이 과세자료를 찾아내기 어려운 과세관청으로서는[15] 제대로 증거를 제출할 수 없어 입증의 부족으로 과세처분 취소판결을 받게 될 수가 있다. 이는 불성실한 납세의무자에게 오히려 혜택을 주는 불합리한 결과가 되므로 방지 대책이 필요하다.

(2) 필요경비에 대한 입증 완화 내지 입증의 필요 전환

1) 새로운 기준의 설정

이런 점에서 입증책임의 분배는 단순히 위와 같은 전통적 기준에만 의할 것이 아니라 납세의무자의 협력의무도 감안하여 정하는 것

---

13) 구 소득세법 제108조 제1항 또한 자산양도차익의 예정신고납부세액의 10% 공제를 규정하고 있었다(2009. 12. 31. 법률 제9897호로 개정되면서 폐지되었다).

14) 필요경비의 입증은 과세관청의 입장에서는 납세의무자가 주장하는 필요경비의 허위 내지 부당함을 밝히는 것이므로, 이는 부존재를 입증하여야 하는, 사실상 불가능의 입증을 강요하는 결과가 된다.
게다가 세무조사와 관련된 투명성의 제고(기본법 제7장의2 '납세자의 권리'하에 규정된 제81조의2 내지 16 참조. 지방세기본법 제7장도 제105조 내지 제114조에서 같은 내용을 규정하고 있다)에 따른 세정환경의 큰 변화로 인하여 과세관청이 종래와 같이 우월적 지위를 가지고 조사활동을 하는 것도 아니게 되었다. 김재훈, "조세소송에서의 입증책임에 관한 연구", 『조세연구』, 제6집(2006), 209-212면.

15) '과세자료의 제출 및 관리에 관한 법률'에 따라 국가, 지방자치단체, 그 투자기관, 금융기관 및 일정 범위의 연합회 내지 단체로 하여금 과세자료를 제출받을 뿐만 아니라 조세탈루혐의를 확인하기 위하여 금융정보를 제공받을 수 있으므로 상당히 광범위한 자료수집이 가능하나, 이로써 완전한 자료 수집이 가능한 것은 아니고, 여전히 납세의무자의 협력이 필요하다.

이 바람직하다.16)

과세관청이 과세요건에 관하여 일응의 입증 내지 사실상 추정을 할 수 있을 정도의 입증을 하는 경우에는 입증의 필요를 납세의무자에게 전환하여야 하는 것17)은 입증책임 분배의 원칙상 당연하다.

나아가 처음부터 자신의 납세의무 범위와 정도를 정하게 되어 있는 신고납세제도하에서는 납세의무자만이 보유하여 알고 있는 자료나 증거(Evidence Uniquely Within the Taxpayer's Knowledge)18)에 대하여는 납세의무자의 협력의무를 입증책임에 대응시켜 입증필요의 전환을 강하게 인정하는 것이 타당하다. 즉, ① 부가가치세에 이어 가장 중요한 세목인 법인세는 1980년부터, 소득세는 1996년부터 신고납세방식으로 변경되어 10년 이상의

장기간이 경과한 지금에서는 납세의무자도 자료 제출 등 협력의무를 확고하게 인식하게 되었다고 보이고, ② 기본법 제81조의3의 반대해석상, 납세자가 세법에서 정하는 신고, 성실신고확인서의 제출, 세금계산서 또는 계산서의 작성·교부·제출, 지급명세서의 작성·제출 등의 납세협력의무를 이행하지 아니한 경우,19) 무자료거래, 위장·가공거래 등 거래내용이 사실과 다른 혐의가 있는 경우, 납세자에 대한 구체적인 탈세제보가 있는 경우, 신고내용에 탈루나 오류의 혐의를 인정할 만한 명백한 자료가 있는 경우(제81조의6 3항 각호)에는 납세의무자의 신고 또는 제출 서류 등이 진실하지 않은 것으로 추정할 수 있으니 만큼, 납세의무가가 그와 같은 자료를 제출하지 않거나, 제출하였더라도 과세관청이 가공거래 등

---

16) 김재훈, 전게논문, 204-226면.
17) ① 일응의 입증과 관련하여서는 대법원 1984. 7. 24. 선고 84누124 판결 : 피고(과세관청)가 주장하는 당해 처분의 적법성이 합리적으로 수긍할 수 있는 일응의 입증이 있는 경우에는 그 처분은 정당하다고 할 것이며 위와 같은 합리적으로 수긍할 수 있는 증거와 상반되는 주장과 입증은 그 상대방인 원고에게 그 책임이 돌아간다고 풀이하여야 할 것이다.
② 사실상의 추정과 관련하여서는 대법원 1989. 9. 12. 선고 89누183 판결; 1989. 12. 12. 선고 88누9145 판결; 1998. 7. 10. 선고 97누13894 판결; 2001. 11. 13. 선고 99두4082 판결 등 : 구체적인 소송과정에서 경험칙에 비추어 과세요건사실이 추정되는 사실이 밝혀지면 상대방이 문제로 된 당해 사실이 경험칙 적용의 대상적격이 되지 못하는 사정을 입증하여야 한다.
18) 최선집, "조세소송에서의 입증책임론의 입법론적 검토 (Ⅲ)", 『조세』, 제120호(1998. 5.), 25면 참조.
19) 예를 들어 소득세법 제70조 제4항 제2호에 의하면, 종합소득과세표준확정신고를 함에 있어 종합소득금액의 계산의 기초가 된 총수입금액과 필요경비의 계산에 필요한 서류로서 대통령령이 정하는 것을 제출하여야 하는데, 같은법 시행령 제130조 제3항의 위임을 받아 규정하고 있는 같은법 시행규칙 제65조 제2항 제1호 바목은, 제1호 가목 내지 마목에서 열거하고 있는 서류 이외에 "그 밖에 총수입금액과 필요경비 계산에 필요한 참고서류"를 들고 있어 납세의무자는 사실상 필요경비를 확인할 수 있는 모든 자료를 제출하여야만 한다.
법인세의 경우는 법인세법 제60조 제2항 제3호, 법령 97조 제5항 제1호에 따라 세무조정계산서 부속서류를 제출하여야 하며, 법칙 제82조 제1항에서 해당 부속서류를 상세하게 규정하고 있다.

의 혐의를 밝히거나 신고내용에 탈루나 오류
의 혐의를 인정할만한 명백한 자료를 제시한
경우에는 그 필요경비의 부존재를 추정하여
납세의무자에게 입증의 필요를 전환하는 것이
옳다.

대법원도 필요경비에 관하여 "원칙적으
로 과세관청이 그 입증책임을 부담하나, 경험
칙상 이례에 속하는 특별한 사정의 존재에 관
하여는 납세의무자에게 입증책임 내지는 입증
의 필요가 돌아가는 것"[20]이라거나 "구체적
경비항목에 대한 입증의 난이라든가 당사자
사이의 형평 등을 고려하여 납세자측에 그 입
증책임을 돌리는 수가 있다"[21]라고 하여 입증
의 필요를 돌릴 수 있음을 선언함과 아울러
입증의 필요를 돌릴 수 있는 구체적 기준을
"과세관청에 의하여 납세의무자가 신고한 어
느 비용의 용도와 그 지급의 상대방이 허위임
이 상당한 정도로 입증된 경우 등"이라고 제

시하였다.[22]

(2) 판례의 기본적 입장

총수입금액은 물론이고 필요경비의 입증
책임 또한 과세관청에 있되, 다만 예외적인 경
우에 한하여 납세의무자에게 입증의 필요를
전환하고 있음이 대법원의 기본적 입장임은
앞서 본바와 같다.

그 결과 대법원은 필요경비의 입증의 필
요(내지 입증책임)를 납세의무자에게 전환하는
것에 매우 신중하나, 사안에 따라서는 상당히
과감한 판단을 하기도 하였다. 즉 납세자가 그
소득을 얻기 위하여 통상적으로 필요로 하는
"통상적 경비"는 과세관청이 그 부존재를 입
증하여야 할 것이며, 다만 경험칙상 그 부존재
가 사실상 추정되는 이례적인 "특별경비"는
그 존재를 주장하는 납세자에게 입증책임이
있다[23]고 하여 특별경비에 대하여 부존재를

---

20) 대법원 1996. 4. 26. 선고 96누1627 판결 등.
21) 대법원 1991. 2. 22. 선고 90누5382 판결 등.
22) 대법원 1999. 1. 15. 선고 97누15463 판결. 이 판결은 기본법 제81조의3의 반대해석상 인정되는 경우를
   거시하는 등으로 명시적 판단을 하고 있지는 않으나 이를 염두에 두고서 그 기준을 제시한 것으로 보인다.
   한편, 위 판결 역시, 납세의무자가 신고 내지 자료 제출 등의 협력의무를 이행하지 아니하는 경우에 대하
   여는 기준을 제시하지 못하고 있는바, 과세관청의 입증을 먼저 요구하는 일관된 태도에 비추면(위 판결도
   다른 판결에서와 동일하게 '법인의 각 사업연도의 소득금액을 산정함에 있어서 공제하여야 할 손비의 구
   체적인 항목에 관한 입증은 그 입증의 난이라든가 당사자의 형평 등을 고려하여 납세의무자에게 그 입증
   의 필요를 돌리는 경우가 있으나, 그와 같은 경우란 과세관청에 의하여 납세의무자가 신고한 어느 비용의
   용도와 그 지급의 상대방이 허위임이 상당한 정도로 입증된 경우 등을 가리키는 것으로, <u>그에 관한 입증
   이 전혀 없는 경우에까지 납세의무자에게 곧바로 손비에 대한 입증의 필요를 돌릴 수는 없다</u>'고 하였다),
   아무런 자료의 제출이 없으므로 필요경비를 인정할 수 없다는 과세관청의 주장만으로는 그 부존재를 추정
   하거나 납세의무자에게 입증 필요의 전환을 인정할 것 같아 보이지는 않는다. 그렇지만 앞서 본 바와 같
   이 기본법 제81조의3의 반대해석상 납세의무자로부터 필요경비를 알 수 있는 자료가 제출되지 않는 경우
   에는 그 부존재를 추정할 수 있으므로, 과세관청으로서는 필요경비에 대한 자료를 제출하고 있지 않다는
   주장만 하면 입증의 필요가 전환된다고 보는 것이 타당한 해석이라고 판단된다.

추정하였을 뿐 아니라, 나아가 '필요경비는 납세의무자에게 유리한 것이고 그 필요경비를 발생시키는 사실관계의 대부분은 납세의무자가 지배하는 영역 안에 있는 것이어서 그 입증이 손쉽다는 것을 감안해 보면 납세의무자가 그에 관한 입증활동을 하지 않고 있는 필요경비에 대해서는 부존재의 추정을 하는 것이 마땅하다 하겠다. 이것은 과세관청의 입장에서 볼 때에 필요경비에 관한 입증은 소득의 감퇴요인에 관한 소극적 사실의 입증인 셈이

되어 일반적으로는 사실상 곤란할 것이라는 점까지를 아울러 생각해 보면 부존재의 추정을 용인하여 납세의무자에게 입증의 필요성을 인정하는 것은 공평의 관념에도 부합된다'24) 라고까지 하여 구체적 타당성의 견지에서 사안의 성질상 납세의무자가 입증활동을 하는 것이 바람직해 보이는 경우에는 필요경비의 부존재를 바로 추정하는 획기적인 태도를 보이기도 하였다.25)

---

23) 대법원 1990. 2. 13. 선고 89누2851 판결 : 원고가 서적도매상을 경영하는 사안이었는데, 위 법리에서 나아가 판단하기를, 이 사건 필요경비 중 어느 범위까지 예외적으로 원고에게 그 입증책임이 있는지를 살펴보지 아니하고(즉, 통상적 경비인지 특별경비인지를 살피지 아니하고) 전표 등 증빙자료가 없는 경비지출액을 전부 손금 부인하고 익금에 가산한 피고 과세관청의 처분을 적법하다고 판시한 것은 필요경비의 입증책임에 관한 법리를 오해한 위법이 있다고 하였다.

24) 대법원 1988. 5. 24. 선고 86누121 판결(법인이 대표자에게 지급한 급료 – 원고 법인이 관할세무서장이 요구한 결산서 및 장부와 기타 증빙서류를 제출하지 아니하여 추계과세가 이루어진 경우임); 2004. 9. 23. 선고 2002두1588 판결(생산원료제품 구입비 – 분식회계를 한 경우임). 이들 사건에서도 대법원은 필요경비의 입증책임이 과세관청에 있다는 것은 부정하지 않았고, 다만, 이와 같은 사정이 있는 경우에는 필요경비의 부존재를 추정하는 것이 타당하다고 하였다.

25) 그렇지만 대법원의 기본적 태도는 다음의 판결에서 보는 바와 같이 납세의무자에게로의 입증의 필요의 전환에 매우 인색하며, 전환을 인정하는 경우도 위에서 본바와 같이 "과세관청에 의하여 납세의무자가 신고한 어느 비용의 용도와 그 지급의 상대방이 허위임이 상당한 정도로 입증된 경우 등"의 기준을 제시하는 등 과세관청의 상당한 정도의 입증을 먼저 요구하고 있다.
[법인의 영업이익은 당해 연도의 총매출원가와 일반관리 및 판매비 등을 공제한 금액이므로 이러한 매출원가, 일반관리 및 판매비 등을 알지 못하고서는 매출액의 차액(즉 누락된 매출액)이나 이에 대한 매출이익에서 영업이익을 산출할 수 없으므로 원고가 국세청의 조사시에 있어서나 사실심에 이르기까지 누락액에 해당하는 부분의 물품에 대한 각 그 비용의 지출에 관한 자료를 제출하지 않고 있다고 하여 이를 제출하지 아니함으로 인한 불이익을 원고에게 전가하는 것은 입증책임을 전도하는 것이다(대법원 1972. 5. 23. 선고 71누189 판결). 과세관청이 사업소득금액을 확정함에 있어 그 총수입금액을 원고가 고철판매대금으로 신고한 금액을 그대로 인정하면서 이에서 공제할 필요경비 산정에 있어서는 원고 주장의 매입대금을 제외하였다면, 원고가 매입하지도 않은 물품을 매출한 결과가 될 뿐만 아니라 원고가 영세한 고철수집상이나 고물장수 등으로부터 위 고철을 매입한 경우에 있어서 가공매출수량이 있었다거나 매출단가를 조작한 사실이 있었다는 등의 특단의 사정은 증거에 의하여 그 사유와 수량을 확정하여야 하고 그 입증책임은 과세관청에 있으므로 이와 같은 사정을 과세관청이 밝히지 못하면 위 매출에 대응한 원고 주장의 고철매입액을 필요경비로서 인정할 수밖에 없다(대법원 1984. 6. 26. 선고 84누88 판결). 구체적 경비항목에 관한 입증의 난이라든가 당사자사이의 형평 등을 고려하여 납세자측에 그 입증책임을 돌리는 경우가 있음에 불과하므로 이 사건 사업소득의 필요경비인 대지 가액을 그 대지소유자가 사업에 출자한 때의 가

3) 판례에 의하여 입증의 필요가 전환된 구체적 사안

① 총수입금액 과소신고와 그 과소신고분에 해당하는 필요경비의 공제

납세의무자가 그 수입 중 일부를 누락하여 과소신고하는 경우에도 비용만큼은 누락 없이 전부 신고하는 것이 통상적이라는 것이 경험칙이고, 이와 달리 손금에 산입할 비용 중 일부를 스스로 누락하여 과소신고하였다는 것은 이례적인 특별사정이므로, 과세관청은 실지조사에 의해 신고누락한 매출액 등 수입이 발견되면 그 누락된 수입 전부를 익금에 산입할 수 있고, 누락수입에 대응하는 비용이 신고 누락되었다는 점에 관하여는 별도의 공제를 주장하는 납세의무자가 그 비용의 존재와 액수를 주장·입증하여야 한다.26)

② 당초 신고한 용도와 다른 용도의 경비 주장

납세의무자가 신고한 비용 중의 일부 금액이 실지비용인지의 여부가 다투어져서 그것이 허위임이 밝혀지거나 납세의무자 스스로 신고금액이 허위임을 시인하면서 같은 금액만큼의 다른 비용에 소요되었다고 주장하는 경우에는 그 다른 비용의 존재와 액수에 대하여는 납세의무자가 이를 입증할 필요가 있다.27)

4. 이 사건에서의 입증책임

원고는 외국기업이어서 관련 본점경비 배부액에 관한 기초 자료가 원고의 본점 지배영역인 외국에 있으므로 과세관청으로서는 그 입증이 매우 곤란한 경우라고 할 것인바, 과세관청의 입증 곤란 내지 그 자료 획득과 관련한 당사자 사이의 형평을 고려하면 납세의무

액을 기준으로 산정하는 것이 정당하다고 할 경우에 그 가액이 얼마인가 하는 점은 과세처분의 적법성에 대한 입증책임을 지는 피고가 입증할 사항이고 원고에게 그 입증책임이 있는 것이 아닌바, 기록에 의하면 피고는 이점에 관하여 아무런 입증을 한 바 없으므로 원심으로서는 소득을 확정할 필요경비에 대한 증명이 없다 하여 이 사건 부과처분을 취소하였어야 할 것이다(대법원 1984. 7. 24. 선고 84누8 판결). 소득세법상 소득액 확정의 기초가 되는 매출수익과 필요경비라든지 부가가치세나 특별소비세의 과세표준 산정 기초가 되는 매출, 매입액에 관한 입증책임은 원칙적으로 과세청에 있고 또 납세의무자의 신고나 정부의 결정에 오류 또는 탈루가 있을 때에만 이를 경정할 수 있는 것이므로 납세의무자가 매출에 관해 비치 기장한 일기장이나 증빙, 매입이나 비용지출에 관한 증빙이나 세금계산서의 기재는 위와 같은 경정사유에 관한 입증 없이 과세청이 이를 함부로 부인할 수도 없는 것이다(대법원 1992. 1. 17. 선고 91누7415 판결). 세금계산서상 매입한 화섬직의 수량을 제외한다면 사업자는 매입하지도 아니한 원자재를 가공하여 매출한 결과가 되므로 전년도에서 이월된 재고량이 사업자 주장의 재고량보다 많다거나 가공매출한 수량이 있었거나 매출단가를 조작하였다는 등 특별한 사정이 없는 한 적어도 매출한 수량만큼의 매입량은 있었다고 추정할 수 있다(대법원 1993. 10. 8. 선고 93누14400 판결).]

이 사건 판결 역시 주 4에서 보는 바와 같이, 필요경비의 발생이 경험칙상 인정되는 경우이므로 그 부존재를 인정할 수 없다고 하였다.

26) 대법원 1992. 3. 27. 선고 91누12912 판결; 1992. 7. 28. 선고 91누10695 판결.
27) 대법원 1994. 10. 28. 선고 94누5816 판결.

자인 원고에게 입증의 필요를 돌리는 것이 합리적이다. 특히 이 사건에서 문제되는 법인세가 신고납세방식의 조세로서 필요경비와 관련된 자료를 납세의무자가 제출하여야 하는 점에 비추면 더욱 그러하다.

이런 점에서 위 국세청고시의 일괄 배부방식에 따라 국내지점관련 필요경비를 산정하는 기초가 되는 관련점 경비명세와 전 세계 관련점 수입금명세와 같은 사항은 과세관청인 피고로서는 조사하기 어렵고 원고에게는 그 자료가 자신의 영역에 보유되어 있는 관계상 입증하기 용이한 것들이므로 원고에게 그 입증의 필요가 있다고 본 이 사건 판결은 사실관계에 비추어 타당하다고 할 것이다.

그런데 필요경비에 대한 입증의 필요를 납세의무자에게 전환시키기 위해서는 과세관청이 먼저 기본적인 입증을 하여야만 함에도 이 사건에서 과세관청은 배부대상경비(국세심판을 거치면서 당초 신고한 것보다 줄어든 최종 금액)에 대하여 실지조사는 물론 추계조사에 의한 결정도 하지 않은 채 만연히 원고가 나름대로 증거를 첨부하여 신고한 금액 전부를 부인하였을 따름이다. 즉 당시는 법인세가 신고납세방식으로 변경된 1980년으로부터 불과 4년 경과된 때여서 납세의무자는 물론이고 과

세관청 역시 크게 협력의무를 인식하지 않았을 때였던 것을 감안하면,[28] 과세관청이 당연히 상당한 정도의 입증활동을 하였어야 할 것이나, 전혀 하지 않았다. 이에 반해 원고는 위 국세청고시에서 요구하는 제대로 된 입증자료를 제출한 것은 아니지만 나름대로 입증활동을 하였다. 게다가 본점의 배부대상경비는 구체적인 특정 항목의 경비가 아니라 본점의 관련 경비 전체이고, 따라서 국내 지점의 경비도 당연히 포함되어 있을 것일 뿐만 아니라 수년간 거액의 공사를 수행한 원고의 국내 지점이 본점과 아무런 관련 없이 독립기업처럼 사업을 수행하여 왔다고 볼 수도 없으므로 경험칙상 그 관련 경비의 부존재를 추정할 수는 없다. 그러므로 필요경비의 입증책임에 관한 당시까지의 대법원의 태도에 비추어 보면, 과세관청이 국내원천소득액 확정의 기초가 되는 관련 본점경비 배부액에 대하여 아무런 입증도 하지 않은 상태에서 바로 입증의 필요를 원고에게 전환할 수는 없었을 것이다.

한편 이러한 사실관계를 바탕으로 한 사례가 지금쯤 발생하였다면 대법원이 여전히 위와 같은 태도를 견지할지 아니면 새로운 태도를 취할지 자못 궁금하다. 즉, 납세의무자는 법인세 확정신고시 제출해야 하는 부속서류인

---

28) 물론 당시 시행중이던 1982. 12. 21. 법률 3577호로 개정된 법인세법은 제26조 제2항 제2호, 같은법 시행령 제82조 제3항 제4호 제5호, 같은법 시행규칙 제45조 제3항에서 제출할 부속서류를 현재와 비슷하게 규정하고 있었다.

다만, 제대로 된 것은 아니나 필요경비와 관련된 서류를 제출한 점에 비추면, 외국법인이던 이 사건 원고는 협력의무를 인식하고 있었던 것으로 보인다.

필요경비를 확인할 수 있는 자료를 제출하지 않은 채 - 이 사건에서 원고가 제출한 서류는 요건에 적합한 서류도, 그 내용을 알 수 있는 것도 아니므로 결국은 자료를 제출하지 않은 것으로 볼 수밖에 없다 - 만연히 얼마의 금액이 필요경비라는 주장만 하고, 과세관청은 외국 법인의 본점이 그 자료를 보유하고 있는 관계로 세무조사에 의하여 이를 확보할 방법도 없는 점만을 들어 아무런 입증활동 없이 비록 그 필요경비의 발생이 당연히 예상되기는 하지만 납세의무자가 필요경비를 알 수 있는 자료를 제출하지 않으니 기본법 제81조의3의 반대해석상 그 부존재가 추정된다는 주장만을 하는 경우, 과세관청으로서는 입증책임을 다했고 따라서 필요경비에 관한 입증의 필요가 납세의무자에게 전환된다는 판단을 할 것인지 그 귀추가 주목된다.

5. 이 판결의 의의

이 사건은 과세요건 중에서도 필요경비의 입증책임이 원칙적으로 과세관청에 있되, 필요경비를 확정지을 자료의 획득가능성에 대한 당사자 사이의 형평을 고려하여 그 자료가 납세의무자의 지배영역에 있어서 과세관청으로서는 그것을 입증하는 것이 곤란한 예외적인 사유가 있는 때에는 납세의무자에게 그 입증의 필요를 전환하는 것이 타당하다는 대법원의 주류적 입장을 재확인하고 있다는 점에서 의의가 있다. 이와 같은 판례의 태도는 견고하게 유지된 채 지금까지 이어져오고 있다.

다만, 대법원은 입증의 필요가 전환될 수 있는 경우를 '과세관청에 의하여 납세의무자가 신고한 어느 비용의 용도와 그 지급의 상대방이 허위임이 상당한 정도로 입증된 경우 등'이라고 하고 있을 따름이어서, 납세의무자가 신고 내지 자료를 제출하였지만 과세관청이 가공거래 등의 혐의를 밝히거나 신고내용에 탈루나 오류의 혐의를 인정할 만한 명백한 자료를 제시하여 입증한 경우에 대하여는 그 기준이 설정되었다고 할 수 있으나, 납세의무자로부터 필요경비를 알 수 있는 자료가 제출되지 않는 경우에 관하여는 위 판단만으로 과세관청의 입증이 되었다고 볼 수 있는지 그리하여 입증의 필요가 납세의무자에게 전환된다고 볼 수 있는지에 대한 기준이 설정되었다고 보기는 어렵다. 신고납세방식으로의 전환에 따른 납세의무자의 협력의무를 염두에 둔 기준이 하루 빨리 나오기를 기대한다.

참고문헌

이시윤, 『신민사소송법』, 박영사, 2008.

임승순, 『조세법』, 박영사, 2011.

김세진, "1. 과세처분취소소송에 있어서 손비에 대한 입증의 필요가 납세의무자에게 돌아가기 위한 요건 2. 과세연도의 제품매출액, 기초제품재고액 및 기말제품재고액에 비추어 제품제조원가가 존재함이 분명한 경우, 실지조사나 추계조사의 방법에 의하여 산정이 가능한 범위 내에서는 제품제조원가에 대한 입증책임이 과세관청에 있다고 한 사례", 『대법원판례해설』, 제32호(1999년 상반기)(1999. 10.).

김재훈, "조세소송에서의 입증책임에 관한 연구", 『조세연구』, 제6집(2006).

최선집, "조세소송에서의 입증책임론의 입법론적 검토 (Ⅲ)", 『조세』, 제120호(1998. 5.).

과세제척기간 도과 후의 처분의 효력 및
과세제척기간 이후 판결 등에 따른 후속조치로서
할 수 있는 결정 등의 물적·인적 범위

사건의 표시 : 대법원 2004. 6. 10. 선고 2003두1752 판결[1]

▪ 사실개요 ▪

1. 원고 甲은 아버지인 乙이 사망하기 3일 전인 1993. 11. 10. 乙로부터 이 사건 부동산을 증여받았는데, 피고 남대구세무서장은 이를 부담부 증여로 보고 위 원고에 대하여 증여세를 부과하는 한편, 그 부담부분에 해당하는 채무 443,647,629원은 망인으로부터 자산이 유상양도된 것으로 보아 1999. 4. 8. 원고를 포함한 망인의 상속인들에게 각 상속재산점유비율에 따라 양도소득세 부과처분(이하 당초처분이라 한다)을 하였다.

2. 그 후 2002. 2. 18.경 위 원고가 증여세부과처분에 대하여 제기한 국세심판청구에서 이 사건 부동산이 담보하고 있던 금융기관

채무 15억원 역시 위 원고가 상환하여야 할 채무라는 이유로 이를 상속세과세가액이 아닌 증여세과세가액에서 공제하여야 한다는 결정을 하자 이에 따라 증여세 관할관청인 북대구세무서장이 위 원고에게 부과된 증여세를 감액경정하였다.

3. 한편 피고는 위와 같은 통보를 받고 상속인들에 대하여 상속세를 증액경정함과 아울러, 당초의 부담부분에 추가된 15억원을 포함하여 망인이 납부할 1993년도 귀속 양도소득세로 630,979,610원을 다시 산출한 다음 2002. 4. 19. 원고들을 포함한 상속인들에게 이를 각 증액하여 부과하는 처분(이하 '증액처

---

* 박종수(고려대학교 법학전문대학원 교수, 법학박사).

분'이라 한다)을 하였다.

4. 원심은 피고가 1999. 4. 8.자로 원고들에 대하여 한 당초처분은 그 후의 2002. 4. 19.자 증액처분에 흡수되어 소멸하였음에도 이 사건 소는 이미 소멸한 당초처분의 취소를 구하는 것이어서 부적법하다는 이유로 이를 각하하였다.

▪ 판결요지 ▪

1. 국세부과의 제척기간이 도과된 후에 이루어진 과세처분은 무효이다.

2. 부과제척기간에 관한 특별규정인 구 국세기본법(1993. 12. 31. 법률 제4672호로 개정되기 전의 것, 이하 '기본법'이라 한다) 제26조의2 제2항에 규정된 특별제척기간은 같은 조 제1항 소정의 과세제척기간이 일단 만료되면 과세권자는 새로운 결정이나 증액경정결정은 물론 감액경정결정 등 어떠한 처분도 할 수 없게 되는 결과 과세처분에 대한 행정심판청구 또는 행정소송 등의 쟁송절차가 장기간 지연되어 그 판결 등이 제척기간이 지난 후에 행하여지는 경우 판결 등에 따른 처분조차도 할 수 없게 되는 불합리한 사례가 발생하는 것을 방지하기 위하여 마련된 것임에 비추어 볼 때, 그 문언상 과세권자로서는 당해 판결 등에 따른 경정결정이나 그에 부수되는 처분만을 할 수 있을 뿐, 판결 등이 확정된 날로부터 1년

내라 하여 당해 판결 등에 따르지 아니하는 새로운 결정이나 증액경정결정까지도 할 수 있는 것은 아니라 할 것이고, 또한 납세의무가 승계되는 등의 특별한 사정이 없는 한, 당해 판결 등을 받은 자로서 그 판결 등이 취소하거나 변경하고 있는 과세처분의 효력이 미치는 납세의무자에 대하여서만 그 판결 등에 따른 경정처분 등을 할 수 있을 뿐 그 취소나 변경 대상이 되고 있는 과세처분의 효력이 미치지 아니하는 제3자에 대하여서까지 위 규정을 적용할 수 있는 것은 아니다.

▶ 해 석 ◀

1. 쟁점

이 사건의 쟁점은, (1) 부담부증여에 의한 양도소득세부과처분이 있은 후 증여세부과처분에 대하여 제기한 국세심판의 결정에 의해 증여세의 감액경정이 있고 이에 따라 망인이 납부할 양도소득세를 증액경정한 경우, 당초의 양도소득세부과처분은 양도소득세증액경정처분에 흡수되어 소멸하는지 여부와 (2) 위 양도소득세증액경정처분이 부과권의 통상적 제척기간 이후에 행해졌지만 이른바 특례제척기간이 적용되어 국세심판의 결정이 내려진 후 1년 내에 내려진 처분으로서 적법한 것인지에 있다.

2. 당초처분과 경정처분의 관계에 관한 판례이론

　　원심은 원고가 2002. 2. 18. 증여세부과처분에 대하여 제기한 국세심판청구에서 이 사건 부동산이 담보하고 있던 금융기관채무 15억원 역시 위 원고가 상환하여야 할 채무라는 이유로 이를 상속세과세가액이 아닌 증여세과세가액에서 공제하여야 한다는 결정을 하자 증여세 관할관청인 북대구세무서장이 위 원고에게 부과된 증여세를 감액경정하고 이를 피고인 남대구세무서장에게 통보함에 따라 상속인들에 대한 상속세를 경정함과 동시에 당초의 부담부분에 추가된 15억원을 포함하여 망인이 납부할 1993년도 귀속 양도소득세로 630,979,610원을 다시 산출한 다음 2002. 4. 19. 원고를 포함한 상속인들에게 각각의 부담할 양도소득세를 증액경정하는 처분을 한 이상, 피고가 1999. 4. 8.자로 원고들에게 한 당초처분은 그 후의 2002. 4. 19.자 증액경정처분에 흡수되어 소멸하였으므로 이 사건의 소는 이미 소멸한 당초처분의 취소를 구하는 것이어서 부적법하다고 보았다.

　　이는 당초처분과 경정처분의 관계에 관한 대법원의 그간의 판례이론에 기초한 것으로서, 당초 처분과 경정처분의 법률관계에 대하여는 ① 당초 처분은 경정처분에 흡수되어 소멸하고 경정처분의 효력은 처음부터 다시 조사·결정한 과세표준 및 세액 전체에 미치며 당초 처분을 대상으로 하는 취소소송은 소의 이익이 없다고 하는 견해(흡수설), ② 양자는 서로 독립하여 별개로 존재하고 경정처분의 효력은 그 처분에 의하여 추가로 확정된 과세표준 및 세액 부분에만 미쳐 양자 모두 취소소송의 대상이 된다고 보는 견해(병존설), ③ 당초 처분은 경정처분에 흡수·소멸되지만 그 효력은 존속하며, 경정처분의 효력은 그 증감된 부분에만 미친다고 보는 견해(병존적 흡수설), ④ 경정처분은 당초처분에 흡수·소멸되나 당초처분에 의하여 확정된 과세표준과 세액을 그 경정된 내용에 따라 증감시키기 때문에 당초처분에 대하여만 취소소송을 제기하면 된다고 보는 견해(역흡수설) 및 ⑤ 경정처분은 당초처분과 결합되어 일체로서 존재하면서 당초처분에 의하여 확정된 과세표준과 세액을 증감시킨다고 보는 견해(역흡수병존설) 등 학설 대립이 있으나, 대법원은 경정처분 중 본 사안과 같이 당초의 과세표준과 세액을 증액하는 경정처분의 경우는 흡수설을 취하여 경정처분은 당초처분에 의한 과세표준과 세액을 초과하는 부분만을 추가 확정하려는 처분이 아니라 재조사에 의하여 판명된 결과에 따라서 당초처분에서의 과세표준과 세액을 포함하여 전체로서의 과세표준과 세액을 결정하는 것이므로, 증액경정처분이 되면 당초처분은 증액경정처분에 흡수되어 당연히 소멸하며, 따라서 납세의무자는 증액경정처분만을 쟁송의 대상으로 삼을 수 있으며, 당초처분에 대한 소송

계속 중에 증액경정처분이 있게 되면 소를 변경하여 증액경정처분을 소송의 대상으로 하여야 한다고 보고, 본 사안처럼 제1심 판결 선고 바로 전에 증액경정처분이 있는 때에는 이미 소멸된 처분의 취소를 구하는 것이어서 부적법하다고 보는 것이다.

그러나 당초처분과 증액경정처분의 관계에 관한 위 대법원 판례이론은 증액경정처분이 적법하게 효력을 발한다는 전제위에서만 가능한 결론이다. 즉, 증액경정처분이 중대하고 명백한 하자가 있어 처음부터 당연무효인 경우에는 당초처분이 경정처분에 흡수되어 소멸하지 않으며, 따라서 소의 대상도 불가쟁력 등이 문제되지 않는 한 당초처분을 대상으로 하여야 할 것이다.

3. 양도소득세 부과제척기간의 만료여부

원심은 피고가 양도소득세부과처분을 2002. 4. 19. 증액경정처분을 하였으므로 특별한 논거 없이 이 사건 당초처분은 이 사건 증액경정처분에 흡수되어 소멸하였고, 이 사건 소는 이미 소멸된 처분의 취소를 구하는 것이므로 부적법하다하여 각하하였다. 그러나 본 사안 대법원 판결이 그 판시이유에서 적절히 지적하는 바와 같이 본 사안에서 양도행위는 부담부증여의 일환으로 행해지는 특성상 그 양도일은 증여일인 1993. 11. 10.이고, 이에 대한 양도소득세 확정신고기한은 당해연도의 다음연도 5월 1일부터 5월 31일까지이므로(소득세법 제110조 제1항) 사안에서는 1994. 5. 31.까지이며, 부과제척기간의 기산점은 '당해 국세를 부과할 수 있는 날부터'이므로(기본법 제26조의2 1항), 사기 기타 부정행위로써 국세를 포탈하거나 법정신고기간 내에 과세표준신고서를 제출하지 않는 등의 사유가 없다면 그로부터 5년이 되는 1999. 5. 31. 이후에는 부과제척기간이 도과하여 양도소득세를 부과할 수 없게 된다.

그런데 사안에서는 피고가 양도소득세의 증액경정처분을 2002. 4. 19.에 하고 있으므로 외견상 부과제척기간이 도과한 후에 발해진 부과처분으로 보인다. 부과제척기간이 도과했음에도 불구하고 과세관청이 부과처분을 한 경우에 당해 부과처분의 효력에 대하여는 이를 당연무효로 보는 것이 대법원의 일관된 입장이다. 만약 그러하다면 위 당초처분과 증액경정처분의 관계에 관한 대법원 판례이론에서 보이듯이 증액경정처분 자체가 당연무효이므로 판례의 흡수설을 따르더라도 당초처분은 경정처분에 흡수되어 소멸한다고 말할 수 없게 된다. 원심은 이러한 점을 간과한 잘못이 있다.

다만, 이러한 결과에 대한 예외는 조세쟁송 등으로 인한 특례제척기간의 경우에만 허용될 수 있다. 기본법 제26조의2 제2항 제1호는 기본법에 의한 이의신청·심사청구·심판청구·감사원법에 의한 심사청구 또는 행정소송법에 의한 소송에 대한 결정 또는 판결이 있는 경우에는 원칙적인 제척기간에 불구하고 그 결정 또는 판경이 확정된 날부터 1년이 지나기 전까지는 해당 결정 또는 판결에 따라 경정결정이나 그 밖에 필요한 처분을 할 수 있다고 규정하고 있다.

사안에서 명확히 드러나지는 않지만 피고로서는 원고가 증여세부과처분에 대하여 2002. 2. 18.경 국세심판원으로부터 이 사건 부동산이 담보하고 있던 금융기관채무 15억원 역시 원고가 상환하여야 할 채무라는 이유로 이를 상속세과세가액이 아닌 증여세과세가액에서 공제하여야 한다는 결정을 받고, 이에 따라 증여세 관할관청인 북대구세무서장이 위 원고에게 부과된 증여세를 감액경정하고 이와 같은 사실을 피고에게 통보한 결과 피고가 상속인들에 대하여 상속세를 증액경정함과 아울러 당초의 부담부분에 추가된 15억원을 포함하여 망인이 납부할 1993년도 귀속 양도소득세를 다시 산출하여 2002. 4. 19. 원고들의 납부할 양도소득금액을 증액하는 처분을 한 이상, 위 양도소득세 증액경정처분은 기본법 제26조의2 제2항 제1호 소정의 재처분에 해당하여 특별제척기간 1년이 적용되어 적법한 기한 내에 행해진 처분으로서 유효하다고 주장할 수 있을 것이다. 따라서 기본법 제26조의2 제2항이 규정하는 특례제척기간이 적용되는 물적·인적 범위가 명확히 될 필요가 있다.

---

1) 대법원 1994. 8. 26. 선고 94다3667 판결.

4. 특례제척기간 적용의 물적·인적 범위

기본법 제26조의2 제2항 소정의 특례제척기간은 그 입법취지의 정당성에도 불구하고 해석·적용상 많은 불명확한 점이 있어 왔다. 그러나 최근까지 대법원이 이 규정의 해석을 부분적으로 다룸으로써 그 의미를 점점 명확히 해가고 있어서 이를 정리할 필요가 있다.

(1) 먼저 대법원은 기본법 제26조의2 제2항의 입법취지를 같은 조 제1항 소정의 과세제척기간이 일단 만료되면 과세권자는 새로운 결정이나 증액경정결정은 물론 감액경정결정 등 어떠한 처분도 할 수 없게 되는 결과 과세처분에 대한 행정심판청구 또는 행정소송 등의 쟁송절차가 장기간 지연되어 그 결정 또는 판결이 과세제척기간이 지난 후에 행하여지는 경우 그 결정이나 판결에 따른 처분조차도 할 수 없게 되는 불합리한 사례가 발생하는 것을 방지하기 위하여 마련된 것이라고 확인하고, 그렇게 볼 때 그 문언상 과세권자로서는 당해 판결 또는 결정에 따른 경정결정이나 그에 부수되는 처분만을 할 수 있을 뿐, 판결 또는 결정이 확정된 날로부터 1년 내라 하여 당해 판결이나 결정에 따르지 아니하는 새로운 결정이나 증액경정결정까지도 할 수 있다는 것은 아니라고 보았다.[1]

(2) 그러나 한편 같은 취지의 규정인 구 지방세법 제30조의2 규정과 관련하여서는 그

입법취지를 "부과권의 제척기간에는 징수권의 소멸시효와는 달리 그 기간의 중단이나 중지가 없으므로 과세관청이 부과처분의 불복에 대한 결정 또는 판결이 있은 후 그에 따라 다시 부과처분을 하려는 시점에 이미 제척기간을 도과하였다고 하여 그 결정이나 판결의 결과에 따른 부과처분조차 할 수 없게 된다면 그 결정이나 판결은 무의미하게 되며 과세관청에게 가혹하고 또한 과세관청이 제척기간의 만료를 염려하여 재차 부과처분을 하게 되면 납세의무자에게 부담을 가중하는 것이 되므로 일정기간의 예외를 두자는 데서 비롯된 것"임을 확인하고, 이 규정은 결정이나 판결이 확정된 날로부터 1년 내라 하여 당해 결정이나 판결에 따르지 아니하는 새로운 결정이나 증액경정결정까지 할 수 있다는 취지가 아님은 분명하나, 그렇다고 하여 위 규정을 오로지 납세자를 위한 것이라고 보아 납세자에게 유리한 결정이나 판결을 이행하기 위하여만 허용된다고 볼 근거는 없으므로, 납세고지의 위법을 이유로 과세처분이 취소되자, 과세관청이 그 판결 확정일로부터 1년 내에 그 잘못을 바로잡아 다시 지방세 부과처분을 하였다면, 이는 위 구 지방세법 제30조의2 제2항이 정하는 당해 판결에 따른 처분으로 제1항이 정하는 제척기간의 적용이 없다[2]고 보았다.[3]

(3) 또한 대법원은 기본법 제26조의2 제2항에서 말하는 '판결'이란 그 판결에 따라 경정결정 기타 필요한 처분을 행하지 않으면 안 되는 판결, 즉 조세부과처분이나 경정거부처분에 대한 취소판결 등을 의미하는 것이고, 원고의 청구를 기각하는 판결이나 소를 각하하는 판결은 여기에 해당하지 않는다고 하였고,[4] 과세권자는 판결 등이 확정된 날로부터 1년 내라 하더라도 납세의무가 승계되는 등의 특별한 사정이 없는 한, 당해 판결 등을 받은 자로서 그 판결 등이 취소하거나 변경하고 있는 과세처분의 효력이 미치는 납세의무자에 대하여만 그 판결 등에 따른 경정처분 등을 할 수 있을 뿐 그 취소나 변경의 대상이 된 과세처분의 효력이 미치지 아니하는 제3자에 대하여서까지 재처분을 할 수 있는 것은 아니라고[5] 확인한 바 있다.

---

[2] 대법원 1996. 5. 10. 선고 93누4885 판결.

[3] 학설에서는 이에 대하여 판례가 '양면적용설'을 취함을 명확히 하였다고 평가하고 있다. 한편 양면적용설에 대응하는 이른바 '편면적용설'이란 특례제척기간의 규정은 재결 또는 판결에 의하여 그 대상이 된 부과처분이 감액 또는 취소된 경우 그 범위 내에 한하여 특례제척기간 내의 경정 기타 필요한 처분을 할 수 있다고 보는 견해로서 납세자를 위하여 당해 판결 등을 이행하기 위한 처분이 아닌 경우에는 특례제척기간이 적용되지 아니한다고 본다. 이에 대한 상세는 최명근, 『세법학총론』, 2007, 477면 이하 참조.

[4] 대법원 2005. 2. 25. 선고 2004두11459 판결.

[5] 대법원 2006. 2. 9. 선고 2005두1688 판결.

4. 사안에서의 해결 및 이 판결의 의의

본 사안에서 대법원은 피고가 재처분의 이유로 들고 있는 위 국세심판원의 결정은 원고가 제기한 증여세부과처분에 대한 것으로서 이는 위 원고에 대한 증여세를 변경하는 효력을 가질 뿐 망인이 부담할 이 사건 양도소득세에 대하여까지 효력을 미칠 수는 없는 것이므로 이 사건 증액처분을 위 심판결정에 따른 적법한 재처분이라 할 수 없으므로 결국 위 양도소득세증액경정처분은 특례제척기간 규정이 적용될 수 없는 결과 통상적인 제척기간이 이미 도과한 무효의 처분이라 보아야 하므로 피고의 당초처분이 이에 흡수되어 소멸하였다고 볼 수 없다고 판시하였다.

생각건대 대법원은 비록 국세심판원이 원고가 제기한 증여세부과처분에 대하여 금융기관채무 15억원 부분을 원고가 인수한 것으로 보아 이를 증여세과세가액에서 공제하여야 한다고 결정하여 이에 따라 연쇄적으로 증여세와 상속세가 각각 감액 및 증액경정되고 결국 망인이 부담할 양도소득세가 증액된 결과 원고를 포함한 상속인들의 양도소득세부담이 증액경정되었다 하더라도, 이러한 조치는 기본법 제26조의2가 상정하는 물적 범위를 벗어나는 것이라고 본 것이고, 이로써 '결정·판결 등에 따라' 과세관청이 해야 할 재처분의 범위를 다시 한 번 명확히 한 사례라는 점에서 중요한 의미를 찾을 수 있다. 필자는 여기에서 한 걸음 더 나아가 대법원은 여러 판례들에서 판결 등이 확정된 날로부터 1년 내라 하여 판결 등에 따르지 아니하는 새로운 결정이나 증액경정결정까지도 할 수 있는 것은 아니라고 하는 점에서 과연 판례가 여전히 양면적용설을 계속 유지하고 있다고 볼 수 있는지 의문이라고 본다. 아무튼 기본법 제26조의2 제2항의 특례제척기간은 그 취지상 국민의 예측가능성의 보호와 과세형평성을 위하여 확대해석할 수 없음을 명확히 한 데서 본 판결의 의미를 찾을 수 있을 것이다.

참고문헌

최명근, 『세법학총론』, 세경사, 2007.

판례
<6>

납세자 등의 확인서에 기초한 과세와 근거과세원칙

사건의 표시 : 대법원 1998. 7. 10. 선고 96누14227 판결

▪ 사실개요 ▪

원고 甲은 'A주택'이란 상호로 아파트를 임대하거나 임대아파트를 분양하는 사업을 경영하는 한편, 소외 A빌딩 주식회사, A주택건설 주식회사의 임원으로 재직하는 자로서, 임대아파트의 분양으로 인한 사업소득 등 1991년도 및 1992년도 각 귀속분 종합소득에 대하여 구 소득세법시행령(1992. 12. 31. 대통령령 제13802호로 개정되기 전의 시행령, 이하 '소령'이라 한다) 제167조 제1항의 규정에 의하여 그 과세표준과 세액을 구 소득세법(1992. 12. 8. 법률 제4520호로 개정되기 전의 법률, 이하 '소법'이라 한다) 제119조 제1항 소정의 서면조사방법으로 결정받을 수 있는 대상자에 해당하였다.

이에 원고는 위 각 과세연도의 종합소득

세를 신고함에 있어 그 과세표준과 세액을 서면조사의 방법으로 결정받기 위하여 과세표준확정신고서에 세무사가 그 기재 내용이 정당하다고 확인한 조정계산서 및 재무제표 등 부속서류를 첨부하여 신고하였다.

대구 세무서장(피고)은 원고에 대한 1991년도 귀속분 종합소득세의 경우 신고서와 조정계산서만을 서면심리한 다음 그 신고대로 과세표준과 세액을 결정함으로써 서면조사결정의 방법으로 부과하였고, 1992년도의 경우에는 그때까지 부과처분을 하지 아니하였다.

피고는 1993. 11. 1. 甲이 1991년 및 1992년 각 귀속분 종합소득세신고를 함에 있어 제출한 서류를 검토한 결과 그 기재 내용

---

* 이동식(경북대학교 법학전문대학원 교수, 법학박사).

이 허위이거나 미비함을 이유로 원고가 필요경비를 과다계상하는 수법으로 상당액의 사업소득을 포탈하였다고 인정할 만한 명백하고 객관적인 사유가 있다고 인정하여 실지조사를 실시하였고 그 과정에서 일정한 거래가 가공거래임을 자인하는 확인서를 받았고 그 확인서에 기초하여 과세표준과 세액을 결정하여 과세처분을 하였다.

▪ 판결요지 ▪

과세관청이 세무조사를 하는 과정에서 납세의무자로부터 일정한 부분의 거래가 가공거래임을 자인하는 내용의 확인서를 작성받았다면, 그 확인서가 작성자의 의사에 반하여 강제로 작성되었거나 혹은 그 내용의 미비 등으로 인하여 구체적인 사실에 대한 입증자료로 삼기 어렵다는 등의 특별한 사정이 없는 한 그 확인서의 증거가치는 쉽게 부인할 수 없는 것으로서 이를 법 제118조 제1항에서 정하고 있는 증빙서류에 갈음하는 자료에 해당된다고 할 것이나(대법원 1992. 11. 13. 선고 92누1438 판결, 1998. 5. 22. 선고 98두2928 판결 등 참조), 납세의무자가 작성한 확인서에 가공거래의 구체적 내용이 들어 있지 아니하여 그와 같은 정도의 신빙성이 인정되지 아니하다면, 비록 납세의무자의 확인서라고 하더라도, 이는 실지조사의 근거로 될 수 있는 장부 또는 증빙서류에 갈음하는 다른 자료에 해당되지 아니한다고 할 것이다. 즉, 이러한 경우에는 부득이 추계조사에 의해 부과처분을 할 수밖에 없다는 취지의 판결이다.

▶ 해 설 ◀

1. 쟁점

이 사례에서 쟁점은 과세관청이 종합소득세 부과처분을 함에 있어서 세무조사 등을 통하여 근거과세의 기초가 될 수 있는 장부를 발견하지 못한 경우에 납세자가 작성한 확인서만을 기초로 하여 과세를 한 경우 그러한 확인서가 적법한 과세의 기초자료가 될 수 있는지의 여부이다.

2. 근거과세원칙

(1) 의의

세금의 부과는 모든 국민들에게 이론적으로 그리고 실제적으로 충분히 설득될 수 있는 자료에 기초하여 부과되어야 한다. 이를 위해 세법에서 가장 기본으로 생각하고 있는 원칙은 "세금은 법률에 기초하여 공평하게 부과되어야 한다"는 것이다.[1] 그런데 이처럼 세금이

---

1) 조세법률주의와 조세공평주의는 조세법의 2대 중요원칙이다.

법률에 기초하여 공평하게 부과될 수 있기 위해서는 과세관청이 과세의 근거가 되는 중요한 과세사실을 제대로 발견하여 그 객관적 사실에 기초하여 세법을 적용해야 한다. 다시 말해서 과세에 있어서 중요한 사실은 원칙적으로 납세자의 장부 또는 그 증빙자료에 기초하여야 한다는 것이다. 이것을 국세기본법(이하 '기본법'이라 한다)에서는 근거과세의 원칙이라고 한다.2) 이러한 근거과세의 원칙은 과세의 객관성을 강조하는 것으로 세법이 규정하고 있는 과세사실의 "입증(Beweis)"에 관한 문제의 일종으로 이해할 수 있다.3) 즉, 세법의 적용에 있어서 과세사실의 입증은 어떤 자료에 기초하여 이루어져야 하는지를 규정한 것이 근거과세의 원칙이라고 할 것이다.4)

(2) 과세사실 확보 방법

소득의 규모, 필요경비의 규모와 같은 세금배분의 기초가 되는 중요한 과세사실을 과세관청이 확보하는 방법에는 크게 두 가지가 있다.

하나는 납세자들이 과세표준신고서를 통해 과세관청에 자발적으로 제출해 주는 방법이고, 다른 하나는 과세관청이 세무조사를 통해 그러한 자료를 스스로 확보하는 방법이다. 소득세법 등 거의 대부분의 세법은 전자를 원칙적인 방법으로 생각하고, 후자는 전자를 보충하는 의미에서 사용하고 있다. 전자의 방법이든 후자의 방법이든 중요한 과세사실은 납세자의 장부 또는 그 증빙자료에 기초하여서 신고 또는 조사결정되어야 한다. 이를 국세기본법에서는 "근거과세원칙"이라고 하고, 소득세법 등 개별세법에서는 흔히 "실액과세"라고 한다.5) 납세자에 대한 장부 또는 증빙자료를 발견할 수 없는 경우에는 "부득이" 법률이 정하는 방법에 따라 "추계과세"를 할 수밖에 없다.6) 추계과세는 실제의 사실에 기초하여 과세하는 것이 아니라 법이 추정하는 가공의 사실에 기초하여 세금부과를 하는 것이므로 세법이 적용방법으로는 극히 예외적인 경우에

---

2) 기본법 제16조.

3) 이동식, 『일반조세법』(준커뮤니케이션즈), 2011, 203면.

4) 이러한 측면에서 바라본다면 현재 근거과세원칙을 규정하고 있는 기본법 제16조는 세법에만 특이한 새로운 사실을 규정한 것이 아니라 입증의 방법에 관한 일반적인 기준을 제시해 준 것으로 이해하면 될 것이다.

5) "근거과세원칙"이라는 용어와 "실액과세"라는 용어는 비록 용어들이 사용되는 법영역이 다르긴 하지만 실제 내용에 있어서 동일한 것으로 이해할 수 있다.

6) 현재 기본법은 제16조 제1항과 제2항을 구별하고 있다. 하지만 예컨대, 현재의 소득세법은 제80조 제3항 본문에서 기본법 제16조 제1항과 유사한 조문표현을 두고, 바로 단서에서 본문의 요건이 갖추어지지 않는 경우에는 추계과세를 한다고 규정하고 있다. 약간 조문표현에 문제는 있다고 보이지만 당연히 소득세법과 같은 개별세법의 경우에도 기본법 제16조 제2항과 같이 납세자 자신이 작성한 장부나 자신이 보관한 장부의 증빙자료가 아니라고 하더라도 과세관청이 세무조사를 통해 확보한 과세의 "객관적 증거"가 있는 경우에는 당연히 그 객관적 증거에 기초하여 과세가 되어져야 하고, 추계과세는 이것도 확보할 수 없는 경우에만 행해질 수 있는 것으로 보아야 할 것이다.

해당한다고 할 것이다. 가능한 한 실액과세의 범위를 확대하고, 추계과세는 최소한으로 하는 것이 세법 본래의 취지에 부합한다고 할 것이다.

(3) 기본법 제16조 및 사건 관련 소득세법 규정

근거과세원칙은 기본법 제16조에 규정되어 있고, 기본법 제3조는 이러한 기본법 제16조와 유사한 개별세법규정이 있는 경우에는 그 개별세법규정이 우선한다고 규정하고 있다. 실제, 소득세법, 법인세법 등 개별세법의 경우에는 기본법 제16조와 유사한 규정들을 두고 있다. 이 사건과 관련된 소득세법규정은 구 소득세법(1992. 12. 8. 법률 제4520호로 개정되기 전의 소득세법) 제117조에서 제120조이고, 현재 관련 소득세법(2014. 1. 1. 법률 제12169호로 개정된 소득세법) 규정은 제80조이다.

소득세법 제80조 제3항[7)

납세지 관할 세무서장 또는 지방국세청장은 제1항과 제2항에 따라 해당 과세기간의 과세표준과 세액을 결정 또는 경정하는 경우에는 장부나 그 밖의 증명서류를 근거로 하여야 한다. 다만, 대통령령으로 정하는 사유로 장부나 그 밖의 증명서류에 의하여 소득금액을 계산할 수 없는 경우에는 대통령령

로 정하는 바에 따라 소득금액을 추계조사결정할 수 있다.

이 사건의 경우에는 구 소득세법 제119조 제1항 단서의 요건이 충족되어 당시 소득세법상의 제도인 서면조사결정을 받을 수 없게 되고, 대신 세법에 따라 장부를 비치·기장하고 있는 경우에는 구 소득세법 제118조 제1항에 따라 그 장부와 증빙자료에 근거하여 실지조사결정을 하여야 하고, 그러한 장부와 증빙자료에 의한 과세가 명백하게 불가능한 경우에는 구 소득세법 제120조에 따라 추계과세를 하여야 한다.

현재 소득세법의 규정에 의하든, 구 소득세법의 규정에 의하든 결론은 동일하다. 만일 과세의 기초, 즉 세법적용의 증거로 삼기에 충분한 "장부와 증빙자료"가 있는 경우에 세법적용은 그 장부와 증빙자료에 기초하면 되는 것이고, 그러한 자료가 없는 경우에는 부득이 추계과세로 세법을 적용해야 한다.

3. 납세의무자의 확인서에 기초한 과세의 정당성

근거과세원칙에 따라서 세법적용은 장부 또는 이와 관련된 증빙자료에 기초하여야 한다. 이때 장부는 회계장부, 즉 대차대조표, 손

---

7) 소득세법 제80조 제1항은 납세자의 과세표준확정신고가 없는 경우 행정청이 결정하여야 한다는 내용이고, 제2항은 납세자의 신고가 있긴 하지만 그 신고내용에 탈루·오류 등이 있어 그 신고내용에 기초하여 과세하기가 어려운 경우에는 행정청이 경정하여야 한다는 내용을 규정하고 있다.

익계산서 등과 같은 것을 의미한다고 이해할 것이고, 증빙자료라 함은 회계장부를 작성하기 위하여 자료로 삼은 각종 서류들 예컨대, 매입·매출관련 계약서나 영수증, 결제관련수표, 현금출납기 영수증, 신용카드 영수증, 입금 전표, 배달 전표, 발송 기록 등을 의미하는 것으로 이해할 수 있다. 중요한 것은 그 서류의 형식적 명칭이 아니라 결국 이러한 자료가 세법적용의 기초로 삼기에 충분한 정도의 신빙성이 있는지 여부에 의해 결정되어야 한다고 할 것이다. 납세자가 과세거래내역에 대해 확인서를 작성한 경우에도[8] 그러한 확인서에 담겨져 있는 구체적 내용에 따라 그 확인서는 근거과세원칙의 자료가 될 수 있는 장부 또는 증빙자료에 포함될 수도 있고, 그렇지 않을 수도 있다고 할 것이다.

4. 이 판결의 분석

이 사건에서 대법원은 세무조사과정 중 납세의무자가 작성한 거래사실에 대한 확인서가 과세의 객관적 자료가 될 수 없는 경우를 두 가지로 분류하고 있다. 그 중 한 경우는 확인서가 납세의무자의 의사에 기초하지 않고 강제로 작성된 경우이다. 이 경우에 있어서 작성의사의 강제는 있었지만 내용이 적절한 경

우에도 이것을 기초로 한 과세를 인정할 수 없을 것인지 여부가 논란이 될 수 있다. 이는 세무조사가 위법하게 행해진 경우 그 세무조사에 기초한 부과처분의 효력에 관한 문제이다. 이와 관련해서는 위법설·적법설·절충설 등의 학설대립이 있다.[9] 세무조사가 전반적으로 임의조사로 규정되어 있는 것과 비례해서 확인서의 내용이 적절하다고 하더라도 그 확인서가 강제로 작성된 경우에 있어서 그 확인서의 증거가치를 인정하는 것은 부적절하다고 할 것이다. 또 다른 경우는 확인서가 납세의무자의 자발적 의사에 기초하여 작성되기는 하였지만 그 내용의 미비 등으로 인하여 구체적인 사실에 대한 입증자료로 삼기 어려운 경우이다. 단순히 "○○○ 거래는 가공거래임을 인정합니다"라는 형태의 확인서만 존재하고 그 거래가 가공거래임을 증명하는 어떤 다른 추가적인 증거가 없는 경우가 이에 해당한다고 할 것이다.[10] 위 사건에서도 판례는 납세자기 일부 거래가 가공거래임을 인정하는 확인서를 자발적 의사에 기초하여 작성하였지만 가공거래의 구체적 내용이 확인서에 기재되어 있지 않아 이 확인서는 근거과세원칙의 자료로 삼기에 충분한 정도의 증거가치가 없다고 판시하였다. 이와 달리 다른 사례에서는 납세의무자가 일정한 거래가 가공거래임을 인정하

---

8) 확인서를 작성하는 납세자가 반드시 과세의 대상이 되는 납세자 "자신"일 필요는 없다.
9) 임승순, 『조세법』(박영사), 2010, 80면.
10) 이러한 경우에는 실제적으로 납세자가 증빙자료를 제출하는 것이 자신에게 불리하여 제출하지 않는 경우도 있을 수 있고, 전혀 증빙자료를 납세자가 가지고 있지 않는 경우도 있을 수 있다.

는 확인서를 작성하고, 그 확인서에 가공거래의 구체적 내용을 기재한 허위의 세금계산서 등이 별지로 첨부된 경우에 그 확인서의 증거가치는 쉽게 부정할 수 없다고 한 사례도 있다.[11]

5. 이 판결의 의의

과세처분은 객관적인 거래사실에 기초하여 이루어져야 하며, 그 사실은 납세자가 누구보다도 잘 알고 있다고 할 것이다. 과세관청이 엄청난 규모의 과세정보시스템을 운영한다고 하지만 거래의 주체인 납세자들보다 거래내용에 대해 더 잘 알 수는 없는 것이다. 그렇기 때문에 행정청은 과세자료의 제시를 다양한 형태로 납세자에게 요구하게 된다. 신고의무와 같은 각종 협력의무도 그러하고 세무조사 과정 중 납세자에게 요구하는 확인서도 그러한 요구의 한 형태로 볼 수 있다.

과세거래를 가장 잘 아는 납세자의 확인서는 일반적으로는 중요한 과세자료가 될 수 있다고 할 것이다. 하지만 판결에서 판시한 바와 같이 일정한 경우에는 확인서에 기초한 과세가 근거과세원칙에 반하는 것으로 평가받을 수 있는 가능성도 있다.

참고문헌

이동식, 『일반조세법』, 준커뮤니케이션즈, 2011.
임승순, 『조세법』 박영사, 2010.

---

11) 대법원 2001. 4. 13. 선고 2001두434 판결【갑종근로소득세부과처분취소】[비공개].

공시송달 사유인 '수취인의 부재'의 의미

사건의 표시 : 대법원 2000. 10. 6. 선고 98두18916 판결[1]

● 사실개요 ●

물상 보증에 제공한 자신 소유의 부동산이 타인에게 경매에 의하여 소유권이전등기가 마쳐졌으나 원고는 양도소득세를 신고 납부하지 않았고, 피고(송파세무서장)는 1997. 1. 21. 원고에게 양도소득세등부과처분의 납세고지서(납부기한 1997. 1. 31.)를 등기우편으로 원고의 주소지로 발송하였다. 그런네 이 고지서는 1997. 1. 27.경 원고의 부재(수취인 부재)로 반송되었다. 이에 피고 소속 공무원은 위 납세고지서를 납부기한까지 송달하기 어렵다고 판단하고 직접 송달하기 위하여 피고의 주소지(주민등록지)를 방문하였으나 원고를 만나지 못하

자 납부기한을 1997. 2. 10.로 10일 연장한 다음 납세고지서를 공시송달하였다.

원고는 ① 공시송달의 요건을 규정한 국세기본법 제11조 제1항 제3호 소정의 "송달할 장소에 없는 경우"를 송달을 받을 자가 주소를 두고 그 곳에 거주하지 아니하는 경우로 한정하여 해석하여야 하며, ② 이 사건 납세고지서는 납부기한 내에 송달이 곤란한 경우가 아니므로 공시송달의 요건을 갖추지 못하였으며, ③ 국세기본법(이하 '기본법'이라 한다) 제11조 제1항 제3호를 위 ①항과 같이 해석하지 아니하면 위 규정은 헌법 제23조의 재산권

---

* 김용대(서울고등법원 부장판사).

1) 이 판결에 대한 평석으로는 장석조, "공시송달의 사유를 정한 구 기본법 제11조 제1항 제3호의 헌법합치적 해석", 『대법원판례해설』, 제35호(2000 하반기)(2001. 6.), 756면 이하.

보장, 제27조의 재판받을 권리의 보장, 제37조 제2항의 과잉금지원칙에 반하는 무효의 규정이라고 주장하였다.

원심2)은, ① 기본법 제11조 제1항 제3호 소정의 "송달할 장소에 없는 경우"를 '송달을 받을 자가 거주하지 아니하는 경우에 한하는 것이 아니라 단순히 외출 등의 사유로 부재중인 경우를 포함하는 것'으로 해석하여야 하고, ② 기본법 제11조 제1항 제3호에는 "수취인의 부재로 반송되는 경우 등 대통령령이 정하는 경우"라고 규정하여 '수취인의 부재로 반송되는 경우'와 기타 대통령령이 정하는 경우를 열거하고 있을 뿐, '수취인의 부재로 반송되는 경우' 중 대통령령이 정하는 경우에 한정하는 것은 아니며, ③ 기본법 제11조 제1항 제3호의 규정은 납세고지서의 송달불능으로 인한 조세부과권의 침해를 방지하기 위하여 신설한 규정으로서 그것이 위와 같은 헌법조항에 반하는 규정이라고는 볼 수 없다면서 원고의 주장을 배척하였다.

원고가 동일한 사유를 들어 상고하였다.

▪ 판결요지 ▪

구 기본법(1998. 12. 28. 법률 제5579호로 개정되기 전의 것, 이하 같다) 제11조 제1항은 서류의 공시송달사유로 제3호에서 "제10조 제

---

2) 서울고등법원 1998. 10. 30. 선고 98누1453 판결.

4항에서 규정한 자가 송달할 장소에 없는 경우로서 등기우편으로 송달하였으나 수취인의 부재로 반송되는 경우 등 대통령령이 정하는 경우"를 들고 있고, 이에 따라 구 국세기본법 시행령(1999. 12. 28. 대통령령 제16622호로 개정되기 전의 것, 이하 '기본령'이라 한다) 제7조의2는 위 "대통령령이 정하는 경우"로서 제1호에서 "서류를 등기우편으로 송달하였으나 수취인이 부재중인 것으로 확인되어 반송됨으로써 납부기한 내 송달이 곤란하다고 인정되는 경우"를, 제2호에서 "세무공무원이 2회 이상 납세자를 방문하여 서류를 교부하고자 하였으나 수취인이 부재중인 것으로 확인되어 납부기한 내 송달이 곤란하다고 인정되는 경우"를 들고 있는바, 위 구 기본법 제11조 제1항 제3호는 1996. 12. 30. 법률 제5189호로 개정되면서 공시송달사유를 종전의 규정보다 확대함으로써 납세의무자가 책임질 수 없는 사유로 인하여 불복기간이 경과된 경우에도 과세처분에 대하여 불복할 기회를 상실하게 되는 등으로 헌법 제27조 제1항이 정한 재판을 받을 권리를 과도하게 침해할 가능성을 안고 있으므로, 위 규정 및 구 기본령 제7조의2 제1호, 제2호에서 '수취인의 부재'라 함은 납세의무자가 기존의 송달할 장소로부터 장기간 이탈한 경우로서 과세권 행사에 장애가 있는 경우로 한정 해석함이 상당하다.

▶ 해 설 ◀

1. 기본법에서 "수취인 부재"를 공시송달 사유로 신설

　기본법은 제11조 제1항에서 납세고지서 등 세법이 규정하는 서류를 공시송달로 할 수 있는 사유를 종전에는 서류의 송달을 받아야 할 자가 "① 주소 또는 영업소에서 서류의 수령을 거부한 때, ② 주소 또는 영업소가 국외에 있고 그 송달이 곤란한 때, ③ 주소 또는 영업소가 분명하지 아니한 때"로 규정하고 있었으나, 1996. 12. 30. 법률 제5189호로 개정되면서, "① 주소 또는 영업소가 국외에 있고 그 송달이 곤란한 경우, ② 주소 또는 영업소가 분명하지 아니한 경우, ③ 제10조 제4항에서 규정한 자[서류를 송달을 받아야 할 자의 사용인 기타 종업원 또는 동거인으로서 사리를 판별할 수 있는 자]가 송달할 장소에 없는 경우로서 등기우편으로 송달하였으나 수취인의 부재로 반송되는 경우 등 대통령령이 정하는 경우"로 규정함과 아울러 같은법 시행령(1996. 12. 31. 대통령령 제15189호로 개정된 것) 제7조의2(공시송달)를 신설하여 "법 제11조 제1항 제3호에서 '대통령령이 정하는 경우'라 함은 다음 각호의 1에 해당하는 경우를 말한다. 1. 서류를 등기우편으로 송달하였으나 수취인이 부재중인 것으로 확인되어 반송됨으로써 납부기한 내 송달이 곤란하다고 인정되는 경우 2. 세무공무원이 2회 이상 납세자를 방문하여 서류를 교부하고자 하였으나 수취인이 부재중인 것으로 확인되어 납부기한 내 송달이 곤란하다고 인정되는 경우"를 규정하였다. 위 개정으로 인하여 종전과는 달리 등기우편으로 송달한 서류가 수취인 부재로 반송되거나, 세무공무원이 서류를 송달받을 자인 납세자를 2회 이상 방문하였으나 수취인 부재인 것으로 확인된 경우에도 공시송달을 할 수 있게 되었다.

2. 기본법 제11조 제1항에 규정된 공시송달 요건

가. 제1호: 주소 또는 영업소가 국외에 있고 그 송달이 곤란한 경우

　서류를 송달받아야 할 자의 주소 또는 영업소가 국외에 있을 것과 그 송달 곤란할 것이 필요하다. 외국에 있는 납세의무자의 주소지로 보낸 납세고지서를 그 해당국의 우체국이 그의 주소지로 3회에 걸쳐 그 도착사실을 알리는 통지를 하였으나 전달하지 못하고 "Unclaimed"라는 사유를 붙여 우리나라에 반송한 경우가 이에 해당한다.[3]

　한편 납세의무자가 납세지에 주소 또는 거소를 두지 아니한 때에도 납세관리인을 정하여 신고하는 경우에는 과세관청이 납세관리인에게 납세고지서를 송달하면 된다. 그러나

---

3) 대법원 1990. 10. 23. 선고 90누3393 판결.

이러한 경우가 많지 않은바, 비록 납세의무자(외국법인)가 납세지인 국내에 납세관리인을 두지 아니하였다고 하여 막바로 기본법 제11조 제1항 제1호 소정의 주소 또는 영업소가 국외에 있고 그 송달이 곤란한 때에 해당되는 것으로 보아 공시송달을 할 수는 없다.[4]

나. 제2호: 주소 또는 영업소가 분명하지
　　　　아니한 경우

그 의미는 기본령 제7조에 따르면 '주민등록표·법인등기부등에 의하여도 이를 확인할 수 없는 경우'인바, 기본법 기본통칙 11-7-…1은 '선량한 관리자의 주의로 송달을 받아야 할 자의 주소 또는 영업소를 조사(시·읍·면·동의 주민등록사항, 인근자·거래처 및 관계자 탐문, 등기부 등의 조사)하였으나 그 주소 또는 영업소를 알 수 없는 경우를 말한다'라고 부연하여 규정하고 있다.

대법원 또한 '과세관청이 선량한 관리자의 주의를 다하여 송달을 받아야 할 자의 주소 또는 영업소를 조사하였으나 그 주소 또는 영업소를 알 수 없는 경우를 말한다'[5]고 함과 아울러 '시행령 제7조에 의하면 "주소 또는 영업소가 분명하지 아니한 때"라 함은 주민등록표 등에 의하여도 이를 확인할 수 없는 경우를 말한다고 규정하고 있으므로 납세의무자의 주소를 주민등록표(나 법인등기부)에 의하여 충분히 확인할 수 있음에도 불구하고 그 주소지(현행 주민등록표 또는 종전 주민등록표 상의 주소지, 법인등기부상의 대표자 주소지)로 납부통지서를 발송하였다가 수취인 부재 등의 사유로 반송되었다 하여 납부통지서를 공시송달하였다면 이는 적법한 송달로서의 효력을 발생할 수 없다'[6]고 하여 같은 취지를 선언하였다.

따라서 가족과 함께 외국에 이주하여 생활하다가 국내 주택을 양도하였으나 납세관리인도 두지 않고 송달장소도 신고하지 않은 납세의무자에 대하여, 양도소득세 납세고지서를 그 주민등록표상 주소지로 송달하였으나 수취인 부재라는 이유로 반송되어 담당 직원이 주민등록등본을 발급받은 결과 주민등록이 말소되지도 않았을 뿐 아니라 외국 거주 여부도 나타나 있지 아니하며, 주소지로 찾아가 직접 송달하려 하였으나 가족들조차 거주하지 아니하고 이사한 곳도 알 수 없는 경우,[7] 주민등록표상의 주소에 납세고지서를 등기우편으로 발송하였는데도 그 등기우편물이 수취인 불명이란 사유로 반송되었고 여기에다 원고의 거주불명이란 소관 동장의 회보까지 받은 경우,[8] 주민등록부상 주소지로 납세고지서를 등기우편으로 발송하였으나 주거불명으로 반송

---

4) 대법원 1993. 12. 28. 선고 93누20535 판결.
5) 대법원 1998. 6. 12. 선고 97누17575 판결 및 1999. 5. 11. 선고 98두18701 판결.
6) 대법원 1982. 3. 23. 선고 81누280 판결 및 1992. 7. 10. 선고 92누4246 판결.
7) 대법원 1994. 10. 14. 선고 94누4134 판결.
8) 대법원 1984. 10. 10. 선고 84누429 판결.

되어 담당 직원이 주소지 아파트의 관리사무
실로 출장을 가서 경비원에게 거주 여부를 문
의한 결과 경비원으로부터 보름 전에 이사를
하였으나 그 곳의 주소나 연락처를 알 수 없
다고 하는 답을 듣고서 즉시 동사무소를 통하
여 주민등록부상 주소지는 여전히 동일함을
확인하고는, 다시 인명별 전화번호부, 114 안
내전화, 해당 동 사무소 등을 통하여 납세의무
자와 배우자의 연락처를 알아보려고 시도하였
으나 이를 확인하지 못한 경우,[9] 부가가치세
부과고지서를 등기우편에 의하여 사업장으로
송달하려고 하였으나 장기폐문이라는 이유로
반송되자, 담당 직원이 사업장을 찾아가 송달
을 재차 시도하였으나 장기폐문된 채 전화통
화도 이루어지지 아니하였고 다시 주민등록상
주소지로 찾아갔으나 역시 장기폐문되었음을
확인한 경우[10] 등이 선량한 관리자의 주의의
무를 다하여 송달가능한 주소를 조사한 연후
에 한 적법한 공시송달이 된다.

　　다. 제3호: 서류를 송달을 받아야 할 자의
사용인 기타 종업원 또는 동거인으로서 사리를
판별할 수 있는 자가 송달할 장소에 없는 경우
로서 등기우편으로 송달하였으나 수취인의 부재
로 반송되는 경우 등 대통령령이 정하는 경
우[11]

　　기본법 제10조 제4항에서 규정한 자인
'서류를 송달을 받아야 할 자의 사용인 기타
종업원 또는 동거인으로서 사리를 판별할 수
있는 자'가 송달할 장소에 없을 것과, 그 결과
① 서류를 등기우편으로 송달하였으나 수취인
이 부재중인 것으로 확인되어 반송되거나 ②
세무공무원이 2회 이상 납세의무자를 방문하
여 서류를 교부하고자 하였으나 수취인이 부
재중인 것으로 확인되어, 납부기한 내 송달이
곤란하다고 인정되어야 한다.

　　그런데 이와 관련하여 수취인 부재를 장
기간의 부재로 한정할 것인지, 일시적인 부재
도 포함할 것인지에 따라 과세관청의 편의와
납세의무자의 침해되는 권리 범위가 크게 영
향을 받으므로 이 조항에서 수취인 부재를 어
떻게 해석하는 것이 합리적인가가 문제로 되
며, 이것이 이 사건의 쟁점이었다.

3. 공시송달제도 필요성과 그 요건 적용의 한계

　　공시송달이란 서류를 송달받아야 할 사
람의 송달장소를 알 수 없기 때문에 통상적인
방법으로는 송달을 할 수 없는 경우, 즉 우편
이나 교부에 의한 통상적인 방법으로 송달할

---

9) 대법원 1999. 5. 11. 선고 98두18701 판결.
10) 대법원 1992. 8. 14. 선고 92누7146 판결.
11) 이 규정에 대하여, 임승순, 『조세법』(박영사), 2011, 165면은 '과세처분의 중요성과 기본법상의 공시송달
　　이 예외적인 송달방법이라는 점 등에 비추어 볼 때 공시송달요건을 지나치게 확대한 것으로서 과세관청의
　　편의에 치우친 규정이라는 비판을 받을 여지가 많다'고 한다.

수 없는 일정한 사유가 있는 경우 과세관청의 담당 직원이 해당 서류를 보관하고 그 요지를 다양한 방법으로 공고함으로써 서류가 송달된 것과 같은 효과를 발생시키고, 어느 때라도 송달받을 사람인 납세의무자가 출석하면 그 서류를 교부할 수 있게 하는 보충적 송달제도이다.

이는 납세의무자에게 납세고지서 등의 서류를 우편 내지 교부와 같은 통상적인 방법으로만 송달하도록 하는 경우에는 과세관청에게 아무런 잘못이 없음에도 불구하고 무한정 송달을 하지 못하게 되고, 그 결과 구체적 조세채무를 확정시키지 못하여 부과권의 제척기간이 도과되거나, 소멸시효가 완성되는 문제가 발생하는 것을 방지하기 위하여, 신속하고 원활하게 절차를 진행하여야 하는 공익의 필요성에서 인정된 제도이다.12)

그러나 한편 납세의무자의 입장에서 보면, 자신의 잘못으로 구체적 납세의무의 확정을 알리는 서류 등을 송달받지 못하는 경우는 어쩔 수 없지만, 그러한 경우를 제외하고는 공시송달에 의하여 서류 등의 송달이 있는 것으로 취급하고 그로부터 일정한 기간이 경과할

때 조세채무의 부담 여부 내지 부담의 범위에 관하여 이의신청 등 권리행사를 할 수 있는 기회를 박탈당할 뿐만 아니라 가산금 등을 추가적으로 부담하는 것은 권리행사의 부당한 제한 및 의무의 부당한 부담이라는 결과를 초래한다. 따라서 공시송달은 필요 최소한으로 인정하여야 하고, 그러한 경우에도 납세의무자에게 책임을 돌리기 어려운 경우에는 법에 정한 권리구제의 기간이 경과하였다고 하더라도 그 기간의 연장을 허용하는 방향으로 조화를 꾀하는 것이 바람직하다.

민사소송 및 형사소송에서는 일정한 경우 공시송달에 의한 절차의 진행을 인정하지만, 한편 당사자가 책임질 수 없는 사유로 말미암아 불변기간을 지킬 수 없었던 경우 내지 책임질 수 없는 사유로 인하여 상소의 제기기간 내에 상소를 하지 못한 때에는 공시송달이 있었음을 안 때로부터 그 해당 불변기간 내지 상소 제기기간 내에 소송행위와 상소를 허용하는 소송행위의 추후보완(민사소송법 173조) 및 상소권회복청구(정식재판청구. 형사소송법 345조, 458조) 제도를 마련하여 당사자를 구제하고 있다.13)

---

12) 따라서 공시송달이 적법한지 여부에 대한 입증책임은 원칙적으로 당연히 과세관청에 있다. 대법원 1994. 10. 14. 선고 94누4134 판결; 1996. 6. 28. 선고 96누3562 판결.

13) 대법원은, 민사소송의 경우 공시송달제도의 기능과 송달받을 사람의 이익을 조화롭게 고려하여, 소장 부본 송달부터 공시송달의 방법으로 소송이 진행된 경우 특별한 사정이 없는 한 당사자의 책임질 수 없는 사유로 인한 것이어서 추후 보완을 허용하는 등(2000. 9. 5. 선고 2000므87 판결 등)과 같이, 송달받을 사람이 송달사실을 몰랐고 또 모른데 과실이 없을 것을 요건으로 하여 추후 보완을 허용하는 견해를 취하고 있으며[『법원실무제요 민사소송』(II), 2005, 216면], 형사소송의 경우에도 공시송달의 방법으로 피고인이 불출석한 가운데 공판절차가 진행되고 판결이 선고되었으며, 피고인으로서는 공소장부본 등을 송달

조세채권의 확정 등과 관련하여 수취인 부재의 경우에 어느 범위까지 공시송달을 인정할 것인가의 문제는 납세의무자에게 책임을 지울 수 없는 사유를 어느 범위까지 인정하여 사후에 구제를 하여 줄 것인가와 밀접하게 관련이 있다.

이와 관련하여 기본법(1996. 12. 30. 개정 법률 제5189호로 개정된 것)은 소송행위의 추후 보완 및 상소권회복청구의 사유에 상응하는 심사청구 기간의 연장 사유에 관하여, 제61조 제4항에서, "심사청구인이 제6조[14]에 규정하는 사유(신고·신청·청구 기타 서류의 제출·통지에 관한 기한연장사유에 한한다)로 인하여 제1항에 정한 기간 내에 심사청구를 할 수 없는 때에는 그 사유가 소멸한 날로부터 14일 이내에 심사청구를 할 수 있다."고 규정하고 있으며, 이를 이어 받은 기본령 제2조(기한연장 및 담보 제공)는 제1항에서 "다음 각호의 1에 해당하는 경우로서 세무서장이 인정하는 때에는 법 제6조의 규정에 의하여 기한을 연장할 수 있는 사유가 있는 것으로 한다. 1. 납세자가 화재·

전화 기타 재해를 입거나 도난을 당한 때 2. 납세자 또는 그 동거가족이 질병으로 위중하거나 사망하여 상 중인 때 3. 납세자가 그 사업에 심한 손해를 입거나, 그 사업이 중대한 위기에 처한 때(납부의 경우에 한한다) 3의 2. 정전, 프로그램의 오류 기타 부득이한 사유로 한국은행(그 대리점을 포함한다) 및 체신관서의 정보통신망의 정상적인 가동이 불가능한 때 3의 3. 금융기관(한국은행 국고대리점 및 국고수납 대리점인 금융기관에 한한다) 또는 체신관서의 휴무 그 밖에 부득이한 사유로 인하여 정상적인 세금납부가 곤란하다고 국세청장이 인정하는 때 4. 권한 있는 기관에 장부·서류가 압수 또는 영치된 때 5. 제1호·제2호 또는 제4호에 준하는 사유가 있는 때"를 각 규정하고 있을 따름이고, 공시송달을 기간 연장의 사유로 규정하고 있지는 않다.

그 결과 위 조항을 제한적 열거로 해석한다면 공시송달은 심사청구의 기간연장 사유에 해당하지 않는바, 이와 같은 해석은 조세채권의 신속한 확정 등이라는 공익적 목적을 감안

받지 못한 관계로 공소가 제기된 사실은 물론이고 판결 선고 사실에 대하여 알지 못한 나머지 항소기간 내에 항소를 제기하지 못한 경우에는, 이와 같은 항소기간의 도과는 피고인의 책임질 수 없는 사유에 기인한 것으로 봄이 상당하다(대법원 1985. 2. 23.자 83모37, 38 결정; 동 2004. 1. 30.자 2003모447 결정; 동 2007. 1. 12.자 2006모691 결정 등)고 하여 공시송달의 경우에는 원칙적으로 그 구제를 인정하고 있다.

14) 천재·지변 기타 대통령령이 정하는 사유로 인하여 이 법 또는 세법에 규정하는 신고·신청·청구 기타 서류의 제출·통지·납부나 징수를 정하여진 기한까지 할 수 없다고 인정하는 때에는 관할세무서장은 그 기한을 연장할 수 있다.
현행법은 "천재지변이나 그 밖에 대통령령으로 정하는 사유로 이 법 또는 세법에서 규정하는 신고, 신청, 청구, 그 밖에 서류의 제출, 통지, 납부를 정해진 기한까지 할 수 없다고 인정하는 경우나 납세자가 기한연장을 신청한 경우에는 관할 세무서장은 대통령령으로 정하는 바에 따라 그 기한을 연장할 수 있다"로 개정되었다.

하더라도 납세의무자의 권리 역시 과도하게 제한되어서는 아니 된다는 점, 동일한 취지에서 이를 인정하는 민사소송 및 형사소송과의 통일적 운용이라는 점에 비추어 부당하므로 위 조항을 예시적으로 해석하여 공시송달도 심사청구의 기간연장사유에 해당한다고 해석함이 타당하다.[15]

한편 공시송달을 심사청구의 기간연장사유로 인정하는 경우에, 어느 범위까지의 공시송달을 납세의무자에게 책임을 지울 수 없는 사유로서 구제를 인정할 것인가는 또 다른 문제인바, 이것이 이 사건의 주된 쟁점이었다.

원심과 같이 수취인 부재를 잠시 집을 비우는 단순한 외출 등의 사유로 부재중인 경우를 포함하는 것으로 해석한다면, 납세의무자에게 자신의 귀책사유 없이 과세관청의 부과처분 등이 있었다는 사실을 알지 못하면서도 이에 대하여 불복기회의 박탈, 가산금의 가산,

책임재산의 압류 등 불측의 불이익을 받게 하는 경우가 생길 수 있는바, 이는 부과처분에 대하여 불복할 기회를 상실하게 되는 등으로 헌법이 정한 재판을 받을 권리를 과도하게 침해할 가능성을 안고 있다.

따라서 대법원은, 조세채무의 신속한 확정으로 인하여 부과권의 제척기간의 경과 등을 방지하려는 공익적 목적에서 공시송달 사유를 확대하더라도 납세의무자의 권리 또한 과도하게 제한되어서는 안 된다는 점에서[16] '수취인의 부재'를 납세의무자가 기존의 송달할 장소로부터 장기간 이탈한 경우로서 과세권 행사에 장애가 있는 경우로 한정 해석함이 상당하다고 하여 제한적으로 해석하였다.[17]

4. 이 판결의 의의

공시송달의 사유가 확대되어 규정된 구

---

15) 대법원도 위 조항을 예시적으로 해석하여 공시송달이 그 사유라는 전제하에서 공시송달의 적법성을 판단하고 있음은 앞서 본 바와 같다(주 4, 6 판결 참조).

16) 대법원은 앞서 본 바와 같이 주소 또는 영업소가 분명하지 아니한 때와 관련하여, 주소지로 납부통지서를 발송하였다가 '수취인 부재' 등의 사유로 반송되었다는 사유만으로는 그 서류를 공시송달할 수 없다고 하여 납세의무자의 권리를 두텁게 보호하려고 하였는바, 같은 내용의 사유가 포함된 이 조항을 판단함에 있어서 위와 같은 해석의 기준을 동일하게 적용함이 바람직하다는 고려도 작용한 것으로 보인다.

17) 이는 송달의 의미를 '지방세법 제25조, 동법시행령 제8조에 의하면, 지방세를 징수하고자 할 때에는 반드시 문서로서 납세의 고지를 하여야 하고 납세고지서에는 납부할 지방세의 연도와 세목, 납입기한과 금액, 납부장소 등을 기재하여 통지하도록 되어 있으며, 동법 제51조 제1항, 제51조의 2의 제1항, 기본법 제12조 제1항의 각 규정에 의하면, 납세고지, 독촉체납처분등에 관한 서류는 그 명의인의 주소, 거소, 영업소 또는 사무소에서 교부 또는 등기우편 등의 방법에 의하되 송달을 받아야 할 자에게 도달한 때에 효력이 발생한다고 규정하고 있는바, 이러한 규정들은 조세법률주의의 규정하는 바에 따라 납세자인 국민으로 하여금 부과처분의 내용을 상세하게 알려 의무의 이행을 확실하게 하는 한편, 당해 처분에 대한 불복여부의 결정과 그 불복신청에 편의를 주려는 취지에서 나온 것으로 엄격히 해석되어야 할 강행규정이라고 할 것이다'라고 하여 납세의무자의 권리보호를 강조한 대법원 1982. 5. 11. 선고 81누319 판결 등의 태도와도 맥락을 같이한다고 할 수 있다.

기본법 제11조 제1항 제3호 및 구 기본령 제7조의 2 제1호, 제2호 소정의 '취인의 부재'의 의미를, 조세채권의 제척기간 도과 등 방지와 납세의무자의 권리 침해 방지의 조화를 꾀하여, 여행 등으로 인해 일시 부재중인 경우는 포함하지 않음을 명확하게 선언한 점에서 의의를 지닌다.

이 사건 이후 동일한 취지의 대법원 판결이 나오지 않고 있는 것으로 보아, 과세관청은 이 판결의 취지에 따라 수취인 부재를 제한적으로 적용하고 있는 것으로 보인다. 그런 면에서 이 판결은 실무 운영을 지도하였다는 점에서도 매우 의미가 있는 판결이라고 평가할 수 있다.

참고문헌

김상원 등, 『주석 민사소송법』, 제3권, 한국사법행정학회, 2004.

『법원실무제요 민사소송』, 제2권, 법원행정처, 2005.

임승순, 『조세법』, 박영사, 2011.

장석조, "공시송달의 사유를 정한 구 국세기본법 제11조 제1항 제3호의 헌법합치적 해석", 『대법원판례해설』, 제35호(2000 하반기)(2001. 6.).

강제집행등과 국세체납처분에 의한 공매의 경합

사건의 표시 : 대법원 1961. 2. 9. 선고 4293민상124 판결

▪ 사실개요 ▪

1. 피고 ○○은행이 소외 회사에게 이 사건 부동산에 대하여 근저당권을 설정하고 금원을 대여하고, 그로부터 1년여가 지난 후 위 회사가 국세를 체납하자, 원고인 A세무서장은 위 부동산에 대하여 체납처분에 의한 압류를 한 후 공매절차를 진행하였다.

2. 한편 위 소외 회사의 근저당권자인 피고 ○○은행은 위 대부금을 회수하기 위하여 공매절차가 진행중인 위 부동산에 대하여 법원에 위 근저당의 실행을 위한 임의경매신청을 하고 원고도 동절차에 금 17,260,798원의 교부청구를 하였다.

3. 그런데 동경매절차가 위 공매절차보다 먼저 종료되어 집행법원은 경낙대금 중 경매비용을 공제한 금 61,104,630원 중 금 47,120,000원을 피고에게 교부하고, 나머지 금 13,984,630원만 원고에게 교부하였는데, 이에 대하여 원고는 피고에게 교부된 금액 중 자기가 교부받지 못한 금 3,276,168원은 피고가 부당이득한 것이라고 주장하면서 본 건 부당이득반환청구소송을 제기하였다.

4. 원고의 위 청구에 대하여 원심은 원고의 조세채권 등보다 피고의 근저당권이 우선한다는 이유로 배척하였고, 원고는 조세채권 등의 우선을 주장하면서 동시에 체납처분절차가 진행중인 부동산에 대하여 집행법원이 경매개시결정을 하고 경매절차를 진행시킨 것은 위법이라는 취지로 상고하였다.

---

* 박종수(고려대학교 법학전문대학원 교수, 법학박사).

■ 판결요지 ■

　국세체납처분에 의한 공매절차가 진행중임에도 불구하고 그 부동산에 대하여 강제경매 또는 임의경매신청이 있는 경우에 이를 수리하여 경매개시결정 촉탁등기를 하고 그 경매절차를 별도로 진행할 수 있느냐에 대하여 按컨대 만일 체납처분에 의한 공매절차가 진행중임에도 불구하고 별도로 경매절차를 진행한다고 하면 환가처분에 있어서는 동일함에도 불구하고 이중의 시간과 노력 비용을 낭비하게 되고 그 간에 있어서의 혼란을 야기케 하여 불합리하다는 감이 없지 않다. 그러나 체납처분에 의한 공매절차와 경매절차는 그 집행기관이 다를 뿐 아니라 그 의거할 법규가 다르므로 민사소송법 제604조의 기록첨부방식의 규정을 준용할 수 없음은 물론 만일 경매절차를 불허한다고 하면 일반채권자로서는 공수방관하고 체납처분에 의한 차압의 해제를 기다릴 수밖에 없고, 또 공매절차를 진행하지 아니하고 있는 경우에 일반채권자로서는 그 진행을 강제할 방도가 없을 뿐 아니라 채무자가 국세징수자측과 협의하여 채권자의 경매를 일시 방지하는 술책으로 고의로 소액의 체납 국세의 차압등기로서 채권자의 채권실현을 불가능케 하는 폐단이 없다 할 수 없고 더욱 경매절차를 진행하였다 하더라도 그 경락후의 배당절차에 있어서 국세를 우선적으로 징수할 수 있으므로 국세의 우선의 원칙에도 위반된다고 할 수 없으며, 또 이를 금지한 규정이 없을 뿐 아니라 서상의 단점과 장점을 비교할지라도 그 단점보다 장점이 많다 할 수 있으므로 비례의 원칙에 위배된다 할 수 없다. 그러므로 소론과 같이 원고가 체납처분으로서의 공매절차가 진행중임에도 불구하고 집행법원의 경매절차를 취하였다 하더라도 이를 위법이라 할 수 없다.

▶ 해 석 ◀

1. 쟁점

　이 사건의 쟁점은, 경매와 공매가 경합하게 되는 경우, 즉 국세체납처분에 의한 공매절차가 진행 중인 부동산에 대하여 집행법원의 경매절차가 진행하게 될 경우 이를 위법이라고 할 수 있는지에 있다.

2. 학설과 판례의 입장

　강제집행등과 국세체납처분이 경합하는 경우에 관하여 현행법은 국세징수법(이하 '징수법'이라 한다) 제35조(구 징수법 28조)에서 가압류·가처분재산에 대한 체납처분의 효력이라는 제하에 '재판상의 가압류 또는 가처분 재산이 체납처분 대상인 경우에도 이 법에 따른 체납처분을 한다'고 규정하고 있을 뿐 양자의 관계에 관해서는 방임하는 입장을 취하고 있다. 이와 관련해 학설의 대립이 있다.

(1) 학설

1) 경합을 전면적으로 허용할 수 있다는 견해

이 견해에서는 징수법상의 교부청구나 참가압류 규정은 그러한 제도로써 경매절차에서의 배당에 참가하는 길을 허용한 것일 뿐 이로써 곧 세무당국 자신에 의한 체납처분을 금지한 것으로 보기 어렵다는 점에서 경매개시결정이 되어 있는 부동산에 대하여 체납처분절차를 진행할 수 있어야 한다고 보며, 또한 체납처분에 의한 압류가 되어 있는 재산에 대해서도 그 처분금지효력은 상대적 효력밖에 없으므로 체납자는 그 부동산 등을 제3자에게 유효하게 양도할 수 있고, 이 경우 그 후에 압류가 해제되었다 하더라도 이미 그 부동산 등은 제3자의 소유에 속하게 되어 그때 가서는 일반채권자의 강제집행이 불가능하게 되므로 압류의 경합을 인정하지 않을 수 없다고 본다.[1]

2) 경합을 전면적으로 허용할 수 없다는 견해

이는 양절차의 경합을 전혀 허용할 수 없다는 견해로서, 징수법 제56조는 경매절차가 진행중일 때에는 교부청구를 하여야 한다고 규정하여 교부청구 외에 새로운 압류를 할 수 없다는 취지를 규정하고 있는 점, 징수법 제35조가 재판상의 가압류 또는 가처분 재산이 체납처분 대상인 경우에도 이 법에 따른 체납처분을 한다고 규정하면서 본압류에 대해서는 아무런 규정을 두지 않은 것의 반대해석상 압류의 영향을 받는다고 해석할 수 있는 점 등을 들어 경매개시결정이 있는 부동산에 대하여 다시 체납처분에 의한 압류를 할 수 없다고 본다.

또한 체납처분에 의한 압류후에 동일 부동산에 대하여 경매신청이 있는 경우에 그에 대한 경매개시결정을 하여 경매절차를 진행한다면 혼란을 일으키고 당사자에게 불측의 손해를 입힐 우려가 있는 점, 병존하는 양절차 중 효력을 잃게 되는 쪽의 절차에 투입된 비용과 효력은 전혀 낭비에 불과하게 됨은 경매개시결정후에 공매절차를 별도로 진행시킬 때와 같다는 점 등에서 체납처분에 의한 압류가 있는 부동산에 대하여 경매개시결정을 할 수 없다고 본다.[2]

3) 경합을 제한적으로 허용할 수 있다는 견해

이는 경매개시결정이 있는 부동산에 대하여는 위 두 번째 견해와 같은 이유에서 다시 체납처분에 의한 압류를 할 수는 없으나, 체납처분에 의한 압류가 되어 있는 부동산에 대하

---

1) 조재연, "강제집행과 체납처분의 경합", 『재판자료』, 제36집, 111면 이하.
2) 이재성, 『주석강제집행법』, 272면 이하.

여는 경매개시결정은 물론 환가절차까지 진행할 수 있다는 입장이다.3) 그 이유로는 경매절차에서는 조세채권이 이에 편승하여 변제받는 길(교부청구)이 있으나 일반채권자는 채무명의를 가지고 공매절차에 참여하는 길이 전혀 없어 만약 압류 후 강제경매의 개시가 불가능하다고 하면 일반채권자는 조세채권의 액수가 아무리 적고 압류부동산의 가액이 아무리 높아도 공매절차가 종료되거나 압류가 해제될 때까지 수수방관할 수밖에 없다는 점을 든다.

4) 이중압류와 이중환가를 구별하는 견해

이는 양절차의 조정입법을 두고 있는 일본의 예를 본받아 이중압류는 허용하되 이중환가는 금지하고 먼저 압류한 절차에 의하여 진행할 수 있다는 입장이다. 일본과 같은 양절차의 조정을 위한 특별법이 없는 상황에서 강제집행등의 절차와 체납처분의 경합을 전면적으로 허용하거나 전면적으로 허용하지 않는 것은 실무상 많은 문제점이 발생하므로 민사집행법의 압류경합에 관한 규정을 준용하여 이중압류와 이중환가를 구별함으로써, 양절차가 경합할 때 이중압류는 허용하되 선행하는 압류에 의하여 환가절차를 진행하고 이중환가는 금지함으로써 절차중복의 폐해만을 제거하자는 입장이다.4)

(2) 판례의 입장

대법원은 강제집행등과 체납처분절차의 관계와 관련하여 과거로부터 양 절차의 전면적인 경합을 인정하는 입장을 견지하고 있다고 보인다. 즉, 대법원은 "징수법에 의한 연납처분에 의하여 압류기입의 등기가 있는 부동산에 대해서는 다시 강제 혹은 임의경매절차를 진행할 수 없다는 규정이 없고, 행정청과 사법기관은 각자 독자적 절차에 의하여 경매절차를 진행할 수 있고 경락자 중 선순위로 그 소유권을 취득한 자가 진정한 소유자로 확정되고, 공과주관공무소에 대한 최고를 하지 않았다 하더라도 경락허가결정에는 영향이 없다"고 하여5) 체납처분절차와 강제집행등은 경합적으로 진행하는 것이 가능하고 따라서 위법이 아니며, 먼저 경락한 자가 그 소유권을 갖는다고 보았고, 또한 "체납처분에 의한 공매절차와 강제집행에 의한 경매절차는 그 집행기관이 다를 뿐 아니라 그 의거할 법규가 다르고 이를 금지한 규정도 없을 뿐더러, 만일 경매절를 불허한다면 일반채권자는 공수방관하고 체납처분에 의한 압류해제를 기다릴 수밖에 없고, 또 공매절차를 진행하지 아니하고 있는 경우에 일반채권자로서는 그 진행을 강

---

3) 김훈, "체납처분과 강제집행의 경합", 『재판자료』, 제7집, 486면 이하; 서정우, "조세징수절차와 부동산경매", 『재판자료』, 제17집, 369면 이하.
4) 서기석, "체납처분과 강제집행 등과의 경합에 관한 입법론적 고찰", 『조세법의 논점(행솔 이태로교수 화갑기념논문집)』, 1992, 874면.
5) 대법원 1959. 5. 19. 선고 4292민재항2 결정.

제할 방도가 없을 뿐 아니라 채권자가 국세징수자 측과 협의하여 채권자의 경매를 일시 방지하는 술책으로 고의로 소액의 체납국세의 압류등기로서채권자의 채권실현을 불가능케 하는 폐단이 없다 할 수 없고, 경매절차를 진행하였다 하더라도 그 경락 후의 배당절차에 있어서 국세를 우선적으로 징수할 수 있으므로 국세우선의 원칙에도 반하지 않는다는 점에서 체납처분으로서의 공매절차가 진행중임에도 불구하고 집행법원이 경매절차를 취하였다 하더라도 위법이 아니라고 판시하였다.6)

(3) 소결

전면적이든 부분적이든 양 절차의 경합을 부인하는 견해는 양 절차의 경합을 인정할 만한 실정법규정이 없다고 보는 전제에서는 실정법규에 충실한 해석이라고 말할 수 있지만, 채권집행에 있어서 채권의 존재 및 압류의 사실이 외부에 공시되지 않으므로 사실상 이중압류를 막기 어렵다는 점에서 실제 운영상 많은 폐해가 발생할 수 있을 것으로 보인다.7) 따라서 시간과 비용이 낭비되는 점, 매수인의 지위가 불안해지는 점, 일반채권자의 보호에 미흡한 점, 공탁실무의 혼란을 초래하는 점, 참가압류제도의 파행적 운영이 불가피한 점 등 문제점은 있지만, 특별히 양 절차의 경합을 부인할 명문의 실정법규정이 없는 이상 강제집행등의 절차개시중 체납처분에 의한 공매절차가 개시되거나, 체납처분에 의한 공매절차 중에 강제집행등 집행법원에 의한 절차가 개시되는 것을 막을 수는 없을 것으로 보인다. 현재 실무에서 취급하는 양절차의 관계를 정리해보면 다음과 같다.8)

1) 먼저 개시된 절차와 후에 개시된 절차는 서로 타방의 절차에 의하여 영향을 받지 않고 독자적으로 진행하며, 일반의 절차가 타방의 절차에 간섭을 하는 일은 없다.

2) 다만, 체납압류물에 대하여 질권이나 저당권 또는 전세권을 설정받은 자는 그 설정받은 시기가 체납압류 전인가 후인가를 묻지 않고 환가대금으로부터 피담보채권의 배분을 받을 수 있고(징수법 81조 1항), 조세징수기관은 교부청구를 함으로써 강제집행절차에서 체납조세의 배당을 받을 수도 있어서(징수법 제56조) 쌍방절차에서의 각 채권자는 서로 타방의 절차에 소정의 방법으로 편승하는 방법은 인정된다.

3) 양 절차는 효력상의 우열이나 선후에 관계없이 각각 별개로 진행하다가 일방절차에서의 환가에 의하여 소유권이 타인에게 적법하게 이전되면 그 소유권 취득자가 진정한 소유자로 확정되고 타방의 절차는 모두 효력을

---

6) 대법원 1961. 2. 9. 선고 60다124 판결.
7) 황진영, "강제집행등과 체납처분의 절차조정법의 입법 필요성 검토", 『경제현안분석』, 제24호(2007. 12.), 19면.
8) 오시정, "강제집행과 체납처분의 경합", 『경영법무』, No. 6, 한국경영법무연구소, 26면 이하.

상실한다.

4) 공매절차에서의 매수인이 먼저 소유권을 취득하게 되면 세무서장은 그 목적부동산에 대한 소유권이전등기와 아울러 그 환가로 인하여 소멸되는 저당권·전세권 등의 말소등기를 등기공무원에게 촉탁한다(징수령 77조).

5) 등기공무원은 이 사실을 법원에 통지하고 이 경우 법원은 민사소송법에 의하여 목적물이 채무자의 소유가 아닌 것 또는 담보물권이 소멸된 것을 이유로 경매개시결정을 취소하고 경매신청을 기각하게 될 것이다.

6) 반면에 강제집행절차에서 경락인이 소유권을 취득하게 되면 경매법원은 체납처분에 의한 압류등기를 "민사소송법상 경락인이 인수하지 아니하는 부동산 위의 부담의 기입"에 준하여 경락인 앞 소유권이전등기와 함께 말소촉탁을 해야 할 것이고, 세무서장은 국세징수법 제50조에 의한 경락인의 소유권주장에 따라 압류를 해제하여야 할 것이다(징수법 53조 1항).

3. 이 판결의 의의와 입법론

이상 살펴본 바와 같이 강제집행과 체납처분은 각기 다른 법령과 다른 국가기관에 의하여 별개의 독립한 절차로 진행되는 관계로 동일한 재산에 대하여 양절차가 경합하여 진행되는 경우 야기되는 문제를 어떻게 해결할 것인가가 문제된다. 현재 이에 대해서는 국세징수법과 민사소송법에서 각각 체납처분절차와 강제집행절차를 기본적으로 규율하는 이외에 별도의 특별규정을 두고 있지 않다. 본 대법원 판결은 이러한 법상태하에서 이 문제를 양 절차의 경합을 전면적으로 허용하는 방향으로 그 해결을 도모한 대표적인 판례입장을 정립하였다는 점에서 그 의의를 찾을 수 있다.

다만, 여전히 시간과 비용이 낭비되는 점, 매수인의 지위가 불안해지는 점, 일반채권자의 보호에 미흡한 점 등 제도운영상의 문제점이 제기되는 것에 대해서는 입법론으로 양 절차의 조정에 관한 특별입법을 단행하는 것도 강구할 수 있을 것이다. 이미 법원 내에서도 이러한 점에 대한 공감대는 형성된 것으로 보이며, 법제전문가들의 입법제안도 나오고 있는 형편이다. 조만간 가시적인 결론이 나올 것을 기대해본다.

참고문헌

김　훈, "체납처분과 강제집행의 경합", 『재판자료』, 제7집.

서기석, "체납처분과 강제집행 등과의 경합에 관한 입법론적 고찰", 『조세법의 논점(행솔 이태로 교수 회갑
　　기념논문집)』, 조세통람사, 1992.

서정우, "조세징수절차와 부동산경매", 『재판자료』, 제17집.

오시정, "강제집행과 체납처분의 경합", 『경영법무』, 제6권, 한국경영법무연구소.

이재성 외 3인, 『주석강제집행법』, 한국사법행정학회, 1999.

조재연, "강제집행과 체납처분의 경합", 『재판자료』, 제36집.

황진영, "강제집행등과 체납처분의 절차조정법의 입법 필요성 검토", 『경제현안분석』, 제24호(2007. 12.).

금융감독당국의 시정요구에 의한 거래방법의 변경이 경정청구사유가 되는지 여부

사건의 표시 : 대법원 2005. 1. 27. 선고 2004두2332 판결

▪ 사실개요 ▪

신동아건설이 전액 출자한 법인인 원고는 1998. 6. 2.과 같은 달 8. 합계 1,750억 원을 대한생명보험으로부터 빌린 다음 즉시 신동아건설에 대여한 것으로 회계처리를 하였다. 그 과정에서 원고는 ① 대한생명으로부터 돈을 빌림에 있어 성해진 대출절차에 따라 품의서, 여신거래약정서, 이사회의사록 등을 작성·제출하고서 주채무자로 서명·날인하고, 담보물건으로 외환은행 지급보증 어음 10장을 견질로 제공하였으며, 차입금에 대한 영수증 또한 작성하여 주고서 자신의 은행 계좌로 돈을 지급받았을 뿐 아니라, ② 이 돈을 신동아건설에 대여함에 있어서도 신동아건설과 사이에 금전

대차약정서를 작성하고 지급결의서, 전표, 계정별원장 등에 의해 대여금으로 정상적인 회계처리를 하였고, ③ 약정 차입 이자율은 연 16.5%이나, 대여 이자율은 연 21.58%로 하여 신동아건설로부터 1998. 12. 31. 미수이자 4,427,114,151원 중 법인세 원천징수액 1,106,778,530원을 공제한 3,320,335,621원을 지급받았고, ④ 이러한 내용들을 기초로 2000. 3.경 위 대차거래에 기해 1998. 6. 2.부터 2000. 4. 30.까지 사이에 차입금과 관련 지급이자 합계 55,834,721,082원 및 대여금과 관련 수입이자 합계 69,800,430,454원을 재무제표에 반영하여 결산한 다음 법인세 과세표

---

* 김용대(서울고등법원 부장판사).

준 금액을 41,021,101,163원으로, 산출세액을 11,473,908,325원으로 계산하여 자진 신고 납부를 하였다.

한편 금융감독원은 1999. 4. 22.경 대한생명에게 위와 같은 처리가 신동아건설에 대한 동일인 대출한도 초과를 회피하기 위한 것이라며 그 시정을 요구하였고, 이에 대한생명, 신동아건설 및 원고는 2000. 4. 30. '위장 대출금으로 3사의 회계처리가 모두 왜곡되어 있고 법인세 등의 신고·납부에 있어서 위법한 수입금액 계상, 비정상적인 비용처리 등이 계속되어 이를 실질에 부합하도록 대한생명과 신동아건설 사이의 채권채무관계로 양성화시키기로 하는 내용'의 3자간 합의서를 작성하다.

원고는 위 합의에 따라 대한생명에 대한 장기차입금 188,948,000,000원(미지급이자 단기차입금 전환분 13,948,000,000원 포함)과 지급이자 미지급금 41,887,946,631원을 대체분개하고, 신동아건설에 대한 단기대여금 1,750억원과 수입이자 미수수익 65,373,316,303원 등을 대체분개하는 등 우회대출로 인한 종전의 회계처리를 수정하고 이어서 2000. 7. 14. 피고에게 위 회계처리 원상회복에 따른 원금 및 이자계상 무효를 이유로 1999 사업연도 법인세액을 11,473,908,325원에서 1,090,507,411원으로 감액하여 달라는 내용의 과세표준 및 세액의 경정청구서를 제출하였으나, 피고는 원고가 실질적으로 돈을 빌린 사람이라는 이

유로 경정청구거부처분을 하였다.

원고는, 3자 사이의 대차거래는 대한생명의 신동아건설에 대한 불법대여사실을 은폐하기 위하여 외관상 정상적인 거래인 것처럼 계약서를 꾸미거나 회계처리를 한 것에 불과한 통정허위표시로서 무효인 가장행위거나, 신동아건설의 대한생명으로부터의 금원차용에 원고가 그 명의만을 대여한 경우이므로 실질과세 원칙상 납세의무자가 될 수 없으며, 이 사건 거래를 해제하기로 한 위 합의에 의하여 소급적으로 실효되었다고 주장하였다.

원심[1]은, (1) ① 비록 3자 사이에 대한생명이 사실상 신동아건설에 금전대출을 하되 동일인에 대한 대출한도 초과를 은폐하기 위하여 원고를 거쳐 신동아건설에 대출을 하는 이른바 우회대출의 방법으로 이 사건 거래가 이루어졌다고 하더라도, 당사자 사이의 위와 같은 의사는 이 사건 거래에 따른 경제적 효과를 최종적으로 신동아건설에 귀속시키려고 하는 의사에 불과한 것일 뿐, 그 각 법률상의 효과까지도 원고를 배제한 채 오로지 대한생명과 신동아건설 사이에서만 직접 귀속시키려는 의사가 있었다고는 볼 수 없고, 따라서 원고와 대한생명 및 신동아건설 사이의 이 사건 거래는 그 진의와 표시가 불일치하는 통정허위표시로서 가장행위에 해당한다거나 또는 단지 원고가 신동아건설의 대한생명으로부터의 금원차용에 그 명의만을 대여한 거래라고는

---

1) 서울고등법원 2004. 1. 8. 선고 2003누4043 판결.

할 수 없고, ② 조세법률주의의 법적 안정성 또는 예측가능성의 요청에 비추어 볼 때 현실적으로 존재하는 법률관계에서 벗어나 납세의무의 존부를 판단하는 것은 특별한 사정이 없는 한 허용되지 않는다고 할 것이므로, 위와 같이 원고와 대한생명 및 신동아건설 사이의 이 사건 거래가 법적으로 유효한 이상 유효한 대차거래에 따라 발생한 소득에 대하여 과세함은 정당하고, 이와 달리 당사자 사이의 진정한 의사가 외관상의 거래형식과는 다르다는 이유로 이 사건 거래를 대한생명과 신동아건설 사이의 직접적인 대차거래로 간주하여 그 대출금에 관련된 과세를 경정하여 줄 것을 요구하는 것은 특별한 사정이 없는 한 허용될 수 없으며, (2) ① 이 사건 거래가 모두 이행된 이후에 당사자 사이에 이루어진 이 사건 합의는 기존의 대출관계를 해소한 다음 이를 당초의 대출의도에 따라 대한생명과 신동아건설 사이의 직접적인 대차거래관계라는 새로운 거래관계로 변경하기로 하고 그에 맞추어 그 동안의 채권채무관계를 정산하는 방법으로 회계처리를 수정하기로 하는 내용의 새로운 약정을 한 것으로 볼 것이므로, 이는 당사자 사이에 장래에 향하여 그 효력이 발생함은 별론으로 하고, 위와 같은 합의의 효력이 당연히 이 사건 거래시로 소급하는 것은 아니라고 할

것이고, ② 원고를 비롯한 당사자 사이에 이 사건 합의로써 그 동안의 대차거래에 관한 기존 약정 등을 전부 무효로 하기로 하였다고 하더라도, 위 해제합의시까지 이 사건 거래로 원고가 부담하였던 차입금에 대한 지급이자 및 취득하였던 대여금에 대한 수입이자 등 손익이 소급적으로 소멸된다고 한다면, 이미 과세요건이 충족되어 유효하게 성립한 조세법률관계를 당사자의 사후 약정에 의해 자의적으로 변경함으로써 법인세 과세를 면할 수 있는 조세회피행위를 용인하는 결과가 되어 부당하다고 할 것인 점에 비추어 보면(특히 원고를 제외한 대한생명이나 신동아건설은 모두 누적결손이 매우 큰 법인으로서 이 사건 합의에 소급효를 인정할 경우 원고에게 발생한 과세권은 상실되는 한편, 대한생명이나 신동아건설에 대하여는 실질적으로 위 합의에 따른 과세가 어렵다는 점을 고려하면 더욱 그러하다) 이 사건 합의해제는 원고가 이미 신고하여 납부한 이 사건 1999 사업연도의 법인세 납세의무에 아무런 영향을 미칠 수 없다고 판단하였다.

■ **판결요지**2) ■

동일인에 대한 대출한도 초과를 은폐하기

---

2) 대법원은, 특별한 법리의 설시 없이 원심의 판단을 요약 인용한 다음[원심 판단의 (1)② 부분은 인용하지 않았다] 그 판단이 정당하다고 하는 형식(아울러 "원심의 판단에는 이 사건 합의가 후발적 경정청구 사유 중의 하나인 '당해 계약의 성립 후 부득이한 사유로 인하여 해제된 때'에 해당한다는 원고의 주장을 배척하는 취지도 포함되어 있다"는 판단을 추가하였다)의 판결을 선고하였다.

위한 이른바 우회대출의 방법에 의한 대출거래를 통정허위표시 내지 명의만을 대여한 거래로 볼 수 없고, 우회대출거래의 당사자들 사이에 금융감독원의 시정조치 요구에 따라 기존의 대출관계를 해소하도록 하는 내용의 합의를 한 경우, 그로 인하여 기존 대출거래의 효력이 소급적으로 소멸한다고 볼 수 없으므로 이미 신고·납부한 법인세의 경정사유가 되지 않는다.

▶ 해 설 ◀

1. 쟁점

신동아건설과 대한생명은 동일인 대출 한도 규정을 회피하기 위하여 원고를 중간에 개재시켜 대한생명으로부터의 대출과 신동아건설에의 대여라는 우회적 대출 형식을 취하고, 원고는 이에 맞추어 회계처리를 할 뿐만 아니라 그 회계처리에 기초하여 법인세를 신고 납부하였다. 그런데 ① 원고의 대한생명으로부터의 대출이 명의대여에 해당하여 조세채무를 부담하지 않는 때 또는 통정허위표시에 해당하여 무효인 때에는 비록 외형상 금전대차계약은 성립하여 그에 따른 법률효과가 발생하였더라도 계약의 효력은 소급하여 없게 되고, 그와 같은 사유는 신고 납부 이전인 금전대차계약 당시에 존재하였음에도 원고가 착오로 몰랐던 것이므로 일반적 경정청구사유에 해당하며, ② 사후에 실질에 부합하도록 대한생명과 신동아건설 사이의 채권채무관계로 양성화시키로 한 합의가 합의해제이고 그 부득이함이 인정된다면 이는 국세기본법(이하 '기본령'이라 한다) 시행령에서 규정하고 있는 후발적 경정청구사유에 해당할 것이다.

따라서 이 사건에서는 원고의 행위가 이러한 사유에 해당하는지 즉, 원고의 행위가 민사법상 원고 주장과 같이 해석될 수 있는지, 그렇게 해석된다면 그 이해는 세법에서도 동일하게 평가되어야 하는지가 문제로 된다.

2. 경정청구제도

(1) 해당 규정

국세기본법(이하 '기본법'이라 한다) 제45조의2[3] 제1항은, '과세표준신고서를 법정신고기한까지 제출한 자는 과세표준신고서에 기재된 과세표준 및 세액이 세법에 따라 신고하여야 할 그것을 초과하거나 결손금액 또는 환급세

---

3) 아래 경정청구제도의 의의에서 보는 바와 같은 인정의 필요성에 더하여, 당시 구 국세기본법 제45조에서 규정하고 있는 수정신고제도의 수정신고기한이 신고납부조세이던 법인세 및 부가가치세의 경우에는 법정신고기한 경과 후 6월(예정신고의 경우에는 예정신고기한 경과 후 3월) 내, 그 이외의 국세의 경우에는 법정신고기한 경과 후 1월 내로 지나치게 짧아 납세의무자 구제에 큰 효과를 발휘할 수 없었던 문제점을 보완하기 위한 점까지 고려하여 1994. 12. 22. 법률 제4810호로 개정되면서 신설되었다.

액이 세법에 따라 신고하여야 할 그것에 미치지 못할 때에는 최초신고 및 수정신고한 국세의 과세표준 및 세액의 결정 또는 경정을 법정신고기한이 지난 후 3년[4] 이내에 관할 세무서장에게 청구할 수 있다. 다만, 결정 또는 경정으로 인하여 증가된 과세표준 및 세액에 대하여는 해당 처분이 있음을 안 날(처분의 통지를 받은 때에는 그 받은 날)부터 90일 이내(법정신고기한이 지난 후 3년 이내에 한한다)에 경정을 청구할 수 있다'고, 제2항은, '과세표준신고서를 법정신고기한까지 제출한 자 또는 국세의 과세표준 및 세액의 결정을 받은 자는 최초의 신고·결정 또는 경정에서 과세표준 및 세액의 계산 근거가 된 거래 또는 행위 등이 그에 관한 소송에 대한 판결(판결과 같은 효력을 가지는 화해나 그 밖의 행위를 포함한다)에 의하여 다른 것으로 확정되었을 때를 비롯한 4가지 사유(1호 내지 4호) 및 이와 유사한 사유로서 대통령령이 정하는 사유가 해당 국세의 법정신고기한이 지난 후에 발생하였을 때(5호)에는 제1항

에서 규정하는 기간에도 불구하고 그 사유가 발생한 것을 안 날부터[5] 2개월 이내에 결정 또는 경정을 청구할 수 있다'고 규정하고 있고, 기본령 제25조의2는 제2호에서, '최초의 신고·결정 또는 경정을 할 때 과세표준 및 세액의 계산 근거가 된 거래 또는 행위 등의 효력과 관계되는 계약이 해제권의 행사에 의하여 해제되거나 해당 계약의 성립 후 발생한 부득이한 사유로 해제되거나 취소된 경우'를 위 제5호의 '대통령령이 정하는 사유가 해당 국세의 법정신고기한이 지난 후에 발생하였을 때'에 해당하는 것으로 규정하고 있다.

(2) 경정청구제도의 의의

신고납세방식의 조세이건 부과과세방식의 조세이건 납세의무자가 착오 등으로 인하여 객관적으로 존재하고 있는 정당한 세액보다 과다하게 신고한 경우 등에는 정당한 세액으로 바로잡을 수 있는 절차가 마련되어야 함은 당연하다. 즉, 납세의무자의 신고내용에 오

다만, 경정청구제도가 도입되면서 수정신고제도는 증액사유가 있는 경우로 한정되었고(아울러 수정신고기한도 '과세관청의 결정 또는 경정이 있을 때까지'로 변경되었다), 그 결과 수정신고는 증액사유가 있는 경우에, 경정청구는 감액사유가 있는 경우에 행사할 수 있게 되었다.

4) 신설될 당시에는 1년이었고, 2000. 12. 29. 법률 제6303호로 개정되면서 2년으로, 2005. 7. 13. 법률 제7582호로 개정되면서 현재와 같이 3년으로 연장되었다.
한편 경정청구기간은 신고 후 3년 이내, 심판청구기간 등은 결정이 있음을 안 날부터 90일 이내인 관계로, 심판청구기간 등이 경과하여 불가쟁력이 발생한 경우에도 경정청구가 가능하다는 해석이 있는 등 혼란이 있었는바, 그와 같은 혼란을 방지하기 위하여 2007. 12. 31. 법률 제8830호로 제1항이 개정되면서, '과세관청의 결정 또는 경정이 있는 경우에는 이와 관련된 과세표준 및 세액에 대한 경정청구가 결정이 있음을 안 날부터 90일 이내'로 제한되어 불복청구기간이 경과한 과세처분에 대하여는 3년이 경과하기 전이라도 경정청구가 허용되지 않게 되었다.

5) 신설될 당시에는 '그 사유가 발생한 날부터'였으나, 2000. 12. 29. 개정되면서 이와 같이 변경되었다. 이로써 이 제도의 실효성이 강화되었다.

류·탈루가 있는 경우 부과권의 제척기간 내에서 언제든지 결정 또는 경정할 수 있는 권한을 갖고 있는 과세관청에 대응하여, 납세의무자에게도 신고(결정·경정)세액이 과다하거나 환급세액이 과소한 경우 또는 법정신고기간이 경과한 후에 후발적인 사유의 발생으로 인하여 처음 신고(결정·경정)한 과세표준과 세액이 부당하게 되는 결과를 초래한 경우에 자신에게 유리하게 조세채무의 변경을 청구할 수 있는 법적 권한을 부여한 것이 경정청구제도이다. 기본법 제45조의2 제1항의 것이 일반적(통상적) 경정청구, 제2항의 것이 후발적 경정청구이다. 양자는 각 그 기간이 경과하지 않는 한 독립적으로 행사할 수 있다.

(3) 경정청구의 사유

1) 일반적 경정청구

법정신고기한 내에 과세표준신고서를 제출한 경우에만 허용되는 일반적 경정청구의 사유는 착오 등을 이유로 과세표준 및 세액을 과다 신고하거나 결손금액 또는 환급세액을 과소 신고[6]한 것이다. 따라서 납세할 조세채무가 없음에도 있는 것으로 생각한 착오 등의 사유는 신고 시점에 이미 존재하고 있는 원시적인 것이다.

2) 후발적 경정청구

일반적 경정청구와는 달리 법정신고기한 내에 과세표준신고서를 제출하지 아니한 경우에도 허용되는 후발적 경정청구의 사유는 최초의 신고, 결정 또는 경정에 있어서 과세표준 및 세액의 계산근거가 된 거래 또는 행위 등이 그에 관한 소송에 의하여 다른 것으로 확정된 때 등 기본법 제45조의2 제2항에서 규정하고 있다. 따라서 그 사유는 일반적 경정청구와 반대로 신고(결정·경정) 후에 발생한 후발적인 것이다.

3) 해제권의 행사 또는 부득이한 사유에 의한 해제

후발적 사유 중에서도 이 사건에서 문제가 되는 것은 기본법 제45조의2 제2항 제5호와 기본령 제25조의2 제2호의 '최초의 신고·결정 또는 경정을 할 때 과세표준 및 세액의 계산 근거가 된 거래 또는 행위 등의 효력과 관계되는 계약이 해당 국세의 법정신고기한이 지난 후에 ① 해제권의 행사에 의하여 해제되거나 ② 해당 계약의 성립 후 발생한 부득이한 사유로 해제되거나 취소된 경우'이다.[7]

계약의 해제는 유효하게 성립하여 존속하고 있던 계약을 해제할 권리(해제권)를 보유하고 있는 당사자의 일방적 의사표시에 의하여 그 효력을 상실하게 하는 제도이다. 해제권은

---

6) 과세관청에 의한 결정·경정을 포함하는바, 부과과세방식의 조세도 제1항에 따른 경정청구를 할 수 있다.

7) 계약의 해제가 세법에 미치는 영향에 관하여는 황인경, "입법론적 관점에서의 계약해제에 관한 세법상 논점의 고찰", 『사법논집』, 제42집(2006. 12.), 423면 이하

법정해제권 및 약정해제권 모두를 포함한다. 법정해제권은 법이 정한 일정한 사유인 채무 불이행의 경우에 인정되며, 약정해제권은 그 이외의 사유로서 계약 당사자 사이의 약정으로 인정된다. 계약이 해제된 경우에는 소급효로 인해 계약이 성립하지 않는 상태로 당연히 복귀하게 된다.[8] 그 결과 조세채권은 성립하지 않게 되므로 신고 납부한 세금에 대하여는 경정청구의 사유가 된다.[9][10]

한편 당사자의 합의(합의해제, 해제계약)에 의하여도 계약의 효력을 소급하여 실효시킬 수 있다. 이는 계약에 의하여 발생한 권리관계의 변동을 원상회복시키기로 하는 당사자 사

이의 새로운 계약에 불과하므로 그 계약의 효력은 당연히 당사자 사이에만 미치고 제3자에게는 미치지 않는다. 따라서 대외적 관계에서는 종전 계약의 존재 및 그로 인해 발생한 법률관계의 소멸을 주장할 수 없다.[11]

'해제권의 행사에 의하여 해제되는 경우'라고 규정되어 있으므로 여기의 해제는 문언상 해제권이 부여된 법정해제 및 약정해제만을 의미한다.

그리고 '계약 성립 후 발생한 부득이한 사유로 인하여 해제된 때'란 사정변경에 의하여 계약내용에 구속력을 인정하는 것이 부당한 경우 및 그 이외 이와 유사한 객관적 사유

---

8) 다만 그 해제된 계약으로부터 생긴 법률적 효과를 기초로 하여 새로운 이해관계를 가진 제3자의 권리를 해할 수는 없는바(민법 제548조 제1항 단서), 조세채권은 일정한 법률효과가 발생할 경우 이것이 법률에 규정된 과세요건에 해당할 때 발생하는 것으로서, 법률효과의 부수적, 파생적 산물이므로 조세채권자인 국가 또는 지방자치단체는 해제의 제3자에 해당하지 않는다. 게다가 국가 등은 그 해제된 계약으로부터 생긴 법률적 효과를 기초로 하여 새로운 이해관계를 가진 자도 아니다[권오봉, "증여계약의 해제와 증여세", 『부산지방변호사회지』, 제10호(1991. 12.), 138면].
  한편 대법원은 1987. 11. 10. 선고 87누607 판결에서 합의해제와 관련하여, '계약의 합의해제는 계약에 의하여 발생한 권리관계의 변동을 원상으로 회복시키기로 하는 새로운 계약에 불과하고 계약의 효력은 원칙적으로 당사자 사이에서만 발생할 뿐 다른 사람의 권리관계에 영향을 미칠 수 없는 법리이므로, 증여계약의 이행에 의한 재산의 취득이 있게 됨으로써 증여세를 부과할 수 있는 국가의 조세채권이 발생한 이후 증여계약의 당사자가 그 증여계약을 합의해제하였다 하더라도 그로 인하여 이미 발생한 국가의 조세채권에 아무런 영향을 줄 수가 없고'라고 하고 있는바, 이는 계약의 합의해제가 조세채권에 영향을 줄 수 없다는 것이지, 조세채권자인 국가 등이 소급효로써 대항할 수 없는 제3자에 해당하기 때문이라는 설시는 아닌 것으로 보인다[김건일, "계약의 해제가 조세채권에 미치는 영향", 『특별법연구』, 제5권(1997. 6.), 312면].
9) 부동산 매매계약을 체결하고 잔금을 지급받기 전에 미리 매수인 앞으로 소유권이전등기를 마쳐주었다가 매수인의 잔금지급채무 불이행으로 인하여 매매계약이 해제된 경우(대법원 1985. 3. 12. 선고 83누243 판결; 동 1987. 2. 24. 선고 86누438 판결; 동 2002. 9. 27. 선고 2001두5972 판결)가 그 예이다.
10) 경정청구를 할 수 있는 경우 이에 의하지 않고 부과처분의 취소를 구할 수도 있다. 대법원 2002. 9. 27. 선고 2001두5989 판결(채무불이행으로 인한 매매계약의 해제를 이유로 한 부가가치세부과처분취소).
  경정청구사유가 다른 요건에도 해당하는 경우에는 그에 따른 구제도 가능하다. 소순무, 『조세소송』(영화조세통람), 2006, 81면 이하.
11) 김건일, 상게논문, 311면.

가 있는 경우를 의미하는 것으로 해석함이 일반적이다.[12] 해제권의 행사로 인한 경우가 따로 규정되어 있으므로 이에 해당하는 해제는 법정해제 및 약정해제를 제외한 합의해제를 의미한다고 하겠다. 합의해제는 앞서 본 바와 같이 새로운 계약에 불과하므로 합의해제가 '부득이한 사유로 인하여' 이루어졌는가가 그 인정의 중점이 될 것이다.

부득이한 사유는 불확정 포괄개념이므로 과세권 행사의 안정성 확보와 납세자의 재산권보장을 조화시킬 수 있는 방안에서 그 인정 여부를 결정하여야 할 것인바, 개인 사이의 계약인 합의해제에 의하여 조세채권관계를 변경시키는 일은 원칙적으로 인정되어서는 아니되므로[13] 약정해제를 하는 양자의 조세채권을 변경하려는 통모나 묵인 내지 의도의 정도, 그로 인하여 조세채권에 미치는 영향 등을 감안하여 세목과 거래계약의 내용에 따라 그 인정 여부를 합리적으로 해석함이 바람직하다.[14]

12) 따라서 단순히 세법의 오해 또는 부지로 인하여 계약을 체결하였다가 합의해제한 경우와 같은 주관적 사유만으로는 여기에 해당하지 않는다. 임승순, 『조세법』(박영사), 2011, 181면.
13) 헌법재판소 1999. 5. 27. 자 97헌바66 98헌바11 98헌바48 99헌바6 결정 : 조세채권관계는 그 성립요건, 실현절차 등에 관하여 모두 법률에 의하여 정하여지므로(조세법률주의) 각 세법이 정한 과세요건이 충족되면 조세채무는 성립하고, 일단 성립한 조세채무는 원칙적으로 변경할 수 없는 것이며, 조세채무 성립 후의 사정변경은 원칙적으로 조세채권·채무관계에 소급적 작용을 끼치지 않는다고 하여야 한다. 따라서 사인간의 계약에 의하여 조세채권관계를 변경시키는 일은 원칙적으로 인정되지 않는다. 과세요건의 기초를 이루는 법률관계의 당사자들이 조세채무 성립 후 사정변경을 이유로 그 법률관계를 자유로이 변경·소멸시킬 수 있고, 이로 인해 이미 성립한 조세채무가 소급적으로 소멸된다면 국가의 재정작용 및 과세행정은 애당초 설 자리가 좁게 될 것이다.
14) 소순무, 전게서, 91-92면; 심경, "경정청구사유에 관한 고찰 : 구체적인 경정청구사유를 중심으로", 『사법논집』, 제40집(2005. 12.), 153면.
따라서 양도소득세의 경우는 거래당사자가 대립적 이해관계를 갖는 결과 양자의 통모나 묵인에 의한 조세채권에 대한 변경가능성이 적어(헌법재판소 위 결정 : 매매와 같은 유상계약의 경우 탈세를 위한 담합성 합의해제가 있기 어렵고, 채무불이행 등 당사자간의 대립하는 이해관계를 조정하기 위하여 합의해제가 이루어지게 된다) 실지소득의 실현 여부에 중점을 두어도 무방하므로 부득이한 사유가 별달리 문제되지 않는다. 대법원도 대법원 1990. 7. 13. 선고 90누1991 판결, 대법원 1992. 12. 22. 선고 92누9944 판결 및 대법원 1993. 5. 11. 선고 92누17884 판결 등에서 '양도계약을 합의해제하여 말소등기까지 경료하였다면 계약의 이행으로 인한 물권변동의 효과는 소급적으로 소멸되므로 양도소득세의 과세대상이 되는 양도는 처음부터 없었던 것으로 보아야 한다'고 하고, 나아가 합의해제 후 원상회복의 방법으로 말소등기가 아닌 이전등기를 마친 경우(대법원 1987. 2. 24. 선고 86누427 판결) 및 그 부동산에 대한 제3취득자가 있어 합의해제에 의한 원상회복이 이행불능이 됨으로써 손해배상청구권을 취득한 경우(대법원 1989. 7. 11. 선고 88누8609 판결)에도 같다고 한다(다만, 대법원은 취득세의 경우에는 취득행위라는 과세요건사실의 존재로 판단하여야 한다며, 합의해제의 경우에도 취득세는 영향을 받지 않는다는 입장이다. 대법원 1988. 10. 11. 선고 87누377 판결 및 대법원 1995. 9. 15. 선고 95누7970 판결 등).
한편 증여세의 경우는 거래당사자가 대부분 특수관계자인 관계로 양자의 합의에 의하여 증여세 조세채권의 발생과 소멸을 좌우할 여지가 많으므로(헌법재판소 위 결정 : 증여의 경우 합의해제는 탈세의 시도가 좌절된 때 증여세 부과를 모면하기 위하여, 혹은 보다 유리한 증여시기를 포착하기 위하여 다시 말해

(4) 경정청구의 효과와 거부에 대한 불복

경정청구 그 자체에는 아무런 효력이 없으나, 그 청구를 받은 세무서장은 그 청구를 받은 날로부터 2월 이내에 과세표준 및 세액을 결정 또는 경정하거나 결정 또는 경정할 이유가 없다는 뜻을 청구자에게 통지하여야 한다(기본법 45조의2 3항).

납세의무자는 그 전부나 일부가 받아들여지지 아니한 경우에는 그 거부처분에 대하여 행정심판을 거쳐 취소소송을, 청구를 받은 날로부터 2월이 되는 날까지 결정 또는 경정이 없는 경우에는 그 부작위에 대하여 부작위위법확인소송을 제기하거나 이를 거부처분으로 보아 거부처분취소소송을 제기할 수 있다. 이 사건이 이를 구하는 소송이었다.

거부처분취소소송이 승소 확정되면, 과세관청은 그 판결의 기속력에 의하여 국세기본법 제51조에 따라 환급금결정을 하여 납세자에게 환급하여야 한다.

3. 명의대여와 통정허위표시

(1) 명의대여

1) 우회행위에 활용된 명의대여와 세법상의 취급

명의대여란 어느 사람(명의대여자)이 다른 사람(명의차용자)으로 하여금 자기의 이름을 사용하여 법률행위(영업)를 하는 것을 허락하는 것을 말한다. 명의대여는 양자 사이의 계약으로 이루어지나 그 활용에서는 대부분은 제3자가 관계를 맺게 된다. 즉, 특정한 경제적 목

서 탈세 또는 탈세로 이어질 가능성이 높은 편법적 절세를 위한 합의해제가 많은 비중을 차지하고 있다) 그 영향력을 줄여야 할 필요성 때문에 부득이한 사유를 인정하기가 쉽지 않을 것이나, 상속세법 및 증여세법은 제31조 제4항에서, "증여를 받은 후 그 증여받은 재산(금전을 제외한다)을 당사자 사이의 합의에 따라 제68조의 규정에 의한 신고기한(증여받은 날로부터 3개월) 이내에 반환하는 경우에는 처음부터 증여가 없었던 것으로 본다. 다만, 반환하기 전에 제76조의 규정에 의하여 과세표준과 세액의 결정(신고내용대로의 결정 및 조사에 의한 결정)을 받은 경우에는 그러하지 아니하다"고 규정하고 있어 과세관청으로부터 결정을 받은 경우에는 부득이한 사유를 따질 것 없이 경정청구가 불가능하게 되었다(위 규정과 동일한 내용의 구 상속세법 및 증여세법 제29조의2 제4항에 대하여는 이미 헌법재판소 위 결정으로 합헌의 판단이 내려졌다). 이 규정의 적용과 관련하여 대법원은 한걸음 더 나아가 "증여자가 재산을 증여하여 수증자 명의로 소유권이전등기까지 적법하게 마친 다음, 그에 대한 증여세 과세처분이 있게 되자 그 증여가 증여세 과세대상이 됨을 알지 못하였다 하여 착오를 이유로 이를 취소한 것은 그 착오의 내용이나 증여 의사표시를 취소하는 목적에 비추어 그 실질에 있어서는 과세처분 후 증여계약을 합의해제하는 경우로 볼 것이므로, 그 취소로 인한 증여세과세처분의 효력에 대하여도 증여계약의 합의해제에 관한 위 법리가 적용된다'고까지 하였다(대법원 1998. 4. 28. 선고 96누15442 판결 및 대법원 2005. 7. 29. 선고 2003두13465 판결).

다만, 윤현석, "계약의 해제와 조세채권", 『조세법연구』, 10-2(2004. 11.), 280면은, 세목별로 달리 보는 것에 대하여 의문을 표시하면서, 세목 구별 없이 합의해제의 경우에 후발적 경정청구를 인정하되, 조세회피 목적의 합의해제에 대하여만 조세채권이 소멸하지 않는다고 보는 것이 타당하다고 한다.

적을 달성하기 위하여 통상 취하는 법적 형식과는 달리 여러 가지 다른 법적 형식을 다단계로 끼워 넣는 우회행위15)를 함에 있어 명의대여가 많이 활용된다.16) 이 사건에 있어서 실제 돈이 필요하나 동일인 대출한도 규정상 대한생명으로부터 직접 돈을 빌릴 수 없는 신동아건설이 사실상 그 목적을 달성하기 위하여 원고를 중간에 끼워 아무런 제약 없이 의도한 돈을 빌리는 것과 같은 것이다.

민사법은 경제적 거래행위에 대하여 실체적인 법적 규율에 필요한 적정한 법률행위의 형식(방식)을 제공하고 그것을 통해 거래행위에 관계된 개인간의 이해조정을 도모하므로 그에 따른 행위(외관)는 특별한 사정이 없는 한 존중되어야 한다. 즉, 민사법상 유효한 행위는 세법에서도 유효한 행위로 인정되어야 하고, 그 반대의 경우도 동일하다. 따라서 명의대여자는 자기를 그 법률행위자(영업주)로 오인하고 명의차용자와 거래한 제3자가 아닌 한 그에 대하여 아무런 책임을 지지 않는다(상법 제24조). 그 결과 조세채무도 부담하지 않아야 한다. 그렇지만 과세관청의 입장에서는 명의차용자가 실제 그와 같은 행위를 하였는지를 파악하기 어렵기 때문에 명의자에 대하여 과세가 이루어진다.

그런데 명의대여자가 아무런 행위도 하지 않았고 그 결과 그로 인하여 아무런 경제적 이익을 취한 적이 없음에도 그로 인한 조세를 부담한다는 것은 문제가 있으며, 특히 그가 무자력일 경우에는 더욱 문제가 심각하다.17) 따라서 법률 규정의 회피, 조세의 부당한 감소 등 부정당한 목적으로 활용되는 명의대여는 원칙적으로 차단할 필요가 있고,18) 만약 그와 같은 명의대여가 발생한 경우에는 조세의 공평부담의 면에서 이를 시정하는 방안이 필요하다.

우선 발생의 억제와 관련하여 기본법은 2007. 12. 31. 법률 제8830호로 개정되면서

---

15) 당사자가 선택한 것으로서 민사법상 유효한 행위이기는 하지만 경제적 관점에서 본다면 합리적인 거래방식이 아닌 비정상적인 거래방식이라고 일반적으로 평가되고 있다.

16) 따라서 이러한 행위를 위한 명의대여가 있는 경우에는 사실인정의 과정에서 ① 실제로 행위를 한 계약의 당사자가 누구인가 하는 당사자 확정의 문제와, ② 명의대여자와 그 거래당사자 사이의 법률행위는 통정허위표시행위로서 무효인가 하는 문제가 필연적으로 수반된다. 그 결과 명의대여와 통정허위표시는 별개의 것이 아니라 상호 밀접한 관련이 있다. 이런 점을 중점으로 한 논의는, 안승훈, "계약당사자를 결정하기 위한 법률행위의 해석방법과 통정허위표시이론의 관계 —명의대여약정에 의한 타인 명의의 법률행위에 있어 행위자가 계약의 당사자로 인정되는 경우의 법률관계를 중심으로—", 『법조』, 제55권 3호(통권 594호)(2006. 3.), 246면 이하.

17) 명의차용자가 명의대여자에게 납부하여야 할 세금을 부담하여 주는 경우에는 명의차용자에게 누진과세와 관련하여 해당 정도의 이익이 발생하는 점에서만 조세의 공평부담의 문제가 남으나, 명의대여인의 무자력을 명의차용인이 이용하는 경우에는 그만큼의 세금 공백이 발생하므로 문제가 더욱 심각하다.

18) 부동산에 대한 명의대여의 금지를 규정한 '부동산 실권리자명의 등기에 관한 법률', 금융자산에 대한 명의대여의 금지를 규정한 '금융실명거래 및 비밀보장에 관한 법률'도 그 한 예이다.

제84조의2 제1항에서 제5호를 신설하여, 명의위장을 통한 조세회피의 방지를 위해 "타인의 명의를 사용하여 사업을 경영하는 자를 신고한 자"에 대하여 포상금을 지급하도록 규정하고 있다. 종래 '조세를 탈루한 자에 대한 탈루세액 또는 부당하게 환급·공제받은 세액을 산정함에 있어서 중요한 자료를 제공한 자 내지 체납자의 은닉재산을 신고한 자' 등을 포상금 지급 대상자로 규정하고 있던 것에 더하여, 이를 위와 동일한 정도로 취급하는 것은 명의대여에 의한 영업을 원칙적으로 금지하겠다는 의지의 표현으로 보인다.[19] 그러나 상법에서 명의대여에 의한 영업활동을 인정하고 있으므로 일률적으로 명의대여를 금지할 수는 없다는 점에서 보면 위 규정은 그 필요성에도 불구하고 운용과정에서 논란의 소지가 있어 보인다.

아울러 발생한 이후의 시정과 관련하여, 위와 같이 개정된 기본법은 제26조의2 제3항을 신설하여 "제2항 제1호의 결정 또는 판결에서 명의대여 사실이 확인된 경우에는 제1항에도 불구하고 그 결정 또는 판결이 확정된 날부터 1년 이내에 명의대여자에 대한 부과처분을 취소하고 실제로 사업을 경영한 자에게 경정결정이나 그 밖에 필요한 처분을 할 수 있다"고 하여, 이의신청·소송 등에 따른 결정 또는 판결로 명의대여자에 대한 부과처분을 취소하는 경우 실질사업자에 대한 국세부과의 제척기간을 해당 결정·판결일부터 1년까지로 연장하여 명의차용에 의한 실질사업자에 대하여 부과권이 소멸되는 것을 방지하였다.

한편 이와 같은 명문의 규정 이외에 명의대여에 의한 행위의 시정과 관련한 방안으로 전통적으로 논의되어 오는 것이 실질과세 원칙이다. 실질과세원칙은, 전체 국민에게는 경제적 능력에 상응하는 조세부과가 이루어져야 한다는 세법의 응능부담의 원칙에서, 우회행위를 채택하여 경제적 목적은 달성하면서도 조세의 부담은 부당하게 감소시키는 조세회피 행위에는 민사법상 법률행위 형식의 이면에 존재하는 실질을 포착하여 과세하겠다고 하는 것이다.[20] 우리 조세법도 이 원칙을 천명하고 있다.[21]

---

19) 명의대여로 인한 실질사업자에 대한 조세채권의 일실가능성을 없애고, 명의위장을 통한 조세회피를 사전에 방지하는 시스템을 마련할 필요가 있음이 개정 이유이다. 정부가 2007. 10. 2. 국회에 제출한 개정안에 대한 『국세기본법 일부 개정 법률안 심사보고서』, 4면.
20) 실질의 개념을 무엇으로 판단할 것인가, 그 적용범위는 어디까지인가 등 실질과세와 관련한 자세한 논의는 장석조, "조세법상 실질과세원칙의 적용한계 : 실질의 의미에 관한 판례이론의 분석과 재해석", 『사법논집』, 제33집(2001. 12.), 547면 이하.
21) 기본법 제14조, 법인세법 제4조, 국제조세조정에 관한 법률(이하 '국조법'이라 한다) 제2조의2(2006. 5. 24. 법률7956호로 개정되면서 신설).
　　종래 국세기본법은 제14조 제1항과 제2항에서 '실질귀속자과세' 및 '실질내용과세'만을 규정하고 있었으

2) 실질과세원칙과 조세법률주의

그렇지만 경제적 행위를 위해 최선의 관점에서 선택하는 민사법상의 행위는 법적 안정성의 견지에서 예외적인 경우를 제외하고는 세법의 적용이라고 하여 부정되어서는 아니 되고, 특히 예외를 인정함에 있어서도 조세법률주의를 훼손하는 일이 있어서는 더더욱 아니 되므로 그 적용에 신중을 기해야 한다.

대법원 또한 세금부담을 경감하기 위하여 중간에 새로운 법률행위를 개재시키거나 다른 방법을 선택한 것과 관련하여, '위와 같은 중간 개재행위가 가장행위에 해당한다는 등 특별한 사정이 없는 이상 유효하다고 보아야 할 것이므로 이를 부인하기 위하여는 권력의 자의로부터 납세자를 보호하기 위한 조세법률주의의 법적 안정성 또는 예측 가능성의 요청에 비추어 법률상 구체적인 근거가 필요하다 할 것'[22]이라거나 '법인이 부동산을 취득하기 위하여 어느 방식을 취할 것인가의 문제는, 그 목적 달성의 효율성, 조세 등 관련비용의 부담 정도 등을 고려하여 스스로 선택할 사항이라고 할 것이며, 법인이 어느 한가지 방식을 선택하여 부동산 취득을 위한 법률관계를 형성하였다면, 그로 인한 조세의 내용이나 범위는 그 법률관계에 맞추어 개별적으로 결정된다 할 것이고, 서로 다른 거래의 궁극적 목적이 부동산의 취득에 있다 하여 그 법적 형식의 차이에도 불구하고 그 실질이 같다고 하거나 조세법상 동일한 취급을 받는 것이라고 할 수는 없다'[23]고 함과 아울러, '실질과세의 원칙에 의하여 당사자의 거래행위를 그 법형식에도 불구하고 조세회피행위라고 하여 그 행위 계산의 효력을 부인할 수 있으려면 조세법률주의의 원칙상 법률에 개별적이고 구체적인 부인규정이 마련되어 있어야 한다'[24]고 하여 기본적으로 개인이 선택한 법률관계를 존중하여야 하고 이를 부인하여 실질과세원칙을 적용하려면 특별한 사정 내지 규정이 있어야 한다고 하고 있다.

그러면서 대법원은 나아가 특별한 사정과 관련하여, '거래의 상대방을 누구로 볼 것인가의 문제는 법률행위 해석의 문제로서 계약의

나(법인세법 제4조도 동일한 내용을 규정하고 있을 따름이다.), 2007. 12. 31. 법률 제8830호로 개정되면서 제3항에, 개별입법 국조법 제2조의2 제3항, 상증세법 제2조 제4항의 내용과 동일한, "제3자를 통한 간접적인 방법이나 2 이상의 행위 또는 거래를 거치는 방법으로 이 법 또는 세법의 혜택을 부당하게 받기 위한 것으로 인정되는 경우에는 그 경제적 실질내용에 따라 당사자가 직접 거래를 한 것으로 보거나 연속된 하나의 행위 또는 거래를 한 것으로 보아 이 법 또는 세법을 적용한다."는 규정이 신설되었다(다만, 기본법에 이 조항이 신설되면서도 국조법 제2조의2 제3항은 삭제되지 않고 그대로 남아 있다).
22) 대법원 1991. 5. 14. 선고 90누3027 판결. 1991. 5. 14. 선고 90누3034 판결도 같은 취지이다.
23) 대법원 1998. 5. 26. 선고 97누1723 판결. 이 판결을 참고판결로 인용하고 있지는 않지만 대법원 2000. 9. 29. 선고 97누18462 판결도 같은 취지의 판결이다. 다만, 이 두 사건은 모두 과세관청이 아닌 납세의무자가 실질과세원칙에 의한 유리한 결과를 주장한 것이었다.
24) 대법원 1992. 9. 22. 선고 91누13571 판결 및 대법원 1999. 11. 9. 선고 98두14082 판결.

내용과 당사자의 의사를 기초로 하여 판단하여야 할 것이지만, 실질과세의 원칙상 단순히 계약서상의 명의에만 의존할 것이 아니라, 당사자의 의사와 매매대금의 실질적인 출연자 등 계약의 실질적인 내용을 종합적으로 고려하여 판단하여야 할 것이고, 거래의 법적 형식이나 명의, 외관 등이 경제적 실질과 다를 경우에는 후자를 기준으로 판단하여야 하므로 실질적으로는 개인과 법인 사이의 거래이면서 형식적으로 중간에 자연인을 개재시킨 경우에 그 중간의 거래가 가장 행위라고 인정되는 때에는 과세상 의미를 가지지 아니하는 그 가장행위를 사상하고, 그 뒤에 숨어 있는 실질에 따라 개인과 법인 간의 거래로 보아야 한다'는 원칙을 밝힌 다음, 직접 법인에 부동산을 매도하고 그 대금도 직접 지급받으면서도 형식적으로는 회사 직원, 대표이사 등과 계약서를 작성한 경우[25]에는 실질과세원칙을 적용하였다.

결국 대법원은 기본적으로는 납세의무자가 선택한 법률행위를 함부로 무시할 수 없지만, 그 이면에 다른 행위가 은닉되어 있는 것으로 사실인정이 가능한 경우에는 실제로 은닉된 행위가 있음을 전제로 하여 과세하는 것이 가능하다는 정도로 제한된 범위에서 실질과세원칙을 적용하고 있다고 판단된다.[26]

그런데 주 21에서 보는 바와 같이 국세기본법이 2007. 12. 31. 개정되면서 제14조 제3항에 '그 경제적 실질내용에 따라 당사자가 직접 거래를 한 것으로 보거나 연속된 하나의 행위 또는 거래를 한 것으로 본다'는 일반 조항이 신설되어 행위 형식의 뒤에 숨어있는 '경제적 실질'에 따라 과세할 수 있는 명확한 근거가 마련되었으므로 종래보다는 훨씬 더 실질에 의한 과세가 강화될 것으로 보인다.[27]

25) 대법원 1991. 12. 13. 선고 91누7170 판결(대표이사), 1992. 2. 28. 선고, 91누6597 판결(회사 직원), 1992. 5. 22. 선고 91누12103 판결(회사 관련자).
26) 윤지현, "실질과세의 원칙과 가장행위에 관한 고찰-판례를 중심으로-", 『중앙법학』, 제9집, 제2호(2007. 8.), 931면. 위 글은 기본법 제14조 제3항이 신설되기 전에 작성된 것인데, 실질과세원칙의 적용에 있어서 조세법률주의와의 긴장관계를 보이고 있는 판례를 "거래의 재구성"이라는 용어를 사용하여 분석하면서, 주 25의 판결들에서 납세의무자인 매도인은 중과세를 피하기 위하여 법인에게는 부동산을 매도하지 않겠다는 의사였고, 이에 법인이 매수의 필요성 때문에 중간자를 개재한 것인 만큼 매도인의 입장에서 보아 가장행위가 아니라 오히려 회피행위(법률행위의 자유를 이용하여 법률 규정을 회피하려고 하는 행위)에 불과함에도 이를 가장행위라고 해석한 것은 민법상 본래의 의미와 맞지 않아 부당하며, 그 결과 위 판결들로 인하여 세법에 있어서의 법적 안정성이 심각하게 저해되고 있다고 평가한다.
27) 실질과세의 원칙에 의해 조세회피행위의 효력을 부인하려면 조세법률주의 원칙상 법률에 개별적·구체적인 부인규정이 필요하다는 대법원의 판례(주 24의 98두14082 판결 및 대법원 2009. 4. 9. 선고 2007두26629 판결, 대법원 2011. 4. 28. 선고 2010두3961 판결 등)에 따라 조세회피 방지규정을 도입하여 실질과세원칙을 명확히 함으로써 고도화·복잡화되고 있는 조세회피행위에 능동적으로 대처하려는 개정이유(위 『국세기본법 일부 개정 법률안 심사보고서』, 3-4, 9면)에서 보더라도 그러하다. [조세회피행위에 대한 규제와 조세법률주의와의 관계에 대하여는, 이재희, "조세회피행위의 규제와 조세법률주의", 『저스티스』, 제115호(2010. 2.), 267면 이하 참조].

따라서 앞으로 이 규정의 적용을 둘러싸고 조세법률주의와의 긴장은 더 높아질 것으로 예상된다.

3) 실질과세원칙을 납세의무자가 주장할 수 있는가?

실질과세원칙의 적용은, 납세의무자가 세금부담을 경감하기 위하여 중간에 새로운 법률행위를 개재시키는 등의 행위 형식을 선택한 것에 대하여 과세관청이 그 형식 대신 실질적으로 이루어졌다고 판단하는 세금부담이 더 큰 법률행위를 과세의 대상으로 삼는 것으로 나타나는 것이 일반적이다. 그런데 세금부담 이외의 다른 이유로 세금부담이 더 큰 일정한 법률행위를 선택 – 선택을 할 당시에 세금부담이 더 크다는 사실을 알지 못한 경우가 대부분일 것이다 – 한 납세의무자가 나중에 그 형식과 다른 실질을 내세워 그 실질에 따라 과세하여 줄 것을 요구할 수 있으며, 이러할 경우 과세관청은 이에 응하여야 하는가가 문제된다. 이 사건의 경우도 이에 해당한다.

실질과세원칙은 기본적으로 과세권의 적정한 행사를 위하여 납세의무자가 선택한 행위를 예외적으로 부정하는 것인 점에서 보면, 이는 과세관청만이 주장할 수 있고, 스스로 행위 형식을 선택한 납세의무자는 이를 주장할 수 없다고 보는 것이 타당하다고 본다.[28]

대법원은 납세의무자가 스스로 실질과세원칙을 주장한 사안[29]에서, 납세의무자가 이 원칙을 주장할 수 있는지 없는지에 대하여 판단하지는 않고 본안으로 나아가 과세관청이 실질과세원칙을 주장한 경우와 동일하게 그 적용의 당부를 판단하고 있는 점에 비추어,[30] 납세의무자의 실질과세원칙 주장을 인정하는 입장이라고 보인다.[31]

(2) 통정허위표시 – 가장행위

통정허위표시는 상대방과 통모하여 하는 진의 아닌 의사표시 즉, 의사표시자가 진의가

---

28) 외국의 경우는 나라마다 다르지만, 프랑스 덴마크의 경우는 인정되지 않으며, 미국의 경우도 극히 제한적으로만 인정된다고 한다. 윤지현, 전게논문, 924면 주 35, 36.

한편 이태로·안경봉, 『조세법강의』(박영사), 2001, 29면은, 실질과세원칙은 때로는 국고의 이익을 위하여, 때로는 납세의무자의 이익을 위하여 적용될 수 있는데, "세법의 해석·적용에 있어서는 과세의 형평과 당해 조항의 합목적성에 비추어 납세자의 재산권이 부당히 침해되지 아니하도록 하여야 한다"는 국세기본법 제18조 제1항은 납세자의 이익을 위하여 적용될 수 있음을 확인하는 규정이라 한다. 이에 대하여 윤지현, 상게논문, 924 – 925면은, 해석론적 차원에서 볼 때 과세에 있어서 형평에 비추어 납세자의 재산권이 부당하게 침해되지 않아야 한다는 이 규정의 문언이 반드시 실질과세원칙이 납세자를 위하여도 적용되어야 한다는 의미라고 단정하는 데에는 의문이 없지 않다고 비판한다.

29) 주 23의 판결.

30) 이 사건 판결도 같다.

31) 윤지현, 상게논문, 924면은 '이 판결이 일반적으로 실질과세원칙 적용(재구성이라 표현한다)을 부인하는 내용의 것인지, 아니면 과세관청이 아닌 납세자가 실질과세원칙 적용을 주장할 수 없다는 이해가 근저에 깔려 있는지 여부는 반드시 명확하지 않다'고 한다.

아니라는 것을 알면서 의사표시를 하는데 상대방과 사이에 합의가 있는 경우이다. 이는 무효이다(민법 108조). 통정허위표시를 요소로 하는 법률행위가 가장행위이다. 납세의무자가 세금을 적게 부담하기 위하여 가장행위를 종종 사용하는데, 그로 인하여 과세관청과 긴장관계가 형성된다.32)

가장행위는 무효이므로 그 자체로는 과세와 관련하여 아무런 의미가 없다. 그러나 가장행위 뒤에 은닉된 실제 거래행위가 있을 때에는 가장행위에도 불구하고 그 은닉된 행위를 인정하여 이에 대하여 과세가 이루어진다. 결과적으로 실질과세원칙이 적용된 것과 같은 효과가 발생하지만, 이는 사실인정의 문제에 지나지 않으며, 실질과세와는 직접적인 관계가 없다.33)

대법원은, 이 사건에서와 같이 중간자가 개재된 대출과 관련하여 금융기관이 채무를 부담시킬 의사가 없는 정도의 사실관계인 경우에만 통정허위표시를 인정한다.

즉, 금융기관이 대출규정상의 제한 또는 동일인 여신한도의 제한을 회피하기 위하여 제3자를 형식상의 주채무자로 한 경우와 관련하여 '통정허위표시가 성립하기 위하여는 의사표시의 진의와 표시가 일치하지 아니하고,

그 불일치에 관하여 상대방과 사이에 합의가 있어야 하는바, 제3자가 금융기관을 직접 방문하여 금전소비대차약정서에 주채무자로서 서명 날인하였다면 제3자는 자신이 당해 소비대차계약의 주채무자임을 금융기관에 대하여 표시한 셈이고, 제3자가 금융기관이 정한 대출규정의 제한을 회피하여 타인으로 하여금 제3자 명의로 대출을 받아 이를 사용하도록 할 의도가 있었다거나 그 원리금을 타인의 부담으로 상환하기로 하였더라도, 특별한 사정이 없는 한 이는 소비대차계약에 따른 경제적 효과를 타인에게 귀속시키려는 의사에 불과할 뿐, 그 법률상의 효과까지도 타인에게 귀속시키려는 의사로 볼 수는 없으므로, 제3자의 진의와 표시에 불일치가 있다고 보기는 어렵다'34)고 하여 원칙적으로 통정허위표시의 성립을 인정하지 않는다.

다만 실질적인 주채무자는 제3자를 형식상의 주채무자로 내세우고, 금융기관도 이를 양해하여 제3자에 대하여는 채무자로서의 책임을 지우지 않을 의도 하에 실채무자에 대하여 타인 명의로 대출받을 것을 먼저 권유하거나, 제3자에 대한 신용조사서를 실지 조사 없이 임의로 작성하거나 아예 작성하지 않거나 제3자에게는 채무의 이행을 청구하지 않기로

32) 세법이 인정하는 범위 내로 포섭되는 것이라면 절세행위로 인정될 것이지만, 그렇지 않으면 조세회피행위 내지 조세포탈행위가 될 수 있다.
33) 장석조, 전게논문, 592면.
34) 대법원 1997. 7. 25. 선고 97다8403 판결; 동 1998. 9. 4. 선고 98다17909 판결; 동 2003. 4. 8. 선고 2002다38675 판결; 동 2003. 6. 24. 선고 2003다7357 판결 등.

약속하는 등을 하고서 제3자 명의로 대출관계 서류를 작성받은 경우[35])에는 채무부담 의사 없이 형식적으로 이루어진 것이라며 통정허위표시를 인정하였다.

통정허위표시 여부는 사실인정의 문제에 불과하므로 납세의무자는 과세관청에 대하여 자신의 행위가 가장행위로서 조세채무가 발생하지 않음을 주장함에 아무런 제약이 없다.[36]) 이 사건 판결도 이를 전제로 하고서 원고의 주장이 통정허위표시인지 여부에 대하여 판단하였다.

4. 이 사건에서의 판단

(1) 명의대여 및 통정허위표시 여부

원고가 주채무자로서 정규의 대출절차를 밟았을 뿐만 아니라 담보까지 제공하고, 정상적인 회계처리를 하여 법인세를 신고, 납부한 사실 등 이 사건 사실관계에 비추어 보면, 당사자 사이의 의사는 이 사건 대차거래에 따른 경제적 효과를 최종적으로 신동아건설에 귀속시키려는 의사에 불과하고, 그 법률효과까지도 원고를 배제한 채 오로지 대한생명과 신동아건설 사이에서만 직접 귀속시키려는 의사가 있었다고는 볼 수 없다. 그런 점에서 오로지 명의만을 대여한 거래 내지 통정허위표시로서 가장행위에 해당하지 않는다.[37])

(2) 이 사건 합의의 후발적 경정청구사유에의 해당 여부

이 사건 합의가 이 사건 거래에 대한 합의해제에 해당하는지, 해당한다면 그 해제를 하여야만 하는 부득이한 사유가 있는지가 순차로 문제된다.

1) 이 사건 합의가 이 사건 대차거래에 대한 합의해제인지

이 사건 합의는, '대한생명은 신동아건설에 대한 동일인 대출한도 초과를 은폐하기 위하여 원고 명의로 대출하는 형식을 택하여 원고 명의의 대출금이 발생하게 되었고, 위와 같

---

35) 대법원 1996. 8. 23. 선고 96다18076 판결; 동 1999. 3. 12. 선고 98다48989 판결(제3자는 금융기관에 가지도 않고 실채무자만이 금융기관에 가서 차용 관련 서류를 작성하였다); 동 2001. 2. 23. 선고 2000다65864 판결; 동 2002. 10. 11. 선고 2001다7445 판결 등.

36) 윤지현, 전게논문, 926면 주 38도 같은 취지인 것으로 보인다. 한편 조세채권자인 국가 또는 지방자치단체가 통정허위표시의 무효를 대항할 수 없는 선의의 제3자에 해당하지 않음은 앞서(주 8) 보았다.

37) 민사법 영역에서 형성된 법률관계 내지 법률행위를 해석한 결과를 토대로 하여 조세법을 적용하는 것인바, 이 사건에서는 자신이 외부적으로 형성한 법률행위를 그 이면에 놓여 있는 법률행위로 해석하여 달라는 원고의 주장이 받아들여지지 않으므로 이에서 더 나아가 조세법의 적용과 관련한 판단은 필요가 없다고 할 것이다. 그러나 원심은 위 사실개요에서 보듯이 이에 덧붙여, 조세법률주의와 실질과세의 관계에서 본 대법원 판례의 입장에 따라, 특별한 사정이 없는 한 당사자가 선택한 법률관계를 존중하여야 하는데, 이 사건에는 실질에 따라 판단할 그 특별한 사정이 없다고 부가하여 판단하고 있다. 결론의 타당성을 강조하기 위한 부가적인 판단으로 보이나, 이러한 판단으로 나아갈 필요는 없었던 것이고, 따라서 대법원은 원심의 판단을 요약 인용하고 그것이 정당하다고 하는 형식을 취하면서도 이 부분은 인용하지 않았다.

은 위장 대출금으로 3사의 회계처리가 모두 왜곡되어 있고 법인세 등의 신고·납부에 있어서 위법한 수입금액 계상, 비정상적인 비용처리 등이 계속되어 이를 실질에 부합하도록 대한생명과 신동아건설 사이의 채권채무관계로 양성화시킨다'는 것을 그 내용으로 하고 있다. 그 문언상, 현 단계에서 종전에 이루어진 3자 사이의 순차 대차거래를 양자 사이의 대차거래로 바꾼다는 것에 불과한 점, 위 합의의 이행 부분에 있어서도 대체분개 등 장부만 정리하였지 3자 사이의 순차 대차에 따라 지급된 이자까지 반환한 것은 아닌 점에서[38] 이 사건 합의는 3자 사이의 기존 대출관계를 해소하고 양자 사이의 대차거래형성이라는 새로운 거래관계로 변경하기로 하는 내용의 새로운 계약을 체결한 것이라고 볼 것이다. 따라서 이 사건 합의는 이 사건 대차거래에 대한 해지에 불과하고 합의해제가 아니다.

2) 이 사건 합의가 부득이한 사유로 인한 것인지

가사 이 사건 합의를 합의해제라고 본다 하더라도, '당해 계약이 성립 후 발생한 부득이한 사유로 인하여 해제된 때'에 해당한다고 보기는 어렵다. 즉, 이 사건 합의가 금융감독원의 적절한 조치 요구에 부응한 것이기는 하나, 부득이한 사유는 이 사건 대차거래의 내용

을 그대로 인정하는 것이 부당한 것을 의미하므로 적절한 조치를 이행하라는 금융감독원의 행정명령에 따라야 하는 사정 자체가 부득이한 사유가 될 수는 없고, 우회대출의 방법을 사용한 것만으로는 이 사건 대차거래의 내용 자체가 부당하게 된다고는 볼 수 없다. 우회대출은 방법상의 부당이지 내용상의 부당은 아니기 때문이다. 게다가 대한생명과 원고, 원고와 신동아건설의 순차 대차관계를 대한생명과 신동아건설의 단순 대차관계로 소급하여 환원하는 것은(이는 당초 금지된 동일인 대출 한도 초과를 긍정하는 결과가 되므로 이 점에서도 부당하다) 정당하지 않은 방법으로 원고의 조세부담을 줄이겠다는 의도가 있다[39]고 할 것이기 때문이다.

5. 이 판결의 의의

이 사건은 우회대출거래의 경우에 나타나는 여러 법률적 문제들, 즉 돈을 빌림에 있어 개재한 중간자는 명의대여자에 불과하여 실질 과세원칙상 조세채무를 부담하지 않는지, 중간자와 대출자 사이의 행위는 통정한 허위의 법률행위인지, 이러한 사정 아래에서 한 중간자의 법인세 신고 납부행위는 일반적 경정청구 사유에 해당하는지, 사후에 중간자를 배제하

---

38) 게다가 소비대차계약은, 매매와 같이 일회적 급부를 목적으로 하는 계약이 아니라 이자의 지급이라는 계속적 급부를 목적으로 하는 계약으로서 이미 이행된 부분은 되돌릴 수 없으므로, 그 성질상 장래에 대하여만 계약을 종료시키는 해지만이 가능하고 해제는 불가능하다.
39) 이에 대한 원심의 판단은 【사실개요】 중 원심 판단 (2) ② 부분.

는 형식으로 대출관계를 정리한 것이 합의해제로서 (중간자에게) 후발적 경정청구 사유에 해당하는지 등을 잘 보여준다.

　　이 사건 판결은 이와 같은 문제들과 관련하여 새로운 법리를 선언한 것은 없으나, 납세의무자 스스로 실질과세원칙[40] 또는 가장행위임을 들어 자신에게 유리한 판단을 구하는 것이 가능하다는 점, 공평과세이념을 뒷받침하는 실질과세원칙은 조세법의 해석·적용에 있어 법적 안정성 및 예측가능성의 확보를 요하는 조세법률주의의 한계 내에서만 용납된다는 점, 후발적 경정청구사유인 합의해제에는 소급효를 인정할 수 없다는 점에 관하여 기존 대법원의 일관되고 확고한 입장을 다시 확인시켜준 점에서 중요한 의미를 지니는 판결이다.

　　다만, 원심의 판단을 요약 인용하면서 그 판단이 타당하다는 식의 판결 방식을 택하므로 인해 새삼스레 합의해제와 관련하여 부득이한 사유를 인정할 수 있는 경우가 어떤 것인지에 대하여 견해를 표명하기가 어려웠겠지만, 종전에 이에 대하여 밝힌 적이 없었던 만큼 명확한 기준을 제시하여 주었더라면 좋았을 것임에도, 단순히 '원심의 판단에는 이 사

건 합의가 후발적 경정청구 사유 중의 하나인 당해 계약의 성립 후 부득이한 사유로 인하여 해제된 때에 해당한다는 원고의 주장을 배척하는 취지도 포함되어 있다'는 정도에 그친 점은 아쉬움이 남는다. 멀지 않는 기회에 이에 대한 명시적 판단이 나오길 기대한다.

　　한편, 2008. 1. 1.부터 시행된 기본법이 실질과세를 강화하는 방향으로 개정된 것과 관련하여, 실질과세를 강화하려는 과세관청의 입장을 조세법률주의 원칙과의 관계에서 어느 정도 옹호해줄 것인지 법원의 판단이 주목되었는바, 법원은 "(1) 구 기본법(2007. 12. 31. 법률 제8830호로 개정되기 전의 것, 이하 같다) 제14조 제1항, 제2항이 천명하고 있는 실질과세의 원칙은 헌법상의 기본이념인 평등의 원칙을 조세법률관계에 구현하기 위한 실천적 원리로서, 조세의 부담을 회피할 목적으로 과세요건사실에 관하여 실질과 괴리되는 비합리적인 형식이나 외관을 취하는 경우에 그 형식이나 외관에 불구하고 실질에 따라 담세력이 있는 곳에 과세함으로써 부당한 조세회피행위를 규제하고 과세의 형평을 제고하여 조세정의를 실현하고자 하는 데 주된 목적이 있다. 이는 조세법의 기본원리인 조세법률주의와 대립관

---

40) 앞서 본 바와 같이 대법원은 이 사건 판결에서, '이 사건 거래는 신동아건설이 대한생명으로부터 금원을 차용하는데 원고가 그 명의만을 대여한 경우에 해당하므로 실질과세의 원칙상 단순한 명의대여자에 불과한 원고가 이 사건 거래에 관하여 납세의무자가 될 수 없다'는 원고의 주장에 대하여 '원고와 대한생명 및 신동아건설 사이의 이 사건 거래는 그 진의와 표시가 불일치하는 통정허위표시로서 가장행위에 해당한다거나 또는 단지 원고가 신동아건설의 대한생명으로부터의 금원차용에 그 명의만을 대여한 거래라고는 할 수 없다'고 한 원심의 판단이 타당하다고만 한 결과, 실질과세와 관련하여서는 명시적이고도 상세한 판단을 하지는 않은 아쉬움을 남겼다.

계에 있는 것이 아니라 조세법규를 다양하게 변화하는 경제생활관계에 적용함에 있어 예측가능성과 법적 안정성이 훼손되지 않는 범위 내에서 합목적적이고 탄력적으로 해석함으로써 조세법률주의의 형해화를 막고 실효성을 확보한다는 점에서 조세법률주의와 상호보완적이고 불가분적인 관계에 있다고 할 것이다.

(2) 실질과세의 원칙 중 구 국세기본법 제14조 제1항이 규정하고 있는 실질귀속자 과세의 원칙은 소득이나 수익, 재산, 거래 등의 과세대상에 관하여 귀속 명의와 달리 실질적으로 귀속되는 자가 따로 있는 경우에는 형식이나 외관을 이유로 귀속 명의자를 납세의무자로 삼을 것이 아니라 실질적으로 귀속되는 자를 납세의무자로 삼겠다는 것이고, 이러한 원칙은 구 지방세법(2005. 12. 31. 법률 제7843호로 개정되기 전의 것, 이하 같다) 제82조에 의하여 지방세에 관한 법률관계에도 준용된다. 따라서 구 지방세법 제105조 제6항을 적용함에 있어서도, 당해 주식이나 지분의 귀속 명의자는 이를 지배·관리할 능력이 없고 명의자에 대한 지배권 등을 통하여 실질적으로 이를 지배·관리하는 자가 따로 있으며, 그와 같은 명의와 실질의 괴리가 위 규정의 적용을 회피할 목적에서 비롯된 경우에는, 당해 주식이나 지분은 실질적으로 이를 지배·관리하는 자에게 귀속된 것으로 보아 그를 납세의무자로 삼아야 할 것이다. 그리고 그 경우에 해당하는지는 당해 주식이나 지분의 취득 경위와 목적, 취득자금의 출처, 그 관리와 처분과정, 귀속명의자의 능력과 그에 대한 지배관계 등 제반 사정을 종합적으로 고려하여 판단하여야 한다."고 하여 실질과세 원칙을 더 중시하고 있다.[41]

---

[41] 대법원 2012. 1. 19. 선고 2008두8499 전원합의체 판결 및 대법원 2012. 4. 26. 선고 2010두11948 판결 등. 조세법률주의를 강조한 위 전원합의체 판결의 반대의견의 요지는 다음과 같다. 즉, (1) 실질과세의 원칙은 조세공평의 원칙을 실현하기 위한 조세법의 기본원리로서 과세권의 행사가 실질적인 사실관계에 반하여 이루어지는 경우 이를 배제함으로써 납세자의 권리를 보호하는 긍정적인 측면이 있지만, 반대로 과세권의 남용을 정당화하는 도구가 되어 납세자의 재산권을 침해함으로써 과세요건 법정주의와 명확주의를 핵심으로 하는 조세법률주의와 충돌할 염려가 있다. (2) 납세의무자로서는 조세법률주의의 토대 위에서 조세의 부담을 제거하거나 완화하는 거래방법을 선택할 수 있으며, 그것이 가장행위나 위법한 거래로 평가되지 않는 한 납세의무자의 권리로서 존중되어야 한다. 그럼에도 본질적으로 불확정개념인 실질과세의 원칙을 내세워 납세의무자가 선택한 거래형식을 함부로 부인하고 법 문언에 표현된 과세요건의 일반적 의미를 일탈하여 그 적용범위를 넓히게 되면 조세법률주의가 형해화되어 이를 통해 실현하고자 하는 법적 안정성과 예측가능성이 무너지게 된다. 나아가 조세포탈죄 등의 구성요건 해당성이 과세관청의 자의에 의하여 좌우될 수 있어 죄형법정주의의 근간이 흔들릴 수도 있다. 이러한 견지에서 대법원은 부동산 취득세에 관하여, 부동산 소유권의 이전이라는 외형 자체를 포착하여 거기에 담세력을 인정하고 부과하는 유통세일 뿐 부동산의 취득자가 이를 사용·수익·처분함으로써 얻는 이익을 포착하여 부과하는 것이 아닌 점을 고려하여, 부동산 취득자가 실질적으로 완전한 내용의 소유권을 취득하는지와 관계없이 소유권 이전의

참고문헌

『국세기본법 일부 개정 법률안 심사보고서』, 2007. 10. 2. 자.

권오봉, "증여계약의 해제와 증여세", 『부산지방변호사회지』, 제10호(1991. 12.).

김건일, "계약의 해제가 조세채권에 미치는 영향", 『특별법연구』, 제5권(1997. 6.).

소순무, 『조세소송』, 조세통람사, 2006.

심 경, "경정청구사유에 관한 고찰: 구체적인 경정청구사유를 중심으로", 『사법논집』, 제40집(2005. 12.).

안승훈, "계약당사자를 결정하기 위한 법률행위의 해석방법과 통정허위표시이론의 관계 − 명의대여약정에
     의한 타인 명의의 법률행위에 있어 행위자가 계약의 당사자로 인정되는 경우의 법률관계를 중심으로−",
     『법조』, 제55권, 제3호(통권 594호)(2006. 3.).

윤지현, "실질과세의 원칙과 가장행위에 관한 고찰 −판례를 중심으로−", 『중앙법학』, 제9집, 제2호(2007.
     8.).

윤현석, "계약의 해제와 조세채권", 『조세법연구』, 10−2(2004. 11.).

이재희, "조세회피행위의 규제와 조세법률주의", 『저스티스』, 제115호(2010. 2.).

이태로, 안경봉, 『조세법강의』, 박영사, 2001.

임승순, 『조세법』, 박영사, 2011.

장석조, "조세법상 실질과세원칙의 적용한계: 실질의 의미에 관한 판례이론의 분석과 재해석", 『사법논집』,
     제33집(2001. 12.).

황인경, "입법론적 관점에서의 계약해제에 관한 세법상 논점의 고찰", 『사법논집』, 제42집(2006. 12.).

형식에 의한 부동산 취득의 경우를 과세대상으로 삼는 것으로 해석함으로써 소유권 이전의 형식을 중시하
여 왔으므로, 이러한 부동산 취득세에 의제적 성격까지 보태어 납세의무자의 범위를 넓힌 구 지방세법 제
105조 제6항의 부동산 등 간주취득세에 관하여는 더욱 당사자가 선택하여 취한 거래형식을 존중하여야
하며, 실질과세의 원칙을 이유로 함부로 납세의무자의 범위를 확장하거나 그 거래형식을 부인할 일이 아
니다. (위 전원합의체 판결에 대한 평석으로는 안경봉, "명목회사를 이용한 조세회피시도와 실질과세원
칙", 『국세』, 제544호(2012. 6.), 41−50면).

소득처분에 따른 소득금액변동통지가 항고소송의 대상이 되는 '처분'에 해당하는지 여부

사건의 표시 : 대법원 2006. 4. 20. 선고 2002두1878 전원합의체 판결

▪ 사실개요 ▪

1. 원고 ○○생명보험 주식회사는 1993~1997 사업연도까지의 과세기간 중 합계 40억 77,542,958원을 계약추진비(경비)로 회계장부에 계상하였는데, 피고는 위 금액 중 교통비 및 카드사용분을 제외한 나머지 30억 22,974,031원은 그 지출이 확인되지 않는다는 이유로 이를 손금부인(익금산입)하였다.

2. 피고는 위 익금산입액 중 부과제척기간이 지나지 않은 1995~1997 사업연도까지 사이의 해당금액 23억 16,344,926원은 사외로 유출된 것이 분명하나 그 귀속이 불분명한 경우에 해당한다는 이유로 구 법인세법(1998. 12. 28. 법률 제5581호로 전문개정되기 전

의 것) 제32조 제5항, 구 법인세법 시행령 (1998. 12. 31. 대통령령 제15970호로 전문개정되기 전의 것) 제94조의2 제1항 제1호 단서 나목에 따라 대표이사에게 귀속된 상여로 간주하고, 1999. 5. 19. 원고에게 소득금액변동통지서에 의하여 그 내용을 통지하였다.

3. 원고는 위 소득금액변동통지에 따라 당시 대표이사에 대한 인정상여금액에 관하여 소득세 9억 27,988,930원을 원천징수하여 1999. 6. 10. 이를 피고에게 자진 납부한 후, 위 소득금액변동통지 자체를 불복대상으로 삼아 1999. 8. 13. 국세청장에게 심사청구를 하였으나, 국세청장은 1999. 10. 18. 소득금액변

---

* 조일영(법무법인 태평양 변호사).

동통지는 심사청구의 대상이 되는 행정처분에 해당되지 않는다는 이유로 심사청구를 각하하는 결정을 하였다.

4. 원고는 다시 국세심판원(현 조세심판원)에 국세심판청구를 제기하였는데, 국세심판원은 인정상여처분 및 소득금액변동통지가 실질적으로는 원천징수하는 소득세의 납세의무를 법률의 규정에 의하여 직접 확정하는 처분이라고 하여 본안심리를 한 후 대표자에 대한 위 상여처분이 정당하다는 이유로 2000. 7. 20. 원고의 심사청구를 기각하는 결정을 하였다.

▪ 판결요지 ▪

1. 제1심 및 원심판결의 요지

법인세법에 의한 상여처분이나 그에 따른

소득금액변동통지는 항고소송의 대상이 되는 독립된 행정처분이라고 할 수 없다.

2. 대법원판결의 요지

[다수의견][1]

과세관청의 소득처분과 그에 따른 소득금액변동통지가 있는 경우 원천징수의무자인 법인은 소득금액변동통지서를 받은 날에 그 통지서에 기재된 소득의 귀속자에게 당해 소득금액을 지급한 것으로 의제되어 그때 원천징수하는 소득세의 납세의무가 성립함과 동시에 확정되고, 원천징수의무자인 법인으로서는 소득금액변동통지서에 기재된 소득처분의 내용에 따라 원천징수세액을 그 다음달 10일까지 관할 세무서장 등에게 납부하여야 할 의무를 부담하며, 만일 이를 이행하지 아니하는 경우에는 가산세의 제재를 받게 됨은 물론이고 형사처벌까지 받도록 규정되어 있는 점에 비추어 보면, 소득금액변동통지는 원천징수의무자

---

1) 이러한 <다수의견>에 대하여는, 소득금액변동통지란 과세관청이 내부적으로 법인의 사외유출된 소득에 대하여 법인세법 제67조 및 구 법인세법 시행령(2001. 12. 31. 대통령령 제17457호로 개정되기 전의 것) 제106조가 정하는 바에 따라 소득의 귀속자와 소득의 종류 등을 확정하는 소득처분을 한 다음, 그 소득처분의 내용 중 법인의 원천징수의무 이행과 관련된 사항을 기재하여 원천징수의무자에게 고지하는 절차로서, 법인의 원천징수의무를 성립·확정시키기 위한 선행적 절차에 불과하여 원천징수의무자의 법률적 지위에 직접적인 변동을 가져오는 것은 아니므로, 이를 항고소송의 대상이 되는 행정처분이라고 할 수 없다는 <김영란 대법관의 반대의견>이 있고, 소득금액변동통지는 그 통지의 실질이나 기능을 직시한다면 행정처분으로 보는 것이 타당하겠으나, 현재 대통령령으로 규정되어 있는 소득금액변동통지를 부과처분과 유사한 행정처분으로 볼 경우에는 구 소득세법 시행령(2000. 12. 29. 대통령령 제17032호로 개정되기 전의 것) 제192조 제2항은 조세법률주의에 위배된 명령으로 위헌으로 볼 수밖에 없고, 소득금액변동통지를 행정처분으로 보지 않고 단순히 조세징수에 관한 절차적 규정으로 보는 종전의 대법원판례가 법령의 문언에 정면으로 반한다든가 심히 불합리하다든가 하는 점은 찾아보기 어려우므로, 현행 법령의 해석으로는 종전의 판례를 유지하여 위헌의 문제를 피하는 것이 현명할 것으로 본다는 <손지열 대법관의 반대의견>이 있다.

인 법인의 납세의무에 직접 영향을 미치는 과세관청의 행위로서, 항고소송의 대상이 되는 조세행정처분이라고 봄이 상당하다.

▶ 해 설 ◀

1. 소득처분과 그에 따른 소득금액변동통지 및 원천징수

(1) 관련 규정의 내용

소득처분은 법인세의 과세표준을 신고하거나 결정 또는 경정함에 있어서 익금에 산입한 금액이 법인의 내부에 유보된 것인지 또는 사외로 유출된 것인지를 확정하고, 만일 당해 금액이 사외로 유출된 것이라면 누구에게 어떤 소득의 형태로 귀속된 것인지를 특정하여 그 귀속자와 소득의 종류를 확정하는 세법상의 절차로서,[2] 그 귀속자에 따라 상여·배당·기타소득 등으로 처분하고(법인세법 67조, 같은 법 시행령 106조), 이렇게 소득처분된 금액은 소득세법상 근로, 배당 또는 기타소득으로 구분되어 귀속자의 과세소득의 일부를 구성하게 되는데, 소득세법 제127조 제1항은 위와 같은 소득처분에 의한 의제소득도 원천징수의 대상으로 규정하고 있다.

한편 소득세법 제128조 제1항, 제131조 제2항, 제135조 제4항, 제145조의2, 소득세법

시행령 제192조 제1항에 의하면, 과세관청이 법인세 과세표준을 결정 또는 경정함에 있어 처분된 상여·배당 및 기타소득은 그 과세관청이 그 결정일 또는 경정일부터 15일 이내에 '소득금액변동통지서'에 의하여 당해 법인에게 통지하여야 하고, 이와 같이 소득금액변동통지서에 기재된 당해 상여·배당 및 기타소득은 법인이 그 통지서를 받은 날에 그 통지서에 기재된 소득의 귀속자에게 당해 소득금액을 지급한 것으로 의제되어 원천징수의무자인 법인은 소득금액변동통지서를 받은 날의 다음달 10일까지 관할세무서 등에 원천징수세액을 납부하여야 한다. 만일 원천징수의무자가 그 기간 내에 원천징수세액을 납부하지 아니하거나 과소납부한 경우에는 불성실가산세의 제재를 받을 뿐만 아니라(국세기본법(이하 '기본법'이라한다) 47조의5 2항), 원천징수의무자가 정당한 사유 없이 이를 징수하지 아니하거나 징수한 세금을 납부하지 아니하는 경우에는 형사처벌까지 받게 된다(조세범처벌법 13조).

(2) 소득처분 및 소득금액변동통지와 그에 의한 원천징수

원천징수란 세법에서 정하는 원천징수의무자가 납세의무자인 거래상대방(원천납세의무자)에게 일정한 소득금액 또는 수입금액을 지급할 때에 그 소득의 원천에서 원천납세의무자가 부담하는 세액을 정부를 대신하여 징수

---

2) 대법원 2008. 4. 24. 선고 2006두187 판결.

하여 과세관청에 납부하는 제도를 말하며, 이러한 원천징수하는 소득세는 소득금액을 지급하는 때에 그 납세의무가 성립하고, 납세의무가 성립하는 때에 특별한 절차없이 그 세액이 확정되는 이른바 '자동확정방식'의 조세이다 (기본법 21조 2항 1호, 22조 2항 3호).

그런데 소득세법은 현실귀속소득뿐만 아니라 소득처분에 의한 의제소득도 원천징수의 대상으로 삼고 있는데, 소득처분에 의한 의제소득의 경우에는 현실귀속소득의 경우와 달리 당해 소득금액이 지급되었다는 사실에 과세근거를 두는 것이 아니라 소득금액이 지급된 것으로 의제하는 것에 불과하므로, 그 소득금액의 지급시기(원천징수의무의 성립·확정시기)를 법률의 규정에 의하여 정해줄 필요가 있고, 따라서 소득세법 관련규정3)은 소득처분에 의한 소득의 지급시기를 의제하는 규정을 별도로 두고 있는 것이다. 또한 과세관청으로서는 원천징수의무자에게 소득처분에 의한 원천징수의무가 성립되었음을 알려줄 필요가 있는데, 이에 관한 절차가 바로 '소득금액변동통지'이다.

따라서 과세관청의 소득처분과 그에 따른 소득금액변동통지가 있게 되면, 법률의 규정에 의하여 소득금액변동통지서를 받은 날에 소득이 지급된 것으로 의제되어 당해 법인에게는 소득세 원천징수의무가 발생하고 또한 소득의 귀속자에게는 소득세 납세의무가 발생하게 된다. 이후 당해 법인이 원천징수의무를 제대로 이행하지 않을 경우 과세관청은 법인에게 원천징수세액 납부고지를 하게 되는데, 이는 부과처분이 아니라 징수처분이다.

2. 소득금액변동통지의 처분성 인정 여부

(1) 종래 판례의 입장 등

위와 같이 소득금액변동통지에 의한 원천징수의 경우 과세관청의 소득처분 및 그에 따른 소득금액변동통지만 있으면 곧바로 당해 법인의 원천징수의무가 성립·확정되고 그 과정에 과세처분이 개입될 여지는 전혀 없는 구조인데다가, 종래 판례는 소득처분과 소득금액변동통지는 과세관청이 징수처분에 나아가기 위한 절차적 요건을 규정한 것에 불과하고 그로 인하여 원천징수의무자의 실체상 납세의무의 존부나 범위에 어떠한 변동을 가져오는 것이 아니므로 항고소송의 대상이 되는 독립된 행정처분이라고 할 수 없다는 태도를 취함에 따라,4) 원천징수의무자가 원천징수의무의

---

3) 소득세법 제131조 제2항 제1호(배당소득), 제135조 제4항(근로소득), 제145조의2(기타소득). 과세관청이 법인세 과세표준을 결정 또는 경정하는 경우 법인세법 제67조에 따라 처분되는 배당, 근로 및 기타소득은 법인이 소득금액변동통지서를 받은 날에 지급한 것으로 보아 소득세를 원천징수한다는 내용으로 규정하고 있다.

4) 대법원 1993. 6. 8. 선고 92누12483 판결; 대법원 2003. 1. 24. 선고 2002두10360 판결 등. 인정상여 결

성립 여부나 범위에 관하여 항고소송으로 다툴 수 있는 '처분'을 상정하기는 어려운 상황이었다.

이에 판례는, 과세처분의 하자를 이유로 징수처분의 효력을 다툴 수 없다는 원칙에 대한 예외를 인정하여, 소득금액변동통지에 의한 원천징수의무를 이행하지 아니하여 행해진 징수처분에 대한 항고소송에서는 징수처분 자체의 하자뿐만 아니라 그 전제가 되는 원천징수의무의 존부나 범위에 관하여도 다툴 수 있도록 하여 원천징수의무자의 불복의 길을 열어 두었던 것이다.[5]

그러나 이러한 불복방법은 원천징수의무자에게 불성실가산세까지 부담하는 위험을 감수할 것을 요구한다는 점에서 부당할 뿐만 아니라, 소득금액변동통지를 받고 그에 따른 원천징수세액을 자진 납부한 경우에는 징수처분 조차 존재하지 아니하여 아무런 불복수단이 없게 된다는 점에서 많은 비판이 제기

되어 왔다.

따라서 이러한 원천징수세액을 자진 납부한 납세자에게 어떠한 방법으로든 불복의 수단을 마련해 주어야 한다는 점에 대하여는 폭넓은 공감대가 형성되어 있었고, 이에 그 불복방법으로 크게 세 가지 방안이 논의되었는데, 첫째가 소득금액변동통지의 처분성을 인정하여 이를 항고소송의 대상으로 삼아 다툴 수 있게 하자는 방안,[6] 둘째가 소득금액변동통지의 처분성을 부인하는 기존 판례를 유지하면서 조리상의 경정청구권을 인정하여 경정청구에 대한 거부처분이 있을 경우 항고소송을 통하여 구제받게 하자는 방안,[7] 마지막으로 기존 판례를 그대로 유지하면서 민사상 부당이득반환청구를 통하여 구제받게 하자는 방안이다.

그러나 조리상 경정청구권을 인정하지 않는 것이 판례의 확고한 태도[8]일 뿐만 아니라 이를 인정할 경우 그 요건, 행사기간 등 불명

정이나 소득금액변동 통지는 원천징수의무를 성립, 확정시키기 위한 예비적 조치 내지 선행적 절차에 불과하고 원천징수의무 자체는 하등의 부과처분을 기다리지 아니하고 소득금액의 지급 또는 지급간주 시에 성립, 인정되는 것이므로 인정상여 결정이나 소득금액변동통지 자체는 독립하여 전심절차나 항고소송의 대상이 되는 조세부과 처분이라 할 수 없다고 판시함(대법원 1984. 6. 26. 선고 83누589 판결; 대법원 1986. 7. 8. 선고 84누50 판결)

5) 대법원 1974. 10. 8. 선고 74다1254 판결 등. 원천징수의무에 관한 조세채권이 자동확정방식에 의하여 그 납입할 세액이 자동적으로 확정된다 하더라도 원천징수할 세액을 정하여 납입을 고지한 때에 세무관청의 의견이 비로소 대외적으로 공식화되는 터이므로 그 고지내용과 견해를 달리하는 원천징수의무자로서는 그 고지된 세액으로 인한 징수를 방지하기 위하여 전심절차와 행정소송을 함으로써 구제를 받을 수 있다는 논지를 들고 있다.

6) 소순무, 『조세소송』(조세통람사), 2006, 446 – 447면; 안경봉, "소득금액변동통지의 처분성에 관한 고찰", 『세무사』, 제24권, 제1호(2006. 4.), 48면.

7) 김재광, "소득금액변동통지와 경정청구", 『특별법연구 제8권』(박영사), 525면; 정태학, "원천징수납부의무에 대하여 제2차 납세의무를 부담하는 과점주주", 『특별법연구 제8권』(박영사), 635 – 636면.

확한 점이 많아 그로 인한 문제가 발생할 여지가 많고, 부당이득반환청구권의 경우 통상의 원천징수의 경우와는 달리 소득금액변동통지라는 행정청의 적극적인 행위가 개입되며 법률의 규정에 의해 소득금액변동통지 시에 그 소득금액이 지급된 것으로 의제되는 효과가 존재하는 이상, 이를 법률상 원인이 없는 것이라고 단정하기는 어렵다는 논리적인 문제점 등이 있어 납세자의 권리구제방안으로서는 불충분하여 소득금액변동통지의 처분성을 인정하는 방안에 대한 대안이 되기는 어려운 면이 있었다.

(2) 소득금액변동통지의 처분성 인정

이에 대법원은 대상판결을 통하여 소득금액변동통지는 원천징수의무자인 법인의 납세의무에 직접 영향을 미치는 과세관청의 행위로서 항고소송의 대상이 되는 조세행정처분으로 보아야 한다고 판시함으로써, 종전 판례의 견해를 변경하였다. 따라서 소득금액변동통지를 받은 원천징수의무자는 소득금액변동통지 자체를 항고소송의 대상으로 삼아 다툴 수 있게 되었다.[9]

물론 소득금액변동통지의 처분성을 인정

하는 데에는 대상판결의 반대의견에서 지적한 바와 같은 법리적인 문제점을 안고 있음은 사실이지만, 앞서 본 바와 같이 조리상의 경정청구권을 인정하거나 부당이득반환청구권을 인정하는 방안에 비하여 상대적으로 법리상의 문제점이 적고, 그 절차적 요건도 일반 행정처분에 대한 항고소송의 예에 따라 간단하게 구성될 수 있어 납세자의 권리구제절차 보장이라는 면에서 보다 효과적이라 할 것이다.

3. 이 판결 이후의 불복방법

종래 소득금액변동통지의 처분성을 부인하던 판례 하에서는, 징수처분에 대한 취소소송에서 소득금액변동통지의 하자, 즉 원천징수의무의 성립 여부나 범위에 관하여 다툴 수 있게 함으로써 원천징수의무자의 권리구제를 도모할 수밖에 없었다. 그런데 대상판결에서 기존 판례를 변경하여 소득금액변동통지의 처분성을 인정함에 따라 소득금액변동통지 자체를 항고소송의 대상으로 삼아 다툴 수 있게 된 경우에도, 후행처분인 징수처분 취소소송에서 징수처분 고유의 하자가 아닌 원천징수의무의 존부나 범위에 관하여 다툴 수 있는지

---

8) 대법원 1990. 4. 27. 선고 87누276 판결; 대법원 1999. 8. 20. 선고 97누20106 판결 등.

9) 이러한 전원합의체 판결에 대하여는 평석이 많은데, 위 전원합의체 판결에 찬성하는 견해로는, 강석훈, "소득처분과 소득금액변동통지에 관하여", 『조세법연구』, 12-2(2006. 11.), 86면 이하; 윤지형·강성모, "2006년 소득세법 판례회고", 『조세법연구』, 13-1(2007. 4.), 358면, 강석규, "소득금액변동통지의 행정처분성", 『판례연구』, 제18집(2007. 2.), 부산판례연구회, 806~807면 등이 있고, 반대하는 견해로는, 이의영, "소득처분에 따른 소득금액변동통지의 법적 성질", 『조세법연구』, 12-2(2006. 11.), 165면 이하 등이 있음.

여부가 실무상 종종 문제된다.

판례는, 원천징수의무자인 법인이 원천징수하는 소득세의 납세의무를 이행하지 아니함에 따라 과세관청이 하는 납세고지는 확정된 세액의 납부를 명하는 징수처분에 해당하므로 선행처분인 소득금액변동통지에 하자가 존재하더라도 당연무효 사유에 해당하지 않는 한 후행처분인 징수처분에 그대로 승계되지 아니하고, 따라서 원천징수하는 소득세의 납세의무에 관하여는 이를 확정하는 소득금액변동통지에 대한 항고소송에서 다투어야 하고, 소득금액변동통지가 당연무효가 아닌 한 징수처분에 대한 항고소송에서 이를 다툴 수 없다고 판시10)함으로써 종전과 달리 징수처분 취소소송에서 원천징수하는 소득세의 납세의무에 관하여는 다툴 수 없음을 명확히 하였다.11)

4. 이 판결의 의의

종전의 판례 하에서, 소득금액변동통지를 받은 원천징수의무자는 소득금액변동통지 자체를 항고소송의 대상으로 삼아 불복청구를 하는 것이 불가능하여 부득이하게 불성실가산세의 부담을 안고 원천세액을 징수·납부하지 않고 기다렸다가 과세관청이 징수처분을 하게 되면 그때 징수처분에 대한 취소소송을 제기하여 그 전제가 되는 원천징수의무의 성립 여부나 그 범위에 관하여 다투어 왔는데, 대상판결로 인해 소득금액변동통지가 항고소송의 대상이 되는 처분으로 인정되게 됨에 따라, 원천세액을 자진 납부한 원천징수의무자이거나 또는 납부하지 아니한 원천징수의무자이거나 간에 소득금액변동통지 자체를 항고소송의 대상으로 삼아 권리구제를 받을 수 있는 길을 열어 줌으로써 납세자의 권익보호에 보다 적극적인 자세를 취하였다는 점에서 큰 의의가 있다.

---

10) 대법원 2012. 1. 26. 선고 2009두14439 판결.
11) 이에 대하여는 판례변경으로 소득금액변동통지에 대하여 항고소송으로 다툴 수 있게 되었다고 하더라도, 소득금액변동통지가 부과과세방식의 조세에 있어 부과처분과 동일한 처분으로 보기는 어려우므로, 원천징수 소득세와 같이 자동확정방식의 조세에 있어서는 징수처분에 대한 항고소송에서 납세의무의 존부와 범위를 다툴 필요성이 있다는 주장도 있다.

참고문헌

강석규, "소득금액변동통지의 행정처분성", 『판례연구』, 제18집(2007. 2.), 부산판례연구회.

강석훈, "소득처분과 소득금액변동통지에 관하여", 『조세법연구』, 12 − 2(2006. 11.).

김재광, "소득금액변동통지와 경정청구", 『특별법연구』, 제8권(2006), 박영사.

소순무, 『조세소송』, 조세통람사, 2006.

안경봉, "소득금액변동통지의 처분성에 관한 고찰", 『세무사』, 제24권, 제1호(2006. 4.).

윤지현, 강성모, "2006년 소득세법 판례회고", 『조세법연구』, 13 − 1(2007. 4.).

이의영, "소득처분에 따른 소득금액변동통지의 법적 성질", 『조세법연구』, 12 − 2(2006. 11.).

정태학, "원천징수납부의무에 대하여 제2차 납세의무를 부담하는 과점주주", 『특별법연구』, 제8권(2006), 박영사.

중복 세무조사에 기초하여 이루어진 조세부과처분의 위법성 여부

사건의 표시 : 대법원 2006. 6. 2. 선고 2004두12070 판결

▪ 사실개요 ▪

원고 甲은 1994. 2.경부터 인천 남동구 ○○동 ×××외 8필지 위에 건물 7동을 소유하면서 'A개발'이라는 상호로 부동산 임대업을 해 온 사업자로서, 1995년 1기부터 1999년 1기까지의 매출세액과 매입세액을 자진신고하고 있었다. 하지만 사업장 소재지 관할세무서장인 인천 남동세무서장(피고)은 1998년 4월경 원고와 원고의 처, 아들 乙, 丙에 대한 주거관계, 1981년 2월부터 1997년 9월까지의 부동산 취득 및 양도현황, 소득자료 현황, 위 각 상가신축과 관련한 부가가치세 부당공제여부, 乙의 취득재산명세와 위 상가1동 등에 대한 증여세의 누락 여부, 원고의 위 각 상가에

대한 임대소득누락 여부 등에 관하여 광범위한 내사를 한 사실, 남동세무서장은 1998. 11. 6.부터 같은 달 24.까지 위 내사를 근거로 세무조사를 실시하여 이 사건 임대사업과 관련하여 1995년 1기부터 1998년 1기까지의 공사대금매입세액 부당공제, 임대수입누락 등을 밝혀내고 같은 해 12월 경 원고에 대해 종래 자진신고를 수정하는 부가가치세 경정처분을 하였다. 그런데 서울지방국세청장은 위와 같은 사실을 알지 못한 채, 원고가 신고누락한 부동산임대소득 등을 변칙적으로 사전 상속하는 방법으로 조세를 탈루한 혐의가 있다는 이유로 내사를 한 다음,[1] 1999. 10. 15.부터 같은 해 11. 30.까지

---

* 이동식(경북대학교 법학전문대학원 교수, 법학박사).

특별세무조사를 실시하였고, 그 조사결과 원고가 1995년 1기부터 1999년 1기까지의 과세기간 동안에 추가적인 임대수입을 누락한 사실과 임차인이 지불한 수도광열비를 매입세액에 포함시킨 사실을 밝혀내고, 이를 부가가치세 관할 세무서장인 남인천세무서장[2](피고)에게 과세자료로 통보하였고, 남인천세무서장은 이 과세자료를 토대로 1995년 1기부터 1999년 1기까지의 과세기간에 대한 부가가치세 과세표준을 경정한 다음 2000. 6. 2. 경정된 과세표준을 기초로 산출된 부가가치세액에서 원고가 이미 납부한 부가가치세액을 공제한 나머지 금액을 고지세액으로 한 부과처분(이하 "이 사건 부과처분"이라 함)을 하였다.

▪ 판결요지 ▪

이 사건에서 피고는, 서울지방국세청장의 세무조사는 남동세무서장이 실시한 세무조사와는 세무조사에 착수하게 된 동기 및 계기가 다르며, 세목과 기간도 달리 하는 것이어서 중복조사에 해당하지 아니한다고 주장하고, 설령 그렇지 않다고 하더라도 서울지방국세청장이 원고의 개인제세에 대한 내사를 통하여 탈세정보를 수집하여 원고의 조세탈루 혐의를 포착한 다음 세무조사에 착수하였던 것이므로

원고의 조세탈루 혐의를 인정할 만한 명백한 자료가 있는 경우에 해당하여 중복조사가 허용되는 경우에 해당한다고 주장한다.

이에 대해 1심법원은 서울지방국세청장이 내사를 통해 원고의 조세탈루혐의를 포착한 다음 이 사건 세무조사에 착수하였다면 이는 국세기본법(이하 '기본법'이라 한다)이 정한 중복조사의 요건에 해당하므로 이 사건 세무조사가 위법한 중복조사에 해당함을 전제로 하는 원고의 주장은 이유 없다고 판시하였다. 하지만 2심법원인 서울고등법원에서는 "이 사건 부가가치세 부과처분 중, 1995년 1기부터 1998년 1기까지에 해당하는 부분은, 이미 남동세무서장이 세무조사를 마치고 경정한 부분에 대하여 다시 중복하여 세무조사를 하고 부가가치세액을 재경정한 경우에 해당한다고 할 것이므로 이는 구 기본법(2002. 12. 18. 법률 제6782호로 개정되기 전의 것) 제81조의3의 규정에 위반하여 이루어진 것이라고 판시하였다. 인천 남동세무서장이 행한 세무조사와 서울지방국세청장이 행한 세무조사는 세무조사에 착수하게 된 동기 내지는 계기가 다르다는 피고 주장에 대하여 서울고등법원은 세무조사에 착수하게 된 동기 내지 계기가 서로 다르다고 하더라도, 그 세무조사의 세목과 기간이 중첩되는 범위 내에서는 중복조사에 해당한다고 할 것이고, 다른 한편 위 구 기본법 제81조의

---

1) 서울지방국세청이 내사를 한 이유는 원고의 주소지가 서울이었기 때문인 것으로 보인다.
2) 남동세무서가 1999. 9. 남인천세무서로 명칭이 변경되었다.

3 소정의 "조세탈루의 혐의를 인정할 만한 명백한 자료가 있는 경우"라고 함은 중복된 세무조사를 정당화시킬 정도로 조세탈루에 관한 명백한 자료가 중복된 세무조사의 실시 전에 이미 존재하고 있는 경우를 가르킨다고 할 것인데, 피고의 주장에 의하더라도, 서울지방국세청장이 내사를 통하여 탈세정보를 수집하고 조세탈루의 혐의를 포착한 것은 종합소득세나 증여세 또는 상속세 등의 개인제세와 재산제세에 관한 것일 뿐이고, 부가가치세에 관하여는 서울지방국세청장이 세무조사를 통하여 비로소 탈루를 확인하게 된 것에 지나지 아니하므로, 적어도 남동세무서장이 세무조사를 통하여 경정한 부가가치세 부분에 관한 서울지방국세청장의 세무조사를 가리켜 위 구 국세기본법 제81조의3 소정의 "조세탈루의 혐의를 인정할 만한 명백한 자료가 있는 경우"에 해당한다고는 할 수 없다고 하여 피고의 주장을 이유 없다고 판시하었다. 따라서 서울고등법원은 이 사건 부과처분 중 중복조사 및 재경정에 해당하는 1995년 1기부터 1998년 1기까지의 부과처분은 원고의 나머지 주장에 관하여 더 나아가 살펴볼 필요 없이 위법하다[3]라고 하여 이 사건 세무조사가 위법한 중복세무조사임을 인정하고 그에 기초한 이 사건 부가가치세 부과처분은 위법하여 취소되어야 한

다고 판시하였다.

대법원은 이러한 2심법원의 판단이 정당하다고 판시하였다[4].

▶ 해 설 ◀

1. 쟁점

이 사건의 핵심쟁점은 1995년 1기부터 1998년 1기까지의 과세기간에 대한 부가가치세 부과처분이 기본법 제81조의4 제2항에서 금지하고 있는 중복세무조사에 해당하는지 여부 및 중복세무조사에 해당하는 경우 그에 기초한 이 사건 부과처분의 효력은 어떤 영향을 받게 되는지 여부이다[5].

2. 세무조사

(1) 의의

현재 대부분의 국세가 신고주의조세로 되어 있어서 과세에 필요한 정보들을 납세자들이 과세표준신고를 통해 자발적으로 과세관청에 제출하고 있다. 하지만 신고주의조세 중심의 조세행정운영에 있어서 세무조사는 이러한 납세자들의 신고가 적정한 것인지를 점검하기

3) 서울고등법원 2004. 9. 24. 선고 2003누10826 판결.
4) 대법원 2006. 6. 2. 선고 2004두12070 판결.
5) 1998년 2기와 1999년 1기분 부가가치세부과처분의 적법성도 다투어졌으나 이는 중복세무조사와는 관계가 없는 부분이다.

위하여 여전히 중요한 의미를 가지게 된다. 세무조사를 통해 과세사실이 확정되어야만 정확한 세금부과가 가능하기 때문이다. 우리 세법은 "질문검사권"이라는 이름으로 이러한 세무조사를 과세관청이 합법적으로 할 수 있도록 하는 근거규정을 두고 있다.[6]

(2) 법적 통제

통상적으로 세무조사는 강제조사가 아니라 임의조사라고 한다. 조사를 담당하는 공무원이 납세자가 거부하는데도 실력으로 납세자를 배제하고 사업장에 들어가서 조사를 강행할 수 없다는 의미이다. 하지만 정당한 이유 없이 적법한 세무조사를 거부하는 경우 조세범처벌법에 따라 처벌받기 때문에 완전한 의미의 임의조사라고 하기는 어렵다.

세무조사를 완전한 임의조사라고 규정한다면 원칙적으로 이에 대한 법적 규율필요성은 크지 않다고 할 것이다. 하지만 완전한 의미의 임의적 세무조사만으로는 조사목적을 제대로 달성할 수 없게 되고, 따라서 우리 세법도 적법한 세무조사에 협조하지 않는 납세자에 대해서는 과태료처분을 하고 있으므로 실제적으로 상당한 강제성이 인정되고 있다.[7] 그렇기 때문에 이에 대한 적절한 법적 규율필요성이 강하다고 할 수 있다.

현재 세무조사에 대해서는 소득세법 등 개별세법에서 근거규정을 두고 있고, 그러한 규정에 근거하여 세무조사가 진행되는 과정 중에 발생할 수 있는 납세자의 권익보호를 위한 다양한 규정들은 기본법 제7장의2에서 두고 있다. 여기서는 세무조사에 관한 일반규정으로 세무조사시 납세자에게 납세자권리헌장을 교부할 것을 규정하고(기본법 81조의2), 세무조사권을 남용하지 말 것을 규정하며(기본법 81조의4), 납세자는 세무조사에 있어서 전문가의 조력을 받을 권리가 있다는 것을 규정하고 있다(기본법 81조의5). 그 다음으로 세무조사의 대상자를 어떻게 선정하는지(기본법 81조의6), 대상자가 정해지는 경우 세무조사기간은 어떻게 되는지(기본법 81조의8), 세무조사가 종료하는 경우 세무공무원은 납세자에게 조사결과를 통지하고(기본법 81조의12) 조사중 취득한 사실에 대해 비밀유지를 할 것을 규정하고 있다(기본법 81조의13).

3. 위법한 세무조사에 기초한 과세처분의 효력

세무조사가 법률의 규정에 따라 적법하게 이루어지는 경우 납세자에게 협조·수인의무가 발생한다. 이러한 협조·수인의무를 이행하지

---

6) 소득세법 제170조; 법인세법 제122조; 부가가치세법 제74조 등.
7) 행정법영역에서 세무조사와 같은 행정조사는 원칙적으로 사실행위라고 하지만, 조사대상자인 국민에게 수인의무를 수반하는 경우에는 사실행위와 법적 행위의 혼합행위라고 이해한다. 홍정선, 『행정법원론(상)』, (박영사), 2008, 602면.

않는 납세자에 대해서는 조세범처벌법(이하 '처벌법'이라 한다)에 따라 2,000만원 이하의 과태료가 부과될 수 있다. 세무조사가 위법하게 행해지는 경우에는 당연히 이러한 협조·수인의무가 발생하지 않는다. 그런데 위법한 세무조사결과에 기초하여 구체적인 조세부과처분이 행해진 경우에 세무조사의 위법성이 처분의 효력에 영향을 끼칠 수 있는지 여부가 문제된다.

이 문제에 대해 종래 국내에서는 대체로 위법한 세무조사에 기초하여 부과처분이 행해졌더라도 과세를 해야 하는 실질이 존재하는 한, 처분의 효력에는 영향이 없다고 보는 입장이 지배적이었다.[8] 하지만 이와 다르게 헌법상의 "적정절차원리"를 강조하여 이런 경우에는 처분의 취소사유로 보아야 한다는 견해도 있고,[9] 이런 경우에 과세처분이 위법하게 되기는 하지만 무효·취소 등의 구체적인 처분의 효력은 절차위배의 내용·정도·대상 등에 따라 달라지는 것으로 이해하는 견해도 있다.[10]

4. 중복세무조사에 기초한 조세부과 처분의 법적 효력

기본법 제81조의4는 중복세무조사를 원칙적으로 금지하는 규정을 두면서 예외적으로 중복적인 세무조사가 허용될 수 있는 경우를 규정하고 있다.

---

8) 최명근, 『세법학총론』(세경사), 2002, 412면.
9) 이태로·안경봉, 『조세법강의』(박영사), 2001, 128면.
10) 임승순, 『조세법』(박영사), 2008, 84면.

기본법 제81조의4(세무조사권 남용 금지)

① 세무공무원은 적정하고 공평한 과세를 실현하기 위하여 필요한 최소한의 범위에서 세무조사를 하여야 하며, 다른 목적 등을 위하여 조사권을 남용해서는 아니 된다.

② 세무공무원은 다음 각 호의 어느 하나에 해당하는 경우가 아니면 같은 세목 및 같은 과세기간에 대하여 재조사를 할 수 없다.

　1. 조세탈루의 혐의를 인정할 만한 명백한 자료가 있는 경우

　2. 거래상대방에 대한 조사가 필요한 경우

　3. 2개 이상의 과세기간과 관련하여 잘못이 있는 경우

　4. 제65조 제1항 제3호(제66조 제6항과 제81조에서 준용하는 경우를 포함한다)에 따른 필요한 처분의 결정에 따라 조사를 하는 경우

　5. 그 밖에 제1호부터 제4호까지와 유사한 경우로서 대통령령으로 정하는 경우

따라서 중복적 세무조사라고 하더라도 "허용되는 중복적 세무조사"와 "허용되지 않는 중복적 세무조사"가 있게 된다. 이 사례의 경우에는 구 국세기본법 제81조의3(현재 기본법 81조의4)에서 규정한 "조세탈루의 혐의를 인정할 만한 명백한 자료가 있는 경우"에 해당하는지 여부가 문제되었다. 과세관청은 부

과제척기간 이내이기만 하면 몇 번이라도 경정처분을 할 수 있는 것이 원칙이다. 그런데 만일 그러한 경정처분이 세무조사에 근거하여 행해지고, 그 세무조사가 중복세무조사금지규정과 같은 관련 법률규정에 위반하여 수행된 경우, 이에 기초한 조세부과처분의 효력은 어떻게 되는지가 문제된다.

5. 판결의 분석

(1) 판례의 태도

1심법원과 2심법원은 서로 다른 입장을 피력하였다. 1심법원은 이 사건에서 문제가 된 부가가치세부과처분의 전제가 되었던 세무조사는 합법적인 중복세무조사의 요건을 갖추었다고 판단했고, 2심법원은 갖추지 못하였다고 판단하였다.

대법원은 2심법원과 같은 입장을 취하였다. 핵심 쟁점은 2가지였다. 첫째, 인천 남동세무서장이 부가가치세의 탈루를 조사하기 위하여 행한 세무조사와 서울지방국세청장이 소득세, 증여세의 탈루를 조사하기 위하여 행한 세무조사가 기본적으로 중복세무조사의 문제

가 될 수 있는지 여부이다.[11] 이 쟁점에 대해서는 두 개의 세무조사가 서로 다른 세목을 대상으로 한 세무조사이므로 중복세무조사문제가 근본적으로 발생하지 않는다고 주장할 수 있다. 피고가 이 입장을 피력한 것으로 보인다. 이에 대해 서울고등법원은 서로 다른 세무관서가 두 개의 세무조사에 착수하게 된 동기 내지 계기라는 측면에서 보면 서로 다른 세무조사라고 할 수 있지만, 서울지방국세청장이 행한 세무조사의 결과로 결국 인천남동세무서장이 부가가치세 경정처분을 하게 된 것이므로 결과적으로 세목이 동일한 것이었다고 해야 하고 따라서 중복세무조사에 해당한다고 판단하였다[12]. 둘째, 중복세무조사에 해당한다고 하더라도 기본법 제81조의4가 규정하고 있는 중복세무조사의 요건을 갖춘 경우에 그 세무조사는 합법적인 중복세무조사가 되므로 이 사건의 세무조사가 합법적인 중복세무조사의 요건을 갖추었는지 여부이다. 이 사건에서는 중복세무조사의 허용요건 중에서도 구 기본법 제81조의3 제2항 제1호(현재 기본법 81조의4 제항 1호)에서 규정하고 있던 "조세탈루의 혐의를 인정할 만한 명백한 자료가

---

11) 흥미로운 점은 만일 이 경우에 서울지방국세청으로부터 원고의 부가가치세 탈세정보를 넘겨받아 "외형적으로" 다시 남인천세무서장이 세무조사절차를 거치고 그 세무조사에 기초하여 경정처분을 하였다면 이 경우에는 중복세무조사의 문제가 최초 인천 남동세무서장이 행한 세무조사와 남인천세무서장이 행한 후속 세무조사간의 문제가 되었을 것이다. 그렇다면 중복세무조사의 합법성문제는 다른 결론이 나올 수도 있었을 것이다.
12) 관련 사건에서 대법원은 인천 남동세무서장이 최초로 행한 부가가치세부과를 위한 세무조사와 서울지방국세청장이 행한 소득세부과를 위한 세무조사는 주소지관할 세무서장의 소득세부과처분과 관련하여서는 중복세무조사가 아니라고 판시하였다. 대법원 2006. 5. 25. 선고 2004두11718 판결.

있는 경우"의 해당 여부가 문제되었다. 이 쟁점에 대해 피고는 서울지방국세청장이 원고의 개인제세에 대한 내사를 통하여 탈세정보를 수집하여 원고의 조세탈루 혐의를 포착한 다음 세무조사에 착수하였던 것이므로 원고의 조세탈루 혐의를 인정할 만한 명백한 자료가 있는 경우에 해당하여 중복조사가 허용되는 경우에 해당한다고 주장하였다. 하지만 서울고등법원과 대법원은 구 기본법 제81조의3 소정의 "조세탈루의 혐의를 인정할 만한 명백한 자료가 있는 경우"라고 함은 중복된 세무조사를 정당화시킬 정도로 조세탈루에 관한 명백한 자료가 중복된 세무조사의 실시 이전에 이미 존재하고 있는 경우를 의미한다고 전제하고, 이 사건에서는 서울지방국세청장이 내사를 통하여 탈세정보를 수집하고 조세탈루의 혐의를 포착한 것은 종합소득세나 증여세 또는 상속세 등의 개인세제와 재산세제에 관한 것일 뿐이고, 부가가치세에 관하여는 서울지방국세청장이 세무조사를 통하여 비로소 탈루를 확인하게 된 것이므로 이는 구 기본법 제81조의3 소정의 "조세탈루의 혐의를 인정할 만한 명백한 자료가 있는 경우"에 해당한다고는 할 수 없다고 판시하였다.

(2) 판례의 분석

실제 세무조사는 국민들에게 상당히 부담스러운 행정작용이다. 세무조사를 해야만 하는 공익적 요청과 그로 인해 침해되는 사적

인 이익이 적절하게 비례관계를 유지해야 한다. 기본법에서 규정하고 있는 다양한 세무조사에 관한 규정들이 바로 이러한 비례관계를 확보하기 위하여 입법된 규정이므로 세무조사 과정에서는 최소한 이 규정들은 잘 준수되어야 한다.

이 사건의 경우에는 중복세무조사를 원칙적으로 금지하고 있는 기본법 제81조의4가 문제가 되었다. 특히, 서울지방국세청장이 내사를 통해 소득세, 상속세, 증여세의 탈루혐의를 명백하게 인정할 수 있어서 세무조사에 착수하였고 그 세무조사 과정 중에 부가가치세의 탈루도 함께 발견한 경우 이것이 중복세무조사를 예외적으로 허용하도록 하고 있는 요건인 "조세탈루의 혐의를 인정할 만한 명백한 자료가 있는 경우"에 해당하는지 여부가 논란이 되고 있다. 서울고등법원과 대법원은 한편으로는 부가가치세의 탈루혐의를 포착하여 세무조사에 착수한 인천 남동세무서장의 세무조사와 소득세, 상속세, 증여세의 탈루혐의를 포착하여 세무조사에 착수하여 그 조사과정 중에 부가가치세의 탈루혐의도 발견한 서울지방국세청장의 세무조사를 그 실질적인 내용측면을 고려하여 중복세무조사에 해당한다고 판단하면서도 다른 한편으로는 중복세무조사가 합법적인 세무조사가 되기 위한 요건으로 규정된 "조세탈루의 혐의를 인정할 만한 명백한 자료가 있는 경우"에 대해서는 각 세무조사에 착수하기 전에 반드시 "해당 조세"의 탈루혐

의를 인정할 만한 명백한 자료가 있는 경우여야 한다고 하면서 이 사건의 경우에 중복적 세무조사를 행한 서울 지방국세청장이 세무조사에 착수하기 전에 확보한 세금탈루혐의에는 "부가가치세" 항목은 없었기 때문에 이 중복세무조사는 합법적인 중복세무조사가 될 수 없다고 판단하였다.

이러한 법원의 판단이 옳다고 한다면 이 사건처럼 부가가치세 관할세무서장이 부가가치세 세무조사를 하고, 그 후 개인제세 관할세무서장이 소득세 등 개인제세에 대한 세무조사를 하던 중 추가적인 부가가치세 탈루사실이 발견된 경우에는 중복세무조사에는 해당하면서, 모두 불법적인 중복세무조사가 될 수밖에 없게 된다. 부가가치세의 각종 과세자료가 바로 소득세의 과세자료가 되도록 되어 있는 우리의 조세 시스템을 생각할 때,[13] 실제적으로 부가가치세와 소득세는 엄격하게 분리되어 운영되는 세목이 아니라 매우 밀접한 상호관계에 있는 것이다. 그렇기 때문에 이 중 한 세목에 대해 조사를 하다보면 많은 경우 다른 세목의 탈루혐의도 자동적으로 확인될 수 있는데 이런 경우에 과연 공평과세를 구현해야 하는 행정청에게 우리는 무엇을 요구해야 할지를 한 번 고민해 볼 필요가 있다.

6. 이 판결의 의의

이 판결은 중복세무조사라는 세무조사의 흠을 들어 그에 기초한 처분 자체를 취소한 최초의 판결이다. 이 판결은 한편으로는 세무조사에 대한 각종 기본법상 규정의 실효성을 확인해 준 판결이라는 점에서 그 의의가 상당히 크다고 할 수 있다.[14] 많은 납세자들이 세금의 액수 자체보다는 세무조사 자체에 상당히 부담을 가지고 있고, 그러한 세무조사가 실제로 과거에는 다른 목적에 의해 남용된 사례도 없었다고는 할 수 없는 상황이라서 이러한 세무조사에 대한 국민들의 신뢰확보는 선진 조세행정을 위한 매우 중요한 기초가 되어 진다고 할 수 있다. 하지만 다른 한편으로는 실제로 세금계산서의 조사 등을 통해 부가가치세의 부과징수와 소득세의 부과징수가 밀접한 상호관계에 있는 것을 고려할 때 과연 그 결론이 타당한지에 대해서는 재고해 볼 여지도 있었다고 할 수 있다. 다행히 이 판결 이후 기본법 제81조의11이 신설되어 통합세무조사를 실시하도록 되어 현재는 이 판결과 같은 사례가 발생할 가능성이 상당부분 사라졌다고 할 수 있다.

---

13) 부가가치세의 매출부분은 소득세의 총수입과 밀접한 연관이 있으며, 부가가치세의 매입부분은 소득세의 필요경비부분과 밀접한 연관이 있다.

14) 이 판결에 대한 다른 평석으로는 강석훈, "이 사건 세무조사가 같은 세목 및 같은 과세기간에 대한 중복세무조사에 해당하는지 여부(2006. 6. 2. 선고 2004두12070 판결 : 공보불게재)", 『대법원판례해설』, 제61호(2006. 12.), 431면 이하.

참고문헌

강석훈, "이 사건 세무조사가 같은 세목 및 같은 과세기간에 대한 중복세무조사에 해당하는지 여부(2006. 6. 2. 선고 2004두12070 판결 : 공보불게재)", 『대법원판례해설』, 제61호(2006. 12.).

박균성, 『행정법론(상)』, 박영사, 2008.

이태로, 안경봉, 『조세법강의』, 박영사, 2001.

임승순, 『조세법』, 박영사, 2008.

최명근, 『세법학총론』, 세경사, 2002.

홍정선, 『행정법원론(상)』, 박영사, 2008.

제2차 납세의무의 성립, 확정시기와 부과제척기간의 기산점

사건의 표시 : 대법원 2008. 10. 23. 선고 2006두11750 판결

▪ 사실개요1) ▪

소외 회사는 1996. 10. 2. 원고 교회에게 서울 도봉구 방학동 706-2 대 128.4㎡, 같은 동 706-4 대 2,359.7㎡, 같은 동 706-5 대 1,400.4㎡, 같은 동 706-8 대 306.1㎡ 및 위 지상 건물 759.52㎡(이하 합하여 '이 사건 부동산'이라고 함)를 3,800,000,000원에 양도하였고, 그 이전인 1996. 8. 31. 폐업하였다. 피고 도봉세무서장(이하 "피고"라고만 함)은 소외 회사가 폐업상태에 있자 1996년 귀속 법인세의 신고납부기한이 도래하기 이전인 1997. 1. 16. 소외 회사에 대하여 1996년 귀속 법인세

709,776,806원 및 특별부가세 513,760,000원을 수시부과하였다.

그런데 피고는 2000. 12.경 수사기관으로부터 원고 교회의 조세포탈 혐의사실을 통보받자 원고 교회 담임목사이던 소외인을 고발하고, 2001. 3. 2. 소외 회사가 특수관계자인 원고 교회에게 시가(피고는 개별공시지가 등 합계 4,785,575,130원을 시가로 보았다)에 미달한 금액으로 이 사건 부동산을 양도하였다는 이유로 위 양도가액과 시가의 차액인 985,575,130원 상당을 부당행위계산 부인하여

---

* 한만수(김·장 법률사무소 변호사, 법학박사).

1) 서울행정법원 2005. 9. 20. 선고 2004구합34254 판결(제2차 납세의무자지정처분취소)에서 서술하고 있는 사실관계이다.

소외 회사에게 1996년 귀속 법인세 및 특별부가세 합계 775,780,300원을 추가로 부과하는 한편, 소외 회사가 1996. 9. 30. 폐업한 후 잔여재산이 전무함에 따라 2001. 3. 15. 과점주주인 원고 교회를 제2차 납세의무자로 지정하여 원고에게 위 법인세를 부과·고지하였다(이하 "1차 부과처분"이라고 한다).

이에 원고 교회는 피고를 상대로 1차 부과처분의 취소를 구하는 소를 서울행정법원에 제기하여 2002. 8. 23. 패소판결을 받고 항소하였으나, 피고가 항소심 계속 중이던 2003. 12. 1. 납세고지서 송달상의 하자를 이유로 소외 회사 및 원고 교회에 대한 위 각 부과처분을 취소하자, 원고 교회는 같은 달 8. 위 소를 취하하였다.

그 후 피고는 소외 회사에 원고 교회에 대한 위 각 부과처분을 취소한 다음날인 2003. 12. 2. 소외 회사에 대하여 법인세 및 특별부가세 합계 1,214,606,320원(이하 "이 사건 체납세액"이라고 함)을 부과하는 한편, 같은 날 1차 부과처분과 동일한 사유로 원고 교회를 소외 회사의 1996년 귀속 법인세의 제2차 납세의무자로 지정하여 소외 회사의 위 체납세액을 부과·고지하는 부과처분(이하 "이 사건 부과처분"이라고 함)을 하였다.

---

2) 서울고법 2006. 6. 16. 선고 2005누24591 판결.

▪ 쟁점 ▪

소외 회사의 법인세 및 특별부가세 납부의무의 제2차 납세의무자로서 이 사건 부과처분을 당한 원고 교회에 대하여 구 국세기본법(이하 '기본법'이라 한다) 제26조의2에서 규정한 '부과할 수 있는 날로부터 5년간'이라는 부과제척기간이 경과하였는지 여부가 문제되었다. 즉, 원고는 주된 납세의무자인 소외 회사의 법인세 및 특별부가세 납부의무에 대한 부과제척기간이 개시되는 시점에 제2차 납세의무자인 원고 교회의 제2차 납세의무에 대한 부과제척기간도 개시되므로 이 사건 부과처분 시에 이미 5년의 부과제척기간이 경과하였다고 주장하였다. 이러한 주장에 따른 쟁점은 구체적으로 (i) 제2차 납세의무자에 대해서도 구 기본법 제26조의2에 규정된 부과제척기간이 적용되는지 여부 및 (ii) 적용된다면 제2차 납세의무자에 대해 '부과할 수 있는 날'은 언제로 볼 것인지의 2가지 문제로 나누어진다.

▪ 판결요지 ▪

이러한 쟁점에 대하여 원심판결2)은 "제2차 납세의무의 납부고지는 단지 그 의무의 발생을 알리는 징수를 위한 처분에 지나지 아니한다고 할 것이므로 이에 대하여는 제척기간의 적용이 없다고 할 것이고, 설령 제2차 납세의무에 대하여 부과제척기간의 적용이 있다 하더라도 이러한 제2차 납세의무는 주된 납세의무의 체납 등 그 요건에 해당하는 사실의 발생에 의하여 추상적으로 성립하고 납부통지서에 의하여 고지됨으로써 구체적으로 확정된다고 할 것이므로(대법원 1995. 9. 15. 선고 95누6632 판결), 납세의무가 구체적으로 확정되기 전부터 주된 납세의무자와 같은 시기에 제2차 납세의무의 부과 제척기간이 개시된다고 볼 수는 없다"라는 이유로 원고 교회의 주장을 배척하였다.

이러한 원심판결에 대하여 원고 교회가 상고하자 대법원은 제2차 납세의무의 납부고지를 징수처분에 지나지 않으므로 부과제척기간의 적용이 없다고 한 원심판결의 이유는 타당치 않다고 판시하는 한편, 제2차 납세의무자에 대한 부과제척기간의 기산점에 관하여 "제2차 납세의무자에 대한 납부고지는 주된 납세의무자에 대한 부과처분과는 독립된 부과처분의 성격을 가지는 점, 제2차 납세의무가 성립하기 위해서는 주된 납세의무자의 체납 등 그 요건에 해당하는 사실이 발생하여야 하므로 그 성립시기는 적어도 '주된 납세의무의 납부기한'이 경과한 후라고 보아야 하는 점, 구 기본법(2006. 4. 28. 법률 제7930호로 개정되기 전의 것) 제26조의2 제4항의 위임에 따른 구 국세기본법 시행령(2007. 2. 28. 대통령령 제19893호로 개정되기 전의 것, 이하 '기본령'이라 한

다) 제12조의3은 제2차 납세의무에 대해서는 그 기산일인 '부과할 수 있는 날'에 관하여 아무런 규정을 두고 있지 아니하나, 일반적으로 국세를 부과할 수 있는 날이라고 함은 당해 국세의 과세표준과 세액에 대한 신고기한이 규정되어 있는 경우를 제외하고는 원칙적으로 그 납세의무의 성립시기인 점 등을 종합하여 볼 때, 제2차 납세의무에 대해서도 주된 납세의무와는 별도로 그 부과의 제척기간이 진행하고, 그 부과제척기간은 특별한 사정이 없는 한 이를 부과할 수 있는 날인 제2차 납세의무가 성립한 날로부터 5년간으로 봄이 상당하다"라는 취지로 판시하고, 이 사건 부과처분이 그 5년의 기간이 경과한 후에 행하여져 무효라는 원고 교회의 주장을 기각한 원심판결을 유지하였다.

▶ 해 설 ◀

본 평석 대상판결(이하 "대상판결"이라고 함)은 다음의 2가지 점에서 의의가 있다고 할 것이다.

첫째, 제2차 납세의무의 납부고지가 이미 성립, 확정된 납세의무에 기한 징수처분이 아니라 법령의 요건의 충족에 의하여 성립한 제2차 납세의무를 확정하는 절차임을 확인한 점이다. 여하한 납세의무도 법령의 요건을 충족함으로써 '성립'하는 절차와 그 성립된 납세의

무의 크기와 납부기한을 납세의무자가 스스로 정하거나(신고납세방식의 경우) 과세관청으로부터 통지 받는(부과과세방식의 경우) '확정'의 절차를 거쳐야 이행이 가능하게 된다. 원천징수하는 소득세나 법인세 등과 같이 납세의무가 성립과 동시에 확정되는 경우도 있으나(국세기본법 제22조 제2항), 이러한 경우에도 성립과 확정의 2가지 절차가 동시에 행하여지는 것일 뿐 개념적으로 2가지 절차가 존재함은 물론이다. 제2차 납세의무도 예외일 수 없다. 기본법 제38조 내지 제41조에 규정된 제2차 납세의무는 주된 납세의무자의 체납 등 해당 조항에 정한 요건사실의 발생으로 추상적으로 성립하고, 그 성립한 납세의무의 구체적 내용과 납부기한을 제2차 납세의무자에게 통지함으로써 확정된다.[3] 그 납부통지가 국세징수법(이하 '징수법'이라 한다)에 규정되어 있다고 하여(징수법 제12조), 확정절차로서의 성격이 달라지지 않는다고 할 것이다.[4] 국세의 납세의무를 확정하는 처분, 즉 국세부과권의 행사는 기본법상의 제척기간의 대상이 되므로, 제2차 납세의무의 확정절차로서의 성격을 갖는 제2차 납세의무의 납부통지도 당연히 부과제척기간의 적용 대상이 되는 것이다. 이러한 취지의 대상판결은 타당하다 할 것이다.

둘째, 대상판결은 제2차 납세의무의 부과제척기간의 기산일인 '제2차 납세의무를 부과

할 수 있는 날'을 제2차 납세의무의 성립일의 익일이고, 그 성립일은 주된 납세의무의 납부기한의 경과시점으로 판시한 것도 중요한 의미를 갖는다. 위에서 보았듯이 모든 납세의무는 '성립'이라는 단계를 거쳐야 '확정'이 가능하게 되므로, 납세의무의 확정행위로서의 과세관청의 부과처분은 아무리 일러도 납세의무의 성립일보다 앞서 행하여질 수는 없다. 따라서 제2차 납세의무의 확정행위로서의 납부통지, 즉 제2차 납세의무자에 대한 부과권의 행사도 아무리 일러도 제2차 납세의무의 성립일 이후에 이루어질 수밖에 없다. 그렇다면 문제는 제2차 납세의무의 성립일이 언제인지로 귀착된다. 기본법 제38조 내지 제41조에 규정된 모든 유형의 제2차 납세의무는 '주된 납세의무의 체납' 및 그 체납에 근거한 '체납처분에서의 징수부족액의 발생'을 공통의 요건으로 한다. 논리적으로 이 2가지 요건 중 후자, 즉 주된 납세의무지에 대한 체납처분에서의 징수부족액의 발생은 전자의 요건, 즉 주된 납세의무의 체납의 발생 이후일 수밖에 없다. 따라서 제2차 납세의무의 성립일은 아무리 일러도 주된 납세의무의 체납일, 즉 주된 납세의무의 납부기한의 경과일이다.

이처럼 제2차 납세의무의 성립일이 아무리 일러도 주된 납세의무의 체납일, 즉 주된 납세의무의 납부기한의 경과일 이후일 수밖에

---

3) 이태로·한만수, 『조세법강의』(박영사), 2013, 99면.
4) 상게서, 1119면.

없다면, 제2차 납세의무자에 대하여 '국세를 부과할 수 있는 날', 즉 납부통지를 할 수 있는 날도 아무리 일러도 주된 납세의무의 납부기한의 경과일일 수밖에 없다. 이는 곧 제2차 납세의무에 근거한 국세의 부과제척기간의 기산점을 제2차 납세의무자에게 최대한 유리하게 잡더라도 주된 납세의무의 체납시점, 즉 그 납부기한의 경과일일 수밖에 없음을 의미한다. 따라서 주된 납세의무의 납부기한의 익일로부터 5년의 기간이 경과하지 않았다면 제2차 납세의무자에 대한 부과제척기간은 당연히 경과하지 않은 것이 된다. 이러한 취지의 대상판결은 타당하다 할 것이다.

위와 같은 대상판결의 취지는 대법원 2012. 5. 9. 선고 2010두13234 판결에 의하여 재확인되었다.

참고문헌

이태로·한만수, 『조세법강의』, 박영사, 2013.

폐지된 세법규정이 해석을 통해
효력을 유지할 수 있는가?*

사건의 표시 : 대법원 2008. 12. 11. 선고 2006두17550 판결1)

▪ 사실개요 ▪

A 주식회사는 1990. 10. 1. 구 조세감면규제법 제56조의2²)에 근거하여 자산재평가를 실시하고 한국증권거래소에 주식 상장을 준비하였다. 그러나 A사는 2003. 12. 31.까지 상장이 어렵게 되자 2003. 12. 30. 스스로 위 자산재평가를 취소하였다. B 세무서장은 2004. 4. 16. A사가 구 조세감면규제법 부칙 제23조 제2항³)에 따라 1990 사업연도 이후 각 사업연도소득에 대한 법인세를 재계산하여 재평가를

---

* 본 판례평석은 필자의 게재논문인 서보국, "허용되지 않는 형평과세판결과 헌법상 요구되는 형평면제판결 −2006두17550 판결과 2010누26003 판결에 대한 평석을 중심으로−", 『조세법연구』. 19−2(2013. 8.), 101면 이하의 내용 중 해당 판례와 관련되는 부분을 요약·편집한 것임.
** 서보국(충남대학교 법학전문대학원 교수, 법학박사).

1) 다만 본 대상판결보다 대법원에서 가장 먼저 선고된 사건은 대법원 2008. 11. 27. 선고 2006두19419 판결(재능유통 사건)이었으나 이 사건의 당사자는 헌법소원을 제기하지 않았다.
2) 구 조세감면규제법(1987. 11. 28. 법률 제3939호로 개정되어 1990. 12. 31. 법률 제4285호로 개정되기 전의 것)
   제56조의2 (기업공개시의 재평가특례) ① 증권거래법 제88조 제1항의 규정에 의하여 한국증권거래소에 처음으로 주식을 상장하고자 하는 법인은 자산재평가법 제4조 및 제38조의 규정에 불구하고 매월 1일을 재평가일로 하여 자산재평가법에 의한 재평가를 할 수 있다. 다만, 재평가를 한 법인이 재평가일로부터 2년 이내에 한국증권거래소에 주식을 상장하지 아니하는 경우에는 이미 행한 재평가는 자산재평가법에 의한 재평가로 보지 아니한다.
3) 구 조세감면규제법(1990. 12. 31. 법률 제4285호) 부칙
   제23조 (기업공개시의 재평가특례에 관한 경과조치등)

취소한 날이 속하는 2004 사업연도 법인세 과세표준과 함께 신고·납부하지 않았다는 이유로 1990~1999 사업연도에 걸쳐 과다계상된 감가상각비는 손금불산입, 과소계상된 감가상각비는 손금산입, 과소계상된 자산양도차익은 익금산입하여 A사에게 법인세(방위세 및 농어촌특별부가세 포함)를 부과하였다. 또한 B 세무서장은 종전의 자산재평가가 재산재평가법에 의한 자산재평가에 해당하지 않게 되었다는 이유로 A사가 기존에 신고·납부한 자산재평가세에 대하여는 환급결정을 함과 동시에 1999. 4. 1.자 제5차 자산재평가에 대하여 자산재평가법 제13조 제1항 제2호에 따라 재평가세율을 100분의3을 적용하여 산정한 1999년 귀속 자산재평가세를 부과하였다. 이들 부과처분은 법인세(방위세 및 농어촌특별부가세 포함) 및 자산평가세의 본세뿐만 아니라 가산세까지 포함된 것이었다.

이 경우 과세관청은 2004. 4. 16. 재평가취소에 따른 법인세 등 과세를 하였고, 이 때 구 조세감면규제법(1990. 12. 31. 법률 제4285호) 부칙 제23조 제2항이 과세근거가 되었다. 그러나 조세감면규제법(1993. 12. 31. 법률 제

4666호)의 경우 이미 전문개정 되면서 경과규정을 두지 않아서 구 법상의 부칙 제23조는 사라지게 되었고 과세처분을 발령하는 시점에 법률상의 근거조항은 존재하지 않았다. 한편 조세감면규제법 시행령 내지 조세특례제한법 시행령(이하 '조특령'이라 한다) 모법의 부칙조항이 없음에도 불구하고 계속 개정되어 적용되고 있었다. 구 조세감면규제법 부칙 제23조를 모법으로 하여 부칙 제23조 제1항 소정의 '대통령령이 정하는 기간'(상장기한)을 5년, 8년, 10년, 11년, 13년으로 연장하다가 최종적으로 2003. 12. 31.까지 연장하였다.

따라서 A사는 2004. 7. 9. 위 부과처분에 불복하여 국세심판원에 심판청구를 제기하였다. 국세심판원은 2005. 5. 10. 위 부과처분중 가산세(과세신고가산세 및 미납부가산세) 부분은 부과하지 않는 것으로 세액을 경정하라는 결정을 하였다. 이에 따라 B세무서장은 2005. 5. 25. 위 부과처분 중 가산세 부분에 대한 부과처분을 취소하였다.

A사는 서울행정법원에 이 사건 부과처분(가산세를 제외한 본세에 대한 것을 말함)의 취소를 구하는 행정소송을 제기하였으나 2005.

---

① 이 법 시행 전에 종전의 제56조의2 제1항 본문의 규정에 의하여 재평가를 한 법인에 대하여는 종전의 동조동항 단서의 규정에 불구하고 재평가일부터 대통령령이 정하는 기간이내에 한국증권거래소에 주식을 상장하지 아니하는 경우에 한하여 이미 행한 재평가를 자산재평가법에 의한 재평가로 보지 아니한다.
② 제1항의 규정에 의한 재평가를 한 법인이 당해 자산재평가적립금의 일부 또는 전부를 자본에 전입하지 아니한 경우에는 재평가일부터 제1항의 규정에 의한 기간이내에 그 재평가를 취소할 수 있으며, 이 경우 당해 법인은 각 사업연도소득에 대한 법인세(가산세와 당해 법인세에 부가하여 과세되는 방위세를 포함한다)를 재계산하여 재평가를 취소한 날이 속하는 사업연도분 법인세과세표준신고와 함께 신고·납부하여야 한다.

12. 20. 원고패소 하였다.[4] A사는 이후 서울고등법원에 항소를 제기하여 2006. 10. 12. 원고승소하였다.[5] 대법원은 2008. 12. 11. 원심판결을 파기하여 서울고등법원에 위 사건을 환송하였다.[6] 그 후 서울고등법원은 2009. 5. 13. 원고청구를 기각한 제1심 판결을 유지하여 원고 항소를 기각하는 판결을 선고[7]하였고, 원고가 상고하지 않아 2009. 6. 4. 확정되었다.

한편 A사는 위 사건이 파기환송심에 계속중 구 조세감면규제법 부칙 제23조에 대하여 위헌법률심판제청신청을 하였고 서울고등법원은 파기환송심 판결 선고일과 같은 날 위 신청을 기각하였다.[8] 이에 A사는 2009. 6. 22. 헌법재판소법 제68조 제2항에 의한 이 사건 헌법소원심판을 청구하였다. 헌법재판소는 2012. 5. 31. "구 조세감면규제법(1993. 12. 31. 법률 제4666호로 전부개정된 것)의 시행에도 불구하고 구 조세감면규제법(1990. 12. 31. 법률 제4285호) 부칙 제23조가 실효되지 않는 것으로 해석하는 것은 헌법에 위반된다"고 한정위헌결정을 내렸다.[9]

그 이후 A사는 2012. 6. 22. 헌법재판소가 원고의 헌법소원을 인용하여 위헌결정인 이 사건 결정을 선고하였으므로, 파기환송에 따른 고등법원의 기각판결에는 헌법재판소법 제75조 제7항에서 정한 재심사유가 있다고 주장하면서 "707억여 원의 부과세를 취소해달라"는 법인세 등 부과처분 취소청구의 재심의 소를 서울고등법원에 제기하였다. 그러나 서울고등법원은 2013. 6. 26. 이 사건 한정위헌결정은 법적 근거가 없이 행하여진 것으로 부칙규정의 전부나 일부의 효력이 상실되는 결과를 가져오지 아니하므로 헌법재판소법 제75조 제7항이 규정한 '헌법소원이 인용된 경우'에 해당하지 아니할 뿐만 아니라, 이 사건 전부개정 조세감면규제법의 시행 이후에도 이 사건 부칙규정을 적용하여 과세할 수 있다는 이유로 재심청구를 기각하였다.[10]

이러한 서울고등법원의 재심기각판결 이전에 이미 동일한 법적 근거와 이유로 A사가 아닌 다른 회사에게 부과된 법인세 등과 관련하여 원고패소한 대법원 판결[11]과 헌법소원 한정위헌결정[12]으로 인한 재심의 소에 대해

---

4) 서울행정법원 2005. 12. 20. 선고 2005구합19764 판결.
5) 서울고등법원 2006. 10. 12. 선고 2006누4297 판결.
6) 대법원 2008. 12. 11. 선고 2006두17550 판결. 이 판결과 같은 쟁점의 대법원 2008. 11. 27. 선고 2006두19419 판결에 대한 자세한 평석으로는, 홍용건, "법률이 전문 개정된 경우 개정 전 법률 부칙의 경과규정도 실효되는지 여부(원칙적 적극) 및 예외적으로 실효되지 않는다고 보기 위한 요건으로서 '특별한 사정'의 의미와 판단방법", 『대법원판례해설』, 제78호(2008 하반기), 법원도서관, 2009. 7., 326면 참조.
7) 서울고등법원 2009. 5. 13. 선고 2008누37574 판결.
8) 서울고등법원 2009. 5. 13. 선고 2009아105 결정.
9) 헌법재판소 2012. 5. 31. 자 2009헌바123 결정(구 조세감면규제법 부칙 제23조 위헌소원).
10) 서울고등법원 2013. 6. 26. 선고 2012재누110 판결.

대법원은 '헌법재판소가 법률 조항 자체는 그대로 둔 채 그 법률 조항에 관한 특정한 내용의 해석·적용만을 위헌으로 선언하는 이른바 한정위헌결정에 관하여는 헌법재판소법 제47조가 규정하는 위헌결정의 효력을 부여할 수 없으며, 그 결과 한정위헌결정은 법원을 기속할 수 없고 재심사유가 될 수 없다'는 이유로 재심청구를 기각하는 판결[13]을 내렸었다.

■ 판결요지 ■

"… 법률의 일부 개정시에는 종전 법률의 부칙에 있던 경과규정은 이를 개정하거나 삭제한다는 별도의 규정이 없는 한 당연히 실효되는 것은 아니고, 다만 개정 법률이 전부개정인 경우에는 종전의 본칙은 물론 부칙과 그 경과 규정도 모두 폐지되는 것이 원칙이지만, 이 경우에도 그와 다른 규정을 두거나 그와 같이 볼 특별한 사정이 있는 경우에는 그 효력이 상실되지 않는다(대법원 2002. 7. 26. 선고 2001두11168 판결 등 참조). 따라서 전부개정된 법률이, 종전의 법률 부칙의 경과규정을 계속 적용한다는 별도의 규정을 두지 않았다고 하더라도 종전의 경과규정이 계속 적용된다고 볼 사정이 있는 경우에는 전부개정되기 전 법

률 부칙의 경과규정이 실효되지 않으며(대법원 2002. 7. 26. 선고 2001두11168 판결 등 참조), 그와 같은 사정이 있는지 여부는 종전 경과규정의 입법 경위와 취지, 전부 개정된 법령의 입법 취지 및 전반적 체계, 종전의 경과규정이 실효된다고 볼 경우 법률상 공백상태가 발생하는지 여부 등의 여러 사정을 종합하여 판단하여야 한다.

위 법리에 비추어 살피건대, … 전부개정된 조세감면규제법에서 이 사건 부칙규정을 계속하여 적용한다는 경과규정을 두지 않더라도 이미 폐지된 자산재평가 특례제도와 관련된 사항을 충분히 규율할 수 있다고 보아, 전문 개정된 조세감면규제법은 이에 대한 별도의 경과규정을 두지 않은 것으로 보인다. 그렇지 않고 만약 전부개정된 조세감면규제법의 시행으로 인하여 이 사건 부칙규정의 효력이 1994. 1. 1.자로 상실된다고 한다면 종전의 제56조의2에 따라 자산재평가를 실시한 법인에 대한 사후관리가 불가능하게 되며, 그렇게 되면 … 종전의 제56조의2에 따른 자산재평가를 실시하지 아니한 채 원가주의에 입각하여 법인세 등을 신고·납부하여 온 법인이나 상장기한 내에 상장을 실시한 법인에 비하여 합리적 이유 없이 우대하는 결과가 되고 이는 조세공평의 이념에도 반하게 될 것인데, 그 반면에

---

11) 대법원 2011. 4. 28. 선고 2009두3842 판결.
12) 헌법재판소 2012. 7. 26. 자 2009헌바35·2009헌바82(병합) 결정(구 조세감면규제법 제56조의2 제1항 등 위헌소원).
13) 대법원 2013. 3. 28. 선고 2012재두299 판결.

종전의 제56조의2에 의하여 이미 자산재평가를 한 법인에 대하여 이 사건 부칙규정을 적용하여 과세를 하더라도 이를 두고 그 법인에게 예측하지 못한 부담을 지우는 것으로서 법적 안정성을 해친다고 보기는 어렵다(대법원 2008. 11. 27. 선고 2006두19419 판결 참조).

그렇다면, 이 사건 부칙규정은 전부개정된 조세감면규제법의 시행에도 불구하고 실효되지 않았다고 볼 '특별한 사정'이 있다고 보아야 할 것이다. … "

▶ 해 설 ◀

1. 허용되지 않는 법관의 법형성으로서 소급적 유추적용

대법원은 판결에서 법률문언의 가능한 범위의 한계를 벗어난 법형성을 시도하였다. 부칙조항은 당시 실효되었기 때문에 적용할 만한 다른 법률문언은 발견할 수 없다. 따라서

대법원에서 사용한 법관의 법형성방법은 유추적용이다. 유추적용 중에서도 이미 소멸된 부칙조항을 소급해서 유추적용하고 있다. 따라서 해당 판례는 문언의 가능한 범위 내에서 목적론적 해석이 내려진 것이 아니라 문언의 가능한 범위 밖에서 법관의 법형성인 소급적 유추적용을 행한 것이라고 보아야 할 것이다.[14] 소급적 유추적용을 통해 이미 소멸된 부칙조항을 회생(Normsanierung)[15]시키는 입법작용에 해당하기 때문에 결론적으로 허용되지 않는 법관의 법형성(형평과세판결)에 속한다.[16]

위의 판결에 있어서 설시한 부칙조항이 실효되지 않을 특별한 사정에 조세공평의 이념과 법률상 공백상태가 발생하는지의 여부를 포함시킨 것은 법리상 납득하기 어려운 논증이다.[17] 판결에서 설시한 조세공평의 이념은 형평면제처분에 대한 논의[18]와는 달리 경제정책적인 고려의 산물이자 입법형성의 자유에 포함되는 영역으로 주관적 권리구제의 목적인 행정소송에서 법관의 법형성의 근거로서는 부적합하다. 이를 위반한 경우를 사법부의 입법

---

14) 이 판결에서 대법원이 법률해석의 문제로 접근한 것에 대해 필자와 동일한 취지에서 비판하면서 '법률흠결의 보충으로서 법률내재적 법형성'으로 재구성해야 한다는 주장에 대해서 임미원, "법관의 법형성에 대한 일고찰 -<구 조세감면규제법> 한정위헌 결정과 관련하여-", 『공법연구』, 제41집 제1호(2012. 10.), 165면 이하.
15) Isensee, Das Billigkeitskorrektiv des Steuergesetzes, in: FS Flume Bd. II, 1978, S. 145.
16) 같은 결론으로 안경봉, "폐지된 세법규정의 효력", 공평과세 실현을 위한 세법개정 방안, 한국세법학회 제108차 정기학술대회 세미나(2013. 4.), 241면 이하.
17) 같은 결론으로 이철송, "폐지된 세법규정이 해석을 통해 효력을 유지할 수 있는가?", 『조세법연구』, 18-3(2012. 12.), 687면 이하.
18) 최근의 것으로 서보국, "조세법상 형평면제처분제도의 도입에 관한 연구", 『세무학연구』, 제29권 제1호(2012. 3.), 73면 이하 참조.

권한의 침해 또는 법관의 법형성의 한계위반으로 표현되고 있다.[19] 따라서 위헌·위법한 조세혜택, 조세우대조치 등은 현재의 헌법시스템에서는 오로지 입법부의 법률개정권한에 의해서만 방지될 뿐이며 사법심사 또는 헌법재판심사로까지 나아가지는 않는다. 조종목적세의 경우 납세의무를 부담하게 되는 납세자만이 과세처분 또는 그 근거법령의 위헌·위법에 대해 사법심사를 주장할 수 있을 뿐이며 과세처분의 상대방이 아닌 전체 납세자의 간접적인 조세부담에 대해 소송의 제3자로서 주장하거나 과세관청 또는 법관이 주관적 조세소송구조에서 이를 주장하거나 고려할 수는 없다. 그런데 대법원은 청구할 수 없는 다른 납세자들의 청구권을 의제한 듯 조세공평의 이념을 들어서 원고에게 공평부담을 짊어지게 해야 한다고 논증하고 있다. 법률상 과세의 공백상태는 정부의 입법적 실수로 일어난 것으로서 그에 대한 책임을 정부가 져야 할 것이지 사법부가 그러한 규범회생작업을 대신하여 국가의 과세권을 회복시켜줄 법형성 권한은 존재하지 않는다. 이러한 이유로 인해서 대법원이 본 판결에서 설시한, 부칙조항이 실효되지 않을 특별한 사정에 조세공평의 이념과 법률상 공백상태가 발생하는지의 여부를 포함시킨 것은 이른바 허용되지 않는 '형평과세판결'

을 내린 것으로서 법리상 납득하기 어렵다. 본 판결의 대상인 과세처분의 경우 부칙조항의 경과규정이 마련되지 못한 것은 입법자의 실수라는 것이 명확하기에 입법자의 주관적 의사와 객관적 의사를 추론하는 데에 있어서 과세처분과 소급적 유추적용을 정당화할 논거를 찾기 어렵다고 할 것이다.

이러한 비판 이외에 소급적 유추적용 또는 법관의 법형성의 한계로 기능하는 '법률적 규율정당성'[20]을 고려해 보면 대상 사건의 경우가 바로 법률적으로 규율되어야 할 사안이며, 이는 입법부가 해결해야만 하는 경우라 할 수 있다. 독일의 연방헌법재판소의 실무상 전형적인 재판소원의 유형이기 때문에 헌법재판소의 결정도 소송의 적법성과 관련하여 ─ 당해 헌법소원은 본질적으로 독일의 재판소원에 해당하는 경우이기 때문에 헌법재판소법에서 정면으로 이를 인정하고 있지 않을 뿐만 아니라, 이미 폐지된 법률규정을 존재하는 것으로 의제하여 이에 대한 해석의 문제에 관해 한정위헌결정을 내리고 있기 때문에 ─ 설득력 있는 논증에 성공했다고 말할 수는 없다.

---

19) 이에 대해 자세한 내용은 Schlaich/Korioth, Das Bundesverfassungsgericht, 8. Aufl., 2010, Rn. 401, 434 ff. und 530 ff.

20) 이에 대해서는 서보국, "기업회생절차상 채무면제이익의 과세에 대한 독일 조세법의 형평면제처분", 『안암법학』, 제29호(2009. 5.), 97면 이하.

2. 대안: 허용되는 소급입법개정으로 공평과세 실현가능

물론 국회와 행정부는 이러한 문제점을 수정할 권한과 가능성을 여전히 보유하고 있다. 상장을 조건으로 하는 자산재평가에 대한 세법상의 특례인정을 받았으면서도 상장을 이행하지 아니한 법인에 대하여 특례인정을 부정하는 경과규율의 부재로 논란이 되어 소멸했던 잠정적 조세채무를 소급적으로 되살리는 법률규정을 정부법률안으로 제정하여 허용되는 진정소급입법으로 해결할 수 있다. 헌법재판소의 판례에 따르면 진정소급입법은 신뢰이익침해로 위헌인 것이 원칙이지만,[21] 국민이 소급입법을 예상할 수 있었거나 법적 상태가 불확실하고 혼란스러웠거나 하여 보호할 만한 신뢰의 이익이 적은 경우, 소급입법에 의한 당사자의 손실이 없거나 아주 경미한 경우, 신뢰보호의 요청에 우선하는 심히 중대한 공익상의 사유가 소급입법을 정당화하는 경우에는 예외가 인정될 수 있다.[22] 본 사건의 경우 원고들은 모두 소급입법을 예상할 수 있을 뿐만 아니라 이미 내야 할 세금이었기 때문에 신뢰이익이 적은 경우라서 소급입법은 합헌이 될 것이다. 또한 조치적 법률 또는 처분적 법률이라는 개별사건법률의 경우에 특정대상에 대한 차별적 취급이 될 수 있으므로 평등위반의 문제가 발생할 수 있으나 차별을 정당화할 만한 합리적 근거가 존재한다면 합헌성을 띤다는 판례를 헌법재판소는 내린 바 있다.[23]

[Notes & Questions]

대법원이 한정위헌결정의 기속력을 부인하는 상황에서 납세자의 권리는 어떻게 구제받을 수 있을까?[24] 우선 대법원 재심청구기각 판결에 대한 재판소원을 생각해 볼 수 있다. 우리나라는 공권력의 행사 또는 불행사로 기본권침해가 된 경우를 구제하는 헌법소원을 두면서도, 재판소원 제도는 도입하고 있지 않다(헌법재판소법 68조 1항 참조). 헌법재판소는 원칙적으로 헌법재판소법 제68조 제1항이 헌법에 위반되지 않지만, 예외적으로 법원이 위헌으로 확인된 법률을 적용함으로써 국민의 기본권을 침해하는 경우에도 법원의 재판에 대한 헌법소원이 허용되지 않는 것으로 해석한다면, 위 법률조항은 그러한 한도 내에서 헌법에 위반된다[25]고 하고 있으므로 본건과 같은 경우 예외적으로 재판소원이 가능할 것이

---

21) 헌법재판소 1989. 3. 17. 자 88헌마1 결정; 1989. 12. 18 자 89헌마32 결정 등 참조.
22) 헌법재판소 1996. 2. 16. 자 96헌가2등 결정; 1998. 9. 30. 자 97헌바38 결정.
23) 헌법재판소 1996. 2. 16. 자 96헌가2등 결정; 2001. 2. 22. 자 99헌마613 결정; 2005. 6. 30. 자 2003헌마841 결정 참조.
24) 안경봉, "폐지된 세법규정의 효력", 『조세법연구』, 19-2(2013. 8.), 113-114면.
25) 헌재 1997. 12. 24. 선고 96헌마172·173(병합) 전원재판부, 판례집 9-2 등.

다.

다음으로 생각해 볼 수 있는 것은 원래의 과세처분에 대한 헌법소원을 제기하는 것이다. 헌법 제107조 제2항과 헌법재판소법 제68조 제1항을 들어 부정적인 견해도 있으나, 법원의 판결에 대한 헌법소원이 예외적으로 허용되는 경우에는 그 판결의 대상이 된 행정처분에 대한 헌법소원심판의 청구가 허용된다고 할 것이다.[26]

참고문헌

서보국, "기업회생절차상 채무면제이익의 과세에 대한 독일 조세법의 형평면제처분", 『안암법학』, 제29호(2009. 5.).

서보국, "조세법상 형평면제처분제도의 도입에 관한 연구", 『세무학연구』, 제29권, 제1호(2012. 3.).

안경봉, "폐지된 세법규정의 효력", 『조세법연구』, 19-2.

이철송, "폐지된 세법규정이 해석을 통해 효력을 유지할 수 있는가?", 『조세법연구』, 18-3(2012. 12.).

임미원, "법관의 법형성에 대한 일고찰 -<구 조세감면규제법> 한정위헌 결정과 관련하여-", 『공법연구』, 제41집, 제1호(2012. 10.).

홍용건, "법률이 전문 개정된 경우 개정 전 법률 부칙의 경과규정도 실효되는지 여부(원칙적 적극) 및 예외적으로 실효되지 않는다고 보기 위한 요건으로서 '특별한 사정'의 의미와 판단방법", 『대법원판례해설』, 제78호(2008 하반기)(2009. 7.).

Isensee, Das Billigkeitskorrektiv des Steuergesetzes, in: FS Flume Bd. II, 1978.

Schlaich/Korioth, Das Bundesverfassungsgericht, 8. Aufl., 2010.

---

26) 상게서.

금지금 변칙거래에 있어 수출업체에 대한 신의성실원칙의 적용

사건의 표시 : 대법원 2011. 1. 20. 선고 2009두13474 전원합의체 판결

▪ 사실개요 ▪

가. 원고는 금지금(金地金, gold bar) 등의 제조·도소매업을 목적으로 설립된 회사로서 자본금이 1억 원에 불과함에도 불구하고 설립 첫해에 수십 차례에 걸쳐 거액의 금지금을 매입하여 같은 날 또는 짧은 기일 내에 그대로 또는 금목걸이 등의 형태로 가공하여 대부분 수출하였다.

나. 원고의 전단계 거래자 중 악의적 사업자[1]는 오로지 매출세액을 포탈하여 이윤으로 삼기 위해서 면세로 공급된 수입 금지금을 매입한 후 의도적으로 면세추천을 받지 않은

과세사업자들에게 저가로 공급하면서 그 매출세액을 국가에 납부하지 않은 채 폐업하였다.

다. 원고에 의한 금지금의 매입거래와 수출거래는 모두 금지금의 시세보다 낮은 가격으로 이루어졌고, 심지어 원고의 수출가격이 매입가격에 미치지 못한 때도 있었다.

라. 원고는 부가가치세를 신고하면서 금지금 중 수출된 부분에 관하여 영세율 적용을 이유로 그 매입세액의 공제·환급을 구하였으나, 피고는 이를 거부하는 취지에서 환급신청에 대한 거부처분과 기환급액의 회수를 위한

---

* 이중교(연세대학교 법학전문대학원 교수).

1) 대상판결에서는 '악의적 사업자'라고 표현하지만 일반적으로 '폭탄업체(missing trader)'라는 용어를 사용한다.

부가가치세 부과 등의 처분을 하였다.

▪ 판결요지 ▪

1. 다수의견

부가가치세법(2010. 1. 1. 법률 제9915호로 개정되기 전의 것, 이하 '부가세법'이라고 한다) 제15조, 제17조, 제1항에서 채택하고 있는 이른바 전단계세액공제 제도의 구조에서는 각 거래단계에서 징수되는 매출세액이 그에 대응하는 매입세액의 공제·환급을 위한 재원이 되므로, 그 매출세액이 제대로 국가에 납부되지 않으면 부가가치세의 체제를 유지하는 것이 불가능하게 된다. 따라서 만일 연속되는 일련의 거래에서 어느 한 단계의 악의적 사업자가 당초부터 부가가치세를 포탈하려고 마음먹고, 오로지 부가가치세를 포탈하는 방법에 의해서만 이익이 창출되고 이를 포탈하지 않으면 오히려 손해만 보는 비정상적인 거래를 시도하여 그가 징수한 부가가치세를 납부하지 않는 경우, 그 후에 이어지는 거래단계에 수출업체와 같이 영세율 적용으로 매출세액의 부담 없이 매입세액을 공제·환급받을 수 있는 사업자가 있다면 국가는 부득이 다른 조세수입을 재원으로 삼아 그 환급 등을 실시할 수밖에 없는 바, 이러한 결과는 소극적인 조세수입의 공백을 넘어 적극적인 국고의 유출에 해당되는 것

이어서 부가가치세 제도 자체의 훼손을 넘어 그 부담이 일반 국민에게 전가됨으로써 전반적인 조세체계에까지 심각한 폐해가 미치게 된다. 수출업체가 그 전단계에 부정거래가 있었음을 알면서도 아랑곳없이 그 기회를 틈타 자신의 이익을 도모하고자 거래에 나섰고, 또한 그의 거래 이익도 결국 앞서의 부정거래로부터 연유하는 것이며 나아가 그의 거래 참여가 부정거래의 판로를 확보해 줌으로써 궁극적으로 부정거래를 가능하게 한 결정적인 요인이 되었다면, 이는 그 전제가 되는 매입세액 공제·환급제도를 악용하여 부당한 이득을 추구하는 행위이므로, 그러한 수출업체에게까지 다른 조세수입을 재원으로 삼아 매입세액을 공제·환급해 주는 것은 부정거래로부터 연유하는 이익을 국고에 의하여 보장해 주는 격이 됨은 물론 위에서 본 바와 같은 전반적인 조세체계에 미치는 심각한 폐해를 막을 수도 없다. 따라서 이러한 경우의 수출업체가 매입세액의 공제·환급을 구하는 것은 보편적인 정의관과 윤리관에 비추어 도저히 용납될 수 없으므로, 이는 국세기본법(이하 '기본법'이라 한다) 제15조에서 정한 신의성실원칙에 반하는 것으로서 허용될 수 없다. 이러한 법리는 공평의 관점과 결과의 중대성 및 보편적 정의감에 비추어 수출업체가 중대한 과실로 인하여 그와 같은 부정거래가 있었음을 알지 못한 경우, 곧 악의적 사업자와의 관계로 보아 수출업체가 조금만 주의를 기울였다면 이를 충분히 알

수 있었음에도, 거의 고의에 가까운 정도로 주의의무를 현저히 위반하여 이를 알지 못한 경우에도 마찬가지로 적용된다고 보아야 하고, 그 수출업체와 부정거래를 한 악의적 사업자 사이에 구체적인 공모 또는 공범관계가 있은 경우로 한정할 것은 아니다.

2. 별개의견

수출업체의 매입세액 공제·환급 주장도 신의성실원칙의 적용대상이 될 수 있다는 점에 관하여는 원칙적으로 동의하지만 다수의견이 들고 있는 신의성실원칙의 적용요건에 관하여는 찬동할 수 없다. 사업자는 원칙적으로 부가가치세의 부담이 없기 때문에 전단계 사업자에게 징수당한 매입세액은 국가로부터 돌려받아야 하는 것이 전단계세액공제 제도의 기본원리이고, 이는 국가를 대신하여 매출세액을 징수한 전단계 사업자가 국가에 이를 납부하지 아니하였다 하더라도 마찬가지다. 이를 조세정책상의 이유로 제한하기 위해서는 조세법률주의 원칙상 법률에 명시적으로 규정을 두어야 하고 단지 이를 악용할 소지가 있다는 이유만으로 함부로 제한할 수는 없다. 이러한 취지에 비추어 볼 때, 예외적으로 신의성실원칙에 의하여 수출업체의 매입세액 공제·환급 주장을 제한하기 위해서는 그가 악의적 사업자의 부정거래 사실 등을 알았거나 중대한 과실로 알지 못한 것만으로는 부족하고 부

정거래를 통하여 매출세액을 포탈하는 악의적 사업자의 범죄행위에 적극적으로 가담하고 그 대가로 악의적 사업자가 포탈한 매출세액의 일부를 매매차익의 형태로 분배받은 정도에 이르러야 한다.

3. 반대의견

세법상 신의성실원칙의 적용은 당사자의 의사결정에 의하여 형성되는 사법상 법률관계에서보다 그 적용이 제한될 수밖에 없으며, 합법성을 희생해서라도 신뢰보호의 필요성이 인정되는 경우에 한하여 신중하게 적용해야 하는 점, 부가세법 제17조 제1항, 제2항의 규정과 제도의 취지 및 '사업관련성이 인정되는 매입세액은 부가세법 제17조 제2항에서 열거하고 있는 것 외에는 같은 조 제1항에 따라 모두 공제되어야 하며, 면세사업자가 면세제도를 악용할 소지가 있다고 하더라도 법률을 개정함으로써 해결할 일이지 이러한 특별규정 없이 매입세액의 공제를 부인하는 것은 조세법률주의의 근간을 훼손하는 일이다'라고 선언한 일관된 대법원의 판례에 따르면, 사업자가 거래상대방으로부터 세금계산서를 수취하였고 그것이 부가세법 제17조 제2항이 규정한 '사실과 다른 세금계산서' 등의 배제사유에 해당하지 않는 이상 그의 매입세액은 공제·환급되어야 한다. 다수의견은 부가세법 제17조 제2항에 열거된 사유가 아닌 '정의관과 윤리

관'을 기준으로, 합법성의 원칙을 희생하더라도 신의성실원칙을 적용하는 것이 정의로운 과세권의 행사라고 보고 있으나, 이는 실정법 규정을 넘어서는 해석일 뿐 아니라 그 기준이 모호하여 과세관청의 처분기준으로 용인하기 어렵다.

▶ 해 설 ◀

1. 금지금 변칙거래의 구조와 특징

금지금 변칙거래는 '외국업체 → 수입업체 → 면세도관업체 → 악의적 사업자 → 과세도관업체 → 수출업체 → 외국업체'의 단계를 거쳐 금지금이 유통되면서 부가가치세를 편취하는 거래를 의미한다. 여기서 악의적 사업자와 수출업체가 중요한 역할을 하는데, 악의적 사업자는 면세로 금지금을 구입하여 과세거래를 한 후 거래징수한 부가가치세를 납부하지 않고 폐업하며, 수출업체는 영세율 적용을 주장하여 국가로부터 부가가치세를 공제·환급받는다. 악의적 사업자가 매출세액을 국가에 납부하지 않는 반면 수출업체는 매입세액을 공제·환급받게 되므로 국고의 적극적 유출이 초래되어 일반적인 조세포탈보다 국고에 부정적 영향을 미친다. 유럽연합(EU) 역내에서도 고가치, 저용량 소비재인 휴대폰, 컴퓨터 칩 등의 거래에서 우리나라의 금지금 변칙거래와 유사한 회전목마형 사기거래(carousel fraud)가 발생하여 회원국들의 국가재정을 위협하였다.

금지금 변칙거래는 대개 ① 금지금을 수입한 후 단기간 내에 그 금지금을 다시 수출하면서 금지금 시세, 심지어 수입가격에도 미치지 못하는 가격으로 수출이 이루어지는 점, ② 중간에 끼인 도관업체의 수익률이 극히 낮고, 특별한 이유 없이 여러 단계의 유통과정을 거치는 점, ③ 폭탄업체는 금지금의 매입가격보다 낮은 가격으로 그 금지금을 판매하는 점(다만 공급가액에 부가가치세액을 더한 공급대가는 매입가액보다 높다), ④ 폭탄업체가 납부하지 않은 부가가치세액에 상당한 부분이 금지금 변칙거래를 가능하게 하는 궁극적인 원천이 되는 점 등의 특징을 가지고 있다.[2]

2. 이 판결 이전 판례의 태도

대법원 2008. 12. 11. 선고 2008두9218 등 4개의 판결이 선고되기 이전까지 대법원은 수출업체가 교부받은 세금계산서가 '사실과 다른 세금계산서'이므로 과세관청이 수출업체의 매입세액 공제·환급을 불허한 처분은 적법하다는 태도를 취하였다.[3] 그러나 위 4개의

---

2) 김완석·이중교, "면세금지금 변칙거래의 매입세액공제에 관한 연구 : 유럽지역 회전목마형 사기거래 (carousel fraud)와의 비교법적 고찰을 중심으로", 『조세연구』, 제10집, 제1호(2010), 14－15면.

판결에서 금지금 거래가 명목상의 가공거래라는 과세관청의 주장을 배척하면서 수출업체가 교부받은 세금계산서는 실제 재화의 거래가 수반된 것이므로 사실과 다른 세금계산서라고 볼 수 없어 그 매입세액은 공제·환급되어야 한다고 판시하였다. 이러한 태도의 변화는 대법원 2007. 2. 15. 선고 2005도9546 전원합의체 판결을 비롯한 일련의 형사판결이 악의적 사업자가 실제 금지금의 공급이 수반된 거래를 하였음을 전제로 악의적 사업자 등의 조세포탈죄 성립을 인정한 데서 영향을 받은 것으로 보인다.4)

3. 납세자의 행위에 대한 신의성실원칙의 적용

(1) 의의 및 적용요건

대상판결에서는 기존의 금지금 관련 판결에서 제기되지 않았던 과세관청의 새로운 주장이 등장하였다. 과세관청은 수출업체가 금지금 변칙거래로 인하여 조세수입이 감소된다는 사정을 알았거나 알 수 있었으면서 매입세액의 공제·환급을 구하는 것은 신의성실원칙에 반하여 허용될 수 없다고 주장한 것이다.

신의성실원칙은 상대방의 합리적인 기대나 신뢰를 배반할 수 없다는 법원칙으로 본래 사법(私法)관계에서 발전하였으나 정의와 형평의 원리를 근본이념으로 하므로 공법(公法)관계에도 적용된다. 우리나라 국세기본법(이하 '기본법'이라 한다) 제15조는 "납세자가 그 의무를 이행할 때에는 신의에 따라 성실하게 하여야 한다. 세무공무원이 직무를 수행할 때에도 또한 같다"라고 규정하여 과세관청의 행위 및 납세자의 행위에 대하여 신의성실원칙을 인정하고 있다. 다만 조세법률관계에서 신의성실원칙을 적용하는 것은 세법규정과 배치되는 과세처분의 효력을 인정하는 것이므로 조세법률주의와 상충되는 측면이 있다.5) 따라서 조세법률주의에 의하여 합법성 원칙이 강하게 작용하는 조세실체법 영역에서 신의성실원칙은 사적자치의 원칙이 지배하는 사법에서보다는 제약을 받으므로 합법성을 희생하여서라도 구체적 신뢰보호의 필요성이 인정되는 경우에 한하여 비로소 적용된다.6) 판례는 납세자의 행위에 대하여 신의성실 원칙을 적용하기 위한 요건으로 ① 객관적으로 모순되는 행태가 존재할 것, ② 그 행태가 납세의무자의 심한 배신행위에 기인할 것, ③ 그에 기하여 야기된 과세관청의 신뢰가 보호받을 가치가 있을 것 등을 요구하고 있다.7)

---

3) 주로 하급심법원들이 거래의 비정상성을 추단케 하는 여러 사정들을 고려하여 세금계산서가 사실과 다르다는 이유로 매입세액 공제·환급을 부인하였고, 이에 대하여 대법원이 심리불속행 기각하였다(대법원 2008. 6. 26. 선고 2008두6585 판결 등).
4) 강석규, '금지금 수출업체의 매입세액공제·환급주장과 신의성실원칙', 『사법』, 제17호(2011), 200-203면.
5) 정기상, "조세소송에 있어 신의성실의 원칙", 『행정판례연구』, 제17집, 제1호(2012) 426면.
6) 대법원 1997. 3. 20. 선고 95누18383 전원합의체 판결.

124 租稅判例百選 2

(2) 판례에서 나타난 구체적 사례

대법원은 납세의무자가 과세관청에 대하여 자기의 과거의 언동에 반하는 행위를 하였을 경우에는 세법상 조세감면 등 혜택의 박탈, 각종 가산세에 의한 제재, 세법상의 벌칙 등 불이익처분을 받게 되며, 과세관청은 납세자에 대한 우월적 지위에서 실지조사권 등을 가지고 있고, 과세처분의 적법성에 대한 증명책임은 원칙적으로 과세관청에 있다는 점 등을 들어 납세자의 행위에 대하여는 극히 제한적으로 신의성실원칙을 적용해야 한다는 태도를 보이고 있다.8)

구체적으로 매매 부동산에 관하여 국토이용관리법의 규정을 잠탈하여 증여를 원인으로 한 소유권이전등기를 한 자가 그 외관에 따라 증여세가 부과되자 무효 등기의 원상복구 없이 증여세 납세의무를 다투는 사안,9) 납세의무자가 자산을 과대계상하거나 부채를 과소계상하는 등의 방법으로 분식결산을 하고 이에 따라 과다하게 법인세를 신고납부하였다가 그 과다납부한 세액에 대하여 취소소송을 제기하여 다투는 사안,10) 오락실의 공동사업자로 부가가치세법상의 사업자등록을 하고 종합소득

세를 신고납부하였다가 그 후 과세관청이 오락실의 누락수입이 있다는 이유로 종합소득세를 부과하자 오락실의 실질적 공동사업자가 아니라고 주장하는 사안11) 등에서 모두 신의성실원칙의 적용을 부인하였다. 반면 신의성실원칙의 적용을 인정한 판례는 농지의 명의수탁자가 적극적으로 농가이거나 자경의사가 있는 것처럼 소재지관서의 증명을 받아 그 명의로 소유권이전등기를 마치고 그 농지에 관한 소유자로 행세하면서 한편으로 증여세 등의 부과를 면하기 위하여 농가가 아니고 자경의사도 없었음을 들어 농지개혁법에 저촉되기 때문에 그 등기가 무효라고 주장한 사안,12) 납세의무자가 명의신탁받은 부동산을 신탁자 등에게 임대한 것처럼 가장하여 사업자등록을 마치고 그 중 건물 등의 취득가액에 대한 매입세액까지 환급받은 다음, 임대사업의 폐업신고 후 잔존재화의 자가공급 의제규정에 따른 부가가치세 부과처분 등에 대하여 그 부동산은 명의신탁된 것이므로 임대차계약이 통정허위표시로서 무효라고 주장하는 사안13) 등 손에 꼽을 정도이다.

---

7) 대법원 1999. 11. 26. 선고 98두17968 판결.
8) 대법원 2004. 5. 14. 선고 2003두3468 판결.
9) 대법원 1997. 3. 20. 선고 95누18383 전원합의체 판결.
10) 대법원 2006. 1. 26. 선고 2005두6300 판결.
11) 대법원 1997. 6. 13. 선고 97누4968 판결.
12) 대법원 1990. 7. 24. 선고 89누8224 판결.
13) 대법원 2009. 4. 23. 선고 2006두14865 판결.

4. 금지금 변칙거래에 대한 신의성실원칙의 적용

(1) 신의성실원칙의 적용여부

부가세법 제17조 제1항은 매출세액과 매입세액을 비교하여 그 차액을 납부하거나 환급받는 전단계세액공제 제도를 채택하고 있다. 전단계세액공제 제도하에서 매입세액공제는 부가가치세제를 지탱하는 핵심적 요소이다. 유럽연합(EU)의 부가가치세 지침(directives)은 사업자의 매입세액을 공제받을 지위를 권리로 규정하고 있고(a right of deduction),[14] 유럽연합 재판소 및 유럽 각국의 법원은 사업자가 회전목마형 사기거래임을 알았거나 알 수 있었으면서 그 거래에 관여한 경우 매입세액공제권을 남용한 것이므로 매입세액공제를 부인할 수 있다는 법리를 발전시켰다.[15]

우리나라 부가세법상 사업자는 특별한 사정이 없는 한 전단계의 사업자로부터 징수당한 매입세액을 당연히 돌려받을 수 있으므로 매입세액공제의 법적 성격은 권리로 볼 수 있다.[16] 그리고 권리남용금지의 원칙은 신의성실원칙의 파생원칙으로 이해되고 있으므로[17] 매입세액공제권의 행사는 기본법 제15조 소정

신의성실원칙을 위반하지 않아야 한다. 그런데 금지금 변칙거래가 부가가치세를 편취하는 사기거래임을 알았거나 알 수 있었던 수출업체가 매입세액의 공제·환급을 구하는 것은 악의적 사업자의 폐업으로 매출세액의 징수가 어려운 상황에서 매입세액만 공제·환급해 달라는 것으로 전단계세액공제 제도를 채택한 부가가치세제의 근간을 흔드는 행위이므로 신의성실원칙에 위반된다고 할 것이다.

반대의견의 논지대로 매입세액공제를 부인할 수 있는 직접적인 법률의 규정 없이 금지금 변칙거래에 관여한 수출업체의 매입세액 공제·환급을 부인하는 것은 조세법률주의와 충돌하는 면이 있다.[18] 종전에는 매입세액이 부가세법 제17조 제2항의 공제하지 않는 매입세액에 해당하지 않으면 공제된다고 해석하였다. 그러나 신의성실원칙도 조세정의를 위하여 기본법이 명시적으로 규정하고 있는 국세부과의 원칙이고, 금지금 변칙거래의 폐해를 방치하는 것은 부가가치세제에 대한 심각한 위협이므로 금지금 변칙거래의 사기성을 알았거나 알 수 있었던 수출업체의 매입세액 공제·환급을 부인하는 것은 조세법률주의를 다소 희생해서라도 신의성실원칙을 적용할 필요성

14) EU 부가가치세 지침(2006/112/EC) 제167조 및 EU 제6차 부가가치세 지침(77/388/EEC) 제17조.
15) 유럽지역의 판결에 대한 자세한 내용은 김완석·이중교, 전게논문, 20–24면 참조.
16) 강석규, 전게논문, 220면.
17) 이은영, 『민법총칙』(박영사), 2005, 87–88면.
18) 조성권, "조세법률관계에 있어서 신의성실의 원칙의 적용요건에 관한 새로운 논의 –대법원 2011. 1. 20. 선고 2009두13474 전원합의체 판결을 중심으로–", 『특별법연구』, 제10권(2012), 688–690면은 반대의견의 입장에서 대상판결에 대하여 비판적인 입장을 보이고 있다.

이 있는 경우에 해당한다고 볼 것이다. 물론 납세자의 법적 안정성과 예측가능성을 높이기 위하여 금지금 변칙거래 등과 같은 조세회피 시도에 대하여 매입세액 공제·환급을 부인하는 근거규정을 두는 것이 바람직함은 두말할 나위가 없다.

(2) 신의성실원칙의 적용요건

금지금 변칙거래에 대하여 신의성실원칙을 적용한다 하더라도 수출업체가 금지금 변칙거래의 사기성을 알았던 경우, 즉 고의에만 적용할 것인지, 아니면 알 수 있었던 경우, 즉 과실에까지 적용할 것인지 문제된다. 신의성실원칙의 적용범위를 고의에 한정하지 않고 과실에까지 적용하면 신의성실원칙의 적용범위가 지나치게 확대된다는 비판이 제기될 수 있다. 신의성실원칙의 적용요건을 수출업체가 악의적 사업자의 범죄행위에 적극적으로 가담하고 수익의 일부를 분배받는 공범의 경우로 제한하고자 하는 별개의견은 위와 같은 비판의 입장을 대변하고 있다. 그러나 고의는 내심의 영역에 속하기 때문에 납세자가 스스로 인정하지 않는 한, 과세관청이 납세자의 고의를 객관적으로 증명하는 것은 매우 어려운 반면, 과실은 객관적 증거에 의한 증명이 가능하다. 이렇게 보면 신의성실원칙의 적용범위를 고의에 한정할 것인지 아니면 과실에까지 확대할 것인지는 과세관청의 증명책임의 정도와 연결

된 것임을 알 수 있다. 신의성실원칙의 적용범위를 고의 이외에 과실에까지 확대한다는 것은 과세관청의 증명책임을 덜어주겠다는 취지가 내포된 것이다.[19] 대상판결은 신의성실원칙의 적용범위가 지나치게 확대되는 것을 방지하기 위하여 경과실은 제외하고 중과실만 포함시켜 타협적인 해결을 한 것으로 보인다.

(3) 신의성실원칙의 인적 적용범위

금지금 변칙거래에서 핵심적 역할을 하는 사업자는 수입업체, 악의적 사업자, 수출업체의 3자이다. 그러나 과세관청이나 수사기관의 조사와 추적을 어렵게 하기 위하여 수입업체와 악의적 사업자 사이, 악의적 사업자와 수출업체 사이에 도관업체를 끼워 넣는 것이 일반적이다. 이에 따라 수출업체 이외에 도관업체와 같은 중간단계의 사업자가 금지금 변칙거래의 사기성을 알았거나 알 수 있었던 경우 매입세액의 공제·환급을 부인할 것인지 문제된다. 중간단계의 사업자가 금지금 변칙거래의 사기성을 알았거나 알 수 있었으면서 그 거래에 관여한 경우 변칙거래의 일익을 담당하였다는 점에서 비난가능성은 있으나, 금지금 변칙거래의 구조에서 핵심적인 역할을 수행하는 것이 아닐 뿐 아니라 부가가치세를 납부하여 직접적으로 국고의 손실을 초래하지도 않으므로 매입세액의 공제·환급을 부인할 것은 아니라고 본다. 판례도 악의적 사업자와 수

---

19) 강석규, 전계논문, 248면.

출업체 사이에 있는 과세도관업체의 매입세액의 공제·환급마저 부인하는 것은 국가가 부당한 이득을 취하는 결과에 이르게 된다는 이유로 중간단계의 사업자에게 신의성실원칙을 적용하지 않고 있다.[20]

5. 이 판결의 의의

금지금 변칙거래는 전단계세액공제 제도를 채택하고 있는 부가가치세제의 허점을 교묘하게 이용하여 적극적으로 국고의 유출을 초래하는 행위이다.[21] 그리고 금지금 변칙거래의 사기성을 알았거나 알 수 있었으면서도 매입세액의 공제·환급을 구하는 수출업체는 공급사슬(supply chain)의 마지막 단계에서 금지금 변칙거래를 완성하는 중요한 역할을 수행한다. 그동안 대법원은 납세자의 행위에 대한 신의성실원칙의 적용을 극히 제한적으로 인정하는 태도를 보여 왔으나, 대상판결은 금지금 변칙거래가 부가가치세제의 근간을 흔들 수 있고 국고를 유출하는 폐해가 있다는 점을 중시하여 그동안의 주류적인 판례의 태도에서 벗어나 납세자에 대한 신의성실원칙을 보다 적극적으로 적용하였다는 점에서 의의가 있다.

참고문헌

강석규, "금지금 수출업체의 매입세액공제·환급주장과 신의성실원칙", 『사법』, 제17호(2011).
김완석·이중교, "면세금지금 변칙거래의 매입세액공제에 관한 연구 : 유럽지역 회진목마형 사기거래(carousel fraud)와의 비교법적 고찰을 중심으로", 『조세연구』, 제10집, 제1호(2010).
이은영, 『민법총칙』, 박영사, 2005.
정기상, "조세소송에 있어 신의성실의 원칙", 『행정판례연구』, 제17집, 제1호(2012).
조성권, "조세법률관계에 있어서 신의성실의 원칙의 적용요건에 관한 새로운 논의 -대법원 2011. 1. 20. 선고 2009두13474 전원합의체 판결을 중심으로-", 『특별법연구』, 제10권(2012).

---

20) 대법원 2011. 2. 24. 선고 2009두22317 판결.
21) 금지금 변칙거래를 통한 부가가치세 면탈을 방지하기 위하여 2008. 7. 1. 조세특례제한법 제106조의4를 신설하여 금사업자가 금지금 등을 다른 금사업자에게 공급한 때 공급을 받는 자로부터 부가가치세를 거래징수하는 대신 그 매입자가 직접 부가가치세액을 금거래계좌에 납부하도록 하는 매입자납부 특례제도를 도입하였다. 또한 2013. 5. 10. 조세특례제한법 제106조의9를 신설하여 구리 스크랩 등에 대하여도 매입자납부 특례제도를 도입하였다.

국세기본법 제22조의2의 시행 이후 당초처분에 대하여 증액경정처분이 있는 경우 항고소송의 심판대상 및 그 항고소송에서 주장할 수 있는 위법사유의 범위

사건의 표시 : 대법원 2009. 5. 14. 선고 2006두17390 판결[1]

▪ 사실개요 ▪

1. 원고의 종합소득세 신고 경위

원고는 서울 성동구에서 여성의류를 제조하거나 매수하여 백화점 매장에서 판매하다가 2000. 10.경 폐업신고를 한 후 매출액 2,689,239,466원 중 당시 A가 이사로 있는 '甲'을 통해 매입한 블라우스 및 원단 등에 대한 합계 253,145,080원(이하 '이 사건 원가') 상당액을 포함한 매출원가 2,303,506,260원을 공제한 매출총이익 385,733,206원에서 직원급여 및 잡급 합계 179,125,000원을 포함한 판매·일반관리비를 공제한 다음 결정세액을 27,871,820원으로 하여 2001. 5. 31. 2000년(과세기간 2000. 1. 1.~2000. 9. 30.) 귀속 종합소득세를 신고하였다(이하 '이 사건 신고').

---

* 손병준(법무법인 광장 변호사).

1) 이 평석은 필자가 대법원 판결을 위한 재판연구관 보고서를 작성한 당시의 문헌 등을 기준으로 작성하였음을 밝혀 둔다.

2. 피고의 부과처분 경위

(1) 피고의 증액경정경위

피고는 '甲'이 위장 가공사업자이므로 이 사건 원가 전액을 가공경비라고 보아 필요경비에서 불산입하여 2003. 10. 10. 원고에 대하여 2000년 귀속 종합소득세 147,358,090원을 증액[총결정세액은 191,325,490원(= 결정세액 129,086,122원+신고불성실 가산세 18,214,109원+납부불성실 가산세 44,025,264원))] 경정·고지2)하였다.

(2) 피고의 이 사건 부과처분 경위

피고는 원고의 심판청구에 의한 조세심판원의 이 사건 원가 중 9,090,909원은 그 지급사실이 인정된다는 결정에 따라 원고에 대한 2000년 귀속 종합소득세 총결정세액을 185,422,150원으로 본세 및 가산세 모두 감액하여 경정·고지하였다(재경정 중 감액되고 남은 부분을 이하 '이 사건 부과처분', 2001. 10. 4. 총결정세액 43,967,400원으로 경정된 세액보다 증액된 분을 '이 사건 증액부분').

▪ 판결요지 ▪
【원심판결의 요지】

1. 당사자의 주장

(1) 원고의 주장

원고는 2000년 인건비로 502,467,769원을 실제 지급하였으나 판매사원들의 이직율이 높아 고용에 따른 고용보험료, 산업재해보험료 및 건강보험료 등을 부담하지 않으려고 2000년 귀속 종합소득세를 신고하면서 그 가운데 179,125,000원만을 필요경비에 계상하였는바, 그 나머지 인건비 323,342,769원(= 502,467,769원-179,125,000원, 이하 '이 사건 인건비')도 필요경비에 산입되어야 하므로, 이 사건 부과처분 중 이 사건 증액부분은 위법하다.

(2) 피고의 주장

원고는 국세기본법(이하 '기본법'이라 한다) 제45조의2의 규정에 따라 이 사건 신고에 대한 경정청구를 할 수 있었음에도 그러하지 않았고, 기본법 제22조의2 소정의 권리·의무관계라 함은 확정된 세액에 관한 과세표준 및 그 과세표준을 산정하기 위한 사실관계·법률적용 등을 모두 포함하는 것이므로, 원고는 "이 사건 증액부분"과 관련 없는 이 사건 인건비에 대한 위법사유를 주장할 수 없다.

---

2) 2001. 10. 4. 중소제조업특별세액 감면분 15,256,851원의 추징 및 납부불성실 가산세 838,727원 합계 16,095,578원을 증액하여 총결정세액 43,967,400원으로 결정하는 처분 이후 이루어진 재경정결정임.

2. 원심판결의 요지

증액경정처분은 당초처분에서의 과세표준과 세액을 포함시켜 전체로서 하나의 과세표준과 세액을 다시 결정하는 것이므로, 당초처분은 증액경정처분에 흡수되어 당연히 소멸하고 그 증액경정처분만이 쟁송의 대상이 되고, 신고납세방식의 경우에도 세액 확정을 그 내용으로 하는 '신고·납부'를 '당초처분'으로, 그 후 증액하는 경정결정을 '증액경정처분'으로 보아 증액경정처분을 쟁송대상으로 삼을 수 있으므로 과세방식에 따라 위와 같은 법리를 달리 풀이할 것은 아니고, 또한 감액경정청구제도가 마련되어 있다 하여 위와 같은 증액경정처분에 대한 쟁송을 방해하는 것도 아니다.

또한 기본법 제22조의2의 규정은 증액경정처분이 당초처분으로 확정된 세액에만 영향을 미치지 않는다고 규정하고 있을 뿐 당초처분의 전제가 된 사실관계나 법률상 근거의 존부에 관하여도 다툴 수 없도록 규정하고 있는 것이 아니다.

【상고이유의 요지】

1. 상고이유 제1점, 제2점

기본법 제22조의2는 종래 당초처분과 경정처분의 관계에 관한 여러 견해 중 병존설을 수용하여 당초처분과 경정처분은 별개의 처분임을 명확히 하기 위한 규정이므로, 이 사건 신고에 대해서는 경정청구 또는 그 거부처분에 대한 취소소송의 형태로 다툴 수 있을 뿐임에도 원심이 이 사건 신고가 이 사건 부과처분에 흡수된다고 본 것은 기본법 제22조의2 소정의 경정 등의 효력, 소송요건에 관한 법리를 오해한 위법이 있다.

2. 상고이유 제3점

기본법 제22조의2의 입법 취지 등에 비추어 원고가 경정청구기간 내에 경정청구 등을 하지 아니함으로써 더 이상 다툴 수 없게 된 이 사건 신고에 대한 위법사유로써 이 사건 증액부분의 취소를 구할 수는 없음에도 그와 달리 판단한 것은 기본법 제22조의2 소정의 경정 등의 효력에 관한 법리를 오해한 위법이 있다.

▶ 해 석 ◀

1. 쟁점

기본법 제22조의2의 시행 이후 증액경정처분이 있는 경우 항고소송의 심판대상을 어느 것으로 볼 것인지와 그 항고소송에서 당초 신고나 결정에 대한 위법사유를 함께 주장할 수 있는지 여부이다.

2. 기본법 제22조의2의 시행 이후 당초 처분에 대하여 증액경정처분이 있는 경우 항고소송의 심판대상을 어느 것으로 볼 것인지

(1) 견해의 대립

이에 관하여는 크게 나누어, ① 당초처분은 증액경정처분에 흡수되므로 원칙적으로 증액경정처분만을 심판의 대상으로 삼아야 한다는 흡수설과 ② 당초처분과 증액경정처분은 각각 별개의 처분이므로 그 각각을 심판의 대상으로 삼아야 한다는 병존설의 대립이 있다. 그 외에 ③ 역흡수병존설 등도 있다.

(2) 각 견해의 내용과 논거 등

1) 흡수설

종전 판례[3] 이론과 같이, 원칙적으로 당초처분과 증액경정처분 중 증액경정처분만을 소송물(심판대상)로 삼아야 하고, 당초처분에 대한 쟁송 중 증액경정처분이 있는 경우 소송물을 증액경정처분으로 변경하는 내용의 소변경절차를 취하여야 한다는 견해로서, 그 논거로는 ① 증액경정처분은 당초처분에 의한 과세표준과 세액을 그대로 둔 채 탈루된 부분만을 추가하는 것이 아니라 증액되는 부분을 포함시켜 전체로서 하나의 과세표준과 세액을 다시 결정하는 처분[4]이므로, 쟁송절차에서도 당초처분과 증액경정처분을 통일적·일체적으로 심리할 필요가 있다.[5] ② 또한 과세처분취소소송에서의 소송물은 그 취소원인이 되는 위법성 일반 또는 과세관청의 처분에 의하여 인정된 과세표준 및 세액의 객관적 존부이고, 따라서 과세표준 및 세액의 인정이 위법이라고 내세우는 개개의 위법사유는 자기의 청구가 정당하다고 주장하는 공격방어방법에 불과하다[6]는 총액주의라고 보는 이상 흡수설은 필연이며, 당초처분과 증액경정처분을 병존하는 별개의 처분으로 다투어야 한다는 말은 각 처분이유가 옳은가를 다투는 쟁점주의가 될 수밖에 없기 때문이다.[7] ③ 그리고 분쟁의 통일적·일체적 심리의 요청에 부응하고, 소송경제의 합리성도 도모할 수 있다.[8] 즉, 소송물을 여러 개로 유지할 경우 소송경제에 반하게 되고, 각 소송물별로 모순된 소송결과가 발생할 위험이 존재하게 된다.[9] ④ 또한 기본법 제22조의2의 입법 취지는 당초처분이 증액경정처

---

3) 대법원 2000. 9. 8. 선고 98두16149 판결 등.
4) 대법원 2005. 6. 10. 선고 2003두12721 판결; 대법원 1992. 5. 26. 선고 91누9596 판결 등.
5) 최명근, 『세법학총론』(세경사), 2006, 390면; 소순무, 『조세소송』, (주)영화조세통람(개정4판), 318면.
6) 대법원 2004. 8. 16. 선고 2002두9261 판결; 대법원 1997. 5. 16. 선고 96누8796 판결; 대법원 1992. 2. 25. 선고 91누6108 판결.
7) 이창희, 『세법강의』(박영사), 2008, 221 − 227면.
8) 류용호, "당초처분과 경정처분의 법률관계에 대한 재검토", 『행정재판실무편람(Ⅳ)』, 서울행정법원, 180 − 181면; 정해남, "당초처분과 경정처분의 법률관계 재고 −증액경정처분을 중심으로−", 『경기법조』, 제11호(2004), 523면.

분에 흡수되어 당초처분에 근거한 가산금결정이나 체납처분 등의 선행절차가 재판에 의하여 무효가 되는 사례가 발생하고, 납세의무자가 고의적으로 소액의 경정사유를 제공하여 증액경정처분을 받아 이미 불복제기기간이 경과한 당초처분에 대해서도 불복하는 사례가 발생하고 있으므로, 이러한 것을 방지하기 위하여 당초처분과 경정처분을 별개로 분리하는 데 있다고 하지만, 증액경정처분은 증액되는 부분을 포함시켜 전체로서 하나의 과세표준과 세액을 다시 결정하는 것이라는 특성상 당초처분에서 정한 납부기한을 전제로 한 가산금 징수처분을 유효하다고 할 경우 미납부가산세와 가산금이 이중 계산될 위험이 존재하고, 또 기본법 제51조 제1항, 제52조 및 같은 법 시행령 제30조, 국세징수법(이하 '징수법'이라 한다) 제41조 제2항, 제47조 제2항의 각 규정 내용 및 대법원 1996. 2. 27. 선고 94누13305 판결[10])과 대법원 1997. 4. 22. 선고 95다41611 판결[11]) 등에 비추어, 체납처분 등의 선행절차가 재판에 의하여 무효가 되었다고 볼 수 있는지도 의심스럽다는 점이다.

이에 대하여, ① 납세의무자는 증액경정처분이 있은 후에도 당초처분만 다투고 싶을 수 있는데, 증액경정처분이 있다고 하여 소변경절차를 강제하고, 더 나아가 그 소변경절차를 이행하지 않았다고 하여 부적법 각하까지 하는 것은 처분권주의에 반하고, ② 국세기본법 제22조의2 제1항 소정의 "확정"을 납세의무의 확정으로 이해하는 경우 흡수설의 견해를 취하는 것은 같은 항의 "권리·의무" 중 실체법적 부분과 소송법적 부분을 구분하여 달리 해석하는 결과가 되어 일관성을 결여하게 된다는 비판이 있다.

2) 병존설

당초처분과 증액경정처분은 별개의 처분임을 전제로 각각 독립하여 소송물이 되고,[12]) 따라서 당초처분만을 소송물로 삼았다고 하여 소각하 등의 불이익을 받지 아니한다고 한다 (이 견해도 전치절차와 관련하여, 전치절차도 모두 각각 거쳐야 한다고 엄격하게 해석하는 견해[13])와

---

9) 김창석, "과세처분에 있어서 당초처분과 경정처분의 관계", 『사법논집』, 제38집, 233면.
10) 압류는 제3자 앞으로 소유권이전등기가 경료된 때를 기준으로 하여 그때까지 전소유자의 납세의무가 성립한 세액에 관하여 발생한 체납액에 대하여도 효력이 미친다고 판시함.
11) 채권압류의 추심의 범위에 관하여 보면 구 징수법 제41조 제2항은 <u>피보전국세와 그 가산금 및 체납처분비를 한도로 대위한다</u>고 규정[편집자 주: 현행 국세징수법 41조 2항은 '체납액'을 한도로 대위한다고 규정하고 있음]하고 있으므로, 피보전국세가 부과된 후 증액 경정된 경우에는 그 증액분은 당연히 추심의 범위에 포함된다고 볼 것이고, 국세징수법 제24조 제5항이 압류를 한 날로부터 3월이 경과할 때까지 국세를 확정하지 아니하면 압류를 해제하여야 한다고 규정하고 있다고 하여 피보전국세의 범위가 그 기간 내에 확정된 세액에 한정된다고 볼 수는 없다고 판시함.
12) 『조세소송연구』(사법연수원), 2008, 91-92면; 김완석, "국세기본법 제22조의2의 해석론", 『중앙법학』, 제5집, 제2호, 50면; 정해남, 전게 논문, 529-530면; 윤준미, "국세기본법 제22조의2", 『Jurist(391)』, 청림인터렉티브(주), 64면.

종전 판례 이론과 같이 해석하고자 하는 견해[14]로 나뉜다).

이 견해의 논거로는 ① 기본법 제22조의 2 제1항의 문리해석에 부합되고, 기본법 제22조의2 제1항 소정의 "확정"을 납세의무의 확정으로 해석할 경우 흡수설은 논리 일관되지 못하는 점이 있으며, ② 당사자의 처분권주의에도 부합된다는 점이다. 이에 대한 비판은 흡수설의 논거를 참고하기 바란다.

3) 역흡수병존설

원칙적으로 소송물은 경정처분의 효력으로 증감된 당초처분이 되고, 당초처분에 대한 소송 계속 중 경정처분이 행하여진 경우 그 증감된 세액으로 소송대상을 변경하면 되며, 그 변경은 청구취지 변경절차로써 족하고, 다만 당초처분에 대한 불복기간의 경과 등으로 더 이상 다툴 수 없는 상태(편의상 이하 '불가쟁력')에서 증액경정처분이 행하여진 경우에는 당초처분과 병존하는 증액경정처분만을 소송물로 한다는 견해로서,[15] 이 견해의 논거로는 경정처분은 당초처분과 결합하여 일체로서 병존하면서 당초처분에 의하여 확정된 과세표준과 세액을 증감시키는 효력을 가질 뿐 당초처분과 경정처분은 별개의 처분이 아니고,[16] 경정처분시 내부적으로는 관련된 전체 조세사실관계를 조사하지만 납세의무자에게 당초처분과의 차액만을 납세고지하는 세무행정의 실무에 부합한다[17]는 점이다.

이에 대하여, ① 증액경정처분은 당초처분에 의한 과세표준과 세액을 그대로 둔 채 탈루된 부분만을 추가하는 것이 아니라 증액되는 부분을 포함시켜 전체로서 하나의 과세표준과 세액을 다시 결정하는 처분인 점에서, 당초처분에 비하여 우월적 지위를 가지므로[18] 증액경정처분을 소송물로 삼는 것이 더 합리적이고, ② 당초처분에 대한 불가쟁력이 생긴 상태에서 증액경정처분이 행해진 경우에는 증액경정처분만을 소송물로 할 경우 증액경정처분의 효력이 증액된 세액에만 미친다고 본다면 증액경정처분취소소송에서 당초처분에서의 하자를 주장하기는 어려울 것으로 보이고, 그렇지 않고 증액경정처분이 당초처분에서 확정된 세액에 대하여도 미친다고 본다면, 당초처분을 소송물로 삼아야 한다는 근거를 상실하게 된다는 비판이 있다.

---

13) 김완석, 전게논문, 50면.

14) 사법연수원, 전게서, 9면; 정해남, 전게논문, 529 – 530면.

15) 김연태, "당초의 과세처분과 경정처분의 관계", 『안암법학』, 제12호, 세창출판사, 137 – 138면; 강성모, "당초의 과세처분과 경정처분의 관계", 『조세법연구』, 10 – 2(2004. 11.), 188 – 195면; 이종채, "증액경정처분이 있은 경우 당초처분에서 정한 납부기한의 경과로 인하여 발생한 가산금 징수처분의 효력", 『재판과 판례』, 제12집, 대구판례연구회, 862면.

16) 김연태, 전게논문, 136 – 137면.

17) 김연태, 전게논문, 137면.

18) 김창석, 전게논문, 223면.

(3) 법원의 태도

1) 대법원의 태도 - 명시적으로 판시한 적은 없음

대법원 2006. 4. 14. 선고 2005두10170 판결은 2003. 5. 1. 자 증액재경정처분이 2002. 10. 2.자 증액경정처분이 확정되기 전에 이루어진 것이므로 2002. 10. 2. 자 증액경정처분은 2003. 5. 1. 자 증액재경정처분에 흡수되어 소멸되었다고 본 원심판결의 결론을 수긍하여 심리 후 상고기각하였다.

대법원 2008. 1. 17. 선고 2007두20249 판결은 2002. 3. 25. 자 1997 사업연도 및 1998 사업연도 법인세 부과처분은 2004. 1. 10. 자 1997 사업연도 및 1998 사업연도 법인세 증액경정처분으로 흡수·소멸하여 그 증액경정처분만이 쟁송의 대상이 되므로, 당초처분취소소송은 부적법하다며 그 소를 각하한 원심판결을 심리불속행 상고기각하였다.

2) 하급심의 태도 - 흡수설을 취한 경우

서울고등법원 2005. 10. 14. 선고 2005누1024 판결, 서울고등법원 2008. 4. 30. 선고 2007누16846 판결 등이 있음

(4) 소결

원칙적으로, ① 증액경정처분의 특성과 소송물로서의 총액주의, ② 기본법 제22조의2 제1항 소정의 "확정"을 납세의무의 확정으로 해석하기가 쉽지 않은 점, ③ 병존설에 의할 경우 모순된 소송결과가 발생할 위험이 존재하는 점 등 흡수설의 논거 등에 비추어 볼 때, 흡수설이 타당하다고 판단된다. 다만, 대법원 1993. 12. 21. 선고 92누14441 판결은 증액경정처분이 있었음에도 불구하고 당사자가 청구취지를 변경하지 아니하고 당초처분에 대하여만 변론하는 경우 법원으로서는 그 진의가 과연 무엇인지 석명을 구하여 소송관계를 명확히 하고, 또 그에 대하여 변론을 하게 함으로써 당사자가 변론을 하지 않았던 문제로 전혀 뜻밖의 판결을 받는 일이 없도록 조처하여야 한다고 판시하고 있으므로, 법원으로서는 특히 기본법 제22조의2 신설 이후에도 흡수설을 유지함으로써 납세의무자가 받을 불이익이 없도록 적극적으로 석명권을 행사하여야 할 것으로 본다.

4. 기본법 제22조의2의 시행 이후 항고소송에서의 위법사유의 주장 범위

(1) 문제의 소재

기본법 제22조의2의 시행 이후에도 증액경정처분이 있는 경우, 원칙적으로는 당초처분에 대한 불가쟁력의 발생 여부 등에 관계없이 증액경정처분만이 항고소송의 심판대상이 된다고 할 해석할 때, 그 주장·심리 범위와 관련하여 당초처분에 대하여 불가쟁력이 생긴

경우 증액경정처분의 당부를 판단함에 있어 당초처분에 대한 하자도 함께 주장·심리할 수 있는지가 문제된다.

(2) 견해의 대립

피고는 기본법 제22조의2 제1항의 입법 취지가 당초처분과 증액경정처분을 별개로 보기 위한 것이므로, 증액경정처분취소소송에서 당초처분에 대한 하자를 다툴 수 없다고 보아야 한다고 주장하고 있지만, ① 당초처분과 증액경정처분은 1개의 추상적인 납세의무의 내용을 구체화하기 위한 일련의 행위로서, 증액경정처분은 당초처분에 의한 과세표준과 세액을 그대로 둔 채 탈루된 부분만을 추가하는 것이 아니라 증액되는 부분을 포함시켜 전체로서 하나의 과세표준과 세액을 다시 결정하는 처분이므로 납세의무 전체에 대하여 이를 통일적으로 심리하여야 하고,19) ② 과세처분취소소송에서의 소송물을 그 취소원인이 되는 위법성 일반 또는 과세관청의 처분에 의하여 인정된 과세표준 및 세액의 객관적 존부라고 보는 총액주의를 취할 경우 과세표준 및 세액의 인정이 위법이라고 내세우는 개개의 위법사유는 자기의 청구가 정당하다고 주장하는 공격방어방법에 불과하므로 당초처분에서의 하자도 주장할 수 있다20)는 점 등을 논거로

증액경정처분취소소송에서 불가쟁력이 발생한 당초처분의 하자도 주장 가능하다는 데 사실상 의견이 일치되어 있다.

또한 서울고등법원 2008. 11. 5. 선고 2008누17679 판결 등과 조세심판원 2003. 10. 18. 자 2003중556 결정도 긍정설의 입장을 취하고 있다.

(3) 소결

① 증액경정처분의 특성, ② 소송물로서의 총액주의를 취할 수밖에 없는 점, ③ 기본법 제22조의2 제1항 소정의 "확정"을 납세의무의 확정으로 해석하기가 쉽지 않은 점, ④ 기본법 제22조의2 제1항 소정의 "확정"을 납세의무의 확정으로 해석하면서도 긍정설을 취하는 견해가 있는 점21) 등에 비추어 볼 때, 긍정설이 타당하다고 판단된다.

5. 결론

앞서 본 바와 같이 ① 증액경정처분은 당초처분에 의한 과세표준과 세액을 그대로 둔 채 탈루된 부분만을 추가하는 것이 아니라 증액되는 부분을 포함시켜 전체로서 하나의 과세표준과 세액을 다시 결정하는 처분인 점, ② 과세처분취소소송에서의 소송물은 그 취소

---

19) 최명근, 전게서, 391면; 정해남, 전게논문, 530면 등.
20) 소순무, 전게서, 319면; 이창희, 전게서, 222면; 사법연수원, 전게서, 92면; 김완석, 전게논문, 50면; 김연태, 전게논문, 137면; 김창석, 전게논문, 243면; 정해남, 전게논문, 530면 등.
21) 김완석, 전게논문, 50면.

원인이 되는 위법성 일반 또는 과세관청의 처분에 의하여 인정된 과세표준 및 세액의 객관적 존부이고, 따라서 과세표준 및 세액의 인정이 위법이라고 내세우는 개개의 위법사유는 공격방어방법에 불과한 점, ③ 분쟁의 통일적·일체적 심리의 요청에 부응하고, 소송경제의 합리성도 도모할 수 있는 점 등에 비추어, 기본법 제22조의2의 시행 이후에도 증액경정처분이 있는 경우, 당초 신고나 결정은 증액경정처분에 흡수됨으로써 독립한 존재가치를 잃게 된다고 보아야 하므로, 원칙적으로는 당초 신고나 결정에 대한 불가쟁력의 발생 여부 등에 관계없이 증액경정처분만이 항고소송의 심판대상이 되고, 납세의무자는 그 항고소송에서 당초 신고 등에 대한 위법사유도 함께 주장할 수 있다고 해석함이 타당하다.

따라서 같은 취지의 원심의 판단은 정당하고, 거기에 피고의 상고이유 주장과 같은 기본법 제22조의2 소정의 경정 등의 효력에 관한 법리오해 등의 위법이 없다.

6. 이 판결의 의의

이 사건 판결은 당초처분과 증액경정처분의 관계에 관한 기본법 제22조의2의 시행 후, 항고소송에서의 심판대상과 위법사유 주장 범위에 관한 최초의 판결이라는 점에 의의가 있다.[22][23]

---

22) 이 판결의 취지에 따라 '과다신고분을 다투기 위해서는 감액경정청구절차를 밟아야 하고 부과처분에 대한 취소소송에서는 과다신고사유를 주장할 수 없다'는 취지의 대법원 2005. 11. 10. 선고 2004두9197 판결은 대법원 2013. 4. 18. 선고 2010두11733 전원합의체 판결에 의하여 변경되었다.

23) 이 판결 선고 이후 논문으로, 김동훈, "국세기본법 제22조의2 시행 후 증액경정처분의 경우에 있어서 심판의 대상과 범위", 법학논총 34권 2호; 김선아, "당초처분과 경정처분의 법률관계에 대한 검토", 재판자료 제125집, 법원도서관; 이전오, "당초 과세처분과 증액경정처분의 관계에 대한 연구 : 대법원 2009. 5. 14. 선고 2006두17390 판결 평석", 『성균관법학』, 제21권, 제2호 등이 있다.

참고문헌

김동훈, "국세기본법 제22조의2 시행 후 증액경정처분의 경우에 있어서 심판의 대상과 범위", 『법학논총』, 제34권, 제2호.

김선아, "당초처분과 경정처분의 법률관계에 대한 검토", 『재판자료』 제125집, 법원도서관.

강성모, "당초의 과세처분과 경정처분의 관계", 『조세법연구』, 10-2, 세경사.

김연태, "당초의 과세처분과 경정처분의 관계", 『안암법학』, 제12호, 세창출판사.

김완석, "국세기본법 제22조의2의 해석론", 『중앙법학』, 제5집, 제2호.

김창석, "과세처분에 있어서 당초처분과 경정처분의 관계", 『사법논집』, 제38집.

류용호, "당초처분과 경정처분의 법률관계에 대한 재검토", 『행정재판실무편람』, 제4권, 서울행정법원.

이종채, "증액경정처분이 있은 경우 당초처분에서 정한 납부기한의 경과로 인하여 발생한 가산금 징수처분의 효력", 『재판과 판례』, 제12집, 대구판례연구회.

윤준미, "국세기본법 제22조의2", 『Jurist(391)』, 청림인터렉티브(주).

이창희, 『세법강의』, 박영사, 2008.

사법연수원, 『조세소송연구』, 2008.

소순무, 『조세소송』, 조세통람사, 2010.

정해남, "당초처분과 경정처분의 법률관계 재고 -증액경정처분을 중심으로-", 『경기법조』, 제11호(2004).

이전오, "당초 과세처분과 증액경정처분의 관계에 대한 연구: 대법원 2009. 5. 14. 선고 2006두17390 판결 평석", 『성균관법학』, 제21권, 제2호.

최명근, 『세법학총론』, 세경사, 2006.

재결청의 재조사결정에 따른 후속처분이 있는 경우, 제소기간의 기산일

사건의 표시 : 대법원 2010. 6. 25. 선고 2007두12514 전원합의체판결

▪ 사실개요 ▪

① 부과처분: 양천세무서장(피고)은 2005. 4. 1. 원고에게 과거 매출신고 누락분에 대해 부가가치세 105,930,000원을 부과고지

② 이의신청: 2005. 6. 29. 이의신청

③ 재조사결정: 2005. 7. 27. '실지거래여부를 재조사하여 그 결과에 따라 과세표준과 세액을 경정하도록 한다'는 재조사결정

④ 재조사결정에 따른 후속처분: 피고는 2005. 10. 24. 원고에게 당초 결정이 정당하다는 재조사결과 통보

⑤ 심사청구: 2005. 10. 28. 국세청에 심사청구

⑥ 각하결정: 2005. 12. 29. 국세청은 재조사결정을 통보받은 2005. 7. 29.부터 심사청구기간인 90일을 도과하여 제기된 것으로서 부적법하다는 각하결정을 함

⑧ 행정소송 제기: 2006. 3. 20. 소제기

▪ 판결요지 ▪

1. 원심판결 이유

원고로서는 향후 처분청이 재조사결정에 따라 어떤 결정을 내릴지 알 수 없어 재조사결정 자체만으로는 원고의 쟁송목적을 달성했

---

* 김영순(인하대학교 법학전문대학원 조교수, 변호사).

는지에 대한 판단을 유보할 수밖에 없고, 이 사건 처분에 대한 불복 여부를 결정하기 위하여는 재조사결과에 따른 처분이 행하여진 이후에야 비로소 판단할 수 있는 것이어서, 이의신청절차에서 부과처분의 일부가 취소 또는 경정될 것으로 예상되는 재조사결정을 한 경우에 잔존하게 되는 나머지 부분에 관하여 적법한 심사청구기간을 준수하였는지 여부를 재조사 결정일을 기준으로 판단하여야 한다는 것과는 달리 이 사건과 같이 원고의 주장이 이유 있음을 전제로 한 재조사결정에 있어서는 피고가 재조사절차를 거친 이후 그 결과를 통보한 날인 2005. 10. 24. 원고의 이의신청을 종국적으로 기각하는 결정을 한 것이라고 볼 것이다. 따라서 원고로서는 재조사결과를 통보받은 날을 기준으로 90일 이내에 국세청에 대하여 심사청구를 할 수 있다고 할 것이므로 2005. 10. 28. 제기된 원고의 심사청구는 위 기간 내 제기된 것이어서 적법함에도 불구하고 심판청구기간 도과를 이유로 한 국세청의 심사청구 각하결정은 결국 위법하다.

2. 피고(상고인)의 상고이유

이 사건 재조사결정은 원고의 청구에 대한 재조사를 하여 그 결정에 따라 원고에 대한 부가가치세를 결정·경정하라는 취지로서, 원래의 부과처분을 취소하라는 취지가 아니

고, 이 사건 재조사결정에 따른 처분이 존재하지 아니하므로, 원고로서는 이러한 재조사결정에 불복하는 경우 이 사건 재조사결정을 통보받은 날로부터 적법한 불복기간 내에 심판청구 등을 제기하여 당초 처분에 대한 취소를 구하여야 하는바, 원고는 이 사건 재조사결정을 통보받은 날인 2005. 7. 29.로부터 90일이 이미 도과한 2005. 10. 28. 국세청에 심사청구를 하여 심사청구가 부적법 각하되었으므로, 원고는 전심절차를 거치지 않은 것과 마찬가지이므로 이 사건 소는 부적법하다.[1]

3. 대법원의 판단

(1) 다수의견

이의신청 등에 대한 결정의 한 유형으로 실무상 행해지고 있는 재조사결정은 처분청으로 하여금 하나의 과세단위의 전부 또는 일부에 관하여 당해 결정에서 지적된 사항을 재조사하여 그 결과에 따라 과세표준과 세액을 경정하거나 당초 처분을 유지하는 등의 후속 처분을 하도록 하는 형식을 취하고 있다. 이에 따라 재조사결정을 통지받은 이의신청인 등은 그에 따른 후속 처분의 통지를 받은 후에야 비로소 다음 단계의 쟁송절차에서 불복할 대상과 범위를 구체적으로 특정할 수 있게 된다. 이와 같은 재조사결정의 형식과 취지, 그리고 행정심판제도의 자율적 행정 통제기능 및 복

---

1) 피고의 상고이유는 종래 대법원의 입장이었다(대법원 1997. 10. 24. 선고 96누10768 판결 외 다수).

잡하고 전문적·기술적 성격을 갖는 조세법률관계의 특수성 등을 감안하면, 재조사 결정은 당해 결정에서 지적된 사항에 관해서는 처분청의 재조사 결과를 기다려 그에 따른 후속처분의 내용을 이의신청 등에 대한 결정의 일부분으로 삼겠다는 의사가 내포된 변형결정에 해당한다고 볼 수밖에 없다. 그렇다면 재조사결정은 처분청의 후속처분에 의하여 그 내용이 보완됨으로써 이의신청 등에 대한 결정으로서의 효력이 발생한다고 할 것이므로, 재조사결정에 따른 심사청구기간이나 심판청구기간 또는 행정소송의 제소기간은 이의신청인 등이 후속 처분의 통지를 받은 날부터 기산된다고 봄이 타당하다.

(2) 별개의견

재조사결정은 단지 효율적인 사건의 심리를 위하여 처분청에 재조사를 지시하는 사실상의 내부적 명령에 불과하다고 보아야 할 것이므로 그로써 이의신청 등에 대한 결정이 있었다고 할 수 없고, 후속 처분에 의하여 그 효력이 발생한다고 의제할 수도 없다. 따라서 이의신청인 등에게 재조사결정이나 후속 처분이 통지되었다고 하더라도 그 후 다시 재결청이 국세기본법(이하 '기본법'이라 한다)에 규정된 유형의 결정을 하여 이의신청인 등에게 이를 통지할 때까지는 심사청구기간 등이 진행하지 않는다고 보아야 한다.

▶ 해 설 ◀

1. 재조사결정의 의의

재조사결정은 조세불복단계(이의신청, 심사청구, 심판청구)에서 재결청(세무서장, 국세청장, 감사원장, 조세심판원)이 내리는 결정의 한 유형이다. 이는 납세자의 청구가 이유있다고 인정하지만, 납세자의 청구를 전부 또는 일부 인용하여 과세처분을 취소하는 것이 아니라 처분청에게 특정사항을 재조사하라는 결정이다.

2. 이 판결의 법적 쟁점

재조사결정에 대해서는 종래부터 재조사결정의 법적성질, 법적근거, 효력 등 근본적인 면에서 문제가 제기되었다. 기본법상 재결의 유형으로 열거되지 않은 형태임에도 불구하고, 조세심판원이나 국세청 실무에서 재조사결정이 내려지고 있었기 때문이다. 실무적으로 가장 문제가 되었던 부분은 납세자가 소송을 제기할 수 있는 기산일을 재결청으로부터 재조사결정 통지를 받은 날부터 할지, 아니면 후속처분을 받은 날부터 할지에 대한 것이었다.

이 논의는 기존 대법원 판례에 대한 비판적 문제의식에서 출발하였다. 기존 대법원 판례는 재조사결정이 있은 후 재조사를 통한 감액경정의 후속처분이 있을 때 이를 통상의 감액경정처분과 같은 법리에서 파악하였다. 즉, 당초처분이 일부취소된 것으로 보았기 때문에 소송물은 당초처분이 되고, 제소기간의 기산일은 재결청의 재조사결정 통지를 받은 날부터 기산되는 것으로 판단하였다. 그러나 이렇게 판단하는 것은 납세자의 신뢰에 크게 반하고 실질적 재판청구권까지 침해할 수 있는 소지가 있다는 비판이 있었다.

대법원은 드디어 전원합의체 판결로 기존의 판례를 변경하기에 이르렀다. 대법원 전원합의체 판결에서 법적 쟁점이 되었던 부분은 재조사결정의 법적성질 및 법적효력, 제소기간의 기산일이었다.2) 재조사결정의 법적성질에 대해서는 다수의견과 별개의견이 차이를 보이고 있지만, 결과적으로 제소기간의 기산일에 있어서는 납세자에게 유리한 결론을 내고 있다. 이하에서 자세히 살펴보기로 한다.

3. 재조사결정의 법적성질 및 법적효력

재조사결정이 종국결정인지 여부 및 종국결정이라면 어떤 유형의 종국결정인지에 대해 기존부터 많은 논의가 있었다. 대부분의 견해는 재조사결정을 종국결정으로 인정하였다.3) 다만, 종국결정 중 어떤 유형에 해당하는지에 대해서는 기각결정에 해당한다는 입장, 인용결정에 해당한다는 입장, 기타 필요한 처분에 해당한다는 입장 등 의견이 통일되어 있지 않았다.

대상판결의 다수의견은 재조사결정이 이의신청 등에 대한 결정으로서 유효하다는 전제에서 재조사결정을 종국결정으로 보고 있다. 그러면서도 구체적으로 재조사 결과를 기다려 그에 따른 후속 처분의 내용을 이의신청 등에 대한 결정의 일부분으로 삼겠다는 의사가 내포된 변형결정이라고 하고 있다. 따라서 재조사결정은 처분청의 후속 처분에 의하여 그 내용이 보완됨으로써 이의신청 등에 대한 결정으로서의 효력이 발생한다고 판단하였다. 이는 행정심판제도는 사법심사와 달리 행정의 자율적 통제기능이 있다는 점과 복잡하고 전문적·기술적 성격을 갖는 조세법률관계의 특성상 재조사결정의 필요성을 인정할 수밖에 없다는 인식이 깔려있는 것으로 보인다.

반면 별개의견은 재조사결정을 법에 규정되지 않은 재결의 유형으로써 무효라는 입장을 취하고 있다. 다만 종국결정으로써 무효일 뿐, 내부적 명령의 성질은 있다고 보고 있다. 별개의견이 종국결정으로 볼 수 없다고 한 근거는 네 가지로 요약할 수 있다. 첫째, 행정심판은 그 본질이 준사법행위이기 때문에 다툼이 있는 사실관계나 법률관계를 확정하여 당해 분쟁을 해결하는 것이어야 한다는 것이다.

---

2) 관련된 쟁점으로 소송물 논의, 불이익변경금지원칙 등이 있지만, 본고에서는 지면 관계상 생략한다.
3) 그러나 재조사결정을 중간결정으로 보아야 한다는 견해도 있었다(조성훈). 이 견해는 소송에서 증거신청에 대해 증거조사를 하는 경우 증거결정이 중간적 재판인 것처럼 재조사결정은 조사가 필요한 과세요건이나 비과세요건에 대해 더 조사할 필요가 있다는 내용의 결정이므로 중간적 결정으로 보아야 한다는 것이다.

둘째, 납세자가 후속 처분에 대한 심판청구를 하면 재결청은 그 심판청구를 적법한 것으로 보아 본안판단을 다시 하고 있는바, 과세실무에서는 재결청 스스로 처분청의 후속 처분을 이의신청 등에 대한 결정의 일부라거나 그 내용을 보완하는 처분으로 보고 있지 않음이 명백하다. 셋째, 재조사결정은 실무상의 관행으로 정착된 것일 뿐 기본법상 열거된 결정의 유형이 아니라는 것이다. 마지막으로 불이익변경금지원칙과 관련하여 문제가 생긴다는 점을 지적하고 있다.

4. 제소기간의 기산일

납세자가 재결청의 재조사결정통지문을 송달받고 90일이 지나서야 처분청의 후속처분 결과가 나오는 경우가 훨씬 많을 것이다. 이런 경우 납세자는 처분청이 좀 더 빨리 후속처분을 했으면 소송을 제기해서 다툴 수 있었을 것임에도 불구하고, 처분청이 90일이 지나서 후속처분을 하는 바람에 제소기간을 도과해 버리고 만다. 따라서 처분청의 절차 지연으로

인해 납세자의 권리구제 기회가 박탈되어 버리는 결과가 초래된다.

대상판결 전의 대법원 판결은 일관되게 재조사결정 통지를 받은 날부터 제소기간을 기산한다고 판단하였다.[4] 즉, '납세의무자로서는 조세심판원의 위와 같은 재조사 경정결정만으로써는 그 쟁송목적을 달성한 것이라고 할 수 없어, 이러한 결정에 대하여 바로 행정소송을 제기하여 원처분(추후 처분청의 감액경정결정이 있는 경우에는 일부 취소된 원처분)에 대하여 그 위법의 시정을 구하여야 한다'고 보았다.

그러나 학계에서는 구체적인 형평성을 고려하여 제소기간의 기산일을 재조사결정에 의한 후속처분 통지를 받은 날로 보아야 한다는 결론에 대체로 동의하고 있었다. 다만, 이론 구성에 있어서 여러 가지 견해가 존재하였다.[5]

조세심판원은 대상판결 전에도 후속처분을 별개의 소송물로 인정하는 방식으로 납세자를 구제하고 있었다. 즉, "당초 부과처분이 그대로 유지된 결과 당해 부과처분에 불복하여 제기한 당초심판청구와 비교하여 달리 청

---

4) 대법원 1997. 10. 24. 선고 96누10768 판결 외 다수.
5) 첫째, 중간결정으로 보는 견해이다. 이 견해는 처분청은 재결청의 자격에서 조사한 것이고 재조사 결과에 납세자가 불복하는 경우 납세자는 다시 재결청에 재조사결과의 타당성을 물어야 하고 재결청은 이때 비로소 종국결정을 한다고 보았다. 따라서 재조사결과의 통지에 납세자가 동의하지 않는 경우에 납세자는 재조사결정을 한 재결청에 다시 종국적 재결을 구해야 하고 재결청의 종국적 결정이 있은 후에야 다음 단계의 불복절차를 진행할 수 있다고 본다(조성훈).
둘째, 후속처분통지를 결정의 통지로 보는 견해이다. 여기서 '결정의 통지를 받은 날'을 목적론적으로 해석하여 결정의 통지를 받으면 소송 제기 여부를 결정할 수 있는 상황이 된다는 것을 전제로 하고 있다(김동수).
셋째는 제소기간의 추완을 허용하자는 견해이다. 즉, 납세자가 소를 제기하지 못한 '정당한 사유'가 있다고 보아 제소기간의 추완을 허용해야 한다는 것이다(김영순).

구인의 권리와 이익이 침해된 것이 없어 불복청구 대상인 처분자체가 없는 것으로 볼 수도 있으나, 위법·부당한 부과처분에 대한 납세자의 권리구제를 확대하고 각 재결기관에 자기시정 기회를 부여하는 것이 합리적이라는 점에서 재조사에 따른 경정처분(재조사 결과 당초 부과처분을 유지하는 처분도 실질적인 경정처분으로 보는 것이 타당함)에 불복하여 다시 심판청구를 제기할 수 있다"고 보았다.[6]

대상판결의 다수의견은 제소기간의 기산일을 후속 처분의 통지를 받은 날부터 기산한다고 판단하였다. 그리고 이에 반하는 기존의 대법원 판결을 폐기하고 판례를 변경하였다. 후속처분의 통지를 받은 날부터 기산하는 근거는 재조사결정은 처분청의 후속 처분에 의하여 그 내용이 보완됨으로써 이의신청 등에 대한 결정으로서의 효력이 발생한다고 보기 때문이다. 즉, 후속처분으로 재결의 효력이 비로소 발생하므로 후속처분이 있은 날이 재결이 있은 날이 된다고 본 것이다.

반면 별개의견은 재조사결정을 종국결정이 아니라 내부적 명령에 불과하다고 보기 때문에, 납세자 입장에서는 아직 이의신청 등에 대한 (종국)결정을 수령한 바가 없게 된다. 따라서 기본법 제61조 제2항 단서에 따라 결정기간이 경과하도록 결정통지를 받지 못한 것이 되기 때문에 그 기간이 경과한 날 이후에는 언제든지 소송을 제기할 수 있게 된다고 본다.

5. 이 판결의 의의

대상판결은 헌법상 보장된 재판청구권을 실질적으로 보장하게 되었다는 점에서 큰 의의를 갖는다. 이외에도 소송경제적 의미에서 불필요한 소제기를 방지하게 되었다는 점, 일반인의 법인식과 법원의 법 논리 사이에 괴리를 해소하게 되었다는 점에서 의의를 찾을 수 있다.

그러나 위와 같은 큰 의미에도 불구하고 다수의견은 법해석에 있어서 다음과 같은 몇 가지 문제점을 갖고 있다. 첫째로 재조사결정은 기본법 제65조 제1항에 열거되어 있는 결정유형에 해당하지 않는다. 따라서 전원합의체에 판결에 따르면 위 규정에 열거되어 있는 결정 유형을 예시적으로 이해해야 하는지에 대해 의문이 있을 수 있다.

둘째로 만약 과세관청이 재조사 과정에서 새로이 발견한 과세자료를 토대로 증액하여 과세를 하게 되면 이 증액처분이 결국 재결청의 결정이 된다. 그런데 이런 재결은 불이익변경금지원칙에 반하는 위법한 재결이 되고 만다.

마지막으로 과세실무에 있어 행정주체간의 관계이다. 재조사결정은 조세심판원이 하지만, 재조사 후 후속처분은 과세관청이 하게 된다. 행정주체가 상이함에도 불구하고 과세관청의 후속처분으로 재조사결정이 완성된다고 보는 것은 행정주체 간에 고유한 행정행위를 혼동하게 만들 수 있다.

---

6) 국심2001서1137(2002. 7. 15.); 국심2003서1287(2003. 10 . 20.); 조심2008서2473(2008. 11. 06.).

참고문헌

고성춘, 『국세기본법 사례연구』, 도서출판 청보, 2008.

김동수, "국세심판원의 재조사결정에 따른 감액결정처분이 있는 경우의 불복대상과 그 제소기간에 대하여", 『특별법연구』, 제8권(2006.), 박영사.

김범준, "조세심판제도의 실무적 개선방안과 입법론", 『조세법연구』, 15-1(2009.), 세경사.

김성만, 임규진, "재조사결정에 관한 연구: 대판 2010.6.25. 선고, 2007두12514 전원합의체판결을 중심으로", 『조세연구』, 제12권, 제1호(2012.), 한국조세연구포럼.

김성수, 『세법 -조세법과 공법원리-』, 법문사, 2003.

김영순, "재조사결정의 문제점 및 해결방안조세심판원의 결정례를 중심으로", 『조세법연구』, 16-1(2010.), 세경사.

김철용 외, 『주석행정소송법』, 박영사, 2004.

김태호, "조세불복절차에 있어서의 불이익변경금지에 관한 연구", 『현대세무학의 논점』, 조세통람사, 2008.

박요찬, "국세기본법 제22조의2 해석론을 중심으로 한 당초처분과 경정처분의 관계", 『조세법연구』, 14-3(2008.), 세경사.

소순무, "국세심판결정에 근거하여 처분청이 감액경정결정을 한 경우와 항고소송", 『대법원판례해설』, 제26호(1996. 7.).

소순무, 『조세소송』, 조세통람사, 2008.

소순무, "전심기관 재조사결정의 세법적 좌표", 『세무사』, 제28권, 제3호(2010.), 한국세무사회.

이전오, "당초과세처분과 증액경정처분의 관계에 대한 연구 -대법원2009.5.14. 선고, 2006두17390 판결평석-", 『성균관법학』, 제21권, 제2호(2009.).

이창희, 『세법강의』, 박영사, 2009.

임승순, 『조세법』, 박영사, 2008.

조성훈, "재조사결정의 법적 문제점에 대한 소고", 『세무사』, 제116호(2008.).

조윤희, "재조사결정의 법적성격 및 그에 따른 제소기간 등의 기산점", 『재판자료』, 제121집(조세법실무연구Ⅱ)(2010.).

최천식, "조세심판실무상 관행으로 정착된 재조사결정 고찰", 『관세와 무역』, 2010년 10월호, 한국관세무역개발원.

홍준형, 『행정구제법』, 한울아카데미, 2001.

소득금액변동통지 후의 징수처분이
부과처분으로서 불복의 대상이 될 수 있는지 여부

사건의 표시 : 대법원 2012. 1. 26. 선고 2009두14439 판결

▪ 사실개요 ▪

피고(과세관청)는 법인인 원고의 2003년 귀속 가공매입액을 손금불산입하고 이를 대표자에 대한 상여로 소득처분한 다음, 2006. 8. 1. 원고에게 소득금액변동통지를 하였다. 원고가 소득금액변동통지에 따른 원천징수 근로소득세를 납부하지 아니하자 피고는 2007. 3. 1. 원고에게 납세고지를 하였다. 원고는 소득금액변동통지에 대하여는 불복기간 내에 불복하지 않다가 가공매입이 아니라는 이유로 소득처분의 당부를 다투면서 납세고지(징수처분)의 취소를 구하는 이 사건 소를 제기하였다.

원심은 소득금액변동통지가 당연무효가 아닌 한 징수처분이 위법하다고 할 수 없고

가공매입이 아니라는 사유는 소득금액변동통지의 취소사유에 불과할 뿐 당연무효 사유에 해당한다고 볼 수 없다는 이유로 원고의 청구를 기각하였으며, 원고는 원천징수세액의 존부와 범위를 다투려는 자는 징수처분을 불복대상으로 삼아 소득금액변동통지의 위법을 다툴 수 있다는 것을 상고이유로 주장하였다.

▪ 판결요지 ▪

소득금액변동통지는 원천징수의무자인 법인의 납세의무에 직접 영향을 미치는 과세

---

* 하태흥(대법원 재판연구관, 부장판사).

관청의 행위로서 항고소송의 대상이 된다. 그리고 원천징수의무자인 법인이 원천징수하는 소득세의 납세의무를 이행하지 아니함에 따라 과세관청이 하는 납세고지는 확정된 세액의 납부를 명하는 징수처분에 해당하므로 선행처분인 소득금액변동통지에 하자가 존재하더라도 그 하자가 당연무효 사유에 해당하지 않는 한 후행처분인 징수처분에 그대로 승계되지 아니한다. 따라서 과세관청의 소득처분과 그에 따른 소득금액변동통지가 있는 경우 원천징수하는 소득세의 납세의무에 관하여는 이를 확정하는 소득금액변동통지에 대한 항고소송에서 다투어야 하고 그 소득금액변동통지가 당연무효가 아닌 한 징수처분에 대한 항고소송에서 이를 다툴 수는 없다.

▶ 해 설 ◀

1. 이 사건이 문제되는 배경

조세법률관계에서 부과처분과 징수처분은 별개의 독립된 행정처분이므로 부과처분이 당연무효가 아닌 한 조세채무의 확정행위인 부과처분에 존재하는 하자는 후행의 징수처분에 승계되지 않고, 징수처분의 취소소송에서는 그 전제가 되는 확정된 세액을 다툴 수 없으며[1] 징수처분 고유의 하자만을 다툴 수 있다. 따라서 세액의 존부와 범위를 다투려는 납세의무자는 원칙적으로 부과처분의 취소를 구하여야 한다.

그런데 자동확정방식의 조세는 법률에서 규정하는 과세요건이 충족되기만 하면 그로써 조세채무가 확정되고 과세관청의 납세고지는 징수처분에 불과하므로,[2] 항고소송으로 세액의 존부와 범위를 다툴 대상이 없다는 문제가 있다. 이에 판례[3]는 "과세관청이 원천징수할 세액을 정하여 그 납입을 고지한 이상 과세관청의 의견이 이때에 비로소 대외적으로 공식화되므로 세액의 존부와 범위를 다투려는 납세의무자는 징수처분에 대한 항고소송을 제기할 수 있다."고 판시함으로써 예외적으로 자동확정방식의 조세에 관하여는 징수처분의 취소소송에서 세액의 존부와 범위를 다툴 수 있는 길을 열어 두었다.

한편 과세관청은 법인세법 제67조, 법인세법 시행령 제106조에 의한 소득처분을 하면 소득세법 시행령 제192조 제1항에 의하여 법

---

1) 대법원 1987. 9. 22. 선고 87누383 판결 등. 신고납세방식의 조세도 신고행위에 당연무효 사유가 없는 한 신고행위의 하자가 징수처분에 승계되지 않으므로, 세액의 존부와 범위를 다투려는 자는 경정청구를 하거나 경정거부처분에 대한 취소소송을 통해 먼저 조세채무의 확정력을 깨뜨려야 한다(대법원 2006. 9. 8. 선고 2005두14394 판결).
2) 대법원 1984. 3. 13. 선고 83누686 판결.
3) 대법원 1974. 10. 8. 선고 74다1254 판결 등.

인에게 소득금액변동통지를 하여야 하고, 법인은 배당·상여·기타소득으로 소득처분된 금액에 관하여 소득세법 제127조에 의하여 원천징수의무를 부담하게 되며, 이와 같이 법인이 원천징수하는 소득세 또는 법인세는 자동확정방식의 조세에 해당한다. 종래의 판례는 원천징수의무자인 법인이 소득처분, 즉 원천징수할 세액의 존부와 범위를 다투고자 하는 경우 소득금액변동통지는 독립하여 항고소송의 대상이 되는 행정처분이 아니지만,[4] 징수처분에 대한 항고소송으로는 불복할 수 있다고 봄으로써[5] 소득금액변동통지와 징수처분의 관계에서도 일반적인 자동확정방식의 조세에 대한 불복방법과 같은 태도를 취하였다.

그런데 대법원 2006. 4. 20. 선고 2002두1878 전원합의체 판결은 "소득금액변동통지는 원천징수의무자인 법인의 납세의무에 직접 영향을 미치는 과세관청의 행위로서 항고소송의 대상이 되는 조세행정처분이라고 봄이 상당하다."고 판시함으로써 소득금액변동통지의 처분성을 인정하였다. 이러한 판례변경에 의

하여 원천징수세액의 존부와 범위를 다투고자 하는 법인은 소득금액변동통지를 다툴 수 있게 되었으므로 징수처분에 대한 항고소송을 허용할 필요성은 반감되었다. 그 결과 이 사건에서는 소득금액변동통지의 처분성을 인정하는 판례변경 이후에도 징수처분에 대한 항고소송에서 징수처분 고유의 하자가 아닌 세액의 존부나 범위를 다툴 수 있는지가 문제되었고, 나아가 징수처분에 대한 불복을 허용한 종래의 판례를 유지할 필요가 있는지가 문제되었다.[6]

2. 징수처분에 대하여 불복이 가능한 사유

판례변경 이후에도 징수처분을 불복대상으로 삼아 납세의무의 존부와 범위를 다툴 수 있는지에 관하여는 두 가지 견해가 가능할 것이다.

긍정설은, 소득금액변동통지가 부과처분과 완전히 동일한 행정처분으로 보기는 어렵

---

4) 대법원 1993. 6. 8. 선고 92누12483 판결 등.
5) 대법원 1999. 12. 24. 선고 98두16347 판결 등. 판례는 원천징수세액을 자진납부하여 징수처분이 없는 경우에는 조리상의 경정청구권을 인정할 수 없다고 보았다(대법원 1995. 4. 28. 선고 94누11521 판결 참조). 그러나 부당이득반환청구가 가능한지에 관하여는 견해의 대립이 있다. 긍정설은 이창희, 『세법강의』(박영사), 2009, 774면, 부정설은 안경봉, "소득금액변동통지의 처분성에 관한 고찰", 『세무사』, 제24권, 제1호(108호 봄호)(한국세무사회), 2006, 46면 참조.
6) 대법원 2002두1878 전원합의체 판결에 나타난 김영란 대법관의 반대의견; 강남규, "소득금액변동통지의 처분성 인정과 후속처리", 『세무사』, 제25권, 제2호(113호 여름호)(한국세무사회), 2007, 119-120면; 강석훈, "소득금액변동통지의 처분성", 『행정판례백선』(박영사), 2011, 1242면; 이철송, "소득금액변동통지의 처분성에 수반하는 쟁점들", 『세무사』, 제30권, 제3호(134호 가을호)(한국세무사회), 2012, 104-106면 등도 이 사건 쟁점은 이미 대법원 2002두1878 전원합의체 판결 당시 예상된 쟁점임을 밝히고 있다.

다는 점, 법인 스스로 세무조정을 한 때와 같이 소득금액변동통지가 없는 경우에는 여전히 징수처분을 다투게 할 필요가 있다는 점, 소득금액변동통지서의 기재사항이 불완전하여 소득금액변동통지서만 보고서는 불복 여부를 결정하기 어렵다는 점, 징수처분뿐만 아니라 소득금액변동통지까지도 불복을 허용하고자 판례변경이 이루어진 것임에도 판례변경을 이유로 징수처분에 대한 불복이 불가능하다고 보면 판례변경의 취지에 반하는 점 등을 논거로 한다.

부정설은, 소득금액변동통지에 의하여 소득금액의 지급이 의제되어 원천징수의무가 성립하고 그 존부와 범위가 확정되므로 소득금액변동통지는 부과처분과 유사한 점, 판례변경 이후로는 소득금액변동통지를 직접 다툴 수 있으므로 별개의 독립된 행정처분에 관하여 하자의 승계를 부정하는 원칙에 충실할 필요가 있고, 조세채무의 성립·확정에 관한 소득금액변동통지를 놔둔 채 변칙적으로 징수처분만 취소할 것도 아닌 점, 소득금액변동통지서의 하단에는 '소득금액통지서를 받은 법인은 통지받은 소득에 대한 소득세를 원천징수하여 통지서를 받은 달의 다음 달 10일까지 납부하여야 한다.'는 취지가 기재되어 있고, 소득금액변동통지를 받는 법인은 상시 세무처리를 하는 자로서 소득금액변동통지의 기재사항만으로 불복 여부를 결정하기 곤란하다고 보기 어려운 점 등을 논거로 한다.

소득금액변동통지의 처분성이 인정되면 원천징수세액의 존부와 범위를 다투고자 하는 자가 더 이상 징수처분을 불복대상으로 삼을 수 없다는 것은 대법원 2002두1878 전원합의체 판결이 이미 예상한 결과로 보이고,[7] 이 사건 판결은 그 연장선상에서 부정설을 채택하였다. 이 사건 판결은 다음의 세 가지 점에 유의하여 이해할 필요가 있다. 첫째, 이 사건 판결은 소득금액변동통지에 관하여 불가쟁력이 발생한 경우 후행 징수처분에서 세액의 존부와 범위에 관한 사유를 다툴 수 있는가의

---

[7] 대법원 2002두1878 전원합의체 판결에 나타난 이강국, 고현철 대법관의 보충의견 참조(우리 세법에는 소득처분과 그 소득처분의 내용을 원천징수의무자에게 고지하는 소득금액변동통지제도가 있으므로, 소득금액변동통지가 원천징수의무자에게 도달된 때에 과세관청의 견해가 공식적으로 표명된 것으로 볼 수 있어, 과세관청의 견해에 불복하는 자에게는 이 단계에서 불복청구를 할 수 있는 수단을 마련하여 주는 것이 타당하고, 조세의 부과처분과 징수처분은 별개의 효과를 목적으로 하는 독립한 처분으로서 선행행위인 부과처분이 당연무효가 아닌 한 그 하자가 후행행위인 징수처분에 승계되지 않는 것이 행정법상의 기본원칙임에도, 종전의 판례는 원천징수의무자에게 불복수단을 마련하여 준다는 취지에서 그 원칙을 변경하여 징수처분에 대한 취소소송에서 원천징수의무의 성립 여부나 그 범위에 관하여 다툴 수 있다는 예외를 인정하게 된 것인데, 앞으로 소득금액변동통지 자체를 직접 항고소송의 대상으로 삼아 그 쟁송절차에서 원천징수의무의 성립 여부나 그 범위에 관하여 다툴 수 있게 된다면 이와 같은 변칙적인 운영을 시정할 수 있다); 강석훈, "[2012년 분야별 중요판례분석] (19) 조세법", 『법률신문』, 법률신문사(2013. 6. 27. 자)도 이 사건 판결이 대법원 2002두1878 전원합의체 판결과 논리적으로 일관된다는 점을 부인하기는 어렵다고 보고 있다.

문제를 다룬 것이다. 따라서 소득금액변동통지가 무효이거나 징수처분 자체의 하자가 있는 경우에는 판례변경과 무관하게 별개의 독립한 행정처분인 징수처분을 다툴 수 있다. 둘째, 이 사건 판결은 소득금액변동통지와 징수처분에 관하여만 판단한 것이고, 소득금액변동통지가 없는 일반적인 자동확정방식의 조세에 대한 불복방법에 대해 판단한 것이 아니다. 셋째, 이 사건 판결은 판례변경 이후에 비로소 소득금액변동통지가 있었던 사안에 관한 것이고, 판례변경으로 인하여 소득금액변동통지에 대한 불복기간을 준수할 수 없었던 경우를 구제할 것인가는 별개의 문제이다.8)

3. 판례변경의 요부

이 사건 판결과 저촉 여부가 문제되는 판결에는 다음과 같은 것들이 있다. ㉮ 일반적인 자동확정방식의 조세에 관하여 징수처분에 대한 불복이 가능하다는 법리를 명시적으로 선언한 것(74다1254), ㉯ 소득금액변동통지와 관련하여 징수처분에 대한 불복이 가능함을 방론으로 설시한 것(85다카1548), ㉰ 일반적인 자동확정방식의 조세에 관하여 징수처분에 대

한 불복을 허용한 것(2007두18284 등), ㉱ 소득금액변동통지와 관련하여 징수처분에 대한 불복을 허용한 것(98두16682 등)이 바로 그것이다.

먼저 소득금액변동통지와 관련된 ㉯, ㉱의 판례에 관하여는, 대법원 2002두1878 전원합의체 판결이 소득금액변동통지의 처분성을 부정한 판례들만 폐기하였을 뿐이라는 이유로 이 사건 판결은 징수처분을 다툴 수 있음을 전제로 한 판례와 저촉된다는 견해가 있을 수 있다. 그러나 이 사건 판결은 전원합의체를 통하여 ㉯, ㉱의 판례를 폐기하지 아니하였다. 그것은 대법원 2002두1878 전원합의체 판결이 이미 징수처분을 다투어야 한다는 종전의 판례를 변경하였거나 사실상 폐기한 것으로 볼 수 있으며, 소득금액변동통지와 징수처분의 관계에서 징수처분만을 항고소송의 대상으로 삼아야 한다는 명시적인 법리를 선언한 적이 없어 폐기할 만한 판례가 없다고 보았기 때문으로 이해된다.

다음으로 일반적인 자동확정방식의 조세에 관한 ㉮, ㉰의 판례에 관하여 본다. 자동확정방식의 조세에는 소득처분에 따라 법인이 원천징수하는 소득세 또는 법인세 이외에도

---

8) 종전의 판례에 따라 징수처분의 취소를 구하다가 소득금액변동통지의 취소를 구하는 것으로 청구의 교환적 변경을 한 경우(대법원 2012. 5. 9. 선고 2009두2887 판결), 청구의 추가적 변경을 한 경우(대법원 2013. 3. 28. 선고 2010두20805 판결), 그대로 징수처분의 취소를 구하는 경우(대법원 2009. 11. 12. 선고 2009두12372 판결)에 전심절차의 준수 여부, 제소기간의 준수 여부 등이 문제될 수 있다. 이에 관하여는 拙稿, "소득금액변동통지의 처분성 인정 이후 징수처분에 관하여 불복이 가능한 사유", 『대법원판례해설』, 제92호(2012년 상반기)(법원도서관), 2012, 91–107면 참조.

소득처분과 무관하게 법인이 원천징수하는 소득세 또는 법인세, 인지세, 특별징수하는 지방세 등이 있다.[9] 판례변경 이후로도 소득금액변동통지와 무관한 일반적인 자동확정방식의 조세에 관하여 징수처분이 있는 경우 여전히 세액의 존부와 범위를 다투기 위해서는 징수처분을 불복대상으로 삼아야 한다고 볼 것인지 아니면 부당이득반환청구의 방법으로 다투어야 한다고 볼 것인지, 또는 양자가 모두 허용된다고 볼 것인지는 논리의 문제라기보다는 결단의 문제라고 할 수 있다. 법인이 스스로 소득처분을 하고 자진납부를 한 경우를 비롯한 일반적인 자동확정방식의 조세에 관하여 징수처분이 없는 경우 어떠한 방법으로 불복을 허용할 것인지도 마찬가지라고 할 것이다.[10] 이 문제는 향후의 판례에서 법리가 선언될 것으로 보이고,[11] 이 사건 판결은 소득금액변동통지와 무관한 일반적인 자동확정방식의 조세에 관하여 판단한 것이 아니므로

㉮, ㉰의 판례와 저촉이 있다고 볼 수 없다.

4. 이 판결의 의의

이 사건 판결은 소득금액변동통지의 행정처분성을 인정한 대법원 2006. 4. 20. 선고 2002두1878 전원합의체 판결 이후로는 소득금액변동통지에 따른 원천징수세액의 존부와 범위를 다투려는 법인은 소득금액변동통지를 불복대상으로 삼아야 하고, 이전의 판례와 같이 징수처분을 불복대상으로 삼아 소득처분의 위법사유를 주장할 수 없다는 점을 명확히 밝힌 최초의 판결이라는 데에 그 의의가 있다. 다만 소득금액변동통지의 처분성을 인정한 판결에서 징수처분을 부과처분의 성격까지 가지는 것으로 보아 불복대상으로 인정했던 종전의 판례를 폐기한다는 취지를 명확히 표현하였으면 논란의 소지를 줄일 수 있었을 것이라는 아쉬운 점이 있다.

---

9) 국세기본법 제22조 제2항, 지방세기본법 제35조 제2항.

10) 판례는 소득금액변동통지가 없는 일반적인 원천징수세액에 관하여 부당이득반환청구를 긍정하고 있다(대법원 2002. 11. 8. 선고 2001두8780 판결; 대법원 2003. 3. 14. 선고 2002다68294 판결 등), 대법원 2009. 12. 24. 선고 2007다25377 판결은 판례변경 이전에 이루어진 소득금액변동통지에 따라 자진납부한 경우 부당이득반환청구가 가능하다고 판시하고 있다. 한편 2003. 12. 30. 법률 제7008호로 신설된 국세기본법 제45조의2 제4항은 원천징수의무자가 연말정산에 의하여 소득세를 납부하고 지급명세서를 제출기한 내에 제출한 경우 원천납세의무자뿐만 아니라 원천징수의무자에게도 경정청구권을 부여하고 있고, 대법원 2011. 11. 24. 선고 2009두23587 판결은 소득금액변동통지에 따른 원천징수세액에 대하여도 경정청구를 허용하고 있다.

11) 대법원 2002두1878 전원합의체 판결에 나타난 김영란 대법관의 반대의견 참조(소득금액변동통지의 처분성을 인정하게 된다면, 소득금액변동통지에 의하지 않은 일반적인 원천징수납부의무 이행의 경우는 부당이득반환청구의 방법으로, 소득금액변동통지에 따른 원천징수납부의무 이행의 경우에는 취소소송의 형태로만 그 권리구제가 가능하게 되는데, 동일한 원천징수 소득세에 대하여 구제수단을 달리 보아야 할 필요가 있는지는 의문이다).

참고문헌

강남규, "소득금액변동통지의 처분성 인정과 후속처리", 『세무사』, 제25권, 제2호(2007.).

강석훈, "소득금액변동통지의 처분성", 『행정판례백선』, 박영사, 2011.

강석훈, "[2012년 분야별 중요판례분석] (19) 조세법", 『법률신문』, 법률신문사(2013. 6. 27. 자).

안경봉, "소득금액변동통지의 처분성에 관한 고찰", 『세무사』, 제24권, 제1호(2006.).

이창희, 『세법강의』, 박영사, 2009.

이철송, "소득금액변동통지의 처분성에 수반하는 쟁점들", 『세무사』, 제30권, 제3호(2012.).

하태흥, "소득금액변동통지의 처분성 인정 이후 징수처분에 관하여 불복이 가능한 사유", 『대법원판례해설』, 제92호(2012.).

합병신주의 취득가액 산정 시 조세특례제한법 제49조 제1항에 따라 법인세가 비과세된 의제배당소득금액을 가산하여야 하는지 여부

사건의 표시 : 대법원 2005. 11. 10. 선고 2005두1022 판결

▪ 사실개요1) ▪

1. 합병의 경위 및 과정

가. A은행과 B은행 및 C종금 등 3개 금융기관은 1998. 12.경 먼저 1차로 B은행이 C종금을 흡수합병하고, 그 다음에 2차로 A은행이 B은행을 흡수합병하여 최종적으로 A은행이 존속법인이 되는 방식으로 합병하기로 상호 합의하였다.

나. 위와 같은 3자간의 합병합의에 따라 B은행은 1998. 12. 31. C종금을 흡수합병하는 합병계약을 체결하고, 그 합병대가로 C종금의

기존 주주들에게 C종금의 기명식 보통주식 1주(액면가 5,000원)당 B은행의 기명식 보통주식(액면가 5,000원) 5.38839주씩을 신주로 교부하기로 약정한 다음, 각자 주주총회의 결의를 거쳐 1999. 2. 26. 합병등기를 마쳤다.

다. 그 후 A은행은 1999. 5.경 B은행을 흡수합병하는 합병계약을 체결하고, 그 합병대가로 B은행의 주주들에게 B은행의 기명식 보통주식(액면가 5,000원) 9.587주당 A은행의 기명식 보통주식(액면가 5,000원) 1주씩 신주로 교부하기로 약정한 다음, 각자 주주총회의 결

---

* 박재찬(김·장 법률사무소 변호사).

1) 강석훈, "2005년도 법인세법 판례회고", 『조세법연구』, 12-1(2006. 7.), 402-404면의 사실관계 인용.

의를 거쳐 1999. 9. 15. 합병등기를 마쳤다.

2. 원고의 합병신주 취득 및 그 처분

가. 원고는 이 사건 1차 합병으로 인하여 소멸한 피합병법인인 C종금의 기존 주주로서 합병 당시 C종금의 주식 282만주를 소유하고 있었는데, 그 합병대가로 B은행의 신주 1,521만주(=282만주×5.38839)를 합병신주로 교부받았다.

나. 원고는 금융감독원의 지시에 따라 그룹에서 계열분리하기 위하여 합병대가로 교부받을 B은행의 주식 중 일부인 397만주를 1999. 4월경부터 5월경까지 사이에 처분하였다(이하 원고가 매각·처분한 합병신주를 '이 사건 주식'이라 한다).

3. 원고의 법인세 신고 및 감액경정청구

가. 원고는 법인세법 관련규정에 따라 합병대가로 교부받은 합병신주의 액면가액 총 760억 원(=1,521만주×5,000원)에서 당초 C종금의 주식을 취득하기 위하여 소요된 금액인 140억 원을 공제한 620억 원을 의제배당소득으로 산정하고 이를 1999 사업연도분 익금에 산입하였다.

나. 원고는 1999 사업연도 법인세 신고를 하면서, 금융기관 상호간의 합병으로 얻은 의제배당소득에 대하여는 법인세를 비과세한다는 조세특례제한법(이하 '조특법'이라 한다)의 관련규정에 따라 그에 해당하는 법인세를 비과세 받았으나, 이 사건 주식을 매각·처분한 데에 따른 양도차익을 계산함에 있어서는 그 취득가액(종전 장부가액)에 의제배당소득금액을 가산하지 아니하고 산정한 결과 이 사건 주식의 양도로 인한 법인소득(양도소득)이 과다하게 산정되었다.

다. 이에 따라 원고는 2000. 11. 28. 이 사건 주식의 처분에 따른 양도소득(법인소득)을 계산함에 있어서 그 취득가액(종전 장부가액)에 의제배당소득금액을 가산하여야 할 것임에도 이를 가산하지 아니한 결과 법인세를 과다하게 신고·납부하였다고 주장하면서 과다 납부된 세액 45억 원의 감액을 구하는 경정청구를 하였으나, 피고는 같은 해 12. 11. 이미 법인세가 비과세된 의제배당소득금액을 다시 취득가액에 가산하여 양도차익을 산정하면 법인세가 이중으로 면제되는 부당한 결과를 초래하므로 당초 비과세된 의제배당소득금액은 취득가액에서 제외함이 타당하다는 이유로 원고의 경정청구를 거부하는 이 사건 처분을 하였다.

▪ 판결요지 ▪

가. 법인세법 제41조의 위임에 의하여 자산의 취득가액에 관하여 규정한 법인세법 시

행령 제72조 제1항 제4호는 합병에 의하여
주주 등이 취득한 주식의 취득가액은 종전의
장부가액에 법인세법 제16조 제1항 제5호 소
정의 의제배당소득금액을 가산한 가액으로 한
다고 규정하고 있고, 조특법 제49조 제1항은
금융산업의 구조개선에 관한 법률에 의한 금
융기관이 동법에 따라 1999. 12. 31. 이전에
합병하는 경우 그 합병으로 인하여 소멸하는
금융기관의 주주가 지급받는 법인세법 제16
조 제1항 제5호 소정의 의제배당소득에 대하
여는 법인세를 과세하지 아니한다고 규정하고
있다.

　　나. 위 각 규정의 취지나 그 문언에 비추
어 보면, 의제배당소득에 대한 법인세가 비과
세되었다는 사정에 의하여 당해 의제배당소득
금액을 합병신주의 취득가액에 가산하지 않는
다면 실질적으로 법인세의 비과세라는 효과가
발생하지 않을 것이므로 합병신주의 취득가액
은 의제배당소득에 대하여 법인세가 과세되었
는지 여부를 불문하고 종전의 장부가액에 의
제배당소득금액을 가산한 가액으로 산정하여
야 할 것이다.

▶ 해 설 ◀

1. 관련 법령 및 쟁점

(1) 관련 법령

1) 구 조세특례제한법(2008. 2. 29. 법률 제8852호로 개정되기 전의 것, 이하 "구 조특법")

제49조(금융기관합병에 대한 법인세등 과세
특례) ① 금융산업의 구조개선에 관한 법률에
의한 금융기관(이하 이 조에서 "금융기관"이라 한
다)이 동법에 따라 1999년 12월 31일 이전에
합병 또는 영업을 전부 양도하는 경우 그 합
병 또는 영업의 전부양도로 인하여 소멸하는
금융기관의 주주·사원 또는 출자자가 지급받
는 소득세법 제17조 제2항 제3호·제4호 또는
법인세법 제16조 제1항 제4호·제5호의 규정
에 의한 소득에 대하여는 소득세 또는 법인세
를 과세하지 아니하며, 당해 금융기관에 대하
여는 법인세법 제77조의 규정에 의한 청산소
득에 대한 법인세는 이를 과세하지 아니한다.

2) 구 법인세법(2001. 12. 31. 법률 제6558호로 개정되기 전의 것, 이하 "구 법인세법")

제16조(배당금 또는 분배금의 의제) ① 다
음 각호의 1에 해당하는 금액은 법인으로부터
이익을 배당받았거나 잉여금을 분배받은 금액
으로 보고 이 법을 적용한다.
　　5. 합병으로 인하여 소멸하는 법인(이하

"피합병법인"이라 한다)의 주주등이 합병으로 인하여 설립되거나 합병 후 존속하는 법인(이하 "합병법인"이라 한다)으로부터 그 합병으로 인하여 취득하는 주식등의 가액과 금전 기타 재산가액의 합계액(이하 "합병대가"라 한다)이 그 피합병법인의 주식등을 취득하기 위하여 소요된 금액을 초과하는 금액

제41조(자산의 취득가액) ① 내국법인이 매입·제작·교환 및 증여 등에 의하여 취득한 자산의 취득가액은 다음 각 호의 금액으로 한다.

3. 제1호와 제2호 외의 자산은 취득 당시의 대통령령으로 정하는 금액

② 제1항에 따른 매입가액 및 부대비용의 범위 등 자산의 취득가액의 계산에 필요한 사항은 대통령령으로 정한다.

3) **구 법인세법 시행령**(2001. 12. 31. 대통령령 17457호로 개정되기 전의 것, 이하 "구 법인세법 시행령")[2]

제72조(자산의 취득가액등)

① 법 제41조 제1항 및 제2항의 규정에 의한 자산의 취득가액은 다음 각호의 금액으로 한다.

4. 현물출자·합병 또는 분할에 의하여 주주등이 취득한 주식등: 취득 당시의 시가. 다만, 합병 또는 분할(물적분할을 제외한다)의 경우에는 종전의 장부가액에 법 제16조 제1항

제5호 또는 동항 제6호의 금액 및 제11조 제9호의 금액을 가산한 가액으로 한다.

(2) 이 사건의 쟁점

이 사건의 쟁점은 합병으로 인하여 소멸하는 금융기관의 주주가 합병신주를 교부받음으로써 발생한 의제배당소득이 구 조특법 제49조 제1항에 따라 법인세가 비과세된 경우에도 당해 합병신주의 취득가액을 산정함에 있어 종전 장부가액에 의제배당소득금액을 가산하는 것이 타당한지 여부이다.

2. 원고 및 피고의 주장

이 사건 쟁점에 대한 원·피고의 주장은 다음과 같다.

(1) 원고의 주장

구 법인세법 제72조 제1항 제4호는 의제배당소득에 대하여 법인세가 과세되었는지 여부를 불문하고 합병신주의 취득가액은 종전 장부가액에 의제배당소득금액을 가산한 금액으로 하도록 규정하고 있고, 만약 구 법인세법 제72조 제1항 제4호를 피고의 주장처럼 의제배당소득에 대한 법인세가 비과세되었다는 사정에 의하여 당해 의제배당소득금액을 합병신주의 취득가액에 가산하지 않는다면 실질적으

---

2) 본 판례의 쟁점인 합병신주 취득가액의 산정과 관련하여 현행 법령에서 조항만 변경되었을 뿐 그 내용은 동일하다.

로 법인세의 비과세라는 효과가 발생하지 않게 되어 구 조특법이 의제배당소득에 대하여 법인세를 비과세하는 취지에도 반한다.

(2) 피고의 주장

구 법인세법 제72조 제1항 제4호에서 합병신주의 취득가액에 의제배당소득금액을 가산하도록 한 것은 의제배당소득에 대하여 법인세가 과세되었을 것을 당연한 전제로 삼고 있는 것으로 해석하여야 하고, 구 조특법에 의하여 의제배당소득에 대하여 법인세가 비과세되었음에도 그 합병신주의 취득가액에 의제배당소득금액을 가산한다면 법인세가 이중으로 면제되는 부당한 결과가 초래되므로, 이 경우에는 합병신주의 취득가액에 의제배당소득금액을 가산할 수 없다.

3. 이 판결의 검토 및 의의

구 조특법 제49조 제1항은 정부가 1990년대 후반에 발생한 IMF(국제통화기금) 외환위기를 극복하기 위한 방안으로 금융기관들 사이의 통합을 추진하는 과정에서 도입된 세제상 지원책으로서, 합병으로 인하여 소멸하는 금융기관의 주주가 지급받는 의제배당소득에 대하여는 법인세를 과세하지 아니하도록 규정한 것이다.

그런데 만약 피고 주장처럼 소멸 금융기관의 주주가 합병신주의 매각에 따른 양도소득 계산시 구 조특법 제49조 제1항에 따라 비과세된 의제배당소득금액을 해당 합병신주의 취득가액에 가산하지 않는다면, 사실상 소멸 금융기관의 주주가 합병시 납부하였어야 할 법인세를 합병신주 매각시까지 과세이연하는 효과만을 가지게 될 것이다.

가령 소멸 금융기관의 주주가 1999 사업연도에 1,000억 원 상당의 합병신주(종전 주식의 장부가액 500억 원)를 교부받고, 500억 원의 의제배당소득에 대하여 법인세(20%) 100억 원을 구 조특법 제49조 제1항에 따라 비과세받은 다음 2002 사업연도에 위 합병신주를 1,500억 원에 매각하는 경우를 상정해 보면, 피고 주장에 의하면 합병신주 매각시 1,000억 원의 양도소득(합병신주의 장부가액 500억 원)에 대한 법인세 200억 원을 신고·납부하여야 하므로, 구 조특법 제49조 제1항에 따라 1999 사업연도에 비과세된 100억 원을 2002 사업연도에 납부하는 결과가 되는 것이다.[3]

그러나 이는 금융기관들 간의 합병에 따른 의제배당소득에 대하여 명시적으로 법인세를 비과세하도록 규정한 구 조특법 제49조 제1항의 문언이나 입법취지에 부합하지 않는 해석인 것으로 생각된다. 의제배당소득에 대하여 법인세를 비과세하였다가 매각시 이연된

---

3) 법인세법 제14조 제1항, 제15조 제1항 및 동법 시행령 제11조 제2호, 제19조 제2호에 의하면, 자산의 양도차익은 자산의 양도금액에서 양도한 자산의 양도 당시의 장부가액을 차감한 금액으로 산정한다.

법인세를 과세하려는 것이 입법자의 의도였다면, 구 조특법 제2조 제7호이나 제33조 등에서와 같이 과세이연의 방식으로 규정하였을 것이다.

또한 대상판결에 나타나 있지는 않지만, 위 사건에서 원고는 의제배당소득 620억 원에 대한 법인세 173억 원을 비과세 받았지만 농어촌특별세법에 따라 그 비과세된 법인세의 20%에 해당하는 34억 원을 농어촌특별세로 신고·납부하였다.[4] 그런데 피고 주장에 의하면 구 조특법 제49조 제1항에 따라 감면받은 법인세는 그대로 부담하면서 농어촌특별세액을 더 부담하게 되어, 오히려 구 조특법 제49조 제1항을 적용받지 않는 경우보다 더 불리하게 되는 불합리한 결과가 초래될 것이다.

위와 같은 점들을 고려할 때, 대상판결은 지극히 타당하다고 생각된다.

참고문헌

강석훈, "2005년도 법인세법 판례회고", 『조세법연구』, 12 - 1(2006).

---

4) 농어촌특별세법 제3조 제1호, 제5조 제1항 제1호에 의하면, 조특법에 따라 법인세를 감면받은 자는 그 감면세액의 100분의 20을 농어촌특별세로 납부하여야 한다.

자기주식 처분손익과 자본거래 : 피합병법인이 보유하던 합병법인 발행주식을 승계취득하여 처분하는 경우

사건의 표시 : 대법원 2005. 6. 10. 선고 2004두3755 판결

사실개요

가. 주식회사 삼선("원고")는 2000. 7. 1. 삼선해운 주식회사("피합병회사")를 흡수합병하였는데, 합병전 피합병회사는 원고의 주식 254,500주("이 사건 주식")를 보유하고 있었다. 원고는 피합병회사를 합병한 후 이 사건 주식을 252,232,678원의 자기주식으로 계상하였다가, 2000. 11. 14. 삼선에이전시 주식회사에 이를 1,974,492,500원에 매각하고, 매각대금에서 위 주식에 대한 장부가액 252,232,678원을 제한 차액인 1,722,259,822원을 자기주식 처분이익으로 계상하였다. 그리고 원고는 2000년도 귀속 법인세에 관하여 위 자기주식

처분이익 1,722,259,822원을 익금산입하여, 납부할 세액으로 321,259,020원을 산출하고 이를 신고하였다.

나. 그 후 원고는, 2002. 9. 26. 위 자기주식처분이익 1,722,259,822원은 합병차익에 포함되는 자본거래로서 법인세법의 과세대상에 포함되지 않는다는 사유로 납부할 세액을 92,154,110원으로 경정청구하였으나, 종로세무서장("피고")는 2002. 10. 4. 당초 신고가 정당하다는 이유로 위 경정청구를 거부하는 처분("이 사건 처분")을 하였고, 원고는 경정청구 거부처분의 취소를 구하는 소를 제기하였다. 원고의 주된 주장은 합병법인이 합병으로 인

---

* 김해마중(김·장 법률사무소 변호사).

하여 승계취득한 피합병법인 보유의 합병법인의 발행주식에 대한 처분이익은 구 법인세법[1] 제17조 제3호 본문의 "합병차익"으로서 익금불산입 대상이라는 것이었고, 피고는 합병으로 인하여 합병법인이 피합병법인이 보유하던 합병법인의 발행주식을 승계취득한 경우라도 자기주식의 처분이익은 구 법인세법 제15조 제1항, 제3항, 구 법인세법 시행령(이하 '법령'이라 한다)[2] 제11조 제2호에 따라 익금산입 대상이므로 피고의 거부처분은 적법하다고 주장하였다.

다. 서울행정법원은 '합병법인이 합병으로 인하여 피합병법인이 보유하던 합병법인의 발행주식을 승계취득하여 처분하는 것은 자본의 증감에 관련된 거래로서 자본의 환급 또는 납입의 성질을 가지므로 자본거래로 봄이 상당하고, 그 처분이익은 법 17조 3호 본문에서 말하는 합병차익에 포함된다'는 이유로 원고의 청구를 인용하였고(서울행정법원 2003. 7. 24. 선고 2003구합3994 판결), 피고가 이에 항소하였으나 서울고등법원은 동일한 이유로 피고의 항소를 기각하였다(서울고등법원 2004. 3. 18. 선고 2003누15180 판결). 이에 피고가 상고하였으나 대법원은 상고를 기각하였다.

▪ 판결요지 ▪

구 법인세법 제15조 제1항, 제17조 제3호, 같은법 시행령 제11조 제2호의 규정 체계와 취지에 비추어 보면, 법인의 자기주식처분이익은 그것이 자본거래로 발생한 합병차익에 해당하는 경우에는 익금산입대상에서 제외되고, 그 외에 자기주식의 취득과 처분이 법인의 순자산을 증감시키는 거래에 해당하는 경우 그 처분이익은 익금산입의 대상이 되는 것인바, 합병의 경우 합병법인이 보유하던 피합병법인의 발행주식, 즉 포합주식에 대하여 합병신주가 교부되면 자기주식을 취득한 결과가 되나 그것은 원래 합병법인이 보유하던 자산으로서 피합병법인으로부터 승계취득한 것이 아니므로 그 처분이익은 합병차익에 해당하지 않는다고 할 것이지만, 합병법인이 합병으로 인하여 피합병법인이 보유하던 합병법인의 발행주식(자기주식)을 승계취득하여 처분하는 것은 증감에 관련된 거래로서 자본의 환급 또는 납입의 성질을 가지므로 자본거래로 봄이 상당하고 그 처분이익은 구 법인세법 제17조 제3호에서 말하는 합병차익에 포함되어 익금산입대상에서 제외된다.

---

1) 2010. 12. 30. 법률 제10423호로 개정 전의 것.
2) 2009. 2. 4. 대통령령 제21302호로 개정 전의 것.

▶ 해 설 ◀

한다.3)

1. 쟁점

합병시 취득한 자기주식의 처분이 세법상 문제되는 것은 두 가지 경우이다. 합병회사가 피합병회사의 주식을 보유한 경우(이른바 포합주식) 및 피합병회사가 합병회사의 주식을 보유한 경우(협의의 자기주식)가 바로 그것이다. 첫째는 합병회사가 피합병회사의 주식을 보유하던 중 그에 대하여 합병신주가 교부된 경우 그 처분익에 대한 과세여부에 관한 문제이고, 둘째는 피합병회사가 보유하던 합병회사의 발행주식을 합병으로 합병회사가 승계취득하는 경우에 그 주식의 처분 손익을 과세할 수 있는가의 문제이다. 본 사안에서 대법원은 위 두 가지 경우를 구분하여 전자는 과세대상으로 후자는 비과세대상으로 본 기존의 견해(대법원 1992. 9. 8. 선고 91누13670 판결)를 재확인하였다. 본 사건은 첫 번째 경우 즉 피합병회사가 보유하던 합병회사 주식을 합병회사가 승계취득한 사안이므로 이에 한정하여 논의하고자

2. 자기주식처분의 법적 성격

자기주식처분의 법적 성격에 대하여는 자본거래라는 견해와 손익거래라는 견해가 대립하고 있다.4) 자본거래임을 주장하는 견해는 주주는 주식의 가치만큼의 재산을 회사에 납입하고, 그 가치와 액면의 차액은 회사의 자본준비금이 되므로 근본적으로 자기주식처분이익은 본질이 주식할인발행차금 및 주식발행초과금과 다름이 없고, 자기주식처분손익을 과세소득에 포함한다면, 납세의무자가 소득을 마음대로 조작할 수 있다는 점을 근거로 들고 있고,5) 손익거래라는 견해는 소각을 위하여 취득한 자기주식이 아닌 한 처분을 전제로 발행회사가 일시적으로 보유하고 있는 주식에 불과하여 양도성과 자산성에 있어서 타회사의 발행주식과 사이에 본질적인 차이가 없고, 법인세법상 이를 특별하게 손익거래에서 제외하는 규정을 두고 있지 않은 점을 근거로 들고 있다.6)7) 자기주식의 취득과 처분에서 손익이

---

3) 협의의 자기주식의 처분 손익에 대한 자세한 내용은 노혁준, "자기주식 처분손익과 자본거래", 『조세판례백선』, 276 – 277면 참조.

4) 다른 한편, 자기주식 취득을 통한 주주의 조세회피를 방지하기 위해 자기주식 취득을 자본거래와 손익거래로 구분하지 말고 아예 일괄해서 의제배당으로 과세해야 한다는 입장으로는, 박훈, "자기주식거래에 관한 상법 개정과 과세문제", 『조세 연구』, 9 – 3(2009. 12.), 84면.

5) 이창희, 『세법강의』(박영사), 2013, 584면; 이창희, "현행 세법상 자본거래 과세의 문제점 및 개선방안: 세미나 토론부분," 『조세법연구』, 2(1996. 9) 337면. 자본거래설을 주장하는 다른 견해로는, 이태로·한만수, 『조세법강의』(박영사), 2013, 228면; 이재호, "자기주식처분이익의 과세문제", 『조세법연구』, 15 – 1(2009. 4.), 341면 등.

6) 정재훈, "자기주식의 취득과 처분의 성질 및 소급과세금지의 법리", 『사법행정』(1993. 4), 제388호, 63면.

발생하지 않도록 하는 것이 입법론적으로는 충분히 고려할 만한 주장이나, 적어도 현행법 해석론으로는 자기주식처분이익이 익금임은 분명하다.[8] 구 법인세법 시행령이 1998. 12. 31. 개정을 통하여 익금에 포함되는 '자산의 양도금액'을 '자산(자기주식을 포함한다)의 양도금액'으로 변경함으로써(구 법령 제11조 제2호) 일반적인 자기주식 처분손익이 기간손익에 해당함을 명백히 하였기 때문이다.[9] 따라서 쟁점인 피합병법인이 보유한 합병법인의 주식을 승계취득한 경우, 동 주식의 처분이익의 성격이 합병차익이라면 과세대상이 아니라고 해석함이 타당하지만, 일반적인 자기주식의 처분과 그 법적 성격이 동일하다면 처분손익은 기간손익에 해당하여 과세대상이라고 해석할 수밖에 없다.

3. 합병시 승계취득한 자기주식 처분손익의 법적 성격

(1) 합병차익의 개념 및 세법상 취급

대상판결은 협의의 자기주식의 처분이익을 익금산입대상에서 제외한 근거에 대하여 '피합병법인이 보유하던 합병법인의 발행주식을 승계취득하여 처분하는 것은 자본의 증감에 관한 거래로서 자본의 환급 또는 납입의 성질을 가지므로 자본거래로 봄이 상당하고, 그 처분이익은 법 제17조 제3호에서 말하는 합병차익에 포함되어 익금산입대상에서 제외된다'고 판시하였다. 따라서 우선 법인세법이 익금산입 대상에서 제외하는 합병차익의 개념에 대해 살펴볼 필요가 있다.

상법상 합병차익이란 '회사합병이 소멸된 회사로부터 승계한 재산의 가액이 그 회사로부터 승계취득한 채무액, 그 회사의 주주에게 지급한 금액과 합병 후 존속하는 회사의 자본 증가액 또는 합병으로 인하여 설립된 회사의 자본액을 초과하는 때의 그 초과금액'을 말하고(구 상법 459조 1항 3호), 법인세법은 상법상의 합병차익의 개념을 준용하고 있었고(구 법령 12조 1항), 2013년 개정 법인세법은 합병차익이 위 의미임을 명확히 규정하였다(법인세법 17조 5호). 결국 합병차익이란 '승계받은 순자산가액 − (합병교부주식가액 + 합병교부금)'을

---

7) 손익거래설과 자본거래설의 기타 다른 논거에 대하여는 임병용, "자기주식처분의 과세취급", 『조세법연구』, 2(1996. 9), 424−426면 및 김철권, "자기주식의 양도를 둘러싼 조세문제", 『조세법 연구』, 7(2001. 11), 50−52면 참조.

8) 같은 맥락에서, 현행법 해석상으로는 자기주식처분이익이 익금산입대상임을 인정하면서도 입법론으로는 부당함을 주장하는 견해로는, 이창희, 전게서, 583−584면; 신기선, "개정상법과 세무문제", 『조세법연구』, 18−1(2012. 4), 382면 등.

9) 송우철, "기업의 합병과 관련된 세법상의 몇 가지 문제점", 『사법논집』, 제33집(2001), 155면. 자기주식처분이 자본거래임을 주장하는 견해도 현행법의 해석상 익금임에는 다툼이 없다고 본다. 이창희, 상계서, 584면.

의미한다.

일반적으로 합병차익은 다음 네 가지 요소로 구성되어 있다고 본다(구 법령 12조 1항).[10] 첫째는 피합병법인이 합병으로 합병법인에게 자산을 양도함으로써 발생한 양도차익(합병양도차익, 구 법인세법상으로는 피합병법인의 자산을 장부가액보다 평가증하여 승계하는 경우 피합병법인의 장부가액을 초과하는 금액인 합병평가차익), 둘째는 합병법인이 피합병법인의 합병 직전의 자본금보다도 적은 금액 밖에 증자하지 않는 경우 그로 인하여 합병법인에 생긴 감자차익(합병감자차익), 셋째는 피합병법인이 자본잉여금을 가지고 있는 경우 이를 합병법인이 승계하고 위 자본잉여금에 대하여 합병신주나 기타 합병교부금을 지급하지 않는 경우 해당 금액(피합병법인의 자본잉여금), 넷째로 피합병법인이 이익잉여금을 가지고 있는 경우 이를 합병법인이 승계하고 위 이익잉여금에 대하여 합병신주나 기타 합병교부금을 지급하지 않는 경우 해당 금액(피합병법인의 이익잉여금) 등이다.

위와 같이 합병차익은 합병평가차익(현행법상은 합병양도차익), 합병감자차익, 피합병법인의 자본잉여금, 피합병법인의 이익잉여금의 4가지로 구성되어 있고, 세법상 합병차익은 원칙적으로 익금불산입하고(법인세법 17조 5호), 구 법인세법상 합병차익 중 합병평가차익 부분은 익금에 산입하되(구 법인세법 17조 3호

단서, 구 법령 15조 2항), 일정한 과세이연 요건에 해당하는 경우에는 법인의 선택에 따라 손금산입을 할 수 있도록 하고 있었고(구 법인세법 44조), 현행법상으로도 합병양도차익은 과세하되, 과세이연 요건에 해당하는 경우 양도가액을 순자산 장부가액으로 보아 양도손익이 없는 것으로 하고 있다(법인세법 44조 1항, 2항).

(2) 협의의 자기주식 처분손익에 관한 견해의 대립

그런데 2009년 법인세법 시행령 개정 전에는 합병으로 취득한 협의의 자기주식 처분이익이 합병차익에 해당하는가는 아래와 같이 견해의 대립이 있었다. 대상판결이 인용하고 있는 대법원 1992. 9. 8. 선고 91누13670 판결에 대해 먼저 이를 지지하는 견해로는 ① 협의의 자기주식은 합병으로 인하여 합병법인이 승계취득한 것이어서 그 가액은 합병차익에 포함될 것이지만, 포합주식에 대하여 발행된 합병신주는 그것이 피합병법인으로부터 승계취득된 것이 아니어서 합병차익에 포함될 수 없다는 점에서 차이가 있고, 협의의 자기주식을 취득하여 처분하는 것은 자본의 증감에 관련된 거래로서 자본의 환급 또는 납입의 성질을 가지므로 자본거래로 봄이 상당하다거나,[11] ② 합병으로 인하여 승계취득한 협의의 자기주식의 경우에는 합병으로 인하여 불가피

---

10) 이우택, 『M&A 회계와 세무－이론과 실무의 정합』(조세통람사), 268－269면.

하게 취득한 것이고 그 처분이익은 피합병법인의 납입자본금에 대하여 제3자가 프리미엄(주식발행초과금)을 지불하고 주주자격을 승계한 것으로 파악하여 이를 법인세법상 손금에서 제외한 것이라는 점[12] 등을 근거로 들고 있다.

반면, 이를 비판하는 견해로는 ① 합병법인이 피합병법인이 보유하고 있던 합병법인 발행의 주식을 승계취득함으로써 자기주식을 취득하였다가 처분함으로써 생긴 이익은 자산의 손익거래로 인한 것이므로 익금에 산입하여야 한다거나[13] ② 현행법상 자기주식처분이익이 익금임은 다툼의 여지가 없는 이상 자본거래를 자기주식 처분이익을 합병차익의 일부라는 이유로 비과세한다는 판례는 현행법의 해석론으로는 옳지 않다거나[14] ③ 합병법인이 승계취득한 협의의 자기주식도 피합병법인으로부터 승계한 하나의 재산이므로 합병차익의 산정요소이나 그렇다고 그 처분손익이 과세대상에서 제외된다는 논리가 성립할 수는 없고, 협의의 자기주식의 시가 또는 장부가액을 승계자산가액에 포함하여 합병차익을 산정한 다음 그 중 발생원천에 따라 합병평가차익으로 인하여 발생한 합병차익은 익금에 산입하고, 그 외 원천으로부터 발생한 합병차익은

익금불산입하면 그만이지, 그 후 처분시에 발생하는 손익을 합병차익으로 볼 하등의 이유는 없다고 주장한다.[15]

4. 이 판결의 검토

(1) 과세대상에서 제외되는 합병차익과의 관계

합병차익이란 합병법인이 피합병법인으로부터 인계받는 순자산의 가액과 존속법인의 증자액(더하기 합병교부금)의 차액이므로 협의의 자기주식이 피합병법인의 자산으로서 합병차익의 산정요소가 된다는 것은 사실이나[16] 합병차익을 과세하지 않는 것은 합병 당시 순자산가액과 합병신주의 차액을 과세하지 않는다는 의미이지 승계받은 자산의 처분손익까지 과세하지 않는다는 의미는 아니다. 즉, 피합병법인이 보유한 모든 자산의 가치는 합병차익의 산정요소이지만, 합병 이후 자산을 처분하여 발생한 이익은 합병차익과는 무관하고 자기주식을 다른 자산과 구별하여야 할 이유는 찾기 어렵다.[17] 또한, 전술하였듯 과세대상에서 제외되는 합병차익은 합병감자차익, 피합병법인의 자본잉여금, 피합병법인의 이익잉여금 등으로 구성되는데 합병 후 처분시에 비로

---

11) 정재훈, 전게논문, 63면.
12) 이광재, 『주식이동에 관한 세무』(세명사), 1992, 433면.
13) 이태로 · 안경봉, 『조세법강의』(박영사), 2002, 288면.
14) 이창희, 전게서, 583면.
15) 송우철, 전게논문 163면.
16) 이 점에서는 분명 포합주식에 대하여 발행된 합병신주와는 차이가 있다.

소 발생하는 협의의 자기주식의 처분손익이 이에 해당한다고 보기 어렵다. 결국, 합병법인은 피합병법인이 보유하던 자기주식의 시가(매수법) 또는 장부가액(지분법)을 승계자산가액에 포함시켜 그 중 합병평가차익으로 인하여 발생한 합병차익은 익금에 산입하고, 그 외는 합병차익으로 과세대상에서 제외하고, 위 주식을 처분할 때 처분금액과 승계 당시의 시가(매수법) 또는 장부가액(지분법)의 차액을 손익거래가 되는 것이지 이를 처음부터 합병차익으로 볼 이유는 없는 것이다.[18]

(2) 자본거래와의 관계

대상판결은 협의의 자기주식을 승계하여 처분하는 것이 자본의 증감에 관련된 거래로서 자본의 환급 또는 납입의 성질을 갖는 자본거래라고 판시하였다. 그러나 타인이 보유한 자기주식을 승계하여 처분한다는 점은 합병으로 인하여 자기주식을 취득하는 경우에만 고유한 것이 아니라 다른 사유로 자기주식을 취득하여 처분하는 경우와 본질적인 차이가 없으므로 위 판시가 타당하다면 일반적으로 자기주식을 승계하여 처분하는 경우는 모두 자본거래로 보아야지 합병의 경우에만 법적 성질을 달리 보아

자본거래로 볼 수는 없다고 본다.

(3) 기업회계기준과의 관계

한편, 대상판결의 쟁점에 대하여 최초로 판시한 대법원 2000. 5. 12. 선고 2000두1720 판결에서는 합병차익에 포함되는 근거로 "구 법인세법(1993. 12. 31. 법률 제4664호로 개정되기 전의 것) 제9조 제1항, 제2항, 제15조 제1항 제2호, 제3호, 상법 제459조와 기업회계준칙 및 합병회계준칙 등 관계 법령의 각 규정에 의하면 … 그 처분이익은 구 법인세법 제15조 제1항 제3호에서 말하는 합병차익에 포함되어 익금불산입 항목에 해당된다"고 판시하여 기업회계준칙 및 합병회계준칙을 근거로 제시하고 있다. 위 2000두1720 판결에 적용되던 (구)합병회계준칙(1986. 12. 16. 제정)에 의하면 합병시 취득하게 되는 자기주식을 장부가액으로 평가하되, 취득한 자기주식을 합병연도 또는 다음 회계연도에 처분하는 경우에는 손익을 합병차익 또는 영업권으로 처리하게 되며, 처분하지 못하는 경우에도 평가손익을 합병차익 또는 영업권으로 처리하였다((구)합병회계준칙 11조). 그러나 2000년 시행된 '기업인수·합병에관한회계처리준칙'에서는

---

17) 같은 맥락에서, 대상판결이 "전혀 별개의 거래인 합병거래와 그 후속거래인 주식의 처분거래를 합쳐서 '자본의 증감에 관한 거래'라는 모호한 개념에 포섭하는 오류를 범하여, 결과적으로 합병차익의 개념에 해당하지 않는 것을 합병차익으로 의율한 오류를 범하였다"는 견해로 이태로·한만수, 전게서, 683면.

18) 예를 들어 합병이 매수법에 의하여 행해지면서 장부가액 100원의 자기주식을 200원으로 평가하여 승계한 후 400원에 매도한 경우라면 합병평가차익 100원은 합병등기일이 속하는 사업연도의 익금에 산입되고, 처분손익 200원은 처분일이 속하는 사업연도의 익금에 각 산입하여야 할 것이다. 송우철, 전게논문 163-164면.

자기주식 처분과 관련된 회계처리 규정을 삭제하였으며 결국 합병으로 인하여 취득한 자기주식 처분에 따른 이익도 합병차익이 아닌 기타자본잉여금 중 자기주식처분이익으로 표시하게 되었다. 따라서 더 이상 협의의 자기주식 처분 손익을 합병차익으로 보지 않는 합병회계준칙은 대법원 판결의 근거가 될 수 없고, 기타 법인세법의 해석상으로도 협의의 자기주식 처분이익이 합병차익이라는 결론이 도출되지는 않는다.

(4) 다른 자기주식 취득과의 관계

합병으로 인해 피합병법인으로부터 승계 취득한 자기주식의 처분손익을 합병차익에 포함시키는 현실적인 이유는 합병으로 인한 자기주식은 기타 영업상의 필요에 의하여 취득한 경우와는 달리 합병에 의해 부득이 취득하였다가 법령상의 제한으로 불가피하게 처분한 것이므로 영업거래와 관련된 손익거래라고 보는 것은 납세자에게 지나치게 가혹하다는 인식이 작용한 것으로 보인다. 특히, 우리나라의 경우 합병이 주로 특수관계자간에 이루어지고 있고 이때 상호주식을 보유하고 있는 경우가 많아 자기주식의 처분손익이 다량 발생할 수 있고, 적대적 M&A과정에서는 더욱 다양하고 광범위하게 자기주식의 소유관계가 발생할 수 있는 점[19]을 고려하면 더욱 그러하다. 물론 이러한 현실적인 고려는 경청할 가치가 있으

나, 자기주식의 처분을 손익거래로 보고 있는 법령의 해석론으로 받아들일 수 있는지는 의문이다. 합병법인 입장에서는 주식을 자산으로서 취득하였다가 처분하여 이익을 얻는 것이므로 다른 회사의 영업전부의 양수로 인한 때와 다를 바 없고(상법 341조의2 1호), 불가피하게 취득하였다는 점은 주주가 주식매수청구권을 행사하여 취득한 경우 역시 마찬가지이므로(상법 341조의2 4호) 소각을 위한 자기주식의 취득과는 달리 그 양도성과 자산성에 있어서 다른 회사의 발행주식을 취득하였다가 처분하는 경우와 본질적인 차이는 없는 것이다. 또한, 오히려 합병에 의하여 취득한 자기주식도 처분손이 있는 경우에는 이를 손금으로 처리하는 것이 합병법인에게 유리하므로 손익거래로 보는 것이 납세자에게 반드시 불리한 것도 아니다.

5. 이 판결의 의의

대상판결은 협의의 자기주식 처분에 관하여 자기주식 처분이익을 기간손익에 산입함을 분명히 한 1998. 12. 31. 시행령 개정 후(법령 11조 2호), 개정 시행령이 적용되는 최초의 사례임과 동시에 합병으로 취득한 자기주식 처분 손익을 합병차익으로 보던 (구)합병회계준칙이 폐지되고 자기주식 처분손익을 합병차익으로 보고 있지 않는 기업인수·합병에관한회

---

19) 이우택, 전게서, 369-370면 참조.

계처리준칙이 적용된 최초의 사례로, 이 경우도 대법원은 협의의 자기주식을 승계취득하여 처분하는 것은 자본거래로 그 처분이익은 합병차익에 포함된다는 기존의 견해를 유지하였다는 점에서 의의가 있다. 다만, 합병의 경우에만 유독 협의의 자기주식 처분을 자본거래로 보아 익금에서 제외하는 것은 개정전 시행령상 근거가 없어 재검토가 필요하나, 2009.

2. 4. 법인세법 시행령 개정시 법령 제11조 2호의2를 신설하면서 합병법인이 합병에 따라 피합병법인이 소유하던 합병법인의 주식을 취득하게 된 경우 이는 익금에 산입되는 자기주식 양도에 해당함을 명문화하여 입법적으로 해결을 함으로써 위와 같은 견해의 대립은 더 이상 실익이 없게 되었다.

참고문헌

김철권, "자기주식의 양도를 둘러싼 조세문제", 『조세법연구』, 7(2001. 11.).

노혁준, "자기주식 처분손익과 자본거래", 『조세판례백선』.

박 훈, "자기주식거래에 관한 상법 개정과 과세문제", 『조세 연구』, 9 – 3(2009. 12).

송우철, "기업의 합병과 관련된 세법상의 몇 가지 문제점", 『사법논집』, 제33집(2001).

신기선, "개정상법과 세무문제", 『조세법연구』, 18 – 1(2012. 4.).

이광제, 『주식이동에 관한 세무』, 세경사, 1992.

이우택, 『M&A 회계와 세무 – 이론과 실무의 정합』, 조세통람사, 2001.

이재호, "자기주식처분이익의 과세문제", 『조세법연구』, 15 – 1(2009. 1.).

이창희, "현행 세법상 자본거래 과세의 문제점 및 개선방안: 세미나 토론부분", 『조세법연구』, 2(1996. 9).

_____, 세법강의, 박영사, 2013.

이태로·안경봉, 『조세법강의』, 박영사, 2002.

이태로·한만수, 『조세법강의』, 박영사, 2013.

임병용, "자기주식처분의 과세취급", 『조세법연구』, 2(1996. 9.).

정재훈, "자기주식의 취득과 처분의 성질 및 소급과세금지의 법리", 『사법행정』, 제388호(1993. 4.).

계열사의 채무를 연대보증하였다가 그 후
A에 대한 회사정리계획에 의하여 구상채권을
상실한 것이 부당행위계산부인에 해당하는지 여부

사건의 표시 : 대법원 2006. 11. 10. 선고 2006두125 판결

▪ 사실개요 ▪

원고는 1994. 7.경부터 1998. 6.경까지 특수관계에 있는 계열사 A의 채무에 대하여 모두 11회에 걸쳐 연대보증을 하였다. 원고가 제공한 보증총액은 원고의 자본총액을 초과하는 금액인데, 원고는 보증을 제공함으로써 얻는 이익은 전혀 없었고 단지 계열사라는 이유만으로 보증을 하였다.

그 후 IMF 외환위기로 인하여 1998. 10. 30. 원고에 대한 기업개선작업(소위 Work-Out)이 개시되었고, 원고와 채권금융기관협의회 사이에 체결된 기업개선약정에서 원고가 위 보증채무 중 50%를 변제할 경우 나머지 50%

는 면제받기로 약정되어, 원고는 2000.5. 3.부터 8. 1.까지 보증채무의 50%를 대위변제하고 나머지 보증채무는 면제를 받았다.

한편 A에 대해 진행된 회사정리절차에서 계열법인이 회사정리절차 개시신청 후에 대위변제 등으로 인하여 A에 대하여 취득하는 구상채권은 전액 면제하기로 하는 내용의 정리계획이 2000. 4. 20. 확정되었고, 이에 따라 원고가 위 대위변제로 A에 대하여 취득한 구상채권은 대위변제와 동시에 소멸되었다.

원고는 법인세 신고시 위 구상채권 소멸에 따른 금액을 손금 산입하지 않고 법인세

---

* 허영범(김·장 법률사무소 변호사).

신고를 하였다가 그 후 이를 손금 산입하여 달라는 내용의 감액경정청구를 하였다. 그러나 피고는 개정된 법인세법에 의하면 채무보증으로 인하여 발생한 구상채권은 손금산입 대상에서 제외하고 있다는 이유로 거부처분을 하였으며, 이에 원고가 불복하여 소송을 제기하였는데, 제1, 2심 및 대법원은 모두 원고의 청구를 기각하였다.

■ 판결요지 ■

이 사건 채무보증의 경위 및 내용, 이 사건 대위변제로 인하여 원고가 얻게 된 이익과 구상채권의 소멸로 인하여 원고가 입게 된 손실의 정도, 특히 원고가 자신의 사업목적과는 무관하게 단지 계열회사라는 이유만으로 아무런 대가나 경제적 이익도 받지 아니한 채 자신의 자본총액을 초과하여 이 사건 채무보증을 했던 점 등에 비추어 보면, 비록 원고가 이 사건 대위변제를 한 것은 채권단과 사이에 체결한 기업개선작업약정에 따른 것으로서 원고 회사의 존속과 소생을 위한 것이었고, 이로 인해 50% 상당의 보증채무를 면하게 되는 이익을 얻었다는 사정을 감안하더라도, 이 사건 채무보증 및 이에 따른 대위변제 등 일련의 행위는 경제적 합리성이 결여된 비정상적인 행위로서 법인세법 제52조, 법인세법 시행령(이

하 '법령'이라 한다) 제88조 제9호 소정의 부당행위계산 부인의 대상에 해당한다고 봄이 상당하다.

▶ 해 설 ◀

1. 쟁점

가. 본건 구상채권이 손금산입의 요건을 갖추었는지의 여부

나. 손금산입의 요건을 갖추었음에도 부당행위에 해당함을 이유로 손금산입을 부인할 수 있는지의 여부(손금산입 규정과 부당행위계산 부인규정과의 관계)

다. 본건 채무보증 및 구상채권의 소멸이 부당행위에 해당하는지 여부

2. 본건 구상채권이 손금산입의 요건을 갖추었는지에 대하여

1997. 12. 13. 법인세법이 개정되기 전까지는 채무보증 및 보증채무의 이행에 따른 구상채권도 대손요건을 충족하는 경우 별다른 제한 없이 손금에 산입될 수 있었다. 그런데 1997. 12. 13. 법인세법이 개정되면서 채무보증으로 인한 구상채권의 손금산입을 원칙적으로 허용하지 않게 되었다.[1]

---

1) 구 법인세법(1997. 12. 13. 개정) 제14조 제1항(대손충당금의 손입[금]산입): 외상매출금·대여금·기타 이

한편 피고는 개정 법인세법이 채무보증으로 인하여 발생한 구상채권은 손금산입 대상에서 제외하고 있다는 이유로 경정거부처분을 내렸지만, 개정 법인세법 부칙 제4조에서 법 시행 전인 1997. 12. 31. 이전에 보증이 이루어진 경우에는 개정법이 소급 적용되지 않도록 배려하였고, 본건 보증은 대부분 1997. 12. 31. 이전에 이루어진 것이기 때문에 개정법의 적용을 받지 않고 모두 손금산입이 가능한 경우에 해당된다[2].

그런데 본건 구상채권은 A에 대한 회사정리절차에서 확정된 정리계획에서 전액 면제되는 것으로 결정되었다. 따라서 본건 구상채권의 소멸은 구 법인세법 시행규칙(1999. 5. 24. 재정경제부령 제86호로 개정되기 전의 것, 이하 '법칙'이라 한다) 제9조 제2항 제13호[3]에서 정하고 있는 회사정리법에 의한 정리계획인가의 결정에 따라 회수불능채권으로 확정된 채권에 해당하여 대손요건을 충족한 것으로 보인다.

본건의 경우 정리계획안이 확정된 이후에 대위변제를 한 것으로 보이므로, 원고가 대위변제를 하더라도 구상채권을 행사할 수 없다는 점을 알고 변제를 한 것으로 보이지만, 그렇다고 하여 위 규정상의 대손요건을 충족하지 못하였다고 보기는 어렵다.

한편 대상판결은 본건 구상채권이 손금산입의 요건을 갖추었는지에 관하여는 명시적인 판단을 내리고 있지 않지만, 대상판결에 관한 판례해설을 살펴보면 손금산입의 요건을 충족하였음을 전제로 부당행위계산 부인에 해당하는지의 여부를 판단하고 있음을 알 수 있다.[4]

3. 손금산입의 요건을 갖추었음에도 부당행위에 해당함을 이유로 손금산입을 부인할 수 있는지의 여부

본건 구상채권이 대손 요건을 충족하는 경우에도 본건 채무보증 및 구상채권의 소멸

에 준하는 채권(제18조의3 제3항 각호의 1에 해당하는 내국법인의 경우에는 대통령령이 정하는 채무보증으로 인하여 발생한 구상채권을 제외한다)이 있는 내국법인이 각 사업연도에 계상한 대손충당금은 대통령령이 정하는 바에 의하여 계산한 금액의 범위 내에서 이를 손금에 산입한다. 구 법인세법 시행령 제21조(대손금의 범위): 제12조 제2항 제8호에 규정하는 대손금은 다음 각호의 1에 해당하는 것으로 한다. 다만, 법 제15조 제1항 제10호의 규정에 의한 협회등록법인과 법 제18조의3 제3항 각호의 1에 해당하는 내국법인의 경우에는 법 제14조 제1항의 규정에 의한 구상채권에 대한 것을 제외한다. 1. 2.호 생략 3. 기타 재정경제부령이 정하는 바에 의하여 회수할 수 없다고 인정되는 채권.

2) 본건 보증 중에는 1998. 1. 1. 이후에 보증한 것이 1건 있지만, 이는 개정 법령 제61조 제4항 제1호의 공정거래법 제10조의2 제1항 각호의 1에 해당하는 채무보증에 해당하여 역시 손금산입이 가능한 경우이다. 여기서는 편의상 1998. 1. 1. 이전에 이루어진 보증에 대해서만 다루기로 한다.

3) 현행 법령 제62조[제19조의2] 제1항 제5호에서 같은 취지의 규정을 두고 있다.

4) 김인겸, "가. 법인세법상 부당행위계산 부인에 있어 반드시 조세회피의 의도가 있어야 하는지 여부(소극), 나. 계열사를 위한 채무보증 및 이에 따른 대위변제 등 일련의 행위가 경제적 합리성이 결여된 비정상적인 행위로서 부당행위계산 부인의 대상에 해당한다고 본 사례", 『대법원 판례해설』, 제65호(2007), 206면.

이 부당행위에 해당하는 경우에는 그 손금 산입을 허용하지 아니할 수 있는지가 문제된다. 이는 손금산입 규정과 부당행위 계산부인 규정의 관계를 어떻게 볼 것이냐의 문제이다.

이 사건의 원고는 본건 대위변제에 따른 구상채권은 정리계획에 따라 회수불능으로 확정된 채권에 해당하여 손금에 산입될 수 있는 만큼, 그 관련 규정에 따라 손금 산입 여부를 먼저 판단해야 하고, 부당행위계산 부인 규정은 그 적용이 배제되어야 한다고 주장한 것으로 보인다. 그러나 일반적으로 손금 산입의 요건을 충족한 경우라도 그것이 부당행위에 해당하는 것으로 인정될 경우 과세권자가 객관적으로 타당하다고 인정되는 소득이 있었던 경우와 똑같이 과세함으로써 과세의 형평을 기하려는 것이 부당행위계산 부인 제도를 둔 입법취지에 맞는 것이므로, 손금산입의 요건이 갖추어진 경우라도 부당행위계산 부인에 해당하는지를 검토하는 것은 오히려 당연하다고 할 것이다. 따라서 대상판결이 개별 손금산입에 관한 규정의 적용 여부가 문제될 경우 부당행위계산 부인 규정의 적용이 배제된다고 볼 수 없다고 판시한 부분은 타당한 것으로 생각된다. 다만 애당초 손금 산입이 될 수 없는 경우라면 그에 따라 손금 산입을 부인하면 그만이지 굳이 부당행위여부를 따져봐야 할 이유도 없을 것이다.

4. 본건 보증 및 구상채권의 포기가 부당행위에 해당하는지 여부

부당행위계산이란 납세자가 정상적인 경제인의 합리적인 거래형식에 의하지 아니하고 우회행위, 다단계행위, 그 밖의 이상한 거래형식을 취함으로써 통상의 합리적인 거래형식을 취할 때 생기는 조세의 부담을 경감 내지 배제시키는 행위계산으로, 그와 같은 경우에는 납세의무자가 실제로 한 행위계산과 다르게 과세하는 것을 말한다. 법인세법이 부당행위계산 부인 규정을 둔 취지는 법인과 특수관계 있는 자와의 거래가 법인세법 소정의 거래형태를 빙자하여 남용함으로써 경제적 합리성을 무시한 경우에는 과세권자가 객관적으로 타당하다고 인정되는 소득이 있었던 경우와 똑같이 과세함으로써 과세의 공평을 기하고 조세회피행위를 방지하려는 제도라고 설명된다. 일반 사법의 영역에서는 사적 자치 내지는 계약자유의 원칙이 지배하므로 계약당사자는 그가 의도하는 경제적 목적을 달성하기 위하여 법률형식을 선택할 자유가 있다. 그런데 그 결과 납세자가 그가 목적하는 경제적 효과를 달성하면서 조세법규가 정하고 있는 과세요건을 피하거나 우회하기 위하여 정상적인 법률형식을 택하지 아니하고 이상한 법률형식을 취함으로써 법인세가 경감되거나 배제되는 효과를 얻는 경우에 당해 조세회피행위를 부인함으로써 조세부담의 공평을 기하려는 것이 부당행위계산부인 제도이며, 조세공평주의의 구체적 표현이라고 설명되고 있다.

법인세법상 부당행위계산부인에 해당하려면, (1) 법인의 행위 또는 소득금액의 계산이, (2) 특수관계에 있는 자와의 거래에 있어, (3) 정상적이 아닌 부당한 행위계산으로 인하여, (4) 법인소득에 대한 조세부담을 감소시킨 것으로 인정되는 것을 그 요건으로 하고 있다.

먼저 본건 보증행위가 부당행위에 해당하는지를 살펴보면, 본건에 적용되는 구 법인세법 시행령 제88조 제1항은 제1호 내지 제8호에서 조세의 부담을 부당하게 감소시키는 것으로 인정되는 개별적·구체적인 행위유형을 열거하고 있는데, 채무보증행위는 이러한 행위유형에는 해당하지 아니하므로, 동항 제9호의 기타 제1호 내지 제8호에 준하는 행위 또는 계산 및 그 외에 법인의 이익을 분여하였다고 인정되는 경우에 해당하는지의 여부만이 문제된다. 그런데 특수관계자에게 보증을 제공하는 경우라고 하더라도 상당한 대가를 지급받았거나 보증으로 인하여 발생할지도 모르는 손해에 대한 충분한 담보를 제공받은 경우에는 이익을 분여한 것으로 인정하기 어려울 것이다(대법원 1983. 3. 22. 선고 81누289 판결도 같은 취지). 그러나 본건과 같이 아무런 대가나 담보도 제공받음이 없이 단지 계열사라는 이유만으로 자신의 자본총액을 초과하는 보증을 제공하는 것은 위 제9호의 '이익을 분여한 경우'에 해당하고, 경제적 합리성도 결여한 행위로서 부당행위에 해당되는 것으로 보는 것이 합리적일 것이다. 문제는 본건 보증행위가 부당행위에 해당한다고 하더라도 그것만으로 바로 본건 구상채권의 손금산입을 부정하는 사유로 보기는 어렵다는 점이다. 부당행위로 되는 이유가 상당한 대가를 지급받지 않았다거나 충분한 담보를 제공받지 않았다는 것이라면, 그와 같은 반대급부를 제공받은 것과 동일하게 취급하여 소득금액을 계산하면 족한 것이지, 그 후에 발생한 대손사유에 기한 구상채권의 손금산입을 부인할 사유로는 보기 어렵다고 생각된다.[5] 채무보증행위가 부당행위에 해당한다고 하여 그 후 보증채무의 이행에 따른 구상채권의 손금 산입까지 허용하지 아니하는 것은 지나치다. 채무보증행위와 구상채권의 소멸은 별개의 독립된 행위로서 각각 별개로 부당행위에 해당하는지 여부가 판단되어야 하고, 채무보증행위가 부당행위라고 하여서 구상채권이 소멸된 원인행위까지 부당행위라고 볼 수는 없을 것이다. 따라서 구상채권의 손금 산입 여부는 당초 보증행위가 부당행위로 되는지 여부와는 직접 관련이 없고, 구상채권이 소멸된 원인행위가 부당행위에 해당하는

---

5) 예컨대 부당행위계산부인의 한 유형으로서, 특수관계자에 대한 업무무관 가지급금 지급에 대하여 인정이자를 익금산입하는 경우와 마찬가지로, 정상적인 거래였다면 법인이 얻었을 이익을 익금산입하는 것이 합리적일 것이다.

지의 여부에 따라 결정되어야 할 것이다. 더욱이 앞에서 본 바와 같이 1997. 12. 13. 법인세법이 개정되기 전까지는 채무보증 및 보증채무의 이행에 따른 구상채권도 별다른 제한 없이 손금에 산입될 수 있었다는 점에 비추어 보면, 특수관계자에 대한 채무보증이라는 이유만으로 그에 따른 구상채권의 손금산입을 허용하지 않는 것은 부당하다.

그렇다면 이 사건 구상채권의 소멸이 부당행위에 해당하는지를 살펴보아야 할 것이다. 대상판결은 그 판시에서 마치 '대위변제'가 부인의 대상이 되는 행위인 것처럼 설시하고 있으나, 부당행위가 문제되는 것은 '대위변제'가 아니라 대위변제로 인하여 취득한 '구상권의 포기 내지 소멸'이다. 대위변제로 인하여 이익이 분여된 것이 아니라 구상채권의 포기로 인하여 비로소 이익이 분여된 것으로 볼 수 있기 때문이다. 보증인이 대위변제를 하면 구상채권을 취득하기 때문에 대위변제만으로는 소득의 증감이 발생하지 아니한다. 본건에서 다투어지고 있는 것도 정리계획에 따라 구상채권이 소멸된 경우에 이를 손금 산입할 수 있는지의 여부이다. 이에 관하여 대법원 1991. 12. 27. 선고 91누5440 판결은 법인이 특수관계에 있는 자와 공동연대보증인이 된 보증채무를 전부 대위변제 한 후 주채무자에 대한 구상금채권이 집행불능에 이르렀음에도 공동연대보증인에 대하여는 그 부담부분을 구

상하거나 구상권 확보를 위한 아무런 조치도 취함이 없이 전부를 대손처리한 경우, 법인이 자신의 부담부분을 넘어 공동연대보증인의 부담부분까지도 대손금에 포함시킨 행위계산은 제9호 소정의 이익을 분여한 행위에 해당하는 것으로 보았다. 그러나 본건은 구상채권의 소멸로 A에게 이익이 분여된 것으로 볼 수 있지만, 본건 구상채권의 소멸은 원고가 임의로 이를 포기한 것이 아니라 A에 대한 정리계획에서 확정된 것이므로 원고의 자유의사에 기한 것으로 볼 수 없고, 그 포기에 경제적 합리성이 없다고 하기도 어려울 것이다. 구 법칙 제9조 제2항 제13호[6]에서 회사정리법에 의한 정리계획인가의 결정에 따라 회수불능채권으로 확정된 채권을 손금산입의 대상이 되는 것으로 규정하고 있는 이유는, 법원의 주관하에 입안되고 법원에 의하여 최종적으로 인가된 회사정리계획은 그 자체만으로 정당성이 확보되기 때문인 것으로 볼 수 있다. 따라서 회사정리계획에 따라 본건 구상채권의 소멸이 결정된 경우에는 이를 경제적 합리성이 없다고 하거나 부당행위라고 하기 어려울 것이다.

대상판결은 단순히 채무보증뿐만 아니라 그에 따른 대위변제 등 일련의 행위를 모두 부당행위라고 보았는바, 본건의 경우 대위변제와 동시에 구상채권이 소멸된 점을 고려하여 양자를 동일하게 보고 있는 아닌가 하는 생각도 들지만, 대위변제와 구상채권의 소멸

---

6) 현행 법인세법 시행령 제19조의2 제1항 제5호 참조.

은 엄연히 구별되어야 하고 대위변제가 부당행위에 해당한다고 하여 그에 따른 구상채권의 소멸까지 당연히 부당행위라고 할 수는 없을 것이다. 그렇다면 구상채권의 소멸 이전의 채무보증행위 또는 대위변제가 부당행위에 해당하는 경우라도 구상채권이 소멸된 사유가 부당행위에 해당하지 않는 경우에는 항상 손금산입이 허용되어야 하는 것인지가 의문일 수 있다. 채무보증 당시에 이미 주채무자의 상환능력이 현저히 부족하여 후에 보증채무를 이행하더라도 구상채권 행사의 실효를 거둘 수 없음이 명백히 예견되었음에도 불구하고, 그러한 위험을 무릅쓰고 채무보증행위로 나아갔고 실제로 그러한 위험이 현실화되어 구상채권을 행사할 수 없게 된 경우에는 손금 산입이 허용될 수 없다는 견해도 있다.[7] 그러나 본건의 경우 채무보증 당시에 이미 주채무자의 상환능력이 현저히 부족하였던 것으로는 보이지 아니하고, 채무보증 이후의 IMF 외환위기로 인하여 건설사인 A의 상환능력이 감소된 경우가 아닌가 보여지므로, 이러한 논리에 의하더라도 손금 산입이 허용되었어야 할 것으로 보인다.

5.　이 판결의 의미

대상판결은 계열사 등 특수관계인을 위한 무분별한 채무보증을 부당행위로 보고 그에 따른 손실은 손금산입될 수 없다는 점을 명백히 밝혔고, 특히 부당행위계산 부인의 대상이 되는 행위를 개별적으로 판단하지 않고 대손처리에 이르게 된 일련의 행위 전체를 파악하여 부당행위 여부를 판단하려고 한 점에서 큰 의미가 있다고 본다. 향후에도 이와 같이 일련의 연속된 행위를 일체로 보아 부당행위 여부를 판단하는 판례가 더 나올지, 나온다면 어떤 요건이나 기준을 제시할지에 관하여 기대를 갖게 한다.

참고문헌

김인겸, "가. 법인세법상 부당행위계산 부인에 있어 반드시 조세회피의 의도가 있어야 하는지 여부(소극), 나. 계열사를 위한 채무보증 및 이에 따른 대위변제 등 일련의 행위가 경제적 합리성이 결여된 비정상적인 행위로서 부당행위계산 부인의 대상에 해당한다고 본 사례", 『대법원 판례해설』, 제65호(2007).

---

7) 김인겸, 전게논문, 209면 참조.

하나의 거래단위로 구입한 집합건물을 분할양도하는 경우 취득가액의 산정방법

사건의 표시 : 대법원 2006. 6. 9. 선고 2004두8194 판결

▪ 사 실 개 요 ▪

가. 주식회사 열린상호신용금고(위 금고는 2001. 5. 14. 서울지방법원 2001하95호로 파산선고되었다, 이하 '원고'라고 한다)는 1987. 12. 26. 한국토지개발공사로부터 서울 중구 남대문로 5가 171 대 905㎡(이하 '이 사건 대지'라 한다)를 금 2,799,387,560원에 매수하여 1988. 1. 4. 소유권이전등기를 마쳤고, 1993. 9. 4. 이 사건 대지에 위치한 지하 3층, 지상 10층 규모의 서울 중구 남대문로 5가 171 소재 남대문오피스텔(이하 '이 사건 오피스텔'이라 한다)을 금 4,551,180,000원에 낙찰받아 그 낙찰대금을 모두 완납하였는데, 한편 이 사건 대지에서 서울 중구 남대문로 5가 171-1 대 42.7㎡(이

하 '위 171-1 토지'라 한다)가 분할되고 남은 서울 중구 남대문로 5가 171 대 862.3㎡에 대하여 1996. 5. 25.경 이 사건 오피스텔을 위한 대지권등기가 마쳐졌다.

나. 그 후 원고는 ① 1996. 5. 31. 이 사건 오피스텔 중 지하 1, 2층, 지상 3 내지 10층(단 701호, 901호, 801호, 902호 제외)을 4,452,011,030원에, ② 같은 해 8. 13. 이 사건 오피스텔 중 701호를 113,180,070원에, ③ 같은 해 10. 2. 이 사건 오피스텔 중 901호를 104,700,050원에, ④ 1997. 2. 3. 이 사건 오피스텔 중 지상 1, 2층을 2,952,000,000원에 각 매도하였다.

---

* 김지현(김·장 법률사무소 변호사).

다. 이에 원고는 회계장부상 위 ① 건물부분의 취득가액을 4,210,910,946원으로, 위 ④건물부분의 취득가액을 2,397,254,560원으로, 이 사건 오피스텔 중 매도하지 아니한 801호, 902호의 재고자산가액을 합계 180,108,850원으로, 위 171-1 토지의 재고자산가액을 104,613,000원 등으로 계상하면서, 그 계상방법에 대하여는 원고의 의뢰에 의하여 1996. 3. 22.자로 실시한 동해감정평가사사무소의 감정평가서에 기재된 이 사건 오피스텔에 대한 감정가액에 따라 산출된 금액비율 ($\frac{충수감정금액}{전체감정금액} \times 100\%$)을 기준으로 하되 양도가액을 초과하지 않도록 조정·계산한 금액을 토대로 1997, 1998사업년도 각 법인세 및 특별부가세의 과세표준과 세액을 신고하였다.

라. 그런데 피고는 그 후 원고의 위와 같은 취득원가 산정방법을 부인하고 면적기준에 따른 취득원가 배분방법에 의하여 이를 계산한 다음, 1997사업년도 양도분에 대한 취득가액 1,089,416,000원이 과다계상되었다는 이유로 위 금액을 손금불산입 유보처분을 하고, 매도되지 아니한 이 사건 오피스텔 중 801호, 902호 및 위 171-1 토지에 대한 자산가액 69,169,000원이 과소계상되었다는 이유로 위 금액을 익금산입 유보처분을 하여 1997. 7. 1. 원고에게 주문 기재와 같은 법인세 및 특별부가세를 부과하는 이 사건 처분을 하였다.

마. 한편 원고는 이 사건 처분에 대하여 심사청구를 거쳐 국세심판원에 심판청구를 제기하였고, 이에 국세심판원은 2000. 12. 22. 이 사건 오피스텔을 분할하여 양도한 부분에 대한 양도차익을 계산함에 있어서 취득원가를 면적기준에 의한 취득원가 안분방법이 아닌 기준시가에 의한 취득가액 안분방법으로 재계산하는 범위 내에서 이 사건 처분의 과세표준 및 세액을 경정하는 내용의 결정을 하였으나, 피고는 위와 같은 국세심판원의 결정에 의한 방법에 의하더라도 당초의 취득가액에는 변동이 없다는 이유로 달리 이 사건 처분에 대한 경정결정을 하지 않았다.

■ 판결요지 ■

가. 원심은 주식회사 열린상호신용금고가 지하 3층, 지상 10층 규모의 상가 및 오피스텔인 이 사건 집합건물을 하나의 거래단위로 일괄취득한 후 이를 2개 사업연도에 걸쳐 여러 차례 분할 양도한 사실을 확정한 다음, 피고가 그 분할 양도분의 취득가액을 산정함에 있어 이 사건 집합건물의 층별 시가 차이를 도외시한 채 면적비율 또는 기준시가에 의하여 일률적으로 안분계산한 것은 불합리하다고 보고, 이 사건 집합건물의 총 취득가액을 그 취득시기에 가까운 시점을 기준으로 평가한 각 층별 감정가액에 비례하여 안분하는 방법으로 그 분할 양도분의 취득가액을 산정함이 상당하다고 판단하였다.

나. 관계 법령과 기록에 비추어 살펴보면, 원심의 위와 같은 판단은 정당한 것으로 수긍이 가고, 거기에 상고이유에서 주장하는 바와 같은 취득가액 산정에 관한 법리오해나 심리미진의 위법이 있다고 할 수 없으며, 상고이유에서 드는 판례는 이 사건과 사안을 달리하는 것이어서 적절한 선례가 될 수 없다.

다. 원심은 이 사건 집합건물에 대한 시가감정이 취득시점을 기준으로 하지 않았다거나 취득당시와 다소 다른 이용상황이 포함되었다고 하더라도 이는 이 사건 집합건물의 층별 분할 양도분에 대응하는 취득가액을 산정하기 위한 취득가액 배분의 기초로 삼은 것에 불과하여 위 감정결과를 토대로 한 이 사건 취득가액 산정이 위법하다고 볼 수는 없다고 판단하였는바, 기록에 비추어 살펴보면, 원심의 위와 같은 판단은 정당하고, 거기에 상고이유에서 주장하는 바와 같은 취득가액 산정에 관한 심리미진 등의 위법이 있다고 할 수 없다.

▶ 해 설 ◀

1. 쟁점

이 사건에서 원고는 이 사건 오피스텔을 하나의 거래단위로 구입한 후 2개 이상 사업연도에 걸쳐 양도가액을 달리하여 분할 양도

하였는바, 이 사건의 쟁점은 하나의 거래단위로 취득한 부동산을 분할하여 양도하는 경우 그 양도부동산의 취득원가를 산출하는 방법 여하이다.

법인세법상 자산의 취득가액은 당해 자산을 매각하거나 감가상각하는 경우에 인정되는 손비의 크기와 매우 밀접한 관련이 있으며, 이는 곧 미래의 과세소득 산정과도 직결된다. 이러한 점에서 자산의 취득가액 산정은 매우 중요하다. 현행 법인세법에서는 기업회계기준의 일반적인 취득원가 결정기준을 전반적으로 수용하고 있으나, 특정사안에 대하여는 과세목적상 기업회계와 서로 다른 관점을 취하고 있는 부분이 있다. 타인으로부터 매입한 자산은 매입가액에 취득세, 등록세 기타 부대비용을 가산한 금액으로 산정된다(법인세법 41조 1항 1호 및 동법 시행령 72조 2항 1호).

이와 관련하여 이 사건에 적용되는 구 법인세법(1997. 8. 28. 법률 제5374호로 개정되기 전의 것, 이하 '법인세법'이라 한다)에서는 집합건물 등을 하나의 거래단위로 취득한 후 이를 구분하여 양도가액을 달리하여 분할 양도하는 경우 그 취득가액의 안분방법에 관한 명시적인 규정을 두지 않고 있고, 기업회계기준에도 이에 관하여 별다른 규정이 없으나, 다만 법인이 토지등을 함께 취득 또는 양도하였으나 토지등의 가액의 구분이 불분명한 경우에 대하여 구 법인세법 제59조의2 및 구 법인세법시행령(이하 '법령'이라 한다) 제124조의5 제3항의

규정을 두고 있을 뿐이다. 따라서 이에 관하여는 해석론으로 합리적인 계산방법을 도출할 수밖에 없다 할 것이다.

2. 견해의 대립

이 사건 쟁점에 대해 원·피고는 물론, 이 사건의 전심인 조세심판원의 입장이 서로 대립하였는바, 이에 대해 살펴보면 다음과 같다.

(1) 면적기준설 (피고의 입장)

하나의 거래단위로 취득한 토지 등을 분할하여 양도하는 경우의 양도토지 등에 대한 취득가액 계산은 면적비율에 의하여 계산하여야 한다는 견해로서, 이 사건 피고의 입장이다 $[총취득가액 \times \frac{양도면적}{총취득면적}]$. 이 견해는 법인세법기본통칙(7-2-3...59의2) 및 국세청예규(법인 46012-2626, 97. 10. 13)의 규정을 그 근거로 삼고 있다.

(2) 기준시가기준설(조세심판원[1])의 입장)

구 법인세법시행령 제124조의5[2]) 제3항 제1호에서 규정하고 있는 취득당시의 기준시가 비율로 안분하여 계산해야 한다는 견해로서 이 사건의 전심인 조세심판원의 입장이다 $[총취득가액 \times \frac{양도면적 \times (토지,건물)단위당 기준시가}{총취득면적 \times (토지,건물)단위당 기준시가}]$ (이 사건에 이르러 피고는 면적기준에 의하여야 한

다는 기존 견해에 더하여 기준시가를 기준으로 해야 한다는 주장도 함께 제기하였다).

이 견해에 의하면 하나의 거래단위로 취득한 토지 등을 분할하여 양도하는 경우 그 분할 양도자산별로 각각의 개별원가계산이 이루어졌다면 그에 따라 취득가액을 산정하는 것이 합리적인 방법이라 할 수 있겠으나, 개별 양도자산별로 개별원가계산을 한 사실이 없고, 세법에서 정하고 있는 감정평가법인이 아닌 개인감정사의 평가액만을 근거로 하고 있으며, 또한 실지 양도가액을 고려하여 취득원가를 임의로 조정하는 방식으로 취득원가를 산정한 점 등에 비추어 청구법인이 적용한 취득원가 배분방법이 합리적인 것이라고 보기는 어렵다 할 것이고, 한편, 처분청에서 적용한 면적기준에 따른 배분방법도 층별 위치에 따른 평가액의 차이가 있을 수 있는 점 등을 고려할 때 합리적인 방법이라고 할 수는 없다고 한다.

(3) 층수감정금액 기준설(원고의 입장)

이 사건 오피스텔과 같은 집합건물의 취득시기에 가까운 시점을 기준으로 각 층별로 시가를 감정한 다음, 각 층별로 계산되는 금액 비율($\frac{층수감정금액}{전체감정금액} \times 100\%$)을 총취득가액에 곱하여 각 층별 건물부분의 취득가액을 산정해야 계산해야 한다는 견해로서 이 사건 원고의 입

---

1) 국심 2000서0229, 2000. 12. 22.
2) 현재 해당 규정은 삭제되었음.

장이다. 다만, 이 사건에서 원고는 위와 같이 계산된 금원이 양도가액을 초과하지 않도록 임의로 조정하여 취득가액을 산정하여 이를 신고하였다.

3. 국세청의 입장 변경

국세청은 당초 "부동산매매업을 영위하는 법인이 동일필지 내에 상가 및 아파트 복합건물을 신축하고 층별·용도별로 분양금액을 달리하여 분양하는 경우 상가 또는 아파트의 취득원가는 개별원가계산방법 또는 총취득가액을 총건축면적에서 분양면적이 차지하는 비율에 따라 안분 계산하는 방법"에 의한다는 입장이었으나(법인 46012 – 2626, 1997. 10. 13.), 이후 "법인이 동일필지 내 상가 등을 신축하고 층별·용도별로 분양가액을 달리하여 분양하는 경우 분양되는 상가등의 특별부가세 과세표준 계산시 취득가액은 원칙적으로 개별원가계산방법 또는 분양면적비율에 의한 안분계산방법에 의하는 것이나, 각 층별·위치별 분양가액이 다르고 전체 분양가액이 구체적으로 산정되었음이 사전 공시방법 등에 의하여 명백히 확인되는 경우에는 총 취득가액에 당해 사업연도에 분양된 건물의 분양가액이 총 분양예정가액에서 차지하는 비율을 곱하여 계산한 금액으로 할 수 있는 것이며, 이 경우 동 원가계산방법은 당해 건물의 분양이 완료될 때까지 계속 적용하여야 하는 것"이라고 하여

(법인 46012 – 2012, 2000. 09. 29) 종전의 면적비율에 의한 안분방법에서 전체 분양가액이 사전 공시방법 등에 의하여 확인되고 그 가액이 합리적으로 산정된 경우 층별·위치별 분양수입금액비율에 의해 분양원가를 산정할 수 있도록 해석을 변경하였다.

한편, 국세청은 법인이 토지를 구입한 후에 동 토지를 분할하여 양도하는 경우, 각 분할토지의 취득원가는 총 취득원가에 각 분할토지의 면적의 총 취득면적에 대한 비율을 곱하여 계산한다는 입장이다(서이 46012 – 10886, 2003. 4. 30).

4. 이 판결의 검토

대상판결은 "이 사건 집합건물의 총 취득가액을 그 취득시기에 가까운 시점을 기준으로 평가한 각 층별 감정가액에 비례하여 안분하는 방법으로 그 분할 양도분의 취득가액을 산정함이 상당"하다고 하여 층수감정금액 기준설을 택하였다[다만, 대상판결의 원심(2001구10447)은 토지의 경우에는 층수나 호실별로 상당한 시가(가격) 차이가 존재하는 건물의 경우와는 달리, 같은 토지 내에서 시가 차이가 있다고 보기 어려우므로, 법인세법 제59조의2 및 법령 제124조의5 제3항의 규정을 유추적용하여 '기준시가에 의한 취득가액 안분방법'에 의해 취득가액이 동일하게 산정되더라도 현실을 도외시한 불합리한 방법이라고 보이지 아

니하여 그에 따라 산정함이 상당하다고 판시하였다].

더 나아가 대상판결의 원심은 "감정결과의 평가시점이 취득시점이 아니라 양도시점을 기준으로 평가한 것이어서 이를 토대로 취득가액을 산정할 수는 없다"는 취지의 피고 주장에 대하여는 "이 사건 오피스텔의 층수별 분할 양도한 건물부분의 대응 취득가액을 산정하기 위한 취득가액 배분을 위하여 위 감정결과를 기초로 삼은 것이므로 위 감정결과가 양도시점을 기준으로 평가한 것이라고 하여 이를 탓할 수 없다"고 판단하였으며(2003누7677), 원고가 이 사건 오피스텔 감정가액에 따라 산출된 금액 비율에 따라 계산한 후 동 금액이 양도가액을 초과하지 않도록 임의 조정하여 취득가액을 산정한 것에 대하여는 법인의 비용을 과대계상하고 자산을 과소계상하여 세금부담을 줄이는 편법으로 취득가액이 산출될 가능성이 많아 합리적인 계산방법으로 볼 수 없다고 판시하였고(2001구10447), 대상판결은 원심 판결을 인용하여 피고의 상고를 기각하였다.

살피건대, 면적비율 또는 기준시가에 의한 취득가액 안분방법은 상가건물의 경우 일반적으로 층별로 이용가치의 차이가 크고, 이에 따라 각 층수에 따라 시가에 있어서도 차이가 있음을 도외시한 채 일률적으로 적용되는 불합리가 있다는 점, 법인세법 규정상 1차년도의 분할양도분에 대하여 양도차손이 발생한 경우 특별부가세의 계산에 있어서 결손금의 이월공제가 허용되지 않아 2차년도의 분할양도분에 양도차익이 발생하더라도 직전연도의 양도차손을 이월공제 받을 수 없기 때문에 일괄양도하는 것에 비하여 특별부가세의 부담이 늘어나는 모순이 발생하여 조세형평의 원칙에도 반한다는 점 등을 고려할 때 일괄취득한 집합건물의 분할 양도의 경우 대상판결이 채택한 층수감정금액 기준설이 타당한 것으로 보인다.

5. 이 판결의 의의

대상판결은 집합건물 등을 하나의 거래단위로 일괄취득한 후 이를 구분하여 2개 이상의 사업연도에 걸쳐 양도가액을 달리하여 분할 양도하는 경우 그 분할 양도분의 취득가액 산정방법에 대한 명확한 규정이 없는 상황에서 이에 대한 기준을 제시한 점에서 의의가 있다.

구(舊) 법인세법에서 합병청산소득의 산정방법[1][2]

사건의 표시 : 대법원 2004. 7. 8 선고 2002두5573 판결

▪ 사실개요 ▪

1. 법률적 쟁점

이해의 편의를 돕기 위해, 대상판결의 사실관계를 살펴봄에 앞서 법률적 쟁점을 먼저

분명히 하도록 한다. 회사가 흡수합병되어 소멸하는 경우, 그때까지 회사에 쌓여 있던 미실현이익의 과세를 어떻게 할 것인가 하는 문제가 생긴다. 2009년 말 개정 전의 구 법인세법[3]은 이를 '합병으로 인한 청산소득', 즉 합

---

* 윤지현(서울대학교 법학전문대학원 부교수).

1) 이 글은 필자가 "법인세법상 합병 청산소득의 산정방법에 관한 고찰"이라는 제목으로 『조세법연구』, 15−1(2009. 4.), 207−261면에 게재한 판례평석의 내용을 현재의 입장에서 간략히 요약하고 재구성한 것임을 밝혀둔다.

2) 2009년 말 법인세법 개정 전 기업구조조정 세제 전반을 다룬 단행본으로 가장 중요한 것은, 한만수, 『기업구조조정 조세법론』(세경사), 1999. 관련된 업무를 다루었던 공무원에 의하여 집필되어 입법의 취지를 엿볼 수 있게 하는 것으로는, 장태평, 『기업구조조정과 세제지원』((주)광교아카데미), 1999. 한편 합병청산소득의 계산 방법에 관하여 언급하고 있는 국내 문헌은, 일반적인 교과서를 제외하고는 그리 흔하지 않은데, 송우철, "기업의 합병과 관련된 세법상의 몇 가지 문제점", 『사법논집』, 제33집(2001), 179−186면이 비교적 상세하다. 그리고 현행법과 같이 애당초 합병청산소득이라는 개념 자체가 불필요하다는 입법론을 제시한 대표적인 것으로, 이의영, "회사합병에 대한 법인세 과세체계의 개선방향", 『조세법연구』, 11−2(2005. 11), 79~81면.

3) 이하 이 글에서는 이를 그냥 '구 법인세법'이라 하고, 구 법인세법 하에서의 시행령은 단순히 '구 법인세법 시행령'이라고 지칭하도록 한다.

병청산소득으로 보아 과세하는 규정을 갖고 있었다.[4] 그리고 이를 어떻게 계산할 것인가와 관련하여, 구 법인세법은 합병대가로 받은 주식의 '가액' 합계에서, 소멸한 법인의 자기자본액을 차감한다고 정하고 있었다.[5]

그러면 이 '가액'이란 무엇을 의미하는가? 구 법인세법 시행령은 해당 합병이 일정한 요건을 충족할 경우 합병신주의 액면가액으로 할 수 있다는 규정[6]을 두었다(이하 '액면가액법'[7]). 이 경우 주식의 액면가액은 항상 일정하고, 합병신주의 수(數)는 흔히 자본감소 절차 등을 통하여 조절할 수 있으므로, 사실상 청산소득의 발생 여부를 합병 당사법인들이 결정할 수 있게 된다. 실제 합병실무가 그러하였으므로, 액면가액법은 흔히 합병청산소득의 비과세, 더 정확하게는 과세이연을 의미하는 것으로 이해되었다.[8] 그리고 꼭 자본감소 절차까지 거치지는 않더라도, 합병법인 발행 주식의 시가(時價)가 액면가액을 웃도는 경우에는, 액면가액법이 적어도 과세되는 합병청산소득의 크기를 줄이는 의미를 가질 수 있었다. 다만 이와 관련하여서는, 이러한 주식의 시가가 액면가액을 밑돌 때에도 액면가액법을 그대로 적용할지, 아니면 이때에는 시가를 대신 적용할지(이하 '시가법')의 문제가 남게 되었다. 물론 이에 따라 합병청산소득의 크기가 달라지게 되는데, 이것이 대상판결의 기본적 쟁점이다.

2. 사실관계

(1) 1990년대 후반의 외환위기 당시 정부는 정책적으로 많은 금융기관들의 통폐합을 추진하였다. 이 사건은 그 중 현대종합금융(주), (주)강원은행, 그리고 이 사건의 원고인 (주)조흥은행 간의 2단계에 걸친 합병과 관련이 있다. 즉 부실이 심화된 강원은행이 먼저 현대종금을 흡수합병하였고('1차 합병'), 그 후에 강원은행이 조흥은행에 다시 흡수합병되는 단계를 거쳤다('2차 합병').

(2) 1차 합병 당시 합병 당사회사들 간의 합병비율은 각각 발행 주식의 시장가치와 자산가치를 적절히 고려하여 대략 1 : 5.4로 정하여졌다. 유의할 것은 합병대가로 교부된 강원은행 주식의 시가는 액면가액인 주당 5,000원의 약 60% 선에 머물고 있었다는 점이다.

---

4) 지금은 삭제된 구 법인세법 제80조. 회사 분할의 경우도 마찬가지이다. 구 법인세법 제81조.
5) 조문을 찾아봐야 하는 순서대로 인용하자면, 구 법인세법 제80조 제1항, 구 법인세법 시행령 제122조 제1항 제1호, 구 법인세법 제16조 제1항 제5호. 구 법인세법의 관련 규정들은 이와 같이 법률과 시행령을 넘나들며 관련된 조문을 따라가야 하는 난삽한 구조로 짜여 있었다.
6) 구 법인세법 시행령 제14조 제1항 제1호 가목 본문.
7) 이 글에서 사용하는 '액면가액법'과 '시가법'은 널리 쓰이는 말이라기보다는 서술의 편의상 필자가 붙인 이름이다.
8) 2009년 말 법 개정 전의 설명으로, 이창희, 『세법강의』(박영사), 2009, 606-607면.

그 후 2차 합병도 마무리되어 결국에는 원고인 조흥은행만이 살아남았다.

(3) 이 사건의 구체적 쟁점은 이 1차 합병에서 현대종금에 법인세법상 합병청산소득이 있었는가, 있었다면 얼마인가 하는 점이다. 과세관청은 액면가액법을 정한 구 법인세법의 규정에 따라 현대종금에는 약 1조 4천억 원에 달하는 합병청산소득이 발생하였다고 보았다. 반대로 2차 합병으로 강원은행의 납세의무를 승계한 원고 조흥은행은 시가법의 적용을 주장하였다. 1차 합병 당시 강원은행 발행 주식은 '액면가액 > 시가'의 상태에 있었으므로, 이 경우 청산소득의 크기는 상당히 줄어들 수밖에 없었다.

(4) 당시 법령상 이러한 합병청산소득에 대한 법인세는 감면하는 특례가 있었지만,9) 이러한 감면세액의 일부를 농어촌특별세로 부과하도록 하는 것이 또한 농어촌특별세법의 규정이다.10) 따라서 이 사건에서 직접적으로 문제된 것은 법인세가 아니라 농어촌특별세 부과처분의 적법 여부였다.

■ 판결요지 ■

1. 원심 판결의 요지

원심 법원은, 원고의 시가법 주장을 받아들인 끝에 정당한 세액을 다시 계산하여 과세처분을 일부 취소한 제1심 판결을 그대로 유지하였다.11) 이들 판결은 일반적인 차원에서는 액면가액법의 사용을 긍정한다. 그리고 그 근거로, ① 자본충실의 원칙상 합병신주의 액면가액 합계는 피합병법인의 순자산가액과 일치하므로 액면가액법이 타당하고, ② 그렇지 않다고 하더라도 액면가액법에 의하여 '피합병법인의 전체가치' 중 일부만을 과세의 대상으로 삼는 것은 '사실상 감세의 혜택을 주어 기업 간의 합병을 촉진'하는 것이라고 한다.

다만 이들 판결은 '합병법인의 주식의 시가가 액면가액에 미치지 못하는 경우'에는 액면가액법에 의하여서는 안 된다고 한다. 그리고 그 근거로, ① 이러한 경우 액면가액법에 의하면 '합병신주의 액면가 합계액 … 은 피합병법인의 가치를 초과하게 되'는 문제가 있고, ② 이러한 경우의 합병은 '실제 취득한 자산을 초과하는 금액을 자본에 전입함으로써 자본충실의 원칙을 위반하는 결과'가 되지만 이는 공정한 합병을 위해서는 부득이한 결과라

---

9) 이 사건 당시에 유효하였던 금융산업의 구조개선에 관한 법률 제5조 제9항, 구 조특법 제49조 제1항 후단.
10) 농어촌특별세법 제5조 제1항 제1호.
11) 서울고등법원 2002. 5. 9 선고 2001누13920 판결. 제1심 판결은 서울행정법원 2001. 7. 27 선고 2000구10822 판결.

는 점을 들고 있다(다만 이 경우 '합병무효의 소
가 제기될 위험은 감수하여야 할 것'이라고 한다).
즉 액면가액법을 정한 구 법인세법 규정은, 비
록 명문의 규정은 없더라도, 합병신주의 시가
가 액면가액을 초과하는 경우에 한하여 적용
된다고 축소 해석하여야 한다는 것이다.[12]

2. 이 판결의 요지

대상판결에서 대법원은 원심판결을 파기
하였는데, 그 요지는 다음과 같다.

(1) 액면가액법과 시가법 중 어느 것을
선택할지는 '조세정책적인 문제'이다. 그런데
액면가액법을 정한 구 법인세법 시행령은 '자
본충실의 원칙을 보다 철저하게 관철시키기
위한 요구에 따른 것'이고, 이는 '실질적 조세
법률주의 또는 실질과세의 원칙에 반하지 않
는다.'

(2) 따라서 '주식의 시가가 액면가에 미
달하는지 여부와 관계없이 합병신주의 가액은
액면가액에 의하여 산정되어야' 하고, 이 사건
원심 판결이 '아무런 법령상의 근거도 없이 주
식의 시가가 액면가를 초과하는 경우에만 위
규정이 적용되고 시가가 액면가에 미달하는
경우에는 위 규정이 적용되지 않는다고 판단
한 것'은 잘못이다.

▶ 해 설 ◀

1. 합병청산소득의 기본 개념

구 법인세법 하에서 법인의 청산소득은
법인의 해산, 합병, 그리고 분할의 경우에 발
생할 수 있었고, 이에 대한 납세의무는 이른바
'각 사업연도 소득'에 대한 것과는 별도로 다
루어졌다. 그 중 해산으로 인한 청산소득은,
해산 시점 현재 법인이 가지는 순자산과 관련
하여, 그 시장가치의 합계액과 장부에 계상된
가액의 합계액 간 차액[13]에 대하여 세금을 물
린다는 의미를 가진다. 즉 법인 내에 축적되어
있는 미실현이익에 대한 과세를 의미하며, 여
기에는 별다른 의문이 없다.

하지만 청산소득을 계산하는 방법은 해산
의 경우와, 합병·분할의 경우 사이에 차이가
있었다. 이 때문에 합병청산소득의 법적 성격
을 어떻게 이해할 것인가에 관하여 견해 차이
가 생겨났다. 그리고 각각의 견해는 액면가액
법, 또는 시가법과 논리적으로 연결되었다.

(1) 한 가지 입장은 합병청산소득도 해산
청산소득과 본질적으로 다르지 않다는 생각이
었다. 즉, 합병의 시점에서 그동안 피합병법인
에 쌓여 온 미실현이익을 찾아내어 이에 대하
여 법인세를 물리되, 해산청산소득에서와 같

---

12) 이러한 축소 해석은 2000년 말의 법인세법 시행령 개정으로 실제로 입법되었으며, 이 사건은 이 개정 규
   정이 직접 적용되기 전의 것이다.
13) 법인세법 제79조 제1항에 따르면, '잔여재산의 가액'에서 '자기자본의 총액'을 차감한 금액이다.

이 자산을 일일이 평가하기보다는, 합병 당사법인들이 합의한 합병대가 그 자체를 피합병법인의 기업가치로 본다는 것이다.[14] 따라서 이때 합병대가는 그 실제의 가치, 곧 우리 세법상의 용어로 하면 '시가'에 의하여 평가되어야 할 것이다. 합병 당사법인들이 합병대가를 합의할 때에는 그 액면가액이 아니라 시가를 고려하기 마련인 때문이다.

(2) 그러나 합병청산소득은 해산청산소득과는 근본적으로 다르다는 생각도 존재하였다. 이는 이미 언급하였듯이 종래 액면가액법이 지배적인 실무였고, 그 결과 합병청산소득은 사실상 납세자가 과세 여부와 그 정도를 결정할 수 있었다는 점과 관련이 있다.[15] 합병청산소득에 대한 이러한 특별한 취급은, 해산과 달리 합병의 경우에는 추후에도 합병법인에게 미실현이익을 과세할 수 있는 여지가 남는다는 점, 그리고 이른바 '인격합일설(人格合一說)' 하에서 합병을 미실현이익 과세의 계기로 삼는 것에 문제가 있다는 이해에 의하여 뒷받침되었다.

2. 1998년 말 전면개정 이후 법인세법상의 특례 규정

한편 합병을 비롯하여 기업 구조조정 거래가, 적어도 일정한 요건 하에서는 미실현이익 과세의 계기가 되어서는 안 된다는 생각은 국내외에서 이미 오래전부터 널리 받아들여져 온 것이다. 우리나라에서는 외환위기 극복을 위한 기업 구조조정의 필요성이 절실하게 부각된 1990년대 후반, 특히 1998년 말에 와서 전반적인 세제 개편의 일환으로 합병시의 과세이연과 관련된 복잡한 내용의 규정들이 새로 등장하였다. 대상판결은 바로 이러한 규정들이 처음으로 도입되면서 발생한 문제를 다루고 있다.

이러한 새로운 규정들의 핵심을 이루는 것은, 종래의 실무와는 달리 액면가액법의 적용 ─ 즉 합병청산소득의 과세이연 ─ 에 일정한 요건[16]을 두었다는 것이다. 이는 이러한 요건을 갖추지 못한 합병의 경우에는 오히려 원칙적으로 시가법에 의하게 되고, 그 결과 과세이연이 허용되지 않는다는 의미를 갖는 것이기도 하였다.

---

14) 예컨대, 역시 2009년 말 법인세법 개정 전의 설명으로, 이태로·한만수, 『조세법강의』(박영사), 2009, 586면은 합병 청산소득을 합병대가의 크기에 기초하여 산정하는 것은 '피합병법인의 순자산가액은 통상 피합병법인의 주주가 합병법인으로부터 받는 합병대가와 일치하는 점에 기초'한 것이라고 서술하였다.

15) 예컨대, 송우철, 전게논문, 180-181면은, '합병의 경우는 자산증가분의 계상을 강제하지 않고 법인이 임의로 계상한 경우에만 청산소득에 대하여 과세'한다는 점을 들어, '법인세법은 해산의 경우와 합병의 경우의 각 청산소득에 대한 과세에 있어서도 근본적으로 다른 입장을 취하고 있다'고 결론지었다.

16) 구 법인세법 시행령 제14조 제1항 제1호 가목의 표현에 따르자면, '[법인세법] 제44조 제1항 제1호 및 제2호 …의 요건'. 그 내용은 합병대가의 95% 이상이 합병법인의 주식이어야 한다는 것과, 합병법인이 피합병법인의 사업을 1년 이상 계속하여야 한다는 것이다. 특히 앞의 요건은 미국법에서 자주 이야기되는 '이해관계의 계속'(continuity of interest) 요건을 받아들인 것으로 통상 이해한다.

이와 같이 구 법인세법 하에서 액면가액법은 과세이연의 우회적 경로로서 공인되었고, 대신 그 사용은 입법정책상 과세이연이 타당하다고 인정되는 경우, 즉 합병청산소득의 과세이연 요건이 갖추어진 경우에만 가능한 것으로 규정되었다. 구 법인세법 하에서 이루어진 과세이연과 액면가액법 간의 이러한 공인된 결합은, 반대로 액면가액법은 그러한 과세이연을 위해서만 사용되어야 한다는 결론에 이르게 한다. 따라서 시가법이 아니라 액면가액법에 의하여 합병대가를 산정한 결과, 합병청산소득에 대한 과세가 이연되기는커녕 세부담이 오히려 더 늘어난다면, 이는 일단 그 자체로 구 법인세법 규정의 입법취지에 부합하지 않는 것이다.

3. 예전 대법원 판례를 이 사건에 적용할 경우의 문제

지금까지 살펴본 내용에 불구하고 대상판결은 이 사건에서 액면가액법을 사용해야 한다는 결론을 내렸는데, 사실상 그 가장 중요한 근거는 합병시 발생하는 의제배당소득과 관련하여 존재하였던 종래의 대법원 판례[17]였다. 그리고 이 판례의 근거가 되는 것은 상법학에서 말하는 '자본충실의 원칙'이다.

즉 자본충실의 원칙에 따르면 피합병법인의 순자산 가액을 한도로 합병신주가 발행되기 때문에, 항상 '순자산가액(①) ≥ 합병신주의 액면가액 합계(②)'의 관계가 성립한다는 것이다. 따라서 합병청산소득을 계산할 때 ① 대신 ②를 사용하는 것은, 오히려 과세되는 청산소득의 액수를 줄여주는 것으로서 아무런 문제가 없다는 생각이다. 합병에서 이러한 의미의 자본충실 원칙이 지켜지는 한[18] 이러한 이해에는 일리가 있다. 그러나 문제는 원심 판결도 지적하였듯이, 자본충실의 원칙이 지켜지지 않는 합병이 실제로 벌어질 수 있다는 것이다. 이 사건도 바로 그러한 경우였다.[19]

이러한 경우에 액면가액법을 적용하는 것

---

17) 대상판결이 인용하고 있는, 대법원 2003. 11. 28. 선고 2002두4587 판결.
18) 권기범, "존속회사의 합병으로 인한 자본증가의 한계 및 합병비율의 불공정", 『인권과 정의』, 제384호 (2008. 8.), 113면에 따르면 피합병법인의 순자산가액이 합병으로 인한 증자액의 한도가 된다는 점에 관하여 '현재 이를 긍정하는 견해만이 보일 뿐, 적극적으로 부정하는 견해는 찾기 어렵다'고 한다. 또한 세법학에서는, 이러한 합병은 필연적으로 합병차손을 결과하는데, 이러한 의미의 합병차손이 자본충실의 원칙에 정면으로 반한다는 설명이 제시된 바도 있다. 이태로, 『조세법연구』(박영사), 1997, 337면.
19) 특히 「자본시장 및 금융투자업에 관한 법률」은 상장법인이 일방 당사자가 되는 합병의 경우 합병하는 두 법인들의 주식 가액을 기준으로 하여 합병비율을 산정하는 방법을 명시적으로 정하여 두고 있었기 때문에, 이 사건에서도 보듯이 특히 이 법이나 그 전신(前身)인 구 증권거래법이 적용되는 합병의 경우에는 이러한 합병이 실제로 이루어질 개연성이 충분하였다. 실제로 대상판결 이후에 나온 대법원 2008. 1. 10. 선고 2007다64136 판결에서는, 상법에 대한 특별법이라는 증권거래법의 지위를 전제로, 증권거래법에 따른 합병은 상법상 자본충실의 원칙에 위반되더라도 유효하다고 판시하였다.

은 명백히 잘못된 결과를 가져온다. 이러한 결과는, 이 사건에서도 보듯이 대개 합병법인의 주가가 낮기 때문에 공정한 합병이 되기 위해서는 그만큼 피합병법인의 주주들에게 많은 수의 합병신주를 교부하여 줄 수밖에 없는 경우에 생긴다. 그런데 이러한 이유로 늘어난 주식 수에, 합병신주의 액면가액을 그대로 곱하여 합병청산소득을 구한다면 당연히 경제적 현실에 맞지 않는 계산이 이루어질 수밖에 없는 것이다.

결국 액면가액이 시가보다 더 높은 경우에 액면가액법에 의하는 것은 법인의 합병청산소득을 과대평가하게 된다. 그리고 이는 대상판결이 말하고 있는 것과 같이 정책적 판단의 차원이 아니라, 소득과세의 핵심을 건드리는 문제이다. 또한 이는 상법상 합병의 적법 여부를 판단하는 기준으로 자본충실의 원칙이 존재한다는 것만으로는 막을 수 없는 결과이다. 물론 구 법인세법 시행령이 액면가액법의 적용 범위에 관하여 제한을 두지는 않았지만, 이를 문언 그대로 적용하여 청산소득을 부풀리는 것이 상위법인 법인세법을 적정하게 적용한 결과라고 볼 수는 없다.

4. 이 판결의 의의

(1) 대상판결에 대한 직접적 평가

대상판결은 비록 공간(公刊)되지는 않았

지만, 합병청산소득의 계산 방법에 관하여 남아 있는 흔하지 않은 대법원 판결이다. 하지만 지금까지 살펴본 여러 이유에서, 구 법인세법 시행령의 해석을 그르친 명백히 잘못된 판결임을 확인할 수 있다. 다만 2009년 말에 와서 법인세법이 대폭 개정되어 합병청산소득이라는 말 자체가 없어지고, 이에 해당하는 소득을 어떻게 과세할 것인지에 관한 법인세법의 입장이 크게 바뀌었다. 특히 종래의 법인세법이 액면가액법을 통해 과세이연의 결과를 우회적으로 정하고 있었던 것에 반하여, 현재의 법인세법은 정면으로 과세이연의 결과를 규정한다.[20] 따라서 "액면가액법이냐 시가법이냐"를 주된 쟁점으로 다룬 대상판결은 현 시점에서 직접적으로는 큰 의의를 가질 수 없다.

(2) 시사점

대상판결 당시의 기업 구조조정 세제는 사실상 우리나라에 최초로 도입된 것이었다. 또 그때까지의 실무를 반영하여 소득의 과세이연이라는 결과를 액면가액법이라는 특이한 방법으로 달성하는 규정을 두었기 때문에, 그 해석론을 둘러싸고 혼란이 생길 수밖에 없었다. 특히 기업 구조조정의 필요성을 감안하여 일정한 요건 하에 세액을 감면하는 규정을 두면서도, 다시 감면액 중 일부를 농어촌특별세로 거둬들이는 복잡한 입법은 실제로 이 사건에서 이해관계자들을 상당한 혼란에 빠뜨리기

---

20) 특히 법인세법 제44조 제1항, 제2항.

도 하였다.[21] 그리고 이 글에서 지적한 대로 대법원의 해석론 역시 이러한 혼란을 올바르게 정리하는 방향으로 나아가지 못하였다.

　지금에 와서 합병청산소득에 대한 과세제도가 더 나은 방향으로 정비됨으로써 이 판결이 더 이상 대법원의 판례로서 기능할 가능성이 사라진 것은 그나마 다행한 일이다. 하지만 지금에 와서도 대상판결을 읽으면서, 복잡한 세제가 사회경제적 비용을 낳는다는 점, 일단 나온 대법원의 판례라 하더라도 이를 또

다른 사안에 확대하여 적용하는 데에는 신중하여야 한다는 점과 같은 기초적인 교훈들은 여전히 확인할 수 있다. 무엇보다 대상판결의 결론은 기업 구조조정의 대상이 된 현대종금에 1조 4천억 원이나 되는 소득이 과세되지 않고 쌓여 있었다는, 기본적으로 상식에 반하는 이해를 전제로 한다. 법인세법의 기술적(技術的)인 규정들에 매몰되지 않고 소득과세의 상식과 핵심 원리에 충실하였다면 과연 이런 판결이 나올 수 있었을까?

참고문헌

권기범, "존속회사의 합병으로 인한 자본증가의 한계 및 합병비율의 불공정", 『인권과 정의』, 제384호 (2008. 8.).

송우철, "기업의 합병과 관련된 세법상의 몇 가지 문제점", 『사법논집』, 제33집(2001).

윤지현, "법인세법상 합병 청산소득의 산정방법에 관한 고찰" 『조세법연구』, 15 – 1(2009).

이의영, "회사합병에 대한 법인세 과세체계의 개선방향", 『조세법연구』, 11 – 2(2005).

이창희, 『세법강의』, 박영사, 2009.

이태로, 『조세법연구』, 박영사, 1997.

이태로·한만수, 『조세법강의』, 박영사, 2009.

장태평, 『기업구조조정과 세제지원』, (주)광교아카데미, 1999.

한만수, 『기업구조조정 조세법론』, 세경사, 1999.

---

21) 이러한 경과가 궁금한 독자는, 윤지현, 전게논문, 209 – 211면을 참조하기 바란다.

사택보조금의 무상대여와 부당행위계산부인[1)]

사건의 표시 : 대법원 2006. 5. 11. 선고 2004두7993 판결

▪ 사실개요 ▪

원고는 청량음료 제조 및 판매를 목적으로 하는 법인으로서 판매량을 증대시키기 위하여 전국적으로 다수의 영업지점을 설치하여 지점장 등(이하 이 사건 지점장이라고 한다)을 파견하면서, 원고의 사택보조금지급규정에 따라 1996년부터 2000년도까지 무연고지에 파견된 직원에 대하여 사택보조금을 무상으로 대여하였다. 그런데 피고는 이 사건 사택보조금의 지급을 특수관계자에 대한 금전의 무상대여로서 부당행위계산 부인의 대상으로 보아 그 인정이자 상당액을 익금산입하고, 동시에 업무 관련성도 없다고 판단하여 그 차입금의 지급이자 상당액을 손금불산입하여 해당 사업연도의 법인세를 부과하였다.

원고는 위 법인세 부과처분에 대하여 국세심판청구를 하였는데, 국세심판원은 사택보조금의 업무관련성을 인정하여 차입금의 지급이자 상당액을 손금으로 판단하였으나 인정이자 부분에 대해서는 원고의 청구를 기각하였다. 인정이자 부분에 대하여 원고가 제기한 조세소송에서 서울행정법원은 엄격해석의 원칙 하에서 부당행위계산 부인에서 제외되는 구 법인세법 시행령 제46조 제2항 제7호 단서 및 법인세법 시행령 제88조 제1항 제6호 단서의 요건을 구비하지 못하였고 그 보조금 지급에 일부 경제적 합리성이 인정된다고 하더라도 부

---

* 백제흠(김·장 법률사무소 변호사, 법학박사).

1) 2014. 10. 23. 자 세정신문에 기고한 판례평석을 일부 수정·보완한 것이다.

당행위계산부인의 대상에서 제외된다고 단정
할 수 없다는 이유로 원고의 청구를 기각하였
으나 서울고등법원은 사택보조금 대여행위는
위 부당행위계산 부인의 제외 사유에는 해당
하지 않으나 경제적 합리성이 있어 부당행위
계산 부인의 대상이 되지 않는다며 위 부과처
분을 취소하였다. 이에 대해 피고는 상고를 제
기하였는데 대법원은 이 사건 사택보조금의
대여는 부당행위계산 부인에 해당하지 않는다
며 피고의 상고를 기각하였다.

▪ 판결요지 ▪

대법원은 청량음료 제조판매회사가 무연
고지에 근무하는 직원들에게 사택보조금을
지급한 것은 부당행위계산부인의 적용대상에
서 제외되는 사택의 제공에 갈음하여 행하여
진 것으로서 그 실질에 있어서는 사택의 제
공과 동일시할 수 있기 때문에, 위 사택보조
금의 지급이 건전한 사회통념이나 상관행에
비추어 경제적 합리성을 결한 비정상적인 거
래라고 할 수는 없으므로 부당행위계산 부인
의 대상이 아니라고 판시하였다(이하 대상판례
라고 한다).

▶ 해 설 ◀

1. 쟁점

조세법규의 해석과 관련하여 대법원은
조세법률주의의 원칙상 과세요건이나 비과세
요건 또는 조세감면요건을 막론하고 조세법
규의 해석은 특별한 사정이 없는 한 법문대
로 해석할 것이고, 합리적 이유 없이 확장해
석하거나 유추해석하는 것은 허용되지 아니
하며 특히 감면요건 규정 가운데 명백히 특
혜규정이라고 볼 수 있는 것은 엄격하게 해
석하는 것이 조세공평에 부합한다고 판시하
고 있다.[1] 부당행위계산 부인규정의 적용에
관하여도 판례는 특수관계자 및 부당행위 또
는 부당계산은 법인세법 시행령에 열거되어
있는 경우에 한하며, 그 부인의 대상이 되는
기초적 사실관계는 진실로서 존립하는 것이
어야 하고, 이는 조세법령해석의 일반원칙에
따라 유추해석이나 확대해석이 허용될 수 없
다는 입장이다.[2]
대상판례의 사안에서 원고가 무주택자가
아닌 이 사건 지점장에게 사택보조금을 지원
해 준 것이 감면규정적 성격의 부당행위계산
부인의 제외사유로서 규정하고 있는 사용인에
대한 사택의 제공에 해당하는지가 문제인바,
대상판례는 이 사건 사택보조금의 지급이 그

---

1) 대법원 2004. 5. 28. 선고 2003두7392 판결 등.
2) 대법원 1982. 11. 23. 선고 80누466 판결; 대법원 1985. 5. 28. 선고 84누337 판결 등.

실질에 있어서는 부당행위계산부인의 적용대상에서 제외되는 사택의 제공과 동일시할 수 있기 때문에, 위 사택보조금의 지급이 건전한 사회통념이나 상관행에 비추어 경제적 합리성을 결한 비정상적인 거래라고 할 수는 없으므로 부당행위계산 부인의 대상이 아니라는 것이다. 대상판례가 사택보조금의 지급이 실질적으로 사택의 제공과 동일시 할 수 있다고 보고 있는 것은 부당행위계산 부인의 적용제외 사유인 사택의 제공의 문언의 의미를 넘어서 사실상 유추해석이나 확대해석을 한 것으로 보여지는 점이 없지는 않은바, 대상판례가 기존의 엄격해석의 원칙을 벗어나는 입장을 택한 것인지 의문이 있을 수 있다.

한편, 판례는 부당행위계산 부인에서의 부당성 즉법인의 소득에 대한 조세의 부담을 부당히 감소시킨 것으로 인정되는 경우의 의미에 관하여 당해 법인이 법인세법 시행령 각 호에서 열거한 제반 거래형태를 빙자하여 남용함으로써 조세부담을 부당하게 회피하거나 경감시킬 것을 기도하는 경우 또 이와 같은 의도가 없더라도 그 거래형태가 경제적 합리성을 무시하였고 인정되는 경우를 의미한다고 판시하였는바,[3] 이는 부당행위계산 부인 규정을 적용하기 위해서는 단순히 어느 거래가 법인세법시행령에 열거된 행위유형에 해당한다는 것을 넘어 다시 그와 같은 거래형태를 빙자하여 이를 남용한 것이거나 그 거래형태가 경제적 합리성을 무시하였다고 인정되어야 한다는 것으로 부당성을 별도의 고려요건으로 보는 것으로 이해된다.[4]

부당행위계산 부인의 부당성의 요건과 엄격해석의 원칙과의 관계에 대하여 그 동안은 대법원은 명시적인 입장 표명을 하지 않은 채 부당성은 경제적 합리성이 없는 경우를 의미하는 것으로 경제적 합리성 유무에 대한 판단은 거래행위의 제반 사정을 구체적으로 고려하여 과연 그 거래행위가 건전한 사회통념이나 상관행에 비추어 경제적 합리성을 결여한 것인지 여부에 따라 판단하여야 한다는 입장[5]이었는바, 대상판례에서는 이 사건 사택보조금의 지급이 사택의 제공과 실질적으로 동일하다는 이유로 경제적 합리성이 있는 것으로 보았다. 즉, 대상판례는 이 사건 사택보조금의 지급이 실질적으로 부당행위계산 부인의 제외 사유인 사택의 제공에 해당하기 때문에 이 사건 사택보조금의 지급이 경제적 합리성이 있다는 취지인바, 이러한 제외사유의 유추해석에 따른 경제적 합리성의 판단이 부당성을 별도의 요건으로 보는 종전의 대법원 판례와 어떠한 관계에 있는지를 추가적으로 검토해 볼 필요가 있다.

---

3) 대법원 1979. 2. 27. 선고 78누457 판결; 대법원 1985. 5. 28. 선고 84누337 판결 등.
4) 정인진, "부당행위계산부인에 있어서 부당성의 요건", 『조세판례백선』(박영사), 2005, 326면.
5) 대법원 1996. 7. 26. 선고 95누8751 판결.

2. 법인세법상 부당행위계산 부인의 제 외사유로서의 사택의 제공 및 사택 보조금의 대여 부분에 대한 엄격해석

부당행위계산부인이란 납세자가 정상적인 경제인의 합리적인 거래형식을 취하지 아니하고 우회행위, 다단계행위 그 밖의 이상한 거래 형식을 취함으로써 통상의 합리적인 거래형식을 취할 때 생기는 조세의 부담을 경감 내지 배제시키는 행위계산을 조세법적으로 부인하여 재구성하여 과세하는 것으로6) 법인세법은 부당행위계산의 유형을 그 시행령에 규정하면서 일정한 요건을 충족하는 경우에는 부당행위계산 부인의 적용을 배제하고 있다.

부당행위계산의 유형 중 사택 제공과 사택보조금의 대여와 관련된 부분은 1998. 12. 28.자 법률 제5581호로 법인세법이 전면 개정됨에 따라 법인세법 시행령도 1998. 12. 31.자 대통령령 제15970호로 전면 개정되면서(이하 그 개정 전의 법인세법 시행령을 '구 법인세법 시행령'이라고 하고, 그 개정 후의 것을 '개정 법인세법 시행령'이라고 한다). 다음과 같이 변경되었다. 즉, 부당행위계산의 유형에 관한 구 법인세법 시행령 제46조 제2항은 그 제7호 본문에서 법인이 출자자 등에게 금전 기타 자산 또는 용역을 무상 또는 낮은 이율요율이나 임대료로 대부 또는 제공한 때를 부당행위계산의 한 유형으로 규정하면서 그 단서에서 다만, 법

인이 무주택사용인에게 주택건설촉진법에 규정하는 국민주택규모 이하의 주택(그 주택에 부수된 토지를 포함한다)의 취득임차에 소요된 자금(재정경제부령이 정하는 금액을 한도로 한다)을 대부하는 경우를 제외한다.라고 하여 주택의 취득임차 자금의 대여행위를 부당행위계산의 유형에서 제외시키고 있었다. 한편, 이와 별도로 구 법인세법 시행령 제46조 제2항 제7호의2에서는 법인의 출자자나 출연자인 임원 및 그 친족에게 사택을 적정임대료에 미달되는 금액으로 제공한 때를 부당행위계산의 다른 한 유형으로 규정하고 있었다. 이 규정의 반대해석으로 법인이 그 출자자나 출연자인 임원이 아닌 일반 종업원에게 사택을 적정임대료에 미달하는 금액으로 제공하더라도, 이러한 행위는 부당행위계산으로 부인되지 않는다고 해석된다. 위 2개의 규정을 합하여 보면, (i) 법인이 무주택 종업원에게 주택의 취득임차에 소요되는 자금을 대여하는 행위와 (ii) 출자자나 출연자가 아닌 일반 종업원에게 사택을 무상이나 저가로 제공하는 행위 모두 부당행위계산에서 제외되었다.

한편, 종업원에게의 주택 취득임차 자금의 대여와 사택의 제공에 대한 부당행위계산 부인의 적용에 관한 위와 같은 구 법인세법 시행령의 이원적 규정은 개정 법인세법 시행령에서 제88조 제1항 제6호의 규정, 즉 '금전 기타 자산 또는 용역을 무상 또는 시가보다

---

6) 대법원 1997. 5. 28. 선고 95누18697 판결.

낮은 이율요율이나 임대료로 대부하거나 제공한 경우. 다만, 주주 등이나 출연자가 아닌 임원(제87조 제2항의 규정에 의한 소액주주인 임원을 포함한다) 및 사용인에게 사택을 제공하는 경우를 제외한다.'의 하나의 규정으로 통합되었다. 구 법인세법 시행령 규정과 비교해 보면, (i) 법인이 출자자나 출연자가 아닌 일반 종업원에게 적정 임대료를 받지 않고 사택을 제공하는 행위는 개정 전·후를 불문하고 부당행위계산에서 제외되지만, (ii) 법인이 종업원에게 자금을 무상 또는 저리로 대여하는 행위는 개정 전에는 국민주택 규모 이하의 주택의 취득임차에 소요되는 자금의 대여에 해당하는 경우에는 부당행위계산에서 제외되었으나, 개정 후에는 어떠한 형태의 자금의 무상 또는 저리의 대여에 해당하든 예외 없이 부당행위계상으로 분류되는 것이다.

이와 같이 개정 전·후 법인세법 시행령이 사택을 제공하는 경우와 주택임차 자금을 대부하는 경우를 준별하여 그 구체적 요건을 규정하고 있으므로 엄격해석의 원칙에 따르면 대상 판례의 사안은 종업원에게 사택보조금을 무상대여한 경우로서 구 법인세법 시행령 제46조 제2항 제7호 단서 소정의 요건 및 개정 법인세법 시행령 제88조 제1항 제6호 소정의 요건을 충족하지 않은 이상 그 과세제외의 혜택을 받을 수 없다고 할 것이다. 대상판례에서는 원고로부터 사택보조금을 대여받은 이 사건 지점장이 모두 주택을 소유하고 있어 이

사건 사택보조금을 무상으로 대여한 행위는 구 법인세법 시행령 제46조 제2항 제7호 단서에 해당하지 않을 뿐만 아니라 개정 법인세법 시행령 88조 제1항 제6호 단서가 정한 주주 등이나 출연자가 아닌 임원 및 사용인에게 사택을 제공한 경우에도 해당하지 않으므로 부당행위계산 부인의 대상이 될 여지가 있다는 원심의 판단을 정당한 것으로 수긍한 점에 비추어 기존의 엄격해석의 원칙을 견지한 것으로 보인다.

3. 부당행위계산 부인의 제외사유에 대한 실질적 파악을 통한 부당성의 판단

법인세법 제52조 제1항은 내국법인의 행위 또는 계산이 특수관계에 있는 자와의 거래로 인하여 그 법인의 소득에 대한 조세의 부담을 '부당하게' 감소시킨 경우에 부당행위계산 부인을 할 수 있다고 규정하고 있을 뿐 구체적 행위 유형에 대해서는 따로 언급하고 있지 않다. 행위계산의 부당성을 정형화하여 규정하는 것이 불가능하다는 점을 고려한 것으로 보인다. 반면, 법인세법 시행령 제88조 제1항에서는 전형적인 법인의 조세회피행위에 대하여 규정하고 있는바, 판례는 거래의 부당성을 부당행위계산 부인의 핵심요소로 파악하여 당해 법인이 법인세법 시행령 각호에서 열거한 제반 거래에 해당하더라도 그 거래형태에 부당성이 없다면 부당행위계산부인 규정을 적용할 수 없다는 것이다.

나아가 판례는 경제적 합리성의 결여여부를 부당성의 판단기준으로 삼고 있는데[7] 경제적 합리성을 판단하는 기준으로 사회통념, 상관행 외에 특수관계자간의 거래가격,[8] 거래당시의 특수사정[9] 등도 고려하고 있다. 거래당시의 특수사정으로는 당해 거래가 당사자간의 합리적 경제의사에 따라 자발적으로 행하여 진 것인지 여부, 정부의 정책지침이나 행정지도 또는 관계회사의 압력, 거래처와의 관계 등에 의해서 타율적으로 행하여진 것인지 여부[10] 당해 거래가 당해 거래 자체로서 직접 달성하고자 하는 경제적 목적 외에 다른 외부적 목적을 가지고 있는지 여부 등을 들 수 있다. 이와 같이 판례는 경제적 합리성이라는 개념으로 포섭하기 어려운 정부 관여 거래 등에 대하여 부당성이 없다고 봄으로써 각 사안의 구체적 사정을 고려하여 판단하여 왔다.[11]

대상판례는 이러한 판례의 연장선 하에서 경제적 합리성 유무에 대한 판단은 당해 거래행위의 대가관계만을 따로 떼내어 단순히 특수관계자가 아닌 자와의 거래형태에서는 통상 행하여지지 아니하는 것이라 하여 바로 이에 해당되는 것으로 볼 것이 아니라, 거래행위의 제반 사정을 구체적으로 고려하여 과연 그 거

래행위가 건전한 사회통념이나 상관행에 비추어 경제적 합리성을 결한 비정상적인 것인지의 여부에 따라 판단하여야 한다는 종전의 판시를 다시 한번 확인하면서 비록 이 사건 사택보조금의 지급이 엄격해석의 원칙 하에서 부당행위계산 부인 제외사유에 해당하지 않지만 여러 가지 사정을 들어 청량음료 제조·판매회사가 무연고지에 근무하는 직원들에게 사택보조금을 지급한 것은 부당행위계산 부인의 적용대상에서 제외되는 사택의 제공에 갈음하여 행하여진 것으로서 그 실질에 있어서는 사택의 제공과 동일시할 수 있기 때문에, 위 사택보조금의 지급이 건전한 사회통념이나 상관행에 비추어 경제적 합리성을 결한 비정상적인 거래라고 할 수는 없다는 이유로 이 사건 사택보조금의 지급에 경제적 합리성이 있다고 판단함으로써 부당행위계산 부인의 제외사유의 취지를 폭넓게 파악하여 이를 부당성 판단의 근거로 삼았다.

4. 이 판결의 의의

대상판례는 경제적 합리성의 판단에 관한 종전 판례의 입장에 한 걸음 더 나아가 엄격

---

7) 대법원 1993. 5. 27. 선고 92누9012 판결; 대법원 1997. 2. 14. 선고 96누9966 판결 등.
8) 대법원 1986. 11. 11. 선고 85누986 판결; 대법원 1997. 6. 13. 선고 95누15476 판결.
9) 대법원 1997. 2. 14. 선고 96누9966 판결; 대법원 2000. 2. 11. 선고 97누13184 판결.
10) 대법원 1990. 5. 11. 선고 89누8095 판결; 대법원 1992. 3. 31. 선고 91누8555 판결.
11) 또한 법인세법 기본통칙 52-88 … 3도 특수관계자간 거래에서 발생한 외상매출금 등의 회수가 지연된 경우에도 사회통념 및 상관습에 비추어 부당함이 없다고 인정하는 때에는 부당행위로 보지 않는다고 규정하고 있다.

해석의 원칙에 의하면 부당행위계산 부인의 제외사유에 해당하지 않는 거래라고 하더라도 그 실질에 있어서 부당행위계산 부인의 제외사유와 동일시할 수 있는 경우에는 경제적 합리성이 있다고 보아 부당행위계산 부인의 대상이 될 수 없다고 하였는바, 대상판례는 기존의 조세법규 해석에 관한 엄격해석의 원칙을 견지하면서 부당행위계산 부인의 제외사유에 해당하지 않는 거래라도 그 경제적 합리성이 있는 경우에는 적용대상에서 제외하도록 함으로써 부당행위계산 부인에서의 부당성이 별도

의 과세요건에 해당한다는 점을 보다 분명히 하였다는 점에서 의미가 있다. 한편, 대상판례의 입장은 그 동안 제한적으로 적용하여 왔던 부당성의 의미를 그야말로 문언에 충실하게 해석한 것으로서 엄격해석의 원칙에 연장선상에 있는 것으로도 이해된다. 그 동안 부당행위계산 부인 규정의 엄격한 집행이 납세자의 사적 자치와 경제활동을 위축시킨다는 지적이 누차 있어온 마당에 앞으로의 부당성의 의미를 탄력적으로 해석한 동 판례의 판시에 따른 향후 대법원판례의 추이가 주목된다.

참고문헌

정인진, "부당행위계산부인에 있어서 부당성의 요건", 『조세판례백선』, 박영사, 2005.

특수관계자가 발행한 후순위채와 기업어음을 매입한 것이 부당행위계산 부인에 해당하는지

사건의 표시 : 대법원 2007. 9. 20. 선고 2005두9415 판결

▪ 사실개요 ▪

원고 법인은 1997. 12. 30. A은행에 특정금전신탁 400억 원을 예탁하고 A은행에 지시하여 특수관계자인 B증권이 발행한 상환기한 1년 6월인 후순위사채 400억 원을 연 17.26%의 수익률로 매입하도록 하였다.

원고 법인은 1997. 11. 4. 및 1998. 2. 13. 특수관계자인 C종합화학이 발행한 91일물 기업어음 500억 원과 90일물 기업어음 500억 원 합계 1,000억 원을 각 13.42%의 할인율로 매입하였고, 1997. 12. 30. 특수관계자인 D기업이 발행한 42일물 기업어음 200억 원을 연 18%의 할인율로 매입하였다.

1996. 1. 1.이후의 당좌대월 이자율은 연 12%이다가, 1998. 1. 1. 이후부터는 연 20%, 1998. 7. 1. 이후부터는 연 17%, 1998. 10. 1. 이후부터는 연 13%였고, 원고 자신은 1997. 12. 23. 3년 만기 회사채를 연 25%의 수익률로 발행하였다.

과세관청은 원고 법인의 위와 같은 매입이 특수관계자에 대한 저율의 자금대여로서 부당행위에 해당한다는 이유로 당좌대월 이자율보다 높은 원고의 차입금 이자율(25%)을 적용하여 1998 사업연도에 인정이자를 익금산입하여 법인세를 부과하는 내용의 본건 과세처분을 하였고, 원고가 이에 불복하여 소송을 제기하였다. 제1, 2심은 모두 원고의 청구를 기

---

* 허영범(김·장 법률사무소 변호사).

각하였으나, 대법원은 원고 승소의 취지로 원심 판결을 파기하였다.

▪ 판결요지 ▪

1. 업무무관 가지급금에 해당하는지에 관하여

구 법인세법(1998. 12. 28. 법률 제5581호로 전문 개정되기 전의 것) 제18조의3 제1항 제3호, 구 법인세법 시행령(1998. 12. 31. 대통령령 제15970호로 전문 개정되기 전의 것) 제43조의2 제2항 제2호에 규정된 '업무와 관련 없이 지급한 가지급금'에는 순수한 의미의 대여금은 물론 채권의 성질상 대여금에 준하는 것도 포함되고, 적정한 이자율에 의하여 이자를 받으면서 가지급금을 제공한 경우도 포함되며, 가지급금의 업무관련성 여부는 당해 법인의 목적이나 영업내용을 기준으로 객관적으로 판단하여야 한다.

원고가 위와 같이 후순위사채 및 기업어음을 매입한 것은 원고의 목적사업 및 당시 경영상태, 거래형태와 횟수, B증권의 후순위사채 발행 동기 및 사채매입 후의 경영상태, C종합화학과 D기업의 당시 재무구조 및 매출 증감 추이, 당시 국가적 금융위기로 기업들이 유동성 확보에 주력하고 있던 점 등에 비추어 원고가 기타 금융업을 영위한 것으로 보기 어렵고, 오히려 특수관계에 있는 회사들의 유동성위기를 모면하게 하거나 재무구조를 개선하고 시장의 지위를 강화하기 위한 자금의 대여로서 업무와 관련 없이 가지급금을 지급한 것에 해당한다.

2. 부당행위계산 부인의 대상인지 여부에 대하여

인정이자 계산에 관한 구 법인세법 시행령(1998. 12. 31. 대통령령 제15970호로 전문 개정되기 전의 것) 제47조 규정은 부당행위계산의 부인에서 파생되는 것으로서 같은 법 시행령 제46조 제2항 제7호 규정의 보완규정으로 해석되는 점, 한편 같은 법 시행령 제47조는 1991. 12. 31. 대통령령 제13541호로 개정되면서 제1항에서 저율대여의 경우도 당좌대월이자율로 인정이자를 계산하고, 제2항에서 법인이 특수관계자에게 금전대여시 상환기한을 정하여 당좌대월이자율로 이자를 수수하기로 약정하였더라도 당좌대월이자율보다 높은 이자율의 차입금이 있는 경우 차입금 최고 이자율로 인정이자를 계산하되(본문), 다만 그 거래상대방이 법인 또는 사업을 영위하는 개인인 경우 당좌대월이자율을 차입금 이자율로 보도록(단서) 규정된 점, 이와 같이 같은 법 시행령 제47조 제2항 단서에 거래상대방이 법인 또는 사업을 영위하는 개인인 경우 인정이자 계산의 예외규정을 둔 것은 차입금 최고 이자율을 기준으로 인정이자를 계산하게 되면 특수관계자간의 거래에 있어서 당사자 일방은 항상 인정이자 익금산입을 당하거나 고율의 차용으로 부당행위계산 부인되는 문제를 피하기 위하여 당좌대월이자율 수준의 이자수수를 약정한 경우에는 정상거래로 인정하여 대여법인이나 거래상대방 모두에게 인정이자 계산이나 부당행위계산 부인을 하지 않으려는 데도 그 취지가 있는 것으로 해석되는 점, 그 후 1998. 12. 31. 대통령령 제15970호로 전문 개정된 구 법인세법 시행령 제89조 제3항[구 법인세법 시행령(1998. 12. 31. 대통령령 제15970호로 전문 개정되기 전의 것) 제47조가 개정된 것이다]에 의하면 '제88조 제1항 제6호[구 법인세법 시행령(1998. 12. 31. 대통령령 제15970호로 전문 개정되기 전의 것) 제46조 제2항 제7호가 개정된 것이다]의 규정에 의한 금전대여에 있어서 법인 또는 사업을 영위하는 개인에게 대여한 경우로서 상환기간을 정하여 당좌대월이자율로 이자를 수수하기로 약정한 경우에는 당좌대월이자율을 시가로 하도록' 규정한 점 등에 비추어 볼 때, 부당행위계산부인의 해당 여부를 판단함에 있어서 구 법인세법 시행령(1998. 12. 31. 대통령령 제15970호로 전문 개정되기 전의 것) 제47조 제2항 단서 규정의 적용이 배제된다고 볼 수는 없다.

본건 후순위사채 등은 상환기한(만기)과 당좌대월이자율보다 높은 수익률(할인율)이 정해져 있는 점, 구 법 시행령 제47조 소정의 인정이자는 무상 또는 저율대여 등을 통한 이자상당액이나 이자상당액과의 차액을 법인이 익금산입하지 아니함으로써 조세부담을 회피하는 것을 규제하는 제도인바, 대여법인으로서는 당좌대월이자율보다 높은 이율의 이자수수를 약정하였다면 당좌대월이자율로 약정한 것보다 조세의 감소가 있는 것은 아닌 점, 따라서 특수관계자에 대한 금전대여시 당좌대월이자율 수준의 이자수수를 약정한 경우 이를 정상거래로 보고 구 법 시행령 제47조 제2항 단서 규정에 따라 인정이자가 계산되지 아니하는 데도 그 보다 높은 이율의 이자수수를 약정하였음에도 인정이자가 계산된다는 것은 불합리한 점 등을 고려하면 금전대여자가 당좌대월이자율 이상으로 이자를 수수하기로 약정한 경우는 위 단서 규정의 당좌대월이자율로 약정한 경우에 포함되는 것으로 해석함이 타당하므로, 결국 당좌대월이자율보다 높은 수익률(할인율)로 이 사건 후순위사채 등을 매입한 원고의 거래행위는 구 법 시행령 제47조 제2항 단서 소정의 금전을 대여한 경우로서 상환기한을 정하여 당좌대월이자율로 이자를 수수하기로 약정한 때에 해당한다고 봄이 상당하다 할 것이다.

▶ 해 설 ◀

1. 쟁점

원고의 위와 같은 후순위채권 매입 및 기업어음 매입이 업무무관 가지급금에 해당하는지 및 인정이자 계산의 대상이 되는 부당행위계산 부인에 해당하는지 여부이다. 업무무관 가지급금에 해당하는 경우에는 지급이자를 손금불산입하게 되고, 부당행위계산부인에 해당되는 경우에는 인정이자를 익금산입하게 된다.

2. 업무무관 가지급금에 해당하는지에 대하여

업무무관 가지급금에 대한 지급이자를 손금불산입하도록 규정한 구 법인세법 제18조의3의 입법취지는 '기업이 타인자본에 의존하여 법인의 본래 업무와 무관한 부분으로 무분별하게 기업을 확장하는 것을 억제함으로써 기업자금의 생산적인 운용을 통하여 기업의 건전한 경제활동을 유도하고 기업의 재무구조를 개선하는 데 있다'고 할 수 있다. 즉 기업이 차입 경영으로 재무구조가 악화됨에도 불구하고 그 자금을 '업무'가 아닌 '무리한 기업확장'에 사용하는 것을 세법을 통하여 제재·방지하고자 하는 것이 이 규정의 입법취지인 것이다.

원래 차입금의 지급이자는 구 법인세법 제9조 제3항 및 동법 시행령 제12조 제2항 제7호에서 보듯이 전형적인 손비 항목의 하나로 열거되어 있으며, 그것이 수익관련성을 가지는 한 당연히 손금으로 인정되어야 할 성질의 것이다. 차입금을 다시 타인에게 대여하는 경우 수취이자는 당연히 익금으로 계상하는 데에 반하여 이에 대응하는 비용으로서 지급이자를 손금으로 인정하지 않는 것은 수익·비용 대응 원칙에 어긋나기 때문이다. 이처럼 업무무관 가지급금에 대한 지급이자 손금불산입 규정은 당연히 손금으로 인정되어야 하는 비용을 손금불산입하도록 하고 있다는 점에서 소득과세의 본질에 어긋나는 것으로서, 정책적인 목적을 달성하기 위하여 일종의 '제재'로서 납세자에게 부과되고 있는 불이익에 해당한다. 따라서 지급이자 손금불산입 규정은 소득과세를 그 본질로 하고 있는 법인세법의 영역에서는 어디까지나 예외적인 현상으로 이해되어야 하고, 그 정책적인 입법취지를 달성하기 위한 최소한의 범위 내에서만 적용되는 것이 옳다고 본다.[1]

그런데 판례는 업무무관 가지급금은 순수한 의미의 대여금은 물론 채권의 성질상 대여금에 준하는 것도 포함되고, 적정한 이자율에 의하여 이자를 받으면서 가지급금을 제공한 경우도 포함되며,[2] 특수관계인을 위하여 대신 부

---

1) 그 성격상 당연히 손금으로 인정되어야 할 공과금을 원칙적으로 손금불산입하도록 한 법인세법 규정을 위헌으로 선언한 헌법재판소 1997. 7. 16. 선고 96헌바36 결정 참조.

담한 수출관련대금도 업무무관 가지급금에 해당하고,[3] 법인이 특수관계자로부터 지급받아야 할 매매대금의 회수를 정당한 사유 없이 지연시키는 것은 실질적으로 매매대금이 계약상의 의무이행기한 내에 전부 회수된 후 다시 가지급된 것과 같은 효과를 가져온다는 점에서 그 매매대금을 회수하여야 할 날에 업무와 무관하게 그 미회수 매매대금 상당액을 가지급금으로 지출한 것으로 보아야 한다[4]고 판시하는 등 업무 무관 가지급금을 매우 폭넓게 인정하고 있다. 그리고 가지급금의 업무관련성 여부는 당해 법인의 목적이나 영업 내용을 기준으로 객관적으로 판단하여야 한다는 입장이다.[5]

원고는 정관 및 등기부등본에 명시된 원고의 목적사업에 '기타 금융업', '신용판매 금융업' 등이 명시되어 있으므로, 원고가 후순위사채 및 기업어음을 매입한 것은 원고가 정관에서 정하는 목적사업을 수행하기 위한 정당한 사업활동이고, 원고의 업무와 직접적인 관련성이 있다고 주장한 것으로 보인다. 그러나 원고가 후순위사채 및 기업어음을 매입한 것은 당시의 여러 사정에 비추어 보더라도 원고가 기타 금융업을 영위한 것으로 보기는 어려울 듯하고, 특수관계에 있는 회사들의 유동성 위기나 재무구조 개선을 지원하기 위한 것으로 보이므로, 업무무관 가지급금의 범위를 폭넓게 인정하고 있는 대법원 판례에 의하면 업무무관 가지급금이 아니라고 하기는 어려울 것이다.

3. 부당행위계산부인에 해당하는지에 대하여

원고의 후순위사채 및 기업어음 매입이 부당행위계산 부인규정에 해당되어 인정이자를 익금산입하여야 하는지의 문제이다.[6] 원고가 후순위사채 및 기업어음을 시장 이자율보다 현저히 낮은 이자율로 매입함으로써 특수관계자에게 이익을 분여한 것(즉 부당행위를 한 것)으로 인정되는 때에는 시장이자율로 인정이자를 계산하여 익금산입하게 된다. 본건과 같이 업무무관 가지급금이 특수관계자에게 이익을 분여한 것으로 볼 수 있는 경우에는 지급이자를 손금불산입하는 데에 그치지 않고, 인정이자를 계산하여 익금에 산입하게 되는 이중의 제제를 받게 된다. 다시 말해 지급이자 손금불산입과 인정이자 익금산입이 함께 이루어지는 경우에는, 국가가 납세자가 올리지도 않는 수익의 존재를 의제하여 과세소득을 재계산한 후, 다시 이러한 수익을 올

---

2) 대법원 1992. 11. 10. 선고 91누8302 판결.
3) 대법원 2004. 2. 13. 선고 2002두11479 판결.
4) 대법원 1995. 12. 26. 선고 95누3589 판결; 대법원 2006. 5. 12. 선고 2003두7651 판결.
5) 대법원 1992. 11. 10. 선고 91누8302 판결.
6) 구 법인세법 시행령 제47조는 부당행위계산 부인 규정인 구 법인세법 제20조의 하위규정이다.

리기 위하여 지출한 비용마저 손금불산입하게 되므로, 납세자는 이중의 제재를 받게 되는 셈이다.

대법원 판례(1995. 12. 26. 선고 95누3589 판결)는 "구 법인세법 시행령 제47조 소정의 가지급금에 대한 인정이자는 내국법인이 출자자 등 특수관계에 있는 자에게 무상으로 금전을 대여한 것으로 볼 수 있는 경우에 과세관청이 그 부당행위계산을 부인하고 직권으로 이자를 계산하는 제도이므로, 위 규정은 이자에 관한 약정이 있는 경우에는 적용될 여지가 없고, 이자에 관한 약정이 있는 경우에는 그 이자율이 경제적 합리성을 무시하였다고 인정될 정도의 낮은 이율인 때에 한하여 조세의 부담을 부당히 감소시킨 부당행위인 법인세법 제20조, 같은 법 시행령 제46조 제2항 제7호의 소정의 낮은 이율로 금전을 대부한 때에 해당한다고 볼 수 있으며, 이 점에 관한 주장·입증책임은 과세관청에 있다"고 한다. 따라서, 본건의 경우에는 이자에 관한 약정 자체는 있는 경우이므로, 원고가 후순위사채 및 기업어음을 매입한 것이 경제적 합리성을 무시하였다고 인정될 정도의 낮은 수익률로 매입한 것인지의 여부에 따라 결론이 달라질 것이다.

그런데 과연 경제적 합리성을 무시하였다고 인정될 정도의 낮은 수익률의 기준이 무엇인지에 관하여 종전 판례는 명확한 기준을 제시하지 못하고 있었던 것이 사실이다. 이에 대하여 대상판결은 "금전대여자가 당좌대월이자율 이상으로 이자를 수수하기로 약정한 경우는 위 단서[구 법 시행령 제47조 제2항 단서] 규정의 당좌대월이자율로 약정한 경우에 포함되는 것으로 해석함이 타당하므로, 결국 당좌대월이자율보다 높은 수익률(할인율)로 본건 후순위사채 등을 매입한 원고의 거래행위는 구 법인세법 시행령 제47조 제2항 단서 소정의 금전을 대여한 경우로서 상환기한을 정하여 당좌대월이자율로 이자를 수수하기로 약정한 때에 해당한다고 봄이 상당하다"고 판시하였는바, 위와 같은 판시는 타당하다고 생각된다. 결국 대상판결에 의하면, 당좌대월이자율보다 낮은 이자율로 금전대여를 한 경우에만 부당행위 계산부인이 문제될 수 있다.

5. 이 판결의 의의

대상판결은 업무무관 가지급금은 순수한 의미의 대여금은 물론 채권의 성질상 대여금에 준하는 것도 포함되고, 적정한 이자율에 의해 이자를 받으면서 가지급금을 제공한 경우도 포함되며, 가지급금의 업무관련성 여부는 당해 법인의 목적이나 영업내용을 기준으로 객관적으로 판단해야 한다는 판결로, 업무 무관 가지급금의 판단기준에 관한 종전의 판례를 다시 한번 확인해 준 판결이다.

반면 부당행위 계산부인에 따른 인정이자의 익금산입과 관련하여서는 금전대여자가 당좌대월이자율 이상의 이자를 약정한 경우는 구 법인세법 시행령 제47조 제2항 단서 규정의 당좌대월이자율로 약정한 경우에 포함되는 것으로 보아 부당행위에 해당되지 않는다고 선언한 최초의 사례[7]로서 그 의미가 크다고 할 것이다.

---

7) 그 후 선고된 대법원 2007. 9. 20. 선고 2006두1647 판결도 같은 취지임.

법인이 자기주식 보유상태에서 자본준비금의 자본전입으로 발행한 무상주를 다른 주주들에게 배정하는 경우 의제배당의 범위

사건의 표시 : 대법원 2007. 10. 25. 선고 2005두8924 판결

▪ 사실개요 ▪

1. 원고 동원증권 주식회사(이하 '원고'라 한다)는, 증권거래법 제28조의 허가를 받아 유가증권의 매매, 위탁매매, 인수 매출 등 증권업을 영위할 목적으로 설립된 증권회사이다.

2. 원고는 2000. 5. 26. 무상증자 당시 보통주 44,339,522주와 우선주 8,842,800주를 발행하여 그 중 보통주 1,322,820주를 자기주식으로 보유하고 있었다.

3. 원고는 이사회 결의에서 주식발행초과금 중 50%를 자본에 전입하기로 하고 자본전입되는 주식발행초과금에 상당하는 보통주 21,508,350주와 우선주 4,421,400주를 액면가액 5,000원으로 신규발행하여 이를 모두 일반

주주들에게만 1 : 0.5의 비율로 배정하고, 원고가 보유하고 있는 자기 주식에 대해서는 신주를 전혀 배정하지 않았다.

4. 이에 과세관청은 원고가 2000. 5. 주식발행초과금의 50%를 자본전입하여 무상주를 발행함에 있어 자기주식에 대하여는 배정하지 않고 나머지 주주들에게만 배정함으로써 그 주주들의 지분율이 상승하자 그 초과비율 주식가액은 구 법인세법(주주가 법인) 또는 구 소득세법(주주가 자연인) 소정의 의제배당에 해당하는 데도 원천징수의무자인 원고가 배당소득세를 원천징수하지 아니하였다는 이유로 2002. 2. 원고에 대해 2000년도 배당소득세에

---

* 김해마중(김·장 법률사무소 변호사).

대한 원천징수처분을 하였다.

▪ 판결요지 ▪

구 법인세법(2001. 12. 31. 법률 제6558호로 개정되기 전의 것) 제16조 제1항 제3호는 같은 항 제2호 각 목의 규정에 의한 자본전입을 함에 있어서 법인이 보유한 자기주식 또는 자기출자지분에 대한 주식 등의 가액을 그 법인이 배정받지 아니함에 따라 다른 주주 등이 이를 배정받는 경우 그 주식 등의 가액을 의제배당으로 보고 과세하고, 구 소득세법(2001. 12. 31. 법률 제6557호로 개정되기 전의 것, 이하 같다) 제17조 제2항 제5호는 같은 항 제2호 단서의 규정에 의한 자본전입을 함에 있어서 법인이 보유한 자기주식 또는 자기출자지분에 대한 주식 또는 출자의 가액을 그 법인이 배정받지 아니함에 따라 다른 주주 또는 출자자가 이를 배정받은 경우 그 주식 또는 출자의 가액을 의제배당으로 보고 과세하도록 각 규정하고 있다.

위 각 규정은, 주식발행초과금 등 자본잉여금의 자본전입으로 인하여 무상교부받는 신주의 가액은 원칙적으로 법인세나 소득세의 과세대상이 아니라고 하더라도, 법인이 자기주식을 보유한 상태에서 주식발행초과금 등을 자본전입하여 신주를 발행하는 경우에 상법상

자기주식의 취득이 제한되어 그 법인이 보유한 자기주식에 대한 신주를 무상교부하지 못하여 다른 주주들이 자기주식 지분에 대하여 무상으로 교부될 신주에 해당하는 만큼의 주식을 초과배정하는 때에는 결국 그 법인이 다른 주주에게 무상으로 교부한 주식 상당액을 신규로 배당한 것과 마찬가지의 결과가 되므로 그 초과로 무상교부된 주식의 가액을 의제배당으로 보고 과세하기 위한 것이라고 할 것이다.

▶ 해 설 ◀

1. 서설

현행 세법은 잉여금의 자본전입에 따른 무상주의 교부에 대하여는 의제배당으로 과세하는 반면, 자본준비금의 자본전입에 따른 무상주의 교부에 대하여는 과세대상에서 제외하고 있다(법인세법 16조 1항 2호, 소득세법 17조 2항 2호). 다만, 법인이 자기주식을 보유한 상태에서 자본준비금을 자본전입함에 따라 법인 이외의 주주의 지분이 증가한 경우 지분비율에 상당하는 주식의 가액은 의제배당으로 과세되고(법인세법 16조 1항 3호, 소득세법 17조 2항 5호[1]), 2001년 법인세법 개정 전 구 법인세법(2001. 12. 31. 법률 제6558호로 개정되기 전의

---

1) 이하 법인세법 조항만 언급한다.

것, 이하 같음) 제16조 제1항 제3호는 "법인이 보유한 자기주식 또는 자기출자지분에 대한 주식 등의 가액을 그 법인이 배정받지 아니함에 따라 다른 주주 등이 이를 배정받는 경우"로 규정하고 있었다. 본 사건에서 원고는 구 법인세법 제16조 제1항 제3호는 법인의 임의적인 의사에 기한 경우에만 적용되고, 본 건과 같이 자기주식의 취득제한에 따라 자기주식에 무상주를 배정하지 못하였거나 자기에게 배정된 주식을 실권시킴에 따라 다른 주주들에게만 배정한 결과 지분비율이 상승하는 경우에는 적용되지 않는다고 주장하였고, 대법원은 자기주식의 경우 의제배당으로 과세하는 취지에 대하여 "그 법인이 다른 주주에게 무상으로 교부한 주식 상당액을 신규로 배당한 것과 마찬가지의 결과"이므로 의제배당으로 과세하는 것이라고 판시하며 원고의 주장을 배척하였다.

2. 자본금의 자본전입에 따라 취득하는 주식에 대한 의제배당 적용의 배제

(1) 의제배당의 의의

의제배당이란 형식은 이익배당이 아니지만 실제로는 이익배당과 같은 효과가 있는 경우에 세법상 배당으로 의제하는 것을 말한다.

의제배당을 배당소득으로 보고 과세하는 취지에 대해 대법원은 "의제배당은 기업경영의 성과인 잉여금 중 사외에 유출하지 않고 법정적립금, 이익준비금 기타 임의적립금 등의 형식으로 사내에 유보된 이익이 주주나 출자자에게 환원되어 귀속되는 경우에 이러한 이익은 실질적으로 현금배당과 유사한 경제적 이익이므로 과세형평의 원칙상 이를 배당으로 의제하여 과세"하는 것이라고 보고 있다.[2]

(2) 자본준비금의 자본전입에 따라 취득하는 주식

법인의 잉여금의 전부 또는 일부를 자본에 전입함으로써 취득하는 주식 가액은 실질적으로 이익배당에 해당하므로 의제배당으로 과세되는 반면(법인세법 16조 1항 2호), 자본준비금 중 주식발행초과금, 주식의 포괄적 교환차익, 주식의 포괄적 이전차익, 감자차익, 합병차익, 분할차익의 자본전입으로 취득하는 주식 등의 가액은 의제배당에 포함되지 않는다[3](법인세법 16조 1항 2호 단서 가목, 동법 시행령 12조 1항, 동법 17조 1항). 위 자본준비금의 실질은 납입자본에 해당하므로 그 자본전입에 따른 주식의 무상교부는 이익준비금의 자본전입의 경우와 달리 법인의 이익을 분배하는 것이라 할 수 없고 자본준비금의 자본전입은 자

2) 대법원 1992. 2. 28. 선고 90누2154 판결 등.
3) 이는 2011. 4. 14. 법률 제10600호로 개정되기 전의 상법 제459조에서 정한 자본준비금과 동일하였으나, 상법 개정으로 상법상의 자본준비금은 회계기준에 따른 자본잉여금과 일치하여 법인세법 제16조 제1항 2호 단서 가목에서 정한 자본준비금과는 차이가 발생하게 되었다.

본금과 마찬가지로 주주가 본래 집어넣은 원본을 반환받는 것이기 때문이다.4)

3. 자기주식에 배정될 무상주의 일반주주에 의한 취득 및 그 과세

(1) 구 법인세법 제16조 제1항 제3호의 취지

구 법인세법 제16조 제1항 제3호는 자본준비금의 자본전입으로 인하여 취득하는 주식가액을 의제배당으로 과세하지 않는 경우라 하더라도 "법인이 보유하는 자기주식에 대하여 배정되는 무상주를 그 법인이 배정받지 아니함에 따라 다른 주주가 이를 배정받는 경우"5)에는 그 주식의 가액을 의제배당으로 보고 과세한다고 규정하고 있었다.

위 제3호 규정을 둔 취지에 대해, 법인이 자기주식을 취득하여 보유하는 상태에서 자본준비금, 재평가적립금을 자본전입하여 세부담 없이 대주주 등의 지분을 증가시키는 사례를 방지하기 위한 것이라는 설명이 일반적이다.6) 즉, 자기주식에 대해 신주인수권을 인정하지

않는 것이 상법학계의 통설이므로,7) 자기주식을 보유한 상태에서 무상증자를 하는 경우에는 자기주식지분에 대한 무상주만큼 주주들은 주식을 초과배정받게 되며, 이와 같이 초과배정 되는 주식은 매각가능한 자기주식을 보유한 상태에서 무상증자를 함에 따라 법인이 주주에게 무상주 상당액을 신규로 배당한 것과 같은 결과가 되므로 이 부분을 과세하도록 할 목적으로 위 규정을 신설한 것이라는 취지라는 것이다.8) 대법원도 본 판결에서 동일한 취지로 구 법인세법 제16조 제1항 제3호의 의제배당제도의 정당성을 판시하였다.

(2) 무상주 배정의 범위

구 법인세법 제16조 제1항 제3호는 상법상 자기주식취득이 제한되어 무상주가 재배정되는 경우와 같이 법령상 제한으로 인해 무상주가 재배정되는 경우에 적용됨은 당연하다. 위 사건에서 원고는 법령상의 제한으로 인한 무상주 재배정의 경우에는 적용되지 않는다고 주장하였으나, 법의 취지가 상법상 자기주식취득이 금지됨을 전제로 이러한 법령상의 취

---

4) 이태로·한만수, 『조세법강의』(박영사), 2009, 209면; 이창희, 『세법강의』(박영사), 2009, 569면.
5) 이를 '무상주의 대위배당'이라고도 한다.
6) 삼일인포마인 조문별 해설. 소득세법 제17조 제2항 자기주식 보유상태에서의 자본전입에 따른 의제배당; 강석훈, "법인이 자기주식을 보유한 상태에서 자산재평가적립금을 자본전입하여 무상주를 발행하는 경우 상법상 자기주식 취득이 제한된다는 이유로 자기주식에 배정될 무상주가 다른 주주에게 배정된 경우 그 초과 배정된 주식의 가액이 의제배당이 되는지 여부", 『대법원판례해설』, 제53호(2005), 127면.
7) 가령 이철송 교수의 설명에 따르면, 원래 회사가 자기주식을 보유하는 것은 예외적이거나 일시적으로 허용되는 데 불과하므로 일반주주에게 인정되는 비례적 이익을 자기주식에까지 확장해서 인정할 것은 아니라고 한다. 이철송, 『회사법강의』(박영사), 2005, 324면 참조.
8) 강석훈, 상계논문, 128면.

득제한으로 인하여 자기주식에 배정될 무상주가 일반주주에게 재배정되는 것을 의제배당소득으로 과세하기 위한 목적이고, 법문상으로도 자기주식취득제한 등 법령상의 제한으로 인한 재배정의 경우에는 의제배당소득의 과세대상에서 제외된다고 해석할 근거가 없다.[9]

다음으로 구 법인세법상 법인이 자기주식의 몫에 상당하는 무상주를 다른 주주에게 배정하는 경우 외에 자기주식의 몫에 상당하는 무상주를 다른 주주에게 배정하지 않았지만 결과적으로 지분율이 높아지는 경우가 포함되는가에 관한 문제가 있었다. 이에 대하여 국세심판원은 재정경제부의 유권해석[10]과는 달리 자기주식에 배정될 무상주가 특정주주에게 배정된 사실없이 단지 자기주식에 무상주가 배정되지 아니하여 간접적으로 지분율이 상승한 경우에는 적용되지 않는다고 판단하였고,[11] 이러한 문제점을 반영하여 2001년 법 개정시

현재와 같이 지분이 증가하는 경우 과세하는 것으로 개정되었다고 한다.[12]

그러나 준비금의 자본전입에서 위 두 가지 경우를 구분하는 것이 가능한 것인지 의문이다. 즉, 준비금의 자본전입으로 자본은 증가하고 전입액을 액면가로 나눈 신주가 발행되는데, 각 주주에 대하여 그가 가진 주식수에 따라 주식을 발행하고(상법 461조 2항), 이때 자기주식에 대하여는 신주를 배정하지 않는 것이다. 따라서 준비금의 자본전입시에는 언제나 자본전입 금액에서 액면가를 나눈 수의 신주를 자기주식을 제외하고 주주에게 배정하게 되므로 이를 '자기주식의 몫에 상당하는 무상주가 발행되었다가 다른 주주들에게 배정되는 것'으로 볼지, '애초에 자기주식을 제외하고 자본전입금액 전체가 당해 법인 주주를 제외하고 배정되는 것'으로 볼지는 개념상의 문제일 뿐 실질적으로는 아무런 의미가 없다.[13]

9) 조성권, "주가지수선물매각대금이 구 법인세법 시행령 제40조 소정의 유가증권매각대금에 포함되는지 여부, 무상주의제배당에 관한 구 법인세법 제16조 제1항 제3호와 구 소득세법 제17조 제2항 제5호의 각 규정이 자기주식취득금지의 법령상의 제한으로 인한 경우에도 적용되는지 여부, 투자자문회사들이 자기 고객의 투자자금을 증권회사계좌를 통하여 운용함으로써 증권회사에게 거래수수료 수입을 올려 준 것에 대한 대가가 판매부대비용인지 여부", 『대법원판례해설』, 제73호(2008), 438면.
10) 재법인 46012-17, 2001. 1. 30.
11) 국심 2000서1225, 2000. 11. 20. 결정.
12) 삼일인포마인 조문별 해설, 소득세법 제17조 제2항 자기주식 보유상태에서의 자본전입에 따른 의제배당.
13) 위 두 가지 경우의 차이가 의미가 있으려면 자본전입된 금액 중 자기주식 금액만큼은 신주발행을 하지 않아도 되어야 하나 이는 상법상 허용되지 않는다. 강석훈, 전게논문, 135면은 이에 대해 다음과 같이 설명하고 있다. "상법은 준비금의 자본전입이 이루어지면(200억) 그 자본전입된 금액만큼 자본금이 증가하고(200억) 그 증가된 자본금에 대하여 신주가 발행되는(200억) 것을 원칙으로 하고 있는데, 국세심판결정이 전제로 하는 사실관계는 자본전입으로 증가된 자본금(200억) 중 일부(100억)에 대하여만 신주가 발행되고 자기주식에 배정될 신주(100억)에 대하여는 신주를 발행하지 않는 것이 가능하다는 것을 전제로 한 것인데, 이러한 자본전입은 상법상 허용될 수 없는 것이므로 받아들이기 어렵다."

원심 법원이 "원고가 주식발행 초과금을 자본전입함에 있어 자기에게 배정된 주식을 실권시켰다는 주장은 실권시킨 주식의 가액 상당액만큼 주식발행 초과금이 자본전입되지 않았다는 주장과 다르지 아니하고 실제 자본전입된 금액을 기준으로 보면 여전히 원고가 자기 주식취득의 제한에 따라 배정받지 못한 주식이 다른 주주에게 배정되고 이에 따라 다른 주주들이 지분비율을 초과하여 주식을 받는 결과가 된다"는 판시도 동일한 취지로 보인다.[14]

(3) 입법론적인 비판 및 대법원 판시의 문제점

자본준비금의 자본전입시 자기주식으로 인하여 증가한 주식소유비율에 상당하는 주식가액을 의제배당으로 과세하는 현행법의 태도가 타당하지 않다는 입법론적 비판이 있다. 이 주장의 요지는, 배당, 주식배당, 잉여금의 자본전입 등을 주주에게 과세하는 까닭이 배당 등을 통해 주주의 부가 그만큼 증가했기 때문은 아니고,[15] 법인 소득 가운데 일정금액이 주주에게 할당되어 즉 법인의 배당가능이익이 감소하기 때문에 과세되는 것이므로 현행법의 태도는 타당한 것이 아니라는 것이다.[16] 또한,

자본잉여금은 그 실질이 주주의 납입자본이므로 과세소득의 속성을 갖추고 있지 않고, 자본잉여금의 자본전입은 단순히 회사의 자본잉여금계정상의 금액을 자본금계정으로 계정이체하는 것에 지나지 않는다는 점 등을 근거로 현행법을 비판하는 견해가 있다.[17]

우선, 자본준비금의 자본전입에 따른 주식발행이 의제배당으로 과세되지 않는 이유는 그것이 이익의 배분이 아닌 출자의 환급의 성격이 있기 때문이다. 따라서 자기주식이 존재한다고 하여 그러한 신주발행의 성격이 변화하는 것이 아니므로 대주주가 조세부담 없이 회사에 대한 지분을 증가시키는 것을 막는다는 정책적인 근거 이외에 이론적인 타당성을 찾기 어려운 것으로 보인다. 이에 대해 대법원은 "결국 그 법인이 다른 주주에게 무상으로 교부한 주식 상당액을 신규로 배당한 것과 마찬가지"의 결과라고 하나, 자기주식을 보유할 경우에는 나머지 주주들이 애초에 발행되는 신주 전체에 대하여 이를 배정받을 권리가 있고, 법인은 무상주를 배정받을 권리가 처음부터 없으므로 무상주를 신규로 배당한 것과 마찬가지라는 판시가 타당한지는 의문이다.

이러한 대법원의 태도는 법인세법 제16조 제1항 제3호의 취지에 대해 "자본준비금의

---

14) 서울고등법원 2005. 7. 6. 선고 2004누 14931 판결.
15) 가령 배당의 경우, 배당을 받는 만큼 현금은 늘지만 주식이 나타내는 경제적 가치는 그만큼 줄어들고 결국배당 때문에 부가 늘지는 않는다는 것이다. 회사단계에서 이미 법인세를 내었음에도 불구하고 배당이 다시 주주의 소득이 되는 까닭은 주주에게 누진세율을 적용하기 위함이다. 이창희, 전게서, 556면.
16) 이창희, 전게서, 570면.
17) 김완석, 『소득세법론』(광교이택스), 2008, 193면.

자본전입도 원칙적으로 배당으로 의제하여 과세하여야 하나 회사의 자본충실을 촉진한다는 입법 정책으로 예외를 두는 것이며, 동 조항은 증가한 지분에 해당하는 만큼의 법인의 재산이 주주 개인에게 이전되는 것을 막기 위한 것"이라는 원심 법원의 판단의 연장선상에 있는 것으로 보인다. 그러나 자본준비금의 자본전입에 따른 신주발행은 입법정책상 과세하지 않는 것이 아니라 개념적으로 출자의 환급이므로 과세되지 않는 것이고, 법인의 재산이 주주 개인에게 이전되는 것은 무상주 배정으로 인한 것이 아니라 자기주식 취득 자체에서 비롯된 것이므로 위 원심 법원의 판시가 타당한지 역시 의문이다.

즉, 법인의 자기주식에 대하여는 의결권이 없고(상법 369조 2항), 잔여재산분배청구권, 신주인수권이 인정되지 않으며, 이익배당청구권까지 인정되지 않는다는 것이 상법학계의 다수설이므로[18] 자기주식의 취득 순간 다른 주주들은 의결권행사 등 공익권(共益權)의 면에서나 이익배당 등 자익권(自益權)의 면에서나 지분비율이 높아지는 효과가 있으며, 이미 자기주식 취득시 실질적으로 증가한 지분비율에 따라 무상주를 배정받는다고 하여 어떠한 추가적인 담세력 증가가 있는 것이 아니다. 따라서 주주개인의 부가 증가하였다면 이는 자기주식취득 당시에 이루어진 것이며, 무상주 배정은 담세력 증가와는 무관한 것이다. 특히,

자기주식 취득을 허용한 2011년 상법 개정 전에도 주식을 소각하기 위하여 자기주식의 취득이 인정되었으므로(구 상법 341조 1호), 자기주식을 소각하기 전 무상주를 배정받은 경우는 과세대상이고 자기주식을 소각한 후 무상주를 배정받은 경우에는 과세대상이 아니라는 것은 불합리한 것으로 보인다.

4. 이 판결의 의의

대상판결은 법인이 자기주식을 보유한 상태에서 주식발행초과금을 자본전입하여 무상주를 발행하는 경우 상법상 자기주식취득이 제한된다는 이유로 자기주식에 배정될 무상주가 다른 주주에게 배정된 때에 그 초과배정된 주식의 가액이 의제배당에 해당함을 확인하면서 자기주식취득에 대한 의제배당과세 법리를 설시하였다는 점에서 의의가 있다. 다만, 의제배당으로 과세된다는 대법원의 결론 자체는 구 법인세법 제16조 제1항 제3호의 해석상 지극히 타당하나, "결국 그 법인이 다른 주주에게 무상으로 교부한 주식 상당액을 신규로 배당한 것과 마찬가지의 결과"라는 입법취지에 대한 판시가 자본준비금의 자본전입의 본질상 타당한지는 의문이 있다.

---

18) 이철송, 전게서, 323면.

참고문헌

김완석, 『소득세법론』, 광교이택스, 2008.

강석훈, "법인이 자기주식을 보유한 상태에서 자산재평가적립금을 자본전입하여 무상주를 발행하는 경우 상법상 자기주식 취득이 제한된다는 이유로 자기주식에 배정될 무상주가 다른 주주에게 배정된 경우 그 초과 배정된 주식의 가액이 의제배당이 되는지 여부", 『대법원판례해설』, 제53호(2004).

삼일인포마인 조문별 해설, "소득세법 제17조 제2항 자기주식 보유상태에서의 자본전입에 따른 의제배당".

조성권, "주가지수선물매각대금이 구 법인세법 시행령 제40조 소정의 유가증권매각대금에 포함되는지 여부, 무상주의제배당에 관한 구 법인세법 제16조 제1항 제3호와 구 소득세법 제17조 제2항 제5호의 각 규정이 자기주식취득금지의 법령상의 제한으로 인한 경우에도 적용되는지 여부, 투자자문회사들이 자기 고객의 투자자금을 증권회사계좌를 통하여 운용함으로써 증권회사에게 거래수수료 수입을 올려 준 것에 대한 대가가 판매부대비용인지 여부", 『대법원판례해설』, 제73호(2007).

이창희, 『세법강의』, 박영사, 2009.

이철송, 『회사법강의』, 박영사, 2005.

이태로·한만수 『조세법강의』, 박영사, 2009.

과잉금지원칙상 가산세 규정의 적용한계

사건의 표시 : 대법원 2006. 10. 13. 선고 2003두12820 판결

▪ 사실개요 ▪

원고는 1998년경부터 1999년경까지 사이에 전주시 덕진구 금암동 708의 3 소재 토지 외 18건의 토지를 매각하고 그 중 14건의 토지매각(대금합계 164,077,829,598원)에 대해서는 계산서를 교부하지 아니하였고, 4건의 토지매각(대금합계6,594,820,000원)에 대해서는 1999. 1. 31. 까지 매출처별계산서합계표(이하 '계산서합계표')를 제출하지 아니하였다.

이에 대하여 과세관청은 1998 사업연도 거래분의 계산서미교부 등에 대해서는 구 법인세법(1998. 12. 28. 법률 제5581호로 전문 개정되기 전의 것, 이하 '법인세법(1998)') 제41조 제14항, 제66조 제1항, 제2항을, 1999 사업연도 거래분의 계산서미교부등에 대해서는 구 법인세법(2001. 12. 31. 법률 제6558호로 개정되기 전

의 것, 이하 '법인세법(1999)') 제76조 제9항, 제121조 제1항, 제3항(이하 '이 사건 법인세법 규정')을 적용하여 2001. 6. 16. 원고에게 위 각 토지공급가액의 100분의 1에 해당하는 금액을 가산세로서 1998년 귀속 법인세 148,115,550원, 1999년 귀속 법인세 1,638,647,560원을 각 부과, 고지하는 이 사건처분을 하였다.

▪ 대법원 판결 및 헌법재판소 결정요지 ▪

1. 대법원 판결요지

재화와 용역을 공급하는 자와 이를 공급

---

* 김재광(변호사).

받는 거래상대방의 관계에서 볼 때 일방 당사자의 공급가액은 곧 거래상대방의 지급비용에 해당하기 때문에 그 거래내용을 상호 대조함으로써 근거과세를 확립하고 과세표준을 양성화하고자 하는 것이 계산서 미교부 등 가산세에 관한 법인세법(1998) 제41조 제14항 제1호, 제2호와 법인세법(1999) 제76조 제9항 제1호, 제2호 규정의 입법목적이라 할 것이지만, 그 입법목적이 정당하다 하더라도 이를 달성하기 위한 수단으로서의 계산서교부 등의 의무의 부과와 그 불이행에 대한 제재는 필요한 최소한도에 그쳐야 할 것인바, 법인이 세법상 '재화' 중 토지 또는 건축물을 공급하는 경우에는 과세관청은 부동산등기법이나 부동산등기특별조치법에 의하여 등기소나 검인관청으로부터 거래자료를 송부받아 그 거래 내용을 파악하고 관리할 수 있는 방도를 법적으로 확보하고 있고, 따라서 토지 또는 건축물에 대하여는 법인이 따로 계산서를 교부하지 아니하더라도 이미 과세행정의 메커니즘에 의하여 거래자료가 전부 수집되고 있어 법인으로 하여금 계산서등을 교부하거나 매출처별 합계표를 제출하도록 강제할 필요는 없음에도 불구하고, 그 불이행에 대한 가산세의 제재를 가하는 것은 과잉금지의 원칙에 위배되어 허용될 수 없다.

2. 헌법재판소 결정 요지

원고는 이 사건 법인세법 규정에 대하여 헌법재판소에 위헌소원을 제기하였는데, 헌법재판소는 본 판결 전인 2006. 6. 29. 2002헌바88 결정에서 이에 대하여 위헌결정을 하였고, 본 판결은 이러한 헌법재판소 결정의 취지를 따른 것으로 보인다. 이 사건 법인세법 규정에 대한 헌법재판소의 위헌결정 요지는 다음과 같다.

"부동산을 공급하는 경우에는 법인에게 계산서 교부, 합계표 제출의무를 부과하지 아니하더라도 각 과세관청은 부동산 등기법이나 부동산등기특별조치법에 의하여 등기소나 검인관청으로부터 거래자료를 송부받아 그 거래내용을 파악하고 관리할 수 있는 방도를 법적으로 확보하고 있다. 그러함에도 불구하고, 납세자들로 하여금 부가적으로 위와 같은 의무를 부담하게 하고, 이를 이행하지 아니하는 경우 공급가액의 1%에 이르는 가산세를 부과하는 (중략) 부분 중 토지 또는 건축물의 공급에 관련된 부분은 법익침해의 최소성원칙에 어긋나 납세자의 재산권을 침해한다."

▶ 해 석 ◀

1. 쟁점

부동산등기법은 부동산 거래로 인하여 등기신청이 있을 경우 지체 없이 신청서 부본을 관할 세무서장에 송부하도록 규정(부동산등기법 68조의 3)하고 있고, 부동산등기특별조치법은 계약을 원인으로 소유권이전등기를 신청하고자 하는 자로 하여금 대금 및 그 지급일자 등 지급에 관한 사항 등이 필수적으로 기재된 검인계약서를 등기소에 제출하도록 하면서 검인을 한 시장 등은 계약서 등의 사본을 관할 세무서장에게 송부하도록 규정(부동산특별조치법 제3조)하고 있다. 따라서 관할 세무서장은 납세의무자의 신고 여부와 상관 없이 부동산거래에 대한 과세자료를 파악하고 있다고 볼 수 있는데, 이러한 부동산거래에 대해서까지 계산서 교부의무 및 계산서합계표 제출의무를 규정하고 위반시 가산세를 부과하는 이 사건 법인세법 규정이 과잉금지원칙에 위배되어 위헌인지 여부가 사안의 쟁점이라 하겠다.

2. 원심의 판단

원심은 법인의 사업연도소득금액에 포함되는 토지 등의 양도금액은 실지양도금액이어야 할 것이고 특별부가세의 과세표준이 되는 토지 등의 양도차익도 실지양도금액 또는 기준시가라 할 것인데, 부동산등기시 납세의무자가 제출하는 이른바 검인계약서 등의 과세자료에서는 실지거래가액과 다른 지방세 신고가액 내지 지방세 시가표준액이 양도가액이 됨이 보통이어서 과세관청은 이와 별도로 계산서 및 계산서합계표를 제출 받을 필요가 있고, 따라서 '이 사건 법인세법 규정'은 위헌이 아니라고 판단하였다.

3. 이 판결의 검토

일반적으로 가산세는 제재로서의 성격을 가지고 있으므로 이에 대한 규정은 국민의 기본권을 제한하는 법률이 지켜야 할 헌법상 한계인 과잉금지의 원칙을 준수하여야 한다. 즉, 기본권을 제한하는 법률은 목적의 정당성, 방법의 적절성, 피해의 최소성, 법익의 균형성을 모두 충족하여야 하는데, 어떤 법률의 목적 및 방법이 타당하고 하더라도 그러한 수단을 선택하지 아니하고도 보다 덜 제한적인 방법을 선택하거나, 아예 국민에게 의무를 부과하지 아니하고도 목적을 실현할 수 있음에도 불구하고 국민에게 의무를 부과하고 그 의무를 강제하기 위하여 그 불이행에 대한 제재를 가한다면 이는 최소침해의 원칙에 반하는 것이다.

'이 사건 법인세법 규정'이 위의 최소침해 원칙에 반하는지에 대하여 원심은 검인계약서는 지방세 과세표준에 맞춰서 작성되는 것이 보통이어서 법인세 및 특별부가세의 과세자료가 되기에 부족하므로 과세관청은 이와 별도로 계산서 등을 제출 받을 필요가 있다고 판단하였으나, 본 판결 및 헌법재판소 결정에서는 이미 과세관청은 과세행정의 메커니즘을 통하여 과세자료를 모두 수집하고 있기 때문에 계산서 등의 제출을 강요하는 것은 최소침해 원칙에 반한다고 판시하였다.

본 판결의 당부를 판단하기 위해 법인의 부동산 양도거래시 과세관청이 과세행정의 메커니즘을 통하여 수집할 수 있는 자료를 구체적으로 살펴보면, 부동산등기법 제68조의 3에 따라 등기관은 등기신청서 부본을 세무서에 송부하여야 하고, 부동산등기특별조치법 제3조 제3항에 따라 시장 등은 검인계약서의 사본을 세무서에 송부하여야 하며, 부동산특별조치법에 따른 대법원규칙 제1조 제2항에 따르면 신청인은 검인신청을 할 때에는 계약서 원본을 제출하도록 하고 있으므로 과세관청은 법인의 부동산 양도거래시 등기신청서와 함께 계약서 원본에 의하여 내용을 확인한 검인계약서를 과세자료로 확보할 수 있음을 알 수 있다.

그리고, 과세관청은 이와 같이 확보한 검인계약서와 등기신청서를 통하여 양도된 부동산과 거래당사자, 거래일시, 과세표준 등 법인세와 특별부가세의 부과를 위한 과세자료를 모두 수집할 수 있다는 점을 고려하면, 법인세

법이 법인의 부동산 거래에 대하여 법인에게 다시 계산서를 교부하게 하고, 과세관청에 계산서 및 계산서합계표를 제출하는 의무를 부과하는 것은 국민에게 불필요한 의무를 지우는 것에 불과하다고 보인다. 따라서 이러한 점을 지적하여 원심을 파기한 본 판결은 지극히 타당한 것으로 판단된다.

4. 이 판결의 의의

납세의무는 국민의 의무이지만 이를 규정하는 조세법은 기본적으로 국민의 기본권을 제한하는 것을 내용으로 하는 법률이므로 헌법상 한계를 준수해야 한다. 과거 조세법에는 과세행정 편의적인 규정이 많이 있었지만 현재 이러한 규정들은 대부분 정리되어 가는 추세이다. 본 판결은 헌법의 과잉금지원칙상 국민에게 필요 없거나 필요 이상의 과다한 의무를 부과하는 세법의 규정은 허용될 수 없고, 과세편의 보다는 납세자의 기본권이 존중되어야 한다는 원리를 확인한 판결로 그 의의가 있다고 하겠다.

참고로, '이 사건 법인세법 규정'은 2001. 12. 31. 법률 제6558호로 개정되어 현재 토지 및 건축물을 공급하는 경우에는 계산서 등 교부의무와 매출·매입처별 계산서합계표 제출의무를 면제하고 있다.

합병시 부당행위계산부인규정의 적용범위*

사건의 표시 : 대법원 2005. 4. 29. 선고 2003두15249 판결

▪ 사실개요 ▪

원고는 1998. 7. 1. 계열법인(특수관계자에 해당함)인 소외 ○○ 주식회사(이하 '피합병법인')의 자산과 부채를 장부가액으로 흡수합병(합병비율 1 : 1000)한 후, 1998 사업연도의 매출채권 중 6,637,254,654원은 회수할 수 없는 채권이라고 하여 대손금으로 손금산입하여 법인세를 신고·납부하였다.

원고가 대손금으로 손금산입한 위 금액 중에는 원고가 피합병법인으로부터 인수받은 매출채권 5,869,770,059원이 포함되어 있었는데, 과세관청은 그 중 3,107,171,678원은 피합병법인이 1998. 1기 이전 과세기간에 부가가치세 대손세액공제를 받았거나, 대손사유에 해당되어 대손처리하였어야 할 불량채권(이하

'쟁점 매출채권')을 원고가 특수관계자인 피합병법인으로부터 인수함으로써 원고의 조세부담을 부당하게 감소시켰다는 이유로, 법인세법상 부당행위계산부인 규정을 적용하여 위 3,107,171,678원의 매출채권을 전액 손금불산입하고 2001. 6. 9. 원고에게 1998 사업연도 법인세 금 1,227,162,130원을 부과·고지하였다.

이에 대하여 원고는 국세심판청구를 제기하였는데, 국세심판원은 부가가치세법(이하 '부가세법')상 대손세액공제를 받았다 하여 대손세액공제를 받은 연월일이 속하는 사업연도에 반드시 법인세법상 대손금으로 비용처리하여야 하는 것은 아니고, 과세관청이 손금부인한

---

* 김재광(변호사).

매출채권 중 주식회사 △△ 등 4개 업체에 대한 외상매출금 내지 어음채권 등 합계 1,045,428,900원은 합병 이후에 부가가치세 대손세액공제를 받았거나 채권 중 일부가 회수된 점을 고려할 때 합병시점에서 불량채권이라 보기 어렵다는 등의 이유로 원고가 대손금으로 손금산입한 매출채권에 대하여 재조사하여 흡수합병시 (원고가) 인수받은 채권 중 합병 전에 법적으로 회수할 수 없는 것으로 확정된 채권에 대해서만 손금부인하는 취지로 결정하였다.

과세관청은 이에 따라 매출채권 합계 1,060,781,167원만이 합병 전에 이미 피합병법인의 회수불능채권으로 확정된 채권으로서 부당행위계산부인 대상이라고 하여 이를 손금부인하고, 2001. 6. 9.자 법인세 부과처분을 418,752,600원으로 감액경정결정을 하였고, 원고는 이에 대하여 소송을 제기하였다.

▪ 판결요지 ▪

[1] 부당행위계산이라 함은 납세자가 정상적인 경제인의 합리적 거래형식에 의하지 아니하고 우회행위, 다단계행위 그 밖의 이상한 거래형식을 취함으로써 통상의 합리적인 거래형식을 취할 때 생기는 조세의 부담을 경감 내지 배제시키는 행위계산을 말하고, 구 법인세법(1998. 12. 28. 법률 제5581호로 전문 개정되기 전의 것. 이하 '법법'이라 함) 제20조[1]에서 부당행위계산 부인 규정을 둔 취지는 법인과 특수관계 있는 자와의 거래가 구 법인세법 시행령(1998. 12. 31. 대통령령 제15970호로 전문 개정되기 전의 것. 이하 '법령'이라 함) 제46조 제2항[2] 각 호에 정한 제반 거래형태를 빙자하여 남용함으로써 경제적 합리성을 무시하였다고 인정되어 조세법적인 측면에서 부당한 것이라고 보일 때 과세권자가 객관적으로 타당하다고 인정되는 소득이 있었던 것으로 의제하여 과세함으로써 과세의 공평을 기하고 조세회피행위를 방지하고자 하는 것인바, 위 법령 제46조 제2항이 조세의 부담을 부당하게 감소시키는 것으로 인정되는 경우에 관하여 제1호 내지 제8호에서는 개별적·구체적인 행위 유형을 규정하고, 그 제9호에서는 '기타 출자자 등에게 법인의 이익을 분여하였다고 인정되는 것이 있을 때'라고 하여 개괄적인 행위 유형을 규정하고 있으므로, 제9호의 의미는 제1호 내지 제8호에서 정한거래행위 이외에 이에 준하는 행위로서 출자자 등에게 이익 분여가 인정되는 경우를 의미한다.

[2] 합병법인이 특수관계자를 흡수합병하면서 실질적인 가치가 없는 피합병법인의 매

---

1) 현행 법법(법률 제12166호, 2014. 1. 1., 일부개정) 제52조.
2) 현행 법령(대통령령 제25194호, 2014. 2. 21., 일부개정) 제88조 제1항.

출채권을 장부가로 인수하였다가 후에 대손금으로 손금산입한 행위가 전체로서의 합병행위가 합병법인에게 불리한 것으로 보기 어려운 점 등에 비추어 부당행위계산 부인 대상이 되지 않는다고 한 사례.

▶ 해 설 ◀

1. 부당행위계산부인의 의의 및 요건

부당행위계산부인이란 납세자가 정상적인 경제인의 합리적인 거래형식에 의하지 아니하고 우회행위, 다단계행위, 그 밖의 이상한 거래형식을 취함으로써 통상의 합리적인 거래형식을 취할 때 생기는 조세의 부담을 경감 내지 배제시키는 행위계산을 조세법적으로 부인하여 과세상 시정하는 것을 말한다. 그리고 이 규정의 취지는 납세자와 특수관계 있는 자와의 거래가 거래형태를 빙자·남용함으로써 경제적 합리성을 무시한 경우 객관적으로 타당하다고 인정되는 소득이 있었던 경우와 똑같이 과세함으로써 과세형평을 기하고자 함에 있는 것3)으로 일반적으로 실질과세원칙에 따른 파생규정으로 이해된다.4)

부당행위계산부인의 요건으로는 대체로

(i) 특수관계가 있는 자와의 거래일 것, (ii) 행위계산이 부당할 것, (iii) 정상적인 행위형식을 선택하였을 경우와 동일한 경제적 목적을 달성하였을 것, (iv) 법인소득에 대한 조세부담의 감소가 있었을 것 등 4가지가 요구된다고 해석하고 있다.

위 요건들에 대해서 살펴보면, 부당행위계산부인에서의 '거래'는 법적 의미의 계약이나 단독행위 등의 법률행위 보다는 넓은 개념으로 사실상의 행위 또는 부작위를 포함하는 것으로 보아야 한다. 실제로 부당행위계산의 유형을 규정하고 있는 현 법령(대통령령 제25194호, 2014.2.21., 일부개정) 제88조 제1항에서는 자산의 과대상각, 권리의 불행사 또는 행사기간의 조정도 부당행위계산의 유형에 포함시키고 있다. 그리고 '행위'와 '계산'은 구분되는 개념으로 '행위'는 대외적 행위(부작위 포함)를 의미하고, '계산'은 행위에 따른 법인의 재산상태의 대내적 표현방식인 회계처리라 할 것인데, 부인의 대상은 '계산'이라고 보아야 한다.

'부당성'은 부당행위계산부인의 요건 중 가장 중요하고 많은 분쟁을 야기하는 요건인데, 이는 합리적인 거래형식을 취할 때 생기는 조세 부담을 경감 내지 배제하기 위하여 행하는 비정상적인 거래형식을 가리키는 것으로

---

3) 임승순, 『조세법』(박영사), 673면.
4) 부당행위계산 부인규정을 실질과세원칙에 따른 파생규정으로 보지 않는 견해로는, 김의석, "부당행위계산의 본질과 실질과세원칙", 『조세법연구』, 19-3, 73-78면.

'이상성'(異常性)으로 표현되기도 한다. 대법원은 '경제적 합리성'을 기준으로 부당성 여부를 판단하는데, 이러한 경제적 합리성의 유무에 대한 판단은 당해 거래행위의 대가관계만을 따로 떼내어 단순히 특수관계자가 아닌 자와의 거래형태에서는 통상 행하여지지 아니하는 것이라 하여 바로 이에 해당되는 것으로 볼 것이 아니라, 거래행위의 제반 사정을 구체적으로 고려하여 과연 그 거래행위가 건전한 사회통념이나 상관행에 비추어 경제적 합리성을 결한 비정상적인 것인지의 여부에 따라 판단하여야 한다(대법원 1996. 7. 26. 선고 95누8751 판결; 대법원 1990. 5. 11. 선고 89누8095 판결 등)고 보고 있다.

2. 구 법인세법 시행령 제46조 제2항 제9호의 의미

이 사건 당시의 구 법령 제46조 제2항 제9호에는 '기타 출자자 등에게 법인의 이익을 분여하였다고 인정되는 것이 있을 때'라고 규정하여 일견 포괄적인 형태의 부당행위계산부인의 유형을 규정하고 있고, 현재 법령 제88조 제1항 제9호에서도 '그 밖에 제1호 내지 제7호, 제7호의2, 제8호 및 제8호의2에 준하는 행위 또는 계산 및 그 외에 법인의 이익을 분여하였다고 인정되는 것'이라고 규정하여 이와 유사한 규정을 두고 있다.

학계에서는 위 구 법령 제46조 제2항 및 동항 제9호의 해석을 둘러싸고 제9호의 규정 형식이 포괄적으로 되어 있으므로 법인세법 시행령에서 규정한 부당행위계산부인의 유형은 단순히 예시적 규정에 불과하다는 (i) 예시규정설과, 위 제9호는 제1호 내지 제8호에 준하는 경우로 엄격히 해석하여야 하고 조세법률주의원칙상 포괄적인 규정을 인정할 수 없으므로 부당행위계산부인의 유형은 시행령에 규정된 것에 한하여 인정해야 한다는 (ii) 열거규정설의 대립이 있어 왔다. 이와 같은 견해의 대립은 부당행위계산부인 규정이 실질과세원칙의 파생규정이라는 면에서 실질과세의 원칙에 대한 법적 실질설(열거규정설)과 경제적 실질설(예시규정설)의 입장과 맥락을 같이 한다.

대법원은 이에 대하여 예시적 규정으로 본 경우(대법원 1992. 10. 13. 선고 92누114 판결)도 간혹 있으나, 대다수의 경우 열거적 규정으로 해석(대법원 1992. 9. 22. 선구 91누13571 판결; 대법원 1997. 3. 28. 선고 95누7413 판결; 대법원 2001. 6. 29. 선고 99두11936 판결 등 다수)하여 '경제적 관찰방법 또는 실질과세의 원칙에 의하여 당사자의 거래행위를 그 법형식에도 불구하고 조세회피행위라고 하여 그 행위계산의 효력을 부인할 수 있으려면 조세법률주의의 원칙상 법률에 개별적이고 구체적인 부인규정이 마련되어 있어야 하는바, 이에 따라 법령도 제46조 제2항 제1호 내지 제9호에서 조세의 부담을 부당히 감소시킨 것으로 인정되는 경우를 개별적·구체적으로 열거하고 있으므로 위 법령 제9호의 "기타 출자자 등에게 법인의 이익을 분여하였다고 인정되는 것이 있을 때"의 의미는 같은 항 제1호 내지 제8호 소정의 거래행위에 준하는 행위로서 출자자 등에의 이익분여가 인정되는 경우를 의미하는 것으로 해석함이 상당하다(대법원 1992. 9. 22. 선고 91누13571 판결)'고 판시하고 있다.

위 판례에서도 언급하고 있듯이 부당행위계산부인에 대한 시행령의 규정을 열거적 규정으로 해석한다면 제9호를 적용하기 위해서는 규정의 내용상 '이익의 분여'가 필요적 요건으로 고려 될 것이나, 예시적 규정으로 해석할 경우에는 제9호 또한 부당행위계산부인 유형의 예시에 불과하므로 '이익의 분여'가 없는 경우에도 앞에서 살펴본 부당행위계산부인의 일반적 요건을 충족한다면 부당행위로 인정하여 계산을 부인할 수 있을 것이다.

3. 이 판결의 당부

본 사안에서, 과세관청은 원고가 특수관계자인 피합병법인을 흡수합병하면서 합병 전에 이미 회수불능이 확정되어 피합병법인이 법인세법상 대손상각을 하고 원고에게 인계하였어야 할 불량채권을 원고가 인수받아 대손처리함으로써 원고의 조세부담을 부당히 감소시켰으므로 이는 부당행위계산부인에 관한 규

정인 구 법령 제46조 제2항 제9호 '기타 출자자 등에게 법인의 이익을 분여하였다고 인정되는 것이 있을 때'에 해당하여 손금 부인되어야 한다고 주장하였다.

그러나 대법원은 위 제9호의 의미는 제1호 내지 제8호에서 정한 거래행위 이외에 이에 준하는 행위로서 출자자 등에게 이익 분여가 인정되는 경우를 의미한다고 하여 '이익의 분여'가 제9호를 적용하기 위한 요건임을 밝히면서, 이 사건 합병으로 피합병법인의 자산이 장부가로 인수되었지만 실제 가치는 장부가액보다 5,094,825,983원[5] 이 많다고 할 것인데, 이는 실질적인 가치가 없으나 장부상 1,060,781,167원인 이 사건 매출채권과 합병손실이라고 할 수 있는 영업권 2,276,436,000원(부채-자산+주식발행금액)을 상쇄하고 남으므로 이 사건 합병으로 피합병법인 또는 피합병법인의 주주가 어떠한 이익을 분여받았다고 볼 수 없다는 이유로 과세관청의 주장을 배척하였다.

헌법상 원리로서 조세법률주의, 조세법률주의의 권리보장적 기능, 세금에 대한 예측가능성의 보장 등을 고려할 때 실질과세원칙은 법적 실질설에 따라 해석되어야 하고, 이와 같은 법적 실질설의 논리적 귀결로서 구 법령 제46조 제2항 제9호는 열거적 조항으로 엄격히 해석되어야 할 것이다. 따라서 '이익의 분여'를 동 호의 적용요건으로 파악하고 '이익의

---

5) 위 금액은 합병 이후 실시한 자산재평가 결과 평가증된 피합병법인의 자산의 가치이다.

분여'가 없기 때문에 부당행위계산부인을 적용할 수 없다고 한 본 판결은 지극히 타당한 판결로 판단된다.

　그러나 본 판결의 이유에서는 자산재평가를 통하여 확인된 피합병법인의 자산의 실제 가치가 쟁점 매출채권과 부채, 그리고 합병신주의 액면금액을 상쇄하고 남는다는 이유로 합병법인의 이익분여가 없었다고 판단하고 있는데, 이 점은 쉽게 납득하기 어렵다. 본 판결에서 대법원이 어떠한 이유에서 위와 같이 판단했는지 알 수 없으나, 일응 자산재평가를 통하여 파악되는 피합병법인의 실제 '순자산가치(자산－부채)'가 피합병법인의 주주에게 교부한 '합병신주의 액면가'를 초과하므로 이익의 분여가 없다고 판단한 것으로 보이는데, 합병시 이익의 분여가 있었는지에 대한 판단은 '피합병법인의 가치'와 '합병대가(시가)'의 비교를 통하여 이루어져야 할 것이므로 위와 같은 판단은 타당하다고 보기 힘들다. 즉, 구 법인세법이 준용하는 구 상증세법에 따르면 비상장주식의 가치는 순자산가치와 순손익가치를 가중 평균하여 산정하고 있었으므로 피합병법인의 가치 역시 자산가치만으로 산정할 것이 아니라 손익가치를 고려하였어야 했고, 이와 비교되는 합병대가는 합병신주의 액면가가 아닌 합병신주의 시가를 기준으로 비교하는 것이 타당하다고 본다.6)

　결국, 본 판결은 구 법령 제46조 제2항 제9호의 적용요건으로서 '이익분여'가 요구됨을 확인한 판결로서 그 결론은 타당한 것으로 평가되나, 합병의 경우 이익의 분여가 있는지 여부를 판단함에 있어서 무엇을 비교의 대상으로 할지 명확한 기준을 제시하지 못한 점은 아쉬움이 남는다.

4. 이 판결의 의의

　이상에서 살펴본 바와 같이, 부당행위계산의 유형을 규정한 구 법령 제46조 제2항 각 호의 해석은 실질과세원칙에 관한 두 가지 입장(경제적 실질설, 법적 실질설)과 논리적 관련이 깊다. 대법원은 과거 부당행위계산부인의 규정이 열거적 규정임을 수 차례 밝혀 왔고, 본 판결에서는 그러한 판단의 귀결로 '이익 분여'가 제9호의 적용요건임을 밝힌 점에서 그 의의가 있으나, 합병과 같이 복합적인 거래의 경우에 이익의 분여를 판단하는 기준에 대해서 명확하고 구체적인 기준을 밝히지 못한 점은 아쉬움이 남는다.

　또한, 2007년 국세기본법의 개정을 통하여 실질과세 부분에 경제적 실질설의 주장을 반영한 조문(기본법 제14조 제3항)이 입법되었으므로 이와 같은 대법원의 견해가 계속 유지될 수 있을지는 지켜볼 필요가 있다.

---

6) 현행 법령 제88조 제1항 제8호 가목에서는 합병시 부당행위계산부인을 규정하고 있는데, 주식 등의 경우에는 시가를 기준으로 하도록 정하고 있다.

참고문헌

김의석, "부당행위계산의 본질과 실질과세원칙", 『조세법연구』, 19 − 3(2013. 12.).

임승순, 『조세법』, 박영사.

재개발조합의 법인성 및
보류시설 처분대금의 성격

사건의 표시 : 대법원 2005. 5. 7. 선고 2004두 7214 판결

▪ 사실개요 ▪

원고 사당제4구역주택개량재개발조합(이하 '원고 조합'이라 한다)은 구 도시재개발법(1995. 12. 29. 법률 제5116호로 전문개정되기 전의 것, 이하 '구 도시재개발법'이라 한다) 제4조의 규정에 의해 주택개량재개발구역으로 지정된 환지 전 토지의 재개발사업(이하 '이 사건 재개발사업'이라고 한다)을 시행하기 위해 설립인가를 받고, 아파트 및 부대 복리시설을 건축하여 관리처분계획인가와 사용검사를 받은 뒤 분양처분 고시를 했다. 한편 건축된 아파트 전체 세대 중 조합원분양분과 보류시설을 제외한 나머지 세대는 모두 일반분양되었다.

원고 조합은 총회의 1996. 4. 15.자 해산결의에 따라 1996. 4. 18. 해산등기를 경료했

다. 그 후 원고 조합은 2001. 3. 31. 보류시설 아파트 26세대(이하 '이 사건 보류시설'이라 한다)의 분양수입대금을 기초로 과세표준을 산정하여 2000 사업연도귀속분 법인세를 자진신고·납부했다. 그 후 원고 조합은 피고에게, 원고 조합이 비영리내국법인으로서 청산중에 있고 이 사건 보류시설의 처분대금이 청산소득에 해당하므로 원고 조합이 2001. 3. 31.에 피고에게 한 2000 사업연도 법인세 과세표준과 세액을 0원으로 경정하고 이미 납부한 법인세액을 감액해야 한다며 경정신청을 했다. 그러나 피고는, 원고 조합이 이 사건 보류시설의 분양대금을 비영리법인의 수익사업에서 발생한 소득으로 보고 법인세를 신고한 것이 정

* 김재광(변호사).

당하다는 이유로 이 사건 법인세경정거부처분을 했다. 이에 원고 조합은 심판청구를 거쳐 이 사건 소를 제기했다.

▪ 판결요지 ▪

가. 구 도시재개발법상 주택개량재개발조합(이하 '재개발조합'이라 한다)은 법인세법 제1조 제1항 소정의 특별법에 의해 설립된 법인으로서 민법 제32조에 규정된 설립목적 및 그와 유사한 설립목적을 가진 비영리법인에 해당한다.

나. 구 도시재개발법상 재개발조합이 관리처분계획에서 보류시설로 지정된 아파트를 조합의 해산일 이후에 일반 분양한 것은 잔여재산인 위 보류시설을 환가해 조합원들에게 분배하기 위한 것이어서 그 분양수입대금은 비영리내국법인의 청산소득으로서 법인세 과세대상이 아니다.

▶ 해 설 ◀

1. 구 도시재개발법1)상 재개발조합이 구 법인세법상 비영리법인인지

구 법인세법(1998. 12. 28. 법률 제5581호로 전문 개정되기 전의 것. 이하 '법법'이라 함)상 비영리법인이란 민법 제32조 또는, 사립학교법 제10조의 규정에 의해 설립된 법인, 기타 특별법에 의해 설립된 법인으로서 민법 제32조에 규정된 설립목적 및 그와 유사한 설립목적을 가진 법인을 말한다(제1조 제1항 단서2)). 여기서 민법 제32조에 의한 비영리법인은 학술, 종교, 기예, 사교 기타 영리 아닌 사업을 목적으로 하는 사단 또는 재단인데, '영리 아닌 사업을 목적으로 하는 사단'이라 함은 그 설립목적이 그 구성원(사원)의 사익을 위한 것이 아니어서 그 재산이 법률적·실질적으로 구성원과는 독립된 사단에 종국적으로 귀속되어 그에 대해 그 구성원들의 사적소유 형태인 지분이라는 관념이 개입될 수 없어서 그 이득에 대해 분배도 생각할 수 없는 사회적 실체로 관념되는 인적집합체를 뜻한다(대법원 1976. 6. 8. 선고 74누248 판결 등).

따라서 특별법에 의해 설립된 법인이라도, 그 법인의 목적이 특정된 사원들의 자주적

---

1) 기존에 각각 개별법으로 규정하였던 재개발사업·재건축사업 및 주거환경개선사업을 일관성 있고 체계적으로 규율하기 위하여 단일·통합법인 도시및주거환경정비법(2002. 12. 30. 제정, 2003. 7. 1. 시행)을 제정하면서 도시재개발법 등은 폐지됨.
2) 현행 법법(법률 제12166호, 2014. 1. 1., 일부개정) 제1조 제2호.

인 경제활동과 경제적인 지위향상을 위하는데 있고, 조합의 자본이 오로지 사원의 출자에 의하며, 당해 법인이 영리사업을 한 결과 얻은 잉여금이 사원에게 배당될 수 없다고 할지라도 잉여금을 포함한 전 재산에 대해 각 사원들이 지분권을 가지고 그 지분권을 운영위원회의 승인을 얻어 자유스럽게 양도할 수 있고, 잔여재산의 처리에 관해 주무관청의 허가가 필요한 외에는 오로지 총회에 의하고 있어서 종국적으로 그 잉여금도 사원에게 분배되는 경우에는 비영리법인이라고 할 수 없다(대법원 1975. 1. 14. 선고 74누252 판결 등).

구 도시재개발법상 재개발조합이 위와 같은 비영리법인으로서의 징표를 만족하는지 본다. 우선 재개발조합은 도시의 계획적인 재개발사업을 촉진하고 도시의 건전한 발전과 공공복리의 증진에 기여함을 목적으로 하여, 재개발지역으로 지정된 재개발구역안의 토지 등의 소유자에 의해 설립되고, 법인이 되며, 건설부장관의 인가를 거쳐 재개발사업을 시행하는바(제1조, 제4조, 제9조, 제17조, 제18조), 재개발조합이 공익적 목적을 위해 설립된 법인인 점은 분명하다. 한편 조합원의 자격은 조합의 설립인가시를 기준으로 도시재개발법 및 조합의 정관에 의해 확정된다. 또한 구 도시재개발법상 분양신청을 한 조합원은 관리처분계획에 따라 분양을 받고, 분양처분의 고시 익일에 분양받은 부동산의 소유권을 취득하며(제40조), 사업 시행 전 소유 부동산의 가격과 사업의 완료 후 분양받은 부동산의 가격의 차액을 청산금으로 지급받거나 지급해야 한다(제53조). 그러므로 조합원의 지위나 구체적인 권리의무도 도시재개발법 및 조합 정관에 의해 정해지고, 조합의 재량이 개입될 여지가 없다(대법원 1998. 3. 27. 선고 97누17094 판결). 또한 구 도시재개발법상 조합원의 지분권이나 출자를 언급하고 있는 규정도 없다.

이와 같은 점에서 재개발구역안의 소유자가 법률에 의해 조합에 부동산을 제공하는 행위를 조합재산에 대해 사적소유 형태인 지분을 취득하기 위한 출자로 볼 근거가 없다. 구 도시재개발법상 조합원이 조합에 지급하는 청산금은 부당이득금의 성격을, 지급받는 청산금은 손실보상금의 성격을 가질 뿐이므로,[3] 청산금을 조합원의 조합재산에 대한 지분권이나 이득분배로 볼 수 없다. 특히 도시재개발법상 보류시설의 설정은 조합원이 재개발사업 과정에서 보류시설 가액 상당의 비용이 소요될 것을 전제로 조합에게 청산금을 지급한 것으로 볼 수 있다. 따라서 조합의 해산 이후 소요되지 아니한 보류시설을 조합이 도시재개발법 및 정관에 정한 바에 따라 일반분양의 방

---

3) 고영구, "주택개량재개발조합에게 토지를 제공하고 아파트와 상가를 분양받은 경우 상가부분을 청산금의 대가로 취득한 것으로 보아 종전 토지 중 상가분양가액에 상응하는 토지 부분에 대하여 양도소득세를 부과할 수 있는지 여부(대법원 2004. 6. 11. 선고 2002두6149 판결: 공2004하, 1180)", 『대법원판례해설』, 제50호(2004. 12), 346면.

김 재 광 227

법을 처분해 그 처분대금을 조합원에게 지급하는 것은 과다하게 지급된 청산금을 조합으로 반환받는 것이고, 이는 비영리법인에 관한 규정인 민법상 사단법인에 관한 규정을 준용해야 한다는 규정에도 부합한다(구 도시재개발법 29조, 민법 80조 1항). 그렇다면 구 도시재개발법의 규정내용에 비추어 조합원이 조합재산에 대해 지분권을 가진다거나 조합의 이득에 대해 분배를 받는다고 할 수 없어 구 도시재개발법상 재개발조합은 비영리법인에 해당한다고 하겠다.

2. 보류시설의 처분대금이 구 법인세법상 청산소득인지

구 법인세법상 비영리내국법인은 그 법인의 정관 또는 규칙상의 사업목적에 불구하고 법인세법에 열거된 수익사업 또는 수입(이하 "수익사업"이라 한다)에서 생긴 소득에 대해 법인세를 납부할 의무가 있다(1조 1항 단서4)). 비영리내국법인이 영위하영위하는 사업이 수익사업에 해당하려면 적어도 그 사업자체가 수익성을 가진 것이거나 수익을 목적으로 영위한 것이어야 한다(대법원 2005. 9. 9. 선고 2003두12455 판결). 반면 구 법인세법상 비영리내국법인의 청산소득은 법인세 부과대상에서 제외된다(2조 2항5)). 청산소득에 대한 법인세 납부의무는 당해 법인이 해산 또는 합병을 하는 때 성립하고(기본법 제21조 제1항 제1호, 1998. 12. 28. 법률 제5579호로 개정되기 전의 것), 구 법인세법상 내국법인이 해산할 경우의 청산소득의 금액이란 그 법인의 해산에 의한 잔여재산의 가액에서 해산일(해산등기를 한 날) 현재의 납입자본금 또는 출자금과 잉여금의 합계금액을 공제한 금액이다(43조 1항6)).

한편 민법상 해산한 비영리법인은 현재사무의 종결, 채권의 추심 및 채무의 변제, 잔여재산의 분배라는 청산사무가 종결될 때까지 청산의 목적 범위 내에서 권리능력이 있는바(동법 81조, 87조), 비영리법인이 해산등기 이후에 재고자산을 처분하는 경우 그 처분대금은 청산소득으로서, 과세대상이 아니다(직세 1264-62, 1980. 1. 11.). 반면 비영리법인이 청산중이라고 하더라도 해산 전의 사업을 계속 영위함으로써 발생한 수입, 해산등기일 이전에 처분했던 자산의 손익이 청산기간 중에 귀속되는 경우의 그 손익 등은 수익사업에서 생긴 소득으로서 각 사업연도의 소득에 해당하여 과세대상이다(법인세법 기본통칙 3-0…2).

원고 조합이 해산등기 경료 후 이 사건 보류시설을 일반분양해 얻은 분양대금이 청산소득인지, 아니면 수익사업으로 인한 소득인지 본다. 우선 구 도시재개발법상 재개발사업의 시행자는 규약·정관·시행규정 또는 사업

---

4) 현행 법법 제3조 제1항 및 제3항.
5) 현행 법법 제3조 제1항.
6) 현행 법법 제79조 제1항.

시행계획이 정하는 목적을 위해 관리처분계획에서 대지 또는 건축시설의 일부를 분양하지 아니하고 이를 보류지 또는 보류건축시설로 정할 수 있도록 되어 있다(43조). 그런데 원고 조합의 정관에는 조합원 등에게 분양하는 공동주택 외에 예상치 아니한 사유로 인한 추가 소요를 충당키 위해 조합원 등이 공동주택분양 총 가구수의 5% 이내로 공동주택가구를 보류 건축시설로 정할 수 있고, 청산 종결 후 잔여 재산은 해산 당시의 조합원에게 사업 시행 전 소유 부동산의 가액 비율로 지급하도록 되어있다(위 정관 39조 2항, 50조). 그러므로 원고 조합은 조합원들에게 잔여 재산인 이 사건 보류시설을 분배하기 위해서 이를 환가해야 한다. 그런데 구 주택공급에관한규칙(2000. 3. 27. 건설교통부령 제232호로 개정되기 전의 것) 제3조 제1항 및 제2항 제7호7)에 의하면, 도시재개발법에 의한 재개발사업으로 건설되는 주택으로서 재개발조합의 조합원에게 공급하고 남은 주택이 20세대 이상인 경우에는 반드시 일반 분양의 방법으로 처분해야 한다.

그런데 원고 조합은 구 도시재개발법 및 정관의 규정에 따라 이 사건 보류시설을 포함한 관리처분계획을 작성해 인가를 받았으나, 원고 조합 총회의 해산결의에 따라 1996. 4. 18. 해산등기를 경료할 때까지 이 사건 보류시설을 처분하지 못했다. 한편 원고 조합은

2001. 3. 21. 제2공구조합원들에게 재개발사업의 잔여재산인 이 사건 보류시설의 분양대금을 분배할 의무가 있다는 판결을 받았다.

위와 같은 구 도시재개발법 및 원고 조합의 정관 규정과 이 사건 보류시설의 처분 및 처분대금 지급경위를 종합해 보면, 이 사건 보류시설은 원고 조합이 그 수익사업으로써 일반 분양하기 위한 목적으로 둔 것이 아니라 재개발사업과정에서 조합원들에 대한 분양대상의 누락, 착오 등의 사유로 인한 관리처분계획의 변경과 소송 등의 사유로 향후 조합원들에 대한 추가분양수요가 발생했을 경우에 이를 해소할 목적으로 둔 것이고, 원고 조합이 해산될 때까지 보류 목적에 따른 추가 분양수요가 발생하지 아니해 남게 된 것이어서, 원고 조합의 해산 당시 청산해야 할 잔여재산에 해당한다. 그렇다면 원고 조합이 도시재개발법, 정관 및 구 주택공급에관한규칙의 규정에 의해 이 사건 보류시설을 일반 분양한 행위는, 원고 조합의 해산 전에 이미 종결된 수익사업으로서의 부동산분양사업을 계속해서 영위한 것으로 볼 수 없고, 잔여재산 분배를 위한 해산일 이후의 잔여재산의 환가행위에 해당한다고 하겠다. 따라서 이 사건 보류시설의 분양수입대금은 비영리법인인 원고 조합의 청산소득으로서 법인세 과세대상이 아니다.

---

7) 구 주택공급에관한규칙(2000. 3. 27. 건설교통부령 제232호로 개정되기 전의 것) 제3조 제2항 제7호는 도시재개발법이 폐지되면서 삭제, 현재는 제3조 제2항 제9호에서 규율.

3. 이 판결의 의의

도시재개발법상 재개발조합이 비영리법인에 해당하는지에 관해 이 판결 전까지는 법원의 명확한 입장이 없었다.[8] 반면 과세실무는, 구 도시재개발법상 재개발조합 주택 및 상가를 신축해 비조합원에게 분양하는 것은 수익사업이라고 하여(법인 46012-1554, 1993. 4. 27.), 1996년경까지는 재개발조합을 비영리법인으로 보았다. 이에 재개발조합 스스로도 대체로 신축 건물 중 조합원 분양에 관한 것은 고유목적사업으로써 비수익사업으로, 일반 분양에 관한 것을 수익사업으로 구분해 회계처리를 해온 것으로 보인다.[9]

그러나 과세관청은 1997년경부터, 재개발조합의 조합원이 각자의 지분권을 가지고 있고, 그 지분권을 양도할 수 있으며, 법인의 해산시 잔여재산을 조합원에게 귀속시킬 수 있다는 점 등을 들어 영리법인에 해당한다며 갑자기 태도를 바꾸었다(법인 46012-2026, 1997. 7. 23, 서이 46012-11269. 2003. 7. 5.). 1998. 12. 28. 법률 제5581호로 법인세법이 개정되어 1999. 1. 1.에야, 특별법에 의해 설립된 법인이라고 하더라도 '법인세법시행령에 정한 조합법인이 아닌 법인으로서 출자자에게 배당할 수 있는 법인'이 비영리법인에서 제외된 점을 고려할 때, 위와 같은 과세실무의 변화는 쉽게 이해할 수 없다.

한편 과세실무는, 구 도시재개발법상 재개발조합이 보류지 등을 매각하는 행위는 구 법인세법의 수익사업이 아니라고 했다가(조법 1264-674, 1982. 6. 1.), 수익사업으로서 법인세 납세의무가 있다고 입장을 바꿨다(법인 46012-3209, 1993. 10. 23., 법인 46012-105, 1993. 6. 19.).[10]

이와 같이 특별법상 설립된 법인 중 출자자에게 배당할 수 있는 법인이 비영리법인에서 분명하게 제외된 1999. 1. 1. 이전에 설립된 구 도시재개발법상 재개발조합이 비영리법인인지, 구 도시재개발법상 보류시설의 처분이 수익사업에 해당하는지에 관해 법원의 선례가 없고 과세실무조차 매우 혼란스러운 상황에서, 이 판결은 최초로 구 도시재개발법상 재개발조합이 법인세법상 특별법에 의해 설립된 법인으로서 민법 제32조에 규정된 설립목적 및 그와 유사한 설립목적을 가진 비영리법인이라는 점, 위 재개발조합이 관리처분계획에서 보류시설로 지정된 아파트를 조합의 해산일 이후에 일반 분양한 것은 잔여재산인 위 보류시설을 환가해 조합원들에게 분배하기 위

---

8) 다만 재개발조합이 공법인은 아니되 공익적 성격을 가진 법인이라는 정도의 해석만 있었다(서울고등법원 1990. 9. 21. 선고 89나48309 판결; 헌법재판소 1997. 4. 24. 선고 96헌가3 결정).
9) 민태욱, "주택재개발·재건축조합의 조세법적 성격과 조세문제", 『토지공법연구』, 제20집(2003. 12.), 425-442면.
10) 다만 위 국세청 예규에 나타난 사례는 모두 보류시설 등의 처분이 재개발조합의 해산 전에 있었던 것으로 보인다.

한 것이어서 수익사업을 계속한 것이 아니고, 그 분양수입대금은 비영리내국법인의 청산소득으로서 법인세 과세대상이 아니라는 점을 분명히 밝힌 데 의의가 있다고 하겠다.

참고문헌

고영구, "주택개량재개발조합에게 토지를 제공하고 아파트와 상가를 분양받은 경우 상가부분을 청산금의 대가로 취득한 것으로 보아 종전 토지 중 상가분양가액에 상응하는 토지 부분에 대하여 양도소득세를 부과할 수 있는지 여부(2004. 6. 11. 선고, 2002두6149 판결: 공2004하, 1180)", 『대법원판례해설』, 제50호 (2004. 12.).

민태욱, "주택재개발·재건축조합의 조세법적 성격과 조세문제", 『토지공법연구』, 제20집(2003. 12.).

법인세법 제19조 제2항이
손비의 요건으로 규정한 통상성의 의미

사건의 표시 : 대법원 2009. 11. 12. 선고 2007두12422 판결

▪ 사실개요 ▪

가. 원고는 일본산 담배의 수입 및 판매 등을 목적으로 설립된 회사로서, 부산, 대구를 비롯한 남부지역에서 원고가 수입·판매하는 담배에 대한 소비자들의 선호도가 취약하여 영업부진에 시달리던 기존 대리점들이 영업을 중지하므로, 서울, 인천지역의 대리점들인 소외 1, 2, 3 주식회사에게 남부지역의 영업도 추가로 맡아주도록 요청하면서 1998년경부터 신규 시장의 개척과 판매촉진을 위하여 영업직원 인건비와 차량구입비 및 유지비 등을 지원하기 시작하였다. 그리고 1997년 발생한 국제통화기금 외환위기로 인하여 남부지역 이외의 다른 대리점들도 경영악화를 겪자 1999년부터는 그 대리점들에 대해서도 지원을 확대하였다.

나. 피고는 2005. 3. 2. 원고가 1999 사업연도부터 2002 사업연도까지 위와 같이 대리점들에 영업직원 인건비와 차량구입비 및 유지비 등으로 지급한 3,890,158,000원(이하 '이 사건 인건비 및 차량지원비'라고 한다)을 손금불산입하여 원고의 1999 사업연도 내지 2001 사업연도 법인세와 2003 사업연도 법인세[1])를 증액하는 이 사건 처분을 하였다.

---

* 조윤희(대법원 재판연구관, 부장판사).

1) 2002 사업연도에는 결손금이 발생하여 법인세가 부과되지 아니하였다.

다. 이 사건 인건비 및 차량지원비가 원고의 총매출액에서 차지하는 비중은 1999 사업연도의 경우 1.2%, 2000 사업연도의 경우 0.4%, 2001 사업연도의 경우 0.6%, 2002 사업연도의 경우 0.3% 정도였다.

▪ 판결요지 ▪

법인세법 제19조 제2항은 원칙적으로 "손비는 그 법인의 사업과 관련하여 발생하거나 지출된 손실 또는 비용으로서 일반적으로 용인되는 통상적인 것이거나 수익과 직접 관련된 것으로 한다."고 규정하고 있다. 여기에서 말하는 '일반적으로 용인되는 통상적'인 비용이라 함은 납세의무자와 같은 종류의 사업을 영위하는 다른 법인도 동일한 상황 아래에서는 지출하였을 것으로 인정되는 비용을 의미하고, 그러한 비용에 해당하는지 여부는 지출의 경위와 목적, 형태, 액수, 효과 등을 종합적으로 고려하여 객관적으로 판단하여야 하는데, 특별한 사정이 없는 한 사회질서를 위반하여 지출된 비용은 여기에서 제외된다.

▶ 해 설 ◀

1. 쟁점

당초 과세관청인 피고는 이 사건 인건비 및 차량지원비가 접대비에 해당하고, 그 전액이 법인세법 제25조 제1항에서 정한 접대비 한도를 초과한다고 보고 이를 손금불산입하여 이 사건 처분을 하였다. 그러나 제1심은 "이 사건 인건비 및 차량지원비는 그 지출의 목적이 '사업관계자들에게 접대, 향응, 위안, 선물 기타 이에 유사한 행위를 함으로써 그와의 사이에 친목을 두텁게 하여 거래관계의 원활한 진행을 도모'하려는 데 있다고 보기 어렵고, 오히려 판매의 장려를 목적으로 거래처 영업지역의 특수사정 등을 감안하여 상대방 사업자에게 사업용 자산을 교부하는 데 소요된 비용으로서 판매부대비용에 속하는 판매장려금에 해당한다"는 이유로 원고의 청구를 인용하여 이 사건 처분을 취소하였다.[2]

그 후 피고는 원심에서 추가로 이 사건 인건비 및 차량지원비가 법인세법 제19조 제2항이 정한 손비의 요건인 '통상성'을 갖추지 못하였다고 주장하였다. 피고의 이러한 주장은 이 사건 인건비 및 차량지원비가 판매부대비용에 해당한다는 제1심의 판단을 뒤집기 위한 것이다. 판매부대비용도 손비에 해당하는 이상 법인세법 제19조 제2항이 규정한 손비의

---

2) 서울행정법원 2006. 10. 24. 선고 2006구합13718 판결.

요건을 충족하여야 하기 때문이다.3)

이에 대하여 원심은 "법인세법 제19조 제2항 소정의 일반적으로 용인되는 통상적인 비용이란 법령 또는 선량한 풍속 기타 사회질서에 위배되지 않는 행위를 위하여 합리적인 경영판단에 따라 지출하는 비용이라고 해석함이 상당하다"고 전제한 다음, 원고의 이 사건 인건비 및 차량지원비의 지급이 법령이나 선량한 풍속 기타 사회질서에 위배되었다고 할 수 없을 뿐만 아니라 그 지급에 관한 경영판단이 불합리하다고 볼 수도 없으므로, 이 사건 인건비 및 차량지원비는 일반적으로 용인되는 통상적인 비용으로서 손비에 해당한다고 판단하였다.4) 피고는 원심판결에 대하여 상고하면서 '통상'이 사전적으로 '특별하지 않고 예사임' 또는 '보통'을 의미하는 점 등에 비추어 볼 때, 법인세법 제19조 제2항에서 말하는 '통상적'은 보통으로 예삿일처럼 이루어지는 것을 의미한다고 보아야 하므로, 원심이 통상적인 비용을 '법령 또는 선량한 풍속 기타 사회질서에 위배되지 않는 행위를 위하여 합리적인 경영판단에 따라 지출하는 비용'이라고 해석한 것은 손

비의 요건에 관한 법리오해 등의 위법이 있다고 주장하였다.

이에 따라 대상판결에서는, 법인세법 제19조 제2항이 규정한 손비의 요건인 통상성의 의미가 무엇인지, 그리고 이 사건 인건비 및 차량지원비가 통상성을 갖추고 있는지 등이 쟁점이 되었다.

2. 법인세법 제19조 제2항의 입법 경위 및 조문의 구조

미국은 일찍부터 내국세법 제162조 (a)항에서 손비의 개념을 "통상적이고 필요한 비용(ordinary and necessary expense)"으로 정의하였다.5) 이에 비하여 1998. 12. 28. 법률 제5581호로 전부 개정되기 전의 구 법인세법은 제9조 제1항에서 "내국법인의 각 사업연도의 소득은 그 사업연도에 속하거나 속하게 될 익금의 총액에서 그 사업연도에 속하거나 속하게 될 손금의 총액을 공제한 금액으로 한다."고 규정하고, 제3항에서 "제1항에서 손금이라 함은 자본 또는 지분의 환급, 잉여금의 처분

---

3) 이 점에서 보면 피고의 주장은 독자적인 의미를 갖지 못한다고 볼 수도 있다. 그러나 법인세법 시행령 제19조가 규정한 손비의 항목은 예시적인 것으로서, 손비를 일정한 범주별로 유형화한 것에 불과하므로, 이 사건 인건비 및 차량지원비가 판매부대비용에 해당하지 않는다고 하여 곧바로 손비가 아니라고 단정할 수는 없다. 즉, 이 사건 인건비 및 차량지원비가 판매부대비용의 개념에 포섭되지 않는다고 하더라도 손비의 요건을 충족한다면 특별한 사정이 없는 한 그 명칭 여부에 불구하고 손금산입의 대상이 되는 손비에 해당한다고 보아야 한다. 이러한 점에서 보면 피고의 주장은 독자적인 의미를 갖는다고 볼 수도 있다.

4) 서울고등법원 2007. 5. 17. 선고 2006누29012 판결.

5) 미국 내국세법 제162조 (a)항은 "There shall be allowed as a deduction all the ordinary and necessary expenses paid or incurred during the taxable year in carrying on any trade or business …"라고 규정하고 있다.

및 이 법에서 규정하는 것을 제외하고 그 법인의 순자산을 감소시키는 거래로 인하여 발생하는 손비의 금액을 말한다."고 규정하였을 뿐 '손비'의 구체적인 요건에 대하여는 아무런 규정을 두지 아니하였다. 이에 따라 손비에 해당하기 위해서는 통상성 요건을 갖추어야 하는지에 대하여 견해가 대립하였으나,[6] 이 문제를 정면으로 판시한 판례는 없었다.

그러던 중 1998. 12. 28. 법률 제5581호로 전부 개정된 법인세법은 제19조 제2항을 신설하여, 손비의 개념을 "그 법인의 사업과 관련하여 발생하거나 지출된 손실 또는 비용으로서 일반적으로 용인되는 통상적인 것이거나 수익과 직접 관련된 것"으로 정의하였다.[7] 위 제19조 제2항에서 규정하고 있는 손비의 요건은 흔히 사업관련성(事業關聯性), 통상성(通常性), 수익관련성(收益關聯性)으로 불리는데, 법문상 위 3자의 관계가 명확하지 않다. 즉, 법문상으로는 사업관련성을 의미하는 "그 법인의 사업과 관련하여 발생하거나 지출된 손실 또는 비용으로서"라는 부분이, ① "일반적으로 용인되는 통상적인 것"이라는 부분만을 수식하는 것인지, ② 아니면 "수익과 직접 관련된 것"이라는 부분도 함께 수식하는지 여부가 분명하지 않은 것이다.

이에 대하여 학설은 대부분 ①의 견해를 취하고 있는 것으로 보인다.[8] 이에 따르면 손비는 사업관련성과 통상성을 동시에 갖춘 것이거나 수익관련성의 요건을 갖춘 것이어야 한다.

3. 법인세법 제19조 제2항이 규정한 통상성의 의미 및 판단기준

학설은 통상성의 개념이 미국 내국법상의 손비의 요건 중 하나인 "ordinary"의 개념과 유사하다는 데에 별 이견이 없는 것으로 보인다.[9] 그런데 미국 판례상으로 통상적인 비용(ordinary expense)이란 이상적(extraordinary)인 비용이 아니라는 의미[10]와 자본적 지출액

---

6) 통상성을 요건으로 하여야 한다는 견해로는 임희택, "법인세법상 손금의 범위와 기부금의 의의", 『판례연구』, 제2권(1989), 234−235면. 이와 달리 통상성을 요건으로 할 수 없다는 견해로는 우창록, "위법지출의 필요경비성", 『특별법연구』, 제5권(1997), 408−409면.

7) 국회 재정경제위원회 수석전문위원의 개정법률안에 대한 심사보고서는, 법인세법 제19조 제2항의 입법 취지를 종래 경비에 관한 일반적인 원칙이 없어 그 요건 및 범위가 법령과 통칙 등에 산재할 뿐만 아니라, 지출 증빙에 관한 특별한 제약이 없던 관계로 경비처리질서가 문란하였던 점을 고려하여 국제적 경향에 따라 경비에 관한 일반원칙과 기준을 수립하여 부당한 비용의 손비처리를 예방하려는 데 있다고 적고 있다.

8) 김완석, "법인세법상 손금의 해석에 관한 연구", 『세무학연구』, 제19권, 제2호(2002. 12.), 74면; 김중곤, "법인세법상 손금 인정 기준", 『사법논집』, 제38집(2004), 321−322면; 그에 비하여 이창희, "손금산입 요건으로서의 통상경비", 『상사판례연구(Ⅴ)』(박영사), 2000, 446면은 "법인세법 제19조 제2항의 수익과 직접 관련된 것"이라는 말은 사업상 경비의 개념으로 돌아가므로 독자적인 뜻을 찾기 어렵다고 한다.

9) 김완석, 『법인세법론』(광교이택스), 2011, 196면; 김중곤, 상게논문, 332면.

10) 미국 연방대법원은, 원고가 자신이 근무하던 회사(곡물의 수집·판매를 영위하던 회사였다)가 파산한 후

과 대비되는 수익적 지출액이라는 의미11)를 아울러 지니고 있다. 미국 법원은 ordinary라는 개념은 정상적·일상적 또는 관례적(formal, usual or customary)이라는 의미를 내포하고 있다고 하면서, 어떤 사람에게 일생에 한 번 일어날 수 있는 지출도 그러한 지출을 발생시키는 거래가 동종의 사업에서 흔하게 또는 자주 일어날 수 있으면 통상적인 비용일 수 있다고 한다.12) 결국, 통상적인 비용이란 어떤 납세의무자가 통상 지출해 온 비용이라는 뜻이 아니고 특정 상황에서 통상인이라면 지출하였을 비용을 의미하는 것이다.

우리 법인세법 제19조 제2항은 손비의 요건을 규정하면서 통상성과 관련하여 "일반적으로 용인되는 통상적인 것"이라는 표현을 사용하고 있는데, 여기에서 말하는 "통상(通常)"은 그 문자적 의미에 비추어 이상(異常)하거나 특별하지 않고 보통인 것을 가리킨다고 할 것이다. 그리고 위 조항이 '일반적으로 용인되는' 통상적인 것이라는 표현을 쓰고 있는 점에 비추어 이상한 것인지 여부는 납세의무자의 주관적 입장이 아니라 일반적, 객관적 입장에서 판단하여야 할 것이다. 이렇게 보면, 위 조항에서 말하는 통상적인 비용의 의미는 미국 판례에서 말하는 "ordinary expense", 즉 납세의무자가 통상 지출해 온 비용이 아니라 특정 상황에서 통상인이라면 지출하였을 경비와 다르지 않다고 보아야 할 것이다.

대상판결이, 법인세법 제19조 제2항이 규정한 '통상성'의 의미를 "그 납세의무자와 같은 종류의 사업을 영위하는 다른 법인도 동일한 상황 아래에서는 지출하였을 것으로 인정되는 것"으로 정의하면서 통상성의 요건을 갖추었는지를 '지출의 경위와 목적, 형태, 액수, 효과 등을 종합적으로 고려하여 객관적'으로 판단하여야 한다고 판시한 것은 법인세법 제19조 제2항의 입법 경위와 아울러 외국 판례의 흐름도 감안한 것으로 보인다.

4. 위법비용과 통상성의 관계

위법비용은, ① 금전 등의 지출 자체가 법령에 위반하는 경우(뇌물, 담합금 및 탈세경비 등), ② 위법소득을 얻기 위하여 지출한 경우

독자적으로 Kellogg Company와 계약을 맺고 위 회사로부터 위탁을 받아 곡물을 구매하고 수수료를 받기로 하였는데, 그 과정에서 기존 고객과의 관계를 유지하는 데 필요한 자신의 명성과 신뢰를 얻기 위하여 파산한 회사의 채무를 변제한 사안에서, 그러한 상황에서의 그와 같은 지출은 통상적인 것이 아니라 대단히 비정상적인 것이라는 이유로 통상성을 부인하였다[Welch v. Helvering, 290 US 111(1933)]. 또한, 증권거래인들이 조직한 동업체가 다량의 주식을 매입·보유하면서 대통령의 죽음으로 주식시장이 붕괴될 것을 염려하여 미국 대통령의 사망을 보험사고로 한 보험계약을 체결하고 보험료를 지출한 것도 'ordinary expense'로 볼 수 없다고 하였다[Goedel v. CIR, 39 BTA 1(1939)].

11) 미국 연방대법원은 CIR v. Tellier 사건에서 'ordinary'라는 어구의 주요한 기능은 바로 공제되어야 할 비용과 자산으로서 내용연수에 따라 상각되어야 할 자본적 지출을 구분하는 것이라고 하였다.

12) Deputy v. Du Pont, 308 US 488(1940).

(마약의 제조·판매에 따른 비용, 밀수품의 판매비용, 불법도박장의 개설·운영에 따른 비용 등), ③ 위법행위 또는 의무불이행에 대한 제재로서 과하는 벌금 등[13]의 유형으로 분류될 수 있는데,[14] 이러한 위법비용의 경우에도 통상성이 인정되는지가 문제될 수 있다.

구 법인세법 아래에서 학설은 지출 자체의 위법성이 큰 경우에도 무조건적으로 손금산입을 부정할 것은 아니고, 법의 취지나 목적 등에 따라 현저하게 반사회성이 강한 경우에만 손금산입을 부인해야 한다는 절충적 입장이 주류를 이루었다.[15] 대법원 1998. 5. 8. 선고 96누6158 판결도, "구 법인세법 제9조 제1항, 제3항, 구 법인세법 시행령 제12조 제2항의 각 규정에 따르면, 일반적으로 위법소득을 얻기 위하여 지출한 비용이나 지출 자체에 위법성이 있는 비용의 손금산입을 부인하는 내용의 규정이 없을 뿐만 아니라, 법인세는 원칙적으로 다른 법률에 의한 금지의 유무에 관계

없이 담세력에 따라 과세되어야 하고 순소득이 과세대상으로 되어야 하는 점 등을 종합하여 보면, 위와 같은 비용에 대하여도 그 손금산입을 인정하는 것이 사회질서에 심히 반하는 등의 특별한 사정이 없는 한 손금으로 산입함이 타당하다"고 판시하였다.[16]

그러나 법인세법이 1998. 12. 28. 법률 제5581호로 전부 개정되면서 제19조 제2항에서 손금의 요건으로 통상성을 규정한 이후에는 지출 자체의 위법성이 큰 경우나 지출이 선량한 풍속 기타 사회질서를 해치는 경우에는 통상성을 부인해야 한다는 견해가 우세한 것으로 보인다.[17][18]

앞서 본 통상성의 개념에 비추어 보면, 지출 자체의 위법성이 큰 경우나 지출이 선량한 풍속 기타 사회질서를 해치는 경우에는 그러한 지출이 동종업계에 널리 관행화되어 있다는 등의 특별한 사정이 없는 한 통상성의 요건을 갖추었다고 보기는 어려울 것이다. 이

---

13) 이에 대해서는 법인세법 제21조 제4항, 제6항이 손금불산입하도록 규정하고 있다.

14) 김완석, 전게논문, 79-80면.

15) 최병철, "위법소득을 얻기 위하여 지출한 비용이나 지출 자체에 위법성이 있는 비용의 법인세법상 손금산입 여부", 『대법원판례해설』, 제30호(1998), 531-534면; 우창록, 전게논문, 409-413면 등 참조.

16) 위 판결은 폐기물처리업허가를 받아 폐기물처리업을 영위하는 원고 회사가, 특정산업폐기물을 소각로에서 소각 후 그 잔재물을 매립하도록 규정한 관련 법령에 위반하여 특정산업폐기물을 소각로에 넣어 약간 그을린 후 이를 일반폐기물의 소각잔재물과 혼합하여 난지도 쓰레기종합처리장으로 운반한 다음, 그 곳에 상주하면서 폐기물처리업허가 없이 불법으로 폐기물처리업을 하던 넝마주이에게 폐기물의 매립을 위탁하고 125,000,000원을 지급한 사안에 대한 것이었다.

17) 이창희, 전게논문, 447면; 김완석, 상게논문, 80-85면. 다만 김완석 교수는 위법소득을 얻기 위하여 지출한 비용에 대해서는 통상성 요건은 결여하였지만 수익관련성 요건은 충족하므로 손금산입을 인정하여야 한다고 본다.

18) 미국과 일본에서의 논의에 대해서는, 우창록, 상게논문, 397-405면; 최병철, 상게논문, 528-534면; 김완석, 상게논문, 82-84면 등 참조.

러한 경우에는 통상인이 그러한 지출을 할 것으로 기대할 수 없기 때문이다. 다만 그러한 비용의 경우에도 수익관련성이 인정되는 경우에는 손비에 해당할 여지는 있다.

5. 이 판결의 검토

피고는, 상관행상 다른 기업에 속한 직원의 인건비 등을 지원하는 것은 흔하지 않고, 동종업계의 다른 회사들의 경우에는 원고와 달리 인건비나 차량지원비를 대리점에 지원하고 있지 않으므로, 이 사건 인건비 및 차량지원비는 통상적인 비용에 해당하지 않는다는 취지로 주장하였다.

그러나 통상적인 비용에 해당하는지 여부는 구체적인 상황, 즉 납세의무자가 처해 있는 특정한 상황에서 같은 종류의 사업을 하는 자들이 그런 지출을 할 것인지를 따져 판단하여야 하므로, 그와 같은 구체적인 상황이 전제되지 않은 일반적인 상관행과 동종업계의 동향만을 가지고 피고 주장처럼 통상적인 비용에 해당하는지 여부를 판단할 수 없고, 구체적으로 당해 기업이 처한 상황에서 그러한 비용의 지출이 통상적인지 여부를 판단하여야 한다.

대상판결이 적시하고 있는 다음과 같은 사정 즉, ① 부산, 대구를 비롯한 남부지역에서 원고가 수입·판매하는 담배에 대한 소비자들의 선호도가 취약하여 영업부진에 시달리던 기존 대리점들이 영업을 중지하므로, 원고가 서울, 인천지역의 대리점들에게 남부지역의 영업도 추가로 맡아주도록 요청하면서 신규시장의 개척과 판매촉진을 위하여 영업직원 인건비와 차량구입비 및 유지비 등의 지원을 약속함에 따라 1998년경부터 지원행위가 시작된 점, ② 1999년경 남부지역 이외의 다른 대리점들에 대해서도 지원을 확대한 것은 1997년 발생한 외환위기로 인한 경영악화 때문이었고, 아르바이트 직원 및 진열사원 인건비도 소매점 개척과 판매활성화를 위하여 지급된 점, ③ 원고가 1999 사업연도부터 2002 사업연도까지 지급한 이 사건 인건비 및 차량지원비가 총매출액에서 차지하는 비중이 그리 크지 않았으며(1999 사업연도 1.2%, 2000 사업연도 0.4%, 2001 사업연도 0.6%, 2002 사업연도 0.3%), 모두 사전약정에 따라 제한적으로 현금으로 지급된 점, ④ 담배사업법 제25조의4[19] 등의 입법 취지에 비추어 보더라도 이 사건 인건비 및 차량지원비의 지출이 법률상 허용되지 않거나 사회질서에 위반된다고 보기 어려운 점 등을 종합적으로 고려하면, 대상판결이 피고의 주장을 배척하고 이 사건 인건비 및 차량지원비에 대하여 통상성을 긍정한 것은 충분히 수긍

---

19) 담배사업법 제25조의4 등은 담배제조업자나 수입판매업자 등이 소매인에게 담배의 판매를 촉진하기 위하여 금품 등을 제공하는 것을 금지하고 있으나, 그 취지가 소매인을 대상으로 하지 아니하는 담배판매 촉진활동까지 금지하는 것으로는 보기 어렵다.

할 수 있다고 생각된다.

6. 이 판결의 의의

이 판결은 법인세법 제19조 제2항이 규정한 손비의 요건인 '통상성'의 의미를 명확히 함과 아울러 그 판단 기준을 제시하면서 사회질서를 위반하여 지출된 비용은 원칙적으로 통상적인 비용에서 제외된다는 점을 밝혔다는 데에 그 의의가 있다.

참고문헌

김완석, 『법인세법론』, 광교이택스, 2011.

김완석, "법인세법상 손금의 해석에 관한 연구", 『세무학연구』, 제19권, 제2호(2002. 12.).

김중곤, "법인세법상 손금 인정 기준", 『사법논집』, 제38집(2004).

우창록, "위법지출의 필요경비성", 『특별법연구』, 제5권(1997).

이창희, "손금산입 요건으로서의 통상경비", 『상사판례연구』, 제5권(2000. 7.).

임희택, "법인세법상 손금의 범위와 기부금의 의의", 『판례연구』, 제2권(1989)

최병철, "위법소득을 얻기 위하여 지출한 비용이나 지출 자체에 위법성이 있는 비용의 법인세법상 손금 산입 여부", 『대법원판례해설』, 제30호(1998).

채무의 출자전환 시 시가초과금액을 주식발행액면초과액에서 제외한 법인세법 시행령 규정의 효력

사건의 표시 : 대법원 2012. 11. 22. 선고 2010두17564 전원합의체 판결

▪ 사실개요 ▪

가. 원고는 2001.경 기업구조조정촉진법에 의한 부실징후기업으로 지정된 후, 2003. 8. 5. 채권금융기관과 사이에 원고의 채무를 2005년 말까지 액면가액(1주당 5,000원)으로 출자전환 하는 내용의 경영정상화 약정을 체결한 다음, 위 약정에 따라 2005. 2. 4.부터 같은 해 11. 30.까지 사이에 채무의 출자전환(이하 '이 사건 출자전환')을 완료하였다.

나. 원고는 2005 내지 2007 사업연도 각 법인세의 세무조정을 하면서 이 사건 출자전환 과정에서 발행된 주식의 발행가액과 시가와의 차액(이하 '이 사건 쟁점금액')을 채무면제

이익으로 보아 익금에 산입하고 이를 결손금과 상계처리 하였다. 원고는 2008. 5. 6. 피고에 대하여 이 사건 쟁점금액은 구 법인세법(2005. 12. 31. 법률 제7838호로 개정되기 전의 것) 제17조 제1호에서 정한 주식발행액면초과액이므로 익금 산입 대상에 해당하지 않는다고 보아 2005 내지 2007 사업연도 각 법인세의 경정을 청구하였으나, 피고는 2008. 5. 30. 이 사건 쟁점금액은 구 법인세법 시행령(2003. 12. 30. 대통령령 제18174호로 개정되고 2006. 2. 9. 대통령령 제19328호로 개정되기 전의 것) 제15조 제1항 후문에 비추어 익금 산입 대상에 해

---

* 양승종(김·장 법률사무소 변호사, 법학박사).

당한다는 이유로 원고의 위 경정청구를 거부하였다.

■ 판결요지 ■

[다수의견] 구 법인세법(2005. 12. 31. 법률 제7838호로 개정되기 전의 것) 제17조 제1호에서 자본거래로 인한 수익으로서 익금에 산입하지 아니하는 것으로 규정된 주식발행액면초과액은 그 문언상 액면 이상의 주식을 발행한 경우 그 액면을 초과한 금액, 즉 주주가 납입한 주식의 인수가액(보통은 주식의 발행가액과 일치한다)에서 액면가액을 차감한 금액을 의미한다. (중략) 그런데 구 법인세법 시행령(2003. 12. 30. 대통령령 제18174호로 개정되고 2006. 2. 9. 대통령령 제19328호로 개정되기 전의 것) 제15조 제1항은 구 법인세법 제17조 제1호가 규정한 주식발행액면초과액의 범위에서 주주가 납입한 주식의 인수가액과 시가의 차액에 상당하는 금액 부분을 제외하여 결과적으로 법인세의 과세 대상이 되는 수익의 범위를 확장하고 있다. 이처럼 이 사건 시행령 조항이 납세자에게 불리한 방향으로 법인세의 과세 대상을 확장하는 것은 구 법인세법 제17조 제1호의 규정과 부합하지 아니할 뿐만 아니라 그와 같이 확장하도록 위임한 모법의 규정도 찾아볼 수 없으므로 조세법률주의의 원칙에 반하여 무효라고 할 것이다.

[대법관 신영철의 반대의견] 구 법인세법 제15조 제1항, 제17조 제1호 규정의 취지와 채무의 출자전환을 통하여 당사자들이 달성하고자 하는 목적과 의사 및 결과 등을 고려하면, 채무의 출자전환으로 주식을 발행하는 경우로서 당해 주식의 시가가 액면가액 이상이고 발행가액 이하에 해당하는 경우에는 원칙적으로 출자전환되는 채무 중 발행 주식 시가 초과 부분은 실질이 자본의 납입금과 같다고 볼 수는 없고 오히려 채무면제이익에 해당하여 그 금액만큼 법인의 소득 또는 담세력이 증가하였다고 봄이 타당하므로, 이를 구 법인세법 제17조 제1호의 주식발행액면초과액에 해당한다고 볼 수는 없다. (중략) 그렇다면 이 사건 시행령 조항은 구 법인세법 제17조 제1호의 취지 및 의미에 부합하는 것으로서 모법의 해석상 가능한 것을 명시한 것에 지나지 아니하거나 모법 조항의 취지에 근거하여 이를 구체화하기 위한 것이므로, 모법의 명시적인 위임이 없다는 이유로 이를 무효라고 할 수 없다.

▶ 해 설 ◀

1. 법인세법상 자본거래와 채무의 출자전환

법인세법 제15조 제1항은 익금은 자본 또는 출자의 납입 및 법인세법에서 규정하는 것을 제외하고 당해 법인의 순자산을 증가시키는 거래로 인하여 발생하는 수익의 금액으로 한다고 규정하고 있으며, 이와 관련하여 법인세법 제17조는 자본거래로 인한 수익으로서 익금에 산입하지 아니하는 항목들을 규정하고 있다. 한편, 법인세법 제19조는 손금은 자본 또는 출자의 환급, 잉여금의 처분 및 법인세법에서 규정하는 것은 제외하고 해당 법인의 순자산을 감소시키는 거래로 인하여 발생하는 손비의 금액으로 한다고 규정하고 있으며, 이와 관련하여 법인세법 제20조는 자본거래 등으로 인한 비용으로서 손금에 산입하지 않는 항목들을 규정하고 있다.

이와 같이 영업활동으로 인하여 수익 또는 비용이 발생하는 손익거래는 익금 및 손금

산입대상으로 하면서도 출자의 납입 또는 환급과 같이 법인의 자산이 증감하는 자본거래는 익금 또는 손금에 산입하지 않도록 규정한 것은 자본거래의 경우 출자자와 법인 간에 법인의 영업활동을 하기 위한 자금인 자본이 무상으로 이전되는 특성을 고려한 것이라고 할 수 있다.[2] 이에 따라, 법인이 자기주식을 취득·처분하는 행위도 순자산을 증감시키는 거래인 경우에는 과세처분의 대상인 자산의 손익거래에 해당하나, 자본감소절차의 일환으로 자기주식을 취득하여 소각하는 것은 자본의 증감에 관련된 거래로서 과세처분의 대상이 되는 자산의 손익거래에 해당되지 아니한다 (대법원 1992. 9. 8. 선고 91누13670 판결 등).[3]

이 사건에서와 같이 채무의 출자전환[4][5]

---

2) 이태로·한만수, 『조세법강의』(박영사), 2009, 366면.

3) 법인이 소유한 주식을 매도하는 행위가 손익거래인 주식의 양도에 해당하는지 아니면 자본거래인 주식의 소각 내지 자본의 환급에 해당하는지가 문제되는바, 대법원은 이를 법률행위 해석의 문제로 인식하여 해당 거래의 내용과 당사자의 의사를 기준으로 판단하여야 한다고 하면서도 실질과세의 원칙상 계약체결의 경위, 대금의 결정방법, 거래의 경과 등도 포함하여 거래의 전체과정을 실질적으로 파악하여 결정하여야 한다고 판단하였다(대법원 2002. 12. 26. 선고 2001두6227 판결 등 참조).

4) 채무의 출자전환은 회사에 대한 채권과 회사에 대한 주금납입채무를 상계하는 상계방식 또는 회사에 대한 채권을 출자하는 현물출자방식으로 이루어질 수 있다. 대법원 등기예규는 1997년 외환위기 이후 기업의 구조조정을 원활하게 지원하기 위하여 채권자가 금융기관인 경우에 한하여 주금을 현금으로 납부하지 않은 경우에도 대출채권의 출자전환을 인정함에 따라 상계방식에 의한 출자전환을 허용하였다{대법원 1999. 1. 25. 등기예규 제960호(기업구조조정을 위한 금융기관대출금의 출자전환에 따른 변경등기신청에 첨부할 서면에 관한 예규)}. 한만수, "자본구조조정 및 채무조정의 과세효과에 관한 고찰", 『조세법연구』, 14-1(2008. 4.), 17면 참조. 현물출자방식에 따르는 경우 경우 상법상 절차 및 요건에 대한 제한이 있다.

5) 채무의 출자전환으로 취득한 주식의 시가가 채무액에 미달하는 경우 채무의 소멸범위와 관련하여 해당 주식의 시가평가액 상당액이 소멸한다는 견해와 채무액 전액이 소멸한다는 견해가 있을 수 있다. 이와 관련하여 대법원은 대법원 2010. 9. 16. 선고 2008다97218 전원합의체 판결에서 기업개선작업절차에서 채무자인 기업과 채권자인 금융기관 사이에 채무자가 채권자에게 주식을 발행하여 주고 채권자의 신주인수대금채무와 채무자의 기존 채무를 같은 금액만큼 소멸시키기로 하는 내용의 상계계약 방식에 의하여 출자전환을 하는 경우 상계의 일반법리에 따라 채무액 전액이 소멸한다고 판단하였으며, 대법원 2008. 7. 24. 선고 2008다18376 판결에서는 신주발행 방식의 출자전환으로 기존채권의 변제에 갈음하기로 한 경우에

으로 주식을 발행하는 경우로서 당해 주식의 시가가 액면가액 이상이고 발행가액 이하에 해당하는 경우(예를 들어, 출자전환 대상 채무 10,000원에 대하여 액면가액 5,000원, 시가 7,000원의 주식이 발행되어 전환되는 경우) 출자전환 되는 채무 중 발행 주식의 시가를 초과하는 부분(위 예에서 출자전환 되는 채무와 발행 주식의 시가와의 차액 3,000원, 이하 '발행 주식의 시가 초과 부분')은 경제적으로 채권자의 입장에서는 채권의 면제 또는 포기의 효과가 있으며, 채무자인 회사 입장에서는 채무를 면제 받는 효과가 있다. 이와 같이 채무의 출자전환 시 발행주식의 시가초과 부분을 구 법인세법(2005. 12. 31. 법률 제7838호로 개정되기 전의 것, 이하 같다) 제17조 제1호의 주식발행액면초과액으로 보아 익금에 산입하지 않을 것인지, 아니면 구 법인세법 시행령(2003. 12. 30. 대통령령 제

18174호로 개정되고 2006. 2. 9. 대통령령 제 19328호로 개정되기 전의 것, 이하 같다) 제15조 제1항에 따라 익금 산입 대상으로 보아야 할 것인지가 문제가 된다.[6][7]

2. 조세법규에 대한 엄격해석의 원칙과 목적론적 해석

대법원은 헌법상의 조세법률주의의 원칙에 근거하여 조세법규는 엄격하게 해석·적용하여야 하며, 행정편의적인 확장해석이나 유추해석을 허용하지 않는다는 이른바 엄격해석의 원칙을 확립하고 있다(대법원 1987. 9. 22. 선고 86누694 전원합의체 판결 등). 다만 최근에는 법규간의 해석을 통하여 그 의미를 명확히 할 필요가 있는 경우에는 조세법률주의가 지향하는 법적 안정성을 해치지 않는 범위 내에

채권자와 채무자 사이에 출자전환으로 인하여 소멸되는 기존채권의 가액에 관한 약정 내지 합의가 없는 때에는, 특별한 사정이 없는 한, 신주발행의 효력발생일을 기준으로 신주의 가액을 평가하여 그 평가액 상당의 기존채권이 변제된 것으로 봄이 상당하다고 판단하였는바, 대법원은 회사와 채권자간의 출자전환에 관한 합의의 해석문제로 인식하고 있는 것으로 이해된다.

6) 2005. 12. 31. 법률 제7838호로 개정된 법인세법 제17조 제1항 제1호 단서는 명문으로 "채무의 출자전환으로 주식 등을 발행한 경우에는 당해 주식 등의 시가를 초과하여 발행된 금액 부분을 주식발행액면초과액의 범위에서 제외한다"라고 규정하여 이 사건의 쟁점을 입법적으로 해결하였다.

7) 재정경제부는 1999. 12. 6. "법정관리법인이 법정관리계획에 따라 채무를 출자전환 하는 경우 주식의 액면가액을 초과하는 금액은 채무면제이익이 아닌 주식발행액면초과액에 해당한다."(재경부 법인 46012-191, 1999. 12. 6.)라고 해석하였다가, 2003. 3. 5. "타인으로부터 채권을 시가로 평가하여 취득한 법인이 당해 채권을 채무자인 법인에 출자전환 하는 경우에 그 출자전환으로 취득하는 주식의 가액은 법인세법 시행령 제72조 제1항 제4호의 규정에 의하여 '당해 주식의 취득 당시의 시가'로 한다."(재경부 법인 46102-37, 2003. 3. 5.)로 해석하여 출자로 전환된 채무원리금의 가액이 주식의 시가를 초과하는 가액은 채무면제이익에 해당하는 것으로 견해를 변경하였다. 원고는 이 사건 출자전환은 기본적으로 예규 변경 전인 2001. 11. 20. 자 경영정상화 약정 및 이에 근거한 2003. 8. 4.자 추가 경영정상화 약정을 기초로 이루어졌음을 들어 피고의 이 사건 경정거부처분은 신의성실의 원칙 또는 국세기본법 제18조 제3항에 위배되어 위법하다고도 주장하였다.

서 입법취지 및 목적 등을 고려한 합목적적 해석을 하는 것도 허용하고 있다고 판단한 경우도 있으나(대법원 2008. 2. 15. 선고 2007두4438 판결 등), 이는 매우 예외적인 사례로 보인다.

구 법인세법 제17조 제1호의 주식발행액면초과액이 무엇을 의미하는지에 대해서는 법인세법에서 명시적으로 규정하고 있지 않았다. 이와 관련하여 2003. 12. 30. 대통령령 제18174호로 개정되기 전의 법인세법 시행령 제15조 제1항은 구 법인세법 제17조 제1호의 주식발행액면초과액은 구 상법(2011. 4. 14. 법률 제10600호로 개정되기 전의 것) 제459호 제1항 제1호에 해당하는 금액으로 한다고 규정하고 있었는데,[8] 구 법인세법 시행령 제15조 제1항은 후문(이하 "이 사건 쟁점조항")을 신설하여 "법 제17조 제1호의 주식발행액면초과액에 있어서 채무의 출자전환으로 주식을 발행하는 경우로서 낭해 주식의 시가가 액면가액 이상이고 발행가액 이하에 해당하는 경우에는 시가에서 액면가액을 차감한 금액을 말한다."고 규정하였다.

구 법인세법 제17조 제1호의 주식발행액면초과액은 상법에서 이미 확립된 의미와 내용을 부여 받고 있는 개념인바, 이 사건에서와 같이 조세법에서 민사법 등 다른 법 분야에서

확립된 개념을 차용하여 사용하는 경우 이를 해당 법 분야에서 확립된 의미와 내용으로 해석할지 아니면 조세법 독자적으로 해석할 수 있는지가 문제가 된다. 이에 대해서는 법적 안정성의 견지에서 민사법 등 다른 법 분야에서 확립된 본래의 개념대로 해석하는 것이 타당하며 예외적으로 합목적적 해석의 요청에 의하여 독자적인 의미를 부여해야 하는 경우도 있을 수 있다는데 대체로 견해가 일치되어 있다.[9] 다만, 이 경우에도 법적 안정성의 측면에서 엄격해석의 원칙상 해당 문언의 외연의 범위를 벗어날 수는 없다고 보아야 한다.[10] 이 사건에 돌아와 살펴보면, 구 법인세법 제17조 제1호의 주식발행액면초과액은 상법에서 이미 확립된 개념이고, 2003. 12. 30. 대통령령 제18174호로 개정되기 전 법인세법 시행령 제15조 제1항도 동 조항의 주식발행액면초과액을 구 상법 제459호 제1항 제1호에 해당하는 금액으로 규정하고 있었던 점에 비추어 보면, 구 법인세법 제17조 제1호의 주식발행액면초과액은 구 상법 제459호 제1항 제1호의 "액면 이상의 주식을 발행한 때에는 그 액면을 초과한 금액"을 의미하는 것으로 해석되어야 한다.

한편 법률의 시행령이나 시행규칙은 그 법률에 의한 위임이 없더라도 그 내용이 모법

---

8) 구 상법 제459조 제1항 제1호는 액면 이상의 주식을 발행한 때에는 그 액면을 초과한 금액으로 한다고 규정하고 있었다.
9) 이창희, 『세법강의』(박영사), 2013, 84면; 임승순, 『조세법』(박영사), 2008, 50면.
10) 이태로·한만수, 전게서, 27면.

의 입법 취지 및 관련 조항 전체를 유기적·체계적으로 살펴보아 모법의 해석상 가능한 것을 명시한 것에 지나지 아니하거나 모법 조항의 취지에 근거하여 이를 구체화하기 위한 것인 때에는 모법의 규율 범위를 벗어난 것으로 볼 수 없으므로 이를 무효라고 볼 수는 없다(대법원 2009. 6. 11. 선고 2008두13637 판결 등 참조). 그러나, 이 사건에서는 구 법인세법 제17조 제1호의 주식발행액면초과액이 주주가 납입한 주식의 인수가액에서 액면가액을 차감한 금액을 의미함이 명백한 이상 이 사건 쟁점조항이 그 범위를 축소하여 과세대상의 범위를 확대한 이상 모법의 해석상 가능한 것을 명시하였다거나 모법의 취지에 근거하여 이를 구체화하였다고 할 수 없으므로 무효로 판단된다.

3. 실질과세원칙상 발행주식의 시가초과부분을 주식발행액면초과액에서 제외할 수 있는지 여부

이 사건에서 발행주식의 시가초과부분은 채무를 면제받는 것과 경제적 효과가 동일한 측면이 있다는 점에 대해서는 다수의견 및 반대의견 모두 일치한다. 이에 따라 실질과세원칙을 적용하여 발행주식의 시가초과부분은 주식발행액면초과액에서 제외되어야 한다는 견해가 있을 수 있다. 즉, 이 사건에서와 같이 법 형식은 주식발행액면초과액을 띠고 있으면서도 경제적 실질은 채무면제이익의 성격을 띠고 있을 때 이를 세법적으로 어떻게 처리해야 하는지에 관한 문제는 조세법률주의의 원칙과 실질과세원칙과의 관계를 어떻게 이해해야 하는지에 관한 근본적인 문제와 관련이 있다.[11] 이와 관련하여 여러 논의가 있으나, 어떠한 행위나 거래에 대한 법 문언의 의미를 벗어나 실질주의를 지나치게 확대 적용하게 되면 조세법률주의는 형해화 하게 될 것이고, 이를 통하여 실현하고자 하는 법적 안정성은 심각하게 침해될 우려가 있다.

이와 관련하여, 다수의견은 신주발행의 경우 신주인수인은 납입기일에 그 인수한 주식에 대한 인수가액의 전액을 납부할 의무가 있고, 만약 신주인수인이 납입기일에 납입을 이행하지 않으면 그 권리를 잃으며, 신주발행의 효력은 발행예정주식 중 납입기일에 납입이 이루어진 주식에 한하여 발생한다는 상법상의 규정을 들어, 채무의 출자전환으로 주식을 발행하는 경우에는 출자전환 되는 채무 전

---

11) 대법원 2012. 1. 19. 선고 2008두8499 전원합의체 판결에서 다수의견은 실질과세의 원칙은 헌법상의 기본이념인 평등의 원칙을 조세법률관계에 구현하기 위한 실천적 원리로서, 조세법의 기본원리인 조세법률주의와 대립관계에 있는 것이 아니라 조세법규를 다양하게 변화하는 경제생활관계에 적용함에 있어 예측가능성과 법적 안정성이 훼손되지 않는 범위 내에서 합목적적이고 탄력적으로 해석함으로써 조세법률주의의 형해화를 막고 실효성을 확보한다는 점에서 조세법률주의와 상호 보완적이고 불가분적인 관계에 있다고 판단하였다. 반면, 소수의견은 실질과세의 원칙은 과세요건 법정주의와 명확주의를 핵심으로 하는 조세법률주의와 충돌될 염려가 있다고 판단하였다.

부가 주식에 대한 인수가액으로 납입된 것으로 인정되어야만 발행예정 주식 전부에 대하여 신주발행의 효력이 발생하는 것이므로, 그 결과로서 나타나는 경제적 측면에서의 효과를 이유로 출자전환되는 채무 중 발행 주식 시가 초과 부분만을 별도로 떼어 내어 '주식에 대한 납입금'으로서의 실질을 부인할 수는 없다고 판단하였다. 즉 발행주식의 시가초과부분의 실질을 채무면제이익이 아니라 '주식에 대한 납입금'으로 판단하였다.[12] 반면, 반대의견은 법인세법 제17조에서 자본 또는 출자의 납입으로 인한 순자산의 증가를 익금에서 제외하는 것은 자본 또는 출자의 납입으로 인한 순자산의 증가는 법인의 소득 또는 담세력과는 무관하여 본질상 법인세의 과세대상으로 삼기에 적합하지 않기 때문이며, 구 법인세법 제17조 제1호의 주식발행액면초과액도 주식에 대한 납입금이라는 점에서 그 실질이 자본의 납입금과 다르지 않다고 보아 이를 익금에 산입하지 않도록 규정하고 있다고 판단하면서,

발행 주식의 시가 초과 부분은 그 실질이 자본의 납입금과 같다고 볼 수는 없고 오히려 채무면제이익[13]에 해당하여 그 금액만큼 법인의 소득 또는 담세력이 증가하였다고 봄이 타당하므로, 이를 구 법인세법 제17조 제1호의 주식발행액면초과액에 해당한다고 볼 수 없다고 판단하였다.[14]

살피건대, 채무의 출자전환 시 발행가액과 액면가액의 차액이 구 법인세법 제17조 제1호의 주식발행액면초과액에 해당함은 명백함에도 불구하고, 출자전환되는 채무 중 발행 주식의 시가 초과 부분은 경제적인 측면에서 채무면제이익과 유사한 측면이 있는 것도 사실이다. 그러나, 상법상으로 주식발행액면초과액은 주주가 자본금 자체로 납입하는 것은 아니지만 법인의 영업활동에서 발생한 이익이 아니라 주주가 출자를 통하여 법인에 납입한 금액이라는 점에서 자본금과 차이가 없고, 이러한 주식발행액면초과액은 상법 제459조 제1항의 자본거래에서 발생한 잉여금으로 보아 자

---

12) 다수의견에 대해 "세법해석문제에서 상법개념을 그대로 좇음이 옳은가는 언제나 시비가 붙을 소지가 있고 따라서 그에 관한 후속논증을 하지 않은 이상 위 대법원 설시는 논거로는 다소 불완전하다."라는 견해가 있다. 양인준, "2012년 국세기본법 판례회고", 『조세법연구』, 19－1(2013. 4), 378－379면 참조.

13) 2006. 2. 9. 대통령령 제19328호로 개정되기 이전의 법인세법 시행령 제11조 제6호는 채무면제이익을 수익으로 보아 익금 항목으로 규정하고 있었으며, 2006. 2. 9. 개정된 법인세법 시행령 제11조 제6호는 2005. 12. 31. 법률 제7838호로 개정된 법인세법 제17조 제1호에서 채무의 출자전환 시 시가초과금액을 주식발행액면초과액에서 배제하도록 규정한 것을 반영하여 동 금액을 채무면제이익에 포함하도록 규정하였다.

14) 반대의견에 찬성하는 견해로는 황남석, "시가초과금액을 채무면제이익으로 규정한 법인세법 시행령의 효력", 로앤비 홈페이지(2013. 1. 31.자 등록). 동 평석자는 이 사건 쟁점금액의 채무면제이익 해당 여부는 상사법적 관점에서 판단할 것이 아니라 실질과세원칙이 지배하는 조세법의 영역에서는 독자적으로 판단하여야 한다는 입장에 있는 것으로 보인다.

본준비금으로 적립하여야 하는 것으로 해석되고 있는 점에 비추어 보면,[15] 출자전환되는 채무 중 발행 주식의 시가 초과 부분은 그 실질이 주식에 대한 납입금에 해당한다고 보아야 할 것이다.[16]

4. 이 판결의 의의

본 판결은 구 법인세법 제17조 제1호에 규정된 주식발행액면초과액을 해석함에 있어 채무의 출자전환 시 당해 주식의 시가가 액면가액 이상이고 발행가액인 이하인 경우에도 그 문언에 충실하게 상법 관련 규정에 따라 액면을 초과한 금액을 의미한다고 판단하였는 바, 본 판결은 조세법규에 대한 해석원칙으로 확립된 엄격해석의 원칙을 재확인한 데 그 의의가 있다. 또한, 실질과세의 원칙을 적용함에 있어서도 이 사건 쟁점금액이 채무면제이익의 성격을 지니고 있음에도 그 실질을 주식에 대한 납입금이라고 판단하여 당사자가 선택한 행위나 거래의 방식에 따라 과세효과를 인정하였다는 점에서도 그 의의가 있다.

참고문헌

양인준, "2012년 국세기본법 판례회고", 『조세법연구』, 19-1(2013).

임승순, 『조세법』, 박영사, 2008.

이창희, 『세법강의』, 박영사, 2013.

이철송, 『회사법강의』, 박영사, 2006.

이태로·한만수, 『조세법강의』, 박영사, 2009.

정동윤, 『회사법』, 법문사, 2005.

한만수, "자본구조조정 및 채무조정의 과세효과에 관한 고찰", 『조세법연구』, 14-1(2008).

황남석, "시가초과금액을 채무면제이익으로 규정한 법인세법 시행령의 효력", 로앤비 홈페이지(2013. 1. 31. 자 등록).

---

15) 이철송, 『회사법강의』(박영사), 2006, 760면; 정동윤, 『회사법』(법문사), 2005, 613면 참조.

16) 이 사건의 쟁점과 관련하여 출자전환 거래의 당사자인 채권자와 채무자 법인의 출자전환 가액에 관한 의사를 정확히 구분하여, 채무 전액을 주식의 발행가액으로 납입하는 것이 아니라 발행 주식의 시가에 해당하는 금액만 납입하고 나머지 채무는 면제하는 것으로 확인되는 경우에만 채무면제이익이 발생하는 것으로 인정되어야 한다는 견해가 있다(한만수, 전게논문, 21-22면). 이러한 기준에 따르더라도 이 사건에서와 같이 경영정상화 약정에 따른 출자전환의 경우에는 채무 전액을 주식의 발행가액으로 납입한다고 해석하는 것이 당사자의 의사에 부합한다고 할 것이므로 그 결과에 있어서는 이 사건 판결과 동일하다.

법인세법상 특수관계자의 범위

사건의 표시 : 대법원 2011. 7. 21. 선고 2008두150 전원합의체 판결

▪ 사실개요1) ▪

甲 법인은 乙 건설회사에 대하여 시중 금리보다 낮게 금원을 대여하였다. 한편 甲 법인의 총 발행주식 중 48.57%을 보유하고 있는 주주 A는 乙 건설회사의 총 발행주식 중 20%를 보유하고 있었다.

그런데 과세관청은 甲 법인과 乙 건설회사는 구 법인세법 시행령 제87조 제1항 제2호 및 제4호에 의한 특수관계에 해당한다고 판단

하였다. 이에 따라 과세관청은 甲 법인의 乙 건설회사에 대한 금원 대여가 법인세법 시행령 제88조 제1항의 자금의 저율 대여에 의한 부당행위계산부인 대상에 해당하는 것으로 보아 정상 이자율과의 차이를 익금에 산입하였다. 또한 甲 법인과 乙 건설회사가 특수관계에 해당한다는 마찬가지 이유로 법인세법 제28조 제1항 제4호 나목의 특수관계자에 대한 업무무관 가지급금 규정을 적용하여 차입금의 지급이자 상당액을 익금산입하였다.2)

---

* 김주석(김·장 법률사무소 변호사).

1) 본 판례 평석에서는, 대상 전원합의체 판결에 의하여 대법원의 견해를 변경한 구 법인세법 제52조 제1항 및 구 법인세법 시행령 제87조 제1항 제4호의 특수관계자의 범위와 관련된 쟁점에 한정하여 살펴본다.
2) 법인세법 제28조(지급이자의 손금불산입)
  ① 다음 각 호의 차입금의 이자는 내국법인의 각 사업연도의 소득금액을 계산할 때 손금에 산입하지 아니한다.

과세관청은 2004. 4. 6. 이와 같이 甲 법인에 대한 1998 내지 2001 사업연도 법인세 과세표준을 경정한 다음(1998 사업연도에는 결손이 발생하였다), 1999 내지 2001 사업연도 법인세를 증액경정하는 이 사건 처분을 하였다.

甲 법인은 이 사건 처분의 취소를 구하였으나, 원심인 대전고등법원 2007. 11. 29. 선고 2006누2747 판결은, A 주주가 甲 법인의 주식 48.57%와 乙 건설회사의 주식 20%를 보유하고 있으므로 법인세법 시행령 제87조 제1항 제4호에 의한 특수관계가 존재한다는 이유로 그 청구를 받아들이지 아니하였다.

그러나 대상판결인 대법원 2011. 7. 21. 선고 2008두150 전원합의체 판결은 아래 판결요지와 같이, 乙 건설회사가 甲 법인의 구 법인세법 시행령 제87조 제1항 제4호의 특수관계자에 해당하지 않는다는 이유로 원심을 파기·환송하였다.

▪ 판결요지 ▪

구 법인세법 제52조 제1항은 납세의무자

인 법인이 특수관계자와 한 거래 또는 그로 인한 소득금액의 계산을 부당행위계산부인의 대상으로 규정하면서 특수관계자의 범위를 대통령령에 위임하고 있고, 그 위임에 따라 시행령 제87조 제1항은 납세의무자인 법인과 같은 항 각호의 1의 관계에 있는 자를 특수관계자로 규정하고 있으므로,3) 문언상 납세의무자인 법인을 기준으로 하여 그와 위 각호의 1의 관계에 있는 자만이 특수관계자에 해당한다고 보아야 한다. 이와 달리 납세의무자인 법인과 거래를 한 상대방을 기준으로 하여 납세의무자인 법인이 위 각호의 1의 관계에 있는 경우에 위 거래상대방이 특수관계자에 해당한다고 보는 것은 위 시행령 조항의 문언에 반하여 허용될 수 없다.

구 법인세법 시행령 제87조 제1항 제4호는 납세의무자인 법인의 주주(2호에 해당)가 발행주식총수의 100분의 30 이상을 출자하고 있는 다른 법인을 특수관계자로 규정하고 있는바, 위 제4호를 위와 같은 법리에 따라 해석하면 납세의무자인 법인의 주주가 발행주식총수의 100분의 30 이상을 출자하고 있는 다른 법인만이 특수관계자에 해당하고, 납세의

---

4. 다음 각 목의 어느 하나에 해당하는 자산을 취득하거나 보유하고 있는 내국법인이 각 사업연도에 지급한 차입금의 이자 중 대통령령으로 정하는 바에 따라 계산한 금액(차입금 중 해당 자산가액에 상당하는 금액의 이자를 한도로 한다)
   가. (생략)
   나. 제52조 제1항에 따른 특수관계인에게 해당 법인의 업무와 관련 없이 지급한 가지급금(假支給金) 등으로서 대통령령으로 정하는 것
3) 법인세법 제52조(법률 제11128호, 2011. 12. 31. 일부개정) 및 법인세법 시행령(대통령령 제23589호, 2012. 2. 2. 일부개정) 제87조 개정으로 '특수관계자'는 '특수관계인'으로 용어가 개정되어 사용되고 있다.

무자인 법인의 주주가 발행주식총수의 100분의 30 미만을 출자하고 있는 다른 법인은 그 법인의 주주가 납세의무자인 법인의 발행주식총수의 100분의 30 이상을 소유하고 있다 하더라도 특수관계자에 해당하지 않는다고 보아야 한다.

▶ 해 설 ◀

1. 관련 조문 및 쟁점

(1) 관련 조문

구 법인세법(2010. 12. 31. 법률 제10423호로 개정되기 전의 것) 제52조(부당행위계산의 부인)

① 납세지 관할세무서장 또는 관할지방국세청장은 내국법인의 행위 또는 소득금액의 계산이 대통령령이 정하는 특수관계에 있는 자(이하 "특수관계자"라 한다)와의 거래로 인하여 그 법인의 소득에 대한 조세의 부담을 부당히 감소시킨 것으로 인정되는 경우에는 그 법인의 행위 또는 소득금액의 계산(이하 "부당행위계산"이라 한다)에 관계없이 그 법인의 각 사업연도의 소득금액을 계산할 수 있다.

구 법인세법 시행령(2002. 12. 30. 대통령령 제17826호로 개정되기 전의 것) 제87조(특수관계자의 범위)[4]

① 법 제52조 제1항에서 '대통령령이 정하는 특수관계에 있는 자'라 함은 법인과 다음 각호의 1의 관계에 있는 자(이하 "특수관계자"라 한다)를 말한다.

2. 주주 등(소액주주를 제외한다. 이하 이 관에서 같다)과 그 친족

4. 제1호 내지 제3호에 해당하는 자가 발행주식총수 또는 출자총액의 100분의 30 이상을 출자하고 있는 다른 법인

(2) 쟁점

이 사건의 쟁점은, 甲 법인과 乙 건설회사 사이에 구 법인세법 시행령 제87조 제1항 제4호의 특수관계가 존재하는지 여부이다. 즉, 납세의무자인 법인의 발행주식 30% 이상을 소유하고 있는 주주가 다른 법인의 발행주식 30% 미만을 소유하는 경우에 그 다른 법인이 구 법인세법 시행령 제87조 제1항 제4호 소정의 특수관계자에 해당하는지 여부가 이 사건의 쟁점이다.

---

4) 이 사건은 금원 대여가 부당행위계산부인 대상에 해당한다는 이유로 1998 내지 2001 사업연도 법인세 과세표준을 경정한 사안으로서, 2002년 개정되기 전의 시행령이 적용된다. 다만, 2002년 개정된 시행령 역시 제2호 괄호부분이 '소액주주 등'으로 되어 있는 것을 제외하고는 그 내용은 동일하다.

2. 특수관계자 범위에 관한 학설 및 판례

종래 법인세법상 부당행위계산부인 규정의 적용 대상인 특수관계자의 해석과 관련하여 일방관계설과 雙方關係說의 견해의 대립이 있었다. 과세실무는 확고한 雙方關係說의 입장이었고,[5] 판례 역시 종래 雙方關係說의 입장을 취하고 있는 것으로 해석되었다.[6]

우선 일방관계설은 납세의무자인 법인을 기준으로 하여 거래상대방이 법인세법 시행령 제87조 제1항 각호의 어느 하나의 지위에 해당하는 경우에만 거래상대방을 납세의무자의 특수관계자로 보는 견해이다.[7] 이는 구 법인세법 시행령 제87조 제1항 본문이 "특수관계에 있는 자라 함은 법인과 다음 각호의 1의 관계에 있는 자를 말한다."라고 규정하여 납세의무자인 법인을 기준으로 하여 특수관계자인지 여부를 판단하는 형식을 취하고 있으므로 그 문언 해석에 충실한 견해이다. 雙方關係說을 적용하게 되면 특수관계자의 범위가 확장되는 결과가 초래되고, 통상적인 소득이전의 방향과

는 상이하다는 측면을 강조하는 견해이다.

다음으로 雙方關係說은 납세의무자인 법인을 기준으로 하여 거래 상대방이 구 법인세법 시행령 제87조 제1항 각호의 어느 하나의 지위에 해당하는 경우뿐만 아니라, 거래상대방을 기준으로 하여 납세의무자인 법인이 위 각호의 어느 하나의 지위에 해당하는 경우에도 거래 상대방을 납세의무자인 법인의 특수관계자로 보는 견해이다.[8] 이는 구 법인세법 시행령(1976. 12. 31. 대통령령 제8350호로 개정되기 전의 것) 제46조 제1항이 "법 제20조 및 법 제59조의3 제9호에서 특수관계 있는 자라 함은 다음 각호에 게기하는 자를 말한다"라고 규정하고 있던 것이 개정되어 "법 제20조에서 특수관계에 있는 자라 함은 다음 각호의 관계에 있는 자를 말한다."로 바뀌었는바, 이는 입법적으로 雙方關係說을 채택한 것으로 볼 수 있다는 것이다. 즉, '관계'는 둘 이상의 주체 사이의 상호적인 개념이므로 그 중 어느 일방만을 기준으로 하여 평가할 수 없고 일방의 입장에서 볼 때 타방이 특수관계자인데 그 타방의 입장에서 특수관계자가 아니라는 것은

---

5) 법인세법 기본통칙 52-87-1(부당행위계산의 시부인 기준).
　② 영 제87조 제1항의 규정에서 "특수관계자에 있는 자"라 함은 그 雙方關係를 각각 특수관계자로 한다.
6) 대법원 1991. 5. 28. 선고 88누7248 판결은, '납세의무자인 어느 법인이 그 법인에 대하여 출자자의 지위에 있는 타 법인 또는 개인과 거래를 한 경우에 있어서 이들 사이에 법인세법 시행령 제46조 제1항 제1호 소정의 특수관계가 성립함은 물론이려니와, 반대로 납세의무자인 당해 법인이 스스로 출자자의 지위에 서서 그 출자를 받은 타 법인을 상대방으로 하여 거래를 한 경우에 있어서도 위 특수관계는 성립한다 할 것이고'라고 판시하였는바, 판례는 雙方關係說의 입장을 취하고 있었던 것으로 해석되었다.
7) 이태로·한만수, 『조세법강의』(박영사), 2010, 494-495면.
8) 김완석, 『법인세법론』(광교이택스), 2010, 463면.

어색하다는 것이다. 만약 납세의무자인 법인만을 기준으로 특수관계자인지 여부를 판단하게 되면 거래상대방이 납세의무자인 법인과 사실상 특수한 이해관계가 존재함에도 불구하고 특수관계자로 인정되지 않는 경우가 발생하여 과세형평을 저해할 우려가 있다는 입장이다.

또한 구 법인세법 시행령(1998. 12. 31. 대통령령 제15970호로 전부개정 되기 전의 것) 제46조 제1항 제1호의 '출자자'(현재 규정의 '주주 등'에 해당한다)는 쌍방관계설에 따르되 나머지 호는 일방관계설에 따라 해석하는 견해가 있다.9) 위 견해는 1976. 12. 31. 법인세법 시행령 개정이, 납세의무자인 법인의 출자자 이외에 납세의무자인 법인이 출자하고 있는 다른 법인이 특수관계자에 포함되는지 여부가 문제되던 것을 입법적으로 해결한 것이라는 취지로 이해한다.

3. 이 판결의 검토

대상판결은, 특수관계자의 범위를 어떻게 정할지는 입법정책의 문제이므로 위 시행령 조항을 그 문언과 달리 확장해석하거나 유추해석하는 방법으로 특수관계자의 범위를 넓혀야 할 이유도 없다는 이유로, 종래 쌍방관

계설의 입장을 취하고 있던 것으로 해석되던 대법원 1991. 5. 28. 선고 88누7248 판결 등을 변경하여, 납세의무자인 甲 법인의 주주 A가 30% 미만의 지분을 보유한 乙 건설회사 사이에는 특수관계가 존재하지 않는다고 판단하였다.

이와 같은 대상판결의 판단은 법인세법 시행령 제87조 제1항 각호가 창설적인 규정에 해당하므로, 각호에서 열거하고 있는 자 이외의 자는 특수관계자로 볼 수 없고 유추해석이나 확장해석은 금지된다는 통설·판례의 입장과 동일하게, 구 법인세법 시행령 제87조 제1항 제4호의 문언을 엄격하게 해석한 것이다. 대법원은 '법인세법 제20조에 의하여 부당행위계산으로 부인할 수 있는 거래의 상대방에 해당하는 "특수관계에 있는 자"라 함은 같은 법 시행령 제46조 제1항 각호에서 열거한 관계에 있는 자에 한정된다고 할 것이고 이는 조세법령 해석의 일반원칙에 따라 엄격히 해석하여야 하고 유추해석이나 확대적용은 허용될 수 없다'고 일관하여 판시하여 왔으므로,10) 대상판결은 그와 동일한 입장을 취하고 있는 것이다.

대상판결의 소수의견에서 밝힌 바와 같이, ① 부당행위계산부인 제도가 조세회피행위를 방지하고 과세의 공평을 도모하고자 함

---

9) 김두천, 『법인세법의 이론과 실제』(조세통람사), 1984, 497-503면.
10) 대법원 1982. 11. 23. 선고 80누466 판결; 대법원 1985. 4. 23. 선고 84누622 판결; 대법원 1986. 3. 25. 선고 86누30 판결 등 다수.

에 있고, ② 실제주주가 차명으로 주식을 보유하는 경우가 많으며, ③ 과세실무 역시 일관하여 쌍방관계설의 입장을 취하여 왔다는 점이 있다는 점을 부인할 수 없음에도, 대상판결은 조세법률주의 엄격해석의 원칙에 따라 특수관계자의 범위를 해석한 것이다.

그리고 대상판결의 해석은 특수관계가 존재하는 법인 사이의 통상적인 이익 분여의 방향을 고려한 것으로 평가될 수 있다. 구 법인세법 시행령 제87조 제1항 제4호의 특수관계자와 관련하여, ① 1965. 3. 4. 특수관계자의 범위에 관한 규정이 신설되면서, 당시에는 '출자자가 출자하고 있는 다른 법인'을, ② 1978. 12. 30. 법인세법 시행령이 개정되면서 '출자자가 총발행주식 또는 총출자지분의 100분의 35 이상을 출자하고 있는 다른 법인'을, ③ 1990. 12. 31. 법인세법 시행령이 개정되면서 '출자자가 총발행주식 또는 총줄자지분의 100분의 30 이상을 출자하고 있는 다른 법인'을 각 특수관계자로 규정하였다. 이는 현실적으로 납세의무자인 법인과 거래 상대방인 법인의 공통주주가 있는 경우, 공통주주의 지분이 많은 법인에 대한 이익 분여가 발생한다는 점을 고려하여 당초 납세의무자인 법인과 거래 상대방인 법인에 대한 지분비율에 차이를 두지 않다가, 거래 상대방인 법인에 대한 지분비율을 높게 규정한 것으로 이해될 수 있고, 대상판결의 부당행위계산부인에 관점도 이와 동일한 것으로 보인다. 예를 들어, 대기업의 대주주가 자신과 친인척의 지분이 100%인 비상장회사에 이익을 분여하는 것이 통상적이고 이 경우가 부당행위계산부인 규정이 적용되는 일반적인 경우이기 때문이다.

대상판결이 특수관계자의 해석에 있어서 일방관계설을 취함에 따라 그 범위가 다소 좁아지게 된 것은 부인할 수 없으나, 법인세법 시행령 제87조 제1항 제7호에서 '당해 법인이 독점규제 및 공정거래에 관한 법률에 의한 기업집단에 속하는 법인이 경우 그 기업집단에 소속된 다른 계열회사 및 그 계열회사의 임원'인 경우를 특수관계자로 규정하고 있으므로 실제에 있어서는 그 범위가 대폭적으로 축소되는 것은 아니다.

4. 이 판결의 의의

법인세법 시행령 제87조 제1항 본문이 '납세의무자인 법인과 각호의 관계에 있는 자'를 해석함에 있어서 일방관계설은 '납세의무자인 법인과'를 강조하여 해석하는 견해이고, 쌍방관계설은 '관계에 있는 자'를 강조하여 해석하는 견해로 볼 수 있다. 다만 양 설 중 어떤 설이 입법자의 의도 내지 입법 정책에 부합하는 지는 쉽사리 판단하기 어렵다. 특히 제4호의 규정의 취지가 주주가 1% 이상 출자한 법인으로 하여금 30% 이상 출자한 법인에 이익을 분여하는 것만을 부당행위계산부인 대상으로 삼으려고 한 것인지 그리고 그와 같이 해석하는 것이 입법취지에 부합하는지는 쉽게 판단하기 어려운 측면이 있다.

따라서 그와 같은 합목적적인 해석이 어려운 경우라면 조세법률주의의 엄격해석의 원칙상 그 문언에 따라 해석함이 상당한 것으로 생각되고, 대상판결 역시 조세법률주의의 엄격해석의 원칙을 확인하였다는 점에 있어서 의의가 있다. 이후 대법원은 상증세법의 특수관계자 범위의 판단에 있어서도 동일한 입장을 확인하고 있다.11)

한편 개별 세법상 특수관계자의 범위 및 체계가 상당하게 복잡하게 규정되어 있어 그 정비가 필요함에도 불구하고 종래 판례가 쌍방관계설을 취하는 등 특수관계자의 범위를 넓게 해석하여 과세당국이 이를 정비할 필요성을 느끼지 못하였던 측면이 있는바, 대상판결에 의하여 특수관계자에 대한 시행령 정비를 촉구하는 계기가 되었다는 점에서도 의의가 있다. 즉, 대상판결 이후 과세관청은 세법상 특수관계인의 범위를 정비할 것을 계획하고 특수관계인에 대해 국세기본법 제2조 제20호를 신설하여 특수관계인의 범위에 관해 세법상 통일성을 확보하는 한편 법인세법 시행령 제87조 제1항을 개정하였다.12)

참고문헌

김두천, 『법인세법의 이론과 실제』, 조세통람사, 1984.

김완석, 『법인세법론』, 광교이택스, 2010.

이태로·한만수, 『조세법강의』, 박영사, 2010.

---

11) 대법원 2013. 10. 11. 선고 2012두21604 판결은, "구 상속세 및 증여세법 시행령 제26조 제4항 제1호, 제19조 제2항 제2호 등이 규정한 특수관계에 있는 자인 사용인은 증여세 납세의무자인 고가양도에서의 양도자 또는 저가양수에서의 양수자를 기준으로 하여 그의 사용인을 의미한다고 봄이 타당하다"고 판시하였다.

12) 2012. 2. 2. 개정된 법인세법 시행령 제87조 제1항은 그 단서에 "이 경우 본인도 기본법 제2조 제20호 각 목 외의 부분 후단에 따라 특수관계인의 특수관계인으로 본다"는 내용을 추가로 명문화하였다.

귀속불명소득의 대표자 인정상여와
원천징수의무자의 구상권 범위

사건의 표시 : 대법원 2008. 9. 18. 선고 2006다49789 전원합의체 판결

▪ 사실개요 ▪

송○세무서장은 2003. 11.경 인터넷 무인 발급서비스 및 자동증명기 발급 등의 컴퓨터시스템을 제조·판매하는 관내 주식회사인 이 사건 원고에 대하여 세무조사를 한 결과 2000 사업연도에 업무와 무관한 통신비 금4,600,000원 및 증빙이 불비한 복리후생비, 접대비, 여비교통비 등 제 경비 금35,000,000원 상당을 적발하고[1] 이를 귀속이 불분명한 사외유출된 금원이라 판단 하에 해당 사업연도 익금에 산입한 후 대표이사에게 인정상여처분을 하자, 원고는 2004. 1.경 그 소득금액의 원천징수의무자로서 그에 해당하는 세액을 과세관청에 납부하고 해당 사업연도에 원고의 대표이사였다가 2003. 7.경 이미 퇴사한 전 대표이사인 이 사건 피고를 상대로 이후 민사소송으로 구상금청구의 소를 제기하였다. 그러자 피고는 동 소득금액이 피고에게 귀속되지 않았다고 주장하였고, 원고는 동 소득금액이 피고에게 귀속되었다는 사실에 대하여 증명을

---

* 최　원(아주대학교 법학전문대학원 교수).

1) 실제 사안은 위 금원 외에도 가공매입, 매출누락 등의 사유로 총 소득금액 약 20억 원 상당을 익금산입하여 대표이사에게 인정상여 처분하였으나 대법원에서 쟁점이 된 내용은 위 사실의 개요에서 언급하고 있는 업무무관 통신비, 증빙불비 제 경비 등에 관한 것이므로 이 글에서 쟁점을 벗어나는 사실의 설명은 약(略)하기로 한다.

하지 못하였다. 원심2)에서는 "위 금원을 피고가 비자금으로 조성하였음을 인정할 증거가 없을 뿐만 아니라, 만일 위 금원이 비자금으로 조성되었다고 하더라도 위 지출항목에 비추어 회사를 위하여 사용된 것으로 봄이 상당하므로 위 금원 역시 피고에게 귀속되었다고 볼 수 없다."라고 판시하면서 원고의 청구를 기각하자, 원고는 대법원에 상고하였다.

▪ 판결요지 ▪

대법원은 이 사안에서 귀속불분명소득에 대한 대표자 인정상여 제도는 대표자에게 그 소득금액이 실질적으로 귀속되었는지 여부에 관계없이 무조건 대표자에 대한 상여로 간주하는데 그 입법취지가 있음을 분명히 하면서 원심판결을 파기하고 동 사건을 원심으로 환송하였다.3) 대법원의 판결 요지 원문 내용을 소개하면 다음과 같다. 첫째, "법인세법 제67조, 법인세법 시행령 제106조 제1항 제1호 단서는 '법인세의 과세표준을 결정 또는 경정함에 있어서 익금에 산입한 금액 중 사외유출된 것이 분명하나 귀속이 불분명한 금액은 대표자에게 귀속된 것으로 본다.'는 취지로 규정하고 있는바, 이와 같은 법인세법상의 대표자 인정상여제도는 그 대표자에게 그러한 소득이 발생한 사실에 바탕을 두는 것이 아니라 세법상의 부당행위를 방지하기 위하여 그러한 행위로 인정될 수 있는 일정한 사실에 대하여 그 실질에 관계없이 무조건 대표자에 대한 상여로 간주하도록 하는 데 그 취지가 있는 것이므로, 이 경우 대표자는 위 익금산입액의 귀속이 분명하다는 점을 증명하지 못하는 한 그 금원이 현실적으로 자신에게 귀속되었는지 여부에 관계없이 갑종근로소득세를 납부할 의무가 있다." 둘째, "원천징수제도는 원천납세의무자가 실체법적으로 부담하고 있는 원천납세의무의 이행이 원천징수라는 절차를 통하여 간접적으로 실현되는 제도로서 원천징수세액의 납부로 인하여 원천납세의무자는 국가에 대한 관계에서 당해 납세의무를 면하게 되므로, 원천징수의무자가 원천납세의무자로부터 원천징수세액을 원천징수함이 없이 이를 국가에 납부한 경우에는 원천납세의무자에 대하여 구상권을 행사할 수 있고, 이와 같은 구상권에

---

2) 서울고등법원 2006. 7. 5. 선고 2005나 96315 판결.
3) 대법원은 위 내용 외에도 귀속불분명 소득에 대한 대표자 인정상여 제도의 근거 규정인 구 법인세법 시행령(2008. 2. 22. 대통령령 제20619호로 개정되기 전의 것) 제106조 제1항 제1호 단서가 모법인 구 법인세법(2007. 12. 31. 법률 제8831호로 개정되기 전의 것) 제67조의 위임 범위를 벗어나 무효인지 여부가 문제되었는데 대법원은 무효의 규정이 아니라고 판시하여 그 논란을 불식시켰다. 현재는 법인세법 제67조의 문구를 일부 개정하여 '그 귀속자 등에게' 상여처분한다고 규정함으로써 반드시 귀속자가 아니더라도 상여처분을 할 수 있다는 의미로 해석할 여지를 남겨 과거보다는 형식적 조세법률주의 위배의 점이 문제될 소지가 줄어들었다.

관한 법리는 대표자 인정상여의 경우에도 그대로 적용되어야 한다.[4] 이와 달리 대표자 인정상여에 있어서 법인이 원천징수의무를 이행하였음에도 그 익금산입액의 귀속이 불분명하다는 사유만으로 법인의 대표자에 대한 구상권행사를 부정한다면, 이는 사실상 원천납세의무는 없고 원천징수의무만 있게 되어 원천징수제도의 기본 법리에 어긋나는 부당한 결과에 이르게 된다." 셋째, "대표자는 익금산입액의 귀속이 불분명하다는 사유로 상여처분된 소득금액에 대하여는 특별한 사정이 없는 한 그 금액이 현실적으로 자신에게 귀속되었는지 여부에 관계없이 원천징수의무자인 법인이 납부한 갑종근로소득세액 상당을 당해 법인에게 지급할 의무가 있고, 이 경우 법인의 구상금청구를 거절하기 위해서는 법인의 업무를 집행하여 옴으로써 그 내부사정을 누구보다도 잘 알 수 있는 대표자가 인정상여로 처분된 소득금액이 자신에게 귀속되지 않았을 뿐만 아니라 귀속자가 따로 있음을 밝히는 방법으로 그 귀속이 분명하다는 점을 증명하여야 한다."

▶ 해 설 ◀

1. 대표자 인정상여제도의 입법취지에 관한 학설과 판례

구 법인세법 시행령(2008. 2. 22. 대통령령 제20619호로 개정되기 전의 것) 제106조 제1항 제1호는 "익금에 산입한 금액이 사외에 유출된 것이 분명한 경우에는 그 귀속자에 따라 다음 각목에 의하여 배당, 이익처분에 의한 상여, 기타소득, 기타사외유출로 할 것. 다만, 귀속이 불분명한 경우에는 대표자에게 귀속된 것으로 본다."고 규정하고 있는데,[5] 위 규정상 단서의 해석과 관련하여 서로 다른 입장에 서 있는 별개의 학설이 존재한다. 아래에서 보기로 한다.

(1) 귀속책임설

법인의 사외유출 소득의 귀속이 불분명한 경우에 대표자 인정상여로 처분하는 취지는 불성실한 기장 등으로 사외유출된 익금산입액의 귀속이 불분명한 경우에 법인의 대표자에 대한 일종의 제재로서 하는 것이므로 대표자 개인에게 그러한 불성실한 기장에 대한 책임

---

4) 인정상여 제도는 소득금액의 지급자인 법인이 수급자인 대표이사에게 실제로 소득금액을 지급하면서 그에 대한 세액을 원천징수할 수 있는 기대가능성 자체가 없음에도 법적으로 소득금액변동통지의 수령시기를 지급시기로 의제하여 법인에게 원천징수의무를 지우고 있는 것이 헌법상 과잉금지의 원칙에 어긋나는 것이라는 주장이 있을 수 있다. 헌법재판소는 이에 대하여 합헌이라고 한다(헌법재판소 2009. 3. 26. 2005헌바 107 결정).

5) 현행 법인세법 시행령 제106조 제1항 제1호 규정도 구 법령의 자구를 일부 수정한 것 외에는 그 내용이 같다.

을 지울 사유가 없는 한 귀속하지도 않은 소득에 대하여 구상의무를 부담시킨다는 것은 부당하므로 대표자에게 그 소득이 귀속되었는지 여부를 가려서 귀속된 경우에만 그 책임을 물어야 한다는 설이다.[6] 대법원은 일찍이 "과세관청이 법인세의 과세표준과 세액을 경정함에 있어 익금에 산입한 금액이 사내에 유보되지 아니하고 사외에 유출된 것이 분명하나 귀속자가 불분명한 경우에 대표자에게 귀속된 것으로 처리하는 대표자 인정상여의 경우 소득세법상 법인이 갑종근로소득을 원천징수하여 납부하도록 되어 있으나, 법인과 대표자 개인 간의 내부관계에서는 법인이 이를 대표자로부터 징수함이 없이 대납하였다 하더라도 상여로 인정된 소득이 실제로 대표자에게 귀속되었던 것이 아니라면 법인은 대표자에 대하여 구상권을 행사할 수 없다."고 판시한 바 있다.[7] 이 사건 판결의 원심법원이 위 대법원 판례에 근거하여 원고의 구상권 청구를 기각한 것이다.

이 설의 장점은 소득세는 소득이 귀속되는 자에게 그 담세력에 상응하여 과세하여야 한다는 소위 조세의 응능부담의 원칙에 합치한다는 점이나, 그 단점은 법인은 대표자에게

인정상여처분된 소득금액에 대한 원천징수의무자로서 귀속불분명의 경우에 대표자에게 실제로 귀속되었는지 여부와 무관하게 무조건 그 책임을 져야 하는 반면 원천납세의무자의 지위에 있는 대표자는 귀속이 분명히 증명된 경우에만 그 책임을 지게 되어 결과적으로 원천납세의무자의 책임범위보다 원천징수의무자의 책임범위가 더 넓어지게 되므로 이는 원천징수의무의 본질에 반한다는 점이다.

(2) 무귀속책임설

대표자 인정상여제도는 그 대표자에게 그러한 소득이 귀속된 사실에 바탕을 두는 것이 아니라 추가 익금산입액이 있고, 그 익금산입액이 사외로 유출되었으며, 그 사외유출된 금액의 귀속이 불분명하면 그 실질에 관계없이 무조건 대표자에 대한 상여로 간주하도록 하는 데 그 취지가 있는 것이므로 위의 일정한 요건이 갖추어지면 소득세법상 대표자는 그 인정상여소득이 자신에게 귀속되었는지 여부에 관계없이 원천납세의무를 부담한다는 설이다.[8] 대법원은 전항의 귀속책임설에 부합하는 판례가 이미 있었음에도 불구하고 거의 동시에 무귀속책임설을 좇는 듯한 판결을 한 바

---

6) 신동윤, "익금산입액의 소득처분", 『재판자료』, 제61집(1993), 316면.
7) 대법원 1988. 9. 27. 선고 87누519 판결.
8) 홍용건, "법인세법상 대표자에 대한 인정상여로 처분된 소득에 관하여 법인이 대표자로부터 갑종근로소득세를 원천징수하지 않은 채 원천징수의무자로서 이를 국가에 납부한 후 대표자에 대하여 구상권을 행사한 경우에 그 대표자가 구상권청구를 거절하기 위한 요건", 『대법원 판례해설』, 제78호(2009. 7.), 276면; 同旨: 유철형, "귀속불명소득의 대표자 인정상여와 원천징수의무자의 구상권의 범위", 『조세법연구』, 15－2(2009. 8.), 143－150면 참조.

있다. 그 내용을 보면 "법인에게 귀속불명의 소득이 있어 대표자에 대한 상여로 인정되면 그 소득금액이 현실적으로 대표자에게 귀속되었는지 여부에 관계없이 대표자는 위 인정상여처분된 소득금액에 대하여 근로소득세 납부의무를 지게 되는 것이고 이와 같이 인정상여처분에 따른 근로소득세 납세의무가 일단 발생한 이후에는 가사 대표자가 그 소득금액을 환원시켰다 하더라도 이미 발생한 납세의무에 어떤 영향을 미치는 것은 아니다."라고 하고 있다.9)

이 설의 장점은 원천납세의무의 존부 및 범위와 원천징수의무의 존부 및 범위가 일치하여 원천징수는 절차법상의 제도로서 원천징수의무는 원천납세의무가 있음을 전제로 한다는 원천징수의 기본원리에 부합하고, 법인의 대표자로 하여금 법인의 장부를 투명하고 철저하게 관리할 책임을 부여함으로써 부과·징수의 과세행정을 용이하게 한다는 점이나 단점은 실제로 대표자에게 소득이 귀속된 바가 없음에도 원천납세의무자로서 소득세를 부담케 되는 결과를 야기하여 소위 응능부담의 원칙에 반한다는 점이다.

2. 이 판결의 검토

위 법인세법 시행령 제106조 제1항 제1호 단서의 해석과 관련하여 법문 자체는 "귀속이 불분명한 경우에는 대표자에게 귀속된 것으로 본다."고 하여 입법 기술상 '의제'방식을 채용함으로써 대표자에 의한 '대표자에게 귀속하지 않았다'는 반증만으로 그 책임을 면하는 것을 허용하지 않고 있다. 법문상 법인에게 추가로 익금산입할 금액이 있고, 그 익금산입액이 사외유출되었으며, 그 사외유출된 소득금액의 귀속이 불분명하다면 실제로 대표자에게 귀속되었는지 여부와 상관없이 대표자에게 그 소득이 귀속된 것으로 간주하고 있는 것이다. 위 규정 자체는 소득의 귀속을 의제하기 위한 것일 뿐이지 원천징수의무자에게 원천징수의무를 설정하는 규정도 아니다. 따라서 법문의 글귀로만 보면 무귀속책임설에 동의하지 않을 수 없다.

다만, 입법론으로서 또는 현행 소득처분 규정의 위헌성의 문제로서 다음과 같은 점을 지적하고 싶다. 소득처분의 근거 규정인 법인세법 제67조는 법인세법 전체 체계 중 제4절 '결정·경정 및 징수', 제1관 '과세표준의 결정 및 경정'10)이라는 제목 아래에 포함되어 있는 하나의 규정이다. 그 제목에서 알 수 있듯이 관련되는 조문들은 이미 납세의무가 성립된 세액의 존부와 범위를 절차적으로 확정하는 규정이다. 그러한 규정은 추상적으로 성립된 납세의무를 구체적으로 확정하기 위한 강학상

---

9) 대법원 1988. 11. 8. 선고 85다카1548 판결.
10) 법인세법 제66조부터 제70조까지가 이에 해당한다.

준법률행위적 행정행위로서의 '신고' 또는 '결정·경정'의 절차를 정하고 있을 따름이다. 법인세법 제67조의 본문 내용을 보더라도 "법인세의 과세표준을 신고하거나", "법인세의 과세표준을 결정 또는 경정할 때"라고 규정되어 있어 이 조문 자체는 국가의 부과권 행사 방식을 정하고 있는 절차 규정에 불과함을 알 수 있다. 절차 규정은 실체적으로 성립된 납세의무를 특정 또는 확인하는 방법을 정하는 것에 그쳐야 하는 것이 원칙이다. 국가가 부과권을 행사함에 있어서 과세관청의 증명의 부담을 덜기 위하여 그 증명책임을 대표자에게 전가시킨다고 하더라도 소득의 귀속을 '추정'하는 방식으로 하여 '무귀속'의 반증을 허용하여야 하는 것이다. 즉, 소득이 귀속되지 않았다는 사실이 분명한 대표자의 경우에는 응능과세 원칙에 따라 소득세의 부담을 없게 하여야 한다. 그럼에도 대표자에게 이 규정에 의하여 그 소득의 귀속을 의제하고 있는 것은 실질적인 소득의 귀속과 무관하게 대표자에게 법인의 관리자로서의 과벌책임을 지우고 있는 것이라고 볼 수밖에 없다. 곧, 이 규정이 당초 절차규정으로서 입법이 되었음에도 궁극적으로 새로운 실체적 의무를 창설하고 있는 것이다. 입법기술상 이러한 과벌책임은 가산세 또는 형벌로서 규정함이 마땅하다. 가산세라면 의무이행을 할 수 없는데 대한 '정당한 이유'가 있음을 들어, 형벌이라면 '고의·과실'이 없음을 들어 그 책임을 면할 수 있는 것이나, 현행 규정은 소득이 귀속된 것으로 간주함으로써 그러한 면책사유의 주장마저 차단하고 있다. 차후 입법적 고려가 있어야 할 것이다.

3. 이 판결의 의의

대법원은 위와 같이 선행하는 대법원의 두 판례가 서로 모순되어 하급심에서 어떤 판례를 좇아 판결을 하느냐에 따라 그 결론이 달라질 수 있으므로 두 판례 중 어느 하나를 폐기하여 그 입장을 통일시킴으로써 법적안정성을 제고할 필요성이 있었다 할 것이다. 그러한 결과 이 사안은 대법원 전원합의체에서 심리되어 위 양설 중 귀속책임설에 부합하는 대법원 1988. 9. 27. 선고 87누519 판결은 이 사건 대법원판결의 견해에 배치되는 범위 안에서 변경되었고, 결론적으로 무귀속책임설에 부합하는 이 사건 판결을 하게 된 것이다. 즉, 이 판결은 귀속불분명소득에 대한 대표자 인정상여처분시 원천납세의무자의 책임 범위를 명확하게 설정하였다는 점에 그 의의가 있다고 할 것이다.

대법원은 이 사건 판결에서 귀속불분명소득에 대한 대표자 인정상여처분시 대표자는 익금산입액의 귀속이 분명하다는 점을 증명하지 못하는 한 그 금원이 현실적으로 자신에게 귀속되었는지 여부에 관계없이 근로소득세를 납부할 의무가 있고, 원천징수의무자가 원천납세의무자로부터 징수함이 없이 납부한 세액에 대하여 원천납세의무자에게 사법상으로 구상청구할 수 있다는 법리는 대표자 인정상여의 경우에도 그대로 적용되어야 하며, 원천납세의무자는 법인이 부담한 원천징수세액에 대하여 법인에게 지급할 의무가 있고, 원천징수의무자의 구상금청구를 거절하기 위하여서는 원천납세의무자 스스로 자신 외의 다른 귀속자가 있음을 증명하여야 한다고 판시하였다.

결국 이 사건 대법원 판결은 대표자 인정상여제도의 취지를 법인의 대표자로 하여금 그 법인의 세금문제에 관하여 철저하고 투명하게 관리할 책임을 부담시키고, 이를 태만히 하거나 불이행한 경우 그에 대한 제재로서 대표자 인정상여처분을 하는 것으로 보고 있다고 할 것이다.[11]

참고문헌

신동윤, "익금산입액의 소득처분", 『재판자료』, 제61집(1993).

유철형, "귀속불명소득의 대표자 인정상여와 원천징수의무자의 구상권의 범위", 『조세법연구』, 15 − 2(2009. 8.).

홍용건, "법인세법상 대표자에 대한 인정상여로 처분된 소득에 관하여 법인이 대표자로부터 갑종근로소득세를 원천징수하지 않은 채 원천징수의무자로서 이를 국가에 납부한 후 대표자에 대하여 구상권을 행사한 경우에 그 대표자가 구상권청구를 거절하기 위한 요건", 『대법원 판례해설』, 제78호(2009. 7.).

---

11) 同旨: 홍용건, 전게논문, 294면.

부당행위계산부인 제도상의 '이익 분여'의 의미와 범위[1]

사건의 표시 : 대법원 2010. 11. 11. 선고 2008두8994 판결

▪ 사실개요 ▪

원고는 유가증권의 매매·위탁매매·인수 등을 목적으로 하는 주식회사이다. 원고는 특수관계인의 지위에 있던 갑 회사가 유상증자를 실시함에 있어 역시 특수관계인의 지위에 있던 대주주인 을 회사가 신주인수권을 포기한 실권주 876,878주를 1주당 액면가액인 5,000원에 인수하였다. 그 당시 갑 회사는 결손금이 누적되어 있던 관계로 주식의 1주당 평가액이 유상증자 전에는 (−)14,128원, 유상증자 후에는 (−)12,813원이어서 유상증자를 전후하여 모두 음수였고, 다만 절대치만 감소하였다.

▪ 판결요지 ▪

법인세법 제52조 제4항, 구 법인세법 시행령(2006. 2. 9. 대통령령 제19328호로 개정되기 전의 것, 이하 같다) 제88조 제1항 제8호 (나)목[2]은 법인의 증자에 있어서 신주를 배정받을 수 있는 권리의 전부 또는 일부를 포기한 주주(이하 '실권주주'라 한다)와 특수관계에 있는 주주 등인 법인이 그 신주를 시가보다 높은 가액으로 인수함으로써 실권주주에게 이익을 분여한 경우를 부당행위계산부인의 대상으로 규정하고 있다. 여기서 실권주주에게 이익을 분여한 경우라 함은 신주의 고가인수로 인하여 실권주주가 보유하고 있던 주식의 1주당

---

* 김의석(인하대학교 법학전문대학원 교수).

1) 본 판례평석은 『조세법연구』, 17−3(2011. 12.)에 게재된 필자의 논문 "부당행위계산부인 제도의 본질과 '이익 분여'에 관한 고찰"을 요약, 정리한 것이다.
2) 위 규정의 내용은 본 평석을 한 시점 현재 변경이 없다.

가액이 상승하는 것을 의미하는데, 신주의 고가인수가 있더라도 이를 전후하여 실권주주가 보유하고 있던 주식의 1주당 가액이 모두 음수로 평가되고 단지 그 음수의 절대치가 감소한 것에 불과하다면 그 주식의 가액은 없다고 보아야 하므로 그 주식의 가액이 상승하였다고 할 수 없고(대법원 2003. 11. 28. 선고 2003두4249 판결 등 참조), 따라서 이러한 경우는 신주의 고가인수로 인하여 신주 발행법인의 일반 채권자들이 이익을 분여받았음은 별론으로 하고 적어도 실권주주가 이익을 분여받았다고 할 수는 없으므로 위 규정에 의한 부당행위계산부인의 대상이 될 수 없다.3)4)

▶ 해 설 ◀

1. "이익의 분여"와 "이익의 증여"에 관한 법적 판단

부당행위계산에 관한 대상판결에서는 특수관계인 사이에 "이익의 분여"가 있었는지 여부가 주된 쟁점이다. 그런데 대상판결은 그 결론에 이른 근거로서 "이익의 증여"에 관한 대법원 2003두4249 판결을 언급하면서 주식 1주당 가액이 신주의 고가인수 전후 또는 특정법인과의 거래 등의 전후 동일하게 모두 부수(즉, 마이너스)인 경우 신주의 고가인수에 대한 부당행위계산부인 문제와 특정법인의 주주 등에 대한 증여세 문제를 동일한 관점에서 접근하였다. 즉, 대상판결은 "이익의 분여"를 "이익의 증여"와 법적으로 동일하게 취급한 것이다.

"이익의 분여"라는 문구에서 "분여"는 "나누어 준다"는 의미를 갖는 단어이다. 이익을 분여하면 일반적으로 분여자로부터 상대방에게로 '부(富)의 이전'이 발생한다. "이익의 증여"가 있으면 역시 증여자로부터 상대방에게 부가 이전된다. 즉, 경제적 측면에서 보면 양자는 동일한 것처럼 보이고 사실상 구별하기 어렵다.

그러나 법적인 측면에서 볼 때 부당행위계산부인은 '주는 자'에 대한 과세문제이고, 증여세는 '받는 자'에 대한 과세문제이다. 따라서 법적으로 "이익의 분여"를 "이익의 증여"와 동일하게 취급하고 해석할 필요가 있는지는 더 깊이 생각해 볼 필요가 있다.

2. 부당행위계산부인의 본질과 대상판결

법인세법상 부당행위계산부인은 법인이 특수관계인과의 거래로 인하여 소득에 대한

---

3) 강석규, "실권주를 고가 인수하더라도 인수 후 주식가액이 음수인 경우 부당행위계산 부인의 대상이 될 수 있는지 여부", 『대법원 판례해설』, 제86호(2011).
4) 대상판결의 판단에 찬성하는 것으로 보이는 판례평석으로서, 정광진, "2010년 법인세법 판례회고", 『조세법연구』, 17-1(2011. 4.), 494면.

조세 부담을 부당히 감소시킨 경우 법인의 소득금액을 다시 계산하도록 하는 것이다. 따라서 부당행위계산부인 대상인지 여부에 대한 판단은 법인이 특수관계인과의 거래로 인하여 조세 부담을 부당히 감소시켰는지 여부에 초점을 맞추어야지, 그 거래로 인하여 상대방인 특수관계인에게 실질적으로 경제적 이익이 귀속되었는지 여부에 초점을 맞출 것은 아니다. 이것이 부당행위계산부인의 본질이다. 이런 점에서 부당행위계산부인에서의 "이익의 분여"는 수증자에게 이익이 귀속되었는지 여부 및 수증이익의 구체적인 금액이 얼마인지가 쟁점인 상속세및증여세법상의 "이익의 증여"와는 구별된다.

대상판결은 주주의 신주 고가인수에도 불구하고 증자 전후 증자 법인의 순자산이 여전히 부수여서 실권주주에게 이익이 없다는 이유로 부당행위계산부인 대상이 아니라고 판단하였다. 그러나 "실권주주에게 이익이 없다"는 점은 실권주주에게 세법상 과세 가능한 담세력이 없다는 것일 뿐이다. 신주의 고가인수가 자산의 고가매입에 해당하고 자산의 고가매입은 조세의 부담을 부당히 감소시키는 전형적인 부당행위계산의 한 유형이다. 이러한 점을 고려하면, 증자 전후 주식 1주당 가액이 부수여서 특수관계인 실권주주에게 현행 세법상 과세 가능한 담세력을 인정하기 어렵다는 특별하고도 우연한 사정을 이유로 신주 고가인수를 부당행위계산부인 대상에서 제외하

는 것은 타당하지 않다. 신주 고가인수자의 조세 부담의 부당한 감소 문제를 특수관계인인 실권주주에게 이익이 귀속되었는지 여부의 문제와 결부시켜야 할 정당한 이유나 논리적인 근거를 찾기 어렵다. 요컨대, 부당행위계산부인의 본질이라는 관점에서 볼 때 대상판결은 타당하지 않다.

3. 2가지 법해석론적 시도와 그 한계

대상판결은 법인세법 시행령 제88조 제1항 제8호 각 목 외의 부분에 기재된 "이익을 분여한 경우" 부분을 문언 그대로 해석한 결과 조세 부담의 부당한 감소행위인 신주 고가인수행위가 있음에도 불구하고 특수관계인인 실권주주에게 이익이 없다는 이유로 부당행위계산부인 대상에서 제외하였다. 그러나 이러한 판단은 타당하지 않은 측면이 있다. 이하에서는 그와 같은 점을 극복하기 위한 법해석론적 시도 및 그러한 시도의 한계에 관하여 살펴보기로 한다.

(1) "이익 분여"의 의미에 대한 법해석과 그 한계

법인세법 제52조에는 "이익의 분여"라는 문구가 없다. 법인세법 제52조 제1항에는 부당행위계산을 "특수관계인과의 거래로 인하여 법인의 소득에 대한 조세의 부담을 부당하게 감소시킨 것으로 인정되는 경우"라고만 설명

하고 있다. 법인세법 제52조에는 "특수관계인에게 이익이 귀속되어야 한다"는 것을 부당행위계산부인의 요건이라고 인정할 만한 어떠한 표현도 없다. "이익 분여"라는 문구는 법인세법 시행령에 등장한다. 법인세법 제52조 제4항의 위임에 따라 법인세법 시행령 제88조 제1항이 각호 외의 부분에서 "조세의 부담을 부당히 감소시킨 것으로 인정되는 경우"라고 한 다음 부당행위계산 유형을 제1호에서 제9호까지 열거하고 있고, 그 중 제7호의 2, 제8호, 제8호의 2, 제9호에 "이익 분여"라는 표현이 사용되어 있다. 법인세법 시행령 제88조 제1항 제7호의2, 제8호, 제8호의 2, 제9호에 규정된 "이익 분여"를 포함하여 제1항에 열거된 모든 유형들은 결국 조세의 부담을 부당하게 감소시키는 행위 또는 계산인 것이다.

법인세법 제52조 제1항에 나타난 부당행위계산부인의 본질이나 법인세법 시행령 제88조 제1항 각호 외의 부분의 내용에 비추어 볼 때 "이익 분여"의 법적 의미도 '받는 자'가 아니라 '주는 자'에 초점을 맞추어 "특수관계인과의 거래로 인하여 소득에 대한 조세 부담을 부당히 감소시키는 행위 또는 계산"으로 해석하는 것이 타당하다. 만일 "이익 분여"의 의미를 "특수관계인에게 이익이 귀속되어야 한다"는 의미로 해석한다면 법인세법 제52조에서 정하지도 않은 사항을 법인세법 시행령이 부당행위계산부인 요건으로 규정한 결과가 된다. "이익 분여"로 인하여 일반적으로 '받는

자'에게 생기는 경제적 이익은 부당행위계산부인 대상 거래가 특수관계인에게 가져다 주는 결과일 뿐 부당행위계산부인의 핵심도 아니고 부당행위계산부인 대상에 해당하기 위하여 충족되어야 할 요건이라고 볼 논리적, 필연적 이유도 없다. 법인세법 시행령 제88조 제1항 제7호의2, 제8호, 제8호의2, 제9호의 경우에만 특별히 "특수관계인에게 현실적으로 이익이 귀속되어야 한다"는 것을 별도의 요건으로 해야 할 합리적인 이유를 찾기 어렵다.

이와 같이 "이익 분여"의 의미를 부당행위계산부인 제도의 취지에 충실하도록 '주는 자'에 초점을 맞추어 "소득에 대한 조세 부담의 부당한 감소를 가져오는 행위 또는 계산"으로 해석한다면 대상판결의 사실관계를 부당행위계산부인 대상에 포함시킬 수 있다. 다만, 위와 같은 해석론에 대하여는 엄격해석의 원칙에 반한다는 비판이 있을 수 있고, 그것이 위 해석론의 한계이다.

(2) 분여되는 "이익"의 의미에 대한 법 해석과 현행 세법상 한계

이 부분 논의는 대상판결의 판단처럼 법인세법 시행령 제88조 제1항 제8호의 부당행위계산에 해당하기 위하여 특수관계인에게 이익이 귀속되는 것이 필요하다는 것을 전제로 한다.

"이익 분여"에서 "이익"은 원래 법률 용어는 아니며 특정 분야에서만 사용되는 전문

용어도 아니다. 동일한 단어라도 사용되는 문맥에 따라 그 의미가 조금씩 다를 수 있는데, "이익"이라는 단어도 예외는 아니다. "이익"이라는 단어가 무형의 추상적 이익을 의미하는 경우도 있고 산술적으로 계산 가능한 이익을 의미하는 경우도 있다. 법령에서 "이익"이라는 단어가 사용된 경우도 그 입법목적에 따라 그 의미 내지는 적용범위를 달리 해석할 수 있을 것이다.

대상판결은 상속세및증여세법(이하 '상증세법'이라 한다)에 관한 판결인 대법원 2003두4249 판결을 언급하면서 "실권주주에게 이익을 분여한 경우라 함은 신주의 고가인수로 인하여 실권주주가 보유하고 있던 주식의 1주당 가액이 상승하는 것을 의미하는데, 신주의 고가인수가 있더라도 이를 전후하여 실권주주가 보유하고 있던 주식의 1주당 가액이 모두 음수로 평가되고 단지 그 음수의 절대치가 감소한 것에 불과하다면 그 주식의 가액은 없다고 보아야 하므로 그 주식의 가액이 상승하였다고 할 수 없고 따라서 신주의 고가인수로 인하여 신주 발행법인의 일반 채권자들이 이익을 분여받았음은 별론으로 하고 적어도 실권주주가 이익을 분여받았다고 할 수는 없다"고 판단하였다.

그런데 부당행위계산부인은 특수관계인인 '받는 자'가 아니라 '주는 자'의 소득금액을 다시 계산하는 것을 목적으로 한다. 따라서 어떤 행위나 계산이 부당행위계산부인에 해당하

는지 여부를 판단하기 위하여 '받는 자'의 이익을 산술적으로 계산하여야 할 필요성이 있는 것은 아니다. 이러한 점은 '받는 자'의 이익을 정확히 계산하여 담세력을 측정한 다음 '받는 자'에 대하여 과세하여야 하는 상속세및증여세법상의 "이익의 증여"의 경우와 다르다. 따라서 만일 부당행위계산부인 대상에 해당하기 위하여 특수관계인에게 "이익"이 귀속되어야 한다고 하더라도 그 "이익"의 법적 의미를 상증세법상의 "이익의 증여"에서의 "이익"의 법적 의미와 반드시 동일한 것으로 취급하여야 할 필요성이 있다고 보기 어렵다. 즉, "이익 분여"에서의 "이익"의 의미를 "이익의 증여"에서의 "이익"의 경우와 같이 산술적인 개념에 국한하여 좁게 해석하여야 할 합리적 근거나 타당한 이유를 찾기 어렵다.

대법원이 분여된 "이익"의 의미를 언제나 대상판결의 경우와 같이 좁게 그리고 산술적인 개념으로만 해석한 것은 아니다. 그러한 예로서 대법원 2009. 4. 23. 선고 2006두19037 판결 및 대법원 2009. 5. 14. 선고 2006두11224 판결이 있다. 대법원 2006두19037 판결은 "높은 대출이자를 부담하고 있었음에도 차입금을 상환하지 아니하고 상당한 금원을 낮은 이율의 정기예금에 예치한 후 이를 특수관계 법인들의 대출금에 담보로 제공한 행위는 그로 인한 지급이자와 수입이자 사이에 현저한 차이가 있어 수입 감소가 예상되고 담보로 제공한 정기예금은 특수관계 법인들이 대

출금을 상환할 때까지 인출할 수 없어 유동성을 상실하게 되고 대출금이 변제되지 아니할 경우 정기예금을 상실하게 되는 위험을 감수하게 되는 등의 사정에 비추어 경제적 합리성을 무시한 비정상적인 거래로서 법인세법 시행령 제88조 제1항 제9호 소정의 '이익 분여'에 해당한다"고 판시하였다. 위 사건에서 예금을 담보로 제공한 법인과 특수관계인 사이에 직접적인 거래는 없었고, 특수관계인은 예금을 담보로 제공한 법인의 희생으로 대출을 얻는 혜택을 누렸는데, 이를 두고 대법원은 예금을 담보로 제공한 법인이 특수관계인에게 이익을 분여하였다고 판단한 것이다. 그 이익은 산술적으로 계산이 가능하지 않고 현행 세법상 과세할 수 없는 일종의 편익이다.

대법원 2006두19037 판결 및 대법원 2006두11224 판결과 같이 "이익"의 의미를 넓게 해석하는 관점에서 대상판결을 살펴본다면 대상판결에서도 실권주주에게 분여된 "이익"이 있다고 볼 여지가 있다. 대상판결에서와 같은 부채초과 법인에서 부채 감소는 장래 순자산이 (+)가 될 가능성이 높아지거나 그 시기가 앞당겨지기 때문에 법인이 증자 후 즉시 청산할 것이 예정되어 있는 경우가 아니고 계속기업(going concern)을 전제로 한다면 신주의 고가인수는 장래가 아닌 인수시점에 주주에게 긍정적인 영향을 주고 도움이 되는 것이 분명하다. 즉, 순자산이 (−)인 부채기업이더라도 신주발행시 어느 주주의 신주의 고가인

수로 인하여 그 기업의 부채가 줄어드는 것은 신주를 고가로 인수한 주주의 특수관계인인 실권주주에게 사실상 이익이다.

요컨대, 대법원 2006두19037 판결 및 대법원 2006두11224 판결에서 특수관계인에게 분여된 "이익"의 의미를 넓게 해석하는 관점에서 대상판결을 바라본다면 대상판결의 경우에 신주의 고가인수로 인하여 특수관계인인 실권주주가 얻게 되는 긍정적인 영향 내지는 사실상의 이익도 분여된 "이익"이라고 볼 수 있다.

다만, 분여되는 "이익"의 의미에 관한 위와 같은 법해석 일반론에는 대상판결과 같은 특별한 사실관계의 경우에는 현행 세법상으로는 한계가 있다. 부당행위계산부인에 관한 법인세법 시행령 제89조 제6항은 제88조 제1항 제8호 및 제8호의2 규정에 의하여 특수관계인에게 이익을 분여한 경우 각 사업연도 소득금액 계산시 익금에 산입할 금액의 계산에 관하여 상속세및증여세법 시행령(이하 '상증세령'이라 한다) 제29조 제3항을 준용한다고 규정하고 있다. 그런데 상증세령 제29조 제3항은 그 단서에서 "증자 전·후의 주식 1주당 가액이 모두 영(0) 이하인 경우에는 이익이 없는 것으로 본다"고 규정하고 있다. 위 규정들에 따르면 신주를 시가보다 높은 가액으로 인수하더라도 증자 전·후의 주식 1주당 가액이 모두 영(0) 이하인 경우 분여된 "이익"이 없는 것으로 간주된다. 따라서 분여되는 "이익"의 의미

에 대한 법해석에는 법인세법 시행령 제89조 제6항, 상증세령 제29조 제3항 단서로 인한 한계가 있다.

4. 이 판결의 의의

대상판결은 부당행위계산부인의 본질이 무엇인지 다시 한 번 더 깊이 생각해 보게 하는 판결이다. 대법원이 그 점을 충분히 고려하여 법인세법 시행령 제88조 제1항 제8호 각 목 외 부분에 기재된 "이익 분여"의 의미 및 분여되는 "이익"의 의미 내지는 적용범위에 대한 법해석을 하지 않은 점은 아쉬움을 남긴다.

참고문헌

강석규, "실권주를 고가 인수하더라도 인수 후 주식가액이 음수인 경우 부당행위계산 부인의 대상이 될 수 있는지 여부", 『대법원 판례해설』, 제86호(2011).

김의석, "부당행위계산부인 제도의 본질과 '이익분여'에 관한 고찰", 『조세법연구』, 17-3(2011. 12.).

정광진, "2010년 법인세법 판례회고", 『조세법연구』, 17-1(2011. 4.).

소득세법

자회사의 임직원이 외국법인인 모회사로부터 받은 주식매수선택권과 관련된 소득과세의 방법[1][2])

사건의 표시 : 대법원 2007. 10. 25. 선고 2007두1941 판결

▪ 사실관계[3]) ▪

(1) 소득세법상 우리나라의 거주자인 원고는 미국 보험회사의 한국 내 영업소의 '대표'로 근무하고 있던 중, 1994년 3월 이 미국 보험회사의 지분 90% 이상을 보유하고 있는 다른 미국 회사로부터 통상 '스톡옵션(stock option)', 우리 상법의 용어로는 '주식매수선택권'[4])이라 불리는 권리를 부여받았다.

---

* 윤지현(서울대학교 법학전문대학원 부교수).

1) 이 글은 필자가 같은 제목으로, 『서울대학교 법학』, 제49권, 제4호(2008. 12), 733−769면에 게재한 판례 평석을 요약하고 거기에 약간의 수정을 가한 것임을 미리 밝혀둔다.
2) 주식매수선택권의 과세 문제에 관한 국내 문헌은 그리 흔하지는 않은데, 초창기의 것으로는 우선 옥무석, "주식매입선택권 과세제도", 『조세법연구』, 3(1997. 9) 7−35면이 있고, 비교적 최근의 것으로는 심경, "주식매수선택권(Stock Option)의 과세 문제", 『조세법실무연구(조세법연구커뮤니티 연구자료집; 재판자료 제115집)』(2008), 423−524면이 거의 모든 쟁점에 관하여 망라적으로 다루고 있다. 그리고 법인세 측면에서 이를 다룬 것으로는, 윤지현, "주식매수선택권 행사가 신주(新株) 발행 법인에 미치는 세법상 법률효과 −손금(損金) 발생 여부를 중심으로", 『서울대학교 법학』, 제51권 제2−1호(2010. 6.), 163−201면.
3) 대상판결에 관하여는 이미 대법원의 담당 재판연구관의 연구보고서를 편집한 글이 출판되어 있으며, 사실 관계나 소송의 경과 역시 여기에 잘 요약되어 있다. 이규철, "외국 자회사의 국내 지점에 근무하는 사람이 외국 모회사로부터 받은 주식매수선택권 행사이익이 근로소득에 해당한다고 본 사례(2007. 10. 25. 선고 2007두1941 판결: 공2007하, 1866)", 『대법원판례해설』, 제73호(2008. 7.), 666−698면.
4) 상법 제340조의 2 제1항.

(2) 원고는 1998년부터 2001년까지의 기간에 걸쳐 위 스톡옵션을 행사하였고, 그 결과 원고에게는 상당액의 '행사차익'－행사 당시의 주식 가치와 행사가격 사이의 차액－이 생겼다. 이에 관하여 원고나 위 회사들, 또는 위 영업소는 이 행사차익에 대한 소득세를 우리나라에 내기 위한 아무런 조치－예를 들면 신고납부나 원천징수－를 취하지 아니하였다. 이에 과세관청인 피고는 위 행사차익이 구 소득세법5) 제20조 제1항 제2호 나목 소정의 '을종 근로소득'에 해당한다고 보아 2003년 2월 원고에 대하여 종합소득세의 부과처분을 하였다.6)

(3) 원고는 구 소득세법이나 시행령상 명문의 규정이 없는 상태에서 스톡옵션, 그것도 근로 제공의 직접 상대방이 아닌 회사로부터 부여 받은 스톡옵션의 행사차익을 근로소득으로 보아 과세하는 것은 위법하다는 이유로 위 과세처분에 불복하였다. 원고는 1, 2심에서 연달아 패소한 후 상고하였으나, 대상판결에 의하여 상고기각의 판결을 받았다.

▪ 판결요지7) ▪

대상판결에는 스스로 판시한 내용과, 원심판결의 설시를 그대로 인용한 부분이 섞여 있다. 그 중에서 각각 중요한 부분은 아래 ①, ②와 같다.

① "소득세법 제20조 제1항 소정의 근로소득은 지급형태나 명칭을 불문하고 성질상 근로의 제공과 대가관계에 있는 일체의 경제적 이익을 포함할 뿐만 아니라, 직접적인 근로의 대가 외에도 근로를 전제로 그와 밀접히 관련되어 근로조건의 내용을 이루고 있는 급여도 포함된다 할 것이다."

② 이 사건에서 문제된 스톡옵션의 행사차익은, 문제된 미국 보험회사의 "경영과 업무 수행에 직접 또는 간접적으로 영향을 미치는" 미국 모회사가 "원고에게 지급한 것"이고, 원고가 미국 보험회사에 "제공한 근로와 일정한 상관관계 내지 경제적 합리성에 기한 대가관계가 있다고 봄이 상당"하다. 따라서 위 행사차익은 소득세법에서 말하는 "을종 근로소득에 해당"한다.8) 이 점은 "고용계약의 사용자

---

5) 이 글에서 '구 소득세법' 또는 '구 소득세법 시행령'이란 원고가 스톡옵션을 행사한 1998년부터 2001년까지의 기간 동안에 유효하였던 소득세법과 그 시행령을 의미하는 말로 쓰고자 한다.

6) 1998년 말의 개정 이후 조세특례제한법 제15조는 일정한 요건을 갖춘 내국법인－특히 이른바 '벤처기업'과 상장법인들이 이에 속하였다－이 부여하는 스톡옵션의 경우, 일정 범위 내에서 소득세를 부과하지 않는 것으로 정하고 있었다. 이 규정은 여러 차례의 개정을 거치면서 존속하여 오다가 2006년 말에 와서는 이러한 비과세의 내용을 삭제하는 것으로 개정되었다(한편 2008년에 와서는 나머지 부분까지 완전히 삭제되었다).

7) 서울고등법원 2006. 12. 7. 선고 2004누17497 판결.

8) 일반적으로 스톡옵션의 행사차익이 근로소득에 해당할 수 있다는 점은 이미 대법원 2006. 10. 13. 선고

와 주식매수선택권 부여자가 다르다거나 행사 이익이 주가의 변동에 영향을 받는다고 하여 달리 볼 바가 아니"다.

▶ 해 설 ◀

1. 쟁점

현행 소득세법은, 스톡옵션을 행사한 사람이 그 행사시점에 행사차익 상당의 이익을 얻은 것으로 보고, 이에 대하여 소득세 납세의무를 지운다.[9] 다만 행사시점에서 여전히 근로자의 지위를 유지하고 있는지 여부에 따라, 그 소득의 성격은 근로소득이 되기도 하고 기타소득이 되기도 한다.[10] 한편 스톡옵션의 행사로 주식을 취득한 경우, 그 주식을 양도하면 주식의 양도차익은 양도소득세 과세대상이 될 수 있는데, 이때 양도소득세 계산과 관련하여서는 스톡옵션의 행사가격이 해당 주식의 취득가액이 된다.[11]

그런데 이 사건 당시에 유효했던 구 소득세법에는 이러한 규정들이 전혀 존재하지 않았다는 데에 문제가 있었다. 이 사건의 첫 번째 쟁점은 이와 같이 스톡옵션 행사차익의 소득세 과세에 관한 명문의 규정이 없는 상황에서도 과세가 가능한가, 과세할 수 있다면 어떤 방법으로 하여야 하는가의 문제였다.

한편 이 사건에서는 스톡옵션을 부여받은 임직원과 고용에 관한 법률관계를 직접 맺고 있지 않은 외국의 모회사(母會社)가 스톡옵션을 부여하였다는 점도 고려해야 할 요소가 되었다. 그리하여 과연 이러한 경우에도 그러한 소득이 근로소득이 되는지, 나아가 근로소득이 된다고 하면 구 소득세법상 '갑종'의 근로소득인지 '을종'의 근로소득인지[12] 하는 것도 아울러 고려해 봐야 할 쟁점이었다.

2. 이 판결의 검토-첫 번째 쟁점

(1) 소득의 인식시기와 관련된 쟁점-왜 스톡옵션의 부여시점은 아닌가?

1) 스톡옵션과 관련하여 임직원이 얻는 이익은 대개 근로소득의 문제로 논하여진다. 스톡옵션이, 근로소득에 해당하는 점에 의문이 없는 '연봉' 또는 임금(賃金)과 서로 대체적(代替

2005두11203 판결이 확인한 대로이다. 원심판결은 이 판결을 인용하였지만, 대상판결은 이 판결 자체나 이 판결에서 설시한 법리를 인용하지는 않은 채, 이를 암묵적인 전제로 삼아 판단하였다.

9) 소령 제38조 제1항 제17호.

10) 소법 제21조 제1항 제22호는 "퇴직 전에 부여 받은 주식매수선택권을 퇴직 후에 행사 … 함으로써 얻는 이익"은 "고용관계 없이 주식매수선택권을 부여받아 이를 행사함으로써 얻는 이익"과 함께 기타소득의 한 경우로 분류하고 있다.

11) 소령 제163조 제13항.

12) 2009년 12월 31일 개정 전의 소득세법은 이와 같이 근로소득에 관한 제20조 제1항 각 호에서 이와 같이 '갑종'과 '을종'의 구별을 두고 있었으나, 현재의 소득세법은 이러한 용어를 사용하고 있지 않다.

的)인 관계에 있다고 흔히 생각하는 것을 감안하면, 그러한 이해는 어느 정도 상식에도 부합한다.

2) 요컨대 가장 전형적인 근로소득은 근로의 대가로 받는 금전, 즉 임금이다. 사실 따지고 보면 임금의 경우 소득의 발생은 다음의 과정을 거친다.[13] 즉 먼저 근로에 관하여 체결된 약정에 기하여 그러한 이익을 취득할 수 있는 (조건부 또는 기한부의) 권리가 발생한다. 그리고 일정한 기간의 경과 또는 그 기간 동안의 근로 제공이라는 조건, 그리고 경우에 따라 그 외에 회사의 실적에 관한 일정한 조건이 모두 충족된 시점 이후에 비로소 실제로 그러한 이익이 현실적으로 임직원에게 이전 – 대개는 금전의 지급 – 되는 과정을 거치게 된다.

그런데 이 경우 근로소득 과세에서 실제로 중요한 것은 해당 임직원이 언제 최초로 재산상 가치가 있는 권리를 취득하는지의 문제가 아니다. 물론 그러한 권리를 처음 취득하는 시점은 조건부·기한부 급여청구권이 발생한 때이고 이러한 권리도 그 자체로 일정한 경제적 가치가 있다. 하지만 현실의 소득세제에서 그러한 권리가 발생하였다고 하여 바로 그 시점에서 소득세를 부과하기는 어렵다.[14] 그렇다면 이러한 '일련의 과정' 중 어느 시점에서 소득을 인식할 수 있는가 또는 인식함이 적절한가 하는 것이 더 중요한 문제로 된다.

3) 이러한 논리 구조를 스톡옵션의 경우에까지 연장할 수 있다. 즉 스톡옵션이 부여되고, 그 후 임직원이 근로를 제공하고, 또 일정 기간이 경과하거나 그 밖의 조건들이 성취되는 등 여러 요건들이 모두 충족된 다음에 스톡옵션이 행사된다. 여기서는 최종적으로 그로 인하여 취득한 주식이 제3자에게 처분되는 시점까지도 고려하여, 과세가 가능한 단계들을 생각하여 볼 수 있다. 그리고 방금 살펴본 대로라면 이때에도 마찬가지로, 이러한 일련의 과정에서 스톡옵션과 관련된 이익을 과세하기에 가장 적절한 시점이 언제인가 하는 질문을 던져야 할 것이다. 그리하여 논리적으로 보거나, 비교법적으로 보거나, 이때 가능한 선택지는 크게 두 가지로서, 스톡옵션의 부여 시점 아니면 행사 시점이 된다(주식의 처분 시점까지 정책적으로 과세를 미뤄주는 경우가 있으나 이 글에서는 일단 논외로 한다).

(2) 올바른 논점-소득을 인식하기에 가장 적절한 시기는 언제인가?

1) 기본 원칙

이와 같이 초점을 근로소득의 인식 '시기'에 맞추어 놓고 보면, 다음으로 그에 적용될

---

13) 논의의 편의상 임금의 후불(後拂)을 전제하도록 하자. 물론 선불이라고 하더라도 소득이 발생하는 일련의 과정을 거치게 된다는 점에서는 다를 것이 없다.

14) 이 점을 지적하는 것으로서, 이창희, 『세법강의』(박영사), 2013, 403면.

수 있는 실정법 규정이나 법원칙들을 생각하여 보아야 할 것이다. 본디 우리 소득세제에서 소득의 인식시기에 관하여 적용되는 가장 기본적인 원칙은 권리확정주의이다. 하지만 그 의미가 항상 분명한 것은 아니다. 특히 판례가 소득의 발생 근거가 되는 권리의 '법률상 확정' 외에 '성숙·확정'이라는 불분명한 개념까지 사용하고 있는 점을 감안하면,[15] 이 개념이 스톡옵션 관련 소득의 인식시기에 관하여 그 자체로 명쾌한 지침을 주고 있다고 말하기는 어렵다.

한편 소득세법 시행령은 근로소득을 인식하는 시기는 일반적으로 '근로를 제공한 날'이라고 한다.[16] 이렇게 보면 근로의 제공이 있고 이에 따라 임금 채권이 발생하게 되면 그 시점에서 소득을 인식하여야 하지만, (1)에서도 살펴보았듯이 현실적으로는 그렇게 보지 않는다. 이를 가리켜 근로소득에 대하여는 사실상 현금주의가 통용되고 있다고 표현하기도 한다.[17]

요컨대 스톡옵션 행사차익을 근로소득으로 보는 이상, 그 인식시기를 어떤 일반적인 원칙이나 법령의 문언에 기초하여 도출하는 것은 쉽지 않다. 지면(紙面)의 제약 때문에 약간 거칠게 표현하자면, 결국은 여러 가지 요소들을 종합하여 어느 시점에서 소득을 인식하는 것이 납세자나 과세관청의 입장에서 가장 '편리'한가를 따져볼 수밖에 없을 것이다.

2) 구체적 결론

이러한 맥락에서 스톡옵션의 부여 시점과 행사 시점을 비교하여 본다면, 아무래도 행사 시점이 소득 인식에 더 '편리'하다는 점을 부인하기는 어렵다. 대부분의 경우 스톡옵션 자체의 가치를 산정하기 어렵고, 실제 그러한 옵션이 행사되었을 때 어떤 경제적 결과가 발생할 것인지를 미리 예상하는 것도 쉽지 않다. 또 무엇보다 임직원이 관심을 갖는 것은 스톡옵션 그 자체가 아니라 그 행사차익(아니면 궁극적인 주식의 양도차익)이라는 점이 그러한 판단의 근거가 된다. 그리고 이른바 '차액보상형(差額補償型)'의 스톡옵션이 존재한다는 점에서도 이러한 생각은 현실적 설득력을 인정받을 수 있다.

3. 이 판결의 검토-두 번째 쟁점

(1) 근로소득에 해당하는지 여부

2.에서 전제한 바와 같이, 행사차익을 행사 시점에서 소득으로 인식한다고 하더라도

---

15) 주지하는 바와 같이 대법원은 '권리확정주의'를 취하면서도, 단순히 권리가 '성립한 것에 불과한 단계'에서 소득세를 부과할 수 있는 것은 아니고, 소득의 인식을 위해서는 어떤 이익이 현실화 될 수 있는 가능성이 '상당히 높은 정도로 성숙, 확정되어야' 하며, 이때 '성숙, 확정'의 판단에 관하여는 법원이 상당히 넓은 판단여지를 가진다는 뜻의 판례를 확립하고 있다. 예컨대 대법원 2003. 12. 26. 선고 2001두7176 판결. 이에 관한 설명으로, 이창희, 전게서, 736-738면.
16) 소령 제49조 제1항 제1호.
17) 이창희, 상게서, 403면.

소득의 종류는 일반적으로 근로소득으로 봄이 상식에 잘 부합한다. 그리고 이러한 결론은 그 스톡옵션을 부여하는 회사와, 임직원과 고용관계를 맺고 근로를 제공받은 회사가 다르다고 하더라도 타당한 것이라고 보아야 한다. 우선 이러한 스톡옵션이 널리 '근로의 제공으로 인하여 받는' 것이라는 점에서 그렇고, 또 이와 같이 '근로의 제공으로 인하여' 받는 이익을 외형상 누가 지급하는가 하는 것은 납세자가 쉽게 조작할 수 있는 사정에 불과하기 때문에 그렇기도 하다.

(2) '갑종' 근로소득인가 '을종' 근로소득인가?[18]

이제 남는 문제는 근로소득으로 인정된 스톡옵션의 행사차익이 '갑종'의 근로소득인가 아니면 '을종'의 근로소득인가 하는 것이다. 그리고 이 문제는 '갑종', '을종'이라는 용어가 사라진 현행 소득세법에서도 여전히 의미가 있다. 왜냐하면 이러한 용어는 사라졌지만, 원천징수 대상이 되는 근로소득('갑종')과 되지 않는 근로소득('을종')[19]의 구별은 여전히 살아 있기 때문이다.[20]

어쨌든 구 소득세법의 문언상 을종 근로소득이 되기 위해서는 그 급여가 '국외에 있는 외국인 또는 외국법인으로부터 받는 급여'이어야만 한다.[21] 그런데 이 사건에서는 근로를 제공받은 회사와 스톡옵션을 부여한 회사가 다르다. 따라서 문언 그대로 '외국법인으로부터 받'기만 하면 을종 근로소득이 되는 것인지, 아니면 근로 제공의 상대방 역시 외국법인이어야 하는지가 문제될 수 있다.[22]

생각해 보아야 할 것은, 내국법인을 상대로 근로를 제공하는 임직원의 경우 그 급여를 내국법인에서 직접 받도록 구성할 수도, 스톡옵션을 포함하여 급여의 전부 또는 일부를 내국법인과 일정한 관계에 있는 외국법인에서 받도록 구성할 수도 있다는 점이다. 이때 외국

---

18) 실제로 이 사건에서 소득의 성격이 갑종 근로소득이냐 을종 근로소득이냐 하는 것은 전혀 쟁점이 되지 않았다. 다만 대상판결에서 이러한 스톡옵션 행사차익의 소득세법상 성격을 을종 근로소득으로 구분하여 두는 언급을 하였고 이러한 입장이 행정해석과도 일치하기 때문에, 대상판결의 설시는 사실상 유효한 '법'으로서 향후에도 계속하여 통용될 가능성이 높다.

19) 구 소법 제127조 제1항 제4호는 원천징수 대상이 되는 것으로 '갑종에 속하는 근로소득금액'만을 거시하여, '을종에 속하는 근로소득금액'은 원천징수 대상이 아님을 규정하고 있었다.

20) 소법 제127조 제1항 제4호 단서.

21) 구 소법 제20조 제1항 제2호 나목 본문.

22) 이 사건에서는 근로 제공의 상대방이 미국 보험회사의 국내 지점이므로, 결국 근로를 제공 받은 것도 외국법인이 아닌가 하는 의문이 생긴다. 그러나 이 경우 근로 제공의 상대방은 단순히 외국법인인 미국 보험회사가 아니라 그 '국내사업장'이기 때문에, 마치 내국법인이 근로 제공을 받은 경우와 마찬가지로 취급된다. 이 점에 관하여는 소법 제127조 제1항 제4호 나목 단서. 따라서 이하에서는 논의를 단순화시키기 위해서, 국내자회사와 외국모회사가 존재하는 경우를 들어 설명하지만, 이는 이 사건의 사실관계에도 잘 들어맞는 설명이 된다.

법인이 급여를 지급하더라도 이를 내국법인으로부터 보전 받으면 되는 것이므로,[23] 대개의 경우 이 중 어느 방법이라도 편리한 대로 택할 수 있을 것이다. (1)에서도 언급한 바이지만, 이와 같이 쉽게 바꿀 수 있는 법률적 형식에 따라 임직원이 받는 소득의 성격이 달라진다거나 과세관청의 징세방법, 특히 원천징수 여부가 달라져야 한다고 봄은 타당하지 않다.

따라서 '외국법인으로부터 받는' 경우에 해당하여 원천징수가 배제되는 것은 근로를 제공 받는 법인 역시 외국법인인 경우에 한한다고 좁게 새김이 옳다고 생각한다. 그 결과 이 사건과 유사하게, 근로를 제공 받는 회사는 내국법인이고 급여를 지급하는 회사는 외국법인인 경우라면, 이때 발생하는 소득은 '갑종', 즉 원천징수의 대상이 되는 근로소득이라고 해야 한다. 이렇게 보더라도 내국법인이 감당할 수 없는 부담을 지게 될 우려는 현실적으로 별로 없다. 반면 과세관청으로서는 이와 같이 내국법인에게 그 임직원에 지급하는 급여 −스톡옵션의 부여와 행사도 포함한다 − 에 관련된 정보를 집중시킴으로써 잠재적인 세수 (稅收)의 일실 가능성을 피하고, 과세의 편의를 기할 수 있게 된다.

4. 이 판결의 의의

대상판결은 스톡옵션 행사차익의 과세 일반에 관하여는 최초의 대법원 판결은 아니나 공간(公刊)된 것으로는 여전히 최초라는 의미를 가진다. 다만 이 부분 판시 내용은 소득세법의 규정이 정비됨으로써 지금에 와서는 큰 의미를 갖는 것은 아니다. 한편 나아가 근로제공의 상대방이 아닌 회사로부터 부여 받는 스톡옵션의 과세 문제에 관하여는 대상판결이 최초의 대법원 판결로서의 의미가 있다. 대상판결은 특히 스톡옵션을 부여한 회사가 외국법인인 경우 이러한 스톡옵션의 행사차익을 '을종' 근로소득으로 보아 원천징수의무를 지우지 않고 있다. 이러한 결론의 타당성에는 의문이 제기되지만, 아무튼 갑종과 을종의 구별이 표면적으로 사라진 현재에도 여전히 유효한 판례를 이룬다는 점에는 의문이 없다.

---

23) 법령 제19조 제19호 나목에서 정하는 비용은 이를 가리킨다.

참고문헌

심경, "주식매수선택권(Stock Option)의 과세 문제", 『조세법실무연구(조세법연구커뮤니티 연구자료집; 재판자료 제115집)』(2008).

옥무석, "주식매입선택권 과세제도", 『조세법연구』, 3(1997. 9.).

윤지현, "자회사의 임직원이 외국법인인 모회사로부터 받은 주식매수선택권과 관련된 소득과세의 방법", 『서울대학교 법학』, 제49권, 제4호(2008. 12.).

윤지현, "주식매수선택권 행사가 신주(新株) 발행 법인에 미치는 세법상 법률효과 －손금(損金) 발생 여부를 중심으로－", 『서울대학교 법학』, 제51권, 제2－1호(2010. 6.).

이규철, "외국 자회사의 국내 지점에 근무하는 사람이 외국 모회사로부터 받은 주식매수선택권 행사이익이 근로소득에 해당한다고 본 사례(2007. 10. 25. 선고 2007두1941 판결: 공2007하, 1866)", 『대법원판례해설』, 제73호(2008. 7.).

이창희, 『세법강의』, 박영사, 2013.

양도소득세 계산시 양도비로 인정되는 국민주택채권 매각차손의 범위

사건의 표시 : 대법원 2005. 11. 25. 선고 2005두8467 판결

▪ 사실관계 ▪[1]

원고는 아파트 일반분양에서 당첨된 다음 한국주택은행으로부터 액면가 86,720,000원의 제2종 국민주택채권(이하 '채권'이라고만 한다)을 매입하고 해당 아파트에 관한 분양계약을 체결하였다. 그 후 원고는 2000. 7. 31. 제3자에게 위 아파트의 분양권을 양도하고 양도소득세 신고를 하였으나 피고는 이러한 양도소득세 신고가 과세표준과 세액을 과소신고한 것임을 이유로 하여 2002. 12. 2. 원고에게 이에 대한 증액경정처분을 하였다.

▪ 판결요지 ▪

가. 이 사건에 적용되는 구 소득세법 (2000. 12. 29. 법률 제6292호로 개정되기 전의 것) 제97조 제1항 제4호는 양도차익의 계산에 있어서 양도가액에서 공제할 필요경비로서 '대통령령이 정하는 양도비'를 규정하고 있고, 그 위임을 받은 구 소득세법 시행령(2000. 12. 29. 대통령령 제17032호로 개정되기 전의 것, 이하 '시행령'이라고 한다) 제163조 제5항 제2호는 '법령 등의 규정에 따라 매입한 국민주택채권을 만기 전에 재정경제부령이 정하는 금융기관 등에 양도함으로써 발생하는 매각차손'이라고 규정하고 있으며, 위 시행령의 위임에 따른 소득

---

* 이준봉(성균관대학교 법학전문대학원 교수, 변호사, 법학박사, 경영학박사).

1) 윤지현·강승모, "2006년도 소득세법 판례회고", 『조세법연구』, 13-1(2007. 4.), 343면.

세법 시행규칙(2002. 4. 13. 재정경제부령 제259호로 개정되기 전의 것, 이하 '시행규칙'이라고만 한다) 제79조 제2항은 위 시행령에서 말하는 금융기관은 증권거래법에 의하여 증권업을 영위하는 증권회사를 말한다고 규정하고 있다.[2) 그런데 위 규정에서 양도대상 기관을 증권회사에 한정하고 있는 것은 예시적 규정에 불과하다고 할 것이므로, 증권회사가 아닌 채권매매업자 등 개인에게 국민주택채권을 매각한 경우에도 그 사실이 입증되는 한 그 매각차손은 양도비에 해당한다고 보아야 할 것이다.

　　나. 다만 위 시행령과 시행규칙 등에서 양도대상 기관을 증권회사로만 한정하고 있는 것은 국민주택채권을 증권회사가 아닌 채권매매업자와 같은 개인에게 매각할 경우에는 그 매매가격의 진정성이나 투명성을 확인하는 데에 어려움이 있는 것이 보통이어서, 결과적으로 부당한 세수감소로 이어질 우려가 있는 점 등을 고려한 것으로 보여지는바, 이러한 사정 등을 종합하여 보면 국민주택채권을 증권회사가 아닌 채권매매업자 등 개인에게 매각한 경우에도 양도비로서 필요경비에 산입될 수 있는 매각차손은 같은 날 이를 증권회사에 매각하였을 경우에 생기는 매각차손의 범위 내로 한정된다고 보는 것이 상당하다.

▶ 해 설 ◀

1. 쟁점

본 사안의 쟁점은 국민주택채권을 증권회사가 아닌 채권매매업자 등 개인에게 매각한 경우의 매각차손 역시 구 소득세법 제97조 제1항 제4호에서 정한 양도비로서 필요경비에 산입될 수 있는지 여부 및 그 산입의 범위에 관한 것이다.

2. 기왕의 평석

채권매각차손이 당연히 양도비에 포함되어야 한다는 전제하에 아래의 근거를 들어, 본 판결을 제3자 관련 차손의 필요경비 공제 자체를 완전히 부인하는 것이 타당하지 않다는 점과 증권회사에 대한 채권매도와 일반 제3자에 대한 채권매도를 차별 취급하고자 한 입법자의 의도를 조화시키려는 일종의 절충안으로 평가하는 견해가 있다.[3)

---

2) 다만 위 시행규칙은 2005. 3. 19. 개정을 통하여 증권거래법에 의한 증권회사 및 은행법에 의한 인가를 받아 설립된 은행으로 확대되고, 2008. 2. 29. 개정에 의하여서는 위 조항이 [이 경우 기획재정부령으로 정하는 금융기관(이하 이호에서 "금융기관"이라고 한다) 외의 자에게 양도한 경우에는 동일한 날에 금융기관에 양도하였을 경우 발생하는 매각차손을 한도로 한다]로 변경되었다. 또한 위 시행규칙은 2012. 2. 28. 개정에 의하여 위 시행령 상 금융기관을 「자본시장과 금융투자업에 관한 법률」에 따른 투자매매업자 또는 투자중개업자, 「은행법」에 따른 인가를 받아 설립된 은행 및 「농업협동조합법」에 따른 농협은행"을 의미하는 것으로 개정되었다.

1) 양도소득세 계산 목적상 양도차익의 계산에 있어서 양도가액에서 공제할 필요경비는 소득세법 제97조 제1항의 규정상으로는 해당 자산의 '취득가액', 관련 '자본적 지출액', 그리고 '양도비'로 제한되어 있지만, 실제로 위 세 가지 사항에 관한 개별 시행령 규정을 살펴보면 그 범위가 반드시 제한적이지 않다. 예를 들어, '취득가액'의 가장 원칙적인 형태라고 볼 수 있는 '취득에 소요된 실지거래가액'에 관한 규정만 살펴보더라도 단순히 '실지거래가액'을 '취득원가'만을 뜻하는 것으로 규정하는 것이 아니라, 그 외에 '취득에 관한 쟁송'과 관련하여 지출한 소송비용 등을 포함하는 것으로 하고 있을 뿐 아니라, '취득원가'에 관한 소득세법 시행령 제89조 제1호의 규정 역시 단순히 '매입원가'만을 의미하는 것이 아니라 '취득세·등록세 기타 부대비용'을 포함하는 것으로 하고 있어서, '기타 부대비용'의 개념을 해석하기에 따라서는 공제대상이 되는 필요경비의 개념이 꽤 넓어질 수도 있는 여지를 제공하고 있다. 이는 '자본적 지출액'에 관한 소득세법 시행령 제163조 제3항의 위임을 받은 소득세법 시행규칙 제79조 제1항이 제6호에서 '제1호 내지 제5호의 비용과 유사한 비용'이라는 포괄규정을 두고 있다든지 '양도비'에 관한 소득세법 시행령 제163조 제5항 제1호가 '자산을 양도하기 위하여 직접 지출한 비용'을 일반적으로 '양도비'에 해당하는 것

으로 보고 있는 점과도 일맥상통한다.

2) 이러한 맥락에서 본다면, 양도와의 '직접' 관련성이 인정되는 한 해당 비용이 소득세 관련법령의 조항에 정하여진 요건을 엄격히 충족하지 못한다는 이유만으로 '양도비'로서 공제될 수 있음을 부인하는 것은 타당하지 않다. 이른바 채권입찰제가 적용되는 아파트를 납세자가 신규분양받기 위해서는 제2종 국민주택채권을 매입하지 않을 수 없는 것이므로, 그 매입에 소요된 비용은 적어도 해당 아파트를 '취득'하는 데에 있어서는 필수적인 부대비용이라고 보아야 하고 대부분의 수분양자들은 이와 같이 취득한 채권을 만기까지 보유하지 않고 그 시점에서 일정한 비율에 따라 할인하여 금융기관 기타 제3자에게 매각하는 것이 통상이므로, 그 과정에서 발생한 차손 역시 '직접 관련'의 성격을 여전히 잃지 않고 있다고 볼 수 있다. 소득세법 시행령 제163조 제5항 제2호가 이러한 매각차손을 일정한 범위 내에서 '양도비'에 해당하는 것으로 규정하고 있는 것이 이러한 판단을 뒷받침한다. 이와 같이 채권 매각차손의 '직접 관련성'을 인정하는 이상에는, 굳이 그러한 채권의 매도상대방을 증권회사에 한정하여 필요경비로서의 공제를 인정하는 것은 별다른 합리성이 없다.

이 사건 판결이 쟁점 시행령 규정을 예시적 규정이라고 판단하면서 별다른 근거를 제시하지 않기는 하였으나, 이 사건 판결의 이러

3) 윤지현·강승모, 전게논문, 344-347면.

한 결론 자체는 이러한 견지에서 보면 충분히 합리성을 인정할 수 있다.

3) 본 판결과 관련 제1심 판결(서울행정법원 2004. 6. 15. 선고 2003구단5320 판결)은 증권회사 외의 제3자에게 국민주택채권을 매각하면서 생긴 차손 역시 공제대상이 되어야 한다는 점에서는 견해가 다르지 않으나 위 제1심 판결이 증권회사에 대한 매각에서 발생한 차손만을 공제대상으로 삼고 있는 쟁점 시행령 규정이 위임입법의 한계를 일탈하여 아예 무효라고 선언한 것에 반하여 본 판결은 쟁점 시행령 규정을 예시적 규정으로 보는 한편 이 규정이 제3자 관련 차손의 공제가능 범위를 증권회사 관련 차손의 범위 내로 좁혀 인정하고 있는바, 대법원의 해석이 소득세법 시행령의 문언이나 입법취지 또는 입법자의 입법의도에 충실한 것인지에 관하여는 의문이 남고 제1심판결의 설시가 타당한 것으로 보이나 대법원이 위와 같은 판단을 한 근거는 다음과 같았던 것으로 보인다.

과세관청이 위임입법을 하는 과정에서 채권 매각차손을 '취득에 소요된 실지거래가액'의 하나로 소득세법 시행령 제163조 제1항 각 호에 열거하지 않고 '양도비'의 하나로 열거하였다는 정도의 잘못(말하자면 '입법의 착오' 정도의 차원에 속하는 문제라고 할 것이다)을 저질렀다고 하여 굳이 소득세법 시행령의 규정을 무효로 선언할 필요까지는 없으며, 쟁점 시행령 규정에서 소득세법 시행령과 시행규칙 등에서

양도대상 기관을 증권회사로만 한정하고 있는 것은 국민주택채권을 증권회사가 아닌 채권매매업자와 같은 개인에게 매각할 경우에는 그 매매가격의 진정성이나 투명성을 확인하는 데에 어려움이 있는 것이 보통이어서, 결과적으로 부당한 세수감소로 이어질 우려가 있다.

관련 법령이 (가상의) 증권회사 관련 차손의 크기를 확인할 수 있는 절차에 관하여 아무런 규정을 두고 있지 않은 점에만 비추어 보더라도 이러한 대법원의 해석이 소득세법의 시행령의 문언이나 입법취지 또는 입법자의 의도에 충실한 것인지에 관하여서는 의문이 남는다. 다른 한편으로는 과세관청이 채권 매도금액을 확인하기 어렵다고 하여 납세자가 실제 매도금액을 입증하여 그에 따른 필요경비 공제를 받을 수 있는 가능성을 완전히 배제한다는 것은 과세관청의 편의에 치우친 것이라는 비판 역시 충분히 제기될 소지가 있다.

3. 이 판결의 검토 및 위 평석에 대한 반대논거

1) 본건 채권의 실제취득가액을 주택의 취득가액에 가산하거나 그 채권의 매각차손을 양도차익의 계산에 있어서 필요경비인 양도비로서 반드시 공제하여야 한다고 전제하는 것은 다음과 같은 이유로 타당하지 않다.

가) 양도소득의 필요경비의 계산과 관련하여 자산을 취득함에 있어서 법령 등의 규정

에 따라 매입한 국민주택채권 및 토지개발채권의 매입가액이 자산의 실지취득가액에 포함된다는 해석을 할 수 있는가?

법령 등의 규정에 따라 매입한 국민주택채권 및 토지개발채권의 매입가격을 관련 자산의 취득가액에 포함된다고 해석할 수 있기 위하여서는 위 각 채권은 관련 해당자산이 양도될 경우 그 자산에 수반하여 양도되어야 하고 해당 자산의 양도와 함께 양도인의 지배에서 벗어나야 하는 것이다. 그러나 위 채권의 경우에는 해당 자산의 양도와 무관하게 독립된 자산으로 존재하며 해당 자산의 매각이후에도 여전히 자산으로서 양도인의 지배하에 남아 있을 수 있다. 게다가 해당자산의 양도가액은 위 채권들의 존재와는 무관하게 정하여진다. 따라서 위 채권의 매입가액은 관련 해당 자산의 취득가액에 가산될 수 없다.

또한 만약 위 채권이 양수인에게 해당자산과 수반하여 양도되는지 여부와 관계없이 법령 등의 규정에 따라 매입한 국민주택채권 및 토지개발채권의 매입가격을 관련 자산의 취득가액에 포함된다고 해석한다면 위 채권을 매각하는 경우에는 그 취득가액에서 감액조정하여야 할 것이나, 소득세법 상 취득가액을 감액조정할 수 있는 경우는 취득가액에 현재가치할인차금이 포함된 경우(소득세법 시행령 제163조 제2항) 및 양도자산보유기간 중에 그 자산에 대한 감가상각비로서 각 연도의 사업소득금액의 계산에 있어서 필요경비에 산입하였

거나 산입할 금액이 있는 경우(소득세법 제97조 제3항)로 한정되어 있다. 따라서 위 채권에 한하여 그 취득가액을 관련 자산의 취득가액에 포함할 근거는 없다.

이상의 이유로, 해당 자산을 취득하기 위하여서는 반드시 강제적으로 위 채권들을 매입하여야만 하므로 위 채권의 매입이 해당 자산의 취득과 밀접하게 관련되어 있다고 할 수는 있다 할지라도, 위 채권들의 매입가액이 자산의 취득가액에 포함되어야 하는 것으로 볼 수는 없다.

나) 위 채권들의 매입가액이 자산의 취득가액에 포함될 수 없다면 그 매각차손은 어떻게 규율되어야 하는 것일까?

위 채권들의 매각거래는 관련 자산의 양도거래와 독립적이므로 원칙적으로 해당 자산의 양도소득에 위 채권의 매각차손이나 매각차익을 추가적으로 고려할 필요가 없다.

또한 위 채권의 매각거래를 해당자산의 양도거래에 수반되는 것으로 의제하여 일반적으로 위 채권의 매각손익과 해당자산의 양도소득을 통산할 수 있다고 보는 것에는 다음과 같은 문제점들이 있다. 첫째, 위와 같은 의제하는 것은 거래의 실질과 부합되지 않고, 위 채권의 매각손익과 해당자산의 양도소득을 통산하기 위하여서는 특별규정이 필요함에도 증권회사를 상대로 매각하는 경우에 발생하는 매각차손에 관련된 규정 외에는 다른 규정이 없다. 둘째, 위와 같이 일반적으로 위

채권의 매각손익과 해당자산의 양도소득을 통산하기 위하여서는 매각차손은 차감하고 매각이익은 가산하여야 하는바 위 증권회사 관련 규정 역시 매각차손에 관하여서만 규정하고 있을 뿐이다. 셋째, 위와 같은 통산은 소득세법 상 위 채권들의 매각손익은 양도소득세 과세대상이 아니므로 그 매각차손 역시 다른 양도소득에서 차감할 수 없는 것이라는 점에도 반한다. 넷째, 관련 자산의 양도 후에 위 채권들을 매각할 경우에는 보다 더 그 매각손익을 양도소득에 반영하기 위한 특별규정의 필요성이 크다고 할 것이나 이에 관한 규정 역시 전혀 없다.

따라서 원칙적으로 위 채권의 매각손익은 관련 해당자산의 양도소득에 반영할 수 없다.

다) 위 채권들의 매입가액이 자산의 취득가액에 포함되지 않고 위 채권의 매각손익을 양도차익에 반영하지도 않는 경우에 이중과세 또는 추가적인 과세기반잠식의 문제가 발생하는가?

해당 관련 자산의 양도차익 계산에 영향을 주지 않고, 위 채권매각거래가 양도소득과세대상이 아니므로 이중과세 또는 과세기반의 잠식이 발생할 여지 역시 없다.

단지 강제된 거래와 관련하여 발생한 매각차손을 반영하지 않는 것이 법감정에 반하는 면이 있을 수 있지만 법체계 내에서 법에 의하여 강제된 거래는 필연적으로 존재할 수밖에 없고 이 경우 원칙적으로 법에 의하여 강제되지 않았을 경우와 똑같은 상태를 요구할 수 있는 법적 이익이 존재한다고 할 수도 없다. 게다가 매각손익은 거래가 강제되었다는 사실에 기인하는 것이 아니고 매입 이후 시장이자율의 변동에 기인하는 것이고 그 매각시점을 법에 의하여 강제하는 것은 아니라는 점에서도 매각차손을 특별히 양도차익에서 공제하는 것이 당연하거나 필연적이라고 할 수도 없다.

2) 그렇다면 쟁점 시행령에서 증권회사에 대한 채권매각차손만을 양도비로 인정한 것에는 채권매매가격의 진정성이나 투명성을 확인하기 위하여 해당 채권의 매각을 금융기관에 하도록 유도하기 위한 특별한 정책적 목적이 반영된 것으로 보아야 할 것이다. 이와 같은 입장은, 본건 채권의 매각차손은 당연히 양도차익의 계산에 있어서 공제되어야 할 것이라는 전제하에 매각차손을 반영할 수 있는 채권양도대상을 증권기관으로 한정하는 위 규정을 예시적인 것으로 파악하는 본건 판결이 있은 후에 이루어진 2008. 2. 29. 소득세법 시행령 개정에 있어서도 여전히 위 채권양도대상을 '기획재정부령으로 정하는 금융기관'으로 한정하고 있는 점에 의하여, 재차 확인된 것으로 본다.

4. 현행 소득세법 시행령 제163조 제5항 제2호의 해석

현행 소득세법 시행령 제163조 제5항 제2호 및 동 시행규칙 제79조 제2항에 의하면, 본건 채권매각차손을 양도비로 인정받기 위한 요건 상의 채권양도대상은 "자본시장과 금융투자업에 관한 법률에 따른 투자매매업자 또는 투자중개업자, 은행법에 따른 인가를 받아 설립된 은행 및 농업협동조합법에 따른 농협은행"에 한정된다.

본건 판결에 의하면 위 규정 역시 예시적인 것으로 보아, 위 금융기관이 아닌 채권매매업자 등 개인에게 국민주택채권을 매각한 경우에도 그 사실이 입증되는 한 그 매각차손은 양도비에 해당한다고 보아야 할 것이나, 위 채권양도대상이 본건 판결 당시의 '증권회사'에서 '위 금융기관'으로 확대되었다고 할지라도 위 채권매각차손은 여전히 이상의 각 논거에 의하여 특별한 규정이 없는 한 소득세법 제97조 제1항 제3호의 '양도비 등으로서 대통령령으로 정하는 것'에 해당한다고 볼 수 없는 것이므로, 본건 채권을 본건 동법 시행령 제163조 제5항 제2호 및 동 시행규칙 제79조 제2항 상의 금융기관이 아닌 대상에 매각한 경우에 있어서의 매각차손은 필요경비인 양도비에 포함될 수 없다고 해석하는 것이 타당하다.

5. 이 판결의 의의

본건 판례가 본건 국민주택채권 등의 매각차손을 소득세법 시행령 제163조 제5항 제2호가 예정한 범위를 넘어 적극적으로 확대해석할 근거는 없는 것이므로, 본건 국민주택채권 등을 금융기관이 아닌 채권매매업자 등 개인에게 매각한 경우의 매각차손 역시 필요경비인 양도비에 산입할 수 있는 여지를 제공하는 본건 판례의 태도는 변경되는 것이 타당하다.

참고문헌

윤지현·강성모, "2006년도 소득세법 판례회고", 『조세법연구』, 13-1(2007. 4.).

공동사업장에 토지를 무상으로 제공한 경우
부당행위계산 부인대상 여부

사건의 표시 : 대법원 2005. 11. 12. 선고 2004두1261 판결

▪ 사실개요 ▪

원고는 그 소유 토지(이하 '이 사건 토지'라 함) 지상에 건물(이하 '이 사건 건물'이라 함)을 신축하여 동생인 A와 각 1/2지분으로 소유권보존등기를 마쳤다. 원고와 A는 공동사업자로서 신고를 하고 이 사건 토지와 이 사건 건물을 일괄하여 타에 임대하여 임대소득을 얻은 다음 이를 손익분배비율인 각 50%의 비율에 따라 배분함으로써 공동으로 임대사업을 영위하여 왔다.

이에, 피고는 원고가 특수관계자인 A에게 이 사건 토지 중 1/2을 무상으로 사용하게

함으로써 조세의 부담을 부당하게 감소시킨 것이라고 인정하여 소득세법 제41조 제1항[1]에 의하여 이를 부인하고, 그로 인한 원고의 임대료 상당의 소득금액을 추계의 방법으로 산정한 임대소득을 계산하여 2001. 12. 8. 원고에 대하여 각 1996년 내지 1998년 귀속분 종합소득세를 부과고지하였다.

---

* 장인태(법무법인 링컨로펌 대표변호사).

1) 2009. 12. 31. 법률 제9897호로 개정되기 전의 것, 이하 같다. 동 법률의 개정으로 부동산임대소득자와 특수관계자 사이의 부당행위계산을 규율하는 내용이 삭제되었다.

■ 판결요지 ■

공동사업의 경우에는 소득이 발생한 공동사업장별로 그 소득금액을 계산한 다음 소득분배비율에 따라 각 공동사업자별로 계산하면 된다고 할 것이어서, 원고가 이 사건 토지 일부를 특수관계자에게 무상으로 임대한 것으로 보아 소득세법 제41조 제1항 소정의 부당행위계산 부인 규정을 적용하고 그에 대한 임대소득을 원고의 종합소득에 가산한 이 사건 처분은 위법하다.

▶ 해 설 ◀

1. 쟁점

원고는 이 사건 토지지상에 건물을 신축하여 특수관계자인 동생과 각 1/2지분으로 소유권보존등기를 마쳤는데, 이 경우 원고가 특수관계자인 동생에게 이 사건 토지 중 1/2을 무상으로 사용하게 함으로써 조세의 부담을 부당하게 감소시킨 것이 인정되어 특수관계자들이 공동사업을 영위함에 있어 공동사업자 중 1인이 당해 공동사업장에 토지를 무상으로 제공한 것이 소득세법상 부당행위계산부인의 대상이 되는 것인가 아니면 상속세및증여세법(이하 '상증세법'이라 함) 제37조[2]에 해당되어 증여세 과세대상이 되는 것으로 보아야 하는가 하는 것이 검토대상이었다.

2. 소득세법상 부당행위계산부인과 상속세및증여세법상 증여의제의 관계

특수관계에 있는 개인간에 비통상적 거래행위가 이루어지면 이를 통해 일방에게는 통상적인 거래행위에서 당연히 기대할 수 있었던 소득이 발생하지 않게 되고 다른 일방에게는 '실질적'으로 무상의 소득증가가 발생하게 된다. 전자에 대해서는 소득세법상 부당행위계산 부인제도에 의해 그리고 후자에 대해서는 상증세법상 증여의제제도에 의해 세법적 조정이 이루어지게 된다. 부당행위계산 부인제도와 증여의제제도는 이처럼 하나의 거래행위에 원칙적으로 중복적용될 수 있도록 설계되어 있다.[3] 그러나 그러한 중복적용이 어떤 문제가 있어 이를 배제하는 특례규정을 법이 마련해 둔 경우나 처음부터 법이 다른 이유로

---

2) 이 사건 판결 당시는 물론 현재 시행되고 있는 상증세법은 이 사건 원고와 특수관계자 A 사이의 관계를 부동산무상사용의 이익의 증여 대상으로 규율하고 있다.

3) 이동식, "소득세법상 부당행위계산부인과 상속세및증여세상 증여의제의 관계", 『조세법연구』, 8－2 (2002. 11.), 85면. 그러나 반드시 중복적용되는 것은 아니다. 왜냐하면 예컨대, 양 제도가 동일하게 특수관계인 간의 시가와 다른 거래행위를 대상으로 하더라도 각각 특수관계인의 범위, 시가의 파악방법, 어느 정도 시가와의 차이가 있을 때 제도가 적용되는지 등에 대해 제도마다 조금씩 달리 정하고 있기 때문이다.

인해 일부제도의 적용을 명문으로 배제해 둔 경우에는 두 제도 중 한 개의 제도만 적용되는 형태로 되어질 수 있을 것이다.

특히 토지를 특수관계인 간에 무상사용하게 하는 경우에 대한 과세문제가 대두되는데 이 경우에는 우선 특수관계인에게 자신의 토지를 무상으로 사용케 한 납세의무자에게는 소득세법 시행령(이하 '소령'이라 함) 제98조 제2항 제2호에 의거 부당행위계산 부인제도가 적용되게 된다. 따라서 비록 현실적으로 자신에게 아무런 수입이 들어온 바가 없지만 이러한 납세의무자에게는 소령 제98조 제4항에 의해 준용되는 법인세법 시행령 제89조 제4항이 정하는 기준에 의해 소득금액이 계산된다. 특수관계인으로부터 토지를 무상제공받아 사용하고 있는 납세의무자에게는 증여는 아니지만 무상으로 부의 증가가 있는 경우이므로 상증세법 제37조[4]에 의해 증여의제되어 증여세가 과세된다. 증여의제되는 것은 토지의 무상사용이익이다.[5] 그러나 토지무상사용이익에 대한 증여의제의 경우에는 이에 대한 부당행위계산 부인의 경우와 달리 단지 토지를 무상으로 사용하여 이익을 얻기만 하면 증여세를 부과하는 것이 아니라, '건물을 소유하기 위해' 특수관계인의 토지를 무상사용하는 경우에만 그 토지의 무상사용이익 상당을 증여의제하여 과세한다.[6]

3. 소득세법상 부당행위계산부인의 거래성과 관련하여

개인이 소득세법상 특수관계 있는 자에게 자신의 토지를 무상으로 사용하게 한 경우에는 부당행위계산 부인대상에 해당하여 과세관청으로서는 당해 개인의 임대소득을 추계하여 소득세를 부과할 수도 있다.[7] 그런데 특수관계자간에 공동사업을 영위하면서 공동사업자 중 일방의 토지를 당해 공동사업장에 무상으로 제공하는 경우는 특수관계 있는 자에게 자신의 토지를 무상으로 사용하게 하는 경우에 해당할 뿐만 아니라 자신의 사업을 위하여 토지를 제공한 경우에도 해당하기 때문에 부당행위계산 부인의 대상 여부가 문제될 수 있다.

우선 부당행위계산부인이란 납세자가 정상적인 경제인의 합리적인 거래형식에 의하지 아니하고 우회행위, 다단계행위 그 밖의 이상

---

4) 완전포괄주의 과세방식을 취한 2003년 개정법에서는 토지무상사용권을 부동산 사용권일반으로 확대하여 별도의 증여규정을 마련하였다.

5) 증여의제금액인 토지무상사용이익의 구체적 계산방법은 구 상증세법 제37조 제3항에 의해 대통령령에 위임이 되어져 있고 이 위임에 의거 구 상증세령 제27조 제5항이 건물이 정착된 토지 및 당해 건물에 부수된 토지의 가액×1년간 토지사용료를 감안하여 재정경제부령이 정하는 율[(현재 2/100(상증세칙 제10조)]로 규정하고 있다. 그리고 이러한 증여의제금액은 5년간의 금액이 합산된다.

6) 판례는 위 증여의제규정이 신설되기 이전에 있던 구건물을 철거하고 새로 건물을 신축한 경우에도 위 규정의 적용이 있다고 한다(대법원 2005. 2. 18. 선고 2004두5522 판결).

7) 대법원 2004. 3. 11. 선고 2003두10824 판결.

한 거래형식을 취함으로써 통상의 합리적인 거래형식을 취할 때 생기는 조세의 부담을 경감 내지 배제시키는 행위계산을 조세법적으로 부인하여 과세상 시정하는 것을 말하고,[8] 그 규정취지는 법인과 특수관계 있는 자와의 거래가 거래형태를 빙자·남용함으로써 경제적 합리성을 무시한 경우 객관적으로 타당하다고 인정되는 소득이 있었던 경우와 똑같이 과세함으로써 과세형평을 기하고자 함에 있다.

대법원 또한 소득세법상 부당행위계산 부인규정의 입법취지에 대하여 "거주자의 행위 또는 계산이 객관적인 사실에 합치되고 또한 법률상 유효·적법한 것으로서 회계상으로는 정확한 계산이라 하더라도, 그 행위나 계산이 특수관계자간의 거래이고 저가양도 등 객관적으로 조세의 부담을 부당하게 감소시키는 유형의 거래에 해당되는 경우에는 세법상 이를 부인하여 정부가 법령이 정하는 방법으로 소득금액을 계산하는 제도로서, 이는 실질과세 원칙을 구체화하여 공평과세를 실현하고자 하는 데에 그 입법 취지가 있다고 할 것"이라고 판시하고 있다.[9]

여기서의 행위란 대외적 관계에 있어서 법률효과를 발생하는 법률행위를 가리키고, 계산이란 거주자의 대내적 관계에 있어서의 회계처리를 의미한다.[10] 부당행위계산부인의 대상이 되는 행위 등이란 법률상 적법·유효한 행위 등을 의미한다. 부당행위계산은 납세의무자가 통상적이라고 생각되는 행위 또는 형식을 선택하지 아니하고 이상성을 띤 행위 또는 형식을 선택하는 경우에 성립하는데 여기에서 행위 등의 이상성을 판단하는 기준이 문제되는데 어떤 행위가 사회통념이나 관습에 비추어 경제적으로 합리성이 있는지의 여부를 당해 행위의 이상성을 판단하는 일차적인 기준으로 삼고 경제적 합리성의 유무는 합리적인 경제인이 통상적으로 선택할 거래를 그 판단기준으로 삼는 것이 일반적이다.[11] 그 판단 기준시점은 거래 당시이다.[12] 납세의무자의 주관적인 조세회피의사는 별도의 요건으로 요구되지 않는다.[13]

이와 관련하여 소득세법(이하 '소법'이라 함)에서는 "납세지 관할세무서장 또는 지방국세청장은 부동산임대소득·사업소득·일시재산소득·기타소득 또는 산림소득이 있는 거주자의 행위 또는 계산이 그 거주자와 특수관계 있는 자와의 거래로 인하여 당해소득에 대한 조세의 부담을 부당하게 감소시킨 것으로 인정되는 때에는 그 거주자의 행위 또는 계산에 관계없이 당해 연도의 소득금액을 계산할 수

---

8) 이창희, 『세법강의』(박영사), 2008, 365면; 임승순, 『조세법』(박영사), 2008, 681면.
9) 대법원 2001. 6. 15. 선고 99두1731 판결.
10) 임승순, 상게서, 443면.
11) 대법원 1997. 2. 14. 선고 95누13296판결.
12) 대법원 1992. 11. 24. 선고 91누6856판결.
13) 대법원 1992. 11. 24. 선고 91누6856판결.

있다14)"고 하여 이른바 '부당행위계산 부인'에 대하여 규정하고 있는데, 이와 같이 소득세법상 부당행위계산부인은 '거주자와 특수관계 있는 자와의 거래'를 전제로 하고 있음을 알 수 있다.

4. 공동사업장에 대한 소득금액의 계산 방법과 관련하여

부동산임대소득 또는 사업소득이 발생하는 사업을 공동으로 경영하고 그 손익을 분배하는 공동사업(경영에 참여하지 아니하고 출자만 하는 대통령령이 정하는 출자공동사업자를 포함한다)의 경우에는 해당사업을 경영하는 장소(공동사업장)를 1거주지로 보아 공동사업장별로 그 소득금액을 계산한다.15) 위 출자공동사업자란 공동사업에 성명 또는 상호를 사용하게 하거나 공동사업에서 발생한 채무에 대하여 무한책임을 부담하기로 약정하지 않은 자로서 공동사업의 경영에 참여하지 아니하고 출자만 하는 자를 말한다.16)

예컨대 거주자단위로 계산하도록 되어 있는 접대비 및 기부금의 한도액을 공동사업 등의 경우에는 공동사업장을 1거주자로 의제하여 당해 공동사업장 단위로 계산하게 된다. 감가상각비의 범위액 계산과 시·부인계산도 마찬가지이다. 이는 소득금액의 거주자별 확정원칙에 대한 예외인데 공동사업장에서 발생하는 소득금액은 원칙적으로 대표공동사업자의 주소지관할세무서장이 행하기 때문에 과세절차의 편의상 공동사업장을 하나의 소득금액 산정단위로 의제한 것이다. 공동사업장에 대한 소득금액이 확정되면 당해 금액을 각 조합원의 지분 또는 손익분배의 비율에 의하여 각 조합원에게 배분한다. 공동사업장에 관련된 가산세액도 마찬가지이다.17)

공동사업장에서 발생한 결손금은 각 공동사업자별로 분배되어 그들의 다른 소득금액과 통산하여 과세표준을 산정하며, 그 과세기간에 공제하지 못한 결손금은 각자별로 이월되어 다음 과세기간 이후의 소득금액에서 이월결손금으로 공제받게 된다. 이월결손금이 공동사업장 단위로 이월된다든지, 또는 공동사업장의 소득금액에서 이월결손금을 공제하여 이월결손금 공제 후의 소득금액을 분배하는 방식이 아니다.

사업자가 자산을 공유 또는 합유하거나 공동으로 사업을 경영하는 경우에는 그 지분 또는 손익분배의 비율에 의하여 분배되었거나 분배될 소득금액에 따라 각 거주자별로 그 소

---

14) 소법 제41조 제1항.
15) 소법 제43조 제1항.
    2009년부터 민법상의 조합, 상법상의 익명조합 및 인적회사는 관할세무서장의 승인을 받아 조특법에 따른 동업기업으로 과세받을 수 있다(이창희, 『세법강의』(박영사), 2008, 533면 참조).
16) 소령 제100조 제1항.
17) 소법 제87조 제2항.

득금액을 계산한다.[18] 분배될 소득금액을 포함하므로 공동사업장에서의 각 조합원에 대한 소득금액의 현실적인 분배가 반드시 요구되는 것이 아니다.

　　따라서 설사 조합원 등이 공동사업장에서 발생한 소득을 분배하지 아니하고 그 공동사업장에 유보하기로 의결하였다고 하더라도 이는 효력이 없고, 그 공동사업장 단위의 소득금액으로 보아 각자에게 분배·귀속시키게 된다.[19] 이와 같이 각자에게 배분된 소득금액과 그 자의 다른 소득금액을 합산하여 각자의 소득세를 산정하는 것이다. 따라서 대상사안에서와 같이 공동사업자 중 1인이 당해 공동사업장에 토지를 무상으로 제공하였을 때 부당행위계산부인 규정이 적용될 수 있는지가 문제된다 할 것이다.

5. 대상사안에 대한 부당행위계산부인 규정의 적용 여부

　　소법 제43조 제1항은 "제87조에 규정하는 공동사업장에 대한 소득금액계산에 있어서는 당해 공동사업장을 1거주자로 본다"고 하고 있고, 제2항은 "사업자가 자산을 공유 또는 합유하거나 공동으로 사업을 경영하는 경우에는 그 지분 또는 손익분배의 비율에 의하여

분배되었거나 분배될 소득금액에 따라 각 거주자별로 그 소득금액을 계산한다"고 하고 있으며, 소법 제87조에 규정하는 공동사업장이란, 부동산임대소득·사업소득 또는 산림소득이 있는 공동사업을 경영하는 장소를 의미한다.[20] 결국 공동사업장에 발생한 소득금액에 대하여 과세를 함에 있어서 공동사업장을 1거주자로 보아 계산한 소득금액에 대하여 공동사업자별 지분 또는 손익분배의 비율에 의하여 계산한 소득금액을 각 공동사업자의 소득으로 보아 과세를 하게 됨을 알 수 있다.

　　이와 같이 공동사업자들은 1거주자에 해당하는 공동사업장에 자신의 자산 등의 투자 대가로 소득을 취득한다고 볼 것이므로 공동사업자 상호간에 직접적인 거래관계를 상정할 수는 없다. 그렇다면 특수관계 있는 자와의 거래관계를 전제로 하고 있는 소법 제41조 제1항의 부당행위계산 부인규정은 공동사업장에 대한 소득금액계산에 있어서 적용될 여지는 없다고 할 것이다.[21]

　　다만, 공동사업자가 지분 또는 손익분배의 비율에 의하여 소득금액을 계산하지 아니하고, 아무런 대가 없이 원래의 지분 등 비율보다 적은 소득금액을 취득하는 경우에는 당해 공동사업자가 타방 공동사업자에게 증여한 것으로 볼 수 있을 것이므로 과세관청의 입장

18) 소법 제43조 제2항.
19) 대법원 1990. 9. 28. 선고 89누7306 판결.
20) 소법 제87조 제1항.
21) 정재훈, "2005년도 소득세법 판례회고", 『조세법연구』, 12-1(2006. 7.), 397면.

에서는 공동사업자간의 지분 등 비율이 합리적인 것인지, 공동사업자간에 정해진 지분 등 비율에 따라 소득배분이 이루어졌는지 등을 조사하여 증여세를 과세하는 방법을 고려해 볼 수 있을 것이다. 특히 대상판결의 사안에서도 특수관계인 간의 부동산 무상사용에 대하여[22] 상증세법 제37조에 증여세 과세대상으로 규정하고 있으므로 과세관청은 위 규정에 의하여 원고에 대하여 증여세를 과세할 수 있을 것으로 보이고, 대상판결과 달리 당사자들이 특수관계인이 아니라고 하더라도 현행 상증세법은 증여의제란 특정한 거래사실이 세법에서 규정한 과세요건과 동일한 경우에는 그 형식이 민법상 증여와 다르더라도 증여와 같은 것으로 취급하여 증여세를 과세하는 것으로서 이는 증여의사나 증여계약체결 여부 등을 불문하여 증여세 과세대상인 증여의 개념을 민법상의 증여에 한정하고 있지 아니하므로 공동사업자 사이에 특수관계가 없다고 하더라도 일방의 공동사업자가 자기 소유의 부동산을 다른 공동사업자에게 무상으로 사용하도록 하는 경우 과세관청은 위 무상사용에 대하여 증여세를 과세할 수 있을 것이다.[23]

6. 이 판결의 의의

결국 공동사업자 중 1인이 당해 공동사업장에 토지를 무상으로 제공한 경우가 부당행위계산 부인대상이 되지 않는다고 판시한 이 사건 대법원판결은 위와 같은 점에서 그 타당성을 인정할 수 있고 소득세법상 부당행위계산부인과 상증세법상 증여의제제도상의 적용문제를 세법적으로 조정하여 공동사업장 중 1인의 당해 공동사업장에 토지를 무상으로 제공하였다고 하더라도 부당행위계산부인규정이 적용될 여지가 없다는 점을 분명히 한 의미 있는 판결이라 할 것이다.

---

22) 이동식, 전게논문 89면. 이때의 약정은 반드시 명시적인 약정일 필요는 없지만 적어도 의사에 반하는 또는(명시적이든 묵시적이든)동의를 구하지 않은 경우는 포함되어서는 안 된다고 본다. 예컨대, 특수관계에 있는 납세의무자가 자신과 특수관계에 있는 납세의무자의 토지 위에 불법적으로 건물을 지어 영업을 하고 있는 경우는 여기서 말하는 토지의 무상사용관계가 되지 않는다는 것이다.
23) 同旨: 정재훈, 전게논문, 398면.

참고문헌

이동식, 소득세법상 부당행위계산부인과 상속세및증여세상 증여의제의 관계, 『조세법연구』, 8-2, 세경사.

이창희, 『세법강의』, 박영사, 2008.

이태로·안경봉, 『조세법강의』, 박영사, 2001.

임승순, 『조세법』, 박영사, 2008.

정재훈, 2005년도 소득세법 판례회고, 『조세법연구』, 12-1, 세경사.

양도소득세 비과세 요건인 '귀농 후 최초로 양도하는 1개의 일반주택'의 의미

사건의 표시 : 대법원 2005. 12. 23. 선고 2004두10869 판결

▪ 사실개요 ▪

1) 원고의 남편인 갑은 1993. 4. 27. 서울 양천구 신정동 소재 아파트(이하 '①주택'이라 한다)를 취득하였고, 1995. 9. 11. 영농의 목적으로 아산시 영인면 소재 주택(대지 408㎡, 연면적 189.34㎡, 이하 '②주택'이라 한다)을 취득하였으며, 그 무렵 아산시 영인면 소재 답 4,717㎡를 취득하여 1995. 9. 6. 위 ②주택으로 전입하여 거주하였으며, 원고도 1997. 5. 31. 영농에 종사하기 위하여 위 ②주택으로 전입하여 계속 거주하였고, 위 갑은 1999. 8. 14. 사망하였다.

2) 한편 원고는 갑의 사망 전인 1999. 3. 12. 화성시 비봉면 소재 건물(이하 '③주택'이라

한다)을 취득하고, 1999. 3. 22. 위 갑과 결혼하였으며, 1999. 8. 14. 갑의 사망으로 위 ①주택 및 ②주택을 상속받은 다음, 2002. 1. 3. 위 ③주택을 양도하였으나, 양도차익이 발생하지 않아 양도소득세는 납부하지 않았다.

3) 원고는 2002. 2. 4. 위 ①주택을 양도하였으며 피고는 이에 대하여 2002. 10. 8. 원고에게 양도소득세 16,014,490원을 부과하는 처분(이하 '이 사건 처분'이라 한다)을 하였다.

---

* 이준봉(성균관대학교 법학전문대학원 교수, 변호사, 법학박사, 경영학박사).

▪ 판결요지 ▪

가. 구 소득세법 시행령(2003. 12. 30. 대통령령 제18173호로 개정되기 전의 것, 이하 '시행령'이라 한다) 제155조 제7항 본문에서는 도농 간 교류를 촉진하여 농어촌주택에 대한 수요를 유지하고 농어촌주택의 정비를 촉진하기 위한 정책적인 목적에서, 농어촌주택과 그 외의 주택(이하 '일반주택'이라 한다)을 각각 1개씩 소유하고 있는 1세대가 일반주택을 양도하는 경우에 1개의 주택을 소유하고 있는 것으로 보아 양도소득세를 부과하지 않는다는 내용을 규정하고, 그 제3호에서는 본문에서 규정하는 '농어촌주택'의 하나로 '영농의 목적으로 취득한 귀농주택'을 들고 있으며, 같은 조 제11항은 귀농으로 인하여 세대전원이 농어촌주택으로 이사하는 경우에는 귀농 후 최초로 양도하는 1개의 일반주택에 한하여 위 제7항 본문의 규정을 적용한다고 규정한다.

나. 위 법조 제11항의 규정 취지는 농어촌주택과 일반주택을 각 1개씩 보유하던 1세대가 일반주택을 양도하면서 '위 제7항에 따라 비과세적용을 받고도' 그 후 다시 다른 일반주택을 취득하여 양도하는 행위를 반복하는 경우 그에 대하여도 계속 위 제7항을 적용하여 비과세하는 것은 타당하지 아니하므로, 그러한 경우에는 '위 제7항에 따른 비과세요건을 갖춘 상태'에서 최초로 양도하는 1개의 일반주택에 한하여 비과세 혜택을 주겠다는 것

으로 보인다. 이 점을 감안하면, 위 제155조 제11항에 정해진 '귀농 후 최초로 양도하는 1개의 일반주택'은 귀농 후 '비과세요건이 갖추어지지 아니한 상태'에서의 일반주택 양도는 제외하고, 1개의 일반주택과 1개의 귀농주택을 보유함으로써 위 제7항의 비과세요건이 갖추어진 상태에서 1개의 일반주택을 최초로 양도하는 경우를 의미한다고 할 것이다.

다. 원심이, 원고가 시행령 제155조 제7항의 비과세요건을 갖춘 1개의 일반주택과 1개의 귀농주택을 보유하고 있는 세대에 속하여 있으면서 1개의 다른 일반주택을 취득하였다가 양도한 것은 1세대 3주택 상태에서 양도한 것으로 위 제7항의 비과세요건을 갖추지 못한 것이므로 위 제11항에 정해진 '귀농 후 최초로 양도하는 1개의 일반주택'에 해당하지 않고, 이 사건 양도 당시에는 1개의 일반주택과 1개의 귀농주택을 보유하여 위 제7항의 비과세요건을 갖춘 상태에서 1개의 일반주택을 양도한 것이고 종전에 비과세 혜택을 받은 바 없으므로 위 제11항에 정해진 '귀농 후 최초로 양도하는 1개의 일반주택'에 해당하여 양도소득세 비과세대상이 된다는 취지로 판단한 것은 위의 법리에 따른 것으로서 정당하다.

▸ 해 설 ◂

1. 쟁점

본건 쟁점은 구 소득세법 시행령 제155조 제11항에서 정한 양도소득세 비과세 요건인 '귀농 후 최초로 양도하는 1개의 일반주택'의 의미에 관한 것이다.

2. 기왕의 평석 및 문제점

본 판례는 구 소득세법 시행령 제155조 제11항의 입법취지에 따라 위 제11항의 적용범위를 좁혀 해석함으로써 현실적으로 불합리한 결과를 방지하는 타당한 판단을 하였으나, 이에 대하여 1개의 귀농주택과 1개의 일반주택을 보유한 자가 결혼에 의하지 않고 직접 1개의 일반주택을 추가로 취득한 후 일반주택을 차례로 양도하는 경우에는 문제가 있을 수 있다는 점을 지적하는 다음과 같은 견해가 있다.[1]

1) 이 사건의 원고는 1개의 귀농주택과 2개의 일반주택을 보유하고 있다가 2개의 일반주택을 차례로 양도하였는데, 그 중 어느 주택을 구 소득세법 시행령 제155조 제11항에서 말하는 '귀농 후 최초로 양도하는 1개의 일반주택'으로 볼 것인가 하는 것이 문제되었다. 위 제11항의 규정은 같은 조 제7항의 규정의

적용범위를 제한하는 규정인데, 이 사건의 경우 우선 '귀농 후 최초로 양도'한 주택인 ③주택의 경우에는 양도 당시 원고가 2개의 일반주택을 보유하고 있었으므로 귀농주택과 일반주택을 각 '1개씩'만 보유하여야 한다는 위 제7항의 적용요건을 충족하지 못하여 비과세 문제가 제기되지 아니한다. 그런데, 원고가 그 후 ①주택을 양도하는 시점에서는 위 제7항의 적용요건이 충족되어 양도소득세가 비과세되어야 하나, ①주택의 경우에는 '귀농 후 최초로 양도하는' 주택이 아니라 '귀농 후 두 번째로 양도하는' 주택에 해당하여 위 제11항의 적용에 의하여 양도소득세가 비과세될 수 없다는 주장이 있을 수 있다.

2) 실제 위 제11항의 문언을 문리 그대로 해석한다면 이러한 결론을 피할 수 없게 되지만, 대법원은 이 사건 판결에서 양도소득세 비과세의 예외규정(말하자면 '예외규정의 예외규정'이 될 것이다)인 위 제11항의 입법취지를 먼저 찾은 후, 이러한 입법취지에 따라 위 제11항의 적용범위를 좁게 해석한 것이다. 실제로 사망한 원고의 남편은 도시 지역에 원래 1개의 일반주택을 보유하다가 그 후 영농 목적으로 1개의 귀농주택을 취득함으로써, 그 후 일반주택을 양도할 경우 그에 관한 양도소득세를 비과세 받을 수 있는 지위에 놓이게 되던바, 그 후 또 다른 일반주택을 1개 보유하고 있는 배우자를 맞이하였다는 이유만으로 남편 본인

---

1) 윤지현·강승모, "2006년도 소득세법 판례회고", 『조세법연구』, 13-1(2007. 4), 349-350면.

이나 그 지위를 상속한 원고가 원래 1개의 일반주택에 관하여는 받을 수 있었던 양도소득세 비과세의 혜택조차 더 이상 누리지 못하게 된다는 것은 합리적인 결론이라고 보기 어렵다. 이 사건 판결은 위 제11항의 입법취지에 따라 그 적용범위를 좁히는 해석을 함으로써 이러한 현실적으로 불합리한 결과를 방지하고 보다 타당한 결과에 이르는 판단을 하였다는 데에 그 의의가 있다.

3) 그러나 만약 1개의 귀농주택과 1개의 일반주택을 보유한 자가 결혼에 의하지 않고 직접 1개의 일반주택을 추가로 취득한 후 일반주택을 차례로 양도하는 경우에는 어떻게 될 것인가? 이 판결의 설시내용에 따르면 이 경우에도 두 번째 양도하는 일반주택에 대하여는 양도소득세 비과세의 혜택이 주어져야 할 것으로 생각된다.

4) 필자 역시 위 견해를 기본적으로 지지하며 위 견해가 지적하는 문제점이 발생할 수 있다고 생각한다. 즉 판례의 해석을 그대로 관철한다면 일반주택이 2채 이상인 경우에도 일반주택이 1채에 이를 때를 기다려서 그 경우 판매되는 일반주택을 위 제11항의 일반주택으로 의제하여 위 제7항의 비과세특례를 부여하게 될 것인바, 이는 위 판례가 고려한 법의 취지에 오히려 반하는 것이라고 생각한다. 또한 "귀농후 최초로 양도하는 1개의 일반주택에 한하여 제7항 본문의 규정을 적용한다"라는 위 제11항의 문언을 "귀농 후 제7항의 요건을 갖

춘 상태에서 최초로 양도하는 1개의 일반주택"으로 해석하는 것은 문언 자체에 비추어 다소 무리하다는 견해 역시 있을 수 있다.

3. 이 판결의 검토 및 의의

1) 다음과 같은 점을 감안할 때에도 위 판례의 해석은 재고할 필요가 있다. 비과세특례의 요건을 갖춘 원고의 남편이 일반주택을 1개 보유하고 있는 배우자와 혼인함으로 인하여 남편 본인이나 그 지위를 상속한 원고가 양도소득세 비과세의 혜택을 받을 수 없다고 해석하는 것에는 불합리한 측면이 있다. 그러나 이 문제는 위 판례와 같이 해석하기 보다는 동조 제5항의 혼인으로 인한 비과세특례조항을 신축적으로 해석하는 것에 의하여 다음과 같이 해결하는 것이 보다 타당하다고 생각한다.

2) 동조 제5항은 "1주택을 보유하는 자가 1주택을 보유하는 자와 혼인함으로써 1세대가 2주택을 보유하게 되는 경우 그 혼인한 날부터 2년 이내에 먼저 양도하는 주택은 이를 1세대 1주택으로 보아 제154조 제1항의 규정을 적용한다."고 규정하여 1주택을 보유하는 자가 1주택을 보유하는 자와 혼인하는 경우에는 2년 내에(본건 사안 당시에는 3년 이내) 먼저 양도하는 주택을 1세대 1주택으로 의제하고 있다. 따라서 추가적인 주택의 취득이 없다면 2주택 모두에 대하여 1세대 1주택의 법적 지위

가 부여된다.

위 제5항을 적용함에 있어서 "1주택을 보유하는 자"라는 요건에 "비과세특례가 적용되어 1세대 1주택으로 의제되는 경우" 역시 포함되는 것으로 해석한다면 본건 의 경우 본건 ③주택의 매매의 경우뿐만 아니라 본건 ①주택의 매매의 경우에도 모두 위 제5항이 적용되어 양도소득세 비과세특례의 적용을 받을 수 있게 되어 위 문제점을 해결할 수 있었을 것으로 보인다. 본건의 경우 그 적용 당시의 규정에 따라 혼인 후 3년 이내에 주택을 양도해야하는 당시의 요건을 충족하고 있다. 혼인한 배우자가 사망한 경우에도 혼인으로 인하여 2주택이 1세대에 귀속되었다는 사정에는 변화가 없는 것이므로 그 해당 주택의 처분에 있어서 위 비과세특례가 여전히 적용되어야 하는 점에는 의문이 없을 것으로 생각한다.

3) 이렇게 해석한다면, 지나치게 법문언에 반하는 해석을 피하면서도 본 판례에서 염두에 둔 불합리한 사정을 해결할 수 있고, "만약 1개의 귀농주택과 1개의 일반주택을 보유한 자가 결혼에 의하지 않고 직접 1개의 일반주택을 추가로 취득한 후 일반주택을 차례로 양도하는 경우" 등에 위 판시가 확장하여 적용되는 것을 막을 수 있을 뿐만 아니라 이러한 해석은 1세대 1주택 관련 비과세특례요건이 중복하여 적용되는 다른 경우에도 유추하여 적용할 수 있는 이점이 있다고 생각한다.

참고문헌

윤지현·강성모, "2006년도 소득세법 판례회고", 『조세법연구』, 13-1(2007. 4.).

증권예탁제도하에서의 주식양도가 소득세법 시행령 제162조 제5항의 "양도한 자산의 취득시기가 분명하지 아니한 경우"에 해당되는지 여부[1]

사건의 표시 : 대법원 2006. 5. 25. 선고 2006두2725 판결

▪ 사실관계[2] ▪

가. 원고는 1999. 12. 31. 현재 주식회사 엔씨소프트(이하 '소외 회사'라 한다) 발행주식 114,548주를 소유하였는바, 그 남편 소유의 소외 회사 발행주식 103,598주를 합하여 소유주식수가 218,146주가 되었고 이로 인하여 소외 회사의 총발행주식 4,500,000주의 3%를 초과함에 따라 소외 회사의 대주주가 되었다.

나. 원고는 소외 회사가 2000. 7. 4. 한국

증권업협회 중개시장(이하 '코스닥시장'이라 한다)에 등록되자 2000. 8. 9.부터 2000. 12. 26.까지 대신증권 목동지점(이하 '대신증권'이라 한다)에 개설된 위탁자계좌를 통하여 코스닥시장에서 소외 회사 발행주식 24,800주를 매수하고 55,508주를 양도한 후, 양도가액을 5,467,087,100원으로, 취득가액은 대신증권 위탁계좌원장에 기재된 소외 회사 주식의

---

* 이준봉(성균관대학교 법학전문대학원 교수, 변호사, 법학박사, 경영학박사).

1) 본 판례평석은 필자의 게재논문인 이준봉, "증권예탁제도 하에서의 주식양도가 '양도한 자산의 취득시기가 분명하지 아니한 경우'에 해당되는지 여부 – 대법 2006. 5. 25. 선고 2006두2725 – ", 『계간 세무사』, 제128호(2011), 89면 이하의 내용을 정리한 것임.
2) 제1심 판결의 인정사실에 기초한 것임.

입고일과 매수일을 기준으로 나중에 취득한 주식을 먼저 양도한 것(후입선출법)으로 계산한 2,094,888,270원으로 하여 양도소득세 301,227,160원을 신고·납부하였다.

다. 이에 대하여 피고는, 위 양도주식의 취득시기가 주권발행번호 등으로 확인되지 아니하여 취득시기가 분명하지 아니하다는 이유로 소득세법(2000. 12. 29. 법률 제6292호로 개정되기 전의 것, 이하 같다) 제98조, 소득세법 시행령(2000. 12. 29. 대통령령 제17032호로 개정되기 전의 것, 이하 같다) 제162조 제5항에 의하여 먼저 취득한 주식을 먼저 양도한 것(선입선출법)으로 보고 취득가액을 27,754,000원으로 재계산하여 2004. 6. 24. 원고에게 2000년도 귀속 양도소득세 340,550,820원을 경정·고지하는 이 사건 처분을 하였다.

라. 코스닥시장에서도 한국증권거래소에 상장된 주식과 마찬가지로 주식의 실물보유에 따른 분실·도난 등 사고의 위험, 실물교부로 인한 거래 시 발생하는 수납업무의 복잡함, 주권발행비용의 증가 등을 이유로 구 증권거래법 제174조 및 제174조의2의 각 규정에 따라 증권회사 또는 고객이 소유한 주식을 모두 증권예탁원에 예탁하여 예탁자 또는 고객의 계좌부에 그들이 예탁한 주식의 발행인, 종류, 종목 및 수량을 기재하도록 하고, 그 이후의 주식거래에 있어서는 주식실물의 교부를 수반하지 않고 코스닥시장의 주식거래시스템에 따라 계좌부상으로 주식을 매수한 경우 그 주식이 입고된 것으로, 주식을 매도한 경우 그 주식이 출고된 것으로 기재하게 된다.

마. 모든 증권회사는 구 조감법의 시행 이후 현재까지 구 조감법 시행령 제80조 제7항의 규정 취지와 고객의 이익을 고려하여, 고객이 주식의 양도 당시 특별히 양도되는 주식을 특정하지 아니하는 이상 나중에 취득한 주식이 먼저 출고되는 방식으로 처리하여 고객의 계좌를 관리하여 오고 있다.

바. 원고의 계좌를 관리하던 대신증권 역시 '주식출고시 매수일자를 입력하지 않으면 후입선출법에 의해 자동출고처리됨'이라고 기재되어 있는 1999. 2. 18. 자 업무매뉴얼에 따라, 원고가 소외 회사 주식을 매도한 경우 후입선출법에 의하여 고객계좌부(거래원장)의 기재일(입고일 또는 매수일)상 나중에 매수 또는 입고한 주식부터 매도한 것으로 자동처리되는 방식으로 원고의 계좌를 관리하여 왔다.

▪ 판결요지 ▪3)

가. 구 증권거래법 제174조 제4항은 '예탁원은 예탁유가증권을 종류·종목별로 혼합하여 보관할 수 있다'라고, 동법 제174조의3 제1항은 '고객계좌부와 예탁자계좌부에 기재된 자는 각각 그 유가증권을 점유하는 것으로

3) 하급심(서울행정법원 2005. 9. 13. 선고 2005구단3434 판결)의 판단 역시 포함하여 정리한 것이다.

본다'라고, 동조 제2항은 '고객계좌부와 예탁자계좌부에의 대체의 기재가 유가증권의 양도 또는 질권설정을 목적으로 하는 경우에는 유가증권의 교부가 있었던 것과 동일한 효력을 가진다'라고, 동법 제174조의4 제1항은 '예탁자의 고객과 예탁자는 각각 고객계좌부와 예탁자계좌부에 기재된 유가증권의 종류·종목 및 수량에 따라 예탁유가증권에 대한 공유지분을 가지는 것으로 추정한다'라고 각 규정한다. 따라서 주식의 보유자가 코스닥시장에서 매매거래를 하기 위하여서는 의무적으로 주식을 증권예탁원에 집중예탁하여야 하고, 주식의 혼합보관에 의하여 예탁주식에 대한 고객이나 예탁자의 단독소유권은 소멸되고 공유지분권으로 변경된다. 이를 감안한다면 주식의 집중예탁은 수수료를 받고 주식을 보관하는 혼장임치계약과 주식의 계좌대체, 원리금의 수령 등의 임무를 수행하는 위임계약관계이고, 고객과 예탁자는 주식의 총량에 대한 공유자로서 예탁한 주식과 동일한 주식의 반환을 청구할 수 있는 것이 아니라 동종·동량의 주식만을 청구할 수 있다.

나. 증권예탁제도 하에서는 목적물반환청구권의 양도에 의하여 예탁주식에 대한 지분을 이전하는 방식이 이용되고, 고객계좌부나 예탁자계좌부 상 계좌대체로서 주식의 교부와 동일한 효력이 발생한다.

다. 또한, 앞서 인정한 사실관계에 의하면, 대신증권을 포함한 모든 증권회사들은 고객계좌의 잔고주식을 취득일자별(입고일 또는 매수일)로 구분·관리하게 되었고, 구 조감법 시행령 제80조 제7항에 따라 그 중 일부가 양도되는 경우 후입선출법에 따라 계좌상 나중에 취득한 주식을 먼저 양도한 것으로 관리하는 방식으로 회계처리를 하여 왔고 이는 관행으로 정착되었다. 따라서 과세관청은 이를 존중하여야 한다.

라. 결국, 증권예탁제도 하에서 증권예탁원에 예탁(혼장임치)된 주식의 양도는 목적물반환청구권의 양도에 의하여 예탁주식의 지분을 이전하는 방식으로 이루어질 뿐 실제 주권을 양도하지는 아니함에 따라 양도주식을 주권 자체로 특정할 수는 없는 점, 예탁자인 증권회사의 고객계좌부상 계좌대체의 기재는 주식교부와 동일한 효력이 있어 이를 단순히 주식의 양도가 행해지지 않는 계좌상의 이동에 불과하다고 볼 수 없는 점, 대신증권은 다른 증권회사들과 마찬가지로 고객의 장기보유주식 확인을 위하여 후입선출법에 의한 양도주식의 특정방식을 업무처리 기준으로 채택하여 운영하여 왔고 원고는 이에 대하여 아무런 이의를 제기하지 아니한 점, 위와 같은 방식에 따라 고객의 계좌가 관리되고 있는 이상 수회에 걸쳐 취득한 같은 종목의 주식 중 일부를 양도한 경우라도 그 양도된 주식을 그 취득일자에 의하여 특정할 수 있는 점, 양도주식은 그 취득당시의 취득가액이 서로 다를 것이어서 적어도 양도소득세 산정을 위한 양도차익

계산에 있어서는 주식을 취득일자별로 특정하여 구분·관리하는 것이 의미가 있다는 점 등을 고려하면, 본건 원고가 양도한 소외 회사 주식이 그 취득일자를 확인할 수 없는 경우에 해당한다고 볼 수 없다.

　　마. 원심이, '원고가 소유하였던 주식회사 엔씨소프트의 주식은 원고의 위임을 받은 대신증권 주식회사에 의하여 후입선출법의 방식에 따라 나중에 취득한 주식이 먼저 양도되는 방식으로 거래가 이루어졌으므로, 양도한 주식의 취득시기가 분명하지 아니한 경우에 해당하지 않는다'라고 한 제1심의 판단을 유지한 것은 정당하다.

▶ 해 설 ◀

1. 쟁점

　　본건의 쟁점은 증권예탁제도하에서의 고객계좌부 또는 예탁자계좌부 상 계좌대체를 통한 주식양도가 소득세법 시행령 제162조 제5항의 "양도한 자산의 취득시기가 분명하지 아니한 경우"에 해당되는지 여부이다.

2. 이 판결의 검토

　　1) 소득세법 시행령 제162조 제5항은 "제1항 내지 제4항의 규정을 적용함에 있어서

양도한 자산의 취득시기가 분명하지 아니한 경우에는 먼저 취득한 자산을 먼저 양도한 것으로 본다."고 규정하고 있는바, 이는 취득시점 및 매입가격은 각 기록하였더라도 실제 매출한 자산이 어느 시점에 취득한 것인지 여부를 특정하지 못한다면, 이 역시 위 제5항의 "취득시기가 분명하지 않은 경우"에 해당한다는 의미로 해석하여야 한다.

　　만약 매입 당시 그 매입시기를 기록하지 않은 경우에는 원천적으로 양도자산을 어느 시점에 취득한 것인지 및 어느 자산이 먼저 취득되었는지 여부를 알 수가 없으므로 개별법, 선입선출법 및 후입선출법 중 어느 하나의 방법도 적용할 수 없다. 그럼에도 불구하고 위 제5항의 "취득시기가 분명하지 아니한 경우"를 해당 자산의 취득시기를 알 수 없는 경우로 해석한다면, 법은 선입선출법을 원천적으로 적용할 수 없는 경우에 대하여 선입선출법을 적용하라고 규정하는 것과 다르지 않다. 이는 모순이다. 물론 취득시점을 모르더라도 취득시점의 가격만을 알 수 있다면 총평균법은 적용할 수 있을 것이나, 매입시점에 가격만을 기록하고 그 시점을 알 수 없다는 것은 비현실적인 예에 불과하므로 이하 논의에서 배제한다. 따라서 위 제5항의 "취득시기가 분명하지 아니한 경우"는 취득시점 및 취득가액은 각 기록하였으나 양도된 해당 자산이 실제 어느 시점에 취득한 것에 해당하는지 여부를 특정하지 못하는 경우를 가리키는 것으로 해석

되어야 한다.

2) "취득시기가 분명하지 않은 경우"의 의미가 위와 같은 이상 "취득시기가 분명한 경우"는 각 매각된 주식에 대응된 각 취득가액을 특정할 수 있는 경우를 의미한다고 할 것이다. 이는 원칙적으로 취득가액을 개별법으로 기록하고 그 주식을 별도로 보관하였을 경우에만 가능하다. 개별법은 각 매각주식에 대응하는 실제 취득가액을 특정할 수 있는 경우에만 적용할 수 있는 방법으로서 각 매각주식에 대한 해당 실제 취득가액을 특정하여 알 수 없는 경우 즉 "취득시기가 분명하지 않은 경우"에는 원천적으로 적용할 수 없는 방법이다.

이에 반하여 개별법 외 "선입선출법 및 후입선출법"은 실제 매각물량의 각 취득시기 및 취득가액을 특정할 수 있는 경우뿐만 아니라, 실제 매각물량에 대응하는 취득시기 및 취득가액을 특정할 수 없는 경우에도 각 취득일자와 취득가액에 대한 자료가 있다면 실제 매각물량이 흐름과 상관없이 그 매입기록만에 의하여 취득원가를 정할 수 있는 방법이다.

3) 상술한 바와 같이 주식의 보유자가 코스닥시장에서 매매거래를 하기 위하여는 의무적으로 주식을 증권예탁원에 집중예탁하여야 하고, 그 주식의 혼합보관에 의하여 예탁주식에 대한 고객이나 예탁자의 단독소유권은 소멸되고 공유지분권으로 변경된다. 따라서 고객과 예탁자는 주식의 총량에 대한 공유자

로서 예탁한 주식과 동일한 주식의 반환을 청구할 수 있는 것이 아니라 동종·동량의 주식만을 청구할 수 있으므로, 증권예탁제도 하에서는 주식의 매입시점 및 매입가격에 대한 기록을 특정하여 기록한다고 하더라도 양도주식이 실제 어느 시점에 취득된 것인지를 알 수는 없다.

이에 대하여서는 양도되는 주식을 주권 자체로 특정할 수 없다는 점을 인정하면서도 양도되는 공유지분권을 취득일자에 따라 특정하는 것은 기술적으로 가능하기 때문에 본건 양도는 취득시기가 분명한 경우에 해당된다는 주장이 있다.[4]

그러나 당사자는 특정된 개별 주식을 매입하여 해당 주식이 예탁되는 과정에서 해당 매입주식뿐만 아니라 기왕 소유한 주식을 포함한 전제 주식에 대한 공유지분권으로 전환되는 것이고 주식을 매각하는 시점에는 그 매각 당시까지 잔존해 있는 모든 주식에 대한 공유지분권에 상응하는 동종·동량의 주식을 매도하는 것에 불과할 뿐 고객과 예탁자는 예탁한 주식과 동일한 주식의 반환을 청구할 수 있는 것이 아닌 것이므로 공유지분의 각 취득일자를 특정하더라도 매각주식에 해당하는 매입주식의 취득시기를 특정할 수 없는 것은 마찬가지이다. 또한 주권이 교부되지 않고 고객계좌부나 예탁자계좌부 상 계좌대체로서 코스닥주식 및 상장주식이 양도된다고 하더라도

---

4) 서울고등법원 2006. 12. 21. 선고 2005누27163 판결 참조.

이 경우 고객계좌부나 예탁자계좌부에의 계좌대체에 주식의 교부와 동일한 효력이 부여되는 것이므로 주권이 교부되지 않는다는 사정이 본 논의에 영향을 미치는 것은 아니다.

나아가 각 예탁시점의 공유지분권의 가액을 특정하였다고 하더라도 공유지분을 추가적으로 취득하는 순간 기존의 공유지분은 소멸되고 새로운 공유지분이 형성되므로 취득시기를 특정할 수 없다는 점은 마찬가지이다. 만약 공유지분권의 성격을 그렇게 해석하지 않으면, 동일한 자산에 대한 공유지분권자가 3인인 경우에 그 중 한 당사자가 2회에 걸쳐서 해당 자산을 매입하였다면 동일한 자산에 대하여 5개의 공유지분권이 존재하는 것으로 해석하여야 하는 결과가 된다. 이 결과가 타당하지 않다는 점에 대하여서는 상론을 요하지 않는 것으로 판단한다.

공유지분을 추가적으로 취득하는 순간 종전의 각 공유지분은 독립적인 성격을 상실하여 또 하나의 별도의 지분권을 이루는 것이라면 수회에 걸쳐서 취득한 공유지분권 역시 별도의 공유지분권으로 변동된 상태이므로 그 중 일부 지분권을 매각하는 경우에도 그 매각되는 공유지분에 대응하는 공유지분권이 어느 시점에서의 취득한 것인지를 특정할 수는 없다. 게다가 2010. 10. 27.에서야 증권예탁증권의 양도가 양도소득세의 과세대상이 되었으므로, 본건의 경우에는 증권예탁증권의 양도가 양도소득세의 과세대상이 아니었다. 따라서

공유지분권을 취득일자에 따라 특정하는 것이 기술적으로 가능하고 본건 주식의 처분은 해당 공유지분권의 처분에 해당한 것이므로 본건의 경우는 그 취득시기가 분명한 경우에 해당한다는 위 견해는 타당하지 않다.

4) 모든 증권회사들이 양도주식을 후입선출법에 의하여 처리하여 왔다는 것은 실제 매각주식에 대응하는 각 주식들의 취득시기를 특정할 수 있는지 여부와 상관없이 최종 매입기록 상 가장 나중에 취득된 주식부터 양도된 것으로 가정하여 처리하였다는 것을 의미한다. 따라서 증권예탁제도 하에서 모든 증권회사가 양도주식을 후입선출법에 의하여 처리한다고 하여 이를 들어 본건 양도가 취득시기가 분명한 경우에 해당한다고 판단할 근거는 없다.

5) 소득세법 제94조 제1항 상 양도소득세의 대상자산 중 토지 또는 건물(1호), 부동산에 관한 권리(2호) 및 기타 자산(4호 가목 및 나목)은 통상 소득세법 시행령 제162조 제5항의 취득시기를 정할 수 없는 경우에 해당하기 어려우므로, 사실 상 위 시행령 제162조 제5항은 주식(법 94조 1항 3호 및 4호 다목)의 경우에 적용될 것이다.

주식이 아닌 실물자산의 경우에는 통상 물가가 상승하므로 일반적으로 선입선출법에 의할 경우 양도소득이 크게 계산되어 납세자에게 불리할 수 있지만 주식의 경우에는 가격 변동이 시간의 흐름에 따라 지속적으로 상승

한다는 가정을 할 수 없는 것이므로 취득시기가 분명하지 않은 경우에 선입선출법에 따르도록 규정한다고 하더라도 일반적으로 납세자에게 불리한 결과를 가져 오는 것은 아니다. 단지 본건에 있어서 납세자에게 불리한 결과가 발생하였을 뿐이다.

게다가 상장주식 및 코스닥주식은 대주주의 양도 및 장외시장을 통한 양도의 경우에만 과세되는바 그 경우 양도인들은 대주주라는 지위 및 장외에서의 정보취득능력 등에 근거하여 다른 주주들의 경우에 비하여 가까운 미래에 대하여 앞선 가격예측력을 가진다는 점 및 위 경우에 후입선출법을 적용한다면 위 양도인들은 기왕에 취득가액이 낮은 주식이 향후 가격이 상승할 것이 예상될 때 해당 주식을 취득하고 그 직후 동일한 양의 주식을 매각하는 방법을 통하여 종전의 지분율을 유지하면서도 사실 상 양도차익을 얻을 수 있고 그 당시 양도소득세를 거의 부담하지 않을 수 있게 된다는 점에 각 비추어 보면, 본 판례상 주식양도의 경우에는 그 취득시기가 불분명하다면 오히려 선입선출법을 적용할 필요 역시 있다.

6) 따라서 이 사건 주식양도의 경우는 소득세법 시행령 제162조 제5항 상 '그 취득시기가 분명하지 않은 경우'에 해당하는 것으로 보아 선입선출법을 적용하는 것이 타당하다.

3. 본건 판결의 의의

소득세법 시행령 제162조 제5항의 "취득시기가 분명하지 않은 경우"는 취득시점 및 취득가액은 각 기록하였으나 매출한 자산에 대응되는 자산의 실제 취득시기를 특정하지 못하는 경우를 가리키는 것으로 해석되어야 하므로, 매출한 자산에 대응되는 자산의 실제 취득시기를 특정하지 못한다면 증권예탁제도 하에서 증권회사들이 고객계좌의 잔고주식을 취득일자 별(입고일 또는 매수일)로 구분·관리하고, 그 중 일부가 양도되는 경우 후입선출법에 따라 계좌상 나중에 취득한 주식을 먼저 양도한 것으로 관리하는 방식으로 회계처리하는 것이 관행으로 자리잡아 왔다고 하더라도, 이를 동령 상 "취득시기가 분명하지 않은 경우"로 보아야 할 것이므로 본건 판례는 변경되는 것이 타당하다.

참고문헌

이준봉, "증권예탁제도 하에서의 주식양도가 '양도한 자산의 취득시기가 분명하지 아니한 경우'에 해당되는지 여부 - 대법 2006. 5. 25.선고 2006두2725 - ", 『계간 세무사』, 제128호(2011).

퇴직금지급채무의 이행지체로 인한
지연손해금의 소득구분

사건의 표시 : 대법원 2006. 1. 12. 선고 2004두3984 판결

▪ 사실개요 ▪

　　원고는 소외 甲 주식회사를 상대로 퇴직금청구소송을 제기하여 2000. 12.경 소외 甲 주식회사는 원고에게 퇴직원금 및 그에 대하여 소장 부본 송달 다음날부터 완제일까지 구 소송촉진등에관한특례법(2003. 5. 10. 법률 제6868호로 개정되기 전의 것)이 정한 연 25%의 비율로 계산한 지연손해금을 지급하라는 판결을 받았다. 이에 소외 甲 주식회사는 원고에게 퇴직원금과 함께 지연손해금을 지급하면서 이를 소득세법 소정의 기타소득으로 보아 소득세와 주민세를 원천징수하여 이를 납부하였다. 그 후 원고는 2001. 5. 31. 2000년 귀속 종합소득세 과세표준신고를 하면서 이 사건

지연손해금 전부를 소득세법 소정의 기타소득으로 신고하였으나, 원고는 다시 2002. 3. 28. 이 사건 지연손해금이 소득세법 소정의 기타소득이 아니라 퇴직소득에 해당한다는 이유로 종합소득세경정청구를 하였으며, 과세관청은 2002. 4. 12. 이 사건 지연손해금은 기타소득에 해당한다는 이유로 원고의 경정청구에 대하여 이를 거부하는 이 사건 처분을 하였다. 원고는 이에 불복하여 그 취소를 구하는 소를 제기하여 원심에서 승소하였고, 과세관청은 이에 상고를 제기하였다.

＊ 장인태(법무법인 링컨로펌 대표변호사).

▪ 판결요지 ▪

근로계약은 근로자가 사용자에게 근로를 제공할 것을 약정하고 사용자는 이에 대하여 임금을 지급할 것을 약정하는 쌍무계약으로서, 근로와 임금이 서로 대가적인 관계를 갖고 교환되는 것이고, 근로계약의 효과로 지급되는 퇴직금은 그 자체가 퇴직소득으로서 소득세의 과세대상이 되는 것이며, 한편 금전채무의 이행지체로 인한 지연손해금을 본래의 계약의 내용이 되는 지급자체에 대한 손해라고 할 수는 없는 것이므로, 퇴직금지급채무의 이행지체로 인한 지연손해금은 소득세법(이하 '소법'이라 함) 제21조 제1항 제10호 및 구 소득세법 시행령(2000. 12. 29. 대통령령 제17032호로 개정되기 전의 것. 이하 '소령'이라 함) 제41조 제3항 소정의 '재산권에 관한 계약의 위약 또는 해약으로 인하여 받는 손해배상'으로서 기타소득에 해당한다.

▸ 해 설 ◂

1. 관련규정 및 이 사건의 쟁점

소득세법은 제4조에서 퇴직소득과 종합소득을 구분하고 있고, 제21조 제1항에서는 위 종합소득의 하나인 "기타소득"이 위 퇴직소득 이외의 소득임을 명시하면서 동항 각호에서 "기타소득"을 열거하고 있는데, 제10호는 "계약의 위약 또는 해약으로 인하여 받는 위약금과 배상금"을 명시하고 있다. 더 나아가 소득세법 시행령은 위 10호의 내용을 좀 더 제한하여 "위약금 또는 배상금이라 함은 '재산권에 관한' 계약의 위약 또는 해약으로 인하여 받는 손해배상으로서 '그 명목 여하에 불구하고 본래의 계약의 내용이 되는 지급 자체에 대한 손해를 넘는 손해에 대하여 배상하는 금전 또는 기타 물품의 가액'을 말한다."라고 규정[2]하고 있어 이러한 이 사건 법령의 해석을 두고 그 요건과 관련하여 논란이 많이 발생하여 왔다.

특히, 이러한 논란의 중심에 이 사건 퇴직금지급채무의 이행지체로 인한 지연손해금이 종합소득세 과세대상이 되는 기타소득에 해당하는지를 놓고, 그 지연손해금이 ① 재산

---

2) 구 소령(2000. 12. 29. 대통령령 제17032호로 개정되기 전의 것) 제41조 제3항. 이후 동 조항은 동조 제7항으로 항번 변경되면서 위약금과 배상금에 대한 정의를 제1문으로 그대로 두고, 동항에 제2문을 신설하여 "이 경우 계약의 위약 또는 해약으로 인하여 반환 받는 금전 등의 가액이 계약에 의하여 당초에 지급한 총금액을 넘지 아니하는 경우에는 지급자체에 대한 손해를 넘는 금전 등의 가액으로 보지 아니한다."라는 규정을 추가하였다.

권에 관한 계약의 범위에 해당되는지 여부, ② 금전채무의 이행지체로 인한 지연손해금의 소득 여부(과세대상으로서 소득이 발생한 것인지 여부), ③ 위약 또는 해약으로 인하여 받은 것인지 여부, ④ 손해배상으로서 그 명목 여하에 불구하고 본래의 계약의 내용이 되는 지급 자체에 대한 손해를 넘는 손해에 대하여 배상하는 금전 또는 기타 물품의 가액인지 여부 등이 문제되고 있는바, 이하에서는 이러한 쟁점을 중심으로 하여 살펴보기로 한다.

2. 재산권에 관한 계약으로 인할 것

(1) '계약'으로 인할 것

계약이란 2인 이상의 당사자가 청약과 승낙이라는 서로 대립하는 의사표시를 하고, 그 합치로 성립하는 법률행위로서 반드시 복수인의 의사표시를 요하는 점에서 단독행위와 다르다고 한다. 한편 사단법인 설립행위와 같이 평행적, 구심적으로 방향을 같이하는 두 개 이상의 의사표시가 합치하여 성립하는 법률행위인 이른바 합동행위와는, 계약관계에서는 당사자가 서로 대립하여 채권과 채무를 얻고 부담하여 복수의 의사표시의 방향이 대립적·교환적인 데 반하여, 합동행위에서는 다수의 당사자의 의사표시가 방향을 같이하며, 각 당사자에게 동일한 의의를 가지고, 또한 같은 법률효과를 가져오는 점에서 구별된다고 한다.[3]

한편, 대법원은 '합자회사'의 사원이 퇴사시 지급받는 출자지분환급금과 이익배당금에 대한 지연손해금이 이 사건 법령 소정의 기타소득에 해당하는지가 문제된 사안에서, 위약 또는 해약의 대상이 되는 '계약' 내지 '재산권에 관한 계약'이라 함은 엄격한 의미의 계약만을 가리킨다고 할 것이고, 지분환급금의 지연손해금은 '계약'의 위약으로 인하여 받는 배상금이라 할 수 없으므로, 그 지연손해금은 기타소득에 해당하지 아니하는 것으로 판시하고 있다.[4] 이 판결에 대하여는, 합자회사의 출자자들 사이의 정관은 강학상 합동행위로 이 사건 법령 소정의 '계약'에 정관 규정에 의한 이익배당이나 출자환급의 약정은 포함되지 아니한다고 해석하는 견해[5]와 위 합자회사의 정관 작성행위가 강학상 합동행위라 하여도 그러한 규약에 의한 출자환급이나 이익배당을 이행하지 아니한 경우 그 효과는 계약상 채무불이행과 실질적인 차이가 있다고 보기 어려운 점에 비추어 위 판결에 의문을 제기하는 견해[6]가 있다.

그런데 이러한 기타소득의 요건으로 '계

---

3) 곽윤직, 『민법총칙』(박영사), 2006, 277면.
4) 대법원 1993. 6. 22. 선고 91누8180 판결.
5) 윤병각, "채권의 존부 및 범위에 관하여 다툼이 있는 경우에 있어 소득의 귀속시기와 지연손해금이 기타소득인지 여부", 『대법원판례해설』, 제19-2호(1993. 12.), 184면 참조.
6) 백춘기, "수탁보증인의 구상권에 속하는 법정이자 및 지연손해금이 소득세 과세대상인 기타소득이나 이자소득에 해당하는지 여부", 『대법원판례해설』, 제29호(1998. 6), 571면 참조.

약'의 개념에 대해 강학상의 합동행위 개념을 도입하여 굳이 엄격한 해석을 할 필요가 있는지 의문이다. 비록 조세법상의 엄격해석원칙이 적용된다 하더라도 우선 이미 현실적으로 발생한 소득에 대하여 단순히 민법상 계약에 기하였느냐 아니냐로써 과세할 것인지 여부를 결정하는 것은 너무 이론에만 치우친 태도일 뿐 아니라, 의사표시의 방향을 가지고 강학상 합동행위와 계약의 개념을 구별함에 있어 이러한 의사표시의 방향이 현실적으로 소득을 발생케 하였는지 여부나 이 소득에 과세할지 여부를 결정짓는 요소라고 볼 수는 없기 때문이다.

대상판결 퇴직금의 경우, 위 대법원 판결에서의 '합자회사' 사원과 그 회사와의 관계와 달리, '주식회사' 사원과 그 회사 사이의 관계가 문제된 사안으로 위와 같이 그 근로관계가 합동행위인지 계약인지의 문제를 따져볼 필요없이 퇴직금지급채권채무관계가 원고와 소외 甲 주식회사 사이의 근로'계약'을 전제로 하는 것임에는 이론이 없다.

(2) '재산권'에 관한 계약일 것

이 사건의 쟁점 중 하나는, 이 사건 소득세법 규정에서 '계약'으로만 명시한 것을 넘어 이 사건 소득세법시행령 규정이 '재산권에 관한 계약'의 위약 등으로 인하여 발생하는 손해배상금에 한하여 기타소득으로 볼 수 있다고

명시하였는바, 여기서 '재산권에 관한 계약'의 범위를 어떻게 해석할 것인가 하는 점이다. 대상판결의 원심[7]은, 퇴직근로자가 회사를 상대로 퇴직금청구소송을 제기하여 퇴직원금 및 그에 대하여 소장 부본 송달 다음 날부터 완제일까지 구 소송촉진등에관한특례법(2003. 5. 10., 법률 제6868호로 개정되기 전의 것)이 정한 연 25%의 비율로 계산한 지연손해금을 지급하라는 판결을 받았는데, 그 퇴직원금에 대한 지연손해금이 소득세법 소정의 기타소득으로서 소득세·주민세를 원천징수할 수 있는지 여부가 문제가 된 이 사건 사안에 대하여, 소득세법 시행령의 규정에 비추어 소법 제21조 제1항 제10호 소정의 계약은 재산권에 관한 계약을 의미하고 근로계약은 이를 포함하지 않는 것으로 보아야 하는데, 퇴직금에 대한 지연손해금은 퇴직금지급채무의 불이행으로 인한 손해배상이기는 하나 퇴직금지급채무 자체가 근로계약의 효과로 발생하는 채무인 이상 위 법령에서 말하는 재산권에 관한 계약의 위약으로 인한 손해배상으로 볼 수는 없으므로 소득세법이 정한 기타소득에 해당한다고 볼 수 없다고 판시하였다. 이와 같이 원심은 근로계약은 '재산권에 관한 계약'에 아예 포함되지 않는다는 것을 전제로 하여 근로계약에 의한 내용으로 발생하는 퇴직금지급채무에 대한 지연손해금이 소득세법상 기타소득으로 과세할 수 없다고 판단하였는데, 이 사건의 참조가 된

7) 부산고등법원 2004. 3. 19. 선고 2003누3734 판결.

판결로는 근로계약이 '재산권에 관한 계약'에 해당하지 않는다고 명시적으로 설시한 대법원 1991. 6. 14. 선고 90다11813 판결[8]인 것으로 보인다. 대상판결과 위 참조판례의 주된 쟁점이 다른 것은 사실이지만,[9] 대상판결은 방론의 형태로 나마 위 참조판결에서 근로계약이 재산권에 관한 계약에 해당하지 않는다고 명확히 설시하였던 부분을 뒤집은 것은 부인할 수 없을 것이다.[10]

'재산권에 관한 계약'이라는 요건으로 말미암아 약혼 등과 같이 비재산권에 기하여 발생한 손해배상금은 기타소득에 해당되지 않는다고 할 것이다. 따라서 원심판결에서 근로계약이 재산권계약이 아니므로 기타소득이라 할 수 없다고 하고 있으나, 근로기준법 제17조의 정의에 의하면 근로계약은 근로자와 사용자 사이에서 체결된 근로관계에 대한 합의로서, 근로자가 사용자에게 노무를 제공하고 사용자는 이에 대하여 임금을 지급함을 목적으로 체결된 계약이다. 이와 같이 근로계약은 근로자가 사용자에게 근로를 제공할 것을 약정하고 사용자는 이에 대하여 임금을 지급할 것을 약정하는 쌍무계약으로서(근로기준법 제17조), 근로자의 임금청구권은 특별한 약정이나 관습이 없으면 근로를 제공함으로써 비로소 발생하는 것이고 근로자가 근로를 제공하지 않은 이상 그 대가관계인 임금청구권을 갖지 못하는 채권계약이다.[11] 그렇다면 위와 같은 근로계약의 개념을 검토하여 보아도 근로계약이 재산권에 관한 계약에 포함된다고 해야 할 것이다.

3. 금전채무의 이행지체의 지연손해금의 소득 여부

금전채무의 이행지체로 인하여 채권자는 해당 금전의 시간가치 상당의 손해를 입게 되

---

8) 대법원은 해고무효확인소송의 계속 중 사용자가 근로자에게 일정 금액을 지급하되 근로자는 나머지 청구를 포기하기로 하는 내용의 소송상 화해가 이루어졌다면 이러한 화해금의 성질은 근로자가 해고 무효확인청구를 포기하는 대신 받기로 한 분쟁해결금으로 보아야 하나, 조세법규의 엄격한 해석상 이를 '계약의 위약 또는 해약으로 받는 위약금과 배상금'이라고 보기 어려울 뿐 아니라, 여기서의 계약은 재산권에 관한 계약을 의미하므로 근로계약은 이를 포함하지 않는 것으로 보아야 할 것이므로, 결국 위 화해금은 분쟁해결금으로서 소득세법상 기타소득에 해당하지 아니한다고 보았다(대법원 1991. 6. 14. 선고 90다11813 판결).

9) 이 민사판결에서는 해고무효확인소송의 계속 중 사용자가 근로자에게 일정 금액을 지급하되 근로자는 그 나머지 청구를 포기하기로 하는 내용의 소송상 화해가 이루어졌고, 다만 여기서 지급하기로 한 금액은 그 경제적 성질을 따지자면 임금, 퇴직금, 이에 대한 지연손해금의 성격을 모두 포함하고 있었던 것으로 이해되었다. 대법원은 이에 관하여, 이러한 화해금의 성질은 근로자가 해고무효확인청구를 포기하는 대신 받기로 한 분쟁해결금으로 보아야 하고 비록 그 화해금액을 산정함에 있어 근로자의 임금 등을 기초로 삼았다 하더라도 이를 임금 또는 퇴직금 등으로 볼 수 없다는 취지로 판단하여 위 화해금이 기타소득에 해당하지 않는다고 보면서, 이러한 판단을 뒷받침하기 위하여 부수적으로 근로계약은 재산권에 관한 계약에 포함되지 않는다는 설시를 부가하였다.

10) 윤지현, "2006년 조세법 판례회고 발표자료", 『한국세법학회 제88회 정기학술대회 발표자료집』(2007), 7면.

11) 대법원 2002. 8. 23. 선고 2000다60890, 60906 판결 참조.

고 지연손해금은 이러한 손해를 전보하기 위한 것이므로, 채권자 입장에서는 결국 아무런 얻은 것이 없고 따라서 소득도 없지 않은가 하는 근본적인 의문이 있을 수도 있겠다. 그러나 채무의 이행지체로 인한 지연배상금이 본래의 계약내용이 되는 지급자체에 대한 손해라고 할 수 없는 것이고, 나아가 그 채무가 금전채무라고 하여 달리 해석할 것은 아니므로,[12] 금전채무의 이행지체로 인한 약정지연손해금의 경우도 소득세법 제21조 제1항 제10호에 의한 기타소득이 되는 위약금 또는 배상금에 포함되는 것이라고 보아야 할 것이다. 이자로 받는 금액이 전액 이자소득으로 과세되는 것으로, 금전의 시간가치 상당의 손해란 세법상 고려되는 손해가 아니라고 보아야 하기 때문이다. 따라서 이 사건에서 금전채무인 퇴직금지급채무에 대한 지연손해금이 기타소득으로 인정됨은 당연한 결과라 하겠다.[13]

4. 위약 또는 해약으로 인하여 받을 것

'위약'이라 함은 채무불이행을 의미하는 것이고, '해약'이라 함은 법률의 규정이나 약정에 의한 해지나 해제를 가리킨다. 한편, 소득세법 기본통칙 21−0…1 제5항은 소득세법 제21조 제1항 제10호에 규정하는 위약 또는 해약으로 인하여 받는 위약금과 배상금에는 계약의 위약 또는 해약으로 인하여 타인의 신체의 자유 또는 명예를 해하거나 기타 정신상의 고통 등을 가한 것과 같이 재산권 외의 손해에 대한 배상 또는 위자료로서 받은 금액은 포함되지 아니한다고 규정하고 있고, 동법 기본통칙 21−0…2은 교통사고로 인하여 사망 또는 상해를 입은 자 또는 그 가족이 피해보상을 받는 사망·상해보상이나 위자료는 소득세 과세대상 소득에 해당되지 아니한다고 규정하고 있다. 따라서 불법행위로 인한 손해배상금은 '위약 또는 해약으로 인하여 받은 것'에 해당되지 아니한다고 할 것이다.[14]

한편, 지연손해금의 이자율에 대한 민법 제397조의 특칙으로서 이 사건 당시 구 소송촉진등에관한특례법 제3조는 금전채무불이행으로 인한 손해배상액 산정의 기준이 되는 법정이율(연 25%의 비율)의 지급을 규정하고 있었는데 그 법적성격은 항상 손해배상금이라 할 것이다.[15] 따라서 이 사건의 퇴직금지급채

---

12) 소법 제25조 제1항 제9호, 소령 제49조 제3항, 대법원 1994. 5. 24. 선고 94다3070 판결 참조.
13) 윤지현, 전게논문, 8면.
14) 채무불이행에 의한 손해배상책임과 불법행위에 의한 손해배상책임이 동시에 성립하는 경우가 문제될 수 있는데, 이 경우 청구권경합설에 기하여 불법행위책임을 물었다 하더라도 소득세법상의 기타소득에 해당하기 위한 요건을 따져 '재산권에 관한 계약상 채무불이행으로 인하여 받는 손해배상'이라고 볼 수 있다면 기타소득으로 과세할 수 있을 것이다. 이에 대하여는 윤병철, "손해배상금의 기타소득 해당여부", 『국세』, 제369호(1997. 11.), 14면 참조.
15) 송개동, "손해배상과 세법", 『조세법연구』, 10−2(2004. 11.), 77면 참조.

무의 이행지체로 인한 지연손해금 역시 채무불이행에 따른 위약금 또는 배상금으로 볼 수 있다.

5. 손해배상으로서 명목 여하에 불구하고 본래의 계약의 내용이 되는 지급 자체에 대한 손해를 넘는 손해에 대하여 배상하는 금전 기타 물품의 가액일 것

이 사건 소득세법시행령[16]에서는 소득세 과세대상 소득이 손해배상금에 해당할 것과 본래 계약내용이 되는 지급자체에 대한 손해를 넘는 손해에 대하여 배상하는 것일 것을 요건으로 하고 있다.

(1) 손해배상금에 해당할 것

법원이 판결을 통하여 그 지급을 명하는 법정이자 및 지연손해금이 소득세 과세대상 기타소득으로서의 손해배상금에 해당하는지와 관련하여 먼저 몇 가지 판례사안을 살펴보기로 한다.

1) 법정이자와 지연손해금의 구분

판결에서 그 이자의 지급을 명하는 대표적인 주문의 형태는 ① 어느 특정시점부터 소장부본 송달일까지는 민법 또는 상법 소정의 민사법정이율(연 5% 또는 6%)에 의한 법정이자[17]와 ② 그 다음 날부터 완제일까지는 소송촉진등에관한특례법 소정의 이율(연 20%, 이 사건 당시 25%)에 의한 지연손해금을 동시에 명하는 것으로 이루어져 있다. 대법원은 수탁보증인이 그 출재로 주채무를 소멸하게 한 다음, 주채무자를 상대로 제기한 구상금청구의 소송에서 그 출재액과 이에 대한 면책일 이후 소장 송달일까지의 법정이자와 그 다음 날부터 완제일까지의 지연손해금에 대한 승소판결을 받고 그 확정판결에 기하여 법정이자와 지연손해금을 수령한 사안[18]에서 위 지연손해금은 이 사건 법령에서 기타소득의 하나로 정하고 있는 "계약의 위약 또는 해약으로 인하여 받는 위약금과 배상금"에 해당하나, 위 법정이자는 이자의 일종으로서 채무불이행으로 인하여 발생하는 손해배상과는 그 성격을 달리하는 것이므로, "계약의 위약 또는 해약으로 인하여 받는 위약금과 배상금"에 해당하지 아니

---

16) 소령 제41조 제7항 제2문.
17) 민사법정이율에 따른 연 5% 또는 6%의 이율이라고 하더라도 지연손해금의 성격을 지니는 경우도 있다. 예를 들어 원고가 기간의 정함이 없는 채무의 불이행에 대하여 소장송달일까지는 5%, 완제일까지는 20%의 각 비율에 의한 금원의 지급을 구하더라도 법원은 피고가 이행의무의 존부 및 범위에 대하여 항쟁함이 상당하다고 인정하여 원고의 일부청구만을 인용하면서 채무발생일 이후부터 판결선고일까지 민법 소정의 연 5%의 비율에 의한 금원의 지급만을 명하는 경우이다. 이 경우 소장송달일 다음 날부터 판결선고일까지의 연 5%의 이율의 법적성질은 법정이자가 아닌 지연이자가 된다.
18) 대법원 1997. 9. 5. 선고 96누16315 판결.

한다고 판시하였다.

즉, 대법원은 위 지연손해금에 대하여는 그 법적 성질이 손해배상금으로서 이 사건 소득세 과세대상이 되는 기타소득에 해당된다고 한 반면 위 법정이자에 대하여는 손해배상금이 아닌 이자의 일종으로서 위 기타소득에 해당되지 않는다고 판단하였다. 위와 같은 법정이자와 지연손해금에 대한 대법원의 구분은 그 지급의무가 변제기 도래 전인가 변제기 도래 후인가에 따른 것으로 볼 수 있다.[19] 일반적으로 이자는 '금전 기타의 대체물의 사용의 대가로서 원본액과 사용기간에 비례하여 지급하는 금전 기타의 대체물'을 가리키는데, 그 약정 사용기간(기간의 정함이 없는 경우에는 청구를 받은 날을 도과한 때[20]) 이후에는 단순한 이자와는 다른 성격의 손해배상금으로서의 지연이자 지급의무가 발생하게 된다. 그런데 위 수탁보증인의 구상권은 민법 제387조 제2항이 정하는 바에 따라 채무이행의 기한 없는 경우로서 구상금 청구의 소장 송달로서 채권자의 최고와 동일한 효력, 즉 채무자의 이행지체 책임, 다시 말하여 채무불이행에 대한 손해배상

책임이 발생하게 되므로, 소장 송달은 위와 같은 변제기의 도래를 알리는 시점이고, 변제기 도래 후인 소장 송달 다음 날부터 지연손해금이 발생하게 되는 것이라 할 수 있다.

2) 약정지연손해금의 경우

위와 같이 소득세법에 의한 기타소득이 되는 위약금 또는 배상금에 해당하는지 여부는 변제기의 도래 후로서 채무자의 이행지체 책임(채무불이행에 대한 손해배상책임)이 발생하였는지의 여부에 달려있다고 할 수 있고 굳이 다른 기준은 필요하지 않다. 따라서 대법원은 채무불이행에 대한 손해배상책임이 발생하였다고 판단되면, 그 지연손해금이 구 소송촉진등에관한특례법에서 정하는 법정지연손해금인지 아니면 당사자 사이에 지연손해금에 대한 약정이 있을 경우 이러한 약정에 의하는 약정지연손해금인지의 구별을 하지 않고 동일하게 기타소득으로 보고 있다.[21]

3) 이 사건의 경우

이 사건에서 문제가 된 구 소송촉진등에관한특례법 소정의 연 25%의 지연손해금은 소장 송달 다음 날부터 적용되는 채무불이행

---

19) 실제로 대법원 2001. 6. 29. 선고 99두11936 판결에서는 부동산 매매계약의 당사자가 이행이 지체된 중도금 및 잔금을 이자부 소비대차의 목적으로 할 것을 약정하여 소비대차의 효력이 생긴 경우에는 그 소비대차의 변제기 이내에 지급받는 약정이율에 의한 돈은 이자라 할 것이므로 이에 따른 소득은 이자소득에 해당한다(즉, 기타소득이 아닌 것으로 보았음)고 판시한 반면, 대법원 1997. 3. 28. 선고 95누7406 판결에서는 부동산 매매계약의 당사자가 이행이 지체된 중도금 및 잔금을 이자부 소비대차의 목적으로 할 것을 약정하여 소비대차의 효력이 생긴 경우에도 그 소비대차의 변제기가 지난 다음에는 묵시적으로라도 변제기를 연장하였다는 등의 특별한 사정이 인정되지 않는 한, 그 이후 지급받는 약정이율에 의한 돈은 이자가 아니라 지연손해금이므로 이는 기타소득에 해당한다고 판시하였던 것을 볼 수 있다.
20) 민법 제387조 제2항 및 대법원 1972. 8. 22. 선고 72다1066 판결 참조.
21) 대법원 1994. 5. 24. 선고 94다3070 판결 참조.

에 대한 손해배상의 성격을 지니고 있다. 즉, 위 수탁보증인의 구상권에서 본 바와 같이 이 사건 퇴직금지급채무 역시 그 변제기에 관하여 당사자들 사이에 특약이 없는 한 민법 제387조 제2항이 정하는 바에 채무이행의 기한이 없는 채무로서 그 채무가 발생함과 동시에 이행기에 있는 것이 되며, 채권자인 원고는 언제든지 그 이행을 청구할 수 있는 상태로 그 이행의 청구는 소장의 송달로 갈음할 수 있어 채무자인 소외 갑 주식회사는 소장의 송달을 받은 다음 날부터 이행지체의 책임 즉, 채무불이행에 따른 손해배상책임을 부담하는 것이 된다. 결국 이 사건 지연손해금은 소득세 과세대상 기타소득으로서의 손해배상금에 해당한다고 할 것이다.

(2) 본래 계약의 내용이 되는 지급자체에 대한 손해를 넘는 손해에 대하여 배상하는 것일 것

'본래의 계약의 내용이 되는 지급자체에 대한 손해를 넘는 손해'의 의미는 분명하지 않으나 계약 상대방의 채무불이행으로 인하여 발생한 재산의 실제 감소액(적극적 손해)을 넘는 손해배상금액(소극적 손해), 즉 채무가 이행되었더라면 얻었을 재산의 증가액을 보전 받는 것으로 해석된다.[22] 그런데 위 실제 감소액(적극적 손해)은 현실적인 손해로서 이를 전보하기 위하여 손해배상금이 지급되었을 경우 배상을 받는 입장에서는 순자산의 증가가 없는 것이므로 위 실제 감소액을 전보하는 데 그친 손해배상금을 기타소득에 포함시켜서는 안 된다 할 것이다. 그렇다면 손해배상금채권자의 입장에서 계약대로 채무가 이행되었을 경우의 이익을 초과하는 자산(순자산)의 증가가 바로 '본래의 계약의 내용이 되는 지급자체에 대한 손해를 넘는 손해'의 의미가 될 것이고, 단지 현실적인 손해를 전보하기 위하여 지급된 손해배상금은 이를 위약금 명목으로 받았다고 하더라고 기타소득에 해당하지 않는다.

그런데 어떠한 손해가 발생하였더라도 그 손해액을 구체적으로 산정하거나 입증하는 것이 용이하지 않은 경우 즉, 순자산의 증가에 대한 평가가 용이하지 않은 경우, 형식적으로는 손해배상금의 지급이 있다 하더라도 이를 본래 계약 내용이 되는 지급자체에 대한 손해를 넘는 손해로 평가할 수 있는지가 문제된다. 이와 관련하여 매수인측의 채무불이행으로 매매계약을 합의해제하면서 매도인이 매수인으로부터 손해배상금 명목으로 금원을 지급받은 경우, 그 금원이 구 소득세법상의 '기타소득'에 해당하지 않는다고 한 대법원[23]의 판결이 있다. 이 판결에서 대법원은 매도인인 손해배상채권자가 매수인측의 채무불이행으로 말미

---

22) 이태로·안경봉, 『조세법강의』(박영사), 2001, 184면.
23) 대법원 2004. 4. 9. 선고 2002두3942 판결.

암아 상당한 재산상의 손실을 입었으나[24] 구체적으로 그 손해액의 입증이 용이하지 않은 점과 매수인측이 기지급한 중도금 일부금을 신속하게 반환받는 것이 유리하다는 판단 아래 합의에 이른 점 등을 고려하고 있음을 알 수 있다.[25]

이 사건에서의 지연손해금의 경우는 현실적인 손해를 전보하기 위하여 지급된 손해배상금이 아니고 원고는 소외 甲 주식회사의 채무불이행으로 인하여 달리 상당한 손해를 입었다고 볼 만한 사정도 없으므로, 이 사건 지연손해금은 '본래의 계약의 내용이 되는 지급 자체에 대한 손해를 넘는 손해에 대하여 배상하는 금전'에 해당한다고 하겠다.

6. 이 판결의 의의

대상판결은 퇴직금에 대한 지연손해금이 소득세법 소정의 기타소득의 하나로서 과세대상 소득에 해당하는지와 관련하여 그 요건을 다시 한 번 확인하고 있다는 데 그 의의를 갖는다 하겠다.[26] 그런데 조세법상 과세요건법정주의 및 과세요건명확주의에 따라 과세요건이 엄격하게 해석되어야 함은 물론 우리 소득세법은 개인에게 귀속하는 모든 소득을 과세소득으로 포함시키는 포괄주의를 채택하지 아니하고, 소득의 종류와 내용을 제한적으로 열거하는 소득원천설의 입장[27]을 취하고 있어 특히 법령에 명시적으로 열거된 소득에 한하여 과세할 수밖에 없는 내재적 한계가 있다고 할 것인바, 대상판결과 아울러 위에서 살펴본 각 비교판례들을 통하여 여러 형태로 발생한 지연손해금이 소득세 과세대상 소득이 되는 요건을 살펴보는 것은 의미 있는 일이라 하겠다.

---

24) 위 대법원은 그 판결 이유에서 매도인의 재산상 손실의 내용으로 매도인이 잔대금 지급기일까지 부동산의 명도를 완료하기 위하여 다수의 임차인들에게 임대차보증금 외에 이사비용을 지급한 후 임차부분을 명도받은 사실, 일부 임차인들과는 명도소송 등을 통하여 임차부분을 명도받기도 한 사실, 매수인의 요청으로 이 사건 부동산의 지상에 있던 건물을 매도인의 비용으로 철거하기도 한 사실을 인정함으로써 매도인에게 재산상 손실이 있었으나 다만 그 손해액에 대한 입증이 용이하지 않을 뿐이라고 보았다.

25) 송개동, 전게논문, 81－82면에서는 "손해배상의 예정액은 일반적으로 대금의 10%로 정하는 것이 거래관행이라 할 것인데 이 사건의 경우 손해배상금으로 수령한 금 3억원은 매매대금 29억원의 10%를 약간 상회하는 정도인 점, 이 사건의 경우 매도인은 매수인의 채무불이행으로 상당한 손실을 입은 사실은 입증된 점, 비록 구체적인 손해액은 입증되지 않았으나 과세요건의 입증책임은 과세관청에 있는 점에 비추어 볼 때 과세관청이 매도인이 손해배상금으로 수령한 3억원 중 현실적인 손해를 전보하기 위하여 지급된 부분과 이를 초과하는 부분을 구분하여 입증하지 못하는 한 3억원 전부 기타소득으로 과세할 수 없다고 보아야 할 것이고 이러한 점에 비추어 위 판결은 타당하다고 할 것이다."고 하여 위 판결의 입장을 지지하고 있다.

26) 이 판결은 종전 대법원 판례(대법원 1994. 5. 25. 선고 94다3070 판결)의 법리를 퇴직금채무에 대하여 적용한 사안으로서 종전 판례의 연장선상에 있다고 할 수 있다.

27) 이창희, 『세법강의』(박영사), 2008, 339면; 임승순, 『조세법』(박영사), 2008, 367면 등 참조.

참고문헌

곽윤직, 『민법총칙』, 박영사, 2006.

이창희, 『세법강의』, 박영사, 2008.

이태로 · 안경봉, 『조세법강의』, 박영사, 2001.

임승순, 『조세법』, 박영사, 2008.

백춘기, "수탁보증인의 구상권에 속하는 법정이자 및 지연손해금이 소득세 과세대상인 기타소득이나 이자소
　　득에 해당하는지 여부", 『대법원판례해설』, 제29호(1997면 하반기)(1998. 6.).

송개동, "손해배상과 세법", 『조세법연구』, 10−2(2004. 11.).

윤병각, "채권의 존부 및 범위에 관하여 다툼이 있는 경우에 있어 소득의 귀속시기와 지연손해금이 기타소
　　득인지 여부", 『대법원판례해설』, 제19−2호(1993년 상반기)(1993. 12.).

윤병철, "손해배상금의 기타소득 해당여부," 『국세』, 제369호(1997. 11.), 국세청세우회.

윤지현, "2006년 조세법 판례회고 발표자료", 『한국세법학회 제88회 정기학술대회 발표자료집』(2007).

소득처분에 따른 납세의무의 성립시기 및
납부불성실가산세의 기산일

사건의 표시 : 대법원 2006. 7. 27. 선고 2004두9944 판결

▪ 사실관계1) ▪

피고는 소외 회사에 대한 세무조사 후, 1999 내지 2001 사업년도의 매출누락을 이유로 소외 회사에 법인세 증액경정처분을 하고, 그 소득금액의 귀속이 불분명한 것으로 보아2) 이를 소외 회사의 대표이사인 원고에 대한 상여로 소득처분하였다. 피고는 2002. 5. 4. 소

외 회사가 폐업 상태로 소득금액변동통지서를 송달받을 수 없다고 보아 원고에게 직접 소득금액변동통지를 하였다.3) 피고는 2002. 7. 2. 원고에게 1999년, 2000년, 2001년 귀속분 종합소득세{각 해당 귀속 사업연도의 과세표준 확정신고기한의 다음날(1999년 귀속분은 2000.

---

* 이상우(김·장 법률사무소 변호사).

1) 동 판결의 사실관계 및 판시 근거에 대한 전반적인 설명은, 강석훈, "과세관청이 사외유출된 익금가산액이 임원 또는 사용인에게 귀속된 것으로 보고 상여로 소득처분을 한 경우 그 소득의 귀속자의 종합소득세(근로소득세) 납세의무의 성립시기, 종합소득 과세표준 확정신고기한 경과 후의 변동 소득에 대한 세액의 추가 납부불이행의 제재로서 부과되는 납부불성실가산세의 산정시점(2006. 7. 27. 선고 2004두9944 판결)", 『대법원 판례해설』, 제65호(2007. 7.), 참조.

2) 항소심 판결인 대구지방법원 2004. 2. 6. 선고 2003구합2214 판결 참조. 사외유출된 법인의 수입금은 그 귀속이 분명치 않는 경우, 법인세법 제67조 및 동법 시행령 제106조 제1항 제1호 단서에 따라 대표자에 대한 상여로 소득처분된다. 원고는 항소심에서 실제 원고를 비롯한 출자자 3인에게 출자비율에 따라 귀속되었다고 주장하면서 이를 다투었으나, 그 입증이 부족하다는 이유로 배척되었다.

3) 원고에게 '법인통지용 소득금액변동통지서'가 아닌 '소득자통지용 소득금액변동통지서'를 송달하였다.

6. 1., 2000년 귀속분은 2001. 6. 1., 2001년 귀속분은 2002. 6. 1.)부터 기산한 납부불성실가산세를 포함}를 각각 부과고지하는 본 건 처분을 하였다.

이에 원고는 (1) 소외 회사에 대하여 소득금액변동통지를 하지 않은 채 소득의 귀속자인 원고에게 소득금액변동통지를 한 것은 위법하고, (2) 소득세법 관련 규정에 의하면 소득금액변동통지서를 받은 날(2002. 5. 4.)이 속하는 달의 다음달 말일(2002. 6. 30.)이 추가 신고·납부기한이므로, 피고가 각 해당 사업연도의 과세표준 확정신고기한의 다음날부터 기산하여 납부불성실가산세를 산정한 것은 위법하다고 다투었다.4) 이에 대하여 원심은 (1) 소외 회사에 대하여 소득금액변동통지서가 송달된 바가 없다고 하더라도 그 대표이사로서 소득의 귀속자인 원고에게 소득금액변동통지서가 적법하게 송달된 이상, 그러한 소득처분에 기초하여 원고에게 본 건 처분을 한 데에 위법이 없다는 취지로 판단하였고, (2) 피고의 납부불성실가산세 산정도 정당하다고 판단하였다.

이에 원고는 상고하였고, 평석대상 대법원 판결은, (1) 원심의 소득처분에 의한 납세의무 성립시기의 판단은 이유 설시가 다소 적절하지 못하나 결과적으로 옳지만, (2) 원심의 납부불성실 가산세의 기산일에 대한 판단은

위법하다고 판단하여 원심판결을 파기 환송하였다.

▪ 판결요지 ▪

[1] 과세관청이 사외유출된 익금가산액이 임원 또는 사용인에게 귀속된 것으로 보고 상여로 소득처분을 한 경우 당해 소득금액의 지급자로서 원천징수의무자인 법인에 대하여는 소득금액변동통지서가 당해 법인에게 송달된 날에 그 원천징수의무가 성립하는 것(소득세법 135조 4항, 같은 법 시행령 192조 2항, 국세기본법 21조 2항 1호)과는 달리, 그 소득의 귀속자에 대하여는 법인에 대한 소득금액변동통지가 송달되었는지 여부와 상관없이 소득처분이 있게 되면 소득세법 제20조 제1항 제1호 다목 소정의 '법인세법에 의하여 상여로 처분된 금액'에 해당하여 근로소득세의 과세대상이 되고, 당해 소득금액은 부과처분의 대상이 되는 당해 사업연도 중에 근로를 제공한 날이 수입시기가 되므로(소득세법 39조 1항, 같은 법 시행령 49조 1항 3호), 소득의 귀속자의 종합소득세(근로소득세) 납세의무는 국세기본법(이하 '기본법'이라 한다) 제21조 제1항 제1호가 정하는 바에 따라 당해 소득이 귀속된 과세기간이 종료하는 때에 성립한다.5)

---

4) 본 평석상의 쟁점과 관련되지 않은 주장은 생략하였다.
5) 비슷한 시기에 선고된 대법원 2006. 7. 13. 선고 2004두4604 판결도 같은 취지로 판시하고 있다.

[2] 구 소득세법 시행령(2005. 2. 19. 대통령령 제18705호로 개정되기 전의 것) 제134조 제1항이 종합소득 과세표준 확정신고기한 경과 후에 소득처분에 의하여 변동이 생긴 소득금액에 대한 과세표준 및 세액의 추가 신고·납부기한을 소득금액변동통지서를 받은 날이 속하는 달의 다음달 말일까지로 유예하여 주고 있는 취지와 납부불성실가산세는 납세의무자가 법정 납부기한까지 그 납부를 게을리한 데 대한 행정상의 제재로서 부과되는 것인 점 등에 비추어 보면, 종합소득 과세표준 확정신고기한 경과 후에 소득처분에 의하여 변동이 생긴 소득금액에 대한 세액의 추가 납부불이행에 대한 제재로서 부과되는 납부불성실가산세는 그 법정 추가 납부기한인 소득금액변동통지서를 받은 날이 속하는 달의 다음달 말일의 다음날부터 기산하여 산정하는 것이 타당하다.

▶ 해 설 ◀

1. 쟁점

(1) 과세관청이 사외유출된 익금가산액이 임원 또는 사용인에게 귀속된 것으로 보고 상여로 소득처분을 한 경우, 그 소득의 귀속자의 종합소득세(근로소득세) 납세의무의 성립시기(법인에 대한 소득금액변동통지 송달이 필요한지)

(2) 소득처분에 따른 소득 귀속자에게 종합소득세 부과처분을 하는 경우, 납부불성실가산세의 기산일(기산일을 과세처분과 같이 각 귀속연도 과세표준 확정신고기한 다음날부터 기산할 것인지, 아니면 소득금액변동통지에 따른 추가 신고납부기한의 다음날부터 기산하여야 하는지)

2. 소득처분에 의한 근로소득 및 관련 규정

소득세법 제20조는 근로소득의 유형을 규정하면서, (1) 소득이 현실로 귀속되는, 제1항 제1호 가목의 근로의 제공으로 인하여 받는 봉급·급료·보수·세비·임금·상여·수당과 이와 유사한 성질의 급여의 경우와 구분하여, (2) 같은 호 다목에서 법인세법에 의하여 상여로 처분된 금액을 별도로 규정하고 있다.

이와 관련하여, 법인세법 제67조는 "법인세 과세표준의 신고, 결정, 경정에 있어 익금산입금액은 그 귀속자에 따라 상여·배당·기타 사외유출·사내유보 등 대통령령이 정하는 바에 따라 처분"하도록 규정하고, 소득세법 시행령 제192조 제1항은 소득처분을 하는 경우 "과세관청은 그 결정(경정)일로부터 15일 이내에 소득금액변동통지를 하되, 다만 당해법인의 소재지 불명 또는 그 통지서를 송달할 수 없는 경우 등에는 당해 주주 및 당해 상여나 기타소득의 처분을 받은 거주자에게 통지"하도록 규정하며, 동조 제2항은, "제1항의 경우 당해 배당상여 및 기타소득은 그 통지서를 받은 날에 지급하거나 회수한 것으로 본다"고 규정하고 있다(이에 대하여 판례는 그 지급시기만을 의제하는 것이 아니라, 실제 지급 여부에 관계 없이 지급사실을 의제하는 것이라고 한다[6]). 또한 소득세법 시행령 제134조 제1항은 "소득금액변동통지를 법인이 받은 경우 당해 법인(제192조 제1항 단서의 규정에 의하여 거주자가 통지를 받은 경우에는 당해 거주자)이 제192조 제1항에 의하여 소득금액변동통지서를 받은 날이 속하는 달의 다음달 말일까지 추가신고 자진납부한 때에는 소득세법 제70조 또는 제74조의 기한 내에 신고납부한 것으로 본다"라고 규정하고 있다.

이처럼 '법인세법에 따라 상여 처분된 금액'(소득세법 1항 1호 다목)은 '소득의 현실 귀속'(같은 호 가목)의 경우와 소득의 유형도 달리 규정되어 있고, 그 확정 및 납부 절차도 별도로 규정되어 있으므로 그 관련 규정이 정하는 바에 따라 그 납세의무의 성립 및 납부의무가 판단되어야 할 것이다.

한편 소득처분 관련규정을 해석함에 있어서는, 소득처분의 법률적 성격 및 소득의 현실 귀속의 경우와의 관계가 종종 문제될 수밖에 없지만, 이를 논리적으로 명확히 규명하기는 쉽지 않다.[7] 대법원은 소득처분은 소득금액의 현실적 지급을 의미하는 것이 아니라 법으로 지급을 의제한 것이라고 판단한 바 있고,[8] 대법원 1992. 7. 14. 선고 92누4048 판결은 소득처분을 소득의 현실 귀속과 완전히 달리 취급한바 있다.[9] 한편 헌법재판소가 구 법인세법의 소득처분규정을 포괄적 위임이라는 이유로 위헌선언한 뒤,[10] 무효인 구 법에 따라 소득처분된 금액에 대한 소득세 부과처분의 위법성이 문제된 사안에서, 대법원은 소득이 처분상대방에게 실제 귀속하였음이 입증된다면

6) 대법원 1991. 3. 12. 선고 90누7289 판결.
7) 논리적으로만 따진다면 소득처분이란 소득의 귀속자가 누구이고 그가 얻은 이익이 소득세법의 어느 조문에 따라 과세소득이 되는가에 관한 확인적 판단이 되지만, 이러한 이론을 그대로 유지시키기는 어렵다고 한다(이창희, 『세법강의』(박영사), 2005, 757면 참조).
8) 대법원 1991. 3. 12. 선고 90누7289 판결; 대법원 1992. 3. 13. 선고 91누9527 판결 등.
9) 동 판결은 "원천징수하는 소득세의 원천징수의무자의 원천징수의무는 소득금액을 지급하는 때 즉, 소득금액변동통지를 받은 날에 성립하게 되는 것으로 보게 되므로 그와 같은 소득금액변동통지가 그 소득처분에 의한 소득을 지급받는 것으로 의제되는 소득의 귀속자가 이미 사망한 후에 있게 되는 경우에는 그 사망한 자의 원천납세의무가 발생할 여지가 없으며, 그와 표리관계에 있는 원천징수의무자의 원천징수의무도 성립할 여지가 없다"고 판시하면서, 그 이유 부분에서 "소득처분에 의한 조세채권채무의 성립에 있어 그 소득처분이 있기 전에 당해 과세대상인 소득의 존재를 인정할 근거는 없으며, 아직 존재하지 아니하는 소득에 대하여는 그 지급으로 인한 원천납세의무는 물론 소득발생으로 인한 소득세납세의무의 성립이란 있을 수 없다"고 판시하여 소득처분에 의한 납세의무 성립의 경우를, 현실 귀속에 의한 납세의무의 성립과는 확연히 다르게 판단하였다.
10) 헌법재판소 1995. 11. 30. 93헌바32 결정.

소득세 과세처분은 여전히 유효하다고 판시하여, 소득처분을 지급의 의제로 보는 앞서의 대법원 판례와 일견 모순된 듯한 태도를 취하고 있다(헌법재판소의 위헌 결정으로 소득처분 규정 자체가 효력을 상실한 사안에 대한 대법원 판결은, 이후 법 개정으로 소득처분 규정이 법률적으로 유효한 상태에 전적으로 그대로 적용하기는 어렵다고 생각된다).[11] 이러한 판례의 태도는 소득처분의 법률관계를 논리적으로 수미일관하게 정립하기 보다는 쟁점 사안별로 관련 법규정의 문구 해석을 중심으로 구체적 타당성을 찾는 것에서 비롯된 것으로 생각되고, 평석대상 판례도 그러한 접근방법의 일환으로 생각된다.

3. 소득처분에 의한 납세의무의 성립시기 및 법인에 대한 소득금액변동통지 송달의 필요성에 대하여

이 판결은, '소득처분이 있는 경우, 당해 소득금액의 지급자로서 원천징수의무자인 법인에 대하여는 소득금액변동통지서가 당해 법인에게 송달된 날에 그 원천징수의무가 성립하지만(소득세법 135조 4항, 소득세법 시행령 192조 2항[편집자 주: 해당 규정은 삭제되었으며, 소득세법 제135조 제4항에 따라 소득세법 제131조 제2항을 준용하고 있음], 기본법 21조 2항 1호), 그 소득의 귀속자에 대하여는 법인에 대한 소득

금액변동통지가 송달되었는지 여부와 상관없이 소득처분이 있게 되면 소득세법 제20조 제1항 제1호 다목 소정의 '법인세법에 의하여 상여로 처분된 금액'에 해당하여 근로소득세의 과세대상이 되고, 당해 소득금액은 부과처분의 대상이 되는 당해 사업연도 중에 근로를 제공한 날이 수입시기가 되므로(소득세법 39조 1항, 소득세법 시행령 49조 1항 3호), 소득의 귀속자의 종합소득세(근로소득세) 납세의무는 국세기본법 제21조 제1항 제1호가 정하는 바에 따라 당해 소득이 귀속된 과세기간이 종료하는 때에 성립한다'는 취지로 판시하고 있다.

본래 법인의 원천징수의무는 당해 소득금액을 지급하는 때에 그 납세의무가 성립함과 동시에 확정되는데(기본법 21조 2항, 22조 2항), 소득처분에 의한 상여소득 등은 그 소득금액변동통지서가 송달된 날에 지급한 것으로 본다고 규정하고 있으므로(소득세법 135조 4항, 구 소득세법 시행령 192조 2항), 법인에 대한 소득금액변동통지가 송달되어야 법인의 원천징수의무가 성립, 확정된다.

반면 소득처분된 소득의 귀속자의 경우, 소득세 납세의무는 권리확정주의 원칙에 따라 실제 소득이 지급되지 않았더라도 권리로서 성숙확정이라는 요건이 갖추어지면 과세요건이 충족되므로, 그 지급시기의 구체적 확정을 위한 법인에 대한 소득금액변동통지 송달이 그 납세의무 성립에 반드시 전제가 될 필요는

---

11) 대법원 1997. 10. 24. 선고 97누2429 판결; 대법원 1999. 9. 17. 선고 97누9666 판결 등.

없는 것이고, 소득세법은 '법인세법에 의한 상여처분된 금액'을 근로소득으로 규정하면서, 동법 시행령 제49조에서 소득처분에 의한 상여소득금액이 '당해 사업연도 중의 근로를 제공한 날'에 귀속된 것으로 본다고 규정[12]하고 있을 뿐 별도의 과세요건을 정하고 있지 않으므로, 법인에 대한 소득금액변동통지 송달이 없더라도 소득 귀속자의 납세의무는 관련 법규에 따라 성립된다고 볼 수 있다.[13] 따라서 평석대상 판례의 판시 취지는 전반적으로 타당하다고 생각된다.

다만 이 판례에서의 '소득처분이 있게 되면 소득의 귀속자의 종합소득세 납세의무는 성립한다'는 단정적 표현은, 과세관청의 내부적인 소득처분만 있으면 법인이나 소득 귀속자에 대한 아무런 소득금액변동통지가 없어 소득처분 사실 자체를 알 수 없는 경우에도 소득 귀속자의 납세의무가 유효하게 성립하는 것으로 읽힐 소지가 상당하여(위 판례가 납부불성실가산세와 관련하여 신고·납부기한을 '유예'하여 주고 있다는 표현을 사용하고 있는 점에 비추어

보면 더욱 그렇다) 문제가 있다고 생각된다.

특히 본 판결은 소득처분의 내용 자체가 귀속불분명을 이유로 대표이사에게 인정상여처분이 이루어진 경우로서 오로지 소득처분에 의하여 그 대표이사의 소득금액에 변동이 발생하고, 그에 따른 추가납부의무도 발생하게 된 것이므로 소득처분에 대한 통지는 더욱 필요한 절차였다고 생각된다. 대법원 2006. 4. 20. 선고 2002두1878 전원합의체 판결은,[14] 원천징수의무자인 법인의 납세의무와 관련하여 소득금액변동통지가 항고소송의 대상이 되는 조세행정처분이라고 판시하였는데, 법인의 원천징수의무 발생과 그 소득지급 상대방의 소득 및 원천납세의무의 발생은 표리의 관계에 있는 것으로 양자를 분리하여 조세법률관계를 구성하기도 어려운 것이므로,[15] 이 점에서도 소득처분에 대한 아무런 통지 없이 소득 귀속자의 납세의무가 유효하게 성립한다고 보기는 어렵다고 생각된다.

만약 그렇지 않고, 소득처분만으로 소득

---

12) 이러한 귀속시기 규정의 의의에 대하여, 대법원 1992. 7. 14. 선고 92누4048 판결은 "위 규정들은 소득의 귀속이 당해 결산 사업연도로 되고, 따라서 같은 사업연도의 대표자 등이 그 소득지급의 상대방으로 되어 결국 소득처분의 대상자로 된다는 데에 의의가 있다"고 판시한바 있다

13) 강석훈, 전게논문, 267－268면은 평석대상 판례의 논거로서 이러한 입장을 보여주고 있다.

14) 동 판결의 법리적 타당성에 대하여는 아직도 논란이 계속되고 있지만, 여하튼 판례는, 소득처분에 의한 법인의 원천징수의무는 소득금액변동통지가 있어야만 성립함을 전제로, 원천징수의무를 부담하는 법인의 권익 보호를 위하여 소득금액변동통지의 처분성을 인정하고 있는 것이다.

15) 이와 관련하여 대법원 1992. 7. 14. 선고 92누4048 판결은 "원천징수하는 소득세의 원천징수의무자의 원천징수의무는 소득금액을 지급하는 때 즉, 소득금액변동통지를 받은 날에 성립하게 되는 것으로 보게 되므로 그와 같은 소득금액변동통지가 그 소득처분에 의한 소득을 지급받는 것으로 의제되는 소득의 귀속자가 이미 사망한 후에 있게 되는 경우에는 그 사망한 자의 원천납세의무가 발생할 여지가 없으며, 그와 표리관계에 있는 원천징수의무자의 원천징수의무도 성립할 여지가 없다"고 판시한 바 있다.

귀속자의 납세의무가 유효하게 성립한다고 본다면, (1) 과세관청이 소득처분 후 소득금액변동통지 없이 곧바로 소득귀속자에게 부과처분을 하면, 각 해당 귀속 사업연도의 과세표준확정신고기한 다음날부터 납부불성실가산세를 산정하여야 하고, (2) 소득금액변동통지를 한 다음 부과처분을 하면, 소득금액변동통지에 따른 법정추가납부기간이 적용되어 그 법정추가납부기한을 기준으로 납부불성실가산세를 산정하여야 하는 "이상한 결과가 된다. 이와 관련하여 대법원 2013. 9. 26. 선고 2011두12917 판결16)은 원천징수의무자인 법인에 대한 소득금액변동통지의 행정처분으로서의 성격과 효과, 관련 소득세법령이 소득금액변동통지서에 '소득자의 성명, 주소 등'과 소득금액을 기재하도록 규정하고 있는 점 등에 비추어 보면 "과세관청이 소득금액변동통지서에 소득의 귀속자나 소득의 귀속자별 소득금액을 특정하여 기재하지 않은 채 소득금액변동통지를 하였다면 특별한 사정이 없는 한 그 소득금액변동통지는 위법하다"고 판시하였다. 이와 같이 판례가 소득처분과 관련하여 법인에 대한 소득금액변동통지서에 대하여 그 소득의 귀속자나 소득 귀속자별 소득금액까지 특정하여 기재할 것을 요구하고 있는 점에 비추어 보면, 적어도 법인이 폐업 상태라는 이유로 관련 법령상 법인이 아닌 소득 귀속자에 대하여,

그것도 귀속불분명을 이유로 대표자에게 상여처분이 이루어지는 경우에는 그 소득금액변동통지가 요구된다고 볼 필요가 더욱 크다. 다만 최근 대법원 2014. 7. 24. 선고 2011두14227 판결은 소득귀속자에 대한 소득금액변동통지는 항고소송의 대상이 되는 행정처분으로 볼 수 없다고 판시하면서, 그 논지의 하나로 소득처분에 따른 소득 귀속자의 원천납세의무는 소득금액변동통지가 송달되었는지 여부와 상관없이 그 소득이 귀속된 과세기간이 종료하는 때에 성립한다고 하였는데, 판례가 소득 귀속자에 대한 소득금액변동통지 규정을 소득의 귀속자에게 소득세법 시행령 제134조 제1항에 따른 종합소득 과세표준의 추가신고 및 자진납부의 기회를 주기 위하여 마련된 특칙으로 이해하고(대법원 2013. 9. 26. 선고 2010두24579 판결), 소득 귀속자는 소득처분에 의한 소득금액 변동에 대하여 경정청구의 방법으로 불복할 수 있다고 하면서 그 경정청구기간의 기산일이 소득금액변동통지에 따른 추가신고·자진납부 기한의 다음날부터라고 하는 등 소득금액변동통지 자체에 일정한 법적 효과를 인정하는 점에 비추어 보면, 관련 법령에서 예외적으로 법인이 아닌 소득귀속자에게 소득금액변동통지를 할 것을 요구하는 경우에는, 설사 그러한 소득금액변동통지의 법적 성격이 행정처분에까지 이르지는 않는다고 하더라도, 소

---

16) "위 판례에 대한 추가적인 설명은 '이상우, 소득귀속자나 귀속자별 소득금액을 불특정한 소득금액변동통지서의 효력, 조세실무연구 5(2014년), 김·장 법률사무소' 참조.

득 귀속자에게 그러한 소득금액변동통지가 이루어져야 절차상 하자 없는 소득처분이 된다고 볼 필요가 있다. 특히 귀속불분명을 이유로 대표자에게 상여처분이 이루어지는 경우에는 그 상여처분으로 비로소 소득귀속이 인정되는 것이므로 그 소득귀속자에게 그 소득처분의 통지, 즉 소득금액변동통지가 이루어져야 할 필요성이 더욱 크다.

4. 납부불성실가산세의 기산일에 대하여

소득세법 시행령 제134조 제1항은, 소득처분에 따라 소득금액의 변동이 발생하여 소득세를 추가납부하여야 할 자가 법인 등이 소득금액변동통지서를 받는 날이 속하는 달의 다음 달 말일의 다음날까지 추가신고 자진납부한 때에는 소득세법 제70조 또는 제74조의 기한 내에 신고납부한 것으로 본다고 규정하여 추가신고납부에 관하여 소득금액변동통지서를 받은 날이 속하는 다음달 말일까지 신고납부를 할 수 있도록 정하고 있다. 다만 소득세법은 이러한 경우 납부불성실 가산세의 기산일에 대하여는 별도의 구체적인 규정을 두지 않고 있다.

본래 정부는 세법이 규정하는 의무를 위반한 자에 대하여 세법이 정하는 바에 따라 당해 세법이 정하는 국세의 세목으로 가산세를 부과할 수 있는데(기본법 47조), 일반적인

경우 가산세는 이를 가산할 국세의 납세의무가 성립하는 때에 그 납세의무가 성립하고(기본법 21조 1항 11호), 그 과세표준과 세액을 결정하는 때에 구체적 납세의무가 발생하며, 소득세법상 납부불성실가산세는 거주자가 납부하지 아니한 세액 또는 미달납부한 세액에 대하여 납부기한의 다음날부터 기산하여 산정한다(소득세법 81조 4항). 소득세법 시행령 제134조 제1항 및 위와 같은 가산세 규정 취지에, 납부불성실가산세는 납세의무자가 법정 납부기한까지 그 납부를 게을리한 데 대한 행정상의 제재로서 부과되는 것인 점, 비록 소득세법 제20조 제1항 제1호 다목, 제39조 제1항 및 동 시행령 49조 제1항 제3호가 소득처분에 따른 귀속자의 소득 및 납세의무가 부과처분 대상 사업연도에 성립되는 것으로 규정하고 있다고 하더라도, 이는 그 대상 사업연도의 대표자 등이 그 소득지급의 상대방으로 되어 결국 소득처분의 대상자로 된다는 데에 의의가 있는 점 등을 더하여 보면,[17] 소득금액변동통지에 따른 납부절차를 기준으로 가산세를 부과하는 것이 타당하다고 생각되며, 따라서 납부불성실 가산세에 대한 대상 판례의 판시 취지는 타당하다고 생각된다.

한편 이러한 경우 처분청이 '소득의 현실 귀속'을 이유로 현실 귀속에 따른 종합소득세 신고납부시한을 기준으로 한 가산세가 적용될 수 있음을 들어, 소득처분에 있어서도 같은 내

---

17) 대법원 1992. 7. 14. 선고 92누4048 판결.

용의 가산세 부과를 정당화할 수 있는지 여부가 문제될 수 있다(본 건의 경우 소득금액의 귀속불분명을 이유로 대표이사에게 상여처분이 이루어진 경우이므로 처분청의 '소득의 현실 귀속'의 입증 자체가 어려운 사안이라고 할 수 있지만, '현실 귀속'의 입증이 이루어진 경우에는 문제가 될 수 있을 것이다). 이와 관련하여 앞서 본 헌법재판소의 위헌 결정으로 소득처분 규정 자체가 효력을 상실한 사안에 대한 대법원 판결은 소득

의 현실 귀속에 의한 것으로 처분 사유 변경을 인정한 바 있지만, 이러한 판결은 소득처분 규정 및 그에 따른 소득처분 자체가 효력이 없게 된 경우에 대한 것으로 지금에 이르러 그대로 적용되기는 어렵다. 소득처분 규정에 따라 유효한 소득처분을 하였고, 그에 따라 그 소득 귀속자에게 소득금액의 변동이 발생한 경우라면, 소득의 현실 귀속을 이유로 가산세를 합리화하기는 어려울 것이라고 생각된다.

참고문헌

강석훈, "가. 과세관청이 사외유출된 익금가산액이 임원 또는 사용인에게 귀속된 것으로 보고 상여로 소득처분을 한 경우, 그 소득의 귀속자의 종합소득세(근로소득세) 납세의무의 성립시기, 나. 종합소득 과세표준 확정신고", 『조세법연구』, 12-2(2006. 11.).

곽태철, "구 법인세법 제32조 제5항에 대한 위헌결정과 같은법 시행령 제94조의2의 소득처분에 근거한 갑종근로소득세징수처분의 적법 여부", 『인권과 정의』, 제257호(1998. 1.).

서윤식, "소득처분금액에 대한 소득세 부과제척 기간에 관한 소고", 『세무사』, 제30권, 제4호(2013).

손병준, "소득처분금액에 의한 소득세 납세의무 성립시기 및 부과권의 제척기간", 『재판자료 제108집: 행정재판실무연구집』, 법원도서관, 2005.

안경봉, "법인세법상 소득처분에 의한 원천징수소득세의 부과제척기간의 기산일", 『인권과 정의』, 제250호(1997. 6.).

이의영, "소득처분에 따른 소득금액변동통지의 법적 성질", 『조세법연구』, 12-2(2006. 11.).

이창희, 『세법강의』, 박영사, 2005.

조인호, "소득처분에 의한 의제소득과 현실귀속소득", 『특별법연구』, 제6권(2001. 2.).

저가양수 후 양도에 대한 과세처분취소

사건의 표시 : 대법원 2006. 11. 9. 선고 2005두2124 판결

▪ 사실개요 ▪

원고는 이 사건 부동산을 2000. 2. 10. 자신의 형인 소외 甲으로부터 매수하여 같은 해 3. 13. 그 소유권이전등기를 경료한 다음, 같은 해 6. 15. 소외 乙에게 양도하여 금 129,250,000원 상당의 양도차익을 남겼다.[1] 이에 처분청(과세관청)인 피고는, 원고가 특수관계에 있는 소외 甲으로부터 이 사건 부동산을 시가보다 낮은 가액으로 양수한 후 소외 乙에게 양도한 것으로 보고, 2002. 4. 1. 원고에게 구 상속세및증여세법(2000. 12. 29. 법률 제6301호로 개정되기 전의 것. 이하 '상증세법'이라 함) 제35조, 제60조, 동법 시행령(2000. 12. 29. 대통령령 제17039호로 개정되기 전의 것. 이하 '상

증세령'이라 함) 제26조, 제49조의 각 규정을 적용하여 위 양도차익을 소외 甲으로부터 증여받은 것으로 간주하여 그 증여의제이익에 대하여 증여세를 결정·고지함과 동시에 구 소득세법(2000. 12. 29. 법률 제6292호로 개정되기 전의 것. 이하 '소법'이라 함) 제96조, 제97조의 각 규정을 적용하여, 이 사건 부동산 부분을 소외 乙에게 양도함에 있어 위 증여의제된 금액과 동일한 액수의 양도차익이 생긴 것으로 보아 그 양도차익에 대하여 양도소득세를 결정·고지하는 이 사건 처분을 하였다.

---

* 장인태(법무법인 링컨로펌 대표변호사).

1) 원고가 甲으로부터 취득한 가액은 450,000,000원, 乙에게 양도한 가액은 579,250,000원이었다.

■ 판결요지 ■

소득세법 시행령(이하 '소령'이라 함) 제163조 제10항이 증여재산가액(증여의제이익)을 취득가액에 가산할 수 있는 증여의제의 유형을 개별적·구체적으로 규정하면서 그 적용대상을 점차적으로 확대하여 온 입법 연혁이나 2003. 12. 30. 개정된 소득세법 시행령의 부칙 규정이 저가양수에 의한 증여의제의 경우에는 2004. 1. 1. 이후 양도하는 분부터 그 증여재산가액(증여의제이익)을 취득가액에 가산하도록 명시적으로 규정하고 있는 점 등에 비추어 보면, 위 개정된 소령 제163조 제10항의 규정이 시행되기 이전에 양도된 부동산 거래에 관하여는 그 저가양수에 의한 증여의제이익을 취득가액에 가산하여 그 양도차익을 산정할 수는 없다.

▶ 해 설 ◀

1. 쟁점

원고는 처분청이 위 129,250,000원에 상당하는 이익이 소외 甲으로부터 원고에게 증여된 것으로 보고 이에 대하여 증여세를 부과한 이상, 양도차익을 산정함에 있어서는 이 사건 부동산의 취득가액에는 위 증여의제액 129,250,000원이 포함되는 것으로 보아야 함

에도, 이와 달리 이 사건 부동산의 취득가액에 증여의제액을 반영하지 아니한 이 사건 부과처분은, 이미 증여세를 부과한 경제적 이익에 대하여 또다시 양도소득세를 부과하는 이중과세로서 위법하다고 주장하였으나, 제1심은 증여세와 양도소득세는 납세의무와 성립요건과 시기 및 납세의무자를 서로 달리하는 것이어서, 과세관청이 각 부과처분을 함에 있어서는 각각의 과세요건에 따라 실질에 맞추어 독립적으로 판단하여야 할 것이므로, 위 규정들의 요건에 모두 해당할 경우 양자의 중복적용을 배제하는 특별한 규정이 없는 한 어느 한 쪽의 과세만 가능한 것은 아니라 할 것이므로, 증여세와 양도소득세의 중복적용을 배제하는 특별한 규정이 없었던 이 사건에 있어서(2003. 12. 30. 대통령령 제18173호로 개정된 소령 제163조 제10항은 증여의제된 가액을 취득가액에 가산하도록 하고 있으나, 위 시행령 부칙 제1조, 제3조에 의하면, 위 조항은 2004. 1. 1. 이후 양도하는 분부터 적용하도록 되어 있으므로, 이 사건의 경우에는 그 적용이 없다) 증여의제규정에 의하여 증여세를 부과한 것과 별개로 양도소득세를 부과한 이 사건 처분은 적법하다고 판단하여 원고의 청구를 기각하였다.

그러나 원심(제2심)은 위 구 소령 제163조 제9항은 증여받은 자산에 대하여 실지거래가액에 의하여 취득가액을 산정할 때에는 증여일 현재 상증세법 제60조 내지 제66조의 규정에 의하여 평가한 가액을 취득 당시의 실

지거래가액으로 본다고 규정하고 있는데, 위 규정에서 말하는 '증여받은 자산'에는 민법상의 증여뿐만 아니라 상증세법상의 증여의제규정에 의하여 증여세가 부과되는 경우도 포함되는 것으로 보아야 한다고 전제한 다음, 피고는 원고가 이 사건 부동산을 특수관계인으로부터 시가보다 낮은 가액에 양수함으로써 발생한 시가와 양수가액의 차액 상당액인 129,250,000원의 증여의제이익에 대하여 증여세를 부과한 이상, 이 사건 부동산의 양도에 따른 양도차익을 산정함에 있어서도 그 실지취득가액을 실제 양수한 가액에 위 증여의제이익 129,250,000원을 합산한 금액으로 산정하여야 할 것임에도 위 증여의제이익을 취득가액에 가산하지 않은 채 양도차익을 산출하여 이 사건 양도소득세 부과처분을 한 것은 위법하다고 판단하여 제1심 판결을 취소하고, 이 사건 처분을 취소하였다.

따라서 대법원에서는 원심이 2003. 12. 30. 개정된 소령 제163조 제10항이 2004. 1. 1. 이후 양도하는 분부터 그 증여재산가액을 취득가액에 가산하도록 명시적으로 규정하고 있음에도, 위 소령 제163조 제10항의 규정이 시행되기 이전인 2000.경에 양도된 부동산 거래에 있어서 위 부동산 거래 이후 개정된 법률을 적용하여 이 사건 부동산의 취득가액을 실지거래가액에 의하여 산정하고 저가양수에 의한 증여의제의 경우에도 개정된 위 소령 제163조 제9항이 적용되는 것을 전제로 그 취득가액을 실제 양수가액에 증여의제이익을 합산한 금액으로 산정해야 할 수 있는 것인지가 검토 대상이 되었다.

2. 대법원의 태도

대법원은, 양도자산을 증여에 의하여 취득한 경우 실지거래가액으로 그 취득가액을 산정하는 방법에 관하여는 구 소령(2000. 12. 29. 대통령령 제17032호로 개정되기 전의 것) 제163조 제9항과 제10항에서 규정하고 있는바, 위 각 규정의 취지와 그 입법 연혁 등에 비추어 보면, 소령 제163조 제9항은 자산 자체를 사법상으로 증여하는 경우에 증여일 현재의 상증세법 제60조 내지 제66조의 규정에 의하여 평가한 가액을 취득 당시의 실지거래가액으로 의제하는 규정이고, 상증세법이 정하는 증여의제의 경우에 그 증여의제이익(증여재산가액)을 취득가액에 가산할 것인지 여부에 관하여는 소령 제163조 제10항에서 별도로 규정하고 있는데, 소령 제163조 제10항은 2003. 12. 30. 개정되기 전까지는 일정한 증여의제의 유형에 한정하여 제한적으로 그 증여의제이익(증여재산가액)을 취득가액에 가산하도록 하다가 2003. 12. 30. 자 개정을 통하여 비로소 이 사건과 같은 저가양수에 의한 증여의제이익 등을 포함하여 상증세법 제33조 내지 제42조 소정의 증여의제규정에 의하여 증여세를 과세 받은 경우 일반적으로 당해 증여재산가액을 취득가액에 가산하도록 그 규정을 개정하면서, 그 부칙 제1조 및 제3조에서 위 개정된 규정은 2004. 1. 1. 이후 양도하는 분부터 적용되도록 명시적으로 규정되어 있는 점에 주목하여, 이와 같이 소령 제163조 제10항이 증여재산가액(증여의제이익)을 취득가액에 가산할 수 있는 증여의제의 유형을 개별적·구체적으로 규정하면서 그 적용대상을 점차적으로 확대하여 온 입법 연혁이나 2003. 12. 30. 개정된 소득세법 시행령의 부칙 규정이 저가양수에 의한 증여의제의 경우에는 2004. 1. 1. 이후 양도하는 분부터 그 증여재산가액(증여의제이익)을 취득가액에 가산하도록 명시적으로 규정하고 있는 점 등에 비추어 보면, 위 개정된 규정이 시행되기 이전에 양도된 이 사건 부동산 거래에 관하여는 그 저가양수에 의한 증여의제이익을 취득가액에 가산하여 그 양도차익을 산정할 수는 없다고 판단하였다.

3. 이 판결의 검토

제1심은 증여세와 양도소득세의 중복적용을 허용하는 기존의 대법원 판결에 입각하여[2] 이 사건 처분이 정당함을, 원심(제2심)은 구 소득세법시행령의 규정상 증여받은 자산에는 상증법에 의하여 의제된 증여가 포함된다는 전제하에 이미 부과된 증여세에 양도소득세를 중복하여 부과할 수 없다는 점에 입각하여 이 사건 처분이 부당함을, 대법원은 각 규정의 취지와 입법연혁 즉, 입법자의 의도를 고려하여 다시 이 사건 처분이 정당함을 각 결론으로 하고 있다. 이와 같이 이 사건의 각 심급에서는 각기 다른 이유로 각기 다른 결과를 도출하면서도 표면상 직접적인 법리의 대립은 보이지 않고 있으며, 이 사건 처분이 이중과세에 해당하는지 여부의 직접적인 판단에 대하여는 소극적인 자세를 취하고 있다. 그러나 이러한 각 심급의 자세에서 납세의무자의 변칙증여 등 조세회피행위[3]에 대한 제재와 납세의

2) 제1심은 대법원 2003. 5. 13. 선고 2002두12458 판결; 동 1999. 9. 21. 선고 98두11830 판결을 각 원용하고 있다. 그러나 동 대법원 판결례들은 양도소득세는 양도인에게, 증여세는 양수인에게 각 부과한 경우로, 양도소득세와 증여세를 같은 날 동시에 원고에게 부과한 이 사건과 그 사안을 달리한다. 즉, 동 대법원 판결례들은 과세물건(조세객체, 과세대상)을 중심으로 과세한 결과 그 납세의무자가 서로 다르게 된 경우로 납세의무자를 중심으로 파악할 경우 이중과세의 성격이 반감된다고 할 것이나, 이 사건의 경우 각 과세물건에 대한 납세의무자가 원고 1인으로 동일하여 과세물건을 중심으로 파악하든지 또는 그 납세의무자를 중심으로 파악하든지 이중과세의 문제를 간과할 수 없다. 위 2002두12458 판결에 대하여는 이동식, "저가양도에 대한 소득세와 증여세의 중복과세", 2004. 3. 4.자 법률신문 제3247호 판례평석 참조.
3) 이창희, 『세법강의』(박영사), 2008, 85면 이하에서는 조세회피행위란 어떤 사람이, 세법이 법률요건으로 삼고 있는 민사법상의 어떤 행위를 하지 않고 다른 어떤 우회적인 행위를 통하여 동일한 결과를 얻음을 뜻한다고 하면서, 가령 어떤 이유로 갑이 병에게 토지를 바로 파는 경우보다 가운데 을을 끼워서 갑이 을에게, 다시 을이 병에게 토지를 파는 쪽이 세금이 더 싸고, 이리하여 후자의 거래가 생겼을 경우 갑에서 을, 을에서 병이라는 두 단계 거래를 갑에서 병이라는 하나의 거래로 재구성할 수 있는지, (다시 말하여)

무자에 대한 이중과세라는 오명 사이의 양립할 수 없어 보이는 문제에 대한 고민이 담겨 있음을 알 수 있다.

(1) 이 사건 처분에 적용될 법률에 대한 원고 및 처분청의 주장

한편, 원고는 위와 같은 처분청의 처분행위가 개정된 소령 제163조 제10항 규정 및 상증세법 제33조 내지 제42조의 규정에 의하여 증여세를 과세 받은 경우에는 당해 증여재산가액 또는 그 증·감액을 취득가액에 가산하거나 차감<구 소득세법 2003. 12. 30. 대통령령 제18173호>할 수 있기 때문에 처분청의 처분행위는 현행 법률에 위배된다는 취지의 주장을 하는 데 대하여, 처분청은 위 법령조항이 개정된 것은, 2004. 1. 1.부터 증여를 "민법상 증여뿐만 아니라 재산의 사실상 무상이전, 타인 기여에 의해 재산가치를 증가시킨 것"으로 정의하여, 증여세 과세대상을 포괄적으로 규정하는 완전포괄주의 과세제도의 도입과 함께 양도자산의 필요경비 계산시 저가고가양도에 따른 이익의 증여 등에 의한 증여세를 과세 받은 경우에는 당해 증여재산가액 또는 그 증·감액을 취득가액에 가산하거나 차감

하도록 한 것이며 아울러, 완전포괄주의 도입 이전 양도분인 이 사건 부동산의 양도차익 계산에 있어서까지, 과세받은 증여재산가액 등을 취득가액에 가산할 경우, 변칙증여행위에 대한 증여의제규정이 훼손될 수 있을 뿐만 아니라 위 개정된 법률은 2004. 1. 1. 이후 양도하는 분부터 적용하도록 되어 있는 것이며 이를 개정 전 사건에 적용할 경우 조세법률관계의 예측가능성 및 법적안정성을 해칠 수 있다고 주장한다.

따라서, 우선 현행 법률이 이 사건에 적용될 여지가 전혀 없는 것인지 및 현행 법률을 적용하지 않을 경우 이중과세에 해당하지 않는 것인지를 살펴보기로 한다.

(2) 사건 발생 이후에 개정된 법률을 소급하여 적용할 수 있는지 여부

소급과세의 경우 일반적으로, 법 개정 전에 일어난 사건에 대해서 개정된 법률을 적용 못한다는 법률불소급원칙은 법치주의원칙의 한 내용인 법적 안정성의 원칙에서 파생된 것으로서 국민의 예측가능성 등을 보장하기 위해 소급입법을 금지하고 있으나, 다만 예외가 인정되어 부진정소급입법[4]은 신뢰이익을 침

조세회피행위가 있을 때 납세의무자가 실제 행한 행위를 묶거나 재결합하여 법이 예정한 행위로 재구성하여 과세할 수 있을까 하는 문제를 제기하고 있다.

4) 임승순, 『조세법』(박영사), 2008, 38면 이하에서는 "진정소급효란 법률의 시행 전에 완결된 사실에 대하여 새로 제정된 신법을 적용하는 경우를 말하고, 부진정소급효란 신법의 시행 이전부터 계속되고 있는 사실 내지 법률관계에 대하여 신법을 우선 적용하는 경우를 일컫는 것이 보통이나 그 개념이나 한계가 반드시 명확한 것은 아니다."고 한다.

해하지 않는 한도 내에서 원칙적으로 허용되며, 진정소급입법은 아주 예외적인 경우에도 허용[5]되고 있다.[6]

　　그러나 소급입법의 허용한계와 관련하여 이 사건과 같이 납세의무자에게 유리하게[7] 법을 개정하면서 그 개정법을 그 납세의무자에게 소급적용할 수 있게 하는 것이나 그 개정법을 소급적용하지 않도록 하는 경우 납세의무자에게 불리하게 소급과세되는 경우와 동일하게 법률불소급원칙의 문제로 접근할 수 있는지에 대하여는 약간의 재고가 필요하다.[8] 법의 개정 자체가 없다면 납세의무자는 여전히 구 법령의 적용을 받아 과세의무를 부담하게 되며, 납세의무자에게 유리한 법의 개정이

있었다고 하더라도 그 납세의무자는 과세의무를 면하게 될 수는 있을지언정 소급입법으로 인하여 새롭게 세금을 부담하게 되는 것은 아니기 때문이다.[9] 대법원도 비록 당사자에게 유리하게 법령이 개정되었으나 그 부칙 등에서 소급적용할 수 있다는 경과규정을 두지 아니한 경우에는 행위시법 적용원칙에 따라 개정 전의 불리한 법령을 그대로 적용하여야 한다고 판단하고 있다.[10]

　　그렇다면, 개정된 법령을 직접 소급적용하기에는 실정법의 해석[11]이나 법리상 다소 무리가 있고, 이 사건 처분의 근거조항이 이중과세에 해당하는 것인지를 직접 검토할 필요가 있는데, 경과규정 자체(2003. 12. 30. 개정된

5) 헌법재판소 1999. 7. 22. 97헌바76 결정; 대법원 2006. 9. 8. 선고 2005두50 판결에서는 '국민이 소급입법을 예상할 수 있었거나 법적 상태가 불확실하고 혼란스러워 보호할 만한 신뢰이익이 적은 경우와 소급입법에 의한 당사자의 손실이 없거나 아주 경미한 경우 그리고 신뢰보호 요청에 우선하는 심히 중대한 공익상의 사유가 소급입법을 정당화하는 경우 등에는 예외적으로 진정소급입법(도) 허용된다'고 하고 있다.
6) 이창희, 『세법강의』(박영사), 2008, 61면에서는 "소급효를 허용할 것인가의 문제는 기본권 제한의 일반이론으로 돌아가 소급입법을 통한 기득권의 침해와 소급입법을 통해 얻고자 하는 공익, 이 두 가지를 저울질하는 문제가 된다. 이것은 어느 쪽이 더 중요한가라는 가치판단의 문제이다."고 한다.
7) 고경희, "완전포괄주의 과세제도하에서 합리적인 증여세 과세방안에 관한 연구", 연세대학교법무대학원 석사학위논문(2006. 8.), 17면에서는 2003. 12. 30. 구 상증세법(법률 제7010호) 제35조에 대하여 "완전포괄과세의 도입에 따라 예시규정으로 전환되고 … 정당한 사유를 납세자가 입증하게 되면 과세하지 않도록 증여추정의 성격으로 규정하였다."고 평가한다.
8) 최병근, "소급입법의 유형과 허용한계", 전남대학교대학원 석사학위논문(2006. 2.), 64면에서는 "요컨대 소급입법금지의 원칙은 당사자에게 불리하게 개정된 법령을 소급하여 적용한다는 것을 금지한다는 것으로서 당사자에게 유리하게 개정된 경우 개정법령을 반드시 소급적용하여야 한다거나 또는 그 유리한 개정법령의 소급적용조차도 금지된다는 의미를 포함하는 것은 아니다."고 한다.
9) 또한 유리한 법의 개정이 있더라도 그 경과규정의 혜택을 받지 못하여 구법에 의한 과세의무를 여전히 부담하더라도 이에 대하여 경과규정을 두어야 할 헌법상 또는 법률상의 의무를 인정하기도 어려워 경과규정을 두지 않은 부진정입법부작위가 헌법에 위반된다고 할 수도 없다. 헌법재판소 2004. 8. 26. 2003헌마337 결정 참조.
10) 대법원 1988. 11. 10. 선고 98두13812 판결; 동 2002. 12. 10. 선고 2001두3228 판결 등 참조.
11) 윤지현·강성모, "2006년도 「소득세법」 판례회고", 『조세법연구』, 13-1(2007. 4.), 376면에서는 대법원의 판단에 대하여 "실정법 규정의 해석이라는 차원에서는 부득이한 판단으로 생각한다."고 한다.

구 소득세법 시행령의 부칙 제1조 및 제3조)에 대한 대법원[12] 또는 헌법재판소의 위헌(위법)심사[13] 내지 구 법률(2000. 12. 29. 개정된 구 소법 제96조, 제97조)에 대한 헌법재판소의 위헌심사[14]가 그 방법이 되겠다.

(3) 이중과세에 대한 판단과 법 개정에 대한 입법자의 의도

실제로 원고는 소송 중 '이 사건의 쟁점이 되고 있는 소령 제163조 제10항이 개정된 것은 사실관계의 변경에 의한 것이라기보다는 경제적 이익에 대한 증여세와 소득세의 중복적 과세를 배제하기 위한 입법의도에 의한 것이라고 볼 수 있기 때문에 이 사건의 경우 동 시행령 부칙(경과규정)에 의하여 위 법령조항이 적용되지 않는다고 단순히 형식적으로 판단할 것이 아니라, 이 사건과 같이 명령·규칙이 재판의 전제가 된 경우에는 명령·규칙에 대한 심사권이 있는 법원으로서 동 시행령 부칙에 대한 위헌·위법여부도 실질적으로 판단해야 할 것'을 주장하였다.

그러나 대법원은, 취득가액에 가산되는 증여의제이익의 범위를 개별적으로 인정하며 점차 확장하다가 2003. 12. 30. 이후에는 일반적으로 인정하게 된 입법경위에 비추어 볼 때 이 사건 당시에 적용되는 소득세법의 규정은 저가양도 유형 증여의제의 증여가액을 취득가액에 가산할 수 없다는 뜻으로 해석할 수밖에 없다고 판단하였다.[15]

위와 관련한 대법원의 설시만으로는 대법원이 입법자의 의도를 어떻게 파악하고 있는지가 명확히 드러나지 않는다. 다만 대법원이 내린 결론에서 대법원은 원고의 주장과 같이 증여세와 소득세의 중복과세를 배제하려는 입법의도로 법이 개정되었다고 보기 보다는, 저가·고가양도에 의한 재산의 유상양도가 직접 민법상 증여에 해당하지 않는 점을 이용한 변칙적인 증여행위를 방지하려는 의도로 법이 개정되었다고 판단하고 있다고 볼 수 있다. 그렇다면 실제 증여세와 소득세의 중복적 적용을 조정하는 다른 입법규정들이 위와 같이 변칙적인 증여행위를 방지하는

---

12) 대법원의 명령·규칙심사권은 헌법 제107조 참조.
13) 대법원과 헌법재판소는 경과규정 자체에 대한 위헌심사가 가능하다는 전제에 있다. 대법원 2000. 3. 10. 선고 97누13818 판결; 동 1998. 2. 10. 선고 97누2405 판결; 헌법재판소 1995. 5. 25. 90헌마196 결정 등 참조.
14) 폐지된 구 법률이라 하더라도 당해 소송사건에 적용될 수 있어 재판의 전제가 되는 경우에 예외적으로 위헌제청의 대상으로 인정한 헌법재판소 결정례로는, 헌법재판소 1989. 12. 18. 89헌마32등; 동 1996. 8. 29. 94헌바15; 동 1989. 7. 14. 88헌가5등 등 참조.
15) 윤지현·강성모, 전게논문, 375면 참조. 위 저자는 덧붙여 대법원의 "이와 같은 판단은 기본적으로 증여로 의제되는 거래에 의하여 유상취득한 자산의 취득가액 조정 여부, 나아가 증여로 의제되는 거래를 한 납세자를 같은 금액을 단순히 증여한 납세자와 동일하게 취급할 것인지 여부는 입법자의 재량 범위에 속하는 것으로 보는 것을 전제로 삼고 있는 것으로 이해된다."고 하고 있다.

데에만 주안을 둔 것인지 아니면 원고의 주장과 같이 실질과세원칙과 공평과세원칙에 입각하여 동일한 경제적 이익에 대하여 이중과세를 배제하는 데 보다 초점을 맞춘 것인지를 살펴볼 필요가 있다.

(4) 이중과세 조정에 대한 제반규정 등

이중과세 내지 중복과세를 규제하고 있는 소득세법 관련 규정을 나열해 보면 상증세법 제2조 제2항,16) 소령 제163조 제9항,17) 제163조 제10항,18) 제89조 제2항 제3호19) 등을 들 수 있다. 자산을 증여받은 경우에는 현실적으로 그 취득을 위하여 지출한 가액이 있을 수 없다. 그럼에도 위와 같은 규정들이 증여 당시 평가액을 그 자산의 취득가액으로 보는 이유는 위 규정을 통하여 동일한 경제적 이익에 대하여 증여세와 소득세가 이중으로 부과되지 않도록 하기 위한 것이다.

그런데 대법원의 판단과 같이 만약 입법자가 어떠한 입법의도를 가지고 취득가액에 가산되는 증여의제이익의 범위를 개별적으로 인정하며 점차 확대하여 왔다면 입법자의 의도가 무엇이냐에 따라 다음과 같은 문제가 발생할 수 있다. 즉, 입법자가 변칙적인 증여행위를 방지하고자 제정한 조항에 대하여 그 허용대상을 점차 늘리며 입법을 추진해 왔다면 위 변칙증여행위방지책에 부당한 면이 있다는 점을 스스로 인정하였다고 할 것이고, 한편 입법자가 실질과세원칙과 공평과세원칙에 입각하여 동일한 경제적 이익에 대하여 이중과세를 배제하기 위하여 그 배제대상을 점차 늘리며 입법을 추진해 왔다면 이중과세되는 영역에 대하여 이를 조정하는 입법의 미비가 있음을 스스로 인정하였다고 해야 할 것이다. 결국 2003년도의 완전포괄주의 과세제도의 도입이 있기 전의 입법은 그 입법의도가 무엇이든 간

16) '제1항에 규정된 증여재산에 대하여 소득세법에 의한 소득세, 법인세법에 의한 법인세 및 지방세법의 규정에 의한 농업소득세가 수증자(受贈者)에게 부과되는 때에는 증여세를 부과하지 아니한다. 이 경우 소득세·법인세 및 농업소득세가 소득세법·법인세법·지방세법 또는 다른 법률의 규정에 의하여 비과세 또는 감면되는 경우에도 또한 같다.'
17) '상속 또는 증여받은 자산에 대하여 법 제97조 제1항 제1호 가목 단서 및 나목의 규정을 적용함에 있어서는 상속개시일 또는 증여일 현재 상증세법 제60조 내지 제66조의 규정에 의하여 평가한 가액을 취득당시의 실지거래가액으로 본다 …….'
18) 이 사건 조문으로 '법 제97조 제1항 제1호 가목 본문의 규정을 적용함에 있어서 「상속세및증여세법」 제33조 내지 제42조의 규정에 의하여 증여세를 과세받은 경우에는 당해 증여재산가액 또는 그 증·감액을 취득가액에 가산하거나 차감한다.'고 규정되어 있어 이 사건 저가·고가양도에 따른 이익의 증여(상증세법 제35조) 이외에도 전환사채 등의 증여(상증세법 제40조 제1항), 주식 또는 출자지분의 상장 등에 따른 이익의 증여(상증세법 제41조의3), 합병에 따른 상장 등 이익의 증여(상증세법 제41조의5) 등의 경우에도 증여재산가액 또는 증·감액을 취득가액에 가산하거나 차감하도록 하고 있다.
19) 소령 제98조 제2항 제1호 규정(부당행위계산부인규정)에 의한 부당행위계산에 의한 시가초과액은 취득가액에서 제외하고 있다.

에 실질과세의 원칙이나 공평과세의 원칙을 완전히 반영하지 못한 입법이 된다.

여기에서 주목해서 보아야 할 헌법재판소 결정이 있다.[20] 동 결정의 사안은 증여자에게 는 양도소득세를 수증자에게는 증여세를 부과 한 경우로 납세의무자를 중심으로 파악할 때 이 사건의 경우와 같이 원고 1인에게 양도소 득세와 증여세가 동시에 부과된 것과 비교하 여 이중과세의 성격이 훨씬 약한 측면이 있다. 그럼에도 헌법재판소는 당해 법률조항(소득세 법 제101조 제2항)에 대하여 실질적으로 위헌 을 선언하는 결정(헌법불합치 결정)을 하고 법 원 기타 국가기관 및 지방자치단체에 대하여 위 법률조항의 적용중지를 명하였다. 위 헌법 재판소의 결정 이유 중 일부를 그대로 인용하 면, "결국 이 사건 법률조항은, 그 적용요건이 충족되는 경우 증여자의 증여행위나 수증자의 양도행위를 과세요건사실로 삼지 아니하고 오 로지 '의제된 양도행위'에 따른 과세만을 함으 로써도 그 입법목적을 달성할 수 있음에도 불 구하고, 세수증대와 과세편의만을 도모한 나 머지 '부인된 증여행위에 기초한 과세'와 '의제

된 양도행위에 기초한 과세'를 서로 양립하게 함으로써 입법목적의 달성에 필요한 정도를 과도하게 넘은 이중과세를 하는 것이므로 그 내용이 재산권을 과도하게 침해하는 것이므로 헌법에 위반된다고 보지 않을 수 없다."는 것 이다.

위 헌법재판소의 결정이 2003. 5. 13.에 있었고, 이후 국회는 같은 해 12. 30. 위 법률 조항(소법 101조 2항)의 개정을 통하여 증여세 는 부과되지 않도록 하면서, 동시에 같은 날 이 사건 소령 제163조 제10항을 개정하여 비 로소 취득가액에 가산되는 증여의제이익의 범 위를 일반적으로 인정하였다. 그렇다면 이러 한 법 개정은 실질과세의 원칙과 공평과세 원 칙에 입각하여 동일한 경제적 이익에 대하여 증여세와 소득세의 중복적 과세를 배제하여야 한다는 반성적 고려에서 비롯된 것으로 보아 야 한다.

(2) 결어

이 사건 쟁점법률사항인 구 소령 제163 조 제10항이 위 개정 이전부터 저가양수 이외

---

20) 헌법재판소 2003. 7. 24. 2000헌바28 결정. 청구인이 1968. 취득하여 1996. 2. 여동생에게 증여한 토지가 1996. 4. 부산광역시에 수용되자 용산세무서장은 위 증여일로부터 2년 내에 다시 위 토지가 부산광역시에 양도되었음을 이유로 당시 소득세법 제101조 제2항(양도소득에 대한 소득세를 부당하게 을 적용하여 청구 인에게 양도소득세 부과처분을 하였는데, 이에 청구인은 법원에 그 취소소송을 제기한 다음 위 소득세법 조항이 헌법에 위반된다며 위헌심판제청신청을 하였다가 기각되자 위 소득세법 조항은 "양도주체도 아니 고, 양도소득의 귀속자도 아닌 증여자에게 양도소득세를 부과하는 한편, 증여자에게 부과하는 양도소득세 액을 계산하면서 수증자에게 부과한 증여세액을 공제하거나 환급하도록 하지 아니함으로써 이중과세를 하 는 것이므로 결국 실질적 조세법률주의, 재산권 보장에 관한 헌법 규정에 위반된다"는 등의 취지로 헌법 소원심판청구를 한 사안이다.

의 다른 형태의 증여의제 이익을 취득가액에 가산하도록 허용하였던 것은 그 입법자의 의도가 이 사건과 같이 이중과세의 중복적 적용을 배제하기 위함이었다고 보아야 한다.[21] 위 헌법재판소의 불합치결정 이후 결국 입법자는 모든 유형의 증여의제 가액을 취득가액에 가산하도록 정하여 이 사건 쟁점법률사항을 개정하였다는 사실도 이를 뒷받침한다. 그러나 행위시법원칙하의 법제에서 실정법 규정의 해석에 충실한 대법원의 판단을 탓할 수만은 없어 보인다. 이 대상판결에 대하여 위 소령 제163조 제10항이 개정 이전부터 저가양수 이외의 다른 형태의 증여의제이익을 취득가액에 가산하도록 허용한 점과 이후 입법자가 결국 모든 유형의 증여의제 가액을 취득가액에 가산하도록 정한 점 등의 이유로 이 사건 판결도 위 소령 제163조 제10항을 예시적 규정으로 보아 취득가액을 조정하는 것이 더 낫지 않았느냐는 아쉬움이 남는다는 의견개진[22]이나 조금 다른 사안에서 대법원은 단순히 그 책임을 입법자에게 떠넘길 것이 아니라 법해석이 허용하는 범위 내에서 적극적인 해결을 모색해야 한다는 의견개진[23]도 이 대상판결에 대하여 실정법 테두리에서의 결론을 내린 대법원의 입장을 고려하고 있는 것으로 보인다. 따라서 이 사건 원고가 소송 중 보다 적극적으로 법원의 명령·규칙 심사권의 발동을 촉구하여 위 소령 제163조 제10항 및 그 부칙에 대한 위헌심사를 받거나[24] 2000. 12. 29. 개정된 구 소법 제96조, 제97조 등에 대한 헌법재판소의 위헌심사를 받았더라면 하는 아쉬움이 강하게 남는다.

4. 이 판결의 의의

이 사건은 이미 본 바와 같이 저가로 자산을 양수하여 그 시가와 양수가액(실제 거래가액)의 차액이 증여로 의제되는 경우, 이에 대한 명문의 규정이 없음에도 위 증여의제 되는 차액 상당을 양도소득세 목적상 취득가액에 가산하여 주어야 하는지가 주된 판단의 대상이었다.

---

21) 김완석, 『소득세법론』(광교이택스), 2006, 585면에서는 이 규정을 "동일한 경제적 이익에 대하여 증여세와 소득세를 중복적으로 과세하는 것을 배제하기 위한 법적 장치"라고 설명하고 있다.

22) 소순무 변호사 평석.

23) 이동식, '저가양도에 대한 소득세와 증여세의 중복과세', 2004. 3. 4.자 법률신문 제3247호 판례평석.

24) 명령·규칙에 대한 최종심사권이 있는 대법원이 심사결과 헌법이나 법률에 위반된다고 선언된 명령·규칙에 대하여 과거 간단히 무효선언을 하고 있고(대법원 1966. 12. 6. 선고 63누197 판결; 동 1983. 7. 12. 선고 82누184 판결 등 참조), 특히 현행 행정소송법이 「행정소송에 대한 대법원판결에 의하여 명령·규칙이 헌법 또는 법률에 위반된다는 것이 확정된 경우에는 대법원은 지체 없이 그 사유를 총무처장관에게 통보하여야」하고, 「통보를 받은 총무처장관은 지체 없이 이를 관보에 게재」하도록 규정(행정소송법 제6조)하여 위헌·위법이 확정된 사실의 공고제도를 두고 있어, 대법원은 위와 같은 위헌심사 절차를 경유할 수도 있었을 것이다.

결국 대법원은, 이 사건 당시에 위와 같은 저가양수의 규정이 없던 구 소득세법의 규정만으로 증여의제의 증여가액을 취득가액에 가산할 수 없다고 판단하였다. 이러한 대법원의 판단은, 납세자 측면에서 증여세에 중복하여 부담하게 될 그 양도소득세를 감액 받고 처분청으로서는 이중과세의 오명을 벗어날 수 있는 효과를 누릴 수 있다는 점보다는, 관련규정의 입법경위에 비추어 이 사건 당시에 적용되는 소득세법의 규정은 저가양도 유형 증여의제의 증여가액을 취득가액에 가산할 수 없다는 뜻으로 해석할 수밖에 없는 실정법상의 문제나, 실제 거래의 경우 발생하는 변칙증여행위를 제재하는 효과상의 문제를 더 고려한 것이라고 볼 수 있다.

그러나 대법원이 증여의제이익에 취득가액을 가산하는 것에 대하여 관련규정의 개정 전에는 '제한적으로' 인정되던 것이 위 개정 후에는 '일반적으로' 인정되게 되었고 위 개정규정은 시행령 부칙에서 그 시행일을 명시하고 있다고 하면서 관련규정의 입법의 연혁이나 그 취지만을 근거로 원심을 파기하기 보다는, 관련 규정을 개정한 입법자의 보다 근본적인 의도가 "동일한 경제적 이익에 대하여 증여세와 소득세를 중복적으로 과세하는 것을 배제하기 위한 법적 장치"를 마련하는 것에 있었다는 사실에 좀 더 주목하여 처분청의 원고에 대한 이중과세를 배제하거나 취득가액을 조정하여 원고의 부담을 줄이는 판결을 하였다면 좀 더 합리적이고 공평한 판결이 되지 않았을까 하는 아쉬움이 남는다.

참고문헌

고경희, "완전포괄주의 과세제도하에서 합리적인 증여세 과세방안에 관한 연구", 연세대법무대학원: 석사논문(2006. 8.).

김완석, 『소득세법』(2006년 개정증보판), 광교이택스, 2006.

윤지현·강성모, '2006년도 「소득세법」 판례회고', 『조세법연구』, 13 − 1.

이동식, "저가양도에 대한 소득세와 증여세의 중복과세", 법률신문 제3247호 판례평석(2004. 3. 4. 자).

이창희, 『세법강의』, 박영사, 2008.

이태로·안경봉, 『조세법강의』, 박영사, 2001.

임승순, 『조세법』, 박영사, 2008.

최병근, "소급입법의 유형과 허용한계", 전남대학교대학원: 석사논문(2006. 2.).

판례
< 42 >

소득세법상 '확정되지 아니한 자산'의 양도 또는 취득의 시기

사건의 표시 : 대법원 2004. 4. 9. 선고 2003두6924 판결

▪ 사실개요 ▪

가. 원고는 1983. 11. 17. 피고들 소유의 토지 중 일부를 매매대금 7천 5백만 원에 매수하되, 그 구체적인 위치는 토지상에 있는 기존 건물의 부지와 그를 위한 도로를 제외한 나머지 나대지 중에서 추후에 측량을 통하여 특정하기로 하였고 그에 따라 면적의 증감이 있으면 매매대금을 정산하기로 약정하였다. 매매대금 중 계약금 및 중도금 3천만 원은 계약 당일 지급하였다.

나. 그런데 피고들이 매매계약을 이행하지 아니하자 원고는 1990.경 소유권이전등기 청구소송을 제기하였고, 항소심에서 1995. 2. 13. 청구취지를 변경하여 소유권이전등기청구

대상이 되는 토지를 특정하였다. 항소심은 원고 청구의 일부만을 받아 들였고 대법원은 1996. 2. 9. 각 상고를 기각하였다.

다. 원고는 1999. 7. 15. 위 소송을 통하여 소유권을 취득한 토지의 일부(이하 '쟁점토지')를 양도한 후 쟁점토지의 취득시기를 위 대법원 판결이 선고된 1996. 2. 9.로 하여 양도차익을 산정한 후 양도소득세를 자진 신고 납부하였다. 이에 피고는 쟁점토지의 취득시기를 이 사건 매매계약 체결일인 1983. 11. 17.로 보아 양도차익을 산정하여 이 사건 양도소득세 과세처분을 하였다. 이 사건 원심은 원고의 매매대상 토지의 특정에 따라 매매계

---

* 양승종(김·장 법률사무소 변호사, 법학박사).

약의 효력이 미치는 토지의 범위를 확정하고 그 면적에 해당하는 매매대금 20,181,818원은 이미 지급된 계약금 및 중도금 3천만 원에 못 미치므로 위 특정일에 매매대금 전액이 지급된 것으로 판단하였다.

▪ 판결요지 ▪

[1] 구 소득세법시행령(1999. 12. 31. 대통령령 제16664호로 개정되기 전의 것. 이하 '소령'이라 함) 제162조 제2항에서 규정하는 '확정되지 아니한 자산'이라 함은 소유권 등 권리의 귀속이 확정되지 아니한 자산뿐 아니라 권리의 범위가 확정되어 있지 않은 자산의 경우도 포함된다고 할 것이며, 또한 위 소령 제162조의 각 규정은 자산의 취득시기와 양도시기를 통일적으로 파악하기 위하여 이를 동일하게 의제한 규정이라고 보아야 한다.

[2] 소득세법(이하 '소법'이라 함) 제98조, 구 소령(1999. 12. 31. 대통령령 제16664호로 개정되기 전의 것) 제162조 제1항, 제2항에 의하면, 목적물이 확정되지 아니한 자산을 양도 또는 취득한 경우 그 대금을 청산한 날까지 목적물이 확정되지 아니하였다면 그 후에 목적물이 확정된 날을 양도 또는 취득일로 보아야 하는 것이고, 매매계약 당시에 목적물이 확정되지 아니하였다가 나중에 확정되었더라도 그 때까지 대금이 청산되지 아니하였다면 대금청산일을 그 양도 또는 취득일로 보아야 한다. 나아가 매매목적물의 면적과 그에 따른 매매대금을 증감할 수 있도록 약정한 매매계약에 있어서 매매목적물의 범위가 후에 당사자의 합의 또는 법원의 판결에 의하여 그 매매계약에 따라 이미 지급된 계약금 및 중도금에 상응하거나 그보다 적은 부분으로 변경되어 더 이상 잔금을 지급할 필요가 없게 되었다면, 이때 매매목적물의 대금청산일은 당사자 사이의 합의가 성립하거나 법원의 판결이 확정됨으로써 이미 지급된 계약금 및 중도금으로 위와 같이 변경된 매매목적물의 대금이 지급된 것으로 볼 수 있어 더 이상 대금청산의 여지가 없게 된 때라고 봄이 상당하다.

▶ 해 설 ◀

1. 양도소득세에서 자산의 취득시기 및 양도시기

양도소득세 과세대상인 토지, 건물 등 자산의 거래는 계약체결에서부터 중도금, 잔금을 지급하고 소유권이전등기를 하기까지 상당한 기간이 소요되므로 이러한 일련의 거래과정 중 어느 시점을 정하여 양도가 이루어진 것으로 보느냐 하는 문제는 양도소득의 귀속연도를 결정하는 기준이 될 뿐만 아니라 양도차익의 산정, 장기보유특별공제의 적용 여부

및 공제율의 크기, 세율의 적용구분, 예정신고 기한의 판단 등의 문제와 밀접한 관련이 있다.[1]

소법 제98조는 원칙적으로 '당해 자산의 대금을 청산한 날'을 자산의 양도 또는 취득의 시기로 규정하고 있으며, '대금을 청산한 날이 분명하지 아니한 경우 등 대통령령이 정하는 경우'는 대통령령에서 별도로 그 시기를 정할 수 있도록 규정하고 있고,[2] 이를 받아 소령 제162조 제1항은 그 시기를 구체적으로 규정하고 있다.[3] 한편, 소득세법 제88조는 양도의 개념을 법률상 소유권이 이전되는 것과는 관계 없이 자산의 소유권이 유상으로 '사실상 이전'되는 것으로 정의하고 있다. 소득세법상의 양도인 '소유권의 사실상의 이전'과 양도자산의 취득시기 및 양도시기에 관한 위 규정들이 상호 어떠한 관련성이 있는지에 대해서는 견해가 갈리고 있다. 우선, '대금을 청산한 날'이라는 기준은 1982. 12. 31. 개정법령부터 쓰이게 된 기준이며, 그 이전에는 중도금지급일을 과세기준으로 사용하였다.[4] 이에 대하여 일부 견해는 중도금지급일 기준은 권리확정시점 내지 자산의 가격변동에 따르는 위험이 이전되는 시점을 양도시기로 본다는 이론적 합리성을 띠고 있는데 반하여, 대금청산일 기준은 이론적 근거가 아니라 관행에 터잡은 만큼 여러 가지 문제를 낳고 있다고 보고 있다.[5] 이에 반하여 다른 견해는 대금청산일 기준은 소득세법상 소득의 인식기준인 권리의무확정주의에 따라 법률적으로 소유권이 이전되지 않았더라도 대금지급일을 권리의 성숙·확정이 있다고 보아 이 시기에 소득의 귀속을 정한다는 취지로 보고 있다.[6] 권리의 성숙·확정의 정도에 따라 '사실상의 소유권 이전'이 있다고

---

1) 이창희, 『세법강의』(박영사), 2013, 455–457면.
2) 현행 소법 제98조는 2010. 12. 27. 개정된 것으로, 동 개정 이전 소득세법 제98조는 "취득시기 및 양도시기에 관하여는 대통령령으로 정한다"라고 규정되어 있어 헌법 제75조의 포괄위임금지원칙과 관련하여 문제점이 있다는 견해가 있을 수 있었다. 다만, 대법원은 개정 이전 소득세법 제98조와 동일한 내용을 규정하고 있는 구 소법(1994. 12. 22. 법률 제4803호로 개정되기 전의 것) 제27조를 헌법상 실질적 조세법률주의원칙 및 위임입법의 한계에 어긋나는 포괄위임은 아니라고 판시하였다(대법원 1997. 2. 28. 선고 96누16377 판결).
3) 최근 대법원은 양도소득의 귀속시기를 규정한 소법 제98조 및 소령 제162조는 예외 없는 일반원칙을 규정한 것은 아니며, 구체적인 사실관계에 따라 양도소득에 대한 관리, 지배와 양도소득의 객관화 정도, 납세자금의 확보시기 등까지 함께 고려하여 양도소득이 현실적으로 실현될 것까지는 없다고 하더라도 그 실현가능성이 상당히 높은 정도로 성숙·확정되었는지를 기준으로 하여 귀속시기를 합리적으로 결정하여야 한다고 판단하였다(대법원 2012. 5. 9. 선고 2010두22597 판결; 대법원 2012. 2. 23. 선고 2010두9372 판결).
4) 이창희, 전게서, 458면.
5) 이창희, 상게서, 458면.
6) 정태학, "소득세법시행령 제162조 제2항 소정의 '확정되지 아니한 자산'의 취득시기", 『대법원판례해설』 제50호(2004. 12.), 361–362면.

볼 수 있는 시점을 중도금지급일로 볼 것인가 또는 잔금지급일로 볼 것인가에 대해서는 견해의 차이가 있을 수 있으나, 통상 중도금 지급으로 양도계약상의 권리와 의무는 상당한 정도로 성숙·확정되었다고 볼 수 있으므로 '사실상의 소유권 이전'이라는 양도의 개념에는 중도금 지급일이 보다 부합한다고 할 수 있다.[7] 여기서 '대금을 청산한 날'이라 함은 매매계약서에 기재된 잔금지급약정일에 불구하고 실제로 잔대금을 주고 받은 날을 의미한다.[8]

2. '확정되지 아니한 자산'의 의미와 양도 또는 취득의 시기

대법원은 소령 제162조 제2항[9]의 '확정되지 아니한 자산'의 범위와 관련하여 "확정되지 아니한 자산이라 함은 소유권 등 권리의 귀속이 확정되지 아니한 자산뿐만 아니라 권리의 범위가 확정되어 있지 않은 자산의 경우

도 포함된다"고 일관되게 판시하고 있다.[10]

대법원은 "원고가 매수인 15인에게 토지를 100평 혹은 200평씩 가분할하여 각 매도하면서 장래 원고가 형질변경, 대지조성 및 도로개설을 한 후 매매목적물의 범위를 확정하여 다시 분할하고 그에 따라 대금을 정산하기로 하되, 중도금지급과 동시에 지분소유권이전등기를 먼저 경료하고 잔금은 형질변경 등 작업을 한 이후에 지급받기로 약정함에 따라, 대금을 전액 지급받지 않은 상태에서 각 지분에 대한 소유권이전등기를 경료해 주었으나, 그 후 사정변경으로 형질변경이 불가능하게 되고 당초 매도한 토지면적과 이전등기한 각 소유지분도 일부 부합하지 아니한 사안에서(해당 사안에서 자산의 양도 여부가 문제된 시점에서는 이미 잔대금이 모두 지급되었다), 원고가 토지를 양도함으로써 발생하는 양도소득은 그 확정시기가 도래하지 아니하여 소득세법상의 자산양도가 있었던 것으로 볼 수 없다"고 판시하였다.[11]

---

7) 이와 같은 해석은 1982. 12. 31.개정된 시행령의 개정이유가 '사실상의 소유권 이전'이라는 기준과는 관계없이 "부동산의 양도 및 취득시기를 1차 중도금지급일에서 대금을 청산한 날(지급일이 불분명할 때에는 등기원인일)로 하여 거래관행에 맞추는 한편 부동산 거래시기의 확인·조사에 따르는 조세마찰을 줄인다"에 있다는 점에서도 확인되고 있다. 정태학, 전게논문, 362면.

8) 대법원 판례도 이런 입장을 확인하고 있는데, "양수인이 양도인을 상대로 한 소송에서 잔대금 지급과 상환으로 소유권이전등기절차의 이행을 명하는 판결이 선고된 경우에도 당해 부동산의 양도시기는 양수인이 실제로 양도인에게 잔대금을 지급한 날이라 할 것이고, 장기간에 걸친 소송으로 매매대금의 현실적 지급이 늦어진 경우라 하여 달리 볼 것도 아니다"라고 판시한 바 있다(대법원 1999. 10. 26. 선고 98두2669 판결).

9) 이 사건 쟁점규정인 소령 제162조 제2항은 2010. 12. 30. 개정된 소령(대통령령 제22580호로 개정된 것) 제162조 제1항 제8호에 규정되었으며, 본 평석에서는 평석 목적상 이 사건에 적용되는 소령 제162조 제2항으로 기재하도록 하겠다.

10) 대법원 1990. 8. 28. 선고 89누5454 판결; 대법원 1992. 3. 10. 선고 91누7439 판결.

11) 대법원 1992. 3. 10. 선고 91누7439 판결. 확정되지 아니한 자산의 취득 또는 양도로 판단한 다른 대법원

한편 대법원은 "이미 위치와 경계가 특정된 토지를 목적물로 하고 일정한 금액을 대금으로 정하여 매매계약을 체결한 후 대금을 청산하였다면, 비록 당시로서는 지번 및 지적이 확정되지 아니하여 사후의 측량결과에 따라 면적증감에 대한 정산을 하기로 약정하였다고 하더라도 소령 제162조 제2항 소정의 '완성 또는 확정되지 아니한 자산을 양도 또는 취득한 경우'에 해당한다고 할 수 없고, 따라서 이 사건 토지의 취득시기는 소령 제162조 제1항에 따라 당초의 대금청산일로 보아야 한다"고 판시하였다.12)

'확정되지 아니한 자산'에 해당되는지를 판단한 위 대법원 판결들을 종합해 보면, 양도자산의 확정 여부를 판단함에 있어 매매목적물의 위치 및 경계가 특정되었다고 볼 수 있는지를 중요한 요소로 고려하고 있다.13) 양도자산의 범위의 확정과 관련하여서는 논리적으로 양도자산 범위의 특정이 선행되어야 하며 통상적으로 양도자산의 특정과 확정은 같은 시기에 일어난다는 점에서 대법원 판결을 이해할 수 있겠다.

3. '대금 청산일'과 '자산 확정일'의 관계

현행 소법 제98조는 원칙적으로 '당해 자산의 대금을 청산한 날'을 자산의 양도 및 취득시기로 규정하고 있고, 소령 제162조 제1항 제8호는 "완성 또는 확정되지 아니한 자산을 양도 또는 취득한 경우로서 해당 자산의 대금을 청산한 날까지 그 목적물이 완성 또는 확정되지 아니한 경우에는 그 목적물이 완성 또는 확정된 날"을 그 양도일 또는 취득일로 본다고 규정하고 있다. 위 규정들을 종합하여 보면, 자산의 대금을 청산한 날까지 그 목적물이 완성 또는 확정되지 아니하였다면 그 후에 목적물이 완성 또는 확정된 날을 그 양도일 또는 취득일로 보고 매매계약 당시에 목적물이 완성 또는 확정되지 아니하였다가 나중에 완성 또는 확정되었더라도 그 때까지 대금이 청산되지 아니하였다면 내금청산일을 그 양도일 또는 취득일로 보아야 할 것이며 이 사건 대법원도 같은 입장이다.14) 소득세법이 양도소득세 과세대상인 자산의 양도를 당해 자산의 소유권이 사실상 이전되는 것으로 규정하고 있는 이상, 만약 대금청산일과 자산확정일이 모두 불분명한 경우에는 양도시기를 정함에

판결로는 대법원 1990. 8. 28. 선고 89누5454 판결이 있다.
12) 대법원 2001. 3. 27. 선고 99두2550 판결; 확정되지 아니한 자산의 취득 또는 양도로 보지 않은 다른 대법원 판결들로는 대법원 1993.9.14.선고 92누19651 판결, 대법원 1999. 9. 17. 선고 98두11519 판결이 있다.
13) 정태학, 전게논문, 367면; 박평균, "소득세법 시행령 제162조 제2항 소정의 완성 또는 확정되지 아니한 자산의 취득 및 양도시기", 『행정재판실무편람』, 제3권, 273－274면.
14) 정태학, 상계논문, 368면.

있어서도 '당해 자산의 소유권이 사실상 언제 이전되었는가'라는 본질적인 측면도 고려하여야 할 것이다. '사실상의 소유권 이전'이라는 개념 자체가 일반 사법상의 권리이전에 관한 법리와는 별개로 세법상의 필요를 위하여 고안된 개념이기는 하나, 위 두 기준의 관점에서 보자면 대금이 청산되지 않거나 양도자산이 확정되지도 않은 상태에서 사실상 소유권이 이전되었다고 할 수 있는 상황을 상정하기란 쉽지 않다. 그렇다면 적어도 대금청산일과 자산확정일이 모두 경과되어야 비로소 사실상 소유권의 이전이 있다고 볼 수 있을 것이고, 따라서 양자를 모두 따져 뒤에 오는 날짜를 기준으로 양도일 내지 취득일을 정하고자 하는 현행 규정 및 이에 대한 대법원의 해석은 타당하다고 할 것이다.

4. 이 판결에서 '자산 확정일' 및 '대금 청산일'

(1) 양도자산의 확정일

매수인이 매도인에 대한 의사표시나 재판상 청구를 통하여 매매목적물의 위치와 경계를 특정하였으나 이와 같은 매매목적물의 범위에 대한 분쟁이 있어 실제로 당사자 사이의 합의나 확정판결에 의하여 종국적으로 매매목적물의 위치와 경계가 최종 결정되는 경우, 이 매매목적물의 확정일을 언제로 볼 것인가 하는 문제가 발생한다. 이에 대하여는 당사자 사이의 합의나 확정판결에 의하여 매매목적물의 위치, 면적과 그에 따른 대금이 정하여진 때에 매매목적물이 확정되었다고 보는 것이 타당하다는 견해와[15] 앞서 살펴 본 대법원 판결들이 매매목적물의 특정을 매매목적물의 확정을 위한 주요한 기준으로 사용하고 있는 점 등을 고려하여 매수인이 이전등기청구소송 중에 매매대상 토지를 특정한 때에 목적물이 확정된다는 견해가 있다.[16] 매매목적물의 확정을 위한 논리적 선행단계는 매매목적물의 특정이며 양자는 개념적으로 구별되어야 한다는 점과 일반적으로 소득의 귀속시기 결정은 소득이 발생할 권리가 성숙·확정될 것을 요건으로 한다는 점을 고려하면, 해당 매매목적물의 확정시기는 '당사자의 합의나 확정판결에 의해 정해진 때'라고 보는 것이 타당하다. 만일 매매목적물이 특정될 때에 매매목적물이 확정되었다고 보게 되면, 당사자로서는 매매목적물에 대한 분쟁 등으로 소유권이전 여부가 여전히 불투명한 자산에 대하여 사실상 소유권의 이전이 있었다고 보아야 하므로 양도의 본래 개념에도 부합하지 않는다. 따라서 이 사건 매매목적물의 확정시기는 목적물의 범위에 관한 대법원 판결확정일인 1996. 2. 9.로 보아야 한다.

---

15) 정태학, 전게논문, 373면.
16) 박평균, 전게논문, 274면.

(2) 매매대금의 청산일

당사자의 합의나 확정판결 등에 의하여 매매목적물이 확정되고 이에 따라 확정된 대금이 이미 지급된 금액(계약금 및 중도금)보다 많은 경우에는 위 확정된 대금에서 이미 지급된 계약금이나 중도금을 공제한 금액이 추가로 지급된 날에 비로소 그 대금 전부가 청산되었다고 볼 수 있다.

그런데 이 사건에서와 같이 확정된 대금이 이미 지급된 금액보다 적은 경우, 예를 들면 계약금과 중도금까지만 지급된 상태에서 당초 계약상의 매매목적물을 이미 지급된 계약금 및 중도금에 상응하거나 그보다 적은 지분(혹은 면적)으로 변경하고 대금의 추가 지급도 않기로 당사자간 합의가 성립하거나 그와 같은 내용으로 선고된 법원의 판결이 확정된 경우 대금청산일을 언제로 볼 것인지는 명확하지 않다. 이에 대해서는 다음의 두 가지 견해를 상정할 수 있다. 먼저 대금을 청산한다는 것에 사실행위 이외의 어떤 의사적 요소를 넣을 필요가 없다는 관점에서 중도금이 지급된 날을 대금청산일로 보아야 한다는 견해가 있을 수 있으며, 이 견해에 따르면 이 사건 대금청산일은 계약금 및 중도금을 지급한 1983. 11. 17.이 된다.[17] 다른 한편, 이 문제에 대해서는 '잔금청산일'을 원칙적인 취득시기 또는

양도시기로 규정하여 사실상 소유권을 취득하거나 양도한 시점, 즉 소득이 성숙·확정된 시점을 취득시기 또는 양도시기로 규정한 소법 제98조 및 소령 제162조의 규정 취지 등에 비추어 보면, 대금 청산시기는 당사자 사이의 합의 또는 판결 확정에 의하여 당초 계약상의 매매목적물이 이미 지급된 계약금 및 중도금에 상응하거나 그보다 적은 면적으로 변경(감축)되고 이에 따라 이미 지급된 계약금 및 중도금으로 변경된 매매목적물의 대금지급에 갈음하기로 하는 당사자 사이의 명시적 또는 묵시적 합의가 성립한 때라고 보아야 한다는 견해가 가능하다.[18] 후자의 견해는 명시적 또는 묵시적 합의의 성립시기는 아무리 빨라도 매매목적물의 범위를 변경(감축)하기로 하는 당사자 사이의 합의가 성립하거나 그와 같은 내용의 판결이 확정되어 매매목적물의 범위 및 그 대금액이 확정된 때라고 봄이 상당하다는 점을 근거로 하고 있다.[19] 후자의 견해를 이 사건에 적용하면, 계약금 및 중도금의 지급일이나 매수인의 선택권 행사에 의한 매매목적물의 특정시가 아니라 판결의 확정 또는 당사자 사이의 합의에 의하여 당초 계약상의 매매목적물이 300평에도 못 미치는 부분으로 변경(감축)되고, 이에 따라 이미 지급된 계약금 및 중도금으로 위와 같이 변경된 매매목적물의 대금이 지급된 것으로 볼 수 있어 더 이상 대

17) 명시적으로 판단하지는 않았으나 이 사건 항소심 판결이 이러한 입장에 있는 것으로 보인다.
18) 정태학, 전게논문, 374면.
19) 정태학, 전게논문, 375면.

금청산의 여지가 없게 된 때인 1996. 2. 9.을 대금청산일로 보게 된다.

최종적으로 확정된 매매목적물의 매매대금이 결과적으로 당초 수령한 계약금 및 중도금의 범위 내로 감축되었다고 하여 계약금 및 중도금을 수령한 날에 소급하여 잔금청산이 이루어졌다고 보는 것은 수치적 결과만을 기준으로 한 것이다. 그러나, 소득세법 제98조가 원칙적으로 잔금청산일을 양도 및 취득시기로 규정한 것은 잔금청산일에 '사실상의 소유권 이전'으로서의 양도가 이루어진다고 보는 것인데, 이러한 양도시기에 관한 원칙에 비추어 보면 판결확정 시점에서 대금청산이 이루어졌다고 보는 것이 타당하며, 당사자의 의사 측면에서도 계약금 및 중도금의 지급일이나 매수인의 선택권 행사시에 이미 대금이 청산되었다고 보기보다는 판결확정 시점에 잔금이 청산되었다고 보는 것이 당사자의 의사에 부합한다고 할 것이다.[20]

5. 이 판결의 의의

본 판결의 의의는 매매목적물의 면적과 그에 따른 매매대금을 증감할 수 있도록 약정한 매매계약에 있어서 매매목적물의 범위가 후에 당사자의 합의 또는 법원의 판결에 의하여 그 매매계약에 따라 이미 지급된 계약금 및 중도금에 상응하거나 그보다 적은 부분으로 변경되어 더 이상 잔금을 지급할 필요가 없게 된 경우, 소득세법시행령 제162조 제2항 소정의 '완성 또는 확정되지 아니한 자산'의 취득 및 양도시기를 정함에 있어 '대금청산일'에 관한 기준을 명시적으로 판단한 선례적 가치가 있다.

참고문헌

박평균, "소득세법 시행령 제162조 제2항 소정의 완성 또는 확정되지 아니한 자산의 취득 및 양도시기", 『행정재판실무편람』, 제3권.

이창희, 『세법강의』, 박영사, 2013.

정태학, "소득세법시행령 제162조 제2항 소정의 '확정되지 아니한 자산'의 취득시기", 『대법원 판례해설』, 제50호(2004. 12.).

---

20) 정태학, 전게논문, 375면.

증여 후 양도에 대한 과세처분취소

사건의 표시 : 대법원 2004. 2. 27. 선고 2001두8452 판결

▪ 사실개요 ▪

원고는 1968. 8. 13. 취득하여 보유하고 있던 부산 강서구 신호동 19－42 잡종지 1,653㎡(이하, '이 사건 토지'라 한다)를 1996. 2. 23. 여동생인 소외 甲에게 증여하였다. 부산광역시는 이 사건 토지를 포함한 토지에 산업단지를 조성하기 위하여 1996. 4. 8. 이 사건 토지를 소외 甲으로부터 협의취득 하고 甲에게 보상금을 지급하였다. 소외 甲은 그 1996. 6. 26. 경남부산세무서장에게 이 사건 부동산의 양도차익이 없다는 내용의 신고를 하였고 원고의 주소지를 관할하는 용산세무서장은 특수관계자 사이의 이 사건 토지가 증여된 후 그

증여일로부터 2년 이내에 위 토지가 다시 부산광역시에 양도되었음을 이유로 1999. 5. 6. 구 소득세법(1995. 12. 29. 법률 제5031호로 개정되어 1996. 12. 30. 법률 제5191호로 개정되기 전의 것, 이하 '소법'이라 한다) 제101조 제2항1)을 적용하면서 소외 甲이 납부한 증여세액을 공제하고 원고에게 양도소득세를 부과(이하 '이 사건 1차 부과처분'이라 한다)하였다.

원고는 불복절차를 거쳐 부산지방법원에 양도소득세부과처분취소소송을 제기하였는데, 용산세무서장은 소송 진행 중 위와 같이 증여세액을 공제한 것은 잘못이라며 위 세액공제

---

* 장인태(법무법인 링컨로펌 대표변호사).

1) 구 소법 제101조 제2항은 "양도소득세에 대한 소득세를 부당하게 감소시키기 위하여 제1항에 규정하는 특수관계자에게 자산을 증여한 후 그 자산을 증여받은 자가 그 증여일로부터 2년 이내에 다시 이를 타인에게 양도한 경우에는 증여자가 그 자산을 직접 양도한 것으로 본다."고 규정하고 있었다.

한 금액을 필요경비로 산입하여 다시 양도소득세를 부과(이하 '이 사건 2차 부과처분'이라 한다)하였다. 이에 원고는 위 1심 소송 진행 중 위헌제청신청을 하였으나 위 법원이 이를 기각하자 2000. 3. 18. 헌법재판소에 위헌심사형 헌법소원을 제기하였다. 이후 원고는 1심과 2심에서 모두 패소하여 2001. 10. 12. 상고를 제기하였고 헌법재판소는 상고심 도중인 2003. 7. 24. 이 사건 법률조항에 대하여 헌법불합치결정을 하였으나 대법원은 2004. 2. 27. 원고의 상고를 기각하였다.

▪ 판결요지 ▪

대법원은, ① 조세법률주의 위배 여부와 관련하여, 구 소법 제101조 제2항 및 제4항[2]의 규정은 납세자가 자산의 장기간 보유로 인하여 상승된 자본 이익을 소멸시키기 위하여 중간에 특수관계자에 대한 증여행위를 끼워넣는 거래형식을 취함으로써 누진세율에 의한 양도소득세 부담을 회피 내지 감소시키려는 조세회피행위를 규제하여 과세의 평등을 실현하고자 하는 데에 그 입법목적이 있는 것으로서, 그 의제의 요건으로 특수관계자에 대한 증여와 수증자의 2년 내 양도 및 행위의 부당성을 요구하고 있어 증여자의 진정한 양도행위

로 평가될 개연성이 상당히 높은 사실관계에서만 적용될 수 있도록 함으로써 증여자의 재산권을 침해하였다고 보기 어려우며, 또한 위 요건 중 부당성 부분은 사회통념 내지 거래관행상 객관적으로 양도소득세 회피의 의도가 인식될 정도로서 일반인이라면 통상 선택할 합리적 거래 형식을 취하지 않은 경우임을 어렵지 않게 예측할 수 있어 조세법률주의 내용인 과세요건명확주의에 반하지 아니하고, 특수관계자 부분에 있어서도, 이를 당사자 쌍방의 이해관계가 대부분 서로 일치하여 조세부담을 경감시키기 쉬운 관계라고 파악하는 것은 어렵지 아니하며, 특히 사회통념상 친족 및 그와 유사한 관계에 있는 자들이 특수관계자의 개념에 포함될 것 또한 쉽게 예측될 수 있다고 보이므로 이러한 위임입법형식 역시 조세법률주의에 반하지 아니한다고 하고, ② 소외 甲이 이 사건 토지의 증여로 인하여 납부한 증여세는 이를 필요경비로 공제할 것이 아니라 기납부세액으로 공제하여 이 사건 양도소득세액을 계산하여야 한다는 원고의 주장에 대하여 원심이 양도소득세와 증여세는 납부의무자, 과세요건 등을 서로 달리하는 것이므로 양도소득세를 산정함에 있어 기납부한 증여세액을 공제할 수는 없다고 판단한 것은 정당하고 거기에 이중과세에 관한 법리오해의 위법이 있다고 할 수 없으며, 나아가 헌법재판소

---

2) 구 소법 제101조 제4항은 "제1항의 규정에 있는 특수관계자의 범위 기타 부당행위계산에 관하여 필요한 사항은 대통령령으로 정한다."고 규정하고 있다.

2000헌바28 결정(헌법재판소 2003. 7. 24. 2000헌바28 전원재판부 결정)에서, 이 사건 법률조항은 그 적용요건이 충족되는 경우 증여자의 증여행위나 수증자의 양도행위를 과세요건으로 삼지 아니하고 오로지 의제된 양도행위에 따른 과세만을 함으로써 그 입법목적을 달성할 수 있음에도 불구하고, 부인된 증여행위에 기초한 과세와 의제된 양도행위에 기초한 과세를 양립하게 함으로써 입법목적의 달성에 필요한 정도를 과도하게 넘은 이중과세를 허용함으로써 수증자의 재산권을 침해하는 것이므로 헌법에 위반된다는 내용의 헌법불합치결정을 하고 그 취지에 따라 2003. 12. 30. 법률 제7006호로 개정된 소법 제101조 제2항 후단을 신설하여 위 규정에 따른 부당행위계산 부인의 경우 당초 증여받은 자산에 대하여 증여세를 부과하지 아니한다고 규정하였더라도 이에 따라 수증자에게 기납부 증여세액을 환급함은 별론으로 하고 그로 인하여 원고에 대한 이 사건 양도소득세 부과처분의 적법 여부가 달라지는 것은 아니라고 하였다.

---

3) 이 사건 헌재결정문 결정 이유 3.의 가. 참조.

▶ 해 설 ◀

1. 쟁점

원고가 장기간 보유하던 이 사건 토지는, 특수관계자인 여동생에게 증여되었다가 증여일로부터 2년이 경과하기 전 다시 협의취득 방식으로 부산광역시에 양도되기에 이르렀는데, 이 경우 양도의제규정에 의하여 양도주체도 아니고, 양도소득의 귀속자도 아닌 증여자인 원고에게 양도소득세를 부과하는 한편, 원고에게 부과하는 양도소득세액을 계산하면서 수증자에게 부과한 증여세액을 공제하거나 환급하도록 하지 아니하는 것이 이중과세에 해당하는지 여부가 주된 검토대상이었다.

2. 구 소득세법 제101조 제2항에 관하여

(1) 의의 및 성격

구 소법 제101조 제2항은, 현실적으로 존재하는 다양한 유형의 조세회피행위 중 증여형식을 빌려 양도소득세를 회피하는 행위를 규율하기 위한 것으로서 우리 조세법 체계가 마련한 여러 부당행위 부인 규정들 중의 하나에 해당된다.3) 이러한 조세회피행위가 문제되는 경우 납세자는 대개 증여라는 형식에 의한 과세를 주장하게 될 것이고 우리 조세법 체계 하에서의 과세관청은 사법상 효력은 인정하면서도[4] 그 행위의 실질에 따라 세법상 평가를 하고자 할 것이다. 바로 여기에서 이 사건 법률조항을 포함한 조세회피방지를 위한 부당행위계산 부인규정과 같은 개별 규정들은 실질과세원칙의 구체적 표현으로 이해되고 있다.[5] 이 사건의 거래방식의 경우 "특수관계자 사이의 증여(원고와 소외 甲)와 수증자의 양도(소외 甲과 부산광역시)"라는 다단계 거래가 그 형식이 되고 "증여자의 제3자에 대한 직접양도(원고의 부산광역시로의 직접양도)"가 그 실질이 된다. 그런데 위와 같은 형식과 실질의 각 거래방식에 따라 과세할 경우 납세자의 조세부담에 차이가 발생한다면 조세공평에 반하는 것으로 볼 수 있다. 따라서 이 사건 법률조항은 위 실질과세원칙뿐 아니라 공평과세원칙을 토대로 조세회피행위를 방지하는 규정의 성격을 갖는다고 할 것이다. 한편 "… 증여자가 그 자산을 직접 양도한 것으로 본다."고 규정되어 있는 이 사건 법률조항은 그 규정형식에서 증여자에 대한 '양도간주' 또는 '양도의제'의 성격[6]을 포함하고 있다.

(2) 요건 및 효과

이 사건 법률조항은, 과세요건사실의 양도의제의 요건으로서, 첫째 특수관계자에 대한 증여와 수증자의 2년 내 양도라는 객관적 요건 외에, 둘째 '행위의 부당성'[7]을 그 요건으로 삼고 있다. 위와 같은 양도의제 요건이 충족되면, 실제 거래에서는 수증자가 양도하였더라도 조세법적으로 증여자가 양도한 것으로 의제되기 때문에 증여자의 수증자에 대한 증여의 효력은 부인되고 "증여자"에게 "양도소득세"가 과세된다. 이때 수증자에게도 (증여자로부터의) 수증에 따른 증여세와 (양수인에 대한) 양도에 따른 양도소득세가 부과되어 수증자가 그 증여세와 양도소득세를 납부하였을

---

4) 임승순, 『조세법』(박영사), 2008, 57면에서 "作出된 (조세회피)행위 자체는 납세자의 진의에 의한 것으로 당사자간에 진실로 존재하고 사법상으로도 적법·유효하게 취급된다는 점에서 가장행위와 다르다."고 하고 있다. 따라서 조세회피행위 부인규정의 적용을 받는 경우 당해 행위의 사법적 효력이 부인되는 것은 아니나 가장행위로 인하여 사법적 효력이 문제되는 경우 조세회피행위 부인규정이 적용되었다고 하여 당해 행위가 사법상 유효한 행위라고 할 수는 없다.

5) 이태로·안경봉, 『조세법강의』(박영사), 2001, 230면 참조.

6) 이와 같이 "의제하는 입법수단"을 선택한 이유에 대하여 이 사건 헌재결정문 결정이유 3. 다.항에서는 "이러한 양도소득세의 회피행위가 현실적으로 대단히 많이 이루어짐에 비하여 과세관청이 수증자가 직전 소유자로부터 자산을 증여받은 목적, 경위, 기타 조세회피행위를 추인할 만한 개별 구체적 사정 등을 일일이 심사하여 증여자, 수증자, 양수자의 3자간에 이루어진 일련의 거래가 부당행위인지를 확인, 구별하는 데에는 한계가 있어 조세행정상 불가능에 가깝고, 특히 증여자와 수증자 사이는 특수한 관계에 있어 사전 또는 사후 담합의 소지가 많을 것으로 예상되므로 이를 입증하는 것은 더욱 어려울 것이라고 쉽게 예상되는데, 입법자가 이러한 현실적 어려움들 속에서 양도소득세의 회피를 방지하고 공평과세의 이념을 실현하기 위하여는 일정한 요건의 충족으로써 과세요건사실의 존재를 의제하는 입법수단을 선택하는 것은 일응 불가피한 조치로 볼 수 있다."고 설명하고 있다.

7) 법문상의 표현으로는 "양도소득에 대한 소득세를 부당하게 감소시키기 위하여"라고 되어 있다.

경우, 증여자의 증여의 효력을 부인하고 증여자에게 양도소득세를 부과하면서도 수증자의 증여세액 등을 환급하는 규정을 두지 않고 있는 것이 과연 헌법적으로 용인될 수 있는지가 문제된다.

3. 구 소득세법 제101조 제2항이 증여자와 수증자의 재산권을 침해하는지 여부

원고는, 위에서 본 양도의제의 효과와 관련하여[8] 구 소법 제101조 제2항은 "양도주체도 아니고, 양도소득의 귀속자도 아닌 증여자에게 양도소득세를 부과하는 한편, 증여자에게 부과하는 양도소득세액을 계산하면서 수증자에게 부과한 증여세액을 공제하거나 환급하도록 하지 아니함으로써 이중과세를 하는 것이므로 결국 실질적 조세법률주의, 재산권 보장에 관한 헌법 규정에 위반된다"고 주장하고 있다. 이에 대하여 헌법재판소는 증여자에 대한 양도소득세 부과의 합헌성을 인정하면서 수증자에 대하여는 증여세 이중부과징수의 위

헌성을 선언하고 있고, 대법원은 이 사건 헌법재판소의 표현과 견해를 원용하면서 증여자와 수증자에 대한 문제를 별개로 보아 결국 원고의 위 주장을 배척하는 판결을 하고 있다.

(1) 재산권침해 여부에 대한 일반론적 기준

이 사건 헌법재판소는 이 사건 법률조항이 재산권을 침해하는 것인지를 살펴보기 위하여는, 위 헌법 제38조 및 제59조의 과세요건이 법률로 명확히 정해질 것 이외에 조세법이 과잉금지원칙에 어긋나지 않을 것[9]을 추가로 요구하면서 아래 증여자에 대한 양도소득세 부과와 관련하여 이를 판단하고 있다.

(2) 증여자에 대한 양도소득세 부과의 합헌성

즉, 이 사건 헌법재판소는, 이 사건 법률조항이 '증여자와 양수자 사이의 양도행위'를 의제하여 증여자에 대하여 양도소득세를 부과하도록 규정한 것은 정당한 입법목적[10]의 실행을 위하여 기본권제한의 입법한계 즉, 입법

---

8) 위 1.의 나. 참조.

9) 이 사건 헌재결정문 결정 이유 3.의 다. (1) 참조, 이 사건 헌법재판소는 이와 관련하여 헌재 1992. 2. 25. 90헌가69 등; 헌재 1997. 6. 26. 94헌바38 등; 헌재 2002. 5. 30. 2001헌바65 등 결정을 원용하고 있다.

10) 이 사건 헌법재판소는, 납세자가 자산의 장기간의 보유로 인하여 상승된 자본 이익을 소멸시키기 위한 방편으로 합리적인 거래형식을 취하지 않고 중간에 증여행위를 끼워 넣는 우회행위 내지 다단계행위 등 이상한 거래형식을 취함으로써 고율의 누진세율에 의한 양도소득세 부담을 회피 내지 감소시키려는 부당한 조세회피행위를 규제하고, '증여자의 수증자에 대한 증여'와 '수증자의 양수자에 대한 양도행위'라는 두 단계의 거래를 '증여자와 양수자 사이의 양도행위'라는 단일한 거래로 의제함으로써 납세자가 선택한 거래의 형식에 따라 발생할 수 있는 조세부담의 불공평을 시정하여 궁극적으로 과세의 평등을 실현하고자 하는 것으로, 그 입법목적이 정당함은 명백하다고 판단하였다. 이 사건 헌재결정문 결정 이유 3.의 다. (2) 참조.

수단의 적정성과 최소침해성을 준수하는 범위[11] 내에서 재산권을 제한한 것이므로 헌법에 위반된다고 할 수 없다고 한다.

(3) 수증자에 대한 증여세 이중부과 · 징수의 위헌성

이 사건 헌법재판소는 결국 이 사건 법률조항은, 그 적용요건이 충족되는 경우[12] 증여자의 증여행위나 수증자의 양도행위를 과세요건사실로 삼지 아니하고[13] 오로지 '의제된 양도행위'에 따른 과세만을 함으로써도 그 입법목적을 달성할 수 있음에도 불구하고, 세수증대와 과세편의만을 도모한 나머지 '부인된 증여행위에 기초한 과세'와 '의제된 양도행위에 기초한 과세'를 서로 양립하게 함으로써 입법목적의 달성에 필요한 정도를 과도하게 넘은 이중과세를 하는 것[14]으로서 그 내용이 재산권을 과도하게 침해하는 것이므로 헌법에 위반된다고 보지 않을 수 없다고 한다. 나아가 이 사건 헌법재판소는 이중과세에 해당하는지 여부를 납부의무의 본질적 측면에서 파악하여 증여자의 증여행위는 증여자의 양수자에 대한

---

11) 이 사건 헌법재판소는 또한, 이 사건 법률조항이 "의제하는 입법수단"을 선택한 이유에 대하여 조세행정상의 필요를 들어 설명하고(위 각주 6. 참조), 덧붙여 이 사건 법률조항은, 위 과세요건사실의 객관적 요건 이외에 '행위의 부당성'을 그 요건으로 삼아, '증여자의 진정한 양도행위'로 평가될 개연성이 상당히 높은 사실 관계, 특히 법원은 이 사건 법률조항의 해석을 통하여 증여자에게 양도소득이 실질적으로 귀속된 것으로 인정되는 사실관계에서만 이 사건 법률조항이 적용될 수 있도록 하는 한편 역으로 납세자로 하여금 '행위의 부당성'의 유무에 대한 주장, 입증을 통하여 이 사건 법률조항의 적용을 다툴 길도 열어 놓았다는 점을 들어 그 입법수단의 적정성과 최소침해성이 갖춰진 것으로 판단하고 있다. 뿐만 아니라, 이 사건 법률조항으로 인한 재산권의 제한 내용은 납세자가 선택한 증여행위의 사법상 법률효과를 무효로 하는 것도 아니고 단지 조세법의 집행과정에서 과세상으로만 그 효력을 부인하는 것에 불과하므로, 조세회피행위에 대한 규제 및 조세평등주의의 실현이라는 이 사건 법률조항의 기본 이념 내지 입법목적보다 결코 크다고 볼 수도 없다고 판단하였다. 이 사건 헌재결정문 결정 이유 3.의 다. (2) 참조
12) 이 사건 법률조항의 적용 요건이 갖춰지면, 과세관청은 증여자가 선택한 부당한 법적 형성, 즉 증여행위를 부인함으로써 이를 과세의 기준으로 삼지 아니하고, 그 법적 형성에 의해 달성된 경제적 효과에 적합한 형성, 즉 증여자의 양수자에 대한 양도행위의 존재를 의제하여 이를 기초로 증여자에게 양도소득세를 부과할 수 있게 된다. 이 사건 헌재결정문 결정 이유 3.의 다. (3) 참조
13) 증여자에 대한 양도소득세부과를 수증자의 입장에서 보게 되면, 자신에 대한 과세근거가 된 증여자의 증여행위가 부당한 법적형성이라는 이유로 과세관청에 의하여 부인되어 조세법적으로는 소급적으로 무효화됨으로써 재산권의 무상 취득이란 애초부터 존재하지 않게 된 것에 다름 아니어서, 이에 대하여 증여세를 부과하거나 기왕의 증여세 부과를 유지한다는 것은 결국 증여받지 않는 재산에 대하여 증여세를 부과한 것이 되어, 조세법적으로 과세요건에 해당되지 아니하게 된다. 이 사건 헌재결정문 결정 이유 3.의 다. (3) 참조
14) 이 사건 법률조항에 의하여 조세법적으로는 부인된 증여세액 등을 환급 등을 하지 않고 과세관청이 그대로 보유될 수 있다면, '증여자, 수증자, 양수자 사이의 다단계거래'를 '증여자, 양수자 사이의 단일한 거래'로 의제함으로써 납세자가 어떤 내용의 거래 형식을 선택하느냐에 따라 발생할 수 있는 조세부담의 부당한 감소에 따른 불공평을 시정한다는 입법목적을 달성하는 것 이상으로, 언제나 수증자에게 부과된 증여세액 등만큼을 이중으로 징수하는 결과에 이른다. 이 사건 헌재결정문 결정 이유 3.의 다. (3) 참조

양도행위의 일부분을 이룬다고 보아 결국 그 중복부분은 이중과세라고 규정하고 있다. 그리고 이러한 판단의 또 하나의 근거를, 납세자의 부당한 양도소득세회피행위를 부인하는 목적15)과 국세청의 과세실무16)에서 찾고 있다.

4. 기납부증여세액 환급 규정의 불비에 관하여

(1) 헌법재판소의 입장

위와 같이 헌법재판소는 이 사건 증여자(원고)에 대한 양도소득세 부과 부분은 합헌이나 이 사건 수증자(소외 甲)에 대한 증여세의 이중부과·징수는 헌법에 위반된다고 판단한 후, 이 사건 법률조항에 대하여 단순위헌결정을 하지 아니하고 헌법불합치결정을 하면서 그 결정의 이유로서, "이 사건 법률조항은 헌법에 위반되므로 원칙적으로 위헌결정을 선고하여야 할 것이나 한편 이 사건 법률조항에는 증여자에 대한 양도소득세 부과 부분이 포함

되어 있는데, 이 부분은 우리 재판소가 합헌이라고 판단하는 바이므로 만일 이 사건 법률조항에 대하여 단순위헌 결정을 하여 당장 이 사건 법률조항의 효력을 상실시킬 경우에는, 조세평등주의의 실현 도구로 입법된 이 사건 법률조항에 의한 증여자에 대한 양도소득세 부과처분이 취소되거나, 향후 전혀 집행될 수 없다는 점에서, 헌법재판소가 의도하지 않은 불평등한 상태가 초래될 우려가 있다. 또한 이 사건 법률조항의 위헌성, 즉 이중과세의 문제점을 제거하고 합헌적으로 조정하는 데에는 여러 가지 선택 가능성, 예를 들어, 증여자에 대한 양도소득세부과처분이 확정될 경우 ① 수증자가 납부한 증여세 등을 "환급"하거나 또는 ② 이를 증여자에 대한 양도소득산출세액에서 "공제"하는 규정을 두어 그 입법목적을 달성할 수 있는데, 그 중에서 어떤 선택을 할 것인가는 입법자가 제반 사정을 참작하여 결정하여야 할 문제라는 점도 고려되어야 한다."고 판시17)하고 있다.

---

15) 한편, 납세자의 부당한 양도소득세회피행위를 부인하는 것은 조세부담을 경감한다는 의도 내지 인식 자체에 대한 납세의무자의 행위책임을 묻는 것이 아니라 조세부담의 불공평 자체를 시정하는 데 목적이 있는데, 경우에 따라서는 수용 등 비자발적 양도의 경우 당사자가 관여할 수 없는 보상금 등 수액의 다과나 그 양도시기의 선후 등 사소한 차이만으로도 이 사건 법률조항의 적용 여하가 엇갈린다는 면에서, 이러한 초과징수행위를 징벌적인 제재의 성격으로 정당화할 수는 없고, 정당화된다고 하더라도 부당행위를 한 증여자에 대한 징벌적 제재를 수증자에게로 향하게 할 수도 없다. 이 사건 헌재결정문 결정 이유 3.의 다. (3) 참조.
16) 국세청의 과세실무는 수증자의 증여세를 증여자에 대한 양도소득세액 산출시 그 필요경비로 산입하고 있으나, 이 경우도 수증자가 납부한 증여세의 일부만이 공제되는 결과가 되므로 정도의 차이는 있을지라도 공제받지 못하는 세액만큼은 여전히 이중과세의 문제점을 갖게 되는 것이고, 수증자의 입장에서는 여전히 자신이 납부한 세액 전부를 환급받지 못한다는 점에서는 사정이 근본적으로 달라지지도 않는다. 이 사건 헌재결정문 결정 이유 3.의 다. (3) 참조.
17) 이 사건 헌재결정문 결정 이유 3.의 라. 참조.

위와 같이 이 사건 헌법재판소는 이 사건 법률조항이 합헌이 되기 위한 대표적인 두 가지 방안으로 수증자가 기납부한 증여세액을 환급하여 주거나 또는 증여자가 납부하게 될 양도소득세액을 공제하여 주는 입법방안을 제시함으로써, 당시의 법률규정 아래에서는 수증자에 대한 증여세가 환급되지 않는다는 것을 전제로 하여 이 사건 법률조항을 보완해 주는 새로운 입법[18]이 있지 않는 한 이 사건 법률조항은 수증자의 재산권을 침해하는 위헌 조항이라 판단하였던 것으로 볼 수 있다.

(2) 소득세법 제101조 제2항 후단의 신설

위와 같은 헌법재판소의 입장을 반영하여, 입법자는 2003. 12. 30. 소득세법 개정을 통하여 소법 제101조 제2항 후단을 신설하고 "이 경우 당초 증여받은 자산에 대하여는 상속세및증여세법의 규정에 불구하고 증여세를 부과하지 아니한다."는 규정을 둠으로써, 이 사건 헌법재판소의 입장을 비교적 충실히 반영하였다. 즉, 위 신설 조항으로 인하여 상증세법에서 수증자에게 증여세를 부과하고 있더라도 이 사건 법률조항의 부당행위계산부인의 규정에 해당하는 경우에는 획일적으로 수증자에게 증여세가 부과되지 않게 되었다(다만, 기납부된 증여세액에 대하여 수증자에 대한 증여세

환급 규정을 두는 데까지는 나아가지 아니하였다).

(3) 대법원의 입장

대법원은, ① 수증자가 납부한 증여세 등을 증여자에 대한 양도소득산출세액에서 "공제"하는 것과 관련하여 양도소득세와 증여세는 납세의무자, 과세요건 등을 서로 달리하는 것이므로 양도소득세를 산정함에 있어 기납부한 증여세액을 공제할 수는 없다고 한 원심의 판단은 정당하고 거기에 이중과세의 위법이 있다고 할 수 없다고 하고, ② 수증자가 납부한 증여세 등을 "환급"하는 것과 관련하여서는 이 사건 헌법재판소가 이 사건 법률조항은 수증자의 재산권을 침해하여 헌법에 위배된다고 하고 그 취지에 따라 입법자가 소법 제101조 제2항 후단을 신설하여 위 규정에 따른 부당행위계산 부인의 경우 당초 증여받은 자산에 대하여 증여세를 부과하지 아니한다고 규정하였더라도 이에 따라 수증자에게 기납부 증여세액을 환급함은 별론으로 하고 그로 인하여 원고(증여자)에 대한 이 사건 양도소득세 부과처분의 적법 여부가 달라지는 것은 아니다 라고 판시하였다. 즉, 대법원은 납세의무자의 관점에서 증여자에 대한 공제와 수증자에 대한 환급을 나누어 판단하면서, 위 ①의 경우(증여자에 대한 공제의 경우)에는 '증여세와

---

18) 이러한 이 사건 헌법재판소의 (다수)의견에 반대의견을 낸 김영일 재판관 역시, '수증자에게 환급규정이 존재하지 않는 입법부작위가 존재하여 위헌이라는 판결을 하여야 한다'고 함으로써, 새로운 보완입법이 있어야 한다는 입장이라 하겠다.

양도소득세는 납세의무와 성립요건과 시기 및 납세의무자를 서로 달리하는 것이어서, 과세관청이 각 부과처분을 함에 있어서는 각각의 과세요건에 따라 실질에 맞추어 독립적으로 판단하여야 할 것이므로, 위 규정들의 요건에 모두 해당할 경우 양자의 중복적용을 배제하는 특별한 규정이 없는 한 어느 한 쪽의 과세만 가능한 것은 아니다'고 한 기존 대법원의 입장[19]을 유지하였고, 위 ②의 경우(수증자에 대한 환급의 경우)에는 이 사건 헌법재판소의 결정과 이에 따른 소득세법의 위 신설조항에 의하여 수증자에게 기납부증여세액을 환급하는 문제와 증여자(원고)에 대한 이 사건 양도소득세부과처분의 공제에 대한 문제를 별개로 보아 원고의 이 사건 청구에 이 사건 헌법재판소 결정 등이 영향을 미치는 것이 아니라는 것을 전제로 원고에 대한 이 사건 처분이 적법하다고 판단하였다.

(4) 증여자에 대한 공제와 관련하여

위와 같이 이 사건 헌법재판소와 대법원은, 수증자가 납부한 증여세 등을 증여자에 대한 양도소득산출세액에서 "공제"하는 것과 관련하여 조금 다른 입장을 취하고 있다. 즉, 위 헌법재판소는 수증자가 증여세를 부담하는 경우 이중과세에 해당하여 수증자의 재산권을 침해한다고 하면서 증여자에 대하여 양도소득세액을 공제하는 방안을 제시하고 있고, 이와 달리 대법원은 수증자에 대한 재산권 침해를 인정하고 또 위 개정 소득세법의 내용을 반영하더라도 수증자에 대한 환급은 가능할지언정 증여자에 대하여 공제하는 방안은 타당하지 않다고 보고 있다.

이러한 입장의 차이는, 기본적으로 증여자와 수증자를 경제적 동일체로 보아 과세물건을 중심으로 파악하느냐 아니면 납세의무자를 중심으로 파악하느냐 라는 시각의 차이에서 비롯된다고 하겠다. 즉, 과세물건을 중심으로 파악하고 또 증여자와 수증자가 경제적 동일체로서 증여자에 대한 세액공제가 수증자에 대한 환급과 그 실질이 동일하다고 보는 입장이라면, 위 헌법재판소가 이 사건 법률조항을 합헌화하는 방안으로 증여자에 대한 공제를 예시하고 있는 것이 일견 타당해 보인다. 그러나 위 헌법재판소가 수증자에 대한 증여세 환급규정의 신설을 통해서도 이 사건 법률조항의 위헌적 요소를 제거할 수 있다고 하여 원고의 소외 甲에 대한 이 사건 토지의 소유권 이전의 성격이 '증여'임을 명백히 인정하고 있는(즉, 증여자와 수증자를 명백히 구분하고 있는) 한편 동시에 원고와 소외 甲을 경제적 동일체로 보는 것에는 다소 설득력이 부족해 보인다.

19) 대법원 2003. 5. 13. 선고 2002두12458 판결; 1999. 9. 21. 선고 98두11830 판결 등. 위 2002두12458 판결에 대하여는 이동식, "저가양도에 대한 소득세와 증여세의 중복과세", 2004. 3. 4.자 법률신문 제3247호 판례평석 참조.

이에 반하여 대법원은 수증자에 대한 이 중과세를 인정하는 이 사건 헌법재판소의 견해와 개정 소득세법의 내용을 받아들이면서도 원고에 대한 이 사건 처분이 적법하다고 하여 위 헌법재판소의 입장과 비교해 볼 때 보다 납세의무자 중심의 판단을 하고 있다고 할 수 있다. 또한 대법원은 위와 같이 기납부증여세액의 공제를 부정하는 이유로서 '양도소득세와 증여세는 납세의무자, 과세요건 등을 서로 달리한다는 점'을 들고 있어 원고와 소외 甲을 경제적 동일체로 보는 입장은 아닌 것으로 파악된다. 즉, 대법원이 원고와 소외 甲을 구분하여 납세의무 여부를 판단하면서 증여자에 대한 공제를 부인하더라도 이 사건 처분이 이 사건 법률조항에 위배되지 않는 것으로 판시하였는바, 논리의 일관성에 있어서 위 헌법재판소의 입장보다는 보다 설득력을 지녔다고 본다. 다만, 양도소득세와 증여세는 납세의무자, 과세요건 등을 서로 달리하는 것이므로 과세요건에 모두 해당할 경우 양쪽 모두에 과세할 수 있다는 대법원의 전제에 대하여는 여전히 재론의 여지가 남는다.[20]

(5) 수증자에 대한 환급과 관련하여

한편, 이 사건 헌법재판소는 수증자에 대한 환급 규정을 둘 경우 이 사건 법률조항의 위헌적 요소가 제거될 수 있다고 보고 있는 반면, 대법원은 이에 대한 직접적인 판단은 하지 아니하였으나 이 사건 수증자(소외 甲)가 당사자가 되어 별도로 증여세 환급을 청구할 수 있는 가능성은 열어 놓았다. 그런데 이 사건 헌법재판소의 헌법불합치 결정에도 입법자는 수증자에 대한 환급규정은 따로 두지 않았고 단지 이 사건과 같은 사안의 경우 수증자에 대한 과세를 획일적으로 배제하도록 하는 규정만을 신설하였다. 결국 위 헌법재판소의 결정 전과 후, 위 신설조항의 시행 전과 후 모두의 경우에, 특히 위 헌법재판소의 입장대로라면 이와 유사한 사안의 어떠한 수증자가 만약 2004. 1. 1. 이전[21] 이미 납부한 증여세액이 있다고 하더라도 이를 환급받을 수 있는 길이 여전히 닫혀 있는 셈이 된다.

환급세액의 발생은 각 세법에 정한 환급요건의 충족에 따르며 이들 환급세액에는 당연히 환급되어야 할 것들로 규정된 경우와 납세자로부터 환급의 청구에 기초하여 환급하도록 되어 있는 경우가 있다.[22] 기존법규의 해

---

20) 이러한 대법원의 전제에 대하여 위 전게 2002두12458 판례 평석(이동식, "저가양도에 대한 소득세와 증여세의 중복과세", 2004. 3. 4.자 법률신문 제3247호 판례평석)에서는 "현재 대법원의 입장에 의하게 되면 분명 이중과세를 허용하는 것이 되므로 문제가 있다."고 하고 있다.

21) 이 사건 신설 규정은 2004. 1. 1. 이후 양도하거나 결정하는 분부터 적용하도록 되어 있다. 소득세법 부칙(2003. 12. 30.) 제11조 및 제1조 참조.

석에 의해 당연히 환급이 될 수 있는 경우에는 군이 명시적인 별도의 규정을 신설할 필요는 없다. 이 사건 법률조항이 적용되는 경우 현행제도의 해석에 의해 수증자에 대한 증여세 환급이 가능한 것으로 판단될 경우[23] 위 대법원의 입장대로라면 위 수증자(소외 甲)는 별도로 기납부한 증여세의 환급을 받을 수 있다. 다만 현재로서는 수증자의 환급신청 거부가 위법인지에 대하여 대법원에서 판단한 바가 없는 실정이다.

5. 이 판결의 의의

이 사건과 같이 "특수관계자 사이에 증여가 이루어진 이후 일정기간 내에 수증자가 제3자에게 다시 양도"하여 형식적으로 다단계 거래의 형태를 취하나, 실질적으로는 수증자의 중간 거래과정이 사라지고 증여자가 제3자에게 직접양도하는 것으로 보아 증여자의 조세회피행위가 인정되는 경우[24]가 있다.

이 사건의 경우 위 직접양도행위에 초점을 맞추어 과세대상(조세객체, 과세물건)을 동일하게 보면서도 서로 다른 납세의무자(증여자와 수증자)에게 각 과세되어 증여자로부터 그 취소소송이 진행되던 중, 위 과세의 근거조항에 대하여 증여자에 대한 과세는 합헌으로, 수증자에 대한 과세는 이중과세가 되어 위헌(헌법불합치)으로 보는 헌법재판소의 판단이 내려졌으며 이 헌법재판소의 판단을 반영하여 수증자에 대한 과세를 획일적으로 부인하는 조문이 신설된 상황이었다.

따라서 대법원은 위와 같은 상황에서 양도주체도 아니고, 양도소득의 귀속자도 아닌 증여자에게 양도소득세를 부과하는 한편, 증여자에게 부과하는 양도소득세액을 계산하면서 수증자에게 부과한 증여세액을 공제하거나 환급하도록 하지 아니하는 것이 '증여자에 대하여' 이중과세에 해당하는지 않는다고 판단하는 동시에 수증자에 대하여는 조세환급의 가능성을 열어놓았다는 데 이 사건의 또 하나

---

22) 환급세액에 관하여는 임승순, 『조세법』(박영사), 2008, 148면 참조.

23) 이동식, "구 소득세법 제101조 제2항에 따른 양도소득세 과세와 이중과세 문제", 『저스티스』, 통권 제82호(2004. 12.), 280면에서는 '이 사건 법률조항이 적용되는 경우 수증자에 대한 증여세환급의 경우에도 현행 제도의 해석에 의해 환급이 되어질 수 있을 것으로 보고' 있다.

24) 대법원은, 이 사건 '부당성 여부에 관한 사실관계'로서, 원고가 여동생인 소외 甲에게 원고 소유의 이 사건 토지를 증여한 다음 불과 1달여 만에 부산광역시가 이를 협의취득하고 보상금을 지급한 점, 소외 甲은 위 증여 이전에도 나름의 상당한 재산을 보유하고 있었던 점, 원고 자신이 이 사건 토지를 양도하게 되면 증여세액을 훨씬 웃도는 양도소득세를 납부하여야 하는데 소외 甲이 양도하는 경우 양도차익이 없게 되어 이득을 얻을 수 있는 점, 원고는 증여 당시 부산광역시가 이 사건 토지를 수용절차에 따라 곧 취득하리라는 사실을 잘 알고 있었던 점, 원고가 제출한 증거만으로는 소외 甲에게 이 사건 토지 양도대금이 모두 귀속되었다고 보기 어려운 점 등의 사정을 감안한 원심의 판단을 인정하여 원고의 조세회피행위를 인정하고 있다.

의 의의를 찾아 볼 수 있다.

다만, 이 사건 헌법재판소가 수증자에 대한 환급 또는 증여자에 대한 공제규정 등을 신설하는 방안을 통하여 이 사건 법률조항을 합헌화 할 수 있다고 보아 당시의 규정만으로는 수증자에 대한 환급이 불가하다는 전제에 있었고, 이 사건 신설조문 역시 수증자에 대한 환급을 규정하는 것은 아니었던 점에 비추어 '이 사건 신설조문 시행 전'에 이 사안과 같은 과세가 문제되었을 경우 이 사건 헌법재판소의 이중과세 선언이 있었음에도 불구하고 근본적으로 이중과세의 문제를 해결할 구체적인 절차나 방안이 제시될 수 없었던 점에 대하여는 여전히 입법과제로 남는다고 하겠다.

참고문헌

김완석, "소득세법 제101조 제2항 위헌소원", 『세무사』, 제22권, 제1호(2004. 7.).

이동식, "구 소득세법 제101조 제2항에 따른 양도소득세 과세와 이중과세 문제", 『저스티스』, 통권 제82호 (2004. 12.).

이동식, "저가양도에 대한 소득세와 증여세의 중복과세", 『법률신문』, 제3247호 판례평석(2004. 3. 4.자).

이창희, 『세법강의』, 박영사, 2008.

이태로, 안경봉, 『조세법강의』, 박영사, 2001.

임승순, 『조세법』, 박영사, 2008.

'엔화스왑예금거래'에 따른 선물환차익이 이자소득세의 과세대상에 해당하는지 여부

사건의 표시 : 대법원 2011. 5. 13. 선고 2010두3916 판결[1]

■ 사실개요 ■

1. 사실관계

　　원고는 2003년부터 2006년 초반까지 사이에 엔화정기예금의 이자(약 연 0.05%)는 과세대상에 포함되지만 소득세법상 선물환차익(약 연 3.6%)은 비과세되어 3개월의 정기예금으로도 이자율 연 4.31%(세전)를 확보할 수 있고 금융소득종합과세도 회피할 수 있다는 점을 내세워 주로 고액의 예금고객으로부터 원화를 받아 엔화로 환전하여('현물환거래') 엔화정기예금에 가입시키고('엔화정기예금거래')

거래 당일 예금만기와 일치하는 날의 선물환율을 적용하여 엔화를 매입하는 약정을 함으로써('엔화선도거래') 원금 및 이익금을 다시 원화로 돌려주는 방식의 현물환거래와 엔화정기예금거래 및 선물환거래가 함께 이루어지는 거래('엔화스왑예금거래')를 하였고, 예금만기에 고객에게 엔화정기예금의 이자를 지급하면서는 원천징수를 하였으나 선물환거래로 발생한 이익('선물환차익')에 대해서는 비과세소득으로 보아 원천징수를 하지 않았다.

　　이에 대하여 피고는 엔화스왑예금거래에

---

* 백제흠(김·장 법률사무소 변호사, 법학박사).

1) 2011. 6. 13.자 법률신문에 기고한 판례평석을 일부 수정·보완한 것이다. 대상판례에 관한 선행연구로서는 강석규, "엔화스왑예금거래의 선물환차익이 이자소득세 과세대상인지 여부", 『대법원 판례해설』, 제87호(2011) 등이 있다.

따라 원고에게는 금전의 사용기회가 제공되고 고객에게는 그 대가가 지급되었다고 보아, 선물환차익까지도 포함한 전체 이익이 소득세법 제16조 제1항 제13호 소정의 이자소득에 해당한다며 원고에게 선물환차익에 대해서는 이자소득세 원천징수처분을 하면서 동시에 금융소득 종합과세 대상 고객들에 대해서는 선물환차익을 금융소득에 합산하여 종합소득세 과세처분을 하였다.

2. 소송경과

피고 외에 다른 과세관청에서도 엔화스왑 예금거래를 한 다수 은행과 고객에 대하여 동일한 논거로 과세를 하였고 이에 대해서 다수의 은행과 고객들이 불복하여 전국적으로 수십여 건의 행정소송을 제기하였는데, 대상 판례의 사안이 선행사건으로 진행되어 제1심과 원심에서 원고 승소판결이 선고되었으나 다수의 후행사건에서는 하급심의 판단이 엇갈렸다.

위에 해당한다고 볼 수 없는 이상 유효하다고 보아야 하며, 실질과세원칙에 의하여 납세의무자의 거래행위를 그 형식에도 불구하고 조세회피행위라고 하여 그 효력을 부인할 수 있으려면 조세법률주의 원칙상 법률에 개별적이고 구체적인 부인규정이 마련되어 있어야 한다고 판시하면서 은행과 고객간의 '엔화스왑예금거래'를 구성하는 선물환계약과 엔화정기예금계약은 서로 구별되는 별개의 계약이고 선물환계약이 가장행위에 해당한다거나 엔화정기예금계약에 포함되어 일체가 되었다고 볼 수 없으므로, 선물환계약으로 인한 선물환차익은 예금의 이자 또는 이에 유사한 것으로 보기 어려울 뿐만 아니라 채권 또는 증권의 환매조건부 매매차익 또는 이에 유사한 것으로 보기도 어려우므로, 구 소득세법(2006. 12. 30. 법률 제8144호로 개정되기 전의 것, 이하 '소득세법') 제16조 제1항 제3호나 제9호, 제13호에 의한 이자소득세의 과세대상이 될 수 없다고 본 원심 판결을 정당한 것으로 수긍하였다.

▪ 판결요지 ▪

대법원은 납세의무자가 경제활동을 함에 있어서는 동일한 경제적 목적을 달성하기 위하여서도 여러 가지의 법률관계 중 하나를 선택할 수 있으므로 그것이 과중한 세금의 부담을 회피하기 위한 행위라고 하더라도 가장행

▶ 해 설 ◀

1. 쟁점

우리 소득세법은 과세대상으로 규정한 소득에 대하여만 과세하는 열거주의 과세의 입장을 취하고 있어 소득세법상 열거되지 않는

선물환차익이나 외환매매이익은 비과세 소득이 된다. 한편, 소득세법 제16조 제1항은 제3호 및 제9호에서 국내에서 받는 예금의 이자와 할인액 및 대통령령이 정하는 채권 또는 증권의 환매조건부매매차익을 이자소득의 하나로 열거하면서 2001. 12. 31.부터는 이자소득의 유형적 포괄주의의 형태인 제13호('쟁점조항')를 신설하여 제1호 내지 제12호의 소득과 유사한 소득으로서 금전의 사용대가의 성격이 있는 것 역시 이자소득이라고 규정하고 있다.

엔화스왑예금거래의 선물환차익에 대한 과세는 다수의 개인 고객을 대상으로 하는 파생금융상품에 대하여 시도된 최대 금액의 과세로서 2005년경부터 6년 이상 실무 및 학계에서 그 과세처분의 적법성이 주요 논쟁거리가 되어 왔다. 원심에서는 선물환거래에 대한 커버거래와 선물환거래나 엔화예금거래가 실제로 행하여졌는지가 주된 쟁점이 되었으나 상고심에서는 엔화스왑예금거래를 구성하는 개별거래의 진정성을 전제로 이 사건 선물환차익이 쟁점조항의 이자소득에 해당하는지가 주로 문제 되었다. 따라서 이 사건의 쟁점은 열거주의 원칙을 채택하고 있는 소득세법 과세체계 하에서 이자소득의 유형적 포괄주의 과세를 위하여 도입된 쟁점 조항의 법적 성격을 어떻게 파악할 것인지, 달리 말하면 이 사건 선물환차익을 쟁점 조항의 이자소득에 해당하는 것으로 볼 것인지 여부이다.

2. 소득세법상 이자소득의 범위 및 유형적 포괄주의 조항의 도입

이자란 금전을 대여하여 원본의 금액과 대여기간에 비례하여 받는 돈 또는 그 대체물이다. 소득세법 제16조 제1항은 당해 연도에 발생한 국가 또는 지방자치단체가 발행한 채권 또는 증권의 이자와 할인액(1호), 내국법인이 발행한 채권 또는 증권의 이자와 할인액(2호), 국내에서 받는 예금의 이자와 할인액(3호), 대통령령이 정하는 채권 또는 증권의 환매조건부매매차익(9호), 대통령령이 정하는 저축성 보험의 보험차익(10호) 등을 이자소득으로 구체적으로 열거하면서 나아가 이들과 유사한 소득으로서 금전의 사용에 따른 대가의 성격이 있는 것(13호)도 이자소득에 해당한다고 규정함으로써 포괄적 이자개념을 설정하고 있다. 위 제1호, 제2호 및 제3호 등은 전형적인 이자소득이나 제9호 및 제10호 등은 다른 소득의 성격도 가지고 있다.

유형적 포괄주의 조항은 2001. 12. 31. 소득세법의 개정을 통해 유사한 소득은 동일하게 과세함으로써 과세기반을 확대하고 과세의 형평성을 도모하기 위한 취지에서 도입되었다. 쟁점조항이 도입되기 이전 판례는 보증채무의 이행으로 인한 구상권에 포함되는 법정이자가 소득세법상 이자소득의 일종인 비영업대금의 이익에 해당하지 않는다고 제한적으로 해석하였고(대법원 2004. 2. 13. 선고 2002두

5931 판결), 현행 소득세법 기본통칙 16-0…1과2도 장기할부나 지급기일 연장 등에 따른 추가지급금액, 손해배상금에 대한 법정이자 등 그 경제적 기능이 이자에 유사한 경우라도, 거래 내용이 자금의 사용이 아닌 경우는 이자소득에서 배제하고 있다. 그러나 판례는 직장공제회초과반환금 중 회원의 퇴직·탈퇴 전에 지급되는 목돈급여와 종합복지급여의 부가금은 에서 정한 '예금의 이자'와 성격이 유사하고 담세력도 대등하다고 볼 수 있으므로, 쟁점조항의 신설 이후에는 이자소득세의 과세대상이 된다(대법원 2010. 2. 25. 선고 2007두18284 판결[2])고 판시하여 쟁점조항의 성격에 대한 향후 판례의 입장이 주목되었다.

3. 유형적 포괄주의 조항의 법적 성격과 선물환차익의 소득구분

이 판결은 우선 선물환차익을 예금의 이자와 유사한 소득이 아니라고 판시하고 있다. 엔화스왑예금거래상의 현물환거래, 엔화예금거래 및 선물환거래가 동일 당사자 사이에 같은 날 동시에 체결되었더라도 엔화의 매매가 수반된다는 점에서 선물환계약은 자금의 대여거래와는 명백히 구별되므로 이를 예금의 이

자소득과 유사하지 않다고 본 대상 판결의 판시는 타당하다. 직장공제회 초과반환금 중 종합복지급여의 부가금 등의 경우 자산의 매매가 없으므로 소득세법 제16조 제1항 제3호 소정의 예금의 이자와 유사하다고 본 판례와는 구별된다.

다음으로, 이 판결은 선물환차익이 채권 또는 증권의 환매조건부 매매차익과 유사하지 않다고 판시하고 있다. 이 사건 선물환차익은 은행이 고객에게 엔화를 매도한 다음에 90일이 경과한 시점에서 그 매도금액에 선물환차익 상당을 더한 금액으로 매수한다는 점에서 고객이 얻는 선물환차익은 환매조건부 매매이익의 성격을 가지고 있다. 그러나 소득세법 제16조 제1항이 제9호가 '채권 또는 증권의 환매조건부 매매차익'으로 이자소득의 범위를 명시적으로 제한하고 있는 취지에 비추어 대상판례가 채권이나 증권이 아닌 엔화의 환매차익에 해당하는 이 사건 선물환차익을 같은 항 제9호의 '채권 또는 증권의 환매조건부 매매차익'소득과 유사한 소득이 아니라고 본 것 역시 정당하다.

유형적 포괄주의의 쟁점조항을 제한적으로 해석하는 이 판결의 태도는 종전 판례의 입장과 궤를 같이 하고 있다. 즉 대법원은 조

---

2) 소득세법 제16조 제1항 제10호는 대통령령이 정하는 직장공제회 초과반환금을 이자소득으로, 동 시행령 제26조 제2항은 그 초과반환금은 근로자가 퇴직하거나 탈퇴한 경우에 지급하는 반환금을 말한다고 규정하였는데, 위 판례의 사안은 교직원공제회가 직장공제회 초과반환금 중 회원의 퇴직·탈퇴 전에 지급되는 목돈급여와 종합복지급여의 부가금을 소득세법상 이자소득에 해당하지 않는다고 보아 원천징수를 하지 않았고 과세관청은 소득세법 제16조 제1항 제13호의 이자소득에 해당한다고 보아 과세한 사안이다.

세법률주의와의 관계에서 세법에 산재하는 포괄적 과세조항을 제한적으로 해석하여 왔다. 대표적으로 대법원은 특정한 거래가 부당행위계산부인에 관한 법인세법 시행령 제1호 내지 제8호에 해당하지 않는다면 제9호를 적용하는 것을 제한하고 있다. 즉, 납세자의 거래행위가 법인세법 제20조에서 정한 부당행위계산부인과 관련하여 법인세법 시행령 제46조 제2항 각 호 소정의 부당행위유형 중 제4호와 제9호의 해당성 여부가 문제가 된 경우에서 그 거래행위가 만일 그 제4호에서 정하는 출자자 등으로부터 자산을 시가를 초과하여 매입하거나 출자자 등에게 자산을 시가에 미달하게 양도하는 때에 해당하지 아니하는 경우에는 특별한 사정이 없는 한 위 제9호가 정하는 행위유형에도 해당하지 아니한다고 판시하였다(대법원 1996. 5. 10. 선고 95누5301 판결). 또한 소득세법 부당행위계부인 규정에 관하여도 동일한 취지의 판시를 한바 있다(대법원 1999. 11. 9. 선고 98두14082 판결)

소득세법 제16조는 쟁점조항에서 소득세법 제1항 제1호 내지 제12호의 소득과 유사한 소득으로서 금전사용에 따른 대가로서의 성격이 있는 것이라고 규정하면서 그에 앞서 제1항 제9호에서 이자소득의 명시적 유형으로서 대통령령이 정하는 채권 또는 증권의 환매조건부 매매차익이라고 규정하였고 소득세법 시행령 제24조는 "대통령령이 정하는 채권 또는 증권의 환매조건부 매매차익"이라 함은 금융기관이 환매기간에 따른 사전약정이율을 적용하여 환매수 또는 환매도하는 조건으로 매매하는 채권 또는 증권의 매매차익을 말한다고 구체적으로 그 범위를 규정하고 있다. 이러한 조문의 체계와 구성과 내용에 비추어 볼 때, 환매조건부 매매차익의 경우에는 비록 경제적인 측면에서 금전의 사용대가적 성격이 있지만 채권이나 증권의 환매조건부 매매차익에 대해서만 이자소득으로 구분하겠다는 것이 입법자의 의사로 보인다. 소득세법 제16조 제1항 제10호의 경우에도 특별히 대통령령이 정하는 저축성보험의 보험차익의 경우만을 이자소득으로 보도록 명시적으로 규정하고 있고, 소득세법 시행령 제25조는 "대통령령이 정하는 저축성보험의 보험차익"이란 다른 제한적인 요건과 함께 보험료의 납입일로부터 만기일까지의 기간이 10년 미만인 경우를 말한다고 제한적으로 규정하고 있다. 따라서 예컨대 만기 11년인 저축성 보험의 보험차익은 위 제10호의 이자소득에 해당하지 않으므로 이를 제10호와 유사한 소득으로 볼 수 없고, 이러한 소득은 위 제13호에도 해당하지 않는다고 보는 것이 자연스러운 해석이다. 전형적인 이자소득과는 달리 이러한 유형의 소득은 제한적으로 이자소득에 편입하여 과세하겠다는 것으로 이해된다. 만일 그와 달리 소득세법 시행령의 범위를 벗어나는 환매조건부 매매차익이나 저축성보험의 보험차익을 이자소득으로 본다면 거래의 예측가능성과 조세법률주의를 중

대하게 침해하는 결과를 가져오고 이는 소득세법 시행령 문언의 의미를 현저히 반감시킬 것이다.

4. 이 판결의 의의

쟁점조항의 신설 이후 대법원 2007두18284 판결은 직장공제회초과반환금 중 종합복지급여의 부가금 등이 이자소득세의 과세대상이 된다고 판시하여 이자소득의 유형적 포괄주의 조항의 적용범위를 다소 넓게 해석하였으나, 그로부터 얼마 지나지 않아 대법원은 유형적 포괄주의의 쟁점조항의 적용범위를 제한적으로 파악하는 의미 있는 판결을 하였다. 이 판결은 유형별 포괄주의 조항에 대해서도 조세법률주의에 따른 엄격해석의 입장을 견지하였고, 소득구분에 관한 사법적인 잣대에 의하여 그 범위를 제한적으로 해석하는 선례적 입장을 취하였으며 또한, 파생 금융상품의 과세문제에 대해서 중요하고도 의미있는 판시를 하였다. 이 판결의 논거와 결론에 찬동한다.

참고문헌

강석규, "엔화스왑예금거래의 선물환차익이 이자소득세 과세대상인지 여부", 『대법원 판례해설』, 제87호 (2011).

양도소득세 예정신고의 효력 및 확정신고와의 관계[1]

사건의 표시 : 대법원 2008. 5. 29. 선고 2006두1609 판결

■ 사실개요[2] ■

원고는 2002. 4. 15. 소외 1에게 대구 소재 토지와 건물(이하 '이 사건 부동산'이라 한다)을 양도하고, 2002. 4. 16. 기준시가로 양도차익을 산정하여 피고 동대구세무서장에게 부동산양도신고를 하였으며, 2002. 4. 17. 양도소득세 과세표준 예정신고 및 자진납부계산서를 제출하였나. 피고는 2002. 4. 26. 원고에게 "양도신고에 따른 양도세액 834,488,690원을 2002. 6. 30.까지 납부하라"는 취지의 안내서를 교부하였으나, 원고는 납부기한까지 세액을 납부하지 않았다. 피고는 2002. 8. 5. 원고에게 "예정신고납부세액공제를 배제하고 2002년 귀속분 양도소득세 981,751,400원을 납부하라"는 내용을 고지하였다(이하 '이 사건 납세고지'라 한다).

원고는 2003. 5. 31. 피고에게 소득세법 제110조에 따라 이 사건 부동산의 양도에 대하여 양도차손을 25,100,384원(양도가액 5,264,500,000원, 취득가액 5,165,402,316원, 기타 필요경비 124,198,068원)으로 하여 양도소득세 과세표준과 세액의 확정신고를 마쳤다. 피고는 2003. 8. 14. 원고에게 이 사건 부동산의

---

* 김범준(법무법인 율촌 변호사).

1) 이 글은 김범준, "2008년도 소득세법 판례 회고", 『조세법연구』, 15 - 1(2009. 4.), 464 - 466면 중 대법원 2008. 5. 29. 선고 2006두1609 판결에 대한 평석을 수정·보완한 것이다.
2) 위 사실개요는 대구고등법원 2005. 12. 2. 선고 2005누1283 판결(대법원 2008. 5. 29. 선고 2006두1609 판결의 원심 판결)에 기초한 것이다.

양도 및 취득당시의 실지거래가격을 확인할 수 있는 매매계약서 기타 증빙서류를 보완하도록 요구하였다. 그러나 원고가 증빙자료를 제출하지 아니하자, 피고는 2003. 9. 30. 증빙서류의 불비를 이유로 당초 예정결정과 같이 기준시가로 과세하기로 결정하였다.

피고는 2004. 8. 10. 이 사건 부동산 중 1985. 1. 1. 이전에 취득한 자산에 대하여는 실지조사에 의하여 양도 당시 실지거래가격이 확인된다는 이유로 환산가액을 적용하여 실지거래가액으로 산정한 후, 나머지 부동산은 기준시가로 산정하여 2003. 9. 30.자 결정에 대한 양도소득세를 908,558,086원으로 감액경정하였다.

▪ 판결요지 ▪

원심은 (중략) 부동산을 양도한 납세자가 양도소득과세표준 예정신고(이하 '예정신고'라 한다)시에 행한 의사표시의 내용과 양도소득과세표준 확정신고(이하 '확정신고'라 한다)시에 행한 의사표시의 내용이 서로 다른 경우에는 당초 예정신고는 확정신고에 흡수되어 하나의 납세의무를 확정하는 것이나, 예정신고로 인한 납세고지 후에 확정신고에 대한 경정처분을 하지 아니한 경우에는 당초의 납세고지에 따른 납세의무가 확정되는 것인데, 원고가 이 사건 부동산을 양도하고 피고에게 부동산양도

신고를 한 후 법정기간 내에 확정신고를 하였으나 피고가 그 후 원고의 확정신고에 대한 별다른 경정처분을 하지 아니하였으므로 이 사건 납세고지는 유효하고, 또한 이 사건 납세고지는 단순히 예정신고에 의하여 확정된 세액의 징수를 위한 조세채무 이행의 최고 또는 청구를 의미할 뿐, 그 세액을 확정시키는 과세처분을 한 것이라고 할 수 없으므로, 결국 이 사건 소는 존재하지 아니하는 과세처분의 취소를 구하는 것이어서 부적법하다는 이유로, 같은 취지에서 이 사건 납세고지의 취소를 구하는 이 사건 소를 부적법하다고 하여 각하한 제1심판결을 그대로 유지하였다.

그러나 이와 같은 원심의 판단은 다음과 같은 이유에서 수긍하기 어렵다. 양도소득세는 기간과세의 원칙이 적용되어 당해 과세기간 중에 발생한 양도소득을 모두 합산하여 그 과세표준과 세액을 산출하여 총괄적으로 신고함으로써 구체적 납세의무가 확정되는 점, 예정신고를 이행한 경우에도 소득세법 제110조 제4항 단서, 소득세법 시행령 제173조 제4항 제1호 내지 제3호에 해당하는 때에는 반드시 확정신고를 하여야 하는 점, 그 밖에 예정신고 납부의 예납적 성격, 예정신고 및 자진납부의 불이행에 대하여 가산세가 부과되지 않는 점 등을 종합하여 보면, 납세자가 예정신고를 한 후 그와 다른 내용으로 확정신고를 한 경우에는 그 예정신고에 의하여 잠정적으로 확정된 과세표준과 세액은 확정신고에 의하여 확정된

과세표준과 세액에 흡수되어 소멸한다고 보아야 하고, 이에 따라 예정신고를 기초로 이루어진 징수처분 역시 효력을 상실한다고 보아야 할 것이다.

▶ 해 설 ◀

1. 쟁점

소득세법은 기간과세 원칙에 터 잡아 거주자로 하여금 해당 과세기간의 양도소득에 대하여 그 과세기간의 다음 연도 5월 1일부터 5월 31일까지 관할 세무서장에게 확정신고하도록 정하고 있다(소득세법 110조 1항). 그런데 확정신고와 별개로, 거주자는 양도일로부터 일정 기간 안에 양도소득과세표준을 관할 세무서장에게 신고하여야 한다(소득세법 105조 1항). 양도차익이 없거나 양도차손이 발생하더라도 같다(소득세법 105조 3항). 이와 같은 양도소득세 신고 제도를 '예정신고'라고 부른다(소득세법 105조 2항). 만약 소득세법 제106조 및 제107조에 따라 계산하여 납부할 세액이 있다면 예정신고를 할 때 함께 납부하여야 하는데, 이를 '예정신고납부'라고 한다(소득세법 106조 2항).

예정신고를 한 경우에는 소득세법 제110조 제1항의 확정신고를 하지 않을 수 있다(소득세법 110조 4항 본문). 다만, 자산을 2회 이상 양도한 자가 소득세법 제107조 제2항에 따라 이미 신고한 양도소득금액과 합산하여 신고하지 않은 경우와, 2회 이상의 자산 양도가 있는 상황에서 소득세법 제103조 제2항을 적용할 때 당초 신고한 양도소득산출세액이 달라지는 경우 등에는 각각 확정신고를 하여야 한다(소득세법 110조 4항 단서, 소득세법 시행령 173조 4항). 예정신고의 입법 취지는 ① 세원의 조기 확보, ② 징수의 효율성 도모, ③ 조세 부담의 누적 방지로 요약된다(대법원 2011. 9. 29. 선고 2009두22850 판결).

확정신고가 따로 존재하는 상황에서 예정신고는 어떠한 효력을 가지는가? 위와 같은 의문의 핵심은 '예정신고와 확정신고의 관계'에 있다. 예컨대, 양도소득세 예정신고를 한 뒤 그와 다른 내용 또는 같은 내용으로 확정신고를 한 경우 예정신고는 확정력을 갖는가? 그런데 이러한 논의는 종종 징수처분과 함께 다루어진다. 왜냐하면 과세관청은 예정신고 내용에 탈루 또는 오류가 있을 경우 경정할 수 있고(소득세법 114조 2항), 나아가 예정신고 납부세액의 미납을 이유로 미납세액을 징수할 수 있기 때문이다(소득세법 116조 1항). 그리하여 '예정신고의 효력'은 '예정신고를 기초로 한 징수처분의 효력'이라는 쟁점으로 다투어지기도 한다.

대법원 2008. 5. 29. 선고 2006두1609 판결(이하 '대상 판결'이라 한다)에서도 마찬가지이다. 과세관청은 원고의 예정신고 내용에 오류가 있다고 보아 이 사건 납세고지를 하였고, 그 후 원고는 예정신고와 다른 내용으로 확정신고를 마쳤다. 그런데 신고납세 방식 조세의 신고 내용에 탈루 또는 오류가 있어 납세고지가 이루어졌다면, 납세고지는 조세채무를 확정시키는 부과처분의 성질과 확정된 조세채무의 이행을 명하는 징수처분의 성질을 모두 가진다(대법원 1985. 10. 22. 선고 85누81 판결). 따라서 일종의 징수처분인 이 사건 납세고지가 유효하기 위해서는 그 전제로 확정신고 이후에도 예정신고의 효력이 인정되어야 한다. 요컨대 대상 판결의 쟁점은 '예정신고와 다른 내용으로 확정신고가 이루어진 경우 예정신고의 효력'에 관한 논의로 귀결된다.

2. 학설과 판례

(1) 확정력 긍정설

먼저 예정신고 그 자체로 양도소득세 납세의무가 확정된다는 입장을 생각할 수 있는데, 이 입장은 예정신고에 대한 소득세법 규정에 근거를 둔다. 예컨대 예정신고를 하지 않았

거나 신고 내용에 탈루 또는 오류가 있을 경우, 과세관청은 결정 또는 경정을 할 수 있다(소득세법 114조 1항~3항). 또한 과세관청은 예정신고의 경우에도 미납세액을 징수할 수 있다(소득세법 116조 1항). 나아가 예정신고의무 또는 예정신고납부의무를 이행하지 않으면 무신고가산세(국세기본법 47조의2 1항, 6항) 등 각종 가산세가 부과된다. 이러한 규정은 예정신고의 확정력을 전제로 한다고 볼 수 있다.[3]

(2) 잠정적 확정력 긍정설

잠정적 확정력 긍정설은 예정신고의 확정력을 인정하되, 예정신고의 특수성을 고려하여 '확정신고를 통한 세액의 정산절차를 유보한 상태에서의 잠정적·부분적 확정력'으로 좁게 해석한다.[4] 여기서 말하는 예정신고의 특수성으로는, 예정신고납부의 예납적 성격, 확정신고 절차를 통한 양도차익 확정, 양도소득세의 기간과세 원칙 등이 있다.[5]

(3) 확정력 부정설

확정력 부정설은 소득세법의 규정보다 예

---

3) 이창희, 『세법강의』(박영사), 2011, 130면은 과세표준 및 세액의 확정 시점(신고시)을 설명하면서, "성립시기, 무신고나 과소신고에 대한 경정, 강제징수, 가산세 면에서 예정신고나 확정신고가 모두 마찬가지이므로 둘 사이에 차이를 둘 이유가 없다"라는 견해를 밝히고 있다. 전대규, "양도소득과세표준의 예정신고·확정신고와 관련된 법률상의 쟁점들", 『조세법 실무연구 II(재판자료 제121집)』(2011), 354–355면은 이창희, 상게서, 130면을 확정력 긍정설로 소개하였다.

4) 김완석, 『소득세법론』(광교이택스), 2010, 693–694면; 홍용건, "납세자가 양도소득과세표준 예정신고를 한 후 그와 다른 내용으로 확정신고를 한 경우, 그 예정신고 및 이를 기초로 이루어진 징수처분의 효력(2008. 5. 29. 선고 2006두1609 판결: 공2008하, 926)", 『대법원판례해설』, 제76호(2008. 12.), 273–274면.

5) 임승순, 『조세법』(박영사), 2013, 171–172면은 "예정신고 역시 일정한 확정력을 가지나, 기간과세 원칙, 징수 편의라는 예정신고의 입법 취지, 확정신고에 의한 정산 등을 고려할 때 예정신고의 확정력은 확정신

김 범 준 367

정신고의 예납적 성격에 초점을 맞추고 있다. 이에 따르면 예정신고에 대한 결정, 강제징수, 가산세 등은 예정신고의 확정력을 전제하는 것이 아니라, 예정신고납부 촉진을 위한 정책적 수단 또는 제재이다. 그 밖에 위 견해는 확정력 긍정설이 국가편의적인 입장이라는 점과 양도소득세에 대한 부과 제척기간의 기산일 범위에 예정신고기한이 제외된 점(국세기본법 시행령 12조의3 1항 1호)을 근거로 들고 있다.[6]

(4) 판례

예정신고와 확정신고의 관계를 정면으로 판시한 판례는 두 가지이며, 모두 예정신고의 잠정적 확정력을 인정하였다. 먼저 대상 판결은 '예정신고 후 그와 다른 내용으로 확정신고한 경우'를 다루었다. 대상 판결에 따르면, 이 경우 '예정신고에 의하여 잠정적으로 확정된 과세표준과 세액'은 확정신고에 의하여 확정된 과세표준과 세액에 흡수·소멸되고, 이와 함께 예정신고에 기초한 징수처분 또한 효력을 잃는다. 대상 판결이 제시한 근거는, ① 양도소득세는 기간과세 원칙에 따라 과세기간 중 발생한 양도소득을 합산하여 산출하는 점, ② 예정신고 후 일정한 사유가 발생할 경우

의무적으로 확정신고를 하여야 하는 점, ③ 예정신고납부는 예납적 성격을 갖는 점, ④ 예정신고 및 예정신고납부를 이행하지 않더라도 가산세가 부과되지 않는 점[7] 등이다.

다음으로 대법원 2011. 9. 29. 선고 2009두22850 판결에서는 '예정신고 후 같은 내용으로 확정신고한 사안'이 문제되었다. 대법원 2009두22850 판결은 대상 판결처럼 예정신고의 잠정적 확정력을 인정한 후, "예정신고와 동일하게 확정신고가 이루어진 경우에는 잠정적으로 확정된 과세표준과 세액이 확정신고에 흡수·소멸되지 않은 채 그대로 유지된다"라고 판시하였다. 따라서 예정신고에 기초한 징수처분은 그대로 효력을 갖는다. 대법원 2009두22850 판결은 위와 같은 결론의 근거로, ① 예정신고를 마친 경우 원칙적으로 확정신고를 하지 않아도 되는 점, ② 예정신고와 같은 내용으로 확정신고를 하면 양도소득세의 정산이 일어나지 않는 점, ③ 예정신고와 동일한 내용의 확정신고는 예정신고의 추인으로서 잠정적으로 확정된 과세표준과 세액을 단지 종국적으로 확정하는 것일 뿐인 점을 제시하였다.

고의 경우와 다르다"는 입장이다. 이 견해는 "예정신고 후 그와 다른 내용으로 확정신고를 할 경우 예정신고는 확정신고에 흡수되어 효력을 잃으며, 이는 확정신고가 경정에 의하여 확정력을 상실하는 것과 구도가 다르다"고 주장하면서, 대상 판결을 인용하였다. 후술하듯이 대상 판결은 잠정적 확정력 긍정설을 따르는 것으로 이해된다.

6) 전대규, 전게논문, 358-361면.
7) 2009. 12. 31. 소득세법 개정 이전에는 예정신고 또는 예정신고납부를 이행하지 않더라도 가산세가 부과되지 않았다. 대상 판결은 2009. 12. 31. 소득세법 개정 이전의 사안이다.

3. 이 판결의 의의

두 건의 대법원 판결을 종합하면 다음과 같다. 즉, 예정신고는 원칙적으로 잠정적 확정력을 가지되, 확정신고가 예정신고와 다르면 예정신고의 잠정적 확정력은 소멸하며, 양자가 같으면 예정신고 내용이 추인되면서 확정력이 잠정적 효력에서 종국적 효력으로 바뀐다. 대상 판결은 예정신고의 잠정적 확정력을 명확히 인정하였다는 점에서 중요한 의미를 지닌다. 특히 예정신고와 확정신고의 관계는 대상 판결 및 대법원 2011. 9. 29. 선고 2009두22850 판결을 통하여 구체적인 사안 별로 정리되었다.

한편, 2009. 12. 31. 소득세법이 개정되면서 예정신고 또는 예정신고납부를 이행하지 않을 경우 가산세가 부과된다. 대상 판결이 제시한 잠정적 확정력 긍정설의 근거 중 하나가 사라진 셈이다. 개정 소득세법의 가산세 부과 규정이 대법원 판례 입장에 어떠한 영향을 미칠까? 확정신고와 마찬가지로 예정신고도 가산세의 부과대상이 된 이상, 예정신고의 확정력 자체에는 별 다른 의문이 없을 것으로 보인다. 문제는 예정신고의 확정력이 잠정적인지 아니면 종국적인지이다. 그런데 예정신고는 근본적으로 확정신고를 염두에 둔 것이고, 확정신고의 내용은 예정신고와 다를 수 있다. 따라서 예정신고의 확정력에는 잠정적 효력을 부여함이 타당하다. 요컨대 개정 소득세법이 예정신고를 가산세 부과 대상에 포함시키더라도 앞서 본 대법원 입장에 큰 영향을 미치지는 않으리라 생각된다.

참고문헌

김범준, "2008년도 소득세법 판례 회고 ─ 대법원 2008. 5. 29. 선고 2006두1609 판결에 대한 평석─", 『조세법연구』, 15─1(2009).

김완석, 『소득세법론』, 광교이택스, 2010.

이창희, 『세법강의』, 박영사, 2011.

임승순, 『조세법』, 박영사, 2013.

전대규, "양도소득과세표준의 예정신고 · 확정신고와 관련된 법률상의 쟁점들", 『조세법 실무연구 II(재판자료 제121집)』(2011).

홍용건, "납세자가 양도소득과세표준 예정신고를 한 후 그와 다른 내용으로 확정신고를 한 경우, 그 예정신고 및 이를 기초로 이루어진 징수처분의 효력(2008. 5. 29. 선고 2006두1609 판결: 공2008하,926)", 『대법원판례해설』, 제76호(2008. 12.).

토지거래허가구역 내의 토지매매와 양도소득세

사건의 표시 : 대법원 2011. 7. 21. 선고 2010두23644 전원합의체 판결

▪ 사실개요 ▪

원고는 2005. 4. 18. 망 황○○(이하 '망인'이라 한다)과 토지거래허가구역 내에 위치한 망인 소유의 이 사건 각 토지에 관하여 매매대금 20억 8,080만 원을 분할 지급하되, 매수인을 '김○○ 외 7인'으로 하는 매매계약을 체결한 후 2005. 5. 16. 잔금을 지급하였다.

한편 원고는 2005. 4. 19.부터 5. 26.까지 권○○ 외 6인(이하 '최종매수인들'이라 한다)과 매매대금 합계 27억 4,100만 원에 위 각 토지에 관한 전매계약을 체결하고 잔금을 모두 수령한 후 최종매수인들과 망인을 직접 당사자로 하는 토지거래허가를 받아 위 각 토지에 관하여 2005. 5. 17.부터 6. 16.까지 최종매수인들 명의로 각 소유권이전등기를 마쳐 주었다.

피고(평택세무서장)는 2009. 1. 10. 원고가 위 각 토지를 최종매수인들에게 전매한 것은 자산이 사실상 유상으로 이전된 양도로서 양도소득세 과세대상에 해당한다는 이유로, 원고에게 2005년도 귀속 양도소득세 686,832,460원을 부과하는 이 사건 처분을 하였다.

▪ 판결요지 ▪

1. 제1심 및 원심판결의 요지

국토이용관리법상의 토지거래허가구역 내에서의 매매계약 등 거래계약은 관할관청의 허가를 받아야만 효력이 발생하며, 허가를 받

* 조성권(김·장 법률사무소 변호사).

기 전에는 물권적 효력은 물론 채권적 효력도 발생하지 아니하여 무효라 할 것이므로[1] 토지에 대한 거래허가를 받지 아니하여 무효의 상태에 있다면 단지 매매대금이 먼저 지급되어 양도인이 이를 보관하고 있다 하여 양도소득의 과세대상인 자산의 양도에 해당한다거나 자산의 양도로 인한 소득이 있었다고 단정할 수는 없는 것이며, 구 소득세법(1993. 6. 11. 법률 제4561호로 개정되기 전의 것) 제4조 제3항은 양도소득에 있어 자산의 양도라 함은 자산이 유상으로 사실상 이전되는 것을 말한다고 규정하고 있는바, 경제적인 측면에서만 양도소득을 파악하여 이득의 지배관리나 향수를 하고 있는 지위에 있는 것만으로 양도소득이 있다고 판단하여서는 안 되는 것이다.[2]

이 사건 매매계약 및 각 전매계약은 중간생략등기의 합의 아래 전매차익을 얻을 목적으로 체결된 것으로 처음부터 토지거래허가를 배제하거나 잠탈하는 내용의 계약이라고 할 것이어서 모두 확정적으로 무효이고, 최종매수인들 명의의 각 소유권이전등기 또한 무효라고 볼 수밖에 없다. 이와 같이 위 각 전매계약 및 소유권이전등기가 모두 무효인 이상 가사 위 각 전매계약에 따른 전매대금이 모두 원고에게 지급되었다고 하더라도 위 각 전매계약에 따른 양도를 양도소득세 부과대상인 자산의 양도에 해당한다거나 원고에게 양도소득세 과세대상으로 삼을 수 있는 양도소득이 발생하였다고 볼 수 없으므로, 이 사건 처분은 위법하다.[3]

---

1) 대법원 1996. 6. 28. 선고 96다3982 판결(국토이용관리법에 의하여 허가를 받아야 하는 토지거래계약이 처음부터 허가를 배제하거나 잠탈하는 내용인 경우에는 허가 여부를 기다릴 것도 없이 확정적으로 무효로서 유효화될 여지가 없는바, 토지거래허가구역 내의 토지가 거래허가를 받거나 소유권이전등기를 경료할 의사 없이 중간생략등기의 합의 아래 전매차익을 얻을 목적으로 소유자 甲으로부터 부동산중개업자인 乙, 丙을 거쳐 丁에게 전전매매한 경우, 각 매매계약은 모두 확정적으로 무효로서 유효화될 여지가 없고, 설사 최종 매수인이 자신과 최초 매도인을 매매당사자로 하는 토지거래허가를 받아 최종 매수인 앞으로 소유권이전등기를 경료하더라도 그러한 소유권이전등기는 적법한 토지거래허가 없이 경료된 등기로서 무효라고 판단하였다).
2) 대법원 1993. 1. 15. 선고 92누8361 판결; 대법원 1997. 3. 20. 선고 95누18383 전원합의체 판결; 대법원 2000. 6. 13. 선고 98두5811 판결; 대법원 2000. 10. 27. 선고 98두13492 판결 등 참조.
3) 한편 제1심 및 원심판결은 ① 경우에 따라 증여세 과세도 가능할 수 있는 점, ② 원상회복될 가능성이 있어 매도인이 취한 이익이 확정적이라고 보기 어려운 점, ③ 만일 매도인이 대금반환을 하는 경우 부과처분 취소소송이나 후발적 경정청구로 항상 구제될 수 있다고 단정할 수 없어 이중부담의 가능성도 있는 점, ④ 소득세법 제105조 제1항 제1호에 의하면 양도소득세 과세표준 예정신고기간은 토지거래허가를 받은 날로부터 기산되는 점 등의 사정을 함께 고려하면 토지거래 허가구역 내의 토지거래에 대한 양도소득세를 부과할 수 없는 현실적, 정책적 이유도 있어 이 사건 처분은 위법하다는 판단을 추가하였다.

2. 대법원 판결 요지

(1) 피고 상고이유의 요지

비록 토지거래허가를 받지 아니한 매매계약은 무효라고 하더라도, 최종매수인들에게 전매하여 각 소유권이전등기까지 마쳐진 이상 원고와 최종매수인들 사이에 구 소득세법(2006. 12. 30. 법률 제8144호로 개정되기 전의 것, 이하 같다) 제88조 제1항 소정의 양도가 있었다고 봄이 상당하며, 최종매수인들이 이 사건 각 전매계약의 무효를 주장하면서 매매대금의 반환을 구하고 있다는 등의 사정에 관한 주장·입증이 없는 이상 이 사건 처분은 적법하므로, 원심판결에는 심리미진, 법리오해 등의 위법이 있다.

(2) 판결의 요지

구 소득세법 제4조 제1항에 의하면 양도소득세는 자산의 양도로 인한 소득에 대하여 과세하는 것이므로, 외관상 자산이 매매·교환·현물출자 등(이하 '매매 등'이라 한다)에 의하여 양도된 것으로 보이더라도, 그 매매 등 계약이 처음부터 무효이거나 나중에 취소되는 등으로 효력이 없는 때에는, 양도인이 받은 매매대금은 원칙적으로 원상회복으로 반환되어야 할 것이어서 이를 양도인의 소득으로 보아 양도소득세 과세대상으로 삼을 수 없음이 원칙이다.

그러나 구 소득세법 제88조 제1항 본문

은 자산이 유상으로 이전된 원인인 매매 등 계약이 법률상 유효할 것까지를 요구하고 있지는 않다. 한편 매매 등 계약이 처음부터 국토의 계획 및 이용에 관한 법률(이하 '국토계획법'이라 한다)에서 정한 토지거래허가를 배제하거나 잠탈할 목적으로 이루어진 경우와 같이, 위법 내지 탈법적인 것이어서 무효임에도 당사자 사이에서는 매매 등 계약이 유효한 것으로 취급되어 매도인 등이 매매 등 계약의 이행으로 매매대금 등을 수수하여 그대로 보유하고 있는 경우에는 종국적으로 경제적 이익이 매도인 등에게 귀속되고, 그럼에도 매매 등 계약이 법률상 무효라는 이유로 매도인 등이 그로 말미암아 얻은 양도차익에 대하여 양도소득세를 과세할 수 없다고 보는 것은 매도인 등으로 하여금 과세 없는 양도차익을 향유하게 하는 결과로 되어 조세정의와 형평에 심히 어긋난다.

이러한 점 등을 종합적으로 고려하면, 국토계획법이 정한 토지거래허가구역 내의 토지를 매도하고 그 대금을 수수하였으면서도 토지거래허가를 배제하거나 잠탈할 목적으로 매매가 아닌 증여가 이루어진 것처럼 가장하여 매수인 앞으로 증여를 원인으로 한 이전등기까지 마친 경우 또는 토지거래허가구역 내의 토지를 매수하였으나 그에 따른 토지거래허가를 받지 아니하고 이전등기를 마치지도 아니한 채 그 토지를 제3자에게 전매하여 그 매매대금을 수수하고서도 최초의 매도인이 제3자에게 직접 매도한 것처럼 매매계약서를 작성하고 그에 따른 토지거래허가를 받아 이전등기까지 마친 경우에, 그 이전등기가 말소되지 아니한 채 남아 있고 매도인 또는 중간의 매도인이 수수한 매매대금도 매수인 또는 제3자에게 반환하지 아니한 채 그대로 보유하고 있는 때에는 예외적으로, 매도인 등에게 자산의 양도로 인한 소득이 있다고 보아 양도소득세 과세대상이 된다고 봄이 상당하다.4)5)

▶ 해 설 ◀

1. 무효 등인 법률행위에 기한 소득에 대한 양도소득세 과세

(1) 문제의 제기

토지거래허가구역 내에서 거래당사자가 증여나 중간생략등기 등을 통하여 토지거래허가를 받지 아니하고 양도의 실질을 달성하고 있을 뿐 아니라 스스로 원상회복을 구하지도 않을 경우 양도차익에 대하여 과세 없는 이익을 향유하게 되는 것은 결국 불법을 조장하고 과세누락이 발생하는 등 조세정의에도 반하는 결과가 되어 과세의 필요성이 있음은 부인할 수 없다.

다만, 현행 세법상 이에 대한 과세가 가능하기 위하여는, 무엇보다 양도소득세에 있어도 일반적으로 다른 위법소득 과세6)와 동일

---

4) 이와 같은 예외적인 경우에도 자산의 양도에 해당하지 아니하여 그로 인한 소득이 양도소득세 과세대상이 되지 아니한다는 취지로 판시한 대법원 1997. 3. 20. 선고 95누18383 전원합의체 판결; 대법원 2000. 6. 13. 선고 98두5811 판결 등의 견해는 이 판결의 견해에 저촉되는 범위에서 변경하였다.

5) 이와 같은 다수의견(7인)에 대하여는, ① 소득세법상 양도는 엄연히 권리이전의 원인행위가 유효하게 이루어진 것을 전제로 하는 것으로서 원인행위인 매매계약이 무효여서 매도인이 양도로 인한 소득을 보유할 적법한 권원이 없는 경우에는 자산의 양도가 있다거나 자산의 양도로 인한 소득이 있다고 볼 수 없다. 따라서 소득세법상 양도를 원인인 계약의 유·무효와 관계없이 사실상 이전이라고만 해석하는 것은 사법상 양도 개념과 세법상 양도 개념의 통일적 해석에 장애가 되는 것이어서 받아들이기 어렵고, ② 토지거래허가구역 내의 토지에 관한 매매계약이 처음부터 허가를 배제하거나 잠탈할 목적으로 이루어진 경우에는 확정적으로 무효이고, 이와 같이 매매계약이 무효인 이상 매매대금이 양도인에게 지급되었다고 하더라도 이것이 양도소득세 과세대상인 자산의 양도에 해당한다거나 매도인 등에게 자산의 양도로 인한 소득이 있었다고 할 수는 없다는 반대의견(6인)이 있다.

6) 위법소득은 형사상 위법소득, 사법상 하자있는 소득, 미허가 영업 등 소득을 포함하는데, 판례는 밀수금괴를 매입하여 판매한 법인소득(대법원 1994. 12. 27. 선고 94누5823 판결), 사법상 무효인 매매계약에 기한 수입으로 발생한 사업소득(대법원 1979. 8. 28. 선고 79누188 판결), 재단과 이사와의 이익상반되는 소비대차행위로 발생한 이자소득(대법원 1985. 5. 28. 선고 83누123 판결), 회사소유 부동산을 매각한 처

하게 과세할 수 있는지 여부가 문제되고, 만약 그것이 불가능하다면 최소한 단순히 토지거래허가를 의도하였지만 허가를 받지 못한 경우와는 달리, 당초부터 토지거래허가를 잠탈하고 양도로 인한 경제적 이득을 향유할 목적 아래 전매계약을 체결하고, 그에 따른 대금지급 및 제3매수인에게 등기까지 마쳐져 원상회복 의사뿐만 아니라 사실상의 원상회복 가능성이 거의 없는 경우에는 예외적으로 자산의 양도, 즉 '사실상 자산의 이전'이 있는 것으로 볼 수 있는지 여부가 문제되는데, 이에 대하여는 크게 과세긍정설, 과세부정설과 절충설로 견해가 대립하고 있다.

(2) 견해의 대립

1) 과세긍정설

양도는 세법상의 독자적 개념이고, 판례가 위법소득이더라도 귀속자에게 환원조치가 취해지지 않은 한 과세소득에 해당되고 사법상 유효한 계약은 물론 무효인 법률행위에 기한 소득에 대한 과세도 긍정하고 있으므로, 비록 매매계약이 사법상 무효라 하더라도 거래

당사자 사이에서는 그 매매계약에 따른 경제적 실질이 이행되어 양도로 인한 소득의 발생과 귀속이 이루어지는 한 양도소득세 과세대상이 되는 것이고, 반면에 양도 당사자의 무효 주장에 따라 원상회복된 경우에는 경정청구의 방법으로 구제하면 된다는 견해이다.[7] 이러한 입장에서는 기본적으로 양도계약이 취소·해제된 경우에도 마찬가지로 보고 있다.

과세실무는 분명하지는 않으나 일응 이러한 입장[8]으로 이해된다.

2) 과세부정설(기존 판례의 입장)

토지거래허가구역 내에서의 중간생략등기에 의한 전매거래에 있어서 적법한 토지거래허가가 없어 그 각 매매계약이 무효가 된 이상 양도소득세 과세대상인 자산의 사실상 이전이 있다고 볼 수 없고, 따라서 이미 그 대금이 지급되었다고 하더라도 양도소득세 부과 대상인 자산의 양도에 해당한다거나 자산의 양도로 인한 소득이 있다고 할 수 없어 양도소득세를 과세할 수 없다는 견해로서, 기존 판례[9] 및 학설[10]의 입장이다.

분대금을 횡령한데 대한 소득처분으로 인한 근로소득(대법원 1983. 10. 25. 선고 81누136 판결) 등에 있어서 위법소득에 대한 과세를 긍정하고 있다.

7) 임승순, "토지거래허가를 잠탈하기 위하여 매매를 증여로 등기한 경우의 과세관계", 『조세법연구』, 5(1999. 12.), 239-246면; 임승순, 『조세법』(박영사), 2008, 496면; 김남욱, "위법소득에 대한 과세처분", 『토지공법연구』, 제14집(2001. 12.), 331면; 소순무, "부동산관련소송과 조세문제", 『사법논집』, 제28집(1997), 61-62면; 구욱서, "양도소득세에 관한 몇 가지 검토", 『조세법커뮤니티 연구자료집』, 335-338면.

8) 재일 46300-168, 1998. 2. 2(토지거래허가구역 내 토지 양도시 허가받기 전이라도 부동산양도신고 등 자진신고·납부가 가능하며, 허가받지 못해 계약취소된 경우 당연무효로서 납부세액은 환급된다는 입장이나, 그 이론적 근거는 분명하지 않다).

3) 절충설

① 제1설(기존 학설, 일부 판례)

토지거래허가를 받지 아니하여 매매계약이 무효라고 하더라도 계약당사자 사이에 매매계약에 따른 대금청산 내지 이전등기 등이 이루어지고, 등기말소 및 대금반환 등의 원상회복청구를 하지 않기로 하는 의사의 합치(즉 명시적 또는 묵시적 합의)가 있거나 사실상 원상회복의 가능성이 거의 없게 된 경우에는, 예외적으로 양도소득세 과세대상인 '사실상 자산의 유상양도'가 있는 것으로 보아 양도소득세를 과세할 수 있다는 견해로서,[11] 이렇게 해석하는 것이 조세형평 및 실질과세의 원칙에도 부합한다는 것이다.

일부 과세실무[12]는 이와 같은 입장에 있는 것으로 보이기도 한다.

또한 매수인이 유효하게 소유권을 취득하여 법률상 원상회복이 불가능한 사안에 관하여 대법원 2005. 6. 24. 선고 2004두5058 판결은 원고가 토지거래허가구역 내에 있는 토지를 매수하고 대금까지 전부 지급하였으나 토지거래허가를 받지 못하던 중 한국토지개발공사에 의하여 그 토지가 수용(양도)됨으로써 손실보상금을 수령한 경우 원고가 한국토지개발공사에게 자산을 사실상 유상으로 이전한 것으로 보아 양도소득세 과세대상인 '양도'에 해당한다고 판단함으로써 이 견해와 동일한 입장으로 볼 수 있는 판례도 있다.[13]

② 제2설(대상판결)

외관상 자산이 매매 등에 의하여 양도된 것처럼 보이더라도, 그 매매 등의 계약이 처음부터 무효이거나 나중에 취소되는 등으로 효력이 없는 때에는, 양도인이 받은 매매대금 등은 원칙적으로 양수인에게 원상회복으로 반환되어야 할 것이어서 이를 양도인의 소득으로 보아 양도소득세의 과세대상으로 삼을 수 없음이 원칙이다.

다만 그 예시한 바와 같이 토지거래허가구역 내 토지를 매도하고 매매대금을 수수하였으면서 토지거래허가를 배제하거나 잠탈할 목적으로 증여를 가장하거나 최초매도인과 제3자 사이에 직접 매매계약이 체결된 것처럼

---

9) 과세부정설은 계약이 무효이거나 취소된 경우에 관하여 대법원 1987. 5. 12. 선고 86누916 판결 등 이래, 계약이 해제된 경우에 관하여 대법원 1983. 4. 26. 선고 83누91 판결 등 이래, 토지거래허가구역 내에 있어서 토지매매의 경우에 관하여 대법원 1993. 1. 15. 선고 92누8361 판결 등 이래 확립된 판례의 입장이었다.

10) 장석조, "조세법상 실질과세원칙의 적용한계", 『사법논집』, 제33집(2001), 584면; 김현석, "토지거래 허가와 과세문제", 『조세법연구』, 10-2(2004. 11.), 307-308면.

11) 한만수, "위법소득의 과세에 관한 연구", 『조세법연구』, 10-2(2004. 11.), 23-27면.

12) 조심 2009중254, 2009. 5. 13.

13) 한편 이와 사안이 다른 대법원 2000. 6. 13. 선고 2004두5058 판결은 원고가 토지거래허가구역 내 토지를 매도하고 대금을 모두 지급받았으나 토지거래허가를 받지 아니한 상태에서 매수인이 설정한 근저당권의 실행으로 토지가 제3자에게 경락된 경우 양도소득세 과세대상인 자산의 양도로 볼 수 없다고 판시한 바 있다.

토지거래허가를 받은 경우 그 이전등기가 말소되지 않은 채 남아 있고 매도인 또는 중간 매도인이 수수한 매매대금도 매수인 또는 제3자에게 반환하지 않은 채 그대로 보유하고 있는 때에는 예외적으로, 매도인 등에게 자산의 양도로 인한 소득이 있다고 보아 양도소득세 과세대상이 된다고 보는 것이 상당하다.

2. 이 판결의 의의

(1) 토지거래허가구역 내에서 거래당사자가 증여나 중간생략등기 등을 통하여 토지거래허가를 받지 아니하고 양도의 실질을 달성하고 있을 뿐만 아니라 원상회복을 구하지도 않아 그 양도차익에 대하여 과세 없는 이익을 향유하게 되는 경우 이에 대하여 과세의 필요성이 있고, 현행 세법상 그 과세가 가능하기 위하여 양도소득세에 있어 일반적으로 다른 위법소득 과세와 동일하게 과세할 수 있는지, 아니면 예외적으로 자산의 양도, 즉 '사실상 자산의 이전'이 있는 것으로 보아 과세할 수 있는지가 문제됨에 따라 기존 판례는 과세부정설로 확립되어 있었던 반면, 과세긍정설 및 절충설의 입장에 있는 견해들이 있음은 앞서 본 바와 같다.

(2) 그런데 이 판결은 기존 판례의 과세부정설을 원칙적으로 유지하되, 예외적인 경우에만 과세긍정설의 입장에 있는 절충설의 입장을 밝혔다. 대상판결은 위법적·탈법적인 것으로서 무효이고, 매매대금을 보유함으로써 종국적으로 경제적 이익이 귀속되는 그 예시와 같은 예외적인 경우 과세 없는 양도차익을 향유할 수 없도록 하여 조세정의와 형평을 실현하겠다는 의지에서 나온 것으로서 결국 불법의 조장이나 과세누락과 같은 부당한 결과를 시정할 수 있게 되었다는 점에는 그 의의가 있다고 할 수 있고, 또한 후발적 경정청구 사유를 기존 판례와 달리 완화하여 해석할 수 있음을 전제하여 장차 후발적 경정청구를 통한 권리구제기능이 확대될 것임을 예상할 수 있다는 점에서도 긍정적으로 평가할 수 있다.[14]

(3) 다만, 이 판결은 위와 같은 의의가 있는 반면 반대의견이 지적하는 외에도 장차 해결되어야 할 문제점이 있다는 점을 지적하지 않을 수 없다. 우선 양도소득세는 양도개념의 해석을 통해서 과세하는 세제인데, 이 판결은 양도개념을 매매 등이 원칙적으로 유효하여야 하나 다만 판례가 인정하는 예외적인 경우에는 무효라도 된다고 보는 것이라서 정책

---

14) 윤경아, "토지거래허가를 잠탈하는 경우의 양도소득세 과세 여부", 『정의로운 사법』(2011), 1322-1325면에 의하면 양도소득세가 과세된 후 원상회복시 구 국세기본법 시행령(2010. 2. 18. 대통령령 제22038호 개정되기 전의 것) 제25조의2 제2호, 제4호에 따라 '계약이 해제되거나 취소된 때에 준하는 사유에 해당하는 때'로 구제할 수 있다고 보고 있다.

적 당위를 위해 조세법에 없는 새로운 이중적 과세요건을 창설하였다는 비판을 받는 것이고, 결국 양도개념의 일의적인 정의가 어려워 과세요건 법률주의에 배치될 우려가 있게 되었다.15) 또한 대상판결에 의하면 취득세 등 다른 세목이나 소득세 등 현행 법령과의 충돌 문제16)와 과세대상을 '그 예시한 두 가지 예외적인 경우로 한정'하는 경우의 문제17) 등 역시 발생하게 되었다.

(4) 결국 법원이 이 판결에서 나타나는 위와 같은 문제점들을 장차 어떻게 정리해 갈 것인지에 관하여 지켜볼 필요가 있다고 생각되고, 우리나라 법률문화 발전을 위하여 대상판결에 관한 학계의 다양한 논의를 기대해본다.

---

15) 과세긍정설은 법률행위가 유효할 필요가 없다는 입장이고, 과세부정설 및 제1절충설은 법률행위가 유효하여야 한다는 입장이라는 점에서 각 양도개념에 일관성이 있으나, 대상판결은 원칙적으로 법률행위가 유효하여야 하나, 예외적인 경우는 법률행위가 무효라도 된다는 입장으로서 양도개념을 이중적으로 보는 것이라고 생각된다. 또한 제1절충설은 그 적용대상이 개방적이겠으나, 대상판결은 적용대상이 폐쇄적이고 또 예외적인 경우의 해당 여부는 결국 법원의 최종 판단에 달려있는 셈이 된다.

16) 토지거래허가구역 내 토지를 양수인은 취득하지 못하였는데도 양도인은 양도한 것이 되어 양도소득세만 과세되고 취득세는 과세되지 아니하는 세목간의 충돌 문제, 대상판결이 과세요건으로 소유권이전등기를 요구함에 따라 소유권이전등기 없는 양도에 과세하는 소득세법 제104조 제3항 미등기전매 규정과의 배치 문제 등을 생각해 볼 수 있다.

17) 토지거래허가구역 내 매매 외에 동일한 문제가 발생하는 일반적인 무효, 취소, 계약해제의 경우에의 적용 가능성 여부, 이때 민사상 발생하는 소급효를 조세법 적용에 있어 제한할 수 있는지 여부, 종중대표자가 종중규약상 절차를 거치지 아니하고 종중임야를 양도한 경우 역시 탈법성이 강한데도 양도소득세를 과세하지 않는 경우와의 형평성 문제, 청구사유가 한정적인 현행 후발적 경정청구 제도로 원상회복시 항상 정산이 가능할 수 있는지 여부, 토지거래허가구역 내에서 甲, 乙, 丙, 丁의 순으로 순차 양도한 경우 丁 명의로 소유권이전등기를 하지 않는 이상 5년 이상 경과하면 양도차익을 보유하더라도 모두에게 양도소득세를 부과하지 못하는 것이 아닌지 여부 등을 생각해 볼 수 있다.

참고문헌

구욱서, "양도소득세에 관한 몇 가지 검토", 『조세법커뮤니티 연구자료집』.

김남욱, "위법소득에 대한 과세처분", 『토지공법연구』, 제14집(2001. 12.).

김현석, "토지거래 허가와 과세문제", 『조세법연구』, 10−2(2004. 11.).

윤경아, "토지거래허가를 잠탈하는 경우의 양도소득세 과세 여부", 『정의로운 사법』, 2011.

임승순, 『조세법』, 박영사, 2008.

임승순, "토지거래허가를 잠탈하기 위하여 매매를 증여로 등기한 경우의 과세관계", 『조세법연구』, 5(1999. 12.).

소순무, "부동산관련소송과 조세문제", 『사법논집』, 제28집(1997).

장석조, "조세법상 실질과세원칙의 적용한계", 『사법논집』, 제33집(2001).

한만수, "위법소득의 과세에 관한 연구", 『조세법연구』, 10−2(2004. 11.).

주식 소각과 주식 양도의 구별 기준

사건의 표시 : 대법원 2010. 10. 28. 선고 2008두19628 판결

▪ 사실개요 ▪

소외 망인(2007. 5. 13. 사망)은 1983. 12.경 보일러 등 제조업체인 원고 회사에 생산부장으로 입사하여 근무하다가, 2001. 7. 31. 지병인 뇌질환(파킨슨 증후군, 2001. 1.경 발병)으로 인해 전무이사로 원고 회사를 퇴직하였다.

망인은 2002. 10. 8. 원고 회사에게 당시 보유하고 있던 원고 발행의 비상장주식 44,450주(이하 '이 사건 주식')를 13,643,000,000원에 매도하였고, 2003. 2. 14. 사회복지법인인 소외 재단에 위 주식매매대금 중 양도소득세 등을 제외한 나머지 12,253,000,000원을 출연하였다.

한편, 원고 회사는 2002. 11. 15. 위와 같이 취득한 이 사건 주식을 임의소각하는 방법으로 자본감소절차를 이행하였다.

피고는 2005. 6. 15. 원고 회사에 대하여, 망인의 이 사건 주식 매도는 원고의 자본금 유상감소절차의 일환으로 이루어졌으므로 그 양도차익은 구 소득세법(2006. 12. 30. 법률 제8144호로 개정되기 전의 것) 제17조 제2항에 정한 의제배당소득에 해당한다는 이유로 2002년 귀속 망인에 대한 원천징수분 배당소득세 2,482,837,640원을 부과하였다(이하 '이 사건 처분').

▪ 판결요지 ▪

주식의 매도가 자산거래인 주식의 양도에 해당하는가 또는 자본거래인 주식의 소각 내

---

* 김승호(법무법인 태평양 변호사).

지 자본의 환급에 해당하는가는 법률행위 해석의 문제로서 그 거래의 내용과 당사자의 의사를 기초로 하여 판단하여야 할 것이지만, 실질과세의 원칙상 단순히 당해 계약서의 내용이나 형식에만 의존할 것이 아니라, 당사자의 의사와 계약체결의 경위, 대금의 결정방법, 거래의 경과 등 거래의 전체과정을 실질적으로 파악하여 판단하여야 한다.

▶ 해 설 ◀

1. 주식의 소각 또는 자본의 감소로 인한 의제배당

(1) 의제배당

의제배당은 기업경영의 성과인 잉여금 중 사외에 유출되지 않고 법정적립금, 이익준비금 기타 임의적립금 등의 형식으로 사내에 유보된 이익이 일정한 방식으로 주주나 출자자에게 환원되어 귀속되는 경우에 이러한 이익은 실질적으로 현금배당과 유사한 경제적 이익이므로 과세형평의 원칙에 비추어 이를 배당으로 의제하여 과세한다는 것이다.[1]

소득세법 제17조 제2항의 의제배당은 주식의 소각이나 자본의 감소로 인한 의제배당(1호), 잉여금의 자본전입으로 인한 의제배당(2호), 법인의 해산으로 인한 의제배당(3호), 합병으로 인한 의제배당(4호), 자기주식의 자본전입으로 인한 의제배당(5호), 분할로 인한 의제배당(6호)으로 구분된다.

(2) 주식의 소각 또는 자본의 감소

자본감소란 자본의 금액을 축소시키는 것을 말한다. 자본액의 감소에 따른 순재산의 감소 여부를 기준으로 통상 실질적인 자본감소와 명목적인 자본감소로 분류한다. 실질적인 자본감소란 자본의 감소와 더불어 일정한 금액을 주주에게 되돌려 줌으로써 순자산도 같이 감소시키는 것이고(유상감자), 명목적인 자본감소는 자본액만 줄이고 순자산은 사외에 유출시키지 않는 것이다(무상감자). 자본은 발행주식의 액면총액이므로(상법 451조), 자본의 감소는 발행주식수를 감소시키거나, 액면가를 감액시키는 방법이 있다.[2] 주식수의 감소 방법으로는 주식의 병합과 주식의 소각 등이 있다. 주식의 소각에 따라 주주에게 주금을 지급할 수도 있고(유상소각), 지급하지 않을 수도 있다(무상소각).[3]

주식의 소각이란 회사의 존속 중에 발행주식의 일부를 소멸시키는 회사의 행위이다. 주식의 소각은 자본감소의 규정에 따라서만

1) 대법원 2003. 11. 28. 선고 2002두4587 판결; 대법원 1993. 5. 25. 선고 91누9893 판결.
2) 박성규, "법인의 자기주식 취득이 상법 제341조의2에 의한 독립된 주식의 양수에 해당하는지 아니면 주식소각에 의한 자본감소절차의 일환으로 이루어진 것인지 여부",『대법원판례해설』, 제86호(2011), 142면.
3) 이철송,『회사법강의』(박영사), 2011, 769-777면

소각할 수 있고, 소각되는 주식만큼 자본이 감소하므로 채권자보호절차를 거쳐야 한다.[4]

2. 손익거래인 주식양도와 자본거래인 주식소각의 구별 필요성

개인 주주의 경우, 비상장주식을 양도하는 때에 그 양도로 인한 소득에 대하여 양도소득세가 부과되고, 상장주식은 대주주가 양도하거나 증권시장 이외에서 거래하는 경우에 그 양도차익에 대하여 양도소득세가 부과된다.[5] 반면, 의제배당의 경우에는 주식의 상장 여부에 관계없이 배당소득세가 부과된다.

또한, 배당소득의 소득자인 주주가 개인인 때에는 그 배당소득을 지급하는 법인이 소득세의 원천징수의무를 부담한다. 그러나 주식을 처분하여 양도소득으로 전환시킨 경우에 당해 소득은 원천징수대상이 아니다.

이와 같이 주식의 양도에 해당되는가 아니면 의제배당사유인 주식의 유상소각으로 인정되는가에 따라 주주의 이해관계에 큰 영향을 줄 수 있다.

3. 주식양도와 주식소각의 구별 기준

상법(2011. 4. 14. 법률 제10600호로 개정된 것)은 자기주식의 취득을 원칙적으로 허용하고, 자기주식의 처분기한을 규정한 구 상법 제342조의 내용을 삭제하였다. 자기주식은 처분을 전제로 발행회사가 보유하고 있는 주식에 불과하여 양도성과 자산성에 있어서 다른 주식회사가 발행한 주식과의 사이에 본질적인 차이가

---

4) 상법 제343조(주식의 소각) ① 주식은 자본금 감소에 관한 규정에 따라서만 소각할 수 있다. 다만, 이사회의 결의에 의하여 회사가 보유하는 자기주식을 소각하는 경우에는 그러하지 아니하다.
　상법 제439조(자본금 감소의 방법, 절차) ① 자본금 감소의 결의에서는 그 감소의 방법을 정하여야 한다.
　② 자본금 감소의 경우에는 제232조를 준용한다. 다만, 결손의 보전을 위하여 자본금을 감소하는 경우에는 그러하지 아니하다.
　상법 제232조(채권자의 이의) ① 회사는 합병의 결의가 있은 날부터 2주내에 회사채권자에 대하여 합병에 이의가 있으면 일정한 기간 내에 이를 제출할 것을 공고하고 알고 있는 채권자에 대하여는 따로 따로 이를 최고하여야 한다. 이 경우 그 기간은 1월 이상이어야 한다.
　② 채권자가 제1항의 기간 내에 이의를 제출하지 아니한 때에는 합병을 승인한 것으로 본다.
5) 소득세법 제94조(양도소득의 범위) ① 양도소득은 해당 과세기간에 발생한 다음 각 호의 소득으로 한다.
　3. 다음 각 목의 어느 하나에 해당하는 주식 또는 출자지분(신주인수권을 포함한다. 이하 이 장에서 '주식 등'이라 한다)의 양도로 발생하는 소득
　가. 「자본시장과 금융투자업에 관한 법률」에 따른 주권상장법인(이하 '주권상장법인'이라 한다)의 주식등으로서 소유주식의 비율·시가총액 등을 고려하여 대통령령으로 정하는 대주주(이하 이 장에서 '대주주'라 한다)가 양도하는 것과 같은 법에 따른 증권시장(이하 '증권시장'이라 한다)에서의 거래에 의하지 아니하고 양도하는 것
　나. 주권상장법인이 아닌 법인의 주식등

없을 뿐만 아니라, 자본감소절차의 일환으로서 자기주식을 취득하여 소각하거나 회사합병으로 인하여 자기주식을 취득하여 처분하는 것은 자본의 증감에 관련된 거래로서 자본의 환급 또는 납입의 성질을 가지므로 자본거래로 볼 수 있지만, 그 외의 자기주식의 취득과 처분은 순자산을 증감시키는 거래임에 틀림이 없고, 법인세법도 이를 손익거래에서 제외하는 규정을 두고 있지 아니하므로, 그것은 과세처분의 대상이 되는 자산의 손익거래에 해당한다고 볼 수 있다.[6]

종래 대법원은 "주식의 매도가 자산거래인 주식의 양도에 해당하는가 또는 자본거래인 주식의 소각 내지 자본의 환급에 해당하는가는 법률행위 해석의 문제로서 그 거래의 내용과 당사자의 의사를 기초로 하여 판단하여야 할 것이지만, 실질괴세의 원칙상 단순히 당해 계약서의 내용이나 형식에만 의존할 것이 아니라, 당사자의 의사와 계약체결의 경위, 대금의 결정방법, 거래의 경과 등 거래의 전체과정을 실질적으로 파악하여 판단하여야 한다"라고 판시하고 있다.[7] 이들 판결은 주주총회에서 감자결의가 이루어진 후 주식을 매입한 경우이다. 이 중 2001두6227 판결은 '① 원고가 A주주 소유의 이 사건 주식을 매수하기에 앞서 주주총회에서 자본감소 결의를 하였다는

점, ② A주주로부터 이 사건 주식을 취득한 후 곧바로 그 액면금상당의 자본금을 감소시키는 한편 매매대금과 액면금 합계액과의 차액을 감자차손으로 회계처리하였던 점, ③ 원고가 이 사건 주식 취득 당시 A주주는 다른 회사의 주식도 다수 보유하고 있었던 것으로 보이는 점' 등의 사정을 기초로 위 주식거래는 주식소각에 의한 자본감소절차의 일환으로 이루어졌다고 판단하였다. 또한 2012두27091 판결은 ① 원고의 2대주주가 원고의 운영에서 탈퇴하기로 하고 자신의 주식을 매입하여 줄 것을 요청한 점, ② 원고는 감자의 방법으로 위 주식을 매입하기로 하고 임시주주총회에서 주식의 분할 매입시기, 대금지급방법, 주식 소각시기 등을 결의한 점, ③ 원고는 주식을 매수할 때마다 1주당 가격을 별도로 평가한 점 등의 사정을 종합하여 원고가 주식소각의 목적 없이 위 주식을 취득하였다고 볼 수는 없다고 판시하였다.

4. 이 판결 사안의 검토

위 2001두6227 판결과 달리 이 사건에는 매매계약 후 자본감소 결의가 이루어졌고, 그 이전에 주식의 가액을 평가하는 절차를 거쳤으며, 망인은 이 사건 주식 외에 다른 회사의 주식을 보유한 것으로 보이지 않는 등의 사정

---

6) 대법원 1992. 9. 8. 선고 91누13670 판결; 대법원 1992. 9. 22. 선고 91누13571 판결.
7) 대법원 1992. 11. 24. 선고 92누3786 판결; 대법원 2002. 12. 26. 선고 2001두6227 판결; 대법원 2013. 5. 9. 선고 2012두27091 판결.

이 인정된다. 그러나 아래의 사정에 비추어 보면 자본감소를 전제로 망인의 동의를 얻어 자기주식을 취득한 후 일시적으로 취득한 자기주식을 소각한 것으로 생각된다.

① 망인이 원고 회사에서 퇴직하고 지병인 뇌질환을 앓고 있는 등 별다른 소득 없이 투병 중에 있으면서도 원고 회사에 대한 출자금을 회수하여 이를 소외 재단에 출연하기 위하여 2002년 6월경 원고 회사에게 총평가액이 130억 원이 넘는 이 사건 주식의 매매 및 소외 재단에 대한 출연 등 관련 사항 일체를 위임하였고, 이 사건 주식에 대하여 원고 회사와 매매계약을 체결한 2002. 10. 8. 계약금조차 지급받지 않은 상태에서 원고 회사 앞으로 이 사건 주식에 관하여 명의개서절차를 이행하여 준 점,

② 이 사건 주식의 제3자 매각 시도는 모두 이 사건 주식에 대한 매매계약이 있기 이전의 일로서 그러한 제3자 매각 시도가 모두 실패로 끝나 장차 제3자 매각 전망이 더욱 사라진 상태에서 이 사건 주식에 대한 매매계약이 체결된 점에 비추어 원고 회사는 종국적으로 이 사건 주식을 임의소각의 방법으로 처리함으로써 원고 회사에 대한 출자금을 환급할 수밖에 없다는 점을 알고도 이 사건 주식에 대한 매매계약을 체결한 것으로 볼 수 있는 점,

③ 실제로 원고 회사는 이 사건 주식에 대한 명의개서를 마친 이후 불과 1개월 만에 이사회와 임시주주총회를 각각 개최하여 이 사건 주식의 소각을 통한 자본감소를 결의하

였고, 이후 소외 재단의 설립을 위한 발기인 총회를 개최하여 설립허가를 받아 설립등기를 마치고 세금을 제외한 나머지 이 사건 주식의 소각대금을 전부 소외 재단에 출연하는 등 시간적으로 매우 근접하여 순차적으로 각각의 절차가 이행되었고 이는 주식의 처분으로 볼 수 없는 점,

④ 이 사건 주식에 대한 감자결의 이후에 망인 명의의 예금계좌로 이 사건 주식의 소각대금이 입금되었다가 망인을 거치지 않고 인출되어 소외 재단의 기금으로 출연되었는데, 이러한 일련의 과정에 망인이나 그의 상속인들이 전혀 관여하지 아니한 점이 있다.

5. 이 판결의 의의

주식의 매도가 손익거래인 주식의 양도에 해당하는가 또는 자본거래인 주식의 소각 내지 자본의 환급에 해당하는가 여부에 관하여, 종래 대법원 92누3786 판결과 2001두6227 판결은 당사자의 의사와 계약체결의 경위, 대금의 결정방법, 거래의 경과 등 거래의 전체과정을 실질적으로 파악하여 판단해야 하는 것으로 판시한 적이 있지만, 이들 판결은 주주총회에서 감자결의가 이루어진 후 주식을 매입한 경우이다. 이들 판결과 달리 이 사건은 비록 매매계약 후 자본감소 결의가 이루어졌으나, 이 사건 주식 취득이 자본감소를 예정한 채 이루어진 점, 이 사건 주식의 양도 당시 원고 회사의 주주 구성, 망인과 원고 회사의 관계 등

제반사정을 고려하여 위 판결들과 동일한 결
론에 이를 수 있다고 판단하여 구체적으로 타
당한 해석을 시도하였다는 점에 의의가 있다.

참고문헌

박성규, "법인의 자기주식 취득이 상법 제341조의2에 의한 독립된 주식의 양수에 해당하는지 아니면 주식소
　　각에 의한 자본감소절차의 일환으로 이루어진 것인지 여부", 『대법원판례해설』, 제86호(2011).
이철송, 『회사법강의』, 박영사, 2011.

특수관계자에게 증여 후 양도한 자산에 대하여 양도소득세 과세의 위헌 여부

사건의 표시 : 헌법재판소 2003. 7. 24 2000헌바28 결정

● **사실개요** ●

1. 사건의 개요

1) 갑(甲)이 1968. 8. 13. 취득하여 1996. 2. 23. 여동생인 을(乙)에게 증여한 A시 소재 토지가 1996. 4. 8. A시에 수용되었는데, Y세무서장은 1999. 5. 6. 위 증여일부터 2년 내에 다시 위 토지가 A시에 양도되었음을 이유로 소득세법 제101조 제2항을 적용하여 갑(甲)에게 금 2,800만 원의 양도소득세 부과처분을 하였다.

2) 갑(甲)은 위 부과처분에 불복하여 B지방법원에 그 취소소송(99구7074)을 제기한 다음 소송 계속 중 위 소득세법 제101조 제2항이

헌법에 위반된다 하여 위헌 심판 제청을 하였으나 2000. 2. 29. 기각되자 2000. 3. 18. 헌법 소원 심판을 청구하였다.

2. 심판대상 법률조항

소득세법(1995. 12. 29. 법률 제5031호로 개정되어 1996. 12. 30. 법률 제5191호로 개정되기 전의 것. 이하 '소법'이라 함) 제101조(양도소득의 부당행위계산)

① 납세지 관할세무서장 또는 지방 국세청장은 양도소득이 있는 거주자의 행위 또는 계산이 그 거주자와 특수 관계있는 자와의 거래로 인하여 당해 소득에 대한 조세의 부담을 부당하게 감소시킨 것으로 인정되는 때에는 그 거주자의 행위 또는 계산에 관계없이 당해

---

* 신용주(세무법인 조이 대표세무사).

연도의 소득금액을 계산할 수 있다.

② 양도소득에 대한 소득세를 부당하게 감소시키기 위하여 제1항에 규정하는 특수 관계자에게 자산을 증여한 후 그 자산을 증여 받은 자가 그 증여일로부터 2년 이내에 다시 이를 타인에게 양도한 경우에는 증여자가 그 자산을 직접 양도한 것으로 본다.

③ 생략

④ 제1항의 규정에 의한 특수 관계있는 자의 범위 기타 부당행위계산에 관하여 필요한 사항은 대통령령으로 정한다.

3. 갑(甲)의 주장 및 이해관계인의 의견

(1) 청구인의 주장

이 사건 법률조항은 양도주체도 아니고, 양도소득의 귀속자도 아닌 증여자에게 양도소득세를 부과하는 한편, 증여자에게 부과하는 양도소득세액을 계산하면서 수증자에게 부과한 증여세액을 공제하거나 환급하도록 하지 아니함으로써 이중과세를 하는 것이므로 결국 실질적 조세법률주의, 재산권 보장에 관한 헌법 규정에 위반된다.

(2) 법원의 위헌심판 제청신청 기각이유

이 사건 법률조항은 실질과세 및 공평과세 원칙을 실현하기 위하여, 객관적으로 조세의 부담을 부당하게 감소시키는 것으로 인정되는 특수 관계자와의 증여를 부당행위로 보고 이를 부인하도록 규정하고 있는 것으로 헌법상 조세법률주의 내지 재산권보장에 반하지

않는다.

(3) 재정경제부장관 및 국세청장의 의견

이 사건 법률조항은 증여자가 특수관계에 있는 수증자에게 증여 형식을 통하여 양도 재산의 취득시기를 조작함으로써 양도소득세의 부담을 회피하는 것을 방지함으로써 실질과세와 공평과세의 이념을 구현하려는 것을 그 입법취지로 하고 있으므로 이를 두고 헌법상 재산권 보장이나 실질적 조세법률주의에 위배된다고 할 수 없다.

▪ 헌법재판소 결정 요지 ▪

(1) 먼저 증여지에 대한 양도소득세부과에 대해서는 "이 사건 법률조항은, 납세자가 자산의 장기간의 보유로 인하여 상승된 자본 이익을 소멸시키기 위한 방편으로 중간에 증여행위를 끼워 넣는 이상한 거래형식을 취함으로써 고율의 누진세율에 의한 양도소득세 부담을 회피 내지 감소시키려는 부당한 조세 회피행위를 규제하고, 납세자가 선택한 거래의 형식에 따라 발생할 수 있는 조세부담의 불공평을 시정하여 궁극적으로 과세의 평등을 실현하고 하는 것으로 그 입법목적이 정당함은 명백하고, 이 사건 법률조항은, '증여자의 진정한 양도행위'로 평가될 개연성이 상당히 높은 사실 관계, 특히 법원은 이 사건 법률조

항의 해석을 통하여 증여자에게 양도소득이 실질적으로 귀속된 것으로 인정되는 사실관계에서만 이 사건 법률조항이 적용[1]될 수 있도록 하는 한편 역으로 납세자로 하여금 '행위의 부당성'의 유무에 대한 주장, 입증을 통하여 이 사건 법률조항의 적용을 다툴 길도 열어놓았다는 점에서 그 입법수단의 적정성과 최소 침해성이 갖춰진 것으로 판단된다. 뿐만 아니라, 이 사건 법률조항으로 인한 재산권의 제한 내용은 납세자가 선택한 증여행위의 사법상 법률효과를 무효로 하는 것도 아니고 단지 조세법의 집행과정에서 과세상으로만 그 효력을 부인하는 것에 불과하므로, 조세회피행위에 대한 규제 및 조세평등주의의 실현이라는 이 사건 법률조항의 기본이념 내지 입법목적보다 결코 크다고 볼 수도 없다.

따라서, 이 사건 법률조항이 "'증여자와 양수자 사이의 양도행위'를 의제하여 증여자에 대하여 양도소득세를 부과하도록 규정한 것은 정당한 입법목적의 실행을 위하여 기본권제한의 입법한계를 준수하는 범위 내에서 재산권을 제한한 것이므로 헌법에 위반된다고 할 수 없다."

(2) 다음으로 증여자에 대한 (양도의제에 의한) 양도세부과와 별도로 수증자에 대해 증여세가 부과되는 문제에 대해 "이 사건 법률조항의 적용 요건이 갖춰지면, 과세관청은 증여자가 선택한 증여행위를 부인함으로써 이를 과세의 기준으로 삼지 아니하고, 증여자의 양수자에 대한 양도행위의 존재를 의제하여 이를 기초로 증여자에게 양도소득세를 부과할 수 있게 된다. 이를 수증자의 입장에서 보게 되면, 자신에 대한 과세근거가 된 증여자의 증여행위가 부당한 법적 형성이라는 이유로 과세관청에 의하여 부인되어 조세법적으로는 소급적으로 무효화됨으로써 재산권의 무상 취득이란 애초부터 존재하지 않게 된 것에 다름 아니어서, 이에 대하여 증여세를 부과하거나 기왕의 증여세 부과를 유지한다는 것은 결국 증여받지 않는 재산에 대하여 증여세를 부과한 것이 되어 수증자의 재산권을 침해하는 것이다. 이 사건 법률조항에 의하여 조세법적으로는 부인된 증여세액 등을 환급 등을 하지 않고 과세관청이 그대로 보유될 수 있다면, 납세자가 어떤 내용의 거래 형식을 선택하느냐에 따라 발생할 수 있는 조세부담의 부당한 감소에 따른 불공평을 시정한다는 입법목적을 달성하는 것 이상으로, 언제나 수증자에게 부과된 증여세액 등 만큼을 이중으로 징수하는 결과에 이른다.

결국 이 사건 법률조항은, 그 적용요건이 충족되는 경우 증여자의 증여행위나 수증자의 양도행위를 과세요건사실로 삼지 아니하고 오로지 '의제된 양도행위'에 따른 과세만을 함으

---

1) 대법원 2003. 1. 10. 선고 2001두4146 판결; 대법원 1997. 11. 25. 선고 97누13979 판결; 대법원 1989. 5. 9. 선고 88누5228 판결.

로써도 그 입법목적을 달성할 수 있음에도 불구하고, 세수증대와 과세편의만을 도모한 나머지 '부인된 증여행위에 기초한 과세'와 '의제된 양도행위에 기초한 과세'를 서로 양립하게 함으로써 입법목적의 달성에 필요한 정도를 과도하게 넘은 이중과세를 하는 것이므로 그 내용이 재산권을 과도하게 침해하는 것이므로 헌법에 위반된다고 보지 않을 수 없다.

▶ 해 설 ◀

1. 쟁점

증여자, 수증자, 양수자 사이의 다단계 거래를 조세법적으로 규율함에 있어서, 그 적용요건을 갖출 경우 증여자와 양수자 사이의 양도행위의 존재를 의제하여 증여자에게 양도소득세 납부의무를 발생하게 하는 이 사건 법률조항이 증여자의 재산권을 침해한 것인지 여부, 위와 같은 의제의 효과를 수증자에게도 미치도록 함으로써 수증자의 증여세액 등을 환급하도록 하는 등의 규율이 전혀 없는 이 사건 법률조항이 수증자의 재산권을 침해한 것인지 여부에 그 쟁점이 있다.

2. 소득세법 제101조 제2항이 증여자의 재산권을 침해한 것인지 여부

(1) 헌법재판소는 사실관계를 증여자인 甲에게 양도소득이 있다고 보고 있으면서 이 사건에 소법 제101조 제2항의 규정의 적용이 있다고 보고 있다. 그러면서 동 조항이 조세회피 중 증여형식을 빌려 양도소득세를 회피하는 행위를 규율하기 위한 것으로서 우리 조세법 체계가 마련한 여러 부당행위부인 규정들 중 하나에 해당된다고 볼 수 있다 하여 조세회피부인 규정으로 보고, 납세자가 선택한 증여행위의 사법상 법률효과를 무효로 하는 것도 아니고 단지 조세법의 집행과정에서 과세상으로만 그 효력을 부인하는 것에 불과하다고 하고 있다.

그러나 헌법재판소의 결정대로 甲(증여자)이 乙(수증자)에게 증여한 행위가 유효하고, 乙(수증자)이 제3자(丙: 양수인)에게 양도한 행위가 유효하다면 그 양도대금은 乙에게 귀속되어야 하고 乙이 甲에게 증여하는 별도의 행위가 존재하지 아니한다면 甲에게 양도소득이 귀속되어 있다는 것은 있을 수 없다. 따라서 외형상 甲이 乙에게 증여하고, 乙이 丙에게 양도한 것처럼 되어 있으나, 실질적으로는 甲이 丙에게 직접 양도한 경우에만 甲에게 양도소득이 귀속된 것으로 볼 수 있는 것이므로 이 경우에는 소법 제101조 제2항의 적용여지가 없고 국세기본법(이하 '기본법'이라 함) 제14

조의 규정이 적용되어야 한다.[2] 특히 2007년 이후에는 개정된 기본법 제14조 제3항이 적용되어야 할 것이므로 소득세법 제101조 제2항은 적용되어서는 안 될 것이다.

(2) 소득세법 제101조 제2항은 헌법재판소결정에서도 인정하는 바와 같이 행위와 계산이 진실에 부합함에도 불구하고 특수관계자와의 거래를 통하여 甲(증여자)이 특수관계자인 乙에게 증여한 후 이를 양도한 경우와 甲이 제3자 丙에게 양도하여 그 양도대금 상당액을 수증자 乙에게 이를 증여한 경우와의 형평을 고려하겠다는 것이 그 입법취지이다. 다만 법문언이 甲(증여자)이 제3자 丙에게 직접 양도한 것으로 본다고 되어 있어, 헌법재판소는 양도소득의 귀속이 乙에게 있지만 甲에게 있는 것으로 의제하고 있다고 봄으로써 양도소득세의 담세력인 양도소득이 甲에게는 전혀 없음에도 불구하고 양도소득세의 납세의무자는 甲이 된다고 보고 있으나 이는 담세력이 없음에도 불구하고 있다고 보고 과세하는 것으로 재산권의 본질적인 내용을 침해하는 것이어서 그렇게 보아서는 안 되고 甲에게 양도소득이 귀속되어 있지 아니하므로 甲에게는 양도소득세를 과세할 수 없다고 보는 것이 타당하다. 위와 같이 보는 것은 소법 제97조 제4항이 "거주자가 양도일로부터 소급하여 5년 이내에 그 배우자 또는 직계존·비속으로부터 증여받은 소법 제94조 제1항 제1호에 따른 자산 등의 양도차익을 계산할 때 … 양도가액에서 공제할 필요경비는 각각 그 배우자 또는 직계존·비속의 취득당시의 취득가액으로 한다고 되어 있고 위 법문언에서 거주자는 증여받은 자를 가리키고 있는 것과 형평에도 맞다고 보인다. 따라서 甲이 제3자 丙(양수인)에게 직접 양도한 경우 세액이 3억 원인데 甲이 乙에게 증여한 후 제3자 丙에게 양도한 경우 증여로 인한 증여세 2억 원과 乙이 丙에게 양도한 경우 양도소득세액 1천만 원의 합계 2억 1천만 원의 부담세액을 비교하여 그 차액이 9천만 원인 경우 甲에게 양도소득세를 과세하겠다는 의미로 새기는 것은 소득세법 제101조 제2항이 과세의 공평을 위하여 인정되는 것이라는 점을 잘못 이해한 결정임이 분명하다. 따라서 위와 같은 경우에는 甲이 아니라 수증자인 乙에게 그 차액 9천만 원을 과세하는 것으로 보는 것이 타당하다고 보인다.

(3) 법인세법 제52조는 정부는 내국법인의 행위 또는 소득금액의 계산이 특수관계자와의 거래에 있어서 그 법인의 소득에 대한 부담을 부당히 감소시킨 것으로 인정되는 경우에는 그 법인의 행위 또는 소득금액의 계산에 불구하고 그 법인의 각 사업년도의 소득금

---

2) "특수관계자간의 증여" 그리고 특수관계자인 수증자의 "2년" 이내의 양도라는 객관적 요건은 입법자가 양도의제를 위해서는 필요한 규정이지만 실질과세원칙과는 괴리를 초래케 하는 부분이라는 견해로는 이동식, "구 소득세법 제101조 제2항에 따른 양도소득세 과세와 이중과세 문제 −헌법재판소 2000헌바28사건에 대한 평석−", 『저스티스』, 통권 제82호(2004. 12), 272−273면 참조.

액을 계산할 수 있다고 규정하고 있다. 소법 제101조 제2항에 의하면 양도소득에 대한 소득세를 부당하게 감소시키기 위하여 특수관계자에게 자산을 증여한 후 그 자산을 증여받은 자가 그 증여일로부터 5년 이내에 다시 이를 타인에게 양도한 경우에는 증여자가 그 자산을 직접 양도한 것으로 본다고 규정하고 있다. 위 소득세법 규정은 특정의 경우에 소득세의 회피행위를 부인한 후 회피한 각각의 소득세를 부과할 수 있다고 규정하고 있다.

실질과세의 원칙과 소법 제101조 제2항은 조세공평주의를 실현하려는 목적을 가진 점에서 유사한 점이 있으나, 다음과 같은 차이가 있다. 즉 실질과세의 원칙은 甲이 특수관계에 있는 乙에게 증여한 후 乙이 제3자 丙에게 양도하는 형태의 거래를 하였지만 그 실질은 甲이 丙에게 직접 양도한 경우이어서 소득금액이 甲에게 귀속되고 乙에게 증여한 행위는 가장행위에 불과한 경우이어서 甲이 제3자 丙에게 직접 양도한 실질에 따라 甲이 제3자 丙에게 양도한 것으로 보아 양도소득세를 과세하는 것이다. 반면 소법 제101조 제2항은 甲이 乙에게 증여한 것이 진실이므로 乙이 증여세를 부담하여야 하고 따라서 乙에게 부과된 증여세는 특별히 환급한다는 규정이 없는 한 환급해서는 안 되는 것이다. 이렇게 실질적으로 증여받은 乙이 제3자 丙에게 양도한 것이 진실한 법률관계에 부합한다 할지라도 '양도소득에 대한 소득세를 부당하게 감소시키기 위한 경우' 즉, 甲이 제3자 丙에게 직접 양도한 경우에 甲이 부담하는 양도소득세액이 乙이 甲으로부터 증여받으면서 부담한 증여세액과 乙이 제3자 丙에게 양도한 양도소득세액의 합계액보다 큰 경우에는 형평을 위하여 乙에게 양도소득세를 과세한다고 보는 것이 적정한 것으로 보인다.

헌법재판소 결정은 실질과세의 원칙과 조세회피부인의 이론을 오해한 문제가 있고, 지방세법에 관한 대법원 전원합의체 판결(대법원 2012. 1. 19. 신고 2008두8499 판결[3])도 취득세 부과와 관련하여 실질과세원칙을 조세회피부인의 한 내용으로 보고 법률의 규정이 없이도 조세회피부인을 할 수 있다는 입장에 서 있어서 조세법률주의를 형해화하는 문제가 있다는 비판을 면치 못한다.[4]

---

3) 모회사 甲 외국법인이 100% 지분을 소유하고 있는 자회사들인 乙 외국법인과 丙 외국법인이 丁 내국법인의 지분 50%씩을 취득하고, 乙 회사가 75% 지분을 소유하고 있는 戊 내국법인의 나머지 지분 25%를 丙 회사가 취득하자, 관할 행정청이 甲 회사가 丁 및 戊 회사의 과점주주라고 보고 甲 회사에 대하여 구 지방세법 제105조 제6항에 따라 취득세 등 부과처분을 한 사안에서, 주식 등을 취득한 형식과 외관에만 치중하여 甲 회사에 취득세 납부의무가 없다고 단정한 원심판결에 실질과세의 원칙에 관한 법리오해 등의 위법이 있다고 한 사례이다.
4) 동지: 대법원 2012. 1. 19. 선고 2008두8499 전원합의체판결 반대의견 참조.

3. 수증자의 증여세액 등을 환급하도록 하는 규정이 전혀 없는 이 사건 법률조항이 수증자의 재산권을 침해한 것인지의 여부

헌법재판소는 증여자에게 증여자의 취득가액을 기준으로 한 양도소득세를 부과하고 다시 수증자가 납부한 증여세를 환급하지 않고 행정청이 보유할 수 있게 된다면 이는 비록 형식적으로는 과세대상이 되는 법률행위와 납부의무주체가 다르긴 하나 본질적으로 이중과세에 해당한다고 하고, "결국 이 사건 법률조항은, 그 적용요건이 충족되는 경우 증여자의 증여행위나 수증자의 양도행위를 과세요건 사실로 삼지 아니하고 오로지 '의제된 양도행위'에 따른 과세만을 함으로써도 그 입법목적을 달성할 수 있음에도 불구하고, 세수증대와 과세편의만을 도모한 나머지 '부인된 증여행위에 기초한 과세'와 '의제된 양도행위에 기초한 과세'를 서로 양립하게 함으로써 입법목적의 달성에 필요한 정도를 과도하게 넘은 이중과세를 하는 것이므로 그 내용이 재산권을 과도하게 침해하는 것이므로 헌법에 위반된다고 보지 않을 수 없다"라고 하고 있다.

이러한 헌법재판소의 결정내용은 실질과세원칙을 적용한 것으로 양도소득의 귀속자가 증여자인 甲이라면 결론이 타당하다. 그러나 이 사건 법률조항을 실질과세원칙에 관한 규정으로 보게 되면 기본법 제14조의 규정에 의한

실질과세의 원칙상 당연히 적용되어야 할 것이어서 특별히 소법 제101조 제2항의 규정을 둔 의미를 살릴 수 없다고 보인다.

4. 이 결정의 의의 및 향후 입법개선방향

이상에서 본 바와 같이 소법 제101조 제2항에서 양도소득세를 甲에게 과세하는 것은 다음과 같은 문제가 있다. 첫째, 이 사건 법률조항이 다른 경우의 조세회피부인에 관한 규정과 동일한 내용으로 규정하고 있는 것과 균형이 맞지 않고, 둘째, 증여자 甲이 乙에게 증여함으로써 무자력이 된 경우 재산이 없으므로 결손처분할 수밖에 없어서 조세채권이 일실되는 어려움이 있다. 이 사건 법률조항에 대한 헌법불합치 결정이 있은 후 2003. 12. 30.과 2005. 12. 30 및 2005. 12. 31에 개정된 소법 제101조 제2항은 다음과 같이 단서를 신설하였다. "…. 이 경우 당초 증여받은 자산에 대하여는 「상속세 및 증여세법」의 규정에 불구하고 증여세를 부과하지 아니한다."

그리고 2009년 12월 31일 소득세법 개정으로 소법 제101조 제2항은 다음과 같이 변경되었다.

"거주자가 제1항에서 규정하는 특수관계자(제97조 제4항을 적용받는 배우자 및 직계존비속의 경우는 제외한다)에게 자산을 증여한 후 그 자산을 증여받은 자가 그 증여일부터 5년 이내에 다시 타인에게 양도한 경우로서 제1호에 따른 세액이 제2호에 따른 세액보다

적은 경우에는 증여자가 그 자산을 직접 양도한 것으로 본다. 다만, 양도소득이 해당 수증자에게 실질적으로 귀속된 경우에는 그러하지 아니하다. 1. 증여받은 자의 증여세(「상속세 및 증여세법」에 따른 산출세액에서 공제·감면세액을 뺀 세액을 말한다)와 양도소득세(이 법에 따른 산출세액에서 공제·감면세액을 뺀 결정세액을 말한다. 이하 제2호에서 같다)를 합한 세액, 2. 증여자가 직접 양도하는 경우로 보아 계산한 양도소득세"

그러나 위와 같은 소득세법의 개정은 헌법재판소의 불합치 결정에 충실한 내용을 규정하고 있으나 이는 다음과 같은 문제점이 있으므로 앞으로 입법시 다음과 같이 개정하는 것이 타당하다고 보인다.

첫째, 소법 제101조 제2항 규정 중 "증여자가 직접 양도한 것으로 본다"고 되어 있는 법문언을 "증여받은 자가 양도한 것으로 보아 과세한다. 다만, 그 세액 계산은 증여받은 자의 증여세와 양도소득세의 합계액이 양도자가 제3자에게 직접 양도한 경우의 양도소득세에 비교하여 적으면 그 차액을 증여 받은자에게 과세한다"고 하면 될 것으로 보인다.

둘째, 양도소득이 해당 수증자에게 실질적으로 귀속된 경우에는 그러하지 아니하다는 규정은 삭제함이 타당하다고 보인다.

셋째, 수증자는 수증으로 인하여 부담할 세액을 부담하였으므로 수증자에게 환급한다는 소법 제101조 제3항은 삭제함이 타당하다고 보인다.

참고문헌

이동식, "구 소득세법 제101조 제2항에 따른 양도소득세 과세와 이중과세 문제 −헌법재판소 2000헌바28사건에 대한 평석−", 『저스티스』, 통권 제82호(2004. 12.).

주식대차거래와 대주주의 범위 판단

사건의 표시 : 대법원 2010. 4. 29. 선고 2007두11092 판결

▪ 사실개요 ▪

원고는 2000. 12. 30. 협회중개시장을 통하여 협회등록법인 주식인 주식회사 새롬기술(이하 '소외 회사'라 한다) 발행주식 50,233주(이하 '이 사건 양도주식'이라 한다)를 3,234,727,200원에 매도하면서 양도소득세를 신고 납부하지 않았는데, 용산세무서장은 원고에 대한 세무조사를 통하여 위 주식 양도일의 직전 소외회사의 사업연도 종료일 현재 관계법령상의 대주주에 해당하는 100억 원을 초과하여 26,741,000,000원 상당의 소외 회사 주식(11,050주, 1999. 11. 13. 1주가 10주로 액면 분할되어 110,500주가 됨)을 소유하였다며 2003. 12. 1. 원고에 대하여 497,735,740원의 양도소득세를 부과하는 처분을 하였다.

이에 원고는 1999. 9. 16. 엘지증권 주식회사(이하 '엘지증권'이라 한다)와 사이에 새롬기술 발행주식 10,000주(1999. 11. 13. 액면분할로 100,000주가 되었다)에 대하여 주식대차계약을 맺었는데, 위 주식대차계약은 주권을 목적으로 한 소비대차로서 대차주식은 위 주식대차계약에 따라 엘지증권으로부터 소정의 수수료를 받고 그 소유권이 엘지증권에게 이전되어 유상양도 되었으므로, 이 사건 양도주식의 양도일 직전 소외 회사의 사업연도 종료일인 1999. 12. 31. 원고가 소유중인 소외 회사 주식은 1,050주(1999.11.13. 액면분할로 10,500주가 되었다), 시가 총액 2,541,000,000원으로서 100억 원 미만이므로 원고가 소득세법 제94조, 동법

---

* 손영철(세무사, 법학박사).

제157조 제4항 제2호 소정의 소외 회사의 대주주에 해당하지 않음에도, 피고가 위 대차주식을 원고의 소유로 보고 원고를 소외 회사의 대주주로 인정하여 양도소득세를 부과한 것은 위법하다며 부과처분의 취소를 청구하였다.

한편, 원고가 엘지증권과 맺은 주식대차계약의 주요내용을 요약하면 다음과 같다. ① 원고가 보유한 소외회사 보통주 10,000주(이하 '이 사건 대차주식'이라 한다)를 1999. 9. 20부터 2000. 3. 20까지 엘지증권에게 대차한다. ② 원고는 엘지증권에 대하여 이 사건 대차주식의 상환일 이전에 이 사건 대차주식의 상환을 요구할 수 없으며, 만일 원고가 위 상환일 전에 조기상환 요구가 있을 경우에는 조기상환으로 인해 엘지증권에게 발생되는 비용 및 손실을 원고가 부담하여야 한다. ③ 대차기간 동안 이 사건 대차주식에 대하여 무상증자, 주식배당, 현금배당, 합병, 의결권행사 등의 주주권리가 발생될 경우, 엘지증권은 관련 규정에 위반하지 않는 한 원고의 지시에 따라 주주 권리를 행사하여 주권 교부일에 권리행사로 추가된 주식을 원고에게 반환하며, 대차기간 중 유상증자 청약권리가 발생될 경우에는 신주인수권을 원고에게 무상으로 양도한다. ④ 엘지증권은 대차금액(대차일 전일종가×대차주식수)의 2%를 대차일로부터 10일 이내에 원고에게 이 사건 대차주식에 대한 수수료로 지불한다.

▪ 판결요지 ▪

1. 원심

원심(서울고등법원 2007. 4. 25. 선고 2006누23533 판결)은, "1) 이 사건 계약에 따라 대차주식의 소유권이 엘지증권에게 이전되었다고는 하나, 원고에게 대차주식에 대한 조기상환을 할 수 있는 권한을 부여하고 있는 점, 원고에게 대차주식에 대한 의결권 행사 등 공익권뿐만 아니라 배당금 등 자익권을 부여하고 있는 점을 고려할 때, 원고가 대차주식에 대한 실질적인 지배권을 여전히 가지고 있다고 볼 수 있으므로, 대여자가 금전 기타 대체물 등 종류물에 대한 '모든 권한'을 차용자에게 이전하고, 차용자는 상환일에 동종, 동량의 종류물을 반환하는 계약인 민법상 진정한 소비대차와는 일정한 차이가 있으며, 2) 소득세법상 자산의 양도라 함은 자산에 대한 등기 또는 등록에 관계없이 매매, 교환, 법인에 대한 현물출자 등으로 인하여 그 자산이 사실상 유상으로 이전되는 것을 의미하는데 비록 이 사건 대차주식의 소유권이 차용자인 엘지증권에게 이전되었지만 이는 매매 또는 교환에 기한 것이 아니라 이 사건 계약에 기인한 것이며 주식에 대한 실질적인 지배권은 여전히 원고에게 유보되어 있기 때문에 이 사건 대차주식의 소유권이 이전되었다 하여 이를 소득세법상 자산이 유상으로 사실상 이전되었다고 볼 수 없고, 3) 대차거래로 인한 소유권이전을 사실상의 유상이전으로 인정할 경우, 이 사건의 경우와 같이 대주주가 사인간의 주식대차계약을 맺음으로써 소득세법 소정의 대주주 요건을 잠탈한 다음 주식을 양도하여 양도소득세를 면제받고 다시 대차된 주식을 반환받아 대주주로서의 회사에 대한 지배권을 여전히 유지하는 수단으로 이러한 주식대차제도를 이용할 우려가 있어 법적안정성 및 대주주에게 납세의무를 부과한 소득세법의 입법취지를 훼손할 수 있다는 점 등을 감안할 때, 이 사건 대차주식도 소득세법 제94조 및 동법 시행령 제157조 소정의 대주주를 평가함에 있어 시가총액에 포함시키는 것이 실질과세의 원칙상 타당하다"는 이유를 들어 원고의 청구를 기각하였다.

2. 판결의 요지

구 소득세법 시행령(2000.12.29. 대통령령 제17032호로 개정되지 전의 것) 제157조 제4항 제2호(이하 '사건조항'이라 한다)[1]의 입법취지 및 문언의 내용, 위 규정에서 정한 '소유'의 개념에 대하여 구 소득세법(2000.12.29. 법률 제6292호로 개정되기 전의 것) 제94조 제4호 등에서 별도의 정의 규정을 두고 있지 않은 이상

특별한 사정이 없는 한 민사법과 동일하게 해석하는 것이 법적 안정성이나 조세법률주의가 요구하는 엄격해석의 원칙에 부합하는 점 등을 종합하면, 대주는 대차기간 동안 주식의 소유권을 차주에게 이전하여 차주로 하여금 이를 이용하게 하고 차주는 대차기간 종료시 동종·동량의 주식을 대주에게 반환할 것을 약정함으로써 성립하는 이른바 '주식대차계약'에 따라 차주에게 이전된 대차주식은 위 조항에서 규정하는 '주주 등이 기준일 현재 소유하고 있는 당해 법인의 주식'에 포함되지 않는다고 봄이 상당하고, 차주로부터 대차주식을 조기에 반환받을 권리 또는 대차기간 중 대차주식에서 발생한 배당금 등을 차주로부터 반환받을 권리가 대주에게 유보되어 있다 하더라도 이는 대주의 차주에 대한 채권적 권리에 불과하여 위와 같은 해석에 아무런 영향을 미치지 아니한다.

▶ 해 설 ◀

위 사건은, 주식대차거래로 대여자로부터 차입자에게 주식이 이전되는 경우에 대주주 과세요건을 판단함에 있어서 주식의 소유권이 차입자에게 이전된 것으로 보아 대차주식을

---

1) 구 소득세법시행령 제157조 제4항 제2호: 주식의 양도일이 속하는 사업연도의 직전 사업연도 종료일(기준일) 현재 주주 1인 및 기타주주가 소유하고 있는 당해 법인의 주식의 시가총액이 100억 원 이상인 경우의 당해 주주 1인 및 기타주주.

대여자의 주식수에서 제외하는 것인지, 아니면 종전과 동일하게 주식의 소유권이 대여자에게 유보되어 있는 것으로 보아 대차주식도 대여자의 주식수에 포함하는 것인지에 대하여 서로 다른 견해를 갖고 있는 점이 쟁점이라 하겠다. 대법원은 대차거래로 주식의 소유권이 차입자에게 이전된 것으로 보고 있는 반면, 원심은 주식의 소유권이 이전되지 않은 것으로 보고 있다.

이처럼 주식대차거래와 관련하여 서로 엇갈린 주장이 가능한 이유는 근본적으로 대차거래가 법적 형식에서는 소유권이전이 수반되는 소비대차이면서, 동시에 경제적 실질에서는 경제적 지배력이 종전과 동일하게 대여자에게 유보되는 양면성을 가지고 있기 때문이다.

이하에서는 먼저 대차거래의 법적 성격을 살펴보고 세법적 태도와 여러 견해를 살펴본 후 대법원의 입장과 향후 과제를 제시해 본다.

1. 주식대차거래의 사법상 성격

증권대차거래(securities lending)는 증권의 대여자가 자신이 소유하는 증권을 차입자에게 대여하고 차입자는 일정기간 후 동종·동량의 증권을 대여자에게 반환하는 거래로서, 법률적으로 증권의 소비대차(민법 598조)에 해당된다.[2]

증권대차거래를 통해 증권 대여자는 차입자로부터 수수료수입을 얻을 수 있고, 반대로 차입자는 차입한 증권을 이용하여 매매거래의 결제불이행을 방지하거나 공매도(short sales)에 의한 시세차익을 얻을 기회를 갖게 되는 이점이 있다. 소유권이 차입자에게 이전되므로 차입기간 중 차입증권으로부터 발생하는 자익권과 공익권은 원칙적으로 차입자가 갖는다.

그러나 일반적으로 대여자는 단순히 증권의 일시적 이용권만이 차입자에게 이전되기를 바랄 뿐이고 차입자 역시 증권을 이용한 결제불이행 방지 또는 공매도를 통한 시세차익을 얻고자 할 뿐이기 때문에, 대차계약에는 차입증권에서 발생한 자익권과 공익권을 차입자가 다시 대여자에게 이전하도록 하는 특칙을 두어 사실상 대여자가 갖도록 하고 있다.

2. 주식대차거래의 세법상 성격

이처럼 대차거래는 법적 형식은 소비대차거래로써 주식의 소유권이 차입자에게 이전되지만 경제적 실질에서는 종전과 같이 대여자에게 경제적 지배권이 유보되기 때문에, 세법적 관점에서 법형식에 근거하여 과세하여야 할지(이하 '법형식주의'라 한다) 아니면 경제적 실질에 근거하여 과세하여야 할지(이하 '실질주의'라 한다)에 대한 고민이 생긴다.[3]

2) 박철영, "증권대차거래에 관한 법적 고찰", 『증권법연구』, 제10권, 제2호(2009. 12.), 187면.
3) 손영철, "환매조건부매매 및 대차거래에서의 세법상 실질주의 적용에 관한 연구", 『조세법연구』, 17-3

이하에서는 대차거래에 대하여 법형식주의와 실질주의에 따라 각각 과세할 경우 어떠한 과세상 차이가 발생하는지를 비교하여 본다.

(1) 법형식주의

먼저 주식대여자가 대차계약에 의하여 보유 주식을 차입자에게 이전하는 시점에서 소득세법상 사실상 유상양도에 해당한다. 대여자가 주식을 차입자에게 양도하는 대신 그 대가로 대여자는 차입자로부터 차입수수료와 대차주식에서 발생하는 소득, 기타 권리 및 대차주식의 반환 등에 관한 각종 채권을 갖게 되기 때문이다. 그러므로 주식이전시점에 대여자는 주식의 시장가격을 양도가액으로 하고 여기에 취득가액을 차감하여 양도소득세를 계산하여 납부할 의무를 지게 될 것이다.

둘째, 대여기간 중 차입주식으로부터 발생하는 배당소득은 원칙적으로 차입자의 배당소득이 된다. 만일 차입자가 당해 주식을 제3자에게 양도하였다면 제3자의 배당소득이 된다. 따라서 차입자 또는 제3자가 소득세법 또는 법인세법에 의한 배당세액공제 또는 배당금익금불산입 규정의 적용을 받을 수 있다. 대여자가 차입자로부터 수령하는 배당금상당액에 대해서는 배당세액공제 또는 익금불산입

규정의 적용을 받지 못한다[4]. 하나의 배당금에 대해 두 번의 이중과세조정의 혜택을 부여할 수는 없기 때문이다[5].

셋째, 대차기간이 종료하여 차입자로부터 대차주식을 반환받은 경우, 대여자는 그 주식을 새로이 취득한 것으로 보아야 할 것이다. 그러므로 반환받은 주식의 취득가액은 반환시점의 시장가격이 되어야 하며, 추후 반환받은 주식을 양도하는 경우 양도소득세는 양도가액에서 반환받은 시점의 가액을 취득가액으로 하여 계산하여야 할 것이다.

(2) 실질주의

첫째, 대차거래로 대여자가 차입자에게 대차주식을 이전하더라도 실질주의에 의할 경우 이 거래를 과세거래로 보지 아니한다. 그러므로 이전된 대차주식의 취득가액은 종전과 동일하게 유지된다.

둘째, 대차주식에서 발생한 배당소득은 원칙적으로 대여자의 것이 된다. 그러므로 그 자가 배당소득에 대하여 소득세법 또는 법인세법에 의한 배당세액공제 또는 배당금익금불산입 규정을 적용받게 된다. 다만, 이처럼 대차주식에서 발생한 배당소득을 대여자의 것으로 보는 것은 대여자가 외국인인 경우 이들이 대차거래를 통해 조세회피를 하는 것을 방지

(2011. 12), 204면.

4) 소득세법은 대여자가 받은 배당금상당액을 배당소득으로 과세하되 배당세액공제 대상에서 제외하고 있다(소득세법 시행령 제26조의 3 제2항 참조).

5) 김재광, "유가증권대차거래의 과세상의 문제점", 『조세연구』, 제3권,(2003. 9.), 152면.

할 목적으로 제한적으로 사용되고 대부분의 경우에는 차입자(또는 제3자)를 배당소득의 귀속자로 보는 것이 일반적이다. 주식발행법인이 배당소득을 지급함에 있어서 주식의 소유자에게 지급하면 그 의무를 다하는 것인데, 세법이 대여자를 찾아 지급하도록 강제하기가 실무상 어렵기 때문이다.

끝으로, 대여자가 대차주식을 차입자로부터 수령하는 시점에는 어떠한 세무처리도 없고, 추후 대차주식을 양도하는 경우 양도소득세는 양도가액에서 당초 취득가액을 차감하여 계산하여야 할 것이다.

(3) 판례

이 사건에서 원고가 엘지증권과 맺은 주식대차계약의 내용은 주식대차거래의 전형적 모습이다. 주식대여자가 대차주식에 대한 실질적 지배력을 행사하게 되는 점 또한 주식대차거래의 속성이 그러하기 때문이지 다른 목적을 위해 법형식을 인위적으로 그렇게 구성한 것으로 볼 수는 없다. 이 점에 관해 대법원은 본 사건 대차거래가 소비대차거래임을 명확히 밝히고 있다.

대여자가 차입자에게 주식을 이전하는 거래와 관련하여, 원심은 소득세법상 사실상 양도에 해당하지 않을 뿐만 아니라 차입주식에 대하여 실질적 지배력이 원고에게 유보되어 있기 때문에 차입자에게 소유권이전이 되었다고 볼 수 없다고 보았으나, 대법원은 소유권이 차입자에게 이전된 것이며, 아울러 차입주식을 반환받을 권리, 배당금 수령권 등이 대여자에 유보되었다 하더라는 이는 채권적 권리에 그친다고 판시하고 있다.

한편 차입자가 대여자에게 주식을 반환하는 거래와 관련하여, 대법원 2006. 9. 28. 선고 2005두2971 판결은 '양도소득세의 과세대상이 되는 거래가 소비대차에 기한 반환인 경우에는 특별한 사정이 없는 한 그 실지거래가액을 파악할 수 없는 경우라 할 것이므로 대통령령이 정하는 방법에 의하여 환산한 가액을 양도가액으로 보아 양도차익을 계산하는 것은 적법하다고 판시하고 있다. 소비대차약정에 따라 목적물을 반환하는 거래도 주식의 반환으로 차입자는 채무소멸의 경제적 이익을 얻게 되므로 소득세법상 유상양도에 해당한다고 볼 수 있기 때문이다.[6] 주식대차거래에 있어서 주식의 이전 및 반환에 대하여 대법원은 법형식주의를 취하고 있다고 할 수 있다.

---

6) 조일영, "가. 주식의 양도가 주식대차약정에 기하여 차용한 주식을 상환한 것으로서 증권거래세 비과세대상인 구 증권거래세법 제6조 제4호, 같은 법 시행령 제3조 제1항 제1호에 정한 '주권을 목적물로 하는 소비대차'에 해당한다고 한 사례, 나. 양도차익산정의 기준이 되는 실지거래가액의 의미 및 양도소득세의 과세대상이 되는 거래가 소비대차에 기한 반환인 경우 그 실지거래가액을 파악할 수 없는 경우에 해당하는지 여부(적극)", 『대법원판례해설』, 제65호(2007. 7.), 395면.

(4) 관련 세법규정

우리 세법은 주식대차거래에 대해 어떤 입장을 취하고 있을까? 이에 대해 우리 세법에 명확히 규정하는 바 없다. 다만 2012년 개정소득세법에서 대주주의 범위와 관련하여 대차주식의 소유권이 대여자에게 있는 것으로 보도록 하는 규정을 신설하였다.[7] 이번 판결로 소득세법상 대주주요건을 대차거래를 통해 잠탈하는 현상이 발생할 수 있으므로 이를 방지하고자 입법한 것으로 판단된다. 그러나 이러한 입법은 해석론적으로 다음과 같은 혼란을 야기한다. 대차거래로 주식이 대여자로부터 차입자에게 이전되는 것이 소득세법상 양도거래에 해당하는가? 이와 관련하여 대법원이 주식대차거래를 소비대차거래로 보고 있으므로 양도거래로 보는 것이 타당하다는 해석이 가능하다. 그러므로 증권이전으로 소액주주가 된 상황에서 증권시장을 통해 보유하고 있는 동종 주식을 다시 양도할 경우, 개정 세법은 차입자에게 이전된 주식을 대여자의 주식수에 포함하여 대주주 여부를 판단하도록 하고 있으므로 이로 인해 다시금 대주주에 해당하여 두 번째 양도분에 대해서도 양도소득세가 과세되는 불합리한 상황이 전개될 수 있

다. 한편, 이번 입법은 소득세법이 대차거래에서의 증권이전에 대하여 실질주의에 따라 이를 양도거래로 보지 않기 때문에 대차거래로 대주주요건을 회피하는 것을 방지하기 위해 이루어진 것으로 해석될 수도 있다. 이러한 해석에 따르면 대법원이 주식대차거래를 소비대차거래로 보는 해석과 상충되지만 주식이전에 대해서 여전히 소득세법이 실질주의적 견해를 취하고 있다는 주장이 가능하다.

이렇듯 주식대차거래에 대한 명확한 세법규정이 없는 상태에서 이번 입법은 주식대차거래의 법적 불확실성을 해소하는 데 도움이 되지 못한다. 우리 세법이 판례가 취하고 있는 법형식주의에 맞추어 입법을 명확히 하든지, 아니면 실질주의에 맞추어 입법을 명확히 하든지 선택할 필요가 있는 것이다. 참고로, 주식대차거래가 활성화된 미국은 대차거래를 대여자 측면과 차입자 측면으로 구분하고, 차입자 측면에서는 공매도(short sale)로 인한 자본이득의 과세와 공매도를 이용한 조세회피 행위 방지를 위하여 여러 규정을 두고 있다.[8] 대여자 측면(security loans)에서도, 미국세법은 당초 주식이전에 대해 과세거래로 인식하지 않는 해석을 해오다가 1978년 입법을 통해 과세 여부를 명확히 규정하고 있다.[9] 대차거래

---

7) 소득세법 제157조【증권예탁증권 및 대주주의 범위】⑨ 주주가 일정기간 후에 같은 종류로서 같은 양의 주식등을 반환받는 조건으로 주식등을 대여하는 경우 주식등을 대여한 날부터 반환받은 날까지의 기간 동안 그 주식등은 대여자의 주식등으로 보아 제4항 및 제6항을 적용한다. <신설 2013. 2. 15>

8) 정영민, 『파생금융상품과 조세제도 해설』(법학사), 2003, 97면.

9) Kramer, Andrea S. *Financial Products –Third Edition*(CCH), 2006, 40,002 참조.

에 대해 원칙적으로 법형식주의를 취하여 주식의 이전을 소유권이전으로 보아 과세하되, 일정한 요건을 충족하는 경우에는 실질주의를 취하여 과세하지 않고 있다.10) 여기서 일정요건이란 주식반환이 전제되고 대여자에게 배당금 수령권이 주어지며 대여자가 주식가치변동에 따른 투자위험을 사실상 부담할 뿐 아니라 대여자에게 조기 반환청구권이 부여된 경우를 말한다.11) 대부분의 주식대차거래가 이러한 요건을 충족하기 때문에 사실상 대차거래에 대해서는 실질주의를 취하고 있다고 하여도 과언은 아니다.

생각건대, 주식대차거래는 실질주의에 근거하여 세법을 명확히 하는 것이 옳다. 경제적 지배력이 대여자에게 유보된 일정한 대차거래를 정의하고 이러한 정의에 부합된 대차거래로 인한 주식의 이전에 대해서는 소득세법상 양도의 범위에서 제외한다는 명확한 규정의 신설이 필요하다. 실질적 지배력을 대여자가 갖고 있는 대차거래에 대하여 대여시점에 양도소득세를 과세하면 과세부담으로 인하여 증권금융의 필요에 의해 형성될 대차거래시장이 과세제도의 불합리성으로 인해 위축될 여지가 크기 때문이다. 아울러 실질주의에 의해 양도소득세 과세를 명확히 규정하게 되면, 대주주 판단과 관련한 이번 신설 규정과의 논리적 일관성을 확보할 수 있어서 세법해석의 혼란 또한 없게 될 것이다.

3. 이 판결의 의의

주식대차거래는 주식이전과 주식반환이라는 두 가지 거래가 수반되는데, 대상 판결은 주식이전이 주식의 소유권 이전거래이므로 대주주를 판단함에 있어서 2012년 개정소득세법과는 달리 대여자의 주식수에 포함하여서는 아니 됨을 명확히 하였을 뿐만 아니라, 소유권 이전의 대가로 대여자가 차입자에게 갖는 주식을 반환받을 권리, 배당금 수령권 등의 권리가 '채권적 권리'임을 명확히 함으로써 소득세법상 양도소득세 과세대상 양도로 볼 수 있는 근거를 제공하였다는 점에서 그 선례적 가치가 크다.

---

10) IRC §1058.
11) IRC §1058(b) 참조.

참고문헌

김재광, "유가증권대차거래의 과세상의 문제점", 『조세연구』, 제3권(2003. 9.).

박철영, "증권대차거래에 관한 법적 고찰", 『증권법연구』, 제10권, 제2호(2009. 12.).

손영철, "환매조건부매매 및 대차거래에서의 세법상 실질주의 적용에 관한 연구", 『조세법연구』, 17-3 (2011. 12.).

정영민, 『파생금융상품과 국제거래 조세제도 해설』, 법학사, 2003.

조일영, "가. 주식의 양도가 주식대차약정에 기하여 차용한 주식을 상환한 것으로서 증권거래세 비과세대상 인 구 증권거래세법 제6조 제4호, 같은 법 시행령 제3조 제1항 제1호에 정한 '주권을 목적물로 하는 소비 대차'에 해당한다고 한 사례, 나. 양도차익산정의 기준이 되는 실지거래가액의 의미 및 양도소득세의 과 세대상이 되는 거래가 소비대차에 기한 반환인 경우 그 실지거래가액을 파악할 수 없는 경우에 해당하는 지 여부(적극)", 『대법원판례해설』, 제65호(2007. 7.).

유형별 포괄주의 방식에 따른 조항의 효력

사건의 표시 : 대법원 2010. 2. 25. 선고 2007두18284 판결

▪ 사실개요 ▪

원고인 한국교직원공제회는 전현직 교원 등을 그 회원으로 하고 있다. 자본금의 주요부분은 회원들이 납입한 부담금으로 충당되는데, 장기저축급여를 받기 위한 부담금은 1구좌당 600원으로 매월 납입하는 방식을 채택하고 있고, 학자급여·목돈급여·종합복지급여·퇴직생활급여를 받기 위한 부담금은 1구좌 당 100만 원 목돈급여), 500만 원(퇴직생활급여)의 일시납입 또는 월 1만 원(목돈급여, 퇴직생활급여)의 매월 납입 등 방식을 채택하고 있다. 회원에 대한 지급과 관련하여 목돈급여, 퇴직생활급여 등은 부담금에 5개 시중은행의 1년 만기 정기예금 기본금리 평균에 0.5%를 더한 이율 이상인 부가율을 적용하여 계산한 부가금을 지급하기로 하고 있었다.

원고는 국세청장의 유권해석에 따라 1999. 1. 1.부터 회원에게 지급하는 목돈급여, 퇴직생활급여 및 종합복지급여(이하 '이 사건 급여'라 한다)의 부가금(이하 '이 사건 부가금'이라 한다)에 대하여 이자소득세를 원천징수하였다. 이후 2000년부터 2002년까지 기간 동안의 원천징수분에 대한 경정청구를 구하였으나 거부되자 그 취소를 구하는 한편, 위 기간 이후 원천징수를 하지 아니한 기간과 관련한 과세관청의 이자소득세 징수처분을 취소하여 줄 것을 구하는 소송을 제기하였다. 당해 소송에서 원고는 이 사건 부가금이 소득세법 제16조 제1항 제3호 소정의 '예금의 이자'에 해당하지

---

* 김성균(중앙대학교 법학전문대학원 교수).

않는다고 주장하였다.

▪ 판결요지 ▪

사건의 1심을 담당한 서울행정법원은 ① 예금이자의 사전적 의미는 일정한 계약에 의하여 금융기관 등에 맡긴 자금에 대한 일정한 비율의 대가를 의미하는데, 목돈급여는 약정된 기간 내에 원금과 이에 대한 시중은행의 1년 만기 정기예금 기본금리 평균에 0.5% 이상을 더한 일정한 이율이 적용된 부가금을 지급하는 것이고, 퇴직생활급여나 종합복지급여도 그와 유사하여 이 사건 부가금은 회원이 맡긴 자금에 대하여 시중은행의 정기예금 기본 금리를 기준으로 한 일정한 비율의 대가라는 점, ② 회원으로부터 납입받은 부담금을 원고가 자본금으로 계상하고 있지만 자금운용 이익의 발생 여부에 관계없이 시중은행 정기예금 기본금리를 기준으로 한 일정율의 금원을 부가하여 회원에게 지급함으로써 통상의 자본금과 달리 운영하고 있는 점, ③ 원고도 인터넷 홈페이지에서 목돈급여, 퇴직생활급여를 소개함에 있어 부가금을 원금에 대한 '이자'로 소개하고 있는 점 등을 감안하여 볼 때, 사건의 부가금은 형식에 불구하고 실질에 있어서는 부담금을 원금으로 하여 일정율의 이자를 지급

하는 것으로서 구 소득세법 제16조 제1항 제3호 소정의 '예금의 이자'의 성격을 갖는다 볼 수 있고, 그것이 실질과세의 원칙에도 부합한다고 판시하였다.[1]

반면, 항소심인 서울고등법원은 1심과 달리 판단하였다.[2] ① 우선, 소득세법 제16조 제1항 제3호가 '예금의 이자'를 과세대상으로 하고 있으므로 '이자'의 성격을 가지고 있는 것 외에 '예금'에 대한 이자여야 한다고 판단하면서 본건 부담금이 '예금'에 해당할 수 없어 부가금도 예금의 이자에 해당할 수 없다고 판단하였다. 그 논거로서는 (i) '예금…의 이자'를 은행 기타 공공금융기관의 예금으로 해석하고 있는 대법원 판결[3]이 있다는 점, (ii) 예금자보호법이 '예금 등'을 '금융기관이 예금·적금·부금 등에 의하여 불특정다수인으로부터 채무를 부담함으로써 조달한 금전…'으로 정의하고 있다는 점을 들고 있다. ② 한편, 이 사건 부가금이 일견 소득세법 제16조 제1항 제11호 소정의 '대통령령이 정하는 직장공제회 초과반환금'에 해당할 수 있는 듯 보이지만, 소득세법 시행령 제26조 제2항이 당해 '초과반환금'을 '근로자가 퇴직이나 탈퇴로 인하여 그 규약에 따라 직장공제회로부터 받는 반환금에서 납입공제료를 차감한 금액'으로 정의하고 있어, 퇴직이나 탈퇴를 원인으로 하지 아니하는 이 사건 부가금은 소득세법 제16

---

1) 서울행정법원 2006. 10. 31. 선고 2006구합12630 판결.
2) 서울고등법원 2007. 8. 10. 선고 2006누31640 판결.
3) 대법원 1972. 5. 23. 선고 72누77 판결.

조 제1항 제11호의 적용대상에서 제외하여야 할 것이라고 판시하였다. 이렇게 11호의 대상에서 명시적으로 제외된다는 점을 감안할 때 포괄규정인 제13호가 적용될 소지도 없다고 한다.

그러나 대법원은 당해 판단을 배척하였다.[4] 대법원은 ① 원고는 회원이 부담금을 예치한 데 대한 대가로서 그 운용실적과 관계없이 사전 약정에 따라 일정한 부가율에 의하여 산정한 금액을 이 사건 부가금으로 지급하였고 그 부가율은 예금의 이자율을 상회하였던 점, ② 또한 그 부담금이 비록 원고의 자본금을 구성한다 하더라도 일반적인 자본금과는 달리 회원이 탈퇴하기 전에도 반환된 점, ③ 더구나 원고가 수십만 명에 달하는 회원으로부터 부담금을 예치받아 이를 다른 회원에게 대여하거나 각종 금융상품과 부동산 등에 투자하여 얻는 수익금으로 부가금을 지급하는 운용방식은 은행 기타 다른 금융기관의 그것과 별로 다를 바 없는 점 등의 사정을 알 수 있는바, 그 결과 이 사건 부가금은 금전의 사용에 따른 대가로서 제3호 소정의 예금의 이자와 성격이 유사하고 담세력도 대등하다고 볼 수 있으므로, 소득세법 제16조 제1항 제13호 소정의 이자소득에 해당한다고 판시하였다.

▶ 해 설 ◀

1. 부가금을 이자소득으로 보는 근거

대법원은 이 사건 부가금이 소득세법 소정의 이자소득에 해당한다고 판단하였다. 그 점에서 1심 법원과 같은 입장을 취하고 있다. 다만, 1심은 그 근거를 소득세법 제16조 제1항 제3호에서 찾았으나, 대법원은 제13호에서 찾았다는 차이점이 있다. 직접적 언급은 없으나 이는 항소심에서 지적한 '예금'의 정의 문제 때문인 것으로 판단된다. 즉, 원고가 '금융기관'이 아닌 이상 부담금을 '예금'이라고 보기 어려워 부가금도 '예금'의 이자로 보기 어렵다는 것이다. 반면, (i) 비록 원고가 금융기관이 아니기는 하지만 원고의 운용방식이 금융기관과 다르지 않다는 점, (ii) 부담금 운용실적과 관계없이 사전 약정에 따라 일정한 부가율에 의하여 산정한 금액을 부가금이라는 이름으로 지급하였다는 점을 고려하여 볼 때, 이 사건 부가금이 제3호 소정의 예금의 이자와 성격이 유사하다 볼 수 있고, 그러한 이상, 제13호 소정의 "제1호부터 제12호까지의 소득과 유사한 소득"이라는 요건 및 "금전의 사용에 따른 대가"라는 요건을 모두 충족하여 이 사건 부가금을 이자소득으로 보는데 문제가 없다는 판단을 한 것이다. 다만, 대법원은 "소득세법 제16조 제1항 제11호를 신설하면서, 한편으로는

---

[4] 대법원 2010. 2. 25. 선고 2007두18284 판결.

시행령으로 그 중 일부만을 과세대상 소득으로 한정한 것은, 시행령에서 과세대상 소득으로 규정하지 않은 소득에 대해서는 그 소득이 공제회의 초과반환금에 해당하더라도 이에 대해서는 과세하지 않겠다는 취지라고 할 것”이어서 제13호를 적용할 여지가 없다는 서울고등법원의 판시 부분에 대하여는 별도로 논하고 있지 아니하다.

2. ‘유형별 포괄주의’ 조항의 위헌성

이 사건은 이른바 ‘유형별 포괄주의’에 의한 조항을 근거로 과세한 사안이라는 점에서 나름의 의미를 찾아 볼 수 있겠다. 소득세법 제16조 제1항 제13호(현행법의 제12호)가 도입된 것은 2001. 12. 31. 법률 제6557호로 개정되면서부터이다. 그 도입취지는 구체적인 법조문으로 나열하지 않아도 이자성격의 소득을 이자소득으로 과세할 수 있도록 함으로써 유사한 소득을 동일하게 과세하여 과세기반을 확대하고 課稅의 公平性을 제고하기 위한 것이라 한다.[5] 그러나 이런 포괄주의 방식에 의한 과세는 豫測可能性상의 문제점 내지 租稅法律主義원칙과 상충할 소지가 있는 것이 사실이다.[6] 그에 불구하고 대법원은 제13호의 효력에 대한 언급은 하고 있지 아

니하다. 다만, 헌법재판소의 결정 중에는 참고할 만한 것이 있는바, 헌법재판소는 “근로의 제공으로 인하여 받는 봉급·급료·보수·세비·임금·상여·수당과 이와 유사한 성질의 급여”라는 부분이 明確性의 원칙에 위반되는지 여부와 관련하여 다음과 같은 요지의 결정을 하고 있다.[7]

“예시적 입법형식을 따른 위 법률조항의 경우에 규율대상의 대전제인 일반조항에 해당하는 ‘이와 유사한 성질의 급여’ 부분은 그 의의를 명확하게 하는 것이 곤란하거나 주관적인 판단에 의하여 기준이 달라질 수 있는 추상적·포괄적 개념이라고 할 수 없고 불확정 개념에도 해당하지 않는다. … 따라서 위 법률조항은 입법취지와 소득세법의 체계 및 사용된 문구의 사전적 의미 등에 비추어 볼 때 그 각 구성요소의 의미와 법률조항 전체의 의미가 모두 명확하게 드러나 있어 일반 국민에게 예측가능성이 충분히 보장되어 있을 뿐만 아니라 과세관청의 자의적인 확대해석의 염려도 존재하지 아니하므로 과세요건 명확주의에 위반되지 않는다.”

그러나 위헌이 아니라는 결론은 타당하지만, 그 논리에는 의문의 여지가 있다. 不確定槪念이란 개념 자체로는 그 의미가 명확하지 않고 해석의 여지가 있는 개념을 말한다.[8] ‘유

---

5) 국회 재정경제위원회, “소득세법 중 개정법률안 검토보고”, 2001. 11., 20면.
6) 재정경제위원회, 전게 보고. 21면.
7) 헌법재판소 2002. 9. 19. 선고 2001헌바74 결정(전원재판부).
8) 박균성, 『행정법론(상)』(박영사), 2013, 284면.

사'라는 개념은 사전적 의미는 명확하지만, 그 외연의 범위는 확정되지 아니하는 개념이다. 이 사건과 같은 소송이 있을 수 있는 것도 그 때문이다. 그러함에도 불구하고 헌법재판소가 불확정개념이라 볼 수 없으며, 예측가능성에도 문제가 없다 판단하는 것은 "조세법률주의의 이념은 과세요건을 법률로 규정하여 국민의 재산권을 보장하고, 과세요건을 명확하게 규정하여 국민생활의 法的安定性과 豫測可能性을 보장하기 위한 것이며, 그 핵심적 내용은 과세요건법정주의와 과세요건명확주의"[9]라고 하여 그간 헌법재판소가 법적안정성, 예측가능성을 위헌 여부 관련 중요 판단기준으로 삼아 왔기 때문이다.[10]

그 동안 헌법재판소에서 위헌여부를 다투면서 다수의견과 소수의견이 첨예하게 대립한 사안은 상당부분 豫測可能性 여부를 두고 벌어진 것이었다. 예컨대 "현저히 높은 가액"이라는 불확정개념에 대하여 다수의견은 위헌의견이었으나 위헌의견이 6인에 미치지 못하여 합헌으로 결정된 반면,[11] "현저히 저렴한 대가로 대통령령이 정하는 이익"이라는 불확정개념은 위헌결정[12]이, "용도가 객관적으로 명확하지 아니한 것"이라는 불확정

개념은 한정위헌 결정[13]이 된 바 있다. 위헌불선언 결정 경우에도 문제되는 개념이 예측가능한 개념이라는 점이 이유로서 설시된다. 하지만, 오랫동안의 법조경력을 보유하고 있는 헌법재판관 사이에서도 예측가능성을 두고 다툼이 있을 정도의 개념이라면 당해 개념은 예측가능한 개념이라 볼 수 없다. 더군다나 예측가능 여부를 판단함에 있어 그 기준이 되는 자는 "通常의 判斷能力을 가진 사람"인바,[14] 헌법재판관들 사이에서도 예측가능성의 존부에 대한 다툼이 있는 개념이 일반인들에게 예측가능한 개념임을 주장하는 것은 어불성설이다. 그에 불구하고 여전히 예측가능성이 위헌여부 판단의 기준이 될 수 있는가?

과거에는 재산권·자유권 중심의 입법체계만 유지해도 큰 지장이 없었고 국민들 사이의 기본권 충돌 현상에 대한 고민도 할 필요가 적었다. 그러나 제2차 세계대전 이후 기본권을 국민의 통합을 위한 수단으로 바라보기 시작하는 단계에 와서는 모든 국민의 모든 기본권이 실천적 의미가 있는 중요 권리화되지 아니할 수 없었다. 이에 限定된 資源이라는 제한요건이 겹쳐지자, 국민들 사이의 基本權

9) 헌법재판소 1994. 6. 30. 선고 93헌바9 결정.
10) 헌법재판소 2001. 11. 29. 선고 2000헌바23 결정 등.
11) 헌법재판소 2001. 8. 30. 선고 99헌바90 결정.
12) 헌법재판소 1998. 4. 30. 선고 95헌바55 결정.
13) 헌법재판소 1994. 6. 30. 선고 93헌바9 결정.
14) 헌법재판소 1992. 2. 25. 선고 89헌가104 결정; 헌법재판소 1998. 7. 16. 선고 97헌바23결정; 헌법재판소 1989. 12. 22. 선고 88헌가13 결정.

衝突 현상이 일상화되었다. 그 결과 국가의 임무라 할 수 있는 사회구성원의 기본권 실현의 극대화를 위하여 국가가 수행하여야 하는 중요 업무는 바로 한정된 자원 속에서 우선적으로 실현하여야 하는 기본권을 무엇으로 선정할지의 문제, 즉, 기본권 사이의 衡量을 어떻게 할 것인가의 문제라 보아도 과언이 아니게 되었다. 그리하여 立法은 기본권형량에 있어서의 일반·추상적인 기준을 정하는, 行政은 그 집행을 담당하는, 기구로서의 업무를 각 담당하게 된다. 그런데 완벽한 입법의 전제조건은 미래에 발생할 기본권 사이의 이익형량이 필요한 모든 경우의 수를 완벽하게 豫測해 낼 수 있어야 한다는 것이다. 과거 자유권·재산권이 중요 관심사였던 때는 그 예측에 별 문제가 없었다. 그러나 그 이외의 기본권들의 중요성이 커지고, 그에 따라 고려하여야 할 국민의 대상도 넓어지는 한편, 자원의 한계 문제까지 겹쳐진 상황 하에서는 기본권 충돌현상이 일상화되어, 당해 충돌의 장면 및 그 경우의 기본권 사이의 우열관계를 일일이 입법이 예정하여 규율하는 것이 불가능해졌다. 그리하여 행정법 학계에서는 법치주의의 전제조건인 "법률의 완전성이라는 픽션"이 이미 무너졌다고 지적하곤 한다.[15] 조세법학계에서 일반적으로 받아들여지고 있는 조세법률주의 내지 법치주의가 그 뿌리부터 흔들리고 있는 것이다.

위와 같은 생각을 조금 더 밀고 나가면 예측가능성을 (수권)법률의 유무효를 판단하는 절대적인 기준으로 삼는 것의 문제점을 알 수 있다.[16] 특정 거래를 할 때 그 결과에 대한 예측이 불가능하다는 사실은 당해 행위 자체를 하지 못하게 하는 요소로 작용한다. 이로부터 예측가능성을 요구하는 궁극적인 이유는 장래에 대한 예측을 가능하게 함으로써 행위의 自由를 확보하자는 측면이 강한 것으로 볼 수 있다. 그 결과 예측가능성을 불확정개념의 유무효 판정을 위한 唯一한 기준으로 사용하는 경우 형량의 대상인 갖가지 기본권 중에서 自由權 내지 財産權만을 보호하는 결과를 초래하게 된다. 그러함에도 불구하고 특정 법률에 있는 명확하지 아니한 개념을 예측가능성이 없다하여 무효로 간주하는 경우, 국가는 당해 개념을 통하여 행사하려고 하였던 기본권 사이의 이익형량의 기회 자체를 상실하게 된다. 예컨대 "용도가 객관적으로 명확하지 아니한 것"[17]이라는 수권법률이 예측가능성이 없

---

15) 박정훈, "행정법의 구조변화로서의 '참여'와 '협력' ― 독일에서의 이론적 논의를 중심으로", 『행정법의 체계와 방법론』(박영사), 2005, 243–248면.

16) 명확성 자체가 기본권이나 헌법적 가치들과의 衡量을 통해서 얻어지는 결과의 산물이라고 보고 있는 견해도 있다. 이준일, "헌법재판소가 이해하는 명확성원칙의 비판적재구성", 『헌법학연구』, 제7권, 제1호 (2001), 304–305면.

17) 헌법재판소 1994. 6. 30. 선고 93헌바9 결정.

다는 이유로 무효가 되는 경우 국가는 그로 인하여 이익을 취득한 납세의무자와 그가 납세의무를 면함으로써 장기적으로 더 많은 납세의무를 부담하여야 할 납세의무자 사이에 어느 이익에 더 우선권을 두어야 하는지에 대한 利益衡量의 機會 자체를 상실한다. 그 결과 과세되어야 할 장소에 과세 자체를 못하게 되어 결과적으로는 예측가능성의 잣대가 특정한 이익만을 대변하는 결과를 초래한다.

그러므로 위헌 판단의 기준이 되어야 하는 것은 特定 納稅義務者의 豫測可能性만이 아니라 당해 납세의무자와 기타 국민 사이의 이익형량과 관련한 의사결정 및 집행 權限을 입법이 적절히 配分하였느냐의 점이다. 이는 입법이 다양한 이익형량의 장면을 모두 예상하여 일반·추상적 규율을 만드는데 한계가 있다는 섬에서 비롯된다. 立法이 다양한 이익형량 장면을 예상할 수 없다는 한계에 직면하는 한편, 예상 못한 장소에서도 적절한 이익형량에 따른 집행은 반드시 필요하다는 생각 하에, 불확정개념을 만들고 그 구체적 이익형량 결정 및 집행을 行政에게 맡겨 두고자 하는 것 자체를 막아서는 아니 된다. 그럼에도 불구하고 지금까지 헌법재판소는 최소한 외견 상으로는 權限配分의 論理는 젖혀 두고 豫測可能性에 대한 論理만을 채용하여 왔을 뿐이

었고, 그에 따라 갖가지 문제점이 발생하였던 것이다.

그렇다면 예측가능성을 불확정개념 관련 유효성 여부의 유일한 지표로서 사용함으로써 헌법재판관 사이에도 다툼이 있는 불확정개념에 대하여 "대강의 내용을 예측가능"하다고 강변하는 헌법재판소의 결정들은 재검토되어야 할 것이다. 이제는 "예측가능성"을 불확정개념의 유효 여부와 관련한 唯一한 指標가 아니라 자유권·재산권의 보호 수단으로서의 지위로 끌어 내리고, 문제되는 납세의무자가 아닌 다른 납세의무자의 기본권인 재산권·평등권과 비교형량되어야 하는 지표로서 보는 것이 오히려 더 솔직한 태도일 것이다.[18]

3. 이 판결의 의의

이상 살펴본 바와 같이, 본건 대법원 판결의 결론은 타당하지만, 그 근거가 된다 볼 수 있는 헌법재판소 2002. 9. 19. 2001헌바74 결정은 결론의 타당성 여부를 떠나 찬성하기 힘들다. 豫測可能性의 지위에 대한 깊이 있는 검토를 결여하였다는 점은 이후 법원의 판결에도 악영향을 미치고 있다. 대법원은 최근 완전포괄 방식의 증여 정의 조항과 관련하여 특별한 언급 없이 그 효력을 인정

18) 헌법재판소 결정과 관련하여 볼 수 있는 재미있는 현상은 2000년대 들어서서는 웬만한 개념들이 모두 예측 가능한 개념이 되었다는 점이다. 박훈, "조세법에 있어서 위임입법의 변화 — 헌법재판소 결정례를 중심으로—", 『서울법학』, 제15권, 제1호(2007. 8.) 참조.

하고 있고,[19] 하급심도 도입배경, 입법취지, 조세평등주의만을 언급하면서 그 효력을 인정하고 있다.[20] 그 동안 중요하게 생각하여 온 法的安定性·豫測可能性에 대한 언급은 아예 빠져 있는 것이다. 그러면서 정작 과세가액 산정 단계에 가서야 예측가능성 측면을 들어 특정 변칙증여가 예시규정과 일치하지 아니하면 당해 예시규정의 과세가액 산정 방식을 이용하여 과세할 수 없다는 판단을 하는 경우가 많다.[21] 豫測可能性·法的安定性·租稅法律主義에 대한 근본부터의 재검토가 필요한 시점이다.

참고문헌

국회 재정경제위원회, "소득세법 중 개정법률안 검토보고", (2001. 11.).

박균성, 『행정법론(상)』, 박영사, 2013.

박정훈, "행정법의 구조변화로서의 '참여'와 '협력' – 독일에서의 이론적 논의를 중심으로", 『행정법의 체계와 방법론』, 박영사, 2005.

박 훈, "조세법에 있어서 위임입법의 변화 – 헌법재판소 결정례를 중심으로 –", 『서울법학』, 제15권, 제1호 (2007. 8.).

이준일, "헌법재판소가 이해하는 명확성원칙의 비판적재구성", 『헌법학연구』, 제7권, 제1호(2001).

---

19) 대법원 2011. 4. 28. 선고 2008두17882 판결.
20) 서울행정법원 2013. 5. 24. 선고 2012구합4999 판결; 서울행정법원 2012. 7. 26. 선고 2012구합4722 판결.
21) 서울행정법원 2012. 8. 17. 선고 2012구합8373 판결; 서울행정법원 2012. 7. 26. 선고 2012구합4722판결.
　　반대의 판결로는 서울행정법원 2012. 8. 17. 선고 2011구합42543 판결; 서울행정법원 2013. 5. 24. 선고 2012구합23907 판결.

상증세법

비상장주식의 시가에 관한 시행령 규정의 적법성 한계

사건의 표시 : 대법원 2007. 5. 17. 선고 2006두8648 전원합의체 판결

▪ 사실관계 ▪

1. 1999. 6. 5. : 이 사건 비상장주식의 양도

원고는 A주식회사의 발행주식 1,261,000주(비상장 주식임. 이하 이 사건 주식이라고 한다)를 B에게 1주당 1,310원씩 대금 16억 5,191만 원에 양도하고, 이에 따라 법인세 과세표준 및 세액신고를 하였다.

2 1999. 10. 18. : 유가증권 신고

A주식회사는 1999. 10. 18. 한국증권업협회에 유가증권신고를 하였고, 등록주간사는 A주식회사와 협의하여 이 사건 주식의 공모가격을 1주당 10,000원으로 결정하였다.

3. 2001. 8. 16. : 과세처분

피고는, 원고가 특수관계자인 B에게 양도한 이 사건 주식의 시가가 불분명한 경우로서 '증권거래법에 의한 장외거래를 목적으로 증권업협회에 유가증권신고를 한 법인의 주식'에 해당한다는 전제하에 구 상속세및증여세법(1999. 12. 28. 법률 제6048호로 개정되기 전의 것, 이하 '상증세법'이라 한다) 제63조 제2항 제2호 및 구 상속세및증여세법시행령(1999. 12. 31. 대통령령 제16660호로 개정되기 전의 것, 이하 '상증세령'이라 한다) 제57조 제2항 제1호

---

* 이선애(법무법인 화우 변호사).

에서 정하고 있는 방법에 따라 평가한 가액(공모주식 가액) 10,000원을 부인액 산정의 기준이 되는 시가로 본 다음 부당행위계산부인규정을 적용하여 2001. 8. 16. 원고에게 법인세를 부과하였다.

■ **판결요지**1)

1. 원심판결의 요지

원심은 다음과 같은 이유를 들어 이 사건 주식이 상증세법 제63조 제2항 제2호의 적용대상 주식임을 전제로 무효인 위 시행령 규정에 따라 평가한 가액에 기초하여 부과한 이 사건 처분은 위법하다고 판시하였다.

첫째, 상증세법 제63조 제2항 제2호의 적용대상 주식인지 여부

상증세법 제63조 제2항 제2호는 비상장주식의 상장으로 인한 시세차익에 대한 과세범위를 확대함으로써 납세자의 세금부담을 가중시키는 조항이므로, 조세법률주의의 원칙상 법문대로 엄격하게 해석하여야 하고 합리적 이유 없이 확장해석하거나 유추해석 하는 것은 허용될 수 없다. 위 법조항의 법문 상 "과세요건 성립 당시" 유가증권신고를 한 법인의 주식일 것을 요구하고 있는 것으로 보아야 하

고, 법문과 달리 "과세요건 성립 전후 상당한 기간"에 걸쳐 유가증권신고를 한 법인의 주식에까지 그 적용대상을 확장하는 쪽으로 해석할 수는 없다.

둘째, 상증세령 제57조 제2항 제1호의 모법의 위임범위를 일탈했는지 여부

모법인 상증세법 제63조 제2항 제2호는 금융감독위원회 또는 증권업협회에 유가증권신고를 한 법인의 "주식에 대한 평가방법"만을 대통령령에 위임하고 있을 뿐인데도 그 위임을 받은 상증세령 제57조 제2항 제1호는 "주식의 평가방법뿐만 아니라 평가대상 주식의 범위"까지 확장하여 과세요건 성립 당시에는 유가증권신고를 한 바 없더라도 그 후 6월 이내에 유가증권신고가 이루어진 법인의 주식까지 평가대상에 포함시킨 것은 모법의 위임범위 및 취지를 벗어나 납세자의 세 부담을 가중시키는 결과를 초래하므로 무효이다.

2. 대법원판결의 요지

피고의 상고에 대하여, 대법원은, 상증세법 제63조 제2항 제2호는 제63조 제1항 제1호 (다)목에 규정된 주식 중 증권거래법에 의한 장외거래를 목적으로 금융감독위원회 또는 증권업협회에 유가증권신고 등을 한 법인의 주식에 대하여는 제63조 제1항 제1호의 규정

---

1) 이 사건에 있어서는 비상장주식 가액 평가에 관한 법의 적용범위 및 시행령의 효력유무에 관한 판시에 한정하여 보기로 한다.

에 불구하고 당해 법인의 사업성·거래상황 등을 감안하여 대통령령이 정하는 방법에 의하여 평가한다고 규정함으로써, 그 적용대상을 '금융감독위원회 또는 증권업협회에 유가증권신고 등을 한 법인의 주식'으로 한정하고 그 평가방법만을 대통령령에 위임하고 있음에 반하여, 그 위임을 받은 상증세령 제57조 제2항 제1호는 상증세법 제63조 제2항 제2호의 규정에 의한 주식 중 한국증권업협회에 등록을 위한 유가증권신고를 한 법인의 주식으로서 평가기준일 현재 유가증권신고 직전 6월(증여세가 부과되는 주식의 경우에는 3월로 한다)부터 한국증권업협회에 등록하기 전까지의 기간 중의 주식은 상증세령 제57조 제1항 제1호의 규정에 의하여 평가한 가액과 상증세법 제63조 제1항 제1호 (다)목의 규정에 의하여 평가한 가액 중 큰 가액으로 한다고 규정함으로써, 평가방법뿐만 아니라 평가대상 주식의 범위까지도 규정하면서 그 범위를 모법에서 규정한 유가증권신고 등을 한 법인의 주식 이외에 유가증권신고 전 6월(증여세의 경우는 3월)부터 그 신고 전까지의 주식도 포함하는 것으로 확장하고 있는바, 이와 같이 시행령에서 납세자에게 불리한 방향으로 평가대상 주식의 범위를 확장하는 것은 모법인 상증세법 제63조 제2항 제2호의 규정에 부합하지 않을

뿐만 아니라 그와 같이 확장하도록 위임한 규정도 같은 법에서 찾아볼 수 없으므로, 상증세령 제57조 제2항 제1호 중 같은 조항의 평가대상이 되는 주식의 범위를 모법에서 정한 '유가증권신고 등을 한 법인의 주식' 이외에 유가증권신고 전 6월부터 그 신고 전까지의 기간 중의 주식도 포함하는 것으로 확장하여 규정한 부분은 무효라고 보아 피고의 상고를 기각하였다.

▶ 해 설 ◀

1. 입법적 해결

검토에 앞서, 대상판결의 쟁점이 된 사항은 이미 2002. 12. 18. 법률 제6780호로 개정된 상증세법 제63조 제2항 제2호에서 "대통령령이 정하는 기간 내"에 한국증권업협회에 등록신청[2]을 한 법인의 주식도 대상주식에 포함하는 것으로 됨으로써, 종전 시행령 규정이 가지고 있던 모법의 위임범위를 넘었다는 위법성의 문제점이 해소되었음을 밝혀둔다.[3]

---

2) 유가증권신고 및 유가증권신고를 하지 아니하고 등록신청을 한 경우에는 등록신청을 말한다고 할 것임(시행령 제57조 제1항).
3) 2002. 12. 18. 법률 제6780호로 개정된 상증세법 제63조(유가증권등의 평가)
  ② 다음 각호의 1에 해당하는 주식 또는 출자지분(이하 이 항 및 제3항에서 "주식등"이라 한다)에 대하

2. 상증세법 제63조 제2항 제2호 및 상증세령 제57조 제2항 제1호의 내용

상증세법 제63조 제2항 제2호는 '제63조 제1항 제1호 다목에 규정된 주식4) 중 증권거래법에 의한 장외거래를 목적으로 금융감독위원회 또는 증권업협회에 유가증권신고 등을 한 법인의 주식에 대하여는 제63조 제1항 제1호 다목의 규정에 불구하고 당해 법인의 사업성·거래상황 등을 감안하여 대통령령이 정하는 방법에 의하여 평가한다'고 규정하고 있다.

그 위임을 받은 상증세령 제57조 제2항 제1호는 '상증세법 제63조 제2항 제2호의 규정에 의한 주식 중 한국증권업협회에 등록을 위한 유가증권신고를 한 법인의 주식으로서 평가기준일 현재 유가증권신고 직전 6월부터 한국증권업협회에 등록하기 전까지의 기간 중의 주식은 제1항 제1호의 규정에 의하여 평가한 가액5)과 상증세법 제63조 제1항 제1호 다목의 규정에 의하여 평가한 가액 중 큰 가액으로 한다'고 규정하고 있다.6) 즉, 그 평가대상 주식의 범위를 모법에서 규정한 장외거래를 목적으로 금융감독위원회 또는 증권업협회에 '유가증권신고 등을 한 법인의 주식'7)뿐만

여는 제1항 제1호의 규정에 불구하고 당해 법인의 사업성·거래상황등을 감안하여 대통령령이 정하는 방법에 의하여 평가한다.

1. 기업공개를 목적으로 금융감독위원회에 대통령령이 정하는 기간내에 유가증권신고를 한 법인의 주식등

2. 제1항 제1호 다목에 규정된 주식등 중 증권거래법에 의한 협회중개시장에서 주식등을 거래하고자 대통령령이 정하는 기간 내에 동법 제172조의2의 규정에 의하여 한국증권업협회에 등록신청을 한 법인의 주식등

2002. 12. 30. 대통령령 제17828호로 개정된 상증세령 제57조(기업공개준비중인 주식등의 평가등)

② 법 제63조 제2항 제2호에서 "대통령령이 정하는 기간"이라 함은 평가기준일 현재 유가증권신고(유가증권신고를 하지 아니하고 등록신청을 한 경우에는 등록신청을 말한다) 직전 6월(증여세가 부과되는 주식등의 경우에는 3월로 한다)부터 한국증권업협회에 등록하기 전까지의 기간을 말하며, 당해 주식등은 제1항 제1호의 규정에 의한 가액과 법 제63조 제1항 제1호 다목의 규정에 의하여 평가한 가액중 큰 가액으로 평가한다.

4) 나목(협회등록주식) 외의 한국증권거래소에 상장되지 아니한 주식을 말함.
5) 증권거래법에 의하여 금융감독위원회가 정하는 유가증권분석가액의 결정방법을 준용하여 평가한 가액(시행령 제57조 제1항 제1호).
6) 구 상증세령(1999. 12. 31. 대통령령 제16660호로 개정되기 전의 것)제57조(기업공개준비중인 주식 등의 평가 등)

① 법 제63조 제2항 제1호의 규정에 의한 주식 또는 출자지분으로서 평가기준일 현재 유가증권신고 직전 6월(증여세가 부과되는 주식 또는 출자지분의 경우에는 3월로 한다.)부터 증권거래소에 최초로 주식 또는 출자지분을 상장하기 전까지의 기간 중의 주식 또는 출자지분은 제1호의 규정에 의한 가액과 제2호의 규정에 의한 가액 중 큰 가액으로 한다.

1. 증권거래법에 의하여 금융감독위원회가 정하는 유가증권분석가액의 결정방법을 준용하여 평가한 가액

2. 법 제63조 제1항 제1호 나목 또는 다목의 규정에 의하여 평가한 당해 주식의 가액

② 법 제63조 제2항 제2호의 규정에 의한 주식 또는 출자지분으로서 다음 각호의 1에 해당하는 주식 또

아니라 '유가증권신고 전 6월부터 그 등록 전까지의 주식'도 포함하고 있다.

3. 상증세법 제63조 제2항의 입법취지

상장 또는 등록 준비 중인 법인의 주식의 경우, 상장·등록 전의 주식인 상태로 평가한 가액과 상장·등록 후의 주식으로 평가한 가액 간에 차이가 많아 상장·등록 직전 당해 주식을 저가로 양도하거나 증여할 경우 상당한 시세차익을 얻게 된다. 이에 대하여 적절하고 타당한 과세가 이루어지지 않을 경우 과세형평에 부합하지 않게 될 우려가 있다. 상장·등록에 따른 차익에 대한 과세를 통해 상장 또는 등록 준비 중인 주식을 통한 변칙적인 증여 등을 방지하고 과세의 형평을 기하기 위하여

상장·등록준비 중인 법인의 주식에 대한 평가에 관하여는 법 제63조 제2항에 별도의 규정을 두고 있는 것이다.

4. 연혁

가. 1990. 12. 31. 개정된 상증세령 제5조 제6항 제1호 나목 단서에서 기업공개를 목적으로 유가증권신고를 한 법인의 주식으로서 그 유가증권신고 직전 6월부터 최초로 주식을 모집하거나 매출하기 전까지의 주식은 재무부령이 정하는 가액(공모주식의 인수가액결정에 관한 기준에 따라 결정된 가액)에 의하여 평가하도록 하는 규정을 두었다.[8]

나. 1996. 12. 30. 및 1996. 12. 31. 상증세법 및 상증세령으로 전문개정을 할 당시, 종

는 출자지분에 대하여는 그 가액과 법 제63조 제1항 제1호 다목의 규정에 의하여 평가한 가액 중 큰 가액으로 한다.
  1. 한국증권업협회에 등록을 위한 유가증권신고를 한 법인의 주식 또는 출자지분으로서 "평가기준일 현재 유가증권신고 직전 6월(증여세가 부과되는 주식 또는 출자지분의 경우에는 3월로 한다.)부터 한국증권업협회에 등록하기 전까지의 기간 중의 주식 또는 출자지분" 제1항 제1호의 규정에 의하여 평가한 가액
7) 이는 결국 유가증권신고 또는 입찰신고를 한 후부터 증권업협회에 등록하기 전까지 기간 중의 주식이 해당될 것이다. 증권업협회에 등록한 후의 주식가액에 대하여는 법 제63조 제1항 제1호 나목에서 규정하는 방법에 의하여 평가하도록 규정하고 있기 때문이다(상증세법 제63조 제1항 제1호 나목).
8) 1990. 12. 31. 대통령령 제13196호로 개정된 상증세령 제5조(상속재산의 평가방법)
  ⑥ 유가증권의 평가는 다음 각호에 의한다.
    1. 주식과 출자지분의 평가
    가. (생략)
    나. 증권거래소에 상장되지 아니한 주식과 출자지분은 다음 (1) 및 (2)에 의하여 계산한 가액중 낮은 가액에 의한다. 다만, 기업공개를 목적으로 증권관리위원회에 유가증권신고를 한 법인의 주식으로서 그 유가증권신고 직전 6월부터 최초로 주식을 모집하거나 매출하기 전까지의 주식은 재무부령이 정하는 가액에 의하여 평가한다.
  1991. 3. 9. 재무부령 제1849호로 개정된 상속세법 시행규칙 제5조(재산의 평가방법)
  ⑧ 영 제5조 제6항 제1호 나목 단서에서 "재무부령이 정하는 가액"이라 함은 증권거래법에 의하여 증권관리위원회가 정하는 공모주식의 인수가액결정에 관한 기준에 따라 결정된 가액을 말한다.

전 시행령에 있던 상속재산의 평가방법에 관한 규정이 옮겨졌는데, 종전 시행령 규정 중 "유가증권신고 직전 6월부터 최초로 주식을 모집하거나 매출하기 전까지의 주식"부분을 빼고 단순히 "유가증권신고 등을 한 법인의 주식"이라고만 규정하게 되었다. 종전의 시행규칙에 규정되어 있던 기업공개준비중인 법인의 주식에 대한 평가방법은 상증법 시행령으로 옮겨 규정되면서, 상장준비중인 법인의 주식뿐만 아니라 장외시장 등록준비중인 법인의 주식에 관한 평가규정도 두게 되었고, 평가대상 주식을 유가증권신고 6월 이전부터 상장 또는 등록일 전까지의 주식도 포함시켰다.9)

다. 1998. 1. 8. 상증세법 제63조 제2항

제2호 중 "증권관리위원회"가 "금융감독위원회"로 개정되었고, 1998. 12. 28. 상증법 개정 시 제63조 제1항 제1호 나목 본문 중 "장외등록법인"이 "협회등록법인"으로, 제2항 제1호 중 "증권관리위원회"가 "금융감독위원회"로 개정되었다.

라. 2002. 12. 18. 법률 제6780호로 개정된 상증세법 제63조 제2항 제2호에서는 "대통령령이 정하는 기간 내"에 한국증권업협회에 등록신청10)을 한 법인의 주식도 대상주식에 포함하는 것으로 개정되었다.11)

---

9) 1996. 12. 30. 법률 제5193호로 전문개정된 상증세법 제63조(유가증권등의 평가)
② 다음 각호의 1에 해당하는 주식에 대하여는 제1항제1호의 규정에 불구하고 당해 법인의 사업성·거래상황등을 감안하여 대통령령이 정하는 방법에 의하여 평가한다.
2. 제1항 제1호 다목에 규정된 주식중 증권거래법에 의한 장외거래를 목적으로 증권관리위원회 또는 증권업협회에 유가증권신고 등을 한 법인의 주식
1996. 12. 31. 대통령령 제15193호로 전문개정된 상증세령 제57조(기업공개준비중인 주식등의 평가등)
① 법 제63조 제2항 제1호의 규정에 의한 주식 또는 출자지분으로서 평가기준일 현재 유가증권신고 직전 6월(증여세가 부과되는 주식 또는 출자지분의 경우에는 3월로 한다)부터 증권거래소에 최초로 주식 또는 출자지분을 상장하기 전까지의 기간중의 주식 또는 출자지분은 제1호의 규정에 의한 가액과 제2호의 규정에 의한 가액중 큰 가액으로 한다.
1. 증권거래법에 의하여 증권관리위원회가 정하는 유가증권분석가액의 결정방법을 준용하여 평가한 가액
2. 법 제63조 제1항 제1호 나목 또는 다목의 규정에 의하여 평가한 당해 주식의 가액
② 법 제63조 제2항 제2호의 규정에 의한 주식 또는 출자지분으로서 다음 각호의 1에 해당하는 주식 또는 출자지분에 대하여는 그 가액과 법 제63조 제1항 다목의 규정에 의하여 평가한 가액중 큰 가액으로 한다.
1. 증권관리위원회에 장외시장등록을 위한 유가증권신고를 한 법인의 주식 또는 출자지분으로서 평가기준일 현재 유가증권신고 직전 6월(증여세가 부과되는 주식 또는 출자지분의 경우에는 3월로 한다)부터 장외시장에 등록하기 전까지의 기간중의 주식 또는 출자지분은 제1항 제1호의 규정에 의하여 평가한 가액
10) 유가증권신고 및 유가증권신고를 하지 아니하고 등록신청을 한 경우에는 등록신청을 말한다고 할 것임(상증세령 제57조 제1항).
11) 2002. 12. 18. 법률 제6780호로 개정된 상증세법 제63조(유가증권등의 평가)
② 다음 각호의 1에 해당하는 주식 또는 출자지분(이하 이 항 및 제3항에서 "주식등"이라 한다)에 대하

5. 대상판결의 검토

본건 대상판결은 상증세법 제63조 제2항 제2호에서 그 적용대상 주식을 위 법조항의 법문 상 과세요건 성립 당시 '유가증권신고를 한' 법인의 주식일 것을 요구하고 있는 것으로 보아야 하고, 법문과 달리 과세요건 성립 전후 상당한 기간에 걸쳐 유가증권신고를 한 법인의 주식에까지 그 적용대상을 확장하는 쪽으로 해석할 수는 없다고 판시하고 있다.

이는 합리적 이유 없이 조세법규를 확장해석하거나 유추해석하는 것을 허용하지 않는 조세법률주의의 요청에도 부합할 뿐만 아니라, 위 규정이 비상장주식의 증권업협회 등록으로 인한 시세차익에 대하여 과세하는 것으로서 그 평가대상 주식의 범위를 확대하여 납세자의 납세 부담을 가중시킨다는 점에서 엄격해석의 필요성이 더욱 요청된다는 점에서 보더라도 타당하다.

덧붙여 2002. 12. 18. 개정된 상증세법에서 입법자가 위 규정의 적용대상 주식을 '대통령령이 정하는 기간 내에 증권거래법 제172조의2의 규정에 의하여 한국증권업협회에 등록신청을 한 법인의 주식'이라고 규정한 점에 비추어 보더라도 그 이전의 법령에 터 잡은 이 사건 처분에 대한 대상판결의 타당성은 뒷받침된다.

6. 이 판결의 의의

대상판결은 비상장주식의 시가에 관한 시행령 규정의 적법성 한계에 관한 전원합의체 판결이다. 조세법률주의 원칙상 조세법규의 해석은 특별한 사정이 없는 한 법문대로 엄격하게 해석·적용하여야 하고, 모법의 위임 없이 시행령으로 모법에서 규정된 내용을 납세자에게 불리한 방향으로 확장하는 것은 허용되지 않는다는 당연한 점을 확인해주고 있다.

여는 제1항 제1호의 규정에 불구하고 당해 법인의 사업성·거래상황등을 감안하여 대통령령이 정하는 방법에 의하여 평가한다.
1. 기업공개를 목적으로 금융감독위원회에 대통령령이 정하는 기간 내에 유가증권신고를 한 법인의 주식등
2. 제1항 제1호 다목에 규정된 주식등 중 증권거래법에 의한 협회중개시장에서 주식등을 거래하고자 대통령령이 정하는 기간 내에 동법 제172조의2[1]의 규정에 의하여 한국증권업협회에 등록신청을 한 법인의 주식등
2002. 12. 30. 대통령령 제17828호로 개정된 상증세령 제57조(기업공개준비중인 주식등의 평가등)
② 법 제63조 제2항 제2호에서 "대통령령이 정하는 기간"이라 함은 평가기준일 현재 유가증권신고(유가증권신고를 하지 아니하고 등록신청을 한 경우에는 등록신청을 말한다) 직전 6월(증여세가 부과되는 주식등의 경우에는 3월로 한다)부터 한국증권업협회에 등록하기 전까지의 기간을 말하며, 당해 주식등은 제1항 제1호의 규정에 의한 가액과 법 제63조 제1항 제1호 다목의 규정에 의하여 평가한 가액중 큰 가액으로 평가한다.

상속세 과세가액의 산정 방법

사건의 표시 : 대법원 2006. 9. 22. 선고 2006두9207 판결

▪ 사실개요 ▪

1. 2001. 6. 16. 망인의 사망으로 상속이 개시되어 자녀인 원고들은 상속재산가액에 생전 증여재산가액을 가산한 다음 채무를 공제하는 등 과세표준과 세액을 산정하여 상속세를 신고하였다(총결정세액이 부수이므로 납부한 세액은 없다).

2. 피고는 상속재산에 대한 실지조사를 통하여 일부 상속재산을 추가하고, 상속채무로 신고한 약 5억 원의 공제를 부인하여 원고들에게 상속세를 부과·고지하였다.

3. 원고들은 위 상속채무가 상속재산가액에서 공제되어야 한다고 주장하면서 소를 제기하였고, 제1심은, 상속인이 한정승인을 한 경우에도 상속인은 상속이 개시된 때로부터 피상속인의 재산에 관한 권리의무를 포괄적으로 승계하므로 위 채무가 상속재산가액에서 공제되어야 한다는 이유로 원고 승소판결을 선고하였다.

4. 그 후 피고는 상속세 및 증여세법 제13조, 제14조에 따라 상속세 과세가액은 상속재산의 가액에 장례비용 및 채무를 차감한 후 생전 증여재산가액을 가산하여 산정하는데, 상속재산가액에서 장례비 및 채무를 차감하면 잔액이 없으므로 생전 증여재산가액이 상속세 과세가액이 되고 이를 기초로 총결정세액을 계산하여야 한다고 주장하면서 항소를 하였고, 항소심은 피고의 주장을 받아들였다.

---

* 강석훈(법무법인 율촌 변호사).

■ 판결요지 ■

상속세 및 증여세법(이하 '상증세법'이라 한다) 제13조 제1항은, 상속세 과세가액은 상속재산의 가액에서 법 제14조의 규정에 의한 공과금, 장례비용, 채무(이하 '채무 등'이라 한다)를 차감한 후 피상속인이 상속개시일 전 10년 이내에 상속인에게 증여한 재산가액과 상속개시일 전 5년 이내에 상속인이 아닌 자에게 증여한 재산가액(이하 '생전 증여재산가액'이라 한다)을 가산한 금액으로 한다고 규정함으로써, 상속세의 부과대상이 될 재산을 미리 증여의 형태로 이전하여 상속재산을 분산·은닉시키는 방법으로 고율의 누진세율에 의한 상속세 부담을 회피하거나 감소시키는 행위를 방지하고 이를 통해 조세부담의 공평을 도모하고 있다.

이와 같이 생전 증여재산가액을 상속세 과세가액에 산입하는 입법취지와 위 규정에서 상속재산의 가액에서 채무 등을 차감한 후 생전 증여재산가액을 가산하도록 규정하고 있을 뿐, 상속재산가액에서 채무 등을 차감한 결과 그 가액이 부수(−)인 경우에는 '0'으로 본다는 등의 별도의 규정을 두고 있지 않은 점, 상속재산가액에서 채무 등을 차감한 가액이 부수(−)인 경우 이를 '0'으로 보고 상속세 과세가액을 산정하게 되면, 생전 증여재산을 포함한 상속세 과세대상이 되는 전체 재산이 같은 액수임에도 상속채무 등이 상속재산보다 많은 경우를 그렇지 않은 경우에 비하여, 또한 상속채무 등이 상속재산을 초과하는 경우에도 초과되는 상속채무의 액수가 큰 경우를 그렇지 않은 경우에 비하여 상대적으로 합리적 근거 없이 불리하게 차별하는 것이 되는 점 등을 종합하면, 상속세 과세가액을 산정함에 있어 상속재산의 가액에서 채무 등을 차감한 가액이 부수(−)인 경우 그 부(−)의 차감잔액을 기초로 생전 증여재산가액을 가산함이 상당하다.

▶ 해 설 ◀

1. 쟁점

이 사건의 쟁점은 상속재산의 가액에서 채무 등을 차감한 가액이 부수(−)이고 생전 증여재산가액이 있는 경우에 상속세 과세가액의 산정방법에 관한 것이다.

2. 상속세 과세가액

(1) 의의

상속세 과세가액이란, 상속이나 유증에 의하여 취득한 재산을 상증세법에서 규정한 평가방법에 따라 평가한 재산가액에서 공과금·장례비용 및 채무를 차감한 후 상속개시일 전 일정기간 내에 상속인 또는 상속인 이외의 자에게 증여한 가액을 가산한 금액을 말한다(상증세법 13조 1항).[1] 상속재산은 금전으로 환가할 수 있는 경제적 가치가 있는 모든 물건과 재산적 가치가 있는 법률상 또는 사실상의 모든 권리를 포함한다.[2]

피상속인의 채무(상속개시 전 10년 이내에 피상속인이 상속인에게 진 증여채무와 상속개시 전 5년 이내에 피상속인이 상속인이 아닌 자에게 진 증여채무 제외)는 상속재산가액에서 공제한다. 괄호 안의 예외규정을 두고 있는 이유는 피상속인이 증여채무를 부담한 상대방이 상속인일 경우에는 대부분 상속세를 회피하기 위하여 사전증여의 형식을 빌린 것일 터이고, 그 상대방이 상속인 이외의 자인 경우에도 대부분 상속인에 대한 증여를 우회, 가장하는 경우가 많을 것이기 때문이다.[3]

상증세법은 피상속인이 상속개시 전 10년 이내에 상속인에게 증여한 재산의 가액과 5년 이내에 상속인 이외의 자에게 증여한 재산의 가액을 상속재산에 가산하도록 규정하고 있다. 이는 닥쳐오는 사망을 예견하여 피상속인이 생전에 재산을 증여함으로써 사후에 누진과세 되는 상속세를 경감하려고 할 것에 대비하기 위한 규정이다.[4]

(2) 계산구조의 개정

상속세 과세가액의 계산구조는 1999. 12. 31.까지 상속이 개시된 경우에는 ① 상속재산의 가액에 ② 일정기간 내의 증여재산가액을 가산한 금액에서 ③ 법 제14조의 규정에 의한 것(공과금·장례비용·채무)을 차감한 금액으로 규정하고 있었으나, 1999. 12. 28. 개정으로 인해 2000. 1. 1. 이후 최초로 상속이 개시되는 분부터는 ① 상속재산의 가액에서 ② 법 제14조의 규정에 의한 것(공과금·장례비용·채무)을 차감한 후 ③ 일정기간 내의 증여재산가액을 가산하는 것으로 변경되었다. 그 후 위 조항은 별다른 개정 없이 현재까지 유지되고 있다.

위 조문의 개정취지는 "상속세 과세가액의 산정시 채무 및 공과금을 생전 증여재산보

---

1) 구 상증세법(2002. 12. 18. 법률 제6780으로 개정되기 전의 것)
   제13조(상속세과세가액) ① 상속세 과세가액은 상속재산의 가액에서 제14조의 규정에 의한 것을 차감한 후 다음 각 호의 규정에 의한 재산가액을 가산한 금액으로 한다.
   1. 상속개시일 전 10년 이내에 피상속인이 상속인에게 증여한 재산가액
   2. 상속개시일 전 5년 이내에 피상속인이 상속인이 아닌 자에게 증여한 재산가액
   ② 제1항 제1호 및 제2호의 규정을 적용함에 있어서 비거주자의 사망으로 인하여 상속이 개시되는 경우에는 국내에 있는 재산을 증여한 경우에만 이를 가산한다.
   ③ 제46조·제48조 제1항·제52조 및 제52조의2 제1항의 규정에 의한 재산의 가액은 제1항의 규정에 의하여 상속세 과세가액에 가산하는 증여재산가액에 포함하지 아니한다.
2) 상증세법 제7조 제1항.
3) 상증세법 제14조, 임승순, 『조세법』(박영사), 2010, 768－769면 참고.
4) 상증세법 제13조, 임승순, 전게서, 769면 참고.

다 먼저 차감하게 함으로써 채무 및 공과금이 상속재산가액보다 큰 경우 생전 증여재산을 감소시켜 과세가액을 줄이는 것을 방지하고자 한다"는 데에 있다고 한다.

국세심판원의 심판결정례(국심 2001전2251, 2001. 11. 20.) 중에도, 상속세 과세가액의 계산순서를 상속재산가액에서 채무 등을 차감한 후에 증여재산가액을 가산하도록 한 것은 사전증여에 의하여 상속세 부담을 부당하게 감소시키는 행위를 방지하고, 이러한 행태로 재산이전 행위에 대하여 피상속인의 사망을 원인으로 한 정상적인 상속행위보다 상대적으로 무거운 세부담을 지우기 위한 조세정책적 목적에 있다고 그 이유를 밝힌 것이 있다.

(3) 상속재산가액에서 채무 등을 차감한 가액이 부수(-)이고 사전 증여재산가액이 있는 경우 과세가액의 산정방법

위에서 본 개정취지에 따르면, 상속재산의 가액에서 채무 등을 차감한 가액이 부수(−)인 경우에는 이를 '0'으로 보아, 생전 증여재산가액 전액을 상속세 과세가액으로 보아 상속세를 산정하여야 한다. 하지만 이와 같은 논리는 다음과 같은 이유로 타당하지 않다고 생각된다.

① 위의 논리를 따르게 되면, 동일한 재산을 갖고 있는 자가 재산을 생전에 증여한 경우에는 공제대상 채무 등의 금액이 많더라도 그 공제의 효과가 전부 발생되지 않고 생전 증여재산가액에 대하여 전부 상속세로 과세되게 된다. 그러나 생전에 증여하지 않고 한꺼번에 상속한 경우에는 채무 등이 전부 공제되고 남은 잔액에 대하여만 상속세가 과세되는 것과 비교하여 보면, 이는 조세형평의 원칙에 반하는 결과를 초래할 수 있다.

② 상속인은 상속이 개시된 때로부터 피상속인의 재산에 관한 권리의무를 포괄적으로 승계하는데, 생전 증여사실로 인해 채무 등을 공제 받지 못하여 실제 귀속되는 재산에 비하여 과다한 세액을 납부하게 된다.

③ 상속재산가액에 일정기간 내의 증여재산을 가산하도록 규정하고 있는 취지는, 피상속인이 생전에 증여한 재산의 가액을 상속세 과세가액에 포함시킴으로써 조세부담에 있어서의 상속세와 증여세의 형평을 유지함과 아울러, 상속세의 부과대상이 될 재산을 미리 증여의 형태로 이전하여 상속재산을 분산·은닉시킴으로써 상속세의 부담을 부당하게 감소시키는 행위를 방지하려는 데에 그 목적이 있는 것인데,[5] 위의 논리는 오히려 상속세와 증여세의 부담에 있어서 형평에 반하는 결과를 초래한다.

④ 위의 논리를 따르기 위해서는 상속재산가액에서 채무 등을 차감한 가액이 부수(−)로 산정될 경우에는 이를 '0'으로 본다는

---

5) 대법원 1993. 9.28. 선고 93누8092 판결; 헌법재판소 2006. 7. 27. 선고 2005헌가4 결정.

내용의 명문 규정이 있어야 할 것이지만, 현재 법규상으로는 그러한 규정을 두고 있지 않다. 조세법규의 해석은 엄격하여야 하고 확장해석이나 유추해석은 허용되지 않으므로 이러한 해석은 타당하지 않다.

3. 이 판결의 검토

피고는 상속세 과세가액은 상속재산의 가액에 장례비용 및 채무를 차감한 후 생전 증여재산가액을 가산하여 산정하는데, 상속재산가액에서 장례비 및 채무를 차감하면 잔액이 없으므로 생전 증여재산가액이 상속세 과세가액이 되고 이를 기초로 총결정세액을 계산하여야 한다고 주장하였다.

그러나 대법원은 상속재산가액에서 채무 등을 차감한 결과 그 가액이 부수(−)인 경우에는 '0'으로 본다는 등의 별도의 규정을 두고 있지 않은 점, 상속재산가액에서 채무 등을 차감한 가액이 부수(−)인 경우 이를 '0'으로 보고 상속세 과세가액을 산정하게 되면, 생전 증여재산을 포함한 상속세 과세대상이 되는 전체재산이 같은 액수임에도 상속채무 등이 상속재산보다 많은 경우를 그렇지 않은 경우에 비하여, 또한 상속채무 등이 상속재산을 초과하는 경우에도 초과되는 상속채무의 액수가 큰 경우를 그렇지 않은 경우에 비하여 상대적으로 합리적 근거 없이 불리하게 차별하는 것이 되는 점 등을 고려해볼 때, 상속세 과세가액을 산정함에 있어 상속재산의 가액에서 채무 등을 차감한 가액이 부수(−)인 경우 그 부(−)의 차감 잔액을 기초로 생전 증여재산가액을 가산하는 것이 옳다고 판단하였다.

현행 상속세는 상속재산의 가액에서 소극재산인 채무를 공제하여 상속세 과세가액을 산출하도록 규정하고 있으므로 법문의 규정에 맞게 해석하여 보면, 대법원의 이러한 판단은 타당하다고 생각된다.

4. 이 판결의 의의

이 판결은 상속재산의 가액에서 채무 등을 차감한 가액이 부수(−)이고 생전 증여재산가액이 있는 경우의 상속세 과세가액 산정 방법에 관한 최초의 선례적 판결이다.

참고문헌

임승순, 『조세법』, 박영사, 2004.

비상장주식을 시가에 의하여 평가하는 경우에도 상속세 및 증여세법 제63조 제3항의 할증평가규정을 적용할 것인지

사건의 표시 : 대법원 2006. 12. 7. 선고 2005두7228 판결

▪ 사실개요 ▪

1. 원고는 2000. 12. 16. 소외 회사의 최대주주였던 배우자의 비상장주식 128,168주를 상속받으면서, 주식의 가액을 매매실례가액인 1주당 20,568원에 30%의 할증규정을 적용하여 1주당 26,739원으로 산정한 다음, 이를 기초로 상속세를 신고·납부하였다.

2. 피고는 2002. 8. 16. 비상장주식의 매매실례가액을 객관적 교환가치가 적정하게 반영된 시가로 볼 수 없다는 이유로, 주식의 가액을 보충적 평가방법에 의하여 평가한 후 그 평가액에 30%의 할증규정을 적용하여 1주당 가액을 37,453원으로 산정하였다.

3. 원고는 이에 불복하여 이의신청을 제기하여 ① 이 사건 주식의 가액은 매매사례에 의한 시가로 평가하여야 하고, ② 비상장주식을 시가에 의하여 평가할 경우에는 최대주주 주식에 대한 30% 할증규정은 적용할 수 없다고 주장하였다. 서울지방국세청장은 원고의 주장 중 위 ①항의 것만 받아들였고, 피고는 주식의 가액을 시가 20,568원에 30%의 할증규정을 적용한 금액인 1주당 26,739원으로 산정하여, 상속세를 감액경정 하였다.

4. 원고는 이에 불복하여 소를 제기하였고, 제1심 및 원심은 이 사건 주식에 대하여

---

* 김동수(법무법인 율촌 변호사).

30%의 할증규정을 적용하지 않아야 한다는 원고승소 판결을 하였다.[1]

5. 피고는 최대주주가 보유하는 주식의 특수한 가치를 적절히 반영하기 위해서는 할증규정을 적용하여야 하고, 상장주식 또는 협회등록법인 주식을 시가로 평가할 때에도 할증규정을 적용하고 있으며, 조세법규의 해석은 원칙적으로 엄격해석하여야 하지만 입법의 동기·취지 및 목적과 사회통념에 따른 목적론적 해석을 하는 것이 불가피한 경우가 있는데, 이 사건 주식과 같이 그 매매실례가액(시가)에 경영권 프리미엄 등의 가치가 포함되어 있지 아니한 경우에는 그 가액을 적정하게 평가하기 위해서 소정의 할증률을 적용할 필요가 있다고 할 것임에도, 단지 관련규정에 비상장주식을 시가로 평가하는 경우에는 할증규정의 적용대상에 포함하고 있지 않다는 이유로 할증률을 적용하지 않는다면 이는 조세정의에 반하는 결과를 초래한다고 주장하며 상고를 제기하였다.

▪ 판결요지 ▪

구 상속세 및 증여세법(2000. 12. 29. 법률 제6301호로 개정되기 전의 것. 이하 '상증세법'이라 한다) 제63조 제3항에 의하면, 최대주주 등이 보유하는 주식에 대하여 같은 법 소정의 할증률이 적용되는 주식은 같은 법 제63조 제1항

제1호에 따라 보충적 평가방법에 의하여 주식의 가액을 평가하는 경우와 같은 법 제63조 제2항에 따라 기업공개준비 중인 주식의 가액을 평가하는 경우에 한정되고, 그 할증률 또한 같은 법 제63조 제1항 제1호 및 제2항의 규정에 의하여 평가한 가액에 최대주주 등의 주식보유비율에 따라 20% 또는 30%의 할증률을 획일적으로 적용하도록 규정하고 있으므로, 비상장주식의 가액을 시가에 의하여 평가하는 경우에는 당해 주식이 최대주주 등이 보유하는 주식이라 하더라도 같은 법 제63조 제3항을 적용하여 그 시가액에다가 다시 소정의 할증률을 획일적으로 적용할 수는 없는 것이고, 이는 같은 법 제60조 제1항이 상장주식과 협회등록법인의 주식의 경우에 같은 법 제63조 제1항 제1호 (가)목 및 (나)목에 규정된 평가방법에 의하여 평가한 가액을 시가로 본다고 규정하고 있다고 하더라도 달리 볼 것이 아니다.

▶ 해 설 ◀

1. 쟁점

이 사건의 쟁점은 최대주주가 보유한 비상장주식의 가액을 보충적 평가방법이 아닌 시가 적격성을 갖춘 매매실례가액으로 산정하는 경우에도 그 매매실례가액에 경영권 프리

---

1) 제1심 및 원심의 판단은 그 결론에 있어서는 동일하나, 근거에 관하여는 이유 설시를 달리하고 있다.

미엄 등의 가치가 반영되어 있지 않은 것으로 보아 30%의 할증평가규정을 적용하는 것이 타당한지 여부이다.

2. 비상장주식의 평가와 최대주주 보유 주식의 할증평가에 관한 규정

(1) 상증세법 규정

1) 비상장주식 가액의 평가

상속재산에 비상장주식이 포함된 경우 그에 대한 평가도 다른 상속재산과 마찬가지로 시가에 의하여 평가함을 원칙으로 하고(상증세법 60조 1항, 시가주의의 원칙), 시가를 산정하기 어려운 때에는 법에 정해진 보충적 평가방법으로 그 가액을 평가하여야 한다(상증세법 60조 3항). 즉, 비상장주식의 경우 불특정인 사이에서의 매매의 실례가 없고 객관적인 교환가치를 적절하게 반영하였다고 볼 만한 감정가액도 존재하지 않는 경우에는 '시가를 산정하기 어려운 때'에 해당하므로 보충적 평가방법에 의하여 그 가액을 평가하게 된다.[2]

비상장주식을 보충적 평가방법에 의하여 평가하는 경우, 이 사건 적용 당시에는 그 평가방법을 원칙적으로 1주당 순손익가치를 평가하는 방법으로 하고, 예외적으로 순손익가치가 순자산가치에 미달하는 경우에는 순자산가치에 의하여 그 가액을 평가하였다(구 상증세령 2000. 12. 29. 제17039호로 개정되기 전의 것 제54조 제1항, 제2항 참조). 동 규정은 2003. 12. 30. 대통령령 제18177호로 개정되면서 순손익가치와 1주당 순자산가치의 비율을 각각 3과 2의 비율로 가중평균(부동산과다보유법인의 경우에는 각각 2와 3의 비율로 가중평균)하도록 규정되었고 현재까지 이러한 방법으로 평가되고 있다.

이 사건의 경우, 이 사건 비상장주식의 매매실례가액인 1주당 20,568원이 주식의 객관적 교환가치를 적정하게 반영한 가액으로 시가에 해당한다는 점에 관하여는 당사자들 사이에 다툼이 없다(다만 위 거래가격이 언제, 누구와 사이에 거래된 가격인지 관하여는 아무런 언급이 없다).

2) 최대주주 보유주식의 할증평가

이 사건에 적용되는 법령인 구 상증세법(2000. 12. 29. 법률 제6301호로 개정되기 전의 것) 제63조 제3항은[3] "제1항 제1호 및 제2항

---

2) 대법원 1995. 12. 8. 선고 94누15905 판결 등 참조.
3) 구 상증세법 제63조(유가증권 등의 평가)
③ 제1항 제1호 및 제2항의 규정을 적용함에 있어서 대통령령이 정하는 최대주주 또는 최대출자자 및 그와 특수관계에 있는 주주 또는 출자자(이하 이 항에서 "최대주주 등"이라 한다)의 주식 및 출자지분(평가기준일이 속하는 사업연도 전 3년 이내의 사업연도부터 계속하여 법인세법 제14조 제2항의 규정에 의한 결손금이 있는 법인의 주식 또는 출자지분을 제외한다)에 대하여는 제1항 제1호 및 제2항의 규정에 의하여 평가한 가액에 그 가액의 100분의 20을 가산하되, 최대주주 등이 당해 법인의 발행주식총수 등의 100분의 50을 초과하여 보유하는 경우에는 100분의 30을 가산한다. 이 경우 최대주주 등이 보유하는 주식

의 규정을 적용함에 있어서" 최대주주 등의 주식 등에 대하여는 "제1항 제1호 및 제2항의 규정에 의하여 평가한 가액"에 지분율에 따라 20% 또는 30%의 할증률을 적용하도록 규정하고 있다.

　이와 같이 최대주주 보유주식의 할증평가는 비상장주식을 보충적 평가방법에 의하여 평가하는 경우에 한정하여 적용하고 있으며, 이러한 한정적 문구는 할증평가 규정이 도입될 때부터 수차례 부분적인 개정을 거쳐 현재까지도 유지되고 있다. 그 개정연혁을 살펴 보면 아래와 같다.

　① 1992. 12. 31. 구 상증세령이 개정되기 전까지는 지배주주 보유주식에 대하여 특별히 할증평가를 하지는 않았고, 그 대신 지배주주가 보유하는 주식 외의 주식에 대하여 보충적 평가방법에 의한 평가액에서 10%를 할인하여 평가하도록 하는 할인규정을 두고 있었다(1992. 12. 31. 개정 전의 상증세령 제5조 제6항 제1호 사목 참조). 그리고 이와 같은 할인평가는 비상장주식을 시가가 아닌 보충적 평가방법으로 평가하는 경우에 한하여 적용되도록 명시적으로 규정하고 있었다.

　② 그 후 1992. 12. 31. 개정된 상증세령 제5조 제6항 제1호 사목은, 비상장주식을 보충적 평가방법에 의하여 평가하는 경우 지배주주가 소유하는 주식에 대하여 그 보충적 평가액에 10%를 할증하여 평가하도록 규정하였

다. 즉, 종전에 지배주주가 아닌 자가 소유하는 주식에 대하여 10%의 할인평가를 하지 않는 대신, 지배주주 보유주식에 대하여 10%의 할증평가를 하도록 함으로써 결국 비상장주식에 대한 평가액이 상향조정되는 결과가 되었는데, 이와 같은 할증평가도 비상장주식을 보충적 평가방법에 의하여 평가하는 경우에 한정하여 적용하도록 규정되어 있음은 개정 전의 규정과 같다.

　③ 1996. 12. 30. 전문개정된 상증세법은 그 제63조에서, 상장주식과 장외등록법인 주식의 평가방법에 관하여는 직접 법에서 규정하고 비상장주식의 보충적 평가방법에 관하여는 시행령에 위임하는 한편, 그 제3항에서 상장주식과 장외등록법인의 주식을 법이 정하는 방법에 따라 보충적으로 평가하는 경우와 비상장주식을 시행령의 규정에 따라 보충적 평가방법으로 평가하는 경우에 그 최대주주가 보유하는 주식에 대하여는 법령이 정하는 보충적 평가액에 10%의 할증률을 적용하도록 규정하였다(1996. 12. 30. 전문개정된 상증세법 제63조 참조).

　④ 그 후 1999. 12. 28. 개정된 상증세법 제63조 제3항(이 사건에 적용되는 법령임)은 최대주주가 보유하는 주식소유비율에 따라 할증률에 차등을 두어 일반 최대주주가 보유하는 주식에 대하여는 20%의 할증률을, 발행주식총수의 100분의 50을 초과하여 보유하는 최대

또는 출자지분의 계산은 대통령령으로 정한다.

주주에 대하여는 30%의 할증률을 적용하도록 규정하였다. 위 개정된 규정도 상장주식과 협회등록법인(종전에는 장외등록법인으로 표시하였다가 협회등록법인으로 개정하였다)의 주식을 상증세법 제63조 제1항 제1호 (가)목 및 (나)목에 의하여 평가하는 경우와 비상장주식을 보충적 평가방법에 의하여 평가하는 경우에 한정하여 그 평가액에 소정의 할증률을 적용하도록 규정하고 있음은 개정 전의 규정과 마찬가지이다.

다만 개정 전의 규정과는 달리 평가기준일이 속하는 사업연도 전 3년 이내의 사업연도부터 계속하여 결손금이 있는 법인의 주식에 대하여는 할증평가의 적용대상에서 제외하였다.

⑤ 그 후 2002. 12. 28. 개정된 상증세법 제63조 제3항은, 중소기업에 대하여도 대기업과 똑같은 할증률을 적용하는 것은 부당하다는 비판이 있자 이를 받아들여 중소기업 발행주식에 대하여는 그 할증률을 경감하였는데, 즉, 중소기업 발행 주식에 대하여는 일반 최대주주의 경우에는 10%(대기업은 20%)의 할증률을, 발행주식총수의 100분의 50을 초과하여 보유하는 최대주주에 대하여는 15%(대기업은 30%)의 할증률을 적용하도록 개정하였다.

그리고 개정 전에는 결손법인에 한정하여 할증평가의 적용대상에서 제외하였으나, 개정된 규정에서는 결손법인 외에도 상속개시일 전후 6월 이내에 최대주주가 보유하는 주식이 전부 매각된 경우나 상속세 신고기간 내에 당해 법인의 청산이 확정된 경우 등 할증평가의 적용대상에서 제외되는 주식의 범위가 크게 확대되었다(2002. 12. 30. 개정된 상증세령 제53조 제5항 참조).

⑥ 한편 2004. 12. 31. 개정된 조세특례제한법은 2005. 1. 1. 이후부터 2006. 12. 31.까지 상속받거나 증여받는 경우에는 중소기업의 최대주주에 대하여 할증규정을 적용하지 않도록 하는 특례규정을 신설하여(조특법 제100조의2 참조), 중소기업 발행 주식의 경우에는 최대주주가 보유하는 주식이더라도 그 보충적 평가액에 할증률을 적용할 수 없게 되었다.

(2) 최대주주 보유주식 할증평가 규정의 입법취지 및 위헌 논의

일반적으로 주식은 각 단위 주식이 가지는 주식회사의 자산가치와 수익가치를 표창하는 것에 불과하지만, 최대주주(지배주주)가 보유하는 주식은 그 가치에 더하여 당해 회사의 경영권 내지 지배권을 행사할 수 있는 특수한 가치, 이른바 '경영권(지배권) 프리미엄'을 지니고 있으므로, 이와 같은 회사의 지배권(경영권 프리미엄)이 정당한 조세부과를 받지 아니하고 낮은 액수의 세금만을 부담한 채 이전되는 것을 방지하기 위하여 상증세법 제63조 제3항은 지배주주의 주식보유비율에 따라 그 평가액에 소정의 할증률을 적용하도록 규정하고 있다.[4]

판례도 마찬가지로, 위 할증규정의 취지는 비상장회사의 지배주주가 소유하는 주식은 경영권과 관계가 있고 소액주주가 소유하는 주식에 비하여 양도성 등에 차이가 있어 거래현실상 일반적으로 그 가치가 높게 평가되는 점을 반영하고자 하는 데에 있다고 판시한 바 있다.[5]

위와 같이 지배주주의 보유주식에 대하여 할증평가를 하도록 규정한 상증세법 제63조 제3항에 대하여는 종래 위헌 논의가 있었다. 즉, 위 할증평가규정이 그 적용범위에서 대통령령이 정하는 최대주주 보유주식에 대하여 일률적으로 소정의 할증률을 적용하여 평가하고 그 상대방 및 거래량을 한정하지 않고 있는 것은 조세평등주의의 원칙에 반한다는 등의 주장이 있었는데, 헌법재판소는, 주식의 가치 및 회사 지배권의 특성을 감안한 바탕 위에 공평한 조세부담을 통한 조세정의의 실현 요구, 징세의 효율성이라는 조세정책적·기술적 요구를 종합적으로 고려하여 결정한 것이라고 할 수 있을 뿐 그 입법목적에 비추어 자의적이거나 임의적인 것으로서 입법형성권의 한계를 벗어났다고 볼 수는 없으므로 조세평등주의에 위반되지 아니한다는 이유로 합헌결정을 한 바가 있다.[6]

그러나 위 합헌결정 당시 재판관 2인은,

경영권 프리미엄의 가치는 회사의 규모, 업종, 재산상태, 경영실적, 장래의 전망, 사회의 신인도, 평가의 시기, 경영진의 능력과 성향, 상장 여부 등에 따라 달라질 수 있는 것인데 주식의 평가와는 달리 경영권 프리미엄의 평가를 획일적으로 소정의 가산율을 적용하는 방법으로 산정하는 것은 실질과세의 원칙에 어긋나고, 또 위 할증평가규정은 경영권 프리미엄의 평가액을 법에서 획일적으로 정하여 놓음으로써 이에 대하여 이의가 있는 국민들의 출소를 사실상 봉쇄하고 있다는 점에서도 합리성이 없는 규율이라는 등의 이유로 위헌 의견을 밝힌 바 있다.[7]

이러한 판결 후에 상증세법 제63조는 앞서 구체적으로 살펴본 바와 같이 최대주주가 보유하는 주식소유비율에 따라 할증률을 달리 규정하고, 중소기업 발행 주식에 대하여는 그 할증률을 경감하도록 하였으며, 할증평가의 적용대상에서 제외되는 주식의 범위를 확대하는 방향으로 개정되었다.

3. 비상장주식을 시가로 평가하는 경우 할증평가규정의 적용 여부

비상장주식을 보충적 평가방법에 의하여 평가하는 경우 최대주주가 보유하는 주식에

---

4) 헌법재판소 2003. 1. 30. 선고 2002헌바65 결정 참조.
5) 대법원 2003. 2. 11. 선고 2001두8292 판결.
6) 헌법재판소 2003. 1. 30. 선고 2002헌바65 결정.
7) 헌법재판소 2003. 1. 30. 선고 2002헌바65 결정.

대하여는 그 보충적 평가액에 소정의 할증률을 적용한 금액으로 가액을 산정하여야 함은 상증세법 제63조 제3항의 문언해석상 분명하다. 그런데 비상장주식의 가액을 시가에 의하여 평가하는 경우에도 그 시가액에 상증세법 제63조 제3항 소정의 할증률을 적용할 것인지 여부에 관하여는 논란의 여지가 있다.

이 점에 관하여 종래 과세관청과 국세심판원에서는 비상장주식을 시가에 의하여 평가하는 경우에도 그 시가(매매실례가액)에 다시 상증세법 제63조 제3항 소정의 할증률을 적용하여야 한다는 태도를 취하여 온 것으로 보인다.[8] 즉, 과세관청은 비상장주식의 가액을 매매실례가액으로 결정할 때에 최대주주의 할증규정을 적용하지 않게 되면, 경영권 프리미엄을 포함한 주식과 그렇지 않은 주식을 같은 가격으로 평가하게 됨으로써 최대주주 할증평가규정을 두고 있는 취지에 부합하지 않는 문제가 있으므로 비상장주식을 매매실례가액으로 결정할 때에도 최대주주의 할증평가규정을 적용하여야 한다고 판단하였다.

그러나 다음과 같은 사정들을 고려하여 보면 이는 받아들이기 어려운 견해라고 생각된다.

(1) 상증세법 제63조 제3항은, "(제63조) 제1항 제1호 및 제2항의 규정을 적용함에 있어서, … 제1항 제1호 및 제2항의 규정에 의하여 평가한 가액에 … (20% 또는 30%의 할증률을) 가산한다"고 명시적으로 규정함으로써, 할증평가규정이 적용되는 대상이 상증세법 제63조 제1항 제1호(상장주식과 협회등록법인 주식 및 비상장주식을 보충적 평가방법에 의하여 평가하는 경우)와 제2항(기업공개준비 중인 주식의 평가방법에 관한 규정으로 이 사건과는 관련이 없음)을 적용하여 그 가액을 평가하는 경우에 한정하여 적용된다고 명시적으로 규정하고 있을 뿐만 아니라, 나아가 그 가액의 산정에 있어서도 제1항 제1호 소정의 보충적 평가방법에 의하여 평가한 가액에 20% 내지 30%의 할증률을 적용하도록 명시적으로 규정하고 있는데, 이와 달리 비상장주식을 시가에 의하여 평가하는 경우(상증세법 제60조 제1항, 제2항이 적용됨)에도 위 할증평가규정이 적용된다고 해석하는 것은 법 규정의 문언에 반하는 문제가 있다.

(2) 조세법률관계에서는 엄격해석의 원칙이 강하게 요구되는데, 비상장주식의 가액을 시가에 의하여 평가하는 경우 그 시가에 최대주주가 가지는 경영권 프리미엄의 가치가 반영되어 있지 않다는 이유로, 상증세법 제63조 제3항 소정의 할증률을 적용하는 것은 결과적으로 유추해석 내지 확장해석을 한 결과가 되어 엄격해석의 원칙에 반한다.

---

8) 국심 2004전4054, 2005. 09. 01., 서면4팀−892, 2004. 06. 18. 등.

(3) 비상장주식의 가액을 보충적 평가방법에 의하여 평가하는 경우에는 그 평가액에 경영권 프리미엄 등의 가치가 포함되어 있지 아니함이 분명하므로 상증세법 제63조 제3항이 정하는 바에 따라 그 보충적 평가액에 소정의 할증률을 적용하는 방법으로 그 가액을 산정하는 것이 합리적이고 타당하다고 할 것이나, 비상장주식의 가액을 시가(매매실례가액)로 평가하는 경우에는 그 시가에 경영권 프리미엄 등의 가치가 이미 반영되어 있을 수도 있으므로 획일적으로 일정한 비율의 할증률을 적용하는 것은 합리적이지 못할 뿐만 아니라 오히려 가액 산정에 왜곡을 가져올 우려도 있다.

(4) 만약 비상장주식의 시가(매매실례가액)에 경영권 프리미엄 등의 가치가 적절하게 반영되어 있지 않다고 하더라도 그 가치의 산정은 개별적으로 평가하여야 하는 것이지, 거래가격에 일률적으로 30% 또는 20%의 할증률을 적용하는 방법으로 가액을 산정하는 것은 아무런 법률적인 근거가 없을 뿐만 아니라 그러한 할증률의 적용이 타당하다고 볼만한 논리적이고 합리적인 근거도 없다.

(5) 앞서 입법취지에서 살펴본 바와 같이 최대주주 보유주식에 대하여 할증률을 적용하는 것은 논리필연적인 결과라기보다는 조세정책적 또는 입법정책적으로 결정된 문제로 이해되고, 이에 따라 당초에 비(非)지배주주의 주식에 대하여 할인평가를 하다가 그 후 지배주주의 보유주식에 대하여 할증평가를 하는 것으로 그 규정을 변경하면서 할증률에 있어서도 계속적으로 개정·변경이 되고 있는데(또 할증규정의 적용대상에 제외되는 주식도 점차적으로 확대되어 왔다), 이와 같은 입법연혁에 비추어 보면, 법 규정에 명시적인 근거가 없는 한 함부로 최대주주라는 이유만으로 일률적으로 (즉 30%의) 할증률을 적용할 수는 없다고 생각된다.

(6) 앞서 본 헌법재판소 결정이 위 할증규정이 합헌이라고 선언하면서도, 그 소수의견에서, 경영권 프리미엄의 평가를 획일적으로 소정의 할증률을 적용하는 방법으로 산정하는 것은 실질과세의 원칙에 어긋나고, 또 경영권 프리미엄의 평가액을 법에서 획일적으로 정하여 놓음으로써 이에 대하여 이의가 있는 국민들의 출소를 사실상 봉쇄하고 있는 점 등에서 위헌의 소지가 있다는 점을 지적하고 있는 점에 비추어 보면, 상증세법 제63조 제3항이 명시적으로 적용대상에서 제외하고 있는 경우(비상장주식을 시가에 의하여 평가하는 경우)에까지 할증평가의 필요성이 있다는 이유만으로 위 할증평가규정을 적용하기는 곤란하다.

4. 이 판결의 의의

이 판결은 비상장주식의 매매실례가액을 시가로 인정하는 경우에는 할증률을 적용하지 않는다는 법리를 선언한 최초의 선례적 판결로서 실무에 미치는 영향이 큰 판결이다.

특정법인과의 거래를 통한 증여의제의 경우, 주식의 1주당 가액이 부수(-)에서 정수(+)로 증가된 때의 증여의제가액의 산정 방법[1]

사건의 표시 : 대법원 2006. 9. 22. 선고 2004두4734 판결

▪ 사실개요 ▪

1. 비상장법인인 A회사는 1994년부터 계속적으로 법인세법상 결손금이 발생하여, 1998. 5. 28.까지 누적된 결손금이 약 42억 원에 달하였다. 원고는 A회사 주식의 49.17%를 소유하고 있는 최대주주 겸 대표이사로서, A회사 주식의 0.07%를 소유하고 있는 원고의 부(父)와 함께 A회사의 자금난을 타개하기 위하여 1994년부터 1997년까지 사이에 여러 차례 가수금 명목으로 자금을 지원하여 왔다.

2. 그러던 중 A회사의 재무구조 개선을 위하여 1998. 5. 28. A회사에 대한 원고의 가수금채권 12억 원과 원고의 부(父)의 가수금채권 약 30억 원 전액을 각 포기하였고, 그 후 A회사는 같은 액수의 채무면제이익을 회계장부에 계상하였다.

3. 피고는 이 사건 채무면제가 구 상속세 및 증여세법(1999. 12. 28. 법률 제6408호로 개정되기 전의 것, 이하 '상증세법'이라 한다) 제41조에서 규정한 특정법인과의 거래를 통한 이익의 증여의제에 해당하는 것으로 보아, 당시 A회사의 누적결손금 범위 내인 위 채무면제 합계

---

* 강석훈(법무법인 율촌 변호사).

1) 상속세 및 증여세법 제41조에서의 증여의제는 2003년 증여세 완전포괄주의의 도입과 함께 증여의제가 아닌 증여로 전환되었다. 이 판결 사안에서는 2003년 개정 이전의 구 상속세 및 증여세법 제41조가 적용되고 있으므로, 이에 맞춰 '증여의제'라는 표현을 그대로 사용함.

액 약 42억 원 전액을 원고와 원고의 부(父)가 A회사의 주주에게 나누어 준 이익에 상당하는 금액으로 의제하여, 동 채무면제 합계액에 원고의 지분율(49.18%)을 곱한 후 원고 자신의 증여액(12억 원)을 차감한 금액을 원고가 증여받은 수증액으로 보아 증여세를 부과하였다.

　4. 이에 대하여 원고는, ① 이 사건 채무면제는 증여세 회피를 목적으로 한 것이 아니라 A회사의 재무구조개선을 위한 것이었고, 또 채무면제로 인하여 원고가 실질적으로 얻은 이익이 없으므로 법 제41조의 적용대상이 아니고, ② 이 사건 채무면제로 인한 증여의제가액은 관련 규정이 정하는 바에 따라 그 면제로 얻은 이익으로 인하여 증가된 1주당 가액에 수증자의 주식수를 곱하여 산정하여야 할 것인데, 채무면제 전의 A회사의 1주당 가액은 (−)이므로 채무면제 이후 0원을 초과하는 양수(+) 부분만을 기초로 증여의제가액을 산정하여야 한다고 주장하면서 소송을 제기하였다. 제1심에서는 원고 패소판결이 선고되었으나 항소심에서는 원고 승소판결이 선고되었다.

▪ 판결요지 ▪

구 상속세법 시행령(2002. 12. 30. 개정되기 전의 것. 이하 '상증세령'이라 한다) 제31조 제5항은 법 제41조 제1항의 규정에 의하여 특정법인의 주주 등이 증여받은 것으로 보는 이익을, 증여재산가액이나 채무면제 등으로 인하여 얻는 이익에 상당하는 금액(1호)으로 인하여 '증가된 주식 또는 출자지분 1주당 가액'에 해당 지배주주 등의 주식수를 곱하여 계산하도록 규정하고 있는바, 여기서 '증가된 주식 등의 1주당 가액'은 증여 등의 거래를 전후한 주식 등의 가액을 비교하여 산정하여야 하는 것이므로 증여세가 부과되는 재산의 가액평가에 관한 관계 규정으로 돌아가, 상증세법 제60조 제1항의 규정에 의하여 원칙적으로 시가에 의하여 그 가액을 비교하되, 그 시가를 산정하기 어려운 경우에는 상증세법 제63조 제1항 제1호 (다)목, 상증세령 제54조 소정의 비상장주식의 보충적 평가방법에 따라 거래를 전후한 가액을 산정하여야 하고, 보충적 평가방법에 따라 1주당 가액을 산정한 결과 그 가액이 증여 등 거래를 전후하여 모두 부수(負數)인 경우에는 증가된 주식 등의 1주당 가액은 없는 것으로 보는 것이 합리적이라 할 것이며, 거래를 전후하여 1주당 가액이 부수로 산정되는 데도 증여재산가액이나 채무면제액 등 거래로 인한 가액만을 주식수로 나누거나 단순히 부수의 절대치가 감소하였다는 이유로 주식 등의 1주당 가액이 증가된 것으로 보는 것은 증여세가 부과되는 재산의 가액평가에 관한 관계 규정을 전혀 감안하지 아니하는 결과가 되어 관계 규정의 해석상 허용될 수 없다.

▶ 해 설 ◀

1. 쟁점

이 사건의 쟁점은, 특정법인에 대한 채무면제로 인하여 주식의 1주당 가액이 부수(−)에서 부수(−)로 증가하였거나 또는 부수(−)에서 정수(+)로 증가된 경우 그 증여의제가액을 어떻게 산정하여야 하는지에 관한 것이다.

2. 특정법인과의 거래를 통한 이익의 증여의제

(1) 의의

영리법인은 증여세 납세의무가 없으며,[1] 영리법인이 증여를 받음에 따라 간접적으로 당해 법인의 주주에게도 증여로 인한 경제적 이익이 발생한다고 볼 수 있으나, 일반적으로는 증여받는 법인의 주주에게도 증여세를 과세하지는 않는다.[2]

그러나 결손법인에 대한 증여는 법인세를 납부하지 아니하면서도 당해 법인의 주주에게 사실상 경제적 이익을 주는 변칙적인 증여방법으로 이용될 가능성이 있다. 예컨대, 자녀에게 결손법인을 증여한 후 이월결손금 범위 내에서 부동산 등을 증여하게 되면 증여세와 법인세를 전혀 부담하지 않고서도 자녀에게 재산을 증여하는 효과를 거둘 수 있는 것이다.

이에 따라 1996. 12. 30. 상증세법 전문 개정시 제41조를 신설하여, 특정법인의 주주 등과 특수관계에 있는 자가 당해 법인에게 재산을 증여하는 등의 거래를 통하여 그 법인의 주주 등에게 나누어준 이익에 대하여 증여로 의제하여 과세하도록 규정하였다.[3] 이는 재산의 증여 등을 받더라도 결손금이 있어 법인세를 부담하지 아니하게 되는 특정법인에 대한 증여를 통하여 증여자와 특수관계에 있는 결손법인의 주주 등이 과세의 부담없이 사실상 증여이익을 얻는 것을 방지하기 위한 것으로 이해된다.

(2) 증여의제의 요건

1) 개요

특정법인의 지배주주 등이 얻은 이익을 증여로 과세하기 위해서는, (가) 증여 등을 받은 법인이 결손 또는 휴·폐업 상태로서 상증

---

1) 무상수증이익을 각 사업연도 소득금액에 포함하여 법인세를 납부하기 때문에 동일한 과세대상에 대하여 법인세와 증여세를 이중으로 과세하는 것을 방지하기 위한 것이다. 그러나, 명의신탁재산의 증여의제에 따른 증여세를 명의자인 영리법인이 면제받는 경우에는 실제 소유자(영리법인은 제외한다)가 그 증여세를 납부할 의무가 있다(상증세법 4조 2항).
2) 주주의 이익에 대하여는 배당이나 주식의 양도시점에서 소득세가 과세되기 때문이다.
3) 2003. 12. 30. 법 개정시 상증세법 제2조 제3항에 포괄적인 증여 규정이 도입됨에 따라 종전에 특정법인과의 거래를 통한 이익에 대한 증여의제로 과세하던(열거 규정) 위 규정은, 특정법인과 거래를 통한 이익 증여시의 증여재산가액을 계산하기 위한 예시적 규정으로 바뀌었다.

세령 제31조 제1항 소정의 특정법인의 요건에 해당할 것, (나) 특정법인의 지배주주 등과 특수관계에 있는 자가 당해 법인에게 재산의 증여 또는 유사한 거래행위를 하였을 것, (다) 증여 등 이와 유사한 거래를 통하여 특정법인의 지배주주 등이 이익을 얻었을 것 등의 요건을 갖추어야 하나, 증여세 회피목적은 그 과세요건이 아니다.

2) 특정법인

특정법인은 한국증권거래소에 상장되지 않은 법인 중 결손법인과 증여일 현재 휴업 또는 폐업상태의 법인을 말한다(상증세령 31조 1항). 결손법인은 증여일이 속하는 사업연도 전 2년 내의 사업연도부터 계속해서 법인세법 규정에 의한 결손금, 즉 이월결손금이 있는 법인을 말한다(상증세령 31조 1항 1호).

3) 특수관계자

특정법인의 지배주주 등과 증여자 사이에 친족 등 특수관계가 존재하여야 한다(상증세령 31조 4항). 여기서 '지배주주 등'이라 함은 주주 1인과 친족 등의 관계에 있는 자(특수관계자)가 보유하고 있는 주식 등의 합계가 당해 법인의 주주 중 가장 많은 경우의 당해 주주와 특수관계자를 말한다(상증세령 13조 5항 1호).

4) 증여 또는 유사한 거래

증여자와 특정법인 사이에 적극적인 재산의 증여나 이와 유사한 거래 즉, 채무의 면제, 인수 또는 변제, 저가 현물출자, 부동산 또는 유가증권의 저가양도·고가매입 등의 행위가 있어야 한다.

5) 주주 등의 이익

증여 등으로 인하여 특정법인의 주주 등이 이익을 얻었어야 한다. 주주 등이 증여받은 것으로 보는 이익은, 증여나 채무면제 등으로 얻은 이익(결손법인의 경우에는 당해 결손금을 한도로 한다)으로 인해 증가된 주식 등의 1주당 가액에 지배주주 등의 주식수를 곱하여 계산한다(상증세령 31조 5항).[4]

3. 증여의제가액의 계산방법

(1) 규정의 내용

상증세법 제41조 제2항의 위임에 따라 상증세령 제31조 제5항은 특정법인의 주주 등이 증여받은 것으로 보는 이익을, 증여 또는 채무면제 등으로 인하여 얻는 이익에 상당하는 금액(1호)으로 인하여 "증가된 주식 또는 출자지분(이하 편의상 '주식'이라고만 한다) 등의 1주당 가액"에 해당 지배주주 등의 주식수를 곱하여 계산하도록 규정하고 있다. 따라서 증여 등으로 인하여 지배주주 등에게 이익이 있다고 보기 위해서는 주식의 가액이 증가되어야 한다.

---

4) 2003. 12. 30. 법 개정시 본조의 적용대상을 특정법인의 주주 등이 얻은 이익이 1억 원 이상인 경우에 한하여 과세되는 것으로 한정하였다.

(2) 이익의 계산방법

'증가된 주식의 1주당 가액'은 증여 등의 거래를 전후한 주식의 가액을 비교하여 산정하여야 하는 것이므로, 비상장주식의 경우에도 증여세가 부과되는 재산의 가액평가에 관한 관계 규정(상증세법 제60조 내지 제63조)에 따라 원칙적으로 시가에 의하여 그 가액을 비교하되, 그 시가를 산정하기 어려운 경우에는 비상장주식의 보충적 평가방법에 따라 거래 전후의 가액을 산정하여야 할 것이다(대법원 2003. 11. 28. 선고 2003두4249 판결 참조).

그런데 위 '증가된 주식의 1주당 가액'의 산정방법과 관련하여, 과세관청은 증여재산가액 또는 채무면제액을 당해 법인의 발행주식총수로 나누어 계산한 1주당 증가이익에 지배주주의 주식수를 곱하여 증여의제가액을 산정하여야 한다고 해석하고 있고, 따라서 증여 등 거래 후의 1주당 가액이 반드시 정수(+)가 되어야 하는 것은 아니므로 증여 등 거래 전후의 1주당 가액이 모두 부수(−)인 경우에도 실제 증가치를 계산하여야 한다고 보고 있다.5)

이 사건의 경우에도, 피고는 소외 회사의 결손금 범위 내인 이 사건 채무면제액 전액에 원고의 주식보유비율을 곱한 금액에서 원고 자신의 증여액을 차감한 금액을 증여의제가액

으로 보아 이 사건 증여세를 부과하였다.

그러나 위와 같은 계산방법은 상증세령 제31조 제5항에서 증여나 채무면제 등으로 얻은 이익 상당액으로 인하여 "증가된 주식의 1주당 가액"에 주식수를 곱하여 증여의제가액을 계산하도록 한 규정에 반할 뿐만 아니라 증여 또는 채무면제액을 주주 개인에게 지분비율에 맞추어 직접 나누어 준 것과 동일한 결과가 되므로 부당하다고 생각된다.

즉, 법에서 정한 평가방법에 따라 산정한 증여 등 거래 전후의 주식 1주당 가액이 ① 정수(+)에서 더 증가한 경우라면 위 규정에 따른 계산에 아무런 문제가 없지만, ② 부수(−)에서 정수(+)로 증가하거나 ③ 부수(−)에서 부수(−)이지만 그 절대값이 줄어든 경우에 그 '증가된 주식의 1주당 가액'을 어떻게 계산할 것인지에 관하여는 법령상 아무런 규정이 없으므로, ②, ③의 경우에도 부수(−)의 감소를 정수(+)의 증가와 마찬가지로 보아 그 증가된 절대치를 '증가된 주식 1주당 가액'으로 볼 것인지, 아니면 0원을 초과하여 (+)로 증가된 부분만을 '증가된 주식 1주당 가액'으로 볼 것인지가 문제되는 것이다.

다음과 같은 사정을 감안하면, 주식의 1주당 가액이 부수(−)인 경우에는 그 가액이 없는 것으로 보아 거래 전후의 1주당 가액이 모두 (−)인 경우에는 증가된 주식가액이 없

---

5) 국심 2000구3035, 2001. 6. 1.; 국심 2000서2554, 2001. 3. 13.; 국심 2000서2432, 2001. 3. 13.; 국심 2005서322, 2005. 6. 28. 등 일관된 과세관청의 입장임.

는 것으로, (−)에서 (+)로 증가된 경우에는 0원을 초과하여 (+)로 증가된 부분만을 증가된 가액으로 보는 것이 타당하다고 할 것이다.6)

① 상증세령 제31조 제5항에서 주주가 증여받은 것으로 보는 이익을, 단순히 증여 또는 채무면제 등으로 얻은 이익을 총발행주식수로 나누고 이에 주주의 주식수를 곱하는 방법으로 산정하도록 하지 않고, 증여 또는 채무면제 등으로 얻은 '이익 상당액으로 인하여 증가된 주식의 1주당 가액'에 주주의 주식수를 곱한 금액에 의하도록 정하여 주식의 가액증가를 요하도록 규정하고 있는바, 이는 주주는 주식의 가액증가를 통하여만 그 이익을 얻게 된다는 점을 감안한 것으로 보인다. 따라서 주식의 가액이 부수(−)로 산정되어 주주가 아무런 이익을 얻은 것으로 볼 수 없는 경우에는 증여의제의 과세대상에서 제외된다고 보는 것이 타당할 것이다.

② 만약 주식가액이 부수(−)로 산정되는지 여부에 관계없이 산술적으로 계산된 증여 등 전후의 주식가액의 차액에 대하여 증여로 의제하여 과세하는 것으로 보게 된다면, 특정법인에 대하여 증여 또는 채무면제 등을 한 후 그 비상장주식 자체를 증여하는 경우 그 주식의 시가(또는 평가액)가 0원에 미달하는 경우에는 실질적인 재산의 이전이 없어 증여세 과세대상에서 제외되는데, 증여의제의 경우에는 증여 등 거래 후 주식의 가액이 0원에 미달하는 경우에도 증여세 과세대상이 되는 결과가 발생되므로 이는 형평에 맞지 않는다.

③ 주식회사의 주주는 주식을 보유하면서 사업성과에 따른 배당을 받고 최종적으로는 잔존자산의 청산가치에 따라 배분을 받게 되는 것이므로, 비상장주식의 순자산가치에 따라 1주당 가액을 산정할 경우(결손법인의 경우에는 순자산가치에 의하여 평가하는 경우가 대부분임), 증여 또는 채무면제를 받고도 순자산가치가 부수(−)인 경우 그 법인을 당장 청산하더라도 주주에게 돌아갈 이익이 전혀 없는 것인데도 불구하고 증여로 인한 이익이 있다고 보아 증여세를 부과하는 것은 실질과세의 원칙에 반할 우려가 있다.

▪ Notes & Questions ▪

2003. 12. 30. 개정된 상증세령 제31조 제6항에서는 '증여재산가액 또는 채무면제액 등에 특정법인 주주의 주식지분비율을 곱하여 계산한 금액'을 증여의제가액으로 하도록 개정함으로써 증여의제가액 계산방법에 관한 종래 과세관청의 입장을 입법으로서 관철한 바

---

6) 이와 유사한 사안으로, 대법원 2004. 11. 11. 선고 2003두11872 판결은 고가발행 실권주의 재배정에 의한 증여의제의 경우, 증자로 인하여 주식발행회사의 순자산가액이 (−)에서 (+)로 증가된 경우 그 증여가액의 계산과 관련하여 회사의 순자산가액이 '0'원을 초과하여 (+)로 증가된 증자 부분만이 증여의제의 과세대상이 된다고 판시한 바 있다.

가 있다.

　　그런데 위 규정에 관하여는 대법원 2009. 3. 19. 선고 2006두19693 전원합의체 판결이, 구 상증세법(2005. 1. 14. 법률 제7335호로 개정되기 전의 것) 제41조는 특정법인과의 재산의 무상제공 등 거래를 통하여 최대주주 등이 '이익을 얻은 경우'에 이를 전제로 그 '이익의 계산'만을 시행령에 위임하고 있음에도, 구 상증세령(2004. 12. 31. 대통령령 제18627호로 개정되기 전의 것) 제31조 제6항은 특정법인이 얻은 이익이 바로 '주주 등이 얻은 이익'이 된다고 보아 증여재산가액을 계산하도록 하고 있고,

또한 같은 법 제41조 제1항에 의하면 특정법인에 대한 재산의 무상제공 등이 있더라도 주주 등은 실제로 이익을 얻은 바 없다면 증여세 부과대상에서 제외될 수 있으나 같은 시행령 제31조 제6항은 특정법인에 재산의 무상제공 등이 있다면 그 자체로 주주 등이 이익을 얻은 것으로 간주하여 증여세 납세의무를 부담하게 된다는 이유로, 같은 시행령 제31조 제6항의 규정은 모법인 같은 법 제41조 제1항, 제2항의 규정 취지에 반할 뿐 아니라 그 위임범위를 벗어난 것으로서 무효라고 보아야 한다고 판시하였다.[7]

참고문헌

강석훈, "증여의제이익계산에 관한 시행령 규정이 모법의 위임범위를 벗어났다는 이유로 무효를 선언한 사례", 대한변협신문, 2009. 6. 15.

---

7) 자세한 내용은 강석훈, "증여의제이익계산에 관한 시행령 규정이 모법의 위임범위를 벗어났다는 이유로 무효를 선언한 사례", 대한변협신문 2009. 6. 15. 자 판례평석 참조.

상속세경정처분이 증액경정처분인지
감액경정처분인지 여부의 판단기준

사건의 표시 : 대법원 2005. 10. 7. 선고 2003두14604 판결

▪ 사실개요 ▪

1. 망인이 1992. 7. 27. 사망하여 그의 처(妻)와 자녀 및 원고들(이하 위 상속인들을 함께 '원고 등'이라 한다)이 망인의 재산을 공동으로 상속하였다.

2. 피고는 원고 등이 상속받은 재산에 대하여 다음과 같이 상속세부과처분을 하였다.

① 1999. 1. 15.자 당초 부과처분 : 총상속세액 약 30억 원, 원고들의 상속세액 약 5억 5천만 원으로 결정하여 부과고지.

② 2001. 9. 14.자 제1차 경정처분: 원고들이 제기한 전심절차 결과(협의분할에 따른 개별 상속세액의 재산정)에 따라 총상속세액을 약 27억 원, 원고들의 상속세액을 약 12억 원으로

부과 · 고지.

③ 그 후 추가로 상속채무가 확인됨에 따라 2002. 8. 28.(제2차 경정처분), 2003. 7. 23.(제3차 경정처분)에 각각 감액경정처분이 이루어짐.

3. 원고들은, 제1심에서는 제1차 경정처분이 감액경정처분에 해당하는 것을 전제로 당초처분에서 감액되고 남은 세액에 대하여 취소를 구하였으나, 원고 패소판결이 선고되었다.

4. 그 후 항소심에서는 청구취지를 변경하여, 주위적 청구로는 제1심에서와 마찬가지로 취소청구를 하는 한편, 예비적 청구로 원고

---

* 강석훈(법무법인 율촌 변호사).

들이 부담하는 개별 상속세액을 기준으로 보면 제1차 경정처분이 증액경정처분에 해당하는 것으로 보고 제1차 경정처분을 쟁송대상으로 삼아 취소를 구하면서, 제1차 경정처분 당시 송달한 납세고지서에 납부기한을 당초 처분의 납부기한인 1999. 1. 31.로 기재한 것은 위법하다고 주장하였다. 항소심은 예비적 청구에 대하여 원고 승소판결을 선고하였다.

▪ 판결요지 ▪

1. 공동상속인이 있는 경우 상속세경정처분이 증액경정처분인지 감액경정처분인지의 여부는 각 공동상속인에 대하여 납부하도록 고지된 개별적인 세액을 기준으로 할 것이지 공동상속인 전체에 대한 총상속세액을 기준으로 판단할 것은 아니고, 과세처분이 있은 후에 증액경정처분이 있는 경우 당초 처분은 증액경정처분에 흡수되어 당연히 소멸하고 그 증액경정처분만이 쟁송의 대상이 된다.

2. 국세징수법(이하 '징수법'이라 함) 제9조는 헌법과 국세기본법이 규정하는 조세법률주의의 원칙에 따라 과세관청으로 하여금 자의를 배제하고 신중하고도 합리적인 처분을 행하게 함으로써 조세행정의 공정성을 기함과 동시에 납세의무자에게 부과처분의 내용을 상세하게 알려서 불복 여부의 결정 및 그 불복신청에 편의를 주려는 취지에서 나온 것으로 엄격히 해

석·적용되어야 할 강행규정이라고 할 것이며, 위 규정 소정의 과세표준과 세율, 세액, 납부기한 기타 필요한 사항의 기재가 누락된 납세고지서에 의한 과세처분은 위법한 것으로서 취소의 대상이 된다.

▶ 해 설 ◀

1. 쟁점

이 사건의 쟁점은, (1) 공동상속인이 있는 경우 그 경정처분이 증액경정처분에 해당하는지 아니면 감액경정처분에 해당하는지 여부에 관한 판단을 상속인의 개별 부담세액으로 할 것인지, 아니면 공동상속인 전체의 총상속세액을 기준으로 할 것인지 여부와 (2) 납세고지서에 납부기한을 납세고지일 이전의 날짜로 기재한 경우 그 납세고지서가 적법한지에 관한 것이다.

2. 경정처분과 소의 대상

(1) 당초처분과 경정처분의 관계

1) 경정처분은 부과과세방식의 조세와 신고납세방식의 조세에 모두 인정되는 제도로서, 과세표준과 세액을 증가시키는 증액경정처분과 과세표준과 세액을 감소시키는 감액경정처분으로 구분된다. 경정처분은 당초 처분

을 그대로 둔 채 그 과세표준과 세액에 변경을 가하는 처분이라는 점에서 당초 처분의 취소 또는 철회와는 구별된다.

2) 당초 처분과 경정처분의 법률관계에 대하여는 흡수설,[1] 병존설,[2] 병존적 흡수설,[3] 역흡수설,[4] 역흡수병존설[5] 등 견해의 대립이 있는데, 판례는 증액경정처분의 경우에는 흡수설의 입장에, 감액경정처분의 경우에는 일부취소설의 입장에 서 있다고 설명된다.

(2) 증액경정처분(흡수설)

1) 과세표준과 세액을 증액하는 증액경정처분이 있는 경우 그 경정처분은 당초 처분에 의한 과세표준과 세액을 초과하는 부분만을 추가 확정하려는 처분이 아니고, 재조사에 의하여 판명된 결과에 따라서 당초 처분에서의 과세표준과 세액을 포함하여 전체로서의 과세표준과 세액을 결정하는 것이므로, 증액경정처분이 되면 당초 처분은 증액경정처분에 흡

수되어 당연히 소멸한다. 이는 증액경정처분 시에 당초 처분에 의한 세액과의 차액만을 추가로 납부·고지한 경우에도 동일하고,[6] 경정처분과 재경정처분과의 관계에서도 마찬가지이다.[7] 따라서 납세의무자는 증액경정처분만을 쟁송의 대상으로 삼을 수 있으며, 당초 처분에 대한 소송 계속 중에 증액경정처분이 있게 되면 소를 변경하여 증액경정처분을 소송의 대상으로 하여야 한다.

2) 납세자는 증액 부분만이 아니고 당초 처분에서의 과세표준과 세액에 대하여도 그 처분의 하자를 주장할 수 있다.[8] 이는 당초 처분이 제소기간의 경과 등으로 확정되어 불가변력이 생긴 경우에도 마찬가지이다.[9]

3) 당초 처분은 증액경정처분에 흡수·소멸되어 독립적인 존재가치를 상실하므로 적법한 전심절차나 제소기간의 준수 여부도 경정처분을 기준으로 판단함이 원칙이다. 다만, 당초 처분과 경정처분 사이에 위법사유가 공통

1) 당초 처분은 경정처분에 흡수되어 소멸하고 경정처분의 효력은 처음부터 다시 조사·결정한 과세표준 및 세액 전체에 미치며 당초 처분을 대상으로 하는 취소소송은 소의 이익이 없다고 하며, 이에 의하면 당초 처분에 따른 납부, 체납처분도 그 효력을 상실하는 결과가 된다.
2) 양자는 서로 독립하여 별개로 존재하고 경정처분의 효력은 그 처분에 의하여 추가로 확정된 과세표준 및 세액 부분에만 미쳐 양자 모두 취소소송의 대상이 된다고 한다.
3) 당초 처분은 경정처분에 흡수·소멸되지만 그 효력은 존속하며, 경정처분의 효력은 그 증감된 부분에만 미친다고 한다.
4) 경정처분은 당초 처분에 흡수·소멸되나 당초 처분에 의하여 확정된 과세표준과 세액을 그 경정된 내용에 따라 증감시키기 때문에 당초 처분에 대하여만 취소소송을 제기하면 된다고 한다.
5) 경정처분은 당초 처분과 결합되어 일체로서 존재하면서 당초 처분에 의하여 확정된 과세표준과 세액을 증감시킨다고 한다.
6) 대법원 1999. 5. 28. 선고 97누16329 판결 참조.
7) 대법원 1992. 5. 26. 선고 91누9596 판결 등 참조.
8) 대법원 1984. 4. 10. 선고 83누539 판결 참조.
9) 대법원 1991. 10. 8. 선고 91누1547 판결 등 참조.

되고 당초 처분에 대하여 적법한 전심절차를 거친 이상 증액경정처분에 대하여 취소소송을 제기함에 있어 다시 전심절차를 거칠 필요는 없다.10)

(3) 감액경정처분(일부취소설)

1) 당초 처분이 있은 뒤 감액경정처분이 행하여진 경우에는 당초 처분의 전부를 취소한 다음 감액된 과세표준과 세액에 대하여 새로운 처분을 하는 것이 아니라 당초 처분의 일부를 취소하는 효력을 갖는 것에 불과하며, 감액경정처분은 그에 의하여 감소된 세액 부분에 관하여만 법적 효과를 미치는 것으로서 이는 당초 처분과 별개 독립된 것이 아니고, 실질적으로 당초 처분의 일부 취소에 불과하다.11)

따라서 감액경정처분은 세액의 일부 취소라는 납세자에게 유리한 효과를 가져오는 처분으로서 그 취소를 구할 이익이 없고, 항고소송의 대상이 되는 것은 당초 처분 중 경정처분에 의하여 취소되지 않고 남아있는 부분, 즉 일부취소(감액)되고 남은 당초 처분이 된다.12)

2) 제소기간의 준수 기타 적법한 전심절차를 거쳤는지 여부도 당초 처분을 기준으로 판단한다.13) 당초 처분에 관하여 전심절차를 거친 이상 납세자에게 유리한 감액경정처분에 대하여 다시 전심절차를 거칠 필요가 없음은 물론이다.

3) 또 당초의 과세처분이 있은 후 이를 증액하는 경정처분을 하였다가 다시 감액하는 재경정처분이 있은 경우, 당초 처분은 증액경정처분에 흡수·소멸되어 독립된 존재가치를 상실하고 재경정처분은 감액된 세액 부분에 대해서만 그 효력이 미치므로 소송의 대상과 전심절차의 이행 여부는 모두 증액경정처분을 대상으로 판단하게 된다.14)

(4) 공동상속의 경우 증액 또는 감액경정처분의 판단기준

1) 공동상속인이 있는 경우에 그 상속세 경정처분이 증액 또는 감액경정처분에 해당하는지 여부의 판정을 총상속세액을 기준으로 할 것인지, 아니면 개별 부담세액을 기준으로 할 것인지가 문제된다. 그 동안 이 점에 관하여 명시적인 판례는 없었으나, 대법원 1996. 9. 24. 선고 96누68 판결이나 대법원 1997. 3. 25. 선고 96누4749 판결 등에 의하면, 공동상속인에게 상속세를 부과 고지함에 있어서 납세고지서에 납부할 총세액을 기재함과 아울러 공동상속인 각자의 상속재산 점유비율에 따라

---

10) 대법원 1992. 8. 14. 선고 91누13229 판결 등 참조.
11) 대법원 2000. 9. 22. 선고 2000두2013 판결 등 참조.
12) 대법원 1996. 11. 15. 선고 95누8904 판결 등 참조.
13) 대법원 1998. 5. 26. 선고 98두3211 판결 등 참조.
14) 대법원 1996. 7. 30. 선고 95누6328 판결 등 참조.

산정한 각자가 납부할 상속세액 등을 기재한 연대납세의무자별 고지세액명세서 등을 납세고지서에 첨부하여 공동상속인들에게 송달하였다면, 공동상속인들이 납부하여야 할 세액을 구분 특정하여 기재한 것이 그 납세의무를 구체적으로 확정하는 부과고지로서의 효력을 갖는 것이고, 납세고지서에 총세액을 기재한 것은 공동상속인의 연대납세의무에 대한 징수고지로서의 효력을 가질 뿐이라고 하고 있으며, 나아가 대법원 2001. 2. 9. 선고 2000두291 판결에서는, 각 상속인이 부담하고 있는 상속세는 그들 고유의 납세의무이므로 총상속세액에는 변동이 없더라도 각 상속인의 부담세액을 변경하는 것은 상속인 고유의 납세의무를 변경하는 것이므로 경정처분에 의하여야 한다고 판시하고 있는 점으로 보아, 결국 증액인지 감액인지의 여부도 총상속세액을 기준으로 할 것이 아니라 공동상속인 각자의 부담세액을 기준으로 판단하여야 한다는 것이 대법원의 원칙적인 입장이었던 것으로 이해된다.

위 판례의 취지에 따라 이 사건 각 경정처분의 성격을 살펴보면, 원고들의 경우에는 (i) 제1차 경정처분으로 개별 부담세액이 증가되었으므로 제1차 경정처분은 증액경정처분이 될 것이고, (ii) 그 후의 제2차 및 제3차 경정처분은 다시 개별 부담세액이 순차감소하였으므로 모두 감액경정처분이 될 것이다.

2) 따라서 원고들의 경우에는 이 사건 당

초 처분이 있은 후 이를 증액하는 증액경정처분을 하였다가 다시 감액하는 재경정처분이 있은 경우에 해당하므로, 당초 처분은 이 사건 제1차 증액경정처분에 흡수되어 소멸하고(흡수설) 그 후의 감액경정처분에 의하여 감액된 세액 부분에 대해서는 처분의 일부 취소가 있는 것으로 보게 되므로(일부취소설), 이 사건 쟁송대상은 제1차 증액경정처분이 될 것이고 그 불복청구의 대상이 되는 세액은 제3차 감액경정처분에 의하여 최종적으로 감액되고 남은 나머지 세액이 될 것이다.[15]

3. 납세고지서의 하자

(1) 납세고지서에 과세연도·세목·세액 및 그 산출근거·납부기한과 납부장소 등의 명시를 요구한 징수법 제9조와 과세표준과 세액계산명세서의 첨부를 명한 상속세법 관련규정은 단순한 훈시규정이 아니라, 헌법과 국세기본법이 규정하는 조세법률주의의 원칙에 따라 과세관청의 자의를 배제하고 신중하고도 합리적인 과세처분을 하게 함으로써 조세행정의 공정을 기함과 아울러 납세의무자에게 과세처분의 내용을 자세히 알려주어 불복 여부의 결정과 불복신청의 편의를 주려는 데에 그 근본취지가 있으므로 이들 규정은 강행규정으로 보아야 하고, 따라서 납세고지서에 세액산출근거 등의 기재사항이 누락되었거나 과세표준

---

15) 대법원 1996. 7. 30. 선고 95누6328 판결 등 참조.

과 세액의 계산명세서가 첨부되지 않았다면 적법한 납세고지로 볼 수 없다는 것이 확립된 판례의 태도이다.[16]

(2) 판례는 납세고지서에 징수법 제9조 소정의 과세표준과 세율·세액 기타 필요한 사항의 기재가 누락된 납세고지서에 의한 과세처분은 위법한 것으로서 취소의 대상이 된다고 일관되게 판시하고 있으나,[17] 구체적으로 이 사건에서와 같이 납부기한의 기재와 관련하여 납세고지서의 효력이 직접적으로 문제된 판례는 없었다.

(3) 학설로는 과세관청이 이 사건에서와 같이 납부기한을 도과하여 납세고지서를 발부한 경우(즉, 납세고지일 이전의 날짜를 납부기한으로 정하여 납세고지서를 발부한 경우) 그 부과처분의 취소사유가 된다고 보고 있고,[18] 특히 일부 학설은 납부기한을 상당히(예컨대 수개월) 도과하여 발부된 경우에는 그 과세처분의 부존재사유가 된다고 보는 견해도 있다.[19]

(4) 국세의 납부기한은 가산금 및 중가산금의 기산시기가 될 뿐만 아니라 체납절차를 시작하기 위한 독촉장의 발부시기[20]와도 직접 관련되어 있어 조세법률관계에서 납세의무자에게 커다란 영향을 미치는데, 납세고지서에 납부기한이 잘못 기재된 하자가 있음에도 그 납세고지절차가 적법하다고 보는 것은 부당하다고 생각된다.

즉, 징수법 제21조는 국세를 납부기한까지 완납하지 아니한 때에는 그 납부기한이 경과한 날로부터 체납된 국세에 대하여 소정의 가산금과 중가산금을 징수하도록 규정하고 있는데,[21] 판례는 위 규정 소정의 가산금과 중가산금은 국세를 납부기한까지 납부하지 아니하면 과세관청의 별도의 확정절차 없이도 법률의 규정에 의하여 당연히 발생하는 것으로 가산금 또는 중가산금의 고지가 항고소송의 대상이 되는 처분으로 볼 수 없다는 태도를 취하고 있으므로,[22] 납세고지서에 납부기한의 기재가 잘못된 경우 납세의무자는 다액의 가산금 또는 중가산금을 징수당하는 불이익을 받게 됨에도 별도로 가산금 자체에 대한 징수

---

16) 대법원 1989. 11. 10. 선고 88누7996 판결 등 다수.
17) 대법원 2001. 6. 12. 선고 2000두7957 판결 등 다수.
18) 오진환, "납세고지서의 기재사항과 송달"『재판자료』, 제60집(1993), 184면 참조.
19) 이철송, "납세고지서의 하자와 그 효과"『계간 세무사』, 제41호(1986. 7)), 51면 참조.
20) 징수법 제23조(독촉과 최고) ① 국세를 그 납부기한까지 완납하지 아니하였을 때에는 세무서장은 납부기한이 지난 후 10일 내에 독촉장을 발급하여야 한다. 다만, 제14조에 따라 국세를 징수하거나 체납액이 대통령령으로 정하는 금액 미만이면 독촉장을 발급하지 아니한다. <개정 2011. 12. 31.>
21) 징수법 제22조 중가산금 조항은 2011년 4월 개정으로 국세기본법 제21조의 가산금 조항의 일부 규정으로 이동하였다.
22) 대법원 2005. 6. 10. 선고 2005다15482 판결; 대법원 2000. 9. 22. 선고 2000두2013 판결 등 다수.

처분이 행해지지 않는 경우에는 불복할 아무런 수단마저 없다는 결론에 이르게 되는데, 이러한 경우에는 그 납세고지절차가 위법하다고 보고 과세처분 자체를 취소하는 것만이 납세의무자의 유일한 구제수단이 된다고 할 것이므로, 이러한 점에서 보더라도 납부기한의 하자는 과세처분의 취소사유가 된다고 보는 것이 타당하다고 생각된다.

(5) 위에서 살펴본 바와 같이 판례가 일관되게, 국세징수법 제9조 소정의 필요적 기재사항이 누락된 납세고지서에 의한 과세처분은 위법하여 취소의 대상이 된다고 판시하면서, 그 필요적 기재사항의 중의 하나인 납부기한을 별도로 취소사유에서 제외하지 않고 있는 점이나 납부기한이 가산금 및 중가산금의 기산시기와 직결됨에도 가산금 및 중가산금의 지급의무 자체에 관하여 다툴 수 있는 다른 구제수단이 존재하지 않는 점 등의 사정을 고려하면, 납세고지서에 납부기한이 잘못 기재된 경우에는 그러한 납세고지절차는 위법하여 과세처분의 취소사유가 된다고 보아야 할 것으로 생각된다.

참고문헌

오진환, "납세고지서의 기재사항과 송달", 『재판자료』, 제60집(1993).
이철송, "납세고지서의 하자와 그 효과", 『계간 세무사』, 제41호(1986. 7.).

'소송 중인 권리'의 가액 평가방법

사건의 표시 : 대법원 2005. 5. 26. 선고 2003두6153 판결

▪ 사실개요 ▪

1. 소외 회사는 토지의 취득 후 1년 이내에 정당한 사유 없이 토지를 고유 업무에 직접 사용하지 않았다는 이유로 부과된 취득세를 모두 납부한 다음 취득세 부과처분 취소소송을 제기하였다. 소외 회사는 서울고등법원에서 1996. 4. 24.경 위 취득세 부과처분을 취소하라는 승소판결을 선고받았고, 위 판결은 1996. 10. 11. 대법원에서 상고가 기각됨으로써 그대로 확정됨에 따라 소외 회사는 1996. 11. 17. 취득세를 모두 환급받았다.

2. 원고들은 피상속인이 1995. 9. 22. 사망함에 따라 소외 회사의 비상장주식을 상속받는데, 1996. 3. 21. 상속세 신고 및 1996. 9. 6. 감액경정신고 당시 소외 회사의 순자산가액을 평가함에 있어서 위 취득세환급금을 고려하지 않고 순자산가액을 평가하여 1주당 가액을 12,596원으로 계산하여 상속재산가액을 신고하였다.

3. 피고는 1997. 8. 5. 위 취득세환급금을 소외 회사의 순자산가액에 포함한 다음 이를 기초로 이 사건 비상장주식의 1주당 가액을 16,836원으로 계산하여 그 상속재산가액을 산정하고 상속세 부과처분을 하였다.

4. 원고는 이에 불복하여 소를 제기하였으나, 제1심 및 제2심에서 모두 패소하였다.

---

* 김동수(법무법인 율촌 변호사).

▪ 판결요지 ▪

법인의 자산 속에 '소송 중의 권리'가 포함되어 있는 경우 그 순자산가액은 구 상속세법시행령(1995. 12. 30. 대통령령 제14862호로 개정되기 전의 것) 제7조 제4호가 정하는 바에 따라 '분쟁관계의 진상을 조사하고 소송 진행의 상황을 참작한 적정한 가액'으로 평가하여야 할 것이고, 이때 '소송 중의 권리'는 상속재산 평가의 일반원칙에 따라 상속개시 당시의 현황, 즉 상속개시 당시의 시가에 의하여 산정할 수밖에 없을 것인데, 상속개시 당시에는 '소송 중의 권리'가 그 권리의 존부나 범위를 둘러싸고 다툼이 있어 분쟁관계에 있었다고 하더라도 그 후 당해 과세처분취소소송의 변론종결 이전에 법원의 판결 등을 통하여 '소송 중의 권리'의 내용과 범위가 구체적으로 확정되었다면, 다른 특별한 사정이 없는 한, 판결에 따라 확정된 권리의 가액을 기초로 상속개시 당시의 현황에 의하여 '소송 중의 권리'의 가액을 평가하여야 한다.

▶ 해 설 ◀

1. 쟁점

이 사건의 쟁점은 비상장주식의 가액을 보충적 평가방법에 의하여 평가함에 있어 법인의 자산 속에 '소송 중의 권리'가 포함되어 있는 경우에, 그 가액을 어떻게 평가하는지에 관한 것이다.

2. 비상장주식의 가액 산정에 관한 검토

(1) 비상장주식의 평가

상속재산에 비상장주식이 포함된 경우 그에 대한 평가도 다른 상속재산과 마찬가지로 시가에 의하여 평가함을 원칙으로 하고, 시가를 산정하기 어려운 때에는 법에 정해진 보충적 평가방법으로 그 가액을 평가하여야한다[구 상속세법(1996. 12. 30. 법률 제5193호로 전문 개정되기 전의 것, 이하 '법'이라 한다) 제9조[1] 제2항]. 즉, 비상장주식의 경우 불특정인 사이에서의 매매의 실례가 없고 객관적인 교환가치를 적절하게 반영하였다고 볼만한 감정가액도 존재하지 않는 경우에는 '시가를 산정하기

---

1) 구 상속세법 제9조(상속재산의 가액평가)
① 상속재산의 가액 및 상속재산의 가액 중에서 공제할 공과 또는 채무는 상속개시 당시의 현황에 의한다. <단서 생략>
② 제1항의 규정에 의한 상속개시 당시의 현황에 의한 상속재산의 가액은 그 당시의 시가에 의하되, 시가를 산정하기 어려울 때는 당해 상속재산의 종류·규모·거래상황 등을 참작하여 대통령령이 정하는 방법에 의한다.

어려운 때'에 해당하므로 보충적 평가방법에 의하여 그 가액을 평가하게 된다.[2]

비상장주식을 보충적 평가방법에 의하여 평가하는 경우, 이 사건 당시에 적용되는 구 상속세법 시행령에서는 원칙적으로 1주당 순자산가치와 순손익가치를 더한 수치를 2로 나누는 방법으로 1주당 가격을 계산 하도록 규정하였다[구 상속세법 시행령(1995. 12. 30. 대통령령 제14862호로 개정되기 전의 것, 이하 '시행령'이라 한다) 제5조[3] 제6항 제1호 나목].[4]

그리고 법인의 '순자산가액'을 계산함에 있어서 그 자산의 평가는 "시행령이 정하는 바에 의하여 평가한 가액"으로 산정되는데, 여기서 "시행령이 정하는 바에 의하여 평가한 가액"이란 시행령 제5조 내지 제7조에서 정하는 방법에 따라 평가한 가액을 의미한다. 즉, 법인 소유 자산의 시가를 확인할 수 있는 때에는 시가에 의하고, 시가를 알 수 없는 때에는 토지는 개별공시지가, 건물은 과세시가표준액 등 보충적 평가방법에 의하여 산정한 금액으로 하고(시행령 5조), 그 자산이 조건부권리이거나 소송 중의 권리 등인 경우에는 시행령 제7조[5]에서 정하는 방법에 따라 평가한 가액으로 하는데, 이에 갈음하여 감정평가법인

---

2) 대법원 1995. 12. 8. 선고 94누15905 판결 등 참조.
3) 구 상속세법 시행령 제5조(상속재산의 평가방법)
　　① 법 제9조 제2항에서 "대통령령이 정하는 방법"이라 함은 제2항 내지 제7항의 규정에 의하여 상속재산을 평가하는 것을 말한다.
　　⑥ 유가증권의 평가는 다음 각 호에 의한다.
　　1. 주식과 출자지분의 평가.
　　나. 증권거래소에 상장되지 아니한 주식과 출자지분은 다음의 가액에 의한다. <단서 생략>
　　(2) (1)에 규정된 법인 외의 법인의 주식에 대하여는 다음 산식에 의하여 계산한 가액. 이 경우 1주당 최근 3년간 순손익액의 가중평균액은 총리령이 정하는 신용평가 전문기관이 상속개시일 전후 6개월 이내에 증권거래법에 의하여 증권관리위원회가 정하는 기준에 따라 산출한 1주당 추정이익에 의할 수 있다.
　　1주당 가액 = (당해 법인의 순자산가액/발행주식총수 + 1주당 최근 3년간 순손익액의 가중평균액/금융시장에서 형성되는 평균 이자율을 참작하여 총리령이 정하는 율) ÷ 2
　　다. 나목의 순자산가액은 상속개시일 현재의 재산을 이 영이 정하는 바에 의하여 평가한 가액에서 부채를 공제한 것으로 하되, 그 평가는 총리령이 정하는 공신력있는 감정기관의 시가감정서에 의할 수 있다. <후문 생략>
4) 1999. 12. 30. 개정된 상속세법 시행령에서는 비상장주식의 평가방식을 순손익가치를 원칙으로 하되 최소한 순자산가치 이상으로 평가하도록 변경하였다가, 2003. 12. 30. 개정으로 순자산가치와 순손익가치의 가중평가제가 도입되었다. 이는 회계이론상 기업의 가치는 순이익과 순자산가치에 의해 서로 보완적으로 결정된다고 보는 것이 일반적이며, 기업을 순자산의 집합체로만 평가하는 경우 기업의 실질가치에 비해 과대평가된다는 지적에 따른 것이다. 이광재, 『상속ㆍ증여세의 이론과 실무』(세경사), 2013, 1531면.
5) 구 상속세법 시행령 제7조(조건부 권리 등의 평가)
　　법 제10조 제1항의 규정에 의한 조건부권리, 존속기간이 불확정한 권리, 신탁의 이익을 받을 권리 또는 소송 중의 권리의 가액은 다음 각 호의 방법에 의하여 평가한 것으로 한다.
　　4. 소송 중의 권리는 분쟁관계의 진상을 조사하고 소송진행의 상황을 참작한 적정한 가액.

의 시가감정서에 의할 수도 있는 것이다.6)

현행 상속세 및 증여세법 시행령(이하 '상증세령'이라 함) 제55조 제1항은 "제54조 제2항7)의 규정에 의한 순자산가액은 평가기준일 현재 당해 법인의 자산을 법 제60조 내지 제66조의 규정에 의하여 평가한 가액에서 부채를 차감한 가액으로 한다"고 규정하고(구 시행령 제5조 제6항 제1호 (다)목의 규정이 보다 구체화된 것이라고 할 수 있음), 현행 상속세 및 증여세법(이하 '상증세법'이라 한다) 제65조는 '소송 중에 있는 권리에 대하여는 당해 권리의 성질·내용·잔존기간 등을 기준으로 대통령령이 정하는 방법에 의하여 그 가액을 평가한다'고 규정하고 있으며(구 법 제10조와 같은 규정임), 그 위임을 받은 현행 상증세령 제60조 제1항 제3호는 '소송 중인 권리의 가액은 평가기준일 현재의 분쟁관계의 진상을 조사하고 소송 진행의 상황을 감안한 적정가액으로 평가한 가액에 의한다'고 규정하고(구 시행령 제7조 제4호와 같은 규정임) 있다. 이러한 점에 비추어 보면, 법인의 자산 속에 '소송 중의 권리'가 포함되어 있는 경우 그 가액은 시행령 제7조 제4호가 정하는 바에 따라 '분쟁관계의 진상을 조사하고 소송 진행의 상황을 참작한 적정한 가액'으로 평가하여야 할 것이라고 해석된다.

(2) 소송 중의 권리의 평가

소송 중의 권리의 평가방법에 관하여 법 제10조와 시행령 제7조 제1항 제4호는 '소송 중의 권리는 분쟁관계의 진상을 조사하고 소송 진행의 상황을 참작한 적정한 가액'으로 평가한다고 규정하고 있을 뿐 그 구체적인 평가방법에 관하여는 아무런 규정을 두고 있지 아니하다. 이는 '소송 중의 권리'는 그 내용이나 형태가 다양할 뿐만 아니라 객관적으로 그 가액을 평가할 수 있는 방법을 일의적으로 규정하는 것이 현실적으로 불가능하거나 대단히 어렵다는 점에 기인하고 있는 것으로 생각된다.8)

판례는 '소송 중의 권리'의 가액 평가가 문제된 사안에서 다음과 같이 판시한 바 있다.

① 대법원 1993. 4. 13. 선고 92누10982 판결은, 망인이 은행에 대하여 가지고 있는 예

구 상속세법 제10조(조건부권리 등의 평가)
 ① 조건부권리, 존속기간의 불확정한 권리, 신탁의 이익을 받을 권리 또는 소송 중의 권리에 대하여서는 권리의 내용·성질 등을 기준으로 대통령령이 정하는 바에 의하여 그 가액을 평가한다.
 6) 김유찬, 『비상장주식의 과세평가방법에 대한 연구』(한국경제연구원), 2003.; 배원기, "상속세 및 증여세법 비상장주식 평가방법의 적정성", 『회계·세무와 감사연구』, 제38호(2002. 12); 전병욱, "'비상장주식의 보충적 평가방법과 관련한 특수문제의 분석", 『법학연구』, 제53권, 제4호(2012. 11.) 등 참조.
 7) 상증세령 제54조(비상장주식의 평가) ② 제1항의 규정에 의한 1주당 순자산가치는 다음의 산식에 의하여 평가한 가액으로 한다.
    1주당 가액＝당해법인의 순자산가액÷발행주식총수(이하 "순자산가치"라 한다)
 8) 같은 의견으로 박훈, '2005년도 상속세 및 증여세법 판례회고', 『조세법연구』, 12－1(2006. 7.), 486면.

금채권 3억 원에 대하여 은행이 예금계약의 성립을 부인하자 그 상속인들이 은행을 상대로 소송을 제기한 결과, 은행 소속 직원의 비진의 의사표시에 의하여 예금계약이 이루어진 것이라는 이유로 주위적 청구인 예금반환청구는 기각되고, 예비적 청구인 불법행위에 기한 손해배상청구가 인용되어 은행은 상속인들에게 2억 3,700만 원과 이에 대한 지연손해금을 지급하라는 판결이 선고·확정된 사안에서, 위 판결은, 상속개시 당시 상속재산인 채권의 존부나 범위에 관하여 다툼이 있는 경우 당해 과세처분취소소송의 변론종결시까지 법원의 판결 등을 통하여 채권의 범위가 구체적으로 확정되었다면 특별한 다른 사정이 없는 한 판결에 따라 확정된 금액이 상속개시 당시의 현황에 의하여 적정하게 평가된 채권의 가액이라고 보아야 한다고 하면서, 이 사건 상속재산의 가액은 판결이 확정된 위 2억 3,700만 원과 이에 대한 불법행위일로부터 상속개시일까지의 지연손해금을 합한 금액이 된다고 판시하였다.

② 대법원 2004. 4. 9. 선고 2002두110 판결은, 망인이 생전에 甲과 사이에 "장차 乙을 상대로 소유권이전등기청구소송을 제기하여 승소하면 그 취득하는 토지 중에서 일정액을 공제하고 그 나머지 잔여지분을 각각 반분하기로" 하는 내용의 계약을 체결한 후 사망하자, 상속인들이 그 계약상의 지위를 승계하여 乙을 상대로 소유권이전등기청구소송을 제

기한 결과 '乙은 상속인들에게 계쟁 토지 1,000평에 관하여 소유권이전등기절차를 이행하라'는 판결이 선고되어 확정된 사안에서, '소송 중의 권리'는 상속재산평가의 일반원칙에 따라 상속개시 당시의 현황, 즉 상속개시 당시의 시가에 의하여 산정할 수밖에 없을 것인데, 상속개시 당시에는 상속재산인 '소송 중의 권리'가 그 권리의 존부나 범위를 둘러싸고 다툼이 있어 분쟁관계에 있었다고 하더라도 그 후 당해 과세처분취소소송의 변론종결 이전에 법원의 판결 등을 통하여 '소송 중의 권리'의 내용과 범위가 구체적으로 확정되었다면, 다른 특별한 사정이 없는 한, 판결에 따라 확정된 권리의 가액을 기초로 상속개시 당시의 현황에 의하여 '소송 중의 권리'의 가액을 평가하여야 한다고 판시하면서, 판결에 의하여 확정된 위 계쟁 토지 1,000평의 상속개시 당시의 시가를 공신력 있는 감정기관이 소급 감정한 감정가격으로 평가한 다음 여기에서 위 계약 내용에 따라 일정액을 공제한 후 상속인들이 취득하게 되는 1/2지분 토지의 가액을 이 사건 상속재산가액으로 삼은 피고의 조치는 정당하다고 판단한 바 있다.

위와 같은 판례의 태도는, '소송 중의 권리'가 상속재산인 경우 그 가액은 상속개시 당시를 기준으로 그 현황대로 평가함이 원칙이나, 그 평가방법의 어려움을 감안하여 비록 명문의 규정이 없기는 하나 최소한 과세관청의 상속세부과처분 이전이나 또는 상속세부과처

분취소소송의 변론종결 이전에 그 '소송 중의 권리'의 내용과 범위가 확정된 상태라면 그때를 기준으로 상속인이 취득한 재산 자체를 평가의 대상으로 삼아 그 가액을 평가하는 것이 합리적이고 타당하다는 취지로 이해된다.9)

그러나 납세의무자가 상속세의 신고 당시에 소송 중인 권리에 대하여 추후 법원에서 확정될 가액을 예측하여 상속세를 신고하는 것은 사실상 불가능하므로, 납세의무자가 평가기준일 현재에 소송 진행의 상황을 참작하여 적정한 방법으로 평가하였다면, 이러한 경우에까지 추후에 소송에서 확정된 가액을 근거로 과소신고가산세를 부과하는 것은 타당하지 않은 것으로 보인다.10)

2006년 12월 31일, 상증세법에서 규정하던 과소신고가산세의 규정이 삭제되고 국세기본법에서 이를 일괄하여 규정하는 것으로 개정되면서, 구 상증세법 제78조 제1항 제1호의 "신고한 재산으로서 대통령령이 정하는 평가가액의 차이로 인하여 미달신고한 금액"에 대하여는 가산세를 부과하지 않도록 하는 조문이 삭제되었다. 따라서 평가가액의 차이로 인해 미달신고한 금액에 대하여도 가산세가 부과되는 문제가 발생될 수 있다. 그러나 과세관청은 "구 상증세법(2006. 12. 30. 법률 제8139호로 개정되기 전의 것) 제78조 제1항 각호의 평가가액의 차이 또는 공제적용의 착오로 인하여 신고하여야 할 과세표준에 미달하게 신고한 때에는 국세기본법 제48조 제1항에 규정한 납세자가 신고의무를 불이행한 것에 대하여 정당한 사유가 있는 때에 해당하므로 신고불성실가산세가 부과되지 않는다. 다만 납부하지 아니한 세액 또는 미달한 세액에 대한 납부불성실가산세는 납부할 세액에 가산한다."고 해석하고 있다(서면1팀 -110, 2008. 1. 18.). 결과적으로 종전과 같이 과소신고가산세는 부담하지 않겠지만, 유권해석보다는 법령에 구체적으로 규정함으로써 이를 명확히 할 필요가 있다고 생각된다.

---

9) 종래부터 대법원은 "상속세를 부과함에 있어 과세관청이 상속재산의 상속개시 당시의 시가를 평가하기 어렵다는 이유로 보충적 평가방법에 의하여 평가하여 과세처분을 하였다 하더라도 그 과세처분 취소소송의 사실심 변론종결시까지 상속재산의 시가가 입증된 때에는 그 상속재산의 시가에 의한 정당한 상속세액을 산출한 다음 과세처분의 세액이 정당한 세액을 초과하는지 여부에 따라 과세처분의 위법 여부를 판단하여야 한다"는 입장을 취해왔다. 대법원 1996. 8. 23. 선고 95누13821 판결.

10) 그러나 소송 중인 권리가 아니고 단지 상속 재산이 소송 중인 것이라면 신고납부불성실 가산세가 부과된다. 감심-2004-0028, 2004. 04. 14. '소유권 다툼에 관한 소송이 상속 개시 당시에도 계속 진행 중이더라도 (대상 부동산이) 피상속인 명의로 등기되어 있음이 등기부등본에 의하여 확인되고 이는 피상속인의 소유로 추정되는 것이므로 청구인들이 이를 상속재산으로 신고하지 아니한 정당한 사유가 있었다고 볼 수는 없다'. 한편 2006. 12. 30. 개정으로 현재 삭제된 상증세법 제78조 제1항 제1호에서는 '신고한 재산으로서 소유권에 관한 소송 등의 사유로 인하여 상속 또는 증여재산으로 확정되지 아니한 금액'을 미달신고 가산세 부과 제외대상으로 하고 있었으므로 신고의무는 있었다.

3. 이 판결의 검토

상속재산인 비상장주식을 보충적 평가방법에 의하여 평가하는 경우 그 산정의 기초가 되는 법인의 순자산가액 속에 '소송 중의 권리'가 포함된 경우, 그 가액은 시행령 제7조 제4호가 정하는 방법에 의하여 평가하여야 할 것인데, 당해 과세처분이 있기 이전에 법원의 판결 등을 통하여 '소송 중의 권리'의 내용과 범위가 구체적으로 확정되었다면, 다른 특별한 사정이 없는 한 판결에 따라 확정된 권리의 가액이 상속개시 당시의 현황에 의하여 적정하게 평가된 가액으로 보아야 할 것임은 앞서 살펴본 바와 같다.

이 사건의 경우 상속개시 당시에 소외 회사는 취득세부과처분취소소송을 제기하여 소송 계속 중에 있었고(소외 회사의 자산 속에 소송 중의 권리가 포함되어 있음), 그 후 이 사건 상속세부과처분 이전에 취득세부과처분에 대한 취소판결이 확정되어 그 취득세를 모두 환급받았다면, 소외 회사의 순자산가액을 평가함에 있어서 위 판결에 의하여 확정된 취득세

환급금을 포함하여 평가하는 것이 적정하고도 타당한 방법이라고 할 것이다.

따라서 피고가 이 사건 상속개시 당시에는 '소송 중이던 권리'가 그 후에 확정판결에 의하여 소외 회사가 실제로 취득세환급금을 환급받은 점에 터잡아, 위 취득세환급금을 소외 회사의 순자산가액에 포함하여 이 사건 비상장주식의 가액을 평가한 것은 정당한 것이라고 할 것이다.

4. 이 판결의 의의

이 판결은 문제된 소송의 판결에 따라 확정된 권리의 가액을 기초로 '소송 중의 권리'의 가액을 평가하여야 한다는 법리를 밝힌 의미 있는 판결이다. 그러나 상속세 신고 시점, 나아가 상속세 부과처분 취소소송의 사실심 변론종결 시점까지 문제된 소송의 결론을 합리적으로 예측할 수 없는 경우에는 어떻게 '소송 중의 권리'의 가액을 평가하여야 할지는 실무적으로 어려운 숙제로 남아 있다.

참고문헌

박　훈, "2005년도 상속세 및 증여세법 판례회고", 『조세법연구』, 12−1(2006. 7.).

이광재, 『상속·증여세의 이론과 실무』, 세경사, 2013.

경영권 프리미엄 주식 양도에 대한
할증과세제도의 합헌성

사건의 표시 : 헌재 2007. 1. 17. 2006헌바22 결정

▪ 사건개요 ▪

주식회사 ○○의 창업주이자 실질적 경영권자의 아들인 甲은, 2000. 9.경 위 회사 주주 乙로부터 위 회사 주식 63,800주를 주당 7,000원에 양도받았다. 과세관청은 甲이 乙로부터 취득한 위 주식은 실질적으로는 최대주주이자 특수관계에 있는 창업주인 아버지가 甲에게 증여한 것으로 보아 보충적 방법으로 주식가액을 평가한 후, 구 상속세및증여세법 제63조 제3항에 의한 20%를 가산하여 과세가액을 산정하여 甲에 대하여 증여세를 부과하였다. 이에 甲은 위 증여세부과처분에 대한 취소소송을 법원에 제기하는 한편, 위 증여세부과처분 시 주식에 대한 과세가액 산정에 있

어 주식평가액의 100분의 20을 가산하도록 규정하고 있는 구 상속세및증여세법 제63조 제3항이 재산권 및 조세평등원칙에 반하여 헌법에 위반된다며 위헌법률심판제청신청을 하였으나 법원이 이를 기각하자, 헌법재판소에 헌법소원심판을 청구한 것이다.

【심판대상조문】

구 상속세및증여세법(1999. 12. 28. 법률 제6048호로 개정되고, 2000. 12. 29. 법률 제6301호로 개정되기 전의 것, 이하 '상증세법'이라 한다) 제63조(유가증권 등의 평가) ③ 제1항 제1호 및 제2항의 규정을 적용함에 있어서 대통령령이

---

* 노희범(헌법재판소 연구관).

정하는 최대주주 또는 최대출자자 및 그와 특수관계에 있는 주주 또는 출자자(이하 이 항에서 "최대주주 등"이라 한다)의 주식 및 출자지분에 대하여는 제1항 제1호 및 제2항의 규정에 의하여 평가한 가액에 그 가액의 100분의 20을 가산하되, 최대주주 등이 당해 법인의 발행주식총수 등의 100분의 50을 초과하여 보유하는 경우에는 100분의 30을 가산한다. 이 경우 최대주주 등이 보유하는 주식 또는 출자지분의 계산은 대통령령으로 정한다.

▪ 판결요지 ▪

가. 최대주주가 보유한 주식은 그 가치에 더하여 당해 회사의 지배권을 행사할 수 있는 특수한 가치, 이른바 '지배권 프리미엄'을 지니고 있으며, 이것은 개별회사의 자본 및 부채의 구조, 경영실적 등 다양한 요소들에 의해 그 가치가 달라질 수 있다. 따라서 개개 법인에 존재하는 지배권의 가치를 개별적으로 정확하게 파악하는 것은 결코 쉬운 일이 아니며 지배가치를 평가함에 있어 어떠한 입법 방식을 택하고 어느 정도의 가치를 부여할 것인가의 문제는 여러 사회·경제적 요소들을 고려하여 입법자가 입법형성적 재량을 일탈하지 않는 범위 내에서 선택할 수 있는 사항이다. 위와 같은 사정에 비추어 볼 때, 이 사건 심판대상 조항이 최대주주의 주식에 대하여 20%

의 가산율을 규정한 것이 지나치게 과잉한 것으로 입법자의 입법형성적 재량을 일탈하여 재산권을 침해하였다고 볼 수 없다.

나. 이 사건 심판대상 조항이 비록 최대주주 등의 보유주식 가치를 다른 주주의 보유주식과 달리 취급하면서 거래 주식의 수량이나 거래의 상대방 등에 따라 그 적용범위를 한정하는 아무런 예외를 두지 않은 획일적인 규율방식을 취하고 있지만, 이는 최대주주의 보유주식의 가치 및 회사 지배권의 특성을 감안하여 공평한 조세부담을 통한 조세정의의 실현, 징세의 효율성이라는 조세정책적, 기술적 요구를 종합적으로 고려하여 결정한 것이다. 이러한 입법목적에 비추어 볼 때, 이 사건 법률조항이 자의적인 것으로서 입법형성권의 한계를 벗어났다고 볼 수 없어 조세평등주의에 위반되지 아니하다. 또한 우리 세법은 조세정책적 측면에서 명의신탁이라는 문언에도 불구하고 주식 등이 명의신탁된 경우를 증여된 것으로 의제하고 있으므로, 적어도 세법상으로는 명의신탁과 단순증여의 법률적 효과를 동일하게 취급할 수밖에 없다. 이 사건 심판대상 조항에 주식명의신탁의 경우를 배제하지 않은 것이 조세평등주의 또는 실질과세원칙에 위반된다고 볼 수 없다.

▶ 해 설 ◀

1. 최대 주주 등의 보유주식 할증평가과 세의 입법목적과 연혁

최대주주 등이 보유하는 주식은 이사의 선임을 통하여 경영진에 영향력을 행사하거나 주주총회에서의 직접결의에 의하여 회사의 기본정책을 결정할 수 있어 통상 거래되는 주식의 가치에 더하여 회사의 경영권 내지 지배권을 행사할 수 있는 특수한 가치, 이른바 '경영권(지배권) 프리미엄'이라는 별도의 경제적 가치를 지니고 실제 거래에 있어서도 단순한 단위거래 주식가액의 합계액 보다 높은 가액에 거래되고 있는 것이 현실이다.

이처럼 경영권이 포함된 주식은 통상적인 주식보다 높은 가치를 지니고 있으므로 이를 이전하는 경우 보통의 거래 가액으로 평가하여 조세를 부과한다면 부당하게 낮은 세부담으로 회사의 경영권이 이전되어 공평과세 내지 조세정의에 반하게 된다. 이 사건 법률조항은 이와 같은 경영권 프리미엄 주식의 상속·증여 시 공평 과세를 위한 평가방법을 마련함으로써 조세정의를 실현하려는 것이다. 한편, 대법원도 회사의 발행주식을 회사의 경영권과 함께 양도하는 경우 그 거래가격은 주식만을 양도하는 경우의 객관적 교환가치를 반영하는 일반적인 시가로 볼 수는 없다고 판시하여 경영권 프리미엄 주식에 대한 할증평가를 한 예가 있다.[1]

최대주주의 보유주식 할증평가과세제도는 최초에 비상장 법인의 지배주주 이외의 자가 보유하는 주식에 대하여 그 가액의 10%를 공제하여 주는 방식으로 도입되었다가,[2] 이후 지배주주(후에 최대주주로 변경)의 주식에 대하여 평가액의 10%를 가산하는 방식으로 개정되었으며,[3] 그 후 이 사건 심판대상 조항과 같이 최대주주 지분율이 50% 이하인 경우 20%를, 최대주주 지분율이 50%을 초과하는 경우 30%를 가산하는 방식으로 개정되었다.

---

1) 대법원 1989. 7. 25. 선고 88누9565 판결{공1989. 9. 15. (856), 1306} 등 참조.
2) 1986. 12. 31. 개정된 구 상속세법시행령은 비상장주식의 평가방법을 합리적으로 개선하기 위하여 지배주주 이외의 자가 보유하는 주식에 대하여는 시장성이 없는 점을 감안하여 당해 주식의 평가액에 그 가액의 10%를 공제하는 조항을 신설하였다.
3) 1992. 12. 31. 개정된 구 상속세법시행령은 기존의 비지배주주지분에 대한 할인평가제를 폐지하고, 반대로 지배주주의 주식에 대하여 평가액의 10%를 가산하는 할증평가방식을 도입하였다. 여기서 지배주주란 발행주식총수의 1% 이상을 가진 주주와 그와 특수관계에 있는 자를 말하며, 10%의 가산율은 비상장법인에게만 적용되었다. 그러나 이에 대해서는 비상장법인과 상장법인간에 과세불균형이 있다는 점, 지배주주를 발행주식총수의 1%이상을 가진 주주 및 그 특수관계자로 정하였기 때문에 주식분산이 잘 되어 있는 법인일수록 오히려 적은 지분만으로도 지배주주에 해당되어 불합리하게 적용된다는 비판이 제기되었다. 한편, 1996. 12. 30. 전문개정된 구 상증세법(법률 제5193호)에서는 경영권 프리미엄과 관련한 비상장법인과 상장법인간의 과세불균형해소의 차원에서 할증평가대상 주식을 모든 주식으로 확대하였으며, 종전에는 지배주주가 소유한 주식에 한해 적용하던 것을 당해 법인의 주식을 가장 많이 소유한 최대주주가 소

한편 2002. 12. 18. 법률 제6780호로, 대통령령이 정하는 중소기업의 경우에는 이를 각 10%와 15%로 경감하도록 개정하였다.[4]

2. 조세평등주의 및 재산권 침해 여부

이 사건의 헌법적 쟁점은, 경영권 프리미엄이 있는 주식에 대한 할증평가과세가 조세평등원칙 및 재산권을 침해하는지 여부이다. 특히 문제되는 것은, 실제로 경영권 프리미엄이 없거나 미미한 경우에도 단지 최대주주에 해당된다는 사정만으로 구체적 사안의 개별성과 특수성을 고려하지 않고 일률적, 획일적으로 할증 평가하여 과세하도록 한 것은 입법의 본래 취지와 달리 해당주주의 재산권을 지나치게 제한할 뿐만 아니라 공평과세원칙에 위반되는 것이 아닌가 하는 점이었다.

그런데 경영권 프리미엄이 있는 주식 할증평가과세에 대하여는 이미 헌법재판소가 2003. 1. 30. 선고된 2002헌바65사건(판례집 15-1, 121)에서 이 사건 법률조항과 유사한 구 상증세법(1998. 12. 28. 법률 제5582호로 개정되기 전의 것) 제63조 제3항에 대하여 합헌판단을 한 바 있었다.[5] 이 사건에서 심판대상과 선례의 심판대상 법조항이 다른 점은 가산되는 비율이 10%에서 20%로 높아졌다는 점뿐이었다.

헌법재판소는 위 선례를 인용하여 할증평가과세제도에 대하여 다시 합헌 결정을 선고하였다. 우선 조세평등원칙위반 여부에 대하여 최대주주 등의 보유주식의 가치를 할증 평가하여 과세할지 여부는 기본적으로 조세정의의 실현, 징세의 효율성이라는 조세정책적, 기술적 요구를 종합적으로 고려하여 결정할 입법자의 입법형성권의 범위에 포함되는 것임을 전제로 입법목적에 비추어 볼 때, 할증과세제도는 입법형성권의 한계를 벗어났다고 볼 수 없어 조세평등주의에 위반되지 않는다고 판단하였다. 한편 이 사건에서 청구인은 이 사건 심판대상 조항이 최대주주의 주식에 대하여

유한 주식으로 하되, 주식분산이 양호하여 최대주주 및 그와 특수관계에 있는 주주의 주식보유비율이 10% 미만인 경우에는 할증평가 대상에서 제외하였다.

4) 1999. 12. 28. 개정된 구 상증세법(이 사건 법률조항)에서는 경영권이 포함된 주식의 경우 지분율 규모가 클수록 프리미엄이 크다는 점을 감안하여 최대주주의 지분율이 50%이하인 경우에는 당해 주식의 평가액에 그 가액의 20%를 가산하고, 50%를 초과하는 경우에는 그 가액의 30%를 가산한 가액으로 평가하도록 하여 주식보유비율에 따라 할증률을 차등 적용하도록 하였으며, 최대주주의 지분율 계산에 있어서도 평가기준일 전에 양도 또는 증여하는 방법에 의하여 고의로 높은 율의 적용을 회피하는 사례를 방지하고자 상속일 또는 증여일로부터 1년 내 양도 또는 증여한 주식수를 가산토록 하였다. 한편 2002. 12. 18. 개정된 구 상증세법은 이러한 최대주주 등 보유주식의 할증평가에 있어서 대통령령이 정하는 중소기업의 경우에는 각각 10% 혹은 15%의 할증률만을 적용하도록 하였으며, 현행 상증세법도 이러한 태도를 유지하고 있다.

5) 헌재 2003. 1. 30. 2002헌바65 결정, 판례집 15-1, 121, 128-131.

통상 주식의 평가액에 20%를 가산하여 평가하도록 한 것은 지배권의 가치를 고려하였기 때문인데, 이 사건과 같이 명의신탁을 통해 명의만 이전된 경우에는 실질적으로 지배권이 이전되지 않았으므로, 이는 지배권의 이전이 없는 주식에 대하여 지배권의 이전이 있는 주식과 동등하게 평가하여 과세하는 것으로서 조세평등주의와 실질과세원칙에 위배된다고 주장하였다. 그러나 헌법재판소는 우리 세법은 조세정책적 측면에서 명의신탁이라는 문언에 불구하고 주식 등이 명의신탁된 경우를 증여된 것으로 의제하고 있으므로(상증세법 41조의2 1항), 적어도 세법상으로는 명의신탁과 단순증여의 법률적 효과를 동일하게 취급할 수밖에 없고, 따라서 최대주주의 주식이 명의신탁된 것으로 의제되는 경우에도 단순증여의 경우와 마찬가지로 통상 주식의 평가액에 가산하여 과세가액을 정할 수밖에 없다고 하여 조세평등원칙에 위반되지 않는다고 하였다.

한편, 재산권 침해 여부에 대하여 헌법재판소는 최대주주 등의 주식 등에 포함되어 있는 '지배권 프리미엄'을 정당하게 계산하여 그 가치를 평가함으로써 정당한 조세부과를 하는 규정으로서 실질적 소득·수익이 있는 곳에 과세한다고 하는 실질과세원칙을 관철하기 위한 것이고, 지배권의 가치를 평가함에 있어 어떠한 입법 방식을 택하고 어느 정도의 가치를 부여할 것인가의 문제는 여러 사회·경제적 요소들을 고려하여 입법자가 입법형성적 재량을 일탈하지 않는 범위 내에서 선택할 수 있는 사항이라는 점을 전제로 이 사건 심판대상 조항이 최대주주의 주식에 대하여 20%의 가산율을 규정한 것이 지나치게 과잉한 것으로 입법자의 입법형성적 재량을 일탈하여 청구인들의 재산권을 침해하였다고 볼 수는 없다고 판단하였다.

3. 이 결정의 의의

이 사건 결정은 두 가지 점에서 의미가 있다. 첫째, 헌법재판소는 조세분야에 있어서 입법자가 공평과세 내지 실질과세를 통한 조세정의의 실현, 징세의 효율성 제고를 위한 입법기술적 수단을 선택함에 있어서 비교적 넓은 입법형성의 재량을 인정해 왔다. 이 결정은 이러한 헌법재판소의 조세입법에 대한 기존의 태노를 재확인하였다는 점에서 의미가 있다.

둘째, 경영권 프리미엄이 있는 주식에 대한 할증평가과세제도의 합헌성이 헌법재판소에 의하여 재차 인정받음으로써 실질과세 내지 공평과세원칙에 부합하는 조세부과가 이뤄질 수 있다는 점, 경영과 소유가 분리되지 않은 우리나라의 가족중심기업의 기업지배구조 개선, 즉, 지배주주 내지 최대주주의 보유주식에 대한 상속증여를 통한 부당한 경영권 세습을 어느 정도 견제할 수 있다는 점에서 의미가 있다. 다만, 이와 같은 점에도 불구하고, 경영권 프리미엄의 가치는 회사의 규모, 업종,

재산상태, 경영실적, 장래의 전망, 사회의 신인도, 평가의 시기, 경영진의 능력과 성향, 상장 여부 등에 따라 달라질 수 있는 것인데 이를 획일적으로 정하여 놓고 이를 기초로 하여 과세하는 것은 실질과세의 원칙에 어긋난다는 2003. 헌법재판소 결정의 소수의견이 지적한 바와 같이[6] 획일적 과세방식의 문제점과 '가산율'에 대한 합리적 기준을 제시하기 어렵다는 점에서 이에 대한 위헌 논란이 완전히 종식될 것으로 보기는 어렵고, 구체적 사안의 개별성과 특수성을 감안한 입법개선의 필요성에 대한 요구는 계속될 것으로 보인다.

---

6) 헌재 2003. 1. 30. 2002헌바65, 판례집 15-1, 121, 132.

신고불성실가산세와 납부불성실가산세

사건의 표시 : 대법원 2004. 10. 15. 선고 2003두7064판결

▪ 사실개요 ▪

가. 원고는 1999. 1. 23. 상속세의 과세표준 신고시 상속재산을 전부 신고하였는데, 상속재산의 일부(일부 부동산 및 주식)에 대하여는 과소신고를 하고, 다른 상속재산에 대하여는 과다신고를 하였다.

나. 원심은 신고불성실가산세를 계산함에 있어서 위 과다신고금액을 신고액에서 제외하여야 한다는 피고 과세관청의 주장을 배척하고 상속세법이 유산세 방식을 채택하고 있고, 이를 제외하는 것은 형평에도 반한다는 이유로 이를 합산하여 계산하였다.

다. 피고는 이 사건 부과처분에서 신고불성실가산세 57,823,320원, 납부불성실가산세 29,950,944원을 부과하였다.

라. 원심은 정당한 신고불성실가산세

45,791,211원, 납부불성실가산세 33,087,242원을 인정하면서도 피고가 위와 같이 납부불성실가산세를 29,950,944원만 부과하였으므로 법원이 직권으로 납부불성실가산세로 33,087,242원을 인정할 수 없어 결국 원고들이 납부하여야 할 가산세액은 75,742,155원(45,791,211원＋29,950,944원)이라고 판단하였다.

▪ 판결요지 ▪

가. 국세청의 기본통칙은 과세관청 내부에 있어서 세법의 해석기준 및 집행기준을 시달한 행정규칙에 불과하고 법원이나 국민을 기속하는 효력이 있는 법규가 아니고, 달리 가

---

* 이선애(법무법인 화우 변호사).

459

산세 부과에 있어서 이와 같은 과다평가액을 신고한 과세표준에서 제외시켜야 할 법령상의 근거도 없으며, 오히려 우리 상속세법이 개개의 상속재산이 아니라 분할 이전의 상속재산 전체를 과세대상으로 하는 유산세 방식을 채택하고 있는 점이나, 상속재산 중의 일부에 대한 과소신고가 있다고 하더라도 다른 상속재산에 대하여 과다신고를 한 결과 상속재산 전체에 대한 과세표준신고액이 정당한 과세표준액과 같거나 이를 넘어서는 경우에 과다신고한 부분은 무시하고 과소신고한 부분만을 들어 신고불성실가산세를 부과하는 것은 형평에도 반하는 점 등에 비추어 보면, 최소한 과소신고액을 한도로 하여 그 범위 내에서는 과다신고한 부분도 신고한 과세표준에 포함시켜 신고불성실가산세를 산출함이 타당하다고 판단하였다.

나. 신고불성실가산세와 납부불성실가산세는 다 같이 가산세로서 그 성격을 같이 하는 것이므로 하나의 처분이라고 보아야 한다는 피고의 주장에 대하여, 대법원은 상속세에 있어서 신고불성실가산세와 납부불성실가산세는 조세채무의 성립요건 자체가 다르므로 별개의 독립된 처분이라고 보아야 할 것이므로, 피고의 이 사건 처분에 대하여 원고가 불복하여 제기된 이 사건 소송에서 납부불성실가산세의 정당한 세액이 33,087,242원으로 인정되더라도(그 액수와 신고불성실가산세의 정당한 세액을 합한 액수가 피고의 신고불성실가산세와 납부

불성실가산세의 처분액을 합한 범위 내라고 하더라도) 피고가 이 사건 처분에 납부불성실가산세로 부과한 세액이 29,950,944원인 이상, 이를 초과하는 가산세를 법원이 직권으로 인정할 수 없는 것이므로, 납부불성실가산세로 피고의 처분액의 전부인 29,950,944원만을 인정한 원심의 판단은 정당하다고 판단하였다.

▶ 해　설 ◀

1. 쟁점

첫째, 상속세과세표준신고를 하면서 일부 재산을 과다평가하여 신고하였는데 전체적으로는 과소신고하여 신고불성실가산세 부과대상이 되는 경우에 있어서 신고불성실가산세를 산정함에 있어서 과다신고금액을 신고한 과세표준에서 제외하여야 할 것인지 여부이다.

둘째, 법원에서 계산한 신고불성실가산세의 정당한 세액은 부과처분액을 초과하지만 신고불성실가산세와 납부불성실가산세의 각 신고액의 합계액은 가산세부과처분액 합계액의 범위 내에 있는 경우 부과처분액을 초과한 신고불성실가산세를 인정할 수 있는지 여부이다.

2. 상속세에 있어서 가산세 일반에 대한 검토

(1) 신고불성실 가산세

상속세납부의무가 있는 상속인은 상속개시일부터 6월 이내에 납세지관할세무서장에게 상속세과세표준의 계산에 필요한 상속재산의 종류·수량·평가가액, 재산분할 및 각종 공제 등을 입증할 수 있는 서류 등을 첨부하여 상속세의 과세가액 및 과세표준을 신고할 의무가 있다{구 상속세및증여세법(1998. 12. 28. 법률 제5582호로 개정되기 전의 것, 이하 '상증세법'이라 한다) 제67조 제1항, 제2항}.

비록 상속세가 부과과세방식의 조세이기 때문에, 상속세 신고 자체로서 세액 확정의 효과가 있는 것은 아니나(대법원 1991. 9. 10. 선고 91다16952 판결), 신고를 유도하여 과세행정의 부담을 경감하기 위하여 법은 신고의무를 이행하지 않으면 신고불성실가산세를 부과하고 있다(구 상증세법 78조 1항).

세무서장 등은 상속재산에 대하여 구 상증세법 제67조 또는 제68조에 규정된 신고기한이내에 신고하지 아니하였거나 신고하여야 할 과세표준에 미달하게 신고한 때에는 구 상증세법 제76조의 규정에 의하여 결정한 과세표준에 대하여 그 신고를 하지 아니한 과세표준 또는 신고하여야 할 과세표준에 미달한 금액(신고한 재산으로서 대통령령이 정하는 평가가액의 차이로 인하여 신고하여야 할 과세표준에 미

달한 금액을 제외한다)이 차지하는 비율을 상속세산출세액과 구 상증세법 제27조 또는 제57조의 규정에 의하여 가산하는 금액을 합한 금액에 곱하여 계산한 금액의 100분의 20에 상당하는 금액을 각각 산출세액에 가산한다(구 상증세법 78조 1항).

(2) 납부불성실 가산세

구 상증세법 제67조에 의한 과세표준신고를 하는 자는 그 신고기한 이내에 산출세액에서 각종 공제금액 등을 공제한 금액을 자진납부하여야 한다(구 상증세법 70조 1항). 과세관청의 부과결정 전에 납세자가 미리 자진 납부를 해야 하는 것인데, 조세채무확정 효력은 없으나, 자진납부를 유도하여 과세행정의 부담을 경감하기 위해 자진납부를 하지 않을 경우 납부불성실 가산세가 부과된다(구 상증세법 78조).

세무시장 등은 구 상증세법 제70조의 규정에 의하여 납부할 세액을 신고기한이내에 납부하지 아니하였거나 구 상증세법 제76조의 규정에 의하여 결정한 과세표준에 대하여 납부하여야 할 세액에 미달하게 납부한 때(제71조 또는 제73조의 규정에 의하여 연부연납 또는 물납을 신청한 경우에는 그 연부연납 또는 물납이 허가되지 아니한 경우를 말한다)에는 납부하지 아니하였거나 미달하게 납부한 세액의 100분의 10에 상당하는 금액(신고한 재산으로서 대통령령이 정하는 평가가액의 차이로 인하여 납부하여야 할 세액에 미달한 금액을 제외한다)을 산출세액

에 가산한다(구 상증세법 78조 2항).

(3) 가산세의 성질

세법상 가산세는 과세권의 행사 및 조세채권의 실현을 용이하게 하기 위하여 납세자가 정당한 이유 없이 법에 규정된 신고, 납세 등 각종 의무를 위반한 경우에 개별세법이 정하는 바에 따라 부과되는 행정상의 제재이다(대법원 1995. 11. 14. 선고 95누10181 판결).

가산세는 징수절차상의 편의 때문에 당해 세법이 정하는 국세의 세목으로 하여 그 세법에 의하여 산출한 본세의 세액에 가산하여 함께 징수하는 것일 뿐, 세법이 정하는 바에 따라 성립 확정되는 국세와는 본질적으로 그 성질이 다른 것으로 보고 있다(대법원 1992. 5. 26. 선고 91누9596 판결).

3. 상속재산 중 일부는 과소신고하고, 일부는 과다신고한 경우 과다신고된 금액을 신고된 과세표준에서 제외할 것인지 여부

이 사건에서 과세관청이 근거로 든 국세청의 기본통칙(78-80⋯1)에는 과다신고금액을 신고된 과세표준에서 제외하여야 한다고 되어 있다. 그러나, 국세청의 기본통칙은 과세관청 내부에 있어서 세법의 해석기준 및 집행기준을 시달한 행정규칙에 불과한 것이고 법원이나 국민을 기속하는 법규로서의 효력을

가지는 것이 아니다(대법원 1992. 12. 22. 선고 92누7580 판결).

상증세법은 개개의 상속재산이 아닌 상속재산 전체를 과세대상으로 하는 유산세방식을 채택하고 있고, 상속세는 피상속인이 국내에 주소를 둔 때에는 상속재산의 전부가 1개의 과세단위가 되는 것이므로, 모든 상속재산을 통틀어 상속세부과처분이 이루어진다고 보아야 한다.

구 상증세법 제67조 역시 상속세의 과세가액 및 과세표준을 신고하도록 규정하고 있을 뿐 개개의 상속재산에 대한 것을 신고하도록 규정하고 있지 않으므로, 상속세과세표준의 신고는 모든 상속재산을 통틀어 그 가액을 신고하는 것으로 보아야 한다.

상속재산 중 일부에 대한 과소신고가 있고, 일부 상속재산에 대하여 과다신고를 했는데, 상속재산 전체에 대한 과세표준 신고액이 정당한 과세표준액과 같거나 이를 넘어서는 경우가 있을 수 있다. 이경우 과다신고한 부분은 고려에 넣지 않고, 과소신고한 부분만을 문제 삼아 신고불성실가산세를 부과한다면 형평의 원칙에 반한다고 할 것이다.

이러한 점들을 종합해 볼 때, 이 사건의 경우와 같이 상속재산을 전부 신고하였는데 상속재산 중 일부에 대하여는 과소신고를 하고, 일부 상속재산에 대하여 과다신고를 하는 경우에는 적어도 과소신고액을 한도로 하여 그 범위 내에서 과다신고한 부분도 신고한 과

세표준에 포함시켜 신고불성실가산세를 산출함이 형평의 원칙에 부합하는 합리적인 해석이라 할 것이다.

따라서 이와 결론을 같이 한 대법원의 견해는 타당하다고 사료된다.

다만, 가산세 제도의 취지가 원활한 과세행정을 도모하는데 있다고 볼 때, 이 사건 사안은 사실상 과다신고한 부분과 과소신고한 부분이 논리적 관련성이 없으므로, 과소신고한 부분에 대하여 과세관청의 적정한 과세권의 행사에 지장을 초래한 것은 분명하다는 점에서 제재의 필요성은 있었다고 볼 여지는 있다(예컨대 납세자가 후에 과다신고한 부분에 대한 감액경정을 구하여 감액이 된 경우에 실질적으로 신고시부터 과소신고한 것이 될 것임).

4. 법원에서 계산한 신고불성실가산세의 정당한 세액은 부과처분액을 초과하지만 신고불성실가산세와 납부불성실가산세의 각 신고액의 합계액은 가산세부과처분액 합계액의 범위 내에 있는 경우 부과처분액을 초과한 신고불성실가산세를 인정할 수 있는지 여부

신고불성실가산세와 납부불성실가산세는 조세채무의 성립요건 자체가 다르므로 별개의 과세단위로서 그 부과처분은 별개의 독립된 처분이다.

별개의 독립한 과세처분인 이상, 비록 신고불성실가산세의 액수와 신고불성실가산세의 정당한 세액을 합한 액수가 피고의 신고불성실가산세와 납부불성실가산세의 처분액을 합한 범위 내에 있다고 하더라도 법원은 각 가산세의 부과처분액을 넘어서는 가산세를 직권으로 인정할 수는 없다. 비록 과세관청이 정당한 세액에 못미치는 부과처분을 하였다고 하더라도 사법부가 과세관청을 대신하여 가산세를 추가로 부과할 수 없는 것은 권력분립의 관점에서 자명하다. 따라서, 이와 같은 견해를 밝힌 대법원 견해는 정당하다고 사료된다.

6. 이 판결의 의의

위 판결은 대법원이 신고불성실 가산세의 부과기준이 되는 "신고한 과세표준"의 판단기준 및 신고불성실가산세와 납부불성실 가산세는 별개의 독립된 처분이라는 법리에 관하여 판단한 것에 그 의의가 있다.

회사의 경영권과 함께 그 발행주식을 양도하는 경우의 거래가격을 그 주식의 시가로 볼 수 있는지 여부

사건의 표시 : 대법원 2004. 10. 15. 선고 2003두1073 판결

▪ 사실개요 ▪

1. 원고들은 1998. 3. 26. 피상속인으로부터 A회사의 비상장주식 298,801주를 상속받았으며, 1998. 6. 12. 상속받은 주식 중 81,120주와 기존에 소유하고 있었던 주식 190,465주 등 합계 271,585주를 B회사에게 양도함으로써 A회사의 경영권을 B회사에게 이전하는 계약(원고들이 일정기간 동안 A회사와 경쟁하지 아니하며, A회사로 하여금 계열회사의 주식을 인수하도록 하는 등 구조조정 하는 것을 포함함)을 체결하였다. 주식의 양도대가로 1998. 7. 15. 125억 원을 수령하고, 1999. 4. 15. 추가로 약 22억 원을 수령하였다.

2. 원고들은 원고들이 A회사의 주식을 B

회사에게 양도하면서 수령한 125억 원을 기준으로 A회사의 주식 298,801주를 1주당 46,026원으로 평가하여서, 1999.9.24. 상속세를 신고하였다.

3. 피고는 원고들이 A회사 주식의 양도대가로 B회사로부터 처음에 수령한 125억 원과 추가로 수령한 약 22억 원을 합한 약 147억 원을 기준으로 1주당 54,348원을 위 비상장주식의 시가로 평가하여 1999. 11. 9. 상속세 부과처분을 하였다.

4. 국세심판원은 상속받은 A회사 주식 중, B회사에 양도된 주식에는 경영권이전에 대한 대가가 포함되어 있으며, B회사에 양도

---

* 김동수(법무법인 율촌 변호사).

되지 않은 주식에는 경영권이전에 대한 대가가 포함되지 않았다는 이유로 B회사에게 양도된 주식의 평가액은 약 147억 원을 기준으로 평가하고, B회사에게 양도되지 않은 주식은 B회사에 양도된 주식의 평가액에 100분의 90을 곱하여 산출된 가액으로 평가하도록 결정하였다. 이에 따라 피고는 상속세 감액 경정처분을 하였다.

5. 원고들은 비상장주식의 양도가액은 확정된 거래금액이 아니어서 상속개시일 당시의 시가로 볼 수 없고, 일반적이고도 정상적인 교환가치를 적정하게 반영하고 있는 것이 아니며, 경영권의 가치까지 포함하고 있으므로 "시가"로 볼 수 없다고 주장하며 소를 제기하였고, 제1심[1] 및 원심[2]에서 원고 승소하였다.

6. 이에 대해 피고는 거래당사자들 사이의 특수한 사정이 가미되어 주식거래가 이루어지는 현실을 고려할 때 위와 같은 사정이 존재한다고 하더라도 실제로 A회사가 원고들에게 지급한 1주당 양도가액을 이 사건 비상장주식의 객관적 교환가치로 보아야 한다고 주장하며 상고하였다.

▪ 판결요지 ▪

상속재산의 평가에 있어서 시장성이 적은 비상장주식의 경우에도 그에 관한 객관적 교환가치가 적정하게 반영된 정상적인 거래의 실례가 있는 경우에는 그 거래가격을 시가로 보아 주식의 가액을 평가하여야지 상속세 및 증여세법 시행령(이하 '상증세령'이라 한다) 소정의 보충적 평가방법에 의하여 평가해서는 안될 것이나, 회사의 발행주식을 회사의 경영권과 함께 양도하는 경우 그 거래가격은 주식만을 양도하는 경우의 객관적 교환가치를 반영하는 일반적인 시가로 볼 수 없다.

▶ 해 설 ◀

1. 쟁점

원고들이 상속받은 이 사건 비상장주식을 평가함에 있어, 피상속인 사망 후 이루어진 주식양도계약에 기한 양도가액을 시가로 보아 이 사건 비상장주식의 가액을 평가할 수 있는지, 아니면 위 양도가액은 객관적 교환가치를 반영하지 아니하여 시가로 볼 수 없으므로 상속세 및 증여세법에 따라 보충적 평가방법에

---

1) 서울행정법원 2001. 9. 26. 선고 2000구42461 판결.
2) 서울고등법원 2002. 12. 24 선고 2011누16769 판결. 원심은 일반적으로 주식의 양도·양수에 경영권의 지배를 수반하는가 여부는 그 주식의 경제적 가치에 큰 영향을 미치는 점뿐만 아니라 이 사건에서의 주식양도계약의 거래 조건이 매우 이례적이라고 보았다.

의하여 평가하여야 하는지 여부가 이 사건의 쟁점이다.

2. 비상장주식의 가액 산정에 관한 검토

(1) 시가평가의 원칙

상속세의 부과를 위한 재산의 가액은 원칙적으로 상속개시일(평가기준일) 현재의 시가에 의하도록 하고, '시가'란 불특정다수인 사이에 자유로이 거래가 이루어지는 경우에 통상 성립된다고 인정되는 가액으로 하며, 수용·공매가격 및 감정가격 등 시가로 인정되는 것을 포함하도록 규정하고 있다(구 상증세법 제60조, 1999. 12. 28. 법률 제6048호로 개정되기 전의 것, 이하 같다). 그리고 시행령은 평가기준일 전 6월부터 상속세 과세표준 신고기간 중 당해 재산에 대한 매매사실이 있는 경우에는 그 거래가액을 시가로 인정하도록 규정하면서, 그 거래가액이 특수관계자와의 거래인 경우 등 객관적으로 부당하다고 인정되는 경우를 제외하고 있다(구 상증세령 제49조, 1998. 12. 31. 대통령령 제15971호로 개정되기 전의 것, 이하 같다).

위 상속세법령에서 말하는 시가는 판례가 시가의 의미로 정의한 '일반적이고 정상적인 거래에 의하여 형성된 객관적 교환가격'과 그 의미를 같이하는 것으로 보아야 한다.[3] 즉 시가는 ① 주관적인 요소가 배제된 객관적인 것이어야 하고, ② 거래에 의하여 형성된 것이어야 하며, ③ 그 거래는 일반적이고 정상적인 것이어야 하고, ④ 그 기준시점의 재산의 구체적인 현황에 따라 평가된 객관적 교환가치를 적정하게 반영하는 것이어야 한다.[4]

(2) 시가의 인정여부에 대한 판례의 태도

1) 시가로 인정한 경우

① 대법원 1986. 2. 25. 선고 85누804 판결[5]은, 1982. 12. 20. 특수관계 없는 사람 사이에 1주당 금1,000원에 매매가 이루어진 거래사례에 비추어, 같은 달 19. 특수관계자가 원고에게 1주당 금1,000원에 매매한 가액을 시가로 봄이 상당하다고 판시하였고,

② 대법원 1993. 7. 27. 선고 92누17174 판결은, 상속개시일로부터 5개월 후에 이루어진 비상장주식의 거래와 관련하여, 주식거래 당사자 간의 관계나 거래의 경위 및 가격결정 과정 등에 비추어 그 주식의 거래가격이 그 주식의 객관적 교환가치를 적정하게 반영한 정상적 거래가격으로 보여지는 이상, 비록 이것이 불특정 다수인간의 여러차례에 걸친 거래로 인하여 형성된 가격이 아니고 또 대량거래를 한 것이 아니었다고 하더라도, 그 거래가격을 상속개시 당시의 시가로 본 것이 적법하다고 판시하였다.

3) 대법원 1994. 12. 22., 93누22333 판결.
4) 임승순, 『조세법』(박영사), 2004, 813면.
5) 자세한 내용은 김백영, "상속(증여) 재산의 부과 당시 평가", 『판례월보』, 제221호(1989. 2.), 58-68면 참조.

2) 시가로 인정하지 않은 경우

① 대법원 1990. 1. 12. 선고 89누558 판결은, 회사의 발행주식을 회사의 경영권과 함께 양도하는 경우 그 거래가격은 주식만을 양도하는 경우의 객관적 교환가치를 반영하는 일반적인 시가로 볼 수 없다[6]고 판시하였고,

② 대법원 1993. 2. 12. 선고 92누251 판결은, 회사의 대주주가 비상장주식을 회사의 피용자나 친인척에게 매도한 사례가 있는 경우에, 그 거래가격이 객관적 교환가치를 적정하게 반영한 것으로 볼 수 없다 하여 보충적 평가방법을 택한 것이 적법하다고 판시하였고,

③ 대법원 1996. 10. 29. 선고 96누9423 판결은, 증여의 대상이 된 비상장회사의 주식에 관하여 위 회사의 임원들 사이에서 거래가액을 1주당 액면가액인 5,000원으로 한 거래 사례가 있는 경우에, 그 거래가 그 주식의 객관적인 교환가치가 적정하게 반영된 정상적인 거래라고 볼 수 없고, 나아가 원고 자신이 스스로 평가하여 신고한 그 증여 당시의 주식의 가액이 10,312원이었다 하여, 보충적 평가방법에 의하여 평가한 금액을 그 주식의 증여가액으로 인정한 것이 적법하다고 판시하였다.

결국 회사의 발행주식을 회사의 경영권과 함께 양도하는 경우 그 거래가격은 주식만을 양도하는 경우의 객관적 교환가치를 반영하는 일반적인 시가로 볼 수는 없다는 것은 대법원의 확립된 태도라고 할 수 있다.[7]

3. 이 판결의 검토

위 관계 법령에 의하면, 상속재산에 포함된 비상장주식의 평가에 있어서 상속세 및 증여세법 제60조 제1항, 제2항, 시행령 제49조 제1항 제1호에 의하여 상속개시일 전 6월부터 상속세 과세표준 신고의 기간 중 당해 비상장주식의 매매사실이 있는 경우에는 그 거래가액이 시가에 해당하여 그 거래가액을 기준으로 당해 비상장주식을 평가하여야 할 것이지만, 위 시행령 같은 호 단서에 의하면 위 기간 사이에 매매사실이 있다고 하여 그 거래가액을 무조건 시가에 해당하는 것으로 볼 수는 없고, 그러한 거래가액이 있다고 하더라도 그 가액이 객관적인 교환가치를 적절하게 반영하고 있지 않아 객관적으로 부당하다고 인정되는 경우에는 이를 시가로 인정하여 비상장주식을 평가할 수는 없다고 할 것이다.

이 사건 계약에 의하여 지급된 1주당 양도가액(혹은 그 100분의 90에 해당하는 가액)을 상속재산에 포함된 소외 회사의 비상장주식의 시가로 평가할 수 있는지를 보면, B회사가 원고들에게 지급한 A회사의 비상장주식에 대한

---

6) 같은 취지의 판결이 다수 있음, 대법원 2003. 6. 13. 선고 2001두9394 판결; 대법원 1989. 7. 25. 선고 88누9565 판결 등.

7) 같은 결론으로, 문준필, "판례로 본 비상장주식의 시가", 『조세법실무연구』(재판자료 제115집)(2008), 627–668면 참조.

매입대금은 기존 주식 271,585주의 양도에 대한 대가는 물론, A회사의 경영권을 B회사에게 양도하고, 원고들이 일정기간 동안 A회사 등과 경쟁하지 아니하며, A회사로 하여금 계열회사의 주식을 인수하도록 하는 등의 구조조정을 하는 것에 대한 대가를 모두 포함한 것으로, 이는 이례적인 거래방법에 해당하는 것이다. 또한, 일반적으로 주식의 양도·양수에 경영권의 지배를 수반하는가 여부는 그 주식의 경제적 가치에 큰 영향을 미치게 되는 것이라는 점을 고려하면, B회사가 이 사건 계약에서 원고들에게 지급한 1주당 양도가액의 가액을 A회사의 비상장주식의 시가로 인정하는 것은 그 객관적인 교환가치를 적절하게 반영하고 있다고 볼 수 없어 객관적으로 부당하다고 인정되는 경우에 해당한다고 볼 수 있을 것이다. 따라서 피고가 이 사건 부과처분에서 상속재산에 포함된 위 비상장주식의 시가를 평가함에 있어 B회사가 원고들에게 지급한 1주당 양도가액(양도되지 아니한 주식에 대하여는 그 100분의 90)을 시가로 인정하여 상속재산을 평가한 것은 위법한 것으로 판단된다.

위와 같이 B회사가 원고들에게 지급한 1주당 양도가액을 A회사의 비상장주식의 상속개시 당시의 시가로 볼 수 없고, 그 이외에 위 비상장주식에 대하여 객관적이고 합리적인 방법으로 평가한 감정가액이 존재하지 아니할 뿐만 아니라 달리 객관적이고 합리적인 방법으로 평가한 감정가액이 존재할 수 있다는 사정도 없다면, 결국 위 비상장주식은 그 시가를 산정하기 어려운 경우에 해당하고, 따라서 보충적 평가방법에 의하여 그 가액을 산정하여 상속세를 부과하도록 한 판결은 타당한 것으로 생각된다.

4. 이 판결의 의의

이 판결은 회사의 경영권과 함께 발행주식을 양도하는 경우에 당해 거래가격을 주식의 시가로 볼 수 있는지에 관한 쟁점에 관하여, 대법원이 정립한 비상장주식의 시가 이론에 충실하게 판단한 타당한 것으로 생각된다.

참고문헌

김백영, "상속(증여) 재산의 부과 당시 평가", 『판례월보』, 제221호(1989. 2.).
문준필, "판례로 본 비상장주식의 시가", 『조세법실무연구』(재판자료 제115집)(2008).
임승순, 『조세법』, 박영사, 2004.

토지무상사용이익의 계산 방법에 관한 시행령 규정의 소급 적용의 가능성 및 한계

사건의 표시 : 대법원 2008. 2. 1. 선고 2004두1834 판결

▪ 사실개요 ▪

1. 1996. 12. 30. 상속세및증여세법(이하 '상증세법'으로 약칭함) 제37조로 토지무상사용이익에 대한 증여의제 조항이 신실되었고, 동법 시행령 제27조 제5항은 토지무상사용이익의 계산방법을 정하고 있었다.

2. 원고들과 원고들의 모(母)는 이 사건 제1토지를 공유하고 있었고, 원고들의 부(父)는 이 사건 제2토지를 단독으로 소유하고 있었다. 원고들은 1998. 9. 4. 이 사건 제1, 2토지 위에 이 사건 건물을 신축하였다.

3. 과세관청은 원고들이 이 사건 건물을 소유하기 위하여 특수관계자인 원고들의 부(父), 모(母)의 이 사건 제1, 2토지 지분의 일

부를 무상으로 사용하였다는 이유로 위 토지무상사용이익에 대한 증여의제 조항을 적용하여 증여세를 부과하였다.

4. 원고들은 이에 불복하여 소송을 제기하였는데, 소송계속중 대법원 2003. 10. 16. 선고 2001두5682 판결은 위 상증세법시행령(이하 '상증세령'이라 한다) 제27조 제5항 규정이 위헌·위법으로 무효라고 판단하였다.

5. 2003. 12. 30. 개정된 상증법 시행령 부칙 제14조는 무효인 구 상증세령 제27조 제5항을 적용하여 행하여야 할 처분과 행하여진 처분에 관하여는 2001. 12. 31. 대통령령 제17459호로 개정된 상증세령 제27조 제5항

---

* 김동수(법무법인 율촌 변호사).

을 적용하도록 규정하였고, 위 2001년 개정
상증세령 조항은 위헌·위법요소가 제거되어
있었다.

■ 판결요지 ■

특수관계에 있는 자의 토지를 사용할 당
시 구 상증세법(2002. 12. 18. 법률 제6780호로
개정되기 전의 것) 제37조가 특수관계자의 토지
무상사용이익에 대한 증여세 부과의 근거법률
로서 존재하고 있었고, 단지 그 위임에 따른
1998. 12. 31. 개정되기 전의 시행령 제27조
제5항이 정한 토지무상사용이익의 구체적 계
산방법에 위헌 또는 위법의 요소가 있어 위
시행령 규정을 적용할 수 없는 상태였는데, 그
후 2003. 12. 30. 개정된 위 시행령 부칙 제14
조가 위 시행령 규정에 대하여 대법원 2003.
10. 16. 선고 2001두5682 전원합의체 판결에
서 위헌 또는 위법한 것으로 지적된 요소를
제거하기 위하여 2001. 12. 31. 개정된 시행령
제27조 제5항을 적용하도록 규정한 것이므로,
위 특수관계자의 토지무상사용이익에 대한 증
여세 부과처분의 적법 여부는 납세의무자에게
불리하게 적용되지 않는 한 2001. 12. 31. 개
정된 시행령 제27조 제5항을 적용하여 판단해
야 한다.

▶ 해 설 ◀

1. 쟁점

이 사건에 있어 과세관청은 후에 위법·
위헌으로 무효로 판단된 특수관계자의 토지무
상사용이익의 계산방법에 관한 구 상증법 상
증세령(1998. 12. 31. 대통령령 제15971호로 개정
되기 전의 것)에 근거하여 과세처분을 하였고,
이에 대한 소송계속중 개정된 구 상증세령
(2003. 12. 30. 대통령령 제18177호로 개정된 것)
부칙은 위법·위헌요소가 제거된 개정 시행령
(2001. 12. 31. 대통령령 제17459호로 개정된 것)
을 소급적용하도록 규정하고 있었다. 이 경우
개정된 시행령 규정이 그 개정 전에 이미 과
세요건이 충족된 특수관계자의 토지무상사용
이익에 대한 증여세 부과에 적용될 수 있는지
가 이 사건의 쟁점이다.

2. 토지무상사용이익의 증여의제와 관련
한 토지무상사용이익의 계산방법에
대한 상증법 시행령의 변천과정

(1) 토지무상사용에 따른 이익에 대한
증여세 과세 근거 규정의 도입

1) 특수관계 있는 자의 토지를 무상으로
사용하는 경우에는 토지사용료 상당의 경제적
이익이 무상으로 증여되는 경제적 효과가 발생
하는데, 이를 증여세의 과세대상으로 삼는 규

정이 토지무상사용이익의 증여의제 규정이다.

2) 1996. 12. 30. 전문 개정된 상증세법에서 토지무상사용권리의 증여의제에 관한 규정이 신설되기 이전에는 토지를 무상으로 사용하는 경우에도 그 사용대차로 인하여 건물소유자가 얻는 이익을 증여로 의제하는 규정이 없었기 때문에 증여세를 과세하지 못하였다.[1] 그러나 이러한 경우에도 경제적 이익(토지무상사용이익)이 무상으로 수여된다는 점에서 증여와 다를 바 없으므로, 변칙증여에 대한 증여세 과세를 강화하기 위하여 1996. 12. 30. 개정된 상증세법 제37조는 "건물(당해 토지소유자와 함께 거주할 목적으로 소유하는 주택을 제외한다)을 소유하기 위하여 특수관계에 있는 자의 토지를 무상으로 사용하는 경우로서 대통령령이 정하는 경우에는 당해 토지무상사용이익을 토지소유자로부터 증여받은 것으로 본다"고 규정함으로써, 특수관계자 사이에 토지를 무상으로 사용하는 경우 그 토지의 무상사용이익을 증여로 의제하여 증여세를 과세할 수 있게 되었다.

(2) 토지무상사용이익의 계산방법에 관한 규정

1) 위 법 제37조의 위임에 따른 구 상증세령(1998. 12. 31. 대통령령 제15971호로 개정되기 전의 것) 제27조 제1항 제1호는 토지무상사용권리가 증여의제되는 경우의 하나로 "특수

관계에 있는 자의 토지 위에 건물을 신축하여 사용하는 경우"를 규정하고, 이 경우 그 증여가액(즉, 토지무상사용이익)은 "건물이 정착된 토지 및 당해 건물에 부수되는 토지의 가액×1년간 토지사용료를 감안하여 총리령이 정하는 율×지상권의 잔존연수"의 산식에 의하여 계산하도록 규정함으로써(상증세령 제27조 제5항), 결국 증여로 의제되는 토지무상사용이익은 토지가액에 총리령이 정하는 율인 100분의 2(상증세칙 제10조)를 곱한 다음, 다시 지상건물의 종류에 따라 견고한 건물의 경우에는 30년, 그 이외의 건물의 경우에는 15년의 지상권 잔존연수를 곱하여 산정하도록 정하여져 있었다.

2) 그러나 이러한 토지무상사용이익의 가액산정은 납세의무자에게 너무 가혹하다는 비판이 제기되어, 1998. 12. 31. 대통령령 제15971호로 개정된 구 상증세령 제27조 제5항은 증여가액(토지무상사용이익)을 "건물이 정착된 토지 및 당해 건물에 부수되는 토지의 가액×1년간 토지사용료를 감안하여 재정경제부령이 정하는 율×5년"의 산식으로 정하도록 규정함으로써, 종전에 토지무상사용기간을 일률적으로 지상권 잔존연수인 30년(또는 15년)으로 의제하여 증여가액을 계산하던 불합리함을 시정하였다. 또한, "당해 토지에 대한 무상사용기간이 5년을 초과하는 경우에는 그 무상사용을 개시한 날부터 5년이 되는 날의 다음

---

1) 대법원 1996. 2. 27. 선고 95누13197 판결 참조.

날에 새로이 증여받은 것으로 본다"는 규정 (27조 2항)이 신설되어 토지무상사용기간이 5년을 초과하는 경우에는 매 5년마다 새로운 증여가 이루어지는 것으로 보게 되었다.

(3) 대법원 2003. 10. 16. 선고 2001 두5682 전원합의체 판결

한편, 1998년 개정 전 상증세령 제27조 제5항에 대해서는 대법원 2003. 10. 16. 선고 2001두5682 전원합의체 판결에서 "… 위 토지 무상사용이익은 최단존속기간이 보장된 물권 인 지상권과는 달리, 적용되는 잔존연수의 기간 중 매매, 상속 등으로 인한 토지나 건물의 소유권 변동, 건물의 멸실, 유상사용으로의 전환 등에 따라 언제든지 소멸할 수 있는 것인점, 위 산식에 따른 기간 도중 위 이익이 사정변경에 따라 소멸하는 경우에도 미경과분에 대하여 환급하거나 공제해 주는 제도를 마련하지 아니한 채 일률적으로 30년 또는 15년의 장기간 동안 존속하는 것으로 의제하는 것은 조세행정의 편의만을 염두에 두어 납세의무자의 재산권을 과도하게 침해하는 것으로 보이는 점, 위 산식에 의하면 견고한 건물의 경우중간이자를 고려함이 없이 일시에 30년분을

산정함으로써 그 이익의 가액이 토지가액의 60%에 이르러 토지무상사용이익의 성질 등을 감안하면 납세의무자에게 지나치게 가혹하다고 보이는 점 등에 비추어 보면, 위 구 상증세령 제27조 제5항의 규정은 헌법상 실질적 조세법률주의와 재산권보장, 과잉입법금지의 원칙 등에 어긋나 모법인 위 구 상증세법 제37조 제3항의 내재적 위임범위와 한계를 벗어남으로써 무효라고 봄이 상당하다"고 하여 무효로 판단되었다.

(4) 위 대법원 판결 이후에 신설된 경과 규정

위 대법원 판결이 선고된 이후인 2003. 12. 30. 대통령령 제18177호로 개정된 상증세령 부칙 제14조는 "종전의 상증법 시행령 (1996. 12. 31. 대통령령 제15193호로 개정되고, 2001. 12. 31. 대통령령 제17459호로 개정되기 전의 것을 말한다) 제27조 제5항의 규정을 적용하여 행하여야 할 처분과 행하여진 처분(이의신청·심사청구·심판청구 또는 행정소송이 제기된 것에 한한다)에 관하여는 종전의 상증세령 (2001. 12. 31. 대통령령 제17459호로 개정된 것을 말한다) 제27조 제5항의 규정2)을 적용한다"고

---

2) 상증세령(2001. 12. 31. 대통령령 제17459호로 개정된 것)
　　제27조 ⑤ 법 제37조 제1항의 규정에 의한 토지무상사용이익은 다음의 산식에 의하여 계산한 각 연도의 토지무상사용이익을 당해 토지무상사용기간을 감안하여 재정경제부령이 정하는 방법에 의하여 환산한 가액에 의한다. 이 경우 토지무상사용기간은 5년으로 한다.
　　건물이 정착된 토지 및 당해 건물에 부수되는 토지의 가액×1년간 토지사용료를 감안하여 재정경제부령이 정하는 율
　　상증세칙(2002. 4. 4. 부령 제256호로 개정된 것)

규정하였다.

3. 이 판결의 검토

(1) 이 사건 원심의 판단

이 사건 원심인 서울고등법원 2004. 1. 16. 선고 2002누14388 판결은 무효인 구 상증세령 제27조 제5항에 근거한 과세처분 부분은 모두 위법하다고 하여 해당 부분에 대하여 전부취소 판결을 내렸다.

(2) 대법원의 판단

반면, 대법원은 위 판결요지에 기재한 바와 같이 2001. 12. 31. 개정된 상증세령 제27조 제5항을 적용하여야 한다는 취지로 원심 판결을 파기하였다.

(3) 대법원 판단의 배경

1) 헌법재판소는 해당 법률이나 법률조항이 헌법에 위반되는 경우에도 단순위헌결정을 하는 것이 아니라 헌법에 합치하지 않는다는 것을 선언하고, 그 효력을 일정기한까지 유지시키는 변형결정으로서 헌법불합치 결정을 내리는 경우가 있다. 이는 단순위헌결정을 선고하여 당장 그 효력을 상실시킬 경우에 나타날 수 있는 법적 공백상태를 방지하고, 위헌적 요소가 있는 조항들을 합헌적으로 개정 혹은 폐지하는 임무를 입법자의 형성재량에 맡기는 것이다. 이 경우 주문에서는 통상 "위 법률조항은 0000년 00월 00을 시한으로 입법자가 개정할 때까지 그 효력을 지속한다"는 등의 효력지속기간을 명시하게 되고, 입법자는 헌법재판소의 결정 취지에 부합하도록 법규를 개정한 후 "이 법은 종전의 제00조 제00항의 규정을 적용하여 행하여진 처분(이의신청·심사청구·심판청구 또는 행정소송이 제기된 것에 한한다)에 관하여 이를 적용한다"는 부칙조항을 두어 위헌성이 제거된 법규를 소급적용하도록 규정하는 것이 일반적이다.

2) 대법원 2003. 10. 16. 선고 2001두5682 전원합의체 판결 이후에 개정된 2003년 개정 상증세령 부칙 제14조는 "종전의 상증법시행령(1996. 12. 31. 대통령령 제15193호로 개정되고, 2001. 12. 31. 대통령령 제17459호로 개정되기 전의 것을 말한다) 제27조 제5항의 규정을 적용하여 행하여야 할 처분과 행하여진 처분(이의신청·심사청구·심판청구 또는 행정소송이 제기된 것에 한한다)에 관하여는 종전의 상증세

제10조(토지무상사용이익률 등) ① 영 제27조 제5항 산식에서 "재정경제부령이 정하는 율"이라 함은 연간 100분의 2를 말한다.
② 영 제27조 제5항 본문에서 "재정경제부령이 정하는 방법에 의하여 환산한 가액"이라 함은 다음의 산식에 의하여 환산한 금액의 합계액을 말한다.
각 연도 토지무상사용이익/(1+10/100)n
n=평가기준일로부터의 경과연수

령(2001. 12. 31. 대통령령 제17459호로 개정된 것을 말한다) 제27조 제5항의 규정을 적용한다"고 하여 형식적으로 전형적인 헌법불합치 결정에 따른 보완입법의 규정형태를 취하고 있다. 대법원은 이 사안을 헌법불합치 결정 후의 부칙 규정을 통한 법률 규정의 소급적용의 방법과 유사한 방법으로 해결하고자 했던 것으로 여겨진다.[3]

(3) 이러한 대법원의 태도에 대해, 국가 과세권의 연속성을 확보하고, 입법자의 형성재량을 존중하는 한편, 납세의무자의 입장에서도 무효선언되기 전보다는 이익을 받게 되는 것이므로 그 불이익이 크지 않다는 점에서 타당하다는 견해가 있을 수 있다.[4] 그러나 다음과 같은 점에서 대법원의 입장에 대한 비판이 있을 수 있다.

(4) 대법원 판결에 대한 비판적 검토

1) 첫째, 헌법불합치 결정은 내용적으로는 위헌결정에 해당하지만, 일정기간까지는 당해 법률이 잠정적이고 계속적인 효력을 가진다는 것을 인정하는 것으로, 결정 자체에서

법규의 효력지속과 잠정적용을 인정하고 있다. 그러나, 법원의 명령·규칙심사권과 관련하여 헌법불합치 결정과 같은 변형결정이 내려진 예는(그 가능여부는 별론으로 하더라도) 이제까지 없었던 것으로 보이고, 이 사건에서 문제된 대법원 2003. 10. 16. 선고 2001두5682 판결에서도 역시 구 상증세법 제27조 제5항 규정에 대해 무효로 선언하였을 뿐 잠정적용을 명한 바 없다. 그렇다면, 이미 과세요건이 충족된 이후에 새로운 입법을 통하여 과세하는 것은 원칙적으로 소급입법으로서 허용될 수 없는 것이다.

2) 둘째, 대법원은 "특수관계에 있는 자의 토지를 사용할 당시 구 상증법 제37조가 특수관계자의 토지무상사용이익에 대한 증여세 부과의 근거법률로서 존재하고 있었고, 단지 그 위임에 따른 1998. 12. 31. 개정되기 전의 상증세령 제27조 제5항이 정한 토지무상사용이익의 구체적 계산방법에 위헌 또는 위법의 요소가 있어 위 시행령 규정을 적용할 수 없는 상태였을 뿐"이라 하여, 이 사안이 진정한 의미의 소급입법은 아니라는 듯한 태도를

---

3) 구 토지초과이득세법령에 대하여 헌법불합치결정이 내려진 후 개정된 법령의 소급적용과 관련하여 대법원 1996. 1. 26. 선고 93누17911 판결; 대법원 1996. 4. 6. 선고 93누8764 판결에서도 '구 토지초과이득세법령 중에서 위와 같이 입법자가 헌법불합치결정에 따라 그 결정에서 지적된 위헌적 요소를 제거하거나 그 개선을 위하여 개정한 모든 법, 시행령 및 시행규칙의 각 조항은 그것이 납세의무자에 불리하게 적용되지 아니하는 한 당해 사건 등에 대하여 적용된다'고 판시하였다. 대법원 판례에 의하면 적어도 조세법 분야에서는 개선입법이 구 법령보다 납세자에게 유리한 경우에만 소급적용을 허용하고 가중될 경우에는 소급적용을 하지 않고 있다. 한편 구 소득세법 60조 헌법불합치결정과 개선입법 적용과 관련하여 남복현, "헌법불합치결정 개선입법 그리고 대법원 판결", 『법률신문』 참고.

4) 타당하다는 의견으로 하명호, "개선입법의 소급효와 진정 소급입법 과세금지와의 관계", 『법조』, 제58권, 제11호(2009. 11.).

취하고 있다. 그러나 조세법률관계에 있어 "과세표준"은 가장 중요한 과세요건 중의 하나이다. 구체적인 과세표준의 계산이 불가능하여 구체적인 세액을 산정할 수 없는 상태에서는 과세에 대한 근거법규가 존재한다고 할 수 없다. 정확한 세액의 계산이 뒷받침되지 않는 근거법률을 이유로 소급입법이 가능하다고 주장하는 것은 납세의무자의 예측가능성을 그 근본으로 하는 조세법률주의의 요청상 받아들이기 어렵다.

3) 셋째, 대법원은 나아가, "납세의무자에게 불리하게 적용되지 않는 한"이라는 제한을 통하여 소급적용이 정당화될 수 있다는 태도를 취하고 있다. 대법원은 납세의무자의 유·불리 여부를 '무효선언된 구 상증법 시행령의 규정'과 '그 이후 개정된 시행령 규정'의 비교를 통해서 평가한 것으로 보이는데 이는 정당한 비교가 될 수 없다. 이러한 비교는 개정 전·후의 법이 모두 유효한 상황에서 개정 법

률을 소급적용할 경우에나 가능한 방식이다. 상증법 시행령 해당 규정이 무효선언되었다면, 그로 인하여 과세가 불가능해진 상황과 위헌성이 제거된 시행령 규정을 통하여 과세가 가능해진 상황을 비교해야 하는 것이고, 따라서 납세의무자의 입장에서는 과세가 이루어지는 모든 경우가 불리한 소급적용이라고 할 수밖에 없는 것이다. 결국 무효인 규정이 부칙규정을 통하여 "일부"나마 "부활"한 결과가 되었다.

4. 이 판결의 의의

이 사건 판결은 위헌, 위법 요소를 제거하기 위하여 개정된 시행령 규정을 별도의 부칙 규정을 통하여 사실상 소급 적용을 인정한 것으로서, 증여세 과세표준 규정에 있어서 소급과세의 허용 한계에 관하여 대법원의 입장을 밝힌 점에서 의미가 있는 판결이다.

참고문헌

남복현, "헌법불합치결정 개선입법 그리고 대법원 판결", 『법률신문』.
하명호, "개선입법의 소급효와 진정 소급입법 과세금지와의 관계", 『법조』, 제58권, 제11호(2009. 11.).

주식 명의신탁에 대한 증여의제에 있어 조세회피목적

사건의 표시 : 대법원 2006. 5. 12. 선고 2004두7733 판결

▪ 사실개요 ▪

가. ○○건설 주식회사(이하 '소외 회사'라 한다)의 창업주인 A(명의신탁자)는 소외 회사 설립(1968. 2. 20.) 당시 상법상 주식회사 설립에 요구되는 발기인 수를 채우기 위함과 아울러 원고(명의수탁자)를 소외 회사에 입사시켜 중용할 의도에서 소외 회사의 발행주식 180,000주 중 80,000주를 원고 이름으로 인수하였고, 이후 1990년경 소외 회사가 영위하는 토목공사업의 면허기준을 맞추기 위하여 3차례(1990. 12. 27, 1991. 3. 14, 1991. 6. 24.)에 걸쳐 증자를 실시하면서 종전 소유주식 수에 따라 새로 발행된 신주 역시 원고 이름으로 각 인수하였다(위 증자 전후의 소외 회사 주식보유 비율은 A가 약 48%, 원고가 약 44%임).

나. 1996. 12. 30. 구 상속세법이 상속세 및 증여세법(이하 '상증세법'이라 한다)으로 전면 개정되면서 1997. 1. 1. 이전에 타인 명의로 주주명부 등에 등재된 주식을 유예기간(1998. 12. 31.)까지 실질소유자 명의로 전환하는 경우에는 증여로 보지 않는다는 규정이 신설되었으나, 원고가 명의전환에 대하여 대가를 요구하면서 응하지 않는 바람에 위 유예기간이 지난 1999. 3. 8.경에야 명의신탁 주식에 대하여 A명의로 전환하였다.

다. 피고는, A가 원고 명의로 인수한 위 각 신주에 대하여 당시 시행되던 구 상속세법(1990. 12. 31. 법률 제4283호로 개정되고 1993. 12. 31. 법률 제4662호로 제3항이 신설되기 전의

---

* 조일영(법무법인 태평양 변호사).

것, 이하 같다)상의 증여의제규정을 적용하여 원고에게 증여세 합계 약 16억여 원을 부과하는 이 사건 처분을 하였다.

■ 판결요지[1] ■

1. 원심판결의 요지

원심은 A가 소외 회사 발행의 이 사건 주식[2]을 원고 이름으로 인수함으로써 세법상 각종의 불이익을 받는 과점주주로서의 지위를 면하게 되었고, 이 사건 주식 인수 당시 소외 회사의 이익잉여금이 23억 원을 초과하고 있어 소외 회사의 대표이사인 A로서는 언제든지 배당을 실시하여 종합소득세 등을 회피할 가능성이 있었던 점, 주식을 명의신탁한 후 신탁자가 자녀 등에게 해당 주식을 증여하면서 수탁자가 자녀 등에게 매도하는 것처럼 가장함으로써 증여세와 양도소득세의 차액을 회피할 수도 있는 점 등에 비추어 보면, A가 원고 이름으로 이 사건 주식을 인수함에 있어 조세를 회피할 목적이 없었다고 단정할 수는 없다고 판단하였다.

2. 대법원판결의 요지

대법원은, (1) 구 상속세법 제32조의2 제1항의 명의신탁재산의 증여의제규정의 입법취지가 명의신탁제도를 이용한 조세회피행위를 효과적으로 방지하여 조세정의를 실현한다는 취지에서 실질과세원칙에 대한 예외를 인정한 데에 있음에 비추어 볼 때, 명의신탁이 조세회피목적이 아닌 다른 이유에서 이루어졌음이 인정되고 그 명의신탁에 부수하여 사소한 조세경감이 생기는 것에 불과하다면 그와 같은 명의신탁에 같은 조항 단서 소정의 '조세회피목적'이 있었다고 볼 수는 없다는 법리를 판시한 다음, (2) 이러한 법리를 전제로 (i) A가 당초 원고에게 위 주식을 명의신탁한 것은 상법상 발기인 수의 충족과 원고의 중용을 위한 것이었고, 이후 증자시 종전 소유주식 수에 따라 신주인수권이 부여됨에 따라 원고 이름으로 신주를 인수한 것이며, 또한 (ii) 소외 회사 설립 이후 30년이 지난 현재에 이르기까지 조세체납이나 배당을 실시한 적이 없어 A가 과점주주로서의 제2차 납세의무나 주식배당소득에 대한 누진적 종합소득세 부담을 회피한 사실이 없고, 나아가 소외 회사가 배당을 실시하

---

1) 이 사건은 위 각 명의신탁 주식 중 일부는 1990. 12. 31. 법률 제4283호로 개정되기 전의 상속세법이, 나머지 일부는 위 개정 후의 상속세법이 적용되나, 여기서는 원심과 대법원이 그 결론을 달리한 위 개정 후의 상속세법이 적용되는 명의신탁 주식(1991. 3. 14. 및 1991. 6. 24.에 인수한 신주)에 국한하여 보기로 한다.

2) 이하에서는 A가 원고 이름으로 추가인수한 신주 중 1991. 3. 14. 및 1991. 6. 24.에 인수한 주식을 '이 사건 주식'이라 한다.

였다고 하더라도 명의신탁 전·후로 사실상 회피되는 종합소득세는 거의 없으며, 이 사건 주식의 취득은 증자에 의한 신주취득에 해당하여 이 사건 주식의 명의신탁으로 인하여 회피하게 되는 구 지방세법상의 간주취득세는 발생할 여지가 없는 점 등에 비추어 볼 때, A가 원고에게 이 사건 주식을 명의신탁한 것은 상법상 요구되는 발기인 수의 충족 등을 위한 것으로서 명의신탁 당시 A에게 조세회피의 목적이 없었다고 봄이 상당하며, 이는 (3) 단지 장래 조세경감의 결과가 발생할 수 있는 가능성이 존재할 수 있다는 막연한 사정만으로 달리 볼 것은 아니라고 보아, 조세회피목적이 있었다고 본 원심판결을 파기하였다.

▶ 해 설 ◀

1. 명의신탁재산의 증여의제규정 및 판례의 변천3)

명의신탁재산에　대한　증여의제규정은 1974. 12. 21. 구 상속세법 개정시 처음 신설

된 이래, 이는 헌법재판소에서 여러 차례 위헌 여부가 쟁점이 될 정도로 논란의 대상이 되었고,4) 이에 여러 차례 규정내용의 변경이 있었으며, 대법원 판례 또한 위 규정의 해석과 관련하여 몇 번에 걸친 변화가 있었다.

즉, 원래 구 상속세법(1990. 12. 31. 법률 제4283호로 개정되기 전의 것) 제32조의2 제1항의 명의신탁재산의 증여의제규정에는 조세회피목적이 증여의제의 요건으로 규정되어 있지 않았으나, '조세회피목적'이 있는 경우에 한하여 위 규정이 적용된다는 헌법재판소의 한정합헌결정5)이 있은 후, 회피목적의 대상이 되는 조세가 '증여세'에 한정되는지 아니면 모든 조세가 포함되는지가 논란의 대상이 되었다.

이에 관하여 대법원은 ① 처음에는 증여세에 한정된다고 보아 그 실질이 증여로 볼 수 없는 모든 경우가 증여의제의 과세대상에서 제외된다는 입장(이른바 '추정설'의 입장)을 취하였다가,6) ② 1990. 12. 31. 상속세법 개정시 위 규정에 단서조항7)(이하 '단서규정'이라 한다)을 신설하여 '조세회피목적'을 증여의제의 요건으로 명문화한 이후에는 '회피목적의 조세를 증여세에 한정할 수 없고, 조세회피목

---

3) 증여의제의 과세요건인 '조세회피목적'과 관련된 부분에 한정함.
4) 비록 합헌결정이 있었으나 매번 재판관 3, 4인의 반대의견(위헌의견)이 있을 정도로 논쟁이 심하였고, 현재도 이에 대한 위헌주장이 계속하여 제기되고 있는 실정임.
5) 헌법재판소 1989. 7. 21. 선고 89헌마38 결정.
6) 대법원 1991. 3. 27. 선고 90누8329 판결, 대법원 1992. 3. 10. 선고 91누3956 판결 등.
7) 구 상속세법 제32조의2(제3자 명의로 등기 등을 한 재산에 대한 증여의제)
　① 권리의 이전이나 그 행사에 등기·등록·명의개서 등(이하 "등기 등"이라 한다)을 요하는 재산에 있어서 실질소유자와 명의자가 다른 경우에는 국세기본법 제14조의 규정에 불구하고 그 명의자로 등기 등을 한 날에 실질소유자가 그 명의자에게 증여한 것으로 본다. 다만, 타인의 명의를 빌려 소유권이전등기를

적이 없었다는 점에 관한 입증책임은 이를 주장하는 명의자(수탁자)에게 있다'는 입장(이른바 '제재설'의 입장)으로 태도를 변경[8]한 이래 현재까지 이를 그대로 유지하고 있다.[9]

이러한 대법원의 태도변경과 관련하여 헌법재판소는 대법원의 해석이 합헌적인 올바른 해석이라는 입장을 취하였고,[10] 과세당국은 1993. 12. 31. 상속세법 개정시 조세회피목적의 대상이 되는 조세의 범위를 증여세 이외에 다른 조세까지 포함하는 것으로 하는 제32조의2 제3항 규정(현행 상증세법 제45조의2 제6항)을 신설하였는데, 이 규정 또한 헌법재판소에 의하여 합헌으로 선언됨에 따라,[11] 더 이상 회피목적인 '조세'의 범위가 증여세에 한정되어야 한다고 다툴 여지는 없게 되었다.

2. 조세회피목적에 대한 합목적적 해석의 필요성

명의신탁재산의 증여의제에 있어서 조세회피목적이 없었다는 점에 대한 입증책임은 명의자인 수탁자(납세자)에게 있고(확립된 판례의 입장임),[12] 앞서 본 바와 같이 위 단서규정 신설 이후 회피의 대상이 될 수 있는 조세에는 증여세뿐만 아니라 국세, 지방세 등 모든 조세가 포함되므로, 명의자(납세자)로서는 명의신탁에 의하여 경감 또는 배제될 수 있는 모든 조세에 관하여 회피할 목적이 없었음을 입증하여야만 한다.

그러나 이를 입증하는 것은 세법 전문가가 아닌 일반인으로서는 거의 불가능에 가까운 것이고, 명의신탁이 있으면 크든 작든 어느 정도의 조세부담의 감소가능성은 항상 존재하게 되는데, 이러한 가능성이 존재하기만 하여도 조세회피목적있었던 것으로 인정된다면 당

한 것 중 부동산등기특별조치법 제7조 제2항의 규정에 의한 명의신탁에 해당하는 경우 및 조세회피목적 없이 타인의 명의를 빌려 등기 등을 한 경우로서 대통령령이 정하는 때에는 그러하지 아니하다.

8) 대법원 1999. 12. 24. 선고 98두13133 판결 등.

9) 이는 의제규정에서 추정규정으로, 다시 의제규정으로 복귀하기까지 계속하여 그대로 유지됨.
   -1996. 12. 30. 전문개정된 상증세법 제43조 제1항이 종전의 증여의제규정에서 증여추정규정으로 변경된 이후에도 종전 판례의 태도를 그대로 유지하였고(대법원 2004. 6. 11. 선고 2004두1421 판결; 대법원 2005. 1. 28. 선고 2004두1223 판결 등), 다시 증여의제규정으로 복귀한 1998. 12. 28. 개정된 상속세 및 증여세법 제41조의2 하에서도 마찬가지로 그대로 유지함(대법원 2004. 12. 23. 선고 2003두13649 판결 등).

10) 헌법재판소 1998. 4. 30. 선고 96헌바87, 97헌바5·29(병합) 결정 참조, 다만, 재판관 9인 중 4인이 위 단서의 '조세'에 증여세 아닌 다른 조세가 포함되는 것으로 해석하는 한 헌법에 위반된다는 반대의견을 표시함.

11) 헌법재판소 2004. 11. 25. 선고 2002헌바66 결정 및 헌법재판소 2005. 6. 30. 선고 2004헌바40, 2005헌바24(병합) 결정 참조.

12) 대법원 1996. 8. 20. 선고 95누9174 판결; 대법원 2005. 1. 27. 선고 2003두4300 판결 등.

초 '조세회피목적'을 증여의제의 과세요건으로 요구하게 된 의미가 상실되는 결과를 초래하게 된다.

　　이와 관련하여 대법원은 이른바 '추정설'에서 '제재설'로 입장을 변경한 이후, 실제로 조세회피목적이 없다고 인정한 사례가 별로 없을 정도로[13] '조세회피목적'의 부존재에 대한 입증을 다소 엄격하게 요구하여 온 것으로 보인다. 대법원은 '주식을 명의신탁한 것은 기업공개에 대비하는 목적 이외에도 과점주주로 받게 되는 세법상의 불이익을 피하고 과도한 종합소득세의 부담을 경감시키려는 목적도 있었으므로 조세회피의 목적이 없었다고 할 수 없다'고 하거나,[14] '소외 회사가 영업부진으로 계속 결손이 나서 실제 주주에게 배당을 실시하지 아니하였다고 하여 주식의 명의신탁 당시 조세(누진세율에 의한 종합소득세)회피의 목적이 없었다고 할 수도 없다'고 하여,[15] 조세회피의 결과가 현실적으로 나타나지 않고 잠재적 가능성으로만 존재하는 경우에도 조세회피목적이 있는 것으로 보아 '조세회피의 목적'을 다소 넓게 해석한 것으로 보인다.

　　그러나 명의신탁 증여의제로 부과되는 증여세의 성질이 '조세'라기보다는 조세회피를 목적으로 한 명의신탁에 대한 '제재'의 성격을 가지고 있음에도, 회피되는 세액과는 관계없이 명의신탁재산의 가액을 기준으로 일률적으로 증여세가 부과되는 점, 특히 증여의제의 주된 적용대상이던 부동산 명의신탁은 1995. 7. 1.부터 시행된 부동산 실권리자 명의등기에 관한 법률의 적용으로 증여의제 과세대상에서 제외되어 부동산 명의신탁에 대하여 부과되는 과징금은 부동산가액(기준시가)의 30%에 해당하는 금액의 범위 안에서 명의신탁의 기간·목적 등에 따라 5%~30%의 부과율이 적용되고 있음에도 불구하고, 주식의 명의신탁에 대하여는 증여의제규정에 의하여 일률적으로 고율[16]의 증여세를 부과하는 것은 조세형평이나 비례의 원칙에 반하는 측면이 있고, 더구나 명의신탁을 주도하는 자는 신탁자임에도 명의신탁에 대한 제재로 행해지는 증여세는 수탁자에게 부과될 뿐만 아니라 명의신탁자에게 조세회피의 목적이 있는 한 명의자인 수탁자에게 그 목적이 없다 하더라도 증여의제규정의 적용을 회피할 수 없다는 것은 명의신탁을 이용한 조세회피에 대한 제재의 필요성을 감안하더라도 다소 부당해 보이는 점 등에 비추어 볼 때, 단순히 명의신탁으로 인하여 회피된 조세가 발생하였다거나 조세회피의 가능성이 존재한다는 사정만으로 일률적으로 증여세를

---

13) 대법원에서 조세회피목적이 없다고 인정한 사례로는, 대법원 1996. 5. 10. 선고 95누10068 판결; 대법원 1996. 5. 28. 선고 96누4848 판결 외에는 쉽게 찾기 어렵다.
14) 대법원 1998. 6. 26. 선고 97누1532 판결; 대법원 1996. 4. 12. 선고 95누13555 판결 등.
15) 대법원 2005. 1. 27. 선고 2003두4300 판결; 대법원 1999. 7. 23. 선고 99두2192 판결.
16) 현행 상증세법은 명의신탁재산의 가액에 따라 10%~50%의 누진세율이 적용됨.

부과하기보다는, 구체적인 사안에서 명의신탁에 이르게 된 목적, 회피될 수 있는 조세의 종류·액수 및 실제 회피결과의 발생 여부 등을 살펴 '조세회피목적'을 합목적적으로 해석하거나 조세회피목적의 부존재에 대한 입증을 다소 완화하여 적용할 필요가 있다.

3. 이 판결의 검토

본건 대상판결은 '조세회피목적'이 있었는지와 관련하여, 먼저 명의신탁이 조세회피목적이 아닌 다른 목적에서 이루어졌는지를 가장 우선적으로 고려하고 있다. 즉, 명의신탁이 조세회피목적이 아닌 다른 목적에서 이루어졌음이 인정되는 경우에는 비록 현실적으로 명의신탁에 부수하여 사소한 조세경감이 있다거나 단지 장래의 조세경감의 결과가 발생할 수 있는 가능성이 있다고 하더라도 조세회피목적이 있다고 볼 수 없다는 것이다.

위 판결의 취지에 의하면, 명의신탁에 이르게 된 다른 뚜렷한 목적이 있는 경우에는 비록 조세회피 내지 경감의 결과가 발생하였다고 하더라도 그 회피 내지 경감의 액수가 미미하거나, 장래 막연한 조세회피 내지 경감의 가능성이 있는 정도에 불과하여 명의신탁 당시 이를 의도하였다고 보기 어려운 경우에는 조세회피목적이 없다고 보아야 한다는 것으로서, '조세회피목적'을 합리적으로 제한해

석하고 있다는 점에서 타당한 판결이라 생각된다.

명의신탁이 있으면 어느 정도의 조세부담의 감소가능성은 항상 존재하기 때문에 단순히 명의신탁에 부수하여 사소한 조세경감이 발생하거나 장래 조세경감의 가능성이 존재한다는 이유만으로 조세회피목적이 없는 것으로 인정받지 못한다면 조세회피의 '목적'을 사실상 조세회피의 '개연성에 대한 인식' 정도로 확장해석하게 되어 명의신탁재산의 무차별한 증여의제로 인한 위헌적 소지를 배제하기 위하여 '조세회피목적'을 요구한 위 규정의 입법취지에도 반하게 되는 점에서 보더라도 위 대법원 판결의 설시는 타당한 것으로 생각된다.

이후 같은 취지에서 조세회피목적이 있었다고 볼 수 없다고 본 판례들[17]이 계속 나오고 있으나, 어느 정도가 조세회피를 의도한 것으로 볼 수 없는 사소한 조세경감에 해당하는지, 명의신탁이 조세회피가 아닌 다른 목적에 의한 것임이 입증되고 현실적으로 조세회피의 결과가 발생하지는 않았으나, 조세경감의 가능성이 있는 경우는 조세회피목적이 있다고 볼 것인지 등에 대하여는 위 판시만으로는 분명하지 않으므로, 이는 앞으로 계속적인 판례의 축적을 통하여 해결되어야 할 과제라고 생각된다.

---

17) 대법원 2006. 5. 25. 선고 2004두13936 판결; 대법원 2006. 6. 9. 선고 2005두14714 판결 등.

4. 이 판결의 의의

대상판결은 종래 위헌논란이 끊임없이 제기되어 왔던 명의신탁재산의 증여의제규정과 관련하여, 위 규정의 위헌적 요소를 배제하기 위한 합헌적 해석의 필요에 의하여 과세요건으로 자리하게 된 '조세회피목적'의 개념을 종래 다소 넓게 해석해 오던 것에서 위 규정의 법문 및 입법취지 등에 맞추어 합리적으로 제한해석하고 있다는 점에서 그 의의가 있다고 할 것이다.

우선매수청구권의 포기에 대해
증여세 과세가 되는지 여부[1]

사건의 표시 : 대법원 2011. 04. 28 선고 2008두17882 판결

▪ 사실개요 ▪

A사는 상장법인으로서 1998. 2. 14 서울지방법원에 화의를 신청하여 같은 해 9. 2. 화의인가를 받았다. B은행을 주관은행으로 하는 채권금융기관협의회는 2002. 12. 29. A사에 대한 채권 400억 원을 7,500원당 1주로 환산하여 출자전환하면서 기존 대주주들의 경영정상화 노력을 독려하기 위하여 2004. 12. 31.까지 출자전환 주식의 매각을 금지하였다. 다만, 기존 대주주 및 그가 지정하는 제3자에게 출자전환 주식의 35% 한도 내에서 우선매수청구권을 부여하여 그들이 그 행사에 응하는 채권금융기관을 상대로 1주당 5,000원에 출자전환 주식을 매수할 수 있도록 결의하였다. 2003. 6. 9. 채권금융기관협의회는 기존 대주주 등이 2004. 12. 31.까지 우선매수청구권을 행사하지 않을 경우 경영권을 포기하기로 하는 등의 기업개선약정을 체결하였다.

이러한 기업개선약정에 따라 A사의 기존 대주주들 중 1인인 원고는 2005. 1. 10.~11. 우선매수청구권을 행사하여 그 행사에 응한 B은행 등 3개 채권금융기관으로부터 당시의 시가보다 훨씬 저렴한 주당 5,000원에 A사의 주

---

* 박 훈(서울시립대학교 세무학과/법학전문대학원 부교수).

* 허 원(고려사이버대학교 교수).

1) 이 글은 『조세법연구』, 18−1(2012. 4.)에 실린 "2011년 상속세 및 증여세법 판례회고" 내용의 일부를 수정·보완한 것이다.

식 합계 990,550주를 매수하였다. 원고는 A사의 창업주이자 대표이사인 C의 며느리였고 위 주식 매수 전에는 50주를 보유하고 있었다.

피고(강남세무서장)는 원고가 위와 같이 취득한 이 사건 주식이 A회사의 다른 대주주인 C 등 10인으로부터 우선매수청구권을 증여받아 매수한 것으로 보았다. 이에 구 상속세 및 증여세법(2007. 12. 31. 법률 제8828호로 개정되기 전의 것, 이하 '상증세법'이라 한다) 제63조 제1항 제1호 가목에 의하여 2005. 1. 10. 및 2005. 1. 11.을 기준일로 보아 그 전후 2개월의 평균 종가로 계산된 10,110원 내지 10,360원과 매입가액 5,000원의 차액의 합계에서 직계존비속 및 기타 친족공제를 한 금액을 과세표준으로 산정한 증여세 1,913,371,610원을 부과고지하였다.

원고는 2006. 8. 11 국세심판원장에게 심판청구를 하였고, 국세심판원장은 2007. 4. 16. "위 부과처분 중 원고를 기존 대주주에 포함시켜 그 지분율 해당분을 증여가액에서 제외하여 그 과세표준과 세액을 경정하고 나머지 청구는 기각한다"는 결정을 하였다.[2] 이에 따라 피고는 원고가 기존에 보유한 A사 주식 50주의 지분율에 상응하는 금액을 증여가액에서 제외하여 당초에 부과한 증여세 중 C 등 10인으로부터의 증여가액에 대한 증여세액에서 각 감액하여 원고에게 부과고지하였다. 원

고는 이에 대해 소를 제기하였으나, 1심,[3] 2심,[4] 대법원 모두 원고패소하였다.

▪ 판결요지 ▪

가. 상장법인의 대주주인 C 등 10인이 출자전환으로 채권금융기관이 보유하게 된 위 회사 주식에 대하여 가지고 있던 자신들의 주식 우선매수청구권을 포기하는 등의 방법으로 대주주들 중 1인인 원고 혼자서 주식 우선매수청구권을 행사하여 당시 시가보다 훨씬 저렴하게 주식을 매수하도록 한 사안에서, 위 우선매수청구권은 재산적 가치가 있는 권리로서 증여재산에 해당할 수 있고, 이는 대주주들 모두에게 부여된 것이므로 대주주들 내부관계에서는 각자의 주식보유비율에 상응한 비율로 그 우선매수청구권을 부여받았다고 볼 수 있음에도 다른 대주주들이 이를 포기하는 등의 방법으로 원고로 하여금 혼자서 우선매수청구권을 행사하게 한 것은 원고의 주식보유비율을 초과한 범위에서는 위 주식의 시가와 우선매수청구권 행사가격과의 차액 상당의 이익을 무상으로 이전한 것이므로 증여세 과세대상에 해당한다.

나. 증여재산으로서 출자전환 주식에 대한 우선매수청구권의 시가 산정방법이 문제된

2) 국심2006서2894(2007. 04. 16).
3) 서울행정법원 2007. 11. 28. 선고 2007구합24517 판결.
4) 서울고등법원 2008. 9. 10. 선고 2008누299 판결.

사안에서, 우선매수청구권은 그 행사가격과 주식의 시가와의 차액 상당의 이익을 얻을 수 있는 권리인 점에서 신주인수권과 유사하므로 신주인수권증권 또는 신주인수권증서의 가액 평가방법에 관한 상증세법의 규정을 준용하여 우선매수청구권을 행사하여 취득한 주식의 가액에서 그 취득에 소요된 비용을 차감하는 방식으로 산정하되, 취득한 주식의 가액은 구 상증세법(2007. 12. 31. 법률 제8828호로 개정되기 전의 것) 제63조 제1항 제1호 (가)목에 의하여 평가기준일 이전·이후 각 2월간에 공표된 매일의 한국증권거래소 최종시세가액의 평균액에 의하여야 한다.

▶ 해 설 ◀

1. 쟁점

현행 상증세법은 증여세 완전포괄주의에 따라 동법 제2조 제3항에서 세법상 증여개념을 정의하고 있고, 동법 제33조부터 제42조까지 증여세 과세가 되는 경우를 규정하고 있다. 이는 변칙적인 증여유형에 적극적으로 대응하기 위해 2003년 12월 상속세 및 증여세법을 개정한 데 따른 것이다.

그런데 상증세법 제33조부터 제42조에서

규정한 증여유형에 포함되는지가 다툼이 되는 새로운 증여유형들이 등장하면서 증여세 과세 여부에 대한 논란이 실무상 계속되고 있다.[5] 이 때 상증세법 제33조부터 제42조에 규정이 되어 있지 아니한 증여세 과세대상에 대해 상증세법 제2조 제3항만을 근거로 증여세를 과세할 수 있는지가 논란의 핵심이 되고 있다. 대상판결은 신주인수권이 아닌 우선매수청구권과 관련한 이익에 대해 증여세 과세가 되는지가 문제가 되었고, 이때 상증세법 제2조 제3항의 해석이 문제되고 있다.

또한 상증세법 제2조 제3항에 의해 증여세 과세대상이 된다고 하더라도 우선매수청구권의 시가와 대가의 차이에 따른 증여재산가액을 산정할 때 시가를 어떻게 산정할지가 논란이 될 수 있는데, 대상판결은 이것 역시 우선매수청구권과 신주인수권의 유사성을 인정하여 증여세 평가규정에 따른 계산을 인정하고 있다. 이 역시 증여재산가액 계산방법과 관련하여 의미 있는 쟁점 중 하나이다.

2. 증여세 완전포괄주의 과세규정의 의의

완전포괄주의 과세규정은 변칙적인 상속·증여에 사전적으로 대처하고, 조세부담의 공평을 통하여 조세정의를 실현한다는 취지로 종전의 유형별 포괄주의를 대체하여 도입되었

---

5) 이에 대한 다양한 사례에 대해서는, 박훈, "조세불복사례에 나타난 상속세 및 증여세법 제2조 제3항의 의의", 『조세법연구』, 18-2(2012. 8.), 335-368면 참조.

다. 완전포괄주의 과세규정이 도입되기 전까지는 상증세법 상 '증여'에 대한 정의규정 없이 민법상 '증여'의 개념을 차용함에 따라 발생하는 문제점이 있었다. 증여세 과세대상을 판단함에 있어 부의 무상이전이라는 증여세의 본질보다는 민법상 증여와의 유사성 정도가 기준이 되는 경향이 나타난 것이다. 이러한 점 때문에 넓은 의미에서도 민법상 증여와 동일시하기 어려운 거래라면 증여세를 부과할 수 없다는 주장이 성립될 여지가 있었고, 당사자 간의 계약을 전제로 한 일반적인 증여 외에 열거방식의 증여의제 및 이와 유사한 것이라도 열거되지 아니한 새로운 유형에는 과세하지 못하는 문제가 있었다.

이에 2003년 12월 30일 완전포괄주의 과세규정이 도입되었고, 완전포괄주의에 맞춘 '증여'의 개념을 새로이 상증세법에 규정하여 증여세의 과세대상을 경제적 실질에 따라 판정할 수 있도록 하였다. 이 정의규정은 민법상의 증여개념까지를 포괄하는 개념으로 상증세법 상 고유개념인 증여의 정의가 창설적으로 설정된 것이라고 할 수 있다.[6]

부의 무상이전 시 조세회피에 대한 입법적 대응은 2003년 12월 상증세법 제2조 제3항의 신설 외에 2013년 1월 증여재산가액 계산의 일반원칙 규정(상증세법 32조) 신설, 2014년 1월 특정법인과의 거래를 통한 이익의 증

여규정(상증세법 41조) 개정(흑자영리법인 추가) 등도 같은 맥락에서 이루어진 것으로 이해할 수 있다.

3. 상증세법 제2조 제3항의 의의

대상판결은 주식의 시가와 우선매수청구권 행사가격과의 차액 상당의 이익을 증여세 과세대상으로 보고 있다. 이는 이 사건 기업개선약정에서 대주주들에게 부여한 우선매수청구권이 증여세의 과세대상 재산에 해당하는 것을 인정한 것이다. 구 상증세법(2007. 12. 31. 법률 제8828호로 개정되기 전의 것) 제31조 제1항에서 "제2조의 규정에 의한[7] 증여재산에는 수증자에게 귀속되는 재산으로서 금전으로 환가할 수 있는 경제적 가치가 있는 모든 물건과 재산적 가치가 있는 법률상 또는 사실상의 모든 권리를 포함한다."고 규정하고 있는데, 우선매수청구권이 재산적 가치가 있는 권리에 해당하다고 본 것이다. 원고가 우선매수청구권이 상법상 주식매수청구권과 같은 형성권(매매예약완결권)이 아님을 근거로 과세대상 재산이 아니라 주장하였으나, 원심에서 법원은 상증세법 제2조 제3항 및 제31조 제1항이 증여의 개념을 포괄적으로 규정하고 있음을 고려할 때 우선매수청구권이 형성권이 아니라는 사유만으로 증여세의 부과대상인 재산적

---

6) 박훈·채현석, 『상속·증여세 실무해설』(삼일회계법인·삼일인포마인), 2012, 706면.
7) 2010. 1. 1. 법률 제9924호로 개정시 "제2조에 따른"으로 표현만 변경되었을 뿐이다.

가치가 있는 권리에 해당하지 않는다고 할 수 없다고 판단한 바 있다.

이 사건에서 대주주인 10인이 자신들의 주식보유비율에 상응하는 우선매수청구권을 직접적으로 원고에게 증여하고 있지는 않다. 대법원은 대주주 10인이 우선매수청구권을 포기하고 원고 혼자서 이 사건 우선매수청구권을 행사함으로써, 원고가 대주주 10인으로부터 간접적 증여를 받은 것으로 보고 있다. 이와 같은 우선매수청구권이 증여세 과세대상 재산이 되는지 여부, 원고가 누구로부터 어떠한 형태로 증여를 받았는지 여부 등이 논란이 되는 것은 우선매수청구권에 대해 상증세법 제33조부터 제42조까지 어디에도 명확한 근거규정이 없기 때문이다. 증여이익을 계산하는 데 있어서 우선매수청구권이 신주인수권과 성격이 유사하다고 하여 신주인수권증권 또는 신주인수권증서의 가액 평가방법에 관한 상증세법 제63조 제1항 제2호, 구 상속세 및 증여세법 시행령(2008. 2. 22. 대통령령 제20621호로 개정되기 전의 것) 제58조의2 제2항 제2호 (다)목 및 (라)목의 규정을 준용하고 있을 뿐이다.

그런데 증여이익 계산규정 존부 이전에 증여과세 근거규정의 유무를 따질 때 상증세법 제33조부터 제42조까지 어느 한 조문의 제시(그 중 준용이라도) 없이 동법 제2조 제3항만으로 근거규정이 될 수 있는지에 대해서는 다툼이 있다.[8]

긍정론의 근거로는 증여세 과세대상이 부의 무상이전이라고 규정한 상증세법 제2조 제3항은 증여세 과세요건인 과세대상의 본질적 사항을 규정한 것이라는 점, 부의 무상이전이 발생하는 형태가 다양하고 수시로 변화하므로 이를 구체적으로 모두 법률에 열거하기가 어렵다는 점, 과세표준은 예시규정인 상증세법 제33조부터 제41조의5까지를 참작하여 산정할 수 있어 법적 안정성과 예측가능성을 침해한다고 보기 어렵다는 점,[9] 과거 증여의제규정에 해당하는 규정은 2003년 12월 법개정으로 예시적인 규정으로 전환되었다는 점[10] 등이 제시되고 있다.

이에 반해 부정론으로는, 상증세법 제33조부터 제45조의2에 해당하는 경제적 거래가 있으면 일응 증여세 과세대상이 되고 그 개별규정에 따라 증여재산가액을 산출하게 되지만 그 밖의 새로운 경제거래가 발생하는 경우 상증세법 제2조 제3항만으로 그것이 증여세 과세대상인지, 만약 과세대상이라면 증여재산가

---

8) 이하의 긍정론과 부정론의 소개는, 박훈, "조세회피방지를 위한 증여세 완전포괄주의 적용의 의의와 한계", 『사법』 제25호(2013. 9.), 185 – 186면의 내용을 정리한 것이다.

9) 유철형, "완전포괄주의 증여세제의 실태와 개선방안", 『변호사』 제39권(2009. 1), 24면.

10) 하태흥, "가. 대주주들에게 공동으로 부여된 우선매수청구권을 그 중 1인이 단독으로 행사한 경우 증여세 과세대상에 해당하는지 여부(적극), 나. 출자전환 주식에 대한 우선매수청구권의 평가방법(2011. 4. 28. 선고 2008두17882 판결)", 『대법원판례해설』, 제87호(2011), 834 – 835면.

액을 어떻게 산출하게 될 것인지 예측하기 어려워 법적안정성과 예측가능성을 침해하는 결과를 가져온다는 견해[11]가 있다. 그리고 법적안정성, 예견가능성 등 납세자의 권익을 보호하는 측면에서 개별예시규정이 정하고 있는 개별특별과세조건을 충족시키지 못한 거래·행위에 대하여는 상증세법 제2조 제3항을 직접 적용하여 과세할 수 없다는 견해[12] 등이 있다.

그런데 대상판결은 상증세법 제2조 제3항만에 의해 증여세 과세가 가능하다는 입장을 보였다. 부를 무상이전하는 다양한 형태에 대해 과세권을 행사할 수 있다는 점에서는 이러한 대법원 입장은 타당하다. 그러나 납세자가 상증세법 제33조부터 제42조에 명확히 규정된 형태 이외의 거래 중 어떠한 경우에 증여세 과세가 될 것인지를 알기 어려울 수 있다는 점은 문제로 지적될 수 있다. 이 판결에도 불구하고 유추·확장해석을 허용하지 않는 세법의 엄격해석 원칙에 반해 상증세법 제2조 제3항 및 제4항만으로 과세하는 것이 가능한지에 대한 논쟁은 계속될 것이고, 동 조항이

법적안정성과 예측가능성을 침해할 가능성으로 인해 조세법률주의를 규정한 헌법에 위배되는지에 대한 논란도 계속될 것이기 때문이다.[13] 따라서 증여세가 과세될 필요가 있는 새로운 부의 무상이전 유형이 등장하는 경우에는 상증세법 제2조 제3항만으로 과세가 가능하더라도 입법적으로 제33조부터 제42조에서 그 유형을 예시적으로 규정하는 것이 필요하다.

4. 이 판결의 의의

대상판결은 명확하게 입장을 밝힌 것은 아니지만 상증세법 제33조부터 제42조까지의 어느 한 조문을 제시하는 것이 아니고 동법 제2조 제3항을 들어 우선매수청구권과 관련한 이익의 증여세 과세를 긍정하고 있다는 점에서 동 규정을 독립적 효력규정으로 본 첫 판결이다. 이후 하급심이기는 하지만, 서울행정법원 2012. 7. 26. 선고 2012구합4722 판결; 서울행정법원 2012. 8. 17. 선고 2011구합42543판결; 서울행정법원 2013. 5. 24. 선고

---

11) 이전오, "증여세 완전포괄주의 규정의 문제점", 『조세연구』, 제4집(2004. 9.), 466면.
12) 박요찬, "상속세 및 증여세법의 완전포괄증여규정과 개별예시규정을 중심으로 한 해석론", 『조세법연구』, 17-1(2011. 4.), 415-417면.
13) 논란이 계속되더라도 실제 위헌결정이 나올 가능성에 대해서는 부정적인 의견이 많다. 증여의제와 관련된 사안에서 대법원에 비하여 보다 적극적으로 조세법률주의 위배에 대한 판단을 해 온 헌법재판소라 하더라도 완전포괄주의 증여의제 규정에 대하여 쉽게 위헌으로 결정하지는 않을 것이라고 보는 견해(김두형, "완전포괄주의 증여의제 입법의 과제", 『조세법연구』, 9-1(2003. 7.), 106-107면, 완전포괄주의가 입법 당시부터 제기된 위헌론에 관하여 많은 논의를 거친 후 입법되었으며, 논의의 초점이 관련문제점에 관한 입법의 보완, 과세관청의 적정한 과세권 행사, 적용범위에 관한 법원의 역할 등으로 옮겨온 이상 쉽사리 위헌으로 보기에는 어려울 것이라는 견해(하태흥, 전게논문, 833-834면) 등이 있다.

2012구합4999 판결의 경우에도 상증세법 제2
조 제3항에 근거한 과세가 가능함을 명시적으
로 밝히고 있다.

참고문헌

김두형, "완전포괄주의 증여의제 입법의 과제", 『조세법연구』, 9-1(2003. 7.).
박요찬, "상속세 및 증여세법의 완전포괄증여규정과 개별예시규정을 중심으로 한 해석론", 『조세법연구』,
    17-1(2011. 4.).
박 훈, "조세불복사례에 나타난 상속세 및 증여세법 제2조 제3항의 의의", 『조세법연구』, 18-2(2012. 8.).
_____, "조세회피방지를 위한 증여세 완전포괄주의 적용의 의의와 한계", 『사법』, 제25호(2013. 9.).
박 훈·채현석, 『상속·증여세 실무해설』, 삼일인포마인, 2012.
박 훈·허원, "2011년 상속세 및 증여세법 판례회고", 『조세법연구』, 18-1(2012. 4.).
유철형, "완전포괄주의 증여세제의 실태와 개선방안", 『변호사』, 제39권(2009. 1.).
이전오, "증여세 완전포괄주의 규정의 문제점", 『조세연구』, 제4집(2004. 9.).
하태흥, "가. 대주주들에게 공동으로 부여된 우선매수청구권을 그 중 1인이 단독으로 행사한 경우 증여세
    과세대상에 해당하는지 여부(적극), 나. 출자전환 주식에 대한 우선매수청구권의 평가방법(2011. 4. 28.
    선고 2008두17882 판결)", 『대법원판례해설』, 제87호(2011).

이익잉여금의 자본전입에 따라 배정된 무상주가 명의신탁 증여의제 과세대상에 해당하는지 여부[1]

사건의 표시 : 대법원 2011. 7. 14. 선고 2009두21352 판결

▪ 사실관계 ▪

원고들은 소외 회사의 주식의 일부 지분을 그 실제 주주들로부터 명의신탁 받아 이를 보유하고 있었는데, 소외 회사가 기존 주주의 지분 비율에 따라 이익잉여금을 자본전입하여 주식배당[2]을 하여 무상주를 배정받게 되었다.

이에 대하여 피고는 위 무상주 배정은 실질주주가 명의상 주주에게 새로이 명의신탁을 한 것으로 보아야 한다는 이유로 이 사건 신주에 대하여 구 상속세 및 증여세법(2007. 12. 31. 개정되기 전의 것, 이하 "구 상증세법") 제45

조의 2 제1항 본문(이하 "이 사건 조문")을 적용하여 증여세 부과처분을 하였다.

원고들은 증여세 부과처분에 불복하여 행정소송을 제기하여 제1심 및 제2심에서 모두 승소하였다. 대상판례의 원심은 이 사건 조문의 법적 성격 및 이익잉여금의 자본전입에 따른 무상주 배정의 실질적 측면을 고려하여, 위 무상주 배정을 별도의 명의신탁으로 볼 수 없고, 그에 따른 추가적인 조세회피목적도 인정되지도 않는다는 이유로 이 사건 조

---

* 이상우(김·장 법률사무소 변호사).

1) 무상주의 과세상 논점 전반에 대한 논문으로는 이중교, "무상주의 과세상 논점", 『특별법연구』, 제9권 (2011) 참조.

2) 이익잉여금의 자본전입은 (1) 이익준비금을 자본전입하는 경우와, (2) 배당가능이익을 자본전입하는 경우 (즉 주식배당)로 구별되는바, 대상 판례는 그 중 배당가능이익을 자본전입하여 주식배당을 한 사안이다.

문이 적용되지 않는다고 판시하였고, 이에 피고는 상고하였으나 대상판례는 피고의 상고를 기각하였다.

■ 판결요지 ■

대상판례는, 이 사건 조문은 기본법 제14조 소정의 실질과세원칙에 대한 예외의 하나로서 명의신탁이 조세회피의 수단으로 악용되는 것을 방지하여 조세정의를 실현하고자 하는 한도 내에서 제한적으로 적용되는 규정인 점, 주식의 실제소유자와 명의자가 다른 상태에서 당해 주식의 발행법인이 이익잉여금을 자본에 전입함에 따라 그 명의인에게 무상주가 배정되더라도 그 발행법인의 순자산이나 이익 및 실제주주의 그에 대한 지분비율에는 변화가 없으므로 실제 주주가 그 무상주에 대하여 자신의 명의로 명의개서를 하지 않았다고 하여 기존 주식의 명의신탁에 의한 조세회피의 목적 외에 추가적인 조세회피의 목적이 있다고 할 수 없는 점 등을 고려하면, 특별한 사정이 없는 한 기존의 명의신탁 주식 외에 이익잉여금의 자본전입에 따라 기존의 명의수탁자에게 그 보유주식에 비례하여 배정된 무상주는 이 사건 조문의 증여의제 적용대상이 아니라고 판시하였다.

그러면서 대상판례는 원심이 소외 회사가 이익잉여금을 자본에 전입함에 따라 원고들이

실제주주들로부터 명의신탁받은 위 회사의 주식에 그 주식 수의 비율에 따라 배정된 무상주에 대하여는 이 사건 조문에 의한 증여의제 규정이 적용되지 아니한다고 보아 피고의 이 사건 증여세 부과처분이 위법하다고 판시한 것은 정당하다고 수긍하였다.

▶ 해 설 ◀

1. 쟁점

이 사건 조문(구 상증세법 45조의2 1항 본문)은 명의신탁재산의 증여의제 규정을 두어 '권리의 이전이나 그 행사에 등기 등이 필요한 재산(토지와 건물은 제외)'을 명의신탁한 경우에 일정한 요건 하에 명의신탁 재산을 그 명의자가 실제 소유자로부터 증여받은 것으로 의제하여 증여세를 과세하도록 규정하고 있다. '부동산 실권리자명의 등기에 관한 법률'이 부동산에 대한 명의신탁 금지를 별도로 금지함에 따라, 이 사건 조문은 그 증여의제의 적용 대상에서 부동산을 제외하는 것으로 개정되었으므로, 과세실무상 주로 그 적용이 문제되는 경우는 주식을 명의신탁한 경우이다.

그런데 주식을 장기간에 걸쳐 명의신탁하는 경우, 기존 주주의 추가적인 출자 없이 기존 주주들에게 지분 비율대로 무상으로 신주를 배정하는 경우가 발생한다. 이와 같이 회사

가 기존 주주에게 무상으로 신주를 배정하는 경우를 법률적으로 크게 구분하면 (1) 준비금 (자본잉여금과 이익잉여금 중 이익준비금)의 자본 전입을 통하여 신주를 배정하는 경우, 즉 무상 신주의 배정(상법 461조. 재평가적립금의 경우에는 재평가적립법 30조)과, (2) 이익잉여금 중 배당가능이익을 현금으로 배당하지 않고 자본에 전입하는 대신 주식을 배당하는 것, 즉 주식배당을 하는 경우(상법 462조의2)로 구분된다.

이와 같이 기존 주주의 추가적인 출자 없이 무상주가 배정되는 경우, 경제적 실질상으로는 기존의 명의신탁 주식이 분할된 것에 불과할 뿐 보유 주식의 실질가치에 변동을 가져오는 것은 아니므로 별도의 명의신탁을 인정하기 어렵지만, 법형식적으로는 별도의 독립된 신주가 발행되기 때문에, 과연 이 사건 조문을 적용하여 증여세를 과세할 수 있는지가 문제된다.

이 사건에서는 그 중 주식배당, 즉 이익

잉여금인 배당가능이익의 자본전입으로 무상주를 배정한 경우에 이 사건 조문이 적용될 수 있는지가 문제되었다.

2. 자본잉여금의 자본전입에 대한 대법원 판례

무상주 배정이 이 사건 조문의 적용 대상인지 여부에 대하여 과세를 긍정하는 견해와 부정하는 견해가 대립하였지만,[3] 대법원은 자본잉여금의 자본전입에 따른 무상주 배정에 대하여 이 사건 조문의 적용 대상이 아니라는 판결을 다수 선고한바 있다.

즉 대법원은, 자본잉여금의 일종인 '자산재평가적립금'을 자본전입하여 기존의 명의수탁자에게 그 보유주식에 비례하여 무상주를 배정한 사안에서 종전의 명의신탁주식이 실질적으로 분할된 것에 불과하여 별도의 명의신탁이 있는 것으로 볼 수는 없다는 이유로 이

---

3) 무상주에 대하여 이 사건 조문이 적용된다는 과세긍정설의 주된 논거는, 1) 무상주는 법률상 당초 주식과는 별개로 발행되는 독립된 재산으로서 무상주가 명의수탁자에게 배정되었다고 하더라도 그 실제 소유자는 명의신탁자이므로 그 신주 배정 무렵 무상주에 대하여 새로운 명의신탁약정이 이루어진 것으로 보아야 한다는 점, 2) 명의신탁 증여의제제도는 조세회피를 방지하기 위한 데 입법취지가 있고 조세회피에 협력한 수탁자에 대한 징벌적 성격을 가지고 있으므로 무상주에 대하여 증여의제규정을 적용하는 것이 수탁자가 실제 증여를 받은 경우와 비교할 때 불합리하다고 할 수 없다는 점 등이었다(서울고등법원 2006. 12. 15. 선고 2006누5023 판결 등).
한편 무상주에 대하여는 이 사건 조문이 적용되지 않는다는 과세부정설의 주된 논거는, 1) 명의수탁자가 무상주를 취득한다고 하더라도 그가 보유한 주식의 실질가치에 변동을 가져오는 것은 아니므로 당초의 명의신탁에 의하여 생겨난 조세회피가능성 이외에 추가적인 조세회피가능성이 생겨날 여지가 없음에도 무상주 취득에 대하여 추가적인 증여의제를 하는 것은 허용될 수 없는 점, 2) 실제로 주식을 증여받은 경우에는 그 후의 무상주 취득에 대하여 증여에 의한 과세를 할 수 없는데, 명의신탁 증여의제 의한 경우 무상주 취득에 대하여 추가적인 증여의제 의한 과세가 가능하다고 하면 과세형평에 반한다는 점 등이었다(서울행정법원 2006. 1. 17. 선고 2005구합15861 판결 등).

사건 조문이 적용될 수 없다고 판시하였다(대법원 2006. 9. 22. 선고 2004두11220 판결).

또한 대법원은 자본잉여금의 일종인 '주식발행초과금'을 자본전입하여 기존의 명의수탁자에게 그 보유주식에 비례하여 무상주를 배정한 사안에서도, 마찬가지로 종전의 명의신탁주식이 실질적으로 분할된 것에 불과하여 이 사건 조문이 적용될 수 없다고 판시하였다(대법원 2009. 3. 12. 선고 2007두1361 판결; 대법원 2009. 3. 12. 선고 2007두8652 판결).

이와 같이 대법원이 자본잉여금을 자본전입하여 기존 명의수탁자에게 그 보유주식에 비례하여 무상주를 배정하는 것은 이 사건 조문의 적용대상이 아니라는 판례를 확립하는 과정에서, 이익잉여금을 재원으로 한 무상주의 배정에 대한 판례의 입장이 주목되었다.

3. 이익잉여금의 자본전입에 따른 무상주 배정의 성격 및 이 사건 조문의 적용 대상 여부

(1) 이익잉여금을 자본전입하는 경우에 대한 검토 필요성

이익잉여금의 자본전입에 따른 무상주 배정의 경우에도, 추가 납입 없는 무상주 배정이라는 점, 즉 보유 주식의 실질가치의 증가가 없다는 점은 자본잉여금의 자본전입에 따른 무상주 배정과 차이가 없으므로 자본잉여금에 대한 위 대법원 판결이 그대로 적용된다고 볼 수 있다.

그렇지만 과세당국은 본래 잉여금의 성격에 관계없이 모든 무상주가 이 사건 조문의 대상인 것으로 주장하면서 과세하였다가, 위 자본잉여금에 대한 대법원 판결이 확립된 이후에는, 이익잉여금의 자본전입은 소득세법 제17조 제2항 제2호 규정에서 의제배당으로 보아 소득세를 부과하는 반면, 자본잉여금의 자본전입은 위 규정에서 의제배당으로 보지 않고 있기 때문에, 양자는 명의신탁재산의 증여의제에 있어서도 달리 취급되어야 한다고 하면서,[4] 이익잉여금의 자본전입에 따른 무상주 배정을 이 사건 조문의 적용대상으로 보는 태도를 계속 유지하였기 때문에, 이익잉여금의 경우를 따로 살펴볼 필요가 있다.

(2) 이익잉여금 자본전입의 성격

본래 회사의 '자본'은 총자산에서 총부채를 공제한 '순자산'으로서, '자본금'과 '잉여금'으로 구분된다. (1) 그 중 '자본금'은 발행주식의 액면총액을 가리키는 것으로서 회계상 자본금 계정에 계상되며, (2) '잉여금'이란 자본(순자산) 중 위 '자본금'을 초과한 부분을

---

4) 한편 기업회계상으로는 주식배당이나 그 밖의 잉여금의 자본전입에 따라 지급받는 무상주를 구분하지 않고 이를 단순히 자기자본 내의 변화로 인식하여 보유주식 수량만 늘어나는 것으로 보고 이를 별도의 수익으로 인식하지 않고 있다.

가리킨다. 그리고 위 '잉여금'은 ① 기업의 경영활동에 의하여 얻어진 당기순이익 중 배당, 상여 등 사외유출액을 공제하고 순수히 그 기업에 유보되고 있는, 이익준비금, 임의적립금 및 별도적립금과 같은 '이익잉여금'과, ② 주식발행, 합병, 감자, 자산재평가 등 자본거래에 의하여 발생하는 '자본잉여금'으로 구성된다.

그리고 이익잉여금이든 자본잉여금이든, '잉여금'은 '자본금'과 함께 회사의 자본(순자산)을 구성하는 항목이기 때문에, '잉여금'을 주식액면금액을 기준으로 '자본금'에 전입함에 따라 신주를 배정하는 것은, 회사의 자본(순자산) 내의 계정의 재분류에 불과하게 되고, 따라서 이를 통한 무상주 배정을 전후하여 회사의 순자산에는 아무런 변화가 없고, 증가된 자본금을 액면으로 나눈 주식 수만이 증가하게 되며, 주주의 입장에서도 회사에 대한 지분을 표창하는 주식가치의 합계나 지분율은 동일하게 된다. 즉 '이익잉여금'을 재원으로 하든, '자본잉여금'을 재원으로 하든, 지분비율에 따른 무상주 배정으로 주식 수가 늘어나면서 주식가치가 그에 반비례하여 하락하는 것은 동일하므로 이는 기존 주식의 실질적 분할에 불과한 성격을 가지게 된다.

(3) 이 사건 조문의 적용 대상 여부

이러한 실질적 성격을 고려하면 자본잉여금과 이익잉여금의 자본전입을 통하여 신주를 배정하는 경우는 모두, 기존 주식의 명의수탁자에게 신주가 배정된다고 하더라도, 경제적으로는 종전의 명의신탁주식의 실질적 분할에 불과할 뿐, 보유 주식의 실질가치에 아무런 변동을 가져 오지 않아, 이를 별도의 새로운 주식의 명의신탁으로 보기는 어려우므로, 이 사건 조문에 의한 증여세 과세의 대상으로 보기 어렵게 된다.

또한 이 사건 조문이 적용되려면 '명의신탁' 이외에 '조세회피목적'이 인정되어야 한다(구 상증세법 제45조의2 제1항 단서 제1호). 위 조세회피목적에 대하여 대법원은, 명의신탁관계가 있다고 하더라도 ① 명의신탁이 조세회피목적이 아닌 다른 이유에서 이루어졌음이 인정되고 ② 조세회피(경감)가 현실화되지 않고 단지 장래 조세회피(경감)의 가능성이 잠재적으로 존재하거나, 조세경감의 결과가 초래되더라도 그 경감의 정도가 사소하거나 경미한 정도라면, 조세회피목적이 존재하지 않는다고 판시하여 왔다(대법원 2006. 5. 12. 선고 2004두7733 판결).

그런데 기존 주주의 지분비율에 따른 무상신주 배정이나 주식배당의 경우에는, 본래 주주명부상 명의자인 주주에게 배정되도록 되어 있고, 경제적으로도 종전 명의신탁주식의 실질적인 분할에 불과하여, 그로 인하여 기존 명의수탁자에게 명의신탁된 주식의 전체 지분비율이나 총 주식가치에 변동이 발생하는 것도 아니며, 명의신탁 주식에 대한 전체 배당금액에 변동이 초래되는 것도 아니므로, 조세회피목적을 인정하기도 어렵다. 따라서 이 점에서도 이 사건 조문은 적용되기 어렵다.

본래 명의신탁은 증여의 실질이 없으므로 증여세가 과세될 수 없다. 그럼에도 이 사건 조문은 실질과세원칙에 대한 예외로서 증여세를 과세하고 있는바, 이는 명의신탁이 조세회피의 수단으로 악용되는 것을 방지하여 조세정의를 실현하고자 하는 한도 내에서 제한적으로 적용되어야 하는 규정이므로, 이익잉여금을 재원으로 무상주를 배정한 것과 같이, 실질적으로 새로운 재산의 명의신탁을 인정하기 어렵고, 조세회피목적도 인정하기 어려운 경우에는 원칙적으로 이 사건 조문이 적용될 수 없을 것이다.

이익잉여금은 '이익준비금'과 이를 공제한 '배당가능이익'으로 구분할 수 있는데, 이익준비금은 무상신주 배정의 재원이 되고, 배당가능이익은 주식배당의 재원이 된다. 따라서 이익준비금을 재원으로 무상신주를 배정하건, 배당가능이익을 재원으로 주식배당을 하건, 이익잉여금을 재원으로 무상주를 배정하는 경우는 원칙적으로 이 사건 조문이 적용되기 어렵다고 할 것이다.

(4) 소득세법상 의제배당 규정과의 관계

한편 과세당국의 입장, 즉 이익잉여금의 자본전입은 소득세법 제17조 제2항 제2호 규정에서 의제배당으로 보아 소득세를 부과하므로 달리 취급되어야 한다는 주장은 타당하지 않다(이 사건에서도 피고는 동일한 취지의 주장을 하였지만 원심 판결에서 배척되었다).

우선 주주가 주식을 무상으로 취득하는 경우를 의제배당으로 보아 소득세를 과세할 것인지 여부는 별도의 소득세 입법정책의 문제이고, 더욱이 소득세법 제17조 제2항 제2호는 '잉여금'을 자본에 전입함으로써 취득하는 주식을 의제배당으로 규정하면서, 단서의 각호 규정에서 자본잉여금을 자본에 전입하는 경우의 일부만을 의제배당에서 제외하도록 규정하고 있어 자본잉여금과 이익잉여금의 구별만으로 의제배당을 규정한다고 보기도 어려우며, 의제배당의 예외를 인정한다는 것도 비과세를 한다는 것이 아니라 단지 과세시기를 유보한 것에 불과하므로(대법원 1992. 3. 13. 선고 91누9916 판결), 소득세법상 의제배당 규정을 들어, 주식배당을 그 실질적 성격과 달리 별도의 명의신탁으로 보아야 한다는 주장은 타당하지 않은 것으로 보인다.

나아가 이 사건 조문은 조세회피목적에 이용되는 민사법상 명의신탁을 세금의 형식으로 처벌하기 위한 규정인바, 새로운 명의신탁으로 보아 이를 새롭게 처벌대상으로 삼아야 할 것인지의 관점에서 보더라도, 이익잉여금의 자본전입에 따른 무상주 배정과 같이, 추가납입이 없고 기존 보유주식의 실질 가치에 변동을 초래하지 않으며 별도의 조세회피목적도 인정하기 어려운 경우를 새로운 처벌대상으로 삼는 것은 부적절하다고 생각된다.

다만 대상판례가 적시하듯이 실질적인 명의신탁을 우회하는 편법으로 사용되거나 조세회피목적을 인정할 수 있는 특별한 사정5)이 있는 경우라면, 이 사건 조문의 적용대상인지 여부를 다시 한번 검토할 필요가 있을 것이다.

4. 이 판결의 검토 및 의의

대상판례는, 주식이 이익잉여금의 자본전입에 따라 기존의 명의수탁자에게 그 보유주식에 비례하여 배정된 무상주의 경우에는 원칙적으로 이 사건 조문이 적용되지 않는다는 법리를 명확히 한 최초의 판결로서, 실질과세원칙에 대한 예외로서 제한적으로 적용되어야 할 이 사건 조문의 적용범위를 무상주 배정의 실질에 부합하게 제한하는 중요하고도 의미 있는 판시를 하였다. 또한 대상판례는 이익잉여금의 자본전입에 따른 무상주 배정의 경우라도 특별한 사정이 있는 경우에는 이 사건 조문의 대상으로 볼 수도 있는 것처럼 판시하여 구체적 사정에 따라서는 다른 판단을 할 여지를 남겨두고 있다. 대상판례의 논거와 결론에 찬동한다.

아울러 대상판례의 판시에 비추어 보면,

유상증자에 대한 이 사건 조문의 적용도 합리적인 범위로 제한하는 것을 검토할 필요가 있다. 우선 유상증자로 배정된 신주의 경우, 그 신주의 가치는 (1) 신주 인수대금의 납입분과, (2) 실질적인 기존 주식의 분할분(희석가치)으로 구분될 수 있는바, 후자의 부분에 대하여도 이 사건 조문을 아무런 제한 없이 적용하는 것은 문제가 있다고 생각된다. 또한 대상판례는 '조세회피목적'의 판단에 있어 '기존 주식의 명의신탁에 의한 조세회피의 목적' 외에 '추가적인 조세회피의 목적'을 요구하고 있는바, 이러한 점은 유상증자에 대하여도 동일하게 고려될 수 있다고 생각된다. 극단적인 예로 주식 1주당 10원에 유상증자를 하는 경우는, 그 실질이 무상주 배정과 별다른 차이도 없는바, 단지 유상증자의 형식으로 신주가 배정되었다는 이유만으로 일률적으로 증자 직후의 신주 가격만큼 새롭게 명의신탁이 이루어졌다고 보아 이 사건 조문에 따른 증여세를 과세하는 것은 문제가 있다고 생각된다.

지금까지 판례는 유상증자로 배정된 신주에 대하여 이 사건 조문의 적용함에 있어, 실질적인 기존 주식의 분할분(희석가치)을 배제하지 않고, 증자 후 신주의 시가로 평가되는 금액 전부를 명의신탁에 따른 증여가액으로 인정하는 판시를 한 적이 있는바,6) 향후 판례

---

5) 대상판례가 언급하는 특별한 사정이 무엇인지는 명확하지 않다. 향후 구체적 사실관계에 따라 조세회피목적이 인정되는 특별한 사정이 있는 사안의 경우에는 다른 판단을 검토할 수 있다는 취지로 이해된다.

가 유상증자에 있어서도 그 경제적 실질과 신   여주기를 기대한다.[7)
주 배정의 형식적 측면을 조화하는 모습을 보

참고문헌

강석훈, "명의신탁 주식의 증여의제에 관한 판례의 태도 및 해석론", 『특별법연구』, 제8권(2006).

구해동, "명의신탁과 조세", 『조세법연구』, 6(2000. 12).

김관중, "명의신탁재산의 증여의제 조세회피목적의 합헌적 해석·적용", 『재판자료』, 제108집, 법원도서관, 2005.

김완일, "비상장주식의 명의신탁에 대한 증여의제 적용의 형평성", 『조세연구』, 제8-2권(2005).

김재광, "상속세 및 증여세법상 증여의제규정의 세법체계상 문제점", 『조세법연구』, 9-1(2003.7).

나성길·정진오, "명의신탁의 세법상 적용과 주요 쟁점에 관한 검토", 『조세연구』, 제13권 제3호(2013).

신용주, "명의신탁으로 인한 증여의제 과세에 관한 연구", 경희대학교 대학원 박사학위논문, 2004.

윤지현, "상속세 및 증여세의 간주·추정규정의 한계", 『조세법연구』, 16-1(2010.4).

이전오, "명의신탁재산의 증여의제 규정상 조세회피 목적의 범위 - 대법원 2006. 5. 12. 선고 2004두7733 판결-", 『세무사』 통권 제109호(2006).

이중교, "무상주의 과세상 논점", 『특별법연구』, 제9권(2011).

이재호, "차명거래의 과세문제", BFL 제46호, 서울대학교 금융법센터, 2011.

전영준, "차명주식에 관한 명의신탁 증여의제 규정의 운용현황 및 개선방안에 대한 소고", 『조세연구』, 제8-1권(2008).

조윤희, "무효인 주식 명의신탁과 증여의제", 『자유와 책임 그리고 동행: 안대희 대법관 재직기념 논문집』, 사법발전재단, 2012.

조일영, "주식 명의신탁에 대한 증여의제에 있어 조세회피목적 - 대법원 2006. 5. 12. 선고 2004두7733", 『대법원판례해설』, 제61호(2006).

---

6) 대법원 2006. 9. 22. 선고 2004두11220 판결; 대법원 2013. 3. 28. 선고 2010두24968 판결 참조.
7) 예를 들어 구체적 사실관계에 따라 유상증자의 신주납입대금이 극도로 적어 그 실질이 무상주 배정과 별다른 차이가 없다거나, 기존 주식의 분할분(희석가치)에 대하여는 조세회피목적을 인정하기 어려운 등의 특별한 사정이 있는 경우에는 이 사건 조문의 적용 범위를 제한하는 방향을 검토할 필요가 있을 것이다.

1년 이상에 걸친 금전무상대부 등의 증여시기 의제

사건의 표시 : 대법원 2012. 7. 26. 선고 2011두10959 판결

▪ 사실개요 ▪

A는 2001. 1. 30.부터 2005. 3. 31.까지 자신이 이사로 재직한 B주식회사 (주주는 A의 자와 손인 X1, X2, X3 및 X4이었고, 대표이사는 A의 子인 X1이었다)에 2002. 1. 8.부터 2002. 10. 2.까지 6회에 걸쳐 24억 2,000만 원을 무상대부하였다. 2007. 9. 30. A가 사망함에 따라 상속인인 X1, X2, X3 및 X4는 A가 B주식회사에 이자상당액 875,700,000원(구 상속세 및 증여세법(이하 '상증세법'이라 한다) 제41조의4의 규정에 따라 국세청장이 고시하는 이율 연 9%를 적용함)을 증여하였다고 보아 동법 제13조 제1항 제2호에 따라 이를 상속세 과세가액에 포함시켜 2008. 3. 29. 상속세로 3,916,650,665원을 신고, 납부하였다.

관할지방국세청은 2009. 3.경 X1 등에 대한 상속세 조사에서 이 사건 무상대부에 따른 이자상당액을 1,015,180,272원(이하 '인정이자 상당액'이라 함)으로 바로 잡고 그 과소신고액 139,480,272원(=1,015,180,272원-875,700,000원)에다가 그 밖의 신고누락액을 포함한 합계 900,128,693원을 추가로 상속세 과세가액에 가산하여 이를 관할세무서장인 Y에게 통보하였고, 이에 따라 Y는 2009.8.11. X1 등의 상속세를 4,002,806,511원으로 결정하고 증액분 86,155,840원을 부과하여 고지하였다.

이에 대해 X1 등은 자신들이 실제로 상속한 바 없는 인정이자 875,700,000원을 착오로 상속세 과세가액으로 포함시켜 신고하

였다고 주장하면서, 사실상 인정이자 상당액 1,015,180,272원 전부가 상속세 과세가액에서 제외되어야 한다는 취지로 2009. 11. 6. 국세청 심사청구를 하였으나 2009. 12. 22. 기각결정을 받았다.[1]

이후 X1 등은, 동법 제13조 제1항 제2호가 상속세 과세가액에 포함되는 증여한 재산을 '상속개시일로부터 5년 이내'에 상속인이 아닌 자에게 증여한 재산으로 한정하였으므로, 실제의 금전무상대부가 상속개시일인 2007. 9. 30.로부터 역산하여 5년 전에 이루어진 경우에는 그 인정이자 상당액이 상속세 과세가액에 포함되는 증여한 재산에서 제외되어야 한다는 등의 주장을 하면서 조세소송을 제기하였다. 그 결과 1심[2]에서 X1 등이 패소하였고, 2심[3]에서는 X1 등이 승소하였으나, 대법원에서 X1 등이 패소하였고(파기환송), 환송 2심[4]에서도 X1 등이 패소하였다.

▪ 판결요지 ▪

구 상증세법 제41조의4 제1항 전문이 금전을 무상 또는 낮은 이자율로 대부받는 경우에 '금전을 대부받은 날'에 그 각 호에서 정한 금액을 대부받은 자의 증여재산가액으로 한다고 규정하면서 아울러 후문에서 대부기간이 1년 이상인 경우에는 그 1년이 되는 날의 다음 날에 '매년 새로이 대부받은 것으로 보아' 적정이자율과의 차액을 계산한다고 규정한 점, 그 입법 취지는 특수관계자 간의 직접 증여에 따른 증여세 부담을 회피하기 위하여 금전을 무상대여하거나 낮은 이자율로 대여하는 경우 적정이자율과의 차액에 대해 증여세를 과세하려는 데 있는 점 등에 비추어 보면, 동법 제41조의4 제1항에 의하여 특수관계자로부터의 대부기간이 1년 이상인 1억 원 이상의 금전 무상대부 또는 낮은 이자율에 의한 대부에 있어 그 이익의 증여시기는 금전을 대부받은 날 및 그 후 1년마다 도래하는 그 대부받은 날의 다음 날이 된다고 보아야 하고, 동법 제13조 제1항 제2호에 의하여 상속세 과세가액에 포함되는 '상속개시일 전 5년 이내에 피상속인이 상속인이 아닌 자에게 증여한 재산가액'에 해당하는지도 위 각 증여시기를 기준으로 결정하여야 한다.

1) 국세청 심사 상속2009-0026 (2009. 12. 22.).
2) 서울행정법원 2010. 7. 23. 선고 2010구합11658 판결.
3) 서울고등법원 2011. 4. 22. 선고 2010누26508 판결.
4) 서울고등법원 2012. 11. 21. 선고 2012누23466 판결.

▶ 해 설 ◀

1. 쟁점

본 건은 구 상증세법(2003. 12. 30. 법률 제7010호로 개정되기 전의 것) 제41조의4 제1항 후문(현행 상증세법 제41조의4 제1항 후문. 이하 '쟁점규정'이라 한다)의 해석과 관련하여, 금전 무상대부 등이 변제되지 아니하고 1년 이상이 경과한 경우 그 이익의 증여시기를 언제로 볼 것인지가 문제된 사건이다.

구 상증세법은 제41조의4 제1항에서 "특수관계에 있는 자로부터 1억 원 이상의 금전을 무상 또는 적정 이자율보다 낮은 이자율로 대부받은 경우에는 그 금전을 대부받은 날에 다음 각 호의 1이 금액을 증여받은 것으로 본다. 이 경우 대부기간이 정하여지지 아니한 경우에는 그 대부기간을 1년으로 보고, 대부기간이 1년 이상인 경우에는 1년이 되는 날의 다음 날에 매년 새로이 증여받은 것으로 보아 당해 금액을 계산한다. 1. 무상으로 대출받은 경우: 대출금액에 적정 이자율을 곱하여 계산한 금액, 2. 적정 이자율보다 낮은 이자율로 대출받은 경우: 대출금액에 적정 이자율을 곱하여 계산한 금액에서 실제 지급한 이자 상당액을 뺀 금액"이라고 규정하고 있었다.[5]

구 상증세법 제41조의4 제1항 전문은 '특수관계에 있는 자로부터 1억원 이상의 금전을 무상 또는 낮은 이자율로 대부받는 경우'에는 '금전을 대부받은 날에 증여받은 것으로 본다'라고 규정하여 '금전을 대부받은 날'이 증여세 납세의무의 성립시기임을 명백히 하고 있었다. 한편 동조 동항 후문은 '대부기간이 1년 이상인 경우'에는 '1년이 되는 날의 다음 날에 매년 새로이 증여받은 것으로 보아 당해 금액을 계산한다'라고 규정하고 있었다.

이러한 후문에 대하여, 원심은 대부기간이 1년 이상인 경우 그 증여시기는 처음 대부받은 날이고 1년이 되는 날의 다음 날을 기준으로 매해의 증여재산가액을 산정하도록 규정한 것이라고 판시하였지만, 대상판결은 대부기간이 1년 이상인 경우에는 1년이 되는 날의 다음 날에 새로이 납세의무가 성립하는 것으로 의제한 것이라고 판시하였다.

---

5) 현행 상증세법은 제41조의4 제1항에서 "타인으로부터 1억 원 이상의 금전을 무상으로 또는 적정 이자율보다 낮은 이자율로 대출받은 경우에는 그 금전을 대출받은 날에 다음 각 호의 구분에 따른 금액을 그 금전을 대출받은 자의 증여재산가액으로 한다. 이 경우 대출기간이 정해지지 아니한 경우에는 그 대출기간을 1년으로 보고, 대출기간이 1년 이상인 경우에는 1년이 되는 날의 다음 날에 매년 새로 대출받은 것으로 보아 해당 금액을 계산한다. (이하 생략)"라고 규정하고 있다. 2003년 개정 상증세법이 증여세에 있어서 이른바 '완전포괄주의 과세방식'을 채택하여 종래 증여의제 규정들을 예시적 증여 규정으로 전환하면서, 동법 제41조의4의 규정도 종래 '특수관계에 있는 자로부터'가 '타인으로부터'로, '증여받은 것으로 본다'가 '증여재산가액으로 한다'로 개정된 것이다.

2. 실제의 금전무상대부 등이 있는 날을 증여시기로 보는 해석의 입장

원심은 쟁점규정에 대한 해석과 관련하여, 이 규정은 대부기간이 1년 이상인 금전무상대부 등의 증여시기 판단기준과 증여재산가액 산정방법을 구분하여 증여시기는 최초로 대부받은 날이 되고 증여재산가액은 매해 이자상당액을 합산하도록 정한 것이라고 보았다.[6] 원심에 따르면, '1년이 되는 날의 다음 날'을 증여시기로 보는 경우에는 구 상증세법 제13조 제1항 제2호를 적용함에 있어 피상속인이 사망하기 이전 10년 전, 20년 전에 무상대여한 금원에 대해서도 그 금원이 변제되지 않은 한 상속개시일 전 5년 이내에 발생한 인정이자를 모두 상속세 과세가액에 포함시켜야 한다는 결론에 이르게 되는데, 이는 가산대상 증여재산을 사실상 무한정으로 소급 확대하는 것으로 매우 부당하다고 한다.[7]

또한 원심은 대부기간이 1년 이상인 경우라도 실제의 무상대부일을 증여시기로 보아야 하는 이유로, 피상속인이 사망하기 전 5년 이전에 해당 금원을 특수관계인에게 '증여'하였다면 구 상증세법 제13조 제1항 제2호의 반대해석으로 상속세 과세대상에 가산되지 않았을 터인데, 같은 시기, 같은 대상자에게 '무상대여'하였다는 이유만으로 상속세 과세대상에 가산하는 것은, 이를 차별하여 취급할 합리적인 이유를 찾아볼 수 없으므로 평등에 원칙에도 반하고, 오히려 전자의 행위가 상속세 부담의 회피정도나 고의가 더 중하다고 보임에도 이보다 경미한 후자에 대해서만 과세하는 것은 현저하게 비합리적이고 불공정한 조치라는 논거를 더하였다.[8]

3. 금전무상대부 등의 기간이 1년 이상인 경우 매 1년이 되는 날의 다음 날을 증여시기로 보는 해석의 입장

대상판결은, 쟁점규정에서 대부기간이 1년 이상인 경우에는 그 1년이 되는 날의 다음 날에 '매년 새로이 대부받은 것으로 보아' 적정이자율과의 차액을 계산한다고 명시적으로 규정한 점, 그 입법취지가 특수관계자 간의 직접 증여에 따른 증여세 부담을 회피하기 위하여 금전을 무상대여하거나 낮은 이자율로 대여하는 경우 적정이자율과의 차액에 대해 증여세를 과세하려는 데 있는 점 등에 비추어 보아, 쟁점규정은 금전무상대부 등의 기간이 1년 이상인 경우 매 1년이 되는 날의 다음 날에 새로이 납세의무가 성립하는 것으로 의제한 것이라고 보았다.[9]

---

6) 유철형, "무상대부기간이 1년 이상인 경우 증여재산인 이자상당액의 증여시기", 『LAWnB 판례평석』(2013. 3. 4.) 참조.
7) 서울고등법원 2011. 4. 22. 선고 2010누26508 판결 참조.
8) 상게판결 참조.

이에 기초하여 대상판결은 원심이 구 상증세법 제13조 제1항 제2호에 의하여 상속세 과세가액에 포함되는 '상속개시일 전 5년 이내에 피상속인이 상속인이 아닌 자에게 증여한 재산가액'에 해당하는지 여부는 동법 제41조의4 제1항에서 규정한 각 증여시기가 아니라 최초로 무상대부를 한 때를 기준으로 결정하여야 한다고 판단한 것은 동법 제41조의4 제1항 소정의 금전의 무상대부 또는 낮은 이자율에 의한 대부에 있어 그 이익의 증여시기 등에 관한 법리를 오해하여 판결의 결과에 영향을 미친 위법이 있다고 판시하였다.[10]

4. 이 판결의 의의

대상판결은 금전무상대부 등의 기간이 1년 이상인 경우 그 이익의 증여시기에 관하여 판시한 최초의 대법원 판결이라는 점에서 의의가 크다. 대상판결은 쟁점규정에서 '대부기간이 1년 이상인 경우에는 1년이 되는 날의 다음 날에 매년 새로이 증여받은 것으로 보아 당해 금액을 계산한다'라고 규정하고 있는 것을 금전무상대부 등의 대부기간이 1년 이상인 경우 매 1년이 되는 날의 다음 날에 새로이 납세의무가 성립하는 것으로 의제한 것이라고 보았다. 금전무상대부 등의 대부기간이 1년 이상인 경우 그 이익의 증여시기는 실제로 금

전을 대부받은 날과 그 후 1년마다 도래하는 그 대부받은 날의 다음 날이 된다는 의미이다.

쟁점규정에 대하여 원심과 같이 증여시기를 의제한 것이 아니라 증여재산가액의 산정방법을 정한 것이라고 목적론적 해석을 하기에는 그 표현이 너무 명확하다. 그런 관점에서 보아 쟁점규정을 대상판결과 같이 해석하는 것은 엄격한 문리해석이 요구되는 조세법의 특성상 불가피하다고 여겨진다.

그러나 금전무상대부 등의 대부기간이 1년 이상인 경우 매 1년이 되는 날의 다음 날마다 새로이 납세의무가 성립하는 것으로 본다면, 원심이 지적한 바와 같이, 구 상증세법 제13조 제1항 제2호를 적용함에 있어 피상속인이 사망하기 이전에 무상으로 대부되고 그 금원이 변제되지 않은 한 실제의 무상대부일이 언제였던 간에 상속개시일 전 5년 이내에 발생한 인정이자는 모두 상속세 과세가액에 포함되어 가산대상 증여재산이 사실상 무한정으로 확대되는 불합리한 결과가 초래되어 헌법상 과잉금지의 원칙에 반할 수 있다.

더욱이 피상속인이 사망하기 전 5년 이전에 해당 금원을 '증여'하였다면 상속세 과세대상에 가산되지 않았을 것인데 같은 시기에 '무상대여'하였다는 이유만으로 상속세 과세대상에 가산하는 것은 헌법상 평등의 원칙에 반할 수 있다.

---

9) 대법원 2012. 7. 26. 선고 2011두10959 판결 참조.
10) 상계판결 참조.

참고문헌

유철형, "무상대부기간이 1년 이상인 경우 증여재산인 이자상당액의 증여시기", 『LAWnB 판례평석』(2013. 3. 4.).

부가세법

부가가치세법상 거래징수규정의 법적 성격

사건의 표시 : 대법원 2002. 11. 22. 선고 2002다38828 판결

▪ 사실개요 ▪

피고는 소외 회사 소유의 건물에 대하여 임대차보증금 50,000,000원, 월차임 금 2,310,000원(부가가치세 포함), 임차기간 1998. 6. 1.부터 1년으로 하여 임대차계약을 체결한 후 임차기간을 1년간 연장하였고, 연장된 기간 중에 위 임대차계약을 승계하는 조건으로 건물소유자가 원고로 변경되었다. 그 후 변경된 기간의 만료를 앞둔 2000. 4. 18. 원고가 임대차보증금의 증액을 요구하였으나, 피고와 합의가 이루어지지 아니하자 원고는 2000. 9. 29. 건물명도청구 소송을 제기하였고, 감정결과 위 임대차계약 만료 다음날인 2000. 6. 1.부터 위 임차부분을 명도한 2001. 4. 29.까지의 기간 동안 임대차보증금이 50,000,000원인

경우 월차임은 금 4,650,000원으로 확인되었다. 이에 원고는 피고에게 위 차임 상당액과 그에 대한 부가가치세 상당액을 부당이득으로 청구하였다.

▪ 판결요지 ▪

1. 원심판결의 요지

원심은 월차임 상당액으로 계산한 차임 총액에서 임대차보증금액을 공제한 금액의 지급을 명하면서, 차임 상당액에 대한 부가가치세의 지급청구에 대해서는, 차임 상당액에 대한 부가가치세는 부가가치세법(이하 '부가세법'

---

* 유철형(법무법인 태평양 변호사).

이라 한다)의 규정에 따라 용역 등을 공급하는 사업자인 원고에게 납세의무가 지워진 것으로서, 원고가 이를 납부하는 것은 법에 규정된 자신의 의무를 이행하는 것이므로, 피고가 원고에게 감정결과에 따른 차임 상당액에 대하여도 부가가치세를 지급하기로 약정하였다고 인정할 아무런 증거가 없는 이상 이를 인정할 수 없다고 판단하였다.

2. 대법원판결의 요지

사업자가 재화 또는 용역을 공급하는 때에는 부가가치세 상당액을 그 공급을 받는 자로부터 징수하여야 한다고 규정하고 있는 구 부가세법(2013. 6. 7. 법률 제11873호로 개정되기 전의 것) 제15조[현행 제31조]는 사업자로부터 징수하는 부가가치세 상당액을 공급을 받는 자에게 차례로 전가시킴으로써 궁극적으로 최종소비자에게 이를 부담시키겠다는 취지를 선언한 것에 불과한 것이어서 사업자가 위 규정을 근거로 공급을 받는 자로부터 부가가치세 상당액을 징수할 사법상 권리는 없는 것이지만, 거래당사자 사이에 부가가치세를 부담하기로 하는 약정이 따로 있는 경우에는 사업자는 그 약정에 기하여 공급을 받는 자에게 부가가치세 상당액의 지급을 청구할 수 있는 것이고, 부가가치세 부담에 관한 위와 같은 약정은 반드시 재화 또는 용역의 공급 당시에 있어야 하는 것은 아니고 공급 후에 한 경우에

도 유효하며, 또한 반드시 명시적이어야 하는 것은 아니고 묵시적 형태로 이루어질 수도 있다(대법원 1999. 11. 12. 선고 99다33984 판결 등 참조). 한편, 임대인의 해지통고로 건물 임대차계약이 해지되어 임차인의 점유가 불법점유가 된다고 하더라도, 임차인이 건물을 명도하지 아니하고 계속 사용하고 있고 임대인 또한, 임대보증금을 반환하지 아니하고 보유하고 있으면서 향후 월임료 상당액을 보증금에서 공제하는 관계에 있다면, 이는 부가가치세의 과세대상인 용역의 공급에 해당하는 것인바(대법원 1995. 7. 14. 선고 95누4018 판결 참조), 임대차계약 해지 후의 계속점유를 원인으로 차임 상당액을 부당이득으로 반환하는 경우에 종전 임대차에서 약정 차임에 대한 부가가치세 상당액을 공급을 받는 자인 임차인이 부담하기로 하는 약정이 있었다면, 달리 특별한 사정이 없는 한 부당이득으로 지급되는 차임 상당액에 대한 부가가치세 상당액도 계속 점유하는 임차인이 부담하여야 하는 것으로 봄이 상당하다 할 것이다. 피고는 소외 회사와 사이의 위 임대차계약에서 월차임에 대한 부가가치세를 부담하기로 약정하여 위 임대차계약을 승계한 원고에게 위 임대차계약 종료시까지 월차임 및 이에 대한 부가가치세를 지급하였고, 원고가 임대차계약의 종료를 이유로 이 사건 건물의 명도를 요구하였음에도 불구하고, 피고가 이를 이행하지 아니하고 종전의 점유를 계속하였음을 알 수 있는바, 위에서 본 법리에

비추어 보면, 이와 같은 경우에 피고는 임대차 계약 종료 이후 그의 점유로 인한 차임 상당의 부당이득에 대한 부가가치세 상당액을 원고에게 지급하여야 하는 것이고, 그 차임 상당액이 위 임대차계약에서 정한 것이 아니라 임료감정 결과에 의한 것이라고 하여 달리 볼 것은 아니다. 원심판결은 부가가치세 부담약정에 관한 법리를 오해하였다.

▶ 해 설 ◀

1. 쟁점

본건의 쟁점은 구 부가세법 제15조[현행 제31조]가 사업자에게 부가가치세 상당액을 징수할 권리를 인정한 것인지 여부이다. 구 부가세법 제15조는 "사업자가 재화 또는 용역을 공급하는 때에는 제13조의 규정에 의한 과세표준에 제14조의 규정에 의한 세율을 적용하여 계산한 부가가치세를 그 공급을 받는 자로부터 징수하여야 한다"고 규정하고 있는데, 위 거래징수규정의 법적 성격을 훈시규정으로 볼 것인지, 아니면 권리의무규정으로 볼 것인지에 따라 부가가치세 지급을 거절하는 경우 채무불이행이 되는지, 동시이행의 항변을 할 수 있는지 등 부가가치세의 거래징수에 있어서

큰 차이가 있다.

2. 관련 학설 및 판례

(1) 훈시규정설

거래징수규정은 소비형부가가치세제하에서 전단계세액공제방법에 의하여 최종소비자에게 부가가치세의 부담을 전가할 것을 예정하고 있는데서 우러나오는 당연한 것을 주의적·선언적으로 규정한 훈시규정에 불과하고, 재화나 용역의 공급자가 공급받는 자에 대하여 부가가치세 상당액을 청구할 권리가 인정되는 것은 아니라고 하는 견해이다. 이 견해에 따르면 재화나 용역을 공급받는 자가 부가가치세액의 지급을 거절하더라도 공급자에 대하여 채무불이행이 되지 아니하고, 재화나 용역의 공급자는 부가가치세의 미지급을 이유로 공급받는 자에 대하여 동시이행의 항변권을 행사할 수도 없게 된다.[1]

이 견해는 그 근거로서 간접세가 대체로 조세의 전가를 예상하는 것이기는 하지만 우리의 부가세법이 소비형 부가가치세제를 그 원리로 하고 전단계세액공제방법을 택하고 있다는 점[2] 및 세법에 일반 민사상의 권리의무에 관한 규정을 둔다는 것은 예상할 수 없고, 위 거래징수규정 자체가 "… 징수하여야 한다"라는 식의 공급자에게 하명하는 형식으로

1) 임희택, "부가가치세법상 거래징수의 의의", 『법조』(1989. 3.), 제67면.
2) 김두천, 『부가가치세법의 이론과 실제』(조세통람사), 1987, 451면(임희택, 상계논문 60면에서 재인용).

되어 있다는 점3)을 들고 있다.

(2) 권리의무설

소비형 부가가치세제하에서 전단계세액공제방법에 의한 부가가치세의 원활하고도 이상적인 운영을 위해서 공급자에게 거래상대방에 대하여 거래징수할 권리를 인정함과 동시에 정부에 대한 의무를 규정한 것이고, 공급자가 이를 이행하지 아니하면 자신의 부담으로 돌아가는 불이익을 입는다는 견해이다. 즉, 이 견해는 현행 부가세법이 세금계산서에 의하여 공급가액과 세액을 구분하는 방식으로 전가시킴으로써 구매자의 반발로 정상적인 전가 저해와 세금계산서 수수 지장을 초래하지 않도록 공급자에게 적극적으로 거래상대방에 대한 거래징수권을 인정하고 이를 행사하도록 명한 것이라고 본다.4)

이 견해는 아래와 같은 점을 근거로 들고 있다.

첫째, 민사거래의 교란이 예상된다는 점이다. 현재의 거래실태에 비추어 보면 소비자는 일반적으로 자신들이 부가가치세를 부담하는 것으로 인식하고 있고, 공급자 역시 부가가치세액은 재화나 용역의 대가에 추가적으로 징수하는 것이 타당하다고 생각하고 있다. 그런데, 만일 부가세법상의 거래징수의 의미가 단순히 부가가치세의 전가만을 촉구하는 것에 불과하다는 법리, 즉, 공급자가 소비자에 대하여 부가가치세를 징수할 수 있는 강제적인 법적 수단이 존재하지 아니한다는 사실이 널리 알려진다면 현재의 거래인식은 깨어지고 수많은 소비자들이 공급자에게 부가가치세액의 지급을 거부하는 사태가 발생할 수 있고, 이는 일반 거래의 장애사유가 될 수 있다는 것이다.5)

둘째, 재정학적인 분류로서의 간접세 체계가 붕괴될 수 있다는 점이다. 위와 같이 소

---

3) 이상원, "부가가치세의 부담자", 『기업법무』(창간호), 44면(임희택, 상게논문 60면에서 재인용); 김두천, "부가가치세법상 거래징수", 『세무사』(1983. 10.), 61면.

4) 김백영, "현행 부가가치세법의 기본구조", 『사법연구자료』(1990), 296면; 임희택, 전게논문, 67면; 정희장, "부가가치세법상 매입세액공제", 『재판자료』, 제61집(조세사건에 관한 제문제, 하)(1993), 456면, 457면에서는 거래징수권의 행사에 대한 제한을 두고 있는데, ① 적법한 세금계산서를 교부하지 아니한 때, ② 공급받는 자가 비사업자인 때, ③ 거래당사자가 통모하여 세금계산서 수수와 거래징수를 하기 않기로 한 때에는 거래징수권을 행사할 수 없다고 한다.; 최명근·나성길, 『부가가치세법론』(세경사), 2006, 434면 내지 438면. 사업자의 부가가치세 거래징수는 권리임과 동시에 의무이고, 실제 공급시기가 속하는 과세기간의 종료일까지 세금계산서를 교부하지 아니하면 사업자의 거래징수권은 묵시적으로 포기한 것으로 보아야 한다고 한다.; 김용대, "2000년 부가가치세법 판례회고", 『조세법연구』, 7(2001. 11.), 390면 내지 제392면. 사업자의 거래징수는 권리이지 의무는 아니라고 하면서, 사업자가 거래를 하면서 부가가치세에 대하여 아무런 명시적 표시를 하지 않았다면, 그 재화나 용역의 가격에 당연히 부가가치세가 포함되어 있다고 보아야 하고, 거래징수권 포기의 확정시한은 당해 재화나 용역의 공급일이 속하는 과세기간의 종료일이 아니라, 당해 재화나 용역의 공급일이 속하는 과세기간의 종료일로부터 25일이라고 한다.; 이성식, "부가가치세의 거래징수", 『세무사』, 제102호(2004. 10.), 104면 내지 107면.

5) 최명근, 『부가가치세법론』(세경사), 2002, 364면; 최명근·나성길, 상게서, 437면; 임희택, 전게논문, 63면.

비자들이 부가가치세의 부담을 거부하는 경우 간접세로서의 부가가치세의 기능은 상실되고 사업자가 법률적으로 뿐만 아니라 경제적 실질에 있어서도 부가가치세를 부담하여야 하는 직접세의 구실을 할 수도 있고, 경우에 따라서는 모든 재화와 용역의 대가에 부가가치세액이 원가의 요소로서 산입되어 물가상승이라는 부작용을 초래할 수도 있다는 것이다.[6]

(3) 판례의 입장

대법원은 "사업자가 재화 또는 용역을 공급하는 때에는 부가가치세 상당액을 그 공급을 받는 자로부터 징수하여야 한다고 규정하고 있는 부가세법 제15조는 사업자로부터 징수하는 부가가치세 상당액을 공급을 받는 자에게 차례로 전가시킴으로써 궁극적으로 최종소비자에게 이를 부담시키겠다는 취지를 선언한 것에 불과한 것이어서 사업자가 위 규정을 근거로 공급을 받는 자로부터 부가가치세 상당액을 직접 징수할 사법상의 권리는 없는 것

이지만, 거래당사자 사이에 부가가치세를 부담하기로 하는 약정이 따로 있는 경우에는 사업자는 그 약정에 기하여 공급을 받는 자에게 부가가치세 상당액의 지급을 직접 청구할 수 있는 것으로, 부가가치세의 부담에 관한 위와 같은 약정은 반드시 재화 또는 용역의 공급 당시에 있어야 하는 것은 아니고 공급 후에 한 경우에도 유효하며, 또한 반드시 명시적이어야 하는 것은 아니고 묵시적인 형태로 이루어질 수 있다"[7]라고 판시하여 일관되게 훈시규정설을 취하고 있고, 헌법재판소도 동일한 입장을 취하고 있다.[8]

그런데 이와 같은 대법원판례와 달리 하급심판결 중 권리의무설을 취한 것이 있다. 서울고등법원 1981. 8. 1. 선고 81나1197 판결은, "부가세법 제15조에 의하면 사업자는 용역을 공급하는 때에는 동법 제13조, 제14조의 각 규정에 의한 과세표준·세율을 적용하여 계산한 소정의 부가가치세를 그 용역을 공급받는 자로부터 징수하여야 한다고 되어 있으므

---

6) 임희택, 전게논문, 63면. 이 논문에서는 그 외에도 대리납부의 경우와 비교하여 형평성을 잃는다는 점도 그 근거로 들고 있다. 즉, 부가가치세법 제34조의 규정에 의하면, 외국의 사업자로부터 용역을 공급받는 내국인은 동 용역의 대가를 지급할 때 그 부가가치세액을 외국의 사업자를 대리하여 관할 세무서장에게 납부하여야 하고, 이를 하지 아니한 경우 관할 세무서장은 동 부가가치세액에 그 세액의 100분의 10에 상당하는 금액을 가산하여 대리납부의무자로부터 징수하도록 되어 있다. 대리납부의무자는 부가가치세법 상으로는 공급받는 자이지, 납세의무자가 아님에도 불구하고 위 규정에 의하면 부가가치세액의 부담을 법률적으로 강제당하고 있는 것인바, 훈시규정설을 취한다면 대리납부의무자는 재화나 용역을 공급받는 다른 사업자에 비하여 현저히 공평성을 상실한 것이라는 주장이다.
7) 대법원 1999. 11. 12. 선고 99다33984 판결; 대법원 1997. 4. 25. 선고 96다40677 판결 등 다수.
8) 헌법재판소 2000. 3. 30. 선고 98헌바7 결정도 대법원과 동일한 입장을 취하여 부가가치세를 사실상 누가 부담하며 어떻게 전가할 것인가 하는 문제는 사적 자치가 허용되는 영역이므로 거래당사자의 약정 또는 거래관행 등에 의하여 그 부담이 결정될 사항이지, 국가와 납세의무자와의 권리의무관계를 규율하는 조세법에 따라 결정되는 사항은 아니라고 판시하였다.

로 전시 용역공급계약시 사업자인 원고에게는 피고에 대하여 위의 권리가 있다 할 것이나, 앞서 채택한 증거에 의하여 인정되는 통상의 계약관행에 비추어 볼 때 용역공급자와 공급을 받는 자 사이에 계약을 체결할 시는 용역공급자는 그가 부가가치세의 납세의무자이므로 용역공급대금 외에 차후에 납부할 부가가치세액도 고려하여 이를 가산한 금액을 공사금으로 청구하고 공급받는 자도 이러한 사정을 고려하여 상호절충 끝에 일정한 금액을 정하여 이를 공사금이라는 명목으로 계약을 체결한다 할 것이므로, 특단의 사정이 없는 한 원고와 피고간에 정한 전시 공사대금 7,300만원 중에는 진정한 의미의 용역공급대금 외에 소정의 과세표준에 일정한 세율을 적용·산출한 부가가치세도 포함되었다 할 것이어서 원고는 위 공사대금 약정시 이미 부가세법 제15조 소정의 권한을 행사하였다 할 것"이라고 판시하여 공급자에게 거래징수권한을 인정하고 있다.

(4) 결어

재화나 용역의 공급자에게 일방적으로 세금계산서 교부의무를 규정하면서 상대방인 공급을 받는 자에게 공급자에 대한 부가가치세 지급의무를 인정하지 않는 것은 형평에 맞지 않는다는 점,[9] 재화나 용역을 공급하는 자에게 거래징수권이 인정되지 아니하는 경우 직접세와 마찬가지로 법률적으로 뿐만 아니라 경제적으로도 부가가치세를 공급자가 부담하는 결과가 되어 최종소비자에게 조세의 부담을 전가시킨다는 부가가치세의 기본구조를 유지하기 어렵다는 점, 원천징수제도와 부가가치세에 있어서 조세의 최종적인 부담자는 원천징수의무자나 부가가치세 납세의무자가 아니라는 점에서 동일한데, 원천징수의무자가 원천징수의무를 이행하면 원천납세의무자에 대한 구상권을 인정하면서[10] 재화나 용역의 공급자에게 거래징수권을 인정하지 않는 것은 부당하다는 점에 비추어 재화나 용역의 공급자에게 거래징수권을 인정하는 권리의무설이 타당하다. 따라서 특별히 재화나 용역의 공급자가 부가가치세를 부담한다는 약정이 없다면, 공급받는 자가 부가가치세를 부담하는 것으로 해석하여야 할 것이다.

---

9) 부가세법 제16조 제1항에 의하면, 재화나 용역을 공급하는 자는 공급을 받는 자에게 세금계산서를 교부할 의무가 있고, 거래징수규정의 성격에 관한 대법원판례에 의하면, 공급을 받는 자는 공급자에게 부가가치세를 지급할 의무가 없으므로, 공급자는 공급을 받는 자로부터 부가가치세를 지급받지 못하였음에도 불구하고 공급을 받는 자에게 세금계산서를 교부하여야 하고, 공급을 받는 자는 부가가치세를 부담하지 않고도 공급자로부터 교부받은 세금계산서를 근거로 하여 매입세액공제를 받을 수 있게 되는 불합리한 상황이 발생할 수 있다.
10) 대법원 1979. 6. 12. 선고 79다437, 619 판결.

3. 이 판결의 당부

대상판결은 임대차계약 종료시까지의 기간 동안 임차인이 월차임에 대한 부가가치세를 부담하기로 약정하여 이를 지급하였고, 임대차기간 종료 이후 건물명도 요구에 불응하여 종전의 점유를 계속하였으므로, 이 기간 동안의 차임 상당 부당이득에 대한 부가가치세 상당액을 임차인이 부담하여야 하는 것으로 봄이 상당하다고 판단하였다. 그러나 사실개요에서 본 바와 같이 월차임에는 부가가치세가 포함되어 있고, 따라서 임대차기간 동안 임차인은 월차임과 별도로 부가가치세를 지급한 것이 아니라, 월차임에 부가가치세를 포함하여 지급하였던 것이다. 따라서 임대차기간 종료 이후의 기간에 있어서도 임차인이 감정결과에 따른 월차임 상당액과 별도로 이에 대한 부가가치세 상당액을 지급하여야 하는 것으로 해석한 대상판결은 문제가 있다. 본건에서는 월차임 상당액에 부가가치세가 포함된 것으로 보는 것이 타당하다. 대상판결은 종래의 대법원판례를 따라 재화나 용역의 공급자에게 거래징수권을 인정하지 아니하였으나, 이러한 해석은 위에서 본 바와 같이 간접세인 부가가치세의 기본구조에 반하는 것이므로 변경되어야 한다고 생각한다. 거래징수규정의 성격에 관하여 권리의무설을 취하여 재화나 용역의 공급자에게 거래징수권을 인정한다면, 대상판결의 경우 차임 상당액과 별도로 그에 대한 부가가치세 상당액을 청구하는 것이 법리적으로도 자연스럽게 해결될 것이다.

참고문헌

김두천, "부가가치세법상 거래징수", 『세무사』(1983. 10.).

김두천, 『부가가치세법의 이론과 실제』, 조세통람사, 1987.

김백영, "현행 부가가치세법의 기본구조", 『사법연구자료』(1990).

김용대, "2000년 부가가치세법 판례회고", 『조세법연구』, 7(2001. 11.).

이상원, "부가가치세의 부담자", 『기업법무』(창간호).

이성식, "부가가치세의 거래징수", 『세무사』, 제102호(2004. 10.).

임희택, "부가가치세법상 "거래징수"의 의의", 『법조』(1989. 3.).

정희장, "부가가치세법상 매입세액공제", 『재판자료』, 제61집(조세사건에 관한 제문제, 하)(1993).

최명근, 『부가가치세법론』, 조세통람사, 2002.

최명근, 나성길, 『부가가치세법론』, 세경사, 2006.

과세사업과 비과세사업 겸영시
구 부가가치세법 시행령[1] 제61조[2]의 유추적용 여부

사건의 표시 : 대법원 2006. 10. 27. 선고 2004두13288 판결

▪ 사실개요 ▪

원고는 1998. 6. 29. 폐광지역개발지원에 관한특별법에 의하여 카지노업, 관광호텔업, 스키장, 골프장등 체육시설업 등을 목적으로 설립되어 2000. 10. 28.경 스몰카지노와 호텔을 준공하여 운영하는 법인으로서 당초 공제할 매입세액을 1998년 2기분 45,628,894원, 1999년 1기분 353,762,105원, 1999년 2기분 964,602,861원, 2000년 1기분 2,034,257,719원으로 계산·신고하였는데, 위 매입세액에는 카지노기계·기구의 구입비용 등에 관한 매입세액과 카지노업, 호텔업 등을 위한 건물 신축

관련 비용에 대한 매입세액이 포함되어 있다.

중부지방국세청장은, 원고가 위와 같이 계산·신고하여 공제 또는 환급 받은 금액에 대하여 조사를 하였는데, 먼저 카지노업은 부가가치세법상 과세사업이 아니므로 이와 직접 관련된 카지노 기계·기구의 구입비용 등에 관한 매입세액 331,690,851원은 공제할 매입세액에서 제외하는 것이 타당하고, 원고가 부가가치세가 과세되지 않는 카지노업과 부가가치세가 과세되는 호텔업을 위한 건물을 신축하면서 이를 구분하여 경리하지 않은

---

* 유철형(법무법인 태평양 변호사).

1) 2000. 12. 29. 대통령령 제17041호로 개정되기 전의 것.
2) 2014. 2. 21. 대통령령 제25196호로 개정된 현행 시행령 제81조.

채 건물신축 관련 비용에 대한 전체 매입세액을 매출세액에서 공제한 것에 대하여, 이를 카지노업을 위한 건물과 호텔업을 위한 건물의 각 면적 비율로 안분계산하여 카지노업을 위한 부분과 관련된 매입세액 569,286,234원을 공제할 매입세액에서 제외하는 것이 타당하다는 취지의 조사결과를 2000. 10. 31. 피고에게 통보하였다.

이에 피고는, 원고에 대하여 공제할 매입세액을 중부지방국세청장의 판단에 기초하여 1998년 2기분 부가가치세 38,878,287원, 1999년 1기분 부가가치세 292,105,966원, 1999년 2기분 부가가치세 784,723,343원, 2000년 1기분 부가가치세 1,382,566,897원으로 계산하여 이를 기초로 2000. 11. 1. 원고에게 1998년 제2기분 내지 2000년 제1기분에 관하여 부가가치세를 부과하는 경정처분을 하였다.

■ 판결요지 ■

가. 구 부가가치세법 시행령(이하 '부가세령'이라 한다) 제61조 제1항 및 제4항은 동일한 사업자가 부가가치세 과세사업과 면세사업을 겸영하는 경우에 과세사업과 면세사업에 공통으로 사용되어 실지 귀속을 구분할 수 없는 매입세액 중 과세사업에 관련된 매입세액으로서 과세사업의 매출세액에서 공제받을 수 있는 세액과 면세사업에 관련된 매입세액으로서 그 매출세액에서 공제받을 수 없는 세액을 안분계산하는 방법 등을 규정하고 있는바, 그 규정 내용 및 취지와 부가가치세 비과세사업에 관련된 매입세액 역시 과세사업의 매출세액에서 공제받을 수 없는 것으로서 면세사업에 관련된 매입세액과 다를 바 없다는 점 등에 비추어, 위 규정은 동일한 사업자가 부가가치세 과세사업과 비과세사업을 겸영하는 경우에도 적용된다.

나. 카지노사업의 수입은 고객으로부터 카지노시설물 입장의 대가로 받는 입장료수입과 카지노시설물에 입장한 고객이 도박을 하기 위해 건 돈에서 고객이 받아간 돈을 제외한 도박수입으로 대별될 수 있는데, 입장료수입은 부가가치세 과세대상에 해당하나 도박수입은 부가가치를 창출하는 것이 아니어서 부가가치세 과세대상에 해당하지 아니하므로 카지노사업은 부가가치세 과세사업과 부가가치세 비과세사업을 함께 하는 사업인바, 매입세액은 그 전체가 과세사업과 비과세사업에 공통으로 사용되어 실지 귀속을 구분할 수 없는 공통매입세액이므로 구 부가세령 제61조 제4항 제2호를 적용하여 그 매입세액을 안분계산하여 그 중 과세사업에 관련된 부분은 매출세액에서 공제하여야 하나, 비과세사업에 관련된 부분은 매출세액에서 공제할 수 없다.

▶ 해 설 ◀

1. 공통매입세액의 안분계산

가. 사업자가 과세사업과 면세사업을 겸영하는 경우 과세사업에 관련된 매입세액과 면세사업에 관련된 매입세액을 구분할 수 있다면, 그에 따라 과세사업에 관련된 매입세액만 공제하고, 면세사업에 관련된 매입세액은 불공제하여 과세표준을 결정할 수 있다. 그러나 어느 재화가 과세사업과 면세사업에 공통으로 사용되어 과세사업에 관련된 매입세액과 면세사업에 관련된 매입세액의 실지귀속을 구분할 수 없는 경우가 종종 발생하게 되는데, 구 부가세령 제61조[현행 제81조]는 이러한 공통매입세액의 안분계산에 관한 방법을 규정해 두고 있다.3) 위 안분계산에 관한 규정을 과세사업과 비과세사업을 겸영하는 경우, 면세사업과 비과세사업을 겸영하는 경우, 과세사업, 면세사업과 비과세사업을 겸영하는 경우에도 유추적용할 수 있는지가 문제된다.

나. 공통매입세액의 안분계산 요건으로는 ① 과세사업과 면세사업을 겸영할 것, ② 사업과 관련하여 취득한 재화가 과세사업과 면세사업에 공통으로 사용될 것, ③ 실지귀속을 구분할 수 없을 것이 있다. 위 시행령 제61조

제1항 소정의 '과세사업과 면세사업에 공통으로 사용되어 실지귀속을 구분할 수 없는 때'의 판단기준에는 매입재화의 공통사용당시 뿐만 아니라 재화매입당시도 고려되어야 할 것이므로, 면세재화의 구입, 관리, 제조, 가공과정의 투입, 제품공정, 제품생산관리 등 제반실태를 고려하여 전체적으로 구분할 수 있는지 여부를 결정하여야 하고, 재화의 사용량을 구분할 수 없을 때는 물론 사용량은 구분가능하더라도 그 사용량의 공급가액을 알 수 없는 경우에도 실지귀속을 구분할 수 없다고 본다.4)

2. 세법에서 유추해석 또는 확장해석의 한계

가. 세법의 해석기준과 관련하여 '조세법규는 과세요건은 물론이고 비과세·감면요건을 불문하고 법문대로 엄격하게 해석하여야 하며, 특별한 사정이 없는 한 확장해석이나 유추해석을 할 수 없다'5)는 조세법규엄격해석의 원칙이 기본원칙으로 인정되고 있다.6) 세법의 해석에 대하여 유추해석이나 확장해석은 불가피하고, 다만, 자의적인 유추해석이나 확장해석을 방지하기 위하여 목적론적 해석이 필요하며, 그렇게 하여야 법적 안정성이 확보된다는 견해가 있다. 이 견해는 조세중립성을 해석

---

3) 임승순, 『조세법』(박영사), 2008, 918면 ; 최명근·나성길, 『부가가치세법론』(세경사), 2006, 382면.
4) 대법원 1987. 6. 9. 선고 86누251 판결.
5) 대법원 2002. 1. 25. 선고 2000두10489 판결.
6) 임승순, 상게서, 47-49면.

기준으로 들고 있다.7) 구체적 타당성을 고려한다면 오로지 법문대로만 엄격하게 해석하여야 한다는 주장은 문제가 있고, 조세법규엄격해석의 원칙을 기본으로 하되, 조세법률주의가 추구하는 법적 안정성과 예측가능성을 침해하지 않는 범위 내에서 입법취지와 경위를 고려한 목적론적 해석을 인정하는 것이 타당하다.8) 대법원이 '합리적인 이유 없이 유추해석하거나 확장해석하는 것은 허용되지 않는다9)고 판시하고 있는 것을 보면, 대법원의 입장도 동일한 의미로 생각된다.

나. 대법원은 구 조세감면규제법(1990.

12. 31. 법률 제4295호로 개정되기 전의 것) 제57조 제1항10) 소정의 공공사업용 토지의 양도에 대한 감면규정은 양도소득세 또는 특별부가세만을 대상으로 한 것이므로 특별한 규정이 없는 이상 동일한 토지의 양도에 대하여 종합소득세가 부과되는 경우까지 위 감면규정을 확장 또는 유추적용할 수 없다고 하였고,11) 법인세 특별부가세의 양도차익 계산방법을 규정한 구 법인세법 제59조의2 제3항,12) 같은 법 시행령 제124조의2 제6항13)의 해석적용에 있어서는 비록 그 거래유형이 소득세법 시행령 제170조 제4항 제1, 2호14)의

---

7) 이창희, 『세법강의』(박영사), 2003, 62−69면.
8) 임승순, 전게서, 49면.
9) 대법원 2002. 1. 25. 선고 2000두10489 판결.
10) 제57조(공공사업용 토지 등에 대한 양도소득세등 감면)
    ① 다음 각호의 1에 해당하는 공공사업용 토지 등의 양도로 인하여 발생하는 소득에 대하여는 양도소득세 또는 특별부가세의 100분의 50에 상당하는 세액을 감면한다. 다만, 대통령령이 정하는 대규모의 택지개발사업이나 댐건설사업 등에 필요한 토지 등의 양도로 인하여 발생하는 소득에 대하여는 양도소득세 또는 특별부가세를 면제한다.
    1. 공공용지의 취득 및 손실보상에 관한 특례법이 적용되는 공공사업에 필요한 토지 등을 당해 공공사업의 시행자에게 양도함으로써 발생하는 소득
    2.토지수용법 기타 법률에 의한 수용으로 인하여 발생하는 소득
11) 대법원 1997. 7. 8. 선고 95누9778 판결.
12) 제59조의2(과세표준)
    ③ 제1항의 규정에 의한 양도차익은 양도가액에서 장부가액을 각각 다음 각호에 게기하는 금액을 공제한 금액으로 한다. 다만, 양도가액과 장부가액이 불분명한 경우에는 대통령령이 정하는 바에 의하여 결정한 양도당시의 기준시가에 의한 금액과 취득당시의 기준시가에 의한 금액을 각각 양도가액과 장부가액으로 한다.
    1. 취득가액
    2. 토지 등을 양도하기 위하여 직접 지출하는 비용
13) 제124조의2(특별부가세의 과세표준)
    ⑥ 법 제59조의2 제3항에 규정하는 기준시가는 소득세법 시행령 제115조에 규정하는 기준시가에 의한다.
14) 제170조(양도소득금액의 조사결정)
    ④ 법 제23조 제4항 단서 및 법 제45조 제1항 제1호 단서에서 "대통령령이 정하는 경우"라 함은 다음 각호의 1에 해당하는 경우를 말한다.
    1. 국가 지방자치단체 기타 법인과의 거래에 있어서 양도 또는 취득당시의 실지거래가액이 확인된 경우

그것과 유사한 것이더라도 조세법률주의의 원칙상 그 시행령 제170조 제1항 단서15)를 준용하거나 유추적용할 수 없다고 하였으며,16) 구 상속세및증여세법(1998. 12. 28. 법률 제5582호로 개정되기 전의 것, 이하 '상증세법'이라 한다) 제60조에 의하면, 상속세 또는 증여세가 부과되는 재산의 가액은 상속개시일 또는 현재의 시가에 의하도록 하면서, 다만, 시가를 산정하기 어려운 경우에는 당해 재산의 종류·규모·거래상황 등을 감안하여 제61조 내지 제65조에 규정된 방법에 의하여 평가한 가액에 의하도록 하고, 한편, 같은 법 제66조17)는 저당권이 설정된 재산 등의 상속재산은 제60조의 규정에 불구하고 당해 재산이 담보하는 채권액 등을 기준으로 대통령령이 정하는

바에 의하여 평가한 가액과 제60조의 규정에 의하여 평가한 가액 중 큰 금액을 그 재산의 가액으로 한다고 특례규정을 두고 있는바, 조세법률주의의 원칙상 과세요건이거나 비과세요건 또는 조세감면요건을 막론하고 조세법규의 해석은 특별한 사정이 없는 한 법문대로 하여야 하고 합리적 이유 없이 확장해석하거나 유추해석하는 것은 허용되지 아니한다 할 것인데, 같은 법 제66조는 법문상 상속재산에 관한 규정임이 명백하고, 이를 증여재산에 대해서도 적용 내지 준용하는 아무런 규정이 없으므로, 같은 법 제66조를 증여재산에까지 적용하는 것은 조세법규를 합리적 이유 없이 확장 또는 유추해석하는 것으로 허용될 수 없다고 판시하였다.18)19)

---

2. 국세청장이 지역에 따라 정하는 일정규모 이상의 거래 기타 부동산투기의 억제를 위하여 필요하다고 인정되어 국세청장이 지정하는 거래에 있어서 양도 또는 취득당시의 실지거래가액을 확인할 수 있는 경우

15) 제170조(양도소득금액의 조사결정)

① 법 제23조 제2항에 규정하는 양도차익을 결정함에 있어서 양도가액 또는 취득가액 중 어느 하나를 실지거래가액에 의하여 결정하는 때에는 다른 하나도 실지거래가액에 의하여 결정하고, 어느 하나를 기준시가에 의하여 결정하는 때에는 다른 하나로 기준시가에 의하여 결정하여야 한다. 다만, 제4항 제1호 및 제2호의 경우로서 양도가액 또는 취득가액 중 어느 하나의 실지거래가액을 확인할 수 없는 때에는 실지거래가액을 확인할 수 있는 것은 실지거래가액에 의하고 실지거래가액을 확인할 수 없는 다른 하나는 제115조 제1항 제1호 다목의 규정에 의한 기준시가에 의하여 결정하여야 한다.

16) 대법원 1989. 4. 11. 선고 88누6399 판결.

17) 제66조(저당권 등이 설정된 재산의 평가의 특례) 다음 각호의 1에 해당하는 상속재산은 제60조의 규정에 불구하고 당해 재산이 담보하는 채권액 등을 기준으로 대통령령이 정하는 바에 의하여 평가한 가액과 제60조의 규정에 의하여 평가한 가액 중 큰 금액을 그 재산의 가액으로 한다.

  1. 저당권 또는 질권이 설정된 재산
  2. 양도담보재산
  3. 전세권이 등기된 재산
  4. 사실상 임대차계약이 체결되거나 임차권이 등기된 재산

18) 대법원 2002. 1. 25. 선고 2000두10489 판결.

19) 대법원 1995. 2. 14. 선고 94누13381 판결에서 대법원은, 조세법률주의의 원칙상 과세요건이나 비과세요건이거나를 막론하고 조세법규의 해석은 엄격하여야 하고 함부로 확장해석이나 유추해석은 허용되지 아니

3. 이 판결의 경우

가. 조세법률주의의 원칙상 과세요건인 과세표준은 법률에 규정되어 있어야 하고, 위 2.항에서 본 바와 같이 원칙적으로 조세법규 엄격해석의 원칙에 따라 법문대로 엄격하게 해석하여야 할 것이며, 다만, 합리적인 이유가 있고 법적 안정성과 예측가능성을 침해하지 않는 범위 내에서는 목적론적 해석이 가능하다. 그런데 구 부가가치세법(2013. 6. 7. 법률 제11873호로 개정되기 전의 것, 이하 '부가세법'이라 한다) 제17조는 공통매입세액의 안분계산에 관하여 아무런 근거규정을 두고 있지 않고, 같은 법 시행령 제61조는 과세사업과 면세사업을 겸영하는 경우에 관한 공통매입세액 안분계산방법을 규정해 두고 있다. 따라서 아무런 근거 규정도 없이 과세사업과 비과세사업을 함께 하는 경우에 대하여 위 시행령 제61조를 적용하는 것은 법적 안정성이나 예측가능성을 침해하는 것으로서 조세법률주의에 위반되어 허용되지 아니하는 유추해석이라고 할 것이

다. 이 점에서 대상판결은 문제가 있다.

대상판결의 원심이 원용한 제1심 판결이유를 보면, 대상판결이 문제가 있다는 사실이 명확해진다. 위 제1심 판결에 의하면, 위 시행령 제61조 제1항은 납세자의 권리의무의 존부나 그 범위를 규정하는 것이 아니라 이미 예정된 세액의 계산방법에 관한 규정이므로 그러한 계산방법을 부가가치세 과세대상과 비과세대상 사이의 계산에 유추적용하는 것이 위법하다고 볼 수 없다고 하였다.[20] 그러나 부가가치세법에서 불공제대상인 면세사업 관련 매입세액의 계산은 부가가치세 과세표준에 관한 규정임이 명백하고, 안분계산에 관한 위 시행령 제61조 제1항에 따라 계산한 면세사업 관련 매입세액은 불공제대상이므로 납세자는 그 불공제되는 금액만큼 과세표준이 증가하게 되며, 그에 대한 부가가치세를 부담하게 되는 것이다. 이와 같이 공통매입세액의 안분계산에 관한 위 시행령 제61조 제1항은 직접적으로 납세자의 납세의무의 존부나 범위에 영향을 미치는 규정이고, 따라서 조세법률주의의

한다고 할 것인바, 부가세법 제12조 제1항은 다음 각 호의 재화 또는 용역의 공급에 대하여는 부가가치세를 면제한다고 한 다음 제1호에서 제18호에 이르기까지 면세대상인 재화 또는 용역을 열거하고 있는데 이는 예시적인 것이 아니라 제한적인 것으로서 위 규정에 없는 거래에 대하여는 이를 섣불리 면세대상으로 단정하여서는 아니 될 것이라고 하면서, 같은 법 제12조 제1항 제1호, 같은 법 시행령 제28조 제1항, 같은 법 시행규칙 제10조 제1항 별표1의 규정에 의하면 김치의 재료가 되는 채소류와 김치를 면세대상으로 규정하고 있으나 김치의 가공용역에 대하여는 이를 면세대상으로 한다는 아무런 규정이 없으므로 면세재화인 김치에 부수하여 동시에 공급되는 용역으로서 주된 재화의 공급에 포함될 수 있는 경우가 아니라 그 용역이 이 사건과 같이 별도로 공급되는 때에는 면세재화인 채소류를 재료로 하여 역시 면세재화인 김치를 제조하는 중간과정에서 발생한 거래라 하더라도 그 점만으로는 위 규정과는 달리 이를 면세대상으로 해석할 수는 없다 할 것이라고 판시하였다.

20) 서울고등법원 2004. 10. 27. 선고 2002누11235 판결; 춘천지방법원 2002. 6. 27. 선고 2001구1656 판결.

원칙상 위 규정을 법령상 아무런 근거 없이 과세사업과 면세사업을 겸영하는 경우 외의 사안에 유추적용할 수 없는 것이다. 그럼에도 불구하고 대상판결은 위 제1심 판결을 원용한 원심판결을 그대로 유지하였는바, 이는 부당한 것이다.

　　나. 과세사업이나 면세사업에 해당되지 아니하는 사업은 부가세법의 규율대상으로 할 수 없는 것이고, 이 점에서도 과세사업과 면세사업을 겸영하는 경우에 적용되는 위 시행령 제61조를 그 외의 경우에 적용하는 것은 허용될 수 없는 것이다. 이러한 법리는 대법원이 이미 확인한 바 있다. 즉, 대법원은 '한국방송공사가 실제 영위하고 있는 방송업은 부가가치세 과세사업은 물론 면세사업에도 해당되지 않아 부가세법상으로는 한국방송공사는 과세사업인 광고업만을 영위하고 있는 것과 같은 결과가 되는 셈이므로, 한국방송공사의 부가가치세액에서 공제되어야 할 매입세액을 산정함에 있어서 방송업과 광고업에 공통으로 사용되어 실지 귀속을 구분할 수 없는 매입세액을 계산하는 경우에 과세사업과 면세사업을 겸영하는 경우에 관한 구 부가세령(1995. 12. 30. 대통령령 제14863호로 개정되기 전의 것) 제61조 제1항 본문은 이에 적용될 수 없고, 한국방송공사의 수신료 수입에 의한 방송용역의 공급은 원칙적으로 무상용역의 공급으로서 그 공급가액을 확정할 수 없으므로 위 제61조

제1항 본문에 규정된 산식을 유추 적용할 수도 없다 할 것이고, 구 부가세법(1995. 12. 29. 법률 제5032호로 개정되기 전의 것) 제17조에 의하여 과세사업인 광고업을 위하여 사용되었거나 사용될 재화 또는 용역의 공급 등에 대한 세액(제1항)으로 제2항의 예외사유에 해당하지 않는 것에 한하여 매입세액으로서 공제될 수 있다'고 판시하였다.[21]

　　위 98다47184 판결의 취지를 대상판결의 사안에 적용하여 보면, 대상판결에서 원고는 부가세법상 과세사업만을 영위하는 것이고, 따라서 과세사업과 면세사업의 겸영에 관한 구 부가세령 제61조를 적용할 수 없으며, 구 부가세법 제17조 제1항에 따라 과세사업인 호텔업을 위하여 사용되었거나 사용될 재화 또는 용역의 공급 등에 대한 세액으로서 같은 조 제2항의 예외사유에 해당하지 않는 것에 한하여 매입세액으로서 공제될 수 있는 것이다.

4. 이 판결의 의의

　　대상판결은 부가가치세 과세대상과 비과세대상 사이의 매입세액 계산에 대하여 과세사업과 면세사업을 겸영하는 경우에 적용되는 구 부가세령 제61조를 적용할 수 있다고 판단한 최초의 판결로서 의의가 있으나, 위에서 본 바와 같이 조세법률주의에 반하는 문제가 있는 판결이다.

---

21) 대법원 2000. 2. 25. 선고 98다47184 판결.

한편, 대상판결 이후에 나온 대법원 2011. 9. 8. 선고 2009두16268 판결은 동일한 사업자가 과세사업과 비과세사업을 겸영하는 경우에도 구 부가세령 제61조 제1항, 제4항이 유추 적용된다고 하여 대상판결과 같은 입장을 취하였으나, 대상판결과 달리 비과세사업의 공급가액이 없는 경우에는 위 시행령 제61조 제1항을 유추 적용할 수 없고, 이런 경우에는 위 시행령 제61조 제4항 각 호의 방법 등 다른 합리적인 안분계산방법들 중에서 적합한 것을 찾아야 한다고 판시하였다. 비과세사업의 공급가액이 없는 경우에 합리적인 방법으로 안분계산을 하라는 위 2009두16268 판결은 대상판결의 문제점을 일부 보완한 것으로 볼 수 있으나, 합리적인 안분계산방법에 대해서는 여전히 해결책을 제시하지 못하였다. 이로 인하여 위 2009두16268 판결은 환송 후에 조정으로 종결되었는데, 위 2009두16268 판결의 사안과 같은 경우에 대한 명확한 안분계산방법이 마련되지 않아서 사건 당사자인 과세관청과 납세의무자간에는 공통매입세액의 안분계산과 관련한 분쟁이 앞으로도 계속 발생할 가능성이 높다.

위 2009두16268 판결 이후 2011. 12. 31. 법률 제11129호로 개정된 부가세법 제17조 제2항 제6호는 면세사업에 부가가치세가 과세되지 아니하는 사업을 포함하는 것으로 개정되었고, 2012. 2. 2. 대통령령 제23595호로 개정된 같은 법 시행령 제48조의2 제1항 본문에서도 부가가치세가 과세되지 아니하는 사업을 면세사업에 포함되는 것으로 규정하였으며, 2014. 2. 21. 대통령령 제25196호로 개정된 현행 시행령 제81조 제1항은 비과세공급가액을 면세공급가액에 포함되는 것으로 규정함으로써 형식적으로는 동일한 사업자가 과세사업, 면세사업과 비과세사업을 겸영하는 경우에도 위 시행령 제61조 제1항, 제4항이 적용되도록 되었다. 그러나 위에서 본 바와 같이 비과세사업의 공급가액이 없는 경우에 대해서는 공통매입세액 안분계산에 관한 합리적인 방법이 입법적으로 마련되어 있지 않은 상태이므로, 이에 대한 조속한 개선 입법이 필요하다.

참고문헌

이창희, 『세법강의』, 박영사, 2003.
임승순, 『조세법』, 박영사, 2008.
최명근·나성길, 『부가가치세법론』, 세경사, 2006.

건축물의 양도와 부가가치세법상 재화의 공급

사건의 표시 : 대법원 2006. 10. 13. 선고 2005두2926 판결

▪ 사실개요 ▪

가. 원고는 그 소유토지를 수탁회사에게 신탁하고, 수탁회사는 1997. 11. 11. 영창건설 주식회사(이하 "시공회사"라 한다)에게 건물의 신축공사를 공사대금 14,007,400,000원으로 정하여 도급주면서, 위 건물에 대한 사용검사가 이루어진 후 미분양분이 있을 경우 시공회사가 6개월 이내에 미분양분 전체를 최초 분양가격으로 인수하고, 미분양분의 인수금액이 미지급공사대금을 초과하는 경우 초과금액을 인수시에 전액 지급하기로 약정하였다.

나. 1999. 12.경 건물이 준공되었으나 외환위기에 따른 부동산경기의 악화로 예상했던 것 보다 많은 101개 호실이 분양되지 않자 수탁회사는 위 도급계약에서 정한 바에 따라

2000. 6. 28. 시공회사와 사이에 "(1) 시공회사는 미분양분 101개 호실을 모두 인수한다. (2) 미지급 공사대금 7,003,700,000원은 미분양분으로 대물변제하되, 2000. 6. 중에 매도인을 수탁회사, 매수인을 시공회사로 하는 분양계약을 체결하고 미지급공사대금과 그에 상당하는 분양대금을 상계하는 것으로 한다. (3) 시공회사는 2003. 6. 30.까지 대물변제분을 제외한 나머지 미분양분을 인수하되, 2000. 9. 31.까지 5억 원(이상)을, 2000. 12. 31.까지 수탁회사의 차입원리금에서 5억 원(이상)을 공제한 금액을 우선지급하고, 나머지 인수금액은 2001. 6. 30.까지 20%, 2002. 6. 30.까지 20%, 2003. 6. 30.까지 50%씩 각 지급한다.

---

* 유철형(법무법인 태평양 변호사).

미분양분(대물변제분은 제외)은 시공회사의 알선으로 실수요자인 제3자(이하 "실수요자"라 한다)에게 분양할 수 있고, 이 경우 매도인을 수탁회사, 실수요자를 제3자로 하는 분양계약을 체결하고 제3자는 수탁회사가 지정한 계좌로 분양대금을 입금한다(이하에서는 미분양분 중 미지급공사대금에 관하여 대물변제받기로 한 73개호실을 "대물변제분"이라 하고, 나머지 부분을 "인수분"이라 한다)"는 내용의 미분양분인수합의(이하 "이 사건 인수합의"라 한다)를 하였다.

다. 수탁회사는 이 사건 인수합의에 따라 2000. 6. 28. 시공회사와 사이에 이 사건 건물 중 미지급 공사대금 7,003,700,000원에 상당하는 73개 호실에 관하여 분양대금을 합계 7,023,013,450원으로 하는 분양계약을 각 체결하면서, 미지급 공사대금을 초과하는 분양대금 19,313,450원에 대하여는 시공회사가 72개 호실에 대하여 잔금 250,000원을, 1개 호실에 대하여 잔금 1,313,450원을 수탁회사에게 2000. 12. 31.까지 현실적으로 지급하는 방법으로 정산하기로 약정하였고, 원고는 같은 날 위 73개 호실에 관하여 공급자를 원고, 공급받는 자를 시공회사로 하는 세금계산서 73장을 작성·교부하였다. 또한 수탁회사는 2000. 9. 30. 시공회사와 사이에 인수분 중 102호, 103호에 관한 분양계약을 체결하고 분양대금으로 260,000,000원, 240,000,000원을 각 수령하는 등 대물변제분을 제외한 나머지 미분양분 28개 호실에 관하여 순차 분양계약을 체결하고 그 분양대금을 수령하였고, 원고는 그 때 마다 공급자를 원고, 공급받은 자를 시공회사로 하는 세금계산서를 작성·교부하였다. 시공회사는 미분양분을 실수요자에게 분양한 다음 2000. 8. 7.경부터 수탁회사의 동의하에 대물변제분 73개 호실 중 33개 호실과 인수분 중 2개 호실 등 합계 35개 호실(이하 "이 사건 호실"이라 한다)에 관하여 시공회사가 가진 위 각 분양계약상의 권리의무를 실수요자에게 포괄양도하는 내용의 권리의무승계계약(이하 "이 사건 승계계약"이라 한다)을 체결하였고, 원고는 2000년 제2기부터 2001년 제1기까지 이 사건 호실에 관하여 공급자를 원고, 공급받는 실수요자로 하는 세금계산서(이하 "이 사건 세금계산서"라 한다)를 다시 작성·교부하고, 기존에 작성·교부한 세금계산서에 관하여는 각 감액 세금계산서를 작성·교부하였다.

라. 피고는 부가가치세법(이하 '부가세법'이라 한다)상 실수요자에게 이 사건 호실을 공급한 자는 원고가 아니라 시공회사이므로 원고를 공급자로 하여 작성·교부한 이 사건 세금계산서가 세금계산서의 필요적 기재사항인 공급자를 사실과 다르게 기재한 세금계산서에 해당한다고 보아 구 부가세법(2001. 12. 29. 법률 제6539호로 개정되기 전의 것) 제22조 제2항 제1호 등에 따라 2002. 10. 10. 원고에 대하여 가산세를 부과하는 처분을 하였다.

▪ 판결요지 ▪

가. 구 부가세법 제6조 제1항, 제9조, 같은 법 시행령 제14조 등의 취지를 종합하면, 재화의 공급이란 계약상 또는 법률상의 모든 원인에 의하여 재화를 인도 또는 양도하는 것을 말하는 것으로서 부가가치세의 성질에 비추어 보면 그 인도 또는 양도는 재화를 사용·소비할 수 있도록 소유권을 이전하는 행위를 전제로 하는 것이라고 할 것인바, 사업자가 건물을 매도하기로 하는 매매계약을 체결한 다음, 매매대금이 청산되거나 거래상대방 명의로의 이전등기를 경료하기 이전이라도, 거래상대방으로 하여금 사실상 소유자로서 당해 건물에 대한 배타적인 이용 및 처분을 할 수 있도록 그 점유를 이전하였다면, 이는 부가가치세법상 재화의 공급에 해당한다.

나. 토지신탁계약에 의한 수탁회사로부터 건물신축공사를 도급받은 시공회사가 수탁회사와 미분양분에 관한 분양계약을 체결한 다음, 그 분양대금 일부를 미지급하고 시공회사 명의로의 이전등기도 경료하지 아니한 상태에서 실수요자와의 사이에 미분양분에 관한 분양계약상의 권리·의무를 포괄양도하기로 하는 승계계약을 체결하고 미분양분에 관하여 수탁회사로부터 실수요자에게로 바로 소유권 이전등기가 경료되게 한 경우, 수탁회사의 점유 이전은 부가세법상 수탁회사가 시공회사에게 재화를 공급한 것이고, 나아가 시공회사는 이를 다시 실수요자에게 공급한 것이다.

▶ 해 설 ◀

1. 부가가치세 과세대상인 "재화의 공급"

가. 구 부가세법 제6조 제1항[현행 제9조 제1항]에 의하면, 부가가치세 과세대상인 "재화의 공급"은 "계약상 또는 법률상의 모든 원인에 의하여 재화를 인도 또는 양도하는 것"을 말한다. 여기에서 "계약상"이란 공급자와 공급받는 자간의 의사표시의 합치 등 법률행위에 의한 것을 말하고, "법률상"이란 당사자간의 의사표시와는 관계없이 수용·판결·경매 등 법률의 규정에 의하는 것이라고 해석하고 있다. 그리고 "모든 원인"에는 계약상 또는 법률상의 원인만 포함되고, 그 외에 도난, 강탈, 유실 등은 재화의 공급으로 보지 아니한다.[1]

나. "재화를 인도 또는 양도"에서 "인도"는 재화에 대한 사실상의 지배, 즉, 점유를 이전하는 것을 말하고, 여기에는 현실의 인도뿐만 아니라 간이인도, 점유개정, 목적물반환청구권의 양도를 포함한다. 그리고 "양도"는 부가가치세법에 별도의 정의규정이 없으나, 부

---

[1] 최명근·나성길,『부가가치세법론』(세경사), 2006, 170면; 임승순,『조세법』(박영사), 2008, 866면; 이동흡, "부가가치세법상 재화 및 용역의 공급개념과 시기",『재판자료』, 제60집(1993), 487면.

가가치세법은 재화의 무상공급을 사업상 증여에 한하여 재화의 공급으로 보고 있는 점[2]에서 소득세법상의 양도[3]와 마찬가지로 '자산이 유상으로 사실상 이전되는 것'으로 해석하는 것이 타당하다.[4] 대표적인 예는 부동산의 소유권이전이다. 인도든 양도든 부가가치세 과세대상인 공급이 되기 위해서는 소유권의 이전이 있어야 한다.[5]

　　이와 관련하여 건물의 공급을 점유의 이전으로도 인정할 수 있는지, 아니면 건물에 대한 소유권이 이전되어야 공급으로 보는 것인지의 문제가 있다. 이에 대하여 건물의 경우에는 점유의 이전만으로는 부족하고 소유권이 이전되어야 "양도"라고 할 수 있다는 견해가 있고,[6] 나아가 소유권이전등기까지 갖추어야 "양도"라고 할 수 있다는 견해도 있다.[7] 이에 대하여 과세관청은 건물의 수용에 따른 보상금에 대한 부가가치세 과세 여부는 건물의 철거가 누구의 계산과 책임하에 진행되는지의 여부에 따라 재화의 공급 여부가 결정되는 것이므로 수용하는 당해 도시계획사업시행자와 건물의 소유자와의 계약관계 및 건물철거의 책임이 누구에게 있는지를 사실판단하여 결정

할 사항이라고 하면서,[8] 사업자가 국가의 도시계획사업으로 수용대상인 재화를 당해 도시계획사업시행자에게 계약상 또는 법률상의 원인에 의하여 양도하는 경우에는 재화의 공급으로서 부가가치세 과세대상이 되나, 당해 수용대상재화를 도시계획사업시행자에게 공급하지 아니하고 당해 재화의 소유자 책임하에 이전을 위하여 철거를 하고 당해 재화의 철거로 인한 특별한 손실에 대한 보상금을 지급받는 경우에는 부가가치세 과세대상이 아니라고 하였고,[9] 사업자가 토지와 그 토지상의 건물을 일괄하여 양도하기로 하고 소유권이전등기 또는 잔금청산 전에 양수자가 양도자로부터 승낙을 받고 건물을 철거하는 경우에는 양도자의 명의로 당해 건물의 멸실등기를 하였다고 하더라도 이는 건물의 실질적인 양도에 해당하여 부가가치세 과세대상이 되는 것이라고 해석하였다.[10]

　　한편, 대법원은 부가가치세 과세대상인 재화의 공급과 관련하여, 부가가치세의 성질에 비추어 보면 재화의 인도 또는 양도는 실질적으로 얻은 이익의 유무에 불구하고 재화를 사용·소비할 수 있도록 소유권을 이전하는

---

2) 부가세법 제6조 제3항, 같은 법 시행령 제16조 제2항.
3) 소득세법 제88조 제1항.
4) 임승순, 앞의 책, 866면. "양도"를 소유권의 이전으로 보고 있다.
5) 최명근·나성길, 전게서, 169면, 170면; 이동흡, 전게논문, 486면.
6) 최명근·나성길, 전게서, 170면; 이동흡, 전게논문, 486면.
7) 김두형, "2005년도 부가가치세법 판례회고", 『조세법연구』, 12-1(2006. 7.), 445면.
8) 재경부 부가-358, 2007. 5. 7.
9) 부가 46015-1142, 2000. 5. 23.
10) 부가 46015-1396, 1998. 6. 25.

일체의 원인행위를 모두 포함한다고 해석해 왔다.11)

다. 건물에 대한 처분권을 이전받는 것을 실질적으로 재화의 인도라고 볼 수 있을지 의문이고, 철거예정인 건물의 경우 애당초 건물이 필요 없는 경우이므로 이런 경우에는 재화의 공급이 없다고 보는 것이 타당하다는 견해가 있다.12) 그러나 부가가치세 과세대상인 재화의 공급은 실질적으로 얻은 이익의 유무에 불구하고 재화를 사용·소비할 수 있도록 소유권을 이전하는 일체의 원인행위를 의미한다고 보면, 아무런 이익이 없는 철거예정인 건물이라 하여 이를 부가가치세 과세대상에서 제외할 이유가 없다.

현실적으로 건물이 있는 토지를 수용하는 경우 수용자가 기존 건물을 그대로 사용하는 경우는 거의 없고, 대부분 새로운 건물을 신축하거나 다른 용도로 사용하기 위하여 기존 건물을 철거하고 있다. 수용자에게 소유권이전등기가 이루어지기 전에 건물이 철거되고 그에 대한 보상금이 지급되는 경우는 부가가치세 과세대상인 재화의 공급에 해당되지 않는다는 대법원판결13)에 의하면, 수용자가 기존 건물에 대한 소유권이전등기를 경료한 후에 건물을 철거하는 경우에만 부가가치세 과세대상이 되고, 기존 건물에 대한 소유권이전등기를 피수용자에게 그대로 둔 채 건물을 철거한 후 토지의 소유권이전등기를 경료하면 건물 부분에 대한 부가가치세를 모두 회피할 수 있게 된다. 그렇다면, 실무상 부가가치세 과세대상이 되는 "수용"은 별로 없게 될 것이므로, 입법론적으로는 부가가치세법 시행령(이하 '부가세령'이라 한다) 제14조 제1항 제4호[현행 제18조 제1항 제4호]에서 "수용"을 삭제하는 것이 바람직할 것이다.14)

---

11) 대법원 1999. 2. 9. 선고 98두16675 판결; 대법원 1996. 6. 11. 선고 96누3371 판결; 대법원 1995. 2. 10. 선고 93누18396 판결.

12) 김두형, 전게논문, 446면.

13) 대법원 2005. 7. 8. 선고 2004두10579 판결. 대법원은 건물이 도시계획시설사업에 편입되는 토지 위에 있던 건물로서 그 사업시행에 따라 철거될 상황이었고, 그 소유자인 원고가 사업시행자인 서울시장과 건물에 관한 양도계약을 체결하지 아니하고, 구 공공용지의 취득 및 손실보상에 관한 법률에 따라 손실보상에 관한 협의를 한 후 지장물 철거계약을 체결하고 서울시장으로부터 손실보상금을 받은 점, 그리고 그 건물이 실제로도 위 사업의 시행에 따라 철거되고 서울시 앞으로 소유권이전등기가 마쳐지지 아니한 점 등에 비추어 볼 때 위 건물에 관하여 철거협의가 이루어지고 손실보상금이 지급된 것은 부가세법에서 말하는 재화의 공급에 해당하는 것으로 볼 수 없다고 판시하였다.

14) 2007. 2. 28. 대통령령 제19892호로 개정된 현행 부가세령 제14조 제4항은 "제1항 제4호에 불구하고 「도시 및 주거환경정비법」·「공익사업을 위한 토지 등의 취득 및 보상에 관한 법률」 등에 따른 수용절차에 있어서 수용대상인 재화의 소유자가 해당 재화를 철거하는 조건으로 그 재화에 대한 대가를 받는 경우에는 재화의 공급으로 보지 아니한다"는 규정을 신설함으로써 수용과 관련한 부가가치세 문제를 일부 입법적으로 해결하였다.

실질적으로 재화에 대한 처분권이 이전되었음에도 불구하고 재화의 공급이 아니라고 하는 기존의 판례나 일부 견해는 문제가 있다. 부가가치세 과세대상인 '재화의 인도 또는 양도'는 재화를 사용·소비할 수 있도록 사실상·법률상 소유권을 이전하는 일체의 원인행위를 의미하고, 재화의 인도는 사실상의 지배인 점유를 이전하는 것으로 비록 소유 명의는 이전되지 않았다고 하더라도 소유자로서 당해 재화를 처분할 수 있는 권리가 이전되는 것을 의미한다고 봄이 타당하다.15) 즉, 점유의 이전과 같이 처분권이 이전된 경우에는 재화의 공급이 있다고 보는 것이다. 이렇게 보면, 철거 예정인 건물의 경우에도 그에 대한 대가가 지급된 이상 처분권은 수용자에게 이전된 것이므로, 그 건물을 누가 언제 철거하든 부가가치세 과세대상이 되는 것이다.

2. 이 판결의 의의

대상판결은 건물에 대한 매매계약 체결 후 매매대금이 정산되거나 소유권이전등기가 이루어지기 전에 매수인으로 하여금 당해 건물에 대한 처분권을 행사할 수 있도록 점유를 이전해 준 경우에는 부가가치세 과세대상인 재화의 공급이 있다고 판단하였다. 이는 종전에 대법원이 취했던 태도, 즉, 소유권의 이전이 있어야 재화의 공급이 있다는 입장에서 한 발 나아가 소유권의 이전이 없다고 하더라도 사실상 소유자로서 당해 건물을 배타적으로 이용 및 처분할 수 있도록 점유를 이전한 경우에는 부가가치세 과세대상인 재화의 공급으로 본다는 선례로서 그 의의가 크다.

참고문헌

김두형, "2005년도 부가가치세법 판례회고", 『조세법연구』, 12−1(2006. 7.).
김용대, "1998년 부가가치세법 판례회고", 『조세법연구』, 5(1999. 12.).
이동흡, "부가가치세법상 재화 및 용역의 공급개념과 시기", 『재판자료』, 제60집(1993).
임승순, 『조세법』, 박영사, 2008.
최명근·나성길, 『부가가치세법론』, 세경사, 2006.

---

15) 김용대, "1998년 부가가치세법 판례회고", 『조세법연구』, 5(1999. 12.), 426면.

외국 광고주에 대한 광고용역의 공급과 영세율

사건의 표시 : 대법원 2006. 9. 22. 선고 2004두12117 판결

• 사실개요 •

광고매체사인 원고는 광고대행사들과 사이에 원고가 발행하는 신문에 광고를 게재하는 광고용역계약의 대행을 위탁하는 내용의 광고대행계약을 체결하였다. 광고대행사들은 광고주와 사이에도 광고대행계약을 체결하고, 이에 따라 광고를 제작한 다음 원고에게 제작된 광고를 제공하면서 원고와의 광고대행계약에 따라 광고의 게재일자, 단가 등 기타 게재에 필요한 사항을 협의하여 결정하고 원고는 이에 따라 광고를 게재하여 왔다. 광고대행사들은 원고가 광고를 게재한 후 광고대금 청구서와 광고제작비 청구서를 별도로 작성하여 광고주에게 청구하고 외국법인인 광고주로부터 지급받은 대금을 외국환은행에서 원화로

받아 그 중 광고제작비는 자신의 수입으로 하며, 광고대금에서 수수료를 제외한 나머지를 원고에게 지급해 왔다. 이때 광고대행사들은 광고대금에 관하여는 원고를 공급자로, 자신을 원고의 수탁자로, 광고주를 공급받는 자로 하는 세금계산서를 발행 교부하고 있고, 광고주가 국내사업장이 없는 외국법인인 경우에는 광고대금에 대하여 영세율이 적용되는 것으로 보아 별도의 세금계산서를 발행하지 않고 있으며, 원고에 대한 광고대행 수수료에 관하여는 자신을 공급자로, 원고를 공급받는 자로 하는 세금계산서를 발행하고, 외국법인인 광고주에 대한 광고제작비에 관하여는 영세율이 적용되는 것으로 보아 별도의 세금계산서를

---

* 유철형(법무법인 태평양 변호사).

발행하지 않았다. 그리고 광고대행사들은 결산시 광고제작비와 원고로부터 받은 광고대행수수료만을 자신의 수입으로 계상하여 왔고, 원고에게 지급하는 광고대금은 자신의 수입으로 계상하지 아니하였다.

원고는 위와 같이 국내사업장이 없는 외국법인에게 국내에서 광고용역을 공급하고 지급받은 광고대금을 영세율 적용대상으로 하여 부가가치세를 신고하였으나, 피고는 원고가 외국법인 광고주에게 국내에서 광고용역을 공급하였다 하더라도 광고대금을 직접 외국환은행에서 원화로 지급받지 않고 광고대행사를 통하여 원화로 지급받은 경우에는 영세율을 적용할 수 없다는 이유로 원고에게 부가가치세를 부과하였다.

▪ 판결요지 ▪

1. 국내 광고매체사와 광고매체사를 대신하여 광고용역계약 체결 등 광고영업을 대행하기로 하는 광고대행계약을 체결한 광고대행사가 외국법인 광고주로부터 광고제작 및 매체 게재를 의뢰받고 국내 광고매체사에 광고를 게재한 다음 그 광고주로부터 광고대금을 받아 대행수수료를 공제한 나머지를 광고매체사에 지급하는 경우에는 광고매체사가 직접 외국법인 광고주에게 광고용역을 공급한 것으

로 볼 수 있다.

2. 위탁매매인 또는 대리인을 통하여 재화를 공급하거나 공급받는 경우에 위탁자 또는 본인을 알 수 없는 때를 제외하고는 위탁자 또는 본인이 직접 재화를 공급하거나 공급받는 것으로 본다고 규정한 부가가치세법(이하 '부가세법'이라 한다) 제6조 제5항은 그 취지에 비추어 볼 때 준위탁매매인에 의한 용역 공급의 경우에도 유추 적용된다.

3. 준위탁매매인인 광고대행사를 통하여 위탁자인 광고매체사가 외국법인 광고주에게 광고용역을 공급한 것은 구 부가세법(2000. 12. 29. 법률 제6305호로 개정되기 전의 것) 제11조 제1항 제4호 및 같은 법 시행령(2000. 12. 29. 대통령령 제17041호로 개정되기 전의 것) 제26조 제1항 제1호에 정한 영세율 적용 대상 거래에 해당한다.

▶ 해 설 ◀

1. 준위탁매매의 법리

가. "자기명의로써 타인의 계산으로 매매 아닌 행위를 영업으로 하는 자"를 준위탁매매인이라 하고, 준위탁매매인에 대해서는 상법 제101조 내지 제112조의 위탁매매에 관한 규정을 준용하고 있다.[1] 여기에서 "매매 아닌

---

1) 상법 제113조.

행위"의 예로는 출판·광고의 주선, 임대차의 주선, 임치계약의 주선, 여객운송의 주선 등을 들고 있다.[2]

나. 준위탁매매에 있어서 대외관계를 보면, 준위탁매매인은 거래상대방과의 관계에서 직접 권리를 취득하고 의무를 부담하며,[3] 위탁자와 거래상대방 사이에는 아무런 직접적인 법률관계가 발생하지 않으므로, 위탁자가 거래상대방에게 계약에 따른 채무의 이행청구나 손해배상청구를 할 수 없다.[4]

다. 한편, 위탁자와 준위탁매매인 사이의 내부관계에서는 상법 제103조[5]에 따라 준위탁매매인이 위탁거래로 인하여 취득한 물건이나 채권은 특별한 이전행위 없이 법률상 당연히 위탁자에게 귀속되며, 준위탁매매인은 위탁자에게 위임사무의 이행에 대한 보수청구권과 비용상환청구권을 갖는다.[6] 그리고 거래상대방이 채무를 이행하지 아니하는 경우 준위탁매매인은 위탁자에 대하여 그 채무를 이행할 담보책임을 진다.[7]

2. 영세율 적용대상인 외화획득용역

가. 구 부가세법 제11조 제1항 제4호[현행 제24조 제1항 제3호], 같은 법 시행령 제26조 제1항 제1호[현행 제33조 제2항 제1호]에 의하면, 국내에서 국내사업장이 없는 비거주자 또는 외국법인에게 공급되는 서비스용역으로서 그 대금을 외국환은행에서 원화로 받는 것은 영세율 적용대상이 된다. 부가가치세 제하에서 영세율의 적용은 국제간의 재화 또는 용역의 거래에 있어서 생산공급면에서 부가가치세를 과세징수하고 수입국에서 다시 부가가치세를 과세하는 경우 이중과세를 방지하기 위하여 관세 및 무역에 관한 일반협정(GATT)상의 소비지 과세원칙에 의하여 수출의 경우에만 원칙적으로 인정되고, 국내의 공급소비에 대하여는 위 수출에 준할 수 있는 경우로서 그 경우에도 외국환의 관리 및 부가가치세의 징수질서를 해하지 않는 범위에서 외화획득의 장려라는 국가정책상의 목적에 부합되는 경우에만 예외적, 제한적으로 인정된다는 것이 판례와 다수의 견해이다.[8]

---

2) 정찬형, 『상법강의(상)』(박영사), 2008, 293면.
3) 상법 제102조.
4) 정찬형, 전게서, 283면.
5) 상법 제103조(위탁물의 귀속) 위탁매매인이 위탁자로부터 받은 물건 또는 유가증권이나 위탁매매로 인하여 취득한 물건, 유가증권 또는 채권은 위탁자와 위탁매매인 또는 위탁매매인의 채권자간의 관계에서는 이를 위탁자의 소유 또는 채권으로 본다.
6) 상법 제61조, 민법 제687조, 제688조.
7) 상법 제105조.
8) 대법원 1983. 12. 27. 선고 83누409 판결; 대법원 1984. 6. 12. 선고 84누15 판결; 최명근·나성길, 『부가가치세법론』(세경사), 2006, 254면.

나. 영세율제도의 취지에 관한 위 판례의 견해에 대해서는 아래와 같은 반대견해가 있다. 이 견해는 부가세법상 영세율의 적용범위를 어떻게 정할 것인지는 개별국가들의 입법정책적 문제일 뿐이고, 국제적으로 인정되고 있는 혹은 GATT에 의하여 지도되고 있는 부가가치세제도의 기본원리에 의하여 결정될 것은 아니며, 판례의 견해는 우리나라가 부가가치세법을 제정할 당시 수출촉진이라는 국가 최고의 경제정책방향에 따라 수출거래에 대해서만 영세율을 적용하게 된 입법방향의 정당성을 홍보하기 위하여 구성된 논의를 아무런 이론적 검토 없이 수용한 것으로 보이고, 다수의 입법례를 보더라도 영세율의 적용범위를 수출거래에 한정시키고 있는 나라는 거의 없다는 점을 근거로 들고 있다.9)

다. 대법원 1983. 12. 27. 선고 83누409 판결은 '부가세법 제11조 제1항 제4호와 이를 근거로 한 같은 법 시행령 제26조 제1항은 수출 외의 경우에는 실제 외화획득이 이루어진 경우만을 보장하여 영세율을 적용하기로 규정한 것이고, 따라서 위 법령은 엄격히 해석하여야 한다'고 판시하고 있는데, 위 나.의 견해는 이러한 판례의 입장이 부당하다는 취지에서 나온 것으로 보인다.10)

영세율 적용범위와 관련한 위와 같은 논의는 결국 부가세법에 규정된 영세율 규정의 해석에 관한 것인데, 영세율 적용거래를 규정한 구 부가세법 제11조와 같은 법 시행령 제26조 제1항도 다른 조세법규와 마찬가지로 '조세법규는 과세요건은 물론이고 비과세·감면요건을 불문하고 법문대로 엄격하게 해석하여야 하며, 특별한 사정이 없는 한 확장해석이나 유추해석을 할 수 없다'11)는 조세법률주의에 따른 조세법규엄격해석의 원칙에 따라 이루어져야 한다는 점에서 보면, 두 견해 사이에 결론에 있어서 차이는 없다.

3. 구 부가세법 제6조 제5항[현행 제10조 제7항]의 유추적용에 대하여

가. 대법원은 실질과세의 원칙을 근거로 하여 신탁법에 의한 신탁에 있어서도 구 부가세법 제6조 제5항을 적용할 수 있다고 해석하였다. 즉, '일반적으로 부가가치세는 사업상 독립적으로 재화 또는 용역을 공급하는 자, 즉 사업자가 이를 납부할 의무를 지는 것이고,12) 한편, 신탁법상의 신탁은 위탁자가 수탁자에게 특정의 재산권을 이전하거나 기타의 처분을 하여 수탁자로 하여금 신탁 목적을 위하여 그 재산권을 관리·처분하게 하는 것인바,13) 수탁자가 신탁재산을 관리·처분함에 있어 재

---

9) 임희택, "부가가치세법상 영세율규정에 관한 해석기준", 『법조』, 제397호(1989), 67면 내지 71면.
10) 임희택, 전게논문, 76면.
11) 대법원 2002. 1. 25. 선고 2000두10489 판결.
12) 부가세법 제2조 제1항.

화 또는 용역을 공급하거나 공급받게 되는 경우 수탁자 자신이 계약당사자가 되어 신탁업무를 처리하게 되는 것이나 그 신탁재산의 관리·처분 등으로 발생한 이익과 비용은 최종적으로 위탁자에게 귀속하게 되어 실질적으로는 위탁자의 계산에 의한 것이라고 할 것이므로, 신탁법에 의한 신탁 역시 부가가치세법 제6조 제5항 소정의 위탁매매와 같이 '자기(수탁자) 명의로 타인(위탁자)의 계산에 의하여' 재화 또는 용역을 공급하거나 또는 공급받는 등의 신탁업무를 처리하고 그 보수를 받는 것이어서, 신탁재산의 관리·처분 등 신탁업무를 처리함에 있어서의 사업자 및 이에 따른 부가가치세 납세의무자는 원칙적으로 위탁자라고 보아야 한다'고 판시하였다.[14]

이에 대해서는 위탁매매가 지니고 있는 외연의 범위를 넘어 세법적 사실을 포섭한 조세법규엄격해석의 원칙에 위반되는 문제가 있고, '신탁수익의 귀속'과 '과세물건인 부가가치의 귀속'을 혼동하였으며, 신탁관계의 본질을 간과하였다는 비판과 함께 위탁매매와 신탁계약은 본질적으로 다른 것이므로, 신탁에 있어서는 원칙적으로 수탁자를 납세의무자로 보아

야 한다는 견해가 있다.[15]

이 견해는 신탁제도에 있어서는 수탁자가 사망해도 신탁관계가 종료되지 않는 반면,[16] 위탁매매는 수탁자가 사망하면 계약관계가 종료된다는 점,[17] 신탁에서는 신탁재산을 구속함에 반해 수익자나 위탁자에게 그 법률효과가 미치지 않으나, 위탁매매의 경우에는 위탁매매인이 위탁매매로 인하여 취득한 물건·유가증권 또는 채권이 위탁자와 위탁매매인 사이에서 위탁매매인의 이전행위 없이 당연히 위탁자에게 귀속되는 것으로 간주된다는 점,[18] 신탁계약에 있어서 위탁자는 수탁자를 지시할 수는 있어도 직접 신탁재산을 관리처분할 수 없고, 수탁자가 행한 법률행위의 효력을 부인하거나 수탁자에게 부담시킬 수 없으나, 위탁매매의 경우에는 위탁자가 위탁매매인에게 일정한 가격에 매수 또는 매도할 것을 정할 수 있고, 위탁매매인이 이를 준수하지 않았을 경우 위탁자가 이를 인수하지 않아도 된다는 점[19]을 근거로 들면서 결국 재화를 인도 또는 양도할 수 있는 자는 당해 재화의 소유자 또는 재화를 처분할 수 있는 대외적 처분권자인데, 신탁에 있어서는 수탁자가 이러한 권리를 가지므

---

13) 구 신탁법(2011. 7. 25. 법률 제10924호로 개정되기 전의 것) 제1조 제2항.
14) 대법원 2003. 4. 25. 선고 2000다33034 판결; 대법원 2003. 4. 25. 선고 99다59290 판결.
15) 백승재, "신탁재산의 관리처분상 부가가치세 납세의무자 - 대법원 2003. 4. 25. 선고 2003다33034·99다59290 판결", 『법률신문』, 제3236호(2004. 1).
16) 구 신탁법 제11조 제2항.
17) 상법 제112조, 민법 제690조.
18) 상법 제103조.
19) 상법 제106조.

로 수탁자를 부가가치세 납세의무자로 보아야 한다는 것이다.[20]

신탁법상의 신탁과 위탁매매는 본질적으로 다른 점이 있어서 신탁에 구 부가세법 제6조 제5항을 유추적용하는 것은 문제가 있고, 신탁에 있어서는 신탁재산에 대한 처분권을 가진 수탁자를 부가가치세 납세의무자로 봄이 타당하다. 그러나 준위탁매매에 있어서는 거래대상만 다를 뿐 당사자간의 법률관계는 위탁매매와 동일하므로 구 부가세법 제6조 제5항을 유추적용하는 것이 실질과세의 원칙에 부합한다고 할 것이다.

4. 이 판결의 의의

위 사실개요에서 본 원고와 광고대행사들의 대행계약관계, 광고대금 및 대행수수료 지급방법, 광고대행사들의 회계처리 및 결산내역 등을 종합하여 보면, 광고대행사들은 광고매체사인 원고에 대하여 자기 명의로써 원고의 계산으로 광고용역을 공급하는 것을 영업으로 하는 준위탁매매인에 해당한다고 봄이

타당하다. 한편, 구 부가세법 제6조 제5항은 "위탁매매 또는 대리인에 의한 매매에 있어서는 위탁자 또는 본인이 직접 재화를 공급하거나 공급받은 것으로 본다"고 규정하고 있는데, 부가세법에 준위탁매매인에 대한 규정은 없지만, 준위탁매매인은 영업의 대상이 되는 거래의 대상만 다를 뿐[21] 상법상 위탁매매인과 동일한 법적 지위를 갖는 것이므로, 준위탁매매인에 대해서도 구 부가세법 제6조 제5항을 유추적용할 수 있다고 할 것이다. 따라서 대상판결의 사안에서 외국법인에게 광고용역을 공급한 자는 광고매체사인 원고가 되는 것이고, 광고대행사는 단지 외국법인으로부터 광고대금을 지급받아 원고에게 전달해 준 것에 불과한 것이다. 즉, 원고는 국내사업장이 없는 외국법인에게 광고용역을 공급하고 외국환은행에서 원화로 대금을 지급받은 것이므로 원고의 광고용역 공급은 영세율 적용대상이 되는 것이다.

대상판결은 준위탁매매에 관하여 위탁매매에 관한 구 부가세법 제6조 제5항을 적용한 첫 사례로서 의미가 있다.[22]

---

20) 백승재, 앞의 논문.
21) 위탁매매인은 물건 또는 유가증권의 매매를 주선하는 것이고(상법 제101조), 준위탁매매인은 운송주선을 제외한 매매 외의 행위를 주선하는 것을 영업으로 한다(상법 제113조, 제114조).
22) 김승호, "외국 광고주에 대한 광고용역의 공급주체 및 영세율 적용 여부 - 대법원 2006. 9. 22. 선고 2004두12117 판결에 대한 평석", 『조세연구』 제6집(2006), 485면 내지 499면.

참고문헌

김승호, "외국 광고주에 대한 광고용역의 공급주체 및 영세율 적용 여부 − 대법원 2006. 9. 22. 선고 2004두 12117 판결에 대한 평석−",『조세연구』, 제6집(2006).

백승재, "신탁재산의 관리처분상 부가가치세 납세의무자 − 대법원 2003. 4. 25. 선고 2003다33034·99다 59290 판결−",『법률신문』, 제3236호(2004. 1.).

임희택, "부가가치세법상 영세율규정에 관한 해석기준",『법조』, 제397호(1989).

정찬형,『상법강의(상)』, 박영사, 2008.

최명근, 나성길,『부가가치세법론』, 세경사, 2006.

부가가치세법상 사업양도의 요건

사건의 표시 : 대법원 2006. 4. 28. 선고 2004두8422 판결

▪ 사실개요 ▪

2001. 3. 29. 원고들은 대전 서구 둔산동 1163 대 805.4㎡ 지상의 지하 2층, 지상 11층의 건물(이하 "이 사건 건물"이라 한다)에서 임대업을 영위하고 있던 ○○산업(이하 "소외 회사"라 한다)으로부터 이 사건 건물 및 토지를 75억 원에 매수하기로 하는 매매계약을 체결하였다. 원고들은 위 매매대금의 지급을 위하여 원고들 소유였던 임야 및 골프연습장을 14억 원으로 평가하여 대물변제하고, 소외 회사의 이 사건 건물 임차인들에 대한 임차보증금 합계 5억 원 및 교보생명에 대한 대출금 채무 43억 원을 인수하며, 이 사건 건물의 신축 등과 관련한 일반 채권자들에 대한 채무, 쌍용캐피탈 등에 대한 채무 및 교보생명이 지급한

경매비용 등은 원고들이 직접 채권자들에게 대위변제하였으며, 소외 회사가 사우나를 운영하기 위해 이 사건 건물 중 지하 1, 2층을 임차하고 원고들에게 지급해야 할 임차보증금 2억 6천 4백만 원을 매매대금에서 공제하고, 나머지 2억 원은 현금으로 지급함으로써 총 92억 5천만 원을 지급하였는바, 이 중 매매대금 75억 원을 초과하는 17억 5천만 원은 소외 회사가 원고들로부터 차용한 것으로 하여 원고들로부터 대물변제 받은 소외 회사 소유의 골프연습장 및 그 부지에 대해 근저당권을 설정하고 차용증을 작성하여 원고들에게 교부하였다.

이에 원고들은 2001. 4. 3. 이 사건 건물

---

* 이상기(법무법인 광장 변호사).

의 소유권을 취득한 후 같은 해 7. 25. 피고
(서대문 세무서장)에게 2001년 제1기 부가가치
세 신고를 하면서 매출세액을 초과하는 매입
세액 549,399,243원을 환급신청하였다.

이에 대하여 피고는 소외 회사에 대하여
2001년도 제1기분 부가가치세 과세표준에서
이 사건 건물에 대한 공급가액 5,661,493,000
원을 제외하여 감액경정하는 한편, 원고들이
이 사건 건물을 취득한 것은 부동산 매매계약
에 의한 재화의 공급이 아니라 소외 회사로부
터 부동산 임대사업을 포괄적으로 양수받은
경우에 해당된다고 보아 원고들의 매입세액
공제를 인정하지 않고 2001. 11. 3. 원고들에
게 2001년 제1기분 부가가치세 17,319,558원
을 부과하는 경정결정을 고지(이하 "이 사건 처
분"이라 한다)하였다.

▪ 판결요지 ▪

1. 원심 판결의 요지

원고들은 이 사건 처분의 취소를 구하는
소를 제기하였으나, 제1심 및 원심은 "원고들
이 이 사건 건물을 취득하면서 소외 회사가
체결한 임대차계약의 내용을 대부분 인정하여
임대인의 지위를 포괄적으로 승계한 점, 소외
회사의 임대사업과 관련된 채무까지 원고들이
인수한 점, 소외 회사는 부동산 신축판매 및

임대업 등을 목적으로 설립된 회사로서 이 사
건 건물에서 부동산 임대업을 영위하였고 원
고들 또한 이 사건 건물을 취득하여 부동산
임대업을 영위한 점, 부동산 임대업의 특성상
직원의 고용이 필수적이라고 할 수 없어 고용
관계의 승계 여부가 사업양도의 중요한 판단
요소가 될 수 없는 점, 원고가 이 사건 건물
및 토지의 매매대금인 75억 원을 초과하여 92
억 5천만 원을 지급한 점 등을 종합적으로 고
려해 보면, 원고들은 소외 회사로부터 임대사
업에 관한 권리의무를 포괄적으로 승계 받은
것으로 보이고, 따라서 이 사건 거래는 부가가
치세 비과세 대상인 사업의 양도에 해당한다."
라고 판시하여 원고들의 청구를 기각하였고,
이에 원고들은 대법원에 상고하였다.

2. 대법원 판결의 요지

부가가치세법(이하 '부가세법'이라 한다) 제
6조 제6항 및 그 시행령 제17조 제2항 소정의
재화의 공급으로 보지 아니하는 사업의 양도라
함은 사업용 재산을 비롯한 물적·인적 시설
및 권리의무 등을 포괄적으로 양도하여 사업의
동일성을 유지하면서 경영주체만을 교체시키는
것을 뜻한다고 할 것이므로, 그 사업은 인적·
물적 시설의 유기적 결합체로서 경영주체와 분
리되어 사회적으로 독립성을 인정받을 수 있는
것이어야 한다.

그런데 원심이 배척하지 아니한 증거들에

의하면, 원고들이 소외 회사로부터 이 사건 건물을 매수할 당시 그 매매계약서상에 특약사항으로 ① 이 사건 건물의 신축공사와 관련하여 미지급된 공사비와 각종 세금 등은 매도인인 소외 회사가 책임지고 정리하고, ② 교보생명에 대한 차입금을 제외한 나머지 후순위 채권자에 대한 권리관계는 소외 회사가 책임지고 해결하며, ③ 건물의 하자보증이나 미완성 부분에 대한 공사는 소외 회사가 책임지고 완료할 것이라는 등의 약정을 한 사실, 원고들이 매매대금의 지급방법으로 소외 회사가 체결한 임대차계약상의 보증금반환채무를 모두 인수하였지만, 구체적인 임대차계약의 체결에 있어서는 일부 임차인들과는 임대차기간을 새로 정하거나 보증금 및 월 임료의 액수를 조정하는 등의 방법으로 그 계약 내용을 변경하기도 한 사실, 더욱이 원고들이 이 사건 건물을 매수하기 전에는 지하 1, 2층에 사우나 시설공사가 완공되지 않아 그 곳에서 아무런 사업도 영위되지 않고 있었는데, 원고들이 이 사건 건물을 매수하여 시설공사가 완공된 후에는 지하 1, 2층 부분을 소외 회사에게 임대하여 소외 회사로 하여금 그 곳에서 사우나영업을 영위하도록 한 사실, 소외 회사는 이 사건 건물의 관리를 별도의 관리업체에 위탁을 맡긴 것이 아니라 그 소속 직원을 통하여 직접 관리한 것으로 보이는 데에 반하여, 원고들은 이 사건 건물을 매수하면서 소외 회사에 소속되어 있던 관리 직원들을 승계함이 없이 별도

로 관리업체에 도급을 주는 방법으로 이 사건 건물을 관리하고 있는 사실, 원고들은 이 사건 건물의 공급가액에 상응하는 세금계산서를 소외 회사로부터 교부받은 다음, 부가가치세 확정 신고기한 전에 그 세액 5억 66,149,300원을 소외 회사에게 지급하였고, 이를 수령한 소외 회사는 부가가치세 신고를 하면서 이 사건 건물의 매매에 따른 매출세액으로 위 5억 66,149,300원을 신고한 다음 그 중 1억 7,500만 원을 자진 납부한 사실 등을 인정할 수 있는바, 이러한 사실관계에다가 앞서 본 법리 및 사업양도의 경우에는 일반적으로 자산·부채의 평가와 영업권(대고객관계, 사업상의 비밀, 경영조직 등)의 평가 등이 매우 중요한 요소로 작용하는데, 이 사건 매매계약의 경우에는 소외 회사가 영위하던 임대사업과 관련된 자산·부채의 평가나 영업권의 평가가 있었다고 볼 만한 흔적이나 대고객관계·사업상의 비밀·경영조직 등 시설관계의 이전이 있었다고 볼 만한 사정이 전혀 보이지 아니하는 점 등에 비추어 보면, 설사 원고들이 이 사건 건물을 매수한 후 건물의 유지·관리와 관련하여 소외 회사가 부담하던 채무를 대신 변제하는 등의 사유로 그 약정 매매대금보다 더 많은 금액을 지급한 결과가 되었다는 원심 판시의 사정을 고려한다고 하더라도, 이 사건 건물의 매매와 관련된 거래행위는 소외 회사가 영위하던 부동산 임대사업에 관한 권리의무가 그 동일성을 유지하면서 포괄적으로 양도된 것이라

기보다는 그 사업에 제공되던 건물만을 특정하여 양도의 대상으로 삼았다고 봄이 거래통념이나 경험칙에 부합한다고 할 것이다.

▶ 해 설 ◀

1. 쟁점

부가세법은 계약상 또는 법률상의 모든 원인에 의하여 재화를 인도 또는 양도하는 경우를 부가가치세가 과세되는 재화의 공급으로 보고 있으나, 예외적으로 사업장별로 그 사업에 관한 모든 권리와 의무를 포괄적으로 승계하는 사업양도는 재화의 공급으로 보지 않는다고 규정하고 있으므로(2011. 12. 31. 개정 부가세법 6조 6항 및 2011. 5. 30. 개정 동법 시행령 17조 2항, 이하 같음),[2] 부가가치세를 직접 신

고·납부해야 하는 실무에서는 재화의 공급으로 보지 아니하는 사업양도의 해당 여부가 중요한 쟁점이 되어 왔다.

그러나 사업양도의 해당 여부에 대해서는 각 사안마다 구체적인 사실관계를 기준으로 개별적으로 판단할 수밖에 없기 때문에 당해 거래가 개별적인 재화의 공급에 해당되는지 아니면 재화의 공급으로 보지 않는 사업양도에 해당되는지 여부에 대한 문제는 끊임없이 제기되고 있으며, 특히 개별적인 재화의 공급과 사업양도의 경계가 모호한 "사업장 단위의 거래"에 있어서는 납세의무자와 과세관청 사이에 많은 다툼이 발생되어 왔는데, 이 사건 역시 사업장 단위의 거래로서 사업양도의 해당 여부에 관하여 대법원이 원심판결과 결론을 달리한 사건이다.

---

2) 부가세법 제6조 【재화의 공급】
⑥ 다음 각 호의 어느 하나에 해당하는 것은 재화의 공급으로 보지 아니한다.
1. 재화를 담보로 제공하는 것으로서 대통령령이 정하는 것
2. 사업을 양도하는 것으로서 대통령령이 정하는 것.
3. 법률에 의하여 조세를 물납하는 것으로서 대통령령이 정하는 것
부가가치세법 시행령(이하 '부가세령'이라 한다) 제17조 【담보제공·사업양도 및 조세의 물납】
② 법 제6조 제6항 제2호에서 "대통령령이 정하는 것"이라 함은 사업장별(「상법」에 의하여 분할 또는 분할합병하는 경우에는 동일한 사업장안에서 사업부문별로 양도하는 경우를 포함한다)로 그 사업에 관한 모든 권리와 의무를 포괄적으로 승계시키는 것(「법인세법」 제46조 제1항의 요건을 갖춘 분할의 경우와 양수자가 승계받은 사업 외에 새로운 사업의 종류를 추가하거나 사업의 종류를 변경한 경우를 포함한다)을 말한다. 이 경우 그 사업에 관한 권리와 의무 중 다음 각 호의 것을 포함하지 아니하고 승계시킨 경우에도 해당 사업을 포괄적으로 승계시킨 것으로 본다.
1. 미수금에 관한 것
2. 미지급금에 관한 것
3. 당해 사업과 직접 관련이 없는 토지·건물 등에 관한 것으로서 기획재정부령이 정하는 것

2. 사업양도의 의미 및 취지

(1) 사업의 양도의 의미

부가세령 제17조 제2항에서는 「재화의 공급으로 보지 않는 사업의 양도라 함은 사업장별로 사업에 관한 모든 권리와 의무를 포괄적으로 승계시키는 것」이라고 규정하고 있으며, 대법원도 "사업용 재산을 비롯한 물적·인적 시설 및 권리의무 등을 포괄적으로 양도하여 사업의 동일성을 유지하면서 경영주체만을 교체시키는 것"이라고 일관되게 판시하고 있다.[3]

따라서 재화의 공급으로 보지 않는 사업의 양도라 함은 ① 사업장별로 사업에 관한 권리와 의무를 양도하되, 이러한 양도는 ② 사업의 동일성을 유지하면서 ③ 포괄적으로 승계되는 경우를 의미한다 할 것이다.

(2) 사업의 양도를 재화의 공급으로 보지 않는 취지

위에서 본 바와 같이 부가세법에서 사업의 양도는 부가가치세가 과세되는 재화의 공급에 해당하지 않는다고 규정하고 있는바, 이와 같이 사업의 양도를 재화의 공급으로 보지 않는 이유에 관하여 대법원은 "부가세법이 사업의 양도를 재화의 공급으로 보지 아니하여 비과세대상으로 정하고 있는 취지는, 부가가치세의 과세대상이 되는 재화나 용역의 공급행위라고 하더라도 공급의 대상인 재화나 용역이 부가가치세의 성질상 재화나 용역으로 볼 수 없거나 그 공급의 내용이 부적당한 경우에는 이를 비과세대상으로 하는 것인데, 사업의 양도는 특정 재화의 개별적 공급을 과세요건으로 하는 부가가치세의 공급의 본질적 성격에 맞지 아니할 뿐만 아니라 일반적으로 그 거래금액과 나아가 그에 관한 부가가치세액이 커서 그 양수자는 거의 예외 없이 매입세액을 공제받을 것이 예상되어 이와 같은 거래에 대하여도 매출세액을 징수하도록 하는 것은 사업양수자에게 불필요한 자금압박을 주게 되어 이를 피하여야 한다는 조세 내지 경제정책상의 배려에 연유하는 데 있다."고 일관되게 판시하고 있다.[4]

3. 사업양도의 요건

(1) 권리와 의무의 사업장별 양도

재화의 공급이 아닌 사업양도에 해당하기 위해서는 사업장별로 승계가 이루어져야 하는바, 이때 "사업"이라 함은 단순한 물적 시설이 아니라 인적·물적 시설의 유기적 결합체로서

3) 대법원 1993. 1. 19. 선고 92누15420 판결(1984,520); 대법원 1998. 3. 27. 선고 97누3224 판결(1988,189), 대법원 2004.12.10 선고 2004두10593 판결; 대법원 2006. 4.28 선고 2004두8422 판결 등 다수
4) 1983. 6. 28. 선고 82누86 판결; 대법원 2001. 10. 26. 선고 2000두7520 판결(공2000하, 1547); 대법원 2003. 1. 10. 선고 2002두8800 판결(공2003상, 1003) 등 다수.

경영주체와 분리되어 사회적으로 독립성을 인정받을 수 있는 것이어야 하므로,5) 사업이 단순히 장소적 개념으로 구분되는 것이 아님을 알 수 있다.

이에 대법원도 "한 사업장(판매장)내에서 장소를 구분하여 두 종목 이상의 사업(판매업)을 하다가 그 중 한 종목의 사업을 포괄하여 양도한 경우에는 이를 부가세법상 사업의 양도에 해당한다."고 판시하고 있다.6)

(2) 권리와 의무의 포괄적 승계

사업양도에 해당하기 위해서는 사업장별로 그 사업에 관한 모든 권리와 의무를 포괄적으로 승계시켜야 하는바, 이때 포괄승계라 함은 당해 사업과 직접 관련이 있는 권리와 의무를 승계시키는 것을 의미하는 것이고, 양도인의 사업 전부를 승계해야만 하는 것은 아

니다. 부가세령 제17조 제2항은 사업에 관한 권리와 의무 중에서 미수금이나 미지급금 또는 당해 사업과 직접 관련이 없는 토지·건물 등을 포함하지 아니하고 승계시킨 경우에도 당해 사업을 포괄적으로 승계시킨 것으로 본다고 규정하고 있다.7)

권리 의무의 포괄승계와 관련하여 판례는, 양수인이 영위하는 사업의 종류나 내용, 사업장 소재지가 양도인과 동일하고, 양도대상에서 제외된 재고자산이 양도자산에서 차지하는 비중이 현저히 적어 양수인이 사업의 동일성을 유지하면서 사업을 계속하는데 아무런 지장이 없다고 판단되는 사안8)과 양도인이 양수인에게 관광숙박업 사업자명의와 함께 증축중인 건물을 일괄하여 양도하되, 관광숙박업 영업에 지장주지 않는다고 판단한 건물부지와 주차시설은 양도하지 않은 사안9)에서는 권리

---

5) 대법원 1998. 7. 10. 선고 97누12778 판결; 대법원 2006. 4. 28. 선고 2004두8422 판결 등 다수.

6) 대법원 1983. 10. 25. 선고 83누104 판결.

7) 이 규정의 의미에 관하여 판례는, "사업용 재산을 비롯한 물적·인적 시설 및 권리의무 등을 포괄적으로 양도하여 사업의 동일성을 유지하면서 경영주체만을 교체시키는 경우라면, 미수금이나 미지급금에 해당하는 외상매출금채권이나 외상매입금채무가 그 양도대상에서 제외되었다거나 종전의 종업원이 그대로 인수인계되지 아니하였다고 하여 사업의 양도로 인정하는 데에 장애가 될 수는 없다"는 취지라고 판시한 바 있다(대법원 1992. 5. 26. 선고 91누13014 판결).

8) 양도대상에서 제외된 위 재고자산은 원고의 현물출자액의 8%에 불과하여 소외 회사가 이 없으며, 소외 회사가 영위하는 사업의 종류나 내용, 사업장 소재지가 원고의 종전 그것과 동일하므로 원고가 소외 회사에게 재화를 현물출자의 형식으로 양도한 것은 태광석재산업의 사업용 재산을 비롯한 물적·인적시설 및 권리의무를 포괄적으로 양도하여 사업의 동일성이 유지되면서 경영주체만이 승계된 경우에 해당하여 부가가치세의 비과세 대상인 사업의 양도로 보아야 한다(대법원 1998. 3.27. 선고 97누3224 판결).

9) 원고가 자기 소유의 일반호텔을 증축하여 호텔을 경영하려고 제주지사로부터 제주관광호텔이라는 상호로 관광숙박업을 경영하겠다는 사업계획의 승인을 받고 증축공사를 진행하다가 소외 회사에 관광숙박업 사업자명의와 함께 위 증축중인 건물을 일괄하여 양도하고 위 소외회사가 그 사업자명의를 변경하여 같은 상호로 관광숙박업을 경영하고 있다면 이는 원고가 자신의 준비 중이던 관광숙박사업을 양도한 것이라 할 것이고, 건물부지와 주차시설이 양도의 대상에서 제외되었다 하더라도 이는 원고가 하던 영업의 잔존재화

의무의 포괄적 승계가 있어 사업양도에 해당한다고 판시한 반면, 양수인은 양도인이 영업상 확보한 주문관계나 영업상 비밀 등의 재산가치를 인수하지 아니하고, 인적 조직인 종업원들을 승계하지 않는다고 합의는 하였으나, 결과적으로 고용보장차원에서 양도인의 종업원들의 60% 이상을 채용한 사안[10]과 양도대금에 양도인 사업의 영업권에 대한 평가가 포함되었는지 여부 및 양수인이 양도인의 종업원들을 승계하였는지 여부에 대해 아무런 주장입증이 없는 사안[11] 및 양도인이 공장건물과 대지, 기계설비를 각각 다른 시기에 양도한

사안[12]에서는 사업의 포괄적인 승계가 있었다고 보기 어려워 사업양도에 해당하지 않는다는 취지로 판시하고 있다.

이러한 판례의 취지를 보면, 포괄승계가 되기 위해서는 양수도 계약서, 양도대금 지급방법, 양도되는 사업의 종류 및 내용 등을 종합적으로 고려하여 당해 영업에 관한 인적·물적 설비 및 영업권 등이 모두 포괄적으로 이전되었다고 인정되는 경우에 포괄승계가 있다고 보고 있으므로 그 중 인적 설비 또는 영업권 등 사업상 필요한 무형자산 등이 승계되지 아니하였다면 포괄승계로 보지 않고 있음을

는 아니라 할 것이어서 부가가치세의 과세대상이 되지 아니할 뿐더러 대지와 주차시설이 없더라도 관광숙박업에는 지장이 없다 할 것이므로 원고의 위 영업양도를 인정하는데 아무런 장애가 되지 아니한다 할 것이다(대법원 1990. 5. 22. 선고 90누2376 판결).

10) 삼미는 이 부문 사업을 정리하기로 방침을 정하였으나 이 사건 공장의 자산과 함께 인적조직인 종업원들을 포괄하여 양도하는 방식으로는 양수희망자가 없어 봉강·강관 부문의 사업정리가 불가능하였으므로 결국 이 사건 공장의 자산만을 양도하기로 하고, 그에 따라 이 사건 자산매매계약의 체결에 이르게 된 사실, 이에 따라 삼미는 이 사건 자산매매계약체결 전 노동조합과의 단체 교섭과정에서 노동조합측에게 이 사건 자산매매계약이 이행되더라도 고용승계는 이루어지지 않는 점을 알리고 다만 포항제철과 협의하여 최대한 고용이 보장되도록 노력하겠다는 취지로 설명한 사실, (중략) 원고는 삼미라는 상호의 성가는 물론 삼미가 영업상 확보한 주문관계나 영업상 비밀 등의 재산가치를 인수하지 아니한 사실을 알 수 있는 바, 이러한 사실관계를 앞서 본 법리에 비추어 살펴보면 원심이 설시한 사정을 고려하더라도 원고가 실질적으로 삼미로부터 봉강·강관 사업부문의 인적·물적 조직을 그 동일성을 유지하면서 일체로서 포괄적으로 이전받음으로써 사업을 양도받은 것으로 보기에는 부족하다 할 것이고 앞서 본 바와 같이 원고가 고용보장차원에서 삼미의 종업원 60.6%를 신규채용 형식으로 고용하였다 하여 달리 볼 수는 없다고 할 것이다(대법원 2001. 10. 26. 선고 2000두7520).

11) 이 사건 가락동 부동산이 목욕장영업의 물적 시설이기는 하지만 원고가 그 양도대금에 목욕장의 영업권에 대한 평가가 포함되었는지 여부와 목욕장의 비품 및 위 목욕장 운영을 위한 인적 시설인 종업원들을 그 양수인에게 승계시켜 주었는지 여부 등에 대하여 아무런 주장·입증을 하지 못하고 있는 점을 들어, 목욕장사업 자체를 양도대상으로 삼은 것으로 인정하기에 부족하다고 판단한 원심의 조치는 정당하다(대법원 1998. 7. 10. 선고 97누12778 판결).

12) 사업의 양도계약이 대상목적물에 따라 개별적으로 이루어지고 단일계약으로 양도되어야 할 필요는 없다 하더라도 양도시기는 동일하여야 할 것이므로 공장건물과 대지, 기계설비를 각각 다른 시기에 양도한 경우는 부가세법 제6조 제2항 후단, 동법시행령 제17조 제2항 소정의 사업의 포괄적 양도라고 할 수 없다(대법원 1983. 6. 28. 선고 82누86 판결).

알 수 있으며, 한편 양도되는 사업의 중요한 설비에 해당하지 아니하거나 승계되는 자산 총액에 비해 당해 자산이 차지하는 비중이 현저히 적은 경우에는 당해 자산을 양도하지 아니하였다고 하여 포괄승계에 장애가 되는 것은 아니라고 보고 있음을 알 수 있다.

(3) 사업의 동일성 유지

사업양도에 해당하기 위해서는 권리의무의 포괄적인 승계뿐만 아니라 사업양도 전후로 사업의 동일성이 유지되어야 한다. 즉, 사업의 동일성이 유지되면서 이전되는 한, 사업을 구성하는 일부 재산을 특약으로 배제하는 것은 무방하고, 종전 고용원을 승계하지 않기로 하였다 하여도 사업의 동일성이 필연적으로 깨어지는 것은 아니다.13) 한편 사업양도인

으로부터 사업이 모두 승계되었다고 하더라도 사업의 동일성이 인정되지 아니하면 재화의 공급으로 보지 않는 사업양도에 해당하지 않는다고 볼 것이다.

이와 관련하여 판례에서는, 양도인의 임대인 지위와 숙박업에 공하였던 건물전체와 그 부지 및 여관집기 등을 그대로 양도하였으나 양도인이 종전사업의 폐업신고를 하고 양수인이 신규로 사업허가를 받은 사안14)에서는 사업의 동일성을 인정하여 사업양도에 해당한다고 판시한 반면, 부동산 임대업을 영위하던 양도인이 의료법인인 양수인에게 건물을 매도하고 위 양수인은 양수받은 건물을 진료실 및 물리치료실, 병실로 각 사용한 사안15) 및 임대업과 숙박업을 영위하던 양도인으로부터 건물을 양수받은 양수인은 양도인이 숙박업을

---

13) 강석훈, "부가가치세법상 재화의 공급으로 보지 아니하는 사업의 양도의 의미", 『대법원 판례해설』, 통권 제61호(2006 상반기), 530면
14) 양도인이 부동산임대업 및 숙박업을 경영하던 건물 중 임대업에 공하였던 지하층과 지상 1층에 대한 임대인의 지위와 숙박업에 공하였던 지상 2,3,4층에 관하여는 동 건물전체와 그 부지 및 여관집기, 비품 등 일체를 그대로 양도하고 20,000,000원의 은행채무까지 양수인에게 인수인계하였다면 이는 사업에 관한 모든 권리와 의무를 포괄적으로 승계시키는 것이 되어 특별한 사정이 없는 한 부가세법 제6조 제6항, 동시행령 제17조 제2항 소정의 사업의 양도에 해당한다 할 것이고, 양도인이 종전사업의 폐업신고를 하고 양수인이 신규로 사업허가를 받았다거나 신규사업의 상호가 변경되었다는 등의 사유로 결론을 달리할 것은 아니다(대법원 1985.10. 8. 선고 84누640).
15) 원고가 지하 1층, 지상 5층의 이 사건 건물을 신축하여 부동산임대업을 영위하다가 소외 의료법인에게 이 사건 건물을 매도한 사안에서 그 채용 증거를 종합하면, 소외 의료법인은 그 운영의 병원 진료실 및 입원실 부족으로 이 사건 건물을 취득하여 이 사건 건물을 진료실 및 물리치료실, 병실로 각 사용하고 있는 사실, 의료법인은 영리를 목적으로 하는 부동산임대업을 할 수 없는 사실, 소외 의료법인이 원고로부터 이 사건 건물에 대한 매매계약을 체결할 당시 오로지 지하층의 임대차기간이 남아 있어 소외 의료법인이 원고가 체결한 임대차계약을 승계하여 그 임차인과 임대차계약을 새로이 체결하였으나, 그 기간 만료 전에 보상금을 지급하고 미리 명도를 받았고, 그 후 이 사건 건물을 전혀 임대하지 아니한 사실이 인정되는 바, 위 사실들에 비추어 보면, 이 사건 건물의 양도는 사업용 재산을 비롯한 물적·인적시설 및 권리의무 등을 포괄적으로 양도하여 사업의 동일성을 유지하면서 경영주체만을 교체시킨 것으로 볼 수 없어 사업양도에 해당하지 않는다(대법원 2003. 1. 10. 선고 2002두8800 판결).

하던 건물부분에 대해 바로 타인에게 임대한 사안16)에서는 사업의 동일성을 인정하기 어려워 사업양도로 볼 수 없다는 취지로 판시하고 있다.

이러한 판례의 취지를 보면, 사업의 동일성을 판단함에 있어 업종의 동일성을 주된 판단기준으로 삼고 있음을 알 수 있다. 그러나 부가세령 제17조 제2항이 개정(대통령령 제19330호 일부개정 2006. 2. 9)되면서 "양수자가 승계 받은 사업 외에 새로운 사업의 종류를 추가하거나 사업의 종류를 변경한 경우를 포함한다."고 규정하여 사업양도 전후 사업의 종류가 변경되거나 새로운 사업의 종류를 추가하는 경우에도 사업의 동일성이 유지되는 것으로 보도록 하고 있어, 업종의 동일성을 기준으로 사업의 동일성 여부를 판단하는 판례의 태도에도 변화가 있을 것으로 보인다.

4. 이 판결의 의의

앞서 본 판례들에서 나타난 대부분의 사안은, 납세의무자인 양도인이 '사업의 양도'에 해당한다고 주장하면서 부가세의 비과세를 주장한 사안인 데에 반하여, 이 사건의 경우에는 건물의 양수인인 원고들이 이 사건 부동산 매매거래는 과세대상인 '재화의 공급'에 해당하므로 거래징수당한 매입세액을 공제받아야 한다고 주장하고, 오히려 과세관청인 피고가 비과세대상인 '사업의 양도'에 해당한다고 주장하고 있다는 점에서 그 특수성이 있다.17)

이 사건의 경우 원심과 대법원은 양도인과 양수인 간에 사업의 동일성 및 권리의무의 포괄적 승계에 관하여 그 판단을 달리하였다. 즉 원심은 원고들이 소외 회사의 임대인으로서의 지위를 포괄적으로 승계하고, 소외 회사의 임대사업과 관련된 채무까지 원고들이 인수한 점에 착안하여 비록 고용승계가 이루어지지 않았다 하더라도 영업양도로 보아야 한

---

16) 원고가 그 소유인 이 사건 토지 위에 4층 건물을 신축하여 그 중 지하실 다방 및 지상 1층을 각 소외인에게 임대하여 경영하게 함으로써 부동산임대업에 종사하는 한편 지상 2, 3, 4층에 관하여는 원고 명의로 숙박업허가를 받아 송리장이라는 상호 아래 경영하다가 1989. 4. 26. 소외인들에게 위 토지와 건물을 대금 309,000,000원에 매도하고 원고는 위 건물의 양수인으로 하여금 지하실과 지상 1층의 임대차보증금 10,000,000원의 반환채무를 승계하도록 하여 임대인의 지위를 양도한 외에 위 여관의 비품 및 시설물을 1989.6.9. 모두 양도하고 같은 달 30. 숙박업 폐업신고를 하였으나, 위 양수인들은 같은 해 5.경 위 건물 중 2, 3, 4층 여관을 소외인에게 임대하여 동인이 같은 해 7. 13. 여관업을 개업하였으며 위 양수인들은 1990. 9. 17. 부동산임대업으로 신규사업자등록을 하였던 사실관계에 의하면, 위 양수인들은 위 건물 중 여관에 관한 한 원고의 권리의무를 포괄적으로 양도받아 그 동일성을 유지하면서 위 여관의 경영주체가 된 것은 아니라고 할 것이므로 위 양도를 부가세법상의 비과세대상인 사업의 양도라고 할 수 없다(대법원 1993. 1. 19. 선고 92누15420 판결).
17) 강석훈, 전게논문, 539면.

다고 판단하였지만, 대법원은 원고들이 소외 회사가 체결한 임대차계약상의 보증금반환채무를 모두 인수하였지만 구체적인 임대차계약의 체결에 있어서는 일부 임차인들과는 계약내용을 변경한 점과 원고들이 이 사건 건물을 매수하여 시설공사 완공 후 지하 1, 2층 부분을 소외 회사에게 임대하여 소외 회사로 하여금 그 곳에서 사우나영업을 하도록 한 점 등에 비추어 사업의 동일성 여부에 의문을 품은 것으로 보이고, 나아가 이 사건 매매계약에서 매도인인 소외 회사가 상당 부분 책임을 지도록 하고 있고, 소외 회사에 소속되어 있던 관리 직원들의 승계가 이루어지지 아니한 사실 등에 비추어 포괄승계에 부정적 입장을 취한 것으로 보인다. 특히 대법원은 이 사건 매매계약의 경우 영업양도에 있어 핵심적인 징표라고 할 수 있는 양도대가의 평가에 있어 관련 자산·부채의 평가나 영업권의 평가가 있었다고 볼만한 흔적이 없고, 나아가 대고객관계·사업상의 비밀·경영조직 등 사실관계[18]의 이전이 있었다고 볼만한 사정이 전혀 보이지 아니하는 점에 착안하여 권리의무의 포괄승계가 이루어지지 아니한 것으로 판단한 것이다.[19]

위와 같은 사실관계에 비추어 사업의 동일성이 유지된다고 보기는 어렵고 유기적 조직 일체로서의 영업이 이전되었다고 보기 어렵다는 점에서 대법원 판시는 타당하다고 보인다.[20]

대법원은 사업의 양도를 해석함에 있어 엄격히 해석하는 경향이 있어 사업의 양도로 인정한 사례가 드문 편인데,[21] 본 판례 역시 엄격하게 해석하였다. 특히 본 판례는 기존의 판례와 대비하여, 사업의 양도 여부가 첨예하게 다투어질 때 사업의 양도 여부를 판단함에 있어 자산·부채에 대한 평가, 영업권(대고객관계, 사업상의 비밀, 경영조직 등)에 대한 평가와 그 이전 등이 중요한 판단기준이 된다는 점을 명시적으로 밝히고 있다는 점에 그 의의가 있어 보인다. 그렇다고 하여 인적·물적 시설의 승계 여부 등의 사실관계를 검토하여 권리와 의무의 포괄적 승계 여부를 고려하고, 매매계약서상의 채권·채무 등에 관한 특약사항, 양수인과 소외 임차인과의 임대차계약 내용 및 임대차계약 유지 여부 등의 사실관계를 검토하여 사업의 동일성 여부를 고려하여 사업의 양도를 판단하는 기존 판례 입장에 배치되는 것은 아니라고 보인다.

18) 일종의 영업권이라고 볼 수 있을 것이다.
19) 본 판결은 그 판시취지에 있어 대법원 1998. 7. 10. 선고 97누12778 판결과 궤를 같이 하고 있다.
20) 동지; 전게논문, 543면.
21) 주정대, 부가가치세법상 재화의 공급으로 보지 아니하는 사업의 양도의 의미, 『공인회계사 통권』, 제159호, 102면.

참고문헌

강석훈, "부가가치세법상 재화의 공급으로 보지 아니하는 사업의 양도의 의미", 『대법원 판례해설』, 통권 제 61호(2006. 상반기).

주정대, "부가가치세법상 재화의 공급으로 보지 아니하는 사업의 양도의 의미", 『공인회계사』, 통권 제159호.

'폐업 전에 공급한'의 의미

사건의 표시 : 대법원 2006. 1. 13. 선고 2005두10453 판결

▪ 사실개요 ▪

원고들은 개인사업자등록을 마치고, 고양시 일산구 일산동 527-3, 534-1, 534-2 각 지상에 골프연습장시설(이하 '이 사건 시설'이라 함)을 설치하여 운영하다가 2000. 2. 29.경 소외 대림일산제1지역주택조합(이하 '소외 조합'이라 함)과 매매대금 2,934,500,000원으로 하는 매매계약을 체결한 후 같은 날 계약금조로 5억 원, 같은 해 4. 29.경 중도금조로 20억 원, 같은 해 5. 2.경 잔금조로 3억 원 및 134,500,000원 상당의 아파트 1동을 받았고, 한편 원고들은 2000. 3. 31.경 폐업을 하고 위 잔금 수령 후 이 사건 시설을 소외 조합에 넘겨주었다. 그러자 피고(고양세무서)는 원고들이 부가가치세법상 사업자의 지위에서 이 사건

시설을 양도한 것으로 보고 전체 공급가액을 기준으로 부가가치세를 부과(이하 '이 사건 부과처분'이라 한다)하였다.

이에 피고는 이 사건 부과처분의 취소를 구하는 소송을 제기하였으나 제1심 및 항소심에서 청구 기각되자, 이 사건 시설 양도는 폐업 후 비사업자 지위에서의 양도이므로 폐업 시 잔존재화의 자기공급 의제 규정(부가가치세법 제6조 제4항)에 따라 부가가치세 부과대상이 될 수 있을 뿐 재화의 양도로서 부가가치세 부과대상이 되지는 아니한다는 취지의 상고이유를 들어 상고하였다.

---

* 이상기(법무법인 광장 변호사).

▪ 판결요지 ▪

부가가치세법 시행령(2010. 2. 18. 개정 대통령령 제22403호, 이하 '부가세령'이라 한다) 제21조 제1항은 그 단서에서 "폐업 전에 공급한 재화의 공급시기가 폐업일 이후에 도래하는 경우에는 그 폐업일을 공급시기로 본다."라고 규정하고 있는바, 위 단서 규정의 입법 취지 및 문맥에 비추어 볼 때, 위 규정 중 '폐업 전에 공급한'의 의미는 재화의 인도 또는 양도의 전부 또는 일부가 폐업 전에 이루어진 경우에만 한정되는 것이 아니라, 그와 같은 재화의 인도 또는 양도의 원인이 되는 행위, 즉 그 공급의 상대방, 시기, 가액을 확정할 수 있는 계약 등 법률상의 원인이 폐업 전에 발생한 경우에는 위 부가세령 제21조 제1항 본문 각 호에 의하여 공급시기로 정해지는 시기가 폐업일 이후에 도래하더라도, 위 '폐업 전에 공급한' 경우에 해당한다.

▶ 해 설 ◀

1. 쟁점

부가가치세법(2010. 1. 1. 개정 법률 제9915호, 이하 '부가세법'이라 한다)은 사업자가 폐업하는 경우 잔존하는 재화, 즉 폐업시 재고재화는 폐업일에 자기에게 공급하는 것으로 간주하고(부가세법 6조 4항, 9조 4항, 부가세령 21조 1항 7호), 폐업 전에 공급한 재화의 공급시기는 폐업일 이후에 도래하는 경우에도 그 폐업일을 공급시기로 간주함으로써(부가세법 9조 4항, 부가세령 21조 1항 단서) 각각 사업자로서 부가가치세를 납부하여야 하는 것으로 규정하고 있다. 따라서 사업자가 폐업 당시 보유하는 재화가 재고재화인지, 폐업 전에 공급한 재화인지에 따라 근거를 달리할 뿐 사업자가 폐업일을 공급시기로 하여 부가가치세를 납부하여야 한다는 결론에 있어서는 동일하다. 다만 폐업시 재고재화의 경우에는 그 시가를 공급가액으로 하여(부가세법 13조 1항 4호) 자기에게 공급한 것으로 보는 반면, 폐업 전 공급재화의 경우에는 (그것이 동시에 재고재화가 된다고 볼 수 없는 이상) 원칙에 따라 그 대가를 공급가액으로 하여(부가세법 13조 1항 1호) 공급받기로 한 자에게 공급한 것으로 보게 된다.

그러므로 이 사건 시설물과 같이 사업자가 폐업 당시 '보유'하고 있는 즉, 아직 부가가치세를 납부하지 않은 재화가 폐업시 재고재화인지 폐업 전에 공급한 재화인지를 구별할 필요가 있다. 판례는 부가세령 제21조 제1항 단서규정의 입법취지와 문맥을 근거로 폐업 전에 공급한 재화의 범위를 설명한 후, 이 사건 시설물은 여기에 포함된다고 판시하면서, 이 사건 시설물이 '재고재화'에 해당할 수 있다는 상고이유의 주장을 배척하였다.

그런데 위 대법원 판결에는 "입법취지"와

"문맥"에 대한 설명이 없어 그 구체적인 근거를 알 수는 없으므로, 관련 규정의 문언 및 체계, 입법취지 등을 중심으로 위와 같은 판단의 당부와 그 의미를 살펴보고자 한다.

2. 문리적·체계적 해석 방법

(1) 폐업시 재고재화와 폐업 전 공급재화의 구분

폐업 전 공급재화와 폐업시 재고재화는 모두 최소한 폐업당시에 법률에 의한 공급시기가 도래하지 않았을 것을 전제로 하고,[1] '공급'과 '잔존'은 판단시점을 달리하므로, 양자의 개념 정의에 따라서는 폐업 전 공급재화는 항상 폐업시 재고재화가 되는 경우가 있을 수도 있다. 즉, 사업자가 폐업 전에 제3자에게 '공급'하였지만 폐업시에 아직 공급시기가 도래하지 않아 '잔존'하고 있다고 볼 수 있는 경우를 상정할 수도 있는 것이다. 그러나 이러한 결과는 부가세령 제21조의 규정체계와 맞지 않는다. 부가세령 제21조 제1항은 폐업시 재고재화는 제7호에서, 폐업 전에 공급한 재화는 단서에서 각각 폐업일을 공급시기로 보고 있는데, 후자가 전자에 포함된다면 동일한 공급시기를 규정하기 위하여 별도의 근거를 마련할 필요가 없기 때문이다. 결국 각 규정에서 '공급'과 '잔존'의 의미를 어떻게 해석하든, 적어도 폐업 전에 공급한 재화는 폐업시에 잔존하는 재화가 될 수 없어 부가세법 제6조 제4항은 적용되지 않는다고 해야 하므로, 항상 공급받기로 한 자에게 그 대가를 기준으로 부가가치세가 부과된다고 보아야 한다.

기존 판례에서 위 단서규정에 해당하는 경우에는 부가세법 제6조 제4항이 적용될 여지가 없다고 판시한 것이나,[2] 대상판결에서 원고들의 상고이유를 배척함에 있어서 이러한 법리를 전제로 한 것은[3] 위와 같은 규정체계, 즉 부가세령 제21조 제1항 제7호와 같은 항 단서를 별도로 구분하여 규정한 취지에 비추어 타당하다.

---

1) 만일 폐업 이전에 법률상 공급시기가 도래하였다면, 그 부분에 대하여 다시 부가세령 제21조에 의하여 폐업일을 공급시기로 보는 것은 논리적으로 불가능할 것이다.
2) 부가가치세법상 재화의 이동이 필요하지 아니하는 경우에는 원칙적으로 재화가 이용가능하게 되는 때를 재화의 공급시기로 보는데(부가세법 제9조 제1항 제2호), 중간지급조건부로 재화를 공급하는 경우에는 대가의 각 부분을 받기로 한 때를 공급시기로 보고, 다만 폐업 전에 공급한 재화의 공급시기가 폐업일 이후에 도래하는 경우에는 그 폐업일을 공급시기로 보므로(부가세법 제9조 제4항, 동법시행령 제21조 제1항 제4호, 제1항 단서), 폐업을 전후하여 중간지급조건부로 재화가 공급되는 경우에는 그 공급시기에 따라 '사업자가 사업을 폐지하는 때에 잔존하는 재화'로 취급되어 부가세법 제6조 제4항이 적용될 여지는 없다 할 것이다(대법원 1996. 1. 23. 선고 95누12132 판결; 대법원 1995. 10. 13. 선고 95누8225 판결 등 다수).
3) 재화의 인도 또는 양도의 전부 또는 일부가 폐업 전에 이루어진 경우라야 폐업 전 공급에 해당함을 전제로 이 사건 시설 양도는 폐업 후 비사업자 지위에서의 양도이므로 폐업시 잔존재화의 자기공급 의제에 따라 부가가치세 부과대상이 될 수 있을 뿐 재화의 양도로서 부가가치세 부과대상이 되지는 아니한다는 상고이유의 주장은 독자적 견해로서 받아들일 수 없다.

(2) 문리적 해석의 범위

위와 같이 폐업 전 공급재화는 폐업시 재고재화가 될 수 없다는 '결론'이, 그 적용범위를 바로 도출시켜주는 것은 아니다. 따라서 폐업 전 공급재화의 범위는 '공급한'의 문언적 의미나 그것이 폐업시 재고재화가 될 수 없는 '실질적 근거'에서 찾아야 하는데, 여기서의 문언적 의미는 아래와 같이 명확하지 않다.

먼저 부가세법 제6조 제1항은 재화의 공급을 '계약상 또는 법률상 모든 원인에 의하여 재화를 인도 또는 양도하는 것'이라고 규정하고 있고, 일반적으로 계약에 근거하여 물건을 인도할 경우에 계약을 체결하는 때보다는 물건을 인도하는 때에 '공급하였다'고 인식된다고 할 수 있다는 점에서 보면, 폐업 전에 "공급한" 재화는 그 공급의 원인뿐 아니라 결과까지 발생하여야 하는 것으로 볼 여지가 있다(원고들의 상고이유).[4] 반면, 재화의 인도 또는 양도는 없더라도 그 원인이 되는 계약 또는 법률상 원인이 있었다면, '공급행위'가 있었다고 볼 수 있으므로 '공급한' 것이라고 할 수도 있다(대상판결의 입장). 또한 거래징수에 관한 부가세법 제15조에서 "공급하는 때"가 부가세법 제9조의 공급시기 도래시를 의미한다는 점에서, 폐업 전에 "공급한" 재화는 재화의 일부라도 공급시기가 도래한 경우를 의미한다고 해석될 여지도 있다(원심에서 원고들 주장).[5][6]

이와 같이 '공급한'이라는 문언에 관하여는 여러 가지 해석이 가능하므로, 결국 폐업 전에 공급한 재화의 범위는 그것이 폐업시 재고재화를 달리 취급하는 실질적인 근거, 즉 폐업시 재고재화의 범위를 넓게 보아 폐업 전에 공급한 재화도 여기에 포함되는 것으로 할 수 없는 이유로부터 도출해 낼 수밖에 없다. 여기서 부가세법 제6조의 입법취지와 적용범위를 살펴볼 필요가 있다.

---

4) 이렇게 해석한다면, "폐업 전에 공급한 재화"는 인도 또는 양도 이후에 법률상 공급시기가 도래하는 장기할부판매(부가세령 제21조 1항 2호) 또는 반환조건부판매(같은 항 3호)와 같은 경우에만 존재하게 된다.

5) 이렇게 본다면, 위 조항은 하나의 재화에 관한 공급시기가 수개로 나뉘어지는 장기할부판매(부가세령 21조 1항 2호) 또는 중간지급 조건부 매매(부가세령 21조 1항 4호)와 같은 경우에만 존재하게 될 것이다.

6) 원심(서울고등법원 2005. 7. 22. 선고 2004누18674 판결)에서는 "원고들은, 부가세령 제21조 제1항 단서는 거래형태별로 재화의 공급시기를 정하여 두고 있는 부가세령 제21조 제1항 각호의 규정에 따라 재화의 '공급시기'를 결정한 결과 '공급시기가 수개에 해당되는 경우로서 그 시기가 폐업일을 전후하여 걸쳐 있는 경우'에 한하여 적용되고, 이와 달리 공급시기가 단일한 경우에는 폐업전에 재화를 공급하였으나 재화의 공급시기가 폐업일 이후에 도래하는 경우가 존재할 수 없으므로 부가세령 제21조 제1항 단서는 적용될 여지가 없다고 주장하나, 예컨대 부가세령 제21조 제1항 제3호의 조건부 및 기한부판매의 경우에도 공급시기는 단일하지만 폐업전에 재화를 공급하였으나 재화의 공급시기가 폐업일 이후에 도래하는 경우가 존재할 수 있으므로 부가세령 제21조 제1항 단서가 '공급시기가 수개에 해당되는 경우로서 그 시기가 폐업일을 전후하여 걸쳐 있는 경우'에 한하여 적용되는 것이라고 보기는 어렵다."고 판단하였다.

3. 부가세법 제6조 제4항의 입법취지 및 적용범위

(1) 부가세법 제6조 제4항의 입법취지

부가세법 제6조 제2항 및 제3항, 부가세령 제15조 및 제16조는 사업자가 그 취득에 관하여 매입세액을 공제받은 재화가 더 이상 과세사업에 제공되지 않고 면세사업 또는 개인적 소비에 이용되는 경우(소위 '자가 공급' 또는 '개인적 공급')에 자기에게 공급한 것으로 간주하여 과세하도록 규정하고 있다.

그런데 사업자가 사업을 폐지하는 경우, 즉 사업자가 과세사업이든 면세사업이든[7] 더 이상의 사업을 영위하지 않고 사업을 실질적으로 종료하게 된 경우[8]에 보유하고 있는 재화는 더 이상 과세사업에 제공되지 않고 개인적 소비 등에 사용될 수 있다는 점[9]에서 부가세법 제6조 제2항 내지 제3항과 마찬가지로 간주공급에 의하여 과세할 필요성이 있다. 만일 이를 공급으로 간주하지 않을 경우 사업자가 폐업 후에 보유하고 있는 재화를 면세사업이나 개인적 소비에 사용하는 경우에는 과세를 할 수 없게 되는 문제점이 발생하게 된다. 이에 법 제6조 제4항에서 사업 폐지시 잔존하는 재화는 자기에게 공급한 것으로 본다고 규정한 것이다.

(2) 부가세법 제6조 제4항의 적용범위

1) 재고재화 가운데 매입세액이 공제되지 아니한 재화는 이미 과세사업에 제공되지 않을 것을 전제로 한 것이므로, 이와 같은 입법취지에 따르면 위 조항의 적용대상에서 제외되어야 한다(부가세법 6조 4항 괄호 부분). 이점은 자가 공급(부가세령 15조 1항 1호 괄호부분)이나 개인적 공급(부가세령 16조 1항 단서)에서도 마찬가지이다.

2) 나아가 재고재화가 과세사업에 계속 제공되거나 사업자의 면세사업 또는 개인적 소비에 제공될 가능성이 없는 경우에도 간주공급으로 보아 부가가치세를 부과할 이유가 없다. 전자에 속하는 것(과세사업에 계속 제공되는 것)으로 사업자가 재고재화를 다른 사업장 또는 사업에 제공하는 경우를 든다면,[10] 후자에 속하는 것으로 '폐업 전에 공급한 재화'를

---

7) 만일 과세사업자가 면세사업자로 전환하는 경우라면 자가공급(부가세법 6조 2항)에 해당한다. 부가가치세가 과세되는 주택을 분양목적으로 신축하고 일부를 면세사업(임대업)으로 전환함은 재화의 자가공급에 해당하는 것임(서면3팀 – 2072, 2006. 09. 08).

8) 판례는 "부가가치세법상 사업자란 부가가치를 창출해 낼 수 있는 사업형태를 갖추고 계속, 반복적인 의사로 재화 또는 용역을 공급하는 자를 뜻하는 것으로서 이러한 사업의 개시, 폐지 등은 법상의 등록, 신고 여부와는 관계없이 그 해당 사실의 실질에 의하여 결정되나, 사업자가 관할 세무서장에게 폐업신고서를 제출하고서도 그 폐업신고가 착오에 의한 것이고 실제로는 폐업하지 아니하였다고 주장하는 경우에는 이를 주장하는 사업자에게 그 입증의 필요가 돌아간다"고 본다(대법원 1996. 5. 28. 선고 95누14480 판결).

9) 이창희, 『세법강의』(박영사), 2005, 993면.

들 수 있다. 폐업하는 사업자가 폐업 전에 제3자에게 양도한 경우는 물론 양도하기로 한 경우에는 사업자의 면세사업 또는 개인적 소비에 제공될 가능성이 없고, 그 계약 등의 법률상의 원인에 의하여 공급의 상대방, 시기, 가액을 확정할 수 있다면 그 공급받는 자, 공급가액은[11] 이미 정하여진 대로 하면 되지 간주공급으로 보아 시가를 공급가액으로 할 필요도 없으며, 그 이전에 당사자들은 부가가치세가 거래징수 됨을 전제로 대가 내지 거래 여부를 결정하였을 것이라는 점에서 이러한 경우 간주공급에 의하여 과세하는 것은 오히려 불합리하기 때문이다.

요컨대 제3자와의 계약 등 법률상의 원인이 발생하여 공급의 상대방, 시기, 가액을 확정할 수 있는 재화, 즉 '폐업 전에 공급한 재화'는 그것이 폐업하는 사업자의 면세사업 또는 개인적 소비에 제공될 가능성이 없고, 위 조항을 적용할 실익도 없거나 적용하는 경우 불합리한 결과가 발생한다는 점에서 부가세법

제6조 제4항의 적용이 배제되는 것이다.

4. 부가세령 제21조 제1항 단서의 입법 취지와 적용범위

'폐업 전에 공급한 재화'의 경우에는 위에서 본 바와 같이 폐업시 재고재화로 보아 부가세법 제6조 제4항을 적용할 수 없다. 그런데 이러한 경우에 만일 당초 계약 등에 따른 공급시기가 폐업 후에 도래하게 된다면, 그 공급시기에는 공급하는 자가 이미 사업자의 지위에 없어 부가가치세를 부과할 수 없게 된다.

그러나 이러한 결과는 위 계약 등 법률상의 원인이 발생하기 전에 폐업한 경우 또는 당초 계약 등에 따른 공급시기가 모두 도래한 후에 폐업한 경우와 비교하여 볼 때 불합리하다. 전자의 경우는 폐업시 재고재화로서, 후자의 경우는 사업자의 재화 공급으로서 모두 전액 부가가치세를 부담하게 되는데, 그 사이(계약 등 법률상의 원인이 발생 후 계약 등에 따른 공

---

10) 부가가치세법 기본통칙 6-0-1 【폐업시 재고재화로서 과세하지 아니하는 경우】
다음 예시의 경우에는 법 제6조 제4항의 규정에 의한 폐업시 재고재화로서 과세하지 아니한다(98. 8. 1. 개정).
1. 사업자가 사업의 종류를 변경한 경우 변경전 사업에 대한 잔존재화
2. 동일사업장내에서 2 이상의 사업을 겸영하는 사업자가 그 중 일부 사업을 폐지하는 경우 당해 폐지한 사업과 관련된 재고재화
3. 개인사업자 2인이 공동사업을 영위할 목적으로 한 사업자의 사업장을 다른 사업자의 사업장에 통합하여 공동명의로 사업을 영위하는 경우에 통합으로 인하여 폐지된 사업장의 재고재화
4. 폐업일 현재 수입신고(통관)되지 아니한 미착재화
5. 사업자가 직매장을 폐지하고 자기의 다른 사업장으로 이전하는 경우 당해 직매장의 재고재화
11) 다만 법률상 "공급시기"는 그것이 폐업시 이후에 도래하는 경우에 원래 정하여진 대로 할 수가 없다(본문 3.항 참조).

급시기가 모두 도래 전)에 폐업하였다는 이유만으로 그러한 부담을 피할 수 있게 되기 때문이다. 따라서 부가세령 제21조 제1항 단서는 '폐업 전에 공급한 재화'에 대하여 그 공급시기가 폐업일 이후에 도래하는 경우 공급시기를 폐업시로 간주함으로써 사업자가 폐업하기 위하여 자산을 양도한 경우에는 폐업시기와 관계없이 부가가치세가 부과되도록 한 규정이라고 할 수 있다.

그러므로 여기서 '폐업 전에 공급한 재화'라 함은 부가세법 제6조 제4항의 적용이 배제되어야 하는 '제3자와의 계약 등 법률상의 원인이 발생하여 공급의 상대방, 시기, 가액을 확정할 수 있는 재화'를 가리킨다고 보아야 할 것이다. 부가세령 제21조 제1항 단서 자체의 문리해석상으로도 "공급"의 의미를 "공급을 위한 원인이 있었던"의 의미로 볼 수 있을 것이다. 왜냐하면 동 단서에서는 "공급"과 "공급시기"를 구분하고 있기 때문이다. 즉 "폐업 전에 공급한 재화의 공급시기가 폐업일 이후에 도래하는 경우"라 함은 공급행위는 폐업 전에 이루어졌지만 부가가치세법에 의하여 공급시기로 보는 시기는 폐업일 이후에 도래하는 경우를 지칭하는 것이므로, 공급행위 즉 부가가치세법상 공급시기가 아직 도래하지 아니하였지만 부가가치세법상 과세대상이 되는 재화 또는 용역의 공급의 원인이 되는 행위는 폐업 전에 이루어지면 위 단서 규정이 적용되는 것으로 해석할 수 있는 것이다.

기존 대법원 판례에서는 부가세령 제21조 제1항 단서의 "폐업 전에 공급한 재화"의 의미에 대하여 명시적으로 판단한 바 없었던 것으로 보이며, 단지 중간지급조건부 매매에 따라 그 일부의 공급시기가 도래한 경우를 여기에 포함시킨 판례들이 다수 있었을 뿐이다.[12] 그러나 대상판결은 위 시행령의 적용범위를 적극적으로 판시하여 중간지급조건부 매매에 해당하지 않는 거래에 대하여도 위 시행령 규정이 적용된다고 판시하였다.

5. 이 판결의 의의

대상판결은 부가세령 제21조 제1항 단서의 "폐업 전에 공급한 재화"의 의미에 관하여, 부가세법 제6조 제1항을 기초로 하는 문리해석(즉, 재화의 인도 또는 양도의 전부 또는 일부가 폐업 전에 이루어진 경우로 한정해야 한다는 해석)에 의하지 않고, 그 재화의 인도 또는 양도의 원인이 되는 행위, 즉 그 공급의 상대방, 시기, 가액을 확정할 수 있는 계약 등 법률상의 원인이 폐업 전에 발생한 경우까지 포함하는 것으로 해석하였는바, 이러한 해석은 부가세법 제6조 제4항 및 부가세령 제21조 단서 등과의 관계에 비추어 타당하다고 판단된다.

---

12) 각주 2)와 같은 판례(대법원 1996. 1. 23. 선고 95누12132 판결; 대법원 1995. 10. 13. 선고 95누8225 판결 등 다수).

참고문헌

이창희, 『세법강의』, 박영사, 2005.

면세거래의 부수재화 또는 용역의 범위

사건의 표시 : 대법원 1985. 10. 22. 선고 83누616 판결

▪ 사실개요 ▪

서울 체신청장은 1979. 12. 10. 원고(재단법인 체신공제조합)와 사이에 무인공중전화 관리업무위탁계약을 체결하여 원고로 하여금 무인공중전화를 관리케 하였고, 원고는 이에 따른 무인공중전화 관리용역업무를 수행하였으며, 이러한 관리용역업무에 대한 대가로 체신부장관으로부터 집금된 통화요금의 20 내지 30퍼센트에 해당하는 수수료를 수령하였다. 그러자 피고(서대문세무서장)는 원고의 위 관리용역의 공급이 부가가치세의 과세대상이 되는 용역의 공급에 해당한다 하여 1982. 9. 7. 원고에 대하여 본건 부가가치세를 부과처분하였다.

이에 원고는 본건 부가가치세 부과처분

취소소송을 제기하였고, 원심은 면세되는 공중전화용역의 공급에는 공중전화의 사용용역(통화용역)의 공급은 물론이고 공중전화의 관리용역의 공급도 포함되고, 그렇지 않더라도 관리용역은 사용용역에 포함되어 부가가치세법(1980. 12. 13. 개정 법률 제3273호, 이하 '부가세법'이라 한다) 제12조 제3항에 따라 면세대상이라고 하여 원고의 청구를 인용하자, 피고가 상고하였다.

▪ 판결요지 ▪

부가세법 제12조 제1항 제8호에서 부가

---

* 이상기(법무법인 광장 변호사).

가치세의 면제대상으로 규정하고 있는 공중전화용역은 체신부가 공중전화의 이용자에게 직접 공급하는 사용용역만을 뜻하는 것이고, 공중전화용역의 공급자인 체신부가 그 공급을 위한 전 단계에서 제3자로부터 공급받는 공중전화의 관리용역은 이에 포함되지 아니한다고 봄이 상당하다.

또 부가세법 제12조 제3항은 제1항의 규정에 의하여 면세되는 재화 또는 용역의 공급에 필수적으로 부수되는 재화 또는 용역의 공급은 면세되는 재화 또는 용역에 포함되는 것으로 본다고 규정하고 있으나, 이 규정은 「주된 거래인 재화 또는 용역의 공급에 필수적으로 부수되는 재화 또는 용역의 공급은 주된 거래인 재화 또는 용역에 포함된다」는 같은 법 제1조 제4항의 규정과 같은 내용의 것을, 면세되는 재화 또는 용역의 공급 측면에서 주의적으로 규정한 것이어서 위 제12조 제3항 소정의 「필수적 부수성」 즉 「부수재화, 용역의 범위」는 위 제1조 제4항 소정의 그것과 같다 할 것이고, 위 부수재화, 용역의 범위에 관하여 같은 법 시행령(1981. 12. 31. 개정 대통령령 제10699호, 이하 같음) 제3조는 같은 법 제1조 제4항의 규정에 의하여 주된 거래인 재화 또는 용역의 공급에 포함되는 것으로 보는 재화 또는 용역은 다음 각 호에 게기하는 것으로 한다고 규정하면서 …를 각 적시하고 있으나, 이 사건에 있어서 원고가 공급한 공중전화의 관리용역은 주된 거래인 공중전화의 사용

(통화)용역의 공급과의 관계에 있어 그 각 용역의 내용 및 공급주체가 상이하므로 부가세법 제12조 제3항 소정의 부수용역의 내용을 구체화하였다고 할 수 있는 같은 법 시행령 제3조가 거시하고 있는 위 각 부수용역의 어디에도 해당한다고 할 수 없다.

▶ 해 설 ◀

1. 서언

대상판결의 내용은, 공중전화 사용용역은 부가가치세 면제대상이지만, 공중전화 관리용역은 사용용역에 포함되지 않고, 나아가 용역내용과 공급주체가 상이하여 사용용역에 부수하여 공급되는 것으로 볼 수도 없어 결국 면세대상이 아니라는 것으로 요약할 수 있다.

그런데 그 근거규정인 부가세법 제12조 제1항 제8호는 부가가치세가 면제되는 재화 또는 용역의 공급 대상의 하나로서 '공중전화'를 규정하고 있고, 같은 조 제3항은 '면세되는 재화 또는 용역의 공급에 필수적으로 부수되는 용역의 공급'이 면세되는 것으로 규정하고 있을 뿐이어서, 그 문언 자체만으로는 위와 같은 대상판결 내용의 당부를 판단하기 어렵다. 따라서 조세법률주의에 근거한 엄격해석의 원칙에 따르되 면세의 실질적 근거 내지 입법취지를 고려하여 공중전화 관리용역이 면세대상

인지 여부를 판단하여야 할 것이다.

2. 면세의 의의와 엄격해석의 원칙

(1) 면세제도의 의의

면세란 원칙적인 과세요건을 충족하는 과세대상에 관하여 부가가치세 납부의무를 발생시키지 아니하는 것을 말한다. 즉, 면세요건사실은 과세요건사실의 충족을 전제로 하는 비과세요건사실이라고 할 수 있다. 면세거래는 부가세법 제1조 또는 제6조 내지 제7조 등의 과세요건을 일단 만족한다는 것을 전제로 하므로 "과세대상이 아닌 거래", 즉 담보제공, 사업양도, 용역의 무상공급 등과 구분되며,[1] 면세대상 재화나 용역을 공급하는 사업자, 즉 면세사업자는 법 제2조의 사업자에 해당하지 않고 매입세액 공제도 받지 못한다는 점(부가세법 제17조 제2항 제4호)에서 부가세법 제11조 영세율 거래와도 구별된다.

과세거래와 "과세대상이 아닌 거래"의 구분이 비교적 논리적 성격이 강한 반면에, 면세거래는 조세중립성에도 불구하고 과세권자가 일정한 정책적 목적 내지 과세기술상의 문제

등을 이유로 과세하지 않는 것으로 볼 수 있다[2]. 이는 면세사업자의 경우 일정한 경우 면세를 포기할 수 있다는 점(부가세법 제12조 제4항)을 통해서도 확인할 수 있다.

(2) 엄격해석의 원칙

조세법률주의의 원칙상 과세요건 사실이거나 비과세요건 사실이거나를 막론하고 조세법규의 해석은 엄격하게 하여야 하고 확장해석이나 유추해석은 허용되지 아니한다고 할 것이다[3]. 따라서 면세의 요건에 관한 규정도 비과세요건으로서 엄격하게 해석해야 하고 확장해석이나 유추해석은 허용되지 않는다고 해야 한다. 또한 이와 같이 엄격하게 해석해야 하는 실제적인 이유는 조세중립성 원칙의 예외와 면세가 갖는 환수효과와 누적효과를 최소화해야 한다는 면에서 찾을 수 있다. 판례도 면세 대상인 '보험업'의 관련 업무에 불과한 조사업무가 면세대상이 아니라고 판시함에 있어 엄격해석의 원칙을 근거로 든 바 있다[4]

---

1) 이창희, 『세법강의』(박영사), 2008, 1032면 참조. 예컨대 판례는 한국방송공사의 방송용역은 무상 용역공급이라고 판단하여, 위 법인의 방송업은 부가가치세 과세사업은 물론 면세사업에도 해당하지 않아 매입세액의 안분계산에 관한 부가세령 제61조 제1항 본문은 적용될 수 없다고 판시한 바 있다(대법원 2000. 2. 25. 선고 98다47184 판결).
2) 예컨대 토지, 금융·보험용역, 인적 용역 등이 생산요소(토지, 자본, 노동)의 투입이기 때문에 논리필연적으로 면세된다고 보기도 하나, 이는 과세기술상의 문제에 기인한다고 보는 것이 좀 더 타당하다고 본다(이창희, 상게서, 1036-1039면 참조).
3) 대법원 1995. 2. 14. 선고 94누13381 판결; 2000. 3. 24. 선고 2000두628 판결 등.
4) 대법원 2000. 12. 26. 선고 98두1192 판결.

3. 부가세법 제12조 제1항에 의한 면세대상

(1) 부가세법 제12조 제1항의 입법취지

현행법상 부가가치세 면세대상을 열거하고 있는 근거규정으로는 재화 또는 용역의 공급에 관한 부가세법 제12조 제1항 및 조세특례제한법(이하 '조특법'이라 한다) 제106조 제1항, 재화의 수입에 관한 부가세법 제12조 제2항 및 조특법 제106조 제2항이 있다.

위에서 본 바와 같이 면세는 논리필연적이라기보다는 일정한 정책적 이유에 근거한 것인바, 부가세법 제12조 제1항의 경우에도 대체로 ⅰ) 최종소비재로서 생활필수품이거나 장려할 만한 소비에 관한 세부담 경감, ⅱ) 과세비용, 과세표준의 산정 등의 면에서 과세가 기술적으로 곤란한 거래, ⅲ) 공공재 등으로 나눌 수 있을 것이다.

특히 최종소비재인 생활필수품에 대한 면세는 이를 공급받는 최종소비자의 세부담을 낮추어 "부가가치세의 역진성"을 완화하는데 그 입법취지가 있다고 할 수 있다.[5] 즉 면세되는 재화 또는 용역을 공급하는 사업자는 납세의무(부가세법 2조)와 거래상대방으로부터 부가가치세를 거래징수할 의무(부가세법 15조)가 없으므로 이를 공급받는 소비자의 세부담이 경감된다. 반면 면세사업자가 전 단계 사업자로부터 재화 또는 용역을 공급받음에 있어

서는 그 자체가 면세가 되지 않는 이상 그 사업자에 의해 부가가치세가 거래징수되고 이를 매입세액으로서 매출세액에서 공제하거나 환급도 받지 못하여(부가세법 17조 2항 4호) 당해 거래의 원가에 가산된다. 이처럼 최종소비재에 관한 면세제도의 취지는 당해 사업자에게 부가가치세 부담을 경감시켜 주는 것이 아니라 그러한 재화나 용역을 사용 또는 소비하게 되는 최종 소비자의 부가가치세 부담을 경감시켜 주는 데에 있다. 어떤 거래가 최종소비재로서 면세 대상인지 여부를 판단함에 있어서는 이러한 면세제도의 취지가 당연히 고려되어야 할 것이다.

판례도 특히 주택과 그 부수토지의 임대용역을 부가가치세의 면제대상으로 규정한 취지를, "보통의 경우에 그 임차인은 가난한 서민이고 그것이 임차인의 기초생활용역임에도 불구하고, 그러한 용역에 대하여서까지 부가가치세를 부과하게 되면 부가가치세는 최종소비자에게 그 부담의 전가가 예정되는 간접소비세인데다 세율이 일정하여 소득에 대한 세부담의 역진성이 심화되고 임차인의 경제생활을 압박하게 된다는 점을 고려하여, 후생복지 내지 사회정책적인 차원에서 소비자인 임차인의 부가가치세의 부담을 경감시켜 주려는 데에 있다고 하겠고, 사업자인 임대인의 부가가치세 부담을 경감시켜 주려는 것은 아니다"라고 밝힌 바 있다.[6] 이와 같이 본다면 부가세

---

5) 이창희, 전게서, 1034면.

법 제12조 제1항 제8호의 '공중전화'의 경우는 최종소비재[7]로서 생활필수품이기 때문에 면세되는 것이라고 할 수 있다.

(2) '공중전화'의 범위

부가세법 제12조 제1항 제8호가 '공중전화'에 관한 용역의 공급에 대하여 면세하는 입법취지에 비추어 본다면, 여기서의 '공중전화'는 공중전화를 통하여 최종적인 소비자에게 제공되는 용역, 즉 '공중전화의 사용용역'을 가리킨다고 보아야 할 것이다. 만일 원고의 주장과 같이 '공중전화 관리용역'을 면세대상이라고 본다면 최종소비자가 아닌 면세사업자의 세부담을 경감시키게 되어 면세취지에 부합되지 아니하는 결과를 초래할 것이다.

대상판결과 그 이후의 판례들(이하 '대상판결 등'이라 한다)[8]도 모두 "부가세법 제12조 제1항 제8호에서 부가가치세의 면제대상으로 규정하고 있는 공중전화용역은 체신부가 공중전화의 이용자에게 직접 공급하는 사용용역만을 뜻하는 것"이라고 하여 같은 취지로 판시

한 바 있다.

4. 부수적 공급인 면세대상

(1) 부가세법 제12조 제3항의 취지

하나의 거래에 따른 재화 또는 용역의 공급에 과세거래에 해당하는 부분과 면세거래에 해당하는 부분이 모두 존재하고 양자를 분리하여 과세표준을 산정하는 것이 곤란한 경우에는 '주된 거래'[9]를 기준으로 과세하는 것이 과세행정상 합리적일 것이다.[10] 따라서 부가세법 제1조 4항은 주된 거래인 재화 또는 용역의 공급에 필수적으로 부수되는 재화 또는 용역의 공급은 주된 거래인 재화 또는 용역의 공급에 포함된 것으로 본다고 규정하여 주된 거래가 과세대상인 경우 부수적인 거래는 이에 포함되는 것으로 보아 함께 과세하도록 하는 한편,[11] 부가세법 제12조 제3항은 주된 거래가 면세거래인 경우 부수적 거래인 재화 또는 용역의 공급도 여기에 포함되는 것으로 보아 함께 면세하도록 규정하고 있다.

---

6) 대법원 1992. 7. 24. 선고 91누12707 판결.
7) 부가세법 제12조 제1항에서 '공중전화'와 같이 최종소비재로서 일정한 이유에서 면세대상으로 열거하고 있는 것으로는 수돗물(제2호), 연탄과 무연탄(제3호), 여성용 생리처리 위생용품(제3호의2), 보건의료용역(제4호), 교육용역(제5호), 여객운송용역(제6호), 도서 등(제7호), 우표·인지 등(제8호), 담배(제9호), 소형주택 임대(제11호), 예술창작품 등(제14호), 도서관 등(제15호)이 있다.
8) 대법원 1986. 9. 23. 선고 85누757 판결; 대법원 1985. 11. 12. 선고 84누614 판결.
9) 수개의 재화를 하나의 공급단위로 하는 거래에 있어, 그중 어느 재화가 주된 재화이고 어느 재화가 부수된 것인지는, 당해 구체적 거래의 태양에 비추어 거래당사자 사이의 공급의 목적과 의도가 어디에 있는지를 보아서 판단하여야 한다(대법원 1994. 10. 25. 선고 93누22258 판결; 대법원 1993. 12. 24. 선고 93누17744 판결).
10) 임승순, 『조세법』(박영사), 2008, 868면 참조.
11) 예컨대, 학습참고서 등의 출판업의 사업자등록을 한 사업자가 컴퓨터 통신망을 통하여 문제풀이, 질의응

부가세법 제12조 제3항은 부가세법 제1조 제4항을 면세거래에 국한하여 주의적으로 규정한 것이라고 볼 수 있는바, 대상판결 역시 부가세법 제12조 제3항에 대하여 "이 규정은 「주된 거래인 재화 또는 용역의 공급에 필수적으로 부수되는 재화 또는 용역의 공급은 주된 거래인 재화 또는 용역에 포함된다」는 같은 법 제1조 제4항의 규정과 같은 내용의 것을, 면세되는 재화 또는 용역의 공급 측면에서 주의적으로 규정한 것"이라고 판시하고 있다.

(2) 부수적 공급의 범위

위와 같은 입법취지에 비추어 볼 때, 부가세법 제12조 제3항에서 말하는 '필수적으로 부수되는 재화 또는 용역의 공급'이란 부가세법 제1조 제4항 및 시행령 제3조에서와 마찬가지로, 면세가 되는 주된 거래의 존재를 전제로 그 주된 거래의 공급자와 공급받는 자가 주된 거래와 함께 하나의 공급단위로 취급하는 것으로 볼 수 있는 경우를 말한다고 하여야 할 것이다. 그러므로 주된 거래의 일방 당사자와 제3자 사이의 거래, 즉 i) 면세대상을 공급받은 자가 이를 다시 제3자에게 공급한 경우와 ii) 제3자가 면세대상을 공급하는 자를 위하여 재화 또는 용역을 공급하는 경우는 물론, iii) 면세되는 재화가 아니라 이를 가공하는 용역만을 제공하는 경우에는 그 자체가 면세대상이 아닌 이상 필수적으로 부수되는 공급이라는 이유로 면세된다고 할 수 없을 것이다.

이와 관련된 판례는 한 때 일관되어 있지 않았다. 먼저 대상판결 등은 원고가 공급한 공중전화의 관리용역은 주된 거래인 공중전화의 사용(통화)용역의 공급과의 관계에 있어 그 각 용역의 내용 및 공급주체가 상이하다는 점을 들어 부수적 공급이 아니라고 판시하였고, 식품회사가 국방부로부터 공급받은 배추, 무우 등에 자체 조달한 조미료 등을 첨가하여 만든 김치를 국방부에 납품하는 경우에 면세재화인 김치에 김치가공용역이 부수하여 공급되는 것이 아니라 김치가공용역이 별도로 공급되는 것이라고 보고 면세재화인 김치를 제조하는 중간과정에서 발생한 거래라는 점만으로 이를 면세대상으로 해석할 수 없다고 하여 위와 같은 입장을 취하였다.[12] 반면, 원고가 도정업자로부터 쌀과 함께 공급받은 것이 아니라 중간 수집상으로부터 별도로 매입한 미강(쌀겨)을

답의 방식으로 회원인 학생들에게 학습지도를 하는 회원제 과외교육사업을 운영하면서 회원들로부터 교재대 명목으로 월회비를 받은 경우, 그 월회비는 주로 컴퓨터 통신을 이용한 교육에 대한 대가로서 그 사업자의 주된 거래는 컴퓨터 통신을 이용한 교육용역이고 문제지의 제공은 이에 부수하여 제공되는 재화의 공급이므로, 전체적으로 부가가치세법시행령(이하 '부가세령'이라 한다) 제2조 제1항 제7호 소정의 교육서비스업 용역의 공급에 해당한다는 이유로 부가가치세 과세대상이 된다(대법원 2000. 11. 28. 선고 99두6460 판결).
12) 대법원 1995. 2. 14. 선고 94누13381 판결.

가공하여 미강유를 제조 판매한 경우에 미강이 면세됨을 전제로, 이에 관한 의제매입세액 공제가 가능하다고 판시하여 다른 입장을 취하였다.[13]

그리하여 전원합의체 판결[14]에서 엄격해석의 원칙을 근거로 "부가세법 제12조 제3항의 규정에 따라, 부가가치세가 면세되는 재화 또는 용역의 공급에 필수적으로 부수되는 재화 또는 용역의 공급으로서 면세되는 재화 또는 용역의 공급에 포함되는 것으로 보는 것의 범위는 부가가치세가 면세되는 주된 재화 또는 용역을 공급하면서 그에 필수적으로 부수되는 어느 재화 또는 용역을 공급하는 사업자 자신의 거래로만 국한하여야 한다"고 판시하고, 곡물가공업체로부터 밀기울을 면세로 공급받아 이를 다시 제3자에게 전매하는 중간수집판매상의 공급 단계에서까지 그 밀기울의 공급에 관한 부가가치세가 면세된다고 볼 수는 없다고 하여, 미강(쌀겨)에 관한 위 판례 입장을 변경하기에 이르렀다.

5. 이 판결의 의의

대상판결은 부가세법 제12조 제1항 및 제3항에 의하여 면세되는 범위에 관한 중요한 선례로서, 부가세법상 면세되는 부수 재화 등의 공급범위는 면세되는 당해 사업자 자신이 면세대상을 공급하는 경우로 제한된다고 판시한 최초의 판결이며, 그 후의 전원합의체 판결에 의해서도 확인되었듯이 조세법률주의에 근거한 엄격해석의 원칙이나 면세제도의 입법취지 등에 비추어 볼 때 타당하다.

<h1 style="text-align:center">참고문헌</h1>

이창희, 『세법강의』, 박영사, 2008.
임승순, 『조세법』, 박영사, 2008.

---

13) 대법원 1986. 10. 28. 선고 85누954 판결.
14) 대법원 2001. 3. 15. 선고 2000두7131 전원합의체 판결.

생명보험조사업무용역이 부가가치세법 시행령 제33조 소정의 면세대상에 해당하는지 여부

사건의 표시 : 대법원 2000. 12. 26. 선고 98두1192 판결

▪ 사실개요 ▪

1. 원고 회사가 1990년 말경부터 소외 X 생명보험 주식회사에게 보험에 관한 업무 중 피보험자 선택을 위한 보험계약 조사 및 보험금 지급을 위한 보험사고 조사 용역(이하 '이 사건 보험조사용역'이라 한다)을 제공함.

2. 피고는 이 사건 보험조사용역이 부가가치세의 부과대상이 된다고 보고 원고에게 1991년 제1기분부터 1994년 제2기분까지 보험조사용역 매출액에 대한 부가가치세를 부과하고, 1991 사업연도 귀속분부터 1993 사업연도 귀속분까지의 법인세를 산정함에 있어 손금으로 산입되었던 보험조사용역 관련 부가가치세의 매입세액을 익금으로 산입함에 따라

늘어난 법인세를 추가로 부과함.

▪ 판결요지 ▪

1. 조세법률주의의 원칙상 과세요건 사실이거나 비과세요건 사실이거나를 막론하고 조세법규의 해석은 엄격하게 하여야 하고 확장해석이나 유추해석은 허용되지 아니한다.

2. 구 부가가치세법(이하 '부가세법'이라 한다) 제12조[현행 제26조, 제27조]는 특정재화 또는 용역의 공급과 특정재화의 수입에 대하여만 제한적으로 면세하도록 열거하고 있으므로 그 면세대상 사업의 범위를 정한 같은 법

---

* 신동승(헌법재판소 수석부장연구관).

시행령 제33조 제1항 제10호[현행 제40조 제1항 제8호]의 보험업을 명문의 근거도 없이 부가가치세의 과세대상이 되는 보험용역의 범위를 정한 같은 법 시행령 제2조 제1항 제4호[현행 제3조 제1항 제5호], 제2항[현행 제4조] 소정의 보험업과 같이 넓게 해석할 수는 없고, 보험의 본질적 요소가 포함된 본래의 의미의 보험업(한국표준산업 분류표상의 중분류 항목)만을 지칭하는 것으로 해석하여야 할 것이다.

3. '보험업'의 관련 업무에 불과한 조사업무를 주된 사업으로 하는 자를 같은 법 시행령 제33조 제1항 제10호[현행 제40조 제1항 제8호]에 규정한 '보험업'을 하는 자에 해당한다고 볼 수는 없고, 한편 '보험업'의 본질적인 부분이 포함되지 아니한 부수적인 업무는 이를 '보험업'을 하는 자가 하는 경우에는 필수적인 부수성의 법리에 따라 면세되지만(구 부가세법 제12조 제3항[현행 제26조 제2항]), 부수적인 업무를 제3자가 독립적으로 영위하는 경우에는 면세대상인 보험용역에 포함되지 아니하므로, '보험업'의 부수적인 용역에 불과한 보험조사용역을 주된 사업으로 하는 사업자는 부가가치세법 시행령(이하 '부가세령'이라 한다) 제33조 제2항[현행 제40조 제2항]의 면세대상에도 해당하지 않는다.

---

1) 임승순, 『조세법』(박영사), 2005, 29면.

▶ 해 설 ◀

1. 쟁점

원고는 이 사건 보험조사용역을 부가가치세의 면세대상으로 보고, 부가가치세를 신고납부하지 아니하였을 뿐 아니라 법인세를 신고납부함에 있어서 그 매입세액을 손금 산입하여 계산한 세액을 납부하였는데, 피고는 이 사건 보험조사용역이 부가가치세의 과세대상으로 보아 부과가치세를 부과하였을 뿐 아니라 위 손금 산입된 매입세액부분을 익금 산입하여 그에 상당하는 법인세를 부과하였다. 따라서 이 사건의 쟁점은 이 사건 보험조사용역이 부가가치세 과세대상인지 여부이고, 이를 판단함에 있어서 조세법률주의의 원칙상 요청되는 엄격해석의 원칙이 전제가 되는지 여부이다.

2. 엄격해석의 원칙

조세법률주의란 법률의 근거 없이 국가는 조세를 부과·징수할 수 없고, 국민은 조세의 납부를 요구받지 아니한다는 원칙을 의미한다. 조세법률주의의 중요한 존재의의는 국민의 재산권을 보호하기 위하여 법적 안정성과 예측가능성을 보장하는 것이라고 한다.1) 헌법재판소는 조세법률주의의 근거로 헌법 제38조

와 제59조를 들고 있다.[2]

조세법률주의의 내용으로 주로 거론되는 것은 과세요건 법정주의, 과세요건 명확주의, 조세법령 불소급의 원칙 등이고, 여기에 엄격해석의 원칙 또는 합법성의 원칙을 별도로 포함시키는 경우도 있다. 이 사건에서 문제되는 것은 조세법률주의 중 소위 엄격해석의 원칙이다.

엄격해석의 원칙이란 조세법규의 해석은 특별한 사정이 없는 한 법문대로 해석하여야 하고 합리적 이유 없이 확장해석하거나 유추해석하는 것은 허용되지 않으며, 이러한 조세법상의 해석 원칙은 과세요건이나 비과세요건을 막론하고 모든 조세법규에 엄격히 적용되어야 한다는 것이다.[3]

조세를 감면하는 규정에 관해서 엄격해석의 원칙을 적용하는 것은 조세법률주의에만 근거를 두었다기보다는 대법원 판결의 취지와 같이 조세법률주의가 추구하는 법적 안정성 및 예측가능성과 조세공평의 이념에 근거한 것이라고 생각된다. 즉, 조세를 감면하는 규정을 엄격하게 해석함으로써 납세자로 하여금 어떤 경우에 조세를 감면받게 되는지 여부를

예측하여 적절한 거래방식을 선택할 수 있는 가능성을 주는 것과 함께, 특정인이나 특정 계층에 대하여 정당한 이유 없이 조세감면의 우대조치를 함으로써 그들이 부담하여야 할 조세 부담을 다른 납세자들에게 전가시키는 것을 방지하는 것[4]이 조세법을 엄격해석하여야 하는 이유인 것이다.

대상 판결은 엄격해석의 원칙에 관한 대법원의 일관된 판례 취지를 천명한 것으로서 이에 대하여 특별한 문제점은 없다. 그러나 조세법령을 엄격해석한다는 것이 쉬운 일은 아니다. 조세법규의 의미가 명백할 경우에는 큰 문제가 없지만, 대부분 쟁송이 제기되는 조세사건은 관련법규의 의미가 명확하지 아니하여 그 해석이 문제되는 경우이므로, 이런 경우에는 법규 상호 간의 해석을 통하여 문제된 조문의 의미를 명백히 할 필요가 있어 조세법률주의가 지향하는 법적 안정성 및 예측가능성을 해치지 않는 범위 내에서 입법취지 및 목적 등을 고려한 합목적적 해석을 하는 것은 불가피하다[5]. 대상 판결도 보험업과 관련된 부가가치세법의 규정에 대하여 위와 같은 원칙으로 해석한 것이다.

2) 이에 대하여 조세법에만 특유한 조세법률주의라는 개념은 일본에서 만들어낸 것이고, 그것은 단지 법치국가 이념의 한 구현일 뿐이라는 주장이 있다. 이창희, 『세법강의』(박영사), 2005, 16면 이하 참조.
3) 대법원 2007. 7. 12. 선고 2005두15021 판결에서는 "조세법률주의와 조세공평의 이념에서 비롯된 엄격해석의 원칙은 과세요건에 해당하는 경우에는 물론 비과세 및 조세감면요건에 해당하는 경우에도 적용되므로, 납세자에게 유리하다고 하여 비과세요건이나 조세감면요건을 합리적 이유 없이 확장해석하거나 유추해석하는 것은 허용되지 않는다"고 한다.
4) 헌법재판소 1996. 6. 26. 93헌바2.
5) 대법원 2008. 1. 17. 선고 2007두11139 판결 참조.

3. 부가가치세의 면세

　　부가가치세의 면세란 사업자의 재화 또는
용역의 공급에 대하여 부가가치세 납부의무를
면제하는 것이다. 면세는 매출세액을 납부할
필요가 없는 반면 매입세액을 공제받을 여지
도 없다.[6] 부가가치세가 면세되는 재화를 공
급하는 사업자는 전단계 사업자로부터 재화
또는 용역을 공급받은 경우 그에 대한 매입세
액을 공제 받을 수 없기 때문에 매입세액이
당해 거래의 원가에 포함되어 거래상대방 내
지 소비자에게 전가된다.

　　따라서, 부가가치세 면제로 인하여 그 면
세사업자 단계에서 창출된 부가가치에 대해서
만 부가가치세 부담이 면제되는 결과가 발생
하게 되고[7], 그로 인하여 면세사업자로부터
재화나 용역을 공급받는 자는 면제된 부가가
치세만큼 저렴하게 공급받는 혜택을 누리게
된다. 결국, 부가가치세를 면제하는 것은 면세
사업자의 부가가치세 부담을 덜어주는 데 목
적이 있는 것이 아니라 면세사업자로부터 재
화나 용역을 공급받는 자의 부가가치세 부담

을 경감시키는 데 그 목적이 있는 것이다. 따
라서, 부가가치세 면제 대상은 기초생활필수
품이나 국민후생용역 등 최종소비자의 부담을
감경시켜 줄 필요가 있는 재화나 용역에 국한
하고, 다만 부가가치를 형성하는 생산요소에
해당하는 재화나 용역에 대해서는 부가가치세
제의 이론적인 이유에 의하여 면세 대상에 포
함시키고 있다.[8][9]

　　부가가치세를 면제하는 이유는 세무행정
상의 관점, 일반소비세라는 이유, 사업자가 아
닌 자와의 과세형평, 사회정책적 고려, 부가가
치의 생산요소 내지 창출요소라는 이론적 근
거 등을 들고 있다.[10] 이 이유가 전부 타당한
지 여부는 이론의 여지가 있으나, 부가가치세
의 면제대상에 해당하는지 여부를 판단함에
있어서는 당해 거래에 대해 부가가치세를 면
제하는 이유 내지 목적을 살펴보는 것이 필요
하다. 그럼으로써 당해 거래와 관련된 거래 중
어느 범위까지 면세하는 것으로 해석하는 것
이 입법목적에 부합하는지 판단할 수 있기 때
문이다.

---

6) 임승순, 전게서(주 1), 870면.
7) 가령 110원(＝공급가액 100원＋부가가치세 10원)의 재화를 공급받아 90원의 부가가치를 창출하여 매출하
　는 경우, 면세사업자는 매출에 대한 부가가치세를 거래징수할 필요가 없으므로 그 재화를 200원에 매출하
　게 되지만, 일반사업자는 매출에 대한 부가가치세를 거래징수하고 그 중 매입세액을 공제받을 수 있으므
　로 그 재화를 209원(＝매입원가 100원＋부가가치 90원＋부가가치세 19원)에 매출하게 되어 면세사업자는
　자신이 창출한 부가가치 90원에 대한 부가가치세(9원)만을 면제받게 된다.
8) 이성식, 『부가가치세법해설』(안진회계법인), 2006, 464면.
9) 다만, 이에 대해서는 금융보험업이나 토지에 대한 부가가치세가 이런 이유에서 면제되는 것이 아니라는
　반론이 있다. 이창희, 전게서(주 2), 1018면 이하.
10) 이성식, 전게서(주 8), 466면.

4. 금융보험업에 대한 부가가치세 면세의 이유

금융보험업에 대하여 왜 부가가치세를 면제하는가에 관해서는 대체로 그것이 부가가치의 구성요소라고 설명하는 것이 일반적이다. 즉, 금융용역은 부가가치의 구성요소이므로 그에 대하여 과세를 하게 되면, 전단계매입방식에 따라 부가가치세의 구성요소에 대한 매입세액을 공제받을 수 있게 되어 전체적인 부가가치세가 감소한다는 것이다.[11]

그러나 과연 금융보험업에 대해서 면세하는 것이 이러한 이론적 이유 때문일까. 우선 금융용역이 부가가치의 구성요소라는 것이 무슨 의미인지 불분명하다. 일반적으로 부가가치의 구성요소로 노동, 자본, 토지를 들고 있고, 보험용역에 대한 부가가치세 면세를 설명하기 위하여 '위험'이라는 요소를 제4요소라고도 설명한다. 그러나 과연 이러한 설명이 타당한지는 의문이다. 가령 대표적인 부가가치 구성요소인 노동의 경우에도, 근로자의 노동에 대해서는 부가가치세를 부과하지 않으나 사업자의 인적 용역에 대해서는 과세를 하고 있다.

그런데 사업자의 인적 용역이라는 것도 결국에는 노동에 해당하는 것이다. 따라서 근로자의 노동에 대해서 부가가치세를 부과하지 않는 이유가 노동이라는 것에 대해서는 부가가치세를 부과할 수 없다는 이론적인 이유 때문이라고 단정할 수 없다. 오히려 근로자는 사업자에 해당하지 아니하고 개개 근로자에게 부가가치세를 부과하는 것보다는 사업자에게 일괄하여 부가가치세를 부과하는 것이 세무행정상 편리하기 때문에 근로자의 노동에 대해서 과세하지 않는다고 설명하는 것이 보다 합리적이라고 할 것이다.[12]

은행업에 대해서 부가가치세를 면세하는 이유도 위와 같은 이론적 근거보다는 은행업의 경우 용역으로 인한 부가가치, 즉 용역의 대가를 산출하기 어렵다는 현실적인 문제 때문이라는 이론이 더 설득력이 있다. 즉, 은행업에 있어서의 용역의 대가는 단순히 수입이자에서 지급이자를 공제한 것이 아니라 실제로 금융용역을 제공한 대가를 산정하여야 하는 것이고, 수입이자나 지급이자에는 항상 일정 부분의 수수료가 포함되어 있기 때문에 수입이자나 지급이자 중에서 그 수수료(즉, 용역

---

11) 임승순, 전게서(주 1), 872면; 이성식, 전게서(주 8), 467면; 최명근, 『부가가치세법론』(세경사), 2006, 287면 등 참조.

12) 이성식, 전게서(주 8), 467면; 최명근, 전게서(주 11), 287면 등에서는 금융용역과 부동산임대용역에 대하여 과세하는 경우에 실제로 부과되는 부가가치세 총액이 면세되는 경우보다 감소하게 된다는 사례를 들면서, 그 원인이 부가가치 구성요소인 금융용역과 부동산임대용역에 대하여 과세하였기 때문이라고 한다. 그러나 이 사례에서 나타나는 차이점은 부가가치세가 면제되는 경우 발생하는 누적효과의 결과일 뿐이지 부가가치 구성요소에 대해서 과세하였기 때문에 발생한 것은 아니다. 따라서 이 사례를 부가가치 구성요소에 대한 면세의 근거로 드는 것은 부적절하다.

의 대가) 부분을 파악하여 그 부분에 대해서 부가가치세를 부과하여야 하는데, 이 부분을 산정하는 것이 불가능하여 은행업에 대해서 부가가치세를 면세한다고 보는 것이 더 타당한 이론이라고 생각된다.[13]

보험업, 증권업 등 직접 금융을 면세하는 것에 관해서도 마찬가지 논의가 있을 수 있다. 특히 증권업의 경우에는 은행업과 달리 수수료와 같은 용역의 대가를 파악하는 것이 어렵지 않고, 전통적인 이론에서 주장하는 부가가치 구성요소인 자본이나 위험이 관여하지 않는 영역이기 때문에 전통적인 이론으로는 설명하기 힘들다. 이 부분에 대해서도 다음과 같은 주장이 설득력 있다.

보험업의 경우 용역 대가가 따로 드러나지 않고 보험회사가 지불하는 보험금과 보험가입자에게서 받는 보험료에 묻혀 들어가게 된다. 증권투자신탁에서도 용역 대가가 따로 드러나지 않음은 마찬가지이다. 한편, 회사형 펀드인 증권투자회사를 통한 투자라면 증권투자회사 자체는 소득의 계산단위에 불과하므로 용역을 제공하는 것이 없고, 용역제공 기능은 따로 떼서 자산운용회사, 자산보관회사, 일반사무관리회사 따위의 회사에 맡기고 있다. 이런 용역제공회사의 용역대가는 따로 드러나기

는 하지만, 이를 과세한다면 증권투자신탁과 균형을 잃게 된다. 이처럼 펀드를 통한 간접투자를 면세한다면, 증권회사를 통한 직접투자만 과세하는 것은 다시 균형을 잃게 된다. 이와 같은 균형 문제는 다른 금융보험용역에도 똑같이 생겨난다.[14]

따라서 이 사건에서 문제되는 보험업의 경우에도, 보험업이 위험이라는 요소에 대한 보호용역이기 때문에 부가가치를 창출하기 위한 기본인자 혹은 총생산가치 중 불변적인 구성요소라는 이유로 면세되는 것이라기보다는 보험업도 은행업과 비슷한 금융업적 요소가 있어 용역의 대가를 파악하기 어렵고 다른 금융업과의 균형을 유지하기 위하여 면세한다고 보는 것이 타당할 것이다.

5. 면세되는 보험업의 범위[15]

(1) 관련 규정(1995. 12. 개정 전 법령)

1) 보험업 과세에 관한 규정

※ 구 부가세법
제1조(과세대상)
① 부가가치세는 다음 각 호의 거래에 대하여 부과한다.

---

13) 자세한 논의는 이창희, 전게서(주 2), 965면 이하 참조.
14) 이창희, 전게서(주 2), 972면 이하.
15) 이 부분은 변희찬, "생명보험에 관한 업무 중 보험계약 및 보험사고 조사업무만을 주된 사업으로 하는 자가 제공하는 조사업무용역이 부가가치세 면세 대상이 되는지 여부(소극)", 『대법원판례해설』(2001. 6.), 849면 이하를 참조하였다.

1. 재화 또는 용역의 공급

③ 제1항에서 용역이라 함은 재화 이외의 재산적 가치가 있는 모든 역무 및 기타 행위를 말한다.

⑤ 제1항의 재화와 용역의 범위에 관하여 필요한 사항은 대통령령으로 정한다.

※ 구 부가세령

제2조(용역의 범위)

① 법 제1조 제3항에 규정하는 용역은 다음 각 호의 사업에 해당하는 모든 역무 및 기타 행위로 한다.

4. 금융업 및 보험업

② 제1항의 사업구분은 통계청장이 고시하는 당해 과세기간 개시일 현재의 한국표준산업분류표에 의하되, 제1항에 규정하는 사업과 유사한 사업은 한국표준산업분류표에 불구하고 동항의 사업에 포함되는 것으로 본다.

2) 보험업 면세와 관련된 규정

※ 구 부가세법

제12조(면세)

① 다음 각 호의 재화 또는 용역의 공급에 대하여는 부가가치세를 면제한다.

10. 금융·보험용역으로서 대통령령이 정하는 것

③ 제1항의 규정에 의하여 면세되는 재화 또는 용역의 공급에 필수적으로 부수되는 재화 또는 용역의 공급은 면세되는 재화 또는 용역의 공급에 포함되는 것으로 본다.

⑤ 제1항과 제2항에서 규정하는 재화 또는 용역의 범위에 관하여 필요한 사항은 대통령령으로 정한다.

※ 구 부가세령

제33조(금융·보험용역의 범위)

① 법 제12조 제1항 제10호에 규정하는 금융·보험용역은 다음 각 호에 게기하는 사업을 하는 자가 제공하는 것으로 한다.

10. 보험업

② 제1항 각 호의 사업 이외의 사업을 하는 자가 주된 사업에 부수하여 동항의 금융·보험용역과 동일 또는 유사한 용역을 제공하는 경우에도 법 제12조 제1항 제10호의 금융·보험용역에 포함되는 것으로 본다.

(2) 부가가치세 과세대상인 보험업과 면세대상인 보험업의 범위가 동일한지 여부

1) 긍정설

동일한 법률에서 동일한 용어를 사용하고 있는 경우 그 개념이나 범위를 같게 보아야 한다는 점, 한국표준산업분류표(이하 분류표라 한다)는 조세법에서 일반적으로 사업을 구분하거나 그 개념을 정할 때 기준으로 하므로 이 경우에도 당연히 분류표에 따라 보험업의 범위를 정해야 하는 점 등을 근거로 면세대상인 보험업의 범위가 과세대상과 동일하다고 주장한다.

2) 부정설

면세대상을 규정한 조문은 과세대상을 규정한 조문과 관련 없이 규정되어 있고, 그 조문에 보험업의 정의나 범위에 관한 내용이 없는 점, 면세대상인 보험업과 과세대상인 보험업이 동일하다면 보험업을 과세대상으로 할 필요가 전혀 없게 되어 입법자의 의도에 어긋난다는 점, 면세대상을 규정하면서 분류표에 따라 그 범위를 규정한 것은 아니라는 점 등을 근거로 면세대상인 보험업의 범위는 과세대상인 보험업의 범위와 다르다고 주장한다.

3) 소결론

동일한 법률에서 동일한 용어를 사용하고 있다는 이유만으로 그 개념과 범위를 같게 보아야 하는 것은 아니므로 일응 부정설이 타당하다고 생각된다. 하지만, 면세에 관한 규정에 보험업의 범위에 관하여 아무런 규정이 없다면 합리적인 이유 없이 그 범위를 과세에 관한 규정과 달리 하는 것도 허용되지 않는다고 보는 것이 타당할 것이다. 따라서 보험업에 대하여 부가가치세를 면제하는 이유를 고려하여 면세되는 보험업의 범위를 제한할 것인지 여부를 결정하여야 할 것이다.

(3) 구체적인 면세대상 보험업의 범위

1) 사업자가 보험업법상 허가를 받거나 신고를 한 경우에만 면세되는지 여부

부가가치세를 면제받을 수 있는 사업자는 보험업법상 허가를 받거나 신고를 한 자이어야 하는가에 관해서 부가가치세법에는 아무런 규정이 없다. 보험업법에도 보험업의 개념이나 범위에 관한 규정이 없다. 또한 부가세령 제33조 제2항[현행 제40조 제2항]은 면세사업 이외의 사업을 하는 자가 주된 사업에 부수하여 면세되는 금융·보험용역과 동일 또는 유사한 용역을 제공하는 경우에도 면세되는 금융·보험용역에 포함되는 것으로 본다고 규정하고 있으므로 보험업법상 허가를 받거나 신고를 하지 아니한 사업자라 하더라도 실질적으로 보험업을 영위하는 경우에는 면세 대상이 된다고 보아야 할 것이다.

2) 실질적으로 보험업을 영위하는 경우에 해당하는지 여부를 판단하는 기준

보험업의 본질적인 요소에는 ① 동질적인 경제상의 위험에 놓여 있는 다수인의 존재, ② 공동준비재산의 조성, ③ 보험사고 발생의 경우 보험금 지급 등이 포함될 것이고, 이러한 본질적인 요소가 포함된 사업을 하는 경우 면세대상인 보험업에 해당된다는 점에는 의문이 없다. 그러므로 우선 이 사건 보험조사용역이 보험업의 본질적인 요소에 해당하는지 여부에 관해서 판단할 필요가 있다. 이 사건 보험조사용역이 보험업의 본질적인 요소에 해당한다면 그 용역을 제공하는 것은 당연히 면세용역인 보험업에 해당하기 때문이다.

이 사건 보험조사용역은 생명보험에 관한 업무 중 피보험자를 선택하기 위해서 보험계약을 조사하는 업무와 보험금을 지급하기 위해서 보험사고를 조사하는 업무인데, 이러한 업무가 보험업에 필수적인 것임에는 이론의 여지가 없다. 다만, 이 업무가 보험업의 본질적인 요소에 해당하는지 여부에 관해서는 견해가 일치하지 않을 수 있다.

이와 유사한 사안에 관한 대법원 판례를 검토해 보면, 공중전화 용역은 통화용역 자체를 의미하는 것이고, 공중전화 관리용역은 체신관서에 공급되어 그가 최종소비자로서 공급받는 용역이지 공중전화의 이용자에게 공급되는 용역이라고 할 수 없다는 판결,[16] 김치의 가공용역만 제공한 경우에는 면세대상이 아니라는 판결[17] 등에서 면세되는 재화나 용역과 그에 부수하는 용역의 구분을 엄격하게 한 것을 볼 수 있다. 즉, 위 대법원 판결들에서는 면세 재화나 용역과 관련된 용역이 해당 재화나 용역의 공급에 필수적이라고 하더라도 그러한 사유만으로 면세 재화나 용역의 본질적인 요소에 해당한다고 판단하지 아니한 것이다.

이러한 대법원 판례의 취지에 따라 이 사건 보험조사용역에 관해서 살펴보면, 이 사건 보험조사용역도 보험업을 영위하기 위하여 반드시 필요한 업무임은 틀림없으나, 그 용역이 앞서 본 보험업의 본질적인 요소를 포함하고 있다고 보기는 힘들다. 오히려 이 사건 보험조사용역은 보험업을 수행하기 위하여 부수적으로 수행하는 업무에 해당한다고 보는 것이 타당할 것이다. 따라서 이 사건 보험조사용역만을 수행하는 것을 보험업을 수행하는 것으로 보기 위해서는 보험업에 필수적인 부수 용역을 수행하는 것도 보험업으로 볼 수 있어야 한다.

그렇다면, 면세사업에 필수적이고 부수적인 업무만을 수행하는 사업자도 면세사업자에 해당하는 것인가. 즉, 면세사업에 필수적이고 부수적인 업무는 면세사업의 본질적인 부분을 수행하는 사업자가 수행하여야만 면세가 되는 것인지, 아니면 제3자가 그 업무만을 수행하더라도 면세되는 것인지가 문제된다.

이에 대해서는, 면세사업에 필수적이고 부수적인 업무만을 수행하는 사업자는 면세사업자에 해당하지 않는다는 것이 통설[18]이고, 대법원 판례도 이와 같은 취지이다.[19] 앞서 본 엄격해석의 원칙이나 부수 재화의 면세 취지, 관련 조문 등을 종합하여 보면 부수되는 재화나 용역의 공급에 대한 면세는 당해 면세사업자 자신 혹은 당해 면세 재화나 용역의 공급 자체에 대해서만 적용하는 것이 타당하

16) 대법원 1985. 11. 12. 선고 84누614 판결.
17) 대법원 1995. 2. 14. 선고 94누13381 판결.
18) 임승순, 전게서(주 1), 871면.
19) 대법원 2001. 3. 15. 선고 2000두7131 전원합의체판결; 동 1985. 11. 12. 선고 84누614 판결; 동 1995. 2. 14. 선고 94누13381 판결 등.

그렇다면, 이 사건 보험조사용역은 보험업에 필수적인 부수업무이기는 하나, 앞서 본 바와 같은 보험업의 본질적인 요소에는 해당한다고 할 수 없으므로, 이 업무를 보험업자가 직접 하는 경우에는 면세 대상이 되나 제3자가 수행하는 경우에는 면세 대상인 보험업에 해당한다고 할 수 없는 것이다.

3) 유사한 사안과의 경제적 균형문제

이와 같이 면세되는 보험업을 제한적으로 해석하는 경우, 보험업자가 직접 당해 용역을 수행하는 경우와의 경제적 균형이 문제될 수 있다. 즉, 보험업자가 이 사건 보험조사용역을 직접 수행하는 경우와 비교하여 이 사건 보험조사용역을 제3자에게 도급주는 경우가 과세대상으로 더 불리하여 경쟁중립성을 잃게 되는 것이 타당한가 하는 것이다.

그런데 보험업을 면세로 하는 이유가 용역 대가를 따로 산정하기 어렵다는 것인데 이 사건 보험조사용역은 용역 대가의 산정이 어렵지 않다는 점, 이 사건 보험조사용역이 과세사업으로 된 것은 보험업자가 스스로 자초한 일이지 보험업에 원래부터 존재하던 사정으로 인하여 발생한 문제는 아니라는 점, 면세 사업과 관련된 용역 중 면세대상에 포함시킬 용역의 범위를 어떻게 정할 것인가는 결국 입법정책적인 문제인데, 부가세법의 해석으로 그 범위를 너무 넓게 인정하다 보면 입법 목적에 어긋나게 될 수 있다는 점, 면세 사업과 관련된 사업의 면세 범위를 넓게 인정하다 보면 면세 사업과 관련된 사업은 거의 대부분 면세의 혜택을 누리게 될 수 있다는 점 등을 고려하면 이 사건 보험조사용역에 대하여 과세대상으로 한다고 하여 심히 부당한 결과를 초래한다고 볼 수 없다.

6. 이 판결의 의의

대상판결은 조세 감면 규정에 대해서도 엄격해석을 해야 한다는 원칙을 재천명한 점, 면세사업과 관련된 부수적 용역에 대하여 면세사업에 해당하는지 여부를 결정하는 명확한 기준을 제시한 점, 보험업무 중 일부인 보험조사용역만을 주된 사업으로 하는 자가 공급하는 보험조사용역이 부가가치세의 면세사업에 해당하느냐에 관해서 명백한 견해를 밝힌 점 등에서 의의가 있다고 하겠다.

---

20) 자세한 논의는 최진수, "부가가치세가 면세되는 부수재화공급의 범위", 『21세기사법의 전개 – 송민 최종영 대법원장재직기념 – 』(박영사), 715면 이하 참조.

참고문헌

변희찬, "생명보험에 관한 업무 중 보험계약 및 보험사고 조사업무만을 주된 사업으로 하는 자가 제공하는 조사업무용역이 부가가치세 면세 대상이 되는지 여부(소극)", 『대법원 판례해설』(2001. 6.).

이성식, 『부가가치세법 해설』, 안진회계법인, 2006.

이창희, 『세법강의』, 박영사, 2005.

임승순, 『조세법』, 박영사, 2005.

최명근, 『부가가치세법론』, 세경사, 2006.

최진수, "부가가치세가 면세되는 부수재화공급의 범위", 『21세기 사법의 전개(송민 최종영 대법원장 재직기념)』, 박영사.

부가가치세 과세권이 미치는
거래인지 여부의 판단 기준

사건의 표시 : 대법원 2006. 6. 16. 선고 2004두7528,7535 판결[1]

▪ 사안의 개요 ▪

원고들(한국외환은행 외 9)은 부가가치세 면세사업인 금융업을 영위하는 은행들로서, 1990년대 초반부터 벨기에에 본부를 두고 있는 S.W.I.F.T(Society for Worldwide Interbank Financial Telecommunication, 국제은행간 금융통신조직, 이하 'SWIFT'라고 한다)에 가입하여 SWIFT가 운영하는 전용통신망을 이용한 해외은행과의 자금결제, 금융거래, 신용장 개설 등의 거래메시지 전송 용역을 공급받고 그 대가

로서 SWIFT에 사용료를 지급하여 왔다.

그런데 피고들(남대문세무서장 외 2)은 SWIFT가 국내사업장이 없는 비거주자 또는 외국법인으로서 원고들이 구 부가가치세법(이하 '부가세법'이라 한다) 제34조 제1항[현행 제52조 제1항, 이하 같음]의 규정에 따라 SWIFT에 지급한 사용료에 대한 부가가치세를 징수하여 대리납부할 의무가 있음을 전제로 원고들에게 청구취지 기재 각 부가가치세부과처분

---

* 이상기(법무법인 광장 변호사).

1) 이에 관한 평석으로는 조일영, "국내은행이 S.W.I.F.T(Society for Worldwide Interbank Financial Telecommunication, 국제은행간 금융통신조직)으로부터 제공받은 이 사건 외환거래 메시지 전송용역이 외국법인이 국내에서 공급하는 용역에 해당하여 국내은행이 부가가치세 대리납부의무를 부담하는지 여부 (2006. 6. 16. 선고 2004두7528, 7535 판결: 2006하, 1375)", 『대법원판례해설』, 제61호(2006. 12), 544면 이하가 있다.

(이하 '이 사건 처분'이라고 한다)을 하였다.

이에 원고들은 이 사건 처분의 취소를 구하는 소를 제기하였으나 제1심 및 원심에서 청구가 기각되자 상고하였다.

■ 판결요지 ■

부가세법 제10조 제2항 제1호[현행 제20조 제1항 제1호, 이하 같음]는 용역이 공급되는 장소를 '역무가 제공되거나 재화·시설물 또는 권리가 사용되는 장소'라고 규정하고 있으므로, 과세권이 미치는 거래인지 여부는 용역이 제공되는 장소를 기준으로 판단하여야 할 것이다.

위 법리와 기록에 비추어 살펴보면, SWIFT가 원고들에게 공급하는 이 사건 용역의 주된 내용은 국내에 SWIFT 통신망을 연결하여 SWIFT가 표준화한 메시지양식에 따라 원고들이 입력한 금융기관 간 송금의뢰 통지, 자금이체 지시, 외화자금 매매나 대출·예금계약 성립 등의 확인통지, 신용장 개설통지 등의 외환거래에 대한 메시지를 위 통신망을 이용하여 전송하고 이를 일정기간 저장하는 것이며, 이러한 거래메시지의 전송은 SWIFT 통신망을 이용하는 데 필요한 소프트웨어가 설치된 원고들의 국내 점포의 단말기에서 SWIFT 통신망에 접속(Log in)하여 표준화된 메시지양식에 따라 거래메시지를 입력함으로써 이루어

짐을 알 수 있는바, SWIFT 통신망을 이용하는 원고들로서는 이 사건 용역 중 가장 중요하고 본질적인 부분은 SWIFT가 표준화한 메시지양식에 따라 입력한 외환거래에 대한 메시지가 전송되는 것인데, 이러한 SWIFT 통신망 접속 및 메시지의 전송이 이루어지는 곳은 원고들의 국내 점포이므로, 이 사건 용역의 제공장소는 국내라 할 것이고, SWIFT 통신망을 이용한 메시지 전송 및 저장의 기계적 또는 기술적 작업이 해외에서 이루어졌다고 하더라도 달리 볼 것은 아니다.

▶ 해 설 ◀

1. 쟁점

대상판결은 원고 은행들이 SWIFT로부터 공급받은 용역이 구 부가세법(2000. 1. 1. 개정 법률 제6049호, 이하 같음) 제10조 제2항 제1호에 따라 국내에서 공급되는 것이므로, 원고 은행들은 같은 법 제34조 제1항[현행 제52조 제1항]에 따른 부가가치세 대리납부의무가 있다고 보고 있다. 이러한 대상판결의 이해를 위해서는 부가가치세법상 대리납부제도와 용역의 공급장소에 대한 규정에 대한 검토가 필요할 것인바, 이하에서는 특히 양자 간에 어떠한 관계가 있는지를 중점적으로 살펴보도록 하겠다.

2. 부가가치세의 대리납부 의무

구 부가세법 제34조[현행 제52조, 이하 같음]는 비거주자 또는 외국법인(이하, 외국인)으로부터 용역을 공급받는 자는 그것이 외국인의 국내사업장에 관련되거나 자신의 과세사업에 제공되는 경우를 제외하고 그 대가를 지급하는 때에 부가가치세를 징수하도록 규정하고 있다. 외국인인 사업자가 국내에 사업장을 두지 않거나 이를 통하지 않고 용역을 공급하는 경우 그 사업자가 외국인이더라도 용역의 공급이 있는 이상은 부가가치세의 납세의무(구 부가세법 2조)가 있지만, 그 징수는 공급자의 사업장에 의한 거래징수에 의할 수 없고 용역만이 수입되는 경우에는 관세가 부과되지 않으므로 세관장에 의하는 것이 불가능하다. 그러므로 그러한 용역을 과세사업에 제공하지 않고 최종 소비하는 자로 하여금 부가가치세를 대리납부토록 하는 것이다.[2] 외국인에게 국내원천소득이 있어 납세의무(소득세법 2조 1항 2호, 법인세법 2조 1항 2호)가 있으나 관련 국내사업장이 없는 경우에는 그 소득을 지급하는 내국인에게 원천징수의무가 있는 것과 같은 원리라고 할 수 있다. 따라서 대리납부의무에 관한 구 부가세법 제34조 제1항은 부가가치세 납세의무에 관한 구 부가세법 제2조[현행 제3조, 이하 같음]를 전제로 하는 것으로 볼 수 있는데, 부가세법 제2조는 제10조에 의한 공급장소가 국내라는 것을 전제로 하는 규정이므로,[3] 제34조 제1항에 있어서도 제10조 제2항에 의한 "용역의 공급장소가 국내일 것"이라는 요건이 해석상 도출된다.

판례도 "부가가치세의 대리납부에 관한 부가가치세법 제34조의 규정은 외국법인이 국내에서 용역을 공급하고 부가가치세의 납부의무를 가지게 된 경우 용역의 공급을 받는 자가 부담하는 부가가치세의 징수와 납부의무에 관하여 규정한 취지임이 명백하므로 용역을 공급하는 외국법인이 부가가치세의 납부의무를 가지지 아니하는 경우에는 위 제34조의 대리납부의 대상이 되지 아니하고 따라서 우리 영토 밖에서 외국법인으로부터 용역을 공급받는 자는 부가가치세의 징수나 납부의무를 부담하게 될 여지가 없다"고 판시하여 명시적으로 위와 같이 해석한 바 있으며,[4] 대상판결도 이를 전제로 하여 판시하고 있다.

---

2) 이창희, 『세법강의』(박영사), 2008, 1039, 1042−1043면 참조.
3) 이창희, 상게서, 972면. 재화에 관하여 부가가치세법 기본통칙 2−0−3.
4) 대법원 1983. 1. 18. 선고 82누483 판결. 원고 회사가 미국회사로부터 조업지역이 미국신탁통치령인 서태평양의 파라우지역 200해리 이내로 한정되는 선박 등을 제공받는 용선계약을 체결하고 용선료를 지급하는 경우에 원고 회사의 대리납부의무를 부인한 사례.

이 상 기 575

3. 용역의 공급장소

(1) 용역의 공급장소가 갖는 의미

위에서도 전제한 바와 같이 구 부가세법 제2조(내지 1조)는 같은 법 제10조에 따른 공급장소가 국내임을 전제로 한 규정이라는 점, 즉 위 제10조의 공급장소에 관한 규정은 부가가치세 과세권의 범위를 정하기 위한 것이라는 점에 이견이 없다. 그런데 용역의 경우에는 관세선을 전제로 하는 본래의 의미의 "수출"과 "수입"을 직접 상정하기 어렵고, 부가가치세법도 "용역의 국외 제공"(11조 1항 2호)[현행 제22조]과 "직접5) 공급"(34조 1항) 형태로 규정하고 있는바, 이들과 공급장소에 관한 부가세법 제10조의 관계는 재화의 수출 및 수입의 경우와는 다르다. 즉, 재화의 수출은 부가세법 제10조에 의한 공급장소가 일단 국내라는 것을 전제로 하지만, 용역의 국외 제공은 부가세법 제10조에 의한다면 공급장소가 국외이다. 또한 재화의 수입은 재화의 공급과 별개의 과세대상으로서 부가세법 제10조의 적용대상이 아닌 반면, 외국인에 의한 용역의 직접 공급은 여전히 "용역의 공급" 중 한 형태로서 부가세법 제10조에 의한 공급장소가 국내일 것이 요구된다.

그러므로 먼저 재화의 경우에는 그 수출과 수입에 관한 규정을 통해서 소비지과세 원칙이 실현되고 있으므로 재화의 공급장소에

관한 부가세법 제10조 제1항[현행 제19조 제1항]은 속지주의 원칙을 위한 규정으로서 소비지과세 원칙과 관련시킬 필요가 없고 실제로도 '재화의 이동이 개시되는 장소'를 공급장소로 하여 위 원칙과 관련이 없다고 할 수 있다. 반면, 용역의 공급장소에 관한 제10조 제2항은 대리납부에 관한 제34조와 관련된 규정으로서, 만일 용역의 경우에도 소비지과세 원칙을 일관되게 실현하려 한다면 여기에 반영하여 해석해야 할 것이다.

(2) 용역의 공급장소 판단 기준

1) 부가세법 제10조 제2항 제1호는 용역이 공급되는 장소를 "역무가 제공되거나 재화·시설물 또는 권리가 사용되는 장소"라고 규정하고 있다. 이는 용역을 역무(인적 용역)와 사용용역을 구분하여 그 공급장소를 규정하고 있는 것이라고 할 수 있는바, 사용용역의 경우 "사용되는 장소"가 사용자를 기준으로 한 것임이 명백함에 비하여, 역무(인적 용역)의 경우 "제공되는 장소"가 공급자 또는 소비자 중 누구를 기준으로 한 것인지가 문언 그 자체로는 확실하지 않다. 즉, 공급의 당사자들이 서로 다른 국가에 소재하는 경우, 예컨대 외국인이 국내사업장 없이 외국에서 설계용역을 하여 이를 한국에 있는 면세사업자에게 제공한 경우에 공급장소가 그 용역 제공 당시에 공급하는 자가 소재하는 국가인지 아니면 이를 제공

---

5) 국내사업장을 통하지 않는다는 의미이다.

받는 국가인지가 다투어질 수 있다.

이에 대하여 소비지 과세원칙이 절대적인 것은 아니고,[6] 법 제10조 제2항이 역무와 사용용역을 구분하고 있다는 점에서 보면, '용역이 제공되는 장소'는 공급자 입장에서 "용역이 현실적으로 수행된 장소"를 말한다고 해석할 수 있다. 반면, 재화에서와 마찬가지로 용역에서도 소비지과세원칙을 실현해야 하고, 역무와 사용용역이 과세권을 달리해야 할 만큼 본질적인 차이가 있는 것은 아니라는 점을 들어, 역무의 경우에도 이를 제공받는 자를 기준으로 당해 역무가 "소비"되는 장소(위의 예에서 국내)를 공급장소로 볼 수도 있다.[7]

결국 이는 우리 부가세법이 역무의 경우에도 소비지과세원칙을 전제로 하고 있는지에 따라 결론을 달리하는바, 용역의 "수출"에 관한 법 제11조 제1항 제2호[현행 제22조, 이하 같음][8] 및 제4호[형행 제24조, 이하 같음], 시행령 제26조 제1항 제1호[현행 제33조 제2항 제1호, 이하 같음][9]에서는 역무의 공급장소는 '역무가 현실적으로 수행되는 장소'를 가리키는 것으로 보인다. 만일 이러한 태도를 용역의 "수입"에도 일관하게 된다면, 역무에 관한 대리납부의무는 그 역무가 외국인이 국내에 사업장을 두지는 않으면서 현실적으로 국내에서 수행하는 경우에만 적용되게 된다.

이와 관련하여, 판례는 먼저 외국법인의 국내사업장의 부가가치세 납부의무와 관련하여, 일본회사가 한국지점을 통하여 한국 수산업자에게 중개용역 등을 제공하고 중개수수료를 받는 경우 그 대부분과 중요하고도 본질적인 부분이 국내에서 이루어졌음을 들어 공급장소가 국내라고 보아 부가가치세 납부의무를 인정한 반면,[10] 한국회사들과 일본회사들 간의 수출계약과 관련하여 일본회사들의 수출업무만을 일본 내에서 대행한 경우에는 용역을

---

6) EU의 부가가치세 지침(Directive) 제6호의 서비스와 관련한 공급장소에 관한 규정에서는 서비스의 제공에 대하여 공급자의 사업장이 있거나 공정사업장이 있는 국가를 공급장소로 보아 생산지 과세를 원칙으로 하되, 저작권, 특허, 전문적인 자문서비스 등과 같은 무형 또는 지적 서비스 등 일정한 경우에는 소비지 과세에 의한다(조일영, 전게논문, 558면). 이러한 EU의 입법동향에 관하여는 이창희, 『세법강의』(박영사), 2008, 1000면 참조.

7) 조일영, 전게논문, 558-559면은 '역무가 제공되는 장소'의 의미는 용역이 현실적으로 수행된 장소뿐만 아니라 그러한 용역이 사용되는 장소까지 포함하는 것으로 보아야 한다는 취지로 설명하고 있다.

8) 예컨대, 설계용역 등을 수주받아 일부 업무를 제외한 당해 설계업무 등의 대부분을 국내에서 수행하는 경우에는 부가세법 제11조 제1항 제2호의 규정에 해당하지 아니하여 영세율이 적용되지 아니한다(서면3팀-1056, 2007. 04. 09).

9) 사업서비스업, 통신업 등의 경우에, "국내에서" 국내사업장이 없는 비거주자 또는 외국법인에게 공급되고, 그 대금을 외국환은행에서 원화로 받는 경우에만 기타외화획득 용역으로서 영세율을 적용한다. 즉 본문의 예와 반대로 설계용역을 국내에서만 수행하여 외국인에게 제공하는 경우, 일단 공급장소는 국내임을 전제로 외화획득의 측면에서 영세율이 적용된다.

10) 대법원 1996. 11. 22. 선고 95누1071 판결.

제공하는 자가 외국인이고 그 용역제공행위 자체가 국외에서 이루어졌다고 하여 외국법인 의 부가가치세 납부의무를 부정하였다.[11] 한 편 외국인으로부터 직접 역무를 제공받은 자 의 부가가치세 대리납부에 관한 판례는 대상 판결이 최초인 것으로 보인다.[12] 즉, 대상판결 은 명시하고 있지는 않으나, SWIFT가 제공하 는 용역이 역무이고 역무의 공급장소는 그 본 질적인 부분이 이루어지는 곳이라는 전제에서 판단하고 있는 것으로 보인다.[13]

2) 만일 역무에는 소비지 과세원칙이 적 용되지 않는 것으로 해석하는 경우에는 역무 와 사용용역의 과세권 소재가 달라지므로 그 구별이 중요한 문제가 된다. 양자의 구별은, 재화 등의 대여와 함께 노무가 제공되는 경우 내지는 하나의 서비스에 인적 성격과 물적 성 격이 혼재되어 있는 경우 등에서 명확하지 않 을 수 있다. 이러한 경우에는 대체로 부수적 공급에 관한 법 제1조 제4항[현행 제14조, 이 하 같음]에서 '주된 거래'를 판단하는 경우[14] 와 같이 공급의 목적이 인적 요소와 물적 요 소 중 어디에 중점을 두고 있는지에 따라 판

단해야 할 것이다.

대상판결의 경우, 그 공급장소를 판단함 에 있어서 "사용"이 아니라 "제공"을 문제 삼 고 있는 점에서 위 용역이 역무임을 전제로 하고 있다고 할 수 있다. 즉 국내에 SWIFT 통 신망을 연결하여 SWIFT가 표준화한 메시지양 식에 따라 원고들이 입력한 금융기관 간 송금 의뢰 통지, 자금이체 지시, 외화자금 매매나 대출·예금계약 성립 등의 확인통지, 신용장 개설통지 등의 외환거래에 대한 메시지를 위 통신망을 이용하여 전송하고 이를 일정기간 저장하는 것으로 파악하여 SWIFT가 공급하는 용역을 역무로 이해하고 있는 듯하다.

그러나 위에서 본 기준에 따라 판단한다 면, SWIFT와 원고 은행들간의 거래의 목적은 원고 은행들이 SWIFT 통신망에 접속하여 관 련 소프트웨어 등을 이용하고 그 사용료를 지 불하게 하는데 있으므로, 공급의 목적은 인적 요소보다는 물적 요소를 제공받는데 있다고 할 수 있다. 그러므로 SWIFT가 원고 은행들 에 공급하는 용역은 위 통신망을 이용할 수 있는 권리(일종의 license)를 사용하게 하는 것 으로서 (역무와 사용용역을 나누어야 한다면) 역

---

11) 대법원 1988. 12. 6. 선고 88누2489 판결.
12) 위에서 본 대법원 1983. 1. 18. 선고 82누483 판결은 역무가 아니라 재화의 사용용역에 관한 판결임.
13) 행정해석으로는 면세사업자인 금융회사가 해외 법무법인으로부터 자문용역을 받은 경우(서면3팀-255, 2008. 02. 01)와 박물관이 프랑스 업체로부터 건축설계용역을 공급받은 경우(서면3팀-2031, 2007. 07. 23)에 대리납부의무를 모두 긍정한 바 있다.
14) 수개의 재화를 하나의 공급단위로 하는 거래에 있어, 그중 어느 재화가 주된 재화이고 어느 재화가 부수 된 것인지는, 당해 구체적 거래의 태양에 비추어 거래당사자 사이의 공급의 목적과 의도가 어디에 있는지 를 보아서 판단하여야 한다(대법원 1994. 10. 25. 선고 93누22258 판결; 대법원 1993. 12. 24. 선고 93누 17744 판결).

무보다는 사용용역에 가깝다고 해야 할 것이다.[15] 따라서 그러한 권리가 원고 은행들에 의해 국내에서 사용되는 이상 "제공" 장소를 따질 것도 없이 국내를 용역의 공급장소로 볼 수 있다고 보는 것이 보다 현실적인 접근방법이 아닌가 생각된다.

(3) 전자상거래에서의 공급 장소

위와 같은 검토결과는 국가 간 전자상거래에서의 부가가치세 부과 문제에 관한 해석론과도 관련이 있다고 생각되므로 이에 관하여 간략히 살펴본다.

먼저 재화와 용역의 구분과 관련하여, CD, 비디오, 소프트웨어 등의 무체재산을 인터넷을 통해 다운로드받도록 하는 방식으로 판매하는 경우에 그 본질이 그것을 이용할 수 있는 권리(일종의 license)의 제공에 있다고 볼 수 있으므로 일종의 사용용역의 제공으로서 재화가 아닌 용역이 공급된다고 보아야 할 것이다. 사업자가 저작권, 상표권, 특허권 등의 권리를 대여하고 그 대가를 받는 경우에 부가가치세법상 용역으로서 과세된다고 보는데 이론이 없는데, 여기서의 권리의 대여와 다운로드받도록 하는 것은 모두 저작권법 제46조 제1항의 이용허락 등에 해당하여 법률적으로는 유사하며, 이용허락에 따라 다운로드받은 파일 등은 용역의 공급에 부수하는 것으로 볼 수 있다. 따라서 대상판결에서 SWIFT 통신망에 접속하여 전송서비스를 이용하게 하는 것이 용역이라고 보는 데 이견이 없었듯이, 일정한 사이트에 접속하여 대가를 지불받고 파일 등을 다운로드할 수 있도록 하는 경우에도 용역의 공급이 있다고 볼 수 있을 것이다. 이것이 디지털 상품(Digital Product)의 거래를 재화가 아닌 용역의 공급으로 보는 국제적인 추세에도 부합된다.[16]

이와 같이 디지털 상품의 온라인 거래를 용역으로 보는 경우, 이는 역무가 아니라 사용용역으로 보아야 할 것이므로, '역무가 제공되는 장소'에 관한 해석론과 관계없이 그 공급장소는 부가세법 제10조 제2항에 따라 디지털 상품 내지 그에 관한 권리가 사용되는 장소로 보아야 할 것이다. 그러므로 만일 국내 면세사업자가 외국인으로부터 온라인으로 파일 등을 다운로드 받고 대가를 지불하는 경우에는 대상판결의 경우와 마찬가지로 부가세법 제34조 제1항에 따른 대리납부의무가 있다고 보아야 할 것이다. 물론 이 경우 이러한 의무를 일반 소비자의 경우에까지 확장할 수 있느냐의 문제가 발생하게 되지만, 이는 단지 전자상거래에 한정되는 문제가 아니라 재화와 용역의 "수입"에 관하여 제기되는 일반적인 문제라고

---

15) 대상판결이 "SWIFT 통신망을 이용하는 원고들로서는 이 사건 용역 중 가장 중요하고 본질적인 부분은 SWIFT가 표준화한 메시지양식에 따라 입력한 외환거래에 대한 메시지가 전송되는 것"이라고 판시한 것을 이러한 관점에서 이해할 수도 있다.
16) 다만 부가세령 제32조 제6항은 면세대상인 "도서"에 전자출판물이 포함된다고 규정하고 있다.

해야 할 것이다[17].

4. 이 판결의 의의

첫째, 부가세법 제2조 내지 제34조는 재화 또는 용역의 공급장소가 국내인 경우에 적용된다는 기존의 판례를 전제로 판단함으로써 이를 재확인하고 있다.

둘째, 전자상거래의 한 형태라고 볼 수 있는 사안에 관하여 공급장소를 판단하고 있는 최초의 대법원 판결로 보이는바, 소비하는 장소를 공급장소라고 본 결론은 타당하나 공급되는 용역이 역무임을 전제로 제시된 근거는 정확하다고 보기 어렵다고 생각된다.

참고문헌

이창희, 『세법강의』, 박영사, 2008.

조일영, "국내은행이 S.W.I.F.T(Society for Worldwide Interbank Financial Telecommunication, 국제은행 간 금융통신조직)으로부터 제공받은 이 사건 외환거래 메시지 전송용역이 외국법인이 국내에서 공급하는 용역에 해당하여 국내은행이 부가가치세 대리납부의무를 부담하는지 여부(2006. 6. 16. 선고 2004두 7528, 7535 판결: 2006하, 1375)", 『대법원 판례해설』, 제61호(2006. 12.).

---

17) 이에 관하여는 신동승, 앞의 글 참조.

부가가치세법 상 영세율의 적용요건

사건의 표시 : 대법원 2007. 6. 14. 선고 2005두12718 판결

▪ 사실개요 ▪

1. 원고는 미국회사 오라클로부터 오라클 프로그램에 관한 판매, 배부, 재라이센스 권한을 부여받는 계약을 체결함.

2. 미국회사 오라클은 독일회사의 미국자회사 머크에게 오라클 라이센스에 관한 영속적이고, 비독점적이며, 전세계적인 권한을 부여하는 내용의 소프트웨어 라이센스 계약을 체결함.

3. 미국회사 오라클은 원고로 하여금 미국자회사 머크의 계열회사로서 한국에 설립된 머크 주식회사(이하 '한국 머크'라 한다)에게 오라클 서비스를 제공하도록 지시하고, 원고는 그에 따라 한국 머크에게 오라클 서비스를 제공한 다음 미국회사 오라클의 중앙결제계정을 통하여 미국회사 오라클에게 지급할 금액과 차감·정산하는 방법으로 미국회사 오라클로부터 위 서비스제공의 대가를 받음.

▪ 판결요지 ▪

1. 부가가치세제하에서 영세율의 적용은 원칙적으로 수출의 경우에만 인정되고, 국내의 공급소비에 대하여는 수출에 준할 수 있는 경우로서 외국환의 관리 및 부가가치세의 징수질서를 해하지 않는 범위 내에서 외화획득 장려라는 국가정책상의 목적에 부합하는 경우에만 예외적, 제한적으로 인정된다.

---

* 신동승(헌법재판소 수석부장연구관).

2. 영세율의 적용요건으로서 구 부가가치세법 시행령(2000. 12. 29. 대통령령 제17041호로 개정되기 전의 것 및 2001. 12. 31. 대통령령 제17460호로 개정되기 전의 것, 이하 '구 부가세령'이라 한다) 제26조 제1항 제1호[현행 제33조 제2항 제1호, 이하 같음]에 정한 '대금을 외국환은행에서 원화로 받는 것'이란 단순히 세무행정의 편의를 위하여 훈시적으로 대금지급방법을 예시한 것이 아니므로 엄격히 해석하여야 한다.

3. 부가가치세법 기본통칙은 과세관청 내부에 있어서 세법의 해석기준 및 집행기준을 시달한 행정규칙에 불과하고 법원이나 국민을 기속하는 효력이 있는 법규가 아니라고 할 것이고, 오랫동안 시행되어 왔다는 사정만으로 법규적 효력을 인정할 수도 없으며, 비거주자 또는 외국법인에게 재화 또는 용역을 공급하고 그 대가를 당해 비거주자 또는 외국법인에게 지급할 금액에서 차감하는 경우에 영세율이 적용된다고 규정하고 있는 부가가치세법 기본통칙 11 – 26 – 4[현행 삭제]는, 과세관청의 국세관행이 될 수 있는지 여부는 별론으로 하고 외국환은행을 통한 대금결제절차를 밟을 것을 영세율의 적용요건으로 정하고 있는 구 부가세령 제26조 제1항 제1호 규정에 대한 해석으로서는 온당하다 할 수 없다.

4. 국내사업장이 없는 외국법인과 체결한 공급계약에 따라 위 외국법인이 지정한 내국법인에게 서비스를 공급한 후 그 대가를 외국법인에게 지급할 금액에서 차감·정산하는 방법으로 지급받은 경우는, 구 부가세령 제26조 제1항 제1호에서 정한 부가가치세 영세율 적용대상이 아니라고 한 사례.

▶ 해 설 ◀

1. 쟁점

원고는 미국회사와의 계약에 따라 국내법인에게 용역을 제공하고 그 대금은 미국회사와 정산하는 방법으로 지급받았는데, 피고는 위 용역의 제공이 부가가치세법 상 영세율 적용대상에 해당하지 않는다는 이유로 이에 대하여 부가가치세를 부과하였다. 따라서, 이 사건의 쟁점은 비거주자에 의하여 지정된 자에게 용역을 공급하고 그 대금을 직접 원화로 지급받지 아니한 경우에도 영세율 적용대상에 해당하는지 여부이고, 이를 판단함에 있어서 엄격해석의 원칙이 적용되는지 여부 및 과세관청의 내부적 행정규칙이 법규적 효력이 있는지 여부이다.

2. 엄격해석의 원칙

조세법률주의란 법률의 근거 없이 국가는 조세를 부과·징수할 수 없고, 국민은 조세의 납부를 요구받지 아니한다는 원칙을 의미한다. 조세법률주의의 중요한 존재의의는 국민의 재산권을 보호하기 위하여 법적 안정성과 예측가능성을 보장하는 것이라고 한다.[1] 헌법재판소는 조세법률주의의 근거로 헌법 제38조와 제59조를 들고 있다.[2]

조세법률주의의 내용으로 주로 거론되는 것은 과세요건 법정주의, 과세요건 명확주의, 조세법령 불소급의 원칙 등이고, 여기에 엄격해석의 원칙 또는 합법성의 원칙을 별도로 포함시키는 경우도 있다. 이 사건에서 문제되는 것은 조세법률주의 중 소위 엄격해석의 원칙이다.

엄격해석의 원칙이란 조세법규의 해석은 특별한 사정이 없는 한 법문대로 해석하여야 하고 합리적 이유 없이 확장해석하거나 유추해석하는 것은 허용되지 않으며, 이러한 조세법상의 해석 원칙은 과세요건이나 비과세요건을 막론하고 모든 조세법규에 엄격히 적용되어야 한다는 것이다.[3]

조세를 감면하는 규정에 관해서 엄격해석의 원칙을 적용하는 것은 조세법률주의에만 근거를 두었다기보다는 대법원 판결의 취지와 같이 조세법률주의가 추구하는 법적 안정성 및 예측가능성과 조세공평의 이념에 근거한 것이라고 생각된다. 즉, 조세를 감면하는 규정을 엄격하게 해석함으로써 납세자로 하여금 어떤 경우에 조세를 감면받게 되는지를 예측하여 적절한 거래방식을 선택할 수 있는 가능성을 주는 것과 함께, 특정인이나 특정 계층에 대하여 정당한 이유 없이 조세감면의 우대조치를 함으로써 그들이 부담하여야 할 조세 부담을 다른 납세자들에게 전가시키는 것을 방지하는 것[4]이 조세법을 엄격해석하여야 하는 이유인 것이다.

대상 판결은 구 부가세령 제26조 제1항 제1호의 규정을 해석함에 있어서 엄격해석의 원칙을 적용한 것으로서 이에 대하여 특별한 문제점은 없다. 다만 조세법령을 엄격해석함에 있어서는 법규 상호 간의 해석을 통하여 문제된 조문의 의미를 명백히 할 필요가 있어 조세법률주의가 지향하는 법적 안정성 및 예측가능성을 해치지 않는 범위 내에서 입법취지 및 목적 등을 고려한 합목적적 해석을 하는 것은 불가피하다.[5] 대상 판결도 부가가치세법 상 영세율을 적용하는 경우에 관하여 영세율 제도의 목적 등을 고려하여 그 적용범위

---

1) 임승순, 『조세법』(박영사), 2005, 29면.
2) 이에 대하여 조세법에만 특유한 조세법률주의라는 개념은 일본에서 만들어 낸 것이고, 그것은 단지 법치국가 이념의 한 구현일 뿐이라는 주장이 있다. 이창희, 『세법강의』(박영사), 2008, 16면 이하 참조.
3) 대법원 2007. 7. 12. 선고 2005두15021 판결에서는 "조세법률주의와 조세공평의 이념에서 비롯된 엄격해석의 원칙은 과세요건에 해당하는 경우에는 물론 비과세 및 조세감면요건에 해당하는 경우에도 적용되므로, 납세자에게 유리하다고 하여 비과세요건이나 조세감면요건을 합리적 이유 없이 확장해석하거나 유추해석하는 것은 허용되지 않는다"고 한다.
4) 헌법재판소 1996. 6. 26. 93헌바2.
5) 대법원 2008. 1. 17. 선고 2007두11139 판결 참조.

를 엄격히 해석한 것이다.

3. 부가가치세의 영세율 제도

부가가치세에 있어서 영세율이란 세율을 영(0)으로 하는 것이다. 납부세액을 계산함에 있어서 재화 또는 용역의 공급에 대한 매출액에 영의 세율을 적용하므로 매출세액은 영이 되고, 여기에서 재화 또는 용역을 공급받을 때 자기가 부담한 매입세액을 공제하게 되므로 매입세액을 전액 환급받게 된다.

영세율 제도를 채택하는 이유는 우선 우리 부가가치세법이 소비지과세원칙을 채택하고 있기 때문이다.[6] 이 원칙에 따르면 재화나 용역을 생산만 하고 소비하지 않는 나라, 곧 수출하는 나라에서는 영세율제도에 의하여 수출하기까지 당해 재화나 용역에 부과되었던 자국의 세금을 모두 돌려주어 세부담을 없애주고, 이를 수입하는 나라에서는 국내에서 생산된 물품과 마찬가지로 과세하게 된다. 이와 같이 영세율제도를 취하게 되면 수출하는 재화의 가격조건이 유리하게 되어 국제적 경쟁력이 제고된다. 또한 영세율이 적용되는 경우 조기환급대상이 되기 때문에 수출업자의 자금부담도 줄어들게 된다.

그런데 영세율제도는 반드시 이런 이론적

목적으로만 사용되는 것은 아니다. 구 부가가치세법(이하 '부가세법'이라 한다) 제11조 제1항 제3호[현행 제23조 제1항, 이하 같음]에 규정된 외국항행용역은 국내에서 제공된 부분과 국외에서 제공된 부분의 구분이 쉽지 않기 때문에 국내외에 걸친 수송용역 전체를 영세율 적용대상으로 한 것이다. 구 부가가치세법 제11조 제1항 제4호[현행 제24조 제1항 제3호, 이하 같음]에 근거하여 규정된 시행령 제26조 제1항은 외화를 획득하는 거래 중 일정 부분에 대해서 영세율을 적용함으로써 외화획득을 장려할 목적으로 규정된 조항이다. 그 이외에도 방위산업체가 공급하는 방위산업물자, 농민 등에게 공급하는 농업용 기자재 등과 같이 특정 거래를 보호하기 위한 국가정책적 목적에 따라 영세율을 적용하는 경우도 있다.

대상판결에서 문제된 사안은 소비지과세원칙과는 관계없이 외화획득을 장려하려는 정책적 목적을 실현하기 위하여 규정된 조항인 구 부가세령 제26조 제1항의 해석과 관련된 것이므로, 이러한 입법목적을 고려하여 그 적용범위를 판단하여야 할 것이다.

---

6) 부가가치세를 어떤 사업자가 부가한 가치에 대해서 과세한다는 개념에 충실하게 과세하려면 생산지과세가 합당할 것이다. 그러나 부가가치세제를 반드시 생산지과세로 하여야 할 논리적 필연성은 있다고 할 수 없고, 생산지과세로 할 것인지, 소비지과세로 할 것인지는 입법정책적인 문제라고 할 것이다. 양자의 관계에 관한 자세한 내용은 이창희, 전게서(주 2), 995면 이하 참조.

4. 국세청 기본통칙의 법규성[7]

조세법률관계를 규율하는 세법은 전문성, 기술성 및 복잡성을 지니고 있기 때문에 상급 행정청은 조세행정의 통일을 위하여 세법의 해석·적용의 기준을 마련하여 예규, 통첩 등을 발령하고 있는데, 여기에는 각 개별세법에서 과세관청의 해석 및 적용 기준을 축조적으로 제시한 기본통칙과 개개의 문제가 생길 때마다 개별적 사항에 관한 조세법의 해석과 운용지침을 주기 위하여 통첩, 지시 등의 이름으로 발령되는 개별통칙이 있다.

이와 같은 조세통칙은 과세관청 내부에서 사실상의 구속력을 지니고 세무공무원의 업무를 통제하고 있어, 현실적으로 세무행정은 대부분 조세통칙에 의하여 이루어지고 있는 실정이다. 그러나 조세통칙은 어디까지나 과세관청 내부에 있어서 세법 해석의 기준 및 집행기준을 시달한 행정규칙으로서 행정청 내부에서만 효력을 가질 뿐 국가와 국민 사이에 효력을 가지는 법규적 효력이 없으므로 법원이나 일반 국민에 대한 법적 구속력이 없다. 대법원 판결도 이와 같은 입장을 견지하고 있고[8] 대상 판결도 이러한 판례의 입장을 확인하고 있다.

5. 대상 판결 사안에 대한 영세율 적용 여부

(1) 관련 규정

<구 부가세법>

제11조(영세율적용)

① 다음 각호의 재화 또는 용역의 공급에 대하여는 영의 세율을 적용한다.

4. 제1호 내지 제3호 이외에 외화를 획득하는 재화 또는 용역으로서 대통령령이 정하는 것

<구 부가세령>

제26조 (2000. 12. 29. 대통령령 제17041호로 개정되기 전의 것)

① 법 제11조 제1항 제4호에 규정하는 외화를 획득하는 재화 또는 용역은 다음 각호에 규정하는 것으로 한다. 다만, 제1호 및 제1호의2의 경우에 있어서 국내에서 비거주자 또는 외국법인이 공급받는 부동산임대용역과 기타 국내에서 당해 재화를 소비하거나 용역을 공급받는 경우로서 재정경제부령이 정하는 재화 또는 용역을 제외한다.

1. 국내에서 국내사업장이 없는 비거주자 또는 외국법인에게 공급되는 재화 또는 용역으로서 그 대금을 외국환은행에서 원화로 받는 것

---

7) 이 부분은 임승순, 전게서(주 1), 24면 이하 참조.
8) 대법원 1992. 12. 22. 선고 92누7580 판결 등

1의2. 비거주자 또는 외국법인의 국내사
업장이 있는 경우에 국내에서 국외의 비거주
자 또는 외국법인과 직접계약에 의하여 공급
되는 재화 또는 용역으로서 그 대금은 당해
국외의 비거주자 또는 외국법인으로부터 외국
환은행을 통하여 원화로 받는 것

제26조(2001. 12. 31. 대통령령 제17460
호로 개정되기 전의 것)

① 법 제11조 제1항 제4호에 규정하는
외화를 획득하는 재화 또는 용역은 다음 각
호에 규정하는 것으로 한다.

1. 국내에서 국내사업장이 없는 비거주자
또는 외국법인에게 공급되는 용역으로서 그
대금을 외국환은행에서 원화로 받는 것. 다만,
다음 각 목의 1에 해당하는 용역을 제외한다.

1의2. 비거주자 또는 외국법인의 국내사
업장이 있는 경우에 국내에서 국외의 비거주
자 또는 외국법인과 직접계약에 의하여 공급
되는 용역(제1호 각목의 1에 해당하는 용역을 제
외한다)으로서 그 대금을 당해 국외의 비거주
자 또는 외국법인으로부터 외국환은행을 통하
여 원화로 받는 것

제26조(2001. 12. 31. 대통령령 제17460
호로 개정된 것)

① 법 제11조 제1항 제4호에 규정하는
외화를 획득하는 재화 또는 용역은 다음 각

호에 규정하는 것으로 한다.

1. 국내에서 국내사업장이 없는 비거주자
또는 외국법인에게 공급되는 다음 각 목의 1
에 해당하는 재화 또는 사업에 해당하는 용역
으로서 그 대금을 외국환은행에서 원화로 받
는 것

가. 비거주자 또는 외국법인이 지정하는
국내사업자에게 인도되는 재화로서 당해 사업
자의 과세사업에 사용되는 재화

(2) 이 사건의 적용법령

이 사건은 1996년 제2기부터 2001년 제1
기까지의 부가가치세 과세기간에 대한 부가가
치세에 대하여 다투는 사안이다. 따라서 이 사
건에 적용되어야 할 시행령은 2001. 12. 31.
대통령령 제17460호로 개정되기 전의 것이어
야 한다. 그런데, 이 사건의 1심판결을 그대로
인용한 원심판결에서는 2001. 12. 31. 대통령
령 제17460호로 개정된 시행령을 적용하여 과
세처분의 적법 여부를 판단하였다.9) 개정 전
후의 시행령의 결정적인 차이는 개정 후의 시
행령에는 "비거주자 또는 외국법인이 지정하
는 국내사업자에게 인도되는 재화"라는 부분
이 있고, 부가가치세법 기본통칙 11-26-3
[현행 삭제]에는 이 경우 재화뿐 아니라 용역
을 공급하는 경우도 포함된다고 규정하고 있
는데, 원심판결은 이러한 규정을 종합하여 이
사건에도 영세율이 적용된다고 판시하고 있다.

---

9) 이와 같이 적용법령이 잘못되었음은 대상 판결에서도 지적하고 있다.

그러나 이 사건에 2001. 12. 31. 대통령령 제17460호로 개정되기 전의 구 부가세령을 적용한다면 일단 이 사건이 구 부가세령 제26조 제1항 제1호에 해당하는지 여부부터 판단하여야 한다. 개정 전의 시행령에는 비거주자 또는 외국법인이 지정하는 국내사업자에게 재화나 용역을 공급하는 경우에 대한 규정이 없기 때문이다.

이 사건은 국내 법인인 원고가 역시 국내 법인인 한국 머크에게 용역을 제공한 사안이지 미국회사 오라클에게 용역을 제공한 사안이 아니다. 또한 한국 머크가 이 사건 용역의 대금을 지급한 미국회사 오라클의 국내사업장에 해당하지도 않는다. 따라서 이 사건 용역의 대금을 외국법인인 미국회사 오라클이 지급하였다는 사정만으로 이 사건 거래가 시행령 제26조 제1항에 해당한다고 할 수 없다.

따라서 이 사건은 그 대금을 외국환은행에서 원화로 받은 것인지 여부에 관해서 판단할 필요도 없이 구 부가세법 제11조 제1항 제4호, 시행령 제26조 제1항 제1호에 해당하지 않는 것이므로 부가가치세 영세율이 적용되지 않는 거래라고 할 것이다[10].

(3) 구 부가세령 제26조 제1항 제1호 [현행 제33조 제2항 제1호]의 해석

대상 판결은 구 부가세령 제26조 제1항 제1호에서 규정한 '대금을 외국환은행에서 원화로 받는 것'이란 규정은 단순히 세무행정의 편의를 위하여 훈시적으로 대금지급방법을 예시한 것이 아니므로 이를 엄격히 해석하여야 한다고 하면서, 대금을 원화로 지급받는 경우 이외에는 이 규정에 해당하지 않는다고 판시하고 있다. 이것은 아마도 대상 판결에서 인용하고 있는 대법원 1983. 12. 27. 선고 83누409 판결의 취지에 따른 것 같다. 위 83누409 판결에는 "부가가치세 영세율의 적용은 수출에 준할 수 있는 경우로서 외국환의 관리 및 부가가치세의 징수질서를 해하지 않는 범위 내에서 외화획득의 장려라는 국가정책상의 목적에 부합되는 경우에만 예외적, 제한적으로 인정되는 것이고, 구 부가세령 제26조 제1항 각 호도 수출 이외의 경우에는 실제 외화획득이 이루어진 경우만을 보장하여 영세율을 적용키로 규정하고 있는 것"이라고 판시하고 있다.

그런데 구 부가세령 제26조 제1항 제1호의 규정이 용역 대금을 외국환은행에서 원화로 지급받은 경우에만 영세율을 적용하려고 한 것인지는 의문이다. 즉, 용역 대금을 외국환은행에서 원화로 지급받지 않는 경우에도 실제로 외화획득의 효과가 있는 경우는 상당히 많은데(이 사건의 경우도 해당된다.), 이러한 경우에도 영세율을 적용하지 않는 것이 위 조

---

10) 대상 판결은 원심판결에 적용한 시행령이 잘못되었음을 지적하면서도, 이 부분에 대해서는 전혀 판단하지 않고 다만 '원화로 받는 것'이란 부분에 대해서만 판단하였다.

항의 입법취지에 부합하는지 의문인 것이다. 그러한 제한을 가할 합리적인 이유가 없기 때문이다. 대상 판결이나 위 83누409 판결에도 용역 대금을 비거주자나 외국법인으로부터 지급받음에 있어서 외국환은행에서 원화로 지급받은 경우에만 영세율을 적용하여야 하는 구체적인 이유에 관하여 아무런 설명이 없다. 필자가 생각할 수 있는 이유라면 허위로 외화획득을 위장한 경우를 배제하여 외화 획득을 명백히 확인하기 위한 것이라는 정도인데, 이러한 이유라면 그 목적은 다른 방법으로도 충분히 달성할 수 있는 것이고, 이러한 목적을 달성하기 위하여 구 부가세법 제11조 제1항 제4호 및 구 부가세령 제26조의 입법취지를 몰각시키는 해석을 하여서는 아니될 것이다.

따라서, 용역 대금을 비거주자 또는 외국법인으로부터 지급받음에 있어서 외국환은행에서 원화로 지급받는 방법을 취하지 않는 경우에도 실제로 외화를 획득한 것과 마찬가지 효과를 발생하는 경우에는 시행령 제26조 제1항 제1호에 해당한다고 해석하는 것이 위 조항의 입법취지에 부합한다고 할 것이다.[11]

6. 이 판결의 의의

대상 판결은 부가가치세 영세율 제도의 취지를 설명하고, 엄격해석의 원칙에 입각하여 부가가치세 영세율 적용범위를 해석하였다는 점, 국세청 기본통칙의 법규성 여부에 관해서 판단하였다는 점 등에서 의의가 있고, 원고의 청구를 배척하는 취지의 결론을 내린 것도 타당하다고 할 것이나, 이 사건이 구 부가세령 제26조 제1항 제1호에 해당한다는 취지로 판시한 점 및 위 조항을 너무 좁게 해석한 점 등에서 문제점이 있다고 할 것이다.

[Notes & Questions]

현행 부가가치세법 시행규칙[2013. 6. 28. 기획재정부령 제355호로 개정된 것] 제22조 제2호는 국내사업장이 없는 외국법인과 체결한 공급계약에 따라 위 외국법인이 지정한 내국법인에게 서비스를 공급한 후 그 대가를 외국법인에게 지급할 금액에서 차감·정산하는 방법으로 지급하는 방법도 부가가치세 영세율 적용대상이라고 규정하고 있다.

---

11) 가령, 이 사건에서 원고가 미국회사 오라클에게 지급할 금액에서 차감하지 아니하고 용역대금을 모두 지급받은 후 미국회사 오라클에게 지급할 돈을 별도로 지급하였다면 시행령 제26조 제1항 제1호가 적용될 것임은 명백한데, 단지 그 과정을 생략하고 차액만을 지급받았다고 하여 위 조항을 적용할 수 없다고 판단하는 것은 위 조항의 입법취지에 어긋난다고 생각된다.

참고문헌

이창희, 『세법강의』, 박영사, 2008.

임승순, 『조세법』, 박영사, 2005.

판례
< 75 >

게임장 사업자의 부가가치세 과세표준

사건의 표시 : 대법원 2008. 9. 25. 선고 2008두11211 판결

• **사실개요** •

원고는 성인용 릴게임기를 설치하여 구음반·비디오물 및 게임물에 관한 법률에 의한 일반게임장을 영위하는 사업자로 자신이 운영하는 사업장의 부가가치세를 신고함에 있어서 게임기 이용자의 현금투입액에서 경품으로 지급한 상품권 금액을 차감한 가액을 과세표준으로 하여 부가가치세 신고를 하였다.

과세처분청은 원고에 대한 세무조사를 실시하여 상품권 매입가액을 배당률로 나눈 금액을 매출액으로 산정하고 사업장 이용자들이 게임기에 투입한 금액 전액을 부가가치세 과세대상이 되는 수입금액으로 하여 원고에게 부가가치세를 경정 고지하였다. 원고는 이에 불복하여 소정의 절차를 거쳐 부가가치세 부

과처분취소청구의 소를 제기하였으나 기각 당하자 상고하였다.

• **판결요지** •

전단계 세액공제방식을 채택하고 있는 우리나라 부가가치세는 소득세·법인세와 달리 실질적인 소득이 아닌 형식적인 거래의 외형에 대하여 부과하는 거래세의 형태를 띠고 있어 비용공제의 개념이 없고, 사업자의 손익 여부와 무관하게 부과되는 점, 상품권을 경품으로 제공하는 게임장에서 게임업자가 게임기 이용자에게 제공하는 것은 게임기 이용이라는

---

* 김두형(경희대학교 법학전문대학원 교수, 변호사).

용역뿐이고 상품권은 게임기 이용 후 게임기 이용자별로 게임의 우연한 결과에 따라 부수적으로 제공되는 경품으로서 구 부가가치세법(이하 '부가세법'이라 한다) 제13조 제3항[현행 제29조 제6항] 소정의 장려금적 성격이 있다고 볼 여지가 있는 점, 구 게임제공업소의 경품취급기준은 게임업자가 경품을 쉽게 현금화하는 것을 엄격히 제한하고 있어 사실상 환가가 보장되더라도 상품권을 현금과 동일시할 수 없는 점 및 게임업자로서는 스스로 부가가치세가 부과되지 않는 상품권을 구입하여 경품으로 제공한 결과로 그 매입세액을 공제받지 못하는 것인 점 등을 종합하여 고려하면, 상품권을 경품으로 제공하는 게임장에서의 부가가치세 과세표준을 산정함에 있어서 게임기 이용자들이 게임기에 투입한 총금액에서 게임업자가 게임기 이용자들에게 경품으로 제공한 상품권의 액면가액 또는 그 취득가액을 공제할 수는 없다고 봄이 타당하다.

▶ 해 설 ◀

1. 쟁점

게임장 사업은 고객들로 하여금 게임기 등이 설치된 일정한 물리적 장소에 입장하여 그곳에 설치된 다수의 게임기를 이용하여 게임을 할 수 있게 하는 사업이다. 게임산업진흥에 관한 법률(구 음반·비디오물 및 게임물에 관한 법률)등에 따르면 게임기에 투입한 금액에 따른 시간만큼 게임물 자체를 즐기게 하는 오락을 제공하도록 하는 것이 게임장의 기본 영업형태이다. 이 경우 게임기에 투입된 현금액을 게임장 이용에 대한 대가로서 파악할 수 있으므로 부가가치세 과세표준과 관련해서 특별한 문제가 발생하지 아니한다.

그런데 상당수 게임장이 과당경쟁을 하면서 운영자가 승률을 100% 이상으로 높이거나 고배당 연타기능을 설정하는 등 게임기를 조작하여 실질적으로 사행성 게임물을 제공하고 있다. 이 경우에 부가가치세 과세표준 산정과 관련해서 현금 투입 후에 게임기 이용자가 당첨금으로 수취해가는 상품권 상당액을 과세표준에서 공제해야 타당한지 해석상 문제가 된다.

2. 게임의 원리 및 성질

게임장에서 제공하는 게임물 중 배당표에 해당하는 일정한 그림의 배열이 배당라인에 형성되면 베팅에 대한 배당을 받게 되는 게임을 릴게임이라 하는데 그 원리는 다음과 같다.

게임장에 입장한 이용자들이 일정한 현금을 게임기에 투입하면 게임을 할 수 있는 크레딧(credit)으로 적립되고 게임기 이용자는 적립된 크레딧을 사용하여 게임을 시작하게 된다. 베팅을 한 결과 게임조건이 충족되면 당첨되어 윈(win)창에 점수가 누적되는데 크레딧창의 점수 또는 윈창의 점수가 모두 없어질 때까지 시간이나 횟수에 관계없이 계속해서 게임을 할 수 있다. 이용자는 게임기 이용자가 획득할 수 있는 상품권의 양을 나타내는 윈창의 점수가 쌓이면 이를 상품권 액면액으로 환산하여 상품권 버튼을 눌러서 액면가 5,000원짜리 상품권을 배출할 수 있다.2) 당첨될 경우 지급하는 경품용 상품권은 현금투입액과는 아무 관계없이 매회 짧은 시간에 이용자가 설정한 게임조건과 게임의 결과가 일치한다는 우연한 사정에 따라 우발적·일시적으로 그 지급여부가 결정된다. 따라서 당첨을 위한 게임기 이용자의 숙련된 게임기술은 전혀 필요 없으며 우연에 의해 각 이용자의 당첨 여부 및 확률이 다르게 결정된다. 게임기 이용자가 획득한 상품권은 게임장 인근 별도의 환전소에서 손쉽게 현금으로 환전이 가능하다. 이와 같이 성인용 게임징의 게임은 그 실질에 있어서 사행성 원리가 내포되어 있어 사회문제가 되고 있다.3)

3. 게임장 사업에 대한 부가가치세 과세표준

(1) 과세표준 계산의 일반 원칙

재화 또는 용역의 공급에 대한 부가가치세의 과세표준은 해당 관세기간의 '공급가액'이다(구 부가세법 13조[현행 29조]). 에누리액, 환입된 재화의 가액, 공급받는 자에게 도달하기 전에 파손·훼손 또는 멸실된 재화의 가액 등은 과세표준에 포함하지 않는다. 또 재화 또는 용역을 공급한 후 사업자가 제공한 공급가액에 대한 대손금·장려금과 이와 유사한 금액은 과세표준에서 공제하지 아니한다. 이와 같이 부가가치세법은 과세표준에 포함하지 않는 항목과 과세표준에서 공제하지 않는 항목만을 예외적으로 열거하여 명시하고 있다.

게임장 사업자는 부가가치세 납부를 위하여 게임기 이용자로부터 부가가치세를 거래징수 해야 하지만 게임장의 구조상 거래징수를 하기는 현실적으로 어렵다. 그리하여 과세처분청은 게임기 사업자가 구입하여 제공한 상품권의 수량으로 과세표준을 추계하는 한편 게임기 이용자의 투입금액 전액을 부가가치세가 포함된 공급대가로 보고 있다.

---

2) 종전에 게임장에서 당첨된 이용자는 경품용 상품권을 지급받을 수 있었으나 개정된 경품취급기준은 2007. 4. 28.부터 경품용 상품권을 지급할 수 없게 하였다.
3) 게임산업진흥에 관한 법률 제2조 제1호 단서에서 사행성 게임은 게임물의 범위에서 제외하고 있다.

(2) 상품권 지급액의 공제 여부

이 판결 이전에 부가가치세법상 게임장의 공급가액 계산에 있어서 게임기에 투입된 현금총액에서 상품권 지급액을 공제해야 할지를 둘러싸고 하급심 판결들은 공제설과 불공제설로 엇갈렸다.

공제설은 부가가치세의 과세대상이 되는 과세거래는 게임기 이용이라는 용역의 제공부분에 한정되어야 하고, 게임기에 투입한 총금액 중 상품권의 액면가액 또는 시가에 해당하는 부분은 공급가액에서 공제하여야 한다는 견해이다.[4]

불공제설은 게임기 이용자들이 게임기에 투입하는 금액은 게임기 이용이라는 용역 전체에 대한 대가로서 게임장 사업자로부터 지급받는 상품권이라는 재화에 대한 대가가 포함되었다고 볼 수 없으므로 이를 사업자의 공급가액에서 공제할 수 없다는 견해이다.[5]

양 설은 게임장 사업자가 제공하는 용역의 실질과 그 이용 대가의 성격, 상품권의 공급과 대가성의 관계 등에 대한 관점에서 큰 시각차를 드러내고 있으므로 이를 차례로 살펴본다.

4. 이 판결에 대한 검토

(1) 게임장 사업자가 제공하는 용역의 실질

게임 사업장에는 수 십대의 게임기들을 통제하는 중앙컴퓨터에 평균배당률(통상 95% 이상으로 고정되어 있다)이 미리 입력되어 있어서 게임기 이용자가 투입하는 금액 중 평균배당률에 해당하는 금액은 무조건 게임기 이용자들에게 배당이 된다.

공제설에서는 게임기에 투입되는 금액 중 평균배당률에 해당하는 일정 금액의 반환은 게임장 사업자와 게임기 이용자들 사이에 이미 확정된 것으로 실제로 그 나머지 금액만 게임장 사업자가 용역을 제공하고 얻는 수입으로 본다. 만일 어떤 게임기 이용자가 투입금액보다 많은 당첨금을 받는 경우 그 돈은 외관상 게임장 사업자로부터 온 것이지만 실질적으로는 게임결과 돈을 잃은 다른 게임기 이용자로부터 온 것으로 보고 있다. 따라서 게임장 사업자가 제공하는 용역의 실질은 게임기 이용자들 사이에 부의 재분배가 일어나도록 하는 장소 및 수단을 마련해 주는 것에 불과하다고 본다.[6]

반면에 불공제설에서는 게임장 사업자가

4) 서울행정법원 2008. 1.9. 선고 2007구합33245 판결; 광주지방법원 2007. 1. 25. 선고 2006구합4226 판결 등.
5) 부산지방법원 2008. 5. 7. 선고 2007구합4705 판결; 서울행정법원 2007. 12. 11. 선고 2007구합12057 판결; 서울행정법원 2007. 11. 1. 선고 2007구합24920 판결.
6) 김두형, "게임장 사업자의 부가가치세 과세표준에 관한 연구", 『조세법연구』, 14-2(2008. 8.), 85면.

게임기 이용자에게 제공하는 것은 게임기 이용이라는 용역의 제공일 뿐이고, 게임기 이용자가 게임기에 투입하는 금액은 게임기 이용이라는 용역 전체에 대한 대가라고 본다.[7]

(2) 경품용 상품권의 성격과 대가성

공제설의 입장은 사행성 게임의 경우 실제 게임기 이용자가 게임을 하는 주된 목적은 경품용 상품권을 얻는 데 있다고 보고 있다. 논리적으로 상품권은 게임기를 이용하는 과정에서 게임기로부터 배출되는 것이지 게임기의 이용이라는 용역의 제공이 완료된 후 별도로 제공되는 것이 아니므로 장려금의 성격을 가지고 있다고 보지 아니한다. 또 게임기 이용자는 자신의 투입금액보다 더 큰 금액의 상품권을 받을 수 있는데 이 경우 게임장 사업자가 매출실적보다 더 많은 장려금을 지급하는 것은 장려금의 개념에도 포함되지 않는다고 해석한다.[8]

반면에 불공제설의 입장은 게임기 이용자가 게임조건을 충족할 경우에 한하여 상품권을 지급받게 되기 때문에 게임에서 정한 요건 충족시 이용자에게 지급되는 상품권 등은 단순한 시상금 내지 장려금에 해당하는 것이라고 한다. 만일 게임기 이용자가 투입한 금액보다 훨씬 더 큰 액수가 지급되는 일이 있더라도 이는 확률적으로 당첨되기 어려운 이례적인 경품에 불과할 뿐이므로 장려금의 성격을 갖지 아니한 것으로 볼 수 없다고 한다. 더욱이 상품권은 게임기 이용 당시 확정적으로 지급이 예정되어 있는 것이 아니라 단지 기대확률에 의해 지급될 가능성에 불과하므로 공급가액 자체가 변경되는 것은 아니라고 이해한다.[9]

한편, 게임기 이용자가 게임기에 투입한 금액의 일부는 상품권의 공급에 대한 대가에 해당하는 것으로 볼 수 있는지 문제가 된다. 일반적으로 재화 또는 용역의 공급과 관련된 대가성이 있는지 여부는 당초부터 계약에 의하여 지급할 것이 예정되어 있는지 여부에 따라서 판단하여야 할 것이다.

공제설은 게임기의 이용과정에서 애당초 상품권의 배출이 필수적으로 예정되어 있고 게임기 이용과 일체로서 이루어지고 있어 실질적으로 게임기 이용료와 직접적인 대응관계에 해당한다고 한다.[10] 비록 게임기 이용이라는 용역과 경품용 상품권이라는 재화를 구분하여 따로 대가를 지급하는 것은 아니지만 게임기 이용자가 투입하는 현금은 용역과 재화를 공급받는 것 전체에 대한 대가로 보는 것

7) 조성권, "상품권제공 게임장에서의 부가가치세 과세표준 산정방법", 『대법원판례해설』, 제76권(2008. 12.), 624면.
8) 김두형, 전게논문, 89-91면.
9) 조성권, 전게논문, 624면.
10) 서울행정법원 2008. 1. 9. 선고 2007구합33245 판결.

이다. 다만, 상품권은 화폐대용증권으로서 그 자체가 부가가치를 창출하지 아니하므로 이를 공급하더라도 과세대상이 되는 재화의 공급으로 볼 수 없다는 것이 된다.

반면에 불공제설은 게임기 이용자가 게임을 이용하는 것을 전제로 하여 그 게임의 우연한 결과에 따라 부수적으로 게임이용자에게 상품권이 경품으로 제공될 뿐 상품권이 게임기의 이용과 독립하여 별도로 그 대가가 정해져 제공되지 않는 것으로 본다.[11] 또 게임기 이용자가 게임기에 투입하는 금액 중 승률에 해당하는 부분에 대해서는 게임장 사업자와 게임기 이용자 사이에 반환에 관한 사전 의사의 합치가 있는 것으로 볼 수 없다고 해석한다.

5. 이 판결의 의의

이 사건 판결에서 쟁점이 된 공제설과 불공제설의 근본적인 견해 차이는 게임장 사업자가 제공하는 거래의 실질을 게임기의 이용 용역과 상품권이라는 재화를 함께 제공하는 것으로 볼 것인가 아니면 게임기 이용이라는 용역을 공급하는 것일뿐 게임기 이용자가 지급하는 대가는 상품권이라는 재화에 대한 직접적인 공급대가로 볼 수 없다고 할 것인가 하는 점이다.

이 판결은 게임장 사업자가 게임기 이용자에게 공급하는 것은 게임기 이용이라는 용역일 뿐이고 게임에서 정한 요건 충족 시 이용자에게 제공하는 상품권은 게임에 부수하거나 게임 후에 제공하는 장려금 유사한 것으로 보아야 한다고 판단하고 있다. 그 결과 게임기 이용자가 게임기에 투입하는 금액은 게임장 사업자가 공급하는 게임 용역 전체에 대한 대가이므로 부가가치세 과세표준은 상품권 가액을 공제하지 아니한 전체 게임기 투입금액으로 보는 것이 타당하다고 판시함으로써 그 동안 해석상 혼란이 있었던 게임장 사업자의 과세표준 산정에 있어서 불공제설의 입장으로 논란을 정리한 선례로서 큰 의의가 있다.[12]

생각건대 부가가치세는 소득과세와 달리 매출 외형에 과세하는 조세라는 점과 게임기 이용자가 지급하는 전체 대가에서 성격이 불분명한 상품권의 대가를 명확히 구분할 수 없다는 점에서 불공제설의 논리는 부가가치세법상 기본구조에 충실해 보이는 면이 있다. 하지만 이용자들이 게임물을 단순히 오락으로서 즐기기보다 상품권 획득에 주된 관심을 가지고 있다고 볼 수 있는 대다수 사행성 게임장

---

11) 황운서, "성인용 게임장 사업자에 대한 부가가치세 부과처분에 있어서 경품으로 제공되는 상품권과 관련하여 부가가치세의 과세표준 산정에 관한 연구", 『재판실무연구』(광주지방법원), 2008. 9., 341면.

12) 대법원은 이 판결 이전에 소위 바다이야기 조세포탈 형사사건(대법원 2008. 4. 10. 선고 2007도9689 판결)에서도 동일한 쟁점에 관하여 상품권 지급액 불공제설을 취하였지만, 피고인이 공제설에 따라 부가가치세를 신고·납부 한 데 대하여는 조세포탈의 범의가 있다고 보기 어렵다고 판단한바 있다.

의 운영현실에 비추어볼 때 상품권을 배당으로 지급하지 아니하는 비사행성 게임장의 경우와 구별하지 아니하고 부가가치세 과세표준을 동일하게 적용해야 하는지 의문점도 남는다. 더욱이 전체 현금투입액 기준으로 부가가치세를 산출한다면 게임자에게 당첨금으로 돌아가는 게임기의 평균배당률이 통상 95%~97% 정도로 정해져 있음을 감안할 때 산술적으로 게임장 사업자가 얻는 이익금보다 더 많은 부가가치세액을 납부해야 하는 경우가 발생하여 현실적으로 재산권 침해 등 과세이론상 문제점이 있다.

참고문헌

김두형, "게임장 사업자의 부가가치세 과세표준에 관한 연구", 『조세법연구』, 14-2(2008. 8.).

조성권, "상품권제공 게임장에서의 부가가치세 과세표준 산정방법", 『대법원판례해설』, 제76권(2008. 12.).

황운서, "성인용 게임장 사업자에 대한 부가가치세 부과처분에 있어서 경품으로 제공되는 상품권과 관련하여 부가가치세의 과세표준 산정에 관한 연구", 『재판실무연구』(2008. 9.), 광주지방법원.

임차한 토지에 지출된 토지조성비용에 대한 매입세액 공제 여부

사건의 표시 : 대법원 2010. 1. 14. 선고 2007두20744 판결

▪ 사실개요 ▪

원고는 골프장(전주월드컵컨트리클럽)을 운영하는 법인으로서 2003. 7. 18. 전주시로부터 전주시 소유의 전주시 덕진구 반월동 763-1 외 5필지 약 163.943㎡ 토지(이하 "이 사건 토지"라고 한다)를 대부받아 사용하되 연간 대부료 3,000,001,000원, 대부기간 2005년 4월 1일부터 2025년 3월 31일까지로 하고, 원고가 이 사건 토지들에 대중골프장을 조성하여 20년간 사용한 후 대부받은 재산을 명도하고 원고가 설치한 모든 시설물을 전주시에 기부채납하기로 하는 내용으로 전주시와 공유재산대부계약을 체결한 후 이 사건 토지에 골프장 조성공사를 하였다. 원고는 피고에게 부가가

치세를 신고하면서 이 사건 골프장 조성공사와 관련하여, 2003년 2기에 31,447,000원, 2004년 1기에 734,704,000원, 2004년 2기에 2,573,152,000원의 각 부가가치세 매입세액을 원고의 매출세액에서 공제되는 매입세액으로 신고하였다. 이에 대하여 피고는 원고가 신고한 위 매입세액 중 토목공사, 정지작업, 토사매입, 폐기물처리, 교통영향평가, 코스설계, 도자작업 비용으로 2003년 2기 15,000,000원, 2004년 1기 247,830,000원, 2004년 2기 1,481,025,000원을 각 부가가치세법(이하 '부가세법'이라 한다) 제39조 제7호, 동법 시행령 제80조에서 매입세액 불공제대상으로 규정한 '토지

---

* 박 민(국민대학교 법과대학 교수, 법학박사).

의 조성 등을 위한 자본적 지출에 관련된 매입세액'에 해당한다고 보아 이를 매출세액에서 공제하지 않고, 2005년 4월 12일 원고에게 가산세를 포함하여 2003년 2기분 부가가치세 1,848,900원, 2004년 1기분 부가가치세 29,194,370원, 같은 해 2기분 부가가치세 166,289, 590원을 각 부과하는 경정처분(이하 '이 사건 부과처분'이라고 한다)을 하였다.

▪ 판결요지 ▪

1. 하급심 판결

(1) 지방법원 판결요지[1]

토지에 대한 자본적 지출에 관련된 매입세액을 매출세액에서 공제하지 아니하는 입법취지는, 토지는 부가가치세가 면제되는 재화이고, 토지의 조성 등을 위한 자본적 지출은 세무회계상 토지의 취득원가에 산입되어야 하는 것으로 이는 당해 토지의 취득원가에 산입되었다가 당해 토지의 양도 시 양도차익을 산정함에 있어서 취득가액에 산입하는 방법으로 회수되고 있으므로, 토지에 대한 면세제도의 기본원리상 토지의 조성 등을 위한 자본적 지출에 관련된 매입세액은 마땅히 이를 매입세액으로 공제하여서는 아니 되는 것이라 할 것

이다.

그렇다면 토지관련 매입세액에 대한 불공제규정은 토지의 양도차익을 수익하는 당해 토지를 소유하고 있는 자에게만 적용된다고 할 것이므로, 자기의 사업을 위하여 사용된 어떠한 재화 또는 용역의 공급이 타인 소유 토지의 가치를 현실적으로 증가시키게 된다 하더라도 그 토지의 소유자가 아닌 자에게는 이를 매입세액으로 공제하지 아니하는 토지관련 매입세액에 해당한다 할 수 없다. 따라서 이 사건 토지 조성비용과 관련된 매입세액은 매출세액에서 공제되어야 할 것이므로, 이와 다른 전제에서 한 이 사건 처분은 위법하다

(2) 고등법원 판결요지

이에 반하여 원심법원인 광주고등법원은 제1심 판결을 취소하였으며, 판결의 요지는 다음과 같다.[2]

1) 이 사건 토지 위에 설치한 골프장 시설을 모두 전주시에 기부채납하도록 약정하였으므로 전주시에 대한 관계에 있어 원고가 용역을 제공한 것에 해당한다는 원고의 주장에 대하여, 이러한 점만으로 이 사건 토지 조성이 원고의 전주시에 대한 용역의 공급에 해당한다고 하기 어렵다.

2) 토지 소유자가 아닌 임차인에 대하여는 토지 관련 매입세액 불공제가 해당되지 않

1) 전주지방법원 2006. 12. 7. 선고 2006구합696 판결.
2) 광주고등법원 2007. 9. 14. 선고 2007누134 판결.

는다는 제1심 판결에 대하여는, 매입세액이 토지의 조성 등을 위한 자본적 지출에 관련된 매입세액에 해당할 경우에는 면세 제도의 기본원리상 사업자가 토지소유자인지의 여부를 불문하고 이를 매출세액에서 공제하여서는 아니 된다.

3) 법문이 사업자가 토지소유자인의 여부를 구별하지 아니한 채 토지관련 매입세액을 일률적으로 불공제대상 매입세액으로 규정하고 있는 점, 토지소유자인 사업자는 토지관련 매입세액을 매출세액에서 공제받지 못하는데 반하여 토지소유자가 아닌 사업자가 이를 공제받게 된다면 조세부담에 있어서 서로 불공평한 결과를 초래하게 되는 점 등에 비추어보아도 위와 같은 해석이 타당하다

2. 상고이유

(1) 자본적 지출에 관련된 매입세액에 관한 법리오해(상고이유 제1점)

부가세법 제39조 제7호, 부가세령 제80조의 입법 취지 및 부가가치세의 원리 등에 비추어 보면, 토지에 대한 자본적 지출에 관련된 매입세액 불공제는 그 비용을 지출하는 주체가 자기의 자산으로 토지를 보유하고 있어야만 성립하는 것이다.

(2) 원고가 전주시에 공급한 거래의 법률적 성질에 대한 법리오해(상고이유 제2점)

이 사건 매입거래(골프장 조성비용의 지출)에 대응하는 매출거래는 원고가 전주시에 토지를 공급하는 거래가 아니라, 원고가 전주시 소유 토지의 가치를 증가시키는 용역을 전주시에 제공하고 그 대가로 (위 용역의 제공 외에 대부료도 지급함) 전주시로부터 토지 및 골프장 시설에 대한 사용권을 얻는 거래라고 보아야 한다. 다시 말해, 원고는 전주시의 이익을 위하여 전주시 소유 토지에 골프장을 조성하여 줌으로써 일종의 건설용역을 공급한 것이다.

(3) 지출된 비용의 성격에 대한 사실오인 및 채증법칙 위배(상고이유 제3점 - 예비적 주장)

설령 이 사건 토지의 소유자가 아닌 원고가 지출한 토지 조성공사 비용도 부가가치세법 제39조 제7호, 동법 시행령 제80조 소정의 자본적 지출에 해당한다고 하더라도, 이 사건 토지 조성공사 비용 중에는 사용이나 시간의 경과에 따라 경제적 효익이 감소하여 자본적 지출로 볼 수 없는 부분 (코스설계비용, 교통영향평가비용, 각종 인·허가와 관련된 비용 등)과 구축물의 설치비용(잔디, 수목, 그린, 티, 벙커)이 포함되어 있는바, 이는 토지에 대한 자본적 지출에 해당하지 않는다.

그럼에도, 원심이 이 사건 토지 조성공사 비용 전부를 토지에 대한 자본적 지출로 보아 이 사건 매입세액 전부에 대하여 공제를 부인한 피고의 처분이 정당하다고 판단한 것은 심리미진으로 인한 사실오인의 위법이 있다.

3. 대법원 판결요지

토지관련 매입세액을 불공제하는 취지는 토지가 부가가치세법상 면세재화이어서 그 자체의 공급에 대해서는 매출세액이 발생하지 않으므로 그에 관련된 매입세액도 공제하지 않는 것이 타당하다는 데 있고, 일반적으로 토지의 조성 등을 위한 자본적 지출은 당해 토지의 양도시 양도차익을 산정함에 있어 그 취득가액에 가산하는 방법으로 회수되는 점 등에 비추어 보면, 부가세령 제80조 소정의 '토지의 조성 등을 위한 자본적 지출'은 토지 소유자인 사업자가 당해 토지의 조성 등을 위하여 한 자본적 지출을 의미한다고 봄이 타당하므로, 당해 토지의 소유자 아닌 사업자가 토지의 조성 등을 위한 자본적 지출의 성격을 갖는 비용을 지출한 경우 그에 관련된 매입세액은 특별한 사정이 없는 한 부가세법 제39조 제7호, 동법 시행령 제80조 소정의 매입세액 불공제대상인 토지관련 매입세액에 해당하지 않는다고 할 것이다.

토지 소유자 아닌 원고가 지출한 이 사건 토지 조성비용과 관련된 매입세액은 부가세법 제39조 제7호, 부가세령 제80조 소정의 매입세액 불공제대상인 토지관련 매입세액에 해당하지 않으므로, 원심으로서는 이 사건 토지의 조성에 관련된 매입세액이 원고의 사업을 위하여 사용되었거나 사용될 재화 또는 용역의 공급에 대한 세액에 해당하는지 여부를 살펴 매출세액에서 공제될 수 있는지를 판단하였어야 한다.

▶ 해 설 ◀

1. 이 사건 토지의 조성이 용역의 공급에 해당하는지 여부(상고이유 제2점)

원심은, 원고가 이 사건 토지의 조성을 통하여 전주시에 용역을 공급한 것으로 볼 수 없는 이상, 이 사건 매입세액을 매출세액에서 공제할 수는 없다는 취지로 판단하였다.

그러나 이 사건 토지의 조성이 원고의 전주시에 대한 용역의 공급에 해당하지 않는다고 하여, 곧바로 이사건 매입세액이 매출세액에서 공제될 수 없다는 결론에 이를 수는 없다. 왜냐하면, 이 사건 토지의 조성이 원고의 전주시에 대한 용역의 공급에 해당하지 않는다고 하더라도, 원고가 골프장을 운영하기 위하여 이 사건 토지 조성공사를 한 이상, 이 사건 매입세액은 법 제38조 제1항 제1호에서 공제대상 매입세액으로 규정하고 있는 "자기의 사업을 위하여 사용하였거나 사용할 목적으로 공급받은 재화 또는 용역에 대한 세액"에 해당하여 매출세액에서 공제되는 것이 원칙이기 때문이다. 결국, 이 사건 매입세액의 공제를 부인한 피고의 이 사건 처분이 적법하기 위해서는 이 사건 매입세액이 법 제39조 제1항 제7호 소정의 불공제대상 매입세액 중 어느 하나에 해당하여야 하는데, 이 사건 토지의 조성이 원고의 전주시에 대한 용역의 공급에 해당하지 않는 이상 이 사건 매입세액을 매출세액에서 공제할 수 없다는 취지로 설시한 부분은 부적절한 것으로 보인다.

2. 이 사건 매입세액이 매출세액에서 공제되어야 하는지 여부(상고이유 제1점)

(1) 문제의 제기

부가세법 제38조에서는 매출세액에서 공제하는 매입세액을 규정하고 있고, 제39조에서는 공제되지 않는 매입세액을 규정하고 있다. 그 중 제1항 제7호에서 대통령령으로 정하는 토지 관련 매입세액을 규정하고 있으며, 동법 시행령 제80조에서는 '대통령령이 정하는 토지관련 매입세액'을 토지의 조성 등을 위한 자본적 지출에 관련된 매입세액으로서 토지의 취득 및 형질변경, 공장부지 및 택지의 조성 등에 관련된 매입세액(1호), 건축물이 있는 토지를 취득하여 그 건축물을 철거하고 토지만을 사용하는 경우에는 철거한 건축물의 취득 및 철거비용에 관련된 매입세액(2호), 토지의 가치를 현실적으로 증가시켜 토지의 취득원가를 구성하는 비용에 관련된 매입세액(3호)로 규정하고 있다.

사안은 원고가 타인 소유의 토지 위에 골프장 조성 공사를 하는 것과 관련한 매입세액이므로 1, 2호는 이 사건과 관련이 없고 제3호, 즉 '토지의 가치를 현실적으로 증가시켜 토지의 취득원가를 구성하는 비용에 관련된 매입세액'에 해당되는지 여부가 문제가 되며, '토지의 가치를 현실적으로 증가시켜 토지의 취득원가를 구성하는 비용'이 해당 토지의 소유를 전제로 한 개념인가가 문제가 된다.

(2) 견해의 대립

1) 해당 토지의 소유를 전제로 하지 않는다는 견해

토지는 면세재화로 토지의 거래에 매출세액이 발생하지 않기 때문에 토지관련 매입세액은 불공제 매입세액으로 처리된다. 즉, 매출세액이 발생하지 아니함에도 매입세액을 공제한다면 매입거래와 관련한 부가가치세의 부과가 무의미해지기 때문이다. 매입세액이 '토지의 조성 등을 위한 자본적 지출'에 해당하는 경우에는 사업자가 토지소유자인지를 불문하고 면세제도의 기본원리상 매출세액에서 공제하여서는 아니 된다는 견해로, 이 사건 항소심의 입장이다.[3]

또한 부가가치가 동일하면 동일한 부가가

치세가 부과되어야 함에도 대법원 판결에 따르면 토지소유자가 사업을 하는 경우와 그 토지를 임차하여 사업하는 경우에 부가가치세 납부세액이 달라지는 것은 잘못된 것이라고 지적하는 견해도 있다.4) 이 견해에 따르면 매입세액이 '토지의 조성 등을 위한 자본적 지출'에 해당하는 경우에는 사업자가 토지소유자인지를 불문하여야 하며 토지소유자가 사업을 하는 경우와 그 토지를 임차하여 사업하는 경우에 동일한 부가가치세를 부담하여야 한다.

2) 해당 토지의 소유를 전제로 한다는 견해

부가가치세법에서 토지관련 매입세액을 공제하지 않는 입법취지는 토지는 부가가치세가 면제되는 재화이고, 토지의 조성을 위한 자본적 지출은 당해 토지의 취득원가에 산입되었다가 토지의 양도시 양도차익을 산정함에 있어서 취득가액에 산입하는 방법으로 회수되므로 토지의 조성 등을 위한 자본적 지출에 관련된 매입세액은 마땅히 이를 매입세액으로 공제하여서는 아니 된다는 것이다. 따라서 토지관련 매입세액의 불공제는 당해 토지의 양도차익을 수익하는 소유자에게만 적용된다는

견해로 이 사건의 1심법원의 입장이기도 하다. 따라서 자기의 사업을 위하여 사용된 어떠한 재화 또는 용역의 공급이 타인 소유 토지의 가치를 현실적으로 증가시키게 된다 하더라도 그 토지의 소유자가 아닌 자에게는 매입세액으로 공제하지 아니하는 토지관련 매입세액이라 할 수 없고 매입세액으로 공제되어야 한다는 견해이다.5)

3) 소결

'토지의 취득원가를 구성하는 비용'은 사업자의 대차대조표상 토지라는 자산 항목으로 계상되어야 하는 비용으로, 토지 취득시 발생하는 원가와 토지 취득 후 토지의 가치를 증가시킴으로써 토지의 원가에 산입되는 비용으로 해석되어야 한다. 그러나 임차인이 임차 토지상에 어떠한 지출을 하였다고 하여도 토지소유자가 아닌 임차인이 이를 토지라는 자산 항목에 원가로 계상할 수 없으며, 지출된 비용도 '토지의 취득원가를 구성하는 비용'에 포함시킬 수가 없다. 따라서 토지의 소유자만이 '토지의 취득원가를 구성하는 비용'이라는 조문의 적용을 받게 된다고 해석하여야 하며, 임차인이 지출한 토지관련 매입세액은 매출세액

3) 同旨; 이전오, "2010년 조세법 중요 판례", 『인권과 정의』 제415호(2011. 3.), 132-135면.
4) 조성훈, "토지임차인이 지출한 토지관련 매입세액 공제가능성", 『법률신문』(2010. 3. 1.).
5) 조윤희, "당해 토지의 소유자가 아닌 사업자가 토지의 조성 등을 위한 자본적 지출의 성격을 갖는 비용을 지출한 경우 그에 관련된 매입세액의 공제 여부", 『대법원판례 해설』, 제84집(2010), 274-313면; 권은민, "임차인이 지출한 토지조성공사비용의 매입세액 공제", 『조세실무연구Ⅱ』(김&장 법률사무소), 2011, 407-414면; 김해마중, "토지임차인이 지출한 토지조성공사비용의 매입세액 공제", 『판례연구』 제24집 제1호(2010. 9.), 서울지방변호사회, 35-47면; 박민, "임차한 토지에 지출된 조성비용에 대한 매입세액공제 여부", 『법학논총』 제22권 제1호(2009. 8.), 국민대학교 법학연구소, 211-238면.

에서 공제되어야 한다.

3. 이 판결의 의의

토지관련 매입세액의 불공제규정이 도입된 이후 해당 토지의 소유자 아닌 사업자가 토지의 조성 등을 위한 자본적 지출의 성격을 갖는 비용을 지출한 경우 그에 관련된 매입세액이 여기에 포함되는지 여부에 관하여 다툼이 있었다. 대상판결은 토지의 조성 등을 위한 자본적 지출은 당해 토지의 소유자인 사업자가 당해 토지의 조성 등을 위한 자본적 지출과 관련된 매입세액을 의미한다고 판시한 최초의 판결로서 의의가 크다.

참고문헌

권은민, "임차인이 지출한 토지조성공사비용의 매입세액 공제", 『조세실무연구 Ⅱ』, 김&장 법률사무소, 2011.

김해마중, "토지임차인이 지출한 토지조성공사비용의 매입세액 공제", 『판례연구』, 제24집 제1호(2010. 9.), 서울지방변호사회.

박민, "임차한 토지에 지출된 조성비용에 대한 매입세액공제여부", 『법학논총』, 제22권, 제1호(2009. 8.), 국민대학교 법학연구소.

이전오, "2010년 조세법 중요 판례", 『인권과 정의』, 제415호(2011. 3.).

조성훈, "토지임차인이 지출한 토지관련 매입세액 공제가능성", 『법률신문』(2010. 3. 1. 자).

조윤희, "당해 토지의 소유자가 아닌 사업자가 토지의 조성 등을 위한 자본적 지출의 성격을 갖는 비용을 지출한 경우 그에 관련된 매입세액의 공제 여부", 『대법원 판례해설』, 제84집(2010).

매입세액 공제의 요건인 '사업 관련성'의 의미

사건의 표시 : 대법원 2012. 7. 26. 선고 2010두12552 판결

▪ 사실개요 ▪

가. 원고는 재래시장인 서울 동대문구 용두동 39-1 일대의 동부청과시장 부지에 주상복합건물을 신축·판매하는 내용의 시장정비사업(이하 '이 사건 시장정비사업'이라 한다)을 추진하는 계획을 수립한 다음, 이 사건 시장정비사업구역 내 토지면적의 75.6%를 소유하고 있는 주식회사 A(이하 'A'라 한다)의 주식인수에 필요한 자문을 제공받기 위하여 2006. 8. 7. B 주식회사(이하 'B'라 한다)와 이 사건 컨설팅계약을 체결하고,[1] 2007. 1. 5. 그 용역대금 25억 원(이하 '이 사건 컨설팅대금'이라 한다)을 지급하였다.

나. 원고는 이 사건 컨설팅계약에 의한 자문을 거쳐 A의 주식을 인수한 다음, 2006. 12. 29. A와 이 사건 시장정비사업에 관하여 사업승인신청 전의 제반 업무 및 소요자금 조달, 사업과 관련된 인허가 업무 등 실질적인 업무 일체를 원고가 수행하되, 사업주체는 A와 공동명의로 하기로 하는 내용의 공동사업약정을 체결하였다.

다. A의 주식은 약 67명의 주주가 820주 정도씩을 거의 균등하게 보유하고 있었는데, A는 2003년경부터 자체적인 시장개발계획을 추진하다가 주주들 및 입점 상인들 내부에서

---

* 조윤희(대법원 재판연구관, 부장판사).

1) 이 사건 컨설팅계약에 따른 B의 주요 업무는 인수대상 기업의 정보수집·분석·평가 및 선정을 위한 자문, 인수대상 기업 주주와의 교섭 및 투자의향서 작성을 위한 자문, 기타 인수의 성공적 종료를 위하여 필요하다고 인정되는 각종 자문 등이었다.

의견이 일치하지 아니하여 2005년경 개별 주주의 주식을 매각하는 방식으로 시장개발을 하기로 방침을 정하였고, 이에 따라 2006. 4.경부터 여러 개발사업 시행업체가 A에게 주식 등의 매도를 제의해 오고 있었다.

　라. 피고는, 2007. 9. 3. 원고가 취득한 A 주식은 원고가 시행하는 주상복합건물의 신축 및 판매에 직접 사용되는 재화나 용역이 아니므로 이 사건 컨설팅대금에 대한 매입세액은 구 부가가치세법(2010. 1. 1. 법률 제9915호로 개정되기 전의 것, 이하 '부가세법'이라 한다) 제17조 제2항 제2호[현행 제39조 제1항 제4호, 이하 같음]가 규정한 '사업과 직접 관련이 없는 지출에 대한 매입세액'에 해당하여 매출세액에서 공제될 수 없다는 이유로, 이 사건 부가가치세 부과처분을 하였다.

▪ 판결요지 ▪

　현행 부가가치세 과세방법은 원칙적으로 사업자의 자기생산 부가가치에 대해서만 과세가 이루어지도록 하기 위하여 납부세액 산출방식에 있어 자기생산 부가가치와 매입 부가가치를 합한 금액을 공급가액으로 하고, 이에 대하여 징수할 매출세액에서 매입 부가가치에 대하여 지출된 매입세액을 공제하도록 하는 기본적 구조를 채택하고 있다. 이러한 구조하에서 구 부가세법 제17조[현행 제38조, 제39조]는 매출세액에서 공제하는 매입세액에 관하여 제1항[현행 제38조 제1항]에서 '자기의 사업을 위하여 사용되었거나 사용될' 재화 또는 용역의 공급이나 수입에 대한 세액에 해당하는 이상 그 전부를 공제하도록 규정함으로써 그 기준을 사업 관련성에 두고 있으며, 같은 조 제2항 제2호에서 공제하지 아니하는 매입세액의 하나로 들고 있는 '사업과 직접 관련이 없는 지출에 대한 매입세액'은 부가가치세의 원리상 당연히 매출세액에서 공제될 수 없는 경우를 규정하고 있는 것으로 이해된다. 따라서 사업 관련성이 없는 지출에 대한 매입세액은 부가세법 제17조 제1항, 제2항 제2호에 의하여 매출세액에서 공제될 수 없고, 여기에서 사업 관련성의 유무는 지출의 목적과 경위, 사업의 내용 등에 비추어 그 지출이 사업의 수행에 필요한 것이었는지를 살펴 개별적으로 판단하여야 한다.

▶ 해 설 ◀

1. 쟁점

　이 사건의 쟁점은 원고가 이 사건 시장정비사업의 추진과정에서 지급한 이 사건 컨설팅대금이 부가가치세 매입세액 공제 대상인지 여부이다.[2]

　이 문제를 해결하기 위해서는 먼저 구 부

가가치세법 제17조 제1항 제1호[현행 제38조 제1항 제1호, 이하 같음]와 제17조 제2항 제2호의 관계를 규명할 필요가 있다. 구 부가가치세법 제17조 제1항 제1호는 매출세액에서 공제되는 매입세액의 하나로 '자기의 사업을 위하여 사용되었거나 사용될 재화 또는 용역의 공급에 대한 세액'을 규정하여 사업 관련성3)이 있으면 공제되는 매입세액에 해당한다는 취지로 규정하고 있는 데 비하여, 구 부가가치세법 제17조 제2항 제2호는 매출세액에서 공제되지 아니하는 매입세액의 하나로 '사업과 직접 관련이 없는 지출에 대한 매입세액'을 규정하여 마치 '사업과의 직접적인 관련성'을 추가로 요구하고 있는 것처럼 보이기 때문이다.

다음으로 사업 관련성이 없어 공제되지 아니하는 매입세액은 법인세법 시행령 제48조, 제49조 제3항, 제50조 등에 규정된 지출에 관련된 것에 한정되는지도 살펴볼 필요가 있다. 구 부가세법 제17조 제7항[현행 제39조 제2항]의 위임에 따라 공제되지 아니하는 매입세액의 범위를 정하고 있는 구 부가가치세법 시행령(2010. 2. 18. 대통령령 제22043호로 개정되기 전의 것, 이하 '부가세령'이라 한다) 제60조 제3항[현행 제77조]은 사업과 직접 관련이 없는 지출의 범위를 법인 사업자의 경우에는

법인세법 시행령 제48조, 제49조 제3항, 제50조4)에 의하고, 개인사업자의 경우에는 소득세법 시행령 제78조에 의하도록 규정하고 있는데, 그 문언만을 놓고 보면 열거적 규정으로 볼 여지도 있기 때문이다.

2. 구 부가세법 제17조 제1항 제1호 및 제17조 제2항 제2호의 관계

구 부가세법 제17조 제1항 제1호 및 제17조 제2항 제2호의 관계에 대해서는 다음과 같은 2가지 견해가 가능하다고 생각된다.

첫 번째 견해는, 제17조 제1항 제1호와 제17조 제2항 제2호를 표리의 관계로 보는 것이다. 이 견해는 제17조 제2항 제2호 규정 중 '직접'이라는 표현에 대해서는 큰 의미를 두지 않고, 제17조 제2항 제2호는 제17조 제1항 제1호와 같은 내용을 다른 말로 규정한 것에 지나지 않는다고 본다. 따라서 제17조 제1항 제1호에서 정한 사업 관련성이 인정되는 매입세액은 '직접 관련성'을 별도로 따지지 않고 매출세액에서 공제된다.

두 번째 견해는, 법문을 엄격히 해석하여 제17조 제2조 제2호를 '직접 관련성'이 있는 매입세액만을 공제대상으로 정한 특별규정으

---

2) 원심은 사업 관련성이 인정되지 아니한다는 이유로 매입세액 공제 대상이 아니라고 판단하였다.
3) 정확하게 말하면 '과세사업과의 관련성'이다.
4) 법인세법 시행령 제48조는 법인이 다른 법인 등과 공동으로 사업 등을 운영하는 경우 발생하는 공동경비의 손금불산입 기준을 정하고 있고, 제49조 제3항은 손금에 산입되지 아니하는 '업무무관 자산의 취득·관리비용 등의 범위'를, 제50조는 손금에 산입되지 아니하는 '업무와 관련이 없는 지출의 범위'를 정하고 있다.

로 해석하는 것이다. 이 견해에 따르면 사업 관련성이 인정되어 제17조 제1항 제1호의 요건을 충족하는 매입세액이라도 추가로 '직접 관련성'이 인정되지 않으면 매출세액에서 공제될 수 없다.

　대법원 1995. 12. 21. 선고 94누1449 전원합의체 판결은 부가세법 제17조 제2항 제2호가 부가가치세의 원리상 당연한 내용을 규정하고 있다고 판시하고 있는데, 이는 첫 번째 견해에 선 것으로 보인다.5)

　전단계세액 공제제도를 채택하여 부가가치세의 부담을 최종 소비자에게 전가하고 있는 우리 부가세법의 체계나 취지 등에 비추어 볼 때, 공제되는 매입세액의 범위를 과도하게 제한하는 것은 바람직하지 아니하므로, 첫 번째 견해가 타당하다고 생각된다.

3. 구 부가세령 제63조 제3항의 성격

　구 부가세법 제17조 제1항 제1호와 제17조 제2항 제2호의 관계에 대한 견해의 대립은 '사업과 직접 관련 없는 지출의 범위'를 정하고 있는 구 부가세령 제60조 제3항의 성격에 관한 논의에도 영향을 미칠 수밖에 없다. 위

두 조문을 표리의 관계로 이해하면, 구 부가세령 제60조 제3항의 규정에 따라 사업과 직접 관련이 없는 지출로 보게 되는 법인세법 시행령 제48조, 제49조 제3항 및 제50조의 '업무무관 자산 등에 관한 지출'은 사업 관련성이 없는 지출을 예시한 것으로 보는 것이 자연스럽다. 이와 달리, 구 부가세법 제17조 제2항 제2호를 특별규정으로 이해하면, 구 부가세령 제60조 제3항은 사업과 직접 관련이 없는 지출의 범위를 한정적으로 열거하고 있는 것으로 볼 수밖에 없고, 따라서 여기에 해당하지 않으면 원칙적으로 그에 관한 매입세액은 공제의 대상이 된다.

　위에서 살펴본 바와 같이 구 부가세법 제17조 제1항 제1호와 제17조 제2항 제2호는 표리의 관계에 있다고 보는 것이 합리적인 점, 법인세법 시행령 제48조, 제49조 제3항, 제50조 등에서 규정한 '업무무관 자산 등에 관한 지출'에 해당하는지의 주된 판단 기준은 '해당 과세기간 중 업무에의 직접 사용 여부'인데,6) 이는 매입세액 공제의 기준이 되는 '사업 관련성'의 개념과 반드시 일치한다고 보기는 어려운 점7) 등에 비추어 보면, 구 부가세령 제60조 제3항은 사업과 직접 관련이 없는 지출로

---

5) 다수의견의 판시 내용이다. 소수의견이 '부가가치세법 제17조 제2항 제2호에 해당하는 매입세액은 그 규정이 없더라도 제17조 제1항 제1호의 반대해석에 따라 당연히 불공제되어야 한다'고 판시한 것도 같은 전제에 선 것으로 보인다.
6) 예를 들어, 법인세법 시행령 제49조 제3항은 업무무관 자산을 취득·관리함으로써 생기는 비용, 유지비, 수선비 등을 손금에 불산입되는 비용으로 규정하고 있는데, 여기에서 말하는 업무무관 자산은 해당 과세기간 중 법인의 업무에 직접 사용하지 아니하는 부동산 등을 말한다.

볼 수 있는 경우를 예시한 것으로 봄이 타당
하다고 생각된다.

4. 사업 관련성의 의미

구 부가세법 제17조 제1항 제1호가 매입
세액의 공제요건으로 규정한 '사업 관련성'의
의미에 관해서는 그동안 논의가 활발하지 않
았고, 판례에서 쟁점이 된 경우도 많지 않았
다. 대법원은 항만하역 및 이에 관련되는 부대
사업을 목적으로 하는 원고 회사(제철회사)가
'사업상 필요'에 따라 항만 부두공사의 잔여공
사를 인수하여 완공한 후 그 사용료를 면제받
는 조건으로 이를 국가에 기부채납한 사안에
서 사업 관련성을 인정하였다.[8] 그에 비하여
아동복제조업을 하는 원고가 탁주제조업을 하
는 그의 남편과 함께 위 사업들과는 관계없이
재산증식의 목적으로 성업공사로부터 자동차
부속품 제조공장으로 쓰이던 토지 및 건물과

그 공장에 설치된 기계류를 매수하였다가 그
중 자동차부속품을 생산하던 기계를 매도한
사안에서는 사업 관련성을 부정하였고,[9] 또
한, 전자제품사업을 운영하고 있던 원고가 건
물을 매수하여 부동산임대업으로만 사업자등
록을 하고 실제로도 건물의 대부분을 임대하
면서 건물의 일부분을 전자제품 사업체의 출
장소사무실 등으로 사용한 사안에서 건물의
매수는 기존사업의 확장을 위한 것이라고 보
기 어렵다는 이유로 기존사업과의 관련성을
부정하였다.[10] 그리고 전광판을 매체로 하여
광고수주, 광고료 수금 등 광고대행업무만을
수행하고 있는 원고가 전광판의 운영자에게
그 사용료와 별도로 전광판 운영에 소요되는
전력비를 지출한 것도 사업 관련성이 없다고
하였다.[11]

한편 법인세법 제19조 제2항은 손비의
요건 중 하나로 역시 '사업 관련성'을 요구하
고 있는데,[12] 그 의미에 관하여는 이를 '필요

---

7) 이 점에서 보면, 매입세액 불공제의 기준이 되는 '사업 관련성'이 없는 지출의 범위를 그 성격이나 취지가
   다른 법인세법 시행령 제48조, 제49조 제3항, 제50조 등에 의하도록 하고 있는 현재의 입법태도는 재고될
   필요가 있다고 생각된다.
8) 대법원 1991. 4. 26. 선고 90누7272 판결은, "항만하역 및 이에 관련되는 부대사업을 목적으로 하는 원고
   가 '사업상 필요'에 따라 산업기지개발촉진법 제7조 제2항에 의한 산업기지개발사업 시행자로 지정받아 국
   가로부터 항만 부두공사의 잔여 공사를 인수한 다음 항만시설을 축조하여 국가에 기부채납한 것은 용역을
   공급한 경우에 해당하고, 이는 원고의 사업과 관련 또는 부수하여 이루어진 것으로 본 것이 정당하다."고
   본 원심의 판단을 수긍하였다.
9) 대법원 1987. 3. 24. 선고 86누489 판결.
10) 대법원 1986. 6. 24. 선고 85누682 판결.
11) 대법원 2007. 9. 20. 선고 2005두11036 판결. 위 판결은 적용 법령 중 하나로 업무와 관련이 없는 지출
    에 관한 구 법인세법 시행령(2006. 5. 30. 대통령령 제19494호로 개정되기 전의 것) 제50조 제1호의 규
    정 내용을 적시하고 있기는 하지만, 위 규정이 사업 관련성과 관련하여 구체적으로 어떠한 의미가 있는지
    는 판시하고 있지 않다.
12) 법인세법 제19조 제2항은 '손비는 그 법인의 사업과 관련하여 발생하거나 지출된 손실 또는 비용으로서

성'으로 파악하는 견해도 있고, '사업 수반성'으로 보는 견해도 있다. 前者의 견해는 사업 관련성을 '사업을 위하여' 또는 '사업에 필요하여'의 의미로 새기는 것으로서, 미국 세법 제162조 (a)항이 규정하고 있는 손비의 정의[13]인 "통상적이고(ordinary) 필요한(necessary) 비용"에서의 necessary와 그 의미가 같다고 본다.[14] 반면 後者의 견해는, 조세법률관계는 가급적 명확하여야 하고 주관적 판단을 배제하여야 하며 시장경제체제에서 기업의 경영에 대한 국가의 개입은 최소한도에 그쳐야 하는 점 등에 비추어 사업 관련성은 '사업에 수반하여' 또는 '사업의 과정에서'의 의미로 해석하여야 한다고 본다.[15] 後者의 견해에 따르면 사업상 필요하여 지출된 비용은 당연히 사업에 수반하여 혹은 사업과정에서 지출된 비용에 해당하므로 前者의 견해에 비하여 사업 관련성을 인정하는 폭이 넓어진다.

　　대상판결은 '사업 관련성의 유무는 그 지출이 사업의 수행에 필요한 것이었는지를 살펴 개별적으로 판단하여야 한다'고 판시함으로써 사업 관련성을 '필요성'의 의미로 파악하고 있는 것으로 보인다. 법인세에서의 손비와 부가가치세에서의 '매출세액에서 공제되는 매입세액'은 그 의미와 기능이 다르기는 하지만, 그 요건으로 규정한 '사업 관련성'의 문언 자체에는 큰 차이가 없으므로, 대상판결은 前者의 견해에 가깝다고 이해할 수 있을 것이다. 따라서 구체적인 사건에 적용할 때는 미국 세법에서의 '필요성'의 개념을 참조할 필요가 있다고 생각된다. 다만 우리 부가가치세법이 채택하고 있는 전단계세액 공제제도는 최종소비자에 이르기 전의 각 거래단계에서 재화 또는 용역을 공급하는 사업자가 그 공급을 받는 사업자로부터 매출세액을 징수하여 국가에 납부하고, 그 세액을 징수당한 사업자는 이를 국가로부터 매입세액으로 공제·환급받는 과정을 통하여 그 세액의 부담을 다음 단계의 사업자에게 차례로 전가하여 궁극적으로 최종소비자에게 이를 부담시키는 것을 근간으로 하고 있다는 점[16]에서 볼 때, '필요성'의 의미를 지나치게 엄격하게 해석할 것은 아니라고 본다.

일반적으로 인정되는 통상적인 것이거나 수익과 직접 관련된 것으로 한다'고 규정하고 있다.

13) 미국 내국세법 제162조 (a)항은 "There shall be allowed as a deduction all the ordinary and necessary expenses paid or incurred during the taxable year in carrying on any trade or business …"라고 규정하고 있다.

14) 김완석, 법인세법, 광교이택스, 2009, 206면. 미국 판례상 necessary는 "납세의무자의 사업의 신장에 적절하며 도움을 주는 것(appropriate and helpful)"을 의미한다고 한다.

15) 김중곤, "법인세법상 손금 인정 기준", 『사법논집』, 제38집(2004. 12), 326면. 이창희 교수도 '사업과 관련하여'를 '이윤추구 과정에서'로 해석하여 같은 입장을 취하고 있는 것으로 보인다[이창희, "손금산입 요건으로서의 통상경비", 『상사판례연구(Ⅴ)』(박영사), 446면].

16) 대법원 2011. 1. 20. 선고 2009두13474 전원합의체 판결 등 참조.

5. 이 사건의 검토

이 사건에서, A는 이 사건 시장정비사업 구역 내 토지면적의 약 75%를 소유하고 있었으므로 원고가 시장정비사업을 시행하기 위해서는 A의 동의가 필수적이었다. 그런데 A의 주식은 60여 명의 주주가 거의 균등한 비율로 보유하고 있을 뿐만 아니라, 그 주주들이 A로부터 점포를 임차하여 운영하거나 이를 제3자에게 전대하는 등 이해관계가 복잡하게 얽혀 있었다. 그런 상황에서 A의 주주들은 2003년경부터 자체적인 시장개발계획을 추진하였으나, 개발비용조달 및 시장 휴장 등의 문제에 관하여 주주들 및 입점 상인들의 의견이 일치하지 아니하여 2005년경 이를 중단하는 대신 주식을 매각하여 새로운 주주들로 하여금 시장개발을 하도록 하는 방침을 세웠고, 이에 따라 시장정비사업을 추진하려는 개발사업 시행업체들이 A 주식의 인수를 위한 경쟁을 벌이게 되었다. 이에 원고도 A의 주식을 인수하여 이 사건 시장정비사업을 추진하기로 계획을 세우고 이 사건 컨설팅계약에 의한 자문 등을 거쳐 2006. 12. 28.까지 A의 주주 55명으로부터 주식을 인수하고, 그 다음 날인 2006. 12. 29. A와 이 사건 시장정비사업을 공동으로 시행하는 내용의 공동사업약정을 체결하였다. 그 후에도 원고는 주식인수를 계속하여 A의

주식을 2006. 12. 31. 기준으로 89.55%, 2007. 12. 31. 기준으로 95.52%를 소유하게 되었는데, A의 주주들로부터 주식을 인수하면서 주주들과 A 사이의 임대차계약에 따른 주주들의 임차인 지위 및 주주들과 입점 상인들 사이의 전대차계약에 따른 주주들의 전대인 지위도 아울러 인수하였다.

이러한 이 사건 컨설팅대금의 지출 목적과 경위, 원고가 수행하고자 하는 시장정비사업의 내용 및 추진 경과 등에 비추어 보면, 원고가 이 사건 시장정비사업을 추진하기 위해서는 A의 주식을 인수할 필요가 있었던 것으로 보이므로, 그 인수를 위한 이 사건 컨설팅대금의 지출이 이 사건 시장정비사업의 수행에 필요한 것으로서 사업 관련성이 있다고 본 대상판결의 결론은 타당하다고 생각된다.

한편 대상판결에서 직접적으로 언급은 되지 아니하였으나, 주상복합건물을 신축·판매하는 것을 주된 내용으로 하는 이 사건 시장정비사업의 특성상 원고는 과세사업과 면세사업을 겸영하는 경우에 해당할 가능성이 크다.17) 이러한 경우 이 사건 컨설팅대금에 대한 매입세액 중 면세사업에 관련된 부분은 당연히 매출세액에서 공제될 수 없다. 대상판결이 이 부분을 언급하지 않고 있는 것은 직접적인 상고이유가 아니었기 때문인 것으로 보인다.

---

17) 구 부가세법 제12조 제1항 제12호[현행 제26조 제1항 제14호]는 토지의 공급을, 조세특례제한법 제106조 제1항 제4호는 국민주택과 그 건설용역의 공급을 부가가치세 면제 대상으로 규정하고 있다.

6. 이 판결의 의의

이 판결은 구 부가세법 제17조 제1항 제1호, 제2항 제2호가 매입세액 공제의 요건으로 규정한 '사업 관련성'의 의미를 밝힘과 아울러 그 판단 기준을 제시한 최초의 선례라는 데에 그 의의가 있다.

참고문헌

김완석, 『법인세법』, 광교이택스, 2009.

김중곤, "법인세법상 손금 인정 기준", 『사법논집』, 제38집(2004. 12.).

이창희, "손금산입 요건으로서의 통상경비", 『상사판례연구(Ⅴ)』, 박영사.

지방세법

명목회사를 이용한 조세회피시도와 실질과세원칙

사건의 표시 : 대법원 2012. 1. 19. 선고 2008두8499 전원합의체 판결

▪ 사실개요 ▪

원고인 A는 네덜란드 법인으로서, 1998. 6. 28. 100% 자회사인 B법인(네덜란드 법인)을, 그리고 2003. 5. 7. 역시 100% 자회사인 C법인(네덜란드 법인)을 설립하였다(B와 C를 아래에서는 "이 사건 자회사"라 함).

B법인은 내국법인 D회사 주식의 75%를 보유하고 있었고, D회사의 나머지 주식 25%는 싱가포르 법인 E회사가 보유하고 있었다. C법인은 2005. 7. 15. E회사로부터 D회사의 주식 25%(이하 '쟁점1주식'이라 한다)를 취득하였다. 그리고 B와 C는 2003. 5. 15. 내국법인인 F 유한회사의 지분 50%씩(이하 '쟁점2주식'이라 한다)을 각각 취득하였다(쟁점1주식과 쟁점2주식을 합쳐서 이하 "이 사건 주식들"이라고 한다).

C법인이 쟁점 1 주식(D회사 주식)을 취득한 것과 관련하여, 과세당국(피고)은 원고가 B법인이 보유한 D회사 주식 75%의 실질적 소유자이며, 이에 추가하여 C법인을 통하여 D회사 주식 25%를 취득하였는데 이 주식의 실질적 소유자도 원고라고 판단하였다. 피고는 결과적으로 원고가 우회적으로 C회사를 통하여 쟁점1주식을 취득한 것으로 보아 지방세법상 과점주주 간주취득에 따른 취득세 과세요건을 갖춘 것으로 판단하여, 2006. 4. 10. 원고에 대하여 구 지방세법(2005. 12. 31. 법률 제7843호로 개정되기 전의 것, 이하 같다) 제105조 제6항(이하 "이 사건 법률규정"이라 함)에 의하여 D 소유 부동산의 2005. 7. 15.자 장부가액의 25%를

---

* 이동식(경북대 법학전문대학원 교수, 법학박사).

과세표준으로 하여 취득세(가산세 포함) 560,557,480원, 농어촌특별세 48,510,190원 합계 609,067,670원을 부과하였다(이하 '이 사건 제1처분'이라 한다).

그리고 쟁점 2 주식의 취득과 관련하여, 피고는 이 사건 자회사들이 쟁점2주식을 취득함으로써 모회사인 A(원고)가 내국법인 F의 지분 100%를 소유한 과점주주가 되었다고 보아, 2006. 4. 10. 원고에 대하여 이 사건 법률규정에 근거하여 F 법인 소유 부동산의 2003. 5. 15.자 장부가액의 100%를 과세표준으로 하여 취득세(가산세 포함) 1,783,411,950원, 농어촌특별세 163,479,420원 합계 1,946,891,370원을 부과하였다(이하 '이 사건 제2처분'이라 한다).

▪ 판결요지 ▪

1. 제1심법원과 원심법원의 판단

제1심법원과 원심법원(이하 "원심법원 등"이라 함)에서는[1] 원고의 경우에 구 지방세법 제105조 제6항[현행 제7조 제5항]에 따른[2] 과점주주에 해당하지 않는다고 판단하였다. 그 이유로는 과점주주의 정의를 규정한 구 지방세법 제22조 제2호[현행 제47조 제2호]와 구 지방세법 시행령 제6조 제1항 제12호[현행 제24조 제2항]에 따르면,[3] 이 사건에서 과점주주라는 요건이 인정되기 위해서는 일차적으로 이 사건 자회사 간에 법소정의 특수관계가 인정되어야 하는데 그렇지 않다는 점, 또 원고와 이 사건 자회사 간에는 과점주주판정을 위한 특수관계가 인정되지만, 과점주주 간주취득에 따른 취득세 과세를 위해서는 납세의무

---

1) 제1심법원은 서울행정법원 2007. 10. 31. 선고 2007구합4988 판결이고, 원심법원은 서울고등법원 2008. 4. 24. 선고 2007누32169 판결이다.

2) 구 지방세법 제105조 제6항: "법인의 주식 또는 지분을 취득함으로써 과점주주가 된 때에는 그 과점주주는 당해 법인의 부동산, 차량, 기계장비·입목·항공기·선박·광업권·어업권·골프회원권·콘도미니엄회원권 또는 종합체육시설이용회원권을 취득한 것으로 본다. 다만, 법인설립시에 발행하는 주식 또는 지분을 취득함으로써 과점주주가 된 경우 또는 과점주주에 대한 취득세 납세의무성립일 현재 이 법 및 기타 법령에 의하여 취득세가 비과세·감면되는 부분에 대하여는 그러하지 아니하다."

3) 구 지방세법 제22조 제2호: "과점주주(주주 또는 유한책임사원 1인과 그와 대통령령이 정하는 친족 기타 특수관계에 있는 자들의 소유주식의 합계 또는 출자액의 합계가 당해 법인의 발행주식총수 또는 출자총액의 100분의 51 이상인 자들을 말한다. 이하 같다) 중 다음 각목의 1에 해당하는 자. 구 지방세법 시행령 제6조 제1항 제12호: "법 제22조 제2호에서 "대통령령이 정하는 친족 기타 특수관계에 있는 자"라 함은 다음 각호의 1에 해당하는 자를 말한다. 다만, 주주 또는 유한책임사원이 출가녀인 경우에는 제9호 내지 제13호의 경우를 제외하고 그 남편과의 관계에 의한다. … 12. 주주 또는 유한책임사원이 법인인 경우에는 그 법인의 소유주식수등이 발행주식총수등의 100분의 50이상인 법인(정부가 주주인 경우에는 정부를 제외한다)과 소유주식수등이 해당법인의 발행주식총수등의 100분의 50이상인 법인(정부가 주주인 경우에는 정부를 제외한다) 또는 개인"

자가 될 자가 최소한 "주주"이어야 하는데 이 사건에서 원고는 간주취득의 대상이 되는 D와 F 회사의 주식을 한 주도 가지고 있지 않다는 점을 지적하였다. 비록 원고가 외형상 D와 F의 주식을 보유하고 있지 않지만 실질과세원칙에 따를 때 이 사건 자회사들이 보유한 주식을 100% 모회사인 원고 소유로 볼 수 있다는 주장에 대해서는 실질과세원칙에서의 '실질'은 경제적인 관점에서 이해관계가 있는 당사자를 모두 납세의무자로 보겠다는 의미가 아니라 법률적인 틀 안에서 형식적인 명의자가 있더라도 그 귀속을 형식에 구애받지 않고 실질에 맞게 파악해야 하는 '법적 실질'로 보는 것이 타당하다고 하면서, 비록 이 사건 자회사들이 이 사건 주식들을 취득함으로써 그로 인한 경제적인 효과는 원고에게 그대로 미치게 되는 것이지만, 원고와 이 사건 자회사들의 '내심의 의사'는 이 사건 주식들을 원고가 아닌 이 사건 사회사들이 소유하는 것으로 하려는 것(그에 기초한 세법상의 법률관계를 형성하여 원고가 과점주주로서 취득세를 부담하지 않으려는 것)이므로, 법적으로 이 주식의 소유권 귀속은 이 사건 자회사 법인들에게 있는 것이며, 이들의 법인격이 부인되지 않는 한, 단지 그 결과가 부적절하다는 이유로 이를 방지하기 위한 별도의 명문 규정도 없이 실질과세원칙만을 근거로 원고를 D와 F의 과점주주로 볼 수는 없다고 판시하였다.

이 사건 자회사들의 법인격을 부인할 수 있게 되면 이 사건 자회사 소유이던 D와 F의 주식은 원고의 소유가 될 수 있지만, 이 사건 자회사의 법인격 부인에 대해 원심법원 등은 이 사건 자회사들을 명목회사(paper company)라고 볼 수 있는 점은 인정하면서도, 이 사건 자회사들도 독립한 회계를 가지고 운영된 점 등을 고려할 때 이들이 독자적인 의사 또는 존재를 상실하고 원고가 자신의 사업의 일부로서 자회사를 운영한다고 할 수 있을 정도로 완전한 지배력을 행사한다고 볼 만한 객관적 징표가 충분하다고 보기 어려운 점 등을 근거로 법인격부인을 할 수 없다고 판단하였다.

2. 대법원의 판단

대법원에서는 다수의견과 소수의견이 나누어졌다. 다수의견은 우선, 실질과세원칙은 기본적으로 부당한 조세회피행위를 방지하여 조세정의를 실현하는 기능을 가지며, 이 원칙에 기초하여 합목적적이고 탄력적인 해석이 가능하게 되는 것으로 이해할 수 있으며, 따라서 이 원칙은 조세법률주의와 모순관계가 아니라 상호보완적 관계에 있음을 인정하였다. 그리고 다수의견은 이 원칙에 따를 때 이 사건 법률규정을 적용함에 있어서도 당해 주식이나 지분의 귀속 명의자는 이를 지배·관리할 능력이 없고 그 명의자에 대한 지배권 등을 통하여 실질적으로 이를 지배·관리하는 자가 따로 있으며, 그와 같은 명의와 실질의 괴리가 위 규정의 적용을 회피할 목적에서 비롯된 경우에는, 당해 주식이나 지분은 실질적으로 이를 지배·관리하는 자에게 귀속된 것으로 보아 그를 납세의무자로 삼아야 한다고 보고, 구체적인 경우에 있어서 주식 등의 명의와 실질의 귀속이 다른지 여부는 당해 주식 등의 취득 경위와 목적, 취득자금의 출처, 그 관리와 처분과정, 귀속명의자의 능력과 그에 대한 지배관계 등 제반 사정을 종합적으로 고려하여 판단하여야 한다고 판시하였다. 결과적으로 다수의견은 이 사건 주식들의 귀속이 명의상으로는 이 사건 자회사들에게 이루어져 있지만 실질적으로는 원고에게 귀속되는 것으로 볼 수 있는 여지가 큼에도 그 실질을 충분히 고려하지 않고 그 형식과 외관만에 치중하여 원고에게 과점주주 간주취득에 따른 과세를 할 수 없다고 판단한 원심법원의 판단은 실질과세원칙을 오해한 위법이 있다고 판단하였다.

　　반면, 이와 같은 다수의견에 대하여 전수안, 이상훈 대법관은 반대의견을 제시하였다. 반대의견은 실질과세원칙에 의하여 납세의무자의 거래행위를 그 형식에도 불구하고 조세회피행위라고 하여 그 효력을 부인하려면 조세법률주의 원칙상 법률에 개별적이고 구체적인 부인규정이 마련되어 있어야 하는 것이고, 그렇지 않고 본질적으로 불확정개념인 실질과세의원칙을 내세워 납세의무자가 선택한 거래형식을 함부로 부인하고 법 문언에 표현된 과세요건의 일반적 의미를 일탈하여 그 적용범

위를 넓히게 되면 조세법률주의가 형해화되어 이를 통해 실현하고자 하는 법적 안정성과 예측가능성이 무너지게 된다는 점을 지적하면서, 이 사건에서는 다수의견과 달리 함부로 적법유효한 이 사건 자회사에게의 주식귀속을 부정하고 이를 원고에게 귀속되는 것으로 하여 이 사건법률규정을 적용할 수는 없다고 판단하였다.

▶ 해 설 ◀

1. 쟁점

　　이 사건의 핵심쟁점은 원고가 이 사건 법률규정에 따른 과점주주 간주취득 과세제도의 과세요건을 갖추었다고 볼 수 있을 것인지 여부이다. 외형상으로 원고는 D 및 F의 주식을 전혀 보유하지 않고 있다. 하지만, 원고가 D 및 F의 주식 전부를 보유하고 있는 이 사건 자회사의 주식 100%를 보유하고 있고, 또 실질적으로 그 회사를 지배하고 있는 것으로 볼 수 있는 점 등을 고려하여, 세법상 원고가 이 사건 자회사를 통하여 간접적으로 D 및 F의 주식을 보유한 것으로 취급할 수 있게 된다면 과세요건의 충족을 인정할 수 있는 여지가 있다.

2. 과점주주 간주취득과세제도의 의의

이 사건 법률규정은 법인의 주식을 취득하여 법령에 따른 과점주주가 되면 주주는 자신이 과점주주로 있는 법인의 부동산 등을 취득한 것으로 보아 취득세를 과세하고 있었다.

이 경우에 있어서 주주는 외형상으로는 주식을 취득하는 것이지, 회사가 보유하는 부동산 등을 취득하는 것이 아니다. 그럼에도 불구하고 회사보유의 부동산 등을 취득한 것으로 "간주"하여 취득세를 과세하는 이유는 우리나라 조세체계상 부동산의 취득에 대해서는 취득세를 부과하지만 주식 등의 취득에 대해서는 과세하지 아니하는 점에 착안하여, 납세자들이 부동산을 취득하기 위한 방편으로 그 부동산을 소유하는 법인의 주식을 인수하는 편법을 사용하는 것에 대해 실질과세원칙에 기초하여 이를 방지하기 위함에 있다.

3. 과점주주간주취득과세제도에서 실질과세원칙의 역할

(1) 의의

이 사건에서 원고는 과점주주간주취득과세를 피하기 위하여 우회적으로 이 사건 자회사를 통하여 실질적으로 D와 F회사의 과점주

가 된 것으로 볼 수 있다. 즉, 원고는 과점주주간주취득과세를 회피하기 위하여 조세회피행위(Steuerumgehung, Tax Avoidance)를 한 것으로 이해할 수 있다. 이러한 조세회피행위를 방지하는 방법으로는 다양한 방법이 있지만 그 가운데 실질과세원칙을 통한 조세회피방지가 중요한 역할을 하게 된다.[4]

이 사건에서도 만약 외형상 이 사건 자회사가 보유한 D와 F회사의 주식의 실질적 귀속이 실질과세원칙에 근거하여 원고에게 귀속되는 것으로 결론 낼 수 있다면 피고의 이 사건 제1부과처분과 제2부과처분은 적법한 것이 되고, 실질과세원칙이 그러한 역할을 할 수 없다고 본다면 피고의 처분은 적어도 그 당시의 법규정하에서는 위법한 것이 된다.

(2) 실질과세원칙의 의의

실질과세원칙은 조세법규의 해석·적용은 거래의 형식과 실질이 불일치하는 경우에 후자를 기초로 해야 한다는 것을 내용으로 하는 법원칙이다.[5] 조세법규의 해석·적용을 거래의 실질에 따라 해야 하는 이유는 그렇게 해야만 조세부담이 공평하게 배분될 수 있기 때문이다.[6] 이러한 실질과세원칙은 그 자체가 조세법상 원칙이므로 이 원칙에 기초하여 구체적인 세금부과처분 혹은 감면처분이 가능하

4) 이동식, 『일반조세법』(준커뮤니케이션즈), 2013, 263면 이하.
5) 거래의 형식과 실질이 일치하는 경우에는 굳이 실질과세원칙이라는 것을 언급할 이유는 없다. 이 경우에는 형식이 곧 실질이고, 실질이 곧 형식이므로 어느 것에 기초하여 과세해도 문제가 없는 것이다.
6) 이동식, 상게서, 265면.

租稅判例百選 2

다. 굳이 실질과세원칙의 내용을 구체화하는 개별조문이 입법될 필요가 없다는 것이다. 물론, 이 원칙이 조세법규의 해석적용원칙인 한 실질과세원칙을 적용하는 것은 기존 법규의 일반적 해석범주 내에 위치하는 경우에만 가능하게 된다.

실질과세원칙에서 실질을 어떻게 이해할 것인지와 관련하여 우리나라에서는 법적 실질설과 경제적 실질설이 대립하고 있다. 법적 실질설에 따르면 "법률적으로(민·상법적으로)" 형식과 실질의 불일치가 있는지 여부를 판단한다. 예를 들면 가장행위의 경우에 가장행위 자체는 형식이고, 그 가장행위 이면에 숨어서 실제로 당사자가 의도했던 행위는 실질이 된다. 반면, 경제적 실질설이라는 것은 법적인 (민·상법적인) 거래형식과 경제적 실질이 불일치하면 후자에 따라 과세를 해야 하는 것이 실질과세원칙이라고 이해한다. 경제적 실질이라 함은 민상법이 아닌 세법적인 측면에서 바라본 거래의 실질로 이해할 수 있다.[7] 예를 들면, 신탁법상 신탁에 있어서 신탁재산의 민법적 소유권은 원칙적으로 수탁자에게 귀속되는 것이지만, 수탁재산의 양도에 따른 양도소득세 과세에 있어서 양도소득세 과세대상이 되는 양도차익이 경제적으로 최종 귀속되는 주체는 신탁자이므로 신탁자를 양도소득세 납세의무자로 해야 하는데 이는 경제적 실질설

로 설명할 수 있는 부분이라고 할 수 있다.

법적 실질설에 따르면 실질과세원칙이 적용될 수 있는 경우에는 원칙적으로 그 거래행위가 민·상법적으로 "형식"으로 판단될 수 있을 때, 즉 거래행위가 위법하거나 무효일 때에 한정되게 된다. 반면, 경제적 실질설에 따르면 실질과세원칙은 그 거래행위가 사법적으로 유효하다고 할지라도 세법적으로 그 거래행위를 재구성하기 위하여 사용될 수 있게 된다.

(3) 이 사건에서 문제의 주식의 실질적 귀속의 결정

이 사건에서 핵심쟁점은 문제의 주식의 실질적 귀속이 누구에게 이루어지는지 여부이다. 먼저, 분명히 할 점은 만일 이 사건 자회사의 법인격이 사법적으로 부인될 수 있다면 법적 실질설이든 경제적 실질설이든 원고에게 D와 F 주식의 실질적 귀속을 인정할 수 있게 된다는 점이다. 그러나 대법원의 다수의견과 소수의견 모두 이 사건 자회사가 명목회사(paper company)라고 할 수 있는 측면을 가지고 있기는 하지만 그렇다고 하여 이 회사들의 법인격이 사법적으로 부인될 수 있는 상황은 아니라고 보고 있다. 아래에서의 설명은 기본적으로 이 회사들이 사법적으로 유효하다는 것을 전제로 하여 세법적으로 문제의 주식의 실질적 귀속을 어떻게 인정할 것인지에 관한 논증이다.

---

7) 세법적 실질이 경제적 실질인 이유는 공평한 세금부과를 위해서는 과세요건에 표현된 법률행위형식이 아니라 그 법률행위를 통하여 입법자가 표현하고자 하였던 경제적 실질이어야 하기 때문이다.

대법원의 다수의견은 원고가 이 사건 주식들을 실질적으로 지배·관리하고 있으므로 원고가 그 주식의 실질적 귀속자라고 판단하였다. 대법원이 이와 같이 판단한 이유는 다음과 같다. 첫째, 이 사건 자회사들이 이 사건 주식들을 취득할 때 이 사건 자회사들의 지분은 원고가 100%를 소유하고 있었다는 점, 둘째 이 사건 자회사들은 D와 F의 주식 등을 보유하다가 그 중 일부를 처분하는 방식으로 재산을 보유·관리하고 있을 뿐 그 외 별다른 사업실적이 없고, 회사로서의 인적 조직이나 물적 시설을 갖추고 있는 것도 없어서 독자적으로 의사를 결정하거나 사업목적을 수행할 능력이 없는 것으로 보았으며, 이 사건 주식들의 취득자금 역시도 모두 원고가 제공한 것이고 그 취득과 보유 및 처분도 전부 원고가 관장하였을 것으로 보이는 점, 셋째 이 사건에서 문제된 모든 거래행위와 이 사건 자회사들의 사원총회 등도 실질적으로는 모두 원고의 의사결정에 따라 원고가 선임한 대리인에 의하여 이루어진 것으로 판단된다는 것이다.[8]

반면, 반대의견은 실질과세원칙에 따르더라도 이 사건 주식들의 실질적 귀속을 원고가 아니라 이 사건 자회사에게 인정된다고 판단하였다. 반대의견의 논거는 대략 다섯 가지로 요약할 수 있다. 첫째, 실질과세의 원칙에 의하여 납세의무자의 거래행위를 그 형식에도 불구하고 조세회피행위라고 하여 그 효력을 부인하려면 조세법률주의 원칙상 법률에 개별적이고 구체적인 부인규정이 마련되어 있어야 하는 것이고, 그렇지 않고 본질적으로 불확정 개념인 실질과세의 원칙을 내세워 납세의무자가 선택한 거래형식을 함부로 부인하고 법 문언에 표현된 과세요건의 일반적 의미를 일탈하여 그 적용범위를 넓히게 되면 조세법률주의가 형해화되어 이를 통해 실현하고자 하는 법적 안정성과 예측가능성이 무너지게 된다는 점을 지적하고 있다. 둘째, 원고가 이 사건 주식들을 직접 취득하지 아니하고 이 사건 자회사들이 이를 분산하여 취득한 동기가 이 사건 법률규정에 따른 부동산 등 간주취득세 납세의무를 회피하기 위함이었다고 하더라도 그와 같은 거래가 사법(私法)상 효과를 인정받을 수 없는 가장행위 등에 해당한다고 평가할 수 없는 한 원고와 이 사건 자회사들이 선택한 법적 형식을 부인하는 것은 옳지 않다는 점을 지적하고 있다. 셋째, 다수의견에 따르면 2007. 12. 31. 신설된 국세기본법 제14조 제3항[9]을 이 사건에 적용한 것과 같은 결과인데, 위 규정은 그 시행일이 2008. 1. 1.로서 그보

---

8) 대법원 2012. 1. 19. 선고 2008두8499 판결.
9) 국세기본법 제14조 제3항: "제3자를 통한 간접적인 방법이나 둘 이상의 행위 또는 거래를 거치는 방법으로 이 법 또는 세법의 혜택을 부당하게 받기 위한 것으로 인정되는 경우에는 그 경제적 실질내용에 따라 당사자가 직접 거래한 것으로 보거나 연속된 하나의 행위 또는 거래를 한 것으로 보아 이 법 또는 세법을 적용한다."

다 훨씬 전에 이루어진 이 사건 주식들의 취득에 관하여 곧바로 적용될 수는 없는 것이므로 이 사건에 이 규정을 적용한 것은 이 규정을 그 입법취지에 반하여 소급적용함으로써 조세법률주의를 위반하게 되었다는 점을 지적하였다. 넷째, 다수의견은 사실상 이 사건 자회사들에 대하여 그 주주와는 별개의 독립된 법적 실체로서의 법인격을 부인하는 것과 같다고 할 것인데, 법인격 부인론은 회사법상 여전히 논란이 많은 법리로서 아직 그 적용요건에 관하여 견해가 확립된 상태라고 하기 어렵고, 대법원도 아주 예외적인 경우에만 법인격부인을 인정하고 있음을 고려할 때,10) 이와 같은 예외적인 경우에 해당한다고 보기 어려운 이 사건 자회사들에 대하여 그 법인격을 사실상 부인하는 다수의견의 태도는 수긍하기 어렵다는 점을 지적하였다. 다섯째, 우리 세법이 과점주주에 대하여 국세와 지방세의 제2차 납세의무를 부담하도록 함은 물론 이 사건 법률규정에 의한 부동산 등 간주취득세의 납세의무까지 부담하도록 하는 것은 과세의 형평을 제고하고 조세징수의 적절한 수단을 확보한다는 공익적 목적을 달성하기 위하여 회사 제도의 근간이 되는 주주유한책임의 원리에 대한 중대한 예외를 인정한 것이므로 과점주주의 범위에 관한 법령의 규정은 엄격하게 해석하여야 하며, 다수의견과

같이 구체적인 법령의 근거도 없이 해석을 통하여 그 적용범위를 함부로 확장하는 것은 허용될 수 없다는 점을 지적하였다.

4. 이 판결의 의의

이 판결은 우리 대법원이 실질과세원칙에 있어서 "실질"을 경제적 실질로 이해한 점, 실질과세원칙과 조세법률주의가 모순관계에 있는 것이 아니라고 판단한 점, 구체적인 법률규정이 마련되지 않았다고 하더라도 실질과세원칙 자체에 기초하여 사법적으로 유효한 행위의 세법적 효력을 부인할 수 있다고 본 점,11) 이 사건 자회사와 같은 명목회사(paper company)의 경우에 그것이 비록 민사법적으로 무효가 되지 않는다고 하더라도 세법적으로는 그 회사를 부정하고 그 이면에서 실제로 활동하는 다른 회사를 기초로 하여 과세를 할 수 있다는 점을 분명히 한 점에서 의의가 있다고 할 것이다.

또한, 이 사건에서 대법원의 다수의견은 국세기본법 제14조 제3항이 신설되기 이전이라도 이 사건의 경우처럼 "제3자를 통한 간접적인 방법이나 둘 이상의 행위 또는 거래를 거치는 방법"으로 부당하게 조세감면을 하려고 하는 행위를 실질과세원칙에 기초하여 과세할 수 있음을 확인해주고 있다.

---

10) 대법원 1988. 11. 22. 선고 87다카1671 판결; 대법원 2004. 11. 12. 선고 2002다66892 판결; 대법원 2008. 9. 11. 선고 2007다90982 판결 등.

11) 이는 실질과세원칙에 기초한 과세가 조세법률주의를 형해화한다거나 납세자의 예측가능성과 법적 안정성을 침해하여 위헌이 된다는 주장을 대법원이 받아들이지 않은 것이라고 할 수 있다.

참고문헌

안경봉, 이동식, "명목회사를 이용한 조세회피시도와 실질과세원칙 −대법원 2012. 1. 19. 선고 2008두8499 판결에 대한 평석−", 『국세』(2012. 6.).

이동식, "독일세법상 경제적 관찰방법", 『현대세무학의 논점(송쌍종 교수 정년기념 논문집)』, 조세통람사, 2008.

이동식, "미국세법상 실질과세원칙의 의미와 역할", 『공법연구』, 제39집, 제4호(2011. 6.).

이중교, "부동산 명의신탁에 따른 양도소득세와 취득세 과세에 관한 연구", 『법조』, 통권 제667권(2012. 4.).

이동식, 일반조세법, 준커뮤니케이션즈, 2013.

신고납부방식인 취득세와 등록세에 있어서 당연무효의 판단기준 및 수백명이 자금을 모아 대표자 명의로 부동산을 유상취득한 후 각 개인별로 다시 이전등기하는 것이 무상취득인지 여부

사건의 표시 : 대법원 2006. 1. 13. 선고 2004다64340 판결

▪ 사실개요 ▪

① 서울특별시가 소유하고 있는 서울시 중구 신당동 ○○번지 대지 및 지상건물(이하 '이 사건 부동산'이라 한다)은 599개의 구분건물로 구성되어 있고 그 각 점포에 상인들이 입주하여 점유하고 있는 상태에서 서울특별시는 이 사건 부동산을 매각하는 절차를 추진 중에 있었고, 원고들은 이 사건 부동산을 매수하는 것을 목적으로 하는 '청평화시장 분양추진위원회(이하 '청평화시장 분추위'라 한다)'를 결성하여 2000. 6. 22. 488명의 입주자들이 참석한 가운데 창립총회가 개최되었고, 위 총회에서는 4인의 대표자들(이하 '대표자들'이라 한다)을 원고들

의 공동대표로 선정함과 아울러 대표자들이 이 사건 부동산을 낙찰받고 서울특별시로부터 각 수분양자인 원고들 명의로 구분 소유권 이전등기를 마치도록 하되 여의치 않을 경우 대표자들 명의로 소유권 이전등기를 마친 후 무상으로 원고들 명의로 각 점유부분에 따른 소유권 이전등기를 하여 주기로 결의하였다.

② 한편 피고 서울특별시는 2000. 9. 18. 서울특별시공고 제2000-632호로 이 사건 부동산에 대한 시유재산 매각공고를 하였는바 이에 의하면, ① 낙찰일 다음날을 계약일로 하고 계약일로부터 10일 이내에 계약체결을

---

* 김태호(한국지방세연구원 연구위원, 세무학박사).

하지 않을 경우 낙찰 및 매각결정을 무효로 하며, ② 계약보증금은 낙찰자의 입찰보증금으로 일괄대체하고 나머지 매매대금은 계약일로부터 60일 이내에 납부하도록 하고, ③ 대금납부를 계약일로부터 1년간 연체할 경우 해약 조치하고 계약보증금을 서울특별시에 귀속시키는 것을 내용으로 하고 있다.

③ 이에 대표자들은 2000. 9. 28. 청평화시장 분추위 정관에 따라 원고들로부터 모은 자금으로 입찰보증금을 납부하고 이 사건 부동산에 대한 입찰에 참가하여 같은 달 29일 이 사건 부동산을 낙찰받은 후 같은 달 30일 피고 서울특별시와 사이에 매매대금을 60,100,000,000원으로 하고, 입찰보증금으로 납부한 6,230,000,000원을 계약보증금으로 대체하고 위 계약보증금과 청평화시장 임대보증금을 공제한 나머지 잔금을 2000. 11. 28.까지 납부하는 것으로 하는 내용의 매매계약서를 작성하였으며, 그 후 청평화시장 분추위의 요청에 따라 사실상 구분건물이었던 이 사건 건물에 대하여 그 건물 평수와 대지 지분을 특정하여 건축물관리대장상 구분등재가 이루어졌다.

④ 대표자들은 대표자들 앞으로 이전등기를 한 후에 입주상인들 개개인 앞으로 이전등기를 할 경우에는 이중과세 문제가 발생하므로 잔금지급일 전에 서울특별시, 중구청 등의 공유재산관리부서 및 세무부서 공무원들과 수차례에 걸쳐 서울특별시로부터 바로 입주상인들 앞으로 이전등기가 될 수 있도록 요청하였으나 서울특별시와 중구청에서는 이를 거부하였다. 결국 대표자들은 2000. 11. 28. 대표자들 4인이 이 사건 부동산의 각 구분건물에 대하여 2000. 9. 30. 매매를 원인으로 한 각 1/4씩의 지분소유권 이전등기를 마쳤다. 그리고 위 대표자 4인으로부터 분양대금을 완납한 입주상인들에게 다시 같은 날 매매를 원인으로 한 소유권 이전등기가 각각 경료되었다.

⑤ 한편 대표자들은 위 소유권 이전등기 경료시 부동산 취득가액 60,100,000,000원을 과세표준으로 하여 지방세법 제131조 제1항 제3호 (2)목 소정의 세율(유상승계)을 적용한 등록세 1,803,000,000원, 360,600,000원을 신고납부하였다.

▪ 판결요지 ▪

1. 원고들의 부동산 취득이 무상취득인지에 관하여 보면, 원고들이 각자 점유하고 있는 구분건물 부분에 관하여 대표자 4인들로부터 원고들 앞으로 소유권이전등기를 마칠 당시 실질적으로 아무런 대가의 지급이 없었으므로 부동산의 무상취득에 해당한다.

2. 원고들의 신고·납부행위가 당연 무효인 지에 관하여 보면, 이 사건 부동산을 실질적으로 매수한 것은 각 점포의 입주상인인 원고들이고 대표자 4인은 단지 공매절차의 편의

상 원고들을 대표하여 낙찰을 받은 자에 불과하여 대표자 4인 명의에서 원고들 명의로 다시 소유권이전등기를 하는 데에 대하여 중복하여 취득세와 등록세를 납부하게 되면 이중과세가 된다고 생각하고 원고들이 수차에 걸쳐 과세관청을 찾아가 이 문제를 시정하여 줄 것을 요청하였다. 하지만, 과세관청에서는 대표자 4인 명의로 이전등기를 마쳤다가 다시 원고들 명의로 소유권이전등기를 마친 이상 낙찰가액을 과세표준으로 하여 계산된 같은 액수의 취득세와 등록세를 중복하여 납부할 수밖에 없다고 하면서 계속적으로 자진신고를 유도하는 바람에, 원고들은 그 신고·납부 해태에 따른 가산세 부담을 회피하고 신속하게 소유권이전등기를 마친 후 이를 담보로 은행에서 대출을 받기 위한 목적 등으로 취득세와 등록세를 이중으로 신고·납부하였다.

그리고 바로 대표자 4인들 앞으로 부과된 취득세와 등록세에 대하여 취소소송을 제기하였으나 그 청구가 기각될 처지가 되자, 다시 이 사건 소를 제기하여 원고들의 부동산 취득에 아무런 대가의 지급이 없었으므로 '무상취득'에 의한 세액만을 신고·납부하면 되는데도 이를 초과하여 '유상취득'임을 전제로 하여 계산된 세액을 납부하였음을 이유로 그 정당한 세액을 초과하는 세액의 반환을 구하고 있다면, 그 초과 부분에 해당하는 원고들의 이 사

건 신고·납부행위에는 조세채무의 확정력을 인정하기 어려운 중대하고 명백한 하자가 있어 당연 무효에 해당한다.

▶ 해 설 ◀

1. 취득세 일반

(1) 취득의 개념

과세대상의 취득을 소유권의 이전에서 파악하고, 소유권의 취득은 사법상의 소유권 취득개념을 차용하고 있는 형식적 소유권 취득설이 있다. 이 견해는 법률적 거래의 관점을 중요시하고 경제적 거래의 관점은 고려하지 아니하기 때문에 사법상의 법률관계에 의하여 이전되는 모든 소유권 이전을 취득으로 본다.[1] 일본의 경우 민법상 취득효과를 등기주의가 아닌 의사주의에 따르고 있지만, 우리나라의 민법에서는 등기 여부가 취득개념에 중요한 요건으로 되기 때문에 일본에서 취하고 있는 형식적 소유권 취득설을 적용할 수 없다.

입법적으로 지방세법 제6조 제1호에서 모든 유형의 취득을 포괄적으로 포함하는 것으로 규정하고 있으며, 대법원에서는 양도담보로 이전하는 것도 취득으로 보고 있고,[2] 양도담보로 이전되었던 부동산을 소유권이전 말

---

1) 金子 宏, 平成 17年, p.588.
2) 대법원 1980. 1. 29. 선고, 79누305 판결.

소등기로 다시 회복하는 것도 취득으로 보고 있다.[3] 즉, 대법원에서는 "취득세는 본래 재화의 이전이라는 사실 자체를 포착하여 거기에 담세력을 인정하고 부과하는 유통세의 일종으로 취득자가 재화를 사용·수익·처분함으로써 얻을 수 있는 이익을 포착하여 부과하는 것이 아니어서 취득자가 실질적으로 완전한 내용의 소유권을 취득하는가의 여부에 관계없이 사실상의 취득행위 자체를 과세객체"로 보고 있다.[4]

이와는 반대로 취득의 개념을 법률적 거래의 측면에서만 파악하지 않고 경제적·법률적 관점에서 소유권에 관한 모든 권능을 완전하게 이전하는 것으로 보는 실질적 소유권 취득설이 있다. 소유권 이전을 경제적 관점에서 파악하여 소유권이 법률적으로만 이전되고 경제적으로 완전하게 이전되지 아니하였다면 취득으로 보지 아니한다. 따라서 양도담보·합병·환매 등의 취득은 경제적인 측면에서 보면 재산이 매도자에게서 매수자에게로 완전하게 이전되는 것이 아니므로 처음부터 취득에 해당하지 않게 된다.[5]

그리고 취득개념에 대하여 등기행위는 물론 등기행위와 결부 되지 않는 잔금지급이나 법률행위 등의 법적 거래사실[6]이 있으면 취득이 이루어진다고 보는 「형식적 취득설」과 법적 거래사실뿐만 아니라 「경제적 실질의 이전사실」도 갖추어져야만 취득이 이루어진다고 보는 「실질적 취득설」로 구분하는 견해도 있다.[7] 형식적 소유권 취득설 및 실질적 소유권 취득설은 사법상의 소유권 개념을 차용하기 때문에 민법상의 등기주의가 필수적으로 적용되지만, 형식적 취득설 및 실질적 취득설은 민법이 물권변동의 효력으로 규정한 '등기주의'를 필수요건으로 하지 아니하는 것이다.

이 사건에서 보면 대표자 4명이 상인들 488명으로부터 상가 매수대금을 받아서 서울특별시와 매매계약을 체결하고 대금을 납부한 후에 소유권 이전등기를 하였으므로 취득행위가 있었다고 할 것이다. 그러나 실질적 소유권 취득설이나 실질적 취득설의 입장에서 보면 대표자 4명은 서울시로부터 부동산을 절차적인 측면에서 쉽게 이전받기 위하여 내세운 것에 불과하고 서울시로부터 소유권을 이전받은 후에 바로 실제 구입자금을 부담한 상인들에게 다시 이전등기 되었기 때문에 취득이 없고, 상인들에게 취득이 있은 것으로 될 수 있다. 현재 대법원에서는 형식적 취득설의 입장에 있기 때문에 대표자 4명과 상인들은 각각 취득행위가 있다고 할 수 있다.

---

3) 대법원 1999. 10. 8. 선고, 98두11496 판결.
4) 대법원 1998. 12. 8. 선고, 98두14228 판결.
5) 김완석, "양도담보의 조세법상의 논점", 『중앙법학』, 제5집, 제3호(2003. 12.) 31-32면.
6) 구체적으로 잔금지급, 등기·등록, 무상취득의 경우 법률행위 등으로 나타난다.
7) 김태호, "지방세법상 취득세의 취득개념과 과세물건에 관한 연구", 서울시립대학교 세무대학원 박사학위논문(2007. 2.), 35-37면.

(2) 무상취득과 유상취득

원고들이 소유권 이전등기를 한 2000년 11월 당시에 시행된 지방세법 제131조의 부동산등기의 세율을 보면 무상으로 인한 소유권의 취득에 대한 등록세 세율은 1.5%이고, 유상으로 인한 소유권의 취득에 대한 세율은 3%로 되어 있었다. 무상승계취득은 부동산을 취득함에 있어서 상대방에게 대가를 지급하지 아니하는 취득으로서 상속, 증여 등이 있다. 그 이외에도 부동산을 취득하면서 사실상 대가를 지급하지 아니하였다면 형식상 매매의 형식으로 되어 있더라도 무상승계취득으로 보아야 할 것이다. 유상승계취득에는 매매, 현물출자, 기부 등이 있다.

이 사건에서는 대표자 4인들이 서울특별시로부터 상가 부동산을 이전등기를 받은 후에 다시 대표자 4인들이 수백명의 상인들 개개인 명의로 이전등기를 하면서 매매의 형식을 취한 것에 대하여 과세관청에서는 유상취득으로 보았다. 그러나 실제로는 상인들이 부동산의 대금을 내어서 이 자금으로 대표자 4인이 서울특별시와 계약을 체결하여 상가를 취득한 후에 곧바로 상인들에게 다시 이전등기를 해준 것에 불과하다.

2. 신고납부 지방세에 있어서 당연무효로 보는 기준

(1) 일반적 기준

취득세와 등록세는 신고납세방식의 조세로서 이러한 유형의 조세에 있어서는 원칙적으로 납세의무자가 스스로 과세표준과 세액을 정하여 신고하는 행위에 의하여 납세의무가 구체적으로 확정되고, 그 납부행위는 신고에 의하여 확정된 구체적 납세의무의 이행으로 하는 것이며 지방자치단체는 그와 같이 확정된 조세채권에 기하여 납부된 세액을 보유하는 것이다.

따라서 납세의무자의 신고행위가 중대하고 명백한 하자로 인하여 당연무효로 되지 아니하는 한 그것이 바로 부당이득에 해당한다고 보지 아니한다. 그리고 여기에서 신고행위의 하자가 중대하고 명백하여 당연무효에 해당하는 지의 여부에 대하여는 신고행위의 근거가 되는 법규의 목적, 의미, 기능 및 하자있는 신고행위에 대한 법적 구제수단 등을 목적론적으로 고찰함과 동시에 신고행위에 이르게 된 구체적 사정을 개별적으로 파악하여 합리적으로 판단하여야 한다.[8]

---

8) 대법원 1995. 2. 28. 선고 94다31419 판결; 대법원 2001. 4. 27. 선고 99다11618 판결.

(2) 신고납부의 당연무효에 해당 여부 관련 판례

1) 납세의무자의 사전 의사표시

① 납세의무자가 사전에 취득세가 조례에 의한 면제대상임을 주장하면서 면제신청을 하였으나, 과세관청이 이를 거부함에 따라 신고납부 해태에 따른 가산세의 부담회피와 신속한 소유권보존등기를 위하여 부득이 취득세를 신고납부 하고, 바로 민사소송으로 납부한 취득세의 반환을 청구한 경우에 신고납부 행위에 중대하고 명백한 하자가 있다.[9]

② 납세의무자가 사전에 취득세 면제대상인지 여부를 피고에게 문의하였으나 과세관청이 신고납부를 종용함에 따라 할 수 없이 신고납부 해태에 따른 가산세의 부담 회피와 신속한 소유권보존등기를 위해 우선 취득세를 신고납부하고 민사소송을 제기한 경우에 중대하고 명백한 하자가 있다.[10]

2) 과세관청의 사전 행정지도 등

① 무효인 조례 규정에 터잡은 행정지도에 따라 원고들이 스스로 납세의무자로 믿고 자진신고 납부하였다 하더라도, 특히 신고행위가 없어 부과처분에 의해 조세채무가 확정된 경우에 취득세를 납부한 자와의 균형을 고려하건대 만일 원고들이 자진신고하지 아니하

여 부과처분에 의해 조세채무가 확정되었다 하더라도 원고들이 그러한 부과처분에 불복하였으리라고 볼 사정은 엿보이지 않고, 또 부과처분의 근거가 된 조례규정이 무효라 하여 그에 터잡은 부과처분이 당연무효가 되는 것은 아니므로, 원고들의 신고행위의 하자가 중대하고 명백한 것이라고 단정할 수 없다.[11]

② 한국토지개발공사가 도시재개발법에 따른 재개발사업으로 제3자에게 공급할 목적으로 건물을 신축하여 일시 취득한 경우 관련 규정에 의하면 취득세 및 등록세 면제대상이 됨이 명백함에도, 과세관청 담당 직원들의 잘못된 자진 신고의 유도 등으로 가산세의 부담 회피 및 신속한 소유권보존 등기를 마치기 위해 신고납부하였다가 환급신청 및 소송을 제기하였다면, 중대하고 명백한 하자가 있다.[12]

③ 재개발아파트의 승계조합원도 추가로 지급한 청산금에 대하여만 취득세 납세의무가 있고 종전 토지 및 건물에 대하여 부담한 취득세 부분에 대하여는 이중과세라는 납세의무자의 주장에도 불구하고 과세관청의 행정지도에 따라 가산세 등의 위험을 피하기 위하여 부득이 취득세를 신고납부하고 소송에 이른 경우 납세의무 없는 부분에 대하여는 당연무효이다.[13]

④ 납세의무자가 취득세 면제대상인 토

---

9) 대법원 1995. 2. 28. 선고 94다31419 판결.
10) 대법원 1996. 8. 23. 선고 95다44917 판결.
11) 대법원 1995. 11. 28. 선고 95다18185 판결.
12) 대법원 1997. 12. 12. 선고 97다20373 판결.

지에 관하여 취득세 면제신청을 하였다가 면제대상이 아니라는 회신을 받게 되자 신고납부 해태에 따른 부가세의 부담 회피와 체납처분에 따른 문제점 등의 이유로 부득이 신고납부한 다음 바로 이의신청 및 심사청구와 행정소송을 거쳐 민사소송에 이른 경우 당연무효에 해당한다.[14]

3) 사전의사표시 없는 경우

① 납세의무자가 점포의 취득이 비과세에 해당함에도 취득세 등을 신고납부하였고 지방자치단체가 이를 수령하였다는 사정만으로는 그 신고행위의 하자가 중대하고 명백한 것이라고 단정할 수 없다.[15]

② 조합주택 건설용지의 해당 지분에 관하여 조합 명의에서 조합원들 명의로 이전등기하면서 이를 유상의 이전등기로 오인하고 등록세를 신고납부한 사안에서, 해당 이전등기가 무상으로 인한 소유권취득의 등기라고 하더라도 원고들 스스로 유상취득으로 기재한 이상 그러한 오인이 있다고 하여 바로 무상취득과의 차이에 해당하는 등록세에 대하여는 그 하자가 중대하고 명백한 것으로 볼 수 없다.[16]

③ 원고가 취득세 중과세대상에서 제외되는 다가구용 단독주택을 중과세율이 적용되는 고급주택에 해당하는 것으로 오인하여 취득세를 신고납부하였다고 하더라도 그와 같은 사정만으로는 그 신고행위의 하자가 중대하고 명백한 것이라고 단정할 수는 없다.[17]

④ 주택조합이 취득세 납세의무가 없음을 인식하면서도 부득이 신고납부한 것이 아니라 납세의무가 있는 것으로 오인하여 납부한 것에 불과하고 또 납세의무자로 오인할 만한 객관적 사정도 인정되어 신고행위의 하자가 중대하다 하더라도 명백한 것이라고 단정할 수는 없다.[18]

⑤ 납세의무자가 대도시 밖으로의 공장이전을 위하여 토지를 취득하고 취득세를 신고납부한 이상 취득세 면제사유가 있다고 할지라도 이러한 사정만으로는 납세의무자의 취득세 및 등록세 신고행위에 중대하고 명백한 하자가 있다고 할 수 없다.[19]

4) 당연무효의 판단기준

신고납부세목으로 되어 있는 조세의 신고납부 행위에 중대하고 명백한 하자기 있어서 당연무효로 보는 대법원의 판단기준을 보면 대체적으로 ① 사전에 납세의무자의 의사표시가 있었는지 여부, ② 사전에 과세관청의 행

---

13) 대법원 1999. 7. 27. 선고 99다23284 판결.
14) 대법원 2001. 4. 27. 선고 99다11618 판결.
15) 대법원 1995. 6. 30. 선고 94다50212 판결.
16) 대법원 1995. 9. 29. 선고 94다40420 판결.
17) 대법원 1995. 4. 14. 선고 95다4186 판결.
18) 대법원 1996. 4. 12. 선고 96다3807 판결.
19) 대법원 1998. 3. 10. 선고 97다92486 판결.

정지도 등의 의사표시가 있었는지 여부라 할 수 있다. 즉, 사전에 납세의무자가 면제·비과세에 해당된다거나 과표·세율 적용에 대하여 의사표시를 하였거나, 과세관청에서 신고납부 종용이나 안내 등의 의사표시가 있었다면 가산세 등을 피하기 위하여 어쩔 수 없이 신고납부한 행위에 대하여 중대하고 명백한 하자가 있는 것으로 보고 있다.

그러나 사전에 납세의무자나 과세관청의 의사표시가 없이 단순히 납세의무자가 오인하여 신고납부한 경우에는 당연무효의 사유가 없는 것으로 보고 있다. 물론 1995. 11. 28.자 대법원의 95다18185 판결에서는 무효인 조례에 따라 과세관청이 취득세 등을 납부하도록 행정지도를 했음에도 불구하고 부과처분과의 조세형평성 등을 이유로 신고납부 행위에 중대하고 명백한 하자가 없다고 했으나, 그 이후에는 사전에 과세관청의 의사표시가 있었다면 당연무효로 보고 있다.

3. 쟁점사항

이 사건에서 쟁점사항은 먼저 수백명의 상인들이 자금을 내고 대표자를 선정해서 1차적으로 상가를 취득한 후에 다시 대표자로부터 각 상인들 앞으로 매매의 형식을 통해 이전등기를 한 경우에 있어서 각 상인들 앞으로의 이전등기가 유상취득에 해당하는 지 아니면 무상취득에 해당하는지 여부이다.

그리고 무상취득에 해당한다면 이미 유상취득에 해당하는 등록세 세율을 적용하여 과세관청에 신고한 행위에 중대하고 명백한 하자가 있어서 당연무효에 해당하는지 여부다.

4. 판례의 태도 및 분석

(1) 선행연구

이 판례에 대한 선행연구로는 강석훈의 판례해설이 있다.[20] 강석훈은 상인들이 각각 분담금을 대표자 4명에게 주고, 대표자 4명이 서울시와 부동산 매매계약을 체결하고 대금을 납부한 후에 이전등기를 한 것을 일종의 계약명의신탁으로 보고 있다. 그러면서 계약명의신탁의 경우 매도자가 선의인 경우에는 명의수탁자가 완전하게 소유권을 취득하게 되고, 명의신탁자에 대하여는 매매대금을 부당이득금으로 반환해야 하는데, 이 사건의 경우 4명의 대표자가 상인들에게 현금대신 부동산을 대물변제 또는 부당이득반환채무와 매매대금 지급채무가 상계된 것으로 보고 있다. 취득세의 신고납부와 관련해서 당연무효의 여부에 대하여는 원고들이 스스로 분양계약서를 첨부하여 유상양도임을 전제로 하여 계산된 취득세와 등록세를 자진하여 신고·납부하였다고 하더라도 그 하자가 명백하며, 과세표준과 세율 등에 다른 법령이 적용된 경우 이를 단순

---

20) 강석훈, 『대법원판례해설』, 제61호(2006. 12.), 591-625면.

히 세액산정방법이 잘못된 것에 불과하다고 보아 중대한 법규위반에 해당하지 않는다고 볼 수 없다고 보았다.

그러나 대표자 4명이 상인들로부터 매매대금을 받은 후에 서울특별시와 매매계약을 체결하고 이전등기를 받은 것을 계약명의신탁으로 본 것은 타당하지만, 이를 대물변제나 채무상계로 본 것은 문제가 있다. 왜냐하면 대물변제나 채무상계는 무상이 아니라 유상거래에 해당하므로 그렇다면 피고인 과세관청의 주장이 타당하다는 결론이 나오기 때문이다. 그리고 거래의 유형이 명백하게 대가의 지급 없이 무상으로 거래된 것이 확실함에도 불구하고 유상거래에 해당하는 세율을 적용한 경우에 이를 당연무효로 본 것은 타당하다고 본다.

(2) 판례의 평가

부동산의 소유권 이전등기를 하면서 형식은 매매를 취했지만 실제로 대가를 지급하지 아니한 경우에 대법원에서는 이를 무상취득으로 보아 무상취득에 해당하는 세율을 적용해야 한다고 판결했다. 이는 거래의 명칭이나 형식에 관계없이 그 실질내용에 따라 적용하도록 한 실질과세원칙에 비추어 보아도 당연한 판결이라 생각한다.

그리고 지방세를 신고납부하는 경우에 있어서 그 신고행위가 당연무효에 해당하려면 그 하자가 중대하고 명백해야만 하는데, 이처

럼 무상취득에 해당하는 거래에 대하여 유상취득에 해당하는 세율을 적용하여 세액을 산출하고 이를 신고한 행위에 대하여 그 무상취득세율을 초과하는 부분은 당연무효에 해당한다고 판결했다. 이는 세액계산에 있어서 과세표준과 세율은 중요한 계산요소이며 세율을 잘못 적용하여 세액을 산출한 경우에 정당한 세율을 초과한 부분은 그 하자가 중대하고 명백하다고 본 것으로서 타당한 견해라고 본다.

5. 이 판결의 의의

이 사건의 경우 2000년 11월에 상가를 취득하기 위하여 상인들이 자금을 내고 대표자 4인을 선정해서 서울특별시로부터 상가를 취득한 후에 다시 대표자 4인으로부터 곧바로 각 상인들 앞으로 매매의 형식을 통한 이전등기를 한 것에 대하여 형식은 유상취득인 매매이지만 실제로는 각 상인들이 대표자 4인에게 대금을 주고 취득한 것이 아니므로 무상취득으로 본 것으로서 실질과세원칙이 적용되었다고 할 수 있다. 따라서 등록세 세율을 적용할 때에 그 거래의 형식보다는 실제로 대가가 상대방에게 지급되었는지 여부가 중요하다는 것을 보여준 판례라 할 수 있다.

2011. 1. 1.부터는 등록세가 취득세에 통합되면서 유상승계취득세의 세율은 4%이고, 무상승계취득세의 세율은 3.5%로 되었다.[21]

---

21) 지방세법 제11조 제1항 제2호 및 제7호, 여기서 4%는 종전의 취득세 2%와 등록세 2%를 합한 것이고

그리고 지방세기본법 제17조에서 실질과세원칙을 규정하고 있다. 즉, 지방세기본법, 지방세법, 지방세특례제한법 중 과세표준 또는 세액의 계산에 관한 규정은 소득·수익·재산·행위 또는 거래의 명칭이나 형식에 관계없이 그 실질내용에 따라 적용하도록 규정하고 있다. 따라서 부동산을 취득하면서 형식은 매매를 취하였더라도 사실상 대가가 상대방에게 지급되지 아니하였다면 무상취득에 해당하는 3.5%의 세율을 적용해야 할 것이다.

이와 같이 무상취득임에도 불구하고 과세관청에 취득세 신고를 하면서 유상취득에 해당하는 세율을 적용하여 계산된 세액을 신고하였다면 그 초과부분은 하자가 중대하고 명백하여 당연무효에 해당함을 이 판례에서 판시하고 있다. 다만, 2011. 1. 1.부터 지방세에도 경정청구제도가 도입되어 이러한 경우에 3년 이내에 경정청구를 하여 구제받을 수 있게 되었고, 경정청구를 했으나 과세관청에서 거부처분을 하게 되면 그 거부처분에 대하여 이의신청, 심사청구, 심판청구, 행정소송 등을 선택하여 할 수 있다.

만약 앞으로 실제로 대가를 지급하지 아니하여 무상취득에 해당함에도 불구하고 매매의 형식으로 거래를 하였다는 이유로 유상취득에 해당하는 세율을 적용하여 취득세를 신고납부하였다면 경정청구를 통해 구제받을 수 있지만, 3년이 경과한 후에는 경정청구를 할 수 없으므로 부당이득금반환청구소송을 통해 구제받을 수 있을 것이다. 다만, 대법원에서는 당연무효의 판단기준으로 "신고행위에 대한 법적 구제수단"을 들고 있는데, 2011년부터 경정청구제도가 도입되었기 때문에 향후 당연무효의 판단이 변경될 수도 있다. 그러나 1997년 10월부터 지방세법상의 신고납부를 '처분'으로 보는 간주규정을 두어 신고납부를 한 후에 이의신청 등을 거쳐 행정소송을 할 수 있도록 하여 권리구제의 길이 열렸음에도 불구하고 그 이후에도 종전의 판단기준이 계속 이어져 왔기 때문에 향후에도 크게 판단기준이 바뀌지는 않을 것으로 본다.

3.5%는 종전의 취득세 2%와 등록세 1.5%를 합한 것이다.

참고문헌

강석훈, "가. 신고납세방식의 조세인 취득세와 등록세에 있어서 납세의무자가 자진 신고·납부한 세액이 부당이득에 해당하는 경우 및 납세의무자의 신고행위가 당연무효에 해당하는지 여부의 판단 기준, 나. 취득세와 등록세의 신고·납부에 있어서, '무상취득'에 의한 세액만을 신고·납부하면 되는데도 이를 초과하여 '유상취득'임을 전제로 하여 계산된 세액을 신고·납부한 경우, 그 초과 부분에 해당하는 신고·납부행위에는 조세채무의 확정력을 인정하기 어려운 중대하고 명백한 하자가 있어 당연무효에 해당한다고 한 원심의 판단을 수긍한 사례", 『대법원 판례해설』, 제61호(2006. 12.).

金子 宏, 『租稅法 弟10板』, 東京 : 弘文堂, 平成 17年.

김완석, "양도담보의 조세법상의 논점", 『중앙법학』, 제5집, 제3호(2003. 12.).

김태호, "지방세법상 취득세의 취득개념과 과세물건에 관한 연구", 서울시립대학교 세무대학원 박사학위논문(2007. 2.).

법원도서관, 『법고을 LX』, 2012.

경정청구권이 불인정 되는 세목에 대한 과세관청의 경정 거부처분이 항고소송 대상인지 여부

사건의 표시 : 대법원 1999. 7. 23. 선고 98두9608 판결

▪ 사실개요 ▪

① 원고는 1997. 3. 22. ○○연합회로부터 이 사건 부동산을 매수하였고, 원고는 1997. 7. 9.자로 위 부동산에 관하여 원고 명의의 소유권이전청구권 보전 가등기를 하기 위하여 1997. 7. 5. 피고에게 가등기에 대한 등록세 금 13,479,530원 및 교육세 금 2,699,500원을 신고납부하였다.

② 그리고 원고는 1998. 2. 19.자로 이 사건 부동산에 관한 위 가등기가 종교단체인 원고 교회가 종교목적에 사용하기 위한 부동산에 대한 등기로서 구 지방세법(1997. 8. 30 법률 제5406호로 개정되기 전의 것) 제127조 제1항 제1호에 의하여 등록세가 비과세되며, 교

육세도 비과세되어야 한다는 이유를 들어 피고에게 지방세법 제82조 및 국세기본법 제45조의 2의 규정에 의하여 기 납부한 위 등록세 등의 환급을 구하는 경정청구를 하였다

③ 피고는 1998. 2. 23. 이 사건 부동산에 관한 가등기가 등록세 등의 부과대상이기 때문에 원고의 위 경정청구를 받아들이지 아니한다고 회신하였다.

▪ 판결요지 ▪

지방세법 제82조는 "지방세의 부과와 징

---

* 김태호(한국지방세연구원 연구위원, 세무학박사).

수에 관하여 이 법 및 다른 법령에서 규정한 것을 제외하고는 국세기본법과 국세징수법을 준용한다."고 규정하고 있으나, 수정신고와 이의신청에 관한 개정(1997. 8. 30. 법률 제5406호로 개정되어 1997. 10. 1.부터 시행된 것)된 지방세법 제71조, 제72조 및 개정 전후를 통하여 지방세법 상 법인세할 주민세의 수정신고납부에 관한 제177조의 3의 각 규정 내용과 취지에 비추어 경정청구에 관한 국세기본법(이하 '기본법'이라 한다) 제45조의 2의 규정이 지방세법에 의한 등록세의 부과에 준용될 수는 없다. 그리고 경정청구권이 인정되지 않는 경우에는 과세관청이 납세자 등의 경정청구에 대하여 이를 거부하는 회신을 하였다고 하더라도, 이를 가리켜 항고소송의 대상이 되는 거부처분으로 볼 수도 없다.

▶ 해 설 ◀

1. 1997년 7월 당시의 지방세법 상의 불복제도

먼저 원고가 등록세 등을 신고납부한 1997년 7월 당시의 지방세법 상의 불복제도를 살펴볼 필요가 있다. 당시에는 지방세에 의한 처분으로서 위법 또는 부당한 처분을 받거나 필요한 처분을 받지 못함으로써 권리 또는 이익의 침해를 당한 경우에 그 처분이 있은 것을 안 날부터 60일 이내에 이의신청을 하고, 이의신청의 결정에 대하여 불복하는 경우에 심사청구를 한 후에 행정소송을 하는 것으로 되어 있었다. 물론 곧바로 감사원에 이의신청을 하고 행정소송을 하는 방법도 있었다.

즉, "지방세법에 의한 처분을 받은 경우"나 "필요한 처분을 받지 못한 경우"에 이의신청, 심사청구를 거쳐 행정소송을 할 수 있었다. 그런데 신고납부에 대하여는 이를 과세관청의 행정처분으로 보지 아니하고 사인의 공법행위로 보아 행정소송을 할 수 없었다.[1]

국세의 경우에는 신고납부를 한 후에 3년 이내에 경정청구를 할 수 있고, 그 경정청구에 대한 거부처분에 대하여 심사청구, 심판청구, 행정소송을 할 수 있도록 되어 있었다. 그러나 지방세의 경우에는 신고납부 세목에 대하여 경정청구제도가 없었기 때문에 이의신청, 심사청구, 심판청구 등을 할 수 없었다. 다만, 제한적으로 법인세할 주민세의 경우 납세의무자가 신고납부한 법인세할의 시·군별 안분계산세액에 오류를 발견한 때에는 법인세할을 신고납부한 날부터 60일 내에 수정신고납부[2] 할 수 있었다.[3] 이렇듯 당시 지방세법에는 신

---

1) 서울고등법원 1988. 3. 11. 선고 88구188 판결.
2) 이 수정신고납부에는 감액과 증액이 동시에 수반되므로 기본법 상의 경정청구와 수정신고 동시에 포함된 것으로 보아야 한다.
3) 당시 지방세법 제177조의 3.

고납부한 지방세에 대한 행정소송은 신고납부가 처분이 아니라는 이유로 할 수 없었고, 부당이득금반환청구소송을 할 수밖에 없었다.

2. 1997년 10월 이후의 신고납부 지방세의 불복청구

　취득세, 등록세, 소득할 주민세와 같은 신고납부 지방세에 대하여는 1997. 9. 30.까지는 사인의 공법행위로 보았고 행정처분으로 보지 아니하였기 때문에 신고행위가 당연무효인 경우에는 그 신고납부세액에 관하여 수납한 지방자치단체에 대한 민사상의 부당이득반환청구권이 발생한다고 보았다.4) 이러한 문제점을 해결하기 위하여 1997. 8. 30.자로 법률 제5406호에 의하여 지방세법을 개정하였다.

　즉, 지방세법에 의한 처분의 범위에 신고납부 또는 수정신고납부를 한 것도 포함하여 그 신고납부를 한 때에 처분이 있었던 것으로 보는 간주규정을 두었다. 따라서 신고납부나 수정신고납부는 물론 과세관청으로부터 위법 또는 부당한 처분을 받았거나 필요한 처분을 받지 못함으로써 권리 또는 이익의 침해를 당한 자는 지방세법에 의한 이의신청 및 심사청구를 할 수 있었다.5)

　국세는 신고납부 후 경정청구를 하고, 과

세관청의 거부처분에 대하여 심사청구나 심판청구를 거쳐 행정소송을 할 수 있었지만, 지방세는 1997. 10. 1.부터 신고납부 자체를 '처분'으로 보아 이의신청, 심사청구를 거쳐 행정소송을 할 수 있었다. 그리고 1997. 10. 1.부터 「수정신고」제도를 도입하였는데,6) 국세의 경정청구 및 수정신고 제도와 달리 그 사유를 제한하고 있었으며 경정청구 및 수정신고를 합하여 수정신고를 하도록 하였다.

　신고납부나 수정신고납부를 처분으로 보는 간주규정은 2010. 12. 31.까지 시행되었고, 2011. 1. 1.부터는 국세와 동일하게 처분으로 보는 간주규정을 폐지하고, 신고납부에 대하여 경정청구를 하고 거부처분에 대하여 이의신청, 심사청구, 심판청구 등을 할 수 있도록 하였다.7) 즉, 2011. 1. 1.부터는 지방세기본법 제50조에 수정신고제도를 두었고, 같은 법 제51조에 경정청구제도를 두어 기본법 제45조의 수정신고와 같은법 제45조의2의 경정청구제도와 동일한 체제를 갖추었다.

3. 쟁점

　원고가 등록세 등을 신고납부한 1997년 7월 당시의 지방세법 상의 불복제도에는 신고납부에 대한 경정청구제도가 없었고, 법인세

4) 서울고등법원 1988. 3. 11. 선고 88구188 판결.
5) 당시 지방세법 제72조 제1항.
6) 당시 지방세법 제71조.
7) 지방세기본법 제51조 및 제117조.

할 주민세에 한하여 제한적으로 경정청구가 포함된 「수정신고」제도를 시행하고 있었다. 그리고 지방세법 제65조에서 "지방세의 부과와 징수에 관하여 지방세법 및 기타 법령으로 규정한 것을 제외하고는 국세기본법과 국세징수법을 준용한다."라는 규정을 두고 있었다.[8]

등록세 등을 신고납부한 후에 이에 대한 경정청구제도가 없었으므로 지방세법 제65조(1997. 10. 1. 이후에는 제82조)에 의하여 기본법 제45조의2를 준용하여 경정청구를 할 수 있는지 여부가 쟁점이다. 기본법 제45조의2의 경정청구제도가 지방세법에 준용된다면, 등록세 등에 대하여 경정청구를 하고 과세관청이 거부처분을 하는 경우에 행정소송까지 할 수 있기 때문이다.

4. 판례의 태도 및 분석

대법원에서는 지방세법(1997. 8. 30. 법률 제5406호로 개정되어 1997. 10. 1.부터 시행된 것, 이하 '개정된 지방세법'이라 하고, 개정되기 전의 것을 '개정 전 지방세법'이라 한다) 제82조는 '지방세의 부과와 징수에 관하여 이 법 및 다른 법령에서 규정한 것을 제외하고는 국세기본법과 국세징수법을 준용한다.'고 규정하고 있고, 기본법 제45조의2는 과세표준신고서를 법정 신고기한 내에 제출한 자에게 최초에 신고한

국세의 과세표준 및 세액의 결정 또는 경정을 청구할 권리를 인정하는 이른바 경정청구제도를 두고 있다. 그러나 수정신고와 이의신청에 관한 개정된 지방세법 제71조, 제72조 및 개정 전후를 통하여 지방세법 상 법인세할 주민세의 수정신고납부에 관한 제177조의3의 각 규정 내용과 취지에 비추어 경정청구에 관한 기본법 제45조의2의 규정이 개정된 지방세법에 의한 등록세의 부과에 준용될 수는 없고, 이와 같은 사정은 개정 전 지방세법에서도 마찬가지이며, 달리 조리에 의한 경정청구권이 인정된다고 볼 여지도 없다."고 판시하여 개정된 지방세법에서 뿐만 아니라 개정 전의 지방세법 아래에서도 기본법 제45조의2의 규정이 준용될 수 없음을 명시하고 있다.

즉, 1997. 10. 1.부터 지방세법에도 수정신고제도가 도입되어 경정청구 및 수정신고를 할 수 있게 되었으므로[9] 국세기본법 상의 경정청구제도가 준용될 여지가 없게 되었기 때문에 판례의 입장은 타당하다 할 것이다. 나아가 신고납부 지방세의 경우에는 1997. 10. 1.부터 신고납부를 「처분」으로 보는 간주규정을 두었으므로 바로 신고납부한 후에 60일 이내에 이의신청, 심사청구 등을 거쳐 행정소송을 할 수 있게 되었으므로 신고납부 후 3년까지 허용되는 국세의 경정청구제도는 준용될 수 없다 할 것이다.

---

8) 이 조문은 1997. 8. 30.자 지방세법 개정에 의하여 제82조로 옮겨 갔다.
9) 당시 지방세법 제71조.

그러나 1997. 9. 30.까지는 지방세법에 수정신고제도가 없었고, 신고납부를 처분으로 보지도 아니하였기 때문에 납세의무자는 이의신청, 심사청구를 거쳐 행정소송을 할 수 없었으므로 이 점에 대하여는 좀더 고민을 했으면 좋지 않았을까 싶다. 즉, 납세자의 권리구제를 확대하기 위해서는 지방세법에 일반적인 경정청구제도가 도입되어 있지 않았으므로 기본법 상의 경정청구제도를 준용하는 것이 바람직한데, 대법원에서는 법인세할 주민세에 대한 수정신고제도[10])가 있었기 때문에 국세기본법을 준용할 수 없다는 논리를 전개한 것으로 보인다.

5. 이 판결의 의의

1997. 10. 1.부터 지방세법 상 불복제도가 개정되어 신고납부를 처분으로 보는 간주규정이 도입되었고,[11]) 제한적인 수정신고제도가 도입되었다.[12]) 그리고 지방세의 부과와 징수에 관하여 지방세법 및 다른 법령에서 규정한 것을 제외하고는 국세기본법과 국세징수법을 준용하는 규정을 두고 있었다.[13])

그런데 지방세법 상 수정신고제도는 국세의 수정신고제도와 성격이 달랐다. 국세의 경우 신고납부한 후에 감액경정청구를 하는 경우에는 경정청구를 하고, 증액경정청구를 하는 경우에는 수정신고를 하도록 되어 있었다. 지방세의 경우에는 감액과 증액을 모두 포함하여 수정신고를 하도록 하였다. 뿐만 아니라 지방세법 상의 수정신고는 60일 이내에 하도록 하여 기본법 상의 경정청구가 3년인 것과 비교하면 짧다. 수정신고를 할 수 있는 사유도 제한적으로 되어 있었는데, ① 신고납부한 후에 과세표준액 및 세액계산의 근거가 되는 면적·가액 등이 공사비의 정산, 건설자금의 이자계산, 확정판결 등에 의하여 변경되거나 확정된 경우, ② 신고납부 당시에 있어서 증빙서류의 압수 또는 법인의 청산 기타 부득이한 사유로 인하여 과세표준액 및 세액을 정확하게 계산할 수 없었으나 그 후 당해 사유가 소멸한 경우에 수정신고를 할 수 있었다.[14])

대법원의 판례에서는 신고납부 지방세에 대하여 지방세법 상에 수정신고제도가 있었기 때문에 기본법 상의 경정청구제도를 준용할 수 없고, 경정청구를 할 수 없는 지방세에 대하여 경정청구를 하여 과세관청이 거부처분을 하였더라도 이는 행정소송의 대상으로 할 수 없다는 견해를 표명하였다. 그러나 이에 덧붙여 1997. 10. 1. 이후부터는 지방세의 신고납

---

10) 이 수정신고에는 경정청구를 포함하고 있었다.
11) 당시 지방세법 제72조.
12) 당시 지방세법 제71조.
13) 당시 지방세법 제82조.
14) 당시 지방세법 제71조.

부를 '처분'으로 보는 간주규정을 두었기 때문에 신고납부한 후에 이에 대하여 60일 이내에 이의신청 및 심사청구를 거쳐 행정소송을 할 수 있으므로 신고납부세목에 대하여 경정청구를 허용한다면 불복절차들 간에 충돌이 발생하는 문제가 있음을 함께 제시하였다면 좋지 않았을까 생각한다.

어쨌든 2011. 1. 1.부터는 지방세기본법상에 경정청구제도를 도입하여 신고납부한 후에 3년 이내에 경정청구를 할 수 있도록 하였다. 한편, 신고납부를 처분으로 보았던 간주규정은 경정청구제도를 도입하면서 폐지하였다. 즉, 2011. 1. 1.부터는 지방세를 신고납부한 후에 이의가 있는 경우에는 국세와 동일하게 경정청구를 하고, 이에 대하여 과세관청이 거부처분을 하게 되면 해당 거부처분에 대하여 이의신청, 심사청구, 심판청구, 행정소송 등의 불복을 할 수 있게 되었다.

그리고 신고납부 세목이지만 당초 신고기한 내에 신고를 하지 아니한 경우나 경정청구의 기한을 경과한 경우에는 납세자에게 경정청구권이 없으므로 이러한 경우에 과세관청에서 경정청구에 대하여 거부처분을 한 것을 가지고 행정소송을 할 수 없다. 즉, 대상판결의 취지가 경정청구권이 없는 자가 경정청구를 한 것에 대하여 과세관청이 거부처분을 하더라도 이를 처분으로 보아 행정소송을 할 수 없다는 것이므로 신고납부기한이 경과하였거나 경정청구기한이 경과한 경우에도 경정청구권이 없으므로 동일하게 행정소송의 대상이 되지 아니한다. 재산세나 자동차세와 같이 과세관청이 결정하여 징수하는 정부부과(보통징수) 세목의 경우에도 경정청구를 하여 거부처분을 받았다 하더라도 이를 가지고 행정소송을 할 수 없게 되는 것이다. 보통징수 세목의 경우에는 경정청구가 아니라 90일 이내에 바로 이의신청·심사청구·심판청구나 행정소송을 해야 한다.

지방세 특별징수 불이행에 대한 죄형법정주의 적용

사건의 표시 : 대법원 2006. 10. 19. 선고 2004도7773 전원합의체 판결

▪ 사실개요 ▪

A사는 축산물의 수탁 등을 목적으로 설립된 법인이고, X는 A사의 대표이사이다. X는 도축세의 특별징수의무자이다. 2002. 10. 12. 경 서울특별시 금천구청장으로부터 2002. 10. 31.까지 도축세 43,220,400원을 납부하라는 납세고지서를 수령하고도 정당한 사유 없이 이를 납부하지 않았고, 그때부터 같은 해 12. 31.경까지 사이에 2002. 11. 13. 고지 도축세 40,254,250원, 2002. 11. 16. 고지 46,531,470원, 2002. 12. 9. 고지 34,976,890원, 합계 164,983,010원을 납부하지 아니하였다.

검사는 지방세법 제84조 제1항을 근거로 피고인을 조세범처벌법(이하 '처벌법'이라 한다) 제11조 위반죄(원천징수의무위반죄)[현행 제13조, 이하 같다]로 기소하였다. 또한 검사는 위

일시, 장소에서 법인의 대표이사인 X가 위와 같이 도축세 합계 금 164,983,010원을 납부하지 아니한 것과 관련하여, A사에 대해서도 처벌법 제3조[현행 제18조]의 양벌규정에 따라 처벌법 제11조 위반죄(원천징수의무위반죄)로 기소하였다.

제1심(부산지방법원 2004. 4. 16. 선고 2003고단7598 판결)과 항소심법원(부산지법 2004. 10. 28. 선고 2004노1422 판결)은 피고인에게 무죄를 선고하였다. 검사는 상고하였으나, 대법원은 대법관 전원일치의 의견으로 종래의 입장(대법원 2005. 2. 25. 선고 2004도8758 판결)을 변경한 후 검사의 상고를 기각하였다.

---

* 박   훈(서울시립대 세무학과/법학전문대학원 부교수).

639

▪ 판결요지 ▪

처벌법 제11조에서 규정하고 있는 '원천징수'와 지방세법 제234조의4 제1항[현행 삭제]에서 규정하고 있는 '특별징수'는 각 법률에 규정된 개념정의에서 구별될 뿐만 아니라 그 성격이나 제도적 목적 등에 있어서도 차이가 있고, 주민세의 특별징수에 관한 구 지방세법 제179조의3 제1항[현행 삭제]은 특별징수의무자가 원천징수의무자와 서로 구별되는 개념임을 전제로 "… '소득세법' 또는 '법인세법'의 규정에 의한 원천징수의무자를 주민세의 특별징수의무자로 한다"는 별도의 규정을 두고 있으며, 구 지방세법 제84조 제2항에서 조세범처벌법의 준용에 따르는 별도의 간주규정을 두고 있음에도 도축세의 특별징수의 경우 특별징수의무자를 원천징수의무자로 본다는 별도의 규정이 없는 점 등에 비추어 보면, 도축세의 특별징수의무자는 처벌법 제11조에서 규정하고 있는 원천징수의무자와는 구별된다. 따라서 지방세법상의 범칙행위 처벌과 관련하여 도축세 특별징수의무자를 원천징수의무자로 간주하는 등의 별도의 규정이 없는 이상, 구 지방세법 제84조 제1항의 일괄적 준용규정만으로 원천징수의무자에 대한 처벌규정인 처벌법 제11조를 지방세법상 도축세 특별징수의무자에 대하여 그대로 적용하는 것은 수범자인 일반인의 입장에서 이를 쉽게 예견하기 어려운 점에 비추어 형벌법규의 명확성의 원칙에 위배되는 것이거나 형벌법규를 지나치게 확장·유추해석하는 것으로서 죄형법정주의에 반하여 허용될 수 없다.

▶ 해   설 ◀

1. 쟁점

대상판결은 지방세 범칙행위에 대해 지방세법에서 조세범처벌법령을 준용하였던 구 지방세법하에서 특별징수의무자에 대한 처벌 여부를 놓고 죄형법정주의가 적용되는지 여부가 문제되었던 사안이다. 원천징수의무자에 대한 처벌규정인 처벌법 제11조를, "지방세에 관한 범칙행위에 대하여는 조세범처벌법령을 준용한다."는 구 지방세법 제84조 제1항의 일괄적 준용규정만으로 지방세법상 도축세 특별징수의무자에 대하여 그대로 적용하여 처벌할 수 있는지가 논란이 되었다.

지방세에 대한 단일법률체계가 2010. 3. 31. 지방세기본법, 지방세법, 지방세특례제한법으로 분법되면서, 지방세 범칙행위에 대해서도 종전 지방세법에 하나의 조문으로 일괄적 준용규정만을 두었던 것을 지방세기본법 제9장에서 "범칙행위에 대한 처벌"이라는 별개의 장을 두게 되었다. 이러한 개정으로 대상판결에서 특별징수의무자의 지방세 징수 및 납부불이행은 지방세기본법 제131조에서 규정한 특별징수 불이행범의 적용을 받도록 되어 있다. 문제는 이러한 규정이 생기기 전 지방세 특별징수의무자의 특별징수 불이행에 대해 처벌을 할 수 있느냐이다. 이에 대한 답을 구하기 위해서 먼저, 지방세의 경우 특별징수에 대해 먼저 살펴보고자 한다.

2. 특별징수의무 및 그 불이행에 대한 처벌의 의의

(1) 특별징수의무의 의의

"특별징수"란 지방세를 징수할 때 편의상 징수할 여건이 좋은 자로 하여금 징수하게 하고 그 징수한 세금을 납부하게 하는 것을 말한다(지방세기본법 2조 1항 20호). "특별징수의무자"란 특별징수에 의하여 지방세를 징수하고 이를 납부할 의무가 있는 자를 말한다(지방세기본법 2조 1항 21호). 현행 지방세기본법에서는 특별징수, 특별징수의무자에 대해 별도의 규정을 두고 있다.[1] 이에 반해 국세기본법(이하 '기본법'이라 한다)에서는 원천징수(源泉徵收)에 대해 "세법에 따라 원천징수의무자가 국세(이에 관계되는 가산세는 제외한다)를 징수하는 것"으로 정의하고 있다(기본법 2조 3호).[2] 현행 지방세기본법, 기본법에서도 특별징수와 원천징수의 관계에 대해 명확하게 구분하고 있는 것은 아니다.

대상판결에서는 특별징수의무자가 원천징수의무자가 되는지가 논란이 되었다. 원천징수라는 개념에 대해서는, 협의의 의미로 "세법에서 정하는 원천징수의무자가 납세의무자인 거래상대방에게 일정한 소득금액 또는 수입금액을 지급할 때에 원천납세의무자로부터 세액을 징수하여 과세관청에 납부하는 과세제도"로 보는 견해, 광의의 의미로 "세액의 징수에 있어서 편의가 있는 제3자로 하여금 본래의 납세의무자로부터 일정한 세액을 징수하여 납부하게 하는 과세제도"로 보는 견해 등이 있다.[3] 원천징수를 후자의 의미로 이해하는 경우에는 원천징수의 개념안에 특별징수가 포함된다. 원천징수를 전자의 의미로 이해하는 경우에는 지방소비세 또는 등록면허세의 특별징수 뿐만 아니라, 납세조합에 의한 원천징수도 원천징수에 포함되지 않는다.[4]

---

1) 대상판결에서 특별징수 불납부가 문제되었던 2002년 당시 지방세법(2001. 12. 29. 개정 후 2002. 12. 30.)상 특별징수에 대한 규정은 법률과 조문의 위치만 바뀌었을 뿐 내용은 동일하다. 구 지방세법 제1조 8호, 9호에 규정되어 있다.
2) 대상판결에서 특별징수 불납부가 문제되었던 2002년 당시 기본법(2000. 12. 29. 개정 후 2002. 12. 18. 개정 전)상 원천징수에 대한 규정은 현재와 동일하다.
3) 이러한 논의에 대해서는, 최원, "원천징수의 개념에 관한 소고", 『조세연구』, 제11권, 제2집(2011), 3－4면 참조.
4) 특별징수의 경우 위탁징수의 성질을 갖고, 특별징수의 위탁중 "떼고 지급하는 방법"의 위탁, "얹어받는 방법"의 위탁으로 나누는 견해에서 보면, 지방소득세 소득분을 제외한 지방세 특별징수는 모두 후자에 속한다. 이러한 후자의 위탁은 원천징수에는 없다. 상세한 내용은 송쌍종·이승문, 『국세징수법론』(조세문화

헌법재판소의 경우 상여처분금액에 대한 근로소득세 원천징수의무를 규정하고 있는 규정의 위헌여부를 다툰 사례에서 "원천징수란 소득금액 또는 수입금액을 지급하는 자(원천징수의무자 또는 지급자)가 법이 정하는 바에 의하여 지급받는 자(원천납세의무자 또한 수급자)가 부담할 세액을 과세관청을 대신하여 징수하는 것"이라고 정의하고 있다.[5] 헌법재판소의 입장도 원천징수의 개념을 법률에서 규정하고 있는 협의의 의미로 이해하고 있다고 할 수 있다. 대상판결의 경우도 결국은 원천징수의 개념을 협의의 의미로 이해하는 입장이라 할 수 있다.

대상판결 당시 지방세법에 따르면 도축세는 특별징수방법으로 징수함을 원칙으로 하면서, 징수가 곤란한 경우만 보통징수방법으로 징수할 수 있었다(구 지방세법 234조의3). 그리고 도축장 경영자와 기타 징수편의자는 도축세의 특별징수의무자가 된다(구 지방세법 234조의4 1항). 이에 반해 도축세의 납세의무자는 소·돼지를 도살하는 도축자이다(구 지방세법 234조). 특별징수의무자는 매월 5일까지 전월 중에 징수한 또는 징수하여야 할 도축세에 관한 과세표준세액 기타 조례에 정하는 사항을 기재한 납입신고서를 시장·군수에게 제출함과 동시에 그 세액을 납입할 의무를 진다(구 지방세법 234조의4 2항). 특별징수방법을 원칙으로

규정한 이유는 과세권자 입장에서 매월의 소·돼지 도살현황을 일일이 조사 파악할 수 없기 때문이라 할 수 있다. 2011년 1월부터 도축세가 폐지되었는데, 현재는 지방세법상 특별징수는 등록면허세의 특별징수(지방세법 31조 1항), 지방소비세의 특별징수(지방세법 68조) 등이 있다. 이들 특별징수와 도축세의 특별징수 모두 협의의 원천징수와는 다르다.

(2) 특별징수불이행에 대한 처벌의 의의

현행 지방세기본법에서는 특별징수의무자가 정당한 사유 없이 지방세를 징수하지 아니한 경우에는 1천만 원 이하의 벌금에 처하고, 특별징수의무자가 정당한 사유 없이 징수한 세금을 납부하지 아니한 경우에는 2년 이하의 징역 또는 2천만 원 이하의 벌금에 처한다(지방세기본법 131조). 특별징수불이행과 납부불이행에 대해 각각 규정하고 있다.

대상판결에서 특별징수 불납부가 문제되었던 2002년 당시 지방세법에서는 "지방세에 관한 범칙행위에 대하여는 조세범처벌법령을 준용한다."는 일괄적인 준용규정만을 두고 있었다(구 지방세법 84조 1항). 조세범처벌법에서는 특별징수에 대한 규정은 없고 원천징수에 대한 규정은 존재하였다. 그렇다보니 특별징수불이행에 대해 원천징수불이행에 대한 처벌규정을 적용할 수 있는지가 문제되었던 것이다.

사), 2013, 237면 참조.
5) 헌재 2009. 2. 26. 2006헌바65, 판례집 21−1상, 19, 30.

현행 지방세기본법에서 특별징수불이행에 대해 처벌을 하는 이유는 특별징수가 징수권의 확보를 보다 쉽게 하기 위해 의무를 누군가에게 지운 것인데 이러한 의무를 위배하는데 대해 단순히 가산세의 부담이외에 형사처벌을 함으로써 관련 세목 확보를 확실히 하기 위한 것이라 할 수 있다. 따라서 특별징수 불납부의 경우에는 처벌의 필요성은 있는 것이고,[6] 대상판결에서는 처벌의 근거조항이 있는지의 문제로 논의가 집중된다고 할 것이다.

3. 죄형법정주의의 적용 여부

(1) 죄형법정주의의 의의

대상판결은 도축세에 대한 사안이라는 점에서 조세사건이기도 하지만, 조세범에 대한 형사처벌이라는 점에서 형사사건이기도 하다. 조세법의 기본원칙 중 하나인 조세법률주의는 상당부분 형사분야의 죄형법정주의의 경우와 유사성을 갖는다. 조세분야의 조세법률주의가 국가에 의한 재산권 침해에 대한 대응원칙이라면, 형사분야의 죄형법정주의는 국가에 의한 인신의 자유 침해에 대한 대응원칙이라 할

수 있다. 조세법률주의를 어떻게 이해하는지에 대해서는 세법학계 내에서도 여러 논란이 있지만,[7] 죄형법정주의의 기본내용에 대해서는 대체적으로 일관된 입장을 볼 수 있다.

죄형법정주의는 기본적으로 헌법 제12조 및 제13조를 통하여 보장되고 있는 죄형법정주의의 원칙은 범죄와 형벌이 법률로 정하여져야 함을 의미한다.[8] 대상판결에서는 죄형법정주의와 관련하여 "형벌법규의 명확성의 원칙", 형벌법규 확장·유추해석의 금지에 위배되는지 여부가 다루어 졌다.

죄형법정주의에서 파생되는 명확성 원칙은 판례에 따르면 "법률에서 처벌하고자 하는 행위가 무엇이며 그에 대한 형벌이 어떠한 것인지를 누구나 예견할 수 있고, 그에 따라 자신의 행위를 결정할 수 있도록 구성요건을 명확하게 규정하여야 한다는 것"을 뜻한다.[9] 다만 헌법재판소의 입장에서도 보듯 "건전한 상식과 통상적인 법감정을 가진 사람으로 하여금 그 적용대상자가 누구이며 구체적으로 어떠한 행위가 금지되고 있는지 충분히 알 수 있도록 규정되어 있다면" 죄형법정주의의 명확성 원칙에 위배되는 것은 아니다.[10] 죄형법

---

6) 원천징수제도 자체의 위헌성이 다투어지는 경우도 있다. 이성식, "원천징수제도의 법적성격과 문제점", 『계간세무사』, 제27권, 제4호(2010), 36－37면 참조.
7) 조세법률주의에 대한 비판적 견해로는, 이창희, "세법의 헌법적 기초에 관한 시론", 『조세법연구』, 6(2000. 12.), 120－121면 참조.
8) 대법원 2012. 9. 27. 선고 2012도4637 판결 등.
9) 대법원 2012. 9. 27. 선고 2012도4637 판결 등.
10) 헌법재판소 2004. 1. 29. 선고 2002헌가20, 21 전원재판부 결정; 헌법재판소 2010. 9. 30. 선고 2009헌바201 전원재판부 결정; 헌법재판소 2011. 6. 30. 선고 2009헌바199 전원재판부 결정 등.

정주의의 명확성 원칙에 위배여부는 구체적인 법률의 내용에 따라 판단하여야 할 것이다.

(2) 조세범칙행위와 죄형법정주의 적용 여부

처벌법(1994. 12. 22. 법률 제4812호로 개정된 것) 제13조 제1호의 '법에 의한 정부의 명령사항'이라는 구성요건이 명확성의 원칙에 위반되는지 여부가 다투어진 사례에서, 헌법재판소는 "조세범처벌법 제13조 제1호는 범죄의 구성요건이 추상적이고 모호할 뿐 아니라, 그 적용범위가 너무 광범위하고 포괄적이어서 통상의 판단능력을 가진 국민이 무엇이 법률에 의하여 금지되는지를 예견하기 어렵다고 할 것이므로 죄형법정주의의 명확성의 원칙에 위반된다."고 판단한바 있다.[11] 이 사건에서 조대현 헌법재판관, 이동흡 헌법재판관은 "조세범처벌법 제13조 제1호의 '법에 의한 정부의 명령사항'은 '세법의 규정에 따라 과세관청이 명령하도록 규정되어 있는 사항'을 의미하는 것으로 해석되고, 입법목적과 개별 세법규정과의 유기적·체계적 연관성을 고려하면 명령사항에 관한 합리적인 해석기준을 충분히 도출할 수 있으며 이에 해당하는 행위의 범위를 확정할 수 있으므로 명확성의 원칙에 위반된다고 할 수 없다."고 반대의견을 낸 바 있다.

한편 대상판결과 동일한 사안에서 대법원 2005. 2. 25. 선고 2004도8758 판결에서는 지방세법 위반에 해당되어 유죄라고 판단한 바 있다. 대상판결에서는 검사는 상고이유에서 "조세범처벌법 제11조에서 규정하고 있는 '원천징수'는 세법에 의하여 원천징수의무자가 국세를 징수하는 것으로서(기본법 2조 3호), 세법이 정하는 원천징수의무자가 거래상대방에게 소득금액 또는 수입금액을 지급할 때에 그 지급받는 자(원천납세의무자)가 부담할 세액을 징수권자를 대신하여 징수하여 납부하는 것인 반면, 지방세법 제234조의4 제1항에서 규정하고 있는 '특별징수'는 지방세의 징수에 있어서 그 징수의 편의가 있는 자로 하여금 징수시키고 그 징수한 세금을 납입하게 하는 것으로서 (지방세법 1조 1항 8호), 소득의 원천과는 관계없이 단지 징수의 편의가 있는 자가 도살자가 부담하는 도축세를 징수권자를 대신하여 징수·납입하는 방법으로, 양자는 모두 납세의무자가 세금을 직접 납부하지 아니하고 제3자가 세금을 징수하여 과세관청에 납입하는 것으로서 징세의 편의를 위한 제도라는 점에서는 유사한 점이 있다."는 점을 강조했다. 원천징수의 의미를 광의로 이해하여 그 범주에 특별징수가 포함되고, 원천징수에 대한 처벌법에 대한 규정을 도축세에 대한 특별징수의 경우에 적용된다는 것을 주장하는 것이다.

조세범칙행위의 경우도 형사벌로서 처벌

---

11) 헌재 2007. 5. 31. 2006헌가10, 판례집 19-1. 위헌결정 이후에 2008. 3. 14. 조세범처벌법 제13조 제1호 개정을 통해 '법에 의한 정부의 명령사항'의 범위를 보다 구체적으로 규정하였다.

이 된다는 점에서 죄형법정주의는 적용되는 것이고, 죄형법정주의에서 파생되는 명확성 원칙 역시 조세범칙행위에도 적용될 것이다. 처벌법의 경우 명확성의 원칙에 위배되어 위헌결정이 난 사례에서 반대의견이 있었고, 대상판결에 대해 다른 입장의 대법원의 입장이 있었지만, "지방세에 관한 범칙행위에 대하여는 조세범처벌법령을 준용한다."는 규정만으로 특별징수와 원천징수의 관계가 현재도 개념상 명확하지 않은 상황에서 원천징수에 대한 처벌규정을 근거로 특별징수에 대해 처벌하는 것은 납세자의 예견하기 어려운 경우라 할 수 있다. "통상의 판단능력을 가진 국민이 무엇이 법률에 의하여 금지되는지를 예견하기 어렵다"고 할 수 있는 경우인 것이다. 나중 입법적 보완을 통해 특별징수의무 불이행에 대한 처벌규정을 마련했지만, 그것이 마련되기 전까지는 조세범칙행위에 대해서도 죄형법정주의를 엄격하게 해석하여야 할 것이다. 이러한 점에서 볼 때 대상판결의 결론은 타당하다.[12]

"지방세에 관한 범칙행위에 대하여는 조세범처벌법령을 준용한다"는 지방세법 제84조 제1항에서 '조세범처벌법령'에「특정범죄 가중처벌 등에 관한 법률」이 포함되지 않는다는 대법원 2008. 3. 27. 선고 2007도7561 판결과도 죄형법정주의에 대한 입장과도 맥이 닿는다. 이 판결에서도 "지방세법 제84조 제1항의 '조세범처벌법령'에 특정범죄 가중처벌 등에 관한 법률도 포함된다고 해석하는 것은 수범자인 일반인의 입장에서 이를 쉽게 예견하기 어려운 점에 비추어 형벌법규의 명확성의 원칙에 위배되는 것이거나 형벌법규를 지나치게 확장·유추해석하는 것으로서 죄형법정주의에 반하여 허용되지 않는다."고 보았다.[13]

4. 이 판결의 의의

대상판결은 조세범에 대해 죄형법정주의를 엄격하게 적용하였다는 점에 의의가 크다.[14] 종전 대상판결과 동일한 사안에서 지방세법위반에 해당되어 유죄라고 판단한 대법원 2005. 2. 25. 선고 2004도8758 판결 등의 입장을 전원합의체 판결로 뒤집었다는 점에서

---

12) 같은 견해로는, 오영근, "2006년도 형법판례 회고", 『형사판례연구』, 제15호(2007. 9.) 참조. 지방세 범칙행위에 대한 여러 대법원 판례 사례에 대해서는, 전동흔, "지방세 범칙행위에 대한 처벌적용 해설", 『지방재정과 지방세』, 통권 제34호(2010. 12.), 89-110면 참조.

13) 2011. 12. 31. 「특정범죄 가중처벌 등에 관한 법률」 개정시 「조세범 처벌법」 이외에 「지방세기본법」에 규정된 특정범죄도 대해서도 가중처벌한다고 규정을 변경하였다(동법 1조, 8조).

14) 조일영, "지방세법 제84조 제1항의 일괄적 준용규정만으로 원천징수의무자에 대한 처벌규정인 처벌법 제11조를 지방세법상 도축세 특별징수의무자에 대하여 그대로 적용하여 처벌할 수 있는지 여부(소극)", 『대법원판례해설』, 제66호(2007. 7.), 588면에서는 "대상판결은 형벌법규의 내용이 수범자인 일반국민이 법률의 규정 그 자체로서 무엇을 금지하고 있는지를 이해하고 예견할 수 있을 정도로 명확하지 아니하거나 형벌법규 문언의 의미를 피고인에게 불리한 방향으로 확장·유추해석하는 것은 죄형법정주의의 원칙에 어

더욱 그러하다.

또한 대상판결 이후 지방세 조세범에 대해 지방세법 한 개의 일괄적 준용규정만으로 처벌근거를 마련했던 것을, 지방세 분법화에 따라 지방세기본법이 신설되면서 별개의 장에서 지방세 "범칙행위에 대한 처벌"규정들을 마련하게 되었다. 대상판결에 따른 구체적인 법령해석은 법개정으로 선례로서 의의는 크게 없게 되었지만, 조세범에 대해서도 죄형법정주의를 엄격하게 적용해야 한다는 기본입장은 여전히 판례로서 의미를 계속 갖는다.

참고문헌

송쌍종, 이승문, 『국세징수법론』, 조세문화사, 2013.

오영근, "2006년도 형법판례 회고", 『형사판례연구』, 제15호(2007. 9.).

이성식, "원천징수제도의 법적성격과 문제점", 『계간세무사』, 제27권, 제4호(2010).

이창희, "세법의 헌법적 기초에 관한 시론", 『조세법연구』, 6(2000. 12.).

전동흔, "지방세 범칙행위에 대한 처벌적용 해설", 『지방재정과 지방세』, 통권 제34호(2010. 12.).

조일영, "지방세법 제84조 제1항의 일괄적 준용규정만으로 원천징수의무자에 대한 처벌규정인 조세범처벌법 제11조를 지방세법상 도축세 특별징수의무자에 대하여 그대로 적용하여 처벌할 수 있는지 여부(소극)", 『대법원 판례해설』, 제66호(2007. 7.).

최 원, "원천징수의 개념에 관한 소고", 『조세연구』, 제11권, 제2집(2011).

굿나는 것으로서 허용되지 않는다는 형사법의 대원칙을 다시 한 번 확인하였다는 데 그 의의가 있다."고 보고 있다.

취득세에 있어서 취득의 의미

사건의 표시 : 대법원 2007. 4. 12. 선고 2005두9491 판결

▪ 사실개요 ▪

2000년 5월 18일 피상속인의 사망 당시 1순위 상속인으로서 처와 자녀 3인이 있었다. 피상속인의 사망당시 적극재산은 28억여 원, 소극재산은 284억여 원이었다. 2000년 6월 29일 1순위 공동상속인들이 상속포기신청을 하였고, 2000년 7월 5일에 1순위 공동상속인들의 상속포기심판이 있었다.[1]

X는 1순위 상속인의 자로서 피상속인의 1순위 상속인들이 상속포기를 함으로써 2순위 상속인으로 되어 민법 제1019호 제3항의 특별한정승인을 하였다. X는 처음부터 한정승인을 하였던 것은 아니고 2002년 1월 15일 상속포기 신청을 하였다가, 2002년 4월 2일 한정승인으로 청구취지를 변경하여 2002년 4월 26일 한정승인을 수리받았다. 원고는 한정승인으로 인하여 이 사건 부동산을 상속하였다. X는 2002년 5월 2일 상속채권 신고를 최고하고, 2002년 8월 16일 이 사건 부동산에 관하여 환가를 위한 경매신청을 하였고, 2003년 1월 23일 이 사건 부동산에 관하여 상속등기를 경료하였다. 한편 X는 2003년 1월 21일에 구청장 Y1에게 이 사건 부동산의 일부에 관하여, 2003년 1월 22일 또 다른 구청장 Y2에게 이 사건 부동산 나머지에 관하여, 자진취득신

---

* 정지선(서울시립대학교 세무전문대학원 교수, 세무학박사).

1) 사실관계는 최철환, "특별한정승인에 의하여 부동산을 상속받은 자에 대한 취득세 부과처분의 적법 여부", 『대법원판례해설』, 제69호(2007), 455-456면의 내용을 참조하였다.

고를 하였다. X는 2003년 5월 23일 취득세와 농어촌특별세, 그리고 가산세 및 가산금을 납부하였다.

X는 이후 이 사건 부동산에 관한 각 가산세를 포함한 취득세 및 농어촌특별세 부과처분의 취소와 가산금의 반환을 구하는 소를 Y1, Y2를 상대로 제기하였다. 1심에서 X는 패소하였고, 2심에서는 X의 항소가 기각되었다. 대법원에서는 상고기각되었다.

▪ 판결요지 ▪

[1] 부동산취득세는 재화의 이전이라는 사실 자체를 포착하여 거기에 담세력을 인정하고 부과하는 유통세의 일종으로서 부동산의 취득자가 그 부동산을 사용·수익·처분함으로써 얻어질 이익을 포착하여 부과하는 것이 아니므로, 지방세법 제105조 제1항의 '부동산취득'이란 부동산 취득자가 실질적으로 완전한 내용의 소유권을 취득하는지 여부와 관계없이 소유권이전의 형식에 의한 부동산취득의 모든 경우를 포함하는 것으로 해석된다.

[2] 민법 제1019조 제3항에 따른 한정승인에 의하여 부동산을 상속받은 자에게 취득세 납부의무가 있다고 본 원심의 판단을 수긍한 사례.

▶ 해 설 ◀

1. 쟁점

이 사건은 기본적으로 취득세의 성격에 관한 사항이다. 즉, 취득세의 성격을 형식설에 입각하여 파악할 것인지, 아니면 실질설에 입각하여 파악할 것인지의 여부이다. 기본적으로 우리나라의 통설과 판례는 취득세는 소유권이 이동하는 과정을 통하여 일어나는 취득이라는 행위에 대하여 과세하기 때문에 行爲稅적인 성격을 가지고 있으며, 경제적인 측면에서는 流通稅에 속한다고 하여 형식설의 입장을 취하고 있다.

이하에서는 취득세의 성격에 관하여 형식설과 실질설의 주장근거를 살펴보고자 한다.[2]

(1) 형식설

취득세는 기본적으로 부동산 또는 차량 등의 소유권이 이전하는 유통과정을 통하여 일어나는 취득이라는 행위에 대하여 과세하는 조세로서 행위세적인 성격을 지니고 있으며, 경제적인 측면에서는 유통세에 속한다는 견해로서 우리나라와 일본의 통설이다. 이는 형식설에 해당하는 것으로서 所有權取得說이라고도 한다. 즉 소유권의 취득이라는 행위가 존재하면 실질적인 취득 여부와는 상관없이 취득

---

2) 이하 형식설과 실질설의 주장근거는 정지선, "취득세의 합리적 개선방안에 관한 연구", 서울시립대학교 세무대학원 박사학위논문(2006. 8), 18-23면의 내용을 요약하여 정리하였다.

세를 과세하여야 한다는 것이다. 이러한 형식설의 논거는 다음과 같다.

첫째, 취득세는 부동산 등의 이전사실 자체에 착안하여 과세하는 것이고, 부동산의 취득자가 그 부동산을 사용·수익·처분하여 얻는 이익에 착안하여 과세하는 것이 아니기 때문에 유통세에 해당하며, 형식설에 입각하여 판단하여야 한다고 한다.

둘째, 취득세는 재화의 이전이라는 사실 자체를 포착하여 거기에 담세력을 인정하여 부과하는 유통세의 일종으로서 법률상의 거래 형식을 그 과세대상으로 하고 있는 것이므로 형식설에 의하여 파악하여야 할 뿐 실질과세의 원칙은 적용되지 아니한다고 한다.

셋째, 취득세의 과세대상인 부동산 등을 민법 등 관계 법령에 의하여 취득하였다고 할 수 있는 경우는 당연히 취득세를 부과할 수 있는 것이며, 지방세법상 사실상의 취득이라는 규정은 실질과세의 원칙을 실현하기 위한 것이 아니라 법률상의 취득요건을 갖추지 아니한 경우에도 미리 취득세를 부과할 수 있는 근거를 위한 규정으로 보아야 한다고 한다.

넷째, 유통세는 원래 수수료와 같은 성질의 조세인데, 증권거래세와 같이 직접적인 유통자체를 과세하는 財産流通稅와 인지세, 등록세(구 지방세법에 따른 것)와 같이 유통에 부속하는 보조행위에 대하여 과세하는 價値流通稅로 나뉘는데, 취득세는 재산유통세의 일종에 속한다고 한다.

(2) 실질설

취득세는 부동산을 중심으로 한 재산권을 주요 과세대상으로 하고 있다는 점에서 재산과세의 영역에 속하는 것으로서, 재산권의 이전과정에서 재산의 취득사실을 포착하여 담세력을 추정한다는 점에서 이전적 재산과세라고 한다. 이는 實質的 價値取得說이라고도 한다. 즉 소유권의 취득이 있다 하더라도 사실상 취득하지 아니한 경우에는 취득세를 과세할 수 없다는 입장이다. 이러한 실질설의 논거는 다음과 같다.

첫째, 취득세의 과세에 있어서 부동산의 취득이란 거래사회에 있어서 단지 법률적·형식적 견지에서 보아서는 안 되고, 경제적·실질적 관점에서도 부동산소유권의 일체의 기능의 이전을 수반하는 완전한 소유권의 취득이어야 한다고 한다.

둘째, 지방세 중 재산세는 일반적으로 토지 및 건축물 등이 내장하고 있는 수익력에 착안하여 과세하는 수익세의 일종으로 해석할 수 있다고 한다. 즉 취득세의 부과근거는 그 취득자의 수입이기 때문에 실질설에 입각하여 판단하여야 한다고 한다.

셋째, 취득세가 유통세로서 收得稅의 보완적 성격의 조세라고 한다면 수득세의 체계가 완비되어진 현재에는 유통세의 존재의의는 없는 것이며, 유통세는 각 개별실정법으로부터 당해 유통세의 성격을 귀납적으로 도출해야지 유통세에 관한 일반적·공통적 성격규명이 어렵다고 한다.

2. 우리나라 판례의 입장

우리나라의 판례는 형식설의 입장을 취하고 있다. 즉 "취득세는 재화의 이전이라는 사실자체를 포착하여 거기에 담세력을 인정하고 부과하는 유통세의 일종으로서 부동산의 취득자가 그 부동산을 사용, 수익, 처분함으로써 얻어질 이익을 포착하여 부과하는 것이 아니다"라고 판시[3]하거나, "취득세는 재화의 취득 행위라는 사실 자체를 포착하여 거기에 담세 능력을 인정하여 부과하는 유통세의 일종이고, 취득세의 과세대상이 되는 부동산의 취득이란 당해 부동산 소유권 취득의 실질적 요건을 갖춤으로써 사실상 취득하는 일체의 경우를 말하는 것으로, 그 소유권을 취득함에 있어 반드시 소유권이전등기의 형식을 거치는 경우만을 말하는 것이 아니며, 명의신탁에 의하여 신탁자로부터 수탁자에게로 경료된 부동산에 관한 소유권이전등기를 그 해지를 원인으로 하여 말소하는 경우는 이로써 명의신탁에 의하여 대외관계에 있어서 수탁자에게 이전되었던 당해 부동산의 소유권이 다시 신탁자에게로 회복되어 신탁자는 그 소유권을 새로이 취

득하는 것이라 할 것이므로, 이는 구 지방세법(1997. 8. 30. 법률 제5406호로 개정되기 전의 것) 제105조 제1항 및 제104조 제8호의 규정에서 말하는 부동산의 취득에 해당한다"라고 판시[4]하여 형식설의 입장을 취하고 있다. 또한 판례가 구 지방세법(1990. 12. 31. 법률 제4269호로 개정되기 전의 것) 제110조에 규정되어 있는 형식적인 취득에 대한 취득세의 비과세 대상을 예시규정이 아닌, 열거규정으로 보고 있는 점에 비추어 보더라도[5] 형식설의 입장에서 취득세의 성격을 파악하고 있다. 즉 실질설의 입장을 취하게 되면 형식적인 취득에 대한 취득세 비과세 규정인 구 지방세법 제110조에 비과세 대상으로 규정되지 아니하더라도 실질적인 취득이 이루어지지 않는 경우에는 취득세의 과세대상에 해당하지 않는다고 보아야 하지만, 판례는 형식설의 입장을 취하여 구 지방세법에 규정되지 아니한 경우에는 비록 형식적인 취득에 해당한다고 하더라도 취득세의 과세대상에 해당한다고 보고 있는 것이다.

3. 이 판결의 의의

본 판례는 기본적으로 종전의 판례의 입장을 확인하는 판례이다. 즉, 앞에서 살펴보았듯이 우리나라의 판례는 지속적으로 형식설의

3) 대법원 1984. 11. 27. 선고 84누52 판결; 대법원 1978. 9. 26. 선고 78누204 판결; 대법원 2002. 6. 28 선고 2000두7896 판결 등.
4) 대법원 1999. 9. 3 선고 98다12171 판결.
5) 대법원 1992. 5. 12 선고 91누10411 판결.

입장을 취하고 있는데, 본 판례의 경우에도 기존의 입장을 그대로 유지하고 있다.

한편, 이 판례는 한정승인으로 인한 취득의 경우에도 취득세 납세의무가 있다고 인정한 최초의 판례로서 의의가 있다.

참고문헌

정지선, "취득세의 합리적 개선방안에 관한 연구", 서울시립대학교 세무대학원 박사학위논문(2006. 8.).

최철환, "특별한정승인에 의하여 부동산을 상속받은 자에 대한 취득세 부과처분의 적법 여부", 『대법원 판례해설』, 제69호(2007).

상속채무초과상태에 있는 자와 그렇지 아니한 자를 구별하지 아니하고 상속재산에 취득세를 부과하는 구 지방세법 규정이 평등원칙에 위배되는지 여부 등

사건의 표시 : 헌법재판소 2006. 2. 23. 선고 2004헌바43 전원재판부 결정

▪ 사실개요 ▪

피상속인이 소유하고 있던 서울 소재 대지 및 건물(이하 '이 사건 부동산'이라 한다)은 2000. 5. 18. 피상속인 사망 후 제1순위 공동상속인들의 상속포기에 의해 공동상속인들 중 한 명의 아들(청구인)이 단독으로 상속하였다. 청구인은 2002. 4. 26. 한정승인심판을 받아 일반상속채권자 등에 대하여 상속채권의 신고를 최고 및 공고하는 한편, 같은 해 8. 16.경 이 사건 부동산들을 포함한 상속부동산 전부에 대하여 관할 법원에 환가를 위한 경매신청

을 하였다. 그리고 이 사건 부동산에 대해서는 2003. 1. 23. 청구인 명의로 상속을 원인으로 한 소유권이전등기가 마쳐졌다. 이에 과세관청은 2003. 1. 21. 청구인에 대하여 청구인이 이 사건 부동산을 취득하였다는 이유로 취득세, 농어촌특별세를 부과하는 처분을 하였다. 청구인은 이에 불복하여 위 각 부과처분의 취소를 구하는 소를 제기하면서 '형식적인 소유권의 취득에 대한 비과세'에 관하여 정하는 구 지방세법(2000. 12. 29. 법률 제6312호로

---

* 강성모(서울시립대학교 세무학과 조교수).

개정되기 전의 것) 제110조(이하 '이 사건 법률조항'이라 한다)[1]에 대해 위헌법률심판제청을 신청하였으나 2004. 6. 11. 기각을 당하자, 2004. 6. 28. 헌법소원심판을 청구하였다.

▪ 결정요지 ▪

1. 취득세의 부과에 있어서 사물을 보는 관점은 과연 그 납세자가 취득세의 과세대상이 되는 목적물을 '취득'하였는가 하는 것이다. 채무초과상태에 있는 상속인도 일단 적극재산에 대한 소유권을 취득하는 것이므로, 상속재산에 대한 취득세 과세문제에 있어서, 사실상 상속채무가 상속재산을 초과한 자와 그렇지 아니한 자를 본질적으로 다르다 볼 수는 없다. 따라서 상속재산에 대한 취득세를 부과함에 있어서, 상속채무초과상태에 있는 자와 그렇지 아니한 자를 구별하지 아니하는 이 사건 법률조항은 평등원칙에 위배되지 아니한다.

2. 이미 발생한 납세의무를 전제로 하여 이를 면제해 주는 특례규정은 국민의 재산권을 제한하는 것이 아니라 수익과 혜택을 주는 것이므로, 그 수익으로부터 배제되었다 하여 바로 청구인의 재산권이 '제한'되었다 할 수 없다.

3. 한정승인자라 하여도 상속재산에 대하여 실질적 권리를 취득하는 것이고 다만 상속채무에 대한 책임이 한정됨에 불과한 것이므로 담세력의 실질이 없다고 볼 수 없다.

▶ 해 설 ◀

1. 쟁점

이 결정에서는 특별한정승인으로 부동산을 상속받은 경우의 취득을 이 사건 법률조항이 취득세 비과세로 정하고 있는 다른 유형의 취득과 그 실질이 같다고 할 수 있는지가 논란이 되었다. 즉, 상속채무가 상속재산을 초과하고 있음에도 불구하고 이 사건 법률조항에 특별한정승인으로 부동산을 상속받은 경우의 취득을 취득세 과세에서 제외하는 규정을 두고 있지 않은 것은 헌법에 위배되는지가 문제된다.

헌법재판소는, 이러한 관점에서 이 사건 법률조항이 조세평등주의에 위배되는지, 재산권을 침해하는지, 실질과세의 원칙에 위배되는지를 차례로 따졌다. 그러나 실질과세의 원

---

1) 취득세 비과세와 관련해서는 그 내용과 범위가 계속 변화되었다. 1994. 12. 22. 법률 제4794호로 개정되기 전의 구 지방세법은 "상속(포괄유증 및 피상속인으로부터 상속인에게 할 유증을 포함한다)으로 인한 취득"을 비과세로 규정하였지만, 1994. 12. 22. 법률 제4794호로 개정되면서 1995. 1. 1.부터 1가구 1주택 또는 자경농지의 상속을 제외하고는 과세로 전환되었다. 취득세 비과세를 규율하는 현행 규정(2014. 7. 21. 현재)은 지방세법 제9조인데, 상속으로 인한 취득에 관한 규정은 없다.

칙이 조세평등주의의 이념을 실현하기 위한 법 제도의 하나라면[2] 조세평등주의 위배 문제와 별도로 실질과세원칙 위배 문제를 살필 필요는 없다. 더구나 실질과세의 원칙이 헌법상의 원칙으로서 위헌심사의 기준이 되는가에 대해서도 논란의 여지가 있다.[3] 그렇다면 이 사건의 쟁점은 사실상 상속재산 중 소극재산이 적극재산보다 큰 때(즉, 채무초과인 때)까지 취득세를 부과하는 것이 조세평등주의를 위배하거나 재산권을 침해하지 아니한 것으로 보는 것이 헌법적으로 정당한 것인가로 정리될수 있다.

2. 사법상의 소유권 취득과 취득세 목적상 취득의 개념

사법과 세법의 관계에 관해서는 많은 논의가 있고,[4] 이 사건에서도 사법과 세법의 관계가 문제 되고 있다. 즉, 특별한정승인에 의한 부동산의 상속이라는 사법상의 법률관계에 대하여, 취득세 목적상 어떠한 취급을 하는 것이 정당한가가 다루어지고 있는 것이다.

부동산에 관한 법률행위로 인한 물권의 득실변경은 등기하여야 그 효력이 생긴다(민법 186조). 그러나 상속, 공용징수, 판결, 경매 기타 법률의 규정에 의한 부동산에 관한 물권의 취득은 등기를 요하지 아니한다(민법 187조).

한편, 취득세는 부동산, 차량, 기계장비, 항공기, 선박 등[5]을 취득한 자에게 부과한다(지방세법 제7조 제1항). 여기서 "취득"이란 "교환, 상속, 증여, 기부, 법인에 대한 현물출자, 건축, 개수(改修), 공유수면의 매립, 간척에 의한 토지의 조성 등과 그 밖에 이와 유사한 취득으로서 원시취득, 승계취득 또는 유상·무상의 모든 취득"으로 정의된다(지방세법 제6조 제1호). 이러한 지방세법상 취득의 의의에 관하여는, 소유권 이전의 형식에 의한 부동산 취득의 모든 경우를 포함한다고 보는 소유권취득설과, 단지 법률적·형식적 관점에서뿐만 아니라 경제적·실질적 관점에서도 소유권의 모든 권능의 이전을 동반하는 완전한 소유권의 취득을 말한다고 보는 실질적 가치취득설이 대립하고 있다.[6] 등기·등록 등이 없더라도 취득세는 과세할 수 있다(지방세법 제7조 제2항).[7]

---

2) 헌법재판소 1989. 7. 21. 선고 89헌마38 결정.
3) 정주백, "2006년도 조세관련 헌법재판소 결정례 회고", 『조세법연구』, 13-1(2007. 4.), 301-303면.
4) 이른바 차용개념과 고유개념의 문제가 대표적인 예이다. 실질과세의 원칙도 당사자가 선택한 거래 구조가 사법상 유효한 것임에도 불구하고 이를 부인하고 세법상 다른 법률효과를 인정하는 것이 가능한가를 따지는 것이므로, 사법과 세법의 관계에 관한 것이다.
5) 이하 '부동산 등'이라 한다.
6) 구욱서, 『사법과 세법』(유로), 2010, 230면; 김찬돈, "취득세에 있어서 취득과 취득시기 - 대법원판례를 중심으로 -", 『사법논집』, 제35집(2002. 12.), 95면; 임승순, 『조세법』(박영사), 2014, 1022-1023면.
7) "부동산 등의 취득은 「민법」 … 등 관계 법령에 따른 등기·등록 등을 하지 아니한 경우라도 사실상 취득하면 각각 취득한 것으로 보고 해당 취득물건의 소유자 또는 양수인을 각각 취득자로 한다."라고 규정

3. 특별한정승인에 따른 소유권 취득과 취득세 납세의무의 성립

상속은 피상속인의 사망으로 인하여 개시 되고(민법 997조), 상속인은 피상속인의 사망 에 의하여 피상속인의 일신에 전속한 것을 제 외하고 피상속인의 재산에 관한 모든 권리·의무를 포괄적으로 승계한다(민법 1005조). 따라서 피상속인의 사망 시점에 상속인에게 취득세 납세의무가 성립한다.[8]

그런데 상속에 의한 재산상의 권리·의무의 승계는, 상속인의 의사와는 관계없이 또한 상속인이 알건 모르건 당연히 발생하는 것을 원칙으로 하면서도, 한편으로는 상속의 승인 및 포기 제도를 두어서(민법 1019조 이하), 일단 생긴 상속의 효과를 확정 또는 부인할 수 있는 선택의 자유를 주고 있다.[9] 승인을 하는 데는, 피상속인의 권리·의무를 조건 없이 승계하는 것 이외에, 직극재산과 소득재산을 청산해서 나머지만을 승계하는 것도 인정하는

데, 전자가 '단순승인'이고, 후자가 '한정승인' 이다.[10]

상속을 포기하면 상속이 개시된 때에 소급하여 상속인이 아니었던 것이 되므로(민법 1042조), 취득세 납세의무도 생기지 않는다. 그러나 한정승인은 상속으로 취득하게 될 재산[11]의 한도에서 피상속인의 채무와 유증을 변제할 것을 조건으로 상속을 승인하는 것이다(민법 1028조). 피상속인의 채무는 당연히 상속인에게 승계되지만,[12] 피상속인의 채무에 대한 책임을, 단순승인처럼 무조건·무제한적으로 승계하지 않고, 상속재산의 한도로 제한하겠다는 것이 한정승인이다.[13] 이때 채무 자체가 감축되는 것은 아니고, 책임이 제한될 뿐이다.[14] 이처럼 한정승인을 하더라도 재산의 취득은 이루어지고, 따라서 취득세 납세의무가 생긴다. 이러한 상속의 승인·포기의 효력은 '확정적'이어서, 철회하지 못하며, 다만 무효원인이나 취소원인이 있을 때에 승인·포기가 무효로 되거나 취소할 수 있을 뿐이다.[15]

한다. 이 '사실상의 취득'은 소유권 취득의 형식적 요건인 등기·등록을 갖추지 못하였으나 대금지급과 같은 소유권 취득의 실질적 요건을 갖춘 것을 뜻한다는 견해로는 구욱서, 전게서, 231면.

8) 소득세법 제6조 제1호는 상속에 의한 취득이 취득세 과세요건이 되는 "취득"에 포함됨을 명시하고 있다.
9) 곽윤직, 『상속법(민법강의Ⅵ)』(박영사), 2004, 169면; 지원림, 『민법강의』(홍문사), 2014, 2065면. 이러한 포괄·당연승계주의가 위헌이 아니라는 것으로는 헌법재판소 2004. 10. 28. 선고 2003헌가13 전원재판부 결정.
10) 곽윤직, 상게서, 169면.
11) 상속인이 상속개시 때에 승계한 '피상속인의 재산에 속하는 모든 권리·의무' 중의 권리에 해당하는 이른바 '적극재산'을 뜻한다(곽윤직, 상게서, 188－189면).
12) 곽윤직, 상게서, 183면.
13) 곽윤직, 상게서, 183면; 지원림, 상게서, 2065면.
14) 지원림, 상게서, 2079면.
15) 곽윤직, 상게서, 185면.

그러나 상속인이 상속채무가 상속재산을 초과하고 있는 사실을 중대한 과실 없이 통상의 승인·포기 기간 내에 알지 못하고 단순승인을 하였거나 단순승인으로 의제된 경우에는 그 사실을 안 날로부터 3월 내에 한정승인을 할 수 있다(민법 1019조 3항). 이러한 경우의 한정승인을 '특별한정승인'이라 한다.[16] 한정승인과 비교하면, 요건은 다르지만 효력에는 차이가 없고, 따라서 취득세 목적상으로도 특별한정승인을 달리 볼 이유는 없다.[17]

이 사건에서 청구인은 특별한정승인을 하기는 하였지만 상속을 원인으로 이 사건 부동산을 취득하였고, 따라서 이 사건 부동산에 대한 취득세 납세의무자가 된다(지방세법 7조 1항).

4. 취득세 목적상의 취득 개념과 담세력

대법원은, "취득세는 본래 재화의 이전이라는 사실 자체를 포착하여 거기에 담세력을 인정하고 부과하는 유통세의 일종으로 취득자가 재화를 사용, 수익, 처분함으로써 얻을 수 있는 이익을 포착하여 부과하는 것이 아니어서 취득자가 실질적으로 완전한 내용의 소유권을 취득하는가의 여부에 관계없이 사실상의 취득행위 자체를 과세객체로 하는 것"이라고 판시하였다.[18] 그러나 '사용, 수익, 처분 가능성에 관계없는 사실상의 취득행위'라는 개념도 분명하지 않을 뿐더러,[19] 그러한 행위에 담세력을 인정할 수 있는지도 의문이다. 왜냐하면, 일반적으로 담세력에 따른 과세는 '세금을 부담할 수 있는 능력에 따른 과세'[20] 또는 '각 납세자의 경제적 능력에 상응한 과세'[21] 등으로 이해되는데, 사용, 수익 처분 가능성이 없는 사실상의 취득행위가 언제나 '세금을 부담할 수 있는 능력'을 나타내는 지표가 될 수 있다고 하기는 어렵기 때문이다. 이러한 전제하에서는, 취득세의 과세객체는 납세의무자의 담세력과는 관계가 없고, 취득세 목적상으로는 담세력에 따른 조세평등이라는 것 자체가 성립하지 않는다. 헌법재판소가 "취득세의 부과에 있어서 사물을 보는 관점은 과연 그 납세자가 취득세의 과세대상이 되는 목적물을 '취득'하였는가 하는 것이다"라고 한 것도 이러한 논리에 기초한 것이라고 할 수 있다.

물론, 사실상 상속채무가 상속재산을 초

---

16) 지원림, 전게서, 2070면.
17) 최철환, "특별한정승인에 의하여 부동산을 상속받은 자에 대한 취득세 부과처분의 적법 여부", 『대법원판례해설』, 제69호(2008), 472면.
18) 대법원 1995. 1. 24. 선고 94누10627 판결.
19) 아마도, 사법상으로는 유효한 취득이라고 할 수 없는 경우에도 취득세 목적상으로는 취득으로 볼 수 있는 경우가 있다는 의미인 것 같다.
20) 윤지현, "환경세와 담세력에 따른 과세 원칙 간의 관계에 관한 시론(試論)", 『조세법연구』, 16-2(2010. 8.), 138면.
21) 이동식, 응능과세원칙, 『공법연구』, 제32집, 제5호(2004) 616면.

과한 자와 그렇지 않은 자는 세금을 부담할 수 있는 능력에 차이가 있다. 하지만 이러한 차이는 '사실상의 취득'을 과세하는 취득세가 고려하고 있는 문제는 아니다. 따라서 이 사건 법률조항이 상속채무초과상태에 있는 자의 특별한정승인에 의한 취득에 대하여 취득세를 부과하지 않는다는 취지에 규정을 두고 있지 않는다고 해서 조세평등주의에 위배되는 것은 아니다.

5. 비과세와 재산권 침해

위에서 살펴본 것처럼, 특별한 사정이 없으면 특별한정승인을 한 경우에도 취득세 납세의무는 성립한다. 이 사건 법률조항은 부동산 등을 취득하였음에도 불구하고 형식적인 소유권의 취득이라는 이유 등으로 취득세를 비과세하도록 정하는 것이고, 따라서 이 사건 법률조항의 적용으로 바로 재산권이라는 기본권이 제한되는 결과는 발생하지 않는다. 비과세는 일종의 '혜택'이고, 이러한 혜택을 어느 범위까지 인정하여 줄 것인지는 입법재량의

문제일 뿐이다. 물론, 입법자가 가지는 형성의 자유도 아무런 제한이 없는 것이라고 할 수는 없다.[22] 그러나 이 사건 법률조항에 특별한정승인자의 부동산 등 취득행위를 취득세 과세에서 제외하는 것이 새로운 재산권의 형성으로서 위헌인지의 여부는 별론으로 하고, 이 사건 법률조항이 이러한 경우를 정하고 있지 않다는 것 자체가 위헌이라고 하기는 어렵다.

6. 이 결정의 의의

민법 제1019조 제3항에 따라 특별한정승인을 한 경우에도 상속인은 취득세 납세의무를 부담한다. 특별한정승인은 상속재산보다 상속채무가 더 많을 것을 요건으로 하지만, 이러한 사정은 사실상의 취득행위 자체를 과세객체로 하는 취득세가 고려할 사항은 아니다. 따라서 이 사건 법률조항이 특별한정승인에 의한 부동산 등의 취득을 비과세로 정하고 있지 않다고 해서 위헌이라고 하기는 어렵고, 이 결정은 이러한 점을 분명히 밝혔다는 점에 큰 의의가 있다.

---

22) 헌법재판소 1999. 4. 29. 선고 94헌바37 외 66건(병합) 전원재판부 결정은 "재산권의 내용과 한계를 정할 입법자의 권한은, 장래에 발생할 사실관계에 적용될 새로운 권리를 형성하고 그 내용을 규정할 권한뿐만 아니라, 더 나아가 과거의 법에 의하여 취득한 구체적인 법적 지위에 대하여까지도 그 내용을 새로이 형성할 수 있는 권한을 포함하고 있는 것이다. 그러나 이러한 입법자의 권한이 무제한적인 것은 아니다. 이 경우 입법자는 재산권을 새로이 형성하는 것이 구법에 의하여 부여된 구체적인 법적 지위에 대한 침해를 의미한다는 것을 고려하여야 한다. 따라서 재산권의 내용을 새로이 형성하는 규정은 비례의 원칙을 기준으로 판단하였을 때 공익에 의하여 정당화되는 경우에만 합헌적이다. 즉, 재산권의 내용을 새로이 형성하는 법률이 합헌적이기 위하여서는 장래에 적용될 법률이 헌법에 합치하여야 할 뿐만 아니라, 또한 과거의 법적 상태에 의하여 부여된 구체적 권리에 대한 침해를 정당화하는 이유가 존재하여야 하는 것이다."라고 하였다.

그런데 만약 이 사건의 청구인이 상속포기를 하였다면 취득세를 부담하지 않았을 것이라는 점에 대해서 완전히 눈 감는 것이 입법론적으로도 타당한지에 대해서는 깊은 검토를 해야 할 것으로 보인다. 청구인은 상속을 포기할 기회가 있었고, 상속포기를 선택하였다면 취득세 과세는 이루어지지 않았을 것이다. 그러나 모든 국민이 상속포기, 한정승인 등과 같은 제도의 효과를 잘 알고, 그에 따르는 복잡한 조세문제까지도 모두 고려하여 행동할 것이라고 기대할 수 있는지는 의문이다. 취득세가 '이익'에 관계없이 과세되는 세금이 아니라고 해서, 이러한 경우까지 모두 과세하는 것이 타당한지는 더 고민해 보아야 할 필요가 있다.[23]

참고문헌

곽윤직, 『상속법(민법강의Ⅵ)』, 박영사, 2004.

구욱서, 『사법과 세법』, 유로, 2010.

김찬돈, "취득세에 있어서 취득과 취득시기 －대법원판례를 중심으로－", 『사법논집』, 제35집(2002).

법무법인 율촌 조세판례연구회, 『조세판례연구 Ⅱ』, 세경사, 2009.

윤지현, "환경세와 '담세력에 따른 과세' 원칙 간의 관계에 관한 시론(試論)", 『조세법연구』, 16－2(2010. 8.).

이동식, "응능과세원칙", 『공법연구』, 제32집, 제5호(2004.).

임승순, 『조세법』, 박영사, 2014.

정주백, "2006년도 조세관련 헌법재판소 결정례 회고", 『조세법연구』, 13－1(2007. 4.).

지원림, 『민법강의』, 홍문사, 2014.

최철환, "특별한정승인에 의하여 부동산을 상속받은 자에 대한 취득세 부과처분의 적법 여부", 『대법원 판례해설』, 제69호(2008).

---

23) 법무법인 율촌 조세판례연구회, 『조세판례연구 Ⅱ』(세경사), 2009, 417면도 같은 뜻.

과점주주 전체 주식 소유비율 불변경시
취득세 간주취득 불인정

사건의 표시 : 대법원 2004. 2. 27. 선고 2002두1144 판결

▪ 사실개요 ▪

X(원고, 피상고인)는 주택건설업 등을 목적으로 하는 주식회사이다. X사의 주식 전부를 실질적으로 A가 보유하고 있다. X는 1997. 12. 30 실질적으로 A 및 A의 특수관계인이 주식을 전부 보유하고 있던 B사가 실시한 유상증자에 참가하여 B사의 주식 800,000주를 취득하였다. 이에 따라 X는 주주명부상 B사의 발행주식총액의 74.98% 상당의 주식을 소유하게 되었다[1].

과세관청 Y(피고, 상고인)는 1999. 11. 5 X가 B사의 주식을 취득함으로써 그 취득시에 지방세법 제22조 제2호 소정의 과점주주가 되어 B사의 자산을 취득한 것으로 보아 X에게 취득세와 농어촌특별세를 부과·고지하였다. 즉 B사의 자산장부가액 13,032,886,197원에 X의 주식비율인 74.98%를 곱하여 과세표준을 9,772,058,070원으로 산출하여, 취득세(가산세 포함) 234,529,390원, 농어촌특별세 21,498,520원을 각각 부과·고지하였다. 이후 이 사건 과세대상으로 삼은 B사의 자산 중 일부가 Y 관할납세지에 포함되지 않는 것이 있음이 밝혀졌다. 이에 따라 Y는 2000. 7. 28 B사의 자

---

* 정지선(서울시립대학교 세무전문대학원 교수, 세무학박사).

1) 이하의 내용은 박훈·정지선, "2004년 지방세법 판례회고", 『조세법연구』, 11−1(2005. 7.)의 내용을 바탕으로 하여 작성하였다.

산 장부가액을 4,330,826,304원, 과세표준을 3,247,253,562원으로 각각 감액하여 X가 납부하여야 할 취득세를 77,934,080원, 농어촌특별세를 7,143,950원으로 경정하는 한편 X에게 이미 납부한 세액 중 합계 170,949,880원(취득세분 156,696,310원＋농어촌특별세분 14,354,570원)을 환급하였다.

X는 취득세 부과처분의 취소를 구하는 소를 제기하였다. 원심2)에서 원고승소판결을 하였고, 대법원에서는 상고를 기각하였다.

▪ 판결요지 ▪

과점주주 및 그의 특수관계인들이 발행주식 100% 전부를 소유하고 있는 회사의 유상증자에 참가하여 새로 주식을 취득하였으나 위 특수관계자를 포함한 과점주주 전체의 주식소유비율에는 변동이 없는 경우 간주취득세의 과세대상에서 제외된다.

▶ 해 설 ◀

1. 과점주주의 취득세 납세의무

취득세는 일정한 자산의 취득에 대하여

과세하는 조세이다. 이 경우 일정한 자산이란 부동산·차량·기계장비·입목·항공기·선박·어업권·광업권 및 회원권 등을 말한다. 따라서 주식을 취득한 경우에는 원칙적으로 취득세의 과세대상에 해당하지 아니한다. 그러나 비상장법인의 주식을 취득함으로 인하여 과점주주에 해당하게 된 경우에는 주식을 취득한 것이 아니라 당해 법인의 자산 중에서 위에서 언급한 취득세 과세대상을 취득한 것으로 보아 취득세를 납부하여야 한다.

이와 같이 과점주주의 주식취득에 대하여 취득세를 과세하는 이유는 과점주주가 된 경우에는 당해 주주는 그 법인의 재산을 사실상 임의로 처분하거나 관리 또는 운용할 수 있는 지위에 있기 때문에 담세력에 있어서 실질적으로 그 재산을 직접 소유하는 자와 다를 바 없게 되고, 정책적으로도 주식의 분산을 유도하기 위기 위해서이다.3)

과점주주의 간주취득세 과세요건에 대하여 간략하게 살펴보면 다음과 같이 정리할 수 있다.

첫째, 과점주주가 취득세 납세의무를 부담하기 위해서는 대상 법인이 비상장 법인이어야 한다. 결과적으로 코스닥상장법인의 과점주주도 취득세 납세의무를 부담하게 되는 것이다.

둘째, 과점주주라 함은 주주 또는 유한책

2) 서울고법 2001. 12. 18. 선고 2001누726 판결.
3) 임승순, 『조세법』(박영사), 2004, 930면.

임사원 1인과 그와 친족 기타 특수관계에 있는 자들의 소유주식의 합계 또는 출자액의 합계가 당해 법인의 발행주식총수 또는 출자총액의 100분의 50을 초과하는 자들을 말한다.

셋째, 법인의 주식 또는 지분을 취득함으로써 과점주주가 된 때에 취득세 납세의무를 부담한다. 따라서 다른 주주로부터 주식을 취득하는 경우와 증자 등으로 인하여 취득하는 경우에도 모두 취득세의 과세대상인 취득에 해당하는 것이다.

넷째, 과점주주의 취득세 과세표준은 과점주주의 성립시점에 당해 법인의 취득세 과세대상 자산의 총가액을 그 법인의 주식 등의 총수로 나눈 금액에 과점주주의 주식 등의 총수를 곱한 금액으로 한다.

다섯째, 과점주주가 주식을 취득하는 경우에는 당해 법인이 소유한 취득세 과세대상 물건을 취득한 것으로 보기 때문에 지방세법상 취득세의 세율을 적용한다. 즉, 일반적인 과세대상 물건에 대하여는 표준세율이 적용되고, 고급오락장 등 중과세대상 물건이 있는 경우에는 중과세율을 적용하는 것이다.

2. 이 사건의 쟁점

과점주주가 취득세 납세의무를 지는 경우에 취득이란 원시취득인지 또는 승계취득인지의 여부를 불문한다. 다만, 과점주주 상호간의 주식이동인 경우에는 개별 주주의 경우에는 주식을 양도 및 양수함으로써 지분의 증감이 있겠지만, 과점주주 전체의 지분은 변동이 없기 때문에 취득세 납세의무가 발생하지 아니한다.[4] 그런데 친족 기타 특수관계에 있는 자는 분명하지만, 주식 등을 소유하고 있지 아니한 자가 최초로 주식을 취득하는 경우에도 이를 과점주주 사이의 주식이동으로 보아야 할 것인지의 여부가 이 사건의 쟁점이다. 이에 대하여는 긍정설과 부정설로 견해가 나뉘어진다.

긍정설의 입장은 구 지방세법 제22조 제2호에서 과점주주라 함은 친족 기타 특수관계에 있는 자, 주식 또는 출자의 소유, 소유 주식 또는 출자의 합계가 51% 이상일 것을 요건으로 하고 있으므로 친족 기타 특수관계에 있다고 하더라도 주식을 소유하지 않은 주주는 과점주주에 해당될 수 없고, 주식을 이전받거나 증자로 인하여 주식을 취득한 때에 비로소 과점주주가 되는 것이므로 취득세 납세의무가 있다는 견해이다.[5] 또한 기존에 주식 등을 소유한 과점주주가 그 소유주식의 일부를 새로운 특수관계인에게 이전하는 경우에는 취득세를 부과할 수 없지만, 그 소유주식의 전부

4) 행자부 심사 2000-167, 2000. 3. 29.; 행자부 세정 13430-240, 1999. 2. 24.
5) 강석훈, "과점주주와 특수관계에 있는 원고가 소외 회사의 유상증자에 참가하여 새로 주식을 취득하였으나 원고를 포함한 과점주주 전체의 주식소유비율에는 변동이 없는 경우 간주취득세의 과세대상이 되는지 여부", 『대법원판례해설』, 제50호(2004. 12.), 445-446면.

를 새로운 특수관계인에게 이전하는 경우에는 새로 주식을 취득한 자는 취득세 납세의무가 있다고 한다.[6]

부정설의 입장은 기존에 주식을 소유한 과점주주에게 주식을 이전하는 경우는 물론이고 기존에 주식을 소유하고 있지 않던 특수관계인에게 주식을 이전하는 경우에도 과점주주 전체의 주식소유비율에 변동이 없는 한 과점주주 사이에서 주식이 이동한 경우와 동일하므로 취득세 납세의무가 없다는 견해이다.[7] 본 판결의 입장이기도 하다.

주식을 소유하고 있는 과점주주에 대하여 취득세를 부과한 후에 주식 등을 소유하고 있지 아니한 자가 최초로 주식을 취득하는 경우에 또다시 취득세를 부과하는 것은 이중과세에 해당한다고 볼 수 있다는 점, 특수관계인간

의 주식이전방법에 따라 취득세의 부담세액이 현저하게 달라지는 결과 역시 바람직하지 않다는 점을 볼 때 긍정설은 문제가 있다. 기존의 과점주주와 특수관계에 있는 자가 새로이 주식을 취득하여 과점주주가 된 경우에도 전체의 주식소유비율이 변동되지 아니한 이상 취득세의 납세의무는 없다고 보는 것이 타당하다.

3. 이 판결의 의의

본 판결은 친족 기타 특수관계에 있는 자는 분명하지만, 주식 등을 소유하고 있지 아니한 자가 최초로 주식을 취득하는 경우에는 취득세의 과세대상에 해당하지 아니한다는 것을 보여준 최초의 판례로서 의의가 있다.

참고문헌

강석훈, "과점주주와 특수관계에 있는 원고가 소외 회사의 유상증자에 참가하여 새로 주식을 취득하였으나 원고를 포함한 과점주주 전체의 주식소유비율에는 변동이 없는 경우 간주취득세의 과세대상이 되는지 여부", 『대법원 판례해설』, 제50호(2004. 12.).
김의효, 『지방세실무』, 한국지방세연구회, 2003.
김태호, "간주취득세 해설", 『월간조세』, (1999. 8.), 조세통람사.
박훈, 정지선, "2004년 지방세법 판례회고", 『조세법연구』, 11 – 1(2005. 7.).
임승순, 『조세법』, 박영사, 2004.

---

6) 김의효, 『지방세실무』(한국지방세연구회), 2003, 928면.
7) 김태호, "간주취득세 해설", 『월간조세』(조세통람사), 1999. 8., 140면.

대가성 있는 기부채납에 대한
지방세법 취득세 비과세규정의 적용 여부

사건의 표시 : 대법원 2006. 1. 26. 선고 2005두14998 판결

■ 사실개요 ■

A공사는 B은행을 대리하여 2004. 2. 25. C회사에 부산광역시 동구에 소재하는 B은행 소유의 토지와 건물을 대금 88억 4,000만 원 (계약보증금 10억 원, 잔금 78억 4,000만 원)에 매도하는 내용의 계약을 체결하였다. X는 2004. 4. 16. C회사에 위 매매계약 승계의 대가로 계약보증금을 포함한 금 10억 1,330만 원을 지급하고 매매계약상의 매수인 지위를 양수하였다. X는 2004. 4. 19. A공사에 위 매매계약 상의 잔금 78억 4,000만 원을 모두 지급하고 같은 해 5. 20. 이 부동산에 대한 소유권이전 등기를 마쳤다.

X는 2002. 12. 20. 부동산 매매 및 임대

업, 건설업 등을 목적으로 설립된 법인으로서, 지구단위계획이 결정·고시된 부산광역시의 특정 지역에 주상복합건물을 신축하여 분양할 사업계획을 세우고, 그 계획구역 내에 위치하면서 우체국 건물의 부지로 사용되고 있는 국가 소유의 토지를 취득하기 위하여 2003. 6. 경부터 부산체신청과 협의를 진행하였다. X와 부산체신청장은 2004. 5. 3. 우체국 부지의 대체부지로 부산광역시 동구에 소재하는 이 사건 토지를 확정하고, 우체국 부지의 양여와 이 사건 토지 지상의 대체시설 건축 등에 대해서는 추가로 협의하여 처리하기로 하는 내용의 협약을 체결하였다. X는 2004. 5. 13. 주상복

---

* 최성근(영남대학교 법학전문대학원 교수).

합건물 신축을 위한 건축허가와 이 사건 토지 위에 우체국 건물 신축을 위한 건축허가를 얻었고, 같은 해 6. 14. 경 우체국 건물의 건축에 착수하였다. X와 부산체신청은 2004. 7. 2. X가 이 사건 토지 및 그 지상의 우체국 신축건물을 국가에 기부채납하고 국가로부터 우체국 부지를 무상양여 받기로 하며, 기부채납 및 양여 절차는 국유재산법의 관련규정에 따르되 그 최종적인 승인 여부는 총괄청의 결정에 따르기로 하는 등의 내용을 담은 협약을 다시 체결하였다.

X는 2004. 5. 17. 부산광역시 동구청장 Y에게 이 사건 토지의 취득이 구 지방세법(법률 제7070호, 2004. 1. 20. 시행) 제106조 제2항과 제126조에 의하여 비과세에 해당하는지에 대하여 검토를 요청하였으나 Y로부터 긍정적인 회신을 받지 못하였다. 이에 X는 2004. 5. 19. 이 사건 토지에 관하여 실제취득가액인 금 8,853,300,000원을 기준으로 산정한 취득세 177,066,000원, 농어촌특별세 17,706,600원, 등록세 265,599,000원, 교육세 53,119,800원을 신고·납부하였다.

이후 X는 이 사건 토지를 취득한 것은 우체국 건물을 신축하여 그 건물과 함께 국가에 기부채납할 목적이었으므로, 이 사건 토지는 구 지방세법 제106조 제2항과 제126조 제2항에서 규정하는 '국가에 기부채납을 조건으

로 취득하는 부동산'에 해당하여 취득세 등의 비과세 대상이라고 주장하면서 소송을 제기하였다. 그 결과 1심[1]에서 X가 패소하였고, 2심[2]에서는 X가 승소하였으며, 대법원에서도 X가 승소하였다.

▪ 판결요지 ▪

구 지방세법 제106조 제2항과 제126조 제2항에 의하면 '국가에 기부채납을 조건으로 취득하는 부동산'은 취득세 등의 비과세 대상인바, 기부채납은 기부자가 그의 소유재산을 국가나 지방자치단체의 공유재산(公有財産)으로 증여하는 의사표시를 하고 국가나 지방자치단체는 이를 승낙하는 채납의 의사표시를 함으로써 성립하는 증여계약이나, 국유재산법 제9조에서 기부채납의 개념을 순수하게 대가성이 없는 무상(無償)의 기증만으로 한정하고 있지 아니한 점에 비추어 보면, 부동산을 국가에 공여함에 있어 인허가조건의 성취, 무상사용권 취득 또는 무상양여 등 다른 경제적 이익을 취득할 목적이 있었다고 하더라도 당해 부동산의 공여 자체가 기부채납의 형식으로 되어 있고, 국가도 이를 승낙하는 채납의 의사표시를 한 이상, 위 부동산이 구 지방세법 제106조 제2항과 제126조 제2항에 정한 취득세

---

1) 부산지방법원 2005. 3. 17. 선고 2004구합4636 판결.
2) 부산고등법원 2005. 10. 14. 선고 2005누1244 판결.

등의 비과세 대상에 해당한다.

▶ 해 설 ◀

1. 쟁점

본 건은 기부자가 부동산을 국가에 공여함에 있어 경제적 이득을 취득할 목적이 있었다고 하더라도 그 부동산이 구 지방세법 제106조 제2항과 제126조 제2항(현행 지방세법 제9조 제2항. 이하 '쟁점규정'이라 한다)에서 정하는 취득세 등의 비과세 대상인 '국가에 기부채납을 조건으로 취득하는 부동산'에 해당될 수 있는지가 문제된 사건이다.

구 지방세법은 제106조 제2항과 제126조 제2항에서 각각 취득세와 등록세에 대하여 '국가·지방자치단체 또는 지방자치단체조합에 귀속 또는 기부채납을 조건으로 취득하는 부동산에 대하여는 부과하지 아니한다'라고 규정하고 있었다.

이러한 규정에 대하여, 1심은 "취득세 등이 비과세되는 대상으로서 '국가 등에 기부채납을 조건으로 취득하는 부동산'에서 말하는 기부채납이라 함은, 기부자가 그 소유재산을 국가 등의 공유재산으로 증여하는 의사표시를 하고 국가 등은 이를 승낙하는 채납의 의사표시를 함으로써 성립하는 일종의 증여계약이라

3) 대법원 1996. 11. 8. 선고 96다20581 판결 등 참조.

할 것이므로,3) 기부자가 국가 등에 공유재산으로 넘겨주기 위해 부동산을 취득한다고 하더라도 넘겨주는 재산에 상응하는 일정한 대가를 얻는 경우에는 이를 기부채납으로 보아 취득세 등의 비과세 대상에 해당한다고 볼 수는 없다"라고 판시하였다.

그러나 원심은 "국유재산법 관련규정에 비추어 보면, 국유재산법 제9조 소정의 기부채납에는 순수하게 대가성이 없는 기증인 경우뿐만 아니라 인·허가조건 성취, 무상사용권 취득 또는 이 사건과 같이 무상양여를 받기 위한 기부채납 등이 모두 포함되어 있다고 할 것이다. 물론 기부채납의 법적 성격은 일종의 증여계약이라 볼 수 있으나, 기부채납의 법적 성격을 그렇게 본다 하여 순수하게 대가성이 없는 기증 등의 경우에만 국유재산법 소정의 기부채납에 해당하고 대가성이 있는 경우에는 기부채납의 형식을 취하더라도 기부채납이 아니라고 볼 수는 없다. 또한 대가성 있는 기부채납 경우에는 법령 소정의 비과세 되는 '기부채납'에 해당하지 않는다고 볼 아무런 법률적인 근거가 없다"라고 판시하였고, 최종심도 원심과 동일한 취지로 판시하였다.

2. '기부채납'이라고 하는 차용개념에 대한 해석

'기부채납'이라는 개념은 조세법 분야에

서 처음 만들어진 개념이 아니라 행정법 분야에서 차용한 개념이다. 기부채납에 대해서는 실정법상 정의규정이 없고 판례를 통하여 그 개념이 정의되고 있다. 국유재산법 등에서는 국유재산이나 공유재산의 취득방법으로 기부채납의 유형을 인정하고 있고,[4] 이에 기초하여 판례상 그 개념이 확립되어 왔다. 판례에 따르면 기부채납이란 '기부자가 그의 소유재산를 국가나 지방자치단체의 국유재산 또는 공유재산으로 증여하는 기부의 의사표시를 하고, 국가나 지방자치단체는 이를 승낙하는 채납의 의사표시를 함으로써 성립하는 행위'[5]를 말한다. 행정법 분야에서는 기부채납을 크게 두 가지 유형으로 분류하는데, 그 하나는 건축허가나 토지형질변경 등 행정행위의 부관으로 부과되는 기부채납이고, 다른 하나는 국가나 지방자치단체의 토지에 건축물을 조성하여 기부하고 그 목적물의 사용권을 취득하는 등 행정청의 반대급부가 있는 기부채납이다. 두 가지 유형의 기부채납은 모두 기부채납자의 의사에 따라 행정청이 그 목적물의 소유권을 취득하는 형태로 나타나지만, 실제적으로는 이에 대한 반대급부로 행정청의 허가가 발령되거나 해당 목적물의 사용권을 취득하는 등 일정한 대가성을 전제로 하는 것이 일반적이다.[6]

판례와 국유재산법 등에 비추어 보면, 기부채납에는 순수하게 대가성이 없는 기증인 경우뿐만 아니라 인·허가조건의 성취, 무상사용권의 취득 또는 이 사건과 같이 무상양여를 받기 위한 경우도 포함된다. 즉, 행정법 분야에서는 기부채납을 이해함에 있어 대가성이 있는 경우도 당연히 기부채납에 해당될 수 있음을 전제로 하고 있다. 조세법 분야의 경우는 어떠한가? 조세법 분야에서도 행정법 분야와 마찬가지로 대가성이 있는 경우도 기부채납에 해당될 수 있는 것으로 이해된다면, 본 건에서와 같이 기부자가 부동산을 국가에 공여함에 있어 경제적 이득을 취득할 목적이 있었다고 하더라도, 그 부동산은 쟁점규정에서 정하는 취득세 등의 비과세 대상인 '국가에 기부채납을 조건으로 취득하는 부동산'에 해당될 수 있을 것이다.

이는 '기부채납'이라고 하는 차용개념에 대한 해석의 문제라고 할 수 있는데, 차용개념에 대하여 조세법에서 명문으로 개념을 수정하는 내용의 규정을 두고 있다면 이에 기초하여 해석을 하여야 할 것이지만, 개념을 수정하는 규정을 두고 있지 아니하다면 그 차용개념의 의미는 해석론에 맡겨지게 된다. 차용개념의 해석에 대한 학설로는 통일설, 독립설 및 목적적합설이 있다. 통일설은 국법질서는 전

---

4) 국유재산법 제9조, '공유재산 및 물품관리법' 제7조 등 참조.
5) 대법원 1996. 11. 8. 선고 96다20581 판결; 대법원 1999. 2. 5. 선고 98다24136 판결 등 참조.
6) 안신재, "기부채납에 대한 민사법적 고찰", 『법학논총』, 제26집(2011. 7.), 숭실대학교 법학연구소, 52 − 53면; 유지태, "기부채납행위의 하자", 『고시연구』, 통권 제320호(2000. 11.), 14 − 15면 등.

최 성 근 667

체적으로 통일성과 체계성이 요청되므로 차용개념은 원칙적으로 차용된 법분야에서와 같은 의미로 해석하여야 한다는 견해이고, 독립설은 차용된 법분야에서의 의미대로 해석하여서는 아니된다는 견해이며, 목적적합설은 법적 안정성의 견지에서는 차용개념도 차용된 법분야에서와 같은 의미로 해석하여야 하지만 예외적으로 관련규정들의 체계적인 해석이나 입법취지 등을 고려하여 합목적적 해석방법의 기준을 벗어나지 않는 범위 내에서 조세법상 고유한 의미내용을 부여받을 수 있다는 견해이다. 우리나라의 판례는 기본적으로 통일설의 입장을 취하고 있는 것으로 평가되고 있다.[7]

대상판결에서 기부자가 부동산을 국가에 공여함에 있어 경제적 이득을 취득할 목적이 있었다고 하더라도 그 부동산이 쟁점규정에서 정하는 취득세 등의 비과세 대상인 '국가에 기부채납을 조건으로 취득하는 부동산'에 해당될 수 있다고 해석한 것은, 지방세법에서의 기부채납의 의미가 국유재산법 등에서의 기부채납의 의미와 동일하다고 판단한 것으로 차용개념의 해석에 있어서 통일설을 취하고 있는 기존 판례의 보편적인 입장을 따른 것이라고

보여진다.

3. 쟁점규정의 타법 관련규정과의 비교 및 그 입법취지에 대한 검토

먼저 쟁점규정과 타법 관련규정의 관계에 있어서, 구 부가가치세법(이하 '부가세법'이라 한다)은 제12조 제1항 제18호에서 "국가 등에 무상으로 공급하는 재화 또는 용역에 대하여는 부가가치세를 면제한다"라고 규정하고 있는데, 이 규정에 의하면 기부채납이라도 '대가성이 있는 기부채납'의 경우에는 순수하게 대가성이 없는 기증의 경우와는 달리 부가가치세가 부과된다. 즉, 위 규정은 '기부채납'이 아니라 '무상'이라고 규정함으로써, '기부채납'이라고 하더라도 경제적·실질적 관점에서 대가관계가 있다고 인정되는 경우에는 '무상'이 아닌 '유상'의 공급으로 볼 수 있다는 것이다.[8] 그러나 쟁점규정은 단지 '기부채납을 조건으로 취득한 부동산'이라고만 규정하고 있는데, 이는 위의 부가세법 규정과는 조문의 표현과 내용이 전혀 다른 것으로 이러한 경우까지 경제적·실질적 대가관계를 따져 비과세 여부를 판단할 근거는 없다고 할 것이다.[9]

---

7) 이에 대해서는 목적론적 해석이 법질서의 통일성을 해치는 것으로 볼 수 없다거나, 목적적합설은 특단의 사정이 없는 한 조세법에서도 같은 의미로 해석되어야 한다는 주장이므로 통일설과 큰 차이가 없다는 주장이 있다, 권형기, "지방세법상 취득과 조세법상 차용개념에 대한 소고", 『조세와 법』, 제6권, 제2호(2013. 12.), 107-108면; 윤진수, "명의신탁에 대한 증여세의 부과와 평등원칙(헌법과 세법 및 사법의 관계)", 『조세법의 논점』(조세통람사), 1995. 5., 522면; 이태로·한만수, 『조세법강의』(박영사), 2010, 38면 등. 참고로 독일에서 차용개념의 해석에 관한 통설은 목적적합설이다.
8) 대법원 1990. 4. 27. 선고 89누596 판결 등 참조.

다음으로 쟁점규정에서 '기부채납을 조건
으로 취득한 부동산'에 대하여 취득세 등을 비
과세하는 입법취지가 기부채납을 촉진하기 위
한 것이라는 점에 대해서는 이론의 여지가 없
을 것이다. 본 건에서 국가는 이 사건 토지 및
신축건물을 우체국 부지와 '교환'하거나 '매각
하고 취득'하는 형식을 취할 수도 있었지만,
그 가액의 차이가 커서 요건이 충족되지 않는
다는 이유로 또는 차액정산 등의 부담을 안지
않으려는 목적으로 '기부채납' 및 '무상양여'의
형식을 취하였다고 보여진다. 그 결과 X는 위
교환 등 형식을 취한 경우에 비하여 막대한
차액 상당의 손실을 감수하면서 이 사건 토지
등을 기부채납하게 되었다. 이와 같이 국가의
적극적인 선택에 의하여 기부채납의 형식을
갖춘 경우까지 실질적 대가성이 인정되는 측
면이 있다고 하여 기부채납이 아닌 것으로 본
다거나 지방세법의 비과세 규정이 적용되는
기부채납이 아니라고 보는 것은, 쟁점규정에
서 '기부채납을 조건으로 취득한 부동산'에 대
하여 취득세 등을 비과세하는 입법취지에 반
한다고 여겨진다.[10]

4. 이 판결의 의의

대상판결은, 지방세법상 '국가에 기부채
납을 조건으로 취득하는 부동산'에 대한 취득

세 등 비과세 규정의 적용과 관련하여, 이 규
정에서의 기부채납이 '순수하게 대가성이 없
는 기부채납'뿐만 아니라 경제적 이득을 취득
할 목적이 있는 '대가성 있는 기부채납'도 포
함한다는 점을 명시적으로 판시한 선례라는
점에서 의의를 가진다. 이와 같은 판단을 함에
있어, 대상판결은 지방세법에서의 기부채납의
의미가 국유재산법 등에서의 기부채납의 의미
와 동일하다는 논거를 제시하여, 차용개념의
해석에 있어서 일응 통일설을 견지하고 있음
을 보여주었다.

한편 원심이 유사한 표현을 쓰고 있던 구
부가세법 제12조 제1항 제18호와 쟁점규정을
비교하여, 양자는 조문의 표현과 내용이 전혀
다른 것이라고 판시하거나, 국가의 적극적인
선택에 의하여 국유재산법 등에서 규정하는
'기부채납'의 요건을 갖춘 경우까지 실질적인
대가성이 있다고 하여 지방세법 소정의 비과
세 규정이 적용되는 기부채납이 아니라고 보
는 것은 매우 부당하다고 판시한 것은, 직접적
인 언급은 없었지만, 차용개념에 대한 목적론
적 해석을 시도한 것으로서 중요한 의미를 가
진다고 할 것이다.

---

9) 부산고등법원 2005. 10. 14. 선고 2005누1244 판결 등 참조.
10) 전게자료 참조.

참고문헌

권형기, "지방세법상 취득과 조세법상 차용개념에 대한 소고", 『조세와 법』, 제6권, 제2호(2013. 12.).

안신재, "기부채납에 대한 민사법적 고찰", 『법학논총』, 제26집(2011. 7.), 숭실대학교 법학연구소.

유지태, "기부채납행위의 하자", 『고시연구』, 통권 제320호(2000. 11.).

윤진수, "명의신탁에 대한 증여세의 부과와 평등원칙(헌법과 세법 및 사법의 관계)", 『조세법의 논점』, 조세통람사, 1995.

이태로, 한만수, 『조세법강의』, 박영사, 2010.

취득세 과세표준 산정에 있어서 사실상 취득가액의 적용범위

사건의 표시 : 대법원 2006. 7. 6. 선고 2005두11128 판결

▪ 사실개요 ▪

X는 부동산을 증여받으면서 일정한 채무액을 승계하였다. 이에 X는 증여받은 경우이며, 개인간의 거래에 해당하기 때문에 시가표준액을 기준으로 하여 취득세를 신고하였다. 이에 Y는 재산을 증여받으면서 승계하기로 한 채무합계액을 기준으로 하여 취득세와 등록세 및 부가세를 부과하였다. 즉, Y가 2004년 7월 12일 X에 대하여 취득세 27,146,840원, 농어촌특별세 2,670,140원, 등록세 43,990,150원 및 지방교육세 합계 52,327,490원을 부과하였다.

X는 이후 이 사건 부동산에 관한 각 가산세를 포함한 취득세, 등록세, 농어촌특별세 및 지방교육세 부과처분의 취소와 가산금의 반환을 구하는 소를 Y를 상대로 제기하였다. 1심에서 X는 패소하였고, 대법원에서는 상고 승소하였다.

▪ 판결요지 ▪

[1] 취득세 및 등록세의 과세표준에 관한 구 지방세법(2005. 1. 5. 법률 제7332호로 개정되기 전의 것, 이하 같다) 제111조, 제130조의 취지는 납세의무자가 사실상 취득가액으로 신고한 금액을 원칙적인 과세표준으로 하고, 신고를 하지 아니한 경우 또는 신고를 하더라도

---

* 정지선(서울시립대학교 세무전문대학원 교수, 세무학박사).

신고가액이 시가표준액에 미달하는 경우에는 시가표준액을 과세표준으로 하되, 구 지방세법 제111조 제5항의 요건이 충족된 경우에만 납세의무자의 신고 유무 및 금액 등에 관계없이 입증된 사실상의 취득가격으로 과세표준을 정한다는 것이고, 같은 법 제111조 제5항에 열거된 사유는 사실상의 취득가격에 의할 수 있는 제한적, 한정적 요건에 해당하며, 그에 열거된 요건을 갖추지 못한 경우에는 사실상의 취득가격을 과세표준으로 삼을 수는 없다고 보아야 하므로, 과세관청은 같은 법 제111조 제5항의 요건에 해당하지 아니하는 이상 계약서 등에 의하여 사실상의 취득가격을 입증하는 방법으로 취득세 및 등록세 등의 조세를 부과할 수 없다.

[2] 원고가 아버지로부터 부동산에 관한 채무를 승계하기로 하고 부동산을 증여받아 취득세 및 등록세 등을 신고·납부하면서 신고한 취득가액이 부동산의 시가표준액에 미달하지 아니하고 지방세법 제111조 제5항 각 호의 요건에 해당하지 아니함에도, 과세관청이 원고가 신고한 시가표준액이 아닌, 증여계약서 등을 통하여 확인된 승계된 채무의 합계액을 사실상의 취득가격으로 보아 이를 과세표준으로 삼은 것은 위법하다고 한 사례.

---

1) 구 지방세법 제111조 제1항 및 제2항.
2) 구 지방세법 제111조 제5항.

▶ 해 설 ◀

1. 취득세 과세표준 산정구조

(1) 원칙

취득세의 과세표준은 취득당시의 가액으로 한다. 다만, 연부로 취득하는 경우에는 연부금액으로 한다. 이 경우 취득당시의 가액은 취득자가 신고한 가액에 의하며, 신고 또는 신고가액의 표시가 없거나 그 신고가액이 시가표준액에 미달하는 때에는 시가표준액에 의한다.[1]

(2) 예외

다음 중 하나에 해당하는 취득에 대하여는 사실상의 취득가격 또는 연부금액을 과세표준으로 한다. 다만, 증여나 기부 기타 무상승계취득의 경우와 소득세법 제101조 제1항의 규정에 의한 거래로 인한 취득은 제외한다.[2]

① 국가·지방자치단체 및 지방자치단체조합으로부터의 취득

② 외국으로부터의 수입에 의한 취득

③ 판결문에 의하여 취득가격이 입증되는 취득. 이 경우 판결문이라 함은 민사소송 및 행정소송에 의하여 확정된 판결문을 말하며, 화해·포기·인낙 또는 의제자백에 의한 것을 제외한다. 즉, 화해 등의 경우에는 사실상의 취득가액이 아닌 신고가액을 취득세의

과세표준으로 하는 것이다.

　④ 법인장부에 의하여 취득가격이 입증되는 경우. 이 경우 법인장부란 법인이 작성한 원장, 보조장, 출납전표 및 결산서를 말한다.

　⑤ 공매방법에 의한 취득

　⑥ 공인중개사의업무및부동산거래신고에관한법률 제27조의 규정에 의한 신고서를 제출하여 동법 제28조의 규정에 의하여 검증이 이루어진 경우

2. 쟁점

위의 취득세 과세표준에서 살펴보았듯이 개인간의 거래에 있어서는 원칙적으로 신고가액을 기준으로 하여 취득세의 과세표준을 산정한다. 즉 개인간의 거래에 있어서 신고가액이 시가표준액 이상인 경우에는 신고가액에 의하고, 신고가액이 시가표준액에 미달하는 경우에는 시가표준액에 의하여 취득세의 과세표준을 산정하는 것이다. 이에 반하여 법인간의 거래 또는 개인 대 법인간의 거래에 있어서는 사실상의 취득가액이 시가표준액에 미달하는 경우에도 사실상의 취득가액을 취득세의 과세표준으로 하는 것이다.

즉, 구 지방세법의 경우에는 그 거래의 주체에 따라 신고가액을 과세표준으로 하는 경우와 사실상 취득가액을 과세표준으로 하는 경우로 구분된다. 이 경우 개인간의 거래의 경우에는 시가표준액을 기준으로 하여 신고가액

을 취득세 과세표준으로 하도록 규정하고 있는데, 이 경우에도 사실상의 취득가액이 입증되는 경우에는 당해 가액을 기준으로 하여 취득세 과세표준을 산정할 수 있는지의 여부가 문제이다.

이에 대하여 실질과세의 원칙상 개인간의 거래의 경우에도 사실상의 취득가액이 입증되는 경우에는 당해 가액을 기준으로 하여 취득세 과세표준을 산정하는 것이 타당하다는 견해가 있을 수 있다. 이는 원심의 견해이기도 하다. 이를 간략하게 소개하면 다음과 같다.

"지방세법 제111조 제1항에서 취득세의 과세표준으로 규정한 취득 당시의 가액은 원칙적으로 부동산 등 과세물건을 취득함에 소요된 사실상의 취득가액을 의미하고, 제2항은 취득자가 제1항의 과세표준인 취득 당시의 가액을 신고하여야 하는데 그 신고 등이 없거나 신고가액이 시가표준액에 미달하는 경우에는 그 시가표준액을 과세표준으로 한다는 의미로 해석하는 것이 상당하다. 즉, 지방세법 제111조 제1항의 "취득 당시의 가액"은 실질과세의 원칙상 특별한 규정이 없는 한 "사실상의 취득가격"을 의미하는 것으로 보아야 하고, 이러한 전제하에서 제2항은 취득자의 신고가액이 시가표준액에 미달하지 아니하는 경우에는 과세관청이 사실상의 취득가격이 밝혀졌다 하더라도 이를 과세표준으로 삼을 수 없다는 것을 규정한 것은 아니라 과세관청이 제1항의 "사실상의 취득가격"을 파악하는 것이 현실적으

로 용이하지 아니한 점을 고려하여 일응 취득자의 신고에 의하여 이를 인정하되 하한을 과세시가표준액으로 한다는 것을 규정한 것으로 보아야 한다. 이렇게 해석할 경우 구 지방세법 제111조 제6항은 공정증서 등에 의하여 사실상의 취득가격이 밝혀진 경우에는 그것이 시가표준액을 하한으로 하여 과세표준이 된다는 취지의 규정이므로 독자적인 존재의의를 상실하게 되는바, 결국 1995. 12. 6. 법률 제4995호로 개정된 지방세법에서 위 제6항이 삭제되어 실효되었다고 하더라도 그것이 위 법개정 이후에 이루어진 부동산 취득과 관련하여 취득자가 부동산을 취득한 후 지방세법 제111조 제2항에 의하여 취득 당시의 가액을 신고하고, 그 신고가액이 시가표준액에 미달하지 않는다면 구 지방세법 제111조 제6항에서 규정하고 있던 계약서 등에 의하여 사실상의 취득가액이 시가표준액보다 높은 것임이 입증된다 하더라도 그 사실상의 취득가액을 과세표준으로 하여 과세할 수는 없다는 것을 의미하는 것은 아니라고 보아야 할 것이다. 따라서 이 사건 부동산의 과세표준을 원고가 신고한 시가표준액으로 하지 않고 원고가 증여받으면서 부담하기로 한 채무의 합계액으로 하여 행하여진 이 사건 부과처분이 위법하다고 보기는 어렵다."[3]

그러나 조세법은 기본적으로 엄격해석의 원칙에 지배된다고 할 것이다. 이러한 입장에

서 구 지방세법 제111조 제1항에서 취득당시의 가액이라고 규정하고 있고, 제111조 제2항에서 취득당시의 가액은 취득자가 신고한 가액에 의하며, 신고 또는 신고가액의 표시가 없거나 그 신고가액이 시가표준액에 미달하는 때에는 시가표준액에 의한다고 규정하고 있는 것은 과세관청에 의하여 사실상의 취득가액이 밝혀졌다고 하더라도 납세의무자가 신고한 가액이 시가표준액 이상인 경우에는 그 신고가액을 기준으로 하여 취득세를 과세하여야 할 것이지, 사실상 취득가액을 기준으로 하여 취득세를 과세할 수 없다고 할 것이다.

다만, 입법론적으로는 실질과세의 원칙에 부합하게 취득세의 과세표준 산정에 관한 법규정을 거래주체와 상관없이 유상거래의 경우에는 사실상 취득가액을 기준으로 하도록 하고, 무상거래의 경우에는 시가표준액을 기준으로 하도록 개정하는 것이 타당할 것이다.

3. 이 판결의 의의

본 판결은 조세법의 엄격해석의 원칙에 의해서 개인간의 거래의 경우에는 사실상 취득가액이 과세관청에 의하여 입증되는 경우에도 구 지방세법 제111조 제5항에 해당하지 아니하면 사실상의 취득가액을 과세표준으로 삼을 수 없다는 기존의 입장을 확인한 데에 의의가 있다.

---

3) 서울고등법원 2005. 8. 12. 선고 2004누23805 판결.

면제된 취득세 등의 추징사유: 정당한 사유 인정

사건의 표시 : 대법원 2006. 2. 9. 선고 2005두4212 판결

▪ 사실개요 ▪

원고인 주식회사 ○○산업은 2001. 1. 16. 식품제조 공장으로 사용하기 위하여 소외 주식회사 ○○○○○로부터 부동산을 매수하기로 하는 매매계약을 체결하면서 일본거래처로부터 공장매입 승인을 얻지 못할 경우에는 위 매매계약을 해제하기로 약정하는 한편, 잔금지급을 위한 융자를 받기 위하여 2001. 2. 9. 소유권이전등기를 선이행받았다. 이에 피고는 원고가 창업중소기업으로서 당해 사업을 영위하기 위하여 창업일로부터 2년 이내에 사업용재산으로 이 사건 부동산을 취득한 것으로 보아 2001. 2. 13. 구 조세특례제한법(이하 '조특법'이라 한다) 제119조 제3항 제1호, 제120조 제3항에 의하여 취득세와 등록세를 면

제하였다. 그러나 원고는 2001. 2. 20. 일본거래처로부터 부동산이 식품제조 공장으로 부적합하다는 이유로 매입승인을 얻지 못하게 되자, 당초 유보된 해제권에 기하여 같은 해 3. 8. 잔금지급이 이루어지지 않은 상태에서 위 매매계약을 해제하고 같은 달 10. 위 소유권이전등기를 말소하였으나, 피고는 "원고가 이 사건 부동산의 취득일로부터 2년 이내에 이 사건 부동산을 정당한 사유없이 당해 사업에 직접 사용하지 아니하였다."는 이유로 취득세와 등록세를 추징한 사건이다.

---

* 윤현석(원광대학교 법학전문대학원 교수, 법학박사).

▪ 판결요지 ▪

구 지방세법 시행령(2010. 9. 20. 대통령령 제22395호로 전부개정되기 이전의 것) 제73조 제1항 제2호 단서[1])는 그 규정 취지가 계약상 잔금지급일(계약상 잔금지급일이 명시되지 아니한 경우에는 계약일로부터 30일이 경과되는 날)에 실제로 잔금이 지급되지 않은 상태에서 계약이 해제되어 사실상 취득하였다고 보기 어려운 경우까지 계약상 잔금지급일에 취득한 것으로 보아 취득세를 과세하게 되는 불합리한 점을 보완하기 위한 것인 점에 비추어, 같은 시행령 제73조 제1항 제1호[현행 제20조 제2항 제1호]에 의한 사실상의 잔금지급이 이루어지거나 같은 조 제3항[현행 제20조 제12항]에 의한 등기를 마침으로써 취득이 이루어진 경우에는 그 적용이 없다.

한편 창업 중소기업이 공장 부지로 사용하기 위하여 부동산 매매계약을 체결하면서 외국 거래처로부터 공장매입 승인을 얻지 못할 경우에 매매계약을 해제하기로 약정하는 한편, 잔금지급을 위한 융자를 받기 위하여 소유권이전등기를 선이행 받았으나, 그 후 외국 거래처로부터 매입 부동산이 공장 부지로 부적합하다는 이유로 매입승인을 얻지 못하게 되자, 당초 유보된 해제권에 기하여 잔금지급이 이루어지지 않은 상태에서 매매계약을 해제하고 소유권이전등기를 말소한 사안에서,

위 매매계약의 해제 경위 등에 비추어, 부동산을 매수한 창업 중소기업이 그 부동산을 당해 사업에 직접 사용하지 못한 데에 정당한 사유가 있다.

▸ 해 설 ◂

1. 쟁점

본 사안은 부동산 매매계약을 체결하고 잔금을 지급하지 않고 소유권이전등기의 선이행을 하였지만, 잔금지급이 이루어지지 않아 매매계약을 해제한 경우 취득세와 등록세에 대한 부과처분이 타당한지와 이때 조세특례제한법상 면제된 취득세와 등록세를 추징할 수 있는 정당한 사유의 범위에 해당하는지를 묻는 것이다.

계약이 유효하게 성립되고 그에 따라 잔금을 지급하는 등 취득이 성립되면 취득세 납세의무가 발생되는 것이고, 만일 잔금을 지급하지 아니하는 경우에는 취득세납세의무가 발생되지 아니하므로 취득세와는 관계가 없을 것이다. 다만 본 사안은 잔금을 지급하지 아니하더라도 소유권이전등기의 선이행을 그 취득 시기로 보아 취득세와 등록세를 부과처분할 수 있는지와 소유권이전등기가 선이행되었더라도 잔금지급이 이루어지지 않아 그 계약을

---

1) 현행 지방세법시행령 제20조 제2항 제2호.

해제한 경우 그 계약해제와 상관없이 취득세와 등록세의 부과처분을 할 수 있는지를 검토하고자 한다.

2. 학설 및 판례의 태도

(1) 학설의 대립

먼저 취득세는 재화의 이전이라는 사실 자체를 포착하여 거기에 담세력을 인정하고 부과하는 유통세의 일종으로서 취득자가 재화를 사용·수익·처분함으로써 얻어질 이익을 포착하여 부과하는 것이 아니다. 따라서 취득세에서의 취득은 실질적으로 완전한 내용의 소유권을 취득하는가의 여부에 관계없이 소유권이전의 형식에 의한 부동산 취득의 경우를 포함한다고 보는 소유권취득설과 단지 법률적·형식적 관점에서 뿐만 아니라 경제적·실질적 관점에 있어서도 소유권의 모든 권능의 이전을 동반하는 완전한 소유권의 취득을 말한다고 보는 실질적 가치취득설이 나뉘어져 있다.[2]

(2) 판례의 태도

판례는 부동산의 취득자가 실질적으로 완전한 내용의 소유권을 취득하는가의 여부에 관계없이 소유권 이전의 형식에 의한 부동산 취득의 모든 경우를 포함한다고 판시함으로써[3] 소유권취득설의 입장을 명확하게 하고 있다. 이에 따라 법률적·형식적 취득만 있을 뿐 새로운 완전한 소유권의 취득이라고 볼 수 없는 명의신탁에 의한 취득이나 명의신탁의 해지로 인한 취득 등도 모두 취득세 부과대상인 취득에 해당하는 것으로 보고 있다.[4]

3. 이 사안의 검토

(1) 문제의 소재

계약이 합의해제된 경우에도 취득으로 볼 수 있는지 여부가 문제된다. 취득세는 재화의 이전이라는 사실자체를 포착하여 담세력을 인정하고 부과하는 것이므로 납세의무가 일단 성립된 후에는 합의해제로 소멸되지 않는다. 그러므로 납세의무의 성립이전 단계에서 이를 합의해제 하여야 조세채권, 즉 취득세가 소멸한다.

본 사안의 경우 원고가 부동산의 잔금지급일 이전에 등기를 경료함으로써 이를 적법

---

2) 임승순, 『조세법』(박영사), 2014, 1023면.
3) 대법원 2007. 4. 12. 선고 2005두9491 판결; 동 2002. 6. 28. 선고 2000두7896 판결; 동 1995. 1. 24. 선고 94누10627 판결; 동 1984. 11. 27. 선고 84누52 판결; 동 1988. 4. 25. 선고 88누919 판결 등 참조.
4) 조일영, "잔금지급 전에 이전등기를 선이행 받았다가 등기후 30일 이내에 계약이 해제되어 등기가 말소된 경우, 지방세법시행령 제73조 제1항 제2호 단서의 규정이 적용되는지 여부 및 구 조특법 제119조 제3항 단서 및 제120조 제3항 단서 소정의 추징사유인 "취득일 또는 등기일부터 2년 이내에 당해 재산을 정당한 사유 없이 당해 사업에 직접 사용하지 아니하는 경우"에 해당하는지 여부", 『대법원판례해설』, 제61호(2006), 699면.

하게 취득하였다고 할 것이고, 이후 유보된 해제권의 행사에 의하여 위 매매계약을 해제하고 소유권이전등기를 말소하였다 하더라도 이미 성립한 조세채권의 행사에는 영향이 없는 것이다.[5] 다만 본 사안은 원고가 부동산 취득 후 30일 이내에 계약이 해제된 사실이 인증서에 의하여 입증되므로 구 지방세법시행령(2010. 9. 20. 대통령령 제22395호로 전부개정되기 이전의 것) 제73조제1항제2호 단서[6] 규정을 적용할 수 있는지 여부를 따져봐야 한다.

(2) 관련 규정의 내용

관련규정을 살펴보면, 구 지방세법시행령 제73조제1항에서는 구 지방세법(2010. 3. 31. 법률 제10221호로 전부개정되기 이전의 것) 제111조제5항[7]에 해당하는 유상승계취득의 경우에는 그 사실상의 잔금지급일이고(동항 1호), 구 지방세법 제111조제5항에 해당하지 아니하는 유상승계취득의 경우에는 그 계약상의 잔금지급일(계약상 잔금지급일이 명시되지 아니한 경우에는 계약일부터 30일이 경과되는 날)로 보고 있다. 그리고 취득일 전에 등기를 한 경우에는 그 등기일에 취득한 것으로 본다(구 지방세법시행령 73조 3항). 따라서 등기·등록을 하게 되면 비록 취득 후 30일 이내에 취득사실을 해제하였다고 하더라도 취득으로 간주하게 되는 것이고 무상승계취득의 경우에는 명확히 등기·등록을 하는 경우에는 비록 증여계약

---

5) 상게논문, 703면.
6) 현행 지방세법시행령 제20조(취득의 시기 등) ① 무상승계취득의 경우에는 그 계약일(상속 또는 유증으로 인한 취득의 경우에는 상속 또는 유증 개시일을 말한다)에 취득한 것으로 본다. 다만, 해당 취득물건을 등기·등록하지 아니하고 취득일부터 60일 이내에 계약이 해제된 사실이 화해조서·인낙조서·공정증시 등으로 입증되는 경우에는 취득한 것으로 보지 아니한다.
② 유상승계취득의 경우에는 다음 각 호에서 정하는 날에 취득한 것으로 본다.
1. 법 제10조 제5항 제1호부터 제4호까지의 규정 중 어느 하나에 해당하는 유상승계취득의 경우에는 그 사실상의 잔금지급일
2. 제1호에 해당하지 아니하는 유상승계취득의 경우에는 그 계약상의 잔금지급일(계약상 잔금지급일이 명시되지 아니한 경우에는 계약일부터 60일이 경과한 날을 말한다). 다만, 해당 취득물건을 등기·등록하지 아니하고 취득일부터 60일 이내에 계약이 해제된 사실이 화해조서·인낙조서·공정증서 등으로 입증되는 경우에는 취득한 것으로 보지 아니한다.
7) 현행 지방세법 제10조(과세표준) ⑤ 다음 각 호의 취득(증여·기부, 그 밖의 무상취득 및 「소득세법」 제101조제1항 또는 「법인세법」 제52조제1항에 따른 거래로 인한 취득은 제외한다)에 대하여는 제2항 단서 및 제3항 후단에도 불구하고 사실상의 취득가격 또는 연부금액을 과세표준으로 한다.
1. 국가, 지방자치단체 또는 지방자치단체조합으로부터의 취득
2. 외국으로부터의 수입에 의한 취득
3. 판결문·법인장부 중 대통령령으로 정하는 것에 따라 취득가격이 증명되는 취득
4. 공매방법에 의한 취득
5. 「공인중개사의 업무 및 부동산 거래신고에 관한 법률」 제27조에 따른 신고서를 제출하여 같은 법 제28조에 따라 검증이 이루어진 취득

등이 해제되었다고 하더라도 계약일에 취득한 것으로 보도록 규정하고 있는 것이다.[8]

그러나 종전에는 사인간의 계약에 있어 계약서를 작성하고 공인중개사 등에 의뢰하여 계약서검인을 받고 납부서를 교부받으면서 취득신고를 하였으나 계약당사자간에 등기부의 가등기말소의 미이행 등 부득이한 사유로 해약을 한 경우라도 계약상의 잔금지급일이 지나 취득이 되었다는 이유로 취득세를 납부해야 한다는 모순이 발생하였다. 이를 해소하기 위해 구 지방세법은 2001년부터 취득후 30일 이내로 하였으나 2011년 지방세법 분법이후에는 등기·등록하지 아니하고 취득일부터 60일 이내에 「민법」 제543조 내지 제546조의 규정에 의한 원인으로 계약이 해제된 사실이 화해조서·인낙조서·공정증서 등에 의하여 입증되는 경우에는 취득한 것으로 보지 아니하도록 정하고 있다(현행 지방세법시행령 20조 1항 2호 단서).

(3) 이 사안 원심 및 대법원의 판단

본 사안의 원심은 「구 지방세법시행령 제73조 제1항 제2호 단서의 규정은 계약상의 잔금지급일(계약상 잔금지급일이 명시되지 않은 경우에는 계약일로부터 30일이 경과된 날)에 잔금이 지급되지 않은 상태에서 계약이 해제된 경우까지 취득한 것으로 의제하여 취득세를 과세

하는 것은 더욱 불합리하고, 이 점을 보완하기 위한 규정으로서 지방세법시행령 제73조 제3항에 의한 등기를 마치거나 구 지방세법시행령 제73조 제1항 제1호의 사실상의 잔금지급을 마침으로써 법률상·사실상의 취득이 이루어진 때에는 그 적용이 없다고 보아야 할 것이다」라고 판시하여 이를 부정하였다.

또한 대법원도 「원고가 계약상 잔금지급일 이전에 부동산에 관한 소유권이전등기를 마침으로써 취득세 과세요건은 완성되었다 할 것이고, 비록 그 등기일로부터 30일 이내에 계약이 해제되고 그 사실이 인증서에 의하여 입증된다고 하더라도 구 지방세법시행령 제73조 제1항 제2호 단서의 규정이 적용되지 않는다」고 판단하였다.

4. 이 판결의 분석

본 사안에서는 구 지방세법시행령 제73조 제1항 제1호의 사실상 잔금지급이 이루어지거나 같은 조 제3항에 의한 등기를 마침으로써 취득이 이루어진 경우에는 취득 후 30일 이내에 계약해제된 사실을 입증하더라도 위 규정이 적용되지 않는다고 보는 것이 타당하다고 한다.[9]

부동산에 관한 매매, 증여계약이 성립하면 동계약이 무효이거나 취소되지 아니한 이

---

8) 전동흔, 『지방세실무해설』(영화조세통람), 2014, 908면.
9) 조일영, 전게논문, 707면.

상 그 자체로 취득세의 과세객체가 되는 사실상의 취득행위가 존재하게 되어 그에 대한 조세채권이 당연히 발생한다. 다만 본 사안과 같이 원고가 계약상 잔금지급일 이전에 부동산에 관한 소유권이전등기를 마쳤으나 잔금이 지급하지 않은 상태에서 합의해제하는 경우, 즉 법률상 취득이 이루어진 때에는 구 지방세법시행령 제73조 제1항 제2호 단서를 적용할 수 없다고 볼 수 있는지를 살펴볼 필요가 있다.

취득세는 재화의 이전이라는 사실 자체를 포착하여 거기에 담세력을 인정하고 부과하는 유통세의 일종으로서 등기·등록 여부와는 상관없이 과세물건의 취득이라는 과세요건사실이 존재함으로써 발생하기 때문에 사실상 취득의 개념에는 형식적 요건인 등기를 갖춘 경우도 포함된다고 보아야 할 것이다. 그리고 등기와 같은 소유권 취득의 형식적 요건을 갖추었으나 대금의 지급과 같은 소유권 취득의 실질적 요건을 갖추지 아니한 경우에도 사실상 취득에 해당한다고 보아 구 지방세법시행령 제73조 제3항의 간주규정을 두고 있는 듯하다. 따라서 이를 부정하기 위해서는 원인무효의 소 등을 통하여 이를 반증할 수 있다.

한편 본 사안에서는 부동산 매매계약의 해제 경위 등에 비추어, 부동산을 매수한 창업중소기업이 그 부동산을 당해 사업에 직접 사용하지 못한 데에 정당한 사유가 있다고 보아 취득세와 등록세의 부과처분을 취소하였으므

로 그 정당한 사유에 대하여 판단하고자 한다.

창업중소기업에 대하여 구 조세특례제한법(2002. 12. 11. 법률 제6762호로 개정되기 전의 것, 이하 같다) 제119조 제3항[현행 제119조 제2항 제2호]에서는 등기에 대하여 등록세를 면제하고, 제120조 제3항[현행 삭제]에서는 창업일로부터 4년 이내에 취득하는 사업용재산에 대하여는 취득세를 면제한다고 정하고 있다. 다만 등기일 또는 취득일부터 2년 이내에 당해 재산을 정당한 사유 없이 당해 사업에 직접 사용하지 아니하는 경우에는 면제받은 세액을 추징한다(구 조세특례제한법 119조 3항 단서, 120조 3항 단서).

따라서 구 조특법 제119조, 제120조에 의하면 면제받은 취득세 및 등록세를 추징받지 않기 위해서는 당해 사업에 직접사용하지 못한 것에 정당한 사유가 있어야 한다. 본 사안에서는 원고는 2001. 1. 16. 식품제조 공장으로 사용하기 위하여 소외 주식회사 ○○로부터 부동산을 매수하기로 하는 매매계약을 체결하면서 일본거래처로부터 공장매입 승인을 얻지 못할 경우에는 위 매매계약을 해제하기로 약정하는 한편, 잔금지급을 위한 융자를 받기 위하여 2001. 2. 9. 소유권이전등기를 선이행 받았으나, 같은 달 20. 일본거래처로부터 부동산이 식품제조 공장으로 부적합하다는 이유로 매입승인을 얻지 못하게 되자, 당초 유보된 해제권에 기하여 같은 해 3. 8. 잔금지급이 이루어지지 않은 상태에서 위 매매계약을 해

제하고 같은 달 10. 위 소유권이전등기를 말소하였다. 이하는 위와 같은 사실이 원고가 부동산을 당해 사업에 직접 사용하지 못한 데에는 정당한 사유가 있는지에 대한 판단이다.

정당한 사유는 추상적이고 주관적이기 때문에 이를 구체적으로 일일이 열거하는 것은 불가능하다. 대체로 판례에서는 「'정당한 사유'라 함은 법령에 의한 금지, 제한 등 그 법인이 마음대로 할 수 없는 외부적인 사유를 뜻하는 것이 원칙이고, 그 법인의 내부적인 사유의 경우에는 건축공사를 진행하기 위한 정상적인 노력과 추진을 다하고도 시간적인 여유가 없어 그 법인의 과실 없이 그 기간을 넘긴 경우에 한한다」고 해석하고 있다.[10]

따라서 본 사안은 이미 외부적인 요소인 공장매입 승인을 조건으로 해제계약이 체결되어 있고, 그 외부적 요소인 매입승인으로 인하여 부동산을 당해 사업에 직접 사용하지 아니한 경우, 즉 정당한 사유에 해당한다고 보는 것이 타당하다고 본다.

참고문헌

권강웅, 『지방세법 해설』, 광교이택스, 2014.

임승순, 『조세법』, 박영사, 2014.

전동흔, 『지방세 실무해설』, 영화조세통람, 2014.

조일영, "잔금지급 전에 이전등기를 선이행 받았다가 등기후 30일 이내에 계약이 해제되어 등기가 말소된 경우, 지방세법시행령 제73조 제1항 제2호 단서의 규정이 적용되는지 여부 및 구 조세특례제한법 제119조 제3항 단서 및 제120조 제3항 단서 소정의 추징사유인 '취득일 또는 등기일부터 2년 이내에 당해 재산을 정당한 사유 없이 당해 사업에 직접 사용하지 아니하는 경우'에 해당하는지 여부", 『대법원 판례해설』, 제61호(2006).

---

10) 대법원 1992. 6. 23. 선고 92누1773 판결; 1995. 11. 10. 선고 95누7482 판결; 1999. 10. 8. 선고 98두15139 판결; 2000. 10. 24. 선고 99두10582 판결; 2001. 9. 28 선고 2001두4351 판결.

지방세법 시행일부터 소급적용하는 조례 부칙조항의 효력

사건의 표시 : 대법원 2011. 9. 2. 선고 2008두17363 전원합의체 판결

▪ 사실개요 ▪

원고는 월성 원자력발전소(경북 경주시 소재), 울진 원자력발전소(경북 울진군 소재), 영광 원자력발전소(전남 영광군 소재)를 이용하여 원자력발전사업을 영위하고 있는 회사이다. 발전소가 소재한 지방자치단체장들인 피고들(경주시장, 울진군수, 영광군수)은 원자력발전에 대한 지역개발세를 신설한 지방세법이 2006년 1월 1일부터 시행되자 2006년 2월과 3월에 각각 지방세법과 해당 지방자치단체의 도조례를 근거로 원고에 2006년 1월 1일부터의 원자력 발전량에 대한 지역개발세를 신고·납부할 것을 통보하였다. 도조례는 각각 2006년 3월

과 4월에 공포·시행되었다.

이에 원고는 소급과세금지원칙에 위반함을 이유로 2006년 1월 1일부터 도조례 시행일 전날까지의 원자력발전에 대한 지역개발세 부과처분의 취소를 구하는 행정소송을 제기하였고, 제1심과 원심 모두 이러한 처분을 위법하다고 판단하였다(2006구합2307, 2007누1805).

▪ 판결요지 ▪

[1] 조세법률주의를 규정한 헌법 제38조, 제59조의 취지에 의하면 국민에게 새로운 납

---

* 박　훈(서울시립대 세무학과 부교수, 법학박사).
* 마정화(한국지방세연구원 부연구위원, 법학박사).

세의무나 종전보다 가중된 납세의무를 부과하는 규정은 그 시행 이후에 부과요건이 충족되는 경우만을 적용대상으로 삼을 수 있음이 원칙이므로, 법률에서 특별히 예외규정을 두지 아니하였음에도 하위 법령인 조례에서 새로운 납세의무를 부과하는 요건에 관한 규정을 신설하면서 그 시행시기 이전에 이미 종결한 과세요건사실에 소급하여 이를 적용하도록 하는 것은 허용될 수 없다.

[2] 2005. 12. 31. 법률 제7843호로 개정되어 2006. 1. 1.부터 시행된 구 지방세법 제253조는 '대통령령이 정하는 원자력발전'을 지역개발세의 과세대상으로 추가하였는데, 구 지방세법 제258조 제1항에는 "지역개발세를 부과할 지역과 부과징수에 관하여 필요한 사항은 도조례가 정하는 바에 의한다."고 규정되어 있었으므로, 원자력발전에 대한 지역개발세는 부과요건의 하나인 부과지역에 관한 조례가 정해져야만 비로소 부과지역이 대외적으로 확정되어 이를 부과할 수 있다.

▶ 해 설 ◀

1. 쟁점

2006년 1월 1일부터 시행된 구 지방세법 (2005. 12. 31. 법률 제7843호로 개정된 것, 이하

'구 지방세법'이라 한다)은 원자력발전에 대한 지역개발세를 신설하면서 "지역개발세를 부과할 지역과 부과징수에 관하여 필요한 사항은 도조례가 정하는 바에 의한다."고 규정하였다. 이에 2006년 3월과 4월에 각각 전남도세조례와 경북도세조례가 공포·시행되었는데, 경북도세조례 제2921호 부칙 제4조 제1항과 전남도세조례 제3057호의 부칙 제2조 제1항에는 "원자력발전에 대한 지역개발세의 과세(부과)는 개정 지방세법 시행 후 발전하는 분부터 적용한다."고 규정하였다.

이 사건 부과처분에서 원자력발전에 대한 지역개발세의 부과시기는 도세조례 부칙조항에 근거하여 구 지방세법 시행일인 2006년 1월 1일로 한 반면, 원고는 도세조례 부칙조항의 효력을 무효로 보아 해당 도세조례가 공포된 날을 부과시기로 주장하였다. 여기서 조례 부칙조항의 효력은 지방세법 규정만으로 원자력발전에 대한 지역개발세를 부과할 수 있는지 아니면 부과지역에 대한 조례가 있어야 지역개발세를 부과할 수 있는지에 따라 달라진다.

즉, 부과지역에 대한 조례의 확정이 필요하다고 해석하면 도조례가 공포된 날부터 지역개발세를 부과할 수 있게 되므로 조례 공포일 이전인 2006년 1월 1부터의 부과분은 과세불소급 원칙에 위배될 수 있다. 반면 부과지역에 대한 조례가 확정될 필요 없이 지방세법상 규정만으로 부과할 수 있다고 보면 지방세법 시행일인 2006년 1월 1일부터 부과하도록 한

부칙조항은 유효로 볼 수 있다. 또한 조례가 먼저 확정되어야 한다고 보더라도 부칙조항이 과세불소급 원칙의 예외에 해당하게 되면 부칙조항을 유효로 볼 여지가 있다. 따라서 이 사건은 지방세법과 조례의 관계 그리고 과세불소급 원칙의 예외에 대한 해석과 적용이 문제된다고 볼 수 있다.

이하에서는 조례의 법적 의의를 살펴보고, 과세불소급의 원칙과 법령 개정의 관계를 검토한다.

2. 조례의 법적 의의

(1) 조례의 개념과 법적 성질

조례는 자치입법권의 한 유형으로서 지방자치단체가 법령의 범위 안에서 그 권한에 속하는 사무에 관하여 지방의회의 의결로서 제정하는 법이다. 헌법 제117조 제1항에서 "지방자치단체는 … 법령의 범위 안에서 자치에 관한 규정을 제정할 수 있다."고 하고, 지방자치법 제22조는 "지방자치단체는 법령의 범위 안에서 그 사무에 관하여 조례를 제정할 수 있다. 다만, 주민의 권리 제한 또는 의무 부과에 관한 사항이나 벌칙을 정할 때에는 법률의 위임이 있어야 한다."고 하여 지방자치단체의 조례제정권을 보장하고 있다.

조례의 법적 성질과 관련하여 조례제정권이 국가권력에서 나오는 것이므로 조례도 위임입법의 일종으로 보는 조례위임입법설과 조례제정권을 국가의 위임을 요하지 않는 권리로 보거나 자치사무에 한해 법령에 위반되지 않는 한 법령의 개별적인 위임 없이 조례를 제정할 수 있다는 조례자주입법설이 소개되고 있다.[1] 이러한 논의는 조례 제정시 법률의 근거 내지 위임이 있어야 하는가에 대한 것이므로, 이미 지방세법 또는 지방세기본법상 위임 규정에 따라 조례가 제·개정되는 경우에는 조례를 지방세법이나 지방세기본법의 하위법령으로 볼 여지가 있다.[2] 다만 조례의 제정권자인 지방의회는 선거를 통해서 그 지역적인 민주적 정당성을 지니고 있는 주민의 대표기관이고 헌법이 지방자치단체에 대해 포괄적인 자치권을 보장하고 있는 취지로 볼 때 조례제정권에 대한 지나친 제약은 바람직하지 않다. 따라서 조례에 대한 지방세법상 위임은 법규명령에 대한 법률의 위임과 같이 반드시 구체적으로 범위를 정할 필요는 없으며 포괄적인 것으로 충분하다.[3]

(2) 지방세법과 지방세조례의 관계

조례는 '법령의 범위 안에서' 제정되어야 한다. 여기서 '법령'에는 지방자치단체나 그

---

1) 자세한 논의에 대해서는 홍정선, 『행정법원론(하)』(박영사), 2013, 150-151면 참조.
2) 이 사건의 판시이유에서도 '하위 법령인 조례' 또는 '조례의 제정은 상위 법령인 지방세법'이란 표현을 쓰고 있다.
3) 헌재 2008. 12. 26. 선고 2007헌마1387 결정.

장이 제정하는 법규범은 포함하지 않으므로, 국가법령의 효력은 조례보다 우선한다고 볼 수 있다.4) 그러나 지방세법이 직접 주민을 구속하는 효력을 가지고 지방세법을 근거로 지방세를 부과징수할 수 있는지 여부는 명문의 규정이 없어서 직접효력설과 간접효력설이 논의되고 있다.5)

이 사건에서 대법원은 구 지방세법에 "지역개발세를 부과할 지역과 부과징수에 관하여 필요한 사항은 도조례가 정하는 바에 의한다."고 규정되어 있었으므로, 원자력발전에 대한 지역개발세는 부과요건의 하나인 부과지역에 관한 조례가 정해져야만 비로소 부과지역이 대외적으로 확정되어 이를 부과할 수 있다고 판시하였다.6) 이 판례가 직접효력설과 간접효력설 중 어떠한 입장을 취했는지는 명확하지 않다.7) 부과지역에 관한 조례가 필요하다는 판단은 구 지방세법에서 지역개발세의 부과지역을 조례에 포괄적으로 위임함으로써 구 지

방세법만으로는 과세요건을 확정할 수 없다는 점에서 타당하다. 구 지방세법은 모든 원자력발전소를 납세의무자로 규정하고 있으나, 부과지역을 조례에 위임함으로써 특정 지역에서는 원자력발전에 대한 지역개발세를 부과하지 않도록 조례를 제정할 여지를 준 것으로 해석된다.8)

3. 과세불소급의 원칙과 법령 개정의 관계

(1) 과세불소급의 원칙의 의의

과세불소급의 원칙(또는 소급과세금지의 원칙)이란 조세법령의 제정 또는 개정이나 과세관청의 법령에 대한 해석 또는 처리지침 등의 변경이 있는 경우 그 효력발생 전에 종결한 과세요건사실에 대하여 당해 법령 등을 적용할 수 없다는 것이다. 즉, 조세법률주의를 규정한 헌법 제38조, 제59조의 취지에 의하면

---

4) 강수경, "지방자치단체의 조례제정권의 한계", 『법학연구』, 24(2006), 51면.
5) 자세한 논의에 대해서는 김완석, "지방세법과 지방세조례와의 관계에 관한 연구", 『세무학연구』, 제15호 (2000), 158－159면 참조.
6) 부과지역에 관한 시장·군수의 고시와 관련하여 대외적 확정이 문제된 사례도 있다(대법원 1979. 3. 27. 선고 79누24 판결). 대법원에서는 도시계획세를 부과함에 있어서 법률이 규정한 고시를 하지 아니하였으므로 이러한 고시 없는 부과처분은 그 하자가 중대하고 명백하여 무효라는 판단하였다. 고시가 있으면 세율과 부과 구역이 대외적으로 확정되는데 이러한 고시가 없었다는 것이다. "전항의 규정에 의하여 도시계획세를 부과할 지역(이하 "부과지역"이라 한다)은 조례로 정하는 바에 의하여 당해 서울특별시·부산시 또는 시·군의회의 의결을 얻어 서울특별시장·부산시장 또는 시장·군수가 이를 고시한다."(구 지방세법 [1974. 12. 27., 법률 제2743호] 제235조 제2항)는 규정과 관련된 사안이다.
7) 김석환, 지방세법과 조례의 효력 우선선위 및 소급과세의 예외적 허용에 관한 고찰 －대법원 2011. 9. 2. 선고 2008두17363 전원합의체 판결 평석－, 『조세법연구』, 18－3(2012. 12.), 494면.
8) 김석환, 상계논문, 490면; 법정외세 논의시 조례와 법률의 관계에 대해서는 원윤희·박훈, "국민 부담에 대한 헌법적 고찰", 『의정논총』, 제8권, 제1호(2013), 254면 참조.

국민에게 새로운 납세의무나 종전보다 가중된 납세의무를 부과하는 규정은 그 공포시행 이후에 그 가중요건이 충족되는 경우에 비로소 적용할 수 있다고 본다.9)

(2) 과세불소급의 원칙과 법령 개정의 관계

소급입법은 신법이 이미 종료된 사실관계에 작용하는지 아니면 과거에 시작되었으나 아직 완성되지 아니하고 현재 진행 중에 있는 사실관계에 작용하는지에 따라 이른바 '진정소급입법'과 '부진정소급입법'으로 구분된다. 전자는 헌법적으로 허용되지 않는 것이 원칙인 반면, 후자는 원칙적으로 허용되지만 소급효를 요구하는 공익상의 사유와 신뢰보호의 요청 사이의 교량과정에서 신뢰보호의 관점이 입법자의 형성권에 제한을 가하게 된다.10)

대법원 판례도 새로운 납세의무나 종전보다 가중된 납세의무를 규정하는 세법조항의 소급적용은 과세요건을 실현하는 행위 당시의 납세의무자의 신뢰가 합리적 근거를 결여하여 이를 보호할 가치가 없는 경우, 그보다 중한 조세공평의 원칙을 실현하기 위하여 불가피한 경우 또는 공공복리를 위하여 절실한 필요가 있는 경우에 한하여 법률로서 그 예외를 설정할 수 있고, 조세의무를 감경하는 세법조항에 대하여는 조세공평의 원칙에 어긋나지 않는 한 소급효가 허용됨이 명백하다고 보고 있다.11)

이 사건에서 대법원은 원심이 부칙규정들에 의하여 소급과세를 하더라도 원고는 구 지방세법이 개정·공포됨으로써 그 후 원자력발전분에 대하여 지역개발세를 납부하여야 함을 알고 있었으므로 원고의 기득권 등을 침해할 여지가 없고 조례의 제정은 상위법령인 지방세법의 시행보다 늦을 수밖에 없어 지방자치단체가 소급입법을 통하여 재정자립을 위한 세수를 확보할 공익상의 필요가 있으므로 예외적으로 허용되어야 한다는 피고들의 주장을 배척한 것은 정당하다고 판시하였다.

특히, 원심은 지방세법이 국회를 통과하여 공포가 되었다고 하더라도 지방세법이 정하는 바에 따라 지방자치단체가 그 지방세의 세목·과세대상·과세표준·세율·부과징수 방법 등을 조례에 규정하여 이를 시행함으로써 비로소 지방세에 대한 과세권을 행사할 수 있게 되는 것이므로, 지방세법의 개정, 공포만으로 원고에게 2006. 1. 1. 이후 발전분에 대해 지역개발세를 납부해야 한다는 신뢰가 발생했거나 그러한 내용의 소급입법이 원고의 기득권을 침해하지 않는다고 볼 수 없고, 지방재정 확보의 중요성이라는 일반적 공익 사유만으로

9) 대법원 1993. 5. 11. 선고 92누14984 판결; 대법원 1994. 6. 28. 선고 92누18467 판결 등.
10) 헌재 2008. 9. 25. 선고 2007헌바74 결정; 헌재 2003. 4. 24. 선고 2002헌바9 결정; 헌재 2004. 7. 15. 2002헌바63 결정.
11) 대법원 1983. 4. 26. 선고 81누423 판결.

는 소급과세금지 원칙의 예외를 허용할 수 없다고 보았다.[12]

종전에 원자력발전에 대한 지역개발세를 과세하는 규정을 두지 않음으로써 형성된 신뢰이익은 지방세법과 조례의 개정으로 변경·소멸될 수 있지만, 부과지역을 정하지 않은 지방세법의 시행만으로 납세자의 신뢰이익이 소멸되었다고 볼 수는 없다. 결국 법적 안정성과 신뢰이익 보호 관점에서 납세자에게 유리한 소급입법은 가능하지만, 납세자에게 불리한 소급입법은 엄격하게 제한되어야 한다는 점에서 위 판결은 타당하다.

4. 이 판결의 의의

지방세법에 과세대상을 추가하면서 과세요건 중 일부를 조례로 위임하는 경우 지방세법상 시행일보다 늦게 조례에 과세요건이 규정되는 경우가 있다. 이때 지방세법 시행일과 조례의 시행일 사이에 과세공백을 없애기 위해 조례의 부칙에서 그 시행일을 지방세법 시행일에 맞추는 방식을 생각할 수 있으나, 이 판시에서 살펴본 바와 같이 그러한 방식은 위법하다. 지방세법 개정시 적시에 관련 조례가 개정될 수 있도록 하는 제도적 장치가 필요하다.

이 판결은 지방세법에 납세의무자, 과세표준과 세율 등 대부분의 과세요건을 규정하고 부과지역과 부과징수에 대한 사항만 조례에 위임한 경우에도 과세요건으로서 부과지역[13]에 대한 조례가 있어야만 지방세를 부과할 수 있음을 확인하고, 부과지역을 신설한 조례의 시행일 전에 이미 종결한 과세요건 사실에 해당 조례를 소급하여 적용하는 것은 위법임을 명시적으로 판시한 선례로서 의의가 크다.

---

12) 대구고등법원 2008. 8. 22. 선고 2007누1805 판결.
13) 과세관할권과 과세요건으로서 부과지역은 구분되는 개념이다. 부과대상지역을 조례에 명시함에 따라 해당 지역의 원자력발전소에 지역개발세를 부과할 수 있게 된 것은 과세요건인 부과지역이 확정된 결과인 반면, 본사인 한국수력원자력의 소재지가 아니라 해당 원자력발전소의 소재지를 관할하는 도가 지역개발세를 부과하는 것은 과세관할이 결정된 결과이다.

참고문헌

강수경, "지방자치단체의 조례제정권의 한계", 『법학연구』, 제24호(2006).

김석환, "지방세법과 조례의 효력 우선선위 및 소급과세의 예외적 허용에 관한 고찰 – 대법원 2011. 9. 2. 선고 2008두17363 전원합의체 판결 평석–", 『조세법연구』, 18–3(2012. 12.).

김완석, "지방세법과 지방세조례와의 관계에 관한 연구", 『세무학연구』, 제15호(2000).

원윤희, 박훈, "국민 부담에 대한 헌법적 고찰", 『의정논총』, 제8권, 제1호(2013).

홍정선, 『행정법원론(하)』, 박영사, 2013.

과세관할을 위반한 지방세부과처분의 효력

사건의 표시 : 헌법재판소 2006. 8. 31. 선고 2003헌라1 결정

▪ 사실개요 ▪

전라남도는 1982. 12.경부터 「산업입지 및 개발에 관한 법률」에 따라 청구인 광양시, 피청구인 순천시, 청구외 여수시의 3개시에 연접된 해역을 매립하여 지방공업단지를 조성하는 갑 산업단지사업을 계획하고 추진하였다. A주식회사는 전라남도로부터 매립이 완료된 위 산업단지 부지 446,283㎡를 분양받은 다음, 그 위에 냉간 압연제품을 제조할 목적으로 공장과 부대시설을 완공하여 가동 중에 있다. A주식회사의 토지와 공장 등 건물은 국토지리정보원이 발행한 국가기본도의 해역 경계상 청구인 광양시와 피청구인 순천시 두 지방자치단체의 관할구역경계에 위치해 있다.

순천시장은 위 회사의 건물이 완공되자 1999년부터 2002년까지 위 회사의 토지 및 건물 전체에 대하여 재산세, 종합토지세 등을 부과하였고, 2003. 7. 1.에는 도시계획세, 공동시설세[1]를 부과하였다. 한편, 광양시장도 2001년부터 청구인 광양시의 관할구역 안에 있는 위 회사의 토지 및 건물 부분에 대하여 지방세법상의 과세처분을 하였다. 이에 A주식회사는 광양시장과 순천시장의 각 과세처분에 대하여 그 수령권자를 알 수 없다는 이유로 광주지방법원 순천지원에 세액을 공탁하였다.

---

* 황남석(경희대학교 법학전문대학원 교수, 세무학박사).

1) 공동시설세는 도세이지만, 구 지방세법(2000. 12. 29. 법률 제6312호로 개정된 것) 제53조 제1항에 따라 순천시장이 이를 부과한 것으로 보인다.

청구인 광양시와 광양시장은 A주식회사가 전라남도로부터 분양받은 산업단지 중 청구인 광양시의 관할구역에 속하는 부분에 대하여 그 관할권한이 광양시에 있음과 피청구인이 2003. 7. 1. 위 회사에 부과한 도시계획세, 공동시설세 등의 부과처분이 청구인들의 지방자치권(자치재정권)을 침해한 것으로 무효임을 각 확인하여 달라는 취지로 이 사건 권한쟁의심판을 헌법재판소에 제기하였다.

청구인들은 이 사건 매립지가 청구인 광양시의 관할에 속한다고 주장하면서 지방자치단체가 지방자치권을 행사하려면 국가기본도에 의한 지방자치단체간의 경계에 따라 그 권한의 범위가 확정되어야 하고, 적법한 권한 행사도 그 확정된 구역 내에서만 가능하므로 피청구인 순천시장이 청구인 광양시의 관할구역에 있는 A주식회사의 토지 및 건물 부분에 관하여 지방세를 부과하는 것은 권한 없는 자의 과세처분으로서, 헌법 제117조 제1항, 지방자치법 제9조, 지방세법 제2조(현행 지방세기본법 제4조), 제10조(현행 지방세기본법 제12조)가 청구인 등에게 부여한 지방자치권, 특히 지방재정권을 침해하는 것으로 위법, 무효의 처분이라고 주장하였다.

이에 대하여 피청구인은 이 사건 매립지가 청구인 광양시의 관할에 속하지 않는다고 주장하면서 가사 이 사건 매립지 부분이 청구인 광양시에 귀속된다고 하더라도 청구인들에게 정당한 권한이 있다면 광양시장도 위 A주식회사에 지방세를 부과할 수 있음을 들어 피청구인 순천시장의 지방세부과처분이 청구인들의 지방자치권(자치재정권)을 침해하는 것은 아니라고 주장하였다.[2]

▪ 판결요지 ▪

【주문】

1. 청구인 광양시장의 각 심판청구 및 청구인 광양시의 피청구인 순천시장에 대한 심판청구를 각 각하한다.

2. 전라남도 광양시, 순천시 및 여수시 소재 갑 산업단지 매립지 중 A 주식회사가 전라남도로부터 분양받은 산업단지 446,283㎡와 위 산업단지 블럭 1－1 구역의 공장 연면적 231,192.92㎡, 사무실 등 연면적 10,171.85㎡ 중 제1별지 도면 표시 가, 나, 다, 라, 마, 바, 사, 아, 자의 각 점을 순차 연결한 선의 오른쪽(동쪽) 부분에 대한 관할권한은 청구인 광양시에게 있음을 확인한다.

3. 피청구인 순천시가 2003. 7. 1. 위 회사에 부과한 도시계획세, 공동시설세 등의 부과처분 중 위 제2항 기재 청구인 광양시의 관할권한에 속하는 목적물에 대한 부분은 무효

2) 이 결정에 관한 평석은 지성수, "광양시등과 순천시등간의 권한쟁의", 『헌법재판소결정해설집: 2006』(헌법재판소), 2007, 565면 이하.

임을 확인한다.

4. 청구인 광양시의 피청구인 순천시에 대한 나머지 심판청구를 기각한다.

【결정요지】

1. 권한쟁의 심판청구는 헌법과 법률에 의하여 권한을 부여받은 자가 그 권한의 침해를 다투는 헌법소송으로서 이러한 권한쟁의심판을 청구할 수 있는 자에 대하여는 헌법 제111조 제1항 제4호와 헌법재판소법 제62조 제1항 제3호가 정하고 있다. 위 규정들에 따르면 지방자치단체의 장은 원칙적으로 권한쟁의 심판청구의 당사자가 될 수 없다. 다만 지방자치단체의 장이 국가위임 사무에 대해 국가기관의 지위에서 처분을 행한 경우에는 권한쟁의 심판청구의 당사자가 될 수 있다. 그런데 이 사건 A주식회사에 대한 피청구인 순천시장의 과세처분은 지방자치단체의 권한에 속하는 사항에 대하여 지방자치단체사무의 집행기관으로서 한 과세처분에 불과하므로 피청구인 순천시장은 이 사건 지방세 과세 권한을 둘러싼 다툼에 있어 권한쟁의 심판청구의 당사자가 될 수 없고, 청구인 광양시장 또한 마찬가지이다. 따라서 청구인 광양시장의 피청구인들에 대한 심판청구와 청구인 광양시의 피청구인 순천시장에 대한 심판청구는 모두 당사자능력을 결한 청구로서 부적법하다.

2. 지방자치법 제4조 제1항에 규정된 지방자치단체의 구역은 주민·자치권과 함께 지방자치단체의 구성요소로서 자치권을 행사할 수 있는 장소적 범위를 말하며, 자치권이 미치는 관할 구역의 범위에는 육지는 물론 바다도 포함되므로, 공유수면에 대한 지방자치단체의 자치권한이 존재한다.

3. 현행 지방자치법 제4조 제1항은 지방자치단체의 관할구역 경계를 결정함에 있어서 '종전'에 의하도록 하고 있고, 지방자치법 제4조 제1항의 개정 연혁에 비추어 보면 위 '종전'이라는 기준은 최초로 제정된 법률조항까지 순차 거슬러 올라가게 되므로 1948. 8. 15. 당시 존재하던 관할구역의 경계가 원천적인 기준이 된다. 그런데 이 사건 기록을 살펴볼 때, 이 사건 매립지에서 '종전'에 해당하는 관할구역 경계에 대하여는 조선총독부 임시토지조사국 훈령인 일반도측량실시규정(1914년)에 의거하여 1918년에 제작된 지형도상의 해상경계선이 그 기준이 된다. 그리고 종래 특정한 지방자치단체의 관할구역에 속하던 공유수면이 매립되는 경우에도, 법률 또는 대통령령 등에 의한 경계변경이 없는 한, 그 매립지는 해당 지방자치단체의 관할구역에 편입된다.

4. 이 사건의 경우 1973년 대통령령인 「시·군·구·읍·면의 관할구역 변경에 관한 규정」에 따르면 1973. 7. 1.부터 이 사건 해역의 전남 광양군 골약면에 속하던 장도와 송도가 전남 여천군 율촌면으로 관할구역이 변경되었고 이후 법률 또는 대통령령의 개폐, 행정관습법의 성립 등에 의한 관할구역의 변경은

없었으므로, 1974년 발행 국가기본도상의 해상경계선이 이 사건 매립지에서 청구인 광양시와 피청구인 순천시 사이의 관할구역 경계를 나누는 최종적 기준이 된다. 이에 따라 판단하면, 이 사건 매립지 중 제1별지 도면 표시 가, 나, 다, 라, 마, 바, 사, 아, 자의 각 점을 순차 연결한 선(1974년 발행 국가기본도상의 해상경계선)의 오른쪽(동쪽) 부분은 청구인 광양시의 관할권한에 속하므로, 피청구인 순천시가 2003. 7. 1. A주식회사에 대하여 부과한 도시계획세, 공동시설세 등의 부과처분 중 위와 같은 청구인 광양시의 관할권한에 속하는 목적물에 대하여 이루어진 부분은 청구인 광양시의 지방자치권(자치재정권)을 침해하여 권한이 없는 자에 의하여 이루어진 과세처분으로서 그 효력이 없다.3)

▶ 해 설 ◀

1. 지방자치단체의 자치권이 미치는 관할구역의 범위

대상 결정은 공유수면을 매립하여 조성한 토지 및 지상 건물이 지방자치단체인 광양시와 순천시 중 어느 쪽의 관할 구역에 속하는지 여부가 쟁점이 되었던 권한쟁의심판이다(헌법 111조 1항, 헌법재판소법 62조 1항). 다수의견에 의하면 지방자치단체의 자치권이 미치는 관할 구역의 범위에는 육지와 바다가 모두 포함된다. 따라서 공유수면에는 지방자치단체의 자치권한이 존재하며 종래 특정한 지방자치단체의 관할구역에 속하였던 공유수면이 매립되는 경우에도 법률 또는 대통령령 등에 의한 경계변경이 없는 한, 그 매립지는 해당 지방자치단체의 관할구역에 편입된다.

한편, 구 「지방행정에 관한 임시조처법」 제5조, 대통령령인 「지방행정기관의 명칭·위치 및 관할구역에 관한 건」, 구 지방자치법(1949. 7. 4. 법률 제32호로 제정되고, 1960. 11. 1. 법률 제563호로 개정되기 전의 것) 제4조, 제145조, 부칙 제4조, 제1호, 구 지방자치법(1988. 4. 6. 법률 제4004호로 전문 개정되고, 1999. 8. 31. 법률 제6002호로 개정되기 전의 것) 제4조에 의하면 1948. 8. 15. 당시의 관할구역 경계가 지방자치단체의 구역을 정하는 기준이 되므로 대상 결정은, 1948. 8. 15. 당시와 가장 근접하면서도 1918년 지형도의 해상경계선

---

3) 소수의견은 다수의견과 달리 지방자치법 제4조 제1항은 육지에 대한 구역설정을 전제로 한 것으로 보고, 공유수면인 바다는 지방자치단체의 구역에 포함되지 않는다고 본다. 이 견해에 따르면 공유수면에는 지방자치단체의 자치권한이 미치지 않는다. 또한 소수의견은 설령 공유수면에 대하여 지방자치단체가 관할권한을 갖는다고 하더라도 공유수면을 매립하여 새로 생성된 토지에 대해서는 그 관할구역을 정하는 법령이 새롭게 제정되지 않는 한, 지방자치단체의 관할권한을 인정할 수 없다고 한다. 따라서 이 사건 광양시와 순천시 사이의 공유수면 매립지에 대하여는 그 관할구역 경계를 확정하기 위한 대통령령이 제정되지 않았으므로 청구인 광양시의 자치권한을 인정할 수 없다고 한다.

과 가장 유사하고 1973.경의 관할구역 변경이
반영된 1974년 발행 국가기본도상의 해상경계
선에 따라 청구인 광양시와 피청구인 순천시
사이의 관할 경계를 확인하였다.

2. 지방자치권(자치재정권)을 침해한 과세처분의 효력

다수의견은 위와 같은 결론에 따라 청구
인 광양시 주장의 이 사건 계쟁지역 일부를
광양시의 관할권한이 미치는 범위로 인정하고
피청구인 순천시가 2003. 7. 1. A주식회사에
대하여 부과한 도시계획세, 공동시설세 등의
부과처분 중 청구인 광양시의 관할권한에 속
하는 목적물에 대하여 이루어진 부분은 청구
인 광양시의 지방자치권에 속하는 자치재정권
을 침해하여 권한이 없는 자에 의하여 이루어
진 과세처분이므로 무효임을 확인하였다.[4] 자
치재정권은 조세고권이라고도 하는데, 지방자
치제의 헌법적 보장의 보호영역에 속한다.[5]

우선 행정쟁송이 아닌 권한쟁의심판에서
과세처분의 무효를 확인할 수 있는지 여부에
대하여 의문이 있을 수 있으나, 헌법재판소법
제66조 제2항은 "헌법재판소는 권한침해의 원
인이 된 피청구기관의 처분을 취소하거나 그

무효를 확인할 수 있고 …"라고 규정하고 있
으며 권한쟁의심판은 보충성을 요건을 하지
않으므로(헌법재판소법 68조 1항 참조) 문제가
되지 않는다.

대상 결정은 피청구인의 과세처분 중 일
부가 청구인의 지방자치권을 침해하였음을 이
유로 그 과세처분이 '무효'임을 확인하였다.
그렇다면 어떠한 이유에서 취소가 아니라 무
효인가? 일반적으로 행정쟁송에서 무효와 취
소를 구별하는 기준으로서는 중대·명백설이
학설과 판례상 통설적 지위에 있다. 특히 중
대·명백설 중에서도 외형상(객관적) 명백설의
입장을 취하고 있다.[6] 다만 대법원은 신고납
부행위의 당연무효 여부를 판단한 사안에서
이 경우에는 제3자 보호가 특별히 문제되지
않으므로 그 신고납부 행위를 당연무효로 보
아야 할 '특별한 사정'이 있는 때에는 예외적
으로 명백성의 요건을 요구하지 않을 수도 있
다는 입장을 취하고 있다.[7]

대상 결정과 같이 과세 관할이 없는 자가
과세한 경우와 관련하여 대법원은 그 하자가
객관적으로 명백하여 당연무효로 볼 수 없다
는 이유로 취소사유에 해당한다고 보는 것이
일반적이다.[8] 그렇다면 대상 결정은 어떠한
이유에서 이를 무효로 보았는가? 헌법재판소

---

4) 권한쟁의심판에서 심판의 대상은 피청구기관의 처분으로서 각종 행정행위도 처분에 해당하므로 피청구인
   순천시의 이 사건 과세처분은 권한쟁의심판의 대상이 된다. 정종섭, 『헌법소송법』(박영사), 2012, 536면.
5) 홍정선, 『신 지방자치법』(박영사), 2009, 527-528면.
6) 대법원 1998. 6. 26. 선고 96누12634 판결; 대법원 1995. 7. 11. 선고 94누4615 판결 등 다수; 소순무,
   『조세소송』(박영사), 2010, 201면 이하.
7) 대법원 2009. 2. 12. 선고 2008두11716 판결.

는 권한쟁의심판에서 무효와 취소를 가르는 기준으로 대법원 판례와 마찬가지로 중대 · 명백설을 취한 바 있다(헌법재판소 1999. 7. 22.자 98헌라4 결정). 대상 결정의 경우 지방자치단체의 조세고권이 침해되었으므로 그 하자는 중대한 것이라고 볼 수 있을 것이다. 그러나 그 하자가 외관상 명백한 것인지는 의문이 있다. 과세 관할의 존부에 대하여 다툼이 있었고 그 다툼은 대상 결정에서 비로소 결말이 났기 때문이다. 대상 결정은 구체적으로 그 이유를 적시하고 있지 않지만 앞서 본 대법원 2009. 2. 12. 선고, 2008두11716 판결에서와 같은 이유에서, 즉 제3자 보호의 필요성이 없기 때문에 명백성을 굳이 고려하지 않은 것으로 이해할 수 있을 것이다. 또한 권한쟁의심판의 경우 행정심판전치주의와 사정판결이 인정되지 않으므로 무효와 취소를 구별할 실익이 크지 않은 점도 이유가 될 수 있다.9)

3. 이 결정의 의의

조세법의 관점에서는 지방자치단체가 과세관할에 위반하여 지방세 부과처분을 한 경우 그 과세관할의 위반은 권한쟁의심판상 취소사유가 아니라 무효사유에 해당함을 밝혔다

는 점에서 의미가 있다. 다만, 대상 결정은 권한쟁의심판에 관한 것이므로 그와 같은 결론이 행정쟁송에도 적용될 수 있을 것인지 여부는 분명하지 않다. 특히, 2010년 지방세기본법의 제정 이후 납세자에 대한 구제수단이 강화되었다는 점을 고려한다면 소극적으로 해석하지 않을 수 없다.

아울러, 현행 지방세기본법 제12조 제1항에 따르면 지방자치단체의 장은 과세권의 귀속과 관련하여 다른 지방자치단체의 장과 의견을 달리 할 경우 하나의 도내에 관한 것은 도지사, 둘 이상의 도에 걸쳐 있는 것은 안전행정부 장관에게 그 결정을 청구하여야 한다. 그리고 도지사의 결정에 불복할 경우에는 안전행정부 장관에게 심사를 청구할 수 있다(같은 조 3항). 그러나 지방세기본법상으로는 안전행정부 장관의 결정에 대하여 더 이상 불복할 수 없으므로10) 대상 결정과 같이 권한쟁의심판을 거쳐야 할 것이다.

---

8) 대법원 2003. 1. 10. 선고 2002다61897 판결; 대법원 2001. 6. 1. 선고 99다1260 판결; 대법원 1999. 11. 26. 선고 98두17968 판결 등.
9) 이와 관련하여 청구인의 신청이 이유 있는 경우에는 원칙적으로 취소결정을 하여야 한다는 견해도 제기되고 있다. 정종섭, 전게서, 551-552면.
10) 권강웅/권단, 『지방세법해설』(광교이택스), 2013, 116면.

참고문헌

권강웅, 권단, 『지방세법 해설』, 광교이택스, 2013.

소순무, 『조세소송』, 박영사, 2010.

정종섭, 『헌법소송법』, 박영사, 2012.

지성수, "광양시등과 순천시등간의 권한쟁의", 『헌법재판소결정해설집: 2006』, 헌법재판소, 2007.

홍정선, 『신 지방자치법』, 박영사, 2009.

국제조세법

국제거래에 대한 과세상 가장행위 판정

사건의 표시 : 대법원 2009. 3. 12. 선고 2006두7904 판결

▪ 사실개요 ▪

원고는 1997. 6월경 말레이시아 라부안에 자본금 1센트인 PCGL이라는 역외회사를 설립하였다. PCGL은 시설이나 직원이 없고 일반적인 영업 활동을 수행한 적도 없다. PCGL은 1997. 7. 15. 변동금리부 채권증서(이하 '이 사건 채권증서'라 한다)를 발행하여 홍콩 소재 체이스맨하탄으로 하여금 소지하게 하고, 체이스맨하탄으로부터 5,000만 US달러를 빌린 후(이 계약을 이하 '이 사건 차입계약'이라 한다), 같은 날 5,000만 달러로 원고 발행의 외국인전용수익증권 500만좌(이하 '이 사건 수익증권'이라 한다)를 취득하였다. 한편 PCGL은 5,000만 달러를 차입하기 직전 국내 신한은행과 스왑거래계약을 체결하였다. 스왑거래계약

의 주요 내용은 ① 1997. 7. 15. PCGL은 신한은행에게 미화 5,000만 달러를, 신한은행은 PCGL에게 원화 445억 원을 지급한다, ② 2000. 7. 17. PCGL은 신한은행에게 62,268,248,973원 (원금 445억 원+고정이자 17,768,248,973원)을, 신한은행은 이 사건 채권증서 소지인에게 1998. 1. 15.부터 2000. 7. 17.까지 매 6개월마다 변동이자율의 이자와 원금 미화 5,000만 달러를 지급한다"는 것이었다.

PCGL은 이후 이 사건 수익증권을 전부 출자하는 방법으로 아일랜드에 KEB펀드를 설립하고, 이에 따라 원고는 이 사건 수익증권의 수익자 명의를 PCGL에서 KEB 펀드로 변경하였다.

---

* 신호영(고려대학교 법학전문대학원 교수).

신한은행은 1998. 1. 15.부터 2000. 7. 17. 사이에 6회에 걸쳐 이 사건 채권증서상의 이자금액(이하 '이 사건 이자'라 한다)을 체이스맨하탄에게 송금하였다.

이후 KEB펀드는 2000. 7. 12. 원고에 대하여 이 사건 수익증권 발행계약의 해지를 요청하였고, 원고는 같은 날 그 해지에 따른 신탁해지 분배금으로 62,268,248,973원을 신한은행에게 송금하였다. 신한은행은 같은 날 위 송금액을 환전한 금액인 55,885,527달러를 KEB펀드에 지급하였고, KEB펀드는 그 다음 날인 2000. 7. 13. PCGL에게 55,815,527달러를 청산분배금으로 지급하였으며, PCGL은 2000. 7. 14. 신한은행에게 원금 및 3년간 약정이자 합계액 62,268,248,973원을 일시에 지급하였다. 이후 신한은행은 체이스맨하탄에게 5,000만 달러를 상환하였다.

피고는 원고가 말레이시아에 설립한 역외펀드회사인 PCGL의 실체를 부인하여, PCGL 명의로 이루어진 모든 거래행위는 원고의 행위로 보고, 신한은행이 PCGL 명의로 체이스맨하탄에게 송금한 이 사건 이자에 대하여도 원고에게 원천징수의무가 있는 것으로 보아, 2003. 7. 2. 원고에 대하여 1998년 7월부터 2000년 7월 사이의 이자 지급분에 관하여 법인세를 징수하는 처분(이하 '이 사건 처분'이라 한다)을 하였다.

원심은 체이스맨하탄·PCGL·원고와의 이 사건 거래가 가장행위에 불과하고 은닉된 진실한 행위는 체이스맨하탄과 원고 사이의 차입금 계약이라고 하고, 원고가 이 사건 이자에 대한 법인세 원천징수의무를 부담한다고 판시하였다.

원고는 ① 이 사건 거래를 가장행위라고 할 수 없으며, 가장행위가 아닌 것을 실질과세원칙에 의하여 달리 구성할 수 없으므로 PCGL의 행위를 원고의 행위로 보고 이 사건 이자소득의 원천을 국내라고 판단한 원심 판결에는 실질과세원칙에 관한 법리 오해의 위법이 있다고 상고이유로서 주장하였다. 그리고 ② 설령 이 사건 이자소득의 원천이 국내에 존재한다 할지라도 구 조세감면규제법 및 조세특례제한법상 내국법인 발행채권 등의 이자에 관한 면세 규정이 적용되어 과세할 수 없으며, ③ 구 조세감면규제법 규정 등에 의하여 면세되지 않는다 할지라도 법인세 원천징수의무자는 신한은행이지 원고가 아니라고 주장하면서 상고하였다.

▪ 판결요지 ▪

조세피난처에 설립된 서류상회사와 외국법인 사이의 금전차입계약은 가장행위이고, 역외펀드회사의 실질적인 운용·관리주체가 주채무자이다.

▶ 해 설 ◀

1. 쟁점

이 사건 판결은 여러 쟁점에 대해서 판시하였다. 그 중 소득세 및 법인세의 원천징수의무를 지는 '소득금액을 지급하는 자'의 의미(상고이유 주장 ③ 관련)에 대한 선례로서 의의가 크다. 이 부분에 대해서는 이미 해설되었다.[1] 또한 이 사건 판결은 구 조세감면규제법 등에서 정하는 '내국법인이 발행한 외화표시채권'의 의미(상고이유 주장 ② 관련)에 대해서도 판시하였다. 이 사건 판결이 이 과정에서 보인 태도는 종래의 조세특례규정에 대한 엄격한 해석 태도[2]를 견지한 것으로 특별히 논할 필요는 적다.

이 글은 판시사항 중 국제거래에 대한 과세와 가장행위 판정 관련 부분(상고이유 주장 ① 관련)에 대해서만 살핀다. 대법원은 PCGL과 체이스맨하탄 사이의 금전차입계약은 가장행위에 해당하고, 실질적으로는 원고가 PCGL을 통하여 체이스맨하탄으로부터 위 금원을 차입한 주채무자라고 한 원심 판단을 수긍하고, 실질과세원칙에 관한 법리오해의 위법이 없다고 한다. 이와 같이 실질과세원칙에 관한 법리오해 상고이유 주장에 대

해서 가장행위와 실질을 대비하는 방법으로 판단하는 것은 다수의 대법원 판결에서 살필 수 있다.

이하 이 사건 사안 발생 당시 실질과세원칙에 대한 논의 일반을 살핀다. 다음 가장행위 여부의 판정이 크게 다투어지던 사안을 정리하여, 판례에서 가장행위와 실질과의 관계 및 가장행위라고 볼 수 있는 요소를 추출한다. 나아가 이 사건 거래를 가장행위라고 할 수 있는지에 대해서 검토한다. 끝으로 이 사건 판결의 의미를 간략히 정리하고, 향후 실질과세원칙의 적용 모습을 전망해본다.

2. 실질과세원칙 및 가장행위

(1) 2007년 국세기본법 개정 전, '실질'의 의미에 대한 학설

2007년 개정 국세기본법(2007. 12. 31. 법률8830호로 개정된 것, 이하 '기본법'이라 한다) 제14조(실질과세원칙)는 제3항에 단계 거래 또는 우회거래의 취급에 대한 특별한 규정을 신설하였다. 개정 전 제14조는 실질과세원칙의 제명 아래 귀속 및 거래내용에 관한 실질만을 규정하였다. 개정 전에는 실질과세원칙의 구체적 의미 등에 대해서 견해가 나뉘었다. 대립은 주로 실질의 의미에 대해서 이루어졌고, 법

---

1) 조성권, "법인세법상 외국법인의 국내원천 이자소득에 대한 원천징수의무를 부담하는 소득금액을 지급하는 자의 의미", 『BFL』, 제37호(2009. 9.), 63-82면.
2) 대법원 1994. 2. 22. 선고 92누18603 판결 등.

적 실질이라는 견해3)와 경제적 실질이라는 견해4)로 크게 나뉘었다.5)

(2) 실질과세원칙 적용 관련 종래 판례의 특성

판례는 실질과세원칙의 구체적 내용 및 실질의 의미에 관해서 명확한 태도를 보이지 않았다. 일반적 반조세회피규정으로서 기본법 제14조를 부인한다는 점6)에서 법적 실질설의 입장에 가깝다고 할 수 있으나, '거래의 법적 형식이나 명의, 외관 등이 경제적 실질과 다를 경우에는 후자를 기준으로 판단하여야 하므로'라고 한 판시7)에서 살필 수 있는 바와 같이 실질에 관한 견해의 대립을 심각하게 고려한 것인지에 대해서 의문을 갖게 하는 판결도 다수 존재한다.

다만, 판례의 특성으로 가장행위를 실질과 대척점에 있는 것으로 설시하고 있다는 점을 들 수 있다.8) 판례에 의하면 실질과세원칙의 내용은 어떤 거래가 가장행위인 경우에 실질에 따라 거래의 내용을 인정하여 과세하고, 가장행위가 아니면 납세자가 형성한 거래 형식 그대로 거래내용을 인정하여 과세하여야 하는 원칙이라고 정리할 수 있다.9) 그런데 판례는 실질의 내용에 대해서 명확히 하지 않은 것과 같이 가장행위가 구체적으로 무엇을 뜻하는지도 명확히 하지는 않았다. 따라서 실질과세원칙의 적용에 의하여 거래 형식과 다른 내용으로 거래를 인정하여 과세한 구체적 사건에서 법원이 과세처분을 수긍할 것인지 여부를 대강이라도 예측하기 위해서는 가장행위 여부가 크게 문제된 사안에서 드러난 대법원

---

3) 이강국, "실질과세의 원칙", 『사법논집』, 제13호(1983), 462면; 윤병각, "실질과세원칙과 조세회피행위의 부인", 『법과 정의: 경사 이회창선생화갑기념논문집: 이회창 대법관판결의 연구』, 1995. 11., 353 – 398면.

4) 최명근, 「세법학개론」 개정증보판, 세경사, 2005, 118면 – 129면; 김완석, "조세법상 실질과세원칙에 관한 연구(상)", 『세무사』, 제4권, 제2호(1986. 2.), 49 – 61면; 이태로, 『조세법개론』(조세통람사), 1993, 274면.

5) 한편, 법적 실질설을 취하되 경제적 실질 또는 경제적 관찰방법을 조세법의 해석에 있어서 목적론적 해석방법의 근거로서 받아들이는 견해(김두형, "조세법에 있어서 경제적 관찰방법의 의의와 본질", 『조세연구』, 제1집(2001), 94 – 109면)가 있고, 실질의 의미에 관한 견해의 대립이 무의미하다는 견해(윤지현, "실질과세의 원칙과 가장행위에 관한 고찰", 『중앙법학』, 제9집, 제2호(2007. 8.) 909 – 914면; 이창희, 『세법강의』(박영사), 2007, 85면 이하)도 강하였다.

6) 대법원 1996. 5. 10. 선고 95누5301 판결; 대법원 1996. 11. 9. 선고 98누14082 판결.

7) 대법원 1992. 5. 22. 선고 91누12103 판결.

8) 1991. 12. 13. 선고 91누7170 판결; 대법원 1992. 5. 22. 선고 91누12103 판결 등은 '과세상 의미를 가지지 아니하는 그 가장행위를 사상하고, 그 뒤에 숨어 있는 실질에 따라 개인과 법인간의 거래로 보아야 할 것'이라고 판시하고, 대법원 1991.5.14. 선고 90누3027 판결 등은 거래가 가장행위에 해당한다는 특별한 사정이 없는 이상 유효하다고 할 것이므로, 이를 부인하기 위해서는 법률상 구체적인 근거가 필요하다고 하고, 가장행위가 아님에도 부인하는 구체적인 법률규정 없이 형식과 다른 거래로 인정하는 것은 실질과세원칙에 대한 법리를 오해한 것이라고 판시한다.

9) 가장행위 문제는 실질과세의 문제와 무관함에도 판례는 이를 혼동하고 있다는 비판도 있다(이태로 · 한만수, 『조세법강의』(박영사), 2009, 33 – 34면).

의 경향을 살필 수밖에 없다.

대법원이 어느 경우에 가장행위라고 판정하는지는 구 소득세법 시행령 제170조의 제4항 제1호(1989. 8. 1. 삭제하기 전의 것)의 적용과 관련되는 사안에서 살피기 용이하다. 이 규정은 토지의 취득 내지 양도가액을 기준시가가 아닌 실지거래가액에 의하여야 하는 경우의 하나로서 "… 법인과의 거래에 있어서 양도 또는 취득당시의 실지거래가액이 확인된 경우"를 들고 있었다. 이 법령 시행 당시에는 실지거래가액이 기준시가보다 높은 것이 일반적이었으므로 양도소득세 부담을 줄이려면 양도인이 법인이 아닌 개인에게 양도하는 것을 선호하는 것이 당연하였다. 또한 실제로는 법인에게 토지를 양도하더라도 개인에게 양도한 것과 같은 외관을 형성하려는 동기도 제공하였다.10) 이러한 사정을 아는 과세관청은 법인과 관련된 개인에게 토지의 소유권이 이전되고, 이전 후 짧은 시간이 흐른 다음 법인에게 토지 소유권이 이전되는 거래형식을 발견하는 경우, 양도가액을 실지거래가액으로 하여 과세하였다. 판례가 문제가 된 행위형식을 가장

행위라고 평가한 것은 거래 대금이 법인에서 인출된 자금이었다는 점 등이 밝혀지거나,11) 양도인이 자신의 거래상대방이 개인이 아닌 법인이라고 인식하였을 만한 사정이 보이는 사안12)에서이다. 이에 대해서 행위형식이 가장행위가 아니라는 판정은 중간에 개재된 행위를 가장행위로서 평가하고 법인을 거래 당사자라고 해석하기 위해 필요한 사실이 절대적으로 부족할 수밖에 없거나,13) 개인이 법인을 거래상대방으로 인식하지 않았다는 사실이 사실심에서 인정된 때 등장한다.14)

이와 같은 분석에 의하면 판례의 기본적인 태도는 실질과세의 원칙을 조세법의 적용에 있어 인정사실의 평가의 문제로 보고, 거래 자금의 출처, 중간에 개재된 자의 이익, 거래 관련자의 관계 등을 주된 가장행위 판정요소로 삼았다고 할 수 있다.

3. 이 사건 PCGL 행위의 판정

종래 판례의 판정 태도에 따르면 이 사건 거래를 가장행위라고 볼 수 있는지 살핀다.

---

10) 이 규정은 법인의 토지 보유를 제한하려는 데 그 입법 목적이 있는 것으로 보인다. 법인에게 양도하는 양도인에게 소득세 부담을 지우는 수단은 법인의 토지보유를 제한하는 목적을 달성하는 데 적합하지 않은 점이 있다.
11) 대법원 1990. 2. 13. 선고 89누7566 판결.
12) 대법원 1992. 5. 22. 선고 91누12103 판결은 허위계약서를 작성한 것이 밝혀진 사안에 대한 것이다.
13) 교환은 대금의 지급 등 명의와 다른 정황이 들어나기 어려운 것이어서 교환행위를 가장행위라고 인정하기 어렵다. 대법원 1991. 5. 14. 선고 90누3027 판결의 사안은 이러한 교환 형식에 의하여 토지가 다른 개인에게 소유권 이전된 것이다. 즉, 거래형식이 이상하다는 것 외에 거래가 가장행위에 불과하다는 것을 뒷받침할 다른 증거를 찾기 어려운 사안에 관한 것이었다.
14) 대법원 1990. 10. 30. 선고 90누2758 판결.

우선, 이 사건 채권증서에 대한 신한은행의 지급보증, 원고의 지급보증, PCGL의 이 사건 채권증서의 발행 및 이 사건 차입계약, PCGL의 이 사건 수익증권의 취득은 모두 1997. 7. 15.에 이루어지고, 이 사건 스왑거래계약의 발효일 또한 1997. 7. 15.이다. 미화 5,000만 달러(622억 원)라는 거금에 대한 지급보증 및 대출 등 장기간의 검토를 요구하는 행위가 모두 같은 날 이루어졌다는 것 자체가 극히 이례적이다. 예컨대 체이스맨하탄은 신한은행의 지급보증을 받자마자 곧바로 PCGL과 이 사건 금전 차입 계약을 하고 PCGL에게 5,000만 달러를 대여하였다는 것이 된다. 이는 모든 행위의 중심에 있으며 인적 물적 실체가 없는 PCGL이 개재된 거래행위가 원고 및 관련자들의 의사에 의하여 1997. 7. 15.로 맞춰졌다는 것을 의미하고, 따라서 그 PCGL의 행위가 관련자들의 행위를 숨기기 위한 가장행위에 불과하다는 의심을 강하게 일으킨다.

이러한 의심을 가지고 이 사건 차입금 거래의 일방 당사자로 되어 있는 PCGL의 역량에 의하여 거래 관련자들의 의사를 추단해 본다. PCGL은 설립된 지 1개월된 Paper Company로서, 인적·물적 시설, 영업활동, 책임재산이 전혀 없는데, 이와 같은 Paper Compny에게 5,000만 달러라는 큰 금액을 대여하고 지급보증하는 형식 그대로가 거래 관련자들의 의사라고 인정하기는 어렵다. 오히려 이러한 형식을 합리화할 만한 특별한 사정

이 없는 이상, 무엇인가를 위하여 만들어진 외관에 불과하다고 보는 것이 타당할 것이다.

또한 스왑거래를 하면 거래방향에 따라 손익이 발행하고, 수익증권을 취득하는 경우 펀드의 운용에 따라 수익이 나든지 손실을 입는 것이 일반이다. 그런데 PCGL은 3년에 걸친 수백억 원에 달하는 자금의 차입과 외국인전용수익증권을 취득하는 등의 거래로 손익을 전혀 발생시키지 않았다. 이러한 기이한 손익의 결과를 보아도 PCGL이 당사자로 되어 있는 거래가 어떤 목적을 이루기 위한 외관에 불과하다는 것을 부인하기 어렵다. 원고 스스로가, 이 사건 금전 차입계약에 의한 금전은 당초부터 원고를 위하여 사용되기로 되어 있었던 것이고, PCGL을 여러 법령상의 제한을 피하기 위하여 설립하였다는 것을 인정한다. 빌린 금액의 사용은 다른 자가 하고, 명의상 차주는 그 금액에 관하여 아무런 이해를 갖지 못하고, 이를 거래상대방도 용인하는데, 이를 가장행위가 아니라 할 수 없을 것이다.

위와 같이 종래 판례에서 추출한 가장행위 판정 기준에 따라 PCGL 및 관련행위자들의 역량, 원고의 동기, PCGL에게 귀속되지 않은 경제적 이익 등을 살피면 PCGL이 당사자로 되어있는 이 사건 차입계약은 가장행위에 불과하고, 실질은 원고와 체이스맨하탄과의 차입거래라고 평가할 수 있다. 이 사건 거래를 가장행위라고 판정한 이 사건 판결은 종래의 판례의 태도를 유지한 것이라 할 수 있다.

4. 이 판결의 의의

이 사건 판결은 종래 실질과세원칙의 적용 방법으로서 형성된 가장행위론에 의하여 국제거래에 있어서 페이퍼컴퍼니의 실체를 부인하지 않으면서도 거래의 내용을 법적 형식과는 달리 인정한 의미가 있다.

이 사건 판결 후 실질과세원칙과 관련하여 대법원 전원합의체 판결(대법원 2012. 1. 19. 선고 2008두8499 판결)이 있었다. 이 판결은 종래의 판례의 태도를 변경하여 실질과세원칙의 일반적 반조세회피규범으로서의 지위를 인정한 것으로 보인다. 그러나 실제 사건의 해결에 있어 변경된 판례에 의한 방식이 종래의 가장행위론에 의한 접근과 크게 다른 것인지는 의문이다. 예컨대, 전원합의체 판결은 실질을 지분의 취득 경위와 목적, 취득자금의 출처, 그 관리와 처분과정, 귀속명의자의 능력과 그에 대한 지배관계 등을 종합적으로 고려하여 판단하여야 한다고 판시하고 있는바, 이러한 사실들은 앞서 본 바와 같이 가장행위 여부를 판정하는 요소이기도 하다. 전에는 자금출처, 귀속명의자의 능력 등 인정사실이 가장행위 여부 판정의 장에서 평가되었다면, 이제는 실질 및 조세회피의도 판정의 장에서 평가되는 것뿐이라고 볼 수도 있다. 문제는 형식과 다른 실질 또는 가장행위라고 평가하는 수준이다. 그런데

어떤 사실을 평가하는 것이 판례의 변경이 있다고 하여 갑자기 달라질 수는 없을 것이다. 평가는 최종적으로는 법관의 양심에 달려있는 것이기 때문이다. 이러한 사정은 국세기본법 제14조 제3항이 신설되었다고 해서 달라지지 않는다. 다만, 판례의 변경 및 국세기본법 제14조 제3항의 신설은 장기적으로는 사실의 평가가 납세자에게 점차 불리하게 이루어지도록 하는 효과를 사실상 가질 수 있다.[15] 부당한 조세회피로 평가되고 조세부담이 높아질 수 있는 위험을 행위형성요소로 삼아야 한다는 것을 각성하게 하는 효과, 납세자가 부당한 조세회피로 평가될 위험이 있는 행위를 자제하게 하는 위하효과(威嚇效果) 또한 있을 것이다.

전망에 하나의 지적을 더한다. 조세회피행위를 실질과세규정에 의하여 부인할 수 있는지의 문제를 행정공무원이나 법원에 재량을 얼마나 줄 수 있는가 하는 사회과학적 분서의 문제라는 지적이 있다.[16] 수긍할 수 있다. 다만, 세무공무원은 감사제도 등에 의하여 최대한 과세하도록 사실상 강제되고 있으므로, 세무공무원이 재량을 여러 이익을 교량하여 합리적으로 행사할 것이라고 짐작하는 것은 곤란하다는 점을 더하고자 한다. 법관이 실질과세원칙을 들어 법적 형식과 다른 실질을 인정하고 과세처분을 수긍하는 데 매우 신중해야 하는 이유이다.

15) 박병대 대법관의 다수의견에 대한 보충의견도 같은 뜻으로 보인다.
16) 이창희, 『세법강의』(박영사), 2012, 95-96면.

참고문헌

김두형, "조세법에 있어서 경제적 관찰방법의 의의와 본질", 『조세연구』, 제1집(2001), 세경사.

김완석, "조세법상 실질과세원칙에 관한 연구(상)", 『세무사』, 제4권, 제2호(1986. 2.).

윤병각, "실질과세원칙과 조세회피행위의 부인", 『법과 정의: 경사 이회창선생화갑기념논문집: 이회창 대법
    관판결의 연구』, 1995. 11.

윤지현, "실질과세의 원칙과 가장행위에 관한 고찰", 『중앙법학』, 제9집, 제2호(2007. 8.).

이강국, "실질과세의 원칙", 『사법논집』, 13호(1983).

이창희, 『세법강의』, 박영사, 2007.

이창희, 『세법강의』, 박영사, 2012.

이태로, 『조세법개론』, 조세통람사, 1993.

이태로·한만수, 『조세법강의』, 박영사, 2009.

조성권, "법인세법상 외국법인의 국내원천 이자소득에 대한 원천징수의무를 부담하는 소득금액을 지급하는
    자의 의미", 서울대학교 금융법센터, 『BFL』, 제37호(2009. 9.).

최명근, 『세법학개론』, 세경사, 2005.

출자를 가장한 대여가 이전가격과세대상인지

사건의 표시 : 대법원 2004. 10. 27. 선고 2003두9893 판결

• 사실개요 •

원고는 1989년 11월경 자본금 100%인 미화 100만 달러를 출자하여 미국 조지아주에 골프용 가방, 장갑 제조업체인 현지법인 ○○○, INC.(이하 "현지법인")를 설립하였다.

1991. 9. 17. 미화 50만 달러, 1992. 12. 22. 미화 20만 달러를 추가로 출자하여 현지법인의 자본금을 미화 170만 달러로 증자하였다. 원고는 현지법인에 추가출자를 위해 70만 불을 송금할 때 해외투자(외화증권 취득) 신고를 하였으며, 이를 장부상 "관계회사 출자금"으로 기장하였다.

현지법인은 미국에서 세무신고를 할 때, 1992년 첫 날의 자본금을 미화 150만 달러로, 1992년 마지막 날의 자본금을 미화 170만 달러로 신고하였다. 현지법인은 1991. 10. 14. 본점 소재지를 조지아 주에서 텍사스 주로 이전하였다.

1993년 22만 달러의 손실이 발생하자 자본금을 미화 100만 달러로 환원하고, 자본금으로 증자 신고하였던 위 미화 70만 달러를 장부상 "주주에 대한 장기차입금"으로 전환하여 세무신고하였다. 새로이 이전한 텍사스 주의 주법상 적자인 회사라 하더라도 자본금에 대하여 면허세를 부과하도록 되어 있었으므로, 자본금에 대하여 부과되는 면허세를 피하기 위하여 자본금을 원래대로 미화 100만 달러로 감자(이하 "쟁점감자행위")하고 미화 70만 달러(이하 "쟁점금액")를 장기차입금으로 전환

---

* 이진영(한국국제조세협회 이사장).

하여 세무신고를 한 것이었다. 당시 텍사스 주의 자본세율은 0.25%로 쟁점금액에 대하여 과세시 연 1,750달러 정도 되는 것이었다.

1999년 현지법인의 경영이 흑자로 전환되었는데, 마침 피고가 원고를 해외 현지법인을 통한 외화유출 혐의가 있는 법인으로 선정하자, 현지법인은 1999년 말 다시 자본금을 미화 170만 달러로 환원하여 세무신고를 하였다.

2001년 10월 16일 피고 과세관청은 쟁점금액을 출자금을 가장한 현금의 무상대여로 보아 원고에게 1995~1999 사업연도 대여금의 인정이자 상당액에 대한 법인세를 부과하였다. 피고는 1995 사업연도에 대해서는 법인세법상 부당행위계산부인규정을 적용하고, 1996~1999 사업연도에 대해서는 국제조세조정에관한법률(이하 "국조법")상 이전가격과세조항을 적용하였다. 1995년분의 인정이자는 현지법인에 대한 기타소득으로 처분하고(구 법인세법시행령 94조의2 1항 1호 마목), 1996년 이후의 인정이자는 사내유보로 처분하였다.

▪ 쟁점 ▪

이 사건 쟁점은 원고의 장부상 "관계회사 출자금"으로 기장된 쟁점금액이 국조법상 이전가격과세조항의 적용대상인지이다. 원고의 1995년 귀속 법인세에 관해서는 1996년 국조법이 제정되기 전 이전가격과세의 근거조항이 되었던 구 법인세법 제20조[부당행위계산의 부인. 현행 제52조]의 적용대상이 되는지가 된다.

▪ 판결요지 ▪

현지법인은 원고가 100% 출자한 회사이므로 세무신고에 기재된 내용대로 1인 주주인 원고의 의사에 의한 감자결정이 있었으며, 이에 따라 유효한 감자가 이루어졌으므로, 쟁점금액이 장기차입금 계정으로 전환되면서 원고가 현지법인에 대하여 대여금채권을 보유하게 되었다.

면허세를 피하기 위한 목적에서 쟁점감자행위가 이루어졌다 하더라도 원고가 대여금채권에 대하여 이자를 수취하지 않은 것이 통상적으로 선택할 거래라고는 볼 수 없는 이상 건전한 사회통념이나 상관행에 비추어 경제적 합리성을 결여한 이상성을 띤 행위이므로 부당행위계산부인의 대상이 된다.

아울러 대여금채권의 이자율이 정상적인 대여에 있어서의 정상 이자율에 미달한 이상 이 사건 대여거래가 국조법상 이전가격과세조항의 적용대상이 된다.

▶ 해 설 ◀

1. 쟁점

이 사건 거래상 쟁점은 내국법인인 원고의 국외투자거래에 따른 소득에 대한 과세를 위해 국내세법을 적용하는 것에 관한 것이다. 국내세법상 내국법인에 귀속하는 국외원천소득과세를 위해 과세대상을 규명함에 있어서는 해당 과세대상의 성격을 판단함에 있어 국내세법상 소득종류에 관한 규정이 적용된다.

법인세법은 내국법인의 국외원천소득으로서 국외에서 발생한 배당소득 및 이자소득의 범위에 대해 명시적 규정을 두고 있지 않다. 이를 보완하는 역할을 하는 소득세법의 규정은 거주자의 국외원천 배당소득을 "외국법인으로부터 받는 이익이나 잉여금의 배당 또는 분배금"으로, 국외원천 이자소득을 "외국법인이 발행한 채권 또는 증권의 이자와 할인액" 및 "…와 유사한 소득으로서 금전 사용에 따른 대가로서의 성격이 있는 것"으로 규정하고 있다. 전자는 출자에 의한 것이며, 후자는 −본 사건에서라면− 자금대여약정에 의한 것이다.

이들 규정을 적용함에 있어서는 "배당 또는 분배금" 및 "이자와 할인액 등"은 해당 과세대상에 대한 원천지국에서의 민사법 및 세법적 취급에 불구하고 그 과세 대상이 우리나라에서 발생하였다면 동 개념에 포섭될 것인지에 의해 판단하여야 한다. 법인세법 적용상 외국실체를 법인으로 볼 것인지에 관한 대법원의 판례[1] 및 외국납부세액공제를 위한 국외원천소득금액계산에 관한 과세관행[2]을 참고할 수 있다.

이 과정에서 쟁점 감자행위를 이자소득의 원천이 되는 자금대여약정으로 볼 수 있는지가 관건이다. 만약 이것이 사법상 효력이 없는 가장행위라면 원래의 출자가 그대로 유지되는 것으로 보게 된다. 사법상 효력이 인정되는 것이라면 설사 원고와 현지법인간 명시적인 자금대여약정이 없음에도 그 실질을 보아 자금대차관계가 존재한 것으로 볼 것인가를 살펴보아야 한다. 원고는 쟁점감자행위의 법적 유효성 여부에 대한 명시적 언급 없이, 그 실질 내용상 쟁점금액이 출자금에 해당한다는 주장을 하였다.

법원은 현지법인의 미국 텍사스 주 회사법상 행위로서 감자, 세법상 행위로서의 세무

---

1) 어느 단체를 외국법인으로 볼 수 있는지 여부에 관하여는 법인세법상 외국법인의 구체적 요건에 관하여 본점 또는 주사무소의 소재지 외에 별다른 규정이 없는 이상 단체가 설립된 국가의 법령 내용과 단체의 실질에 비추어 우리나라의 사법상 단체의 구성원으로부터 독립된 별개의 권리·의무의 귀속주체로 볼 수 있는지 여부에 따라 판단하여야 할 것이다(대법원 2010두19393, 2012. 01. 27.).

2) 외국납부세액공제한도 계산을 위한 국외원천소득금액은 우리나라 세법에 의하여 계산한 소득을 의미한다 (법인세법 기본통칙 57−0−1 및 국심 2005중0364, 2005. 11. 14. 등 참조).

신고와 그에 부수하는 기장 등을 토대로 쟁점 감자행위에 대해 검토하고 있다.

법원은 "텍사스 주 법에 의하면 정관에는 수권주식수만 기재될 뿐 자본금은 필요적 기재사항이 아니고, 현지법인과 같이 자본금이 소규모인 회사에서의 증자와 감자는 주주총회 결의 또는 이사회결의와 같은 회사 내부적 절차만으로 가능하고 증권감독위원회에 보고하거나 승인을 받아야 할 사항도 아니고 법인등기부에 등재할 사항도 아니나, … 감자가 있었는지는 세무신고서에 의하여 확인할 수밖에 없다 할 것인데, 현지법인은 원고가 100% 출자한 회사이므로 세무신고에 기재된 내용대로 1인 주주 원고의 의사에 의한 감자결정이 있었다고 보아야 할 것이어서 결국 … 유효한 감자가 이루어졌다고 보이고"라고 판단하고 있다. 현지법인과 같이 미국 텍사스주에 소재하는 1인 주주의 소규모법인에 감자행위가 존재하였는지에 대한 판단은 세무신고서에 의하여야 한다고 하면서, 유효한 감자행위가 있었다는 판단을 하고 있다. 현지 회사법상 유효한 감자행위가 있었다면 이를 우리 세법 적용상 인정하여야 한다는 전제 위에 그러한 감자행위가 있었음을 세무신고의 내역을 토대로 추정한 것이다.

설사 현지 회사법상 유효한 감자행위가 있었다고 하더라도 원고의 주장대로 쟁점금액을 여전히 출자금으로 볼 수 있을까? 당사자인 원고와 현지법인간에는 이에 관한 명문의 합의는 존재하지 않는다. 법원도 1인 주주인 원고의 의사에 의한 감자결정이 있었다고 보아야 할 것이라고 하는 이외에 현지법인의 장부상 "장기차입금 계정으로 전환되면서" 대여금채권이 성립한 것으로 보는 방법으로 1인 주주인 원고와 현지법인간의 자금대여약정이 존재한 것으로 본 것이다.

원고가 쟁점금액을 출자할 때 해외투자(외화증권 취득) 신고를 하였으며, 이를 장부상 "관계회사 출자금"으로 기장하였다 하더라도 쟁점감자행위는 원고와 현지법인간의 관계에서 당사자들의 진정한 의사에 기초하여 판단하여야 할 것이라는 점에서 법원의 판단은 타당한 것으로 보인다.

원고는 실질과세원칙을 적용하여 이를 대여금으로 보아야 한다는 주장을 하였다. 소득의 종류 판단에 관해서는 실질과세원칙에 관한 국세기본법(이하 '기본법'이라 한다) 제14조에서 명시적으로 규정하고 있지 않으므로, 원고의 주장은 타당하지 않은 것이었다. 설사 부당행위계산 또는 이전가격과세가 소득금액의 계산에 관한 것이므로 기본법 제14조 제2항의 과세표준의 계산상 경제적 실질에 따라 과세할 수 있다는 취지의 원고의 주장을 받아들인다 하더라도, 심리과정에서 원고에 의해 쟁점금액이 출자금으로서 경제적 기능을 수행한 사실이 입증되었다고 볼 수 없을 것이다.

2. 적용대상 법규의 문제

피고 과세관청은 조사시점인 2001년으로부터 5년의 부과제척기간 이내에 있는 1995년부터 1999년까지의 사업연도에 대해 원고의 법인세과세표준 및 세액을 경정하였다.

1996년 국조법이 발효하기 전인 1995 사업연도분에 대해서는 구 법인세법 제20조[부당행위계산의 부인] 규정을 적용하였다. 동 규정은 "내국법인의 행위 또는 소득금액의 계산이 대통령령이 정하는 특수관계있는 자와의 거래에 있어서 그 법인의 소득에 대한 조세의 부담을 부당히 감소시킨 것으로 인정되는 경우" 적용되도록 되어 있었다. 구 법인세법시행령 제46조는 "국외의 출자자등과의 거래의 경우 시가"는 비교가능 제3자 가격법, 재판매가격법, 원가가산법 및 기타 합리적이라고 인정되는 방법에 의하여 계산한다고 규정함으로써 국외특수관계자와의 거래에 대해서 부당행위계산부인규정이 적용되도록 하고 있었다.3)

우리나라가 1996년 OECD에 가입하기 위한 조세제도 정비의 일환으로 마련된 국조법에 오늘날과 같은 국외특수관계자와의 거래에 관한 이전가격과세조항이 도입되었는데, 과세관청은 1996년 이후 분에 대해 이를 적용한 것이었다.

구 법인세법 제20조의 부당행위계산부인규정은 국내조세의 부당한 회피를 그 적용요건으로 하는 반면, 국조법 제4조 등의 이전가격과세조항은 이를 그 적용요건으로 하지 않는다. 구 법인세법 제20조는 경제적 합리성 또는 사업목적의 항변이 허용되는 반면, 국조법 제4조 등에는 허용되지 않는다. 납세자로서는 전자가 적용될 경우 자신이 처한 개별적인 사정이 반영될 수 있다는 점에서 과세상 유리한 점이 있게 된다.

1996년 이후 분에 대해 적용될 수 있는 법규로서 구 법인세법 제20조와 국조법 제4조 등이 병존하였다. 1996년 국조법이 발효하면서 구 법인세법시행령 제46조가 삭제되었지만, 국외특수관계자는 여전히 구 법인세법 제20조의 문면상 "특수관계자"의 범주에 포함되었기 때문이다. 국조법이 제정된 역사적인 배경을 고려한다면 국외특수관계자와의 거래에 대해서는 부당행위계산부인규정이 적용되지 말아야 한다는 주장도 가능하였다. 이 문제는 2003년 국제거래에 대하여는 국조법상 이전가격세제만 적용되고 부당행위계산부인규정은 적용이 배제된다는 특례조항이 국조법에 명시됨으로써 해결되었다.

원고는 1996년 이후분에 대해 구 법인세법 제20조의 적용을 주장하면서, 쟁점 감자행위에 부당성이 없다든가 정당성이 있다는 주장을 하지는 않고 있다.

---

3) 1989년부터 시행한 구 법인세법시행령 제46조가 우리나라 이전가격세제의 실질적인 효시라 할 수 있다.

3. 경제적 합리성의 항변

원고는 현지법인으로부터 이자를 받지 않은 것은 스스로가 이를 출자금으로 인식하였기 때문이라는 주장을 하면서, 출자금으로 인식하였던 이유로서 "텍사스주 법은 영업이 적자인 회사라 하더라도 자본금에 대하여 면허세를 부과하도록 되어 있었으므로, (쟁점 감자행위를 한 것은) 자본금에 대하여 부과되는 면허세를 피하기 위하였음"을 강조하고 있다.

법원은 이에 대해 "원고가 현지법인에 대하여 대여금채권을 보유하게 되었다고 할 것이며, 원고가 위 대여금채권에 대하여 이자를 수취하지 않은 것이 통상적으로 선택할 거래라고는 볼 수 없는 이상 건전한 사회통념이나 상관행에 비추어 경제적 합리성을 결여한 이상성(異常性)을 띤 행위"라고만 함으로써 "이자를 수취하지 않은 것"이 "통상적으로 선택할 거래"라고 볼 수 없는 이유에 대해 설시하지 않고 있다.

생각건대 거래계에서 대여금의 외양을 갖추었지만 당사자간 약정의 실질상 출자로 취급될 수 있는 경우는 존재할 수 있으며, 그 자체가 "경제적 합리성"을 지니고 "통상적으로 선택"될 수도 있다. 비록 이 사건 원고가 명쾌하게 "경제적 합리성"의 항변을 하지 않았지만, 법원으로서는 그 석명권에 의해 이를 고려할 수 있었을 것이다. 법원은 이에 불구하고 이를 적극적으로 인정할 경우, 현지법인 소재지의 면허세를 회피하기 위한 위장행위를 인정하는 결과가 되어 "통상성"의 개념에 부합하지 않을 것이라는 점을 고려했던 것으로 볼 수 있다.

4. 이 판결의 의의

이 사건 판결은 내국법인에 대한 과세상 국외특수관계자의 행위를 판단함에 있어 우리 세법 적용의 방법에 관한 지침을 제공하는 것이다.

이전가격세제가 법인세법상 부당행위계산부인규정에서 국조법상 이전가격과세조항으로 옮겨지는 시점에 걸친 사실관계에 대해 각 규정의 적용상 "부당성"의 요건을 필요로 하는지에 관해 나타나는 차이점을 분명히 하지 못한 한계가 있다. 이는 두 규정간의 관계에 관한 국조법상 특례조항이 도입된 2003년 이전까지의 과세에서 발견되는 혼란을 반영하는 것이기도 하다. 원고로서는 대여금의 외관을 지니고 있는 쟁점금액이 사실상 출자금에 해당한다고 주장하는 데 그치고 그것이 대여금이라 하더라도 이자를 받지 않을 합리적 이유가 있었다는 점을 강조하지 못하였다.

오늘날 동일한 내용의 사건이 발생한다면, 추가적으로 고려할 수 있는 것으로서 조세범처벌법상 조세포탈범 조항이 적용될 수 있는가를 들 수 있다. 검찰로서는 원고가 대여금을 자신의 장부에 출자금으로 기재하는 위계

이 진 영 711

를 사용함으로써 과세관청에 의한 이전가격과세조항의 적용을 방해하였다고 주장할 수 있을 것이다. 원고로서는 — 형사사건이라면 피고가 되겠지만 — 자신은 쟁점금액을 출자금으로 인식하고 있어 이전가격과세를 예상할 수 없었다는 항변으로 "고의성"이 없었음을 주장할 수 있을 것이다.

다국적기업의 그룹 내에서 국내법인이 외국법인으로부터 경영지원용역을 제공받고 지급한 용역대가의 손금인정 여부

사건의 표시 : 대법원 2002. 9. 27. 선고 2001두3167 판결

▪ 사실개요 ▪

원고는 미국 법인인 A사의 자회사인 B사가 100% 출자하여 설립한 내국법인으로서 A사의 다른 자회사인 C사로부터 공장자동화 장비 및 시스템(제어 및 데이터 획득시스템)을 수입하여 국내에 판매하고 애프터서비스를 하는 회사이고, D사는 C사가 100% 출자하여 홍콩에 설립한 회사이다. B사는 그룹 내의 해외자회사(프랑스, 브라질, 독일, 캐나다 등)에 대한 출

자를 하고 해외자회사에 대한 지주회사의 역할을 주로 수행하는 회사이다.[1]

D사는 원고를 비롯한 아시아태평양 지역의 각 계열사들에게 경영지원용역을 제공하기 위하여 설립된 회사로, 원고와 용역공급계약을 체결하고, 원고에게 (i) 재정업무,[2] (ii) 인적자원업무,[3] (iii) 보급업무,[4] (iv) 판매관리업무[5]에 관한 용역을 제공하였다. D사는

---

* 조 춘(법무법인 세종 변호사).

1) 미국증권거래위원회(SEC)의 전자공시시스템(EDGAR, the Electronic Data-Gathering, Analysis, and Retrieval system)에 공시된 사업보고서 참조.
   (http://www.sec.gov/Archives/edgar/data/84636/0000950128-95-000220.txt)
2) 계약 당사자의 아시아·태평양 지역에서의 운영 결과에 미국에서 일반적으로 수용되는 회계 원칙에 따라 작성된 재무제표가 포함되도록 하여 그 결과를 개별적·종합적으로 나타내는 재무보고, 재무제표를 준비하는 활동.
3) 근로자 평가, 채용, 통신 및 인사정책과 절차의 감시, 근로자 불만사항 해소 등과 관련한 활동.

위와 같은 활동을 함에 있어서 발생하는 비용을 일정한 배분기준6)에 따라 C사 및 원고를 비롯한 아시아·태평양 지역에서 동일한 내용의 용역계약을 체결한 계열사들에게 배분하였다.

원고는 위와 같이 배분된 금액을 D사에게 지급하고, 이를 1994 및 1995 사업연도 용역비로 손금에 산입하고 과세표준 및 세액을 산출하여 법인세를 신고·납부하였다.

과세관청은, 원고가 D사에 지급한 용역비 중 일부에 대해서 용역제공 사실을 확인할 수 없고, D사의 활동은 다국적기업인 A사가 아시아·태평양 지역에서 그 계열회사를 용이하게 지배·감독하기 위한 것이므로 이는 A사가 부담하여야 할 것이라는 이유로 이를 손금불산입한 후 법인세를 추가로 부과·고지하였다.

▪ 판결요지 ▪

1심법원은 (i) 원고가 스스로의 의사결정으로 영업목표를 정하여 사업활동을 하여 오

면서 D사로부터 인적자원업무, 보급업무(자문 및 교육 등), 판매관리업무 등과 관련하여 여러 가지 경영지원용역을 제공받아 왔고, 원고의 조직 및 인적 구성은 영업활동 및 애프터서비스활동 중심을 이루어져 있고 소수의 인원만이 인적자원 업무, 보급업무 및 판매관리업무 등을 담당하고 있어 D사가 원고에게 제공한 경영지원용역은 원고의 사업활동을 위한 것으로서 원고의 소득 발생과 합리적인 관련이 있는 것이고, (ii) D사는 자신이 홍콩 내에서 수행하는 판매영업사업부분과 분리하여 경영지원본부의 사무실을 설치하고 담당직원을 별도로 채용하여 아시아·태평양 사업단위에 속하는 회사들에 대하여 위와 같은 인적자원업무, 보급업무, 판매관리업무에 관한 용역을 제공하고 있고, D사가 위 경영지원본부를 운영함에 있어 1994 사업연도 및 1995 사업연도에 지출한 비용에 대하여 회계감사 결과 그 비용이 적정한 것으로 판명되었으며, D사는 원고를 비롯한 아시아·태평양 사업 단위에 속한 회사들과 사이에 체결한 위 용역공급계약에 따라 위 재정업무에 관한 비용은 전액 C사에

---

4) 계약당사자 및 그들의 판매대리점을 위한 컴퓨터 하드웨어 및 소프트웨어 시스템의 취득, 유지보수, 설치 및 제품보관, 배포활동과 관련한 활동.
5) 계약 당사자의 판매활동을 지원하기 위한 활동.
6) 급여, 부가급부, 외부로부터 제공받은 서비스, 사무실 및 그 점유 비용, 통신비용 기타 운영비용을 포함하여 계약당사자들이 부담하고, 재정 업무 비용과 그 비용의 5% 가산액은 C사에게 부과되며, 인적자원 업무, 보급업무 및 판매관리 업무를 위한 비용 중 출장비, 직접 비용 및 컴퓨터 소프트웨어 구입비용은 5% 가산액 없이 그로 인하여 혜택을 받은 당사자에게 부과되고, 인적자원 업무의 비용과 그 비용의 5% 가산액은 아시아·태평양 지역에서의 계약당사자에 소속된 직원의 수의 비율에 따라 부과되며, 보급업무 및 판매관리 업무의 비용과 그 비용의 5% 가산액은 계약 당사자의 아시아·태평양 지역 또는 아시아 지역에서의 순판매액의 비율에 따라 부과되었다.

게 배분하였고, 인적자원업무 관련 비용은 위 각 회사들의 직원들의 수의 비율에 따라, 나머지 보급업무 및 판매관리업무 관련 비용은 위 각 회사들의 순판매고의 비율에 따라 각 배분하였으므로, D사의 위와 같은 경영지원용역과 관련된 간접비용의 배분기준 역시 합리적이라고 판단하여 원고의 청구를 인용하였고, 항소심 및 상고심에서도 이를 정당하다고 판시하였다.

▶ 해 설 ◀

1. 사안의 쟁점

대상판결의 쟁점은 '다국적 기업의 자회사가 그룹 내의 조직으로부터 경영지원을 받고, 그 경영지원조직에서 발생하는 비용 중 배분된 금액을 지급하는 경우 그 용역비를 손금으로 인정받을 수 있는지 여부 및 그 요건'이라고 할 수 있다. 이는 국제조세의 가장 중요한 분야 중의 하나인 이전가격과세제도 (Transfer Pricing)의 일부로서, 국외특수관계자들 사이의 용역제공과 관련된 중요 쟁점의 하나이다. 위 쟁점은 대상판결과 같이 ① 경영지원용역의 존재 및 용역을 제공받는 회사의 업무와의 관련성 여부, ② 경영지원용역 제공에 대한 대가의 합리성 여부의 두 가지 측면으로 나누어 검토할 수 있다.

2. 경영지원용역의 존재 및 업무관련성 여부

(1) 경영지원용역의 존재

경영지원용역이 제공된 사실은 그 대가의 손금인정 여부를 검토함에 있어서 당연히 전제되어야 할 요건이다. 즉, 경영지원용역 자체가 제공되지 않았다면 용역제공에 대한 대가도 당연히 손금에 산입될 수 없다. 이 경우 가장 문제될 수 있는 것은 용역제공회사의 활동 중에서 경영지원용역을 식별할 수 있는지에 관한 것이다. 위 문제는 용역을 제공받는 회사와 용역을 제공하는 회사 모두에서 경영지원용역이 식별되고 측정될 수 있도록 내부 시스템을 구축하고, 증거자료를 구비함으로써 해결하여야 할 문제라고 할 수 있다. 경영지원용역의 존재 자체는 사실인정의 문제라고 할 것인바, 대상판결의 하급심에서는 경영지원용역이 존재하는 것으로 사실인정을 하였다.

(2) 손금인정의 기준

법인세법령은 '그 법인의 사업과 관련하여 발생하거나 지출된 손실 또는 비용으로서 일반적으로 인정되는 통상적인 것이거나 수익과 직접 관련된 것으로서 그 법인에게 귀속될 금액'을 손금으로 본다.[7] 해외모회사 등 국외특수관계자(이하 '해외모회사 등')의 용역제공에 대한 경영자문료의 손금산입 여부에 관하여 국세청은 대상판결 이후인 2004. 6. 15. 기본통칙에 비교적 상세한 규정을 마련하여 위 법인세법령의 규정을 구체화하였다가,[8] 그 후 2009년 개정을 통하여 법인에게 비용 귀속의 정당성을 입증할 책임이 있다는 취지의 규정으로 대체하였다.[9] 그런데 실제 해외모회사 등에 지급한 경영자문료가 손금에 산입되는지 여부가 문제될 때에는 명확하게 손금산입 여부를 결정하기 어려운 경우들이 발생한다.

　다국적기업의 그룹 전체의 입장에서 보면, 경영지원조직에서 발생하는 비용은 그 그룹 내에서 손금으로 인정되는 것이 타당하다고 할 수 있다. 즉, 위 경영자문료는 해외모회

---

7) 법인세법 제19조(손금의 범위)
　① 손금은 자본 또는 출자의 환급, 잉여금의 처분 및 이 법에서 규정하는 것은 제외하고 해당 법인의 순자산을 감소시키는 거래로 인하여 발생하는 손비(損費)의 금액으로 한다.
　② 제1항에 따른 손비는 이 법 및 다른 법률에서 달리 정하고 있는 것을 제외하고는 그 법인의 사업과 관련하여 발생하거나 지출된 손실 또는 비용으로서 일반적으로 인정되는 통상적인 것이거나 수익과 직접 관련된 것으로 한다.
　③ 「조세특례제한법」 제100조의18 제1항에 따라 배분받은 결손금은 제1항의 손금으로 본다.
　④ 제1항부터 제3항까지의 규정에 따른 손비의 범위 및 구분 등에 관하여 필요한 사항은 대통령령으로 정한다.[전문개정 2010. 12. 30]

　법인세법시행령 제19조(손비의 범위) 법 제19조 제1항에 따른 손비는 법 및 이 영에서 달리 정하는 것을 제외하고는 다음 각 호에 규정하는 것으로 한다.<개정 2012. 2. 2.>
　1.~19. (생 략)
　20. 그 밖의 손비로서 그 법인에 귀속되었거나 귀속될 금액
8) 법인세법 기본통칙 4-0…2 【경영자문료의 손금산입】
　① 법인이 해외모회사 등 국외특수관계자로부터 경영관리, 재무, 전산 기타 법인의 사업수행상 필요하다고 인정되는 용역을 제공받고 그 대가를 지급하는 때에는 다음 각호의 요건을 갖춘 경우 손금에 산입할 수 있다. (2004. 6. 15. 제정)
　1. 용역제공 일정표, 용역공정표, 용역제공회사 및 직원현황, 발생비용명세서 및 증빙자료 등에 의하여 실제로 용역이 제공되는 것이 확인될 것 (2004. 6. 15. 제정)
　2. 국외특수관계자가 법인에게 제공하는 용역이 그 법인의 사업과 관련하여 일반적으로 용인되는 통상적인 것이거나 수익과 직접 관련이 있을 것 (2004. 6. 15. 제정)
　3. 제공된 용역의 대가가 유사한 거래상황에서 특수관계 없는 독립된 사업자간의 거래가격일 것 (2004. 6. 15. 제정)
　② 해외모회사 등 국외특수관계자가 내국법인의 주주로서 제공하는 다음 각호의 1에 해당하는 용역은 제1항의 용역으로 보지 아니한다. (2004. 6. 15. 제정)
　1. 모회사 소재국의 일반 회계원칙에 따른 재무제표의 작성 (2004. 6. 15. 제정)
　2. 보고서의 연결 등 모회사의 보고의무와 관련된 활동 (2004. 6. 15. 제정)
　3. 회계감사 등 각종 감사나 감독업무 (2004. 6. 15. 제정)
9) 법인세법 기본통칙 4-0…2 【 법인의 입증책임 】 법인세의 납세의무가 있는 법인은 모든 거래에 대하여 거래증빙과 지급규정, 사규 등의 객관적인 자료에 의하여 이를 당해 법인에게 귀속시키는 것이 정당함을 입증하여야 한다. 다만, 사회통념상 부득이하다고 인정되는 범위 내의 비용과 당해 법인의 내부통제기능을 감안하여 인정할 수 있는 범위 내의 지출은 그러하지 아니한다.

사 등이 부담하든지, 국내자회사가 부담하든지 누군가의 손금으로 인정될 수 있는 비용인 것이다. 그러나 해외모회사 등에 대하여 과세할 수 있는 국가에서는 위 경영자문용역이 자회사들의 경영을 지원하는 것이므로 자회사들에게 청구되어야 한다고 하는 반면, 국내자회사에 대하여 과세할 수 있는 국가에서는 해외모회사 등의 이익을 위한 활동으로서 해외모회사 등이 스스로 부담할 비용이므로 자회사들에게 청구될 수 없다고 한다면, 그룹 전체의 관점에서는 해결할 수 없는 딜레마에 빠지게 된다. 즉, 해외모회사 등은 위 경영자문료가 익금으로 계상되어 법인세가 부과되는 데 반하여, 위 경영자문료를 지급한 국내자회사는 이를 손금으로 산입할 수 없게 되어 이에 상응하는 법인세를 다시 부담할 수밖에 없게 되므로 그룹차원에서는 결국 이중과세(Double taxation)가 발생하게 된다. 이러한 현상은 각 국가가 독립적인 과세주권을 가지고 있으므로, 다른 나라에서의 과세 여부가 당해 국가의 과세권 행사에 제약을 가져오는 것이 아니라는 점에서 해결할 수 없는 문제가 될 수도 있다. 그러나 이러한 이중과세가 불합리하고 국제거래에 있어서도 많은 왜곡과 비효율을 가

져온다는 점에 대하여는 세계의 대부분의 나라들이 동의하고 있다. 이중과세방지를 위한 국제적인 노력이 계속되어 오고, OECD 모델조세조약 등의 모델조약과 이에 관한 주석서가 마련되고, 이에 따라 수많은 이중과세방지조약이 체결되고 있는 것도 위와 같은 인식에 기초한다. OECD 이전가격과세지침[10]도 이전가격을 통한 조세회피를 방지함과 동시에 다국적 기업의 용역대가산정에 관한 기준을 제시함으로써 국제적인 이중과세를 방지하자는 노력의 일환으로 마련된 것이다. 따라서 OECD 가입국인 우리나라에서도 경영자문료의 손금산입에 대한 관련 법령을 해석함에 있어서는 OECD 이전가격과세지침을 존중하는 것이 결국은 세계 각국의 이중과세를 방지하고 국제교역 또는 국제거래를 증진하고 자원배분의 왜곡을 막을 수 있는 방안이 된다고 할 수 있다.

(3) OECD 이전가격과세지침의 내용

OECD 이전가격과세지침은 제7장에서 '그룹 내 용역제공에 대한 특별고려'를 규정하고 있다.[11] 위 과세지침은 그룹 내 기업들의 활동을 주주활동과 비주주활동[12]으로 나누어

---

10) 원제목은 OECD, Transfer Pricing Guidelines for Multinational Enterprises and Tax Administration, 1997.
11) 위 과세지침은 다국적기업의 그룹 내 용역제공의 범위가 매우 넓을 수 있고(7.2), 모회사와 자회사의 관계는 매우 다양할 수 있음을 밝힌 후(7.4), "독립기업원칙에 의하면, 그룹 내 한 기업이 그룹 내 다른 하나 또는 그 이상의 기업을 위하여 어떤 활동을 수행한 경우에 있어서의 그룹내부 용역거래의 존부 문제는 그러한 활동이 그룹 내의 다른 각 기업에게 그 사업상의 지위를 제고시키는 경제적 또는 사업적 가치

각각의 활동의 예시를 들고 있는데, 위 과세지침이 주주활동의 예시로 든 'a) 모회사 주주회의, 모회사 주권발행, 감독기구 비용 등 모회사 자체의 법률적 구조에 관한 활동의 비용, b) 보고서의 연결을 비롯한 모회사의 보고의무와 관련된 비용, c) 경영참가를 위한 매수자금 조달과 관련한 비용'을 살펴보면13) 모두 '전적으로 소유자로서의 이해에 따른 활동'에 해당되는 것임을 알 수 있고, 따라서 OECD 이전가격과세지침이 주주활동의 범위를 상당히 제한적으로 파악하고 있음을 알 수 있다.

또한 위 과세지침은 다국적기업의 그룹 내 용역제공의 범위가 매우 넓고 다양할 수 있다는 점을 전제하고 있고, 모회사 등의 지원활동이 그룹 내의 다른 각 기업에게 그 사업상의 지위를 제고시키는 경제적 또는 사업적 가치를 제공하고 있다면 그 대가지급이 정당화되는 비주주활동에 포함되는 것으로 규정하고 있어, 비주주활동의 범위를 넓게 해석하고 있는 것으로 판단된다.14)

(4) 이 판결의 경우

대상판결의 사안에서 D사가 원고에게 제

공한 재정업무를 제외한 인적자원업무, 보급업무, 판매관리업무는 원고에게 그 사업상의 지위를 제고시키는 경제적 또는 사업적 가치를 제공하고 있다고 볼 수 있고 전적으로 소유자로서의 이해에 따른 활동으로 보기 어려우므로 OECD 이전가격과세지침이 규정하고 있는 주주활동에 해당하지 않는 것으로 판단되고, 따라서 법인세법에서 요구하는 업무관련성의 요건도 충족되는 것으로 보는 것이 타당하다고 생각된다.

3. 용역대가 산정의 합리성 여부(용역의 정상가격 문제)

한편, 용역을 제공하는 해외모회사 등이 국내자회사뿐 아니라 그룹 내 다른 자회사에게도 용역을 제공하는 경우에는, 개별적으로 용역거래의 당사자들 사이에서 용역대가를 구체적으로 약정하지 않고, 해외모회사 등이 그 용역제공에 소요된 비용을 산정한 후 일정한 비용배분기준을 채택하여 그룹 내 자회사들에게 배분하여 용역대가를 청구하는 사례들이 많고, 대상판결의 사안도 그러한 경우에 해당

를 제공했는지 여부에 따라서 결정되어야 한다."라고 하여 그룹내부의 용역거래로 보는 일반적 판단기준을 제시하고 있다(7.6).
12) 원문상 용어는 'non-shareholder activities'로서 전적으로 주주라는 소유적 이해에 따른 활동(대가지급불가)이 아니라 대상기업에 편익을 주는 활동(대가지급이 정당화됨)을 의미한다고 할 수 있다.
13) 이전가격과세지침 7.10
14) 이전가격과세지침의 7.9에서 "비주주활동에는 특정사업의 세부기획용역, 위기관리나 기술자문(문제해결) 또는 경우에 따라 일상관리활동 등의 지원 등이 포함될 수 있다"라고 하여 대가지급이 정당화되는 비주주활동을 예시하고 있다.

한다. 이러한 경우에는 그러한 청구방식의 허용 여부 및 그러한 비용배분기준이 합리적인 것인지 여부가 쟁점이 된다.[15]

국제조세조정에 관한 법률(이하 '국조법'이라 한다) 제5조 제1항 각호에서는 특수관계자 간의 거래에 관한 정상가격을 산출하는 방법으로 '비교가능 제3자 가격방법, 재판매가격법, 원가가산방법, 이익분할방법, 거래순이익률방법 및 대통령령이 정하는 그 밖에 합리적이라고 인정되는 방법'을 규정하고 있으며, 본문에서 "정상가격은 위 방법 중 가장 합리적인 방법으로 계산한 가격으로 한다"고 규정하고 있다. 한편 용역거래의 경우의 정상가격에 관하여 같은 법 시행령 제6조의2 제1항은 "거주자와 국외특수관계인 간의 용역거래(경영관리, 금융자문, 지급보증, 전산지원 및 기술지원, 그밖에 사업상 필요하다고 인정되는 용역의 거래)의 가격이 용역 제공자가 사전에 약정을 체결하고 그 약정에 따라 용역을 실제로 제공하고(1호), 용역을 제공받은 자가 제공받은 용역으로 인하여 추가적으로 수익이 발생하거나 비용이 절감되기를 기대할 수 있고(2호), 제공받은 용

역의 대가가 국제조세조정에 관한 법률 제5조 및 같은 법 시행령 제4조부터 제6조까지의 규정에 따라 산정될 경우(3호) 그 거래가격을 정상가격으로 보아 손금(損金)으로 인정한다"고 규정하고 있다. 위 각 규정을 종합하면, 용역대가의 산정방법이 ① 국조법 제5조 제1항 제6호의 "그 밖에 거래의 실질 및 관행에 비추어 합리적이라고 인정되는 방법"에 해당하고, ② 국조법 제5조 제1항 각호의 방법 중 가장 합리적인 방법으로 인정되는 경우에는 당해 용역대가가 손금으로 인정될 수 있다는 것을 알 수 있다. 다만, 일률적으로 용역대가의 산정방법을 정하는 것은 극히 어려운데다가 그 합리성에 관하여도 절대적인 기준이 없는 점 등을 고려하면, 여기서 '가장 합리적인 방법'이라는 것은 법인이 선택한 용역대가의 산정방법이 나름대로의 합리성을 가지고 있어 이와 다른 방법이 법인이 선택한 방법보다 객관적으로 명백히 우월하다고 볼 수 없는 경우를 말한다는 소극적인 의미로 해석될 수밖에 없는 것이 아닌가 생각된다.[16]

이와 관련하여, 특수관계기업들간 용역거

---

15) 이와 관련하여서는 대상판결의 사안에서는 구체적인 쟁점이 되지는 않았으나, 독립기업간 가격의 원칙 (arm's length price) 내지 정상가격이라는 관점에서 해외모회사 등이 자신들에게 소요된 비용 외에 적정한 이윤을 추가하여야 하는지 여부(profit mark-up)의 쟁점이 있다. 미국의 경우, 과거에는 전통적으로 특수관계자간의 용역거래와 관련하여 이윤의 추가가 요구되지 않았으나, 2006년 재무성의 규칙 (regulations)에 의해 비용만의 배분방법(services cost method: SCM)이 허용되는 경우를 제외하고는, 이윤을 추가하여야 하는 것으로 원칙이 변경되었다{Richard L. Doernberg, International Taxation, Thomson/West(2007), pp.304-5}.

16) 대법원도 "대한민국과독일연방공화국간의소득및자본에대한조세의이중과세회피를위한협정 제7조 제3항 및 법인세법시행령 제121조 제1항 제1호의 규정취지는 국내에 지점을 둔 외국법인이 각 지점에 대한 통할기

래의 정상가격에 관한 국제적인 과세기준이라고 할 수 있는 OECD 이전가격과세지침 제7장 「그룹 내 용역제공에 대한 특별고려」 중 7.21은 "다국적기업그룹은 흔히 직접청구방식(direct charging arrangements or direct-charge method)을 채용할 수 있는데 이는 특히 특수관계기업에게 제공되는 것과 유사한 용역이 비특수관계자에게도 제공되는 경우이며, 만약 제3자에 대한 용역제공이 단지 이례적이거나 미미한(occasional or marginal) 경우에는 직접청구방식이 적합하지 않다"고 규정하고 있다. 대상판결의 사안에서 명확하지는 않으나 D사는 아시아·태평양 지역의 각 계열사들을 대상으로 경영지원용역을 제공하고 있고, 제3자인 다른 기업에게 동일 또는 유사한 용역을 제공하고 있지 않은 것으로 보이고, 따라서 객관적이고 직접적인 가격산정기준이 존재하지 않으므로 직접청구방식[17]이 적합하지 않다고 볼

능과 관리기능을 수행하기 위하여 지출한 비용으로서 특정된 사업장 등에게 전속시킬 수 없는 본점경비 중, 국내지점의 업무에 대응하는 부분을 적정하게 국내원천소득에 배부하여 외국법인의 국내원천소득의 총합계금액을 계산함에 있어서 이를 손금으로 인정하여 주려는데 그 목적이 있다고 할 것이므로, 본점경비의 배부기준으로는 관련된 각 사업장의 수입금액에 비례하여 배부하는 방법이나, 각 사업장의 발생원가에 비례하여 배부하는 방법 등이 고려될 수 있음은 물론, 합리적인 이유만 있다면 반드시 일률적으로 한 가지 배부기준에 의하여야 할 필요는 없고, 항목별로 다른 배부기준을 적용하여도 무방하다고 보는 것이 상당하고, 따라서 국세청고시 제81-37호 소정의 이른바 일괄배부방법, 즉 배부대상 경비액에 국내사업장의 수입금액이 전세계 관련점 수입금액에서 차지하는 비율을 곱하여 계산하는 방법은 물론, 국내사업장이 전세계 관련점에서 차지하는 영업규모점유비율과 매출총이익점유비율을 항목별로 계산하여 평균한 비율에 따라 계산하는 이른바 항목별 배부방법도 그 나름대로의 합리성을 갖춘 경비배부방법으로 인정될 수 있는 것이다. 나. 외국법인이 당초 과세관청에게 국내지점의 법인세와 방위세의 과세표준을 신고함에 있어서 본점경비 중 국내지점의 손금으로 산입할 수 있는 배부경비액을 자신이 채택한 항목별 배부방법에 따라 계산하여 신고하였더라도, 그 배부방법이 합리적인 것으로 인정된다면 그 신고내용에 오류 또는 탈루가 있었다고는 볼 수 없으므로 과세관청이 과세표준과 세액을 갱정함에 있어서, 그 배부방법을 달리하여 국세청고시 제81-37호 소정의 일괄배부방법을 채택함으로써 나타난 차액을 과다하게 계산된 경비로 보아 손금부인한 것은 위법하다"고 판시하였고(대법원 1990. 3. 23. 선고 89누7320 판결), "원고 외국법인이 서울지점의 법인세 및 방위세의 과세표준 및 세액을 신고 납부하면서 그 과세표준산출시 본점의 경비 중 서울지점 관련경비 배부액을 국세청고시 제81-37호 소정의, 이른바 일괄배부방법으로 산정하여 손금처리하였다가, 그 후 이것이 잘못되었다고 하여 원고 자신이 채택한, 이른바 항목별 배부방법으로 다시 산정하여 손금처리하고 감액된 과세표준 및 세액을 산출하여 과세표준수정신고를 하면서 당초 납부한 세액과의 차액의 환급청구를 하자 과세관청인 피고가 이를 받아들여 위 차액을 환급하였다가, 다시 수정신고는 잘못된 것이고 당초 신고시의 경비배부방법이 정당하다는 이유로 환급한 세액에 가산세를 가산하여 과세처분을 하였으나 위 2가지 경비배부방법이 각각 그 나름대로의 합리성을 갖춘 배부방법으로 인정되는 경우라면, 피고가 원고의 수정신고를 정당한 것으로 받아들여 과세표준과 세액을 경정하는 결정을 한 만큼 그 경정결정에는 이를 다시 경정할 만한 오류나 탈루가 없는 것인데도 이른바 일괄배부방법만을 따라야 한다는 이유로 다시 과세처분을 한 것이므로 위 처분은 위법하다"고 판시한 사례들이 있다(대법원 1991. 1. 29. 선고 90누7852).

17) 국제조세조정에 관한 법률 제5조 제1항 각호에서 규정하는 비교가능 제3자 가격방법, 재판매가격방법은 직접청구방법에 해당한다고 할 수 있고, 원가가산방법도 원칙적으로 직접청구방법에 해당한다고 할 수 있다.

수 있다.

위 지침 7.24는 직접청구방식의 적용이 곤란하여 개산 또는 추정에 의하지 않고는 여러 관련기업들 각각에게 제공되는 개별적인 용역가치를 계량화할 수 없는 경우에 허용되는 간접청구방식에 관하여 규정하고 있는데,[18] 위 조항은 "각각의 수령자에 대하여 관련용역활동을 별도로 기록하고 분석하는 데에 따른 행정부담이 그 용역활동 자체에 비하여 지나치게 큰 경우에도 간접청구방식을 합리적인 방법으로 사용할 수 있다"고 규정하고 있고, 이어 위 지침 7.25는 "비용배분이 매출, 종업원 수 또는 그 외의 기준에 의해 이루어질 수 있고, 어떤 배분방법의 적합성은 관련 용역의 성격과 사용양상에 의하여 좌우된다"고 규정하고 있다. D사가 재정업무에 관한 비용은 전액 C사에게 배분하였고, 인적자원업무 관련 비용은 위 각 회사들의 직원들의 수의 비율에 따라, 나머지 보급업무 및 판매관리업무 관련 비용은 위 각 회사들의 순판매고의 비율에 따라 각 배분한 것은 일응 관련 용역의 성격과 사용양상에 적합한 것이므로 합리적이며 타당성 있는 방법이라고 할 수 있는 것으로 판단된다. 따라서 대상판결의 사안의 경우 용역대가가 불합리한 방법으로 산정되었다고 보기는 어렵다고 판단된다.

그러나 위와 같은 기준은, 예를 들어 새로운 시장개척을 위하여 특정 국가에 계열사 또는 지점을 설립 또는 설치하는 경우 초기의 일정기간 동안 인적 및 물적 투입비용에 비하여 판매액이 적을 가능성이 높은 반면, 이로 인하여 오히려 비용배분액은 줄어들 것이므로, 이는 결국 당해 국가에서 많은 초기 시장개척비용이 발생하였음에도 불구하고 그 비용이 다른 국가에 소재하고 있는 계열사들에게 배분되어 그 계열사들의 순이익을 감소시키는 기능을 하는 결과를 가져올 수 있다고 생각된다. 이는 초기의 시장개척에 소요되는 비용을 다른 국가에 소재하는 다른 계열사 또는 지점들이 분담함으로써 그들이 소재하는 국가들의 정당한 과세권을 축소시키는 결과를 초래하는 것이다. 이러한 점에서 알 수 있듯이, 위와 같은 간접청구방식은 구체적인 사안에 따라서는 합리적인 방법으로 인정되기 어려운 경우가 충분히 있을 수 있다고 할 것이고, 이에 관한 판단은 결국 법원에 맡겨져 있다고 할 것이다.

4. 결론

대상판결에서는 ① D사가 원고에게 제공한 경영지원용역은 원고의 사업활동을 위한 것으로서 원고의 소득 발생과 합리적인 관련

---

18) OECD 이전가격과세지침은 간접청구방식이 사용되는 경우 대가와 제공된 용역간의 관계가 모호하고 유발된 편익을 평가하기 어려울 수 있으므로 이중과세의 위험이 증가한다고 하고 있다(OECD 이전가격과세지침 7.27).

이 있는지 여부 및 ② 경영지원용역과 관련된 간접비용의 배분 기준이 합리적인지 여부를 기준으로 그 용역대가의 손금산입 여부를 판단하였다. 대상판결에서 명시적으로 설시하지는 않았지만 대법원이 위 쟁점에 대하여 설시한 내용은 우리나라의 법령 및 OECD 이전가격과세지침에 부합한다고 판단된다. 다국적기업의 그룹 내 용역제공의 대가에 대한 손금산입 여부에 관하여 대법원 판례 또는 이론에 의하여 그 기준이 아직 충분하게 정립되지는 않은 것으로 보이나, 국가들 사이에 판단기준이 상이한 경우 이중과세의 문제가 발생할 수 있고 따라서 국제거래에 장애사유로 기능할 수 있다는 점에서 OECD 이전가격과세지침을 존중하여 관련법규를 해석하는 것이 바람직하다고 생각되며, 이러한 측면에서 대상판결은 타당하다고 판단된다.[19]

다만, 위에서 지적한 바와 같이 이러한 간접청구방식이 모든 경우에 허용된다고 보기는 어려운 것이므로, 그 허부에 관하여서는 구체적인 사안과 관련하여 판단이 이루어질 필요가 있다고 할 것이며, 또한 특수관계기업들 사이에 제공되는 용역의 성격에 관계없이 모든 종류의 용역에 이러한 비용의 배분방법을 허용하는 것이 타당하다고 할 수 있는지에 관하여서는 상당한 의문이 있다고 할 것이므로,[20] 법령 및 판례에 의하여 이에 대한 보다 합리적이고 구체적인 기준이 정립될 필요성이 있는 것으로 생각된다.[21]

---

[19] 참고로, 대상판결은 다국적기업이 국내법인을 설립하고 용역을 제공한 경우에 대한 것인데, 외국법인이 국내에 지점을 설치한 경우에도 동일한 접근이 가능하다. 외국법인의 지점의 경우에도 국내원천소득에 대하여는 법인세를 납부하여야 하며(법인세법 91조 1항), 위 지점의 사업과 관련된 비용은 손금으로 산입되어야 하기 때문이다(법인세법 92조 1항, 19조 2항).

[20] 비록 미국 재무성규칙의 변경과정이 미국의 다국적기업에 대한 과세권을 강화하기 위한 목적을 지니고 있는 것은 사실이라고 판단되나(Elena R. Tsaneva, Comment: Transfer Pricing in The Wolrd of Services and Intangibles—A New Challenge to Preserving the The Corporate Tax Base, UCLA Journal of International Law and Foreign Affaires, Fall/Winter 2004, pp.358-9), 독립기업 사이에 이윤의 부가 없이 비용만을 배분하는 것이 아무런 제한 없이 허용되는 것이 타당하다고 보기는 어려운 것으로 생각된다.

[21] 미국은 2006년 임시재무성규칙(Temporary Regulations)에 의하여 「적정 이윤의 추가 없이 용역에 소요된 비용만을 청구할 수 있는 방식(the services cost method, SCM)」이 허용되는 용역들을 일상적인 후방용역(back-office services) 그리고 저가용역(low-value services)으로 제한하는 한편, 평균이익율(the median markup)이 7% 이하인 저이율용역{low-margin services}임을 납세자가 입증하는 경우에 SCM을 허용하고 있으며, 그 외의 용역에 적용되는 5가지 추가적인 이전가격결정원칙을 규정하고 아울러 이전가격에 관한 일반원칙들에 따라 결정되도록 하고 있다(Temporary Regulation Section 1.482-9T; Richard L. Doernberg, 전게서, p.304-307 등 참조). 미국의 위 2006년 임시재무성규칙에 관한 보다 상세한 내용에 관하여서는 장덕열, "조세용역거래에 관한 미국의 임시 시행령 주요내용과 과세상 쟁점 및 대응방안", 『조세』, 제231호(2007. 8.), 135면 이하 참조. 2006년 이전의 미국의 용역거래와 관련한 과세권강화를 위한 재무성규칙의 변경 등에 관하여서는 위 주 20의 Elena R. Tsaneva 전게논문 참조.

참고문헌

OECD, 『이전가격과세지침(Transfer Pricing Guidelines for Multinational Enterprises and Tax Administration)』, 1997.

Richard L. Doernberg, International Taxation, Thomson/West, 2007.

Elena R. Tsaneva, Comment: Transfer Pricing in The Wolrd of Services and Intangibles—*A New Challenge to Preserving the The Corporate Tax Base*, UCLA Journal of International Law and Foreign Affaires, Fall/Winter 2004.

장덕열, "조세용역거래에 관한 미국의 임시 시행령 주요내용과 과세상 쟁점 및 대응방안", 『조세』, 제231호 (2007. 8.).

외국법인 국내원천소득금액 계산을 위한 관련점 경비배분방법

사건의 표시 : 대법원 1990. 3. 23. 선고 89누6750 판결

▪ 사실개요 ▪

원고 도이치은행은 독일에 본점을 두고 은행업을 영위하는 외국법인이다. 1985. 3. 16. 그 서울지점의 1984 사업년도 법인세과세표준을 신고함에 있어서 원고은행의 본점경비 중 서울지점의 손금으로 산입할 수 있는 금액을 국세청고시 제81－37호(이하 "이 사건 국세청고시") 소정의 "외국법인의 과세소득계산상 관련점경비 배부방법"에 따라 산출된 금액으로 계산하여 법인세를 신고납부(이하 "당초신고")하였다. 이는 배부대상 경비액에 국내사업상의 수입금액이 전세계 관련점 수입금액에서 차지하는 비율을 곱하여 배부경비액을 계산하는 항일괄 배분방법이었다.

원고는 1985. 9. 12. 원고은행의 본점경비 중 서울지점의 손금으로 산입할 수 있는 금액의 계산은 위 국세청고시에 의할 것이 아니라 원고은행이 채택하는 방식에 따르는 것이 정당하다고 하면서 과세표준과 세액을 재계산하여 감액수정신고하면서 초과납부세액을 환급신청(이하 "수정신고")하였다. 이 방식은 원고 도이치은행이 그것의 세계 각 지점에 일률적으로 적용하는 방법으로서 본점경비를 산하 각 지점들의 영업규모비율 및 매출총이익비율을 평균한 비율에 의하여 배부하는 항목별 배분방법이었다.

피고 과세관청은 위 감액수정신고에 대해

* 이진영(한국국제조세협회 이사장).

국세기본법(이하 '기본법'이라 한다) 제45조 제2항의 규정에 의한 법정기한인 60일 내에 아무런 경정결정 또는 통지를 하지 아니하였다(이하 "이 사건 거부처분").[1]

■ 쟁점 ■

원고의 청구취지는 이 사건 국세청고시가 위법한 것임을 전제로 피고의 이 사건 거부처분이 위법하다 하여 그 취소를 구하는 것이었다. 이 사건 쟁점은 이 사건 국세청 고시가 위법한 것인지, 그것이 적법하다면 원고의 1984 사업연도 법인세과세표준을 그것에 근거하여 계산한 원고의 당초신고가 적법하다는 전제하에 원고의 수정신고를 인정하지 않은 이 사건거부처분이 적법한 것인지이다.

■ 판결요지 ■

배부대상경비액에 국내사업장의 수입금액이 전세계 관련점 수입금액에서 차지하는 비율을 곱하여 배부경비액을 계산하도록 정하고 있는 국세청고시(1981. 11. 18. 제81-37호) 소정의 회계방법은 대한민국과독일연방공화국간의소득및자본에대한조세의이중과세회피를

위한협정(이하 "한독조세조약") 제7조 제3항 및 법인세법시행령 제121조 제1항 제1호의 규정 취지 등에 비추어 볼 때 합리성이 있고 적법하다.

피고 과세관청이 원고의 당초신고가 이 사건 국세청고시를 올바로 적용한 것이라고 판단하고 원고의 수정신고를 인정하지 않은 처분은 적법하다.

▶ 해 설 ◀

1. 이 사건 국세청 고시의 성격

이 사건 국세청고시 제81-37호는 "외국법인의 과세소득계산상 관련점경비 배부방법"의 제하에 외국법인의 국내원천과세소득금액 계산상 손금으로 인정할 수 있는 배부대상 관련점경비액의 계산은 국내사업상의 수입금액이 전세계 관련점 수입금액에서 차지하는 비율을 곱하여 일괄적으로 계산하도록 규정하고 있었으며, 1981년 11월 18일 제정되었다.

이 사건 당시 법인세법시행령(이하 '법령'이라 한다) 제121조 제1항 제1호는 외국법인의 각 사업년도의 국내원천소득의 총합계금액을 계산할 때 "(법인세)법 제9조에서 규정하는 손금은 (법인세)법 제55조에 규정하는 국내원천

---

[1] 1994년 기본법 개정으로 경정청구제도가 도입되기 전까지는 과세표준 감액에 의한 환급은 수정신고의 방법에 의하도록 되어 있었다.

소득에 관련하는 수입금액·자산가액과 국내원천소득에 합리적으로 배분되는 것에 한한다."고 규정하고 있었다. 법령 제121조 제1항 제1호에서 사용된 "배분"의 개념은 회계적으로 보아, 배분대상경비라면 그 항목을 불문하고 총액을 계산하여 관련점에 일률적인 한 가지의 기준에 의해 배분하는 방법과 개별배분 대상항목의 특징을 감안하여 그 특징에 부합하는 기준을 각각 설정하여 배분하는 방법 등을 모두 포섭하는 개념이었다. 동 규정은 이 중 어느 방법에 의할 것인가에 대해 전혀 규정하고 있지 않았다.

국세청장은 1981년 법령 제121조 제1항 제1호상 "수입금액·자산가액과 국내원천소득에 합리적으로 배분"의 의미를 보다 구체화하는 행정지침으로서 이 사건 국세청고시를 제정하였으며, 그것은 일괄적 배분방법만을 규정한 것이었다.[2] 이 사건 국세청고시상 항목별 배분방법이 배제된다는 명시적 표현은 존재하지 않았다.

이 사건 국세청고시는 구 법령 제121조 제1항 제1호를 적용하기 위한 예시적 훈령으로서 기능할 수 있는 것이며 그 범위 안에서 적법한 것이 될 수 있다. 이 사건 국세청고시가 법규의 명백한 위임 없이 열거적 훈령으로 기능하는 문면을 가지고 있다면 위법한 것이

될 수 있다. 이 사건 국세청고시의 문면만으로는 그 성격을 가름할 수 없지만 아래와 같은 이후 관련 법규와 고시의 변경과정을 볼 때 예시적인 성격을 지니고 있었던 것으로 판단된다.

이 사건 처분시점과 이 사건 판결시점의 사이인 1987. 3. 11.에 신설된 구 법인세법 기본통칙(이하 '법통칙'이라 한다) 6-1-33…(54)은 외국은행의 본점등의 경비배부액을 계산하는 방법에 관하여 원고가 채택한 항목별 배부방법과 위 국세청고시가 채택한 일괄배부방법 중 하나를 선택하여 계산할 수 있도록 규정되어 있었다. 위 법통칙은 그 부칙에서 이 사건 국세청고시와의 관계에 대해 "외국은행 국내지점의 각 사업연도 소득금액계산상 손금으로 인정되는 본점등의 경비배부액 계산에 관하여는 국세청고시 제81-37호(외국법인의 부과소득계산상 관련점 경비배부방법)의 규정에 불구하고 6-1-33(외국은행의 본점경비배부방법)이 적용된다."고 규정하고 있었다.

1999년 5월 24일 전면개정된 구 법인세법시행규칙(이하 '법칙'이라 한다) 제64조는 법령 제130조(이 사건 당시에는 제121조)의 규정을 적용할 때에 "공통경비를 배분함에 있어서는 배분의 대상이 되는 경비를 경비항목별 기준에 따라 배분하는 항목별 배분방법에 의하

2) 이 사건 국세청 고시가 단순한 행정내부적 효력만 있는 것인지 대국민적 법규적 효력을 갖는 것인지에 대해서는 별도의 논의가 필요하다. 이 사건 쟁점은 아니므로 본고에서 상설하지 않는다. 여기서는 행정내부훈령이 일반적으로 법규적 효력이 없다는 원칙에 입각하여 논한다.

거나 배분의 대상이 되는 경비를 국내사업장의 수입금액이 본점 및 그 국내사업장을 관할하는 관련지점 등의 총수입금액에서 차지하는 비율에 따라 배분하는 일괄배분방법에 의할 수 있다."고 규정하게 되었다.

1999년 제정된 국세청 고시 제99-28호(1999. 9. 1.)는 "공통경비 배분액은 다음 항에서 규정하는 항목별배분방법과 일괄배분방법 중 하나를 선택하여 계산하여야"한다고 하면서, "일괄배분방법은 항목별 배분방법을 적용하는 것이 적절하지 않거나 배분대상 공통경비액이 적어 항목배분의 실익이 없는 때에" 적용한다고 규정하였다.

대법원은 이 사건 국세청고시의 적법성 여부에 대해 판단하면서, "법령 제121조 제1항 제1호의 규정취지에 의하면 본점경비가 국내소득원천과 기타 소득원천에 공통되는 경우에는 국내소득원천에 관련되는 것으로 합리적으로 배분되는 금액만을 손금으로 인정하려는 것이나, 외국법인의 업종과 업태 및 조직이 다양하여 일률적으로 합리적인 관련점 경비 배부방법을 정하는 것은 극히 어려운 데다가 그 합리성에 관하여 절대적인 기준이 없는 점 등에 비추어 보면, 국세청고시 제81-37호가 정한 수입금액의 비례에 의한 경비배분의 회계방법도 그 나름대로 합리성이 있다고 할 것이므로, 그 방법이 위 조세협정[한독조세조약] 제7조 제3항이나 법령 제121조 제1항 등에 위반된 것이라고 볼 수 없다"고 판단하고 있다.

이 사건 국세청고시는 경비배분회계의 한 방법으로 "수입금액 비례에 의한 경비배분"에 대해 규정하고 있으므로, 한독조세조약 및 법인세법시행령에 위반되는 것은 아니라는 판단을 한 것이다. 대법원이 "원심이 … 위 국세청고시가 정한 관련점 경비등의 배부방법만이 합리적이고 그 이외의 방법은 합리적이 아니라고 판시한 것이 아니"라고 함으로써, 과세관청이 이 사건 국세청고시를 적용하면서 그것에서 규정하지 않은 방법은 법령 제121조 제1항 제1호에서 규정하는 방법에 해당되지 않는다고 해석하는 한 이 사건 국세청고시가 위법한 것이 된다는 점에 대해 간접적으로 언급하고 있다.

2. 이 사건 거부처분의 적법성

대법원은 이 사건 국세청고시의 적법성 여부에 대해 판단하면서, 원고의 당초신고시 적용된 일괄배분방법과 수정신고시 적용된 항목별 배분방법 모두 법령 제121조 제1항 제1호에 부합하는 방법이 될 수 있다고 보았다.

그런데 대법원은 "원고가 당초 … 과세표준을 신고함에 있어서 … 국세청고시 제81-37호 소정의 배부방법에 따라 계산하였는바, 그 배부방법도 합리성이 있는 것이므로 기본법 제45조 제1항 소정의 과세표준수정신고를 할 사유에 해당하지 아니한다는 취지로 판시한 것이지 …"라고 함으로써 원고의 수정신고를 거부한 과세관청의 행위가 적법하다는 판단을 하고 있다.

이 사건 당시 기본법 제45조 제1항은 오늘날의 경정청구에 해당하는 (감액)수정신고에 대해 "과세표준신고서를 법정신고기한내에 제출한 자는 그 기재사항에 누락, 오류가 있는 때에" 허용된다고 규정하고 있었다.

대법원은 이 사건 당시 법령 제121조 제1항 제1호의 규정상 항목별 배분방법과 일괄배분방법은 사실상 선택사항에 해당한 것이었으므로 당초 신고시 일괄배분방법을 선택한 것 자체에 "오류"가 있었던 것으로 볼 수 없다고 판단한 것이다. 이러한 입장은 이 사건 원고 도이치은행의 1983 사업연도분 법인세에 관한 다른 사건에서 과세관청이 수정신고를 받아들였다가 그것을 다시 경정하는 처분을 한 데 대해, 대법원(대법원 90누7852, 1991. 01. 29)이 "원고 외국법인이 … 일괄배부방법으로 산정하여 손금처리하였다가, 그 후 이것이 잘못되었다고 하여 원고 자신이 채택한, 이른바 항목별 배부방법으로 다시 산정하여 … 과세표준 수정신고를 … 하자 과세관청인 피고가 이를 받아들여 위 차액을 환급하였다가, 다시 수정신고는 잘못된 것이고 당초 신고시의 경비배부방법이 정당하다는 이유로 환급한 세액에 가산세를 가산하여 과세처분을 … 경우라면, 피고가 원고의 수정신고를 정당한 것으로 받

아들여 과세표준과 세액을 경정하는 결정을 한 만큼 그 경정결정에는 이를 다시 경정할 만한 오류나 탈루가 없는 것인데도 … 다시 과세처분을 한 것이므로 위 처분은 위법하다."고 한 것과는 대조를 이룬다. 대법원 90누7852 사건 판결에서 대법원은 과세관청이 수정신고에 대해 조사할 때 기본법 제45조 제2항에 따라 "당초에 신고한 과세표준 또는 납부세액을 감소시키거나 환급세액을 증가시키는 사항이 있는 경우"인지를 판단함에 있어 당초신고상 "오류"가 있었다고 본 것이 적법하다는 전제 위에 서있다.

선택한 배분방법의 변경을 인정할지에 대해 국세청 내부훈령은 국세청고시 제99－28호(1999. 9. 1.)에서 "그 국내사업장이 선택하여 적용한 배분방법은 특별한 사유가 없는 한 다음 사업연도 이후에도 계속하여 적용하여야 한다."고 규정한 이래 동일한 내용으로 규율하고 있다(국세청고시 제2012－31호, 2012. 9. 1). 국세청고시 제99－28호는 1999년 법인세법시행규칙 전면개정시 그 제64조 제4항에서 "제1항 내지 제3항의 규정을 적용함에 있어서 구체적인 계산방법, 첨부서류의 제출 기타 필요한 사항은 국세청장이 정한다."고 하는 위임규정에 근거한 것이다.[3] 당년도 선택방법의 변경을 허용할 것인지에 대해 비록 명문의 규정이 있는 것은 아니지만, "배분"의 의미와 그것

---

3) 법인세법시행규칙과 결합하여 그것을 보완하는 보충적 규정으로서 법규성을 갖는 것으로 볼 여지도 있다. 이는 본 사건의 쟁점이 아니므로 상설을 생략한다.

의 적용에 관한 법인세법, 그 하위법규 및 관련 행정훈령의 취지를 종합해 볼 때, 당년도 법인세 과세표준을 위해 적법한 절차에 따라 어떤 방법을 선정한 것의 효력을 사정변경과 같은 특별한 이유도 없이 "오류"로 보아 부인하기는 곤란할 것이다. 이런 관점에서 볼 때 대법원 90누7852 사건에서 법원이 과세관청의 수정신고 인용행위가 있었다고 하여 사실상의 변경을 인정한 것은 타당하지 않은 것으로 보인다.

3. 이 판결의 의의

외국법인 국내원천소득금액계산상 본점 등 관련점 경비 중 국내원천소득금액 창출과 합리적으로 관련이 있는 금액을 손금으로 인정하는 것이 타당하다. "합리적 관련"의 의미에 대해서 국제적으로 많은 논의가 있어 왔다. 본 사건에서 다루어진 쟁점들은 "합리적 관련"의 실체적 의미보다는 근거법규와 국세청 내부훈령 적용의 타당성에 관한 것들이었다.

이 사건 판결문에서 법원은 이 사건 국세청고시가 한독조세조약 "제7조 제3항 등에 위반된 것이라고 볼 수 없고, 따라서 위 국세청고시가 적법하다"는 취지로 판단하였다. 이와는 달리 미국법원의 National Westminster Bank 판결[4]에서 영국은행의 미국 내 원천소

득금액 산정을 위한 방식에 관한 준거를 미국 재무부규칙(Treasury Regulaiton §1.882-5)으로 할 것인가 아니면 1975년 미영조세조약 제7조의 내용을 보다 더 잘 반영하고 있는 영국 내부훈령으로 할 것인가에 관해 미국재무부규칙은 1975년 미영조세조약에 위반되었으므로 영국 내부훈령이 적용되어야 한다고 판시한 것은 조세조약 위반 여부에 따라 행정규칙이 적용되지 않을 수도 있다는 점에서 참고할 만하다.

이 사건의 원고는 일괄배분방법을 선택하였다가 항목별 배분방법으로 변경하면서 수정신고를 하였다. 이 사건 당시 기본법상 납세자가 신고한 과세표준 및 세액을 감액하기 위해서는 "누락, 오류가 있는 때에" 수정신고의 방법을 사용하였어야 하며, 이에 대해 과세관청은 60일 이내에 인정 여부에 대한 회신을 하도록 하고 있었다. 그 회신은 오늘날 경정청구에 대한 결정처분에 해당한다. 현행 국세기본법상 경정청구는 "세법에 따라 신고하여야 할 과세표준 및 세액을 초과할 때" 할 수 있도록 되어 있다(기본법 45조의2 1항 1호). 법인세법 및 그 하위법규상 납세자로 하여금 과세상 여러 방법 중 하나를 선택할 수 있도록 하면서 그의 변경을 허용할 것인지에 대해 아무런 규정을 두고 있지 않은 경우 그것을 인정할 수 있는가가 문제된다. 대법원은 이 사건에서 적

---

4)　National Westminster Bank, PLC v. United States, 44 Fed. Cl. 120(1999)(NatWest I), National Westminster Bank PLC v. United States, No. 2007-5028(Fed. Cl. Jan. 15, 2008)) 등.

법한 훈령을 적용하여 납세자의 행위 자체에는 '오류'가 없으므로 수정신고[현행 경정청구]의 대상이 아니라는 판단을 하였으나, 선택의 변경 허용문제는 경정청구제도가 도입된 오늘날 매우 큰 논의의 주제이므로 보다 심도 있는 논의가 필요하다.

이중거주자 여부에 대한 입증책임 및 원천징수제도의 위헌 여부[1]

사건의 표시 : 대법원 2008. 12. 11. 선고 2006두3964 판결

▪ 사실개요[2] ▪

원고는 은행 업무 등을 목적으로 하는 법인이다. 원고는 예금주 소외 1~3을 소득세법의 비거주자로 보고, 한국·미국 조세조약 또는 한국·일본 조세조약의 제한세율을 적용하여 이자소득세를 원천징수하였다. 소외 1은 1997년부터 2001년까지 미국 과세당국에 세무신고를 하였고, 처와 함께 1999년부터 2002년까지 미국에서 의료보험에 가입하였으며, 자녀들은 미국에서 직장을 구하여 미국 과세당국에 세금을 납부하였다. 소외 2, 3은 주일

대한민국 대사관의 재외국민등록부에 일본국 동경을 주소지로 등록하였다. 소외 1~3은 이자소득을 얻은 과세기간에 국내에 1년 이상 머물렀다.

피고 남대문세무서장은 소외 1~3을 거주자로 보아 원고에게 "소득세법상 원천징수세율과 조세조약상 제한세율 사이의 차이에 상당하는 금액을 납부하라"는 내용의 원천징수처분(이하 '이 사건 징수처분'이라 한다)을 하였다.

---

* 김범준(법무법인 율촌 변호사).

1) 이 글은 김범준, "2008년도 소득세법 판례 회고", 『조세법연구』, 15-1(2009), 443-448면 중 대법원 2008. 12. 11. 선고 2006두3964 판결에 대한 평석을 수정·보완한 것이다.
2) 위 사실개요는 서울고등법원 2006. 1. 13. 선고 2004누23171 판결(대법원 2008. 12. 11. 선고 2006두 3964 판결의 원심 판결)에 기초한 것이다.

▪ 판결요지 ▪

[1] 개인이 소득세법상의 국내 거주자인 동시에 외국의 거주자에도 해당하여 그 외국 법상 소득세 등의 납세의무자에 해당하는 경우에는 하나의 소득에 대하여 이중으로 과세될 수도 있으므로, 이를 방지하기 위하여 각국 간 조세조약의 체결을 통해 별도의 규정을 두고 있다. 납세의무자가 이와 같은 이중거주자에 해당하는 사실이 인정된다면 그 중복되는 국가와 체결한 조세조약이 정하는 바에 따라 어느 국가의 거주자로 간주할 것인지를 결정하여야 하고 그 조세조약에 따른 거주지국 및 그 세율의 결정은 과세요건에 해당한다. 다만, 국내 거주자인 납세의무자가 동시에 외국의 거주자에도 해당하여 조세조약이 적용되어야 한다는 점에 대하여는 이를 주장하는 납세의무자에게 그 증명책임이 있다.

[2] 소득세 징수방법의 하나인 원천징수 제도가 국가의 세수확보 및 조세징수의 편익에 기여하는 등 공익적 요청에 부합하는 점에 비추어 볼 때, 소득세법이 이자소득을 지급하는 자에 대하여 이자소득자가 납부할 이자소득세를 원천징수하여 납부하도록 규정한 것이 헌법상 보장된 과잉금지의 원칙 또는 비례의 원칙을 위반하여 재산권을 침해한다고 볼 수는 없다.

▸ 해 설 ◂

1. 이중거주자의 거주지국 판단 방법

'국내에 주소를 두거나 183일 이상 거소를 둔 개인'을 거주자라 부르고(소득세법 1조의2 1항 1호), 거주자는 소득세법에서 정하는 모든 소득에 대하여 소득세 납세의무를 부담한다(소득세법 3조 1항). 여기서 말하는 주소는, 국내에서 생계를 같이 하는 가족 및 국내에 소재하는 자산의 유무 등 생활관계의 객관적 사실에 따라 판단한다(소득세법 시행령 2조 1항). 또한 거소는 '주소지 외의 장소 중 상당기간에 걸쳐 거주하는 장소로서 주소와 같이 밀접한 일반적 생활관계가 형성되지 아니한 곳'을 의미한다(소득세법 시행령 2조 2항).

우리나라와 마찬가지로 다른 나라도 거주자에 관한 판단 방법을 법에서 정하고 있다. 대법원 2008. 12. 11. 선고 2006두3964 판결에서 문제된 나라 중 일본은 우리나라와 비슷하게 주소 또는 1년 이상의 거소를 가진 경우에 일본 거주자로 본다(일본 소득세법 2조 1항 3호). 또한 미국의 경우 시민권을 가진 자의 전세계 소득에 대하여 과세한다(Treasury Regulation §1.1−1(b)). 설령 시민권이 없더라도 영주권을 보유하거나(green card test, Internal Revenue Code §7701(b)(1)(A)(i)), 일정한 체류일수 요건을 만족하거나(substantial presence test, Internal Revenue Code §§7701(b)(1)(A)(ii),

7701(b)(3)), 일정한 요건을 충족한 상태에서 거주자 지위를 선택하면(first-year election, Internal Revenue Code §§7701(b)(1)(A)(iii), 7701(b)(4)), 역시 거주자(resident)로서 전세계 소득이 과세대상에 포함된다.

이처럼 각 나라의 거주자 요건이 다르므로, 어느 개인이 두 나라의 거주자, 즉 이중거주자가 되어 두 나라 모두로부터 전세계 소득에 대하여 과세될 수도 있다. 예컨대 우리나라에 1년 동안 거소를 둔 채로 일본에 주소를 두거나 미국의 시민권을 가진다면, 이중거주자가 된다. 일반적으로 각국은 조세조약에서 이중거주자의 최종 거주지국에 관한 판단 기준을 정하고 있다. 많은 나라가 모범으로 삼고 있는 OECD 모델조세조약(OECD Model Tax Convention on Income and on Capital) 제4조 제2항은 ① 항구적인 주거(permanent home), ② 중대한 이해관계의 중심지(center of vital interests), ③ 일상적 주소(habitual abode), ④ 국적(national), ⑤ 상호합의(mutual agreement)를 판단 기준으로 제시하였다. 한국·미국 조세조약 제3조 제2항과 한국·일본 조세조약 제4조 제2항 역시 같은 입장이다. 이러한 조항을 흔히 'tie-breaker rule'이라고 부른다.

2. 쟁점

대법원 2008. 12. 11. 선고 2006두3964 판결(이하 '대상 판결'이라 한다)에서는 "개인이 이중거주자인 점에 대해서 누가 입증책임을 지는가?"가 다투어졌다. 이 쟁점은 이중거주자의 거주지국을 결정하는 과정의 첫 단추로서, 다른 나라의 거주자 판단 기준에 부합하는 사실을 누가 입증할 것인지의 문제이다. 만약 다른 나라의 거주자라는 사실이 제대로 입증되지 않으면 이중거주자의 거주지국에 관한 논의 자체가 이루어질 수 없으므로, 입증책임의 귀속 문제는 이중거주자 여부가 다투어지는 사건에서 중요한 의미를 갖는다.

한편, 대상 판결의 원고처럼 원천징수의무자는 원천징수대상자가 거주자 또는 비거주자인지 여부를 파악하여 조세조약의 제한세율 또는 국내 세법의 원천징수세율을 적용하여야 한다. 만약 거주자 또는 비거주자 여부를 잘못 판단하여 올바른 세율을 적용하지 못하면, 과세관청은 원천징수의무자에게 따로 징수처분을 할 수 있다. 법리적으로는 원천징수의무자가 원천징수대상자에게 부당이득반환청구를 할 수 있으나(대법원 2008. 9. 18. 선고 2006다49789 판결), 그 과정에서 많은 시간과 비용이 들거나 여러 가지 현실적 이유로 부당이득반환청구소송 자체가 어려울 수 있다. 또한 원천징수의무자는 원천징수의무 불이행에 따른 가산세에 대해서 원천징수대상자에게 구상청구를 할 수 없다(대법원 1979. 6. 12. 선고 79다437 판결). 이와 같은 불이익에도 불구하고 원천징수의무자는 과세관청처럼 질문검사권을 가지고 있지 않으므로, 원천징수대상자의 이중거주자 여부를 정확히 파악하기가 어렵다. 이러한 시각에서 원고는 원천징수제도의 과잉금지원칙 또는 비례원칙 위배를 주장하였으므로, 이 점에 대해서도 함께 검토한다.

3. 이중거주자 여부에 대한 입증책임

대상 판결의 소외 1~3이 최종적으로 미국 또는 일본 거주자가 되어 조세조약상 제한세율을 적용 받으려면, 먼저 소외 1~3이 미국 세법 또는 일본 세법에서 정하는 거주자 요건을 충족하여야 한다. 달리 말하면, 소외 1~3이 미국 또는 일본 거주자라는 점은 법인세법상 원천징수세율을 적용한 이 사건 징수처분의 위법 사유이므로, 일반적인 입증책임 분배원칙에 따라 그 입증책임이 납세의무자에게 돌아간다.

대법원 역시 같은 입장이다. 먼저 대법원 1994. 4. 26. 선고 94누1005 판결은 "한국·미국 조세조약을 적용하기 위해서는 납세의무자가 자신이 미국 거주자라는 점을 입증하여야 한다"고 판시하였다. 또한 대상 판결도 "납세의무자가 미국 또는 일본 거주자임을 입증하지 못한 이상, 조세조약을 적용할 수 없다"는 점을 명확히 밝혔다. 한편 대상 판결의 사실관계를 살펴보면, 소외 1~3이 미국 또는 일본의 거주자라는 사정(예컨대, 미국 시민권자라거나 일본에 밀접한 생활관계를 두었다는 사실)을 찾기 어렵다. 따라서 대상 판결이 소외 1~3의 이중거주자적 성격을 부정한 것은 입증책임 분배 및 사실관계에 비추어 타당하다.

4. 원천징수의무의 위헌 여부 및 합리적 해석론의 가능성

앞서 보았듯이 원고는 원천징수제도 자체가 위헌이라고 주장하였다. 그러나 대상 판결은 원천징수제도의 합헌성을 인정하였고, 헌법재판소 2009. 2. 26. 선고 2006헌바65 결정 역시 같은 취지로 결정하였다. 헌법재판소 결정과 대상 판결이 제시한 주된 근거는 국가의 세수 확보 및 조세징수의 편의 등 공익적 측면이다. 이로써 원천징수제도의 합헌성에 대한 논의는 일단락되었다.

그러나 원천징수제도 자체의 합헌성과 별개로, 원천징수의무자에 대한 기대가능성 또는 비난가능성이 낮은 경우가 있을 수 있다.[3] 그런데 헌법재판소 결정과 대상 판결이 있는 이상 원천징수제도 자체의 위헌성을 다투는 것은 큰 실익이 없으며, 현행 제도의 테두리 안에서 합리적 해석론을 통하여 구체적 타당성을 찾을 수밖에 없다.

---

3) 대상 판결의 원고 역시 과소납부에 대한 비난가능성이 낮은 경우로 볼 수 있다. 예금주가 우리나라 또는 다른 나라의 거주자인지, 이중거주자라면 tie-breaker rule에 따라 어느 나라가 최종 거주지국이 되는지 등의 문제는 예금주에 관한 구체적인 사실관계를 정확히 알지 못한 상태에서 판단하기 어렵다.

여기서 대법원 2013. 4. 11. 선고 2011두 3159 판결을 살펴본다. 대법원 2011두3159 판결의 사실관계는 다음과 같다. 내국법인이 외국법인에게 국내원천배당소득을 지급하면서 외국법인 소재지국과 체결된 조세조약에 따라 제한세율로 원천징수하였다. 그런데 위 외국 법인은 조세회피를 위한 명목상 회사에 지나 지 않았으며, 배당소득의 실질적 귀속자는 따로 있었다. 그리하여 과세관청은 조세조약의 제한세율 적용을 부정하고 내국법인에게 추가로 징수처분을 하였다. 이에 대하여 대법원 2011두3159 판결은 다음과 같이 판시하였다.

"국내원천배당소득을 지급하는 자는 특별 한 사정이 없는 한 그 소득에 대하여 귀속 명의 와 달리 실질적으로 귀속되는 자가 따로 있는지 를 조사하여 실질적인 귀속자를 기준으로 그 소득에 대한 법인세를 원천징수할 의무가 있다. 다 만 국내원천배당소득을 지급하는 자는 조세수입 의 조기확보와 조세징수의 효율성 도모 등의 공 익적 요청에 따라 원천징수의무를 부담하는 반 면, 질문검사권 등 세법이 과세관청에 부여한 각 종 조사권은 가지고 있지 아니한 점 등을 고려 하면, 국내원천배당소득을 지급하는 자가 거래 또는 소득금액의 지급과정에서 성실하게 조사하 여 확보한 자료 등을 통해서도 그 소득의 실질 적인 귀속자가 따로 있다는 사실을 알 수 없었 던 경우까지 실질적인 귀속자를 기준으로 그 소 득에 대한 법인세를 원천징수할 의무가 있다고 볼 수는 없다."

위 판시 내용은 원천징수의무자에 대한 기대가능성 또는 비난가능성이 낮은 경우 원 천징수의무를 제한할 수 있는 길을 열었을 뿐 아니라, 원천징수의무자가 처한 구체적인 상 황과 원천징수의무 제도의 공익적 요청을 모 두 고려하였다는 점에서 타당한 해석론이라고 생각한다.

5. 이 판결의 의의

최근 한국인의 경제활동이 활발해지면서 우리나라 뿐 아니라 다른 나라의 거주자 요건 을 함께 충족시킬 수 있는 사례가 늘고 있다. 대상 판결은 이중거주자인 사실에 대한 입증 책임 법리를 명확히 밝혔고, 이는 앞으로 실무 에서 자주 활용되리라 생각한다. 이중거주자 여부가 문제될 수 있는 납세의무자 입장에서 는 각 나라의 거주자 판단 기준을 염두에 두 고, 이에 관한 자료를 갖출 필요가 있다.

아울러 대상 판결은 원천징수제도의 위헌 여부에 대해서 헌법재판소 결정과 마찬가지로 합헌으로 판단하였다. 다만 대법원은 대법원 2013. 4. 11. 선고 2011두3159 판결을 통하여 각각의 사안에 맞게 구체적 타당성을 추구할 수 있는 길을 마련하였다. 대법원 2011두3159 판결의 원천징수의무 제한 법리가 여러 가지 다른 사안에서 어떻게 활용될지 지켜볼 필요 가 있다.

한편 대상 판결의 원심 판결(서울고법 2006.

1. 13. 선고 2004누23171 판결)은 국내의 사실관계를 바탕으로 소외 1~3이 소득세법상 거주자라는 점을 인정하였다. 또한 대상 판결 역시 같은 입장에서 소외 1~3을 국내 거주자로 전제한 후, 이중거주자인 사실의 입증책임에 관하여 판단하였다. 특히 원심 판결에 의하면, 국내 생활관계의 객관적 사실에 근거하여 국내 거주자로 인정된 이상 외국의 생활관계를 들어 국내 거주자가 아니라고 할 수는 없다. 이와 같은 입장은 대법원의 기존 법리를 다시 확인한 것으로서(대법원 1993. 5. 27. 선고 92누11695 판결), 대상 판결은 이러한 점에서도 중요한 의미를 갖는다.

참고문헌

김범준, "2008년도 소득세법 판례 회고 - 대법원 2008. 12. 11. 선고 2006두3964 판결에 대한 평석 -", 『조세법연구』, 15-1(2009).

국내에 등록되지 않은 특허기술 사용대가의 국내원천소득성 유무

사건의 표시 : 대법원 2007. 9. 7. 선고 2005두8641 판결

▪ 사실개요 ▪

원고는 TV, VCR, 컴퓨터 모니터 등 전자기기를 제조·판매하는 회사이고, "원고의 미국 현지 자회사인 S사"는 원고로부터 TV, VCR 등을 수입하여 미국 현지에 판매하는 회사이다. S사는 원고가 생산한 제품을 수입하여 미국에서 판매하던 중 '원고가 위 제품 제조과정에서 사용한 일부 기술이 미국회사인 A사가 미국 내에서 전용실시권을 보유하고 있는 특허기술을 침해하였다'는 이유로 A사와 사이에 특허분쟁이 발생하였다. 특허분쟁과 관련

하여, 원고와 S사는 A사에게 이 사건 특허기술에 대한 실시료를 지급하기로 약정하였고,[1] 원고는 S사와 사이에 그 실시료를 원고가 모두 부담하기로 약정한 후 동 약정 금원을 1998년, 2001년, 2002년 S사에 송금하였는데, 위 실시료는 S사를 거쳐 최종적으로 A사에게 지급되었다.

원고는 위 실시료 상당액을 S사에게 송금하면서, 그것이 구 법인세법(2003. 12. 30. 법률 제7005호로 개정되기 전의 것) 제93조 9호{구

---

* 조 춘(법무법인 세종 변호사).

1) 판결문에는 명백하게 나타나 있지 않으나, A와의 약정에는 원고와 S사가 모두 당사자로 되어 있다. 미국 내에서의 특허권 침해와 관련하여서는 미국으로의 수입행위와는 달리 우리나라에서 미국으로의 수출행위 자체는 특허권을 침해하는 것이 아니라는 점에서 약정의 원고가 약정의 당사자가 된 것이 타당한 것인지 의문이 제기될 수 있으나, 원고가 직접 미국에서 수입·판매행위까지 하는 경우가 있을 수도 있으므로 이는 중요한 논점이라고 하기는 어렵다고 생각되며, 가사 S사만이 약정의 당사자라고 하더라도, 사용료에 대한 법적 취급은 동일하게 이루어져야 하는 것이 아닌가 생각된다.

법인세법(1998. 12. 28. 법률 제5581호로 전면 개정되기 전의 것) 제55조 제1항 제9호와 같고, 이하 '구 법인세법 제93조 제9호'라고 한다}2) 및 대한민국과미합중국간의소득에관한조세의이중과세회피방지와탈세방지및국제무역과투자의증진을위한협약(이하 '한미조세협약'이라 한다) 제6조 및 제14조 소정의 '국내원천소득'에 해당되지 않는 것으로 보아 그에 상응하는 법인세를 원천징수하지 않았다. 그러자 과세관청인 피고는 이 사건 실시료 상당액이 국내원천소득에 해당된다는 이유로 원고에게 한미조세협약 제14조 제1항 소정의 제한세율인 15%를 적용하여 1998년, 2001년, 2002년 사업연도에 대한 법인세 부과처분을 하였다.

▪ 판결요지 ▪

1심법원(서울행정법원 2004. 7. 9. 선고 2003구합16624 판결)은 "이 사건 특허기술이 대한민국에 특허권으로 등록되지 아니한 이 사건에 있어서, S사가 원고로부터 제품을 수입하여 미국 현지에서 동 제품을 판매하던 중 원고가 그 제조과정에서 사용한 일부 기술이 A사가 미국 내에서 보유하고 있는 이 사건 특허기술을 침해하였다는 이유로 발생한 특허분쟁과 관련하여 S사가 A사에게 이 사건 특허기술에 대하여 이 사건 실시료 상당액을 지급하

기로 한 약정에 따라 그 모법인인 원고가 S사에게 송금한 이 사건 실시료 상당액은 S사가 원고로부터 수입하여 미국 내에서 판매하는 전자제품이 A사의 미국 내에서의 특허실시권을 침해 또는 사용한 데 기인한 것이지, 원고가 위 특허실시권을 대한민국에서 사용한 대가로 지급한 경우는 아니라고 할 것이어서 이는 A사의 미국 내의 소득이 될지언정 대한민국에 원천을 둔 소득이라고는 볼 수 없다"고 판단하고, 또한 "구 법인세법 제93조 제9호 (나)목 소정의 '사용료'라 함은 통상 노하우라고 일컫는 발명, 기술, 제조방법, 경영방법 등에 관한 비공개 기술정보를 사용하는 대가를 말하는 것인바, 미국 내에서 특허로 등록되면서 공개된 이 사건 특허기술은 위 법 소정의 노하우라고 일컫는 발명 등에 관한 비공개기술정보에도 해당하지 않는다"고 판단하여, 원고의 청구를 인용하였는바, 항소심은 1심 판결을 그대로 인용하여 항소를 기각하였다.

대법원은 "특허권의 속지주의 원칙상 특허권자가 특허물건을 독점적으로 생산, 사용, 양도, 대여, 수입 또는 전시하는 등의 특허실시에 관한 권리는 특허권이 등록된 국가의 영역 내에서만 그 효력이 미치는 것이므로, 구 법인세법 제93조 제9호 (가)목에서 외국법인의 국내원천소득의 하나로 규정하고 있는 '특허권을 국내에서 사용하는 경우에 당해 대가로 인한 소득'이나 한미조세협약 제6조 제3항,

---

2) 현행 법인세법 제93조 제8호.

제14조 제4항에서의 '특허권에 대한 사용료는 어느 체약국 내의 동 재산의 사용 또는 사용할 권리에 대하여 지급되는 경우에만 동 체약국 내에 원천을 둔 소득으로 취급된다'는 규정의 의미는 외국법인 혹은 미국법인이 대한민국에 특허권을 등록하여 대한민국 내에서 특허실시권을 가지는 경우에 그 특허실시권의 사용대가로 지급받는 소득을 의미한다고 할 것이고(대법원 1992. 5. 12. 선고 91누6887 판결 참조), 구 법인세법 제93조 제9호 (나)목에서의 '산업상·상업상 또는 과학상의 지식·경험에 관한 정보 및 노하우'를 사용하는 대가란 지적재산권의 대상이 될 수 있는지 여부에 관계없이 발명, 기술, 제조방법, 경영방법 등에 관한 비공개 정보를 사용하는 대가를 말한다고 할 것이다(대법원 2000. 1. 21. 선고 97누11065 판결 참조)."라고 설시한 후, 원심판결의 판단이 정당하고 국내원천 사용료소득의 범위에 관한 법리오해가 없다는 이유로 상고를 기각하였다.

▶ 해 설 ◀

1. 쟁점

대상판결의 주된 쟁점은 특허기술의 사용대가로 지급된 이 사건 실시료가 「A사의 특허실시권을 미국 내에서 침해하거나 사용함에 따른 대가로서 국외원천소득으로 평가되어야 하는지」, 아니면 「A사가 미국내에서 특허를 가지고 있는 기술을 한국 내에서 사용한 데에 대한 대가로서 국내원천소득으로 평가될 수 있는 것인지 여부, 즉, 법인세법 제93조 제9호 및 한미조세협약 제6조, 제14조 (4)항 규정이 국내에 A사의 특허권이 등록되어 있지 않아도 그 대상 특허기술이 국내에서 사용되면 그와 관련된 지급액은 A사의 국내원천소득으로 인정될 수 있는지 여부」이다. 바꾸어 말하면, 「특허 관련 지급액이 국내원천소득이 되기 위해서는 대한민국에 특허권이 등록되어 있어야만 하는지 여부」라고 할 수 있다.[3]

---

3) 국내에 등록되어 있지 않은 특허기술을 국내에서 사용하고 그 대가를 지급하는 경우, 그 사용대가를 특허권의 사용료가 아니라고 하더라도, 구 법인세법 제93조 제9호 (가)목 소정의 특허권과 유사한 자산이나 권리 또는 구 법인세법 제93조 제9호 (나)목 소정의 정보의 사용대가로 보아 국내원천소득으로 볼 수 있는지 여부도 부수적인 쟁점이었는바, 이에 관하여서는 조일영, "국내에서 제조되어 미국으로 수출한 제품의 제조 과정에서 사용된 일부 기술이 미국 내에서 등록된 미국법인의 특허실시권을 침해함에 따라 발생한 분쟁을 해결하기 위하여 미국법인에게 지급하는 특허권 실시료 상당액이, 미국법인의 국내원천 사용료소득으로 과세대상이 되는지 여부", 『대법원판례해설』, 제73호(2008. 7.), 443-477면 참조.

2. 관련 법령의 해석에 관한 원, 피고의 입장

(1) 관련 법령의 내용

<법인세법 제93조 제9호>

제93조(국내원천소득) 외국법인의 국내원천소득은 다음 각 호와 같이 구분한다.

9. 다음 각목의 1에 해당하는 자산·정보 또는 권리를 국내에서 사용하거나 그 대가를 국내에서 지급하는 경우의 당해 대가 및 그 자산·정보 또는 권리의 양도로 인하여 발생하는 소득. 다만, 소득에 관한 이중과세방지협약에서 사용지를 기준으로 하여 당해 소득의 국내원천소득 해당 여부를 규정하고 있는 경우에는 국외에서 사용된 자산·정보 또는 권리에 대한 대가는 국내지급 여부에 불구하고 이를 국내원천소득으로 보지 아니한다.

가. 학술 또는 예술상의 저작물(영화필름을 포함한다)의 저작권·특허권·상표권·디자인·모형·도면이나 비밀의 공식 또는 공정·라디오·텔레비전방송용 필름 및 테이프 기타 이와 유사한 자산이나 권리

나. 산업상·상업상 또는 과학상의 지식·경험에 관한 정보 또는 노하우

(이하 생략)

<한미조세협약 제6조 및 제14조>

제6조【소득의 원천】이 협약의 목적상 소득의 원천은 다음과 같이 취급된다.

(3) 제14조(사용료) (4)항에 규정된 재산(괄호 안 내용 생략)의 사용 또는 사용할 권리에 대하여 동 조항에 규정된 사용료는 어느 체약국내의 동 재산의 사용 또는 사용할 권리에 대하여 지급되는 경우에만 동 체약국내에 원천을 둔 소득으로 취급된다.

제14조【사용료】

(4) 본조에서 사용되는 "사용료"라 함은 다음의 것을 의미한다.

(a) 문학·예술·과학작품의 저작권 또는 영화필름·라디오 또는 텔레비전 방송용 필름 또는 테이프의 저작권, 특허, 의장·신안·도면, 비밀공정 또는 비밀공식, 상표 또는 기타 이와 유사한 재산 또는 권리, 지식, 경험, 기능(기술), 선박 또는 항공기(임대인이 선박 또는 항공기의 국제운수상의 운행에 종사하지 아니하는 자인 경우에 한함)의 사용 또는 사용권에 대한 대가로서 받는 모든 종류의 지급금

(2) 관련 법령의 해석에 관한 원, 피고의 주장

피고는 법인세법 제93조 제9호의 '사용' 및 한미조세협약 제6조 (3)항의 '사용 또는 사용할 권리'라는 표현과 관련하여, "'사용'은 법적 권리가 수반되지 않더라도 사실상 사용한 것을 염두에 두고 있는 표현이고, '사용할 권리'는 법적 권리가 수반된 형태를 염두에 둔 것인바, 원고는 국내에서 법적 권리가 수반되

지는 않았지만 사실상 이 사건 특허기술을 사용하였고, 그 기술은 적어도 한미조세협약에서 규정하고 있는 특허 내지 기타 이와 유사한 재산 또는 권리·지식·경험·기능이므로 이 사건 실시료는 법인세법 및 한미조세협약상 국내에 원천을 가진 사용료 소득임이 분명하다"고 주장하였다. 즉, 피고는 위 이 사건 실시료는 A사가 미국 내에서 전용실시권을 가진 특허기술을 국내에서 사용함에 따라 지급하는 대가이고, 원고가 그 특허기술을 사용하여 제품을 생산하는 장소가 국내인 이상 그 대가는 국내원천소득으로 평가되어야 한다고 주장하였다.

원고는 "한미조세조약이 사용과 사용할 권리를 따로 규정한 것은 당사자가 해당 재산을 직접 사용하는 경우 외에 당사자가 특허기술에 관한 전용실시권을 부여받은 후 이를 직접 사용하지 않고 다른 자에게 재실시권을 부여하는 경우 등을 예정한 것일 뿐이다"라고 주장하면서, 이 사건 실시료는 S사가 원고로부터 수입하여 판매하는 전자제품이 A사의 미국 내에서의 특허실시권을 침해 또는 사용한 데에 따른 것이므로 이는 미국에 소득원천이 있는 소득이며 특허가 등록되어 법적으로 보호되는 장소가 아닌 대한민국은 이 사건 실시료의 원천지가 될 수 없다는 주장을 하였다.

3. 이 판결의 설시 및 문제점

대상판결은 "법인세법 제93조 제9호 가목, 한미조세협약 제6조, 제14조 (4)항의 의미는 외국법인 또는 미국법인이 대한민국에 특허권을 등록하여 대한민국 내에서 특허실시권을 가지는 경우에 그 특허실시권의 사용대가로 지급받는 소득을 의미한다"는 이유로 피고의 위 주장을 배척하였다.

대상판결은 이 사건 실시료는 "A사가 미국 내에서 보유하고 있는 특허실시권 침해 또는 사용에 대한 대가이지, 원고가 위 특허실시권을 대한민국에서 사용한 대가는 아니다"라고 판단하였는바, S사와 A사 사이에 각 계약이 체결되게 된 경위, 이 사건 실시료는 '원고가 생산한 모든 제품'이 아닌 'A사의 특허권이 등록되어 보호되고 있는 미국으로 수출되는 제품'과 관련된 것이라는 점에서 일응 타당한 것으로 생각될 여지가 있다.

그러나 이 사건 특허가 국내에서도 등록이 되어 있었던 경우를 상정하여 본다면, 위와 같은 판시는 매우 불완전한 것으로 생각된다. 만약 국내에 특허가 등록되었던 경우라면 원고는 국내에서 이 사건 특허기술을 사용하기 위하여 A사에게 사용료를 지급하였을 것이고, 이 사용료는 위 판결에 따른다면 당연히 국내원천소득으로 인정되었을 것이다. 그렇다면 동일한 기술의 사용에 대한 대가지급이라는 그 실질이 완전히 동일한 사안에서 단지 형식적으로 특허를 국내에 등록하였는지 여부만으로 국외원천소득이 국내원천소득으로 변경되는 결과가 되므로, 형식적인 특허등록 여부만으로 국가의 과세권을 결정하는 기준으로 삼는 것이 타당한 것인지 의문이 제기된다. 또한 특허란 그 본질이 국가에 의해서 일정 기간 독점적인 지위가 부여되는 것인데, 어떤 국가가 특정 기술에 대해 자국 내에서 특정인에게 독점적인 지위를 부여하였다는 사실 자체가 그 국가에 과세권이 전속되는 근거가 된다는 것도 그 합리성에 의문이 제기된다.

4. 이 판결의 당부에 관한 검토

(1) 소득원천법칙(Source Rule) 측면의 검토

소득원천법칙(Source Rule)은 항구적 시설(Permanent Establishment)의 개념과 함께, 국가의 과세권의 한계를 정하는 대원칙이다. 이는 관련 소득의 원천을 결정하는 원칙으로서, 특정 소득이 어느 국가에서 창출되었다고 평가하는 것이 타당한지를 결정하는 원칙이

며, 소득의 지리적 원천(the geographic origin of income)을 결정하는 것이라고 할 수 있다.[4] 무체재산권(intangible property)의 사용료소득(royalty)의 원천은 그 권리가 사용되는 장소에 따라 결정된다고 일반적으로 설명된다. 무체재산권이 사용되는 장소와 관련하여서는 그 무체재산권이 법적 보호를 받는 장소라고 설명되기도 하나,[5] 구체적인 재산권의 사용지와 관련하여서는 여러 가지 어려운 문제가 발생한다.[6]

이 사건의 경우는 특허권과 관련하여 그 사용지를 결정하는 문제로서, 문제의 핵심은 「특허기술의 사용지를 소득원천지로 보아야 할 것인지, 아니면 특허기술에 의하여 생산된 제품의 사용지 내지 소비지를 소득원천지로 보아야 할 것인지」라고 보는 것이 타당하다고 생각된다. 이러한 쟁점에 관하여서는 아직 국내에서 충분한 논의가 되지 못하고 있고, 본건 판례 역시 정확한 논거를 밝히지 않음으로써 이에 관하여 어떤 판단을 하고 있다고 보기는 어려운 것으로 생각된다.[7]

제품의 소비지가 소득창출에 더 크게 기

---

4) 미국의 경우 소득원천법칙은 일반적으로 「소득을 창출하는 경제적 활동 또는 금융거래의 지리적 장소를 확인하는 것」으로부터 도출된다고 설명되고 있다{Charles H. Gustafson et al., Taxation of International Transactions, 2001, p.64}.
5) id. p.66.
6) Lawrence Lokken, The Source of Income from International Uses and Dispositions of Intellectual Property, 36 Tax L. Rew. 1981, 235.
7) 다만, 본건 판례가 인용하고 있는 대법원 1992. 5. 12. 선고 91누6887 판결은 그 설시내용 중 "대한민국 내에서의 특허제품 사용 자체에 관한 문제와는 관계가 없는 것이므로"라는 표현이 한 군데에서 사용되고 있으나, 위 판례 역시 특허권의 국내등록 여부 및 특허실시권의 사용, 침해라는 관점에서만 판시를 하고 있어, 위와 같은 쟁점을 정확하게 인식하고 사용한 표현이라고 생각되지는 않는다.

여한다는 이유로 특허기술에 의하여 생산된 제품의 소비지가 사용료와 더 밀접한 관련이 있고, 따라서 소득원천지로 인정되어야 한다는 견해가 있다.[8] 한편, 제조지와 소비지 중에서 어느 곳이 소득창출에 더 중요한가를 결정하는 것은 용이하지 않으며, 이에 관해서는 각 장소의 상대적 중요성을 고려하여 결정하여야 한다는 견해도 있다.[9]

그런데 특허기술의 사용료가 소비지와 더 밀접하게 관련되어 있다는 주장에 대해서는 충분히 이견이 있을 수 있다고 생각된다. 예를 들어 제품의 소비지는 물품의 판매대가에 대한 과세문제와 직접 관련된 것이라고는 할 수 있으나, 제품의 제조과정에서 사용되는 기술과 직접적인 관련성을 인정하는 것이 적절한지는 그 자체로 의문이 있다. 그리고 소득창출의 관점에서 볼 때 특허기술이 체현된 물품을 생산하는 중요한 경제활동이 이루어지는 장소가 왜 그 생산된 물품이 소비되는 곳보다 밀접성이 적다는 것인지에 대해서도 합리적인 설명이 어렵다.

(2) 조세조약 측면의 검토

특허권의 사용료 문제는 현행과 같은 내용으로 조세조약이 체결된 경위 및 이유에 관한 검토에도 기초하여 이루어지는 것이 타당하다고 생각된다.

OECD 모범조세조약에서는, 사용료에 대해서 수취인이 거주하는 국가의 정부에 의해서만 과세되는 것을 원칙으로 하고 있다(OECD모범조세조약 12조 1항 참조).[10] 이에 대해서는 국제적인 기술의 교류를 촉진하기 위한 것이라는 설명도 있으나, 오히려 기술을 가진 선진국의 입장에서 만들어진 내용인 측면이 강하다고 생각된다. 이는 개발도상국을 당사자로 하는 조세조약에서는, 사용료의 지급이 개발도상국으로부터 선진국에게로 일방통행이 된다는 점 때문에, 사용료의 지급인이 거주하는 국가의 정부에 의해서도 과세하는 것이 가능하도록 하되 제한세율을 설정하는 것이 보통이라는 점에 비추어 보아도 그러하다.

반면에, UN모범조세조약은 사용료소득과 관련하여, 사용료소득이 발생하는 국가에서도 과세를 할 수 있는 것으로 규정하되, 그 사용료에 대한 제한세율의 특정을 체약국 상호합의에 위임하고 있는바(UN모범조세조약 12조 2항), 그 지급인이 일방체약국 또는 그 지방정부, 지방공공단체 혹은 거주자인 경우에는, 그 체약국 내에서 생긴 것으로 규정하고 있고, 나아가 어떤 국가의 거주자인지를 묻지 않고, 일

---

8) id. at 277－278; 이러한 견해에 따르면 사용료가 특허권의 다수국에서의 사용에 대한 대가로 교부된 경우, 각 국가에서의 제품판매량에 따라 그 소득원천이 할당되어야 한다는 결론에 이르게 된다{Peter H. Blessing, Foreign Income Source of Income Rules, 905 Tax Mgmt. Port, 1993 (BNA) A－48}
9) id. at 278.
10) 이 조약조항에 대해서는 많은 국가가 그 적용을 유보하여 소득원천지국에서의 과세권을 유보하고 있다.

방체약국에 항구적 혹은 고정적 시설을 가지고 있고, 그 사용료를 지급하는 채무가 당해 항구적 또는 고정적 시설에 관해서 발생하고, 또한 그 사용료를 당해 항구적 또는 고정적 시설이 부담하는 때에는, 당해 항구적 또는 고정적 시설이 존재하는 체약국내에서 당해 사용료소득이 발생한 것으로 본다고 규정하고 있다(UN모범조세조약 12조 5항). 이러한 내용들은 OECD모범조세조약과 다른 내용들로서, 이러한 차이가 발생하게 된 것은 OECD 모범조세조약이 선진국형이어서 개발도상국의 입장을 고려하지 않고 있다는 비판이 제기되었고, 개발도상국의 입장을 반영한 모범조세조약을 작성할 필요가 있다는 관점에서 UN모범조세조약이 작성되었다는 사실에 기인하는 것이다. 예를 들어 위와 같이 사용료 원천지국에서 협정된 제한세율을 적용하는 것은 개발도상국에게 과세권을 인정하되 그 과세를 일정 범위로 제한하는 것으로서 선진국과 개발도상국의 타협의 산물임이 명백하다.

(3) 법규의 목적 측면의 검토

한편, 특허 관련 법규의 목적은 기술의 발전을 위하여 일정기간 그 개발자의 독점적 지위를 부여하는 것이므로,[11] 특허권이 무체재산권이라고 하나 그 본질은 특정 기술 등에 대한 독점적인 지위의 부여인 것이지, 유체물과 같이 특정 지역에 물리적으로 소재하는 것이 아니다.

이러한 특허법의 목적과 특허권자의 독점적인 지위는 소득원천법칙에 따른 과세권행사의 문제와 직접적인 관련이 없는 것이며, 국가의 과세권은 외국의 특허기술을 보호하는 것을 목적으로 하는 것이 아니다. 이처럼 특허법의 목적과 조세조약의 목적 내지 국가의 과세권행사의 기준은 전혀 다른 것임에도 특허법의 효력, 특히 법률의 속지적인 효력을 근거로 삼아 국가의 과세권행사의 범위를 제한하는 해석은 합리적인 것이라고 할 수 있는지 매우 의문이다. 특허는 사용료라는 소득과의 인과관계 측면에서 소득발생의 원인(cause)은 될 수 있는 것이나, 소득원천법칙의 측면에서 소득의 원천(source)이라고 할 수 있는지는 의문이다.

(4) 결론

국내의 다수의 필자들은 특허법의 속지주의, 특허권의 권리로서의 소재지 등을 이유로 본건 판결과 본건 판결이 인용하고 있는 대법원 판결이 타당하다는 견해를 보이고 있다.[12]

---

11) 특허법 제1조(목적)는 "이 법은 발명을 보호·장려하고 그 이용을 도모함으로써 기술의 발전을 촉진하여 산업발전에 이바지함을 목적으로 한다."라고 규정하고 있다.
12) 임승순, "국내에 특허등록이 되어 있지 않은 외국법인의 특허물질을 사용한 제품을 특허등록이 되어 있는 외국에 수출하는 경우 외국법인에 지급하는 특허사용료가 외국법인의 국내원천소득인지 여부", 『대법원판례해설』, 제17호(1992. 12.), 819－827면; 최선집, "국내미등록기술사용료의 원천소득", 『논점 조세법』(조

그러나 이러한 견해는 특허법에 의한 신기술 등에 대한 법적 보호와 소득원천법칙이나 국가의 과세권의 근거를 부당하게 동일시하는 것이 아닌가 하는 의문이 있고, 위 각 대법원 판결의 타당성에 대해서는 면밀한 재검토가 이루어져야 할 것이라고 생각된다.[13) 또한 대상판결의 입장은 한미조세조약 상 사용료에 관해 제한적인 범위 내에서나마 사용료의 지급인이 거주하는 국가에게 과세권을 인정하기로 약정한 취지 내지 목적과 부합한다고 보기 어렵고, 사용과 사용할 권리를 구별하여 규정하고 있는 조세조약과 법률 자체의 문언에 부합하는 해석이라고 보기도 어렵다 할 것이다.

2009. 1. 1. 시행 법률 제9267호로 법인세법이 개정되면서 특허 등의 사용지와 관련된 제93조 제9호의 단서와 관련하여 "해당 특허권등이 국외에서 등록되었고 국내에서 제조·판매 등에 사용된 경우에는 국내 등록 여부에 관계없이 국내에서 사용된 것으로 본다."라는 규정이 신설되어, 기존의 대법원 판례들에 반대되는 입장이 입법화되었다. 이는 기존 판례의 적용을 배제하기 위해 개정된 것인데 기존 판례의 입장을 취한다면 위와 같은 개정 내용은 한미조세조약 등 조약의 내용에 반하는 것이라고 평가될 수도 있다는 점에서 향후의 귀추가 주목된다.[14)

세통람사), 1998, 312면 이하.

13) 필자와 논거는 동일하지 않으나, 위 각 대법원 판결에 반대하거나 문제점을 지적하는 견해도 있다{김영근, 『국제거래조세』(세경사), 2003, 327 – 328면; 서정호, "국내 미등록된 특허권에 대한 사용대가의 소득원천지 결정", 『국세월보』, 제447호, 26 – 27면; 임희택, "외국법인에 지급한 특허권 사용대가의 원천지국에 관한 검토", 『법조』, 제434호, 135 – 137.}

14) 기획재정부에서 발간한 2008년 개정세법해설에서는 위 개정의 이유를 "대법원판례에 따라 국내에 등록되지 않은 특허권의 사용대가에 대하여 과세할 수 없는 문제점을 입법적으로 보완"이라고 밝히고 있으며, 그 개정 근거로 OECD모델조세조약에서도 사용료는 공인등록기관 등록여부에 상관없이 권리를 사용·사용할 권리에 대한 지급금을 의미(주석서12 – 8)한다고 설명하고 있다. 그러나 그 근거로 제시된 OECD모델조세조약의 주석 12 – 8은 단순히 사용료의 정의와 관련하여 사용료 지급의 원인이 된 권리 등이 공적인 등록부에 등록되어 있거나 등록이 요구되는 것인지 여부를 불문한다는 내용일 뿐이므로 위 주석의 내용만으로 위와 같은 법개정을 정당화하기는 어려운 것으로 생각된다(OECD 주석 12 – 8: Paragraph 2 contains a definition of the term "royalties." These relate, in general, to rights or property constituting the different forms of literary and artistic property, the elements of intellectual property specified in the text and information concerning industrial, commercial or scientific experience. The definition applies to payments for the use of, or the entitlement to use, rights of the kind mentioned, whether or not they have been, or are required to be, registered in a public register.).

참고문헌

Charles H. Gustafson et al., *Taxation of International Transactions*, 2001.

Lawrence Lokken, *The Source of Income from International Uses and Dispositions of Intellectual Property*, 36 Tax L. Rew. 235, 1981.

Peter H. Blessing, *Foreign Income Source of Income Rules*, 905 Tax Mgmt. Port. (BNA) A－48, 1993.

김영근, 『국제거래조세』, 세경사, 2003.

서정호, "국내 미등록된 특허권에 대한 사용대가의 소득원천지 결정", 『국세월보』, 제447호.

임희택, "외국법인에 지급한 특허권 사용대가의 원천지극에 관한 검토", 『법조』, 제434호.

임승순, "국내에 특허등록이 되어 있지 않은 외국법인의 특허물질을 사용한 제품을 특허등록이 되어 있는 외국에 수출하는 경우 외국법인에 지급하는 특허사용료가 외국법인의 국내원천소득인지 여부", 『대법원 판례해설』, 제17호(1992. 12.).

조일영, "국내에서 제조되어 미국으로 수출한 제품의 제조 과정에서 사용된 일부 기술이 미국 내에서 등록된 미국법인의 특허실시권을 침해함에 따라 발생한 분쟁을 해결하기 위하여 미국법인에게 지급하는 특허권 실시료 상당액이, 미국법인의 국내원천 사용료소득으로 과세대상이 되는지 여부", 『대법원 판례해설』, 제73호(2008. 7.).

최선집, "국내미등록기술사용료의 원천소득", 『논점 조세법』, 조세통람사, 1998.

'조세조약상 외국법인 고정사업장의 구성요건'

사건의 표시 : 대법원 2011. 4. 28. 선고 2009두19229 판결[1]

• 사실개요 •

미국법인 A는 세계각국의 정보수집요원들이 각국의 금융정보 등을 수집하여 미국본사에 송부하면 그 정보의 정확성을 검증한 후 이를 가공·분석하여 데이터베이스로 미국본사의 서버에 저장한 다음, 전세계 고객에게 그 금융정보를 노드장비[2]와 고객수신장비 등을 통해서 전자적인 방식으로 제공, 판매하는 서비스업('쟁점 서비스')을 영위하였다. 원고는 A의 한국 자회사로서 A에게 한국의 금융정보 등을 수집하여 전달하고, 노드장비와 고객수신장비 등의 설치 및 유지관리용역('쟁점 장비

관리용역')을 제공하고 그 대가를 지급받았는데, 그 중 쟁점 장비관리용역은 내국법인 갑에게 하도급을 주어 갑이 자신의 사업장에 설치된 노드장비 및 한국고객들의 사무실 등에 소재한 고객수신장비를 유지관리하였다. 한편, A의 해외지점 직원들은 한국을 방문하여 고객의 사무실 등에서 쟁점 서비스의 판촉활동을 수행하면서 정보이용료 등의 계약조건을 안내해 주고('쟁점 홍보활동'), 원고의 사무실에서 한국고객에게 고객수신장비의 사용법 등에 대한 교육활동을 실시하였다('쟁점 교육활동').

---

* 백제흠(김·장 법률사무소 변호사, 법학박사).

1) 2012. 3. 26.자 법률신문에 기고한 판례평석을 일부 수정·보완한 것이다. 고정사업장에 관한 선행연구로서는 한만수, "전자상거래에 있어서의 고정사업장 구성요건에 관한 연구", 『조세학술논집』, 제25집, 제2호 (2009. 8.)" 등이 있다.
2) 노드장비란 데이터를 전송하는 데이터 통신망의 분기점이나 단말기의 접속점을 구성하는 장비를 말한다.

A는 한미조세조약상 국내에 고정사업장이 존재하지 아니한다고 보아 한미조세조약 제8조에 따라 한국고객의 쟁점 서비스 대가에 대하여 별도 법인세를 신고·납부하지 않았고, 부가가치세는 한국고객들이 부가가치세법(이하 '부가세법'이라 한다) 제34조에 따라 대리납부 방식으로 납부하였다. 원고는 A로부터 지급받은 용역대가에 대하여 법인세를 신고·납부하였으나, 부가가치세는 부가세법 제11조 소정의 외국법인 본사에 대한 외화획득용역으로서 영세율 적용대상으로 보아 이를 납부하지 않았다. 한편, 갑은 원고로부터 수취한 용역대가에 대하여 법인세 및 부가가치세를 신고·납부하였다. 이에 대하여 과세관청은 A가 원고·갑·해외지점의 직원 등을 통하여 국내에서 본질적이고 중요한 사업활동을 수행하였으므로 노드장비와 고객수신장비 소재지나 원고의 사무실에 고정사업장을 두고 있고 쟁점 서비스를 그 고정사업장을 통해서 제공하였다고 판단하고 이를 전제로 위 고정사업장에 귀속되는 국내 소득의 상당 부분에 대한 법인세와 부가가치세를 신고·납부하지 않았다고 하면서 법인세 및 부가가치세를 과세하였고 또한 원고 및 갑 등에 대하여도 쟁점 장비관련 용역 등을 실질적으로 A의 본사가 아니라 위 고정사업장에 제공하였다고 하면서 위 영세율 적용을 배제하는 등으로 부가가치세를 과세하였다.

▪ 판결요지 ▪

대법원은 "한미조세조약상 국내에 미국법인의 고정사업장이 존재한다고 하기 위하여는, 미국법인이 '처분권한 또는 사용권한'을 가지는 국내의 건물, 시설 또는 장치 등의 '사업상 고정된 장소'를 통하여 미국법인의 직원 또는 그 지시를 받는 자가 예비적이거나 보조적인 사업활동이 아닌 '본질적이고 중요한 사업활동'을 수행하여야 하고, '본질적이고 중요한 사업활동'인지 여부는 그 사업활동의 성격과 규모, 전체 사업활동에서 차지하는 비중과 역할 등을 종합적으로 고려하여 판단하여야 한다. 그런데 원심판결은 A의 사업활동에서 가장 본질적인 부분은 정보를 수집하고 이를 가공·분석하여 그 부가가치를 극대화하는 부분과 이를 판매하는 부분이라고 전제하고, 국내에 설치되어 있는 노드장비는 미국의 주컴퓨터로부터 가공·분석된 정보를 수신하여 고객에게 전달하는 장치에 불과한 점, 고객수신장비의 주된 기능은 A로부터 송부된 정보를 수신하는 장비인 점 등에 비추어 A가 위 각 장비를 통하여 국내에서 수행하는 활동은 A의 전체 사업활동 중 본질적이고 중요한 부분을 구성한다고 볼 수 없으므로 노드장비와 고객수신장비 소재지에 A의 고정사업장이 존재한다고 할 수 없고, 나아가 A의 해외지점의 쟁점 홍보활동 및 교육활동 역시 A의 본질적이고 중요한 사업활동으로 볼 수 없으므로 그곳에도 A의 고정사업장이 존재한다고 할 수 없다는 등의 이유로 이 사건 부과처분은 위법하다고 판단하였는바, 원심의 판단은 정당하고 한미조세조약상 고정사업장의 법리를 오해하는 등의 위법이 없다"고 판시하였다.

▶ 해 설 ◀

1. 쟁점

이 사건의 쟁점은 한미조세조약상 A의 고정사업장이 국내에 존재하는지 여부로서 구체적으로는 노드장비와 고객수신장비 또는 원고의 교육장이 A가 '처분권한 또는 사용권한'을 가지는 국내의 건물, 시설 또는 장치 등의 '사업상 고정된 장소'에 해당하는지, 노드장비와 고객수신장비를 통하여 수행되는 정보의 전달, A의 해외지점 직원들에 의하여 원고의 사무실 등에서 이루어지는 홍보 및 교육활동 등이 A의 본질적이고도 중요한 사업활동에 해당하는지 여부이다.

2. 조세조약상 고정사업장의 의의 및 구성요건

국제거래에 있어서 고정사업장 내지 국내사업장의 존재 여부에 따라 세법상 과세방식의 중요한 차이가 발생한다. 조세조약 미체약

국가의 외국법인이 국내에서 사업소득을 얻는 경우에 그 국내원천 사업소득에 대해서는 두 가지 방식으로 과세된다. 외국법인이 국내사업장을 두고 있으면 그 국내사업장에 귀속되는 소득에 대하여 법인세를 신고 납부하여야 하고, 국내사업장이 없는 경우에는 국내원천 사업소득의 지급자가 원천징수하는 방식으로 과세된다. 우리나라의 대부분의 조세조약에서는 법인세법상의 국내사업장과 유사한 고정사업장 개념을 두어 국내원천 사업소득을 얻은 체약국의 외국법인이 우리나라에 고정사업장을 두고 있지 않거나 고정사업장을 두고 있더라도 해당 사업소득이 그 고정사업장에 귀속되지 않는 경우에는 과세대상에서 제외하고, 반면 고정사업장이 있고 해당 사업소득이 고정사업장에 귀속되는 경우에는 내국법인의 소득과 동일한 방식으로 과세한다. 또한, 고정사업장이 존재하는 경우에는 통상 부가가치세법상의 사업장에도 해당하기 때문에 외국법인은 부가가치세도 신고·납부할 의무를 부담하게 된다.

조세조약상 고정사업장의 구성요건으로 통상 세 가지가 제시된다. 첫째, 물적 시설의 고정적 존재로서 객관적 요건으로 불린다. 기계나 장비 등도 물적 시설에 포함되고 물적 시설이 고정되기 위해서는 어느 정도 상당한 기간 특정장소에 위치하고 있어야 한다. 둘째, 물적 시설을 사용할 권한을 갖거나 지배하고 있어야 한다는 요건으로 주관적 요건이라 한

다. 이는 고정된 장소와 사업의 수행간의 관계로서 사업이 그 장소를 통하여 수행되어야 하는 요건이다. 기업이 어떤 장소를 통하여 사업을 수행한다는 것은 그 장소에 대하여 처분권이 있음을 의미하는 것이고 자신의 의사에 따라 그 장소를 사용하거나 사용 중단할 수 있어야 한다. 셋째, 그 물적 시설을 통하여 기업의 본질적이고 중요한 사업활동이 수행되어야 한다는 요건으로서 기능적 요건이라고 한다. 외국법인의 사업활동이 본질적이고 중요한 사업활동인지 아니면 예비적이고 보조적인 사업활동인지는 상대적 가치에 의하여 판단된다. 예컨대, 파이프라인을 통한 석유수송의 경우 석유판매업자에게는 보조적 기능을 수행하므로 고정사업장을 구성하지 않으나, 석유운송업자에게는 본질적 기능을 수행하므로 고정사업장을 구성하는 것이다. 통상 어떤 기업이 여러 물리적 장소에서 예비적·보조적 성격의 개별활동을 수행하고 있다고 하더라도 이들 개별 활동을 모두 결합하여 한 사업장에서 수행한다고 가정할 경우 그 결합된 사업활동이 본질적이고 중요한 사업활동의 성격을 가지는 것으로 볼 수 있다면 해당기업은 사업활동의 기능적 요건을 충족하였다고 보고 있다.

한미조세조약도 다른 조세조약과 같이 제9조 제1항에서 "이 협약의 목적상 고정사업장"이라 함은 어느 체약국의 거주자가 산업상 또는 상업상 활동에 종사하는 사업상의 고정된 장소를 의미한다"고 하고 제2항에서 지점,

사무소, 공장 등 다수 유형의 고정사업장을 예시적으로 열거하고 있고 제3항에서는 고정사업장에는 다음의 어느 하나 또는 그 이상의 목적만을 위하여 사용되는 사업상의 고정된 장소가 포함되지 아니한다고 규정하면서 (a)목에서 '거주자에 속하는 재화 또는 상품의 보관, 전시 또는 인도를 위한 시설의 사용'을, (e)목에서 '거주자를 위한 광고, 정보의 제공, 과학적 조사 또는 예비적 또는 보조적 성격을 가지는 유사한 활동을 위한 사업상의 고정된 장소의 보유'를 들고 있다. 즉, 한미조세조약도 고정사업장의 구성요건으로 객관적 요건과 주관적 요건 및 기능적 요건을 규정하고 있으나 다만, 예비적·보조적 행위의 어느 하나 또는 그 이상의 목적만을 위하여 사용되는 사업상의 고정된 장소가 고정사업장에 포함되지 아니한다고 하여 개별행위가 예비적·보조적 성격을 지니는 이상 그 개별행위를 결합하여 본질적이고 중요한 행위를 구성하는지를 판단하지 않고 있다.

3. 평석: 한미조세조약상 고정사업장의 구성요건과 전자상거래

대상판례는 외국법인의 고정사업장의 구성요건으로 객관적 요건, 주관적 요건 및 기능적 요건을 제시하면서 전자적 방법으로 금융정보를 판매하는 외국법인의 경우 정보전달활동과 홍보 및 교육활동은 본질적이고 중요한

사업활동에 해당하지 않으므로 기능적 요건을 구성하지 않는다고 판시하였다. 전자상거래란 당사자가 물리적으로 동일한 장소에 소재하지 않고 전자적 수단을 통해서 이루어지는 재화와 용역에 관한 사업상의 거래로 정의되는데, 이는 일반 상거래와는 달리 컴퓨터 이외의 물적 시설의 존재 없이 이루어지기 때문에 일반 고정사업장의 구성요건을 기준으로 고정사업장의 존재 여부를 판단할 것인지, 본질적이고 중요한 활동을 무엇으로 볼 것인지 등의 문제가 제기된다.

우선, 전자상거래에 있어서의 고정사업장의 객관적 요건은 컴퓨터 서버의 존재 여부에 따라 판단하는 것이 타당하다. 특정장소에 고정될 수 있는 것은 다양한 서비스를 제공할 수 있는 능력을 가진 컴퓨터 프로그램을 구동하는 컴퓨터 하드웨어 즉 컴퓨터 서버일 수밖에 없기 때문이다. OECD모델조세조약도 같은 입장이다.

둘째, 외국법인이 컴퓨터 서버를 자신의 사업에 사용하거나 그 사용을 중지할 수 있는 권능을 가져야 주관적 요건을 구성한다고 할 것이다. 단지 타인이 설치, 운용하는 통신시설을 이용하여 거래하는 경우에는 그 통신시설에 대한 처분권을 가지지 않으므로 주관적 요건을 충족하지 않을 것이다.

셋째로 기능적 요건의 충족을 위해서는

전자상거래의 전자적 수단의 운용이 소득의 획득에서 본질적이고 중요한 행위가 되어야 할 것이다. 본질적이고 중요한 활동으로는 상품의 매도인이 매수인과의 매매계약의 체결을 컴퓨터 서버에 게재된 웹사이트를 통해서 수행하거나 판매대금을 서버에 게재된 웹사이트를 통해서 결제받는 행위를 들 수 있다. 전자적 상품을 판매하는 경우에는 그러한 상품을 가공, 제조하는 일이 본질적이고 중요한 사업활동이 될 것이다. 원심판결도 같은 논거에서 A의 사업활동에서 가장 본질적인 부분은 정보를 수집하고 이를 가공·분석하여 그 부가가치를 극대화하는 부분과 이를 판매하는 부분이라고 전제하였던 것이다. 일반 상거래에서 상품의 인도, 광고 및 홍보활동 등이 예비적·보조적 행위로 인정되는 것과 같이, 전자상거래에 있어서도 서버에 게재된 전자상품을 인도하는 행위는 상품의 인도적 성격을 가지고 있으므로 예비적·보조적 행위에 해당한다고 할 것이다. OECD모델조세조약도 보안성과 효율성을 높이기 위한 미러서버[3]를 통해 정보를 전달하는 행위를 예비적·보조적 행위로 열거하고 있다. 대상판례는 노드장비나 고객 수신장비는 미러서버와 마찬가지로 고유의 기능이 정보전달에 불과하므로 이러한 장비를 통하여 전자상품을 인도하는 행위는 여전히 예비적·보조적 행위에 해당한다고 판단하여

---

3) 미러서버란 주 서버와 동일한 콘텐츠나 접근권한을 가진 서버로서 인터넷상의 사용자 폭주로 인한 시스템의 부하문제를 방지하기 위하여 주 컴퓨터의 FTP 서버 데이터나 파일을 복사해 놓은 서버를 말한다.

전자상거래의 경우에도 일반 고정사업장의 기능적 요건의 법리가 적용된다는 점을 확인하였다. 또한, A의 해외지점 직원의 쟁점 홍보활동과 교육활동은 한미조세조약 제9조 소정의 예비적·보조적 행위로 판단하였는바, 전자상거래에 수반되는 홍보와 교육활동은 여전히 예비적· 보조적 행위로 보았다는 점에서 의미가 있다.

4. 결어

대상판례는 조세조약상 고정사업장을 정면으로 다룬 최초판결로서 고정사업장을 구성하는 객관적 요건, 주관적 요건 및 기능적 요건을 명확히 제시하였다는 점에서 큰 의미가 있다. 또한, 금융정보를 판매하는 전자상거래에 종사하는 외국법인의 경우 노드장비 등을 통한 정보의 전달, 해외지점의 직원들에 의한 홍보 및 교육활동은 본질적이고도 중요한 사업활동에 해당하지 않는다고 보았는바, 전자상거래의 경우에도 기본적으로 일반 고정사업장의 기능적 요건이 유효함을 확인하였다는 점에서 그 선례적 가치가 있다. 다만, 대상판례가 다수의 예비적·보조적 행위가 존재하는 경우 한미조세조약상의 고정사업장의 구성여부는 그 각 행위들의 결합을 통하여 판단하지 않는다는 점에 대하여 명시적인 판시를 하지 않은 점은 다소 아쉬움이 있지만, 대상판례의 판시 논거와 결론은 정당하다고 판단된다.

참고문헌

한만수, "전자상거래에 있어서의 고정사업장 구성요건에 관한 연구", 『조세학술논집』, 제25집, 제2호(2009. 8.).

국조법과 다른 세법과의 관계

사건의 표시 : 대법원 2008. 10. 9. 선고 2008두13415 판결

▪ 사실개요 ▪

한국과 중국은 1989. 3.경 부산과 상해 사이에 컨테이너 직항로 개설을 승인하였고, 이를 담당할 해운사업체인 ○○유한공사(이하 "이 사건 법인")는 1989. 4. 11. 중국의 대외무역운수총공사와 한국의 ○○해운 주식회사가 각 지분율 50%로 합작투자하여 홍콩에 설립되었다.

한편, 원고는 1995.경 ○○해운 주식회사로부터 이 사건 법인의 주식 50%를, 대외무역운수총공사로부터 40%를 각각 양수하여 이 사건 법인의 대주주가 되었고, 1999.부터 2004.까지 원고의 주식보유비율은 다음과 같다.

연도	1999	2000	2001	2002	2003	2004
원고 보유 비율	90%	90%	90%	90%	42%	42%

피고는 이 사건 법인이 홍콩에서 배당가능 유보소득과 관련하여 부담한 세액이 전혀 없기 때문에 홍콩이 구 국제조세조정에 관한 법률(2006. 5. 24. 제7956호로 개정되기 전의 것, 이하 "국조법") 제17조 제1항의 조세피난처에 해당하고, 이 사건 법인은 구 국조법 제18조 제1항 제2호의 특정외국법인이며, 같은 조 제2항에 따라 원고의 국외특수관계자에 해당한다고 판단하여, 2006. 5. 2. 이 사건 법인의 사업연도 말 배당가능 유보소득 중 원고에게 귀속될 금액을 구 국조법 제17조 제1항의 간주배당소득(이하 "이 사건 간주배당소득")[1]으로 보아, 이 사건 간주배당소득을 원고의 종합소

---

* 강남규(법무법인 현 변호사).

1) 2001년 1,918,744,000원, 2002년 353,860,000원, 2003년 1,494,515,000원, 2004년 781,878,000원.

득에 합산하여, 2006년 8월 16일 2001년 귀속 종합소득세 1,489,038,440원, 2002년 귀속 종합소득세 183,526,430원, 2003년 귀속 종합소득세 761,026,050원, 2004년 귀속 종합소득세 367,413,480원 합계 2,801,004,400원을 경정·고지하였다.

이에 대하여 원고는 이 사건 간주배당소득은 구 소득세법(2005. 12. 31. 법률 제7838호로 개정되기 전의 것, 이하 "구 소득세법") 제17조의 배당소득에 열거되지 아니한 소득이므로 단순히 구 국조법 제17조만으로 이를 배당소득으로 과세하는 것은 부당하다고 주장하면서 이 사건 소를 제기하였다.

▪ 판결요지 ▪

대상판결의 1심 판결은 "소득세법상 과세소득은 소득구분별로 열거주의 방식에 의하여 규정하고 있으면서, 이자 및 배당소득에 대하여는 유사한 소득은 동일하게 과세되도록 함으로써 과세기반확대 및 과세의 형평성을 제고하기 위하여 유형별 포괄주의를 도입하였다. 그러나 조세법률주의의 원칙상 국조법 제17조 제1항에 의한 배당간주금액에 대하여 내국인이 개인인 경우에는 소득세법에 따라 소득세 납세의무를 부담하는데, 소득세법은 법에서 과세대상으로 규정하는 모든 소득에 대해서만 과세하고 과세대상으로 규정되지 않는

소득에 대해서는 과세하지 아니하는 방식을 취하고 있으므로(소득세법 3조 및 4조), 소득세법에 간주배당금액을 과세소득으로 하는 명문의 규정이 없는 한 국조법상의 배당간주 규정만으로는 소득세를 부과할 수 없다"라고 판시하였다(서울행정법원 2007. 11. 15. 선고 2007구합27387 판결).

한편, 대상판결의 항소심 판결은 위의 논거에 추가하여 2005. 12. 31. 법률 제7837호로 개정되어 2006. 1. 1.부터 시행된 소득세법(이하 "개정 소득세법")은 제17조 제1항 제6호의2[편집자 주: 현행 제7호]를 신설하여 "국제조세조정에 관한 법률 제17조의 규정에 따라 배당받은 것으로 간주된 금액"을 배당소득의 하나로 규정하고 있는바, 이는 과세대상이 되는 배당소득의 한 유형을 신설한 것으로서 창설적인 효력을 갖는다고 볼 수밖에 없으므로, 개정 소득세법이 시행되기 이전에는 구 국조법상 간주배당을 배당소득으로 보아 소득세를 부과할 수 없다고 판시하였고(서울고등법원 2008. 7. 2. 선고 2007누33247 판결), 대법원은 피고의 상고를 심리불속행으로 기각하여 위와 같은 항소심 판결이 그대로 확정되었다(대법원 2008. 10. 9. 선고 2008두13415 판결).

▶ 해 설 ◀

1. 쟁점

국조법의 제정과 함께 도입된 구 국조법 제17조 제1항은 조세피난처에 본점 또는 주사무소를 둔 외국법인의 각 사업연도 말 현재 배당 가능한 유보소득 중 특수관계인인 내국인에게 귀속될 금액을 내국인이 배당받은 것으로 간주하는 규정을 두고 있었던 반면, 당시 구 소득세법 제17조 제1항에서는 단지 제6호에서 "외국법인으로부터 받는 이익이나 잉여금의 배당 또는 분배금과 당해 외국의 법률에 의한 건설이자의 배당 및 이와 유사한 성질의 배당"이라는 규정만을 두고 있어서, 과연 개인주주에게 국조법에 의한 간주배당금액에 관하여 소득세 과세가 가능한지가 문제된 사안이다.

일견 단순해 보이는 이 문제를 법리적으로 좀더 파고 들면, 첫째 소득세법상 외국법인 배당에 관한 일반조항인 제17조 제1항 제6호에 국조법 제17조 제1항에서 규정하고 있는 "간주배당" 금액이 포함될 수 있는지, 둘째 열거된 유형에 포함되지 않는다면 제7호에 따라 배당소득에 관한 유형별 포괄주의에 포섭될 가능성은 없는지, 셋째 만약 유형별 포괄주의에 의해서도 포섭이 불가능하다고 한다면 국조법 규정만으로 바로 소득세 과세가 애당초 불가능한 것인지 등과 같은 논점들이 검토되

어야 함을 알 수 있다. 이하에서는 먼저 보다 근원적인 세 번째 쟁점부터 이야기를 풀어 가보도록 한다.

2. 구 국조법 제17조 제1항에 따른 간주배당에 소득세 과세를 하기 위해서는 반드시 "소득세법"상 근거규정이 따로 있어야 하는지 여부

대상판결은 가장 근원적이라 할 수 있는 이 질문에 대해서는 애당초 의문의 여지를 두지 않고, "소득세 과세이므로 당연히 소득세법에 그 근거가 필요하다"고 전제하고 있다. 그러나 이는 소득세법과 국조법을 "별개로" 두고 있는 우리나라의 세법 체계에서 일어나는 착시현상일 뿐, 국조법이 단지 소득세법의 특칙에 불과한 다른 나라의 입법례와 비교해 보면 오히려 대상판결과는 정반대의 결론이 당연할 수도 있는바, 반드시 (당사자의 주장에 의해서든 직권에 의해서든) 쟁점으로 부각하여 판단하였어야 할 문제라고 생각된다.

(1) 피지배외국회사규정의 취지와 각국의 입법방식

피지배외국회사규정(Controlled Foreign Company Rule, 줄여서 "CFC Rule")은 조세피난처에 외국 자회사를 설립하여 자회사의 이익 잉여금을 투자자에게 배당하지 않고 장기간 유보함으로써 거주지국 과세를 회피하는 사례

에 대응하기 위해 미국이 1962년 처음 도입한 국제적 조세회피 방지제도로, 지금은 선진제국들이 대체로 채택하고 있으며 우리나라에서는 바로 이 사건에서 문제되고 있는 국조법 제17조가 여기 해당한다.

연원을 따져보면 국제적으로 저세율국에 "소득"을 이전·유보하여 전 세계적인 유효세율을 최대한 낮추는 절세 내지 탈세행위에 대하여 이를 국내소득으로 끌어들여 과세하고자 하는 것이 이 제도의 취지이므로, 이러한 간주배당 제도는 본질상 소득세(법인세 포함)법의 특칙으로 작용한다. 실제로 이 제도의 연원이 된 미국의 경우에는 Internal Revenue Code (이하 "IRC")라는 단일법령 내의 Subtitle A(Income Tax) Section 1 내지 2000에서 개인 (Individuals) 및 법인(Corporation)의 소득에 대한 과세요건을 함께 규정하고 있고, 그 중 Section 951 내지 965에서 CFC Rule을 규정하고 있다.[2] 즉, 이처럼 간주배당 제도가 소득세법 안에 "포함"되어 있다면 굳이 이에 대하여 "소득"이라는 정의규정을 다시 두지 않아도 소득의 범위 내지 내용에 관한 특칙으로서 당연히 "과세대상 소득"(taxable income)에 포섭되는 것이 자연스럽게 느껴진다.

그런데 대륙법계인 일본의 경우에는 소득세법 또는 법인세법에 규정하지 않고 "조세특별조치법"이라는 별도의 법령에 규정하고 있고,[3] 독일의 경우에도 "대외조세법 (Aussensteuergesetz)"에서 별도로 규정하고 있다.[4] 이와 같이 소득세법의 특칙임에도 불구하고 다른 법령에 간주배당 제도를 두고 있는 경우, 마치 이것이 별도의 법령으로서 소득세법과의 "체계상 우위"를 따져 반드시 다시 "소득세법"에 포섭되어야만 과세할 수 있는 듯한 착시효과를 일으킨다.

(2) 우리나라의 경우: 국조법의 세법상 지위

우리나라는 일본이나 독일과 마찬가지로 피지배외국회사규정이 "소득세법" 체계 안에 해외에서 발생한 소득의 배당간주에 관한 특례로 포함되어 있지 아니하고, 별도로 국조법을 두고 있는 체계를 취하고 있다. 따라서 위와 같은 착시현상에서 자유로울 수 없다. 이를 우리나라의 법률해석문제로 돌아와 살피면, 이 문제는 국조법이 우리나라 세법체계 속에서 차지하는 지위를 어떻게 이해할 것인가, 즉 소득세(법인세 포함)와 국조법의 관계를 어떻

---

2) 미국 주주들(의결권 있는 주식을 10% 이상 보유하는 미국주주 즉, 거주자(개인), 국내법인, 국내 파트너십 등)의 지분율 합계가 CFC 주식의 의결권 또는 주식가치의 50% 이상이 되는 경우, CFC의 Subpart F income 및 CFC가 미국 내 자산에 투자하여 얻은 순수입 중 지분비율만큼을 간주배당으로 보아 납세의무자에게 연방소득세(Federal Income Tax)를 과세한다.

3) 조세특별조치법 제66조의6.

4) 대외조세법 제7조 내지 제14조.

게 설정한 것으로 볼 것인가 하는 논점으로 나타난다.

관련 규정을 보면, 국조법은 국세 및 지방세에 관하여 정하고 있는 다른 법률에 우선하여 적용된다는 명문의 규정을 두고 있다(구 국조법 3조 1항). 다시 말해, 국조법은 "해외에서 발생한 소득"에 대한 우리 소득세 과세권의 범위를 설정하는 소득세법의 특례이므로, 국조법에 규정이 있다면 소득세법에는 당연히 그 적용이 미친다고 이해되며, 심지어 소득세법에 상호 모순되는 규정이 있더라도 마찬가지라고 위 관련 규정을 이해하는 것이 옳다.

(3) 소결

대상판결은 아쉽게도 위와 같은 근본적인 국조법의 입법취지 내지 체계상 지위에 관하여 심리조차 하지 아니하고 있다. 큰 틀에서 보자면, 비록 소득세법에 과세대상으로 규정되지 않았다고 하더라도 국조법에 과세대상으로 규정되어 있다면 국조법을 소득세법에 우선 적용하여 과세하는 것이 옳다. 실제로 구 국조법 시행령(2006. 8. 24. 대통령령 제19650호로 개정되기 전의 것) 제31조는 배당가능유보소득의 산출방법을, 제32조는 배당간주금액의 산출방법을, 제33조는 배당간주금액의 외화환산 방법을 각각 구체적으로 규정하고 있어 국조법 자체만으로도 과세표준을 산출하는 것이 얼마든지 가능하므로, 이를 종합소득세 과세표준에 포함시켜 세액을 산출하는 것 또한 전혀 어렵지 아니하다. 실제로 이와 같이 본건 과세가 이루어졌다.

마찬가지 맥락에서, 국조법은 간주배당소득 이외에도 이전가격과세(국조법 9조), 과소자본세제(국조법 14조)에 따른 배당을 규정하고 있는바, 이 두 가지 배당도 실무상 배당소득으로 과세되어 왔다. 그렇다면 해외자회사에 관한 간주배당소득도 달리 볼 이유가 없다고 생각된다.[5]

입법자는 간주배당 규정을 만들면서 (통상적인 경우로서) 국내 주주가 "법인"인 경우만을 염두에 두고 구 국조법 제17조를 제정하였다가[6] 소득세법에 해외 지배법인의 주주가 "개인"(거주자)인 경우를 미처 구체적으로 반영하지 않음으로써 대상판결과 같은 문제가 발생한 것이 아닐까 추측된다. 그러나 설사 이러한 사소한 입법상의 실수가 있었다고 하더라도, 이론적인 이해만 탄탄하였다면 해석론으로 이를 극복할 여지는 충분하였다고 생각된다.

---

5) 오윤, 『세법원론』(한국학술정보), 2013, 145면.
6) 법인세의 경우는 소득유형별 과세를 하고 있지 아니하고 순자산증가설을 원칙으로 택하고 있기 때문에 해외자회사 배당소득은 당연히 과세대상이 된다.

3. 소득세법상 배당소득 유형별 포괄주의에 포섭되는지 여부

소득세법은 기본적으로 "소득원천설"의 입장에서 분류과세 제도[7]를 택하고 있지만, 현행 소득세법의 과세소득의 범위는 매우 넓어 그 입법론적 입장이 "순자산증가설"에 가깝다고 할 수 있고,[8] 특히 이자소득, 배당소득, 연금소득에 관해서는 특별히 구체적으로 열거된 사항과 유사한 소득은 과세소득이라는 "유형별 포괄주의"의 입장을 취하여 한 발 더 나아가고 있다. 대상판결도 이 점에 관해서는 별도로 명확하게 설시하고 있다.

따라서 대상판결이 비록 국조법상 배당간주 규정만으로는 소득세를 부과할 수 없다고 판단하였더라도, 소득세법이 배당소득에 관하여 유형별 포괄주의를 취하고 있다고 인정한 이상, 국조법의 간주배당소득이 구 소득세법 제17조 제1항 제7호의 "제1호 내지 제6호의 소득과 유사한 소득으로서 수익분배의 성격이 있는 것"에 해당하는지 여부는 마땅히 따져보았어야 한다. 그러나 행정소송법 제26조가 직권심리주의를 규정하고 있음에도 대상판결은 (아마도 피고의 주장이 없다는 이유로) 이를 검토하지 않았다.

이 사건 간주배당소득이 구 소득세법 제17조 제1항 제7호에 해당하는지 여부를 검토하면, 이 사건 간주배당소득은 실제로 배당의 지급이 이루어지지 않았음에도 이를 배당이 이루어진 것으로 세법상 "간주"한다는 측면에서만 제6호의 "외국법인으로부터 받은 이익이나 잉여금의 배당 또는 분배금"과 차이점이 있을 뿐,[9] 그 본질은 조세피난처에 소재한 외국법인으로부터 배당가능유보소득 즉, 이익이나 잉여금을 배당 받는다는 점에 차이가 없다. 따라서 국조법과 소득세법의 관계만 이해하였더라도 이 사건 간주배당소득은 구 소득세법 제17조 제1항 제7호에 해당하여 국조법이 아니더라도 소득세법으로 과세할 수 있다는 결론이 쉽게 도출되었을 것으로 보인다.[10]

4. 이 판결의 의의

대상판결은 국조법의 지위 및 유형별 포괄주의를 취하고 있는 소득세법 배당소득에 규정이 없는 상태에서 배당간주규정인 구 국

---

7) 소득세법 제3조 제1항은 "거주자에게는 이 법에서 규정하는 모든 소득에 대해서 과세한다"라고 규정하고 있고, 제4조 제1항은 거주자의 소득을 종합소득(이자소득, 배당소득, 사업소득, 근로소득, 연금소득, 기타소득), 퇴직소득, 양도소득으로 크게 구분하고 있다.

8) 이창희, 『세법강의』(박영사), 2013, 347면.

9) 이와 같은 이유로 1심 판결은 피고가 이 사건 간주배당소득이 구 소득세법 제17조 제1항 제6호에 해당한다는 주장을 배척하였다.

10) 오윤, 전게서, 146면도 같은 견해를 취하고 있다. 이 문제는 제6호에 대한 포섭에 관해서는 문언상 "간주"의 범위를 어디까지 인정할 것인가 하는 쟁점으로 귀착되고, 설사 대상판결과 같이 제6호의 배당에 "간주"배당은 포함되지 않는다고 보더라도 제7호에는 당연히 포함되는 것으로 해석할 여지는 넉넉해 보인다.

조법 제17조만으로 소득세 과세를 할 수 있는 지에 관하여 명시적으로 판시한 선례로서 의의가 크다. 다만 배당소득에 관해서는 "유형별 포괄주의"를 채택하고 있다는 데까지 이르고 서도, 국조법의 의미에 관한 체계적 고민 없이 그저 "조세법률주의"에 기대어 관련 규정의 미시적 문언으로 들어가 잘못된 길로 접어들고 말았다는 점에서 그 결론과 논리의 전개에는 아쉬움이 크다.[11] 소득세법 입법과정에서 관련 조문들을 꼼꼼히 정비하지 못한 실수가 없었다고 하긴 어렵지만, 이론적으로는 당연히 과세이고 적어도 유형별 포괄주의를 매개하여 무리 없이 그와 같은 해석론을 도출할 수 있었던 사안이라는 것이 평자의 의견이다.

참고문헌

오 윤, 『세법원론』, 한국학술정보, 2013.
이창희, 『세법강의』, 박영사, 2013.

---

11) 같은 맥락에서 법원은 과세관청이 내국법인에 대하여 과소자본세제를 규정하고 있는 국조법 제14조 및 같은 법 시행령 제25조 제5항에 따라 국외지배주주로부터의 차입금 지급이자를 손금불산입하고, "배당"으로 소득처분한 것에 대하여, "국내사업장이 있는 원고와 같은 외국법인인 경우 구 법인세법 제93조 각호에 열거된 국내원천소득이 있을 때에만 법인세 납세의무를 부담한다고 해석하는 것이 옳은데, 이 사건 종전 조항에는 외국법인 국내원천소득으로 국조법 제14조에 따라 배당으로 처분된 금액을 외국법인 국내원천소득으로 구분하지 않고 있었고, 이 사건 개정조항에서 처음으로 국조법 제14조에 따라 배당으로 처분된 금액이 외국법인 국내원천소득으로 추가되었으므로, 조세법률주의의 원칙에 비추어 이 사건 개정조항은 창설적 효력을 가지므로, 이 사건 개정조항이 시행되기 이전에 배당으로 처분 간주된 이 사건 쟁점금액은 외국법인 국내원천소득이 아니므로 원고에게 이에 대한 법인세를 부과할 수 없다"라는 취지로 판시한 바 있는데(대법원 2012. 9. 13. 선고 2012두11737 판결, 심리불속행 기각, 원심판결 서울고등법원 2012. 5. 2. 선고 2011누40327 판결), 이 판결 또한 대상판결과 같은 이유에서 비판의 여지가 크다고 할 것이다.

국외특수관계자인 회사의 신주인수시
정상가격산출방법

사건의 표시 : 대법원 2010. 2. 25 선고 2007두9839 판결

▪ 사실개요 ▪

1. 사실개요

1999년 버뮤다 소재 법인 아시아넷(AsiaNet, 이하 'AN')은 IT산업을 영위하는 10여개의 내국법인과 외국법인의 주식을 보유하고 있는 지주회사로서 나스닥 상장을 준비하였다.

AN은 1999년도 말부터 나스닥 불황으로 상장 절차의 진행을 유보하였다.

2000년 1월 AN의 계열사인 내국법인 리타워 스트래티직스(Littauer Strategics)는 당시 환풍기제조업을 영위하던 코스닥등록법인 파워텍의 주식 50.6%를 인수하였다. 이후 파워텍은 그 상호를 리타워 테크놀러지스주식회사(이하 '리타워텍')로 변경하고, 그 업종도 IT지주회사로 변경하였다.[1] 이후 34일 연속 상한가 기록을 세웠다.[2] 리타워텍은 이 사건 원고이다.

2000년 5월 AN은 활황국면에 있던 코스닥 시장에 간접 상장하는 다음과 같은 방안을

---

* 오 윤(한양대학교 법학전문대학원 교수, 법학박사).

1) 리타워텍은 AN과 모자회사 관계에 있는 자 이외의 특수관계자(겸임 임원으로 인한 실질적 특수관계자)의 관계이었다.

2) 이 회사가 제출한 반기 보고서(2000년 6월 1일~2000년 11월 30일)에 따르면 매출은 고작 20억 원이었고 당기순손실은 355억 원이었다.

강구하였다(이하 '당초 방안').

(1) AN의 내외국인 주주가 AN 구주 전부인 60,762,268주를 리타워텍에게 현물출자하고, 그 대가로 리타워텍은 리타워텍의 신주 8,680,324주를 이들 AN의 내외국인 주주에게 교부한다(주식 교환거래).

(2) 현물출자에 적용된 주식교환비율은 1(리타워텍 주식) : 7(AN 주식)이다. 이는 Lehman Brothers의 평가의견에 따른 것이었다.

(3) 결과적으로 AN은 리타워텍의 100% 자회사가 되고 AN의 내외국인 주주들은 리타워텍의 주주 지위를 얻게 되며, AN주식은 코스닥등록업체인 리타워텍을 통하여 코스닥에 간접 상장되는 효과를 얻을 수 있게 된다.

AN의 외국인 주주의 입장에서 보면 자신이 보유한 AN주식의 현물출자는 외국법인인 AN주식을 내국법인인 리타워텍에 투자하는 것인데, 외국인투자촉진법(이하 '외촉법'이라 한다)은 주식을 외국인투자의 출자목적물로 규정하고 있지 않았기 때문에 위 방안을 추진하기 위해서는 외국환거래법에 따라 재정경제부장관의 자본 거래허가를 받아야 했다.

2000년 6월경 재정경제부장관의 허가를 받을 수 없음을 확인하자, 리타워텍에 대한 외촉법상 외국인투자의 현금 출자 요건을 충족시키면서 동시에 위에서 본 바와 같은 주식교환 효과를 달성하기 위하여 다음과 같은 구조의 간접적 주식교환거래 방식을 실행하기로

그 방안을 변경하였다(이하 '변경된 방안').

(1) 이 건 거래를 위하여 룩셈부르크에 특수목적법인(SPC) 그레이하운드를 설립하고, 그레이하운드는 대주(Lehman Brothers)로부터 미화 1,342,519,946 달러('13억 달러')를 차입한다.

(2) 그레이하운드는 이 13억 달러를 AN에게 증자대금으로 납입하고 AN의 신주 2,000,000주를 인수한다. 이에 따라 AN의 주주는 내외국인 기존주주와 그레이하운드로 변경된다.

(3) AN은 그레이하운드로부터 납입 받은 위 증자대금 13억 달러를 다시 리타워텍에게 증자대금으로 납입하고 리타워텍의 신주 8,680,324주를 인수한다(외촉법상 외국인투자신고를 하였다). 이에 따라 리타워텍의 주주는 리타워 스트래티직스 등 기존주주와 AN으로 변경된다.

(4) AN은 기존의 내외국인주주가 보유하고 있던 AN 주식 60,762,268주(AN 구주 전부와 일치)를 버뮤다 상법에 따라 강제 소각하고 (우리 상법상 자본감소에 해당하는 것), 소각대가로 자신이 보유하고 있던 리타워텍 신주 8,680,324주를 동 주주들에게 교부한다. 이에 따라 AN의 주주로는 AN신주 2,000,000주를 보유한 SPC만 남게 되는 일방, 리타워텍의 주주는 리타워 스트래티직스 등 기존주주와 AN의 구주주들로 변경된다.

(5) 리타워텍은 AN로부터 증자대금으로

받은 13억 달러로 그레이하운드로부터 AN 신주 2,000,000주를 매수한다. 이에 따라 리타워텍은 AN의 100% 주주의 지위를 취득한다(외국환거래법상 해외투자 신고를 필하였다).

(6) 그레이하운드는 리타워텍으로부터 지급 받은 AN신주 2,000,000주의 매각대금 13억 달러로 대주에 차입금을 상환하고 해산한다.

이 일련의 거래는 AN이 리타워텍에게 신주인수대금을 납입한 2000년 7월 22일 23시 50분경으로부터 약 2시간 30분만에 종결되었다. AN의 구주주들은 리타워텍의 주주 지위를 취하는 한편, 리타워텍은 AN의 100% 주주(모회사)가 되는 지분소유구조가 형성되었다. 이러한 지배구조는 당초에 의도했던 현물출자를 통한 주식교환거래의 결과와 정확히 일치하는 것이었다.

피고 과세관청은 변경된 방안이 본질적으로 당초의 방안과 다를 바 없다는 점을 인정하였다. 이에 따라 변경된 방안 (5)에 따라 리타워텍이 AN신주 2,000,000주를 매입한 것(이하 '이 사건 국외거래')을 당초 방안 (1)의 앞부분 즉 AN구주 60,762,268주를 현물출자받도록 되어 있던 부분과 동일한 것으로 간주하고 세법을 적용하였다. 위 일련의 거래들에 관하여 리타워텍이 모자회사 관계에 있는 자 이외의 특수관계자 (겸임 임원으로 인한 실질적 특수관계자)인 AN으로부터 AN구주 60,762,268주를 매입한 것으로 본 것이었다.

피고 과세관청은 원고인 리타워텍의 총임원 중 절반 이상이 AN의 임원이어서 국제조세조정에관한법률(이하 '국조법'이라 한다)상 원고와 AN이 국외특수관계자이고, 이 사건 국외거래가 원고와 AN 사이의 사전계약에 기초하여 그 거래조건(교환비율 등)이 실질적으로 결정되었다는 이유로, 이 사건 국외거래를 구 국조법 제7조 소정의 제3자 개입거래로 보았다.

피고 과세관청은 다음과 같은 방법으로 정상가격을 산정하였다.

① 이 사건 국외거래와 근접한 시기로 AN 주식에 대한 거래횟수가 많은 1999. 12.의 AN 주식의 평균 매매가액인 1주당 9.1818 달러를 기초로 한 위에, AN이 2000. 초경 주식을 1/2로 분할하였음을 이유로 1주당 가격을 4.5909달러로 계산하고, AN이 그 설립 당시부터 모델로 삼았다는 나스닥 상장사인 CMGI사와 ICGE사의 1999. 12.부터 2000. 7.까지의 주가변동 추세(주가가 평균 32.67%로 하락)를 반영하여, AN이 2000. 7.경 발행하여 그레이하운드가 인수한 신주의 정상가격을 1주당 1.5달러로 산정하였으며,

② 이 사건 국외거래의 대상은 AN 신주 200만 주이지만, 이 사건 국외거래 직전에 AN의 구주 6,000만 주가 모두 소각되어 결국 AN 신주 200만 주가 구주 6,000만 주의 가치를 대신하게 된 점을 고려하여, 국조법 시행령 제6조 제2항에 따른 합리적인 조정으로 위와

같이 산출한 AN 주식 1주의 정상가격 1.5달러에 200만 주가 아닌 6,000만 주를 곱하여, 이 사건 국외거래의 정상가격을 91,143,397달러(구주 60,762,265주×1.5달러)로 산정하였다.

이에 따라 AN주식의 정상가격이 미화 91,143,397달러(1.5달러×60,762,265주)에 불과한데 리타워텍이 이 사건 국외거래에서 이를 미화 13억 달러에 고가 매입한 것으로 보고, 그 차액에 대하여 이전가격 과세조정을 하였다. 피고 과세관청은 위 고가매입액(1,391,655,189,546원)을 국조법시행령 제15조 제3호에 따라 2000 사업연도 말 현재 발생한 AN에 대한 대여금으로 조정하였다. 동 고가매입액에 국제 금융시장 실제 이자율을 곱하여 계산된 72,663,884,066원이 리타워텍의 2001 사업연도 소득금액 계산상 익금에 산입되고 나아가 동액만큼이 AN에 대한 기타소득으로 처분하는 과세처분을 하였다.[3]

2. 쟁점

피고 과세관청은 (1) 원고 리타워텍이 SPC로부터 매입한 AN의 신주는 AN으로부터의 직접 매입한 것과 다를 바 없으며, (2) 리타워텍은 그 매입시점에 이미 AN과는 국외특수관계를 형성하고 있었으며, (3) 리타워텍이

지급한 매입가격은 13억 달러가 과다하므로 그 매입거래는 이전가격과세의 대상이 된다는 것이었다.

이 사건 원심[4]에서는 위 쟁점 (1)에 대해서 다투어지고 원심은 원고의 주장을 기각하였지만 원고는 이 점에 대해 대법원에 상고하지 않았다. 위 쟁점 (2)에 대해서는 원고와 피고간 다툼이 없다. 원고는 위 쟁점 (3)에 대해 원심에서 13억 달러는 세계 유수의 금융기관인 Lehman Brothers의 평가결과에 따른 정상가격이라고 주장하였다(쟁점 (3-1)). 원심은 Lehman Brothers의 평가의견서는 원고와 AN 주식의 객관적인 가치를 평가한 것이라기보다는 주식교환이라는 궁극적 목적을 달성하기 위한 방편으로 원고와 AN의 의사에 따라 그 내용이 부실하게 기재되었을 개연성이 높다는 이유로 원고의 주장을 배척하였다.

원고는 피고가 AN 신주 200만 주의 정상가격을 산정한 방법이 국조법 제5조 제1항 제4호, 국조법시행령 제4조 제3호 소정의 '기타 거래의 실질 및 관행에 비추어 합리적이라고 인정되는 방법'이라고 볼 수 없다고 주장한 데 대해 원심은 그 주장을 인용하였다(쟁점 (3-2)).

피고 과세관청은 쟁점 (3-2)에 대해 대법원에 상고하였다.

---

3) 리타워텍은 국세청이 부과한 472억 원의 세금문제로 인해 감사의견 거절을 받아 결국 2003년 코스닥시장에서 퇴출되었다. 세금을 납부하게 될 경우 기업으로서의 존속능력이 없어질 가능성이 크다는 것이 회계법인의 판단이었다.

4) 서울고법 2007. 4. 20. 선고 2006누 16139 판결.

▪ 판결요지 ▪

위 쟁점 (3-2)에 대한 원심과 대법원의 판결은 아래와 같다.

원심은 피고가 AN 신주 200만 주의 정상가격을 평가하기 위하여 비교회사로 선정한 CMGI사와 ICGE사는 나스닥에 상장된 회사들이어서 나스닥에 상장되지도 않은 AN과 이들 회사의 주가를 단순비교하기에는 무리라고 보이고, 또한 AN의 주가와 CMGI사 및 ICGE사의 각 주가를 직접 비교하는 것도 아니고 AN 주가하락률과 위 나스닥 상장회사들의 주가하락률이 동일하다는 사실을 인정할 아무런 근거도 없이 이들 나스닥 상장회사들의 주가가 하락한 비율만큼 AN 주가도 하락하였을 것이라는 가정 하에 위 나스닥 상장회사들의 주가하락률을 적용하여 AN 신주의 정상가격을 산정한 이상, 이러한 평가방법은 합리적이라고 보기 어렵다고 보았다.

그리고 원심은 AN 주식이 분할된 이후인 2000. 3. 14.경 홍콩의 리카싱 파운데이션사가 AN 주식 1,920,000주를 미화 28,800,000달러(1주당 15달러)에 매입하였고, 홍콩의 맨세터사도 AN 주식 930,000주를 미화 13,950,000달러(1주당 15달러)에 매입한 사실에 비추어 보아도 피고가 AN 주식이 분할될 당시의 1주당 가격이 4.5909달러는 전제 하에 위 나스닥 상장회사들의 주가하락률을 적용한 것은 합리적인 평가방법이 아니라고 보았다.

대법원은 정상가격산출방법에 관한 원심의 위와 같은 판단은 정당한 것으로 수긍할 수 있고, 원심판결에 구 국조법상 정상가격산출방법에 관한 법리오해 등의 위법이 없다고 판결하였다. 대법원은 위 이외에 원심의 판단을 정당한 것으로 수긍하는 별도의 판단이유를 설시하지 않고 있다.

▶ 해 설 ◀

1. 이 사건 국외거래의 경위

AN의 주주들은 원래 그들이 가지고 있던 AN의 주식을 자신이 실질적으로 지배하게 된 리타워텍의 주식과 포괄적으로 교환하여 AN을 이 사건 원고인 리타워텍의 완전자회사로 하는 방법으로 자신이 가지고 있던 주식을 상장법인을 지배하는 법인의 주식으로 전환하고자 하였다(간접상장). 현행 세법상으로는 상법에 따른 주식의 포괄적 교환의 경우 사업목적, 사업계속성 및 주식인수비중(80%)의 요건이 충족될 경우 완전자회사가 되는 법인의 구주주들에게는 양도소득과세를 이연하고, 완전모회사가 되는 회사는 구주주들로부터 완전자회사가 되는 법인의 주식을 그들의 취득가액대로 인수한 것으로 보는 특례가 인정된다(조세특례제한법 38조). 당시 세법상으로는 이와 같은 특례가 없었으며, 위 원래 의도한 거래가 오늘날 이루어진다 하더라도 상법상 포괄적 주식교환으로 볼 수 없어 그 특례가 적용되지 못할 것이었다.

위 원래 의도한 거래는 외촉법 및 외국환 거래법의 규제 때문에 이루어지지 못하고 경제적으로 그와 동일하지만 그 규제를 우회하는 이 사건 국외거래가 추진되었다. 우회거래의 핵심에는 현금출자의 외양을 갖추도록 하는 SPC인 그레이하운드가 작동하게 되어 있었다. SPC는 대주 Lehman Brothers로부터 자금을 대여받았다. AN이 리타워텍에 현금출자를 하되, 그 현금은 SPC에게 AN의 신주를 교부하는 증자의 형태로 조달하였다. AN이 갖게 되는 리타워텍의 주식은 AN의 구주주에게 구주를 환수하면서 교부하였다. 리타워텍은 현금출자받은 돈으로 SPC로부터 AN의 신주를 매입하였으며, SPC는 AN 신주의 매도대금으로 대여받은 자금을 상환하고 소멸하였다. 대주인 Lehman Brothers는 2시간 반동안의 자금대여기간 중 이자 44억 원을 벌었다. 자금대차 및 상환의 과정 이외에는 이 사건 국외거래는 원래 의도한 거래와 다를 바가 없는 것이었다.

AN 신주 2,000,000주에 대가 13억 달러는 실제 이 거래를 추진하는 데 Lehman Brothers가 평가한 AN의 기업가치이다. 이는 리타워텍과 AN 및 Lehman Brothers가 합의한 가액이다. 그러나 단지 2시간 반에 거래가 종료되었으며 그 과정에서 Lehman Brothers로부터의 자금의 차입과 상환도 모두 이루어진 것이기 때문에 실제 자금의 이동이 있었다 하더라도 이는 무의미한 것이라고 보아야 할 것이다. 그만큼 13억 달러의 가액은 신뢰하기 어려운 수치이다. 상장차익을 거두기 위한 일종의 주가조작에 가까운 것이라고도 생각할 수 있는 부분이다.

2. 제3자개입거래규정의 적용문제

이 사건 피고 과세관청은 원고가 변경된 방안에 따라 취득한 AN주식은 당초 방안에 따라 취득한 것과 동일한 것이라고 보았으며, 이에 대해 원고와 피고가 이견이 없다. 그런데 당초 방안에 의할 경우 원고의 주식취득 거래 상대방은 AN의 주주이다. 그들은 원고의 국외특수관계자가 아니므로 이 사건 국외거래에 대해서는 국조법상 이전가격과세조항이 적용될 여지가 없는 것이다.

그런데 피고는 이 사건 국외거래가 국조법 제7조의 규정[5]상 '제3자개입거래'에 해당하므로 이전가격과세의 대상이라고 주장하였다. 피고는 이 사건 국외거래를 이해함에 있어, 당초 방안에 의한 거래와 다를 바 없다고

---

5) 제7조 (제3자 개입거래) 거주자가 국외특수관계자가 아닌 자와 국제거래를 하는 경우에도 그 거래가 다음 각호의 요건을 충족하는 경우에는 국외특수관계자와 국제거래를 한 것으로 보아 그 거래에 대하여 제4조

하면서, 이 사건 국외거래의 목적물인 AN신주를 당초 방안에서의 목적물인 AN구주로 사실상 치환하여 보면서도, 거래의 진정한 상대방은 당초 방안에서와는 달리 AN의 구주주가 아닌 AN 자체로 보는 전제 위에, 원고와 AN 간에 제3자인 국외 SPC 그레이하운드가 있는데, 그 구조는 국조법상 제3자개입거래에 해당하여, 원고와 AN이 직접 거래한 것으로 볼 수 있다는 주장을 한 것이다.

원고는 이 사건 국외거래가 그 실질이 원고와 AN 구주주와의 거래이므로, 제3자개입거래라 하더라도 국조법상 특수관계가 없으므로6) 국조법상 이전가격과세대상이 아니라는 주장을 하였다.

원심은 이에 대해 "국조법 제7조의 제3자개입거래규정은 … 제4, 5조의 과세조정을 회피하는 것을 방지하기 위한 것이고, 그 요건으로는 거주자와 국외특수관계자간의 사전계약

및 실질적인 거래조건 결정만이 요구되고 있으므로, 그 요건이 충족되어 같은 법 7조가 적용되는 경우 … 같은 법 제4, 5조의 과세조정을 하게 되는 것일 뿐, 그 밖에 그 국외거래의 최종적인 목적 등을 고려하여 과세조정의 대상인지 여부를 결정할 수 있는 것은 아니라고" 하고 있다.

원심은 원고와 AN이 사전계약을 체결하여 국조법 제7조의 규정을 충족하였으므로 그것을 적용하면 되는 것일 뿐 이 사건 국외거래가 그 거래의 최종적인 목적을 볼 때 당초 방안 중 (1)과 다를 바 없다는 실질을 가지고 있다는 점까지 고려할 필요는 없다고 보아 원고의 주장을 배척한 것이다. 원고는 이 점에 대해서는 대법원에 상고하지 않았다.

국조법상 제3자개입거래규정은 이전가격과세를 회피하기 위해 제3자를 개입시킨 경우를 방지하기 위한 조세회피방지규정이다.7) 조

및 제5조를 적용한다.

1. 거주자와 국외특수관계자간에 당해 거래에 대한 사전계약이 있을 것
2. 거래조건이 당해 거주자와 국외특수관계자간에 실질적으로 결정될 것

6) 이 사건 국외거래 당시인 2000년 국조법상 다음 3개의 기준 중 하나에 해당할 경우 특수관계가 인정되었다(구 국조법 제2조 제1항 제8호).
   가. 거래당사자의 일방이 타방의 의결권있는 주식의 100분의 50 이상을 직접 또는 간접으로 소유하고 있는 관계
   나. 제3자가 거래당사자 쌍방의 의결권있는 주식의 100분의 50 이상을 직접 또는 간접으로 각각 소유하고 있는 경우 그 쌍방간의 관계
   다. 거래당사자의 일방이 타방의 사업방침을 실질적으로 결정할 수 있는 관계
   세부기준을 정한 당시 국조법시행령은 위 다목의 한 경우로서 "일방법인의 대표임원이나 총 임원수의 절반 이상에 해당하는 임원이 타방법인의 임원 또는 종업원의 지위에 있을 것"을 들고 있다(구 국조법시행령 제2조 제1항 제4호 가목). 원고는 AN 또는 AN의 구주주에 의하여 실질적으로 지배되는 지위에 있었지만 그들간에는 위 가목 및 나목의 관계가 형성되지 않았다. 원고와 AN의 구주주간에는 위 구 국조법시행령 제2조 제1항 제4호 가목의 관계도 없었다.
7) OECD Transfer Pricing Guideline Chapter Ⅰ. 1.64 − 1.69 참조.

세회피방지규정은 경제적 실질상 과세를 받아야 할 대상이 법적 형식을 빌려 그 과세를 피해가는 것을 방지하기 위한 것이라고 보는 관점이라면, 제3자개입거래규정을 적용할 때 당초 이전가격과세대상이 될 거래를 판정함에 있어서는, 거래의 전체 구조로 보아 경제적 실질에 해당하는 거래라고 볼 수 있는 것으로 보아, 그 거래의 당사자간에 특수관계가 있는지를 보아야 할 것이다. 그런데 원심은 경제적 실질과 동떨어진 다수의 법적 형식이 존재할 때 그 중 어느 하나가 외견상 제3자 개입규정의 적용요건의 문언에 부합하면 동 규정을 적용하여야 한다고 본 것이다. 이는 이전가격과세의 본질 및 제3자개입규정의 도입 취지에는 부합하지 않는 것으로 보아야 한다.

3. 정상가격산정상 비교가능성

피고 과세관청은 AN 신주 200만 주의 정상가격을 당시 국조법 제5조 제1항 제4호의 '대통령령으로 정하는 기타 합리적이라고 인정되는 방법'과 그의 위임을 받은 국조법시행령 제4조 제3호의 '기타 거래의 실질 및 관행에 비추어 합리적이라고 인정되는 방법'에 따라 판단하였다.

피고 과세관청은 이 사건 국외거래로부터 7개월 전인 1999. 12.의 AN 주식의 평균 매가액인 1주당 9.1818달러를 기초로 7개월간의 가격변동을 추정하기 위해 비교대상회사를 찾고 그것들의 가격변동율을 적용하는 방법을 사용하였다. 원심은 이 사건 국외거래로부터 4개월전이면서 AN 구주식이 분할된 이후인 2000. 3. 14.경 홍콩의 리카싱 파운데이션사가 AN 구주식 1,920,000주를 미화 28,800,000달러(1주당 15달러)에 매입하였고, 홍콩의 맨세터사도 AN 구주식 930,000주를 미화 13,950,000달러(1주당 15달러)에 매입한 사실을 확인하였다. 정상가격산정에는 '비교가능성'(comparability) 요건을 충족하는 거래사례가 사용되어야 한다. 비교가능성은 정상가격을 산정하기 위한 기술적인 방법 중 어떤 것을 선택하든 충족하여야 할 요건이다. 원심은 버뮤다에 소재하는 나스닥에 상장하지 않은 지주회사의 주식가격변동추이가 나스닥상장사인 CMGI[8] 등과의 비교는 적절하지 않다고 본 것이며, 대법원은 이를 인정한 것이다. 대법원은 원심에서 확인한 홍콩법인에게 AN의 분할된 구주를 매도한 사례 2개를 적용하여 판단하여야 할 것이라고 하지도 않았다. 이는 비록 시기적으로 이 사건 국외거래와 조금 더 가까이 있는 것이라고 하더라도 당시 벤처기업의 주식가격이 급변하는 상황을 고려한 것으로 보인다.

---

8) 2013년 현재는 ModusLink Global Solutions로 개명되었으며, 1994년 나스닥상장하고 dot.com 버블의 수혜를 보았다. 2000년 사건 국외거래 당시 dot.com 버블이 붕괴되어 가고 있었다.

4. 부당행위계산부인의 가능성

법원은 이 사건 국외거래를 원고와 AN간의 거래로 보고 있는데, 이와 같은 원고와 AN간의 관계는 현행 법인세법시행령에 의한다면 그 제88조 제1항 제8호의 2의 규정⁹⁾에 해당하였을 것이다. 당시 국조법은 이에 대해 국조법상 이전가격과세규정을 적용할 것인지, 부당행위계산부인규정을 적용할 것인지에 대해 명시적인 규정을 두고 있지 않았다. 2000년 당시 국조법 제3조는 "이 법은 국세 및 지방세에 관하여 정하고 있는 다른 법률에 우선하여 적용한다."고만 규정하고 있었을 뿐이다. 2002년에 가서야 비로소 국조법 제3조는 그 제2항에서 "국제거래에 대하여는 소득세법 제41조 및 법인세법 제52조의 규정은 이를 적용하지 아니한다."고 규정하게 되었다. 2000년 당시 과세관행상 부당행위계산부인규정의 명시적 적용배제규정이 없다는 이유로 이전가격과세규정이 적용되었다. 설사 부당행위계산부인규정이 적용되었다 하더라도, 당시 법인세법시행령 제88조가 현행 규정처럼 증자시 증자법인의 이익을 분여한 것을 부당행위계산으로 포섭하는 규정을 두고 있지 않아 실제 부당행위계산부인규정을 적용할 수 없었을 것이다.

법원은 이 사건 국외거래를 원고와 AN간의 거래로 보고 있는데, 법원의 판단대상은 원고가 지급한 AN 신주식가액이 적정한 것이었는가 하는 점이었다. AN 신주식의 정상가액을 어떻게 보는가에 대해 원고는 Lehman Brothers의 평가액의 정당성을 주장한 반면, 과세관청은 자신이 적용한 기타 합리적 방법의 정당성을 주장하였는데, 양측 모두 AN 주식 자체의 가액을 중심으로 주장을 펼쳤다. 이 사건 국외거래의 핵심은 교환거래이다. 그렇다면, 원고 입장에서는 스스로의 신주 8,680,324주의 가액에 대한 평가가 있어야 했다. 또한 이전가격과세의 대상이 되는 거래로서 원고 자신의 신주 교부거래가 검토되었어야 했다. 그런데 원고의 신주는 신주발행의 형식을 취했으므로 과세관청은 이를 이전가격과세의 대상에서 처음부터 고려하지 않았다. 이미 설립된 법인이 그에 대해 새로이 현물출자하는 자에게 신주를 발행할 때에 시가에 의해 발행하지 않을 경우 원고 발행주식 구주의 보유자와 신주의 취득자간에는 경제적 이익의 이전이 일어나게 된다. 구주의 보유자 중 지분 50.6%를 보유하는 리타워 스트래티직스는 AN의 계열사로서 그와 특수관계가 있다. 과세관청이 이 사건 국외거래를 원고가 AN으로부터 AN의 주식을 매입한 것으로 본 것이라

---

9) 제8호 외의 경우로서 증자·감자, 합병(분할합병을 포함한다)·분할, 「상속세 및 증여세법」 제40조 제1항에 따른 전환사채등에 의한 주식의 전환·인수·교환 등 법인의 자본(출자액을 포함한다)을 증가시키거나 감소시키는 거래를 통하여 법인의 이익을 분여하였다고 인정되는 경우(2007년 신설).

면, AN이 원고의 신주를 인수한 사실을 기초로, 원고의 기존 주주인 리타워스트래티직스와 AN간의 부당한 경제적 이익의 이전이 없었는지 살펴보았어야 했다. 과세관청의 주장대로 AN에게 과도한 대가가 주어진 것이라면 원고의 구주주인 리타워스트래티직스로부터 AN에게 경제적 이익의 이전이 있었던 것으로 보아야 할 것이다. 전술한 것처럼 당시 과세관행상 국조법에 부당행위계산부인규정의 명시적 적용배제규정이 없다는 이유로 그 규정이 적용되었다면, 과세관청이 리타워스트래티직스로부터 AN에게로의 부당한 경제적 이익의 이전이 있었는지를 조사하지 않은 것은 과세상 일관성을 결여한 것으로 볼 수 있을 것이다.[10]

원고의 구주주 중 소액주주와 AN과의 관계상으로는 특수관계가 형성되지 않아 부당행위계산부인규정이 적용될 여지는 없었으며, 당시 법인세법 및 상속세 및 증여세법상 외국법인인 AN에 대해 과세할 규정이 존재하지 않았다. 만약 원고의 구주주로부터 AN에게로 경제적 이익의 이전이 있었다고 보려 한다면 부당행위계산부인규정상 교부한 신주의 시가와 출자받은 AN주식의 시가를 비교하여 그 차액이 존재하는지를 보아야 했을 것이다. 양자에 대한 법인세법상 평가는 별론으로 하더라도, 그 어느 것도 이 사건 국외거래에서 대가로 설정된 13억 달러에 근접하였다고 볼 수 없을 것이다.

5. 결론

이 사건 국외거래상 AN의 주식과 원고의 신주가 동일한 가치(13억 달러)가 있는 것으로 보고 당사자들이 거래한 사실을 중시할 필요가 있다. SPC인 그레이하운드는 Lehman Brothers로부터 13억 달러를 단 3시간 동안 빌렸을 뿐이며, 그에 대한 이자는 약 40억 원에 이른다. 피고는 이전가격과세의 결과 고가매입차액 약 12억 달러의 금액이 2000년 7월부터 12월까지의 기간 중 원고로부터 AN에게로 대여된 것으로 보아 원고에게 이자소득을 지급받지 않은 데 대한 법인세액과 더불어 AN이 국내에서의 이자지급채무면제로 인한 기타소득에 대한 원천징수세액을 고지하였다. 주가조작의 혐의까지 받아가며 비정상적으로 급등한 원고의 주가와 역외 지주회사인 AN의 주가를 빌미로 단 3시간의 대여로 인한 이자수입을 기대하고 과도한 평가를 한 것으로 의심할 여지가 있는 Lehman Brothers의 평가보고서를 신뢰할 수 없었다면, 피고가 그러한 판단을 기초로, 지급할 적정한 가액에 대해 조사

---

10) 현행 국조법시행령 제3조의2 제4호는 "그 밖의 자본거래로서 「법인세법 시행령」 제88조 제1항 제8호 각 목의 어느 하나 또는 같은 항 제8호의2에 해당하는 경우"에는 이전가격과세제도가 적용되지 않고 부당행위계산부인규정이 적용된다고 규정하고 있다.

한 데에는 설득력 있는 이유가 있었겠지만, 13억 달러의 대가를 실제 지급한 것으로 보아 이전가격과세를 한 것은 이 사건 국외거래의 실질을 볼 때 타당하지 않다. 법원은 국조법상 제3자개입거래규정을 들어 13억 달러의 대가를 실제 지급한 것으로 본 피고의 주장은 받아들이는 한편, 피고가 발견한 정상가격이 위법한 것이라는 판단을 하는 방법으로 피고의 과세처분을 취소한 것으로 보인다.

조세조약 해석에 있어서 국내법상 실질과세원칙의 적용 여부

사건의 표시 : 대법원 2012. 4. 26. 선고 2010두11948 판결

▪ 사실개요 ▪

1. 사실관계와 처분경위

영국의 유한파트너십(Limited Partnership) 인 원고들은, 2001.경 한국 내 부동산('이 사건 부동산')에 투자할 목적으로 룩셈부르크 법인들과 벨기에 법인들을 순차로 설립한 다음, 벨기에 법인들을 통해 ○○유동화전문유한회사('○○사')의 주식 전부('이 사건 주식')를 인수한 다음, ○○사를 통하여 이 사건 부동산을 매수하여 보유하던 중 2004. 9. 9. 이 사건 주식을 영국법인('□□사')에 매각하여 주식 양도차익을 얻었다. □□사는 한·벨 조세조약 제13조에 의거하여 이 사건 주식양도로 인한 소득은 양

도인의 거주지국에서만 과세되도록 규정되어 있다는 이유로 벨기에 법인들이 취득한 위 주식 양도차익에 대해 원천징수를 하지 않았다.

이에 피고는 2006. 12. 18. 벨기에 법인들은 조세회피목적으로 설립된 도관회사에 불과하여 이 사건 주식의 양도차익은 한·벨 조세조약이 적용되지 않고, 원고들에게 실질적으로 귀속된다고 보아 영국의 거주자인 원고들에 대하여 한·영 조세조약과 법인세법 제조항에 따라 법인세를 부과하는 이 사건 처분을 하였다.

---

* 김석환(강원대학교 법학전문대학원 교수, 법학박사).

2. 이 사건의 법적 쟁점

이 사건에서 다투어진 여러 쟁점들 중 이 글에서 다루고자 하는 쟁점은 이 사건 주식 양도소득의 실질귀속자를 벨기에 법인들이 아닌 원고들로 볼 수 있는지 여부이다.[1] 그런데 원고들의 실질귀속자 인정 여부는 사실판단의 측면이 강하며, 기실 법리적으로 중요한 쟁점은 위와 같은 사실판단의 전제로서 국내법상 실질과세 원칙이 조세조약의 해석에 적용되는지 여부라 할 수 있다. 따라서 이 글에서는 이와 같은 법리적 쟁점에 국한하여 대립되는 견해를 살펴보고 그 적용을 긍정한 대상판결의 의미를 평가하기로 한다. 이와 같은 법리 판단을 전제로 한 원고들의 실질귀속자 인정 여부에 대한 자세한 논의는 생략키로 한다.

▪ 판결요지 ▪

1. 법리적 쟁점(실질과세원칙의 조세조약 적용 여부)에 대한 판단

국세기본법(이하 '기본법'이라 한다) 제14조 제1항에서 규정하는 실질과세의 원칙은 소득이나 수익, 재산, 거래 등의 과세대상에 관하여 그 귀속 명의와 달리 실질적으로 귀속되는 자가 따로 있는 경우에는 형식이나 외관을 이유로 그 귀속 명의자를 납세의무자로 삼을 것이 아니라 실질적으로 귀속되는 자를 납세의무자로 삼겠다는 것이므로, 재산의 귀속 명의자는 이를 지배·관리할 능력이 없고, 그 명의자에 대한 지배권 등을 통하여 실질적으로 이를 지배·관리하는 자가 따로 있으며, 그와 같은 명의와 실질의 괴리가 조세를 회피할 목적에서 비롯된 경우에는, 그 재산에 관한 소득은 그 재산을 실질적으로 지배·관리하는 자에게 귀속된 것으로 보아 그를 납세의무자로 삼아야 할 것이고,[2] 이러한 원칙은 법률과 같은 효력을 가지는 조세조약의 해석과 적용에 있어서도 이를 배제하는 특별한 규정이 없는 한 그대로 적용된다고 할 것이다.

2. 원고들의 실질귀속자 인정 여부에 대한 판단

이 사건 벨기에 법인들은 이 사건 주식의 인수와 양도에 관하여 형식상 거래당사자의

---

1) 대상판결은 이 쟁점 외에도, ①이 사건 주식 양도소득의 실질귀속자를 원고들로 보는 경우, 한·벨 조세조약 제23조에 정한 무차별원칙을 위반하는지 여부(부정) 및 ② 외국법인의 국내 부동산과다보유법인 주식의 양도소득에 해당하려면 구 법인세법 시행령 제132조 제10항 제2호의 자산비율 요건 외에 구 소득세법 시행령 제158조 제1항의 지분비율 요건도 갖추어야 하는지 여부(부정) 등이 다투어졌다. 이 글에서는 이 쟁점들에 대한 논의를 생략한다.
2) 대법원 2012. 1. 19. 선고 2008두8499 전원합의체 판결의 설시를 그대로 인용하였다.

역할만을 수행하였을 뿐 그 실질적 주체는 원고들이며, 이러한 형식과 실질의 괴리는 오로지 조세회피의 목적에서 비롯되었으므로, 실질과세의 원칙에 의하여 이 사건 양도소득의 실질적 귀속자를 원고들로 보아야 하며, 이들은 영국법인이어서 한·벨 조세조약 제13조 제3항이 적용될 수 없다.

▶ 해 설 ◀

1. 쟁점

대상판결의 원심(제1심 포함, 이하 같음)에서 피고는 이 사건 주식의 양도인이 벨기에 법인들이 아니라는 주장의 근거로서, 국내세법상의 실질과세 원칙의 적용뿐만 아니라 OECD모델조약 및 동 주석상의 수익적소유자, 조세조약혜택제한, 도관회사를 통한 조약 편승 방지 원칙 등을 주장하였다. 그러나 원심은 조세조약의 해석에 관한 제 원칙들에 근거한 피고의 주장에 대해서는 판단을 생략한 채 국내법상 실질과세 원칙을 적용하여 이 사건 주식의 실질적 양도자가 벨기에 법인들이 아닌 원고들이라고 판단하였으며, 대법원 또한 국내법상 실질과세원칙은 조세조약의 해석에

도 적용할 수 있다는 법리만을 설시한 채 원심과 동일한 결론에 이르고 있다.[3]

결국 논점은 국내법상 실질과세원칙을 조세조약의 해석에 있어서도 적용할 수 있는지 여부라 할 수 있으며, 이 점에 관하여 종래 이를 긍정하는 주장과 이를 부정하는 주장 간의 대립이 있어 왔는바, 이하에서는 각 주장의 논거를 살펴보고 대상판결의 의미를 평가해 보고자 한다.

2. 조세조약 해석상 실질과세 원칙의 적용에 관한 견해의 대립

(1) 적용긍정설

OECD모델조세협약의 주석(보고서 포함)은 OECD회원국 간에 체결된 조세조약의 올바른 해석을 위한 국제적으로 권위를 인정받는 기준으로서 국내법상의 실질과세원칙 등과 관련한 OECD 회원 국가간 조약 해석에 있어서 하나의 참고자료가 될 수 있으며, 동 주석에 따르면, 국내세법상의 일반적 남용방지원칙(General Anti-Avoidance Rule, 'GAAR')인 실질과세원칙이 한·벨 조세조약에 적용되는 데 아무런 제한이 없다. 즉, 1989년 OECD 도관회사 보고서는 조약의 남용행위에 대처하기 위해서는 기본정책의 변경이 필요하지만 이것

---

3) 따라서 피고의 주장 중 수익적소유자 등에 근거한 주장은 배척한 것으로 볼 수 있다. 조세조약상 구체적인 근거규정 없이 이와 같은 조약편승 방지 원칙들을 적용할 수 없다고 볼 때 대상판결의 태도는 수긍할 수 있다.

이 법규를 복잡하게 하고 과세당국에게는 상당히 부담스러울 수 있으므로 이러한 고도의 조세조약 남용 약정을 규제하기 위해 실질과 세원칙의 적용이 선호될 수 있다고 명시하고 있다.[4] 또한 2003년 OECD 개정 모델협약 주석은 국내법에 규정하고 있는 일반적 남용방지원칙은 조세조약과 서로 상치되지 않으며 이러한 조항의 적용은 조세조약에 의하여 영향을 받지 않는다[5]고 확인한바 있으며, 나아가 일방체약국의 거주자의 정의는 자국법의 거주자 개념을 따르되 실질적인 통제 및 관리 장소가 거주지를 판단하는 중요 요소라고 밝히면서 "그 문언과 정신에 따르면, 이 조항은 일방체약국이 도관회사를 끌어들이기 위해 마련된 특혜로써 그 해외소득에 대한 과세가 면제된 외국회사를 그 나라의 거주자에서 제외할 수 있다"고까지 나아가고 있다.[6] 따라서 비엔나 협약 제26조의 pacta sunt servanda 원칙에 따라 GAAR이 조약에 규정되어야 조세조약의 혜택을 부인할 수 있다는 종전의 OECD 해석기준은 늦어도 2003년 OECD모델 조약 주석의 개정을 통해 더 이상 OECD의 해석지침이 될 수 없다.[7]

조세조약은 체약국 사이의 과세권이 문제될 때 이를 조정함으로써 이중과세와 조세회피를 방지함을 목적으로 체결되는 것이므로, 원칙적으로 조세조약은 독자적인 과세권을 창설하는 것이 아니라 체약국의 세법에 의하여 이미 창설된 과세권을 배분하거나 제약하는 기능을 하는바, 과세권 발생에 관한 사항은 일차적으로 각국의 세법에 의하여 규율되고 조세조약이 국내세법과 달리 정하는 사항에 대하여 조세조약이 최종적인 과세권의 소재를 정하게 되며, 조세조약을 적용함에 있어서는 조세조약에서 달리 정의하지 않은 용어는 문맥상 달리 해석하여야 하는 경우가 아닌 한 원칙적으로 그 국가의 과세권의 근거가 되는 국내세법의 규정에 내포된 의미에 따라 해석하여야 할 것이다.

대법원은 일명 '쎄실톤 판결'[8]을 통하여, 형식상 네덜란드 거주자인 법인이 한국 내 자회사의 주식을 양도한 거래에 대하여, '회사의 설립경위와 그 실제의 경영관리나 영업활동 내지 사무소의 운영실태 등 제반 상황에 비추어 볼 때 위 회사가 단지 형식적으로만 그 주된 사무소를 네덜란드국에 둔 것으로 등록하였을 뿐이지 실질적으로 네덜란드국에 주사무소 등을 두고 영업을 수행한 법인이 아닌 점에 비추어 위 회사가 대한민국과 네덜란드간의 조세조약 소정의 네덜란드 거주자라고는

---

4) OECD, Double Taxation Conventions and the Use of Conduit Companies, 1989, 제45문단.
5) 2003년 OECD 개정 모델협약 주석 제1조(人)에 대한 주석 제22-24문단.
6) 제4조 '거주자'에 대한 주석 제8문단. 이와 함께 동 주석은 실질과세에 따른 도관회사의 실체를 부인하는 데에는 일정한 한계가 있다고 균형을 맞추고 있다.
7) Nathalie Goyette, Tax Treaty Abuse: A Second Look, 51 Canadian Tax Journal 764 (2003), p.769.
8) 대법원 1994. 4. 15. 선고 93누13162 판결.

볼 수 없다고 판단하였다. 네덜란드와 벨기에 모두 한국과의 조세조약상 거주자 개념에 '관리장소'를 두고 있고, 두 나라의 세법 또한 거주자 판정시 '실질적 관리장소'를 고려하도록 정하고 있는데, 위 판결은 벨기에 법인들과 같은 '실질적 관리장소'에 해당하지 않는 경우 조약상 '거주자'성을 인정할 수 없다는 태도를 확인한 것으로 볼 수 있다. 따라서 이 판결은 조세조약 해석에 있어서 실질과세 원칙의 적용을 긍정한 것으로 평가할 수 있다.[9] 그 밖에도 대상판결의 사건과 같이 법형식이나 외관이 실질과 다른 경우에 그 실질에 따라 과세요건 사실을 인정한 다수의 국내 판례가 있으며,[10] 세계 주요 국가의 법원에서도 조세조약상 혜택을 누리기 위해 역외 도관회사를 설립하는 방법으로 원천지국의 조세부과를 회피하고자 하는 사례(일명 '조약편승'이라 함)에서 원천지국의 국내법상의 일반적인 남용방지규정을 근거로 형식적 소유자를 내치고 실질적 소유자에게 소득을 귀속시키는 다수의 판례가 있다.[11]

결론적으로, 대상판결의 사건에서도 원심이 인정한 사실관계들을 종합하면, 벨기에 법인들은 형식적 소유자로서 한·벨 조세조약상 이 사건 주식의 실질적 양도자에 해당하지 아니하고, 원고들이 그에 해당한다고 할 수 있다.

(2) 적용 불가설

조세조약은 특별법으로서 일반법인 내국법에 의해 대체될 수 없으므로 국내법상의 '일반규정'인 실질과세원칙이 한·벨 간에 합의되고 비준된 한·벨 조세조약에 영향을 미칠 수 없다. 실질과세원칙이 헌법상 평등의 원칙에 근거하여 입법되었다 하더라도 조세조약의 규정 또한 헌법상 원칙에 근거하여 입법되는 것이므로 일반법은 특별법의 하급 법으로 남아 있어야 한다. 이와 같은 취지에서 국내법상 일반규정인 실질과세원칙은 특별법인 조세조약에 적용될 수 없다는 주장은 국내외 많은 학자들에 의해 강한 지지를 받고 있다.[12]

---

9) 이 사건에 대한 평석으로는, 윤지현, "조세조약에 있어서 거주자 개념", 『기업법연구』, 제21권, 제3호 (2007년), 509면.

10) 대법원 2008. 9. 25. 선고 2006두3711 판결; 대법원 2009. 3. 12. 선고 2006두7904 판결; 대법원 2011. 4. 14. 선고 2008두10591 판결 등.

11) 영국의 Indofood Int'l Finance v. JP Morgan Chase Bank(2006년), 미국의 Aiken Industries Inc. v. Commissioner, 56 T.C. 925(1971), 이스라엘의 Yanko-Weiss Holdings Ltd. v. Holon assessing Office 등.

12) 이태로, "Treaty Shopping", 『조세법 연구』, 제1권(1994), 32면. "조약에 우선하는 국내법은 신법인 것에 한하므로 기존의 일반조항이 조세규정의 적용을 제약하는 효력을 가질 수 없다. 설령 조세조약을 제약하는 국내법 규정이 조약체결 후에 제정된 경우에도 국내법상으로는 적법하다고 하더라도 국제법의 위반임에는 틀림이 없다. 그 조약의 해석, 적용은 체약국 쌍방에 의하여 수긍될 수 있는 동일한 내용의 것이어야지 국내법의 일반규정에 의하여 상이하게 변질된 내용이어서는 약속으로서의 의의가 유지될 수 없다." K. Vogel, Double Taxation Conventions, Kluwer Law(1997), pp.122-125. Vogel은 GAAR을 인정하

OECD모델조약 주석은 OECD모델조약에 대한 회원국 행정공무원간의 논의내용을 담은 것일 뿐 법적 기속력을 가지는 국제법규가 될 수 없으며, 국회가 한·벨 조세조약을 심의하는 과정에서 이 주석이 논의되거나 현출된 바 없다. K. Vogel 또한 조세조약 해석의 전거로 OECD모델조약 주석을 사용할 수 있는지 여부에 대하여 법원은 국회의 심의를 거친 법률에만 기속받을 뿐이지 국제기구의 결의 등에 기속받지 않는다고 밝힌바 있다.13)

상대방 체약국의 거주자인지 여부는 해당 조약이 정한 거주자의 요건, 가령 한·벨 조세조약 같으면 주소, 거소, 관리장소, 본점, 주사무소 등이 벨기에에 있다는 이유로 벨기에에서 납세의무를 지는가에 달려 있을 뿐이며, 이 사건에서 벨기에 법인들이 벨기에의 납세의무자임에는 의문의 여지가 없다. 또한 전통적으로 판례는 법적 실질의 입장에서 납세자는 조세부담 등을 고려하여 법률관계를 선택·형성할 수 있고, 조세의 내용 및 범위는 형성된 법률관계에 맞추어 개별적으로 결정되며, 개별적·구체적 부인규정이 없는 한, 조세회피행위라 하여 실질과세원칙에 의하여 행위계산의 효력을 부인할 수 없다는 태도를 확립하였다.14) 대법

원의 쎄실톤 판결은, 원고가 쎄실톤의 거주자 증명서도 제출하지 못하는 등 사실관계가 대상판결과 판이하게 다를 뿐 아니라, 조세조약상 거주자 개념에 관하여는 거주지국의 세법이 정하는 바에 따른다는 조세조약상의 일반원칙을 확인한 다음 네덜란드 국내법상 네덜란드 내에 '실질적 관리장소'가 있는 법인은 네덜란드에 일반적 납세의무를 지게 되고 따라서 한·네 조세조약상으로도 이러한 법인은 네덜란드 거주자로 볼 수 있다는 법리를 확인한 것으로서 조약 해석의 일반론으로 상대방 체약국의 거주자가 되려면 실질적 관리장소가 상대방 체약국에 있어야 한다는 뜻은 아니다.15) 따라서 이 사건 주식의 실질적 양도인이 벨기에 법인들이 아닌 원고들이라고 하는 것은 실질과세에 관한 대법원의 판례에 반한다.

원래 투자지주회사란 특정 투자자산의 취득, 보유, 처분과 같은 제한된 목적을 위하여 설립되는 회사로서, 계획된 목적이 완료되면 투자지주회사는 청산되고 그 이익은 그 주주들에게 분배된다. 따라서 투자자산의 취득, 보유 및 처분은 그 자체로 대상판결의 벨기에 법인들과 같은 투자지주회사의 정당한 사업목적이 되며, 이러한 투자지주회사는 이 사건 원

기는 하되 두 나라의 조약해석에 차이가 없도록 하기 위해 두 나라가 조약에 관한 한 국내법상 실질과세를 수정하여 같은 의미에 이르는 합의를 하여야 한다고 주장함(일종의 절충적 입장).
13) K. Vogel, The Influence of the OECD Commentaries on Treaty Interpretation, 54 Bulletin for International Fiscal Documentation (2000), p.614.
14) 대법원 1998. 5. 26. 선고 97누1723 판결; 대법원 2001. 8. 21. 선고 2000두963 판결; 대법원 1992. 12. 8. 선고 92누1155 판결 등 다수.
15) 윤지현, 전게논문, 528면.

고들과 같은 투자자가 위험을 분산하고 투자자산을 보다 효율적으로 관리할 수 있도록 하는 중요한 역할을 수행한다. 대상판결에서 벨기에 법인들에 의한 이 사건 주식에 대한 투자는 경제적으로 합리적인 선택으로서 다국적 투자에 있어서 일반적인 관례에 따라 투자에 필요한 투자지주회사를 효율적으로 이용한 투자구조이다. 즉 투자지주회사는 다국적 투자에 있어서 일반적으로 인정되는 사업상 필요한 회사이다.

대상판결의 사안과 매우 유사한 거래구조를 취했던 사안에 대하여 최근 캐나다 법원은 "OECD 주석과 캐나다·룩셈부르크 조약을 주의 깊게 협상하면서도 명시적 남용방지규정을 넣지 않은 두 나라의 결정에 비추어볼 때, 조약에 남용방지규정이 내재되어 있지 않음이 자명하다고 본다. 간단히 말해서, 납세의무자에게 면세혜택을 주는 분명한 조약 글귀를 존중해야 한다"고 판시16)하는 등 조세조약 해석에 있어서 실질과세 원칙과 같은 GAAR의 적용을 부인하거나 투자지주회사의 실체를 존중하는 취지의 다수의 판례17)가 있다.

3. 사안의 해결 및 평가

국내법상 실질과세 원칙을 조세조약의 해석에 적용할 수 있는지 여부에 대해서는 2003년 OECD 주석 개정 이후 이를 긍정하는 태도를 확고히 하였음에도 불구하고 여전히 국제적으로 논의가 극심히 대립되고 있고 어느 한 쪽이 반드시 타당하다고 볼 수는 없다. 각국 법원의 태도 또한 마찬가지로 이를 긍정하는 판례와 이를 부인하는 판례로 엇갈리고 있는 것이 현실이다. 결국 이 문제는 어떤 국제적 규범이나 논리적 고찰을 통해 답을 구할 수 없는 문제로서 OECD모델조세조약 주석, 국제조세 학자들의 주장, 각국 법원의 판단과 같은 국제조세상의 전체적인 맥락을 참고하면서 각국 법원의 사법적 전통에 따른 판단이 불가피하다. 다만 위에서 살펴본 논거들에 더하여 다음의 점들을 고려할 때 적용긍정설을 취한 대상판결의 결론은 수긍할 수 있다.

먼저, 비록 OECD 주석이 기속력있는 법규범은 아닐지라도 조약해석에 있어서 유력한 전거 또는 참고자료의 가치는 충분히 인정되므로 이러한 OECD의 해석기준 및 도관회사 규제에 대한 각국의 입법 및 법원의 대응 등을 고려할 때, 우리 법원이 캐나다 법원의 Mil 판결과 같이 조세조약의 해석에 있어서 국내법상의 실질과세 원칙의 적용이 반드시 배제되어야 한다고 판시할 논리필연적 타당성은 존재하지 아니한다. 따라서 구체적인 사안의

---

16) Mil (Investments) S.A. v. The Queen 판결, 2006 DTC 3307.

17) Northern Indiana Public Service Co. v. CIR, 105 T.C. 341 (1995); SDI Netherlands B.V. v. CIR, 107 T.C. 161 (1996); Prévost Car Inc. v. The Queen, 2008 T.C.C. 23 (2008); Vodafone v. Union of India & Anr. SLP (C) No. 26529 of 2010, 2012. 1. 20. 등.

성격에 따라서 대상판결의 논거 등에 따른 실질과세 원칙의 적용은 최고의 법령 해석기관인 법원의 권한 범위 내에 있다고 볼 수 있다.

2003년 OECD 주석 변경의 영향을 받아 2006년 국제조세조정에 관한 법률 제2조의2(국제거래에 관한 실질과세)에서 다단계 거래나 우회거래의 부인 등 경제적 관찰방법을 정면으로 입법한 점 및 대상판결의 원고들과 같은 역외펀드가 정당한 사업목적 없이 도관회사를 통하여 행하는 조세회피행위에 대한 사법적 규제의 필요성이 없지 않다고 볼 때, 적용긍정설을 취한 대상판결의 태도는 타당하다. 이와 관련 대법원은 최근 간주취득세 사건의 전원합의체 판결[18]에서 실질과세의 원칙을 적용하여 조세회피목적으로 이용한 자회사의 실체를

세법상으로 부인하는 판단을 한바 있으며, 동 판결에서 설시한 법리가 조세조약의 해석에는 적용할 수 없다는 결론을 수긍하기는 어렵다고 평가할 수 있다.

4. 이 판결의 의의

이 판결은. 국내 세법상의 실질과세의 원칙이 국내 세법에 대한 특별법으로서의 지위를 가지는 조세조약의 해석에 있어서도 적용될 수 있음을 명시적으로 판시한 최초의 판례로서 그 의의가 크며, 이 쟁점에 관한 국제조세 분야의 다양한 논의와 주장에도 불구하고 OECD모델조세조약의 주석의 태도를 충실히 따른 것으로 평가할 수 있다.

참고문헌

K. Vogel, *Double Taxation Conventions*, Kluwer Law, 1997.

K. Vogel, *The Influence of the OECD Commentaries on Treaty Interpretation*, 54 Bulletin for International Fiscal Documentation, 2000.

Nathalie Goyette, *Tax Treaty Abuse: A Second Look*, 51 Canadian Tax Journal 764, 2003.

OECD, *Double Taxation Conventions and the Use of Conduit Companies*, 1989.

윤지현, "조세조약에 있어서 거주자 개념", 『기업법연구』, 제21권, 제3호(2007).

이태로, "Treaty Shopping", 『조세법연구』, 제1권(1994).

---

18) 대법원 2012. 1. 19. 선고 2008두8499 전원합의체 판결. 물론 이 사건은 조약해석이 문제가 된 사안은 아니다. 다만 전통적 판례의 태도에 비해 조세회피행위에 대한 실질과세 원칙의 적용범위를 상당히 넓히고 있다는 점에 대해서는 이론이 없다.

조세조약상 수익적 소유자의 판정기준

사건의 표시 : 대법원 2012. 10. 25. 선고 2010두25466 판결(이하 "대상판결")

▪ 사실개요 ▪

영국령인 케이만군도의 유한 파트너십(limited partnership)인 CVC Capital Partners Asia Pacific L.P.(이하 'CVC 아시아')는 장래에 한국 내 투자수익으로 인한 조세를 비과세 또는 감면받고 그 이익을 극대화하기 위하여 각국의 조세제도, 조세조약 등을 연구·분석한 다음, 100% 출자하여 케이만군도 법인인 MHN Ltd.를, MHN Ltd.는 100% 출자하여 룩셈부르크 법인인 MHN Luxembourg S.A.R.L.(이하 'MHN Luxembourg')을, MHN Luxembourg는 100% 출자하여 1999. 10. 18. 벨지움국(이하 '벨기에') 법인인 Mando Holdings N.V.(이하 'Mando Holdings')를 각 설립하였다.

그 후 Mando Holdings는 UBS Capital 등과 컨소시엄을 구성하여 M주식회사 A사업본부 사업부분을 인수하여 내국법인인 원고를 설립하였다. 원고는 Mando Holdings에 2004년도 배당금으로 5,601,960,000원, 2005년도 배당금으로 3,781,323,000원(이하 위 각 배당금을 '이 사건 각 배당소득')을 지급한 다음, Mando Holdings가 벨기에 소재 법인이라는 이유로 「대한민국과 벨지움국 간의 소득에 대한 조세의 이중과세회피 및 탈세방지를 위한 협약」(이하 '한·벨 조세조약') 제10조의 제한세율을 적용하여 이 사건 각 배당소득에 대하여 2004 사업연도 귀속 원천징수분 법인세로 781,532,182원, 2005 사업연도 귀속 원천징수분 법인세로

---

* 이재호(서울시립대 법학전문대학원 교수).

527,534,223원을 납부하였다.

　　한편 위 콘소시엄은 2005. 11. 25. 원고의 발행주식 100%(이하 '이 사건 주식')를 주식회사 만도홀딩스에게 양도하였고, 이 중 17.1%를 보유한 Mando Holdings는 40,185,000,000원에 양도하여 이 사건 양도소득을 얻었는데, 주식회사 만도홀딩스는 한·벨 조세조약 제13조 제3항에 의하여 주식의 양도로 인한 소득은 양도인의 거주지국에서만 과세된다는 이유로 Mando Holdings에 이 사건 주식 양도대금을 지급하면서 그에 대한 법인세를 원천징수하지 아니하였다. 그 후 주식회사 만도홀딩스는 2006. 2. 7. 원고에 흡수 합병되었다.

　　이에 피고는 2007. 7. 12. 벨기에 법인인 Mando Holdings와 룩셈부르크 법인인 MHN Luxembourg는 조세회피목적으로 설립된 명목상의 회사에 불과하여 이 사건 각 배당소득 및 이 사건 양도소득(이하 '이 사건 소득')의 실질적인 귀속자가 될 수 없고, 케이만군도에 설립된 유한 파트너십인 CVC 아시아가 그 실질적인 귀속자이므로, 이 사건 소득과 관련하여서는 한·벨 조세조약이 적용될 수 없다는 이유로, 원고에게 이 사건 각 배당소득에 대해서는 2004 사업연도 귀속 원천징수분 법인세로 618,957,810원, 2005 사업연도 귀속 원천징수분 법인세로 417,796,520원을 추가로 납세고지하고, 이 사건 양도소득에 대해서는 주식회사 만도홀딩스의 납세의무를 승계한 원고에게 2005 사업연도 귀속 원천징수분 법인세로

4,018,500,000원을 납세고지하는 이 사건 각 처분을 하였다.

▪ 판결요지 ▪

1. 이 사건 소득의 '실질귀속자'에 관하여

　　우선, 이 사건 소득의 실질귀속자를 누구로 보아야 하는지(이하 "쟁점 1")와 관련하여, Mando Holdings로 보아야 하는지(원고의 주장), 아니면, Mando Holdings와 MHN Luxembourg를 각 부인하고 CVC 아시아로 보아야 하는지(피고의 주장)가 문제되는데, 이에 관하여 원심은 원고의 주장을 배척하고 피고의 주장을 지지하였고, 대법원도 원심이 다음과 같이 판단하였다고 판시하면서 원심의 판단을 수긍하였다.

　　"벨기에 법인인 Mando Holdings는 이 사건 사업부분의 인수와 이 사건 주식의 양도에 관하여 형식상 거래당사자의 역할만을 수행하였을 뿐 그 실질적 주체는 CVC 아시아이고, 룩셈부르크 법인인 MHN Luxembourg 역시 명목상의 회사에 불과하며, 이러한 형식과 실질의 괴리는 오로지 조세회피의 목적에서 비롯되었으므로, 이 사건 소득의 실질적 귀속자 또는 이 사건 각 배당소득에 대한 한·벨 조세조약 제10조의 수익적 소유자를 CVC 아시아로 보아야 하며, 위 회사가 케이만군도에

설립된 이상 이 사건 소득에 대해서는 한·벨 조세조약이 적용될 수 없다."(밑줄 추가)

2. CVC 아시아가 구 법인세법상 '외국 법인'에 해당하는지 여부에 관하여

다음으로, 만일 피고의 주장대로 CVC 아시아를 실질귀속자로 보아야 한다면, CVC 아시아가 구 법인세법[1]상 외국법인에 해당하여 법인세 과세대상이 되는지와 관련하여 CVC 아시아의 설립형태인 케이만군도의 유한파트너십이 법인에 해당하는지(피고의 주장), 아니면 법인에 해당하지 않는지(원고의 주장) 여부(이하 "쟁점 2")가 문제되는데, 이에 관하여도 원심은 원고의 주장을 배척하고 피고의 주장을 지지하였으며, 대법원도 원심이 다음과 같이 판단하였다고 판시하면서 원심의 판단을 수긍하였다.

"CVC 아시아는 펀드 운영의 전문성을 보유하고 펀드의 일상업무를 집행하며 무한책임을 지는 무한책임사원(general partner)과 펀드 운영에 적극적으로 관여하지 않는 소극적 투자자로서 투자한도 내에서만 책임을 지는 유한책임사원(limited partner)으로 구성되어 있고, 고유한 투자목적을 가지고 자금을 운용하면서 구성원인 사원들과는 별개의 재산을 보유하며 고유의 사업활동을 하는 영리 목적의 단체로서, 구성원의 개인성이 강하게 드러나는 인적 결합체라기보다는 구성원의 개인성과는 별개로 권리·의무의 주체가 될 수 있는 독자적 존재로서의 성격을 가지고 있으므로, 구 법인세법상 외국법인에 해당하여 법인세 과세대상이 된다고 봄이 타당하다."(필자 주: 밑줄 추가)

▶ 해 설 ◀

1. 실질과세의 적용영역

(1) 조세조약

이 사건 소득의 지급상대방인 Mando Holdings를 실질과세에 근거하여 그 실질귀속자로 보지 않는 경우 Mando Holdings는 이 사건 소득에 대하여 한·벨 조세조약상 혜택을 적용받지 못하는 결과가 된다. 따라서 거주지국과 원천지국 간에 소득에 관한 과세권의 배분을 본질로 하는 조세조약의 해석 및 적용에 있어서도 원천지국의 국내법상 과세원칙인 실질과세를 그대로 적용할 수 있는지 여부가 문제된다.

이에 관하여는 견해대립이 가능하나, 대법원 2012. 4. 26. 선고 2010두11948 판결(이하 '라살레 판결')에서 "실질과세의 원칙은 법률과 같은 효력을 가지는 조세조약의 해석과 적용에 있어서도 이를 배제하는 특별한 규정이

---

1) 2005. 12. 31. 법률 제7838호로 개정되기 전의 것을 말하며, 이하 같다.

없는 한 그대로 적용된다."고 판시하였고(긍정설), 대상판결도 이를 따랐다. 이는 OECD 입장과도 일치하는 것으로서, 실질과세는 헌법상의 원칙으로부터 도출되는 것이어서 법률의 효력을 갖는 조세조약의 해석 및 적용에 있어 그 적용을 긍정하는 것이 국내법 체계상으로도 타당할 것이다.

(2) 국제거래

한편, 대상판결의 사안은 국제거래에 관하여 실질과세가 적용된다는 조문이 국제조세조정에 관한 법률(이하 "국조법")에 신설되기 전이어서 실질과세가 국제거래에 관하여 적용될 수 있는지 여부도 문제된다. 라살레 판결에서도 위와 동일한 문제가 있었는데, 명시적인 판시 없이 그 적용을 긍정하는 것으로 전제했고, 대상판결도 이와 마찬가지이다. 결국 라살레 판결이나 대상판결은 국조법에 신설된 실질과세에 관한 조문을 확인적 규정으로 본 셈이다.

2. 실질귀속자의 확정

(1) 판정기준

대상판결은 이 사건 소득의 실질귀속자를 Mando Holdings가 아닌 CVC 아시아로 보았는바, 이러한 판단을 하기 위해서는 실질귀속자의 판정기준이 대전제로 설정되어야 한다. 대상판결은 대법원 2012. 1. 19. 선고 2008두8499 전원합의체 판결(이하 '로담코 전합판결')이 처음으로 판시한 실질귀속자의 판정기준을 대전제로 삼았다. 그 판정기준은, ① '재산의 귀속 명의자는 이를 지배·관리할 능력이 없을 것', ② '그 명의자에 대한 지배권 등을 통하여 실질적으로 이를 지배·관리하는 자가 따로 있을 것', ③ '그와 같은 명의와 실질의 괴리가 조세를 회피할 목적에서 비롯된 경우일 것', 3가지로 이루어져 있다(요건).

그런데 실질귀속자의 원칙을 규율하고 있는 국세기본법 제14조 제1항에는 정작 위 ③의 요건에 관한 문언상 근거가 없다(이에 반하여 대상판결 이후 신설된 같은 조 제3항에는 '부당'이라는 문언이 있다). 실질과세가 일반적 조세회피방지규정(General Anti-Avoidance Rule: GAAR)으로서의 성격을 가지는지에 관하여 논란이 있을 수 있는데, 로담코 전합판결은 이를 긍정하는 것으로 선언한 셈이고, 대상판결도 그 입장을 따른 것으로 볼 수 있을 것이다.

(2) 구체적 적용

위 실질귀속자 판정기준을 이 사건에 적용한 결과는 앞의 판결요지에서 보았으므로, 그러한 결론의 근거가 된 원심의 인정사실에 관하여 살펴본다.

우선, ①의 요건인 'Mando Holdings는 이 사건 주식에 관한 명의상의 귀속자였을 뿐이었다는 점'에 관한 인정사실은, (i) Mando Holdings는 이 사건 사업부분의 인수조건이 확정된 후 인수계약이 체결되기 직전에 설립된 점, (ii) Mando Holdings의 주소지에는 자신의 독립적인 사업장이 없고, 자산의 대부분은 원고의 주식이며, 인건비와 사업운영에 필수적인 사업비용을 지출한 사실도 없는 점 등이다.

다음으로, ②의 요건인 'CVC 아시아가 Mando Holdings에 대한 지배권 등을 통하여 이 사건 주식을 실질적으로 지배·관리한다는 점'에 관한 인정사실은, (i) CVC 아시아가 이 사건 사업부분 인수계약의 당사자로 참여하여 투자조건 등을 결정한 점, (ii) 이 사건 사업부분 인수 시 Mando Holdings 지분에 해당하는 투자자금은 CVC 아시아가 제공한 점, (iii) Mando Holdings의 이사진은 CVC 아시아의 관계회사들의 이사인 점, (iv) CVC 아시아는 원고로 하여금 Mando Holdings의 계좌에 입금하는 배당금을 CVC 아시아의 계좌에 즉시 전송하도록 지시한 바 있는 점 등이다.

끝으로, ③의 요건인 'Mando Holdings의 설립은 조세회피목적에서 비롯된 점'에 관한 인정사실은, (i) CVC 아시아는 장래에 한국 내 투자수익으로 인한 조세를 비과세 또는 감면받고 그 이익을 극대화하기 위하여 각국의 조세제도, 조세조약 등을 연구·분석한 후 MHN Ltd.와 MHN Luxembourg, Mando Holdings를 각 설립한 점, (ii) 벨기에 법률회사의 소속 변호사는 배당금을 CVC 아시아의 계좌로 직접 송금하는 것이 효율적이지만 Mando Holdings가 도관회사로 취급될 우려가 있으므로 반드시 Mando Holdings의 계좌를 경유하도록 자문한 점 등이다.

한편, 대상판결은 "MHN Luxembourg 역시 명목상의 회사에 불과"하다고 판단하였음에도 그 근거가 된 인정사실이 없고, MHN Ltd.가 도관회사라는 점에 관하여는 아무런 판단도 없다는 문제가 지적될 수 있으나, 위 ②의 요건에 관한 인정사실에 의하면 CVC 아시아를 실질귀속자로 볼 수밖에 없는 점, 위 ③의 요건에 관한 인정사실 (i)에 의하면 MHN Ltd. 역시 조세회피목적으로 설립된 것으로 볼 수 있는 점 등에 비추어 볼 때, 다른 인정사실을 들지 않더라도 MHN Luxembourg를 도관회사로 볼 수 있는 한편, 대상판결은 MHN Ltd.가 도관회사라는 점을 당연히 전제하고 있다고 할 것이다.

3. 조세조약상 수익적 소유자 개념의 독자성?

지금까지 살펴본 바에 의하면, 이 사건 각 배당소득과 이 사건 양도소득은 동일하게 취급된다. 여기서 한 가지 의문이 들 수 있다. Mando Holdings가 이 사건 양도소득에 대하여 한·벨 조세조약상 그 소득의 원천지국인 우리나라에서의 비과세혜택을 적용받기 위해서는 벨기에 국내법상 납세의무를 지는 거주자라는 요건을 갖추는 것으로 족하지만, 이 사건 각 배당소득에 대하여 한·벨 조세조약상 제한세율의 혜택을 적용받기 위해서는 위 거주자 요건에 더하여 수익적 소유자(Beneficial Owner: BO) 요건도 아울러 충족하여야 한다.

위와 같이 배당소득과 주식양도소득 간에는 조세조약상 혜택을 적용받기 위한 요건에 있어 차이가 존재하는데, 이러한 차이가 해석론상 아무런 의미가 없는 것인가? 이리하여, 원고는 Mando Holdings가 이 사건 각 배당소득의 수익적 소유자에 해당함에도 국내법상 실질과세를 적용하여 위 수익적 소유자가 아니라고 본 원심의 판단은 한·벨 조세조약상 수익적 소유자의 개념에 관한 법리오해의 위법이 있다는 점을 상고이유로 주장하였다.

대상판결은 위 상고이유에 관하여 "이 사건 각 배당소득 및 양도소득의 실질적인 귀속자 또는 이 사건 각 배당소득에 대한 한·벨 조세조약 제10조의 수익적 소유자를 CVC 아시아로 보아야 한다."라고 판단하였음은 앞의 판결요지에서 살펴본 바와 같다. 이는 국내법상 과세원칙인 실질과세의 적용에 있어서 실질귀속자의 개념과 조세조약상 배당소득에 대한 수익적 소유자의 개념을 같다고 본 것이다.[2] 이와 같이 그 둘의 개념을 같다고 보는 이상 조세조약상 수익적 소유자의 판정기준

또한 위에서 본 실질귀속자의 판정기준과 같다고 보아야 할 것이다.

4. 케이만군도 유한파트너십의 법인성

실질귀속자의 판정기준상 3가지 요건을 모두 충족하는 경우에는 "그 재산에 관한 소득은 그 재산을 실질적으로 지배·관리하는 자에게 귀속된 것으로 보아 그를 납세의무자로 삼아야 할 것"이다(효과). 지금까지 살펴본 바에 의하면, 이 사건 소득의 실질귀속자를 CVC 아시아로 보아야 하므로, CVC 아시아를 이 사건 소득의 납세의무자로 삼으면 되지 않을까? 원천징수의무자인 원고에게 한 이 사건 각 처분은 원천징수분 법인세이어서 이 사건 각 처분이 적법하기 위해서는 이 사건 소득의 실질귀속자인 CVC 아시아가 외국법인에 해당하여야 한다.

그런데 구 법인세법은 외국법인을 '외국에 본점 또는 주사무소를 둔 법인'이라고 규정하고 있을 뿐, '법인'의 구체적 요건에 관하여는 별다른 규정이 없다. 따라서 CVC 아시아와 같이 외국에 설립된 영리단체를 구 법인세법상 외국법인으로 볼 수 있는지 여부에 관한 판단기준이 필요하다. 이에 관하여는 대법원

---

2) 同旨: 윤지현, "수익적 소유자(Beneficial Ownership) 개념의 해석: 최근 국내외의 동향과 우리나라의 해석론", 『사법』, 제25호(2013. 12), 116면. 그러나 OECD는 수익적 소유자 개념으로 조약적용을 배제하는 것은 대리인(agent)이나 도관회사(conduit company)의 경우로 국한하고 있으므로 실질귀속자의 외연이 수익적 소유자보다 넓다고 할 수 있을 것이다. OECD, Double Taxation Conventions and the Use of Conduit Companies, 1996, Ⅱ. B. 14 b) 참조.

2012. 1. 27. 선고 2010두5950 판결(이하 '론스타 판결')에서 "단체가 설립된 국가의 법령 내용과 단체의 실질에 비추어 우리나라의 사법(私法)상 단체의 구성원으로부터 독립된 별개의 권리·의무의 귀속주체로 볼 수 있는지 여부에 따라 판단하여야 할 것"이라고 판시하였고, 대상판결도 이를 대전제로서의 법리로 받아들였다.

대상판결은 위 법인판단기준에 근거하여 케이만군도의 유한파트너십인 CVC 아시아를 구 법인세법상 외국법인으로 볼 수 있다고 판단한 것은 앞의 판결요지에서 본 바와 같다. 그 결론의 근거로, '고유한 투자목적을 가지고 있다'는 점과 '구성원인 사원들과는 별개의 재산을 보유한다'는 점, 2가지를 들었는데, 전자는 CVC 아시아를 조세회피목적으로 설립된 것으로 보는 경우에는 Mando Holdings 등과 마찬가지로 도관회사로 볼 여지가 있으나 고유한 투자목적을 가지고 있어 도관회사로 볼

수 없다는 점을 강조한 것으로 보인다. 결국 법인판단기준으로서 이 사건에 적용한 것은 후자의 재산의 소유관계인데, 이는 케이만군도의 국내법을 살펴야 하는 문제로 그 판단에 어려움이 뒤따르는 것은 불가피할 것이다.

5. 이 판결의 의의

대상판결은 국내법상 실질귀속자와 조세조약상 수익적 소유자의 관계에 관하여 법리로서 판시하지 않았으나, 그 두 개념이 동일하다고 판단함으로써 그 판정기준 또한 같다는 것을 확인하고 있는 점과 케이만군도의 유한파트너십을 구 법인세법상 외국법인으로 볼 수 있다[3]고 판단한 점에서 그 선례로서 의의가 있다고 할 것이다.

참고문헌

윤지현, "수익적 소유자(Beneficial Ownership) 개념의 해석: 최근 국내외의 동향과 우리나라의 해석론", 『사법』, 제25호(2013. 12.).

OECD, *Double Taxation Conventions and the Use of Conduit Companies*, 1996.

---

3) 이와 같은 대법원의 입장은 조세조약의 혜택을 주장하는 자의 거주지국의 세법상 그 펀드를 전세계소득에 대한 독립된 납세의무의 주체로 인정하는지 여부에 따라 판단하라는 OECD입장과는 차이가 있다. OECD 입장에 따르면 투자자들의 거주지국에서 납세의무가 없는 유한 파트너십은 소득발생지국에서도 소득의 도관 내지 통로로 취급하고 실제 투자자들을 소득의 실질귀속자로 본다.

관 세 법

수입물품의 과세가격에 가산되는 '사후귀속이익'의 범위와 가산방법

사건의 표시 : 대법원 2012. 11. 29. 선고 2010두14565 판결

▪ 사실개요 ▪

원고는 1993. 5. 18. 스위스 회사인 프로디스파마와 아세클로페낙(Aceclofenac)에 대한 준독점 라이센스 계약을 체결하고 2004. 7. 2.까지 아세클로페낙을 kg당 미화 935달러에 수입한 다음 이를 원료로 관절염 치료제인 에어탈(Airtal)을 제조하여 국내에 판매하였다.

원고는 프로디스파마와 2004. 5. 11.과 2005. 8. 24. 및 2006. 6. 19. 준독점 라이센스 계약을 갱신하면서(이하 '갱신계약'이라 한다) 아세클로페낙의 공급대금으로 우선 수입 시에 kg당 미화 500달러나 510달러 또는 425유로를 지급하고, 나중에 원고가 아세클로페낙을 원료로 사용하여 제조한 에어탈의 판매금액에

따라 그 순매출액에 대한 일정 비율(6~12% 또는 3~7%)의 금액을 추가로 지급하기로 약정하였다.

원고는 2004. 8. 16.부터 2006. 12. 4.까지 프로디스파마로부터 아세클로페낙을 27차례에 걸쳐 수입하면서 그 가격을 kg당 미화 500달러나 510달러 또는 425유로로 하여 수입신고를 하고 이를 기초로 관세 및 부가가치세를 신고·납부하였다(이하 이때 원고가 수입한 아세클로페낙을 '이 사건 각 수입물품'이라 하고, 원고가 신고한 가격을 '이 사건 각 신고가격'이라 한다).

원고는 이 사건 각 수입물품을 원료로 에

---

* 박정수(부산지방법원 부장판사).

어탈을 제조하여 판매한 다음 갱신계약의 추가 지급 약정에 따라 2004. 12. 20.과 2006. 3. 7. 및 2007. 3. 9. 프로디스파마에 합계 3,507,194,694원(이하 '이 사건 추가 지급 금액'이라 한다)을 지급하였다.

피고는 2009. 2. 20. 이 사건 추가 지급 금액을 사후귀속이익으로 보아 구 관세법 제30조 제1항에 따라 이를 이 사건 각 신고가격에 가산하여 조정한 거래가격을 이 사건 각 수입물품의 과세가격으로 결정한 다음 그 가격을 기초로 이 사건 각 수입물품에 대한 관세 및 부가가치세를 증액 또는 감액경정하였다.[1]

■ 판결요지 ■

1. 원심판결

이 사건 각 처분이 적법하다고 보아 이 사건 각 처분의 취소를 구하는 원고의 청구를 기각하였다.[2]

2. 상고이유의 요지

(1) 관세법 제30조 제1항 제5호에 관한 법리오해 등(상고이유 제5, 7점)

사후귀속이익에 관한 관세법 제30조 제1항 제5호의 "당해 물품의 수입 후의 전매·처분 또는 사용에 따른 수익금액"은 "당해 물품의 수입 후의 전매·처분 또는 사용 그 자체로부터 직접적으로(directly) 관련되어 발생한 수익금액"으로 해석하여야 한다.

이 사건 추가 지급 금액은 '이 사건 각 수입물품'이 아닌 '이 사건 각 수입물품을 원료로 하는 에어탈'에서 발생한 수익금액의 일부일 뿐이고, 이 사건 각 수입물품의 수입 후의 전매·처분 또는 사용 그 자체로부터 직접적으로 관련되어 발생한 수익금액이 아니므로, 관세법 제30조 제1항 제5호에서 규정하는 사후귀속이익에 해당하지 아니한다.

(2) 관세법 제30조 제1항 단서에 관한 법리오해 등(상고이유 제1 내지 4점)

관세법 제30조 제1항 단서 등에서 규정하는 '객관적이고 수량화할 수 있는 자료'란 수입자가 수출자에게 지급하는 금액이 당해 수입물품만을 기초로 하는 경우를 의미하고, 그것이 수입물품과 국산원료가 혼합되어 구분·인

---

[1] 원고는 증액경정된 경우에는 위 2009. 2. 20.자 증액경정결정의, 감액경정된 경우에는 위 2007. 12. 26.자 증액경정결정 중 감액되고 남은 부분의 각 취소를 구하였는데, 이를 통칭하여 '이 사건 각 처분'이라 한다.
[2] 자세한 판결 이유는 생략한다.

식할 수 없게 된 제품을 기초로 하는 경우에는 '객관적으로 수량화할 수 있는 자료'의 적용범위에서 제외된다.

이 사건 추가 지급 금액은 '이 사건 각 수입물품'이 아니라 '이 사건 각 수입물품 외에 9가지 국내 물질을 혼합·화학처리된 의약품인 에어탈'을 기초로 한 것이고, 이와 같은 에어탈의 제조과정은 수입물품이 국내 원료와 혼합되어 별도로 구별·인식할 수 없는 경우의 전형적인 사례에 해당한다. 이 사건 추가 지급 금액을 가산할 '객관적이고 수량화할 수 있는 자료'가 존재하지 않으므로, 관세법 제30조 제1항에 따라 이 사건 각 수입물품의 과세가격을 결정할 수 없다.

3. 판결요지

(1) 상고이유 제5, 7점에 관하여

관세법 제30조 제1항 등의 문언 내용과 아울러 사후귀속이익은 확정시기나 지급방법 등의 특수성에도 불구하고 그 실질은 어디까지나 수입물품의 대가이기 때문에 이를 가산하여 수입물품의 과세가격을 산정하려는 것이 이들 규정의 취지인 점 등을 고려하면, 수입물품 그 자체의 판매에 따른 수익금액 중 판매자에게 귀속되는 금액뿐만 아니라 수입물품을 가공하거나 이를 원료로 사용하여 만든 제품의 판매에 따른 수익금액 중 판매자에게 귀속되는 금액도 그것이 수입물품에 대한 대가로

서의 성질을 갖는 경우에는 사후귀속이익에 포함된다고 봄이 타당하다.

위와 같은 사실관계를 앞서 본 규정과 법리에 비추어 살펴보면, 이 사건 추가 지급 금액은 원고가 이 사건 각 수입물품을 원료로 사용하여 제조한 에어탈의 판매에 따른 수익금액 중 판매자인 프로디스파마에 귀속된 금액으로서, 이 사건 각 수입물품에 대한 대가의 일부로 지급된 것이므로, 이 사건 각 수입물품의 과세가격에 가산되는 사후귀속이익에 해당한다고 할 것이다.

(2) 상고이유 제1 내지 4점에 관하여

구 관세법 제30조 제1항, 제3항 제3호, WTO 이행협정 제1조 제1항 (다)목, 제8조 제3항 등의 규정에 의하면, 사후귀속이익은 객관적이고 수량화할 수 있는 자료에 근거하여서만 수입물품의 과세가격에 가산될 수 있으므로, 그 금액에 대한 객관적이고 수량화할 수 있는 자료가 없는 경우에는 수입물품의 과세가격에 가산될 수 없다. 그런데 WTO 이행협정 제14조에 따라 WTO 이행협정의 구성 부분이 되어 그 해석·적용의 기준이 되는 부속서 1 주해 중 제8조 제3항 부분은 "제8조의 규정에 따라 추가하는 것이 요구되는 금액에 대하여 객관적이고 수량화할 수 있는 자료가 없을 경우 거래가격은 제1조의 규정에 따라 결정될 수 없다. 이것의 일 예로서 킬로그램 단위로 수입하여 수입 후 용액으로 제조되는

특정상품의 1리터를 수입국에서 판매하는 가격을 기초로 사용료가 지불된다. 만일 사용료가 일부는 수입품을 기초로 하고 나머지는 수입품과 관계가 없는 기타요인(예: 수입품이 국산원료와 혼합되어 별도로 구분 인식할 수 없을 경우, 또는 사용료를 구매자와 판매자 간의 특별한 재정적 계약과 구별할 수 없을 경우)을 기초로 하고 있을 경우에는 사용료에 해당하는 금액을 추가하고자 하는 시도는 부적절한 것이다. 그러나 이 사용료의 금액이 수입품만을 기초로 하고 쉽게 수량화될 수 있는 경우에는 실제로 지불했거나 지불할 가격에 당해 금액을 추가하는 것이 가능할 것이다."고 규정하고 있다.

원심판결 이유 및 적법하게 채택된 증거에 의하면, 이 사건 추가 지급 금액은 원고가 갱신계약의 추가 지급 약정에 의하여 이 사건 각 수입물품을 원료로 사용하여 제조한 에어탈의 판매금액에 따라 그 순매출액에 일정 비율을 곱하여 산정한 다음 프로디스파마에 지급한 것으로서 그 전부가 에어탈의 제조에 사용된 이 사건 각 수입물품에 대한 대가로서 산정되었고, 그 밖의 다른 명목의 금원은 이 사건 추가 지급 금액에 포함되지 않은 사실, 한편 이 사건 각 수입물품은 그 수량이 확인되고, 에어탈 1정씩에는 아세클로페낙 100.00 mg이 원료로 사용된 사실 등을 알 수 있다.

이러한 사실관계를 앞서 본 법리와 규정에 비추어 살펴보면, 이 사건 추가 지급 금액은 이 사건 각 수입물품만을 기초로 하여 산정된 것으로서 이 사건 각 수입물품의 과세가격에 가산되어야 할 금액도 객관적이고 수량화할 수 있는 자료에 근거하여 계산할 수 있으므로, 피고가 이 사건 추가 지급 금액을 이 사건 각 신고가격에 가산하여 조정한 거래가격을 이 사건 각 수입물품의 과세가격으로 결정하여 한 이 사건 각 처분이 위법하다고 할 수 없다.

◆ 관련규정

관세법[3] 제30조 제1항 본문은 "수입물품의 과세가격은 우리나라에 수출하기 위하여 판매되는 물품에 대하여 구매자가 실제로 지급하였거나 지급하여야 할 가격에 다음 각 호의 금액을 가산하여 조정한 거래가격으로 한다."고 규정하면서 제5호에서 "당해 물품의 수입 후의 전매·처분 또는 사용에 따른 수익금액 중 판매자에게 직접 또는 간접으로 귀속되는 금액(이하 '사후귀속이익'이라 한다)"을 들고 있다.[4]

관세법 제30조 제1항, 제3항 제3호는, 사후귀속이익은 객관적이고 수량화할 수 있는 자료에 근거하여서만 수입물품의 과세가격에

---

3) 구 관세법(2006. 12. 30. 법률 제8136호로 개정되기 전의 것)을 말한다.
4) 1994. 12. 16. 국회의 비준동의를 얻어 1995. 1. 1. 발효된 「세계무역기구 설립을 위한 마라케쉬 협정」의 부속서 1가 중 「1994년도 관세 및 무역에 관한 일반협정 제7조의 이행에 관한 협정」(이하 'WTO 이행협정'이라 한다) 제1조 제1항, 제8조 제1항 (라)목에서도 같은 취지의 규정을 두고 있다.

가산될 수 있다고 규정하고 있다.5)

▶ 해 설 ◀

1. 사후귀속이익의 범위

관세법 제30조 제1항은 수입물품의 과세가격은 1차적으로 수입물품에 대하여 구매자가 "실제로 지급하였거나 지급하여야 할 가격"(이하 '실제지급가격'이라 한다)을 기초로 하여 여기에 "관세법 제30조 제1항 각 호의 금액"(이하 '가산금액'이라 한다)을 가산하여 조정한 거래가격으로 하도록 규정하고 있다.6) 여기서 실제지급가격은 '해당 수입물품의 대가로서 구매자가 지급하였거나 지급하여야 할 총금액'을 말한다.7)

관세법 제30조 제1항8)이 실제지급가격에 가산금액을 가산하여 조정한 거래가격을 수입물품의 과세가격으로 하는 취지는, 가산금액도 실질적으로는 수입물품의 대가에 해당하거나 이와 동일시 할 수 있기 때문으로 이해된다. 구체적으로 살펴보면, ① 원래 판매자가 하여야 할 일을 구매자가 자신의 비용을 지출하거나 판매자가 부담하여야 할 비용을 구매자가 부담하면서 그 대가로 수입물품의 가격을 그 금액만큼 인하시키는 경우9)에는 실질적으로 구매자가 판매자로부터 비용을 지급받고 판매자에게 같은 금액을 수입물품의 대가로 지급한 경우와 동일하다. 해당 비용을 수입물품의 실질적인 대가로 볼 수 있으므로, 이를 가산한 금액을 기준으로 과세가격을 결정하려는 것이다.10) ② 특허권 등의 무형재산권이 수입물품에 체화 또는 구현되어 수입물품과 일체화되거나 수입물품의 일부를 이루는 경우 무형재산권의 사용 대가(권리사용료)를 수입물품의 일부에 대한 대가로 볼 수 있으므로, 권리사용료를 가산한 금액을 기준으로 과세가격을 결정하려는 것이다. ③ 사후귀속이익이 가산금액으로 규정된 것도 같은 취지로 이해할 수 있다. 수입물품의 대가를 '구매자가 수입물품을 이용하여 사업, 영업을 함으로써 나오는 매출, 이익 등의 일정 비율에 따른 금액'으로 약정하는 경우가 있다. 이 경우 구매자가 지급하여야 할 금액이 수입시에는 확정되지 않고 나중에 확정된다는 특징이 있지만, 그 금액이

---

5) WTO 이행협정 제1조 제1항 (다)목, 제8조 제3항 등도 같은 취지의 규정을 두고 있다.
6) 이를 거래가격방법 또는 제1방법이라고 한다.
7) 관세법 제30조 제2항.
8) WTO 이행협정 제8조 제1항 (가) 내지 (라)목에서도 같은 취지의 규정을 두고 있다.
9) 구매자가 부담하는 수수료, 중개료(1호), 용기의 비용, 당해 수입물품의 포장에 소요되는 노무비 및 자재비(2호), 수입항까지의 운임, 보험료 등(6호) 또는 구매자가 당해 물품의 생산 및 수출거래를 위하여 무료 또는 인하된 가격으로 직접 또는 간접으로 대통령령이 정하는 물품 및 용역을 공급하는 때 그 가격 또는 인하 차액(3호)이 여기에 해당한다.
10) 대법원 1993. 12. 14. 선고 92누5263 판결; 대법원 1993. 12. 7. 선고 93누17881 판결 등.

수입물품의 대가라는 점은 틀림없다. 이와 같은 취지에서 관세법 제30조 제1항 제5호는 이와 같은 금액, 즉 사후귀속이익을 가산하여 과세가격을 결정하도록 한 것이다.

관세법 제30조 제1항 제5호는 사후귀속이익을 "해당 물품의 수입후의 전매·처분 또는 사용에 따른 수익금액 중 판매자에게 직접 또는 간접으로 귀속되는 금액"이라고 규정하고 있다. 이는 수입물품의 대가만이 사후귀속이익이 되고, 수입물품의 대가가 아니라 다른 원인 또는 명목으로 지급되는 금액은 사후귀속이익에 해당하지 않음을 전제로, 수입물품의 대가인지를 판단할 일반적인 기준을 표현한 것이다. 원고의 상고이유와 같이 이 규정의 의미를 제한적으로 해석하는 것은 타당하지 않다고 보인다.

이 사건에서 원고는 이 사건 각 수입물품의 대가를 '일정 금액'과 '이 사건 각 수입물품을 원료로 제조한 에어탈의 순매출액의 일정 비율에 의한 금액'으로 지급하기로 약정한 다음 후자의 금액, 즉 이 사건 추가 지급 금액을 지급하였다.[11] 이 사건 추가 지급 금액은 전액 이 사건 각 수입물품의 대가로서 사후귀속이익에 해당한다고 봄이 타당하다.

2. 사후귀속이익의 가산 방법

관세법 제30조 제1항 단서는, 가산금액을 가산함에 있어서는 객관적이고 수량화할 수 있는 자료에 근거하여야 한다고 규정하고 있다.

관세법의 제반 규정 및 WTO 이행협정 부속서 1 주해 중 제8조 제3항 등을 종합하여 보면, 그 의미는 ① 구매자가 지급한 금액이나 부담한 비용에 가산금액과 다른 금액이 섞여 있는 경우에는 가산금액을 가려내어 가산금액만을 가산하여야 하고, ② 가산금액이 여러 수입물품에 관련된 경우에는 수입물품별로 해당되는 가산금액을 구분하여 가산하여야 한다는 것으로 이해된다.[12]

이 사건에서 이 사건 추가 지급 금액은 전액 사후귀속이익에 해당하므로, 이 사건 추가 지급 금액 전액을 가산할 수 있다. 그리고 이 사건 추가 지급 금액(3,507,194,694원)은 27차례에 걸쳐 수입된 이 사건 각 수입물품과 관련되는데, 인정된 사실관계에 따르면 이 사건 추가 지급 금액은 수입물품별로 해당되는 금액을 구분할 수 있고, 이를 구분하여 가산함으로써 이 사건 각 수입물품의 과세가격이 결정되었다. 결국 객관적이고 수량화할 수 있는 자료에 근거하여 이 사건 추가 지급 금액이

---

11) 원심 판결은 이 사건 추가 지급 금액을 '에어탈의 제조판매권 허여 대가에 대한 권리사용료'라고 표현하기도 하였으나 전체적인 취지는 '수입물품의 대가'로 본 것으로 이해된다. 대법원 판결에서는 이와 같은 점을 분명히 하였다.

12) 대법원 1993. 12. 14. 선고 92누5263 판결.

가산되었다고 할 수 있다.

3. 이 판결의 의의

이 판결은 수입물품의 과세가격에 가산되는 사후귀속이익의 범위에 관하여 명시적으로 판단한 최초의 판결이라는데 의의가 크다. 그리고 이 판결은 사후귀속이익 등 가산금액의 가산 방법에 관하여 기존 판결의 입장을 재확인하였다는 점에서도 의의가 있다.

판례색인

▶ 고등법원

필자명	소속	판례 번호
강남규	법무법인 세한 조세그룹 변호사	97
강석훈	법무법인 율촌 변호사	52, 54, 55
강성모	서울시립대학교 세무학과 교수, 법학박사	83
김동수	법무법인 율촌 변호사	53, 56, 59, 60
김두형	경희대학교 법학전문대학원 교수, 변호사	75
김범준	법무법인 율촌 변호사	45, 94
김석환	강원대학교 법학전문대학원 교수, 법학박사	99
김성균	중앙대학교 법학전문대학원 교수	50
김승호	법무법인 태평양 변호사	47
김영순	인하대학교 법학전문대학원 교수, 변호사	16
김용대	서울중앙지방법원 민사수석부장판사	1, 4, 7, 9
김의석	인하대학교 법학전문대학원 교수	33
김재광	김재광 법률사무소 변호사	26, 27, 28
김주석	김·장 법률사무소 변호사	31
김지현	김·장 법률사무소 변호사	21
김태호	한국지방세연구원 연구위원, 세무학박사	79, 80
김해마중	김·장 법률사무소 변호사	19, 25
노희범	법무법인 우면 변호사	57
마정화	한국지방세연구원 부연구위원, 법학박사	88(공동)
박 민	국민대학교 법과대학 교수, 법학박사	76
박재찬	김·장 법률사무소 변호사	18
박정수	부산지방법원 부장판사	101
박종수	고려대학교 법학전문대학원 교수, 법학박사	2, 5, 8
박 훈	서울시립대학교 세무학과/법학전문대학원 교수, 법학박사	62(공동), 81, 88(공동)
백제흠	김·장 법률사무소 변호사, 법학박사	23, 44, 96
서보국	충남대학교 법학전문대학원 교수, 법학박사	13
손병준	법무법인 광장 변호사	15
손영철	세무사, 법학박사	49
신동승	헌법재판소 수석부장연구관	72, 74
신용주	세무법인 조이 세무사	48
신호영	고려대학교 법학전문대학원 교수, 변호사, 법학박사	90
양승종	김·장 법률사무소 변호사, 법학박사	30, 42
오 윤	한양대학교 법학전문대학원 교수, 법학박사	98
유철형	법무법인 태평양 변호사	65, 66, 67, 68
윤지현	서울대학교 법학전문대학원 교수	22, 34
윤현석	원광대학교 법학전문대학원 교수, 법학박사	87

이동식	경북대학교 법학전문대학원 교수, 법학박사	3, 6, 11, 78
이상기	법무법인 광장 변호사	69, 70, 71, 73
이상우	김·장 법률사무소, 변호사	40, 63
이선애	법무법인 화우 변호사	51, 58
이재호	서울시립대학교 법학전문대학원 교수	100
이준봉	성균관대학교 법학전문대학원 교수, 변호사, 법학박사, 경영학박사	35, 37, 38
이중교	연세대학교 법학전문대학원 교수, 변호사	14
이진영	삼일회계법인 부대표, 한국국제조세협회 이사장	91, 93
장인태	법무법인 링컨로펌 대표변호사	36, 39, 41, 43
정지선	서울시립대학교 세무학과/세무전문대학원 교수, 세무학박사	82, 84, 86
조 춘	법무법인 세종 변호사	92, 95
조성권	김·장 법률사무소 변호사	46
조윤희	서울중앙지방법원 부장판사	29, 77
조일영	법무법인 태평양 변호사	10, 61
최성근	영남대학교 법학전문대학원 교수	64, 85
최 원	아주대학교 법학전문대학원 교수, 변호사	32
하태흥	대법원 재판연구관, 부장판사	17
한만수	딜로이트 안진회계법인 상임고문(변호사, 법학박사)	12
허영범	김·장 법률사무소 변호사	20, 24
허 원	고려사이버대학교 교수, 세무학박사	62(공동)
황남석	경희대학교 법학전문대학원 교수, 세무학박사	89

租稅判例百選 2

초판인쇄	2015년 5월 20일
초판발행	2015년 5월 26일
지은이	(사)한국세법학회
펴낸이	안종만
편 집	김선민·우석진
기획/마케팅	조성호
표지디자인	홍실비아
제 작	우인도·고철민
펴낸곳	(주) 박영사
	서울특별시 종로구 새문안로3길 36, 1601
	등록 1959. 3. 11. 제300-1959-1호(倫)
전 화	02)733-6771
f a x	02)736-4818
e-mail	pys@pybook.co.kr
homepage	www.pybook.co.kr
ISBN	979-11-303-2665-8 93360

copyright©(사)한국세법학회, 2015, Printed in Korea

정 가   48,000원